Herold/Arndt: *C-Programmierung unter Linux*

Dr. Helmut Herold
Jörg Arndt

C-Programmierung unter Linux

Beispiele, Anwendungen, Programmiertechniken

SuSE PRESS

Alle in diesem Buch enthaltenen Programme, Darstellungen und Informationen wurden nach bestem Wissen erstellt und mit Sorgfalt getestet. Dennoch sind Fehler nicht ganz auszuschließen. Aus diesem Grund ist das in dem vorliegenden Buch enthaltene Programm-Material mit keiner Verpflichtung oder Garantie irgendeiner Art verbunden. Autoren und die SuSE GmbH übernehmen infolgedessen keine Verantwortung und werden keine daraus folgende Haftung übernehmen, die auf irgendeine Art aus der Benutzung dieses Programm-Materials, oder Teilen davon, oder durch Rechtsverletzungen Dritter entsteht.
Die Wiedergabe von Gebrauchsnamen, Handelsnamen, Warenbezeichnungen usw. in diesem Buch berechtigt auch ohne besondere Kennzeichnung nicht zu der Annahme, dass solche Namen im Sinne der Warenzeichen- und Markenschutz-Gesetzgebung als frei zu betrachten wären und daher von jedermann verwendet werden dürften.
Alle Warennamen werden ohne Gewährleistung der freien Verwendbarkeit benutzt und sind möglicherweise eingetragene Warenzeichen. Die SuSE GmbH richtet sich im Wesentlichen nach den Schreibweisen der Hersteller. Andere hier genannte Produkte können Warenzeichen des jeweiligen Herstellers sein.
Dieses Werk ist urheberrechtlich geschützt.
Alle Rechte, auch die der Übersetzung, des Nachdruckes und der Vervielfältigung des Buches, oder Teilen daraus, vorbehalten. Kein Teil des Werkes darf ohne schriftliche Genehmigung des Verlages in irgendeiner Form (Druck, Fotokopie, Microfilm oder einem anderen Verfahren), auch nicht für Zwecke der Unterrichtsgestaltung, reproduziert oder unter Verwendung elektronischer Systeme verarbeitet, vervielfältigt oder verbreitet werden.

Die Deutsche Bibliothek – CIP-Einheitsaufnahme

Herold, Helmut:
C-Programmierung unter Linux : Beispiele, Anwendungen, Programmiertechniken / Helmut Herold ; Jörg Arndt. - Nürnberg : SuSE-Press, 2001
    ISBN 3-935922-08-6

© 2002 SuSE GmbH, Nürnberg (http://www.suse.de)
Umschlaggestaltung: Fritz Design GmbH, Erlangen
Gesamtlektorat: Nicolaus Millin
Fachlektorat: Dieter Bloms, Jörg Dippel, Klaas Freitag, Bruno Gerz, Bernhard Hoelcker, Björn Jacke, Andreas Jaeger, Dirk Pankonin, Wolfgang Rosenauer, Christian Steinrücken, Peter Varkoly
Satz: LaTeX
Druck: Kösel, Kempten
Printed in Germany on acid free paper.

Inhaltsverzeichnis

0	**Einleitung**		**3**
	0.1	Ein paar Worte zu C und seiner Geschichte	3
		0.1.1 Die Entstehung von C	3
		0.1.2 C als Vorstufe zu C++	3
		0.1.3 Die Standardisierung von C	4
	0.2	Hinweise zu diesem Buch und zum begleitenden Übungs- bzw. Lösungsbuch	5
	0.3	Bezug aller Beispiel- und Übungsprogramme dieses Buches	6
1	**Einführendes Beispiel**		**7**
	1.1	Erste wesentliche C-Regeln	7
	1.2	Erstellen eines Programms (Bedienung)	8
	1.3	Kompilieren eines Programms (Bedienung)	9
	1.4	Starten eines kompilierten Programms (Bedienung)	10
	1.5	Das Steuerzeichen \n	11
	1.6	Zeilen-Kommentare mit // (neu in C99)	12
	1.7	Tipps	12
	1.8	Übungen	14
		1.8.1 Ausgabe eines Menüs	14
		1.8.2 Es weihnachtet sehr	14
		1.8.3 Kommentar und Anführungszeichen	14
2	**Elementare Datentypen**		**15**
	2.1	Positionssysteme	15
	2.2	Negation von Zahlen durch Zweier-Komplement	16
	2.3	Die Grunddatentypen in C	19
	2.4	Wertebereiche für die einzelnen Datentypen	21
	2.5	Fallgrube: Verlust von Bits bei zu grossen Zahlen	22
	2.6	Übungen	23
		2.6.1 Umwandlung von Dualzahlen in Dezimalzahlen	23
		2.6.2 Umwandlung von Dezimalzahlen in Dualzahlen	23
		2.6.3 Bereichsüberläufe beim Datentyp `short`	23
3	**Konstanten**		**25**

	3.1	Oktale und Hexadezimale Zahlen	25
	3.2	Verschiedene Arten von C-Konstanten	26
		3.2.1 char-Konstanten	26
		3.2.2 Ganzzahlige Konstanten	27
		3.2.3 Gleitpunktkonstanten	27
	3.3	Übungen	28
		3.3.1 Bitmuster von Zeichen und Zahlen beim Datentyp `char`	28
		3.3.2 Bitmuster für Oktal- und Hexazahlen beim Datentyp `short`	28
		3.3.3 Erlaubte und unerlaubte Gleitpunktkonstanten	28
4	**Variablen**		**29**
	4.1	Variablen und die C-Regeln für Variablennamen	29
	4.2	Tipps zur Wahl der Variablennamen	31
		4.2.1 Selbsterklärende Variablennamen	31
		4.2.2 Unterstrich verbessert die Lesbarkeit	32
	4.3	Deklaration von Variablen	32
	4.4	Tipp: Variablen bereits bei Deklaration dokumentieren	34
	4.5	Übung: Erlaubte und unerlaubte Variablennamen	34
5	**Ausdrücke und Operatoren**		**35**
	5.1	Der einfache Zuweisungsoperator	35
		5.1.1 Allgemeines zum einfachen Zuweisungsoperator	35
		5.1.2 Initialisierung von Variablen	38
		5.1.3 Übung: Zuweisen von unterschiedlichen Konstanten	38
	5.2	Arithmetische Operatoren	39
		5.2.1 Die arithmetischen Operatoren	39
		5.2.2 Die C-Begriffe Ausdruck und Anweisung	40
		5.2.3 Ausgabe von `int`-Variablen und -Ausdrücken	40
		5.2.4 Ausgabe von Gleitpunkt-Variablen und -Ausdrücken	41
		5.2.5 Fallgrube: Ganzzahl- statt Gleitpunktdivision	42
		5.2.6 Übungen	43
	5.3	Vergleichsoperatoren	44
		5.3.1 Die unterschiedlichen Vergleichsoperatoren	44
		5.3.2 Die zwei Wahrheitswerte von Vergleichen	44
		5.3.3 Prioritäten der Vergleichsoperatoren	45
		5.3.4 Übung: Prioritäten aller bisherigen Operatoren	45
	5.4	Logische Operatoren	46
		5.4.1 TRUE und FALSE in C	46
		5.4.2 Der Datentyp `_Bool` (neu in C99)	46
		5.4.3 Die C-Operatoren für NOT, AND und OR im Überblick	47
		5.4.4 Der Negations-Operator !	47
		5.4.5 Der AND-Operator &&	48
		5.4.6 Der OR-Operator ||	48
		5.4.7 Beispiel zum neuen C99-Datentyp `_Bool` bzw. `bool`	49
		5.4.8 Die Priorität der logischen Operatoren	49
		5.4.9 Keine unnötige Auswertung rechts von && und ||	50

	5.4.10	Übung: Überprüfungen mit logischen Operatoren	51
5.5	Bit-Operatoren		52
	5.5.1	Die Bit-Operatoren im Überblick	52
	5.5.2	Bitweise Invertierung mit ~	52
	5.5.3	Bitweise AND-Verknüpfung mit &	53
	5.5.4	Bitweise OR-Verknüpfung mit |	55
	5.5.5	Bitweise XOR-Verknüpfung mit ^	57
	5.5.6	Bit-Operatoren nur für ganzzahlige Datentypen erlaubt	58
	5.5.7	Fallgruben	59
	5.5.8	Übung: Überprüfungen mit Bit-Operatoren	61
5.6	Shift-Operatoren		61
	5.6.1	Die beiden Shift-Operatoren << und >>	61
	5.6.2	Shift-Operatoren nur für ganzzahlige Datentypen erlaubt	63
	5.6.3	Priorität der Shift-Operatoren	64
	5.6.4	Übungen	64
5.7	Zusammengesetzte Zuweisungsoperatoren		65
	5.7.1	Die zusammengesetzten Zuweisungsoperatoren	65
	5.7.2	Übung zu den zusammengesetzten Operatoren	67
5.8	Inkrement- und Dekrement-Operatoren		68
	5.8.1	Inkrementieren und Dekrementieren mit ++ und - -	68
	5.8.2	Präfix- und Postfix-Schreibweise für ++ und - -	68
	5.8.3	++ und - - ist nur für Variablen erlaubt	70
	5.8.4	++ und - - ist nicht auf linken Seite einer Zuweisung erlaubt	70
	5.8.5	Übung zu den Inkrement- und Dekrement-Operatoren	71
5.9	Priorität und Anwendbarkeit der Operatoren		71
	5.9.1	Prioritätstabelle für Operatoren	71
	5.9.2	Assoziativität der Operatoren	72
	5.9.3	Erlaubte und unerlaubte Operationen für die C-Datentypen	73
	5.9.4	Priorität und Auswertungszeitpunkt bei ++ und - -	74
	5.9.5	Fallgrube: Zugriff auf nicht vorbesetzte Variablen	75
	5.9.6	Übungen	76

6 Symbolische Konstanten — 77

6.1	Konstanten-Definition mit #define		77
	6.1.1	Die Direktive #define	77
	6.1.2	Regeln für Konstanten-Namen bei #define	79
	6.1.3	Konstanten machen Programm leicht änderbar	79
6.2	Konstanten-Definition mit const		79
6.3	Übungen		80
	6.3.1	Volumen und Oberfläche einer Kugel	80
	6.3.2	Das Phänomen der entfesselten Erde	81
	6.3.3	Benzinverbrauch und Durchschnitts-Geschwindigkeit	81
	6.3.4	Geldscheine stapeln	82

7 Ein- und Ausgabe — 83

7.1	Headerdateien und #include	83

		7.1.1	Bibliotheken und Headerdateien	83
		7.1.2	Eigene Headerdateien	85
	7.2	Ein- und Ausgabe eines Zeichens		85
		7.2.1	`getchar()` und `putchar()`	85
		7.2.2	Gepufferte Eingabe bei `getchar()`	86
		7.2.3	Puffer-Bereinigung mit Dummy-`getchar()`	89
		7.2.4	Puffer-Bereinigung ist nicht immer notwendig	91
		7.2.5	Fallgrube: Zahlen nicht mit `getchar()` einlesen	92
		7.2.6	Die Headerdatei `ctype.h`	93
		7.2.7	Einfache Makros	95
		7.2.8	Übung: Umrechnung von Geschwindigkeiten	100
	7.3	Die Ausgabe mit `printf()`		101
		7.3.1	Die Funktion `printf()`	101
		7.3.2	Fallgruben	108
		7.3.3	Tipps	109
		7.3.4	Übung: Die Capture-Recapture Methode	112
	7.4	Die Eingabe mit `scanf()`		113
		7.4.1	Die Funktion `scanf()`	113
		7.4.2	Fallgruben	118
		7.4.3	Die Headerdatei `math.h`	121
		7.4.4	Fallgrube: Vergessen von `#include <math.h>`	127
		7.4.5	Übungen	128
8	**Datentypumwandlungen**			**131**
	8.1	Implizite Datentypumwandlungen		131
		8.1.1	Der `sizeof`-Operator	131
		8.1.2	Implizite Datentypumwandlungen	133
		8.1.3	Fallgrube: Zuweisen von Ganzzahlausdrücken an Gleitpunktvariablen	140
		8.1.4	Übung: Sparschweininhalt aufaddieren	141
	8.2	Explizite Datentypumwandlungen		142
		8.2.1	Explizite Datentypumwandlungen mit cast-Operator	142
		8.2.2	Fallgruben	142
		8.2.3	Übung: Prozentzahlen für die Kandidaten bei einer Wahl	145
9	**Die Headerdateien `limits.h` und `float.h`**			**147**
	9.1	`<limits.h>` - Grenzwerte von Ganzzahltypen		147
		9.1.1	Die Headerdatei `limits.h`	147
		9.1.2	Übung: Wertebereiche der ganzzahligen Datentypen	148
	9.2	`<float.h>` – Grenzwerte von Gleitpunkt-Datentypen		149
		9.2.1	Das IEEE-Format	149
		9.2.2	Die Headerdatei `float.h`	151
		9.2.3	Umwandlung gebrochener Dezimalzahlen in das Dualsystem	152
		9.2.4	Hexadezimale Aus-/Eingabe von Gleitpunktzahlen im IEEE-Format (neu in C99)	153

		9.2.5 Übung: Eigenschaften von Gleitpunkttypen	155

10 Anweisungen und Blöcke — 157

11 Die if-Anweisung — 159
- 11.1 Die zweiseitige if-Anweisung 159
- 11.2 Die einseitige if-Anweisung 166
- 11.3 Verschachtelte if-Anweisungen 168
- 11.4 Tipp: Einrücken untergeordneter Programmteile . . 174
- 11.5 Fallgruben 174
  - 11.5.1 Falsche Gleichheitsüberprüfung 174
  - 11.5.2 Keine unnötige Auswertung rechts von && und || . 175
  - 11.5.3 Vergleiche von negativen Zahlen mit unsigned-Variablen 176
  - 11.5.4 Hohe Priorität des Negations-Operators ! . . . 177
- 11.6 Programmiertechniken 178
  - 11.6.1 if-Kaskaden 178
  - 11.6.2 Pseudocode 180
- 11.7 Übungen 181
  - 11.7.1 Schaltjahre (Struktogramm in C-Programm umformen) 181
  - 11.7.2 Rechnungen erstellen 181

12 Die bedingte Bewertung — 183
- 12.1 Die bedingte Bewertung ?: 183
- 12.2 Priorität des bedingten Operators 186
- 12.3 Tipp: Alternative Ausgaben bei printf() 187
- 12.4 Übung: Idealgewicht 187

13 Die switch-Anweisung — 189
- 13.1 Die switch-Anweisung 189
- 13.2 Fallgrube: case-Marken müssen ganzzahlige Konstanten sein 196
- 13.3 Tipps 197
  - 13.3.1 Alle case-Marken (auch letzte) mit break abschliessen 197
  - 13.3.2 default immer angeben 197
- 13.4 Übung: Fläche, Umfang und Radius eines Kreises . . 198

14 Der Komma-Operator — 199
- 14.1 Der Komma-Operator 199
- 14.2 Komma-Operator hat die niedrigste Priorität . . . 200
- 14.3 Übung: Zusammenfassen mehrerer Anweisungen zu einer 200

15 Die for-Anweisung — 201
- 15.1 Die for-Anweisung 201
- 15.2 Die for-Schleife und der Komma-Operator . . . 207
- 15.3 Fallgrube: Semikolon am Ende des for-Schleifenkopfs . 210
- 15.4 Geschachtelte Schleifen 211
- 15.5 Eine endlose for-Schleife 219
- 15.6 for bei Durchläufen mit festen Schrittweiten . . . 219

15.7	Variablendeklaration im `for`-Schleifenkopf (neu in C99)	222
15.8	Programmiertechniken	223
	15.8.1 Anhalten einer Bildschirmausgabe	223
	15.8.2 Zeilenvorschübe bei geschachtelten Schleifen	226
	15.8.3 Kombinieren mit `for`-Schleifen	230
	15.8.4 Zwischeninformationen bei rechenintensiven Programmen	233
	15.8.5 Merker in `for`-Schleifen bei Eintreten von Ereignissen	235
15.9	Fallgruben	236
	15.9.1 Niemals die Laufvariable im Schleifenkörper ändern	236
	15.9.2 Gleitpunktzahlen niemals auf Gleichheit prüfen	240
	15.9.3 Laufvariable einer for-Schleife läuft über Endwert hinaus	242
15.10	Übungen	243
	15.10.1 Berechnung der harmonischen Reihe	243
	15.10.2 Ausgabe der Dominosteine	243

16 Die `while`-Anweisung — 245

16.1	Die `while`-Anweisung	245
16.2	Programmiertechniken	249
	16.2.1 `while` bei unbekannter Zahl von Schleifendurchläufen	249
	16.2.2 Konsistenzprüfungen bei Eingaben	251
	16.2.3 Die Konstante `EOF`	252
	16.2.4 Minimum und Maximum in einer Zahlenfolge	253
16.3	Zufallszahlen in C	254
16.4	Übungen	264
	16.4.1 Fritz und Hans essen Äpfel	264
	16.4.2 Primfaktor-Zerlegung	264

17 Die `do...while`-Anweisung — 267

17.1	Die `do...while`-Anweisung	267
17.2	Programmiertechniken	270
	17.2.1 `do...while`-Schleifen nicht so oft wie `while`-Schleifen	270
	17.2.2 Abschließendes `} while` immer in einer Zeile	270
17.3	Übungen	271
	17.3.1 Zahlen raten	271
	17.3.2 Armstrong-Zahlen	272

18 Die `break`-Anweisung — 273

18.1	Die `break`-Anweisung	273
18.2	`break` bewirkt Verlassen einer Schleifenebene	274
18.3	Programmiertechniken	275
	18.3.1 Sofortiges Verlassen von Schleifen und `switch`	275
	18.3.2 Endlosschleifen und `break`	277
18.4	Übungen	278
	18.4.1 Würfelspiel bis 100	278
	18.4.2 Primzahlen	278

19 Die `continue`-Anweisung — 279

19.1 Die `continue`-Anweisung 279
19.2 Programmiertechniken 282
    19.2.1 `continue` nur im äußersten Notfall 282
    19.2.2 Korrekte Programme müssen auch schnell sein . . 283
19.3 Datums- und Zeitangaben (`<time.h>`) 286
    19.3.1 Konstanten 286
    19.3.2 Datentypen 287
    19.3.3 Funktionen 287
    19.3.4 Einige Funktionen aus `time.h` im Überblick . . 290
19.4 Übung: Drei Zahlen zu einer Summe finden . . . 294

20 Marken und die `goto`-Anweisung 297
20.1 Marken und die `goto`-Anweisung 297
20.2 Programmiertechniken 298
    20.2.1 `goto` nur im äußersten Notfall 298
    20.2.2 Lesbarere und schnellere Programme mit `goto` . 298

21 Graphikprogrammierung unter Linux 301
21.1 Bezug und Installation von LCGI 301
    21.1.1 Bezug von LCGI 301
    21.1.2 Installation von LCGI 302
21.2 Benutzung von LCGI 302
    21.2.1 Inkludieren von `<graphics.h>` 302
    21.2.2 Angabe von `main()` mit Parametern . . . 302
    21.2.3 Kompilieren und Linken von Graphikprogrammen . 302
21.3 Einige für Graphik benötigte C-Konstrukte . . . 303
    21.3.1 Dynamisches Erstellen von Zeichenketten . . . 303
    21.3.2 Kurze Beschreibung von Arrays 304
21.4 Graphikmodus ein- und ausschalten 305
21.5 Eingaben im Graphikmodus 305
21.6 Bildschirm-, Farben- und Pixel-Operationen . . . 310
21.7 Positionieren, Linien zeichnen und Farbe einstellen . 314
21.8 Figuren zeichnen und ausfüllen 317
21.9 Einstellungen für Textausgaben 324
21.10 Externe Bilder laden, Bildteile speichern und einblenden . 327
21.11 Kuchenstücke malen 330
21.12 Graphikpaket neu bzw. anders einrichten . . . 332
21.13 Arbeiten mit mehreren Zeichenfenstern 333
21.14 Programmierung der Maus 334
21.15 Transformation mathematischer Koordinaten in das Graphikfenster 337
21.16 Kurzer Einblick in Fraktale und Chaos 341
21.17 Übungen 344
    21.17.1 Ermitteln der Zahl PI mit Regentropfen . . . 344
    21.17.2 Basketball spielen 345
    21.17.3 Die Kochsche Schneeflocke 346

22 Funktionen — 349

- 22.1 Allgemeines zu Funktionen — 349
  - 22.1.1 Allgemeines Beispiel zu Funktionen — 349
  - 22.1.2 Die Begriffe Parameter und Argumente — 351
  - 22.1.3 Bibliotheken und Headerdateien — 351
- 22.2 Erstellen eigener Funktionen — 353
  - 22.2.1 Definition von Funktionen in C89/C99 — 353
  - 22.2.2 Definition von Funktionen in Alt-C — 356
  - 22.2.3 Die `return`-Anweisung — 357
  - 22.2.4 Funktionen ohne Rückgabewert — 357
  - 22.2.5 Forward-Deklarationen — 359
  - 22.2.6 Funktions-Prototypen — 361
  - 22.2.7 Implizite Datentypumwandlung beim Funktionsaufruf — 366
  - 22.2.8 Typische Anwendungsgebiete von Funktionen — 369
  - 22.2.9 Übungen — 374
- 22.3 Die Parameter von Funktionen — 376
  - 22.3.1 Leere Parameterliste durch Angabe von `void` — 376
  - 22.3.2 Bei Funktionsaufrufen findet nur Wertübergabe statt — 377
  - 22.3.3 Call by reference — 381
  - 22.3.4 Auswertung der Argumente findet vor Funktionsaufruf statt — 385
  - 22.3.5 Fallgruben — 386
  - 22.3.6 Übung: Zeiten-Taschenrechner — 388
- 22.4 Ellipsen-Prototypen für Funktionen mit variabler Argumentzahl — 389
  - 22.4.1 Reihenfolge der Argument-Ablage im Stack — 389
  - 22.4.2 Ellipsen-Prototypen — 389
  - 22.4.3 Abarbeiten variabel langer Argumentlisten — 389
  - 22.4.4 Verfahren zum Abarbeiten variabel langer Argumentlisten — 390
  - 22.4.5 Fallgruben — 395
  - 22.4.6 Übungen — 396
- 22.5 Neuheiten in C99 — 396
  - 22.5.1 Inline-Funktionen — 396
  - 22.5.2 Der vordefinierte Name `__func__` — 398
  - 22.5.3 Keine Unterstützung von implizitem `int` — 398
  - 22.5.4 Keine impliziten Funktionsdeklarationen — 399
  - 22.5.5 Einschränkungen bei `return` — 399
- 22.6 Rekursive Funktionen — 399
  - 22.6.1 Allgemeines zu rekursiven Funktionen — 399
  - 22.6.2 Einige typische Anwendungen für die Rekursion — 404
  - 22.6.3 Übungen — 412
- 22.7 Zeiger auf Funktionen — 415
  - 22.7.1 Zeiger auf Funktionen — 415
  - 22.7.2 Typische Anwendungen — 418

23 Speicherklassen und Modultechnik — 423

23.1 Gültigkeitsbereich, Lebensdauer, Speicherort . . . 423
    23.1.1 Gültigkeitsbereich 423
    23.1.2 Lebensdauer 431
    23.1.3 Speicherort 431
    23.1.4 Gültigkeit, Lebensdauer und Speicherort im Überblick 431
    23.1.5 Übung: Ausgabe des Programms `block3.c` . . 432
23.2 Schlüsselwörter `extern`, `auto`, `static` und `register` 432
    23.2.1 Das Schlüsselwort `extern` 432
    23.2.2 Das Schlüsselwort `auto` 436
    23.2.3 Fallgrube: Niemals Adressen von `auto`-Variablen zurückgeben 444
    23.2.4 Das Schlüsselwort `static` 445
    23.2.5 Das Schlüsselwort `register` 455
    23.2.6 Übung: Ausgabe des Programms `speikla1.c` . 456
23.3 Die Schlüsselwörter `const` und `volatile` 457
    23.3.1 Das Schlüsselwort `const` 457
    23.3.2 Das Schlüsselwort `volatile` 459
    23.3.3 Kombination von `const` und `volatile` . . . 460
    23.3.4 Übung: Konstante Zeiger und Zeiger auf Konstanten 460
23.4 Die Modultechnik 461
    23.4.1 Von der Maschinensprache bis zur Modultechnik . 461
    23.4.2 Modultechnik und Information Hiding . . . 466
    23.4.3 Software-Technik: Linker und Compiler . . 471
    23.4.4 Beispiel: Simulation von Turingmaschinen . 472
    23.4.5 Übung: Turingmaschine zur binären Addition von 1 485

24 Präprozessor-Direktiven **487**
24.1 Bedingte Kompilierung 488
    24.1.1 Präprozessor-Direktiven zur bedingten Kompilierung 488
    24.1.2 Typische Anwendungen 491
    24.1.3 Testen mit Makro `assert()` aus Headerdatei `<assert.h>` 495
24.2 Einkopieren von anderen Headerdateien 497
    24.2.1 Die Präprozessor-Direktive `#include` . . . 497
    24.2.2 Typische Anwendungen 498
24.3 Definition von Makros (`#define` und `#undef`) . . . 499
    24.3.1 Definition von Konstanten mit `#define` . . . 500
    24.3.2 Definition von Funktionsmakros mit `#define` . . 501
    24.3.3 Operator #: Ersetzung von Makroparametern durch String 503
    24.3.4 Operator ##: Zusammensetzen neuer Namen . . 503
    24.3.5 Rekursive Makrodefinitionen 504
    24.3.6 Makros mit variabler Anzahl von Argumenten (neu in C99) 505
    24.3.7 Makrodefinitionen mit `#undef` wieder aufheben . 506
    24.3.8 Unterschiede zwischen Funktionen und Makros . 507
24.4 Vordefinierte Makronamen 511
24.5 Die restlichen Präprozessor-Direktiven 512
    24.5.1 `#line` – Festlegen einer neuen Zeilennumerierung . 512

24.5.2 #error – Ausgeben von Fehlermeldungen . . 513
24.5.3 #pragma – Festlegen von compilerspezifischem Verhalten 513
24.5.4 # – Die Null-Direktive 513
24.6 Übung: Ausgeben der Konstanten aus `limits.h` und `float.h` 514

25 Zeiger und Arrays 517
25.1 Eindimensionale Arrays 517
    25.1.1 Eindimensionale Arrays 517
    25.1.2 Nur statische Arrays erlaubt (in C89) 522
    25.1.3 Von Arrays belegter Speicherplatz . . . 522
    25.1.4 Fallgruben 523
    25.1.5 Übungen 525
25.2 Mehrdimensionale Arrays 527
    25.2.1 Zweidimensionale Arrays 527
    25.2.2 Drei-, vier-, fünf- und sonstige mehrdimensionale Arrays 536
    25.2.3 `sizeof` liefert die Größe eines Arrays . . 536
    25.2.4 Übung: Game of Life (Beispiel für zellulare Automaten) 537
25.3 Zusammenhänge zwischen Arrays und Zeigern . . . 539
    25.3.1 Arrayname ist konstanter Zeiger auf erstes Element . 539
    25.3.2 Zugriff auf Arrayelemente ist auch über Zeiger möglich 542
    25.3.3 Unterschied zwischen Arraynamen und echtem Zeiger 547
    25.3.4 Erlaubte Operationen mit Zeigern 551
    25.3.5 Unerlaubte Operationen mit Zeigern . . . 552
    25.3.6 Übergabe eines Arrays an eine Funktion mittels Adresse 555
    25.3.7 call by value für Arrays (Zeiger) 559
    25.3.8 Nachlese zu Arrays und Zeiger 560
    25.3.9 Algorithmus: Der Bubble-Sort 560
    25.3.10 Verwendung der Bibliotheksfunktion `qsort()` . 562
    25.3.11 Algorithmus: Binäre Suche 563
    25.3.12 Verwendung der Bibliotheksfunktion `bsearch()` . 566
    25.3.13 Übungen 568
25.4 Strings und char-Zeiger 569
    25.4.1 Besonderheiten von C-Strings 569
    25.4.2 Das Schlüsselwort `restrict` für Zeiger (neu in C99) 571
    25.4.3 Eigene Realisierung der Funktion `strcpy()` mit Arrays 572
    25.4.4 Eigene Realisierung der Funktion `strcpy()` mit Zeigern 573
    25.4.5 Die Headerdatei `<string.h>` 576
    25.4.6 Umwandeln von Strings in numerische Werte . 594
    25.4.7 Umwandeln von numerischen Werten in Strings . 601
    25.4.8 Besonderheiten beim Einlesen von Strings mit `scanf()` 603
    25.4.9 Ein- und Ausgabe von Strings mit `gets()` und `puts()` 604
    25.4.10 Unterschied zwischen Zeiger- und Array-Deklaration 605
    25.4.11 Direkter Zugriff auf Zeichen in einer String-Konstante 607
    25.4.12 Übungen 608
25.5 Array-Initialisierungen 609
    25.5.1 Initialisierung von Arrays 610

25.5.2	Dimensionierungsangaben bei der Initialisierung	613
25.5.3	Zeiger auf unbenamte Arrays (neu in C99)	615
25.5.4	Implizite Initialisierung bei `static`-Variablen/Arrays	615
25.5.5	Initialisierung lokaler Variablen auch mit Nicht-Konstanten	616
25.5.6	Initialisierung von lokalen Arrays in C89/C99	617
25.5.7	Initialisierung von lokalen Arrays mit variablen Werten (neu in C99)	618
25.5.8	Initialisierung von lokalen Arrays mit 0 oder NULL	619
25.5.9	Initialisierte Arrays mit `const` vor Überschreiben schützen	620
25.5.10	Übungen	620
25.6	Lokale Arrays variabler Länge (neu in C99)	622
25.7	Zeigerarrays und Zeiger auf Zeiger	623
25.7.1	Einfache Zeigerarrays	623
25.7.2	Zeiger auf Arrays	624
25.7.3	Vertauschen von zwei Arrays über Zeiger	625
25.7.4	Übergabe von Arrays an Funktionen	627
25.7.5	Zeiger-Zeiger	629
25.7.6	Unterschiede zwischen zweidimensionalen Arrays und Zeigerarrays	629
25.7.7	Zugriff auf beliebige Elemente in einem Zeigerarray	633
25.7.8	Zeigerarrays mit Funktionsadressen	639
25.7.9	Übungen	641

26 Argumente auf der Kommandozeile — 645

26.1	Die Parameter `argc` und `argv` der Funktion `main()`	645
26.2	Optionen auf der Kommandozeile	648
26.3	Optionen auswerten mit der Funktion `getopt()`	655
26.4	Übung: Konvertieren von Dezimalzahlen in Dual, Oktal und Hexa	657

27 Dynamische Speicher-Reservierung und -Freigabe — 659

27.1	Nachteile von statischen Arrays	659
27.1.1	Gefahr der Speicherüberschreibung	660
27.1.2	Speicherplatzvergeudung	661
27.2	Speicher reservieren mit `malloc()`	662
27.2.1	Die Funktion `malloc()`	662
27.2.2	Dynamische Arrays für beliebige Datentypen	667
27.2.3	Konvertierung von `void`-Zeigern	670
27.3	Speicher reservieren und initialisieren mit `calloc()`	671
27.4	Größenänderung eines allozierten Speicherbereichs mit `realloc()`	672
27.4.1	Die Funktion `realloc()`	672
27.4.2	Besonderheiten der Funktion `realloc()`	676
27.4.3	Schnellere Programme mit größeren Speicherblöcken	676
27.5	Freigeben eines dynamisch reservierten Speicherbereichs mit `free()`	679
27.5.1	Die Funktion `free()`	679

27.5.2 Fallgrube: `free()` setzt übergebenen Zeiger nicht auf NULL ... 679
27.5.3 Tipp: Eigenes Makro zur Freigabe von dynamischen Speicher ... 681
27.5.4 Fallgrube: `free()` nur auf von `malloc()`, `calloc()` und `realloc()` gelieferte Zeiger ... 681
27.6 Fallgrube: Allozieren von Speicherplatz in einer Funktion . 683
27.7 Programmiertechnik: Dynamische Zeiger-Arrays . . 687
27.8 Fallgrube: `free()` bei Zeiger-Arrays 688
27.9 Übung: Numerierte oder Rückwärtige Ausgabe eines Textes 688

28 Strukturen 689

28.1 Deklaration und Definition von Strukturen 689
  28.1.1 Deklaration von Strukturen 689
  28.1.2 Wichtige Regeln und Hinweise für Strukturdeklarationen 690
  28.1.3 Definition von Strukturvariablen 691
  28.1.4 Zusammenfassung von Strukturdeklaration und -definition 693
  28.1.5 Namenlose Strukturen 694
28.2 Operationen mit Strukturvariablen 695
  28.2.1 Zugriff auf Strukturkomponenten mittels Punktoperator 695
  28.2.2 Zuweisung zwischen Strukturkomponenten . . 696
  28.2.3 Zuweisung ganzer Strukturvariablen 701
  28.2.4 Vergleich von Strukturvariablen ist nicht möglich . 702
  28.2.5 Casting für komplette Strukturvariable ist nicht möglich 702
  28.2.6 Adreß- und `sizeof`-Operator für Strukturvariablen erlaubt 703
  28.2.7 Übung: Bruchrechner 704
28.3 Initialisierung von Strukturvariablen 705
  28.3.1 Initialisierung von Strukturvariablen in C89 und C99 705
  28.3.2 Initialisierung von Strukturvariablen (nur in C99) . 706
28.4 Strukturarrays 709
  28.4.1 Arrays von Strukturvariablen 709
  28.4.2 Übung: Zählen der Schlüsselwörter in einem C-Programm 719
28.5 Strukturen als Funktionsparameter 719
  28.5.1 Übergabe von Strukturen an Funktionen . . . 719
  28.5.2 Übung: Tagesdifferenz zwischen zwei Daten . . 722
28.6 Zeiger und Strukturen 722
  28.6.1 Allgemeines zu Zeiger und Strukturen . . . 722
  28.6.2 Dynamische Strukturarrays 737
  28.6.3 Rekursive Strukturen 745
  28.6.4 Übungen 779
28.7 Strukturen mit variabel langen Arrays (neu in C99) . . 782
28.8 Spezielle Strukturen (Unions und Bitfelder) . . . 783
  28.8.1 Unions 783
  28.8.2 Bitfelder 788

29 Eigene Datentypen 795

29.1 Definition eigener Datentypnamen mit `typedef` . . 795

29.1.1 Vergabe von neuen Namen an existierende Datentypen mit `typedef` 795
29.1.2 Höhere Portabilität und bessere Lesbarkeit durch `typedef` 798
29.2 Definition eigener Datentypen mit `enum` 801
29.2.1 Definition eigener Datentypen mit `enum` . . . 801
29.2.2 Regeln für `enum` 804
29.3 Übung: Mischtabelle aus der Chemie 805

30 Dateien 807
30.1 Höhere E/A-Funktionen 808
30.1.1 Vordefinierte Struktur `FILE` 808
30.1.2 Öffnen und Schließen von Dateien 809
30.1.3 Lesen und Schreiben in Dateien 813
30.1.4 Unterschied zwischen Text- und Binärmodus . . 837
30.1.5 Positionieren in Dateien 840
30.1.6 Öffnen einer Datei mit existierenden Stream . . 846
30.1.7 Löschen und Umbenennen von Dateien . . . 848
30.1.8 Pufferung 848
30.1.9 Temporäre Dateien 851
30.1.10 Ausgabe von System-Fehlermeldungen . . . 854
30.1.11 Übung: Ausgeben einer Datei mit Zeilennumerierung 859
30.2 Elementare E/A-Funktionen 859
30.2.1 Filedeskriptoren 860
30.2.2 Öffnen und Schließen von Dateien 860
30.2.3 Lesen und Schreiben in Dateien 863
30.2.4 Positionieren in Dateien 868
30.2.5 Effizienz von E/A-Operationen 870
30.2.6 Filedeskriptoren und der Datentyp `FILE` . . . 872
30.2.7 Übung: Anhängen einer Datei an eine andere . . 873

31 Dateien, Directories und ihre Attribute 875
31.1 Dateiattribute 875
31.1.1 Struktur `stat` – Attribute zu einer Datei . . . 875
31.1.2 `stat()` und `fstat()` – Erfragen von Dateiattributen 876
31.2 Dateiarten 877
31.3 Zugriffsrechte einer Datei 878
31.3.1 `chmod()` – Ändern der Zugriffsrechte für eine Datei 878
31.3.2 `access()` – Prüfen der Zugriffsrechte für eine Datei 879
31.4 Größe einer Datei 880
31.5 Zeiten einer Datei 881
31.6 Directories (Verzeichnisse) 882
31.6.1 `mkdir()` – Anlegen eines neuen Directory . . 882
31.6.2 `rmdir()` – Löschen eines leeren Directory . . 882
31.6.3 `chdir()` – Wechseln in ein neues Directory . . 882
31.6.4 `getcwd()` – Erfragen des Working-Directory-Pfadnamens 882

31.6.5	`struct dirent` – Aufbau eines Eintrags in einer Directory-Datei	884
31.6.6	`opendir()`, `readdir()`, `rewinddir()` und `closedir()` – Lesen von Directories	884
31.6.7	Durchlaufen eines ganzen Directorybaums	886
31.7	Gerätedateien	890
31.8	Übung: Ermitteln der Bytes eines Directory	892

32 Die Umgebung eines ablaufenden Programms — 893

32.1	Start eines Prozesses	893
32.1.1	Startup-Routine - Startadresse eines Programms	894
32.1.2	`main()` – Benutzerdefinierter Startpunkt eines Programms	894
32.2	Beendigung eines Prozesses	894
32.2.1	Exit-Status eines Prozesses	894
32.2.2	Normales Beenden der Funktion `main()` mit `return`	897
32.2.3	`exit()` – Normales Beenden eines Programms mit cleanup	897
32.2.4	`_exit()` – Beenden eines Programms ohne cleanup	897
32.2.5	`atexit()` – Einrichten von Exithandlern	898
32.2.6	Start und Beendigung eines Prozesses im Überblick	899
32.3	Environment eines Prozesses	900
32.3.1	Environment-Liste	900
32.3.2	Zugriff auf die ganze Environment-Liste	900
32.3.3	`getenv()` – Erfragen einzelner Environment-Variablen	902
32.3.4	`putenv()`, `setenv()` und `unsetenv()` – Ändern, Hinzufügen oder Löschen von Environment-Variablen	902
32.3.5	Übung: Realisierung des which-Kommandos	903

33 Starten eines anderen Programms — 905

33.1	Die Funktion `system()`	905
33.2	Die `exec()`-Funktionen	906
33.2.1	Unterschiede der `exec()`-Funktionen im Überblick	907
33.2.2	Interpretation des Dateinamens bei `execlp()` und `execvp()`	908
33.2.3	Unterschiede in der Form der Argumentübergabe	908
33.2.4	Unterschiede bei Benutzung der Environment	908
33.2.5	Vererbungen bei `exec()`	909
33.3	Übung: Interaktiver Directory-Wechsel	910

34 Signale — 913

34.1	Das Signalkonzept und die Funktion `signal()`	913
34.1.1	`signal()` – Einrichten von Signalhandlern	914
34.1.2	Signale und die exec-Funktionen	916
34.2	Signalnamen und Signalnummern	916
34.3	Mögliche Probleme mit der `signal()`-Funktion	917
34.3.1	Erfragen des aktuellen Signalstatus ohne Änderung nicht möglich	918

34.3.2	Zeitspanne zwischen Auftreten eines Signals und Aufruf der `signal()`-Funktion	918
34.3.3	Endlosschleifen beim Warten auf das Eintreten von Signalen	919
34.4	Anormale Beendigung mit Funktion `abort()`	920
34.5	Anhalten eines Prozesses mit Funktion `sleep()`	920
34.6	Übung: Reaktionstest über Signale	920

35 Nicht-Lokale Sprünge 923

35.1	`setjmp()` und `longjmp()` – Springen über Funktionsgrenzen	923
	35.1.1 Der Datentyp `jmp_buf`	924
	35.1.2 `setjmp()` – Einrichten eines Ansprungpunktes	925
	35.1.3 `longjmp()` – Sprung zu einem mit `setjmp()` markierten Punkt	925
35.2	Rückkehr über mehrere Ebenen bei bestimmten Ereignissen	925
35.3	auto-, register-, static- und volatile-Variable bei `longjmp()`	931

36 Weitere Headerdateien 933

36.1	Die Headerdateien von C89 und C99 im Überblick	933
36.2	Die Headerdatei `<locale.h>`	935
	36.2.1 Allgemeines zur Headerdatei `<locale.h>`	935
	36.2.2 Die Funktion `setlocale()`	936
	36.2.3 Die Funktion `localeconv()`	937
36.3	Wide-Character-Funktionen	942
	36.3.1 Wide-Character-Klassifizierungsfunktionen	943
	36.3.2 Wide-Character-E/A-Funktionen	945
	36.3.3 Wide-Character-Stringfunktionen	946
	36.3.4 Wide-Character-Speicherfunktionen	947
	36.3.5 Wide-Character-String-Konvertierungsfunktionen	948
	36.3.6 Multibyte/Wide-Character-Konvertierungsfunktionen	948
36.4	Die Headerdatei `<complex.h>` (neu in C99)	951
36.5	Die Headerdatei `<fenv.h>` (neu in C99)	955
36.6	Die Headerdatei `<stdint.h>` (neu in C99)	958
36.7	Die Headerdatei `<inttypes.h>` (neu in C99)	959
36.8	Die Headerdatei `<tgmath.h>` (neu in C99)	964
36.9	Die Headerdatei `<iso646.h>` (neu in C99)	965

37 Lösungen zu den Übungen 967

37.1	Lösungen zu Kapitel 1	967
37.2	Lösungen zu Kapitel 2	968
37.3	Lösungen zu Kapitel 3	972
37.4	Lösungen zu Kapitel 4	973
37.5	Lösungen zu Kapitel 5	973
37.6	Lösungen zu Kapitel 6	979
37.7	Lösungen zu Kapitel 7	981
37.8	Lösungen zu Kapitel 8	985
37.9	Lösungen zu Kapitel 9	986

37.10	Lösungen zu Kapitel 10	988
37.11	Lösungen zu Kapitel 11	988
37.12	Lösungen zu Kapitel 12	990
37.13	Lösungen zu Kapitel 13	991
37.14	Lösungen zu Kapitel 14	992
37.15	Lösungen zu Kapitel 15	992
37.16	Lösungen zu Kapitel 16	993
37.17	Lösungen zu Kapitel 17	995
37.18	Lösungen zu Kapitel 18	996
37.19	Lösungen zu Kapitel 19	999
37.20	Lösungen zu Kapitel 20	1002
37.21	Lösungen zu Kapitel 21	1002
37.22	Lösungen zu Kapitel 22	1010
37.23	Lösungen zu Kapitel 23	1019
37.24	Lösungen zu Kapitel 24	1023
37.25	Lösungen zu Kapitel 25	1025
37.26	Lösungen zu Kapitel 26	1038
37.27	Lösungen zu Kapitel 27	1040
37.28	Lösungen zu Kapitel 28	1041
37.29	Lösungen zu Kapitel 29	1047
37.30	Lösungen zu Kapitel 30	1048
37.31	Lösungen zu Kapitel 31	1050
37.32	Lösungen zu Kapitel 32	1052
37.33	Lösungen zu Kapitel 33	1053
37.34	Lösungen zu Kapitel 34	1054

38 Anhang — **1057**

38.1	Wichtige Tabellen zum Nachschlagen	1057
	38.1.1 Prioritätstabelle für die Operatoren	1057
	38.1.2 Wertebereiche für die einzelnen Datentypen	1058
	38.1.3 Die Funktion `printf()`	1059
	38.1.4 Die Funktion `scanf()`	1061
38.2	Dezimal-, Hexa-, Oktal- und Dualtabelle	1063
38.3	ASCII-Tabelle	1065
38.4	Literaturverzeichnis	1066
38.5	Bestelldaten für Übungen und Lösungen zu diesem Buch	1068

Danksagung

Zunächst möchten wir *Nico Millin* und *Dr. Markus Wirtz* von SuSE PRESS unseren Dank dafür aussprechen, dass sie sich bereit erklärten, dieses Buch zu veröffentlichen, und dann auch selbst Hand anlegten, um dieses Buch zu setzen. Trotz aller Widrigkeiten, die ein Setzen eines Buches nun mal mit sich bringt, war es immer eine angenehme Zeit, mit ihnen zusammenzuarbeiten.

Des weiteren möchten wir uns noch ganz besonders bei unserem Kollegen *Andreas Jaeger* von SuSE Labs bedanken, der dieses Buch zweimal von Anfang bis Ende durchgesehen hat und uns stets mit Rat und Tat zur Seite stand, als wir die Änderungen, die der im Jahre 1999 neu eingeführte C-Standard mit sich brachte, einarbeiteten.

Auch möchten wir uns bei *Dieter Bloms, Jörg Dippel, Klaas Freitag, Bruno Gerz, Bernhard Hoelcker, Björn Jacke, Dirk Pankonin, Wolfgang Rosenauer, Christian Steinrücken* und *Peter Varkoly* für ihre konstruktiven Beiträge und Anregungen, die sie während des Korrekturlesens vorschlugen und die wir sehr gerne in dieses Buch einarbeiteten, herzlich bedanken.

Weisendorf-Neuenbürg, im Januar 2002 *Dr. Helmut Herold*
Nürnberg, im Januar 2002 *Jörg Arndt*

Kapitel 0

Einleitung

*Wer nur einen Hammer besitzt,
für den sieht die ganze Welt wie ein Nagel aus.*
Mark Twain

0.1 Ein paar Worte zu C und seiner Geschichte

Zu Beginn wollen wir kurz auf die Historie von C und die verschiedenen Standardisierungen von C eingehen. Zudem soll auch gleich vorweg geklärt werden, dass die Sprache C++ nur eine objektorientierte Erweiterung der Sprache C ist. Dies bedeutet, dass für eine Programmierung in C++ die Kenntnis der Sprache C eine unabdingbare Voraussetzung ist.

0.1.1 Die Entstehung von C

Die Sprache C wurde im Jahre 1972 von *Dennis M.Ritchie* in den Bell-Laboratorien bei AT&T entwickelt und von *Brian W. Kernighan* in den Jahren 1973/74 weiter verbessert. Vorläufer von C waren die Sprachen *BCPL* (Basic Combined Programming Language) und *B*.
C war schon immer sehr eng mit dem Betriebssystem Unix verbunden, da die Sprache C auf diesem damals noch jungen Betriebssystem entwickelt wurde und Unix wiederum selbst mit allen seinen Dienstprogrammen nahezu vollständig in C geschrieben wurde. In den 80er Jahren hat sich aber C als eine universell einsetzbare Sprache entpuppt, was dazu führte, dass C heute auf nahezu jedem beliebigen Betriebssystem (Linux, Unix-Systeme, MS-DOS, Windows95/98/NT/..., VMS, OS/2, ...) angeboten wird.

0.1.2 C als Vorstufe zu C++

C++ wurde – beginnend im Jahr 1979 – von *Bjarne Stroustrup* entwickelt. C++, das eine objektorientierte Version zu C ist, hat sich inzwischen sehr verbreitet. Da aber

C++ nur eine Erweiterung zu C ist, muss auch jeder, der mit C++ programmieren will, die Sprache C richtig beherrschen, bevor er in die höheren Sphären der objektorientierten Programmierung aufsteigen kann.

Leser, die an den Erweiterungen der Sprache C++ zu C interessiert sind, seien auf die beiden folgenden Bücher verwiesen:

- *Das Qt-Buch. Portable GUI-Programmierung unter Linux/Unix/Windows*
  Dieses ebenfalls bei SuSE Press erschienene Buch gibt nicht nur eine Einführung in C++, sondern stellt auch die Qt-Klassenbibliothek vor. Mit der Qt-Klassenbibliothek lassen sich leicht Graphik-Oberflächen entwerfen, die plattformunabhängig sind und ohne jeglichen Portierungsaufwand unter den heute weit verbreiteten Betriebssystemen Linux/Unix und Windows verwendet werden können.

- *Go To Objektorientierung; Angewandte Objektorientierung mit C++ und UML*
  Dieses beim Addison-Wesley-Verlag erschienene Buch führt den Leser in das Denken und die Praxis des objektorientierten Programmierens mit C++ ein. In diesem Buch wird nicht nur die Sprache C++ vorgestellt, sondern auch der objektorientierte Entwurf mit UML (*Unified Modeling Language*) anhand einer Vielzahl von Beispielen für den Leser nachvollziehbar gezeigt.

0.1.3 Die Standardisierung von C

Die Sprache C wurde – wie zuvor erwähnt – im Jahre 1972 von *Dennis M. Ritchie* entwickelt und in den nächsten Jahren von *Brian W. Kernighan* weiter verbessert. Zu dieser Zeit gab es keine Standardbeschreibung dieser Sprache. Stattdessen galt die 1. Ausgabe des Buches *„The C Programming Language"* von Kernighan und Ritchie (Prentice Hall, 1978) als die Bibel für alle C-Fragen. Diese „Bibel" ließ jedoch einige Fragen offen. So wurde bereits in den frühen 80er Jahren die Notwendigkeit für einen wirklichen C-Standard erkannt. Nachfolgend werden die einzelnen Standards in ihrer historischen Reihenfolge kurz vorgestellt.

C89 – der erste Standard für C

Im Jahre 1983 begann das ANSI-Komitee X3J11 [1] mit dem Unterfangen, die Sprache C zu standardisieren. Im selben Jahr noch entschied das Komitee X3J11, dass nur *ein* C-Standard geschaffen werden soll, welcher von beiden Organisationen ANSI und ISO verabschiedet wird. C wurde zum ersten Mal Ende des Jahres 1989 mit der Annahme des ANSI-Standards standardisiert. Diese Version von C wird allgemein als *C89* bezeichnet. Dieser Standard wurde auch im Jahre 1990 von ISO übernommen. C89 wurde im Jahre 1995 leicht verbessert.

---

[1] *ANSI* (**A**merican **N**ational **S**tandard **I**nstitute) ist eine amerikanische Organisation, welche Mitglied der **I**nternational **S**tandards **O**rganisation (ISO) ist.

C99 – der neue Standard für C

Im Jahre 1999 wurde ein neuer Standard für C geschaffen. Diese Version nennt sich *ISO C99*, oder kurz auch nur *C99*. C99 enthält eine Reihe von Verbesserungen und einige neue Konstrukte, welche teilweise von C++ übernommen wurden.
Alle C-Programme, die die von C99 vorgegebenen Vorschriften einhalten, werden *C99 kompatibel* genannt. Solche Programme haben den Vorteil, dass sie leicht portierbar sind, also ohne größere Änderungen von einem anderen C99-Compiler auf einer anderen Maschine in eine ablauffähige Version übersetzt werden können.
Sie sollten also immer größten Wert darauf legen, dass Sie C-Programme erstellen, die den von C89 bzw. C99 vorgegebenen Regeln entsprechen. Halten Sie sich nicht daran, werden Sie eventuell später erhebliche Schwierigkeiten haben, das Programm auf einer anderen Maschine mit eventuell einem anderen Compiler zu übersetzen.
In diesem Buch wird der neueste Standard von C (*C99*) beschrieben. Werden an einigen Stellen in diesem Buch bestimmte compilerspezifische Konstrukte verwendet, wie z. B. Besonderheiten, die nur beim Linux- bzw. Unix-C gelten, oder eben eigens im Rahmen dieses Buches entwickelte Graphikfunktionen, so wird dies immer ausdrücklich erwähnt.

0.2 Hinweise zu diesem Buch und zum begleitenden Übungs- bzw. Lösungsbuch

Zu diesem Buch existiert ein eigens darauf abgestimmtes Übungs- sowie auch ein dazugehöriges Lösungsbuch. Das Übungsbuch enthält an die 500 fächerübergreifenden Übungen aus allen möglichen anderen Fachgebieten (Informatik, Mathematik, Allgemeinwissen, Elektrotechnik, Physik, Wirtschaft, ...) mit unterschiedlichen Schwierigkeitsgraden.
Nachfolgend nun noch einige Hinweise zu diesem Buch und dem begleitenden Übungs- bzw. Lösungsbuch:

1. **Dieses Buch** beschreibt die **Theorie der Programmiersprache C** anhand vieler Beispiele. Dabei begnügt es sich jedoch nicht allein mit der Vorstellung der einzelnen C-Elemente, sondern vermittelt dem C-Neuling auch Einblicke in wichtige Grundlagen der Informatik. Zudem gibt es auch zu den einzelnen C-Konstruktionen Programmiertechniken aus der C-Praxis, typische Anwendungsgebiete, Tipps und Fallgruben, die in C leider nicht allzu selten sind. Diese Grundkenntnisse bilden das Fundament, das für eine erfolgreiche Programmierung in C unverzichtbar ist.

2. Im **begleitenden Übungsbuch** befinden sich dann an die **500 Übungen** zu den jeweiligen Kapiteln dieses Buches. Zu jeder Übung ist dabei immer eine kurze Information angegeben, an der sich sofort folgendes erkennen läßt:
   - ❏ Fachgebiet (C-Syntax, Allgemein, Wirtschaft, Informatik, Mathematik, usw.).
   - ❏ Schwierigkeitsgrad
   - ❏ Ungefährer Umfang der Aufgabe

Am Anfang jedes Kapitels des Übungsbuches werden Rätsel und Denksportaufgaben gegeben. Der Zweck der Übungen und Denksportaufgaben ist nicht allein das Erlernen der Sprache C, sondern diese Übungen und Rätsel sollen Schlüsselqualifikationen wie fächerübergreifendes Wissen und Denken sowie die heute in jedem Beruf unverzichtbare Problemlösungsfähigkeit fördern.

3. Im **Lösungsbuch** befinden sich dann alle Lösungen zu den entsprechenden Denksportaufgaben und Übungen des Übungsbuches. Die Lösungen zu den Rätseln und Denksportaufgaben enthalten dabei auch allgemeine Tipps und Techniken, die für systematische Lösungen von Problemstellungen allgemeiner Art sehr hilfreich sind.

4. Außerdem wird eine **CD-ROM** angeboten, auf der sich alle C-Programmbeispiele aus diesem Buch sowie die möglichen Programmlösungen zu den Aufgabenstellungen aus dem begleitenden Übungsbuch befinden.

Wenn Sie sich für das begleitende Übungs- und Lösungsbuch interessieren, wenden sie sich bitte direkt an den Autor (*siehe dazu Seite 1068*)

Nach dem Durcharbeiten dieser Unterlagen verfügt der Leser über ein gesundes und breites C-Fundament, und ist in der Lage, erfolgreich in C zu programmieren. Die Intention dieser Lern- und Lehrunterlagen ist es nämlich:

- ❏ den C-Anfänger systematisch vom C-Basiswissen bis hin zu den fortgeschrittenen Techniken der Programmierung zu führen.

- ❏ dem bereits erfahrenen C-Programmierer – aufgrund der Vielzahl von Tipps, fundamentalen Algorithmen und nützlichen Programmiertechniken – eine Vertiefung bzw. Ergänzung seines C-Wissens zu ermöglichen.

0.3 Bezug aller Beispiel- und Übungsprogramme dieses Buches

Alle Beispiel- und Übungsprogramme dieses Buches können von der Webseite

```
http://www.susepress.de/de/download
```

heruntergeladen werden.

Kapitel 1

Einführendes Beispiel

> *Alfred Polgar erhielt ein ausgeliehenes Buch voller Fettflecken zurück.*
> *Er schickte dem Entleiher eine Ölsardine und schrieb:*
> *„Ich bestätige den Empfang meines Buches und erlaube mir,*
> *Ihnen anbei Ihr Lesezeichen zurückzugeben."*
> *Anekdote*

1.1 Erste wesentliche C-Regeln

Das erste C-Programm `erst.c`:

```c
/***************************************************************/
/*                Einfuehrendes Beispiel                       */
/***************************************************************/

#include   <stdio.h>

int main(void)
{
   printf("***************************************************\n");
   printf("*                                                 *\n");
   printf("*         Das ist mein erstes   C-Programm        *\n");
   printf("*                                                 *\n");
   printf("***************************************************\n");

   return(0);   /* auch moeglich:    return 0; */
}
```

Hier sind bereits einige grundlegende C-Regeln zu erkennen:
1. Vorläufig müssen alle unsere C-Programme die Zeichenfolge `int main(void)` enthalten, was den eigentlichen Programmanfang kennzeichnet.
2. Der zu `main()` gehörige Programmteil ist in geschweiften Klammern einzubetten. Dabei kennzeichnet:

{ den Anfang und

} das Ende des entsprechenden Programmteils.

3. Ein Kommentar wird mit /* ..... */ geklammert und kann an jeder beliebigen Stelle in einem C-Programm stehen. Kommentare sind Informationen für den Programmierer und werden vom C-Übersetzer (auch C-Compiler genannt) nicht beachtet. Um ein Programm möglichst lesbar zu machen, sollte es möglichst gut kommentiert sein; siehe auch die Tipps am Ende dieses ersten Kapitels.

4. Bildschirmausgaben sind mit `printf("Text")` möglich. Auszugebender Text muss dabei mit Anführungszeichen geklammert sein.

5. Die Angabe von \n im Text bei `printf("Text")` bewirkt, dass beim Programmablauf an dieser Stelle auf den Anfang der nächsten Zeile gesprungen wird. Das Steuerzeichen \n, welches immer in den Anführungszeichen anzugeben ist, wird also niemals als Text ausgegeben, sondern bewirkt einen Zeilenvorschub.

6. Um die einzelnen C-Anweisungen voneinander zu trennen, muss immer ein Semikolon als Trennzeichen angegeben werden. Vor und nach einem Semikolon können beliebig viele Leerzeichen oder auch Leerzeilen angegeben werden, was übrigens auch für andere Wörter wie `main`, `printf` oder `return` gilt.

7. Die Zeile `#include <stdio.h>` sollte zunächst immer am Anfang (vor `main()`) angegeben werden. Ebenso sollte vor der abschliessenden geschweiften Klammer immer `return(0);` oder `return 0;` angegeben werden.

1.2 Erstellen eines Programms (Bedienung)

Um ein Programm zu erstellen, muss man dieses zuerst eintippen. Dazu muss man einen der vielen unter Linux/Unix angebotenen Editoren verwenden. Für Anfänger empfiehlt sich dabei beim Arbeiten unter der graphischen Oberfläche (X Window) die am früher unter MS-DOS sehr beliebten Turbo-C angelehnte integrierte Entwicklungsumgebung `xwpe` oder der leicht zu bedienende Editor `kedit`. Arbeitet man auf einer Textkonsole, empfiehlt sich für Anfänger die an Turbo-C angelehnte integrierte Entwicklungsumgebung `wpe` oder der Editor `mcedit`, bei dem man die Editierkommandos über die Funktionstasten (F1) bis (F10) abrufen kann. Weitere denkbare Editoren, die sowohl unter der graphischen Oberfläche als auch auf einer Textkonsole verwendet werden können, sind z. B. `pico`, `joe`, `jove`, `jed`, `vi` oder `emacs`, um nur einige zu nennen. Erfahrene Linux-/Unix-Entwickler arbeiten meist mit `vi`, `emacs` oder eben einer angebotenen Variante dieser beiden Editoren. Entscheiden Sie sich für einen Editor, und tippen Sie dann das Programm `erst.c` ein, das Sie dann unter den Namen `erst.c` abspeichern sollten.

1.3 Kompilieren eines Programms (Bedienung)

Nachdem man sein Programm erstellt hat, muss man es in eine dem Computer verständliche Form übersetzen lassen. Dazu benötigt man einen Compiler, welcher unter Linux/Unix üblicherweise den Namen gcc bzw. auch nur cc hat.

Arbeitet man mit der integrierten Entwicklungsumgebung wpe bzw. xwpe, muss man nur die Tastenkombination (Strg)-(F9)[1] drücken, und das Programm wird automatisch kompiliert und gestartet, wenn es fehlerfrei ist. Sollte das Programm Fehler enthalten, werden die entsprechenden Fehlermeldungen in dem unteren Fenster angezeigt. In xwpe reicht ein Mausklick auf die entsprechende Fehlermeldung, und der Cursor wird automatisch auf die fehlerhafte Zeile im Programm positioniert. In wpe kann man mit der Taste (F6) in das Fenster mit den Fehlermeldungen wechseln. Nun kann man den Cursor mit den Cursorsteuerzeichen auf die entsprechende Fehlermeldung bewegen. Drückt man hier nun die Taste (⏎), wird der Cursor automatisch auf die entsprechende fehlerhafte Zeile im Programm positioniert. Nachdem man die Fehler entsprechend ausgebessert hat, kann man eine erneute Kompilierung versuchen. Meldet der Compiler wieder Fehler, muss man die entsprechenden Fehler ausbessern und mit (Strg)-(F9) wieder versuchen, das Programm zu kompilieren usw. Erst wenn das Programm schließlich fehlerfrei ist, wird es automatisch gestartet.

Arbeitet man nicht mit der integrierten Entwicklungsumgebung wpe bzw. xwpe, muss man auf der Kommandozeilenebene den Compiler aufrufen. Unter der graphischen Oberfläche erreicht man dies am einfachsten, indem man ein neues Window (ein Terminal-Fenster, wie z. B. xterm oder konsole) öffnet, in dem man in das Directory wechselt, in dem sich das Programm erst.c befindet, und dort die folgende Kommandozeile eingibt:

```
user@linux:~ >  cc -o erst erst.c  ⏎
```

Diese Kommandozeile ruft den Compiler auf und teilt ihm mit, dass er das Quellprogramm erst.c kompilieren soll und das daraus erzeugte ablauffähige Programm unter den Namen erst ablegen soll. Abbildung 1.1 zeigt diese beiden Windows:

- ❏ Editor-Window zum Editieren der Datei und
- ❏ ein Shell-Window für die Eingabe von Kommandos, wie z. B. zum Kompilieren des Programms.

Kann das Programm fehlerfrei kompiliert werden, so kann man es anschließend durch Eingabe des Namens (hier erst) starten. Ist das Programm nicht fehlerfrei, gibt der Compiler entsprechende Fehlermeldungen mit Angabe der zugehörigen Zeilennummern aus. In diesem Fall muss man wieder in das Editor-Window wechseln, dort in den entsprechenden Zeilen die Fehler ausbessern, den geänderten Programmtext abspeichern und wieder in das Shell-Window zurückwechseln, in dem man wieder den Compiler aufrufen muss (cc -o erst erst.c). Diese Schritte sind solange zu wiederholen, bis das Programm fehlerfrei kompiliert werden kann. Arbeitet man auf einer Textkonsole, entspricht die Vorgehensweise weitgehend der, wie sie soeben beschrieben wurde, nur dass man in diesem Fall zwischen der

---

[1] Bei gedrückter Taste (Strg) die Taste (F9) drücken

1 Einführendes Beispiel

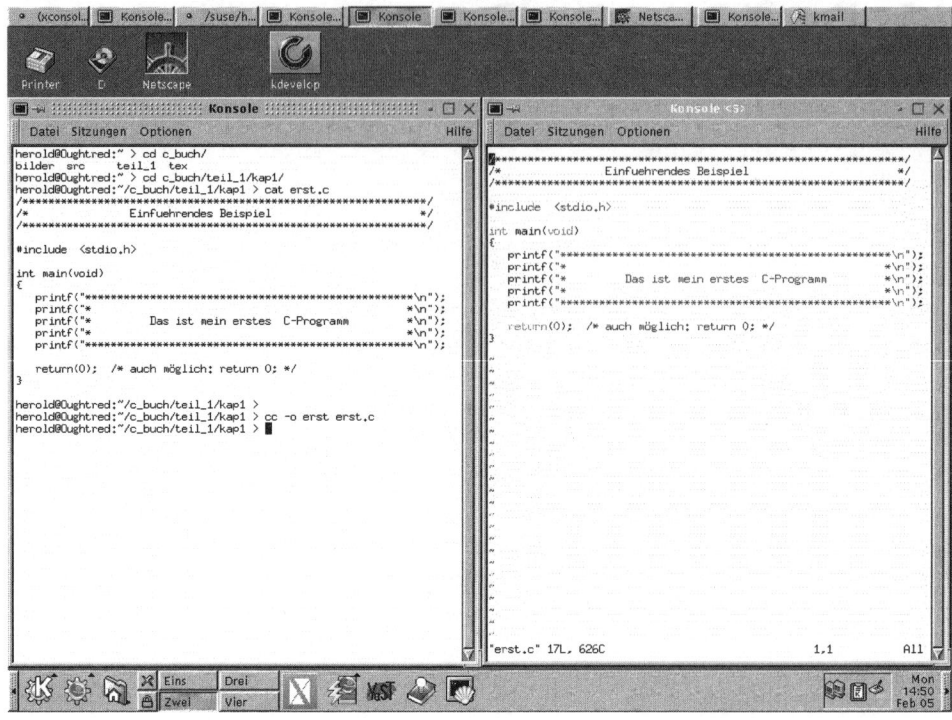

Abbildung 1.1: Shell- und Editor-Window

Editor-Konsole und der Shell-Konsole mit den Tasten (Alt)-(F1) und (Alt)-(F2) hin- und herwechseln muss. Da bis zu sechs virtuelle Konsolen möglich sind, kann man hierbei eventuell auch die anderen Tasten (Alt)-(F3) bis (Alt)-(F6) verwenden, wenn sich die Editor- bzw. Shell-Konsole auf der dritten bis sechsten virtuellen Konsole befindet.

1.4 Starten eines kompilierten Programms (Bedienung)

Nach der erfolgreichen Übersetzung (Kompilierung) des C-Programms erst.c führt ein Start des Programms erst zu folgender Bildschirmausgabe:

```
user@linux:~ > erst ⏎
**************************************************
*                                                *
*       Das ist mein erstes  C-Programm          *
*                                                *
**************************************************
user@linux:~ >
```

1.5 Das Steuerzeichen \n

Das C-Programm `zweit.c` verdeutlicht die Wirkungsweise des Steuerzeichens \n noch etwas besser:

```c
/************************************************************/
/*      Demonstrationsbeispiel zum Steuerzeichen    \n      */
/************************************************************/

#include <stdio.h>

int main(void)
{
   printf("****\n*  *\n*  *\n****\n\n");
   printf("Das ist ein Viereck ");
   printf("aus Sternchen, ");
   printf("oder nicht ?");
   printf("\nE\nN\nD\nE");
   printf("N");
   printf("D");
   printf("E\n");

   return(0);
}
```

Startet man dieses Programm `zweit`, liefert es die folgende Bildschirmausgabe:

```
****
*  *
*  *
****

Das ist ein Viereck aus Sternchen, oder nicht ?
E
N
D
ENDE
```

Hier ist erkennbar, dass es sich bei \n um ein nicht druckbares Steuerzeichen handelt, das einen Zeilenvorschub bewirkt. Wird als letztes Zeichen in einem auszugebenden Text nicht \n angegeben, so wird beim nächsten `printf` in der gleichen Zeile (an der alten Bildschirmposition) mit der Ausgabe fortgefahren. Eine Angabe wie:

```
printf("Guten Ta
g");
```

ergibt einen Fehler, da ein Zeilenwechsel innerhalb der in "..." eingebetteten Zeichenkette nicht erlaubt ist.

1.6 Zeilen-Kommentare mit // (neu in C99)

Neben dem schon immer vorhandenen C-Kommentar, der in einem C-Programm mit der Zeichenfolge /* eingeleitet und mit der Zeichenfolge */ beendet wird, hat C99 zusätzlich noch die Zeichenfolge // zum Kommentieren eingeführt: Alle Zeichen ab // bis zum Zeilenende werden dabei als Kommentar interpretiert, wie z. B.:

```
printf("Frau Holle, "); /* Normaler C-Kommentar, der sich über
                           mehrere Zeilen erstrecken kann und
                           auch weiterhin verwendet werden kann.
                        */
printf("wie gehts?\n"); // Ab hier bis zum Zeilenende Kommentar (neu in C99)
                        // Bei mehrzeiligen Kommentare ist erneut // anzugeben
```

Diesen Zeilen-Kommentar // hat C99 im übrigen von C++ übernommen.

1.7 Tipps

Lesbarkeit von Programmen

Bei der Bewertung eines Programms ist die gute Lesbarkeit ein sehr wichtiges Kriterium, da die Zeit, die mit dem Lesen von Programmen verbracht wird, meist ein Vielfaches der Zeit ausmacht, die zum Erstellen der entsprechenden Programme benötigt wurde. Die Lesbarkeit eines Programms lässt sich nun durch Einhalten der folgenden Punkte wesentlich erhöhen:

Einrücken von untergeordneten Programmteilen Wie einzurücken ist, wurde bereits in den vorherigen Programmbeispielen für die Anweisungen innerhalb der geschweiften Klammern von main() gezeigt. Es gibt keine allgemeingültige Regel, wie viele Leerzeichen einzurücken sind; üblich ist jedoch das Einrücken um drei, vier oder auch acht Leerzeichen.

Sinnvolle Kommentare Da Kommentare in einem C-Programm der Mensch/-Mensch-Kommunikation dienen, sind sie ein wichtiges Hilfsmittel, um die Lesbarkeit eines Programms zu erhöhen und somit das Verständnis zu erleichtern. Jedoch sollten einige Grundregeln beim Kommentieren von Programmen beachtet werden:

- ❑ **Kommentare sollten zusätzliche Information enthalten**
  Die Befehlsbedeutung ist nicht zu kommentieren. Kommentare wie
  `i=i+1; /* i wird um 1 erhoeht */`
  sind nicht nur überflüssig, sondern sogar schädlich, da sie den Programmtext unnötig aufblähen, was eher zur Unübersichtlichkeit und damit zu einer schlechteren Lesbarkeit führt.

❏ **Nicht zuviel Programmtext auf einmal kommentieren**
Drei Seiten zusammenhängender Kommentar, um die nächsten drei Seiten Programmtext zu beschreiben, dient nicht der besseren Verständlichkeit eines Programms. Ebenso ist ein solcher Kommentar nicht unbedingt leicht änderbar, wenn sich der betreffende Programmteil grundlegend ändert.

❏ **Ein falscher Kommentar ist schlimmer als gar kein Kommentar**
Kommentare müssen bei jeder Änderung des Programms aktualisiert werden.

❏ **Einige gute treffende Sätze sind mehr wert als Romane**
Bei Kommentaren geht es meist darum, den Nagel auf den Kopf zu treffen und nicht wie die Katze um den heissen Brei herumzuschleichen. Die Professionalität und Güte eines Programmierers lässt sich unter anderem an seinem Stil der Kommentierung erkennen.

Vermeiden von geschachtelten Kommentaren

Obwohl einige Compiler geschachtelte Kommentare, wie z. B.:

```
.....
/*
   .....
   /*
      .....
      .....
   */
   .....
*/
.....
```

zulassen, ist es nicht empfehlenswert, von solchen Schachtelungen Gebrauch zu machen, da diese nicht durch die C-Standards „abgesegnet" sind. Verwendet man trotzdem solche Kommentar-Schachtelungen, dann verstößt man gegen die in der SW-Entwicklung wichtige Forderung der Portabilität, da ein solches Programm eventuell auf anderen C89- bzw. C99-Compilern nicht mehr ablauffähig ist.
Es gilt nämlich, dass ab dem ersten Vorkommen von /* bis zum ersten Auftreten von */ alles als Kommentar interpretiert wird. Für obige Angabe würde dies bedeuten, dass der fett gedruckte Teil vom Compiler als Kommentar interpretiert wird, so dass er dann mit dem Rest nichts mehr anfangen kann.

1.8 Übungen

1.8.1 Ausgabe eines Menüs

Erstellen Sie ein C-Programm `menue.c`, das folgendes am Bildschirm ausgibt:

```
    Hauptmenue
    ==========


(A)endern
(B)eenden
(D)rucken
(E)ingeben
(L)oeschen



Was wuenschen Sie zu tun ?
```

1.8.2 Es weihnachtet sehr

Was würde folgendes C-Programm `engel.c` am Bildschirm ausgeben ?

```
/*---- engel.c ----------------------------------------------------------*/
/*----------------------------------------------------------------------*/
#include  <stdio.h>

int main(void) {
     /*  Frohe Weihnachten  */
     printf("   *\n  ***\n *****\n*******\n");
     printf("   *\n   *\n\n");
     printf("Merry X-mas und\n  Frohe Y-nachten\n");

     return(0);
}
```

1.8.3 Kommentar und Anführungszeichen

Was würde das folgende C-Programm `komment.c` am Bildschirm ausgeben ?

```
/*---- komment.c --------------------------------------------------------*/
/*----------------------------------------------------------------------*/

#include  <stdio.h>

int main(void) {
   printf("Kommentare werden in C mit /*..*/ geklammert.\n");
   printf("Beachte jedoch:");
   printf("\n - Kommentare innerhalb von Anfuehrungszeichen\n");
   printf("   werden als Text und nicht als Kommentar interpretiert\n");
     /* printf("Ende\n"); */
   return(0);
}
```

Kapitel 2

Elementare Datentypen

> *In besonders guter Laune führte Mark Twain bei einem exklusiven Abendessen die Gemahlin des Gouverneurs zu Tisch. Galant sagte er: „Wie schön Sie sind, Madame!" Geschmeichelt nahm die Dame das Kompliment auf, entgegnete aber trotzdem boshaft: „Wie schade, dass ich von Ihnen nicht dasselbe sagen kann." Mark Twain darauf: „Machen Sie es wie ich, gnädige Frau. Lügen Sie!"*
>
> *Anekdote*

2.1 Positionssysteme

Das von uns verwendete Zehnersystem ist ein Positionssystem. Dies bedeutet, dass jeder Position in einer Zahl ein bestimmter Wert zugeordnet wird, der eine Potenz von 10 ist.

Beispiel:

Die Zahl 752 ist die Kurzform für 7*100 + 5*10 + 2*1:

```
   7              5              2
   |              |              |
7 * 10²    +   5 * 10¹     +   2 * 10⁰
   |              |              |
  700       +     50       +      2
```

Da das Zehnersystem, in dem 10 verschiedene Ziffern 0, 1, 2,..., 9 existieren, technisch schwer zu realisieren ist, benutzt man in Rechnern intern das Dualsystem, bei dem nur zwei Ziffern, 0 und 1, verwendet werden. Die beiden Ziffern des Dualsystems lassen sich technisch relativ leicht nachbilden:

0 = kein Strom, keine Spannung

1 = Strom, Spannung

Auch beim Dualsystem handelt es sich nun um ein Positionssystem, in dem jeder Position in einer Zahl ein bestimmter Wert zugeordnet wird, der jedoch hier nun eine Potenz von 2 ist.

2 Elementare Datentypen

Beispiel:

$$10011 = 1 \cdot 2^4 + 0 \cdot 2^3 + 0 \cdot 2^2 + 1 \cdot 2^1 + 1 \cdot 2^0 = 1 \cdot 16 + 0 \cdot 8 + 0 \cdot 4 + 1 \cdot 2 + 1 \cdot 1 = 19 \text{ (im Zehnersystem)}$$

Das Zahlensystem gibt man dabei oft tiefgestellt in Klammern an:

$10011_{(2)} = 19_{(10)}$

$1011_{(2)} = 11_{(10)}$

$11010110_{(2)} = 214_{(10)}$

2.2 Negation von Zahlen durch Zweier-Komplement

Wir nehmen hier einmal an, dass es einen vorzeichenbehafteten Datentyp[1] `kurz` gäbe, der durch 4 Bits dargestellt wird, wobei das erste Bit das Vorzeichenbit ist. Für diesen Datentyp wären dann folgende Bitkombinationen möglich:

```
0000 = 0
0001 = 1
0010 = 2
0011 = 3
0100 = 4
0101 = 5
0110 = 6
0111 = 7
```
```
1000 = -8
1001 = -7        Alle Kombinationen, bei denen das
1010 = -6        1. Bit gesetzt ist, repräsentieren
1011 = -5        dabei negative Zahlen.
1100 = -4
1101 = -3
1110 = -2
1111 = -1
```

Unter Verwendung eines Zahlenrings wird dann die in Abbildung 2.1 gezeigte Zuordnung von positiven und negativen Zahlen getroffen.

In unserem hypothetischen Datentyp `kurz` könnten wir also Zahlen aus dem Wertebereich -8..7 darstellen. Hier drängt sich jetzt nur noch die Frage auf, nach welchem Prinzip die einzelnen negativen Zahlen den entsprechenden Bitkombinationen zugeordnet werden.

---

[1] Eine genauere Beschreibung von Datentypen findet sich in Kapitel 2.3 ab Seite 19.

2.2 Negation von Zahlen durch Zweier-Komplement

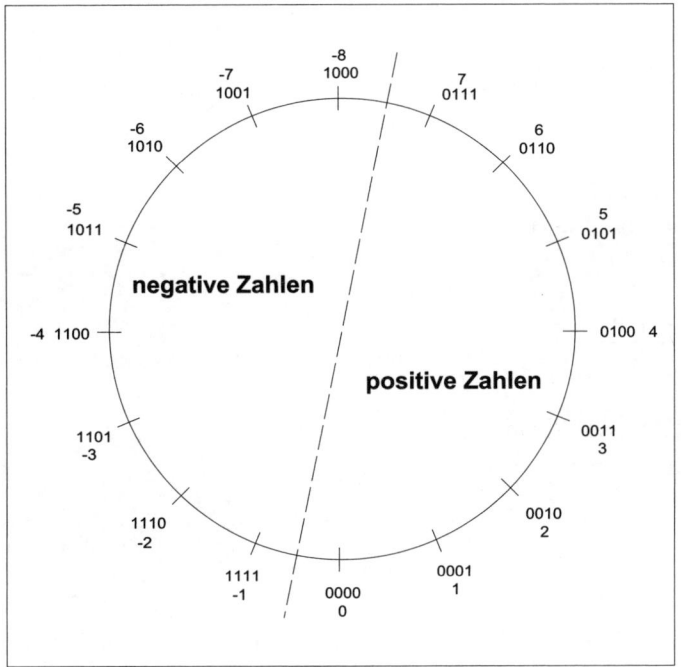

Abbildung 2.1: Zahlenring für unseren Datentyp `kurz`

Regeln für die Bildung eines Zweier-Komplements

1. Ist das 1. Bit mit 1 besetzt, so handelt es sich um eine negative Zahl.
2. Der Wert einer negativen Zahl wird dabei im Zweier-Komplement dargestellt. Zweier-Komplement zu einem Wert bedeutet dabei, dass zunächst jedes einzelne Bit invertiert (umgedreht) wird, und dann auf die so entstandene Bitkombination 1 aufaddiert wird.

Beispiele:

Zweier-Komplement zu 5:

Dualdarstellung von 5 :	0101
Negieren von 5 :	1010
+ 1 :	0001
= -5 :	1011

Zweier-Komplement zu -5:

Dualdarstellung von -5 :	1011
Negieren von -5 :	0100
+ 1 :	0001
= 5 :	0101

Der Vorteil einer solchen Komplement-Darstellung ist, dass eine Maschine nicht subtrahieren können muss, sondern jede Subtraktion a - b durch eine Addition a + -b realisieren kann.

Beispiele:

2 - 4 = 2 + -4 :
$\quad\quad\quad\quad\quad\quad\quad$ 0010 $\quad$ = 2
$\quad\quad\quad\quad\quad\quad$ + 1100 $\quad$ = -4
$\quad\quad\quad\quad\quad\quad\quad$ 1110 $\quad$ = -2

6 - 2 = 6 + -2 :
$\quad\quad\quad\quad\quad\quad\quad$ 0110 $\quad$ = 6
$\quad\quad\quad\quad\quad\quad$ + 1110 $\quad$ = -2
$\quad\quad\quad\quad\quad\quad$ 1|0100 $\quad$ = 4 (Das vorne überlaufende Bit wird weggeworfen)

Für die **duale Addition** gilt allgemein:	0 + 0	= 0
	0 + 1	= 1
	1 + 0	= 1
	1 + 1	= 0 Übertrag 1
	1 + 1 + 1 (vom Übertrag)	= 1 Übertrag 1

Für die Umwandlung einer Dezimalzahl x in das Dualsystem kann folgender Algorithmus verwendet werden:

Umwandlung einer Dezimalzahl x in das Dualsystem

Wiederhole die folgenden beiden Schritte, bis x gleich 0 ist:
1. x : 2 = y Rest z
2. Mache y zum neuen x und fahre wieder mit Schritt 1 fort, wenn dieses neue x ungleich 0 ist, ansonsten fahre mit Schritt 3 fort.
3. Die ermittelten Reste z von unten nach oben nebeneinander geschrieben ergeben dann die entsprechende Dualzahl.

Beispiele:

$30_{(10)} = ?_{(2)}$

x				y	z	
30	:	2	=	15	Rest	0
15	:	2	=	7	Rest	1
7	:	2	=	3	Rest	1
3	:	2	=	1	Rest	1
1	:	2	=	0	Rest	1

Die Reste z von unten nach oben nebeneinander geschrieben liefern dann die gesuchte Dualzahl: $30_{(10)} = 11110_{(2)}$

$43_{(10)} = ?_{(2)}$

x				y	z	
43	:	2	=	21	Rest	1
21	:	2	=	10	Rest	1
10	:	2	=	5	Rest	0
5	:	2	=	2	Rest	1
2	:	2	=	1	Rest	0
1	:	2	=	0	Rest	1

Somit gilt: $43_{(10)} = 101011_{(2)}$

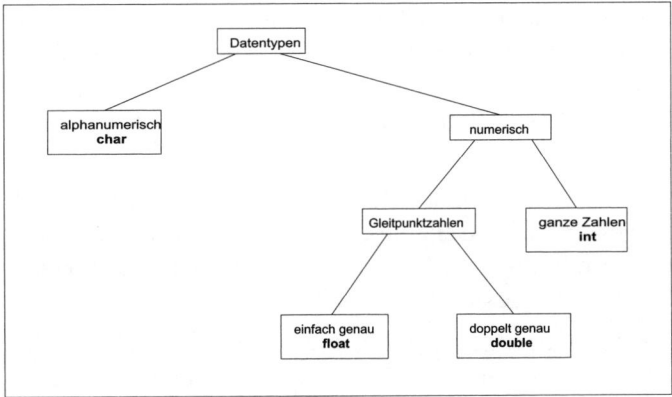

Abbildung 2.2: Die elementaren C-Datentypen

2.3 Die Grunddatentypen in C

In C existieren die in Abbildung 2.2 gezeigten elementaren Datentypen. Da ein Computer Zeichen – wie z. B. Buchstaben – ganz anders behandelt werden als Gleitpunktzahlen – wie z. B. die Zahl π=3.1415...–, wurde eine Klassifikation dieser unterschiedlichen Daten notwendig.

Ordnet man nun in einem Programm Daten bestimmten Klassen wie *Zeichen, ganze Zahl, einfach/doppelt genaue Gleitpunktzahl* usw. zu, dann teilt man dem Rechner deren *Datentyp* mit. In C existieren die Grunddatentypen: `char`, `int`, `float` und `double`, wobei es für die Typen `int` und `double` Versionen mit unterschiedlichen Genauigkeiten gibt:

char Daten dieses Typs belegen ein Byte Speicherplatz und repräsentieren „Zeichen". In einem Byte (8 Bit) kann genau ein Zeichen des ASCII-Zeichenvorrats[2] gespeichert werden. Vor `char` darf dabei eines der beiden folgenden Schlüsselwörter angegeben werden:

    signed   1. Bit ist Vorzeichenbit.
    unsigned 1. Bit ist kein Vorzeichenbit.

int Dieser Datentyp repräsentiert „ganze Zahlen"; dafür sind im allgemeinen 4 Bytes vorgesehen, also viermal soviel Speicherplatz wie für `char`. Mit diesen 4 Bytes (32 Bit) können Zahlen im Bereich −2 147 483 648 ... +2 147 483 647 dargestellt werden.

Vor `int` darf dabei eines der folgenden Schlüsselwörter angegeben werden:

short Durch Voranstellen dieses Schlüsselworts (`short int`) werden typischerweise 2 Bytes (16 Bits) reserviert, was dem Zahlenbereich −32 768 ... +32 767 entspricht.

---

[2] ASCII = American Standard for Coded Information Interchange;

long Durch Voranstellen dieses Schlüsselworts (`long int`) wird auf 32-Bit Maschinen üblicherweise ein Speicherplatz von 4 Bytes (32 Bit) reserviert. Auf 64-Bit Computern hat `long` aber normalerweise eine Genauigkeit von 64 Bit, also 8 Byte, was einem Wertebereich von etwa $\pm 9.22\ldots \cdot 10^{18}$ entspricht.

long long Ein `long long int` entspricht sowohl auf 32-, als auch auf 64-Bit Architekturen einer 8-Byte Genauigkeit. Dieser Datentyp bietet also für 32-Bit Computer die Möglichkeit, mit einem grösseren Wertebereich zu arbeiten, als ihn die Prozessorregister bieten.

unsigned Das Voranstellen dieses Schlüsselworts (`unsigned int`) bewirkt, dass das erste Bit nicht als Vorzeichenbit, sondern als echte Stelle interpretiert wird. Mit `unsigned` kann also festgelegt werden, dass in einem Speicherplatz nur ganze positive, also keine negativen Zahlen stehen können.

Die obigen Schlüsselwörter können auch alleine, d.h. ohne `int`, angegeben werden, was vom C-Compiler genauso wie mit Angabe von `int` interpretiert wird: `short` entspricht `short int`, `long` entspricht `long int`, `long long` entspricht `long long int` und `unsigned` entspricht `unsigned int`.

float Dieser Datentyp ist für Gleitpunktzahlen mit einfacher Genauigkeit vorgesehen; dazu werden im allgemeinen 4 Bytes (32 Bit) reserviert.

double Daten dieses Typs belegen 8 Byte (64 Bit) Speicherplatz und sind Gleitpunktzahlen mit doppelter Genauigkeit. Wird `long double` angegeben, so bedeutet dies meist, dass ein Speicherplatz von 96 Bits (12 Bytes) reserviert wird.

Wie viele Bytes ein bestimmter Datentyp auf einer gegebenen Architektur tatsächlich belegt, kann mit dem folgenden Programm ermittelt werden (Beispiel für `long double`):

```
#include <stdio.h>
int main(void)
{
    printf( "Der Datentyp belegt %d Bytes \n", sizeof(long double) );
    return 0;
}
```

Hinweis:
C99 führte noch drei weitere Datentypen ein:
- **_Bool**: kann nur zwei Werte enthalten: `true` (wahr) oder `false` (falsch). Der Datentyp `_Bool` wird in Kapitel 5.4.2 auf Seite 46 näher erläutert.
- **_Complex**: für komplexe Zahlen
- **_Imaginary**: für imaginäre Zahlen

2.4 Wertebereiche für die einzelnen Datentypen

Tabelle 2.1 zeigt für die einzelnen Datentypen die auf 32-Bit Maschinen üblicherweise verwendeten Bitzahlen und die daraus resultierenden Wertebereiche. Tabelle 2.2, welche die äquivalente Information für 64-Bit Architekturen enthält, verdeutlicht, dass sich auf 64-Bit Computern lediglich der Wertebereich des Datentyps `long` ändert.

Tabelle 2.1: Typische Wertebereiche für die einzelnen Datentypen auf 32-Bit-Architekturen

Datentyp-Bezeichnung	Bitanzahl	Wertebereich
`char, signed char`	8	-128 .. 127
`unsigned char`	8	0 .. 255
`short, signed short,` `short int, signed short int`	16	-32 768 .. 32 767
`unsigned short, unsigned short int`	16	0 .. 65 535
`int, signed, signed int`	32	-2 147 483 648 .. 2 147 483 647
`unsigned, unsigned int`	32	0 .. 4 294 967 295
`long, signed long` `long int, signed long int`	32	-2 147 83 648 .. 2 147 483 647
`unsigned long, unsigned long int`	32	0 .. 4 294 967 295
`long long, signed long long` `long long int, signed long long int`	64	-9 223 372 036 854 775 808 .. .. 9 223 372 036 854 775 807
`unsigned long long` `unsigned long long int`	64	0 .. 18 446 744 073 709 551 615
`float`	32	$1.2 \cdot 10^{-38} .. 3.4 \cdot 10^{38}$
`double`	64	$2.2 \cdot 10^{-308} .. 1.8 \cdot 10^{308}$
`long double`	96	$3.4 \cdot 10^{-4932} .. 1.1 \cdot 10^{4932}$

Tabelle 2.2: Typische Wertebereiche für die einzelnen Datentypen auf 64-Bit-Architekturen

Datentyp-Bezeichnung	Bitanzahl	Wertebereich
`int, signed, signed int`	32	-2 147 483 648 .. 2 147 483 647
`long, signed long` **`long int, signed long int`**	64	-9 223 372 036 854 775 808 .. .. 9 223 372 036 854 775 807
`unsigned long, unsigned long int`	64	0 .. 18 446 744 073 709 551 615
`unsigned long long,` `unsigned long long int`	64	0 .. 18 446 744 073 709 551 615
`long long, signed long long` `long long int, signed long long int`	64	-9 223 372 036 854 775 808 .. .. 9 223 372 036 854 775 807

2.5 Fallgrube: Verlust von Bits bei zu grossen Zahlen

Wenn in C versucht wird, in einem Datentyp einen Wert abzulegen, der nicht in diesen Datentyp passt, so werden einfach die vorne überhängenden Dualziffern abgeschnitten.

Beispiele:

Es soll versucht werden, die Zahl 50 im hypothetischen 4-Bit Datentyp kurz darzustellen:

$50_{(10)} = 110010_{(2)}$

Da nur für vier Ziffern Platz im Datentyp kurz ist, werden die ersten beiden Ziffern (11) einfach weggeworfen:

11|0010

so dass schließlich folgende Bitkombination in kurz gespeichert wird:

0010

Dies ist die Dualdarstellung für die Zahl 2. Der Versuch, die Zahl 50 im Datentyp kurz unterzubringen, führte also schließlich dazu, dass dort die Zahl 2 gespeichert wurde.

Dieses Abschneiden von vorne überhängenden Ziffern bei Zahlen, die außerhalb des Wertebereichs eines Datentyps liegen, kann sogar dazu führen, dass aus positiven Zahlen dann negative Zahlen resultieren bzw. umgekehrt.

Beispiele:

Es soll versucht werden, die Zahl 43 im Datentyp kurz darzustellen:

$43_{(10)} = 101011_{(2)}$

Da nur für 4 Ziffern Platz im Datentyp kurz ist, gehen die ersten beiden Ziffern (10) einfach wieder verloren:

10|1011

so dass sich schließlich folgende Bitkombination in kurz ergibt:

1011

Dies ist die Dualdarstellung für die Zahl -5. Der Versuch, die Zahl 43 im Datentyp kurz unterzubringen, führte also schließlich dazu, dass dort die Zahl -5 gespeichert wurde. Natürlich werden auch bei nicht vorzeichenbehafteten Datentypen (unsigned) vorne überhängende Ziffern abgeschnitten. In diesem Fall kann aber niemals eine negative Zahl aus diesem Abschneiden resultieren, da der Wertebereich von nicht vorzeichenbehafteten Datentypen aufgrund des fehlenden Vorzeichenbits immer positiv ist. Das Überlaufen von Datentypen wird hier deswegen so betont, da in C beim Abspeichern von Zahlen, die außerhalb des Wertebereichs eines Datentyps liegen, *kein* Fehler gemeldet wird, sondern einfach die überhängenden Ziffern abgeschnitten werden! Mit diesem falschen Wert wird dann einfach weiter gearbeitet, was schließlich zu falschen Ergebnissen führt. Beim Entwurf eines Programms sollte also genau darauf geachtet werden, dass die während des Programmablaufs zu erwartenden Zahlen niemals außerhalb der Wertebereiche der dafür gewählten Datentypen liegen.

2.6 Übungen

2.6.1 Umwandlung von Dualzahlen in Dezimalzahlen

Welchen Zahlen würden die folgenden Dualzahlen im Zehnersystem entsprechen?

```
10010001(2)             =
1010(2)                 =
11101011(2)             =
111111(2)               =
11010010010101110110(2) =
110(2)                  =
```

2.6.2 Umwandlung von Dezimalzahlen in Dualzahlen

Hier wird angenommen, dass der Datentyp `short` zwei Bytes belegt. Geben Sie die Dualdarstellung für folgende Dezimalzahlen im `short`-Datentyp an:

```
445(10)    :
-34(10)    :
-12375(10) :
32000(10)  :
```

2.6.3 Bereichsüberläufe beim Datentyp `short`

Geben Sie die resultierende Dualdarstellung mit entsprechendem Dezimalwert für folgende Dezimalzahlen im `short`-Datentyp (zwei Bytes) an:

```
-65000(10) :
100000(10) :
 33000(10) :
 65535(10) :
```

Kapitel 3

Konstanten

Bei einer erhitzt geführten Debatte im britischen Unterhaus ließ sich eine
weibliche Abgeordnete dazu hinreißen, Winston Churchill folgenden Satz zuzurufen:
„Wenn ich Ihre Frau wäre, würde ich Ihnen Gift in den Kaffee tun!".
Churchill konterte diese Attacke schlagfertig wie er war mit
„Und wenn ich Ihr Mann wäre, würde ich den Kaffee trinken!"
Anekdote

3.1 Oktale und Hexadezimale Zahlen

Beim Zehnersystem ist die Basis 10 und beim Dualsystem ist sie 2. Im Oktalsystem ist die Basis 8 und im Hexadezimalsystem ist sie 16. Das Oktal- und das Hexadezimalsystem spielen in der Datenverarbeitung eine besondere Rolle, da sich Zahlen aus dem Dualsystem leicht in diese beiden Zahlensysteme konvertieren lassen.

> **Umwandlung einer Dualzahl in das Oktalsystem**
>
> Beim Oktalsystem muss die Dualzahl von rechts her in Dreiergruppen unterteilt werden. Diese Dreiergruppen werden dann in Oktalziffern (0 bis 7) umgeformt. Diese Ziffernkombination ist dann die entsprechende Oktalzahl.

Beispiel: 0100001101010111

Unterteilung in Dreiergruppen: 0 | 100 | 001 | 101 | 010 | 111
Oktalziffer zu jeder Dreiergruppe: 4   1   5   2   7

Es gilt also:

$0100001101010111_{(2)} = 41527_{(8)} =$
$= 4 \cdot 8^4 \quad + \quad 1 \cdot 8^3 \quad + \quad 5 \cdot 8^2 \quad + \quad 2 \cdot 8^1 \quad + \quad 7 \cdot 8^0 \quad =$
$= 4 \cdot 4096 \quad + \quad 1 \cdot 512 \quad + \quad 5 \cdot 64 \quad + \quad 2 \cdot 8 \quad + \quad 7 \cdot 1 \quad =$
$= 16384 \quad + \quad 512 \quad + \quad 320 \quad + \quad 16 \quad + \quad 7 \quad = \quad 17239_{(10)}$

> **Umwandlung einer Dualzahl in das Hexadezimalsystem**
>
> Für das Hexadezimalsystem sind für die betreffende Dualzahl von rechts her anstelle von Dreier- nur Vierergruppen zu bilden, welche dann einzeln in Hexadezimalziffern (0,1,2,...,9,A,B,C,D,E,F) umzuformen sind. Die daraus resultierende Zahl ist dann die entsprechende Hexadezimalzahl. Statt Großbuchstaben A,B,C,D,E,F können im übrigen auch die entsprechenden Kleinbuchstaben a,b,c,d,e,f angegeben werden.

Beispiel: 0101111011011100
Unterteilung in Vierergruppen: 0101 | 1110 | 1101 | 1100
Hexaziffer zu jeder Vierergruppe: 5   E   D   C

Es gilt also:
$1001111011011100_{(2)} = 5EDC_{(16)} =$
$= 5 \cdot 16_3 + 14 \cdot 16_2 + 13 \cdot 16_1 + 12 \cdot 16_0 =$
$= 5 \cdot 4096 + 14 \cdot 256 + 13 \cdot 16 + 12 \cdot 1 \quad =$
$= 20480 + 3584 + 208 + 12 \quad = 24284_{(10)}$

3.2 Verschiedene Arten von C-Konstanten

Die Eigenschaft von Konstanten ist, dass sie – im Gegensatz zu Variablen – einen festen Wert besitzen, der einem der gerade besprochenen Datentypen zugeordnet ist. Jede Konstante hat dabei einen Datentyp, welcher durch ihre Form und Wert bestimmt wird (engl. *self-typing*).

3.2.1 char-Konstanten

Der Datentyp char wird meist durch 1 Byte realisiert. char-Konstanten müssen mit einfachem Hochkomma (z. B.: 'a') geklammert werden. Im Byte des char-Datentyps wird dann der zugehörige ASCII-Wert gespeichert, der dieses Zeichen repräsentiert, wie z. B.:

char-Konstante	Dezimaler ASCII-Wert	Dualdarstellung im **char**-Byte
'a'	97	01100001
'W'	87	01010111
'*'	42	00101010
'8'	56	00111000

Bei char handelt es sich anders als bei float und double um einen Ganzzahltypen. C ist nun bei weitem nicht so typstreng wie z. B. PASCAL. So ist es in C ohne weiteres möglich, im char-Datentyp auch einen numerischen Wert zu speichern. Es ist dabei lediglich zu beachten, dass bei einem numerischen Wert dann nicht der ASCII-Wert wie bei einer char-Konstante, sondern die Dualdarstellung dieser Zahl abgespeichert wird. Während also z. B. für '8' der ASCII-Wert 56, der dieses Zeichen repräsentiert als Dualzahl (00111000) abgelegt wird, wird dagegen für die Dezimalzahl 8 die dieser Zahl entsprechende Dualzahl (00001000) im char-Datentyp abgelegt.

3.2.2 Ganzzahlige Konstanten

Es gibt drei verschiedene Arten von ganzzahligen Konstanten:
- *Dezimal-Konstanten*, die immer mit einer von 0 verschiedenen Ziffer beginnen
- *Oktal-Konstanten*, die immer mit einer 0 beginnen müssen
- *Hexadezimal-Konstanten*, die immer mit 0x oder 0X beginnen müssen.

Am Ende einer Konstanten kann ein sogenanntes Suffix angehängt werden kann, um sie explizit als
- unsigned (Anhängen von Suffix u bzw. U)
- long (Anhängen von Suffix l bzw. L) oder
- unsigned long (Anhängen von Suffix ul, uL, Ul, bzw. UL)
- long long (Anhängen von Suffix ll bzw. LL) oder
- unsigned long long (Anhängen von Suffix ull, uLL, Ull, bzw. ULL)

zu klassifizieren.

3.2.3 Gleitpunktkonstanten

Die in C erlaubten Darstellungen einer Gleitpunktkonstante werden durch das in Abbildung 3.1 gezeigte Syntaxdiagramm beschrieben. Der nach e bzw. E angegebene Exponent wird als „Zehnerexponent" interpretiert. Zudem kann an eine Gleitpunktkonstanten noch ein Suffix (l, L, f, F) angehängt werden, um für diese explizit einen Datentyp festzulegen:

1. Eine Gleitpunktkonstante mit Suffix f oder F hat den Typ float.
2. Eine Gleitpunktkonstante mit Suffix l oder L hat den Typ long double.
3. Eine Gleitpunktkonstante ohne Suffix-Angabe hat den Typ double.

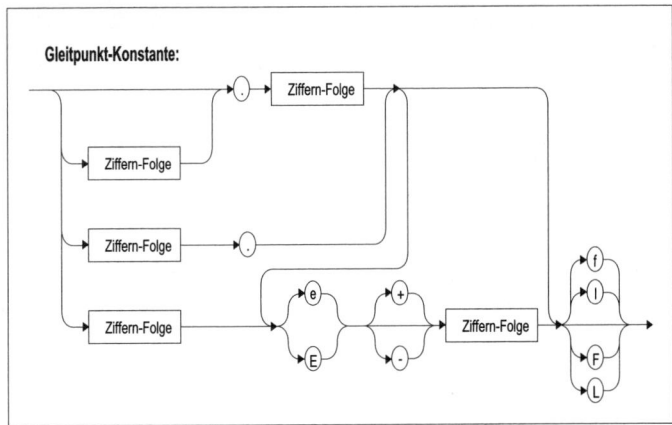

Abbildung 3.1: Syntaxdiagramm für erlaubte Gleitpunktkonstanten

3.3 Übungen

3.3.1 Bitmuster von Zeichen und Zahlen beim Datentyp `char`

Welches Bitmuster haben die folgenden `char`-Konstanten?

```
'%'
'?'
9
'9'
26
'{'
1245
```

3.3.2 Bitmuster für Oktal- und Hexazahlen beim Datentyp `short`

Geben Sie die resultierende Dualdarstellung mit entsprechendem Dezimalwert für folgende Oktal- und Hexadezimalzahlen im `short`-Datentyp (hier zwei Bytes angenommen) an:

```
0xaffe
007
01234567
0x420
-0x7
-0xCaff
```

3.3.3 Erlaubte und unerlaubte Gleitpunktkonstanten

Streichen Sie in folgender Liste alle in C nicht erlaubten Gleitpunktkonstanten:

```
2.33333333333e2531
3.4LF
.1234562772E15
.e+12
3.e-19L
2.3e+3.45
4444444.L
6365.F
2143,63
52.e++431
4.8e
```

Kapitel 4

Variablen

Als George Bernard Shaw nach seinen Wünschen im Jenseits gefragt wurde, antwortete er:
„Das Klima ist im Himmel sicher angenehmer,
die Gesellschaft ist aber bestimmt in der Hölle interessanter."
Anekdote

4.1 Variablen und die C-Regeln für Variablennamen

Die Eigenschaft von Variablen ist, dass sich ihre Werte ständig ändern können. Um den Begriff „*Variable*" besser verstehen zu können, soll zunächst ein Beispiel herangezogen werden: Ein Schreibtisch habe mehrere Fächer, wobei jedes eine Beschriftung trägt, wie dies z. B. in Abbildung 4.1 gezeigt ist.

Unter einer Variablen kann man sich die Benennung eines bestimmten Speicherbereichs, im obigen Beispiel also einer Schublade, vorstellen. Es handelt sich bei Variablen folglich um eine Art Beschriftung eines Speicherbereichs. Während aber die Beschriftung immer gleich bleibt, kann sich der Inhalt eines Speicherbereichs ändern. So könnte in der Schublade für Papier zu einem Zeitpunkt 100 Blatt und zu einem anderen Zeitpunkt 500 Blatt Papier liegen.

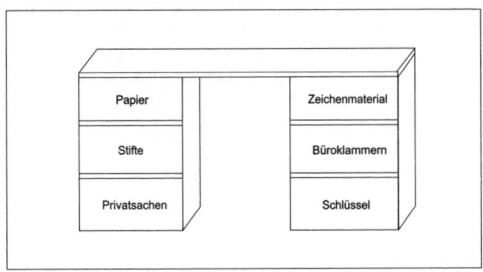

Abbildung 4.1: Schreibtisch mit beschrifteten Fächern

4 Variablen

Die *Beschriftung eines Speicherplatzes*, d. h. die Vergabe eines Namens an eine Variable, wird vom Programmierer vorgenommen. Natürlich muss festgelegt werden, um welche Art von Variable (siehe auch Datentypen in Kapitel 2 ab Seite 19) es sich handelt. Diese Festlegung wird ebenfalls vom Programmierer vorgenommen; wie das geschieht, wird im nächsten Kapitel gezeigt. Um nun einen Speicherplatz zu „beschriften", muss diesem ein Name, der *Variablenname*, gegeben werden. Die Vergabe von Variablennamen ist in C an bestimmte Regeln gebunden.

> **Regeln für C-Variablennamen:**
> 1. Es dürfen nur Buchstaben (keine Umlaute ä, ü, ö oder ß), Ziffern und der Unterstrich (_) verwendet werden.
> 2. Das erste Zeichen eines Variablennamens muss immer ein Buchstabe oder ein Unterstrich sein.
> 3. Ein Variablenname darf beliebig lang sein.
> 4. Wie jede höhere Programmiersprache verfügt auch C über einen festen Wortschatz von Befehlen (siehe auch Tabelle 4.1). Solche Befehle dürfen natürlich nicht als Variablennamen verwendet werden, weil sonst der C-Compiler nicht entscheiden könnte, ob ein Befehl oder ein Variablenname gemeint ist.
> 5. Obwohl nach der ersten Regel erlaubt, sollten Variablennamen niemals mit einem Unterstrich beginnen, da es eine Reihe vordefinierter Namen dieser Form gibt.

Die ersten drei Regeln für Variablennamen lassen sich durch das in Abbildung 4.2 gezeigte Syntaxdiagramm veranschaulichen.

Wie oben erwähnt, dürfen C-Schlüsselwörter nicht als Variablennamen verwendet werden. In Tabelle 4.1 sind alle C-Schlüsselwörter angegeben, wobei die in C99 neu hinzugekommenen Schlüsselwörter fett gedruckt sind. Während die Verwendung von Schlüsselwörtern als alleinstehende Variablennamen verboten ist, dürfen sie jedoch in Variablennamen eingebettet sein; z. B. wäre `automobil` ein erlaubter Variablenname.

Tabelle 4.1: Die von C reservierten Schlüsselwörter (fett gedruckte sind neu in C99)

Schlüsselwörter					
auto	break	case	char	const	continue
default	do	double	else	enum	extern
float	for	goto	if	int	long
register	return	short	signed	sizeof	static
struct	switch	typedef	union	unsigned	void
volatile	while				
inline	**restrict**	**_Bool**	**_Complex**	**_Imaginary**	

Variablenname:

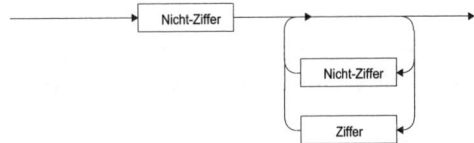

Nicht-Ziffer:

```
_   (Unterstrich)
a b c d e f g h i j k l m n o p q r s t u v w x y z
A B C D E F G H I J K L M N O P Q R S T U V W X Y Z
```

Ziffer:

```
0 1 2 3 4 5 6 7 8 9
```

Abbildung 4.2: Syntaxdiagramm für erlaubte Variablennamen

C ist case-sensitiv

Dies bedeutet, dass in C Klein- und Großbuchstaben unterschieden werden.

Bei Hans und HANS handelt es sich also z. B. um zwei verschiedene Variablennamen.

Variablennamen sollten klein geschrieben werden

Obwohl die C-Syntax keine Vorschrift bezüglich Groß- oder Kleinschreibung von Namen festlegt, ist folgende Forderung ein ungeschriebenes Gesetz in C: *Variablennamen sollten klein und symbolische Konstanten (siehe Kapitel 6.1 auf Seite 77) oder Makros (siehe Kapitel 7.2.7 auf Seite 95) sollten groß geschrieben werden. Diese Vorgehensweise erhöht die Lesbarkeit und die Übersichtlichkeit eines C-Programms.*

4.2 Tipps zur Wahl der Variablennamen

4.2.1 Selbsterklärende Variablennamen

Man sollte immer selbsterklärende Variablennamen wählen, d. h. Namen mit Aussagekraft. Wenn man beispielsweise in einem Programm eine Zählvariable für Buchstaben und eine für Ziffern benötigt, so sagen Variablennamen wie buchstaben_zahl und ziffer_zahl sicherlich mehr aus als Namen wie a oder b. Natürlich erfordert das etwas mehr Schreibarbeit, aber dadurch wird ein Programm auch übersichtlicher, verständlicher und leichter nachvollziehbar.

4.2.2 Unterstrich verbessert die Lesbarkeit

Aus denselben Gründen der Übersichtlichkeit und Lesbarkeit von Programmen wurde der Unterstrich in C-Variablennamen zugelassen. So ist z. B. der Variablenname `hausundhofverloren` sicher nicht so gut lesbar wie `haus_und_hof_verloren`.

4.3 Deklaration von Variablen

Anstelle von *Deklaration von Variablen* spricht man manchmal auch von der *Vereinbarung von Variablen*.

Bevor man in einem C-Programm mit Variablen arbeiten kann, muss man diese vereinbaren: Dazu ist der Variablenname und der Datentyp der Variablen anzugeben, um dem C-Compiler mitzuteilen, welche Werte (Zeichen, ganze Zahlen oder einfach/doppelt genaue Gleitpunktzahlen) in dieser Variablen gespeichert werden sollen. Der Compiler reserviert dann den notwendigen Speicherplatz für diese Variable.

Der Aufbau einer Variablenvereinbarung läßt sich am besten mit dem in Abbildung 4.3 gezeigten Syntaxdiagramm zeigen.

Bei der Datentypangabe sind die in Kapitel 2 besprochenen Schlüsselwörter für Datentypen zu verwenden, z. B. `long int` oder `unsigned` oder `double` usw.

Aus dem Syntaxdiagramm in Abbildung 4.3 ist zu ersehen, dass mehrere Variablen gleichzeitig, durch Komma getrennt, vereinbart werden können und die Vereinbarung durch Semikolon abzuschliessen ist.

Beispiele:

`short zaehler;`
  Für Variable `zaehler` werden zwei Bytes[1] reserviert, d. h. in ihr können ganze Zahlen aus dem Bereich `-32768...+32767` gespeichert werden.

`char ein_zeich, antwort;`
  Für die beiden Variablen mit Namen `ein_zeich` und `antwort` wird genau ein Byte reserviert, d. h. dass in diesen Variablen immer genau ein Zeichen des ASCII-Zeichenvorrats gespeichert werden kann.

`float einfach;`
  Für die Variable mit Namen `einfach` werden vier Bytes reserviert. `einfach` ist somit eine Gleitpunktvariable mit einfacher Genauigkeit, d. h. in dieser Variable können Gleitpunktzahlen mit einfacher Genauigkeit „hinterlegt" werden.

`long int ganz_gross;`
  Für die Variable `ganz_gross` werden auf 32-Bit Maschinen im allgemeinen 4 Bytes reserviert, d. h. ihr Wertebereich erstreckt sich über alle ganze Zahlen aus
  $-2^{31}...+2^{31}-1$ (`-2147483648...+2147483647`). Auf 64-Bit Maschinen

---

[1] `short` belegt im allgemeinen zwei Bytes

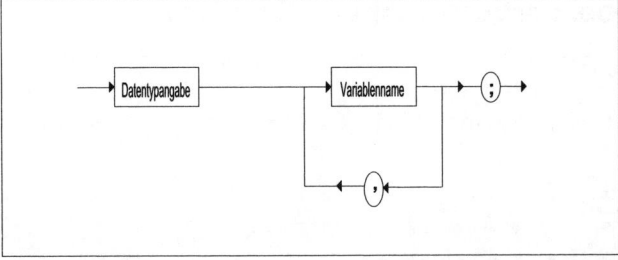

Abbildung 4.3: Syntaxdiagramm zur Variablenvereinbarung

wird `long int` meist durch 64 Bit realisiert, so dass sich dort ein Wertebereich von

$-2^{63} \ldots +2^{63} -1$ (-9223372036854775808 .. +9223372036854775807)

ergibt.

`double dopp_genau;`
Für diese Variable werden 8 Bytes reserviert, d. h.: es können Gleitpunktzahlen mit doppelter Genauigkeit in ihr festgehalten werden.

`unsigned ohne_vorzeich, zahl_positiv;`
Die Variable `ohne_vorzeich` kann alle ganzen Zahlen aus dem Bereich 0...4294967295 aufnehmen. Dasselbe gilt für die Variable `zahl_positiv`.

Deklarationen von Variablen mussten in C89 immer vor den eigentlichen Programmieranweisungen angegeben sein, wie z. B.:

```
int main(void)
{
   int     zaehler, jahre;   /* In C89 sind Variablendeklarationen nur unmittelbar */
   float   betrag;           /* nach der öffnenden geschweiften Klammer erlaubt    */

   ..........
}
```

In C99 gilt diese Einschränkung nicht mehr. In C99 ist z. B. folgendes erlaubt:

```
int main(void)
{
   int     zaehler, jahre;

   ...............
   Anweisungen wie z. B. printf(...)
   ...............

   float   betrag; // Deklaration mitten im Code; nur in C99 erlaubt
   ..........
}
```

4.4 Tipp: Variablen bereits bei Deklaration dokumentieren

Es ist übliche Programmierpraxis, dass man Variablen bereits bei der Deklaration dokumentiert, wie z. B.:

```
int    unten,    /* untere Grenze des auszuwaehlenden Bereichs */
       oben,     /* obere Grenze des auszuwaehlenden Bereichs */
       jahr;     /* enthaelt immer das aktuelle Jahr           */
float  tilgung,  // enthaelt die monatliche Tilgungsrate; Zeilenkommentar in C99
       zinsen;   // enthaelt die faelligen monatlichen Zinsen;       "
........
```

Eine solche Dokumentation bei der Deklaration der einzelnen Variablen erhöht die Lesbarkeit eines Programms ganz erheblich.

4.5 Übung: Erlaubte und unerlaubte Variablennamen

Streichen Sie in der folgenden Liste alle in C nicht erlaubten Variablennamen heraus:

```
hans_im_glueck
7_und_40_elf
_____mittel_streifen
karl_iv
null_08
drei_*_hotel
abc_schuetze
kündigung
KINDERGARTEN
```

Kapitel 5

Ausdrücke und Operatoren

In der Berliner Innenstadt wird eine riesige Baugrube ausgehoben, und zwar von einem Bagger.
Ein Gewerkschaftsführer kommt vorbei.
Er stampft durch den Schlamm zum Bauherrn und beschwert sich: „Sie sind asozial.
Die Arbeit könnten doch 100 Männer mit Schaufeln machen".
„Jans meene Meenung", sagt der Bauunternehmer:
„Aber warum nicht 1000 Männa mit'm Teelöffel?"
Anekdote

Ein Ausdruck besteht aus mehreren Operanden, die durch einen oder mehrere Operatoren miteinander verknüpft sind. C kennt die folgenden Operatoren:

- ❏ Einfacher Zuweisungsoperator
- ❏ Arithmetische Operatoren
- ❏ Vergleichsoperatoren
- ❏ Logische Operatoren
- ❏ Bit-Operatoren
- ❏ Shift-Operatoren
- ❏ Zusammengesetzte Zuweisungsoperatoren
- ❏ Inkrement- und Dekrementoperatoren

5.1 Der einfache Zuweisungsoperator

5.1.1 Allgemeines zum einfachen Zuweisungsoperator

Der Zuweisungsoperator hinterlegt einen Wert in einer Variablen. Durch die Anweisung

```
zahl_var=5;
```

wird z. B. in der Variablen `zahl_var` der Wert 5 abgelegt. Soll nun der Wert -17 in `zahl_var` gespeichert werden, so ist lediglich

```
zahl_var=-17;
```

5 Ausdrücke und Operatoren

zu schreiben, wodurch der alte Wert von zahl_var überschrieben wird. Der Operator = ist *nicht* mathematisch als Gleichheitszeichen zu verstehen, sondern mehr im Sinne von „ergibt sich aus":

```
zaehler=19;
```

Der Wert der Variablen zaehler ergibt sich aus 19, d. h.: im Speicherplatz mit dem Namen zaehler wird der Wert 19 gespeichert.

Beispiel:

In der Variablen zahl_1 sei der Wert 4 und in der Variablen zahl_2 der Wert -24 gespeichert. Durch die Zuweisung:

```
zahl_1=zahl_2;  /* Speichere in zahl_1 den Wert von zahl_2) */
```

gilt dann folgendes:
Vor dieser Zuweisung:

zahl_1	4
zahl_2	-24
	...

Nach dieser Zuweisung:

zahl_1	4̸ -24
zahl_2	-24
	...

Der ursprüngliche Inhalt von zahl_1 wurde mit dem Inhalt der Variablen zahl_2 überschrieben.

Beispiel:

Das C-Programm tausch.c vertauscht die Werte von zwei int-Variablen:

```
/******************************************/
/*    Vertauschen von zwei    Variablen    */
/******************************************/
#include <stdio.h>

int main(void)
{
    int variab_1, variab_2, hilf;   /* Deklaration von drei ganzzahligen
                                       Variablen mit den Namen
                                       'variab_1', 'variab_2', 'hilf'  */

    variab_1=105;                   /*      _____
                                           variab_1 I   105    I
                                                    I_____I
                                                    I    :     I    */

    variab_2=-14;                   /*      _____
                                           variab_1 I   105    I
```

5.1 Der einfache Zuweisungsoperator

```
                                        I_____I
                              variab_2  I    -14     I
                                        I_____I
                                        I     :      I      */

/*************************/
/*      Vertauschen       */
/*************************/

/* Zwischenspeichern der Werte von 'variab_1'
   in der "Hilfsvariable"   'hilf'               */

hilf=variab_1;                /*  _____
                              variab_1  I    105     I
                                        I_____I
                              variab_2  I    -14     I
                                        I_____I
                              hilf      I    105     I
                                        I_____I
                                        I     :      I      */

/* Speichern des Wertes von 'variab_2' in
   'variab_1', (d. h. der urspruengliche
   Wert von 'variab_1' wird ueberschrieben).
   Der urpruengliche Wert von 'variab_1' wurde
   zuvor in 'hilf' gesichert                     */

variab_1=variab_2;            /*  _____
                              variab_1  I    -14     I
                                        I_____I
                              variab_2  I    -14     I
                                        I_____I
                              hilf      I    105     I
                                        I_____I
                                        I     :      I      */

/* Speichern des in 'hilf' gespeicherten Wertes
   in 'variab_2'. Nach dieser Zuweisung sind die
   urspruenglichen Werte von 'variab_1' und 'variab_2'
   vertauscht.                                   */

variab_2=hilf;                /*  _____
                              variab_1  I    -14     I
                                        I_____I
                              variab_2  I    105     I
                                        I_____I
                              hilf      I    105     I
                                        I_____I
```

```
                                                      I    :    I         */
   return(0);
}
```

5.1.2 Initialisierung von Variablen

Variablen können bereits bei der Vereinbarung initialisiert werden, d. h. mit einem Anfangswert vorbelegt werden. Dazu ist nach dem Variablennamen ein Gleichheitszeichen und eine Konstante anzugeben.

Beispiel:
`int summe=0;`

> Es wird für die Variablen summe ein Speicherplatz von vier Bytes reserviert und dort der Wert 0 abgespeichert. Eine solche Vereinbarung entspricht den beiden Befehlen
> ```
> int summe;
> summe=0;
> ```

`char neue_zeile= '\n';`

> In der char-Variablen neue_zeile wird bereits bei ihrer Vereinbarung das Steuerzeichen \n für Zeilenvorschub gespeichert.

`float untere_grenze=0.5e-4;`

> Bei dieser Vereinbarung wird für die Variable untere_grenze ein Speicherplatz von vier Bytes reserviert und dort auch zugleich der Wert 0.5e-4 abgespeichert.

5.1.3 Übung: Zuweisen von unterschiedlichen Konstanten

Welche dezimalen Werte hätten die jeweiligen Variablen nach den folgenden Zuweisungen?

```
short    a=10;

short    b=010;

short    c='2';

short    d=0x2;

short    e=0x21;

unsigned short    f=-9;
```

5.2 Arithmetische Operatoren

5.2.1 Die arithmetischen Operatoren

Die von C angebotenen arithmetischen Operatoren sind:

+	Addition
-	Subtraktion
*	Multiplikation
/	Division
%	Modulo (Rest einer Ganzzahldivision)

Beispiele, die den Modulo-Operator % erläutern:

13	: 3 = 4	Rest	1	(13 % 3 = 1)
36	: 7 = 5	Rest	1	(36 % 7 = 1)
43	: 22 = 1	Rest	21	(43 % 22 = 21)
107	: 7 =15	Rest	2	(107 % 7 = 2)

Es werden immer zuerst die Operatoren auf der rechten Seite des Zuweisungsoperators ausgewertet und dann das Ergebnis der Variablen auf der linken Seite zugewiesen:

```
kreis_umfang = 2*kreis_radius*3.14;
```

Zunächst wird 2 mit dem Wert der Variablen `kreis_radius` multipliziert. Das Ergebnis dieser Operation wird dann mit 3.14 multipliziert und liefert das Ergebnis der rechten Seite. Dieses Ergebnis wird dann abschliessend in der Variablen `kreis_umfang` gespeichert.

Bei der Auswertung der Operatoren auf der rechten Seite gelten bestimmte Regeln:

1. Auch in C ist die mathematische Regel „Punkt vor Strich" gültig:
   Die Operatoren + und - besitzen gleiche Priorität, die jedoch geringer ist als die der Operatoren *, / und %, die untereinander aber wieder die gleiche Priorität haben. Die Priorität der „Punkt-Operatoren" (*, /,%) ist jedoch geringer als die Priorität eines negativen bzw. positiven Vorzeichens - bzw. +.

2. Bei gleicher Priorität werden die Operatoren *von links nach rechts* abgearbeitet.

3. Benötigt ein Programmierer andere als die vorgegebenen Prioritäten, muss er entsprechend *Klammern* setzen.

Beispiel:

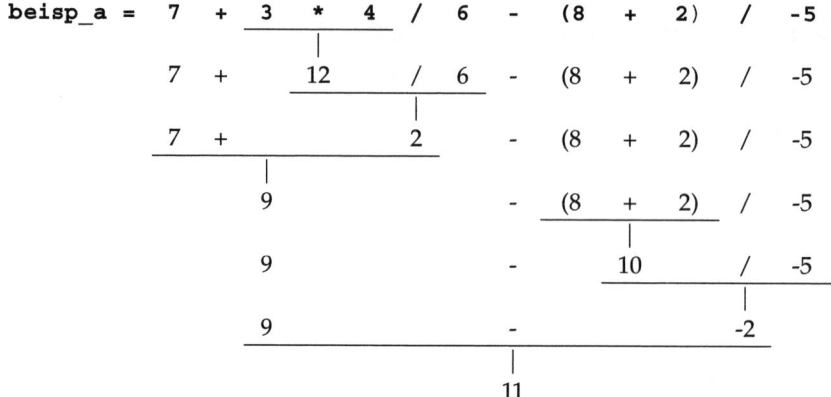

In der Variablen `beisp_a` wird also der Wert 11 gespeichert.

5.2.2 Die C-Begriffe Ausdruck und Anweisung

Die aus Operanden und Operatoren zusammengesetzte rechte Seite bezeichnet man als *Ausdruck*. Ein *Ausdruck* liegt jedoch auch bei

`variable = ausdruck`

vor. Wird nach einem solchen Ausdruck noch ein Semikolon angegeben:

`variable = ausdruck;`

spricht man von einer *Anweisung*.

5.2.3 Ausgabe von `int`-Variablen und -Ausdrücken

Um in C den Inhalt einer `int`-Variablen auszugeben, muss bei `printf("...");` die Formatangabe `%d` verwendet werden:

```
printf(".. %d ..", ganz_var);
```
    gibt den Inhalt der `int`-Variablen `ganz_var` als ganze Zahl aus.

```
printf("Wert von %d + %d = %d\n", a, b, a+b);
```
    Wenn die Variable a den Inhalt 7 und die Variable b den Inhalt 124 hätte, dann würde diese Anweisung folgendes am Bildschirm ausgeben:
    `Wert von 7 + 124 = 131`

So würde z. B. das folgende Programm `intaus.c`:

```c
#include <stdio.h>

int main(void)
{
    int a=5,
        b=10,
        c;

    printf("%d + %d = %d\n", a, b, a+b);
```

```
        printf("%d - %d = %d\n", a, b, a-b);
        c = a*b;
        printf("%d * %d = %d\n", a, b, c);
        printf("%d / %d = %d\n", b, a, b/a);
        c = 14 % a;
        printf("14 modulo %d = %d\n", a, c);
        return(0);
}
```

folgendes am Bildschirm ausgeben:

```
5 + 10 = 15
5 - 10 = -5
5 * 10 = 50
10 / 5 = 2
14 modulo 5 = 4
```

5.2.4 Ausgabe von Gleitpunkt-Variablen und -Ausdrücken

Um in C den Inhalt einer Gleitpunkt-Variablen (vom Typ float bzw. double) auszugeben, muss bei printf("..."); die Formatangabe %f verwendet werden:

printf(".. %f ..", gleit_var);
  gibt den Inhalt der Gleitpunkt-Variablen gleit_var als Gleitpunktzahl mit 6 Stellen nach dem Komma (Punkt) aus.

printf("Wert von %f + %f = %f\n", a, b, a+b);
  Wenn die double-Variable a den Inhalt 17.2 und die double-Variable b den Inhalt 12.3 hätte, dann würde diese Anweisung z. B. folgendes am Bildschirm ausgeben:
      Wert von 17.200000 + 12.300000 = 29.500000

So würde z. B. das folgende Programm floataus.c:

```
#include <stdio.h>

int main(void)
{
    float a=5.5,
          b=10.3,
          c;

    printf("%f + %f = %f\n", a, b, a+b);
    printf("%f - %f = %f\n", a, b, a-b);
    c = a*b;
    printf("%f * %f = %f\n", a, b, c);
    printf("%f / %f = %f\n", b, a, b/a);
    return(0);
}
```

folgendes am Bildschirm ausgeben:

```
5.500000 + 10.300000 = 15.800000
5.500000 - 10.300000 = -4.800000
5.500000 * 10.300000 = 56.650002
10.300000 / 5.500000 = 1.872727
```

Die 2 an der sechsten Stelle nach dem Dezimalpunkt in der dritten Berechnung resultiert aus der Ungenauigkeit bei der Darstellung von Gleitpunktzahlen

5.2.5 Fallgrube: Ganzzahl- statt Gleitpunktdivision

Die Division von `int`-Zahlen führt dazu, dass ein eventuell entstehender Nachkommateil einfach abgeschnitten wird. So würde z. B. der `int`-Ausdruck 24/5 das Ergebnis 4 liefern, da der Nachkommateil des wirklichen Ergebnisses 4.8 hierbei abgeschnitten wird.

Dies kann in vielen Fällen erwünscht sein. Wenn z. B. die letzte Ziffer der in der `int`-Variablen a gespeicherten Zahl „abzuschneiden" ist, müsste die folgende Zuweisung angegeben werden:

```
a = a/10;
```

In anderen Fällen kann dies jedoch zu falschen Ergebnissen führen. So würde z. B. die folgende Anweisung

```
float halbe=1/2;
```

dazu führen, dass in der `float`-Variablen halbe der Wert 0 und nicht wie erwartet der Wert 0.5 gespeichert wird. Der Grund dafür ist, dass immer zuerst die rechte Seite einer Zuweisung berechnet wird. Da hier nur ganze Zahlen vorkommen, wird hier auch eine `int`-Division (mit Abschneiden des Nachkommateils) durchgeführt. Nun erst wird die entstandene `int`-Zahl (hier 0) in `float` umgewandelt und der `float`-Variablen halbe zugewiesen. Leider ist jedoch nun der Nachkommateil bereits verschwunden.

Ein richtiges Ergebnis erhält man, wenn man den Compiler zwingt, in jedem Fall eine Gleitpunkt-Rechnung durchzuführen. Dies erreicht man, indem man statt ganze Zahlen Gleitpunktzahlen angibt, wie z. B.

```
float halbe=1.0/2.0;
```

Solange man mit Konstanten arbeitet, funktioniert dieses Verfahren. Was ist aber, wenn man eine Gleitpunkt-Rechnung für `int`-Variablen wünscht, wie z. B. bei

```
int a=1;
int b=2;
float halbe=a/b;
```

Eine Methode, hier den Compiler zu einer Gleitpunkt-Rechnung auf der rechten Seite zu zwingen, ist ein kleiner Trick:

```
float halbe=(a+0.0)/b;
```

Indem man 0.0 auf a aufadiert, bewirkt man, dass der Inhalt von a in eine `float`-Zahl umgewandelt wird und somit dann auch eine Gleitpunkt-Division durchgeführt wird. In einem späteren Kapitel werden noch elegantere Methoden vorgestellt werden.

5.2.6 Übungen

Ergebnisse von Ausdrücken

Welche Ergebnisse würde die Auswertung der folgenden Ausdrücke liefern?

```
4 - 11 - -6
(4 - 11) - -6
4 - (11 - -6)
7 + 410 % 4 * 100 - 3
5.6 / 2 * 1.4
(5.6 / 2) * 1.4
5.6 / (2 * 1.4)
```

Abholzen für Sonntagsausgabe der New York Times

Wir nehmen hier einmal an, dass eine Sonntagsausgabe der New York Times eine Auflage von ca. 2 Millionen hat, wobei jedes Exemplar etwa 2 kg wiegt. Es wird nun die interessante Frage gestellt:

Wie viele Bäume müssen für die Sonntagsausgabe dieser Zeitung gefällt werden, wenn wir annehmen, dass ein Baum ungefähr eine Tonne Papier liefert?

Ergänzen Sie das folgende C-Programm `nytimes.c`, indem sie der `int`-Variablen `baeume` den entsprechenden mathematischen Ausdruck zuweisen, bevor mit `printf()` dann der Inhalt der Variablen `baeume` ausgegeben wird.

```
/*---- nytimes.c ------------------------------------------------*/
/*--------------------------------------------------------------*/
#include <stdio.h>
int main(void) {
   int baeume;

   baeume = ........

   printf("Sonntag der NY Times kostet ca. %d Baeumen das Leben\n", baeume);
   return(0);
}
```

Wenn `baeume` der richtige Ausdruck zugewiesen wurde, so sollte dieses Programm folgende Bildschirmausgabe liefern:

```
Sonntag der NY Times kostet ca. 4000 Baeumen das Leben
```

Kettenbruchentwicklung von π

Die Zahl π läßt sich auf sechs Stellen genau mit der folgenden Kettenbruchentwicklung berechnen:

```
                  1
Pi = 3 + ------------------------------
                      1
          7 + -------------------------
                          1
               15 + --------------------
                            1
                     1 + -------------
                                 1
                          292 + ---
                                 2
```

Ergänzen Sie nun das folgende C-Programm `kettenpi.c`, indem sie diesen Kettenbruch in einen C-Ausdruck umwandeln, den Sie der Variablen `pi` zuweisen.

```
/*---- kettenpi.c ------------------------------------------*/
/*----------------------------------------------------------*/
#include <stdio.h>

int main(void)
{
   float pi;

   pi = ...............

   printf("Pi = %f\n", pi);
   return(0);
}
```

Haben Sie `pi` den richtigen Kettenbruch zugewiesen, so sollte dieses Programm folgende Bildschirmausgabe liefern:

```
Pi = 3.141593
```

5.3 Vergleichsoperatoren

5.3.1 Die unterschiedlichen Vergleichsoperatoren

Um Bedingungen formulieren zu können, benötigt man Vergleichsoperatoren. C unterscheidet zwischen

Relationale Operatoren

<	kleiner als
>	grösser als
<=	kleiner als oder gleich
>=	grösser als oder gleich

Gleichheitsoperatoren

==	gleich
!=	ungleich

5.3.2 Die zwei Wahrheitswerte von Vergleichen

Ein Vergleich kann zutreffen oder auch nicht, d. h. es gibt nur zwei Möglichkeiten:
- ❑ der Vergleich ist wahr, engl. TRUE
- ❑ der Vergleich ist falsch, engl. FALSE

Deshalb werden Vergleiche hauptsächlich für Abfragen verwendet, ob eine bestimmte Bedingung im Programm gilt oder nicht. Abhängig vom Ergebnis einer solchen Abfrage (wahr oder falsch) wird dann im Programm verzweigt, wie es z. B. in Abbildung 5.1 gezeigt ist.

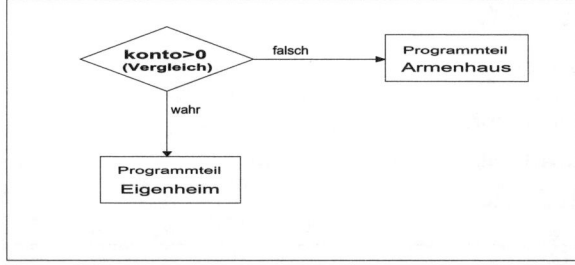

Abbildung 5.1: Verzweigung abängig von einem Vergleich

Wir werden dies in späteren Kapiteln noch genauer behandeln.

5.3.3 Prioritäten der Vergleichsoperatoren

Vergleichsoperatoren haben geringere Prioritäten als die arithmetischen Operatoren.

Beispiel:
haus < eva - 1 + adam *apfel

> Zuerst wird der Ausdruck eva - 1 + adam *apfel berechnet, wie wenn er mit Klammern umgeben wäre, und das Ergebnis wird dann mit dem Wert der Variablen haus verglichen.

Die relationalen Operatoren <, >, <= und >= besitzen eine höhere Priorität als die Gleichheitsoperatoren == und !=. Untereinander haben die Operatoren der beiden Gruppen jedoch gleiche Prioritäten. Wir werden wenige Seiten später noch einmal darauf zurückkommen.

5.3.4 Übung: Prioritäten aller bisherigen Operatoren

Welche Operatoren haben wir bisher kennengelernt? Geben Sie die Operatoren mit höherer Priorität zuerst und Operatoren mit gleicher Priorität in einer Zeile an.

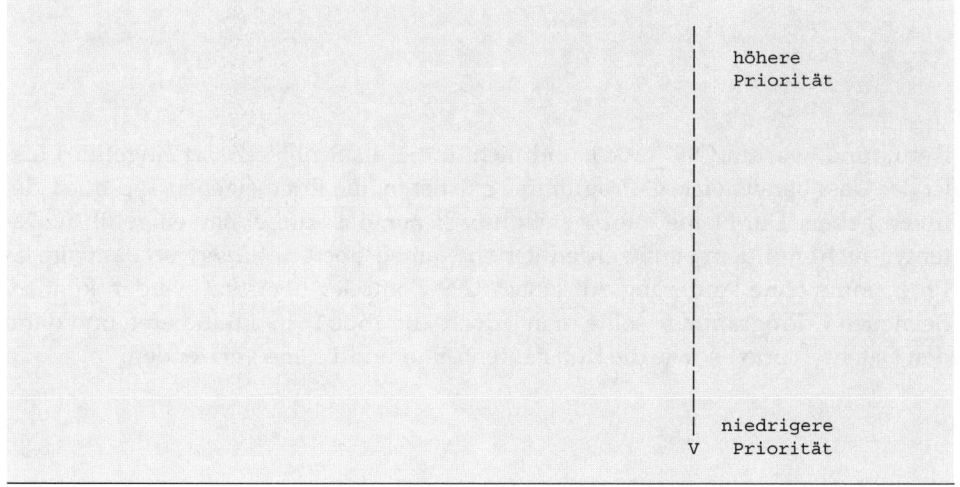

5.4 Logische Operatoren

5.4.1 TRUE und FALSE in C

In der Datenverarbeitung spricht man von
- TRUE, wenn ein Vergleich zutrifft, also wahr ist und von
- FALSE, wenn er nicht zutrifft ist, also falsch ist.

> **TRUE und FALSE in C:**
> Wert 0   steht für FALSE
> Wert verschieden von 0   steht für TRUE

Man sollte sich deshalb folgende Regel für die logischen Operatoren in C merken:
- Ist das Ergebnis einer logischen Operation gleich 0, so wird das Ergebnis als logisch falsch (FALSE) interpretiert.
- Bei allen anderen, von 0 verschiedenen Werten, wird das Ergebnis als logisch richtig (TRUE) betrachtet.

5.4.2 Der Datentyp _Bool (neu in C99)

C99 hat den Datentyp _Bool neu eingeführt. Dieser ganzzahlige Datentyp kann die Werte 1 und 0 (für TRUE und FALSE) enthalten.

Am einfachsten läßt sich dieser Datentyp verwenden, indem man die Headerdatei <stdbool.h> inkludiert, die die Namen bool, true und false zur Verfügung stellt, so dass diese Namen im C-Programm verwendet werden können, wie z. B.:

```c
#include <stdio.h>
#include <stdbool.h>

int main(void)
{
    bool a, b;
    ......
    a = true;
    b = false;
    ......
}
```

Der Grund, warum C99 _Bool und nicht bool als Schlüsselwort eingeführt hat, ist der, dass bereits viele C-Programme existieren, die ihren eigenen Typ bool definiert haben. Der Name _Bool stellt nun sicher, dass dieser neu eingeführte Datentyp nicht mit dem benutzerdefinierten Namen bool kollidiert, so dass alte C-Programme ohne Änderung auf einem C99-Compiler übersetzt werden können. Bei neuen C-Programmen sollte man jedoch <stdbool.h> inkludieren und dann den Datentyp bool sowie die Konstanten true und false verwenden.

5.4.3 Die C-Operatoren für NOT, AND und OR im Überblick

!	Negation (NOT)
&&	UND-Verknüpfung (AND)
||	ODER-Verknüpfung (OR)

Die Wirkungsweise der logischen Operatoren läßt sich am besten anhand einer so genannten Wahrheitstabelle besprechen:

Bedingung1	Bedingung2	!(Bedingung1)	Bedingung1 && Bedingung2	Bedingung1 || Bedingung2
FALSE	FALSE	TRUE	FALSE	FALSE
FALSE	TRUE	TRUE	FALSE	TRUE
TRUE	FALSE	FALSE	FALSE	TRUE
TRUE	TRUE	FALSE	TRUE	TRUE

5.4.4 Der Negations-Operator !

In obiger Tabelle ist erkennbar, dass der Negations-Operator ! die vorliegenden Wahrheitswerte (TRUE → FALSE, FALSE → TRUE) negiert. Nachfolgend wird dies anhand von Beispielen erläutert.

`!(zaehler>3)`

    ist wahr, wenn der Wert der Variablen `zaehler` kleiner als oder gleich 3 ist. Bei allen anderen Zahlenwerten dieser Variable ist die Bedingung nicht erfüllt, also falsch. Statt dieser Angabe hätte man auch `zaehler<=3` angeben können.

`!(antwort=='N')`

    ist wahr, wenn die char-Variablen `antwort` nicht das Zeichen N enthält. Enthält `antwort` das ASCII-Zeichen N, so ist die Bedingung nicht erfüllt. Die obige Angabe hätte also auch mit `antwort!='N'` formuliert werden können.

`!(x==20)`

    ist wahr, wenn der Wert der Variable x ungleich 20 ist und sonst ist sie nicht erfüllt. Die obige Angabe hätte also auch mit `x!=20` formuliert werden können.

! liefert 0, wenn der Operand ungleich 0 ist, und 1, wenn der Operand 0 ist. So könnte der Operator ! z. B. auch auf Zahlen (also keine Vergleiche) angewendet werden:

`x=!324;`

    würde der Variablen x den Wert 0 zuweisen, da 324 verschieden von 0, also TRUE ist, und die Negation von TRUE liefert dann FALSE, welches in C durch den Wert 0 dargestellt wird.

```
x=!0;
```
würde dann der Variablen `x` den Wert 1 (für TRUE) zuweisen.

5.4.5 Der AND-Operator `&&`

Zwei mit dem Operator `&&` verknüpfte Einzelbedingungen ergeben nur dann eine wahre Gesamtbedingung, wenn beide Einzelbedingungen wahr sind; ansonsten ist die Gesamtbedingung falsch:
Wenn es Weihnachten ist `&&` *(und) Wenn es schneit* `&&` *(und) Wenn Sie Schnupfen haben*
Diese Gesamtbedingung ist nur dann erfüllt, wenn alle Einzelbedingungen wahr sind. Wenn Sie z. B. keinen Schnupfen haben, dann ist auch die Gesamtbedingung nicht erfüllt, selbst wenn es Weihnachten ist und es schneit.

```
zaehler<4 && zaehler>=1
```
Diese Gesamtbedingung ist nur dann erfüllt, wenn der Wert der Variablen `zaehler` kleiner als 4 ist, aber gleichzeitig auch größer als oder gleich 1 ist; wenn also `zaehler` einen Wert aus dem Intervall [1,4[besitzt. Bei allen anderen Werten von `zaehler` ist die Bedingung nicht erfüllt, also falsch.

```
alter>=18 && alter<44
```
Wenn in der Variable `alter` das Alter einer Person gespeichert ist, dann wäre diese Bedingung nur dann erfüllt, wenn die betreffende Person mindestens `18` Jahre alt ist, aber noch jünger als `44` Jahre ist.

5.4.6 Der OR-Operator `||`

Eine mit dem Operator `||` gebildete Gesamtbedingung ist bereits wahr, wenn nur eine der beiden mit `||` verknüpften Einzelbedingungen wahr ist. Die Gesamtbedingung kann also nur dann falsch sein, wenn alle Einzelbedingungen falsch sind:
Wenn es Weihnachten ist `||` *(oder) Wenn es schneit* `||` *(oder) Wenn Sie Schnupfen haben*
Diese Gesamtbedingung ist bereits erfüllt, wenn mindestens eine Einzelbedingung wahr ist. Wenn Sie z. B. Schnupfen haben und es regnet und es Ostermontag ist, dann ist die Gesamtbedingung erfüllt.

```
alter<6 || alter>=65
```
Wenn der Wert der Variable `alter` kleiner als 6 oder aber größer als oder gleich 65 ist, dann ist diese Gesamtbedingung wahr, andernfalls falsch. Diese Verknüpfung ist also sowohl für noch nicht schulpflichtige Kinder als auch für Personen im Rentenalter erfüllt.
Wollte man den gleichen Personenkreis mit einer `&&`-Verknüpfung abdecken, dann hätte man folgende Bedingung angeben müssen:
```
!(alter>=6 && alter<65)
```

5.4.7 Beispiel zum neuen C99-Datentyp `_Bool` bzw. `bool`

Das folgende Programm `booltyp.c`, das nur auf einem C99-Compiler übersetzt werden kann, ist ein Demonstrationsbeispiel zum neuen C99-Datentyp `_Bool` bzw. `bool`:

```c
#include <stdio.h>
#include <stdbool.h>

int main(void)
{
   bool t1 = true,  t2 = true,
        f1 = false, f2 = false,
        x;

   x = !t1; printf("!%d = %d\n", t1, x);
   x = !f1; printf("!%d = %d\n", f1, x);
   printf("------------\n");
   x = f1 && f2; printf("%d && %d = %d\n", f1, f2, x);
   x = f1 && t2; printf("%d && %d = %d\n", f1, t2, x);
   x = t1 && f2; printf("%d && %d = %d\n", t1, f2, x);
   x = t1 && t2; printf("%d && %d = %d\n", t1, t2, x);
   printf("------------\n");
   x = f1 || f2; printf("%d || %d = %d\n", f1, f2, x);
   x = f1 || t2; printf("%d || %d = %d\n", f1, t2, x);
   x = t1 || f2; printf("%d || %d = %d\n", t1, f2, x);
   x = t1 || t2; printf("%d || %d = %d\n", t1, t2, x);

   return 0;
}
```

liefert die folgende Ausgabe am Bildschirm:

```
!1 = 0
!0 = 1
------------
0 && 0 = 0
0 && 1 = 0
1 && 0 = 0
1 && 1 = 1
------------
0 || 0 = 0
0 || 1 = 1
1 || 0 = 1
1 || 1 = 1
```

5.4.8 Die Priorität der logischen Operatoren

Tabelle 5.1 zeigt eine Prioritätstabelle mit allen bisher kennengelernten Operatoren sowie die Einordnung der logischen Operatoren in dieser Prioritätstabelle.
Aus Tabelle 5.1 wird ersichtlich, dass die Priorität der beiden logischen Operatoren `&&` und `||` niedriger ist als die der Vergleichsoperatoren. Deshalb benötigten wir

5 Ausdrücke und Operatoren

Tabelle 5.1: Priorität der logischen Operatoren

( )	Klammern ⇓	höhere
!	Negations-Operator ⇓	Priorität
* / %	Multiplikations-Operatoren ⇓	
+ -	Additions-Operatoren ⇓	
< <= > >=	Relationale Operatoren ⇓	
== !=	Gleichheitsoperatoren ⇓	
&&	AND-Operator ⇓	niedrigere
||	OR-Operator ⇓	Priorität
=	Zuweisungsoperator ⇓	

in den vorherigen Beispielen auch keine Klammern bei Ausdrücken wie `alter<6 && alter>=65`. Auch ist in der Tabelle erkennbar, dass `&&` eine höhere Priorität wie `||` besitzt:

```
geschlecht=='w' && alter==40 || geschlecht=='m' && alter==50
```

Dieser Ausdruck entspricht der Angabe:

```
(geschlecht=='w' && alter==40) || (geschlecht=='m' && alter==50)
```

Die obige Bedingung ist also für alle 40-jährigen Frauen und für alle 50-jährigen Männer erfüllt. Für andere Personen wäre diese Bedingung nicht erfüllt.
Im Vergleich zu `&&` und `||` ist die Priorität des Negations-Operators `!`, der wie ein Vorzeichen anzusehen ist, sehr hoch.

5.4.9 Keine unnötige Auswertung rechts von && und ||

Wenn der linke Operand bei einem mit `&&` bzw. `||`verknüpften Ausdruck bereits genug Information liefert, um den Wahrheitswert des gesamten Ausdrucks zu bestimmen, dann wird der rechte Operand bei `&&` bzw. `||` erst gar nicht ausgewertet:

&&

Wenn der linke Operand bei `&&` `FALSE` (in C: 0) liefert, dann ist der Wahrheitswert des gesamten Ausdrucks in jedem Fall `FALSE`, unabhängig davon, welchen Wahrheitswert der rechte Operand hat. Dies macht sich C zunutze und wertet den rechten Operand erst gar nicht aus. In einigen Fällen kann dies hilfreich sein, wie z. B. zum Vermeiden einer Division durch 0 in einer Bedingung:

`(n!=0 && sum/n<durchschnitt)`
   In diesem Fall wird der rechte Operand (`sum/n<durchschnitt`) zu `&&` nur ausgewertet, wenn n verschieden von 0 ist. Somit ist sichergestellt, dass in diesem Fall `sum` niemals durch 0 dividiert wird.

In anderen Fällen kann diese Regelung jedoch zu folgenschweren Fehlern führen. Wir werden an späterer Stelle darauf zurückkommen. Sie sollten sich jedoch diese Besonderheit gut merken.

||

Wenn der linke Operand bei || TRUE (in C: verschieden von 0) liefert, dann ist der Wahrheitswert des gesamten Ausdrucks in jedem Fall TRUE, unabhängig davon, welchen Wahrheitswert der rechte Operand hat. Auch dies macht sich C zunutze und wertet den rechten Operand erst gar nicht aus.

In einigen Fällen kann dies wieder sehr hilfreich sein, wie z. B. bei der Überprüfung, ob in einer char-Variablen z ein Vokal gespeichert ist:

```
(z=='a' || z=='e' || z=='i' || z=='o' || z=='u')
```

In diesem Fall wird der Ausdruck von links her abgearbeitet. Sobald eine Überprüfung erfolgreich war, wird der Gesamtausdruck als TRUE gewertet, und es werden keine weiteren Vergleiche mehr vorgenommen.

So spart C unnütze Vergleiche, was natürlich zu schnelleren Programmabläufen führt. Aber diese Regelung kann auch wieder zu sehr ärgerlichen Fehlern führen, wie wir später sehen werden.

5.4.10 Übung: Überprüfungen mit logischen Operatoren

Welche Ausdrücke wären in C erforderlich, um zu überprüfen,

```
1. ob der Wert der Variablen a im Intervall [-20,100] liegt:


2. ob Wert der Variablen x negativ ist, aber zugleich auch
   der Wert der Variablen y im Intervall [5,30] liegt:


3. ob Wert der ganzzahligen Variablen z ungerade ist und
   zugleich auch durch 3 und 5 teilbar ist:


4. ob der Wert der ganzzahligen Variablen jahr
      - durch 400 oder
      - durch 4, aber nicht durch 100 teilbar ist
             (Bedingung für ein Schaltjahr):


5. ob das Produkt der beiden int-Variablen a und b in den Datentyp unsigned char
   ohne Überlauf untergebracht werden kann:


6. ob der Wert der char-Variablen antwort
   weder das Zeichen 'j' noch das Zeichen 'J' enthält:


7. ob der Wert der int-Variablen zaehler nicht im Intervall [5,25] liegt:
```

5.5 Bit-Operatoren

5.5.1 Die Bit-Operatoren im Überblick

C bietet die folgenden vier Bit-Operatoren an:

~	Einer-Komplement ((B-1)-Komplement)
&	Bitweises UND (AND)
|	Bitweises ODER (OR)
^	Bitweises EXKLUSIV ODER (XOR)

Während es sich bei den drei Operatoren &, | und ^ um so genannte dyadische oder binäre Operatoren handelt, die immer zwei Operanden (links und rechts vom Operator) benötigen, handelt es sich beim Operator ~ um einen monadischen bzw. unären Operator, der wie z. B. das negative Vorzeichen oder der Negationsoperator ! aus dem vorherigen Kapitel nur auf einen Operanden angewendet werden kann.

5.5.2 Bitweise Invertierung mit ~

Der Operator ~ (engl. *tilde*) invertiert die einzelnen Bits des angegebenen Operanden ($0 \to 1$, $1 \to 0$). Eine solche Umkehrung von allen Bits nennt man das *Einer-Komplement* zu einer Zahl.

Beispiel:

```
x = ~813;
```

Diese Zuweisung an die `short`-Variable x bewirkt, dass beim Bitmuster für 813 jedes Bit invertiert, also umgedreht wird. Das daraus resultierende Bitmuster stellt die Zahl -814 dar, welche also dann der Variablen x zugewiesen wird.

	Vorzeichen	2^{14} =16384	2^{13} =8192	2^{12} =4096	2^{11} =2048	2^{10} =1024	2^{9} =512	2^{8} =256	2^{7} =128	2^{6} =64	2^{5} =32	2^{4} =16	2^{3} =8	2^{2} =4	2^{1} =2	2^{0} =1	
813 =	0	0	0	0	0	0	1	1	0	0	1	0	1	1	0	1	
~813 =	1	1	1	1	1	1	0	0	1	1	0	1	0	0	1	0	= -814

An dieser Stelle soll noch einmal kurz auf die rechnerinterne Darstellung negativer ganzer Zahlen eingegangen werden. Hierbei nehmen wir z. B. für `short`-Zahlen an, das sie zwei Bytes, also 16 Bits belegen. Das höchstwertige Bit stellt dabei das Vorzeichen dar: 0=positiv, 1=negativ. Um eine negative Zahl darzustellen, wird zur entsprechenden positiven Zahl das *Einer-Komplement* gebildet, d. h. alle Bits werden invertiert: $0 \to 1$ und $1 \to 0$, und auf die so erhaltene Bitkonstellation 1 aufaddiert. So erhält man dann das so genannte *Zweier-Komplement*

Die interne Bildung des Zweier-Komplements bei der Angabe des Minuszeichens könnte man also auch durch explizite Einer-Komplement-Bildung mit ~ (engl. *tilde*) und anschliessender Addition von 1 nachbilden. Dass dies funktioniert, zeigt das nächste C-Programm einkompl.c. Die Anweisung printf("%d", *variable*); bewirkt dabei immer die Ausgabe des Inhalts von *variable*.

```
#include <stdio.h>

int  main(void)
{
    short  zahl, n_zahl1, n_zahl2;

    zahl=10;

    n_zahl1 = -zahl;        /* minus zahl */
    printf("%d", n_zahl1);
    printf("\n");

    n_zahl2 = ~zahl+1;      /* schlange zahl plus 1; schlange = im engl.: tilde */
    printf("%d", n_zahl2);
    printf("\n");
    return(0);
}
```

Dieses Programm würde folgendes am Bildschirm ausgeben:

```
-10
-10
```

	Vorzeichen	2^{14} = 16384	2^{13} = 8192	2^{12} = 4096	2^{11} = 2048	2^{10} = 1024	2^{9} = 512	2^{8} = 256	2^{7} = 128	2^{6} = 64	2^{5} = 32	2^{4} = 16	2^{3} = 8	2^{2} = 4	2^{1} = 2	2^{0} = 1	
zahl	0	0	0	0	0	0	0	0	0	0	0	0	1	0	1	0	= 10
~zahl	1	1	1	1	1	1	1	1	1	1	1	1	0	1	0	1	= -11
~zahl+1	1	1	1	1	1	1	1	1	1	1	1	1	0	1	1	0	= -10

5.5.3 Bitweise AND-Verknüpfung mit &

Der &-Operator verknüpft die einzelnen Bits der beiden Operanden folgendermaßen:

0 & 0 = 0
0 & 1 = 0   Aus der Verknüpfung ergibt sich also nur dann eine 1,
1 & 0 = 0   wenn alle verknüpften Bits 1 sind.
1 & 1 = 1

5 Ausdrücke und Operatoren

Beispiele:

x = 813 & 203;   bewirkt, dass short-Variablen x Wert 9 zugewiesen wird:

	Vorzeichen	2^{14} = 16384	2^{13} = 8192	2^{12} = 4096	2^{11} = 2048	2^{10} = 1024	2^9 = 512	2^8 = 256	2^7 = 128	2^6 = 64	2^5 = 32	2^4 = 16	2^3 = 8	2^2 = 4	2^1 = 2	2^0 = 1	
813 =	0	0	0	0	0	0	1	1	0	0	1	0	1	1	0	1	
203 =	0	0	0	0	0	0	0	0	1	1	0	0	1	0	1	1	
813 & 203	0	0	0	0	0	0	0	0	0	0	0	0	1	0	0	1	= 9

Das folgende C-Programm `bitand.c` demonstriert nochmals die Wirkungsweise des &-Operators:

```
#include <stdio.h>

int main(void)
{
    short zahl_1, zahl_2;

    zahl_1 = -7;
    zahl_2 = 12;
    printf("%d", zahl_1 & zahl_2);
    printf("\n");

    zahl_1 = 32;
    zahl_2 = 743;
    printf("%d",zahl_1 & zahl_2);
    printf("\n");
    return(0);
}
```

Dieses Programm würde folgendes am Bildschirm ausgeben:

```
8
32
```

	Vorzeichen	2^{14} = 16384	2^{13} = 8192	2^{12} = 4096	2^{11} = 2048	2^{10} = 1024	2^9 = 512	2^8 = 256	2^7 = 128	2^6 = 64	2^5 = 32	2^4 = 16	2^3 = 8	2^2 = 4	2^1 = 2	2^0 = 1	
+7 =	0	0	0	0	0	0	0	0	0	0	0	0	0	1	1	1	
Invertieren	1	1	1	1	1	1	1	1	1	1	1	1	1	0	0	0	+1
-7 =	1	1	1	1	1	1	1	1	1	1	1	1	1	0	0	1	

5.5 Bit-Operatoren

	Vorzeichen	2^{14} = 16384	2^{13} = 8192	2^{12} = 4096	2^{11} = 2048	2^{10} = 1024	2^{9} = 512	2^{8} = 256	2^{7} = 128	2^{6} = 64	2^{5} = 32	2^{4} = 16	2^{3} = 8	2^{2} = 4	2^{1} = 2	2^{0} = 1	
-7 =	1	1	1	1	1	1	1	1	1	1	1	1	1	0	0	1	
+12 =	0	0	0	0	0	0	0	0	0	0	0	0	1	1	0	0	
-7 & 12 =	0	0	0	0	0	0	0	0	0	0	0	0	1	0	0	0	= 8

	Vorzeichen	2^{14} = 16384	2^{13} = 8192	2^{12} = 4096	2^{11} = 2048	2^{10} = 1024	2^{9} = 512	2^{8} = 256	2^{7} = 128	2^{6} = 64	2^{5} = 32	2^{4} = 16	2^{3} = 8	2^{2} = 4	2^{1} = 2	2^{0} = 1	
32 =	0	0	0	0	0	0	0	0	0	0	1	0	0	0	0	0	
743 =	0	0	0	0	0	0	1	0	1	1	1	0	0	1	1	1	
32 & 743 =	0	0	0	0	0	0	0	0	0	0	1	0	0	0	0	0	= 32

5.5.4 Bitweise OR-Verknüpfung mit |

Der | -Operator verknüpft die einzelnen Bits der beiden Operanden folgendermassen:

0 | 0 = 0
0 | 1 = 1   Aus der Verknüpfung ergibt sich also schon dann eine 1,
1 | 0 = 1   wenn bereits eines der verknüpften Bits 1 ist.
1 | 1 = 1

Beispiele:

x = 813 | 203; bewirkt, dass short-Variablen x Wert 1007 zugewiesen wird:

	Vorzeichen	2^{14} = 16384	2^{13} = 8192	2^{12} = 4096	2^{11} = 2048	2^{10} = 1024	2^{9} = 512	2^{8} = 256	2^{7} = 128	2^{6} = 64	2^{5} = 32	2^{4} = 16	2^{3} = 8	2^{2} = 4	2^{1} = 2	2^{0} = 1	
813 =	0	0	0	0	0	0	1	1	0	0	1	0	1	1	0	1	
203 =	0	0	0	0	0	0	0	0	1	0	0	1	0	1	1	
813	203 =	0	0	0	0	0	0	1	1	1	1	1	0	1	1	1	1	= 1007

5 Ausdrücke und Operatoren

Das folgende C-Programm `bitor.c` demonstriert nochmals die Wirkungsweise des | -Operators:

```
#include  <stdio.h>

int main(void)
{
    short zahl_1, zahl_2;

    zahl_1 = -7;
    zahl_2 = 12;
    printf("%d", zahl_1|zahl_2);
    printf("\n");

    zahl_1 = 32;
    zahl_2 = 743;
    printf("%d",zahl_1|zahl_2);
    printf("\n");
    return(0);
}
```

Dieses Programm würde folgendes am Bildschirm ausgeben:

```
-3
743
```

	Vorzeichen	= 16384 2^{14}	= 8192 2^{13}	= 4096 2^{12}	= 2048 2^{11}	= 1024 2^{10}	= 512 2^9	= 256 2^8	= 128 2^7	= 64 2^6	= 32 2^5	= 16 2^4	= 8 2^3	= 4 2^2	= 2 2^1	= 1 2^0	
+7 =	0	0	0	0	0	0	0	0	0	0	0	0	0	1	1	1	
Invertieren	1	1	1	1	1	1	1	1	1	1	1	1	1	0	0	0	+1
-7 =	1	1	1	1	1	1	1	1	1	1	1	1	1	0	0	1	

	Vorzeichen	= 16384 2^{14}	= 8192 2^{13}	= 4096 2^{12}	= 2048 2^{11}	= 1024 2^{10}	= 512 2^9	= 256 2^8	= 128 2^7	= 64 2^6	= 32 2^5	= 16 2^4	= 8 2^3	= 4 2^2	= 2 2^1	= 1 2^0	
-7 =	1	1	1	1	1	1	1	1	1	1	1	1	1	0	0	1	
+12 =	0	0	0	0	0	0	0	0	0	0	0	0	0	1	1	0	0
-7 | 12 =	1	1	1	1	1	1	1	1	1	1	1	1	1	1	0	1	= -3

	Vorzeichen	2^{14} = 16384	2^{13} = 8192	2^{12} = 4096	2^{11} = 2048	2^{10} = 1024	2^9 = 512	2^8 = 256	2^7 = 128	2^6 = 64	2^5 = 32	2^4 = 16	2^3 = 8	2^2 = 4	2^1 = 2	2^0 = 1	
32 =	0	0	0	0	0	0	0	0	0	0	1	0	0	0	0	0	
743 =	0	0	0	0	0	0	1	0	1	1	1	0	0	1	1	1	
32 | 743 =	0	0	0	0	0	0	1	0	1	1	1	0	0	1	1	1	= 743

5.5.5 Bitweise XOR-Verknüpfung mit ^

Der ^-Operator (Exklusiv-Oder) verknüpft die einzelnen Bits der beiden Operanden folgendermassen:

0 ^ 0 = 0
0 ^ 1 = 1   Aus der Verknüpfung ergibt sich also nur dann eine 1,
1 ^ 0 = 1   wenn nur eines der verknüpften Bits 1 ist,
1 ^ 1 = 0   und die anderen Bits alle 0 sind

Beispiele:

x = 813 ^ 203;   bewirkt, dass short-Variablen x Wert 998 zugewiesen wird:

	Vorzeichen	2^{14} = 16384	2^{13} = 8192	2^{12} = 4096	2^{11} = 2048	2^{10} = 1024	2^9 = 512	2^8 = 256	2^7 = 128	2^6 = 64	2^5 = 32	2^4 = 16	2^3 = 8	2^2 = 4	2^1 = 2	2^0 = 1	
813 =	0	0	0	0	0	0	1	1	0	0	1	0	1	1	0	1	
203 =	0	0	0	0	0	0	0	0	1	1	0	0	1	0	1	1	
813 ^ 203 =	0	0	0	0	0	0	1	1	1	1	1	0	0	1	1	0	= 998

Das folgende C-Programm bitxor.c demonstriert nochmals die Wirkungsweise des ^-Operators:

```
#include <stdio.h>

int main(void)
{
    short zahl_1, zahl_2;

    zahl_1 = -7;
    zahl_2 = 12;
    printf("%d", zahl_1^zahl_2);
    printf("\n");

    zahl_1 = 32;
    zahl_2 = 743;
    printf("%d",zahl_1^zahl_2);
    printf("\n");
```

```
        return(0);
}
```
Dieses Programm würde folgendes am Bildschirm ausgeben:
```
-11
711
```

Vorzeichen	2^{14} = 16384	2^{13} = 8192	2^{12} = 4096	2^{11} = 2048	2^{10} = 1024	2^9 = 512	2^8 = 256	2^7 = 128	2^6 = 64	2^5 = 32	2^4 = 16	2^3 = 8	2^2 = 4	2^1 = 2	2^0 = 1	
-7 =	1	1	1	1	1	1	1	1	1	1	1	1	1	0	0	1	
+12 =	0	0	0	0	0	0	0	0	0	0	0	0	1	1	0	0	
-7 ^ 12 =	1	1	1	1	1	1	1	1	1	1	1	1	0	1	0	1	= -11

Vorzeichen	2^{14} = 16384	2^{13} = 8192	2^{12} = 4096	2^{11} = 2048	2^{10} = 1024	2^9 = 512	2^8 = 256	2^7 = 128	2^6 = 64	2^5 = 32	2^4 = 16	2^3 = 8	2^2 = 4	2^1 = 2	2^0 = 1	
32 =	0	0	0	0	0	0	0	0	0	0	1	0	0	0	0	0	
743 =	0	0	0	0	0	0	1	0	1	1	1	0	0	1	1	1	
32 ^ 743 =	0	0	0	0	0	0	1	0	1	1	0	0	0	1	1	1	= 711

5.5.6 Bit-Operatoren nur für ganzzahlige Datentypen erlaubt

Die Bit-Operatoren ~, &, | und ^ dürfen nicht auf Operanden angewendet werden, die vom Datentyp float oder double sind. Z. B. würde für das folgende C-Programm bitgleit.c ein Fehler gemeldet:

```
#include  <stdio.h>

int main(void)
{
   int x;
   float zahl;

   zahl=10*23;

   x=zahl&200; /* zahl vom Typ float --> keine Bit-Operatoren dafuer erlaubt */
   printf("%d", x);
   printf("\n");
   return(0);
}
```

5.5.7 Fallgruben
Logische Operatoren und Bit-Operatoren unterscheiden sich

Das Ergebnis einer logischen Operation ist FALSE (in C: 0) oder TRUE (in C: 1). Bei den Bit-Operatoren dagegen werden die einzelnen Bits verglichen, und das Ergebnis ist dann das Bitmuster, und nicht unbedingt 0 oder 1. Die nachfolgenden Beispiele sollen dies verdeutlichen.

Beispiel:

Hat z. B. die short-Variable z1 den Wert 2 und die short-Variable z2 den Wert 5, so haben die beiden Operatoren & und && unterschiedliche Auswirkungen:

z = z1 & z2;

	Vorzeichen	2^{14} =16384	2^{13} =8192	2^{12} =4096	2^{11} =2048	2^{10} =1024	2^9 =512	2^8 =256	2^7 =128	2^6 =64	2^5 =32	2^4 =16	2^3 =8	2^2 =4	2^1 =2	2^0 =1	
z1	0	0	0	0	0	0	0	0	0	0	0	0	0	0	1	0	= 2
z2	0	0	0	0	0	0	0	0	0	0	0	0	0	1	0	1	= 5
z1 & z2	0	0	0	0	0	0	0	0	0	0	0	0	0	0	0	0	= 0

z = z1 && z2;

	Vorzeichen	2^{14} =16384	2^{13} =8192	2^{12} =4096	2^{11} =2048	2^{10} =1024	2^9 =512	2^8 =256	2^7 =128	2^6 =64	2^5 =32	2^4 =16	2^3 =8	2^2 =4	2^1 =2	2^0 =1	
z1	0	0	0	0	0	0	0	0	0	0	0	0	0	0	1	0	= 2 (TRUE)
z2	0	0	0	0	0	0	0	0	0	0	0	0	0	1	0	1	= 5 (TRUE)
z1 && z2	0	0	0	0	0	0	0	0	0	0	0	0	0	0	0	1	= 1 (TRUE)

TRUE && TRUE = TRUE (in C durch 1 dargestellt)

Hat z. B. die short-Variable z1 den Wert 2 und die short-Variable z2 den Wert 5, so haben die beiden Operatoren | und || unterschiedliche Auswirkungen:

z = z1 | z2;

	Vorzeichen	2^{14} =16384	2^{13} =8192	2^{12} =4096	2^{11} =2048	2^{10} =1024	2^9 =512	2^8 =256	2^7 =128	2^6 =64	2^5 =32	2^4 =16	2^3 =8	2^2 =4	2^1 =2	2^0 =1	
z1	0	0	0	0	0	0	0	0	0	0	0	0	0	0	1	0	= 2
z2	0	0	0	0	0	0	0	0	0	0	0	0	0	1	0	1	= 5
z1 | z2	0	0	0	0	0	0	0	0	0	0	0	0	0	1	1	1	= 7

z = z1 || z2;

	Vorzeichen	2^{14} =16384	2^{13} =8192	2^{12} =4096	2^{11} =2048	2^{10} =1024	2^{9} =512	2^{8} =256	2^{7} =128	2^{6} =64	2^{5} =32	2^{4} =16	2^{3} =8	2^{2} =4	2^{1} =2	2^{0} =1	
z1	0	0	0	0	0	0	0	0	0	0	0	0	0	0	1	0	= 2 (TRUE)
z2	0	0	0	0	0	0	0	0	0	0	0	0	0	1	0	1	= 5 (TRUE)
z1 || z2	0	0	0	0	0	0	0	0	0	0	0	0	0	0	0	1	= 1 (TRUE)

TRUE || TRUE = TRUE (in C durch 1 dargestellt)

Niedrige Priorität der dyadischen Bit-Operatoren

Die Bitoperatoren lassen sich – wie in Tabelle 5.2 gezeigt - in die Prioritätstabelle der bisher kennengelernten Operatoren einordnen.

In Tabelle 5.2 ist erkennbar, dass die Priorität der Bitoperatoren sehr niedrig ist. Dies führt häufig zu äußerst ärgerlichen und schwer auffindbaren Fehlern in der praktischen C-Programmierung.

Wenn z. B. überprüft werden soll, ob das erste Bit der short-Variablen muster auf 1 gesetzt ist, dann ist folgende Angabe naheliegend:

```
(muster & 0x8000 != 0)
```

Leider ist diese Überprüfung jedoch falsch, da != eine höhere Priorität als & hat. Somit entspricht die obige Angabe der folgenden Angabe:

```
(muster & (0x8000 != 0))
```

Es wird also zuerst geprüft, ob 0x8000 verschieden von 0 ist. Dies trifft natürlich zu und wird mit TRUE, also in C mit 1 gewertet, so dass schliesslich folgender Ausdruck daraus resultiert:

```
( )                              ⇓
                                 ⇓
!  ~(Tilde)  +(Vorz.)  −(Vorz.)  ⇓   höhere
* / %                            ⇓   Priorität
+ −                              ⇓
< <= > >=                        ⇓
== !=                            ⇓
&                                ⇓
^                                ⇓
|                                ⇓
&&                               ⇓   niedrigere
||                               ⇓   Priorität
=                                ⇓
                                 ⇓
```

Tabelle 5.2: Priorität der Bit-Operatoren

```
(muster & 1)
```

Dieser Ausdruck liefert TRUE, wenn das letzte Bit von muster auf 1 gesetzt ist, und ansonsten liefert dieser Ausdruck FALSE. Der obige Ausdruck prüft also nicht, ob das erste Bit, sondern ob das letzte Bit von muster auf 1 gesetzt ist. Solche schwerwiegenden Fehler sind leider oft sehr schwer auffindbar. Die richtige Angabe für die hier gegebene Aufgabenstellung ist:

```
((muster & 0x8000) != 0)
```

5.5.8 Übung: Überprüfungen mit Bit-Operatoren

Geben Sie Ausdrücke an, die die weiter unten angegebenen Prüfungen durchführen. Bei den Überprüfungen sollten Sie nur logische Operatoren und Bit-Operatoren benutzen. So könnte z. B. mit dem Ausdruck:

```
x & 0x8000
```

überprüft werden, ob der Wert einer short-Variablen negativ ist, da bei dieser Verknüpfung alle Bits außer dem ersten auf 0 gesetzt werden. Ist das erste Bit 1 (negative Zahl), so ist der Wert dieser Verknüpfung verschieden von 0, was in C als TRUE gewertet wird. Ist dagegen das 1.Bit 0 (positive Zahl), so ist der Wert dieser Verknüpfung 0, was in C als FALSE gewertet wird. Geben Sie nun entsprechende Ausdrücke an, die überprüfen ob,

```
1. der Wert der short-Variablen x ungerade ist.

2. der Wert der unsigned-Variablen x größer als 255 ist.

3. das 7.Bit (von links her gezählt) in der unsigned
   short-Variablen x auf 1 gesetzt ist.

4. der Wert der short-Variablen x im Intervall [0,127] liegt.

5. der Wert der unsigned-Variablen x durch 4 teilbar ist.
```

5.6 Shift-Operatoren

5.6.1 Die beiden Shift-Operatoren << und >>

Mit den beiden von C angebotenen Shift-Operatoren ist es möglich, die Bits eines Operanden nach links bzw. nach rechts zu schieben:

<<	Bits nach links schieben (Links-Shift)
>>	Bits nach rechts schieben (Rechts-Shift)

Um wie viele Stellen die Bits des linken Operanden zu verschieben sind, gibt der rechte Operand an.

Beispiel:

Die short-Variable links_var enthalte den Wert 5. Durch die Anweisung

```
links_var = links_var << 1;
```

wird der Inhalt der Variablen links_var um ein Bit nach links geschoben und eine 0 nachgezogen, was einer Multiplikation mit 2 entspricht.

	Vorzeichen	$2^{14}=16384$	$2^{13}=8192$	$2^{12}=4096$	$2^{11}=2048$	$2^{10}=1024$	$2^{9}=512$	$2^{8}=256$	$2^{7}=128$	$2^{6}=64$	$2^{5}=32$	$2^{4}=16$	$2^{3}=8$	$2^{2}=4$	$2^{1}=2$	$2^{0}=1$	
links_var	0	0	0	0	0	0	0	0	0	0	0	0	0	1	0	1	= 5
links_var << 1	0	0	0	0	0	0	0	0	0	0	0	0	1	0	1	0	= 10

Das Links-Verschieben um 2 Bits würde einer Multiplikation mit 2^2 (also 4) entsprechen. Weiter gilt folglich:

„3 Bits nach links verschieben" entspricht Multiplikation mit 2^3 (8)

„4 Bits nach links verschieben" entspricht Multiplikation mit 2^4 (16)

......

„n Bits nach links verschieben" entspricht Multiplikation mit 2^n

Soll mit der Shift-Operation << multipliziert werden, dann ist darauf zu achten, dass das Ergebnis noch im erlaubten Wertebereich liegt, da sonst Bits verloren gehen, woraus dann ein falsches Ergebnis resultiert.

Beispiel:

Das folgende C-Programm lshift.c demonstriert das Überlaufen von Bits bei einem Links-Shift:

```c
#include   <stdio.h>

int main(void)
{
   short    links_var, stell_zahl;

   links_var=763;
   stell_zahl=6;

   links_var=links_var<<stell_zahl;
   printf("%d",links_var);
   printf("\n");
   return(0);
}
```

Dieses Programm versucht, durch das Verschieben von Bits nach links eine Multiplikation durchzuführen, und zwar $763 \cdot 2^6$ (= $763 \cdot 64$ = 48 832). Das Ergebnis wird in links_var gespeichert und am Bildschirm ausgegeben: -16704. Dies ist ein falsches Ergebnis, da die Shift-Operation den erlaubten Wertebereich überschreitet:

5.6 Shift-Operatoren

	Vorzeichen	2^{14}=16384	2^{13}=8192	2^{12}=4096	2^{11}=2048	2^{10}=1024	2^9=512	2^8=256	2^7=128	2^6=64	2^5=32	2^4=16	2^3=8	2^2=4	2^1=2	2^0=1	
links_var	0	0	0	0	0	0	1	0	1	1	1	1	0	1	1		= 763
links_var << stell_zahl	1	0	1	1	1	1	1	0	1	1	0	0	0	0	0	0	= -16704

Durch Linksschieben um 6 Bits wird hier eine 1 ins Vorzeichenbit gebracht, was dazu führt, dass dieses Bitmuster dann eine negative Zahl darstellt. Zusätzlich geht diese 1 auch noch dem Betrag der Zahl verloren, was zum falschen Ergebnis -16704 führt.

Beispiel:

rechts_var >> 2

Der Wert der Variablen rechts_var wird um 2 Bits nach rechts geschoben. Dies entspricht einer ganzzahligen Division durch 2^2 (also 4). Allgemein gilt, dass ein Rechts-Shift um n Bits einer ganzzahligen Division durch 2^n entspricht. Ganzzahlige Division bedeutet, dass ein eventuell vorkommender Gleitpunktteil einfach abgehackt wird.

5.6.2 Shift-Operatoren nur für ganzzahlige Datentypen erlaubt

Die beiden Shift-Operatoren << und >> dürfen wie die Bit-Operatoren nicht auf Operanden angewendet werden, die vom Datentyp float oder double sind.

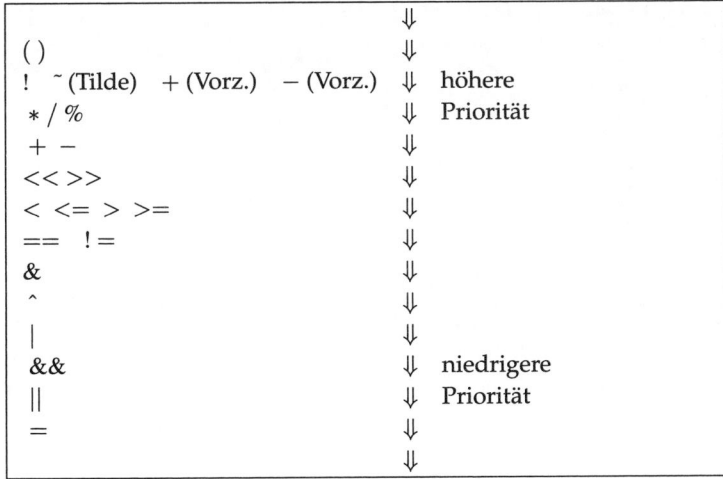

Tabelle 5.3: Priorität der Shift-Operatoren

5.6.3 Priorität der Shift-Operatoren

Die Shift-Operatoren lassen sich – wie in Tabelle 5.3 gezeigt – in die Prioritätstabelle der bisher kennengelernten Operatoren einordnen.

In Tabelle 5.3 ist erkennbar, dass die beiden Shift-Operatoren zwar eine geringere Priorität als die arithmetischen Operatoren $+$, $-$, $*$, $/$, $\%$ haben, aber eine größere als alle anderen dyadischen Operatoren. Diese Einordnung bewirkt, dass bei der Angabe einer arithmetischen Berechnung auf der rechten Seite eines Shift-Operators keine Klammerung notwendig ist, wie z. B.:

```
x >> 3+4     (entspricht  x >> (3+4))
```

5.6.4 Übungen

Arithmetische, Bit- und Shift-Operatoren

Was würde das folgende C-Programm `aribit.c` ausgeben?

```c
#include <stdio.h>

int main(void)
{
   int a, b, c, x;
   x = -4+5*6-7;    printf("%d\n", x);
   x =  4+5*6-7;    printf("%d\n", x);
   x =  4*5%6-7;    printf("%d\n", x);
   x =  (4+5)%6/4;  printf("%d\n", x);

   a = 3;
   b = 2;
   c = 1;
   x = a | b & c;   printf("%d\n", x);
   x = a | b & -c;  printf("%d\n", x);
   x = a ^ b & -c;  printf("%d\n", x);
   x = a & b && c;  printf("%d\n", x);

   a = 1;
   b = -1;
   x = a | !a;      printf("%d\n", x);
   x = a | -a;      printf("%d\n", x);
   x = a ^ a;       printf("%d\n", x);
   x = a << 4;      printf("%d\n", x);
   b = b << 4;      printf("%d\n", b);
   b = b >> 4;      printf("%d\n", b);
   return(0);
}
```

Logische, Bit- und Shift-Operatoren

Was würde das folgende C-Programm `logbit.c` ausgeben?

```
#include <stdio.h>
int main(void)
{
   int zahl, zahl_1, zahl_2, zahl_3;

   zahl_1=1023;
   zahl_2=-1;
   zahl_3=14;


   zahl=zahl_1|zahl_2;
   printf("%d",zahl);
   printf("\n");

   zahl_2=zahl_1&0x000f;
   printf("%d",zahl_2);
   printf("\n");

   zahl_3=zahl_3^zahl_2;
   printf("%d",zahl_3);
   printf("\n");

   zahl_2=zahl_2<<zahl_3;
   printf("%d",zahl_2);
   printf("\n");

   zahl_1=zahl&&zahl_1&&zahl_2&&zahl_3;
   printf("%d",zahl_1);
   printf("\n");

   zahl_2=zahl_2<<(zahl_1+2);
   printf("%d",zahl_2);
   printf("\n");

   printf("%d",~zahl_2);
   printf("\n");

   return(0);
}
```

5.7 Zusammengesetzte Zuweisungsoperatoren

5.7.1 Die zusammengesetzten Zuweisungsoperatoren

In der Programmierpraxis werden häufig Anweisungen der folgenden Form benötigt:

```
a = a + b;
```

Um Schreibarbeit (a muss zweimal geschrieben werden) einzusparen, kann eine solche Anweisung in C auch wie folgt geschrieben werden:

5 Ausdrücke und Operatoren

```
a += b;
```

Ein solcher zusammengesetzter Zuweisungsoperator $<op>=$[1] kann aus folgenden dyadischen Operatoren[2] gebildet werden, wobei für $<op>$ der entsprechende Operator einzusetzen ist:

```
+=    -=    *=    /=    %=    <<=    >>=    &=    ^=    |=
```

Den rechts von einem zusammengesetzten Zuweisungsoperator angegebenen Ausdruck sollten Sie sich geklammert vorstellen. Eine Anweisung wie

```
links_var <op>= ausdruck;
```

entspricht also immer

```
links_var = links_var <op> (ausdruck);
```

Diese Vorstellung ist wichtig, um die Reihenfolge der Auswertung auf der rechten Seite richtig nachvollziehen zu können.

Beispiele:

```
var_links *= var_rechts - 3;
```

entspricht

```
var_links = var_links * (var_rechts - 3);
```

und *nicht*

```
var_links = var_links * var_rechts - 3;
```

Das folgende C-Programm `opshift.c` demonstriert diese Regelung nochmals:

```
#include  <stdio.h>

int  main(void)
{
   int var_1, var_2, var_a;

   var_1=4;
   var_a=4;
   var_2=2;

   /*  (x)  */
   var_1<<=var_1|var_2;    /*  entspricht:   var_1=var_1<<(var_1|var_2);
                               aber nicht:   var_1=var_1<<var_1|var_2; */
   printf("%d",var_1);
   printf("\n");

   /*  (o)  */
   var_a=var_a<<var_a|var_2;
   printf("%d",var_a);
   printf("\n");
```

---

[1] $<op>$ steht für Operator.

[2] Dyadische Operatoren sind Operatoren, die zwei Operanden (links und rechts je einen) benötigen, wie z. B. der Multiplikationsoperator *

```
        return(0);
}
```

In der Anweisung (x) wird zunächst ein bitweises OR aus var_1 und var_2 durchgeführt. Das Ergebnis dieser Operation ist 6, d.h. die Variable var_1 wird um 6 Bits nach links geshiftet, was einer Multiplikation mit 64 entspricht. Somit erhält var_1 den Wert 256 (4·64).

In der Anweisung (o) wird zunächst der Inhalt von var_a um 4 (Inhalt von var_a) Bits nach links geschoben (4·16 = 64) und dieses Ergebnis dann mit var_2 (Inhalt: 2) über den |-Operator verknüpft, woraus dann das Ergebnis 66 resultiert.

Folglich würde das Programm opshift.c folgendes ausgeben:

```
256
66
```

5.7.2 Übung zu den zusammengesetzten Operatoren

Ergänzen Sie das folgende C-Programm zusop.c! Dabei sollten Sie immer den im Kommentar angegebenen Ausdruck durch einen Ausdruck mit einem zusammengesetzten Operator nachbilden, in dem keine Multiplikation, Division oder der Modulo-Operator vorkommt. So könnte z. B. das Programmstück

```
    a........;          /* Nachzubilden ist: a = a*2; */
    printf("a=%d\n", a);
```

wie folgt ergänzt werden:

```
    a <<= 1;            /* Nachzubilden ist: a = a*2; */
    printf("a=%d\n", a);
```

Ergänzen Sie nun das folgende Programm zusop.c:

```
#include  <stdio.h>

int main(void)
{
    int a=100, b=200, c=300, d=400;

    a........;          /* Nachzubilden ist: a = a*2; */
    printf("a=%d\n", a);

    b........;          /* Nachzubilden ist: b = b/4; */
    printf("b=%d\n", b);

    c........;          /* Nachzubilden ist: c = c%8; */
    printf("c=%d\n", c);

    d........;          /* Nachzubilden ist: d = d*3; */
    printf("d=%d\n", d);
    return(0);
}
```

Wenn Sie in den zu ergänzenden Ausdrücken die richtigen zusammengesetzten Zuweisungsoperatoren angegeben haben, dann sollte das Programm zusop.c folgendes am Bildschirm ausgeben:

```
a=200
b=50
c=4
d=1200
```

5.8 Inkrement- und Dekrement-Operatoren

5.8.1 Inkrementieren und Dekrementieren mit ++ und - -

In Programmen werden sehr oft Zählvariablen benötigt, auf die ständig 1 addiert (Inkrementiervorgang) oder von denen laufend 1 subtrahiert (Dekrementiervorgang) werden muss. C bietet für diese beiden Operationen eigene Operatoren an:

++	Inkrementiere
--	Dekrementiere

Beispiele:

```
++zaehl_a;
    hat die gleiche Wirkung wie
    zaehl_a = zaehl_a + 1;   oder   zaehl_a += 1;

--abzieh;
    hat die gleiche Wirkung wie
    abzieh = abzieh - 1;   oder   abzieh -= 1;
```

5.8.2 Präfix- und Postfix-Schreibweise für ++ und - -

Die beiden Operatoren ++ und - - können auch auf der rechten Seite einer Zuweisung verwendet werden. Dabei ist jedoch zu beachten, ob sie vor einem Operanden (*Präfix*-Schreibweise) oder hinter einem Operanden (*Postfix*-Schreibweise) stehen:

Präfix-Schreibweise

Die beiden Operatoren ++ und - - werden vor allen anderen Operatoren ausgewertet.

Beispiel:

```
vor = ++praefix;
    entspricht der Anweisungsfolge:
    praefix = praefix + 1;
    vor = praefix;
```

Hätte z. B. praefix vor dieser Zuweisung den Wert 11, dann wäre nach dieser Zuweisung in praefix und in vor der Wert 12 gespeichert.

5.8 Inkrement- und Dekrement-Operatoren

Postfix-Schreibweise

Hier werden die beiden Operatoren ++ und - - zu allerletzt ausgewertet, also nachdem alle anderen Operatoren (auch die Zuweisung) durchgeführt wurden.

Beispiel:
```
nach = postfix++;
```
  entspricht der Anweisungsfolge:
```
nach = postfix;
postfix = postfix + 1;
```
Hätte z. B. `postfix` vor dieser Zuweisung den Wert 11, dann wäre danach in `nach` der Wert 11, aber in der Variable `postfix` der Wert 12 gespeichert.

Beispiel:

Das folgende Programm `addmult.c` verwendet zur Addition, Subtraktion und Multiplikation die herkömmlichen Operatoren:

```
#include <stdio.h>

int main(void)
{
   int  a, b, c;

   a=4;
   b=2;
   c=4;

   b+=1;
   a=b+c;
   printf("a=%d\n", a);
   printf("b=%d\n-------\n", b);

   b=b-1;
   b-=1;
   c*=b;
   printf("a=%d\n", a);
   printf("b=%d\n", b);
   printf("c=%d\n", c);
   return(0);
}
```

Dieses Programm `addmult.c` würde folgendes am Bildschirm ausgeben:

```
a=7
b=3
-------
a=7
b=1
c=4
```

Die gleiche Ausgabe erreicht man mit dem Programm `inkrdekr.c`, in dem die Inkrement- und Dekrement-Operatoren ++ und - - verwendet werden:

```
#include  <stdio.h>

int  main(void)
{
   int  a, b, c;

   a=4;
   b=2;
   c=4;


   a=++b+c;
   printf("a=%d\n", a);
   printf("b=%d\n-------\n", b);

   b--;
   c*=--b;
   printf("a=%d\n", a);
   printf("b=%d\n", b);
   printf("c=%d\n", c);
   return(0);
}
```

Auf die Priorität und den Abarbeitungszeitpunkt, der besonders bei der Präfix- bzw. Postfix-Schreibweise von ++ und -- von Wichtigkeit ist, wird im nächsten Kapitel noch genauer eingegangen.

5.8.3   ++ und -- ist nur für Variablen erlaubt

Die beiden Operatoren ++ und -- dürfen nur auf Variable angewendet werden. Nicht erlaubt wären z. B. die folgenden Anweisungen:

x=(a+b)++; oder
x=4++; oder
(a++)++;[3]

5.8.4   ++ und -- ist nicht auf linken Seite einer Zuweisung erlaubt

Auch dürfen die beiden Operatoren ++ und -- nicht auf der linken Seite einer Zuweisung benutzt werden. Verboten sind also Ausdrücke wie z. B.:

a++ = 4; oder
x = c++ = b+3; oder
--zahl += b;[4]

---

[3]In allen diesen Fällen würde Compiler die Fehlermeldung „*Lvalue required......* " bringen.
[4]In allen diesen Fällen würde Compiler die Fehlermeldung „*Lvalue required......* " bringen.

5.8.5 Übung zu den Inkrement- und Dekrement-Operatoren

Was würde das folgende C-Programm `inkdek.c` ausgeben?

```c
#include <stdio.h>

int main(void)
{
   int  a=10, b=20, c=10;

   a=++b+c;
   printf("a=%d\n", a);
   printf("b=%d\n-------\n", b);

   b--;
   c*=--b;
   printf("a=%d\n", a);
   printf("b=%d\n", b);
   printf("c=%d\n", c);

   return(0);
}
```

5.9 Priorität und Anwendbarkeit der Operatoren

5.9.1 Prioritätstabelle für Operatoren

Für alle bisherigen Operatoren gilt die in Tabelle 5.4 gezeigte Prioritätstabelle. Da es schwierig ist, sich die Prioritäten der einzelnen Operatoren zu merken, wollen wir einige wichtige Merkregeln aufstellen:

Tabelle 5.4: Prioritätstabelle für alle bisher kennengelernten Operatoren

Operatoren	Assoziativität	Priorität
( )	von links her	⇓ höhere
! ~(Tilde) ++ -- +(Vorz.) -(Vorz.)	von rechts her	⇓ Priorität
* / %	von links her	⇓
+ -	von links her	⇓
<< >>	von links her	⇓
< <= > >=	von links her	⇓
== !=	von links her	⇓
&	von links her	⇓
^	von links her	⇓
|	von links her	⇓
&&	von links her	⇓ niedrigere
||	von links her	⇓ Priorität
= += -= *= /= %= >>= <<= &= |= ^=	von rechts her	⇓

1. Falls Sie sich bei einigen Operatoren über deren Priorität unsicher sind, sollten Sie sicherheitshalber Klammern verwenden, um die von Ihnen gewünschte Auswertung zu erreichen. Klammern haben nämlich immer die höchste Priorität.
2. Zuweisungsoperatoren haben die geringste Priorität. Es gilt also allgemein: In einer Zuweisung wird immer zuerst der Ausdruck rechts vom Zuweisungsoperator ausgewertet, bevor dann das Auswertungs-Ergebnis der links stehenden Variablen zugewiesen wird.
3. Monadische Operatoren (wie z. B. Vorzeichen oder Inkrement-Operatoren) haben höhere Priorität als dyadische Operatoren.
4. Arithmetische Operatoren haben unter den dyadischen Operatoren die höchste Priorität.
5. Die relationalen Operatoren `<`, `<=`, `>`, `>=` haben eine höhere Priorität als die beiden Gleichheitsoperatoren `==` und `!=`. So könnte man z. B. mit `a<b == c<d` prüfen, ob `a` und `b` in der gleichen relationalen Beziehung zueinander stehen wie `c` und `d`.
6. Die logischen Operatoren (`&&`, `||`) und die Bit-Operatoren (`&`, `^`, `|`) haben niedrigere Priorität als die Vergleichsoperatoren.
7. Bit-Operatoren haben immer höhere Priorität als logische Operatoren; allgemein gilt, dass AND stärker ist als OR, wobei sich XOR (^) bei den Bit-Operatoren dazwischen geschmuggelt hat.

5.9.2 Assoziativität der Operatoren

In der der Prioritätstabelle 5.4 ist neben den Operatoren-Gruppen „von links her" und nur bei einigen ist „von rechts her" angegeben. Dieser Kommentar gibt die Assoziativitäts-Bedingungen für die jeweiligen Operatoren an. Die *Assoziativität* legt fest, wie die Operatoren bei gleicher Priorität abgearbeitet werden.

Links-Assoziativität

Die meisten Operatoren besitzen Links-Assoziativität („von links her"), was bedeutet, dass diese Operatoren von links her abgearbeitet werden. So würde z. B. die C-Anweisung `a = 10-3-2;` dazu führen, dass `a` der Wert 5 zugewiesen wird, da dieser Ausdruck der Angabe `a = (10-3)-2;` und nicht der Angabe `a = 10-(3-2);` (Zuweisung von Wert `9` an Variable `a`) entspricht.

Rechts-Assoziativität

Nur die monadischen Operatoren (`!`, `~`, `-`, `+`, `++`, `--`) und die Zuweisungsoperatoren besitzen Rechts-Assoziativität („von rechts her"), was bedeutet, dass diese Operatoren bei gleicher Priorität von rechts her abgearbeitet werden. So würden z. B. die beiden folgenden C-Anweisungen dazu führen, dass den beiden Variablen `a` und `b` der Wert `12` zugewiesen wird, da bei der zweiten Anweisung die beiden Zuweisungsoperatoren `=` von rechts her abgearbeitet würden. Dies bedeutet, dass

5.9 Priorität und Anwendbarkeit der Operatoren

erlaubt	nicht erlaubt
! ~(Tilde) ++ -- +(Vorz.) -(Vorz.) * / % + - << >> < <= > >= == != & ^ | && || = += -= *= /= %= >>= <<= &= |= ^=	

Tabelle 5.5: Erlaubte und unerlaubte Operationen für `char` und `int`

zuerst die Zuweisung b=b+5 ausgeführt wird, was dazu führt, dass 12 der neue Wert von b wird. Erst danach wird die Zuweisung a=b durchgeführt, wodurch dann a der Wert von b (12) zugewiesen wird.

```
b = 7;
a = b = b+5;
```

5.9.3 Erlaubte und unerlaubte Operationen für die C-Datentypen

C bietet die vier Grunddatentypen `char`, `int`, `float` und `double` an. Für jeden dieser Datentypen sind nun gewisse Operatoren definiert. Die beiden Tabellen 5.5 und 5.6 zeigen, für welche Datentypen welche der bisher kennengelernten Operatoren erlaubt sind.

Es ist erkennbar, dass Bit-Operationen, Shift-Operationen und Modulo-Rechnung nicht für die Gleitpunkt-Datentypen `float` und `double` erlaubt sind.

erlaubt	nicht erlaubt
! ++ -- +(Vorz.) -(Vorz.) * / + - < <= > >= == != && || = += -= *= /=	~(Tilde) % << >> & ^ | %= >>= <<= &= |= ^=

Tabelle 5.6: Erlaubte und unerlaubte Operationen für `float` und `double`

5.9.4 Priorität und Auswertungszeitpunkt bei ++ und - -

Die Postfix- und Präfixoperatoren ++ und - - besitzen die gleiche Priorität wie z. B. das Vorzeichen - oder der Negationsoperator ! und werden auch wie diese Operatoren von rechts her abgearbeitet [5]. Trotzdem gilt es hier einige Besonderheiten zu beachten, die dem C-Anfänger Schwierigkeiten bereiten. Bei den Postfix- und Präfixoperatoren ist nämlich neben der Priorität noch der Zeitpunkt der Auswertung zu berücksichtigen[6]. Die *Priorität* legt immer fest, auf welchen Operanden sich der entsprechende Operator bezieht. So entspricht z. B. der Ausdruck

```
x = a+++b;
```

dem Ausdruck

```
x = a++ + b;
```

und nicht dem Ausdruck x = a+ ++b; da ++ eine höhere Priorität besitzt als der Additionsoperator +.

Man sagt von C auch, dass es immer die „größtmöglichen Stücke nacheinander abbeißt". So würde der C-Compiler z. B. von a- - - -b

1. zunächst soviel Erlaubtes wie möglich „abbeißen", nämlich a- -.
2. Dann würde er das nächste Minuszeichen als Subtraktion klassifizieren. Er würde also nicht die beiden restlichen Minuszeichen (für Präfixoperator - - zu b) „abbeißen", da (a- -) (- -b) ein unerlaubter Ausdruck wäre.
3. Das letzte der vier Minuszeichen kann dann nur noch das negative Vorzeichen zu b sein.

Der Ausdruck a- - - -b würde also der Angabe (a- -) - (-b) entsprechen.

Der *Auswertungszeitpunkt* legt dagegen fest, wann die entsprechende Inkrementierung bzw. Dekrementierung erfolgt: Während bei Präfixoperatoren diese immer vor allen anderen Operationen vorgenommen wird, wird die Inkrementierung bzw. Dekrementierung bei Postfixoperatoren immer ganz am Ende durchgeführt, nachdem alle Operatoren einschliesslich der Zuweisungsoperatoren ausgewertet wurden.

Das folgende C-Programm postprae.c soll dies nochmals verdeutlichen:

```
#include <stdio.h>

int main(void)
{
   int a,b,c,d,e,f,g,h;

   a=10;
   b=a+++a++;   /* Kurzform fuer:    b=a+a;    (b=10+10 --> b=20)
                                     a++;      (a=10+1  --> a=11)
                                     a++;      (a=11+1  --> a=12)   */
   printf("a=%d, b=%d\n", a, b);

   c=10;
```

---
[5] siehe auch Prioritätstabelle 5.4.
[6] Bei den anderen Operatoren muss diese Unterscheidung nicht gemacht werden, da sich bei diesen Operatoren der Auswertungszeitpunkt mit der Priorität deckt

```
      d=!c+++c++;  /* Kurzform fuer:    d=!c+c;   (d=0+10   --> d=10)
                                        c++;      (c=10+1   --> c=11)
                                        c++;      (c=11+1   --> c=12)   */
      printf("c=%d, d=%d\n", c, d);

      e=10;
      f=++e+e++;   /* Kurzform fuer:    ++e;      (e=10+1   --> e=11)
                                        f=e+e;    (f=11+11  --> f=22)
                                        e++;      (e=11+1   --> e=12)   */
      printf("e=%d, f=%d\n", e, f);

      g=10;
      h=g--+--g;   /* Kurzform fuer:    --g;      (g=10-1   --> g= 9)
                                        h=g+g;    (h= 9+9   --> h=18)
                                        g--;      (g= 9-1   --> g= 8)   */
      printf("g=%d, h=%d\n", g, h);
      return(0);
   }
```

Bildschirmausgabe von `postprae.c`:

```
a=12, b=20
c=12, d=10
e=12, f=22
g=8, h=18
```

5.9.5 Fallgrube: Zugriff auf nicht vorbesetzte Variablen

Wird auf den Wert einer Variablen zugegriffen, bevor diese explizit im Programm mit einem Wert besetzt wurde, so führt dies zu unvorhersehbaren Ergebnissen, da in dem zu dieser Variablen gehörigen Speicherplatz ein beliebiger Wert stehen kann. Deswegen sollte der Programmierer immer sicherstellen, dass Variablen, die auf der rechten Seite einer Zuweisung angegeben sind, einen von ihm gewählten Wert besitzen. Der folgende Ausschnitt aus einem C-Programm ist also nicht richtig, da auf den Wert der Variable a zugegriffen wird, bevor ihr explizit ein Wert zugewiesen wurde.

```
int main(void)
{
   int a, b=5;

   a += 2*b;  /* entspr.: a=a+2*b; a (rechts von Zuw.) hat keinen definierten Wert*/
   ....
}
```

Manche Compiler geben in solchen Fällen eine Warnung aus.
Bevor auf den Wert einer Variablen (auf der rechten Seite einer Zuweisung) zugegriffen wird, sollte diese Variable explizit mit einem Wert vorbesetzt werden, was man auch das *Initialisieren einer Variablen* nennt. Beim obigen C-Programm-Ausschnitt könnte also a z. B. mit dem Wert 0 initialisiert werden.

```
int  main(void)
{
   int  a=0, b=5;

   a += 2*b;
   ....
}
```

5.9.6 Übungen

Assoziativität von monadischen und Zuweisungs-Operatoren

Welche Werte würden im einzelnen der `short`-Variablen a durch die folgenden C-Anweisungen zugewiesen?

```
a = -~1;          Wert von a ?

a = ~-1;          Wert von a ?

a = 3;
b = 4;
a = b = b+a;      Wert von a ?
```

Zusammengesetzte Zuweisungsoperatoren

Was würde das folgende C-Programm `zusop2.c` ausgeben?

```
1   #include <stdio.h>
2
3   int main(void)
4   {
5      int a=10, b, c;
6
7      a*=5+10;      printf("%d\n", a);
8      a*=b=c=20;    printf("%d\n", a);
9      b=b==c;       printf("%d\n", b);
10     a>>=b+2;      printf("%d\n", a);
11     a&=0x3e;      printf("%d\n", a);
12
13     a=3;
14     b=2;
15     a*=b+=a<<=a+b;  printf("a=%d, b=%d\n", a, b);
16
17     return(0);
18  }
```

Kapitel 6

Symbolische Konstanten

Saren Se, Zitzewitz, haben Se eenen fahren jelassen?
Natürlich. Glauben Se, ick stinke immer so?
Anekdote

Die Programmiersprache C sieht die Möglichkeit vor, an Konstanten Namen zu vergeben. Wie wir im nachfolgenden sehen werden, bringt die Verwendung von Konstanten viele Vorteile mit sich, wie z. B. bessere Lesbarkeit von C-Programmen, Arbeitsersparnis beim Programmieren und leichtere Änderbarkeit von Programmen. In C können auf zwei verschiedene Arten symbolische Namen an Konstanten vergeben werden:

❑ Definition mit `#define` oder

❑ Definition unter Verwendung des Schlüsselworts `const`.

6.1 Konstanten-Definition mit `#define`

6.1.1 Die Direktive `#define`

Nehmen wir einmal an, dass Sie ein Programm erstellen sollen, in dem die Zahl π immer mit 9 Stellen Genauigkeit nach dem Komma verwendet werden muss. Sie müssten dann bei jedem Vorkommen von π die Zahlenschlange `3.141592654` eintippen. Mit der Verwendung von `#define` ist es nun jedoch möglich, am Anfang des Programms einem Zahlenwert einen Namen zuzuordnen, wie z. B.

```
#define PI 3.141592654
```

Anstelle des Zahlenwerts `3.141592654` können Sie dann bei den entsprechenden Anweisungen im gesamten Programm den symbolischen Namen (`PI`) verwenden. Dies kann eine erhebliche Arbeitsersparnis für das restliche Programm bedeuten, da nicht ein ständiges Nachschlagen und konzentriertes Abtippen der 10 Ziffern notwendig ist, sondern anstelle dessen nur der Name `PI` anzugeben ist.
Hinweis: `#define`-Angaben werden nicht wie die anderen C-Anweisungen mit Semikolon abgeschlossen.

6 Symbolische Konstanten

Beispiel:

Das folgende C-Programm `kreis.c` liest einen Radius ein, und gibt den Umfang und die Fläche dieses Kreises aus:

```
#include   <stdio.h>

#define PI    3.141592654

int  main(void)
{
    float    radius, umfang, flaeche;

    printf("Geben Sie einen Radius ein \n");

    scanf("%f",&radius);          /* Es wird hier ueber Bildschirm eine
                                     f l o a t - Zahl in die Variable
                                     'radius' eingelesen.
                                     Dass es sich bei der eingegebenen Zahl
                                     um eine f l o a t - Zahl handelt, wird
                                     durch das Kontrollzeichen  %f festgelegt.

                                     Zum &-Zeichen vor der Variable   'radius'
                                     werden wir an spaeterer Stelle noch kommen */

    flaeche = radius*radius*PI;
    umfang = 2*radius*PI;

    printf("Der Umfang eines Kreises mit dem angegebenen Radius ist:\n");
    printf("%f",umfang);
    printf("\n");

    printf("Die Flaeche eines Kreises mit dem angegebenen Radius ist:\n");
    printf("%f",flaeche);
    printf("\n");
    return(0);
}
```

Bei diesem Programm wird dann jedes Vorkommen des Namens `PI` durch den Wert `3.141592654` ersetzt. In diesem Programm wird das erste Mal mit `scanf()` von der Tastatur eingelesen. Die Format-Angabe `%f` legt dabei fest, dass eine Gleitpunktzahl in die `float`-Variable `radius` einzulesen ist. Beachten Sie bitte, dass bei `scanf()` immer das Zeichen `&` vor dem Namen der Variablen anzugeben ist, in welcher der eingelesene Wert gespeichert werden soll. Wenn Sie bei `scanf()` keine `float`-Variable, sondern eine `int`-Variable benutzen möchten, so muss anstelle von `%f` nur `%d` als Format angegeben werden. Auf das Einlesen von Werten wird im Kapitel 7 noch ausführlich eingegangen. Mit dem hier Kennengelerntem sollten Sie jedoch bereits jetzt in der Lage sein, Werte in einem Programm einzulesen. Möglicher Ablauf des Programms `kreis.c` (am Bildschirm):

```
Geben Sie einen Radius ein
4.23 ⏎
Der Umfang eines Kreises mit dem angegebenen Radius ist:
26.577873
Die Flaeche eines Kreises mit dem angegebenen Radius ist:
56.212204
```

6.1.2 Regeln für Konstanten-Namen bei `#define`

Für die Wahl von Konstanten-Namen gelten die gleichen Regeln wie für die Wahl von Variablen-Namen (siehe Kapitel 4.1 auf Seite 29).
Eine neue Regel kommt jedoch hinzu, die zwar keine Pflicht, aber übliche C-Konvention ist, an die sich viele C-Programmierer halten:

> **Konstanten-Namen sollten gross geschrieben werden**
>
> Mit `#define` definierten Konstanten-Namen sollten gross geschrieben werden, um sie leichter von Variablen-Namen, die üblicherweise klein geschrieben werden, zu unterscheiden.

6.1.3 Konstanten machen Programm leicht änderbar

Neben der leichteren Lesbarkeit und Arbeitsersparnis führt die Verwendung von symbolischen Konstanten zu leichter änderbaren Programmen. Leichte Änderbarkeit von Programmen ist eine der wichtigsten Forderungen in der Software-Entwicklung, da früher oder später immer die Forderung zur Aktualisierung eines alten Programms auftreten wird.

Sollen Sie beispielsweise ein umfangreiches Rechnungsprogramm schreiben, das unter anderem ständig die Mehrwertsteuer berechnet, so empfiehlt es sich, dass Sie am Anfang Ihres C-Programms für den aktuellen Mehrwertsteuer-Satz eine symbolische Konstante einführen, wie z. B.:

```
#define MEHRWERT_STEUER 16
```

Bei einer Änderung der Mehrwertsteuer müssten Sie dann lediglich diese Zeile anpassen, und Ihr Programm wäre bereits wieder auf dem aktuellen Stand. Haben Sie dagegen in den Hunderten vom Formeln innerhalb des Programms immer mit der Konstante `16` gearbeitet, so müssten Sie das Programm Zeile für Zeile genau durchgehen und die entsprechenden Stellen ändern. Dabei ist dann darauf zu achten, dass nur die `16`, die sich auf die Mehrwertsteuer beziehen, und nicht versehentlich eine `16`, die eine andere Bedeutung hat, geändert wird.

6.2 Konstanten-Definition mit `const`

C89 hat ein neues Schlüsselwort `const` eingeführt und somit eine weitere Möglichkeit geschaffen, um Konstanten zu definieren. `const` muss dabei vor dem Datentyp bei einer Deklaration angegeben werden, wie z. B.

6 Symbolische Konstanten

```
const double  e = 2.71828182845905;
const int     mwst = 16;
```

Nach diesen Deklarationen darf der Inhalt der Variablen `e` und `mwst` nicht mehr verändert werden. Ein Versuch, solche mit `const` definierten Variablen an späterer Stelle im Programm zu modifizieren, wie z. B. mit

```
e++;       oder
mwst=16;
```

wäre dann nicht möglich und der Compiler würde einen Fehler melden.

Ein Vorteil von `const` ist, dass der Wert für die betreffende Variable nur einmal berechnet wird, was für die Angabe eines Ausdrucks mit `#define` nicht zutrifft. So würde z. B. die Definition der Konstanten

```
#define PI        3.141592654
#define VIER_PI   4*PI
```

dazu führen, dass bei jeder späteren Angabe von `VIER_PI` im Programm nicht der berechnete Wert, sondern immer nur die Formel `4*3.141592654` hierfür eingesetzt wird. So würden z. B. die Ausdrücke

```
volumen = VIER_PI*radius*radius*radius/3;
oberflaeche = VIER_PI*radius*radius;
```

umgeformt zu

```
volumen = 4*3.141592654*radius*radius*radius/3;
oberflaeche = 4*3.141592654*radius*radius;
```

Die Formel `4*3.141592654` müsste also immer wieder neu berechnet werden. Bei Verwendung von `const` findet dagegen die Berechnung nur einmal statt. So würde z. B. bei der Deklaration

```
const double vier_pi = 4*3.141592654;
```

`4*3.141592654` sofort berechnet und `vier_pi` sofort der Wert `12.566370616` zugewiesen. Bei einer späteren Verwendung von `vier_pi` würde also anstelle der Formel dann der bereits berechnete Wert eingesetzt.

Dies ist nur ein Vorteil von `const` gegenüber `#define`. An späterer Stelle werden wir noch weitere Vorteile kennenlernen.

6.3 Übungen

6.3.1 Volumen und Oberfläche einer Kugel

Erstellen Sie ein C-Programm `kugel.c`, das mit `scanf()` den Radius einer Kugel einliest und dann den Umfang ($2\pi r$), das Volumen ($\frac{4}{3}\pi r^3$) und die Oberfläche ($4\pi r^2$) dieser Kugel ausgibt. In `kugel.c` sollten Sie dabei Konstanten für π und 4π definieren. Nachfolgend sind Beispiele für mögliche Programmabläufe gegeben.

```
Radius der Kugel : 3 ⏎
Umfang=18.849556
Volumen=113.097336
Oberflaeche=113.097336
```

```
Radius der Kugel : 34.5
Umfang=216.769897
Volumen=172006.906250
Oberflaeche=14957.123047
```

6.3.2 Das Phänomen der entfesselten Erde

Würde man um die Erde ein Seil legen, dann hätte dieses Seil eine bestimmte Länge. Würde man nun aber dieses Seil aufschneiden und einen Meter neues Seil einfügen, um wie viele Zentimeter würde dann das verlängerte Seil (als neuer Kreis um die Erde gelegt) von der Erde abstehen? Erstellen Sie ein C-Programm erdumf.c, das zunächst den Radius für einen Körper (wie z. B. die Erde) einliest, und dann den Abstand (in cm) ausgibt, den das um diesen Körper gelegte Seil bei einer Verlängerung um einen Meter hätte. In diesem Programm sollten Sie mit double-Variablen arbeiten. Einlesen in double-Variablen erfolgt mit der Format-Angabe %lf. Für die Ausgabe von double-Variablen muss ebenfalls %lf verwendet werden, wie z. B:

```
scanf("%lf", &radius);
printf("%.2lf", abstand); /* double-Var. mit 2 Nachkommastellen ausgeben*/
```

Beispiel für einen möglichen Programmablauf:

```
Welchen Radius hat Körper, um den Seil gelegt wird (in m) ? 6378388

Nach Verlaengerung des Seils um 1 Meter
  steht es um 15.92 cm ab
```

6.3.3 Benzinverbrauch und Durchschnitts-Geschwindigkeit

Erstellen Sie ein C-Programm benzinv.c, das die durchschnittliche Geschwindigkeit und den durchschnittlichen Benzinverbrauch für eine Autofahrt berechnet. Die gefahrene Zeit (Stunden und Minuten), die gefahrenen Kilometer und die gebrauchten Liter sind dazu einzugeben.
Mögliche Programmabläufe sind:

```
Gefahrene Stunden: 2
Gefahrene Minuten: 7
Gefahrene Kilometer: 234
Gebrauchte Liter: 18.9

Durchschnittl. Geschwindigkeit: 110.55 km/h (30.71 m/s)
Durchschnittl. Benzinverbrauch: 8.08 l/100 km
```

```
Gefahrene Stunden: 9
Gefahrene Minuten: 43
Gefahrene Kilometer: 782
Gebrauchte Liter: 65.7

Durchschnittl. Geschwindigkeit: 80.48 km/h (22.36 m/s)
Durchschnittl. Benzinverbrauch: 8.40 l/100 km
```

6.3.4 Geldscheine stapeln

In der Politik ist häufig von zig Milliarden die Rede. Viele Menschen können sich gar nicht vorstellen, um welche gigantische Menge von Geld es sich dabei handelt. In diesem Beispiel wird nun angenommen, dass Geldscheine übereinander gestapelt werden, um eine bestimmte Summe zu bilden. Erstellen Sie ein C-Programm `geldstap.c`, das zunächst einliest, welche Scheine (10 € oder 100 € oder ...) zum Stapeln verwendet werden sollen. Nachdem es noch den zu stapelnden Betrag eingelesen hat, soll dieses Programm ausgeben, wie hoch der Stapel in Zentimeter, Meter und Kilometer wäre. Wie hoch 1000 Scheine übereinander gelegt sind, sollten Sie als Konstante definieren. In den nachfolgenden Beispielen wurde dafür 15 cm angenommen. Es handelt sich dabei lediglich um einen Schätzwert. Wenn Sie eine andere Höhe für realistischer halten, dann sollten Sie eben Ihre eigene Konstante definieren.

Mögliche Programmabläufe sind:

```
Welche Scheine sollen zum Stapeln verwendet werden: 10
Welcher Wert soll mit diesen Scheinen gestapelt werden: 1e6

Mit 10 Euro-Scheinen werden 1000000 Euro gestapelt
Der Stapel wäre hoch: 1500.00 cm = 15.00 m = 0.02 km
```

```
Welche Scheine sollen zum Stapeln verwendet werden: 100
Welcher Wert soll mit diesen Scheinen gestapelt werden: 1e10

Mit 100 Euro-Scheine werden 10000000000 Euro gestapelt
Der Stapel wäre hoch: 1500000.00 cm = 15000.00 m = 15.00 km
```

Kapitel 7

Ein- und Ausgabe

> *Ein Mensch erblickt das Licht der Welt -*
> *Doch oft hat sich herausgestellt*
> *Nach manchem trüb verbrachten Jahr,*
> *Dass dies der einzige Lichtblick war.*
> *Eugen Roth*

Bevor wir die beiden Bibliotheks-Funktionen `printf()` und `scanf()` in diesem Kapitel ausführlich behandeln, werden wir uns zunächst mit den sogenannten Headerdateien beschäftigen.

7.1 Headerdateien und `#include`

7.1.1 Bibliotheken und Headerdateien

Zu jedem C-Compiler wird eine Bibliothek mitgeliefert, in der Funktionen hinterlegt sind. Wie der Aufbau einer Funktion ist, können wir an `main()` sehen:

```
                                        int main(void)
Funktionskopf, evtl. mit Parametern     {
                                          ...
                     Funktionsrumpf       ...
                                          ...
                                        }
```

Der Anfang des Funktionsrumpfs wird durch { und das Ende durch } gekennzeichnet.

Nun haben wir aber in den vorhergehenden Übungen bereits Funktionsaufrufe wie `printf()` oder `scanf()` benutzt, zu denen der Funktionsrumpf fehlte. Diese Funktionen sind in einer Bibliothek hinterlegt, in der sich der Linker, nachdem kompiliert wurde, die zum entsprechenden Funktionsaufruf gehörige Funktion sucht und zu Ihrem Programm dazubindet. Sie können also z. B. die Funktion printf() benutzen und Bildschirmausgaben veranlassen, obwohl Sie den dazugehörigen Programmteil (Funktion) nicht selbst programmiert haben; dies hat der Compiler-Hersteller bereits für Sie getan.

Seit C89 sind die Funktionsnamen und deren Funktionalität, die jedes C-Kompilierungssystem anbieten muss, genau festgelegt. Diese Funktionen sind üblicherweise in einer Standardbibliothek hinterlegt. Diese Standardbibliothek ist im Prinzip eine Datei, die den für den Linker bindbaren Objekt-Code dieser Funktionen enthält.

Damit aber auch bereits dem C-Compiler Informationen zu solchen Standardfunktionen bekannt sind, existieren sogenannte Headerdateien[1], in denen die Funktionsköpfe der entsprechenden Funktionen angegeben sind. So könnte z. B. in der Headerdatei math.h folgende oder eine ähnliche Angabe vorhanden sein:

```
double sqrt(double x);
```

Aus dieser Deklaration läßt sich schließen, dass es in der Standardbibliothek eine Funktion mit Namen sqrt (zur Wurzelberechnung) gibt, die einen double-Parameter erwartet, und dann die Wurzel zu diesem Parameter als double-Wert zurückliefert.

Damit dem Compiler eine solche Deklaration bekannt ist, muss man die Angabe #include verwenden. Wenn Sie z. B. die Standardfunktion sqrt() in Ihrem C-Programm aufrufen, wie z. B.:

```
x = sqrt(5.43); /* x wird Quadratwurzel von 5.43 zugewiesen */
```

so müssten Sie

```
#include <math.h>
```

am Anfang Ihres C-Programms angeben. Mit #include veranlassen Sie den C-Compiler, den Inhalt der entsprechenden Headerdatei (hier math.h) zu lesen und als Teil Ihres Programms zu betrachten, obwohl Sie diesen Teil gar nicht selbst geschrieben haben. Beim Linken des Programms müssen Sie später beim Aufrufen des Compilers cc bzw. gcc die Option -lm benutzen, um die Bibliothek der mathematischen Funktionen einzubinden.

Die Deklarationen der von C angebotenen Standardfunktionen sind über mehrere Headerdateien aufgeteilt (stdio.h, math.h, stdlib.h, ...). Wir werden diese nicht alle auf einmal, sondern nacheinander immer an einer geeigneten Stelle kennenlernen.

Verwenden wir z. B. printf() oder scanf() in einem C-Programm, so sollten wir, da diese beiden Funktionen in stdio.h[2] deklariert sind, folgende Zeile am Anfang des Programms angeben:

```
#include <stdio.h>
```

Da fast jedes C-Programm von Ein- und Ausgabe Gebrauch macht, sollte auch diese Zeile am Anfang fast jedes C-Programms angegeben sein. Nachdem der Compiler diese Zeile bearbeitet hat, ist der Inhalt von der Datei stdio.h mit allen ihren Deklarationen, Makro- und Konstanten-Definitionen Bestandteil Ihres C-Programms.

---

[1] Headerdateien enden immer mit dem Suffix .h. Die Headerdateien der Standardbibliothek sind unter Linux/Unix im Directory /usr/include hinterlegt

[2] stdio ist die Abkürzung für **st**andard **i**nput/**o**utput

7.1.2 Eigene Headerdateien

Falls Sie eigene Headerdateien verwenden, die Sie selbst erstellt haben, dann sollten Sie den Namen der entsprechenden Headerdatei nicht mit spitzen Klammern <..>, sondern mit Anführungszeichen "..." klammern, wie z. B.

```
#include "steuer.h"
```

Die Anführungszeichen veranlassen den Compiler zuerst im Working-Directory (Arbeitsverzeichnis) und nicht zuerst in den System-Directories (wie z. B. /usr/include unter Linux oder Unix) nach dieser Headerdatei steuer.h zu suchen. Eigene Headerdateien sollten Sie auch niemals in diesen vom Kompilierungs-System festgelegten Directories hinterlegen.

7.2 Ein- und Ausgabe eines Zeichens

7.2.1 getchar() und putchar()

getchar() und putchar() ermöglichen die Ein- bzw. Ausgabe eines Zeichens über das Terminal:

int getchar(void)
> liest Zeichen von der Standardeingabe-Einheit (normalerweise die Tastatur). So würde z. B.:
> a=getchar();
> das nächste eingegebene Zeichen von der Tastatur lesen und in der int-Variablen a abspeichern.

int putchar(int c)
> gibt ein Zeichen auf der Standardausgabe (normalerweise der Bildschirm) aus. So gibt z. B.:
> putchar(antwort);
> den Inhalt der int-Variablen antwort auf dem Bildschirm aus.

Diese beiden Funktionen sind in der Datei stdio.h definiert. Verwenden Sie also in einem C-Programm diese Funktionen, so müssen Sie dort auch zu Beginn

```
#include <stdio.h>
```

angeben. Das folgende C-Programm einzeich.c liest ein Zeichen von der Tastatur und gibt dieses Zeichen dann wieder am Bildschirm aus.

```c
#include <stdio.h>

int main(void) {
   int zeich;

   printf("Gib ein Zeichen ein: ");
   zeich = getchar();
   putchar(zeich);
   putchar('\n');
   return(0);
}
```

Ein Beispiel für den möglichen Programmablauf:

```
Gib ein Zeichen ein: g ⏎
g
```

7.2.2 Gepufferte Eingabe bei `getchar()`

Die Arbeitsweise von `getchar()` sollte jeder C-Programmierer genau kennen. Bei der Eingabe von Zeichen an ein Programm werden diese bei einer gepufferten Eingabe, was der Normalzustand ist, nicht sofort an das Programm übergeben, sondern vom Betriebssystem in einem internen Puffer abgelegt. Erst nachdem die ⏎-Taste vom Eingeber gedrückt wird, beginnt das Programm mit dem Lesen aus diesem Puffer. Es ist wichtig zu wissen, dass die ⏎-Taste (ASCII-Wert 10) auch noch im Puffer (am Ende) gespeichert wird.

Beispiel:

Gegeben sei das folgende C-Programm `dreizeic.c`:

```c
#include <stdio.h>

int main(void) {
    int zeich1, zeich2, zeich3;

    printf("Gib 3 Zeichen ein\n");
    zeich1 = getchar();
    zeich2 = getchar();
    zeich3 = getchar();

    putchar(zeich1);
    putchar(zeich2);
    putchar(zeich3);
    printf("\n");
    return(0);
}
```

Ein Beispiel für einen möglichen Ablauf dieses Programms könnte sein:

```
Gib 3 Zeichen ein
x ⏎
yz ⏎
x
y
```

Erklärung:
Nach der ersten Eingabe hat der Puffer folgenden Inhalt: CR = ⏎ (*Carriage Return*).

| x | CR |

Jeder `getchar()`-Aufruf liest dann immer das Zeichen, auf dem der „Pufferzeiger" momentan steht. Nach dem Lesen wird der „Pufferzeiger" auf das nächste Zeichen im Puffer gesetzt. Am Anfang steht der „Pufferzeiger" auf dem ersten Zeichen.

7.2 Ein- und Ausgabe eines Zeichens

Ausgangsposition:

Pufferzeiger

Mit `zeich1=getchar()` wird dann das Zeichen `'x'` in `zeich1` abgespeichert, und es ergibt sich folgende Situation:

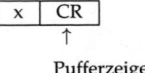
Pufferzeiger

Mit `zeich2=getchar()` wird dann das ⏎-Zeichen (ASCII-Wert 10) in `zeich2` abgespeichert.
Nach der zweiten Eingabezeile hat der Puffer folgenden Inhalt

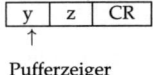
Pufferzeiger

Mit `zeich3=getchar()` wird dann das Zeichen `'y'` in `zeich3` abgespeichert. Die restlichen beiden Zeichen im Puffer werden nicht mehr vom Programm gelesen. Mit `putchar(zeich1)` wird dann das x und mit `putchar(zeich2)` das Neuezeile-Zeichen ⏎ (bewirkt Zeilenvorschub) ausgegeben. `putchar(zeich3)` gibt am Ende noch y aus.

Das Verständnis dieses internen Puffers und der Umgang mit ihm ist von größter Wichtigkeit, da es in manchen Situationen hilfreich sein kann, um ein zunächst unverständliches Verhalten von C-Programmen bei Eingaben nachzuvollziehen. Als Beispiel möge das folgende C-Programm `nachvor.c` dienen:

```c
#include <stdio.h>

int main(void) {
   int zeich1, zeich2, zeich3;

   printf("Gib Buchstaben ein: ");    zeich1 = getchar();
   printf("Nachfolger von ");         putchar(zeich1);
   printf(" im ASCII-Code ist: ");    putchar(zeich1+1);

   printf("\n\nGib Buchstaben ein: "); zeich2 = getchar();
   printf("Vorgaenger von ");         putchar(zeich2);
   printf(" im ASCII-Code ist: ");    putchar(zeich2-1);
   printf("\n");
   return(0);
}
```

Ein Beispiel für einen möglichen Ablauf dieses Programms könnte sein:

```
Gib Buchstaben ein: d ⏎
Nachfolger von d im ASCII-Code ist: e

Gib Buchstaben ein: Vorgaenger von
 im ASCII-Code ist:
```

Erklärung:
Nach der Eingabe von d ergibt sich folgende Situation für den Puffer:

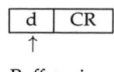

Pufferzeiger

Mit `zeich1=getchar()` wird zunächst das Zeichen 'd' in `zeich1` abgespeichert und dann werden die folgenden `printf`- und `putchar`-Zeilen ausgeführt:

```
printf("Nachfolger von ");      putchar(zeich1);
printf(" im ASCII-Code ist: "); putchar(zeich1+1);

printf("\n\nGib Buchstaben ein: ");
```

Hieraus resultiert dann folgende Ausgabe:

```
Nachfolger von d im ASCII-Code ist: e

Gib Buchstaben ein:
```

Für den Puffer liegt nun folgende Situation vor:

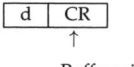

Pufferzeiger

Da der Pufferinhalt noch nicht vollständig gelesen ist, wird mit `zeich2 = getchar()` das nächste Zeichen (⏎-Zeichen) aus dem Puffer in `zeich2` abgespeichert. Der Benutzer bekommt also keine Möglichkeit mehr, ein weiteres Zeichen einzugeben.

Da nun in `zeich2` das Neuezeile-Zeichen abgespeichert ist, ergibt sich die folgende Ausgabe:

```
Vorgaenger von
im ASCII-Code ist:
```

Nach

```
Vorgaenger von
```

wird hier also ein Zeilenvorschub (⏎) ausgegeben und nach

```
im ASCII-Code ist:
```

wird das Zeichen mit dem ASCII-Code 9 (Vorgänger von ⏎-Zeichen, das ASCII-Code 10 hat).

Allerdings wird der interne Puffer vom Betriebssystem nicht nur bei `getchar()`, sondern auch bei `scanf()` verwendet.

Beispiel:

Gegeben sei das folgende C-Programm `konto.c`:

```
#include <stdio.h>

int  main(void) {
   float betrag;
   int   plusminus;

   printf("Gib Kontobetrag ein\n"); scanf("%f", &betrag);
   printf("Gib + bzw. - fuer positiven bzw. negativen Kontostand ein\n");
```

```
    plusminus=getchar();

    printf("Kontostand: %f %c\n", betrag, plusminus);
    return(0);
}
```

Ein Beispiel für einen möglichen Ablauf dieses Programms könnte sein:

```
Gib Kontobetrag ein
12.34 ⏎
Gib + bzw. - fuer positiven bzw. negativen Kontostand ein
Kontostand: 12.340000
```

Erklärung:
Nach der Eingabe von 12.34 ergibt sich folgende Situation für den Puffer:

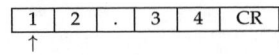

Pufferzeiger

Mit `scanf("%f", &betrag)` wird zunächst die Gleitpunktzahl 12.34 in betrag abgespeichert und dann wird die folgende `printf`-Zeile ausgeführt, was zu folgender Ausgabe führt:

```
Gib + bzw. - fuer positiven bzw. negativen Kontostand ein
```

Für den Puffer liegt nun folgende Situation vor:

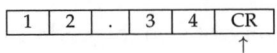

Pufferzeiger

Da der Pufferinhalt noch nicht vollständig gelesen ist, wird mit `plusminus=getchar()` dann das nächste Zeichen (⏎-Zeichen) aus dem Puffer in plusminus abgespeichert. Der Benutzer bekommt also keine Möglichkeit mehr, ein weiteres Zeichen einzugeben. Da nun in plusminus das Neuezeile-Zeichen abgespeichert ist, ergibt sich die folgende Ausgabe:

```
Kontostand: 12.340000
```

Anstelle eines + oder - wird hier also ein Zeilenvorschub ausgegeben.
Um solches falsches Programmverhalten zu vermeiden, muss man immer das im Puffer stehende ⏎ überlesen. Wie dies geschehen kann, wird nachfolgend gezeigt.

7.2.3 Puffer-Bereinigung mit Dummy-`getchar()`

Die vorherigen Beispiele machten deutlich, dass an den entsprechenden Stellen immer sichergestellt sein muss, dass das überflüssige ⏎-Zeichen aus dem Puffer entfernt ist.
Dies kann auf folgende Art geschehen: Man verwendet ein sogenanntes Dummy-`getchar()`, dessen einziger Zweck das Lesen (Entfernen) des überflüssigen ⏎-Zeichens aus dem Puffer ist.
Wird so z.B. im obigen C-Programm ein Dummy-`getchar()` eingefügt (`konto2.c`), dann verhält sich dieses Programm richtig:

7 Ein- und Ausgabe

```
#include <stdio.h>

int  main(void)
{
   float betrag;
   int   plusminus;

   printf("Gib Kontobetrag ein\n");
   scanf("%f", &betrag);
   getchar();     /*!!! Dummy-getchar() zum Ueberlesen von RETURN-Zeichen   !!!*/

   printf("Gib + bzw. - fuer positiven bzw. negativen Kontostand ein\n");
   plusminus=getchar();

   printf("Kontostand: %f %c\n", betrag, plusminus);
   return(0);
}
```

Ein Beispiel für einen möglichen Ablauf dieses Programms könnte sein:

```
Gib Kontobetrag ein
12.34 ⏎
Gib + bzw. - fuer positiven bzw. negativen Kontostand ein
- ⏎
Kontostand: 12.340000 -
```

Nach der Eingabe von 12.34 ergibt sich folgende Situation für den Puffer:

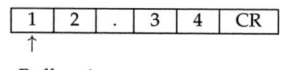

Pufferzeiger

Mit `scanf("%f", &betrag)` wird zunächst die Gleitpunktzahl 12.34 in `betrag` abgespeichert und für den Puffer liegt nun folgende Situation vor:

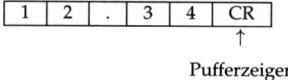

Pufferzeiger

Mit dem Dummy-`getchar()` wird nun das nächste Zeichen (⏎-Zeichen) im Puffer überlesen, so dass sich keine zu lesenden Zeichen mehr im Puffer befinden. Als nächstes wird dann der `printf()`-Aufruf ausgeführt, was zu folgender Ausgabe führt:

```
Gib + bzw. - fuer positiven bzw. negativen Kontostand ein
```

Beim Aufruf `plusminus=getchar()` muss nun der Puffer, da er hier nun leer ist, neu mit einer Eingabe gefüllt werden. Dazu muss der Benutzer sein Zeichen eingeben, welches dann im internen Puffer zusammen mit dem ⏎-Zeichen gespeichert wird:

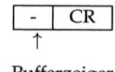

Pufferzeiger

Mit `plusminus=getchar()` wird nun das Zeichen '-' in der Variablen `plusminus` gepeichert, woraus dann folgende Situation resuliert:

7.2 Ein- und Ausgabe eines Zeichens

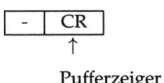
Pufferzeiger

Das sich noch im Puffer befindliche Neuezeile-Zeichen wird von diesem Programm dann nicht mehr gelesen.

7.2.4 Puffer-Bereinigung ist nicht immer notwendig

Das Bereinigen eines noch im Puffer befindlichen ⏎-Zeichens ist nicht immer zwingend notwendig. Wenn z. B. nacheinander zwei Zahlen mit `scanf()` eingelesen werden, so ist zwischen diesen beiden `scanf()`-Aufrufen kein Dummy-`getchar()` notwendig, da beim Einlesen einer Zahl die dazwischen stehenden Zwischenraum-Zeichen (Leer-, Tabulator- und Neuezeile-Zeichen) einfach von `scanf()` überlesen werden.

Beispiel:

Es sei das folgende C-Programm `addiere.c` gegeben:

```
#include <stdio.h>

int  main(void) {
   float   zahl1, zahl2;

   printf("1.Zahl ? "); scanf("%f", &zahl1);
   printf("2.Zahl ? "); scanf("%f", &zahl2);

   printf("Das Summe von %f + %f ist %f\n", zahl1, zahl2, zahl1+zahl2);
   return(0);
}
```

Ein Beispiel für einen möglichen Ablauf dieses Programms könnte sein:

```
Gib 1. Zahl ein: 12.34 ⏎
Gib 2. Zahl ein: 272.94 ⏎
Die Summe von 12.340000 + 272.940002 = 285.280003
```

Nach der Eingabe von `12.34` ergibt sich folgende Situation für den Puffer:

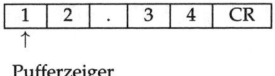
Pufferzeiger

Mit `scanf("%f", &zahl1)` wird zunächst die Gleitpunktzahl `12.34` in `zahl1` abgespeichert. Für den Puffer liegt nun folgende Situation vor:

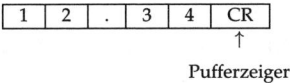
Pufferzeiger

und dann wird der Benutzer mit

```
Gib 2. Zahl ein:
```

zur Eingabe der zweiten Zahl aufgefordert.

7 Ein- und Ausgabe

Das `scanf("%f", &zahl2)` überliest nun zunächst das ⏎-Zeichen, so dass keine weiteren Zeichen mehr zum Lesen im Puffer vorhanden sind. Somit wird vom Betriebssystem eine weitere Eingabe in den Puffer verlangt. Nach der Eingabe von `272.94` ergibt sich folgende Situation für den Puffer:

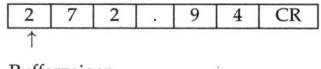

Pufferzeiger

Mit `scanf("%f", &zahl2)` wird nun die Gleitpunktzahl `272.94` in `zahl2` abgespeichert. Für den Puffer liegt nun folgende Situation vor:

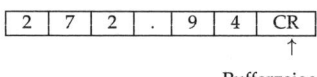

Pufferzeiger

Dass das hier vorgestellte Pufferkonzept gültig ist, kann am folgenden Programmablauf erkannt werden:

```
Gib 1. Zahl ein: 12.34   272.94 ⏎
Gib 2. Zahl ein: Die Summe von 12.340000 + 272.940000 = 285.280000
```

Nach der Eingabe von `12.34` und `272.94` ergibt sich folgende Situation für den Puffer:

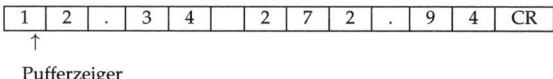

Pufferzeiger

Mit `scanf("%f", &zahl1)` wird zunächst die Gleitpunktzahl `12.34` in `zahl1` abgespeichert. Für den Puffer liegt nun folgende Situation vor:

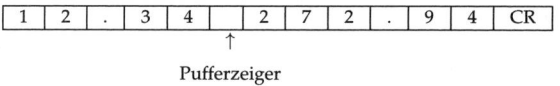

Pufferzeiger

und der Benutzer wird mit

```
Gib 2. Zahl ein:
```

zur Eingabe der zweiten Zahl aufgefordert. Da jedoch noch andere Zeichen als Zwischenraum-Zeichen im Eingabepuffer vorhanden sind, kann der Benutzer nicht eine weitere Zahl eingeben. Stattdessen überliest `scanf("%f", &zahl2)` nun zunächst das Leerzeichen, bevor es dann die danach im Puffer stehende Gleitpunktzahl `272.94` in `zahl2` abspeichert.

Ein Dummy-`getchar()` zum Bereinigen von noch im Puffer befindlichen ⏎-Zeichen sollte immer dann verwendet werden, wenn daraufolgend entweder mit `getchar()` oder `scanf("%c", ..)` ein Zeichen eingelesen wird.

7.2.5 Fallgrube: Zahlen nicht mit `getchar()` einlesen

Grundsätzlich sollten Zahlen niemals mit `getchar()` eingelesen werden, da erstens mit `getchar()` immer nur ein Zeichen, also keine mehrstellige Zahl eingelesen werden kann, zum anderen wird auch eine einstellige Zahl (Ziffer) nicht als numerischer Wert, sondern als Zeichen eingelesen, für das dann der dieser Ziffer entsprechende ASCII-Wert ('0'=48, '1'=49, ..., '9'=57) gespeichert wird.

7.2 Ein- und Ausgabe eines Zeichens

Funktion	liefert TRUE, wenn zeich ...... ist, und sonst FALSE
int islower(int zeich)	ein Kleinbuchstabe (a...z)
int isupper(int zeich)	ein Grossbuchstabe (A...Z)
int isalpha(int zeich)	ein Buchstabe aus dem Alphabet (A...Z,a...z)
int isdigit(int zeich)	eine Ziffer (0...9)
int isalnum(int zeich)	ein alphanumerisches Zeichen (A...Z,a...z,0...9)
int isxdigit(int zeich)	eine hexadezimale Ziffer (0...9,a...f,A...F)
int isprint(int zeich)	ein druckbares Zeichen (einschliesslich Leerzeichen)[a]
int isgraph(int zeich)[b]	ein druckbares Zeichen (Leerzeichen ausgenommen)
int isspace(int zeich)	ein Zwischenraum-Zeichen[c]
int iscntrl(int zeich)	ein Steuerzeichen[d]
int ispunct(int zeich)[e]	zeich ein druckbares Zeichen, aber kein Leerzeichen oder alphanumerisches Zeichen
int isblank(int zeich)	(neu in C99) ein Zwischenraum-Zeichen (isspace(zeich) liefert TRUE) und zugleich auch ein Zeichen zum Trennen von Wörtern ist; im deutschen gilt dies für Leer- und Tabulatorzeichen

[a] hexadezimaler ASCII-Code: 0x20 ... 0x7e
[b] entspricht dem Ausdruck: isprint(zeich) && zeich !=' '
[c] engl. whitespace: Leerzeichen, \f, \n, \r \t oder \v
[d] hexadezimaler ASCII-Code: 0x00 ... 0x1f und 0x7f
[e] enspricht dem Ausdruck: isgraph(zeich) && !isalnum(zeich)

Tabelle 7.1: Die in ctype.h deklarierten is....-Funktionen

7.2.6 Die Headerdatei ctype.h

Wie bereits früher erwähnt, werden wir immer wieder an geeigneter Stelle eine Headerdatei und die darin deklarierten Funktionen und Makros vorstellen. Beginnen wir hier mit der Headerdatei *ctype.h*. C legt fest, dass die in den Tabellen 7.1 und 7.2 angegebenen Funktionen in ctype.h definiert sein müssen.

Neben den hier angegebenen Funktionen darf jede C-Realisierung noch eigene Funktionen anbieten, solange deren Namen mit

isk (k steht für Kleinbuchstabe) oder tok (k steht für Kleinbuchstabe)

beginnen.

Beispiel:

Das folgende C-Programm kleigro1.c liest sechs Zeichen ein, und gibt die ersten drei Zeichen als Gross- und die letzten drei als Kleinbuchstaben aus. Handelt es sich bei einem Zeichen um keinen Buchstaben, wird er unverändert ausgegeben:

int tolower(int zeich)	Ist zeich ein Grossbuchstabe, dann liefert tolower() den entsprechenden Kleinbuchstaben, ansonsten wird zeich unverändert zurückgegeben.
int toupperint (zeich)	Ist zeich ein Kleinbuchstabe, dann liefert toupper() den entsprechenden Grossbuchstaben, ansonsten wird zeich unverändert zurückgegeben.

Tabelle 7.2: Zwei weitere in ctype.h deklarierten Funktionen

7 Ein- und Ausgabe

```c
#include <stdio.h>
#include <ctype.h>

int main(void) {
    int zeich_1, zeich_2;

    zeich_1=getchar();
    zeich_2=toupper(zeich_1); /* Diese beiden Anweisungem kann man auch   */
    putchar(zeich_2);         /* zusammenfassen: putchar(toupper(zeich_1))*/

    zeich_1=getchar();
    putchar(toupper(zeich_1));

    zeich_1=getchar();
    putchar(toupper(zeich_1));

    zeich_1=getchar();
    putchar(tolower(zeich_1));

    zeich_1=getchar();
    putchar(tolower(zeich_1));

    zeich_1=getchar();
    putchar(tolower(zeich_1));
    printf("\n");
    return(0);
}
```

Mögliche Abläufe dieses Programms:

1. Beispiel:

   wEtTer
   WETter

2. Beispiel:

   ordNeR ⟵
   ORDner

3. Beispiel:

   kindER ⟵
   KINder

Da die C-Würze in der Kürze liegt, hätte man das gleiche auch mit folgendem Programm `kleigro2.c` erreicht.

```c
#include <stdio.h>
#include <ctype.h>

int main(void) {
    putchar(toupper(getchar()));
    putchar(toupper(getchar()));
    putchar(toupper(getchar()));
    putchar(tolower(getchar()));
```

```
        putchar(tolower(getchar()));
        putchar(tolower(getchar()));
        printf("\n");
        return(0);
}
```

Hierbei wird zunächst mit `getchar()` ein Zeichen eingelesen, das dann direkt an `toupper()` bzw. `tolower()` übergeben wird. Das von dieser Funktion zurückgelieferte Zeichen wird dann wiederum direkt an die Funktion `putchar()` übergeben, was die Ausgabe dieses Zeichens bewirkt.

7.2.7 Einfache Makros

Die „Funktionen" aus `ctype.h` sind bei den meisten C-Systemen jedoch nicht als Funktionen realisiert, sondern als Makros. Deshalb schieben wir eine kurze Erklärung des Begriffs Makro mit Beispielen ein.

Unter *Makro* versteht man eine Folge von Einzelbefehlen, die unter einem Namen angesprochen werden können. Soll nun diese Folge von Einzelbefehlen ausgeführt werden, so ist lediglich der Name anzugeben, der diese Befehlsfolge repräsentiert. Man spricht dann auch von einem *Makroaufruf*. Ein Makroaufruf an einer bestimmten Stelle bewirkt, dass dort die entsprechenden Befehle, die dieses Makro repräsentiert, einfach einkopiert werden.

Das zuletzt angegebene Programm `kleigro1.c` wollen wir jetzt mit selbstdefinierten Makros, d. h. ohne `tolower()` und `toupper()`, schreiben. Dazu benötigen wir die Tabelle des ASCII-Codes. Nachfolgend ist ein Ausschnitt aus dieser Tabelle gezeigt:

Zeichen	dezimal	hexadezimal	dual
:	:	:	:
A	65	41	0100 0001
:	:	:	:
Z	90	5A	0101 1010
:	:	:	:
a	97	61	0110 0001
:	:	:	:
z	122	7A	0111 1010
:	:	:	:

Wenn wir uns diese Zeichen genauer anschauen, bemerken wir, dass sich die entsprechenden Groß- und Kleinbuchstaben bei der Dualdarstellung nur in einem Bit unterscheiden, und zwar im Bit mit Nummer 5, wie die nachfolgenden Darstellungen zeigen:

	7	6	5	4	3	2	1	0
A	0	1	0	0	0	0	0	1
a	0	1	1	0	0	0	0	1

	7	6	5	4	3	2	1	0
T	0	1	0	1	0	1	0	0
t	0	1	1	1	0	1	0	0

Diese Erkenntnis können wir uns für unser C-Programm zunutze machen. Wollen wir einen Klein- in einen Großbuchstaben umwandeln, so müssen wir seinen

ASCII-Code über & (bitweises AND) mit dem Binärmuster 1101 1111 oder dem Hexadezimalmuster 0xdf verknüpfen. Wollen wir einen Groß- in einen Kleinbuchstaben umwandeln, so müssen wir seinen ASCII-Code über | (bitweises OR) mit dem Binärmuster 0010 0000 oder dem Hexadezimalmuster 0x20 verknüpfen.
Beispiele für Umwandlung eines Groß- in Kleinbuchstaben:

S =	0	1	0	1	0	0	1	1	
0x20 =	0	0	1	0	0	0	0	0	
S | 0x20 =	0	1	1	1	0	0	1	1	= s (ASCII-Code)

E =	0	1	0	0	0	1	0	1	
0x20 =	0	0	1	0	0	0	0	0	
E | 0x20 =	0	1	1	0	0	1	0	1	= e (ASCII-Code)

Beispiele für Umwandlung eines Klein- in Großbuchstaben:

m =	0	1	1	0	1	1	0	1	
0xdf =	1	1	0	1	1	1	1	1	
m & 0xdf =	0	1	0	0	1	1	0	1	= M (ASCII-Code)

r =	0	1	1	1	0	0	1	0	
0xdf =	1	1	0	1	1	1	1	1	
r & 0xdf =	0	1	0	1	0	0	1	0	= R (ASCII-Code)

Die soeben besprochenen Umwandlungen wollen wir in einer eigenen Datei selbst.h als Makros definieren. Bei der Definition eines Makros können auch „Platzhalter", sogenannte formale Parameter angegeben werden.
Dazu ein Beispiel:
Makrodefinition:
```
parksuender(x,y,z)
    Das Auto mit der Nummer x wurde falsch geparkt.
    Der Autobesitzer y wird bestraft.
    Die Strafe betraegt z Euro.
```
Makroaufruf (mit aktuellen Parameter):
```
parksuender(ZY-LL-43,MEYER-HANS,60)
```
Es werden nun für

die formalen Parameter	die aktuellen Parameter
x	ZY-LL-43
y	MEYER-HANS
z	60

eingesetzt.
Dieser Makroaufruf würde also folgendem Text entsprechen:
```
    Das Auto mit der Nummer ZY-LL-43 wurde falsch geparkt.
    Der Autobesitzer MEYER-HANS wird bestraft.
    Die Strafe betraegt 60 Euro.
```
Der Makroaufruf parksuender(EE-IL-1,ZORN-HANS,40) würde den gleichen Text ausgeben, nur würde anstelle von x hier EE-IL-1, anstelle von y hier ZORN-HANS und anstelle von z hier 40 eingesetzt.

7.2 Ein- und Ausgabe eines Zeichens

Makros werden in C mit

```
#define makroname(param1,param2,...)    (makrobefehl(e))
```

definiert. Unsere Datei `selbst.h` könnte also folgenden Inhalt besitzen:

```
/***************************************/
/*      Selbst definierte Makros        */
/***************************************/

/* Die folgenden beiden Makros funktionieren nicht richtig, wenn sie mit
   einem anderen Zeichen als mit einem Buchstaben aufgerufen werden.
   Wir lernen erst später die Konstruktionen kennen,
   die notwendig sind, um diese Makros korrekt zu definieren.
*/
#define klein(c)     (c|0x20)   /* klein    =    Makroname           */
                                /*   c      =    formaler Parameter  */
                                /*   Befehl der durch diesen Makro-  */
                                /*   aufruf ausgefuehrt wird, ist    */
                                /*   dahinter geklammert angegeben   */

#define gross(c)     (c&0xdf)
```

Das Programm `kleigro3.c` hätte dann folgendes Aussehen:

```
#include  <stdio.h>
#include  "selbst.h"   /* selbst.h  wurde vom Benutzer selbst erstellt */

int  main(void) {
    int  zeich_1, zeich_2;

    zeich_1=getchar();
    zeich_2=gross(zeich_1);  /* Diese beiden Anweisungem kann man auch */
    putchar(zeich_2);        /* zusammenfassen:  putchar(gross(zeich_1)) */
                             /* noch kompakter waere die erlaubte     */
                             /* Konstruktion:  putchar(gross(getchar())) */
    zeich_1=getchar(); putchar(gross(zeich_1));
    zeich_1=getchar(); putchar(gross(zeich_1));

    zeich_1=getchar(); putchar(klein(zeich_1));
    zeich_1=getchar(); putchar(klein(zeich_1));
    zeich_1=getchar(); putchar(klein(zeich_1));
    printf("\n");
    return(0);
}
```

Mögliche Abläufe dieses Programms `kleigro3.c`:

1. Beispiel:

    wEtTer ⏎
    WETter

2. Beispiel:

    ordNeR ⏎
    ORDner

3. Beispiel:

```
kindER ⏎
KINder
```

Dieses Programm `kleigro3.c` leistet also unter Zuhilfenahme der selbstdefinierten Makros `klein()` und `gross()` aus der Headerdatei `selbst.h` fast das gleiche wie das Programm `kleigro1.c` unter Zuhilfenahme der Makros `tolower()` und `toupper()` aus der Headerdatei `ctype.h`.

Um etwas mit Makros zu arbeiten, wollen wir ein C-Programm `quader.c` erstellen, das die drei Seiten eines Quaders einliest, dann Volumen und Oberfläche berechnet, und diese Werte ausgibt.

```c
#include <stdio.h>
#include "selbst.h"

int  main(void)
{
    float  quad_flaech,  hoehe,  breite,  laeng;

    printf("Geben Sie die Breite des Quaders ein\n");
    scanf("%f",&breite);
    printf("Geben Sie die Hoehe des Quaders ein\n");
    scanf("%f",&hoehe);
    printf("Geben Sie die Laenge des Quaders ein\n");
    scanf("%f",&laeng);
    printf("\n\n");
    printf("Das Volumen dieses Quaders ist: ");
    printf("%7.3f",volumen(laeng,hoehe,breite));
    printf("\n");
    printf("Die Flaeche dieses Quaders ist: ");
    quad_flaech=2*(flaeche(breite,hoehe)+flaeche(breite,laeng)+flaeche(hoehe,laeng));
    printf("%7.3f",quad_flaech);
    printf("\n");
    return(0);
}
```

Unsere Headerdatei `selbst.h`, die mit `#include` in unser Programm übernommen wurde, hat nun folgendes Aussehen:

```
/****************************************/
/*      Selbst definierte Makros        */
/****************************************/

/* Die folgenden beiden Makros funktionieren nicht richtig, wenn sie mit
   einem anderen Zeichen als mit einem Buchstaben aufgerufen werden.
   Wir lernen erst sp\"ater (in der Reihe) die Konstruktionen kennen,
   die notwendig sind, um diese Makros korrekt zu definieren.
*/
#define klein(c)        (c|0x20)   /*  klein  =    Makroname           */
                                   /*    c    =    formaler Parameter  */
                                   /*  Befehl der durch diesen Makro-  */
```

7.2 Ein- und Ausgabe eines Zeichens

```
                        /*   aufruf ausgefuehrt wird, ist      */
                        /*   dahinter geklammert angegeben     */
#define gross(c)      (c&0xdf)

#define volumen(a,b,c)   (a*b*c)

#define flaeche(x,y)    (x*y)
```

Möglicher Ablauf dieses Programms `quader.c`:

```
Geben Sie die Breite des Quaders ein
2.3 ⏎
Geben Sie die Hoehe des Quaders ein
2.8 ⏎
Geben Sie die Laenge des Quaders ein
3.5 ⏎


Das Volumen dieses Quaders ist:   22.540
Die Flaeche dieses Quaders ist:   48.580
```

Dieses Programm `quader.c` wollen wir nun etwas näher betrachten:

```
printf("Geben Sie die Breite des Quaders ein\n");
scanf("%f",&breite);
printf("Geben Sie die Hoehe des Quaders ein\n");
scanf("%f",&hoehe);
printf("Geben Sie die Laenge des Quaders ein\n");
scanf("%f",&laeng);
printf("\n\n");
```

Mit der Funktion `scanf()` können Werte über die Tastatur eingegeben werden. `%f` gibt dabei an, dass es sich bei der Eingabe um eine `float`-Zahl handelt.
Die eingegebene Zahl wird dann in der entsprechenden Variablen, die nach dem Komma angegeben ist, gespeichert. In obigem Beispiel wird die erste eingegebene Zahl `2.3` in der `float`-Variablen `breite` gespeichert. Diese Variable ist in der Funktion `scanf()` als Zeiger anzugeben (z. B. `&breite`). Warum hier ein Zeiger (Adresse der Variable) anzugeben ist, werden wir später behandeln. Die nächsten beiden eingegebenen Werte werden dann entsprechend in den Variablen `hoehe` und `laeng` gespeichert.

```
printf("Das Volumen dieses Quaders ist: ");
printf("%7.3f",volumen(laeng,hoehe,breite));
printf("\n");
```

Das `%7.3f` in der Funktion `printf()` legt fest, dass eine `float`-Zahl mit insgesamt mindestens 7 Stellen, davon 3 Stellen hinter dem Punkt, auszugeben ist. Welcher `float`-Wert nun auszugeben ist, wird durch den Makroaufruf

```
volumen(laeng,hoehe,breite)
```

berechnet. Das Makro `volumen()` wurde in der Datei `selbst.h` definiert:

```
#define volumen(a,b,c) (a*b*c)
```

Für die formalen Parameter werden nun bei diesem Makroaufruf die entsprechenden aktuellen Parameter eingesetzt:

```
a ← laeng
b ← hoehe
c ← breite
```
Es wird also folgender `float`-Wert am Bildschirm ausgegeben:

```
laeng *   hoehe *   breite
  |         |         |
 3.5 *     2.8 *     2.3    = 22.54
```

Dieser Wert wird aber folgendermassen ausgegeben:

```
                _22.540
               /     |
Leerzeichen    3 Stellen nach dem Punkt
               -------
                  insgesamt 7 Stellen (einschliesslich Punkt)
```

```
printf("Die Flaeche dieses Quaders ist: ");
quad_flaech=2*(flaeche(breite,hoehe)+flaeche(breite,laeng)+flaeche(hoehe,laeng));
printf("%7.3f",quad_flaech);
```

Hier wird der `float`-Variablen `quad_flaech` ein `float`-Wert zugewiesen. Dieser `float`-Wert muss allerdings erst berechnet werden; dazu wird das Makro `flaeche()` aufgerufen.

Das Makro `flaeche()` wurde in der Datei `selbst.h` definiert:

```
#define flaeche(x,y) (x*y)
```

Für die formalen Parameter werden nun bei den einzelnen Makroaufrufen folgende aktuellen Parameter eingesetzt:

```
                       x     y
                       |     |
flaeche(breite,hoehe):  2.3 * 2.8 =  6.44
flaeche(breite,laeng):  2.3 * 3.5 =  8.05
flaeche(hoehe, laeng):  2.8 * 3.5 =  9.8
```

In der `float`-Variablen `quad_flaech` wird dann der Wert $48.58 = 2 \cdot (6.44 + 8.05 + 9.8)$ gespeichert. Dieser Wert wird dann folgendermassen am Bildschirm ausgegeben:

```
                _48.580
               /     |
Leerzeichen    3 Stellen nach dem Punkt
               -------
                  insgesamt 7 Stellen (einschliesslich Punkt)
```

Eine solche Ausgabe wird durch `%7.3f` bewirkt.

7.2.8 Übung: Umrechnung von Geschwindigkeiten

Erstellen Sie ein C-Programm `vumrech.c`, das eine zurückgelegte Strecke (in Meter) und die dafür benötigte Zeit (in Sekunden) einliest, bevor es dann die Geschwindigkeit in *m/s*, *km/h*, *km/tag* und *m/tag* ausgibt. Die Umrechnungsfaktoren sollten Sie dabei in der eigenen Headerdatei `faktor.h` definieren:

```
#define MS_NACH_KMH         ......
#define MS_NACH_KMTAG       ......
#define MS_NACH_MTAG        ......
```

Diese Umrechnungsfaktoren sollten Sie dann in Ihrem Programm `vumrech.c` verwenden. Um dies tun zu können, müssen Sie dort aber die folgende Zeile am Anfang des Programms angeben.

```
#include "faktor.h"
```

Mögliche Abläufe dieses Programms `vumrech.c`:

```
Gib Strecke ein (in Meter): 1 ⏎
Gib Zeit ein, die dafuer benoetigt wird (in Sekunden): 1 ⏎
Dies entspricht folgender Geschwindigkeit:
   1.000000 m/sec =
      3.600000 km/h =
         86400.000000 m/Tag =
            86.400002 km/Tag

Gib Strecke ein (in Meter): 123 ⏎
Gib Zeit ein, die dafuer benoetigt wird (in Sekunden): 3.5 ⏎
Dies entspricht folgender Geschwindigkeit:
   35.142857 m/sec =
      126.514282 km/h =
         3036342.750000 m/Tag =
            3036.342773 km/Tag
```

7.3 Die Ausgabe mit `printf()`

7.3.1 Die Funktion `printf()`

`printf()` wurde in den vorherigen Beispielen schon oft benutzt. Hier soll nun eine vollständige Beschreibung dieser Funktion gegeben werden:

```
printf("format", argument1, argument2,...)
```

Die Kontrollzeichenkette `format`

Die Kontrollzeichenkette gibt an, wie die einzelnen Argumente auszugeben sind. In der Kontrollzeichenkette können sowohl normale ASCII-Zeichen, welche unverändert ausgegeben werden, als auch folgende Steuerzeichen enthalten sein:

\a	Klingelton (auch mit \007 realisierbar)
\b	Backspace (ein Zeichen zurückpositionieren)
\f	Seitenvorschub
\n	Neue Zeile
\r	Wagenrücklauf (an Anfang der momentanen Zeile positionieren)
\t	Tabulator
\v	Vertikales Tabulatorzeichen
\ooo	Zeichen, das der Oktalzahl *ooo* entspricht
\xhh	Zeichen, das der Hexadezimalzahl *hh* entspricht
\'	Hochkomma
\"	Anführungszeichen
\\	Backslash

7 Ein- und Ausgabe

So würde z. B. die Anweisung

```
printf("Hallo \"Egon\b\b\bmil\"");
```

folgendes ausgeben:

```
Hallo "Emil"
```

Die Anweisung

```
printf("Hallo\012Frit\172\n");
```

würde die folgende Ausgabe liefern:

```
Hallo Fritz
```

Neben den normalen ASCII-Zeichen und den obigen Steuerzeichen können in der Kontrollzeichenkette noch *Umwandlungsvorgaben* angegeben sein.

Umwandlungsvorgaben

Umwandlungsvorgaben beginnen immer mit % und beziehen sich auf die nachfolgenden Argumente: 1.Umwandlungsvorgabe auf `argument1`, 2.Umwandlungsvorgabe auf `argument2`, usw. Umwandlungsvorgaben legen immer fest, wie das entsprechende Argument an dieser Stelle auszugeben ist, z. B. als Oktalzahl oder als Gleitpunktzahl mit 3 Nachkommastellen. Eine Umwandlungsvorgabe setzt sich wie folgt zusammen[3]:

```
% F W G L U
   F = [Formatierungszeichen]
   W = [Weite]                    Mindestzahl der auszugebenden Zeichen
   G = [Genauigkeit]              . oder .* oder .ganzzahl
   L = [Längenangabe]             h, l, L, hh, ll, j, z oder t
   U = Umwandlungszeichen
```

Hieran ist zu erkennen, dass nur das *Umwandlungszeichen* immer angegeben sein muss. Die anderen Angaben (*Formatierungszeichen, Weite, Genauigkeit* und *Längenangabe*) sind optional. Nachfolgend werden nun die einzelnen Zeichen und ihre Bedeutung genauer beschrieben.

Umwandlungszeichen

Zeichen	Wert des Arguments wird ausgegeben...
d, i	als eine vorzeichenbehaftete ganze Dezimalzahl.
o	als eine vorzeichenlose ganze Oktalzahl.
u	als eine vorzeichenlose ganze Dezimalzahl.
x, X	als eine vorzeichenlose ganze Hexadezimalzahl. Neben den üblichen Ziffern 0 bis 9 werden a,b,c,d,e,f bei x, und A,B,C,D,E,F bei X als zusätzliche Hexadezimalziffern verwendet.
f	in der Darstellungsform [-]ddd.dddddd. Ist keine Genauigkeit angegeben, werden 6 Ziffern nach dem Dezimalpunkt ausgegeben.

---

[3] [] bedeutet, dass diese Angabe optional ist, d. h. sie kann, muss aber nicht angegeben werden

7.3 Die Ausgabe mit `printf()`

Zeichen	Wert des Arguments wird ausgegeben...
e,E	in der Darstellungsform [-]d.dddedd bzw. [-]d.dddEdd, wobei eine von 0 verschiedene Ziffer vor dem Dezimalpunkt ausgegeben wird. Wenn keine Genauigkeit angegeben ist, werden 6 Ziffern nach dem Dezimalpunkt ausgegeben. Der Exponent enthält immer zumindest 2 Ziffern.
g,G	im f- oder e-Format (oder E-Format bei Angabe von G). Welcher Stil verwendet wird, hängt vom Wert ab: e bzw. E wird nur verwendet, wenn der resultierende Exponent <-4 oder >= *Genauigkeit* ist. Hintenstehende Nullen werden entfernt. Dezimalpunkt erscheint nur, wenn noch eine Ziffer folgt.
c	als Zeichen (`unsigned char`).
s	als Zeichenkette.
p	als Zeiger-Wert; der Wert des Zeigers wird in eine Sequenz von druckbaren Zeichen umgewandelt.
n	keine Ausgabe. Entsprechendes Argument sollte ein Zeiger auf Ganzzahl sein. An die Adresse, die dieser Zeiger angibt, wird Anzahl der bisher ausgegebenen Zeichen geschrieben.
%	Es wird das %- Zeichen ausgegeben und kein Argument ausgewertet (sollte nur in der Form %% angegeben werden).
F	(neu in C99) in der Darstellungsform [-]ddd.dddddd. Ist keine Genauigkeit angegeben, werden 6 Ziffern nach dem Dezimalpunkt ausgegeben. Bei unendlichen Werten oder Werten, die keine Zahl sind, wird INF, INFINITY oder NAN ausgegeben. %f gibt diese Schlüsselwörter klein geschrieben aus.
a	(neu in C99) als hexadezimale Gleitpunkt-Darstellung: 0x*h*...p+*d*; siehe auch Kapitel 9.2.4 auf Seite 153.
A	(neu in C99) als hexadezimale Gleitpunkt-Darstellung: 0x*h*...P+*d*; siehe auch Kapitel 9.2.4 auf Seite 153.

Beispiel zu den Umwandlungszeichen:
Das folgende C-Programm `printf1.c` demonstriert die Wirkungsweise der wichtigsten Umwandlungszeichen.

```
#include <stdio.h>

int  main(void) {
   int    ganz1 = 125, ganz2 = -19893;
   float  gleit1 = 1.23456789, gleit2 = 2.3e-5;
   printf("(1) dezimal:           ganz1=%d, ganz2=%i\n", ganz1, ganz2);
   printf("(2) oktal:             ganz1=%o, ganz2=%o\n", ganz1, ganz2);
   printf("(3) hexadezimal:       ganz1=%x, ganz2=%X\n", ganz1, ganz2);
   printf("(4) als unsigned-Wert: ganz1=%u, ganz2=%u\n", ganz1, ganz2);
   printf("(5) als char-Zeichen:  ganz1=%c, ganz2=%c\n\n", ganz1, ganz2);
   printf("(6) f:     gleit1=%f, gleit2=%f\n", gleit1, gleit2);
   printf("(7) e,E:   gleit1=%e, gleit2=%E\n", gleit1, gleit2);
   printf("(8) g,G:   gleit1=%g, gleit2=%G\n\n", gleit1, gleit2);
   printf("(9) Adresse von ganz1=%p, Adresse von gleit2=%p\n\n", &ganz1, &gleit2);
   printf("(10) Das Prozentzeichen %%%n\n", &ganz2);
   printf("(11) ganz2 = %d\n", ganz2);
   return(0);
}
```

Bildschirmausgabe durch das Programm `printf1.c`:

103

```
(1)  dezimal:              ganz1=125, ganz2=-19893
(2)  oktal:                ganz1=175, ganz2=37777731113
(3)  hexadezimal:          ganz1=7d, ganz2=FFFFB24B
(4)  als unsigned-Wert:    ganz1=125, ganz2=4294947403
(5)  als char-Zeichen:     ganz1=}, ganz2=K

(6)  f:     gleit1=1.234568, gleit2=0.000023
(7)  e,E:   gleit1=1.234568e+00, gleit2=2.300000E-05
(8)  g,G:   gleit1=1.23457, gleit2=2.3E-05


(9)  Adresse von ganz1=0xbffff6a8, Adresse von gleit2=0xbffff69c

(10) Das Prozentzeichen %
(11) ganz2 = 25
```

Versuchen Sie selbst, diese Ausgabe nachzuvollziehen.

Formatierungszeichen

-	linksbündige Justierung
+	Ausgabe des Vorzeichens '+' oder '-'
Leerzeichen	Ist 1. Zeichen des Arguments kein Vorzeichen, wird ein Leerzeichen ausgegeben.
0	Bei einer numerischen Ausgabe werden führende Nullen (nach einem eventuellen Vorzeichen) verwendet, um bis zur angegebenen *Weite* aufzufüllen.
#	Auswirkung von # hängt vom Umwandlungszeichen ab: - Bei o bzw. x, X wird Wert mit vorangestelltem 0 bzw. 0x ausgegeben. - Bei e, E, f wird Wert mit Dezimalpunkt ausgegeben, sogar wenn keine Nachkommastellen existieren. - Bei g, G wird Wert mit Dezimalpunkt ausgegeben, wobei überflüssige Nachkommanullen mitausgegeben werden.

Weite

Die *Weite* gibt die Mindestanzahl der auszugebenden Stellen an. Wenn der umgewandelte Wert weniger Zeichen als *Weite* hat, so wird er links (rechts bei Linksjustierung) mit Leerzeichen oder Nullen (wenn Formatierungszeichen 0 angegeben) aufgefüllt. Für *Weite* kann folgendes angegeben werden:

n[4]	Mindestens *n* Stellen werden ausgegeben. Falls der Wert des entsprechenden Arguments weniger Stellen als *n* besitzt, dann werden dennoch *n* Stellen ausgegeben.
*	Der Wert des nächsten Arguments[5] in der Argumentenliste legt die *Weite* fest. Falls der Wert dieses Argument negativ ist, dann wird linksbündige Justierung vorgenommen.

Niemals bewirkt eine nicht vorhandene oder zu kleine *Weite*-Angabe, dass Zeichen nicht ausgegeben werden. Falls das Ergebnis einer Umwandlung mehr Zeichen enthält als *Weite* vorgibt, dann werden trotzdem alle Zeichen ausgegeben.

---

[4] *n* steht für eine ganze Zahl
[5] muß ganzzahliger Wert sein

7.3 Die Ausgabe mit `printf()`

Beispiel zu Formatierungszeichen und Weite:

Das folgende C-Programm `printf2.c` demonstriert die Wirkunsgweise der einzelnen Umwandlungszeichen bei Angabe einer Weite und eines Formatierungszeichens.

```
#include <stdio.h>

int main(void) {
   int   ganz1 = 125,
         ganz2 = -19893,
         ganz3 = 20;
   float gleit1 = 1.23456789,
         gleit2 = 2.3e-5;
   printf("Demonstration zu den %s\n", "Formatierungszeichen und Weite");
   printf("=====================================================\n\n");
   printf(" (1)  |%20d|      |%-+20d|\n", ganz1, ganz2);
   printf(" (2)  |%020o|      |%-020o|\n", ganz1, ganz2);
   printf(" (3)  |%#20x|      |%#20X|\n", ganz1, ganz2);
   printf(" (4)  |%+20i|      |%20u|\n", ganz1, ganz2);
   printf(" (5)  |%#-*x|      |%+*u|\n\n", ganz3, ganz1, 20, ganz2);
   printf(" (6)  |%-20f|      |%20f|\n", gleit1, gleit2);
   printf(" (7)  |%+-20f|     |%020f|\n", gleit1, gleit2);
   printf(" (8)  |%+#20g|     |%-#20g|\n", gleit1, gleit2);
   printf(" (9)  |%+#20f|     |%-#20f|\n", gleit1, gleit2);
   printf(" (10) |%+#*e|      |%-#*E|\n", ganz3, gleit1, 20, gleit2);
   return(0);
}
```

Bildschirmausgabe durch das Programm `printf2.c`:

```
Demonstration zu den Formatierungszeichen und Weite
=====================================================

 (1)  |                 125|      |-19893              |
 (2)  |00000000000000000175|      |37777731113         |
 (3)  |                0x7d|      |          0XFFFFB24B|
 (4)  |                +125|      |          4294947403|
 (5)  |0x7d                |      |          4294947403|

 (6)  |1.234568            |      |            0.000023|
 (7)  |+1.234568           |      |0000000000000.000023|
 (8)  |            +1.23457|      |2.30000e-05         |
 (9)  |           +1.234568|      |0.000023            |
 (10) |       +1.234568e+00|      |2.300000E-05        |
```

Versuchen Sie selbst, diese Ausgabe nachzuvollziehen.

Genauigkeit

Die Genauigkeit wird mit *.ganzzahl* angegeben. Die Auswirkung von Genauigkeit hängt vom angegebenen Umwandlungszeichen ab:

7 Ein- und Ausgabe

Umwandlungszeichen	Genauigkeit legt folgendes fest
d,i,o,u,x,X	Mindestzahl von auszugebenden Ziffern.
e,E,f,a,A,F	Zahl der auszugebenden Nachkommastellen.
g,G	maximale Zahl von auszugebenden Ziffern.
s	maximale Zahl von auszugebenden Zeichen.
sonstige	undefiniertes Verhalten

Für Genauigkeit kann auch `.*` angegeben werden, was bedeutet: das nächste Argument in der Argumentenliste legt die Genauigkeit fest. Ist der Wert dieses Arguments negativ, so wird diese Genauigkeits-Angabe ignoriert.

Längenangabe

Folgende Zeichen sind als Längenangabe erlaubt und haben für die Umwandlungszeichen folgende Wirkung:

- **h** Für Umwandlungszeichen `d,i,o,u,x,X` wird entsprechendes Argument als `short` behandelt. Beim Umwandlungszeichen `n` wird entsprechendes Argument als „Zeiger auf `short int`" behandelt.
- **l** Für die Umwandlungszeichen `d,i,o,u,x,X` wird entsprechendes Argument als `long`-Argument behandelt. Beim Umwandlungszeichen `n` wird entsprechendes Argument als „Zeiger auf `long int`" behandelt.
- **L** Für Umwandlungszeichen `e,E,f,g,G,F,a,A` wird entsprechendes Argument als `long double` behandelt.
- **ll** (neu in C99) Für die Umwandlungszeichen `d,i,o,u,x,X` wird entsprechendes Argument als `long long`-Argument behandelt. Beim Umwandlungszeichen `n` wird entsprechendes Argument als „Zeiger auf `long long int`" behandelt.
- **hh** (neu in C99) Für die Umwandlungszeichen `d,i,o,u,x,X` wird entsprechendes Argument als `char`-Argument behandelt. Beim Umwandlungszeichen `n` wird entsprechendes Argument als „Zeiger auf `char`" behandelt.
- **j** (neu in C99) Für die Umwandlungszeichen `d,i,o,u,x,X` wird entsprechendes Argument als `intmax_t`-Argument (definiert in Headerdatei `stdint.h`) behandelt. Beim Umwandlungszeichen `n` wird entsprechendes Argument als „Zeiger auf `intmax_t`" behandelt.
- **z** (neu in C99) Für die Umwandlungszeichen `d,i,o,u,x,X` wird entsprechendes Argument als `size_t`-Argument (definiert in Headerdatei `stddef.h`) behandelt. Beim Umwandlungszeichen `n` wird entsprechendes Argument als „Zeiger auf `size_t`" behandelt.
- **t** (neu in C99) Für die Umwandlungszeichen `d,i,o,u,x,X` wird entsprechendes Argument als `ptrdiff_t`-Argument (definiert in Headerdatei `stddef.h`; Differenz zwischen zwei Adressen) behandelt. Beim Umwandlungszeichen `n` wird entsprechendes Argument als „Zeiger auf `ptrdiff_t`" behandelt.

Falls `h`, `l`, `L`, `ll`, `hh`, `j`, `z` oder `t` mit anderen Umwandlungszeichen, als oben angegeben, kombiniert wird, liegt undefiniertes Verhalten vor.

Beispiel zu Genauigkeits- und Längenangabe:

Gegeben sei das folgende C-Programm `printf3.c`:

```
#include <stdio.h>

int main(void) {
    printf("|%s|\n","Kettenglied");
    printf("|%20s|\n","Kettenglied");
    printf("|%-20s|\n","Kettenglied");
    printf("|%-10s|\n","Kettenglied");
```

```
    printf("|%20.8s|\n","Kettenglied");
    printf("|%-20.7s|\n","Kettenglied");
    printf("|%020s|\n","Kettenglied");
    printf("|%.6s|\n","Kettenglied");
    printf("|%-020s|\n","Kettenglied");
    return(0);
}
```

Bildschirmausgabe durch das Programm printf3.c:

```
|Kettenglied|
|        Kettenglied|
|Kettenglied         |
|Kettenglied|
|          Ketteng1|
|Ketteng             |
|        Kettenglied|
|Ketten|
|Kettenglied         |
```

Gegeben sei das folgende C-Programm printf4.c:

```
#include <stdio.h>

int  main(void) {
    float          einf_1, einf_2;
    double         dopp_1, dopp_2;
    long double    ddopp;

    einf_1=10.0/3.0;
    dopp_1=10.0/3.0;
    dopp_2=-10.0/3.0;
    printf("|%10.3f|\n", einf_1);
    printf("|%10.3e|\n", einf_1);
    printf("|%-10.3g|\n", einf_1);
    printf("|%30.9f|\n", dopp_1);
    printf("|%30.9E|\n", dopp_2);
    printf("|%-030.9f|\n\n", einf_1);

    einf_1=1e5/3.0;
    dopp_2=1e8/3.0;
    printf("|%30.2f|\n", einf_1);
    printf("|%30.2e|\n", einf_1);
    printf("|%30.2G|\n", einf_1);
    printf("|%30.8f|\n", dopp_2);
    printf("|%030.8f|\n\n", einf_1);

    ddopp = dopp_1 = 0.000000000730;
    printf("|%g|\n", dopp_1);
    printf("|%6.4f|\n", dopp_1);
    printf("|%6.89Lf|\n", ddopp);
```

```
        return(0);
}
```

Bildschirmausgabe durch das Programm `printf4.c`:

```
|    3.333|
| 3.333e+00|
|3.33      |
|              3.333333333|
|           -3.333333333E+00|
|3.333333254                |

|                   33333.33|
|                   3.33e+04|
|                    3.3E+04|
|             33333333.33333333|
|000000000000000033333.33203125|

|7.3e-10|
|0.0000|
|0.00000000072999999999999606795489774......5625720210373401641845703125000000|
```

7.3.2 Fallgruben
Weniger Argumente als %-Angaben ist gefährlich

Wenn weniger Argumente als Umwandlungsvorgaben angegeben werden, dann ist das Verhalten undefiniert. So könnte z. B. das folgende C-Programm:

```
#include <stdio.h>

int main(void) {
    int a=10, b=12;
    printf("%d + %d = %d\n", a, b);
}
```

folgende Ausgabe liefern:

```
10 + 12 = 1313
```

Wenn mehr Argumente als Umwandlungsvorgaben angegeben werden, dann werden die Argumente zwar ausgewertet, aber nicht ausgegeben. So wird z. B. bei der folgenden Anweisung:

```
printf("Zuweisungsumme", a=b+c);
```

der Text

```
Zuweisungssumme
```

ausgegeben. Es wird aber zugleich auch der Variablen a der Wert von b+c zugewiesen.

%u nur für unsigned-Werte verwenden

Werden vorzeichenbehaftete Werte unter Verwendung von %u ausgegeben, dann findet keine Vorzeichen-Bewertung statt; in diesem Fall wird das Vorzeichenbit als Teil des Betrags bewertet. Dies führt dann bei negativen Werten zu falschen Ausgaben, wie das nachfolgende C-Programm printf5.c zeigt:

```c
#include <stdio.h>

int main(void)
{
   int  wert1, wert2;

   printf("Gib 1.Wert ein: ");
   scanf("%d", &wert1);
   printf("Gib 2.Wert ein: ");
   scanf("%d", &wert2);

   printf("Summe: %u + %u = %u\n", wert1, wert2, wert1+wert2);

   printf("Zur Demo: %d mit %%u ausgegeben: %u\n", -125, -125);
   return(0);
}
```

Möglicher Ablauf des Programms printf5.c:

```
Gib 1.Wert ein: 3 ⏎
Gib 2.Wert ein: -10 ⏎
Summe: 3 + 4294967286 = 4294967289
Zur Demo: -125 mit %u ausgegeben: 4294967171
```

Die Berechnung in diesem Programm ist zwar richtig, aber die Ausgabe ist falsch. Es wurde bei der Ausgabe %u (anstelle von %d) für int-Werte angegeben.

Damit das Programm richtig arbeitet, müsste man die vorletzte printf-Anweisung wie folgt angeben:

```c
printf("Summe: %d + %d = %d\n", wert1, wert2, wert1+wert2);
```

Dann würde das Programm auch richtig arbeiten:

```
Gib 1.Wert ein: 3 ⏎
Gib 2.Wert ein: -10 ⏎
Summe: 3 + -10 = -7
Zur Demo: -125 mit %u ausgegeben: 4294967171
```

7.3.3 Tipps

printf() bei längeren Ausgaben nur einmal aufrufen

Seit C89 ist es möglich, Strings (Zeichenketten) nacheinander anzugeben. C89- und C99-Compiler fügen solche nacheinander angegebenen Strings zu einem String zusammen; man spricht auch von *Stringkonkatenation*.

Diese Stringkonkatenation kann man sich bei längeren printf()-Ausgaben zunutze machen, indem man printf() nur einmal aufruft, und den auszugebenden Text dann als mehrere Einzelstrings nacheinander (in eigenen Zeilen) angibt.

7 Ein- und Ausgabe

So würde z. B. das folgende C-Programm `textaus1.c`:

```
#include <stdio.h>

int main(void) {
    printf("In C ist es moeglich, Strings (Zeichenketten)\n");
    printf("nacheinander anzugeben.\n");
    printf("C-Compiler fuegen solche nacheinander angegebenen\n");
    printf("Strings (Zeichenketten) dann zu einem String (Zeichenkette)\n");
    printf("zusammen; man spricht auch von Stringkonkatenation.\n\n");
    printf("Diese String-Konkatenation von C kann man sich bei\n");
    printf("laengeren printf-Ausgaben zunutze machen, indem man printf\n");
    printf("nur einmal aufruft, und den auszugebenden Text dann als\n");
    printf("mehrere Einzel-Strings nacheinander (in eigene Zeilen) angibt.\n");
    return(0);
}
```

das gleiche ausgeben, wie das folgende C-Programm `textaus2.c`:

```
#include <stdio.h>

int main(void) {
        "In C ist es moeglich, Strings (Zeichenketten)\n"
        "nacheinander anzugeben.\n"
        "C-Compiler fuegen solche nacheinander angegebenen\n"
        "Strings (Zeichenketten) dann zu einem String (Zeichenkette)\n"
        "zusammen; man spricht auch von Stringkonkatenation.\n\n"
        "Diese String-Konkatenation von C kann man sich bei\n"
        "laengeren printf-Ausgaben zunutze machen, indem man printf\n"
        "nur einmal aufruft, und den auszugebenden Text dann als\n"
        "mehrere Einzel-Strings nacheinander (in eigene Zeilen) angibt.\n");
    return(0);
}
```

Beide Programme würden folgende Ausgabe am Bildschirm liefern:

```
In C ist es moeglich, Strings (Zeichenketten)
nacheinander anzugeben.
C-Compiler fuegen solche nacheinander angegebenen
Strings (Zeichenketten) dann zu einem String (Zeichenkette)
zusammen; man spricht auch von Stringkonkatenation.

Diese String-Konkatenation von C kann man sich bei
laengeren printf-Ausgaben zunutze machen, indem man printf
nur einmal aufruft, und den auszugebenden Text dann als
mehrere Einzel-Strings nacheinander (in eigene Zeilen) angibt.
```

Ein kleiner Nachteil bei Verwendung von Stringkonkatenation innerhalb von `printf()` ist, dass bei einem Fehler, wie z. B. das Vergessen des abschliessenden Anführungszeichen, der Compiler den Fehler dann in der Zeile anzeigt, in der `printf()` aufgerufen wurde und nicht in der Zeile, in der der Fehler wirklich auftrat. Dies kann eventuell eine mühsame Suche nach dem Fehler in allen

7.3 Die Ausgabe mit `printf()`

nachfolgenden Zeilen, über die sich die String-Konkatenation erstreckt, nach sich ziehen.

%g für nicht zu formatierende Gleitpunktzahlen verwenden

Das Umwandlungszeichen `%g` ist immer bei normalen Ausgaben, die nicht formatiert sein müssen, sehr nützlich. Es bewirkt nämlich, dass eine Gleitpunktzahl ohne nachfolgende Nullen mit maximal 6 signifikanten Ziffern ausgegeben wird. Auch wird der Dezimalpunkt nur dann ausgegeben, wenn nach dem Punkt noch eine Ziffer folgt. Zur Erinnerung noch einmal: Bei `%g` bzw. `%G` erfolgt die Ausgabe im f- oder e-Format bzw. E-Format. Welcher Stil verwendet wird, hängt vom Wert ab: e bzw. E wird nur verwendet, wenn der resultierende Exponent < -4 oder $>=$ *Genauigkeit* ist. Zur Demonstration soll das folgende C-Programm `proz_g_e.c` dienen:

```c
#include <stdio.h>

int main(void) {
  const double pi=3.14159265358979323;
  printf("---- %%g ----------------\n");
  printf(" (1) %g * %g * %g * %g * %g\n", 1/1.0, 1/2.0, 1/3.0, 1/4.0, 0*25.3);
  printf(" (2) %g * %g * %g * %g * %g\n", 2.0/3.0, 123456.8, 9e-5, 9e-4, 123456789.0);
  printf(" (3) %g * %g * %g\n",            3.14159e-3, 3.14159e-4, 3.14159e-5);
  printf(" (4) %.1g * %.2g * %.4g * %.8g\n", 20/3.0, 20/3.0, 20/3.0, 20/3.0);
  printf(" (5) %.0g * %.1g * %.2g * %.3g * %.6g * %.12g\n", pi, pi, pi, pi, pi, pi);
  printf("---- %%f ----------------\n");
  printf(" (6) %f * %f * %f * %f * %f\n", 1/1.0, 1/2.0, 1/3.0, 1/4.0, 0*25.3);
  printf(" (7) %f * %f * %f * %f * %f\n", 2.0/3.0, 123456.8, 9e-5, 9e-4, 123456789.0);
  printf(" (8) %f * %f * %f\n",            3.14159e-3, 3.14159e-4, 3.14159e-5);
  printf(" (9) %.1f * %.2f * %.4f * %.8f\n", 20/3.0, 20/3.0, 20/3.0, 20/3.0);
  printf("(10) %.0f * %.1f * %.2f * %.3f * %.6f * %.12f\n", pi, pi, pi, pi, pi, pi);
  printf("---- %%e ----------------\n");
  printf("(11) %e * %e * %e * %e * %e\n", 1/1.0, 1/2.0, 1/3.0, 1/4.0, 0*25.3);
  printf("(12) %e * %e * %e * %e * %e\n", 2.0/3.0, 123456.8, 9e-5, 9e-4, 123456789.0);
  printf("(13) %e * %e * %e\n",            3.14159e-3, 3.14159e-4, 3.14159e-5);
  printf("(14) %.1e * %.2e * %.4e * %.8e\n", 20/3.0, 20/3.0, 20/3.0, 20/3.0);
  printf("(15) %.0e * %.1e * %.2e * %.3e * %.6e * %.12e\n", pi, pi, pi, pi, pi, pi);
  return(0);
}
```

Dieses Programm `proz_g_e.c` würde folgende Bildschirmausgabe liefern:

```
---- %g ----------------
 (1) 1 * 0.5 * 0.333333 * 0.25 * 0
 (2) 0.666667 * 123457 * 9e-05 * 0.0009 * 1.23457e+08
 (3) 0.00314159 * 0.000314159 * 3.14159e-05
 (4) 7 * 6.7 * 6.667 * 6.6666667
 (5) 3 * 3 * 3.1 * 3.14 * 3.14159 * 3.14159265359
---- %f ----------------
 (6) 1.000000 * 0.500000 * 0.333333 * 0.250000 * 0.000000
 (7) 0.666667 * 123456.800000 * 0.000090 * 0.000900 * 123456789.000000
 (8) 0.003142 * 0.000314 * 0.000031
```

```
 (9) 6.7 * 6.67 * 6.6667 * 6.66666667
(10) 3 * 3.1 * 3.14 * 3.142 * 3.141593 * 3.141592653590
---- %e ----------------
(11) 1.000000e+00 * 5.000000e-01 * 3.333333e-01 * 2.500000e-01 * 0.000000e+00
(12) 6.666667e-01 * 1.234568e+05 * 9.000000e-05 * 9.000000e-04 * 1.234568e+08
(13) 3.141590e-03 * 3.141590e-04 * 3.141590e-05
(14) 6.7e+00 * 6.67e+00 * 6.6667e+00 * 6.66666667e+00
(15) 3e+00 * 3.1e+00 * 3.14e+00 * 3.142e+00 * 3.141593e+00 * 3.141592653590e+00
```

7.3.4 Übung: Die Capture-Recapture Methode

Wir wollen wissen, wie viele Fische sich in einem See befinden. Da es unmöglich ist, alle Fische zu zählen, wendet man die sogenannte *Capture-Recapture-Methode* an. Wir fangen z.B. 100 Fische, markieren diese alle und lassen sie dann wieder frei. Nachdem wir ihnen Zeit gelassen haben, sich wieder im See zu verteilen, fangen wir noch einmal 100 Fische und überprüfen, wie viele von ihnen markiert sind. Wenn z.B. 8 von den 100 Fischen markiert sind, dann beträgt ein vernünftiger Schätzwert für den Anteil markierter Fische im ganzen See 8%:

$$\frac{8 \ (markierte\ Fische\ bei\ 2.\ Stichprobe)}{100\ (Fische\ bei\ 1.\ Stichprobe)} = \frac{100\ (Fische\ bei\ 2.\ Stichprobe)}{n\ (Gesamtzahl\ der\ Fische\ im\ See)}$$

Aus dieser Gleichung läßt sich nun eine Formel für die Gesamtzahl der Fische im See ableiten: $n = \ldots$. Erstellen Sie nun ein C-Programm `caprecap.c`, das zunächst die Anzahl bei der 1. Stichprobe, dann die Anzahl der 2. Stichprobe und schließlich die Anzahl der bei der 2. Stichprobe markierten Elemente einliest. Danach soll das Programm den Schätzwert n der Gesamtanzahl berechnen, bevor es alle eingegebenen Werte und den berechneten Wert in Form einer Tabelle ausgibt, wie z.B.:

```
Anzahl der Elemente bei der 1. Stichprobe: 100 ⏎
Anzahl der Elemente bei der 2. Stichprobe: 100 ⏎
Wie viele Elemente der 2. Stichprobe hatten eine Markierung: 8 ⏎
+--------------+----------------------------+-----------+
| 1.Stichprobe | 2.Stichprobe - davon markiert | Gesamtzahl |
+--------------+----------------------------+-----------+
|          100 |         100 -            8 |       1250 |
+--------------+----------------------------+-----------+

Anzahl der Elemente bei der 1. Stichprobe: 2300 ⏎
Anzahl der Elemente bei der 2. Stichprobe: 500 ⏎
Wie viele Elemente der 2. Stichprobe hatten eine Markierung: 11 ⏎
+--------------+----------------------------+-----------+
| 1.Stichprobe | 2.Stichprobe - davon markiert | Gesamtzahl |
+--------------+----------------------------+-----------+
|         2300 |         500 -           11 |     104545 |
+--------------+----------------------------+-----------+

Anzahl der Elemente bei der 1. Stichprobe: 1500 ⏎
Anzahl der Elemente bei der 2. Stichprobe: 10000 ⏎
Wie viele Elemente der 2. Stichprobe hatten eine Markierung: 22 ⏎
+--------------+----------------------------+-----------+
```

```
| 1.Stichprobe | 2.Stichprobe - davon markiert | Gesamtzahl |
+--------------+-------------------------------+------------+
|         1500 |           10000 -          22 |     681818 |
+--------------+-------------------------------+------------+
```

7.4 Die Eingabe mit `scanf()`

7.4.1 Die Funktion `scanf()`

`scanf()` wurde in vorherigen Beispielen schon oft benutzt. Hier wird nun eine vollständige Beschreibung dieser Funktion gegeben. `scanf()` entspricht weitgehend `printf()`, nur dass diese Funktion für die Eingabe zuständig ist:

```
scanf("format", argument1, argument2,...)
```

Die Kontrollzeichenkette `format`

Die Kontrollzeichenkette gibt an, wie die einzelnen Argumente einzulesen sind und legt so das Eingabeformat fest. In der Kontrollzeichenkette können angegeben sein:

- ein oder mehrere Zwischenraum-Zeichen (Leerzeichen, `\f`, `\n`, `\r`, `\t`, `\v`)
  Ein Zwischenraum-Zeichen in der Kontrollzeichenkette bedeutet, dass alle in der Eingabezeile folgenden Leerzeichen, Tabulatoren, Seiten- und Zeilen-Vorschübe bis zum ersten Nicht-Zwischenraum-Zeichen zu überlesen sind.

- einfache Zeichen (weder `%` noch Zwischenraum-Zeichen)
  Ein einfaches Zeichen in der Kontrollzeichenkette bewirkt, dass die nächsten Zeichen in der Eingabezeile gelesen werden. Wenn jedoch ein Zeichen aus der Eingabe nicht dem angegebenen Zeichen entspricht, schlägt der Leseversuch fehl, und sowohl dieses wie auch nachfolgende Zeichen bleiben ungelesen.

- Umwandlungsvorgaben beginnen immer mit `%` und beziehen sich auf die nachfolgenden Argumente: 1. Umwandlungsvorgabe auf *argument1*, 2.Umwandlungsvorgabe auf *argument2* usw.

Ein erstes Beispiel dazu ist das folgende C-Programm `scanf1.c`:

```
#include <stdio.h>
int main(void) {
    int    zahl1, zahl2;
    printf("Gib zwei ganze Zahlen mit Komma getrennt ein: ");
    scanf("%d, %d", &zahl1, &zahl2);
    printf("Die beiden Zahlen waren: %d und %d\n", zahl1, zahl2);
    return(0);
}
```

Mögliche Abläufe dieses Programms `scanf1.c`:

```
Gib zwei ganze Zahlen mit Komma getrennt ein: 3,5 ⏎
Die beiden Zahlen waren: 3 und 5
```

```
Gib zwei ganze Zahlen mit Komma getrennt ein: 3 5 ⏎
Die beiden Zahlen waren: 3 und 1073784016
```

Die Eingabe schlug beim zweiten Durchlauf fehl, da zwischen den beiden Zahlen nicht das in `scanf()` angegebene Komma eingegeben wurde.

Umwandlungsvorgaben

Umwandlungsvorgaben beginnen immer mit `%` und beziehen sich auf die nachfolgenden Argumente: 1.Umwandlungsvorgabe auf *argument1*, 2.Umwandlungsvorgabe auf *argument2* usw. Umwandlungsvorgaben legen immer fest, wie das entsprechende Argument an dieser Stelle einzulesen ist, wie z. B. als Oktalzahl oder als Gleitpunktzahl. Eine Umwandlungsvorgabe setzt sich wie folgt zusammen[6]:

% S W L U	
S=[*]	zugehörigen Argument wird kein Wert zugewiesen; es wird „übersprungen"
W=[Weite]	maximale Zahl der zu lesenden Zeichen; wenn vor Erreichen dieser Zeichenzahl ein Zwischenraum-Zeichen oder ein anderes nicht „passendes" Zeichen gelesen wird, so wird das Lesen dieses Werts „abgebrochen".
L=[Längenangabe]	zeigt die Größe des entsprechenden Eingabeelements an: `h`, `l`, `L`, `hh`, `ll`, `j`, `z` oder `t`
U=Umwandlungszeichen	

Hieran ist zu erkennen, dass nur das *Umwandlungszeichen* immer angegeben sein muss. Die anderen Angaben (*, *Weite* und *Längenangabe*) sind optional. Nachfolgend werden nun die einzelnen Zeichen und ihre Bedeutung genauer beschrieben.

Umwandlungszeichen

Zeichen	Eingabedaten	Argumenttyp; Adresse von ...
d	ganze Zahl (Suffix `u`,`U`,`l`,`L` nicht erlaubt)	Ganzzahlvariable
i	ganze Zahl (Suffix `u`,`U`,`l`,`L` nicht erlaubt; Präfix: `0` → oktal; `0x`, `0X` → hexadezimal)	Ganzzahlvariable
o	ganze Oktalzahl	`unsigned`-Ganzzahlvariable
u	ganze Zahl	`unsigned`-Ganzzahlvariable
x, X	ganze Hexadezimalzahl	`unsigned`-Ganzzahlvariable
e,f,g,E,G	Gleitpunktzahl	Gleitpunkt-Variable
F,a,A	(neu in C99) Gleitpunktzahl	Gleitpunkt-Variable
s	Zeichenkette (ohne Zwischenraum-Zeichen)	`char`-Variable
c	Zeichenkette[7] (*weite*[8] legt Länge fest)	`char`-Variable
p	Zeigerwert	Zeiger-Variable
n	kein Lesevorgang (Anzahl bisher gelesener Zeichen wird in zugehöriges Argument geschrieben)	Ganzzahlvariable

---

[6][] bedeutet, dass diese Angabe optional ist, d. h. sie kann, muss aber nicht angegeben werden

[7]Im Unterschied zu `%s` werden hier Zwischenraum-Zeichen gelesen; sollen Zwischenraum-Zeichen übersprungen werden, wäre `%1s` möglich

[8]wenn keine *weite* angegeben ist, dann wird 1. Zeichen eingelesen

7.4 Die Eingabe mit `scanf()`

Zeichen	Eingabedaten	Argumenttyp; Adresse von ...
[liste]	Zeichenkette (wird solange gelesen, bis ein Zeichen auftaucht, das **nicht** in liste vorkommt)[9]; in der Zeichenkette können auch Bereiche angegeben werden: wie z. B. [a-f] statt [abcdef]	char-Variable
[^liste]	Zeichenkette (wird solange gelesen, bis ein Zeichen auftaucht, das in liste vorkommt)[10]; in der Zeichenkette können auch Bereiche angegeben werden: wie z. B. [^a-f] statt [^abcdef]	char-Variable
%%	Zeichen % (verarbeitet Zeichen % aus Eingabe)	kein Argument

Das folgende C-Programm `scanf2.c` demonstriert die Wirkungsweise einiger Umwandlungszeichen.

```
#include <stdio.h>

int main(void) {
   int   zahl1, zahl2, zahl3, zahl4, zahl5;
   float gleit1, gleit2, gleit3, gleit4, gleit5;

   printf("Gib 5 ganze Zahlen (mit Komma getrennt) ein: ");
   scanf("%d, %i, %o, %u, %x", &zahl1, &zahl2, &zahl3, &zahl4, &zahl5);
   printf("%d * %d * %d * %d * %d\n", zahl1, zahl2, zahl3, zahl4, zahl5);

   printf("Gib 5 Gleitpunktzahlen (mit Komma getrennt) ein: ");
   scanf("%f, %e, %g, %E, %G", &gleit1, &gleit2, &gleit3, &gleit4, &gleit5);
   printf("%f * %f * %f * %f * %f\n", gleit1, gleit2, gleit3, gleit4, gleit5);
   return(0);
}
```

Mögliche Abläufe dieses Programms `scanf2.c`:

```
Gib 5 ganze Zahlen (mit Komma getrennt) ein: 100,100,100,100,100 ⏎
100 * 100 * 64 * 100 * 256
Gib 5 Gleitpunktzahlen (mit Komma getrennt) ein: 2.3,2.3,2.3,2.3,2.3 ⏎
2.300000 * 2.300000 * 2.300000 * 2.300000 * 2.300000
```

```
Gib 5 ganze Zahlen (mit Komma getrennt) ein: -100,-100,-100,-100,-100 ⏎
-100 * -100 * -64 * -100 * -256
Gib 5 Gleitpunktzahlen (mit Komma getrennt) ein: 1e-4,1e-4,1e-4,1e-4,1e-4 ⏎
0.000100 * 0.000100 * 0.000100 * 0.000100 * 0.000100
```

Ein weiteres Demonstrations-Programm ist das nachfolgende etwas komplexere C-Programm `scanf3.c`:

```
#include <stdio.h>

int main(void) {
   int   ganz, hexa1, hexa2,
         start1, ende1, start2, ende2;
   float gleit;
```

---

[9]Soll das Zeichen] in dieser liste vorhanden sein, ist es als 1. Zeichen anzugeben: []...]
[10]Soll das Zeichen] in dieser liste vorhanden sein, ist es als 2. Zeichen anzugeben: [^]...]

7 Ein- und Ausgabe

```
    printf("Gib eine beliebige Zeile von Text ein, wobei in diesem\n");
    printf("irgendwo zunaechst eine ganze Zahl und dann spaeter eine\n");
    printf("Gleitpunktzahl steht:\n");
    scanf("%*[^0123456789]%d%*[^0123456789.]%f%*[^\n]", &ganz, &gleit);
    /* auch moeglich:
        scanf("%*[^0-9]%d%*[^0-9.]%f%*[^\n]", &ganz, &gleit);
    */
    getchar();  /* Return aus Eingabepuffer entfernen */
    printf("Die beiden versteckten Zahlen waren: %d, %g\n\n", ganz, gleit);

    printf("Gib einen beliebigen Text aus Buchstaben ein, in dem\n");
    printf("2 hexadezimale Zahlen versteckt sind.\n");
    scanf("%*[ghijklmnopqrstuvwxyzGHIJKLMNOPQRSTUVWXYZ]%n%x%n"
          "%*[ghijklmnopqrstuvwxyzGHIJKLMNOPQRSTUVWXYZ]%n%x%n",
          &start1, &hexa1, &ende1, &start2, &hexa2, &ende2);
    /* auch moeglich:
        scanf("%*[g-zG-Z]%n%x%n"
              "%*[g-zG-Z]%n%x%n",
              &start1, &hexa1, &ende1, &start2, &hexa2, &ende2);
    */
    printf("%*s%.*s", start1, " ", ende1-start1, "-------------------------");
    printf("%*s%.*s", start2-ende1, " ", ende2-start2, "------------------------");
    printf("\nDie beiden Hexazahlen: %x und %x ", hexa1, hexa2);
    printf("sind dezimal: %d und %d\n", hexa1, hexa2);
    return(0);
}
```

Möglicher Ablauf dieses Programms:

```
Gib eine beliebige Zeile von Text ein, wobei in diesem
irgendwo zunaechst eine ganze Zahl und dann spaeter eine
Gleitpunktzahl steht:
das ist ein beliebiger Text,aber -----hier486und dort xyz236.45 ⏎
Die beiden versteckten Zahlen waren: 486, 236.45


Gib einen beliebigen Text aus Buchstaben ein, in dem
2 hexadezimale Zahlen versteckt sind.
Gunturgingzumabelum3afezusehen ⏎
           ---    ----
Die beiden Hexazahlen: abe und 3afe sind dezimal: 2750 und 15102
```

Dieses Programm filtert also zunächst aus einem beliebigen Text eine ganze Zahl und dann eine Gleitpunktzahl heraus. Danach filtert es aus einem Text, der nur Buchstaben und Ziffern enthalten darf, zwei hexadezimale Zahlen heraus, die es dabei unterstreicht.

Längenangabe

Hierbei sind die Zeichen h, hh, l, ll oder L erlaubt. Die folgende Tabelle zeigt, in welchen Fällen von dieser Längenangabe Gebrauch zu machen ist:

7.4 Die Eingabe mit `scanf()`

Argumenttyp	Länge- angabe	mögliche Um- wandlungszeichen
short * (statt int *)	h	d, i, n
unsigned short * (statt unsigned int *)	h	o, u, x
char * (statt int *)	hh (C99)	d, i, n
unsigned char * (statt unsigned int *)	hh (C99)	o, u, x
long * (statt int *)	l	d, i, n
unsigned long * (statt unsigned int *)	l	o, u, x
long long * (statt int *)	ll (C99)	d, i, n
unsigned long long* (statt unsigned int*)	ll (C99)	o, u, x
double * (statt float *)	l	e, f, g, a, E, F, G, A
long double * (statt float *)	L	e, f, g, a, E, F, G, A

Neben den in vorheriger Tabelle gezeigten Längenangaben, hat C99 noch für die Umwandlungszeichen d, i, n, o, u und x die folgenden Längenangaben eingeführt:

Länge- angabe	Argumenttyp Adresse von ...
j	`intmax_t`-Variable; `intmax_t` ist in Headerdatei `stdint.h` definiert
z	`size_t`-Variable; `size_t` ist in Headerdatei `stddef.h` definiert
t	`ptrdiff_t`-Variable; `ptrdiff_t` ist in Headerdatei `stddef.h` für Differenz von zwei Zeigerwerten definiert

Beispiel zur Längenangabe:
Das folgende C-Programm `scanf4.c` demonstriert die Wirkungsweise der Längenangaben mit einigen Umwandlungszeichen.

```c
#include <stdio.h>

int main(void)
{
    long int   zahl1, zahl2, zahl3;
    char       zeich;
    double     dopp1, dopp2;
    long double ddopp;

    scanf("%5ld%c%lf%lf", &zahl1, &zeich, &dopp1, &dopp2);
    printf("%ld * %c * %10.3le * %lf\n\n", zahl1, zeich, dopp1, dopp2);

    scanf("%3ld%4lo%c%lf%lf", &zahl2, &zahl3, &zeich, &dopp1, &dopp2);
    printf("%ld * %ld * %c * %lf * %6.3lf\n\n",
            zahl2, zahl3, zeich, dopp1, dopp2);

    scanf("%lx,%Lf,%lo", &zahl1, &ddopp, &zahl2);
    printf("   %lX(16) = %lo(8) = %ld(10)\n", zahl1, zahl1, zahl1);
    printf("   %lo(8) = %lx(16) = %ld(10)\n", zahl2, zahl2, zahl2);
    printf("   %LG = %LE = %Lg\n", ddopp, ddopp, ddopp);
    return(0);
}
```

Ein möglicher Ablauf dieses C-Programms `scanf4.c` wäre z.B:

```
123456122.43535e-102 3.456 ⇐
12345 * 6 * 1.224e-100 * 3.456000

123456782.41234.13 ⇐
123 * 2423 * 8 * 2.412340 *   0.130

affe,1.2345678e-213,1234567 ⇐
   AFFE(16) = 127776(8) = 45054(10)
   1234567(8) = 53977(16) = 342391(10)
   1.23457E-213 = 1.234568E-213 = 1.23457e-213
```

7.4.2 Fallgruben

Vergessen der Adressangabe bei `scanf()`-Argumenten

Bei `scanf()` muss immer die Adresse der Variablen angegeben werden, in die der eingegebene Wert zu speichern ist. Einer der häufigsten und ärgerlichsten Fehler, den C-Anfänger begehen, ist, dass sie den Adressoperator & vor den betreffenden Variablen vergessen, was dann zu seltsamen Ergebnissen führt.

Man verschwendet dann meist sehr viel Zeit mit dem Suchen des Fehlers in der Programmlogik. Diese Suche ist aber vergeblich und überflüssig, da das Programm selbst richtig und nur die Eingabe falsch ist.

Das folgende C-Programm `keinadr.c` demonstriert diesen Fehler nochmals:

```c
#include <stdio.h>

int main(void)
{
   int zahl;

   printf("Geben Sie eine Zahl ein: ");
   scanf("%d", zahl);

   printf("\n%d(10) = %o(8) = %x(16)\n", zahl, zahl, zahl);
   return(0);
}
```

Möglicher Ablauf dieses Programms:

```
Geben Sie eine Zahl ein: 1923 ⇐

-1073744184(10) = 27777773310(8) = bffff6c8(16)
```

Der Grund für die falsche Ausgabe liegt beim Einlesen mit `scanf()`, wo der Adressoperator & vergessen wurde. Korrigieren wir diese Zeile, wie folgt:
`scanf("%d", &zahl);`
dann würde das Programm auch richtig arbeiten, wie dies der nachfolgende Ablauf zeigt.

```
Geben Sie eine Zahl ein: 1923 ⇐

1923(10) = 3603(8) = 783(16)
```

Dieses Beispiel demonstrierte, wie gefährlich es ist, & bei scanf() zu vergessen. Sie sollten also bei einem fehlerhaften Verhalten eines Programms unter anderem auch immer die Möglichkeit eines falschen Einlesens eines Wertes in Betracht ziehen. Dies kann Ihnen in vielen Fällen sehr viel Zeit bei der Fehlersuche ersparen.

Weniger Argumente als %-Angaben

Wenn weniger Argumente als Umwandlungsvorgaben angegeben werden, ist das Verhalten undefiniert. So könnte z. B. das folgende C-Programm:

```
#include <stdio.h>

int main(void)
{
   int zahl1, zahl2;

   printf("Gib 2 Zahlen ein: ");
   scanf("%d %d", &zahl1); /* hier nur ein statt zwei Argumente angegeben */

   printf("\n%d + %d = %d\n", zahl1, zahl2, zahl1+zahl2);
   return(0);
}
```

folgende Ausgabe liefern:

```
Gib 2 Zahlen ein: 3 4 ⏎
Speicherzugriffsfehler
```

Wenn mehr Argumente als Umwandlungs-Vorgaben angegeben werden, dann werden diese Argumente zwar ausgewertet, bewirken aber keinerlei Lesen von der Eingabe. So wird z. B. bei der folgenden Anweisung:
scanf("%d", &zahl, eingelesen=1);
ein Wert in Variable zahl eingelesen. Zusätzlich wird aber noch der Variablen eingelesen der Wert 1 zugewiesen.

Vergessen der Längenangabe bei short, long, long long, double oder long double

Ein häufiger Fehler ist, dass man eine short-, long, long long, double- oder long double-Variable deklariert und dann bei der Eingabe die Längenangabe h, hh, l, ll oder L vergißt. Dies führt dann zu falschen Ergebnissen. Man verschwendet dann meist sehr viel Zeit mit dem Suchen des Fehlers in der Programmlogik. Diese Suche ist aber vergeblich und völlig überflüssig, da das Programm selbst richtig und nur das Einlesen von Werten falsch ist.
Das folgende C-Programm add2.c addiert zwei Zahlen, wobei es mit dem Datentyp short arbeitet:

```
#include <stdio.h>

int main(void)
{
   short zahl1, zahl2, ergeb;
```

```
        printf("1.Zahl ? ");
        scanf("%d", &zahl1);
        printf("2.Zahl ? ");
        scanf("%d", &zahl2);

        ergeb = zahl1+zahl2;
        printf("Das Ergebnis von %d + %d ist %d\n", zahl1, zahl2, ergeb);
        return(0);
}
```

Ein möglicher Ablauf dieses Programms wäre z. B.:

```
1.Zahl ? 2 ⏎
2.Zahl ? 3 ⏎
Das Ergebnis von 0 + 3 ist 3
```

Die Berechnung in diesem Programm ist zwar richtig, aber trotzdem liefert dieses Programm falsche Ergebnisse. Der Fehler liegt hier bei der Eingabe mit scanf(). Es wurde beim Einlesen der short-Werte die Längenangabe h vergessen; anstelle von %hd wurde nur %d angegeben. Damit das Programm richtig arbeitet, müsste man die beiden scanf()-Anweisungen wie folgt angeben:

scanf("%hd", &zahl1);
scanf("%hd", &zahl2);

Dann würde das Programm auch richtig arbeiten:

```
1.Zahl ? 2 ⏎
2.Zahl ? 3 ⏎
Das Ergebnis von 2 + 3 ist 5
```

Verwenden von %u, %o, %x und %X nur für unsigned-Werte

Werden vorzeichenbehaftete Werte unter Verwendung von %u, %o, %x oder %X eingelesen, dann findet keine Vorzeichen-Bewertung statt; in diesem Fall wird das Vorzeichenbit als Teil des Betrags bewertet. Dies führt dann bei negativen Werten eventuell zu anderen Ergebnissen als erwartet, wie folgendes C-Programm scanf5.c zeigt:

```
#include <stdio.h>

int main(void) {
   int wert1, wert2;

   printf("Gib 1.Wert ein: ");
   scanf("%u", &wert1);
   printf("1.Wert war: %d (%%d) %u (%%u)\n\n", wert1, wert1);

   printf("Gib eine Oktalzahl ein: ");
   scanf("%o", &wert2);
   printf("%d(10) = %o(8) = %x(16)\n", wert2, wert2, wert2);
   return(0);
}
```

Möglicher Ablauf des Programms `scanf5.c`:

```
Gib 1.Wert ein: -12 ⏎
1.Wert war: -12 (%d) 4294967284 (%u)

Gib eine Oktalzahl ein: -12 ⏎
-10(10) = 37777777766(8) = ffffff6(16)
```

7.4.3 Die Headerdatei `math.h`

Hier wird die Headerdatei `math.h` vorgestellt. C89 legt fest, dass die in der Tabelle 7.5 gezeigten mathematischen Funktionen definiert sein müssen.

Tabelle 7.5: Die mathematischen Funktionen in `math.h` (C89)

Funktion	liefert als Ergebnis
`sqrt(double x)`	Quadratwurzel von x
`pow(double x, double y)`	x^y
`fabs(double x)`	Absolutwert von x [11]
`ceil(double x)`	kleinste ganze Zahl nicht kleiner als x; wird zum Aufrunden verwendet. (gelieferte ganze Zahl ist `double` !!).
`floor(double x)`	grösste ganze Zahl nicht grösser als x; wird zum Abrunden verwendet. (gelieferte ganze Zahl ist `double` !!).
`exp(double x)`	e^x (e steht für $2.718281\ldots$)
`fmod(double x, double y)`	Gleitpunkt-Rest von x/y [12]
`frexp(double wert, int *exp)`	wandelt *wert* in normalisierte double-Form $[0.5, 1) * 2^{exp}$ um, wobei Rückgabewert aus Intervall $[0.5, 1)$ ist.
`ldexp(double x, int exp)`	$x * 2^{exp}$
`log(double x)`	natürlichen Logarithmus von x
`log10(double x)`	Zehnerlogarithmus von x
`modf(double wert, double *iptr)`	Nachkommateil von *wert*. Vorkommateil wird in **iptr* gespeichert.
`cos(double x)`	Cosinus von x
`sin(double x)`	Sinus von x
`tan(double x)`	Tangens von x
`acos(double x)`	Arcuscosinus von x
`asin(double x)`	Arcussinus von x
`atan(double x)`	Arcustangens von x
`atan2(double y, double x)`	Arcustangens von y/x
`cosh(double x)`	Cosinus hyperbolicus von x
`sinh(double x)`	Sinus hyperbolicus von x
`tanh(double x)`	Tangens hyperbolicus von x

[11] Anders als bei der Funktion `abs(x)`, die in der Headerdatei `stdlib.h` deklariert ist, kann hier der Absolutwert einer Gleitpunktzahl ermittelt werden, z. B. `fabs(-3.75)` liefert `3.75`

[12] Diese Funktion gibt den Wert `x-i*y` zurück, wobei `i` eine solche Ganzzahl ist, dass das Ergebnis gleiches Vorzeichen wie `x` und kleineren Betrag als `y` hat

Der Rückgabewert aller dieser Funktionen hat immer den Datentyp double. Wollen Sie z. B. in der Variablen zwei_wurzel den Wert der Quadratwurzel zu 2 abspeichern, dann sollten Sie die Variable zwei_wurzel mit double deklarieren, wie z. B.:

```
#include   <math.h>
......
double zwei_wurzel;
......
zwei_wurzel = sqrt(2);
```

Für die trigonometrischen Funktionen sin(), cos() usw. muss der Winkel immer in Bogenmass angegeben werden.

C99 legt zusätzlich fest, dass noch zu allen Namen aus Tabelle 7.5 Funktionen vorhanden sind, die sich durch Anhängen der Buchstaben f oder l bilden lassen (z. B. ceilf() oder fabsl()). Diese Funktionen haben dann anstelle von double entweder float (f)- oder long double (l)-Argumente und Rückgabewerte.

Einige weitere wichtige Funktionen, die von C99 eingeführt wurden, sind in der Tabelle 7.6 gezeigt. Es gibt noch weitere mathematische Funktionen, auf deren Vorstellung hier verzichtet wird, da diese entsprechende mathematische Grundkenntnisse voraussetzen.

Tabelle 7.6: Zusätzliche mathematische C99-Funktionen in math.h

Funktion	liefert als Ergebnis
acosh(double x)	Arcuscosinus hyperbolicus von x
asinh(double x)	Arcussinus hyperbolicus von x
atanh(double x)	Arcustangens hyperbolicus von x
cbrt(double x)	Kubikwurzel von x
copysign(double x, double vwert)	x mit dem Vorzeichen von vwert
exp2(double x)	2^x
expm1(double x)	Eulersche Zahl $e^x - 1$ (e steht für 2.718281...)
fdim(double x, double y)	0, wenn $x \leq y$, sonst $x - y$
fma(double x, double y, double z)	$x \cdot y + z$; gerundet wird dabei nur einmal, nachdem gesamte Bwerechnung durchgeführt wurde
fmax(double x, double y)	Maximum von x und y
fmin(double x, double y)	Minimum von x und y
hypot(double x, double y)	Länge der Hypotenuse eines rechtwinkligen Dreiecks mit den Seitenlängen x und y
ilogb(double x)	Exponenten von x als int-Wert
lgamma(double x)	natürlichen Logarithmus des Absolutbetrags der Gammafunktion zu x
llrint(double x)	Wert zu x auf nächstliegende ganze Zahl gerundet als long long-Wert

Tabelle 7.6 – Fortsetzung

Funktion	liefert als Ergebnis
`llround(double x)`	Wert zu x auf nächstliegende ganze Zahl gerundet als `long long`-Wert; Werte, die genau zwischen zwei ganzzahligen Werten liegen, wie z. B. 4.5 werden aufgerundet.
`log1p(double x)`	natürlichen Logarithmus zu $x+1$
`log2(double x)`	Logarithmus zur Basis 2 von x
`logb(double x)`	Exponenten von x als ganzzahligen `double`-Wert
`lrint(double x)`	Wert zu x auf nächstliegende ganze Zahl gerundet als `long`-Wert
`lround(double x)`	Wert zu x auf nächstliegende ganze Zahl gerundet als `long`-Wert; Werte, die genau zwischen zwei ganzzahligen Werten liegen, wie z. B. 4.5 werden aufgerundet.
`nearbyint(double x)`	Wert zu x auf nächstliegende ganze Zahl als `double`-Wert
`nextafter(double x, double y)`	nächster Wert nach x, der näher an y liegt
`nexttoward(double x, long double y)`	nächster Wert nach x, der näher an y liegt; identisch zu `nextafter()`, nur dass y vom Typ `long double` ist.
`remainder(double x, double y)`	Rest von x/y
`remquo(double x, double y, int *q)`	Rest von x/y; Quotient wird in `*q` gespeichert.
`rint(double x)`	Wert zu x auf nächstliegende ganze Zahl gerundet als `double`-Wert
`round(double x)`	Wert zu x auf nächstliegende ganze Zahl gerundet als `double`-Wert; Werte, die genau zwischen zwei ganzzahligen Werten liegen, wie z. B. 4.5 werden aufgerundet.
`scalbln(double x, long int exp)`	$x \cdot FLT\_RADIX^{exp}$; `FLT_RADIX` ist die Basis der Exponentialdarstellung und ist in `float.h` definiert (siehe auch Kapitel 9.2.2 auf Seite 151).
`scalbn(double x, int exp)`	$x \cdot FLT\_RADIX^{exp}$; `FLT_RADIX` ist die Basis der Exponentialdarstellung und ist in `float.h` definiert (siehe auch Kapitel 9.2.2 auf Seite 151).
`tgamma(double x)`	Gammafunktion angewendet auf x

7 Ein- und Ausgabe

Tabelle 7.6 – Fortsetzung

Funktion	liefert als Ergebnis
`trunc(double x)`	ganzzahliger Anteil von x (ohne Nachkommateil)

C99 legt zusätzlich fest, dass noch zu allen Namen aus der Tabelle 7.6 Funktionen vorhanden sind, die sich durch Anhängen der Buchstaben f oder l bilden lassen (z. B. `hypotf()` oder `fdiml()`). Diese Funktionen haben dann anstelle von double entweder `float` (f)- oder `long double` (l)-Argumente und Rückgabewerte.

Demonstrationsbeispiele zu den Funktionen aus Tabelle 7.5

Das folgende C-Programm `mfunk1.c` demonstriert die Wirkungsweise einiger mathematischer Funktionen:

```c
#include <stdio.h>
#include <math.h>

int main(void)
{
   double  zahl;
   const double pi = 4*atan(1);

   printf("Gib eine Gleitpunktzahl ein: ");
   scanf("%lf", &zahl);

   printf("\nPI = %.10lf\n\n", pi);

   printf("Quadratwurzel zu %.4lf ist: %.4lf\n", zahl, sqrt(zahl));
   printf("%.4lf hoch 0.5 ist: %.4lf\n", zahl, pow(zahl,0.5));
   printf("%.4lf hoch -0.5 ist: %.4lf\n", zahl, pow(zahl,-0.5));
   printf("%.4lf hoch 3 ist: %.4lf\n", zahl, pow(zahl,3));
   printf("e hoch %.4lf ist: %.4lf\n", zahl, exp(zahl));
   printf("Natuerl. Logarithmus zu %.4lf ist: %.4lf\n", zahl, log(zahl));
   printf("Zehner-Logarithmus zu %.4lf ist: %.4lf\n\n", zahl, log10(zahl));

   printf("Cosinus zu %.4lf ist: %.4lf\n", zahl, cos(zahl));
   printf("Cosinus zu PI ist: %.4lf\n", cos(pi));
   printf("Sinus zu %.4lf ist: %.4lf\n", zahl, sin(zahl));
   printf("Sinus zu PI ist: %.4lf\n", sin(pi));
   printf("Tangens zu %.4lf ist: %.4lf\n", zahl, tan(zahl));
   printf("Tangens zu PI ist: %.4lf\n", tan(pi));
   return(0);
}
```

Beim Kompilieren dieses Programms `mfunk1.c` und bei allen anderen Programmen, die mathematische Funktionen aus `math.h` benutzen, müssen Sie unter Li-

7.4 Die Eingabe mit `scanf()`

nux/Unix die mathematische Bibliothek dazubinden, was Sie durch die Angabe von `-lm` beim Compileraufruf erreichen, wie z. B.:

```
user@linux:~ >  cc -o mfunk1 mfunk1.c -lm  ⏎
```

Möglicher Ablauf dieses Programms `mfunk1.c`:

```
Gib eine Gleitpunktzahl ein: 10.1232 ⏎

PI = 3.1415926536

Quadratwurzel zu 10.1232 ist: 3.1817
10.1232 hoch 0.5 ist: 3.1817
10.1232 hoch -0.5 ist: 0.3143
10.1232 hoch 3 ist: 1037.4172
e hoch 10.1232 ist: 24914.3694
Natuerl. Logarithmus zu 10.1232 ist: 2.3148
Zehner-Logarithmus zu 10.1232 ist: 1.0053

Cosinus zu 10.1232 ist: -0.7659
Cosinus zu PI ist: -1.0000
Sinus zu 10.1232 ist: -0.6430
Sinus zu PI ist: 0.0000
Tangens zu 10.1232 ist: 0.8396
Tangens zu PI ist: -0.0000
```

Das folgende C-Programm `mfunk2.c` demonstriert die Wirkungsweise weiterer mathematischer Funktionen:

```c
#include <stdio.h>
#include <math.h>

int  main(void)
{
    double  a, b, c, d, vorkomma, nachkomma, mantisse;
    int   exponent;

    printf("Gib 4 Gleitpunktzahlen durch Komma getrennt ein: ");
    scanf("%lf,%lf,%lf,%lf", &a, &b, &c, &d);

    printf("\nceil(%.4lf) = %.4lf\n", a, ceil(a));
    printf("ceil(%.4lf) = %.4lf\n", b, ceil(b));
    printf("ceil(%.4lf) = %.4lf\n", c, ceil(c));
    printf("ceil(%.4lf) = %.4lf\n", d, ceil(d));

    printf("\nfloor(%.4lf) = %.4lf\n", a, floor(a));
    printf("floor(%.4lf) = %.4lf\n", b, floor(b));
    printf("floor(%.4lf) = %.4lf\n", c, floor(c));
    printf("floor(%.4lf) = %.4lf\n", d, floor(d));

    printf("\nfabs(%.4lf) = %.4lf\n", a, fabs(a));
    printf("fabs(%.4lf) = %.4lf\n", b, fabs(b));
    printf("fabs(%.4lf) = %.4lf\n", c, fabs(c));
```

7 Ein- und Ausgabe

```c
    printf("fabs(%.4lf) = %.4lf\n", d, fabs(d));

    printf("\nfmod(%.4lf,%.4lf) = %.4lf\n", b, a, fmod(b,a));
    printf("fmod(%.4lf,%.4lf) = %.4lf\n", d, c, fmod(d,c));
    printf("\n\nWeiter mit Return......");
    getchar(); getchar();

    printf("\nmodf:\n");
    nachkomma=modf(a, &vorkomma);
    printf("%.4lf = %.0lf + %.4lf\n", a, vorkomma, nachkomma);
    nachkomma=modf(b, &vorkomma);
    printf("%.4lf = %.0lf + %.4lf\n", b, vorkomma, nachkomma);
    nachkomma=modf(c, &vorkomma);
    printf("%.4lf = %.0lf + %.4lf\n", c, vorkomma, nachkomma);
    nachkomma=modf(d, &vorkomma);
    printf("%.4lf = %.0lf + %.4lf\n", d, vorkomma, nachkomma);

    printf("\nfrexp / ldexp:\n");
    mantisse=frexp(a, &exponent);
    printf("%.4lf = %.4lf * 2 hoch %d (frexp); ", a, mantisse, exponent);
    printf("%.4lf * 2 hoch %d = %.4lf (ldexp)\n", mantisse, exponent,
                                         ldexp(mantisse, exponent));
    mantisse=frexp(b, &exponent);
    printf("%.4lf = %.4lf * 2 hoch %d (frexp); ", b, mantisse, exponent);
    printf("%.4lf * 2 hoch %d = %.4lf (ldexp)\n", mantisse, exponent,
                                         ldexp(mantisse, exponent));
    mantisse=frexp(c, &exponent);
    printf("%.4lf = %.4lf * 2 hoch %d (frexp); ", c, mantisse, exponent);
    printf("%.4lf * 2 hoch %d = %.4lf (ldexp)\n", mantisse, exponent,
                                         ldexp(mantisse, exponent));
    mantisse=frexp(d, &exponent);
    printf("%.4lf = %.4lf * 2 hoch %d (frexp); ", d, mantisse, exponent);
    printf("%.4lf * 2 hoch %d = %.4lf (ldexp)\n", mantisse, exponent,
                                         ldexp(mantisse, exponent));
    return(0);
}
```

Möglicher Ablauf dieses Programms `mfunk2.c`:

```
Gib 4 Gleitpunktzahlen durch Komma getrennt ein: 17.625,1526.17,-0.1,5.2 ⏎

ceil(17.6250) = 18.0000
ceil(1526.1700) = 1527.0000
ceil(-0.1000) = -0.0000
ceil(5.2000) = 6.0000

floor(17.6250) = 17.0000
floor(1526.1700) = 1526.0000
floor(-0.1000) = -1.0000
floor(5.2000) = 5.0000
```

```
fabs(17.6250)   = 17.6250
fabs(1526.1700) = 1526.1700
fabs(-0.1000)   = 0.1000
fabs(5.2000)    = 5.2000

fmod(1526.1700,17.6250) = 10.4200
fmod(5.2000,-0.1000)    = 0.100

Weiter mit Return......  ⏎

modf:
17.6250   = 17 + 0.6250
1526.1700 = 1526 + 0.1700
-0.1000   = -0 + -0.1000
5.2000    = 5 + 0.2000

frexp / ldexp:
17.6250   = 0.5508 * 2 hoch 5 (frexp); 0.5508 * 2 hoch 5 = 17.6250 (ldexp)
1526.1700 = 0.7452 * 2 hoch 11 (frexp); 0.7452 * 2 hoch 11 = 1526.1700 (ldexp)
-0.1000   = -0.8000 * 2 hoch -3 (frexp); -0.8000 * 2 hoch -3 = -0.1000 (ldexp)
5.2000    = 0.6500 * 2 hoch 3 (frexp); 0.6500 * 2 hoch 3 = 5.2000 (ldexp)
```

7.4.4 Fallgrube: Vergessen von `#include <math.h>`

Ein Fehler, der sehr häufig C-Programmierern unterläuft, ist, dass sie in ihrem Programm mathematische Funktionen verwenden, aber

```
#include <math.h>
```

vergessen. Da in diesem Fall dem C-Compiler der Rückgabewert von diesen mathematischen Funktionen nicht bekannt ist, nimmt er an, dass diese Funktionen einen `int`-Wert liefern, woraus dann falsche Ergebnisse resultieren, wie das nachfolgende C-Programm `mathverg.c` zeigt:

```c
#include <stdio.h>

int main(void)
{
    double wurzel, zahl, hoch, ergeb;
    printf("Quadratwurzel zu: ");
    scanf("%lf", &zahl);
    wurzel = sqrt(zahl);
    printf("     Quadratwurzel zu %lf = %lf\n\n", zahl, wurzel);
    printf("Zahl: ");
    scanf("%lf", &zahl);
    printf("Hoch welcher Zahl: ");
    scanf("%lf", &hoch);
    ergeb = pow(zahl, hoch);
    printf("     %lf hoch %lf = %lf\n", zahl, hoch, ergeb);
    return(0);
}
```

Möglicher Ablauf dieses Programms `mathverg.c`:

```
Quadratwurzel zu: 2 ⏎
     Quadratwurzel zu 2.000000 = -32768.000000

Zahl: 10 ⏎
Hoch welcher Zahl: 3 ⏎
     10.000000 hoch 3.000000 = 255.000000
```

Würde man dagegen am Anfang dieses Programms

```
#include <math.h>
```

angeben, dann würde der C-Compiler zuerst den Inhalt von `math.h` lesen. Da dort nun die einzelnen Funktionen mit Rückgabewert deklariert sind, ist ihm nun bekannt, dass diese Funktionen `double`-Werte liefern und er kann entsprechende Vorkehrungen treffen. In diesem Fall würde das Programm dann auch richtig arbeiten, wie der nachfolgende Ablauf zeigt:

```
Quadratwurzel zu: 2 ⏎
     Quadratwurzel zu 2.000000 = 1.414214

Zahl: 10 ⏎
Hoch welcher Zahl: 3 ⏎
     10.000000 hoch 3.000000 = 1000.000000
```

7.4.5 Übungen

Dezimal- und Hexadezimalwert zu einer Oktalzahl

Erstellen Sie ein C-Programm `okdezhex.c`, das eine Oktalzahl einliest und dann die dieser Oktalzahl entsprechende Dezimal- und Hexadezimalzahl ausgibt. Ein Beispiel für einen möglichen Ablauf dieses Programms `okdezhex.c` könnte sein:

```
Gib eine Oktalzahl ein: 7654321 ⏎

7654321(8) = 2054353(10) = 1f58d1(16)
```

Geldbetrag in Scheine und Münzen stückeln

Erstellen Sie ein C-Programm `geldstck.c`, das einen Geldbetrag einliest und dann die für diesen Geldbetrag erforderlichen Geldscheine und Münzen ausgibt. Der Geldbetrag soll dabei im deutschen Format mit Komma (nicht mit Punkt) eingegeben werden, wie z.B.:

```
Geben Sie den Geldbetrag (in Euro und mit Komma) ein: 45897,99 ⏎

Scheine:
+-----+-----+-----+-----+-----+-----+-----+
|1000 | 500 | 200 | 100 |  50 |  20 |  10 |
+-----+-----+-----+-----+-----+-----+-----+
|  45 |   1 |   1 |   1 |   1 |   2 |   0 |
+-----+-----+-----+-----+-----+-----+-----+

Muenzen:
```

```
+-----+-----+-----+-----+-----+-----+-----+-----+
| 5 Eu| 2 Eu| 1 Eu|50 Ct|10 Ct| 5 Ct| 2 Ct| 1 Ct|
+-----+-----+-----+-----+-----+-----+-----+-----+
|   1 |   1 |   0 |   1 |   4 |   1 |   2 |   0 |
+-----+-----+-----+-----+-----+-----+-----+-----+
```

Bogenmaß, sin, cos und tan zu einem Winkel

Erstellen Sie ein C-Programm `sincos.c`, das einen Winkel in Grad einliest und dann das diesem Winkel entsprechende Bogenmaß ausgibt, bevor es den Sinus, Cosinus und Tangens für diesen Winkel berechnet und ausgibt, wie z.B.:

```
Gib Winkel ein: 90 ⏎

90.00 Grad = 1.57 im Bogenmass

sin(1.57) = 1.00
cos(1.57) = 0.00
tan(1.57) = 16331778728383844.00
```
```
Gib Winkel ein: 45 ⏎

45.00 Grad = 0.79 im Bogenmass

sin(0.79) = 0.71
cos(0.79) = 0.71
tan(0.79) = 1.0
```
```
Gib Winkel ein: -277 ⏎

-277.00 Grad = -4.83 im Bogenmass

sin(-4.83) = 0.99
cos(-4.83) = 0.12
tan(-4.83) = 8.14
```

Kapitel 8

Datentypumwandlungen

Ein Mensch hört staunend und empört,
Dass er, als Unmensch, alle stört:
Er nämlich bildet selbst sich ein,
Der angenehmste Mensch zu sein.
Ein Beispiel macht Euch solches klar:
Der Schnarcher selbst schläft wunderbar.
Ahnungslos, Eugen Roth

Es existieren zwei Arten von Datentypumwandlungen:
- implizite Datentypumwandlung und
- explizite Datentypumwandlung.

Was im einzelnen darunter zu verstehen, wird in den beiden folgenden Teilkapiteln genauer erläutert.

8.1 Implizite Datentypumwandlungen

8.1.1 Der `sizeof`-Operator

Bevor wir uns genauer mit den impliziten Datentypumwandlungen beschäftigen, werden wir einen neuen Operator kennenlernen: den `sizeof`-Operator. Mit diesem Operator kann die Größe eines Datentyps, einer Variable oder eines Ausdrucks in Bytes ermittelt werden. So sind z. B. die folgenden Angaben möglich:

`sizeof(double)`

    liefert Anzahl von Bytes, die vom Datentyp `double` belegt werden.

`sizeof(var)`

    liefert Anzahl von Bytes, die von der Variable `var` belegt werden.

`sizeof(a+b)` liefert Anzahl von Bytes, die zur Berechnung des Ausdrucks `a+b` benötigt werden.

8 Datentypumwandlungen

Um festzustellen, wie viele Bytes Ihr Compiler für die Grunddatentypen verwendet, kann z. B. das folgende Programm `typgroes.c` dienen.

```c
#include <stdio.h>

int main(void)
{
    printf("----------------------------------------\n");
    printf("%20s: %d Bytes\n", "char", sizeof(char));
    printf("%20s: %d Bytes\n", "signed char", sizeof(signed char));
    printf("%20s: %d Bytes\n", "unsigned char", sizeof(unsigned char));
    printf("----------------------------------------\n");
    printf("%20s: %d Bytes\n", "short", sizeof(short));
    printf("%20s: %d Bytes\n", "signed short", sizeof(signed short));
    printf("%20s: %d Bytes\n", "unsigned short", sizeof(unsigned short));
    printf("----------------------------------------\n");
    printf("%20s: %d Bytes\n", "int", sizeof(int));
    printf("%20s: %d Bytes\n", "signed int", sizeof(signed int));
    printf("%20s: %d Bytes\n", "unsigned int", sizeof(unsigned int));
    printf("----------------------------------------\n");
    printf("%20s: %d Bytes\n", "long", sizeof(long));
    printf("%20s: %d Bytes\n", "signed long", sizeof(signed long));
    printf("%20s: %d Bytes\n", "unsigned long", sizeof(unsigned long));
    printf("----------------------------------------\n");
    printf("%20s: %d Bytes\n", "long long", sizeof(long long));
    printf("%20s: %d Bytes\n", "signed long long", sizeof(signed long long));
    printf("%20s: %d Bytes\n", "unsigned long long", sizeof(unsigned long long));
    printf("----------------------------------------\n");
    printf("%20s: %d Bytes\n", "float", sizeof(float));
    printf("----------------------------------------\n");
    printf("%20s: %d Bytes\n", "double", sizeof(double));
    printf("----------------------------------------\n");
    printf("%20s: %d Bytes\n", "long double", sizeof(long double));
    printf("----------------------------------------\n");
    return(0);
}
```

Mögliche Ausgabe dieses Programms `typgroes.c` könnte sein:

```
----------------------------------------
                char: 1 Bytes
         signed char: 1 Bytes
       unsigned char: 1 Bytes
----------------------------------------
               short: 2 Bytes
        signed short: 2 Bytes
      unsigned short: 2 Bytes
----------------------------------------
                 int: 4 Bytes
          signed int: 4 Bytes
        unsigned int: 4 Bytes
----------------------------------------
```

```
              long:  4 Bytes
       signed long:  4 Bytes
     unsigned long:  4 Bytes
-----------------------------------------
         long long:  8 Bytes
  signed long long:  8 Bytes
unsigned long long:  8 Bytes
-----------------------------------------
             float:  4 Bytes
-----------------------------------------
            double:  8 Bytes
-----------------------------------------
       long double: 12 Bytes
-----------------------------------------
```

Wichtig ist noch zu erwähnen, dass bei Anwendung des `sizeof`-Operators auf einen Ausdruck dieser Ausdruck nicht ausgewertet wird, sondern nur die für diese Berechnung benötigte Byteanzahl bestimmt wird. So würde z. B. bei der Angabe:

```
printf("'%d Bytes fuer 2.3 + 3.456\ n"', sizeof(2.3+3.456));
```

der Ausdruck `2.3+3.456` nicht berechnet, sondern lediglich die Anzahl der für diese Berechnung benötigten Bytes bestimmt.

8.1.2 Implizite Datentypumwandlungen

Wenn in Ausdrücken Operanden unterschiedlicher Datentypen über Operatoren verknüpft werden, dann werden so genannte *implizite Datentypumwandlungen* notwendig. Hierbei hält sich C an die folgende Regeln:

> **Regel 1 (char, short, int und unsigned)**
>
> Es wird mit nichts kleinerem als `int` gerechnet, d. h. `char` und `short` werden implizit und ohne Einwirkung des Programmierers nach `int` umgewandelt. Sollte der `int`-Datentyp nicht ausreichen, um einen entsprechenden Wert aufzunehmen, wird mit `unsigned int` gerechnet.

Das folgende C-Programm `regel1a.c` demonstriert diese Regel nochmals. Interessant ist dabei, dass der Ausdruck
`(1000000000+ 2000000000)/2`
ein falsches Ergebnis liefert, während der Ausdruck
`(1000000000+3000000000)/2`
ein richtiges Ergebnis liefert; siehe dazu die Kommentare im Programm.

```
#include <stdio.h>

int  main(void) {
   char       zeich;
   short      short_ganz;
   int        int_ganz;
   unsigned   unsigned_ganz;
```

8 Datentypumwandlungen

```
    int wert;

    printf("-----------------------------------\n");
    printf("    zeich: %d Bytes\n", sizeof(zeich));
    printf("      'x': %d Bytes\n", sizeof('x'));
    printf("zeich+'a': %d Bytes\n", sizeof(zeich+'a'));
    printf("-----------------------------------\n");
    printf("   short_ganz: %d Bytes\n", sizeof(short_ganz));
    printf("          235: %d Bytes\n", sizeof(235));
    printf("         -235: %d Bytes\n", sizeof(-235));
    printf("short_ganz+12: %d Bytes\n", sizeof(short_ganz+12));
    printf("-----------------------------------\n");
    printf("   int_ganz: %d Bytes\n", sizeof(int_ganz));
    printf("        235: %d Bytes\n", sizeof(235));
    printf("       -235: %d Bytes\n", sizeof(-235));
    printf("int_ganz+12: %d Bytes\n", sizeof(int_ganz+12));
    printf("-----------------------------------\n");
    printf("   unsigned_ganz: %d Bytes\n", sizeof(unsigned_ganz));
    printf("             235: %d Bytes\n", sizeof(235));
    printf("unsigned_ganz+12: %d Bytes\n", sizeof(unsigned_ganz+12));
    printf("-----------------------------------\n");

    /* Fuer 1000000000+2000000000 wird mit int gerechnet, da
       sowohl 1000000000 als auch 2000000000 in int passen.
       Durch Addition wird aber Zahlenbereich von
       int ueberschritten ---> falsches Ergebnis             */
    wert = (1000000000+2000000000)/2;
    printf("(1000000000+2000000000)/2 = %d\n", wert);
    printf("-----------------------------------\n");

    /* Da 3000000000 nicht in int-Bereich passt, wird hier
       mit unsigned gerechnet ---> richtiges Ergebnis        */
    wert = (1000000000+3000000000)/2;
    printf("(1000000000+3000000000)/2 = %d\n", wert);
    printf("-----------------------------------\n");
    return(0);
}
```

Mögliche Ausgabe dieses Programms `regel1a.c`:

```
-----------------------------------
    zeich: 1 Bytes
      'x': 4 Bytes
zeich+'a': 4 Bytes
-----------------------------------
   short_ganz: 2 Bytes
          235: 4 Bytes
         -235: 4 Bytes
short_ganz+12: 4 Bytes
-----------------------------------
   int_ganz: 4 Bytes
```

8.1 Implizite Datentypumwandlungen

```
         235: 4 Bytes
        -235: 4 Bytes
int_ganz+12: 4 Bytes
-----------------------------------
   unsigned_ganz: 4 Bytes
             235: 4 Bytes
unsigned_ganz+12: 4 Bytes
-----------------------------------
(1000000000+2000000000)/2 = -647483648
-----------------------------------
(1000000000+3000000000)/2 = 2000000000
```

Ob ein „reiner" char-Wert als vorzeichenbehaftet behandelt wird oder nicht, ist von C nicht festgelegt. Nehmen wir z. B. das folgende C-Programm regel1b.c:

```c
#include <stdio.h>

int main(void) {
  char zeich = '\x84';
  int i;
  i = zeich;    /* C laesst es offen, ob hier das gesetzte Vorzeichen  */
                /* von zeich bei der Umwandlung nach i "verlängert" wird */
                /* oder nicht                                           */
  printf("'%c' : %d 0x%x\n", i, i, i);
  return(0);
}
```

Dieses Programm könnte z. B. auf einem C-Compiler die folgende Ausgabe:

```
'_' :  -124   0xffffff84    <--- mit "Vorzeichen-Verlängerung"
```

und auf einem anderen C-Compiler die folgende Ausgabe liefern:

```
'_' :  132    0x84          <--- ohne "Vorzeichen-Verlängerung"
```

Solche Ungewissheiten können leicht vermieden werden, indem man explizit bei der Deklaration einer char-Variablen signed oder unsigned angibt, wie dies im nachfolgenden C-Programm regel1c.c geschehen ist.

```c
#include <stdio.h>

int main(void) {
  unsigned char u_zeich = '\x84';
  signed   char s_zeich = '\x84';
  int i1, i2;

  i1 = u_zeich;
  i2 = s_zeich;
  printf("'%c' :  %d  0x%x\n", i1, i1, i1);
  printf("'%c' :  %d  0x%x\n", i2, i2, i2);
  return(0);
}
```

Das Programm regel1c.c würde folgendes ausgeben:

8 Datentypumwandlungen

```
'_' :   132   0x84
'_' :  -124   0xffffff84
```

> **Regel 2 (signed und unsigned)**
>
> Hier werden mehrere Fälle unterschieden:
>
> 1. unsigned → längeren signed oder unsigned-Datentyp
>   ursprünglicher Wert bleibt unverändert
>
> 2. signed → gleichlangen oder längeren unsigned-Datentyp
>   Es wird das entsprechende Bitmuster im unsigned-Datentyp abgelegt, wobei im Falle eines längeren unsigned-Datentyps das Vorzeichenbit „nach vorne verlängert" wird.
>
> 3. signed oder unsigned → kürzeren unsigned- oder signed-Datentyp
>   Für den Fall, dass der Wert zu groß für den Zieltyp ist, gibt C keine festen Vorschriften. Es gilt aber meist, dass im entsprechenden Bitmuster die vorne überhängenden Bits einfach abgeschnitten werden.
>
> 4. unsigned → gleichlangen signed-Datentyp
>   Für diesen Fall wird meist einfach das Bitmuster im signed-Datentyp abgespeichert, wenn C sich auch nicht für den Fall festlegt, dass der unsigned-Wert außerhalb des signed-Wertebereichs liegt.

> **Regel 3 (Gleitpunktzahlen und Ganzzahlen)**
>
> Hier werden zwei Fälle unterschieden:
>
> 1. Gleitpunktzahl → Ganzzahl
>   Der gebrochene Anteil der Gleitpunktzahl wird abgehackt. Wenn der ganzahlige Anteil ausserhalb des Wertebereichs des Ganzzahltyps liegt, so ist das Verhalten undefiniert.
>
> 2. Ganzzahl → Gleitpunktzahl
>   Wenn der Wert der entsprechenden Ganzzahl zwar im Wertebereich der darstellbaren Gleitpunktzahlen liegt, aber nicht genau darstellbar ist, dann ist das Ergebnis entweder der nächsthöhere oder der nächstniedrigere darstellbare Wert (von C nicht vorgeschrieben).

Das folgende C-Programm regel3.c zeigt diese Regel noch einmal anhand von Beispielen:

```
#include <stdio.h>
int  main(void) {
    float         gleit;
    int           ganz;
    unsigned int  u_ganz;
    long int      lang;
    printf("-------------------------------------------------\n");
```

8.1 Implizite Datentypumwandlungen

```
    gleit = 7.33; ganz = gleit;
    printf("%f (float) ---> %d (int) = 0x%x\n", gleit, ganz, ganz);
    gleit = -3.7; ganz = gleit;
    printf("%f (float) ---> %d (int) = 0x%x\n", gleit, ganz, ganz);
    printf("-----------------------------------------------------\n");
    gleit = 7.33; u_ganz = gleit;
    printf("%f (float) ---> %u (unsigned int) = 0x%x\n", gleit, u_ganz, u_ganz);
    gleit = -3.7; u_ganz = gleit;
    printf("%f (float) ---> %u (unsigned int) = 0x%x\n", gleit, u_ganz, u_ganz);
    printf("-----------------------------------------------------\n");
    lang = 12345678;  gleit = lang;
    printf("%ld (long int) ---> %.0f (float)\n", lang, gleit);
    printf("-----------------------------------------------------\n");
    lang = 1234567890; gleit = lang;
    printf("%ld (long int) ---> %.0f (float)\n", lang, gleit);
    printf("-----------------------------------------------------\n");
}
```

Möglicher Ablauf dieses Programms `regel3.c`:

```
-----------------------------------------------------
7.330000 (float) ---> 7 (int) = 0x7
-3.700000 (float) ---> -3 (int) = 0xfffffffd
-----------------------------------------------------
7.330000 (float) ---> 7 (unsigned int) = 0x7
-3.700000 (float) ---> 4294967293 (unsigned int) = 0xfffffffd
-----------------------------------------------------
12345678 (long int) ---> 12345678 (float)
-----------------------------------------------------
1234567890 (long int) ---> 1234567936 (float)
-----------------------------------------------------
```

Regel 4 (float, double und long double)

Hier werden zwei Fälle unterschieden:

1. `float` → `double`
   `float` → `long double`
   `double` → `long double`
   ursprünglicher Wert bleibt unverändert

2. `double` → `float`
   `long double` → `float`
   `long double` → `double`
   Falls der Wert größer ist als der Zieldatentyp aufnehmen kann, liegt undefiniertes Verhalten vor. Ist der Wert nicht zu groß für den Zieldatentyp, kann aber dort nicht genau dargestellt werden, da dort weniger Bits zur Darstellung zur Verfügung stehen, dann ist das Ergebnis entweder der nächsthöhere oder der nächstniedrigere darstellbare Wert (von C nicht vorgeschrieben).

8 Datentypumwandlungen

Folgendes C-Programm `regel4.c` zeigt diese Regel noch einmal anhand von Beispielen:

```c
#include <stdio.h>
#include <math.h>

int main(void) {
    float       einfach;
    double      doppelt;
    long double lang_doppelt;
    printf("-----------------------------------------------------\n");
    einfach = 4*atan(1);
    doppelt = einfach;
    printf("%f (float) ---> %lf (double)\n", einfach, doppelt);
    lang_doppelt = einfach;
    printf("%f (float) ---> %Lf (long double)\n", einfach, lang_doppelt);
    doppelt = 4*atan(1);
    lang_doppelt = doppelt;
    printf("%lf (double) ---> %Lf (long double)\n", doppelt, lang_doppelt);
    printf("-----------------------------------------------------\n");
    doppelt = 4*atan(1);
    einfach = doppelt;
    printf("%.10lf (double) ---> %.10f (float)\n", doppelt, einfach);
    lang_doppelt = 4*atan(1)+12.2345256266535;
    einfach = lang_doppelt;
    printf("%.10Lf (long double) ---> %.10f (float)\n", lang_doppelt, einfach);
    doppelt = lang_doppelt;
    printf("%.15Lf (long double) ---> %.15lf (double)\n", lang_doppelt, doppelt);
    printf("-----------------------------------------------------\n");
    lang_doppelt = 2.34e-103;
    einfach = lang_doppelt;
    printf("%.10Lg (long double) ---> %.10g (float)\n", lang_doppelt, einfach);
    printf("-----------------------------------------------------\n");
    return(0);
}
```

Möglicher Ablauf dieses Programms `regel4.c`:

```
-----------------------------------------------------
3.141593 (float) ---> 3.141593 (double)
3.141593 (float) ---> 3.141593 (long double)
3.141593 (double) ---> 3.141593 (long double)
-----------------------------------------------------
3.1415926536 (double) ---> 3.1415927410 (float)
15.3761182802 (long double) ---> 15.3761186600 (float)
15.376118280243294 (long double) ---> 15.376118280243293 (double)
-----------------------------------------------------
2.34e-103 (long double) ---> 0 (float)
-----------------------------------------------------
```

8.1 Implizite Datentypumwandlungen

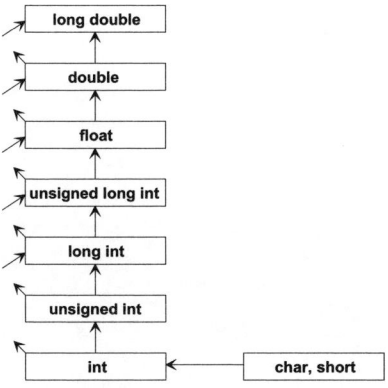

Abbildung 8.1: Regel für übliche arithmetische Umwandlungen

Regel 5 (Übliche arithmetische Umwandlungen)

Die hier angegebenen impliziten Umwandlungen von Datentypen werden als *übliche arithmetische Umwandlungen* bezeichnet. Graphisch lassen sich die dabei geltenden Regeln – wie in Abbildung 8.1 gezeigt – darstellen. Horizontale Umwandlungen werden immer durchgeführt; vertikale Umwandlungen nur bei Bedarf. Für die vertikalen Umwandlungen gilt, dass wenn einer der beiden Operanden in einem Ausdruck einen weiter oben stehenden Datentyp hat, dann wird zuerst der andere Operand in diesen Datentyp umgewandelt, bevor der Ausdruck berechnet wird.

Entsprechend Abbildung 8.1 gilt z. B.: Wenn in einem Ausdruck ein Operand den Datentyp `unsigned int` und der andere Operand den Datentyp `double`, so wird der `unsigned int`-Operand implizit in `double` umgewandelt, bevor die Berechnung dieses Ausdrucks dann im `double`-Format stattfindet. In Abbildung 8.1 ließe sich dies – wie Abbildung 8.2 gezeigt – nachvollziehen.

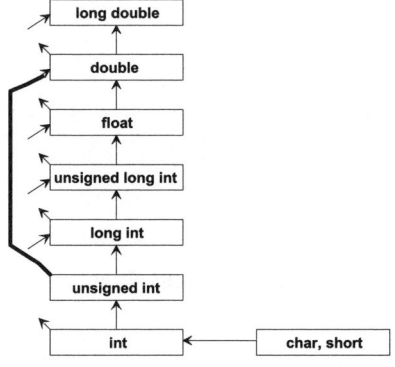

Abbildung 8.2: `unsigned int`- und `double`-Operand bewirkt `double`-Berechnung

8 Datentypumwandlungen

Das folgende C-Programm `regel5.c` zeigt diese Regel noch einmal anhand von Beispielen:

```
#include <stdio.h>

int main(void)
{
   char             char_;
   short            short_;
   int              int_;
   unsigned int     unsigned_int_;
   long             long_;
   long long        long_long_;
   float            float_;
   double           double_;
   long double      long_double_;

   printf("-----------------------------------\n");
   printf("            char+char : %2d Bytes\n", sizeof(char_+char_));
   printf("char*char+long_double : %2d Bytes\n", sizeof(char_*char_+long_double_));
   printf(" char*int+long_double : %2d Bytes\n", sizeof(char_*int_+long_double_));
   printf("    unsigned int/long : %2d Bytes\n", sizeof(unsigned_int_/long_));
   printf("    short%%short+char : %2d Bytes\n", sizeof(short_%short_+char_));
   printf("       long_long*char : %2d Bytes\n", sizeof(long_long_*char_));
   printf("           float-char : %2d Bytes\n", sizeof(float_-char_));
   printf("          long/double : %2d Bytes\n", sizeof(long_/double_));
   printf("         int*int/float : %2d Bytes\n", sizeof(int_*int_/float_));
   printf("-----------------------------------\n");
   return(0);
}
```

Möglicher Ablauf dieses Programms `regel5.c`:

```
-----------------------------------
            char+char :  4 Bytes
char*char+long_double : 12 Bytes
 char*int+long_double : 12 Bytes
    unsigned int/long :  4 Bytes
    short%short+char :  4 Bytes
       long_long*char :  8 Bytes
           float-char :  4 Bytes
          long/double :  8 Bytes
         int*int/float :  4 Bytes
-----------------------------------
```

8.1.3 Fallgrube: Zuweisen von Ganzzahlausdrücken an Gleitpunktvariablen

Ein häufiger Fehler ist, dass man bei einer Zuweisung an eine `float`-, `double`- oder `long double`-Variable auf der rechten Seite einen `int`-Ausdruck angibt. Dies führt bei Werten, die ausserhalb des `int`-Zahlenbereichs liegen, zu falschen Ergebnissen. Das nachfolgende C-Programm *floatint.c* demonstriert diesen Fehler nochmals und zeigt auch, wie solche Fehler umgangen werden können:

```c
#include <stdio.h>
int main(void) {
   float wert;
   wert = 9876 * 9876 * 9876;   /* Berechnung von 9876*9876*9876
                                   wird im int-Datentyp durchgefuehrt
                                   --> Ueberlauf --> falscher Wert */
   printf("%f\n", wert);

   wert = 9876.0 * 9876 * 9876; /* richtig */
   printf("%f\n", wert);
   return(0);
}
```

Ausgabe durch das Programm `floatint.c`:

```
1186699008.000000
963259400192.000000
```

8.1.4 Übung: Sparschweininhalt aufaddieren

In einem Sparschwein befinden sich eine Anzahl 1-Cent-, 2-Cent-, 5-Cent, 10-Cent, 50-Cent-, 1-€-, 2-€- und 5-€-Münzen. Erstellen Sie ein C-Programm `sparswei.c`, das die Anzahl der einzelnen Münzen einliest und dann den Gesamtinhalt als €-Betrag in deutscher Schreibweise mit Komma ausgibt.

Mögliche Abläufe dieses Programms `sparswei.c`:

```
Anzahl der 1 Cent-Stuecke: 1 ⏎
Anzahl der 2 Cent-Stuecke: 1 ⏎
Anzahl der 5 Cent-Stuecke: 1 ⏎
Anzahl der 10 Cent-Stuecke: 1 ⏎
Anzahl der 50 Cent-Stuecke: 1 ⏎
Anzahl der 1 Euro-Stuecke: 1 ⏎
Anzahl der 2 Euro-Stuecke: 1 ⏎
Anzahl der 5 Euro-Stuecke: 1 ⏎

Im Sparschwein befinden sich:
     ---8,68 Euro---
```

```
Anzahl der 1 Cent-Stuecke: 12 ⏎
Anzahl der 2 Cent-Stuecke: 3 ⏎
Anzahl der 5 Cent-Stuecke: 7 ⏎
Anzahl der 10 Cent-Stuecke: 126 ⏎
Anzahl der 50 Cent-Stuecke: 324 ⏎
Anzahl der 1 Euro-Stuecke: 546 ⏎
Anzahl der 2 Euro-Stuecke: 987 ⏎
Anzahl der 5 Euro-Stuecke: 845 ⏎

Im Sparschwein befinden sich:
     ---6920,13 Euro---
```

8.2 Explizite Datentypumwandlungen

8.2.1 Explizite Datentypumwandlungen mit cast-Operator

Explizite Datentypumwandlungen werden über so genannte *Casts* erreicht. Ein Cast ist ein in Klammern gesetzter Datentyp, der einem Ausdruck vorangestellt wird

(datentyp) ausdruck

Bei einer solchen Konstruktion wird der Wert des *ausdrucks* in den angegebenen *datentyp* umgewandelt. So würde z. B. der folgende Programmausschnitt:

```
.....
    int      ganz_1, ganz_2;
    double   dopp;
.....
    dopp = (double)ganz_1 + (long)ganz_2;
```

vollständig dem folgenden Programmteil entsprechen:

```
.....
    int      ganz_1, ganz_2;
    long     lang;
    double   dopp, dopp_2;
.....
    dopp_2 = ganz_1;
    lang = ganz_2;
    dopp = dopp_2 + lang;
```

Eine cast-Konstruktion bewirkt also dasselbe, wie wenn der *ausdruck* einer Variablen vom angegebenen *datentyp* zugewiesen wird, welche dann anstelle der ganzen Konstruktion einzusetzen ist.

8.2.2 Fallgruben

Falsches Plazieren des cast-Operators

Ein Fehler, den C-Programmierer ab und zu begehen, ist, dass sie die hohe Priorität des cast-Operators übersehen. Die Priorität des cast-Operators entspricht nämlich der eines Minus-Vorzeichens. Als Beispiel möge das folgende Programm `mrz_-dez.c` dienen, das ein Datum für die Monate März bis Dezember und das zugehörige Jahr einliest, bevor es ausgibt, der wievielte Tag im entsprechenden Jahr dieses Datum ist.

Das Programm benutzt dabei zur Berechnung die folgende Formel:

```
nr = int(30.6001*(monat+1)) - 63 + tag + s
```

`int(...)` bedeutet, dass vom Wert, den die Berechnung von `30.6001*(monat+1)` liefert, nur der ganzzahlige Anteil zu nehmen ist. Die Variable `s` wird mit 1 belegt, wenn es sich um ein Schaltjahr handelt und ansonsten mit 0.

Das folgende Programm `mrz_dez.c`:

```
#include <stdio.h>

int main(void)
{
```

8.2 Explizite Datentypumwandlungen

```
   unsigned int   tag, monat, jahr, s, nr;

   printf("Gib Datum ein (tt.mm.jjjj): ");
   scanf("%u.%u.%u", &tag, &monat, &jahr);
   /* s wird 1, wenn ein Schaltjahr vorliegt, sonst wird s 0 zugewiesen
   /*   Ein Schaltjahr liegt immer vor, wenn eine Jahreszahl
           - durch 4, aber nicht durch 100 teilbar ist, oder aber
           - durch 400 teilbar ist
         So ist z. B. 1900 kein, aber 2000 sehr wohl ein Schaltjahr      */
   s = (jahr%4==0) && (jahr%100!=0 || jahr%400==0);
   nr = (unsigned)(30.6001*(monat+1)) - 63 + tag + s;
   printf("%d.%d.%d = %d.Tag im Jahr\n", tag, monat, jahr, nr);
   return(0);
}
```

könnte z. B. folgenden Ablauf am Bildschirm liefern:

```
Gib Datum ein (tt.mm.jjjj): 17.10.1993 ⏎
17.10.1993 = 290.Tag im Jahr
```

Würde man dagegen die Priorität des Cast-Operators nicht berücksichtigen, wie dies im folgenden C-Programm mrz_dez2.c geschehen ist:

```
#include <stdio.h>

int  main(void)
{
   unsigned int   tag, monat, jahr, s, nr;

   printf("Gib Datum ein (tt.mm.jjjj): ");
   scanf("%u.%u.%u", &tag, &monat, &jahr);
   /* s wird 1, wenn ein Schaltjahr vorliegt, sonst wird s 0 zugewiesen
   /*   Ein Schaltjahr liegt immer vor, wenn eine Jahreszahl
           - durch 4, aber nicht durch 100 teilbar ist, oder aber
           - durch 400 teilbar ist
         So ist z. B. 1900 kein, aber 2000 sehr wohl ein Schaltjahr      */
   s = (jahr%4==0) && (jahr%100!=0 || jahr%400==0);

   /*nr = (unsigned)(30.6001*(monat+1)) - 63 + tag + s; <-- zuvor richtig */
   nr = (unsigned)30.6001*(monat+1) - 63 + tag + s;  /*... jetzt falsch   */
   printf("%d.%d.%d = %d.Tag im Jahr\n", tag, monat, jahr, nr);
   return(0);
}
```

dann würde man falsche Ergebnisse erhalten:

```
Gib Datum ein (tt.mm.jjjj): 17.10.1993 ⏎
17.10.1993 = 284.Tag im Jahr
```

Der Grund liegt darin, dass bei diesem Programm nicht exakt die obige Formel
 nr = int(30.6001*(monat+1)) - 63 + tag + s
nachgebildet wurde, sondern statt dessen die folgende Formel:
 nr = int(30.6001)*(monat+1) - 63 + tag + s
woraus dann die folgende falsche Berechnung resultierte:

8 Datentypumwandlungen

```
nr = 30*(monat+1) - 63 + tag + s
```

Operatoren-Priorität legt cast-Auswertungszeitpunkt fest

Ein weiterer Fehler, den Programmierer des öfteren begehen, ist, dass sie die Priorität der Operatoren und die daraus resultierende Reihenfolge der Berechnung übersehen. So würde z. B. der folgende Ausdruck

```
(float)20 + 10 / 40
```

zu einem falschen Ergebnis führen, da aufgrund der höheren Priorität von / (Division) gegenüber + (Addition) zuerst 10 / 40 berechnet wird. Da in diesem Fall sowohl 10 als auch 40 ganze Zahlen sind, wird hier eine ganzzahlige Division durchgeführt, woraus das Ergebnis 0 resultiert. Die darauffolgende Addition wird zwar dann aufgrund des cast-Operators bei (float)20 im float-Datentyp durchgeführt, aber dies ist dann schon zu spät, da bereits zuvor die Nachkommastellen bei der ganzzahligen Division verloren wurden.

Das folgende C-Programm cast.c demonstriert diese Art von Fehler nochmals, zeigt aber zugleich auch die richtige Angabe des cast-Operators in Ausdrücken, bei denen die Reihenfolge der Berechnung – bedingt durch unterschiedliche Prioritäten der Operatoren – eine wichtige Rolle spielt:

```
#include <stdio.h>

int main(void) {
   float zahl;

   zahl = (float)10 + 10000 / 30000;
   printf("(float)10 + 10000 / 30000 = %g     <--- falsch\n", zahl);
   zahl = 10 + (float)(10000 / 30000);
   printf("10 + (float)(10000 / 30000) = %g   <--- falsch\n", zahl);
   zahl = 10 + (float)10000 / 30000;
   printf("10 + (float)10000 / 30000 = %g     <--- richtig\n", zahl);
   zahl = 10 + 10000 / (float)30000;
   printf("10 + 10000 / (float)30000 = %g     <--- richtig\n", zahl);
   printf("-------------------------------------------------------------\n");
   zahl = 10.0 + 10000 / 30000;
   printf("10.0 + 10000 / 30000 = %g          <--- falsch\n", zahl);
   zahl = 10 + 10000.0 / 30000;
   printf("10 + 10000.0 / 30000 = %g          <--- richtig\n", zahl);
   zahl = 10 + 10000 / 30000.0;
   printf("10 + 10000 / 30000.0 = %g          <--- richtig\n", zahl);
   return(0);
}
```

Ausgabe des Programms cast.c:

```
(float)10 + 10000 / 30000 = 10        <--- falsch
10 + (float)(10000 / 30000) = 10      <--- falsch
10 + (float)10000 / 30000 = 10.3333   <--- richtig
10 + 10000 / (float)30000 = 10.3333   <--- richtig
-------------------------------------------------------------
```

```
10.0 + 10000 / 30000 = 10        <--- falsch
10 + 10000.0 / 30000 = 10.3333   <--- richtig
10 + 10000 / 30000.0 = 10.3333   <--- richtig
```

8.2.3 Übung: Prozentzahlen für die Kandidaten bei einer Wahl

Bei einer Wahl stellen sich vier Kandidaten zur Verfügung. Erstellen Sie ein C-Programm `kandproz.c`, das zunächst für jeden einzelnen der Kandidaten einliest, wie viele Stimmen er erhalten hat. Die erhaltenen Stimmen sollen dabei in `int`-Variablen eingelesen werden. Danach soll dieses C-Programm die Prozentzahlen für jeden einzelnen dieser Kandidaten ausgeben.

Möglicher Ablauf dieses Programms `kandproz.c`:

```
Stimmen für den 1. Kandidaten: 129089 ⏎
Stimmen für den 2. Kandidaten: 200234 ⏎
Stimmen für den 3. Kandidaten: 89012  ⏎
Stimmen für den 4. Kandidaten: 199456 ⏎

1. Kandidat: 20.90%
2. Kandidat: 32.41%
3. Kandidat: 14.41%
4. Kandidat: 32.29%
```

Kapitel 9

Die Headerdateien `limits.h` und `float.h`

Ein Mensch sagt – und ist stolz darauf –
Er geh in seinen Pflichten auf.
Bald aber, nicht mehr ganz so munter,
Geht er in seinen Pflichten unter.
Allzu eifrig, Eugen Roth

Hier lernen wir noch zwei weitere Headerdateien kennen:
- `<limits.h>` – Grenzwerte von Ganzzahltypen
- `<float.h>` – Grenzwerte von Gleitpunkt-Datentypen

9.1 `<limits.h>` - Grenzwerte von Ganzzahltypen

9.1.1 Die Headerdatei `limits.h`

Diese Headerdatei definiert die Grenzwerte für die verschiedenen Ganzzahltypen. C legt für jeden dieser Werte nur einen Mindestwert fest, wie dies in Tabelle 9.1 gezeigt ist. Der absolute Betrag dieses Mindestwerts (mit gleichem Vorzeichen) darf von keinem Compiler unterschritten werden, der sich C89- bzw. C99-Compiler nennt.

Tabelle 9.1: Konstanten mit Mindestwert aus `limits.h`

Konstantenname	vorgeschriebener Mindestwert	Beschreibung
CHAR_BIT	8	maximale Bitanzahl für ein Byte
SCHAR_MIN	-127	Minimalwert für `signed char`
SCHAR_MAX	+127	Maximalwert für `signed char`
UCHAR_MAX	255	Maximalwert für `unsigned char`
CHAR_MIN	SCHAR_MIN oder 0[1]	Minimalwert für `char`

[1] Abhängig davon, ob `char` ein vorzeichenbehafteter oder vorzeichenloser Datentyp ist

9 Die Headerdateien `limits.h` und `float.h`

Tabelle 9.1 – Fortsetzung

Konstantenname	vorgeschriebener Mindestwert	Beschreibung
CHAR_MAX	SCHAR_MAX oder UCHAR_MAX[2]	Maximalwert für `char`
MB_LEN_MAX	1	maximale Bytes für Vielbyte-Zeichen (länderspezifische Zeichen wie z. B. japanische oder chinesische Zeichen)
SHRT_MIN	-32767	Minimalwert für `short int`
SHRT_MAX	+32767	Maximalwert für `short int`
USHRT_MAX	65535	Maximalwert für `unsigned short`
INT_MIN	-32767	Minimalwert für `int`
INT_MAX	+32767	Maximalwert für `int`
UINT_MAX	65535	Maximalwert für `unsigned int`
LONG_MIN	-2147483647	Minimalwert für `long int`
LONG_MAX	+2147483647	Maximalwert für `long int`
ULONG_MAX	4294967295	Maximalwert für `unsigned long`
LLONG_MIN	-9223372036854775807	Minimalwert für `long long int`
LLONG_MAX	+9223372036854775807	(neu in C99) Maximalwert für `long long int`
ULLONG_MAX	18446744073709551615	(neu in C99) Maximalwert für `unsigned long long`

9.1.2 Übung: Wertebereiche der ganzzahligen Datentypen

Erstellen Sie ein C-Programm `wertber.c`, das unter Verwendung der Konstanten aus `limits.h` die Wertebereiche der einzelnen Datentypen ausgibt, die Ihr C-Compiler für diese festlegt, wie z. B.:

```
              char |  8 |                     -128 .. 127
       signed char |  8 |                     -128 .. 127
     unsigned char |  8 |                        0 .. 255
-------------------------------------------------------------------
             short | 16 |                   -32768 .. 32767
    unsigned short | 16 |                        0 .. 65535
-------------------------------------------------------------------
               int | 32 |              -2147483648 .. 2147483647
      unsigned int | 32 |                        0 .. 4294967295
-------------------------------------------------------------------
              long | 32 |              -2147483648 .. 2147483647
     unsigned long | 32 |                        0 .. 4294967295
-------------------------------------------------------------------
         long long | 64 |     -9223372036854775808 .. 9223372036854775807
unsigned long long | 64 |                        0 .. 18446744073709551615
-------------------------------------------------------------------
```

---

[2] Abhängig davon, ob `char` ein vorzeichenbehafteter oder vorzeichenloser Datentyp ist

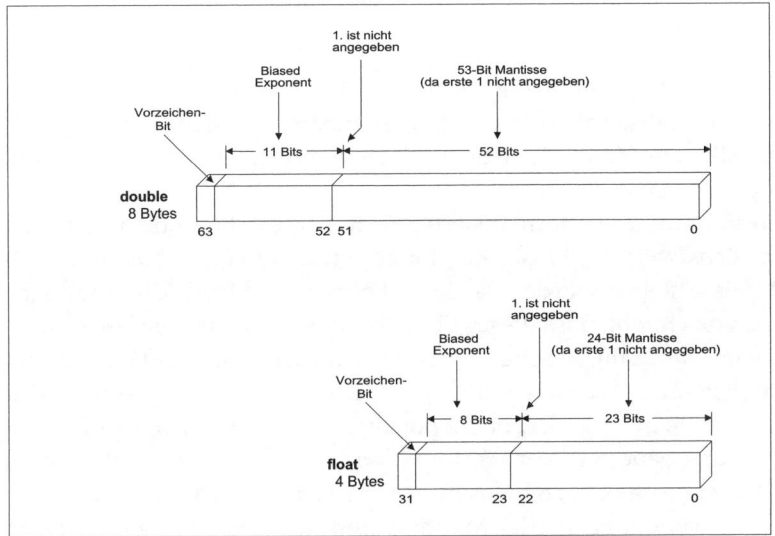

Abbildung 9.1: IEEE-Format für float und double

9.2 <float.h> – Grenzwerte von Gleitpunkt-Datentypen

9.2.1 Das IEEE-Format

Hier wird die rechnerinterne Darstellung von Gleitpunktzahlen kurz vorgestellt. Jede Gleitpunktzahl kann in der Form $2.3756 \cdot 10^3$ angegeben werden; bei dieser Darstellungsform setzt sich die Zahl aus zwei Bestandteilen zusammen:

- Mantisse (2.3756) und
- Exponent (3), der ganzzahlig ist.

Diese Form wird auch in C verwendet, außer dass der dort angegebene Exponent sich meist auf die in Computern übliche Basis 2 (nicht 10) bezieht. Die für die Darstellung einer Gleitpunktzahl verwendete Byteanzahl legt fest, ob man mit

- einfacher Genauigkeit (Datentyp float) oder mit
- doppelter Genauigkeit (Datentyp double)

arbeitet.

Abbildung 9.1 zeigt das standardisierte IEEE-Format für float und double, wobei vier Bytes für float und acht Bytes für double angenommen wird.

Das IEEE-Format geht von so genannten normalisierten Gleitpunktzahlen aus. „Normalisierung" bedeutet, dass der Exponent so verändert wird, dass der gedachte Dezimalpunkt immer rechts von der ersten Nicht-Null-Ziffer (im Binärsystem ist dies eine 1) liegt.

Beispiel:
Die Dezimalzahl
$17.625 = 1 \cdot 10^1 + 7 \cdot 10^0 + 6 \cdot 10^{-1} + 2 \cdot 10^{-2} + 5 \cdot 10^{-3}$

entspricht der binären Zahl:
$$16 + 1 + 1/2 + 1/8 =$$
$$= 1 \cdot 2^4 + 0 \cdot 2^3 + 0 \cdot 2^2 + 0 \cdot 2^1 + 1 \cdot 2^0 + 1 \cdot 2^{-1} + 0 \cdot 2^{-2} + 1 \cdot 2^{-3} = 10001.101 \cdot 2^0$$
Die entsprechende normalisierte Form erhält man, indem man den Dezimalpunkt hinter die erste signifikante Ziffer „schiebt" und den Exponenten entsprechend anpasst: $1.0001101 \cdot 2^4$

Gleitpunktzahlen sind immer in normalisierter Form dargestellt, und so ist sichergestellt, dass das höchstwertige „Einser-Bit" immer links vom gedachten Dezimalpunkt[3] in der Mantisse stehen würde. Das IEEE-Format macht sich diese Tatsache zunutze, indem es vorschreibt, dass dieses Bit überhaupt nicht zu speichern ist.

Der *Exponent* ist eine Ganzzahl, welche im vorzeichenlosen Binärformat (nach der Addition eines so genannten *bias*) dargestellt wird. Durch diese *bias*-Addition wird also immer sichergestellt, dass der Exponent positiv ist, und somit wird für ihn keine Vorzeichenrechnung benötigt. Der Wert von *bias* hängt vom Genauigkeitsgrad ab (4 Bytes für `float`: `bias=127`; 8 Bytes für `double`: `bias=1023`).

Das IEEE-Format verwendet neben der Mantisse und dem Exponenten noch eine dritte Komponente, um eine Gleitpunktzahl darzustellen: das *Vorzeichenbit* (0 für positiv und 1 für negativ).

Beispiel:
Die Zahl `17.625` würde dann als `float`-Wert folgendermassen dargestellt:

```
|0|10000011|00011010000000000000000|
 31      \ /                       0
        Biased Exponent ergibt sich als:
                          bias = 0111 1111 = 127
        + wirklicher Exponent = 0000 0100 =   4
                                 ─────────────
                                 1000 0011 = 131
```

Damit ergibt sich für das IEEE-Format die folgende Formel:

Formel zur Darstellung einer Gleitpunktzahl

$(-1)^S * \underbrace{(2^{B-bias})} * \underbrace{(1.f^N.....f^0)}$
| | SIGNIFICAND
| | N=22 (`float`) (23 Stellen)
| | N=51 (`double`) (52 Stellen)
| EXPONENT   B = Biased Exponent (zu speichernder Exponent)
| bias = 127 (`float`)
| bias = 1023 (`double`)
SIGN S = 0 (positiv); S = 1 (negativ)

Diese Formel bedeutet, dass nach IEEE folgende Zahlenbereiche für `float` und `double` zur Verfügung stehen:

- `float`: $2^{-125} \le |x| \le 2^{128}$ (im Dezimalsystem: $1.18 \cdot 10^{-37} \le |x| \le 3.4 \cdot 10^{38}$)
- `double`: $2^{-1021} \le |x| \le 2^{1024}$ (im Dezimalsystem: $2.23 \cdot 10^{-307} \le |x| \le 1.8 \cdot 10^{308}$)

---

[3] außer für den Wert 0 natürlich

9.2.2 Die Headerdatei `float.h`

Tabelle 9.2 zeigt die in `float.h` definierten Konstanten. Diese Konstanten legen maximale oder minimale Werte für Gleitpunktzahlen fest. In Tabelle 9.2 ist dabei die von C89 bzw. C99 vorgeschriebene Mindestforderung in Klammern angegeben

Tabelle 9.2: Konstanten mit Mindestwert aus `float.h`

Konstante	Beschreibung
`FLT_RADIX`	Basis für die Exponenten-Darstellung; meist 2 ($>= 2$)
`FLT_MANT_DIG`	Anzahl der Mantissen-Stellen in `float`
`DBL_MANT_DIG`	Anzahl der Mantissen-Stellen in `double`
`LDBL_MANT_DIG`	Anzahl der Mantissen-Stellen in `long double`
`FLT_DIG`	Anzahl der signifikanten dez. Ziffern in `float` ($>= 6$)
`DBL_DIG`	Anzahl der signifikanten dez. Ziffern in `double` ($>= 10$)
`LDBL_DIG`	Anzahl signifikanter dez. Ziffern in `long double` ($>= 10$)
`FLT_MIN_EXP`	Kleinster negativer `FLT_RADIX`-Exponent für `float`
`DBL_MIN_EXP`	Kleinster negativer `FLT_RADIX`-Exponent für `double`
`LDBL_MIN_EXP`	Kleinster negativer `FLT_RADIX`-Exponent für `long double`
`FLT_MIN_10_EXP`	Kleinster negativer Zehnerexponent für `float` ($<= -37$)
`DBL_MIN_10_EXP`	Kleinster negativer Zehnerexponent für `double` ($<= -37$)
`LDBL_MIN_10_EXP`	Kleinster negativer Zehnerexponent für `long double` ($<= -37$)
`FLT_MAX_EXP`	Grösster `FLT_RADIX`-Exponent für `float`
`DBL_MAX_EXP`	Grösster `FLT_RADIX`-Exponent für `double`
`LDBL_MAX_EXP`	Grösster `FLT_RADIX`-Exponent für `long double`
`FLT_MAX_10_EXP`	Grösster Zehnerexponent für `float` ($>= +37$)
`DBL_MAX_10_EXP`	Grösster Zehnerexponent für `double` ($>= +37$)
`LDBL_MAX_10_EXP`	Grösster Zehnerexponent für `long double` ($>= +37$)
`FLT_MAX`	Grösster darstellbarer `float`-Wert ($>= 1E+37$)
`DBL_MAX`	Grösster darstellbarer `double`-Wert ($>= 1E+37$)
`LDBL_MAX`	Grösster darstellbarer `long double`-Wert ($>= 1E+37$)
`FLT_EPSILON`	Kleinster positiver `float`-Wert x, für den noch gilt: $1.0 + x != x$ ($<= 1E-5$)
`DBL_EPSILON`	Kleinster positiver `double`-Wert x, für den noch gilt: $1.0 + x != x$ ($<= 1E-9$)
`LDBL_EPSILON`	Kleinster positiver `long double`-Wert x, für den noch gilt: $1.0 + x != x$ ($<= 1E-9$)
`FLT_MIN`	Kleinster normal. positiver `float`-Wert ($<= 1E-37$)
`DBL_MIN`	Kleinster normal. positiver `double`-Wert ($<= 1E-37$)
`LDBL_MIN`	Kleinster normal. pos. `long double`-Wert ($<= 1E-37$)

In der Headerdatei `float.h` ist eine zusätzliche Konstante definiert, die den Rundungsmodus für Gleitpunktwerte festlegt:

`FLT_ROUNDS`	-1	nicht festgelegt
	0	zu 0 hin
	1	zum nähesten darstellbaren Wert hin
	2	auf $+\infty$ zu
	3	auf $-\infty$ zu

Beispiel:

Für eine Realisierung, die sich nach dem IEEE-Standard für binäre Gleitpunkt-Arithmetik richtet, könnte ein Ausschnitt aus float.h z. B. wie folgt aussehen:

```
..............
#define FLT_RADIX          2
#define FLT_MANT_DIG       24
#define FLT_DIG            6
#define FLT_ROUNDS         1
#define FLT_EPSILON        1.19209290e-07F
#define FLT_MIN_EXP        -125
#define FLT_MIN            1.17549435e-38F
#define FLT_MIN_10_EXP     -37
#define FLT_MAX_EXP        128
#define FLT_MAX            3.40282347e+38F
#define FLT_MAX_10_EXP     38
#define DBL_MANT_DIG       53
#define DBL_DIG            15
#define DBL_EPSILON        2.2204460492503131e-16
#define DBL_MIN_EXP        -1021
#define DBL_MIN            2.2250738585072014e-308
#define DBL_MIN_10_EXP     -307
#define DBL_MAX_EXP        1024
#define DBL_MAX            1.7976931348623157e+308
#define DBL_MAX_10_EXP     308
#define LDBL_MANT_DIG      64
#define LDBL_DIG           18
#define LDBL_MIN_EXP       -16381
#define LDBL_MIN_10_EXP    -4931
#define LDBL_MAX_EXP       16384
#define LDBL_MAX_10_EXP    4932
..............
```

9.2.3 Umwandlung gebrochener Dezimalzahlen in das Dualsystem

Für die Umwandlung des Nachkommateils einer Dezimalzahl in das Dualsystem existiert ein Algorithmus:

1. $x \cdot 2 = y$ Überlauf z (z = ganzzahliger Anteil)
2. Mache Nachkommateil von y zum neuen x und fahre mit Schritt 1 fort, wenn dieses neue x ungleich 0 ist und noch nicht genügend Nachkommastellen ermittelt sind, ansonsten fahre mit Schritt 3 fort.
3. Schreibe die ermittelten Überläufe von oben nach unten nach 0. nebeneinander, um die entsprechende Dualzahl zu erhalten.

9.2 <float.h> – Grenzwerte von Gleitpunkt-Datentypen

Beispiele:

$0.34375_{(10)} = 0.01011_2$

```
        x            y              z
----------------------------------------
    0.34375 * 2 =  0.6875 Überlauf  0
    0.6875  * 2 =  1.375  Überlauf  1
    0.375   * 2 =  0.75   Überlauf  0
    0.75    * 2 =  1.5    Überlauf  1
    0.5     * 2 =  1.0    Überlauf  1
    0       * 2 =  0.0    Überlauf  0

Die Überläufe z von oben nach unten nach 0. nebeneinander geschrieben
liefern dann die gesuchte Dualzahl: 0.01011
```

Manche Gleitpunktzahlen, welche sich ganz genau im Zehnersystem darstellen lassen, lassen sich leider nicht ganz genau als Dualzahl darstellen. Typische Beispiele dafür sind Zahlen, die sich im Dualsystem nur durch eine periodische Ziffernfolge repräsentieren lassen, wie z. B. 0.1.

$0.1_{(10)} = 0.0001100110011\ldots_2$

```
        x         y              z
-------------------------------------
    0.1 * 2 =  0.2 Überlauf  0

    0.2 * 2 =  0.4 Überlauf  0
    0.4 * 2 =  0.8 Überlauf  0
    0.8 * 2 =  1.6 Überlauf  1
    0.6 * 2 =  1.2 Überlauf  1

    0.2 * 2 =  0.4 Überlauf  0
    0.4 * 2 =  0.8 Überlauf  0
    0.8 * 2 =  1.6 Überlauf  1
    0.6 * 2 =  1.2 Überlauf  1

    .......................
    .......................
```

Das Bitmuster 0011 wiederholt sich hier ständig und es gilt somit:
0.1 (10) = 0.0 0011 0011 .... (2)

9.2.4 Hexadezimale Aus-/Eingabe von Gleitpunktzahlen im IEEE-Format (neu in C99)

C99 hat die beiden Umwandlungszeichen %A und %a für die hexadezimale Aus- und Eingabe von Gleitpunktzahlen im IEEE-Format neu eingeführt.
Das folgende C-Programm `hexafloat1.c` liest eine Gleitpunktzahl ein, und liefert als Ausgabe die entsprechende hexadezimale Darstellung im IEEE-Format:

9 Die Headerdateien `limits.h` und `float.h`

```c
#include <stdio.h>
#include <float.h>

int main(void)
{
   float        einfach;
   double       doppelt;
   long double  langdoppelt;

   printf("Gib eine Gleitpunktzahl ein: ");
   scanf("%Lf", &langdoppelt );
   einfach = doppelt =langdoppelt;

   printf("float      : %a\n", einfach);
   printf("double     : %a\n", doppelt);
   printf("long double: %La\n", langdoppelt);

   return 0;
}
```

Mögliche Abläufe dieses Programms `hexafloat1.c`:

```
Gib eine Gleitpunktzahl ein: 17.625 ⏎
float      : 0x1.1a00000000000p+4
double     : 0x1.1a00000000000p+4
long double: 0x8.d000000000000000p+1
```

Aus der Ausgabe kann man nun durch Umformen der hexadezimalen Ziffer die entsprechende duale Darstellung der Zahl 17.625_{10} ableiten:

$17.625_{10} = 1.00011010 \cdot 2^4$ bzw.

$17.625_{10} = 1000.1101 \cdot 2^1$ (in `long double`)

```
Gib eine Gleitpunktzahl ein: 0.34375 ⏎
float      : 0x1.6000000000000p-2
double     : 0x1.6000000000000p-2
long double: 0xb.000000000000000p-5
```

Aus dieser Ausgabe kann man nun wieder durch Umformen der hexadezimalen Ziffer die entsprechende duale Darstellung der Zahl 0.34375_{10} ableiten:

$0.34375_{10} = 1.0110 \cdot 2^{-2}$ bzw.

$0.34375_{10} = 1011.0 \cdot 2^{-5}$ (in `long double`)

```
Gib eine Gleitpunktzahl ein: 0.1 ⏎
float      : 0x1.99999a0000000p-4
double     : 0x1.999999999999ap-4
long double: 0xc.cccccccccccccdp-7
```

Aus dieser Ausgabe kann man nun auch wieder durch Umformen der hexadezimalen Ziffer die entsprechende duale Darstellung der Zahl 0.1_{10} ableiten:

$0.1_{10} = 1.1001100110011001100110011010 \cdot 2^{-4}$ bzw.

$0.1_{10} = 1100.11001100\ldots11001101 \cdot 2^{-7}$ (in `long double`)

9.2 <float.h> – Grenzwerte von Gleitpunkt-Datentypen

Das folgende C-Programm `hexafloat2.c` liest eine Gleitpunktzahl in ihrer entsprechenden hexadezimalen Darstellung im IEEE-Format ein und liefert als Ausgabe die zugehörige Gleitpunktzahl im Dezimalsystem:

```
#include <stdio.h>
#include <float.h>

int main(void)
{
   float       einfach;
   double      doppelt;
   long double langdoppelt;

   printf("Gib eine Gleitpunktzahl ein: ");
   scanf("%La", &langdoppelt );
   einfach = doppelt =langdoppelt;

   printf("float      : %g\n", einfach);
   printf("double     : %g\n", doppelt);
   printf("long double: %Lg\n", langdoppelt);

   return 0;
}
```

Mögliche Abläufe dieses Programms `hexafloat2.c`:

```
Gib eine Gleitpunktzahl ein: 0x1.1a00000000000p+4 ⏎
float      : 17.625
double     : 17.625
long double: 17.625
```

```
Gib eine Gleitpunktzahl ein: 0x1.6000000000000p-2 ⏎
float      : 0.34375
double     : 0.34375
long double: 0.34375
```

```
Gib eine Gleitpunktzahl ein: 0x1.999999999999ap-4 ⏎
float      : 0.1
double     : 0.1
long double: 0.1
```

9.2.5 Übung: Eigenschaften von Gleitpunkttypen

Erstellen Sie ein C-Programm `gleiteig.c`, das unter Verwendung der Konstanten aus `float.h` die Eigenschaften ausgibt, die Ihr C-Compiler für `float`- und `double`-Gleitpunktzahlen festlegt.

Mögliche Ausgabe durch das Programms `gleiteig.c`:

9 Die Headerdateien limits.h und float.h

```
---------------------------------------------------------------
                    float (32 Bits = 4 Bytes)
---------------------------------------------------------------


|.|........|....................|
----------------------------------

|V|    BE|                Mantisse|
                    V = Vorzeichenbit (0=positiv;1=negativ)
                    BE = Biased Exponent (8 Bits)
                    Mantisse (23 Bits)

Wertebereich der Exponenten:
        dual:    2^-125 .. 2^128
     dezimal:   10^-37  .. 10^38


Wertebereich:
     dezimal:   1.18E-38 .. 3.40E+38


Anzahl der signifikanten Dezimalstellen: 6
                    Epsilon: 1.19209e-07
---------------------------------------------------------------


Weiter mit Return.........(⏎)


---------------------------------------------------------------
                    double (64 Bits = 8 Bytes)
---------------------------------------------------------------


|.|..........|..........................................|
-----------------------------------------------------------
|V|      BE|                                       Mantisse|
                    V = Vorzeichenbit (0=positiv;1=negativ)
                    BE = Biased Exponent (11 Bits)
                    Mantisse (52 Bits)

Wertebereich der Exponenten:
        dual:    2^-1021 .. 2^1024
     dezimal:   10^-307  .. 10^308


Wertebereich:
     dezimal:   2.23E-308 .. 1.80E+308
Anzahl der signifikanten Dezimalstellen: 15


                    Epsilon: 2.22044604925031e-16
---------------------------------------------------------------
```

Kapitel 10

Anweisungen und Blöcke

> *Ja, der Chirurg, der hat es fein:*
> *Er macht dich auf und schaut hinein.*
> *Er macht dich nachher wieder zu –*
> *Auf jeden Fall hast du jetzt Ruh.*
> *Wenn mit Erfolg, für längere Zeit,*
> *Wenn ohne – für die Ewigkeit.*
> *Klare Entscheidung, Eugen Roth*

Fügt man zu einem Ausdruck wie `schieb>>=4` oder `scanf("%d", &zahl)` oder `zaehl=7` oder `nieder--` ein Semikolon hinzu, so erhält man eine *C-Anweisung*, wie z. B.

```
schieb>>=4;
scanf("%d", &zahl);
zaehl=7;
nieder--;
```

Um mehrere Anweisungen zu einem Block zusammenfassen zu können, müssen die geschweiften Klammern { und } verwendet werden. Ein solcher Block wird dann wie eine einzelne Anweisung interpretiert, wie z. B.

```
{
    zahl1 = -7;
    zahl2 = 15;
    sum = zahl1+zahl2;
    printf("%d + %d = %d\n", zahl1, zahl2, sum);
}
```

Hinweise:
1. In C beendet ein Semikolon eine Anweisung, während z. B. in Pascal ein Semikolon ein Trennzeichen zwischen den einzelnen Anweisungen ist.
2. Wie wir später sehen werden, können in einem Block auch Variablen vereinbart werden.

Kapitel 11

Die `if`-Anweisung

Fortuna lächelt, doch sie mag
Nur ungern voll beglücken:
Schenkt sie uns einen Sommertag,
So schenkt sie uns auch Mücken.
Wilhelm Busch

11.1 Die zweiseitige `if`-Anweisung

Die `if`-Anweisung wird für Programmverzweigungen benötigt. `if` bedeutet zu deutsch *Wenn* und `else` bedeutet zu deutsch *Sonst*. Die Syntax für die vollständige (zweiseitige) `if`-Anweisung ist:

> **`if` *(ausdruck)***
>   *anweisung1*
> **`else`**
>   *anweisung2*
> *anweisung1* und *anweisung2* kann auch ein Block von Anweisungen sein, die mit {} geklammert sind.

Der nach `if` in Klammern ( ) angegebene *ausdruck* ist meist eine Bedingung. Ist die Bedingung erfüllt bzw. der Wert dieses Ausdrucks von 0 verschieden, dann wird *anweisung1*, sonst *anweisung2* ausgeführt, denn es gilt ja in C immer:

- ❏ Der Wert 0 entspricht FALSE (falsch).
- ❏ Ein Wert verschieden von 0 entspricht TRUE (wahr).

Die Funktionsweise der `if`-Anweisung kann am besten durch einen so genannten Programmablaufplan veranschaulicht werden, wie er in Abbildung 11.1 gezeigt ist. Da wir hier weniger mit Programmablaufplänen, sondern mehr mit so genannten Struktogrammen (auch *Nassi-Shneiderman-Diagramme* genannt) arbeiten werden, wird die Darstellung der zweiseitigen `if`-Anweisung als Struktogramm in Abbildung 11.2 gezeigt.

11 Die if-Anweisung

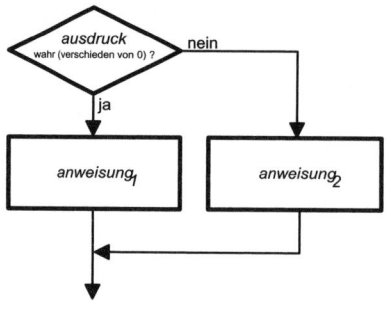

Abbildung 11.1: Programmablaufplan zur if-Anweisung

Eine alternative Struktogramm-Darstellung, wie wir sie hier immer verwenden werden, ist in Abbildung 11.3 gezeigt.

Struktogramme sind wichtige Hilfsmittel beim Programmentwurf und bei der Programmdokumentation. Bevor man zu programmieren beginnt, sollte man sich immer zuerst seinen Lösungsweg in Form eines Struktogramms oder eines Pseudocodes, den wir später noch kennenlernen werden, entwerfen. Direktes „Einhacken" des C-Programms ohne vorherige Überlegung und Vorbereitung wird sich früher oder später immer rächen und ist – wenn überhaupt – nur ganz wenigen Genies erlaubt.

Da als *ausdruck* nach if auch eine Variable mit der Bedeutung *„ist der Wert dieser Variable ungleich 0, so wird anweisung1, andernfalls anweisung2 ausgeführt"* angegeben werden kann, werden bei der praktischen Programmierung oft Abkürzungen verwendet. Statt

```
if (zahl!=0)
```

wird oft auch nur

```
if (zahl)
```

angegeben und statt

```
if (zahl==0)
```

oft auch nur

```
if (!zahl)
```

Beispiel:
Sie wollen ein Auto kaufen, das folgende Kriterien erfüllt:

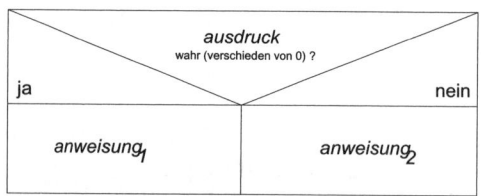

Abbildung 11.2: Struktogramm zur *if*-Anweisung

160

11.1 Die zweiseitige if-Anweisung

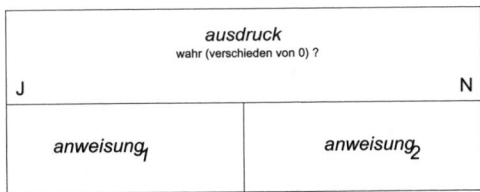

Abbildung 11.3: Alternatives Struktogramm zur `if`-Anweisung

- Türanzahl: 4
- Farbe: blau (Eingabe 1 für blau, 0 für andere Farbe)
- Preis: höchstens 10 000.- €

Stellen Sie sich vor, dass Sie die Daten von einem interessanten Auto am Bildschirm eingeben und Ihr Programm gibt dann aus, ob dieses Auto Ihre Forderungen erfüllt oder nicht. Wenn es Ihre Kriterien nicht erfüllt, so sollen die Gründe ebenfalls ausgegeben werden. Zu dieser Aufgabenstellung soll zuerst ein Struktogramm entworfen werden, das danach dann in C codiert wird.

Struktogramm zu dieser Aufgabenstellung:

```
+-------------------------------------------------------------------+
|Ausgabe einer Ueberschrift                                         |
|Einlesen von tueren, farbe und preis                               |
|zaehl=0                                                            |
+-------------------------------------------------------------------+
|                       if (tueren==4)                              |
| J                                                             N |
+----------------------------------+--------------------------------+
|++zaehl                           |Ausgabe: keine 4 Tueren !       |
+----------------------------------+--------------------------------+
|                       if (farbe)                                  |
| J                                                             N |
+----------------------------------+--------------------------------+
|++zaehl                           |Ausgabe: keine blaue Farbe !    |
+----------------------------------+--------------------------------+
|                       if (preis<=10000)                           |
| J                                                             N |
+----------------------------------+--------------------------------+
|++zaehl                           |Ausgabe: zu teuer !             |
+----------------------------------+--------------------------------+
|                       if (zaehl==3)                               |
| J                                                             N |
+----------------------------------+--------------------------------+
|Ausgabe: Dieses Auto erfuellt     |Ausgabe: Sie sehen ja selbst, dass|
|         Ihre Vorstellungen !     |         dieses Auto nicht die gefor-|
|         Sie koennen dieses Auto  |         derten Kriterien erfuellt !|
|         ohne Bedenken kaufen     |         Lassen Sie lieber       |
|                                  |         die Finger davon !      |
+----------------------------------+--------------------------------+
```

11 Die if-Anweisung

Das zugehörige C-Programm `autokauf.c`:

```c
#include <stdio.h>
int  main(void) {
    int     tueren, farbe, zaehl;
    long    preis;
    /******************************************************************/
    /* Ausgabe einer Ueberschrift und                                  */
    /* Einlesen der Tueranzahl, der Farbe und des Preises eines Autos */
    /******************************************************************/
    printf("%45s\n","Autokauf");
    printf("%45s\n","========\n\n");
    printf("Geben Sie die Tueranzahl ein: "); scanf("%d",&tueren);
    printf("Ist das Auto blau, dann geben Sie 1, andernfalls 0 ein: ");
    scanf("%d",&farbe);
    printf("Geben Sie den Preis des Autos ein: "); scanf("%ld",&preis);
    /*******************************************************************/
    /*      Ueberpruefung, ob das Auto die geforderten Kriterien erfuellt: */
    /*          Die Kriterien sind:     - Tueranzahl:    4              */
    /*                                  - Farbe:         blau           */
    /*                                  - Preis:         hoechst. 10000.- EUR */
    /*******************************************************************/
    zaehl=0;      /* Die Variable  zaehl  wird mit 0 vorbesetzt        */

    if (tueren==4)
       ++zaehl;
    else
       printf(" --> keine 4 Tueren !\n");

    if (farbe)
       ++zaehl;
    else
       printf(" --> keine blaue Farbe !\n");

    if (preis<=10000)
       ++zaehl;
    else
       printf(" --> zu teuer !\n");
    printf("\n");

    if (zaehl==3) {
       printf("Dieses Auto erfuellt Ihre Vorstellungen !\n\n");
       printf("Sie koennen dieses Auto ohne Bedenken kaufen !\n");
    } else  {
       printf("Sie sehen ja selbst, dass dieses Auto nicht die geforderten\n");
       printf("Kriterien erfuellt !\n\n");
       printf("Lassen Sie lieber die Finger davon !\n");
    }
    return(0);
}
```

Erläuterungen zum C-Programm `autokauf.c`:
Zunächst wird am Bildschirm die Überschrift ausgegeben:

```
                      Autokauf
                      ========
```

Anschließend werden mit `scanf()` die Werte zu den Variablen `tueren`, `farbe`, `preis` eingelesen. Beachten Sie, dass diese Variablen als Zeiger in `scanf()` (`&tueren`, `&farbe`, `&preis`) anzugeben sind. Das Formatelement `%ld` gibt an, dass es sich bei `preis` um eine `long int`-Variable handelt.

Als nächstes wird die Variable `zaehl` mit Wert 0 vorbesetzt. Die Variable `zaehl` wird im späteren Programmverlauf jedesmal um 1 erhöht, wenn ein gefordertes Kriterium erfüllt ist.

Am Programmende kann dann abgefragt werden, ob die Variable `zaehl` den Wert 3 besitzt. Ist dies der Fall, so wurde sie dreimal um den Wert 1 erhöht und folglich sind alle drei Kriterien erfüllt; es kann dann am Bildschirm ausgegeben werden, dass dieses Auto für einen Kauf in Frage kommt.

Ist der Wert von `zaehl` ungleich 3, so wurde `zaehl` zumindest einmal nicht erhöht und somit liegt mindestens ein unerfülltes Kriterium vor; es kann dann am Bildschirm ausgegeben werden, dass von einem Kauf dieses Autos abzuraten ist.

`if (tueren==4)`

    Ist in der Variablen `tueren` der Wert 4 gespeichert, so wird die nächste Anweisung `++zaehl` ausgeführt, also die Variable `zaehl` inkrementiert (um 1 erhöht). Ist der Wert der Variablen `tueren` von 4 verschieden, so wird die Anweisung nach `else` ausgeführt und der folgende Text am Bildschirm ausgegeben:

```
--> keine 4 Tueren
```

`if (farbe)`

    Ist der Wert der Variable `farbe` ungleich 0, so wird wieder `zaehl` inkrementiert (`++zaehl`), andernfalls der folgende Text am Bildschirm ausgegeben:

```
--> keine blaue Farbe
```

`if (preis<=10000)`

    Ist der Wert der `long int`-Variable `preis` kleiner oder gleich 10000, so ist `zaehl` wieder um den Wert 1 zu erhöhen (`++zaehl`). Ist in der Variable `preis` ein Wert größer als 10000 gespeichert, so wird der folgende Text am Bildschirm ausgegeben:

```
--> zu teuer
```

`if (zaehl==3)`

    Ist in der Zählvariable `zaehl` der Wert 3 gespeichert, so wird am Bildschirm ausgegeben, dass dieses Auto alle geforderten Kriterien erfüllt und für einen Kauf in Frage kommt. Enthält `zaehl` einen von 3 verschiedenen Wert, so wird durch eine entsprechende Bildschirmausgabe vom Kauf dieses Autos abgeraten. Da hier die zu `if` gehörige *anweisung1* mehrere Anweisungen enthält, müssen diese alle mit `{..}` zu einer Anweisung zusammengefasst werden. Dasselbe gilt auch für die *anweisung2* nach `else`.

11 Die if-Anweisung

Mögliche Abläufe dieses Programms autokauf.c:

```
                        Autokauf
                        ========

Geben Sie die Tueranzahl ein: 4 ⏎
Ist das Auto blau, dann geben Sie 1, andernfalls 0 ein: 0 ⏎
Geben Sie den Preis des Autos ein: 15000 ⏎


--> keine blaue Farbe !
--> zu teuer !

Sie sehen ja selbst, dass dieses Auto nicht die geforderten
Kriterien erfuellt !

Lassen Sie lieber die Finger davon !
```

```
                        Autokauf
                        ========

Geben Sie die Tueranzahl ein: 4 ⏎
Ist das Auto blau, dann geben Sie 1, andernfalls 0 ein: 1 ⏎
Geben Sie den Preis des Autos ein: 7000 ⏎



Dieses Auto erfuellt Ihre Vorstellungen !

Sie koennen dieses Auto ohne Bedenken kaufen !
```

Wenn wir beim letzten Programm autokauf.c auf die Ausgabe der Gründe für einen Nichtkauf verzichten würden, dann könnte der Programmteil, der die Kriterien überprüft, wie folgt aussehen:

Struktogramm-Ausschnitt:

```
+------------------------------------------------------------------+
|                       if (tueren!=4)                             |
| J                                                             N  |
+---------------+--------------------------------------------------+
|Ausgabe:       |                   if (!farbe)                    |
| Dieses Auto   | J                                             N  |
| wuerde ich    +----------------+---------------------------------+
| nicht kaufen  |Ausgabe:        |         if (preis>10000)        |
|               | Dieses Auto    | J                            N  |
|               | wuerde ich     +--------------+------------------+
|               | nicht kaufen   |Ausgabe:      |Ausgabe:          |
|               |                | Dieses Auto  | Dieses Auto erfuellt |
|               |                | wuerde ich   | Ihre Vorstellungen! |
|               |                | nicht kaufen | Sie koennen es ohne |
|               |                |              | ohne Bedenken kaufen |
+---------------+----------------+--------------+------------------+
```

11.1 Die zweiseitige if-Anweisung

Zugehöriger C-Programmteil:

```
......
   if (tueren!=4)
      printf("Dieses Auto wuerde ich nicht kaufen\n");
   else
      if (!farbe)
         printf("Dieses Auto wuerde ich nicht kaufen\n");
      else
         if (preis>10000)
            printf("Dieses Auto wuerde ich nicht kaufen\n");
         else {
            printf("Dieses Auto erfuellt Ihre Vorstellungen !\n\n");
            printf("Sie koennen dieses Auto ohne Bedenken kaufen !\n");
         }
......
```

Sobald eine der Bedingungen in dieser if-Verschachtelung zutrifft, d. h. ein Verstoss gegen ein gefordertes Kriterium vorliegt, wird durch Bildschirmausgabe vom Kauf dieses Autos abgeraten, und die gesamte if-Verschachtelung ist beendet (keine weiteren Abfragen). Der letzte else-Block behandelt den Fall, dass alle vorherigen Bedingungen nicht erfüllt waren, was bedeutet, dass alle geforderten Kriterien erfüllt sind.

Mit den logischen Operatoren hätte der Progammteil, der die Kriterien überprüft, noch kompakter angegeben werden können:

```
+-------------------------------------------------------------------+
|            if ( (tueren==4) && (farbe) && (preis<=10000) )        |
| J                                                               N |
+---------------------------------------+---------------------------+
|Ausgabe: Dieses Auto erfuellt          |Ausgabe: Diese Auto wuerde |
|         Ihre Vorstellungen            |         ich nicht kaufen! |
|         Das Auto koennen              |                           |
|         Sie kaufen!                   |                           |
+---------------------------------------+---------------------------+
```

Zugehöriger C-Programmteil:

```
......
   if ((tueren==4) && (farbe) && (preise<=10000)) {
      printf("Dieses Auto erfuellt Ihre Vorstellungen\n");
      printf("Das Auto koennen Sie kaufen !\n");
   } else
      printf("Dieses Auto wuerde ich nicht kaufen\n");
......
```

Eine Empfehlung zum Autokauf wird nur dann ausgegeben, wenn alle Bedingungen erfüllt sind:
tueren==4 UND farbe*(!=0)* UND preis<=10000
Ist nur eine dieser Bedingungen nicht erfüllt, liegt ein Verstoss gegen ein gefordertes Kriterium vor, und somit ist bei der Verküpfung mit dem logischen Operator && die Gesamtbedingung nicht erfüllt; in diesem Fall wird die Anweisung nach else ausgeführt (Bildschirmausgabe, die vom Autokauf abrät).

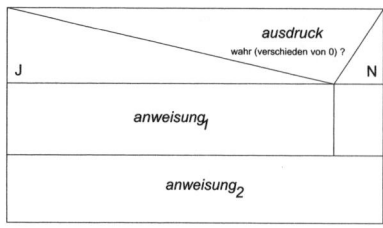

Abbildung 11.4: Struktogramm zur einseitigen if-Anweisung

11.2 Die einseitige if-Anweisung

Bei der if-Anweisung kann der else-Teil auch entfallen. Die Syntax zu dieser einseitigen if-Anweisung ist folgende:

> **if** *(ausdruck)*
>   *anweisung1*
> *anweisung2*
>   *anweisung1* kann auch ein Block von Anweisungen sein, die mit {...} geklammert sind.

Der nach if in Klammern ( ) angegebene *ausdruck* ist meist eine Bedingung. Ist die Bedingung erfüllt bzw. der Wert dieses Ausdrucks von 0 verschieden (TRUE), dann wird *anweisung1* ausgeführt, ansonsten wird *anweisung1* übersprungen und sofort *anweisung2* ausgeführt. Die Abbildungen 11.4 und 11.5 zeigen die Darstellung der if-Anweisung im Struktogramm und im Programmablaufplan.
Beispiel:
Über Tastatur sollen zwei Werte eingegeben werden, die nach Größe geordnet am Bildschirm (größte Zahl zuerst) wieder auszugeben sind.
Struktogramm:

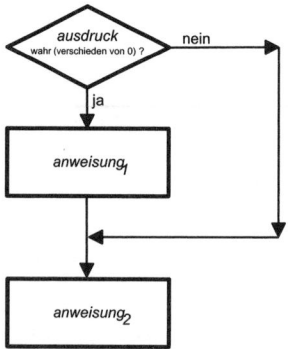

Abbildung 11.5: Programmablaufplan zur einseitigen if-Anweisung

11.2 Die einseitige if-Anweisung

```
+-----------------------------------------------------------------+
|              Einlesen der beiden Variablen var_1 und var_2      |
+-----------------------------------------------------------------+
|                       if (var_2 > var_1)                        |
| J                                                           N  |
+-------------------------------------------------+---------------+
| hilf_var=var_1                                  |               |
| var_1=var2                                      |               |
| var_2=hilf_var                                  |               |
+-------------------------------------------------+---------------+
| Ausgabe: Die geordneten Zahlen sind: var_1, var_2               |
+-----------------------------------------------------------------+
```

Das zugehörige C-Programm vertausc.c:

```c
#include <stdio.h>

int main(void) {
    float var_1, var_2, hilf_var;
    /*------- Einlesen der beiden Variablen var_1 und var_2 ---------------*/
    printf("Erste Zahl: ");   scanf("%f",&var_1);
    printf("Zweite Zahl: ");  scanf("%f",&var_2);
    /*------- Ordnen Variablenwerte var_1 und var_2 nach Groesse ----------*/
    if (var_2 > var_1) {
        hilf_var=var_2;
        var_2=var_1;
        var_1=hilf_var;
    }
    /*------- Ausgeben der Variablenwerte var_1 und var_2 -----------------*/
    printf("\nDie geordneten Zahlen sind:\n");
    printf("%20.3f\n",var_1);
    printf("%20.3f\n",var_2);
    return(0);
}
```

Die Werte von var_1 und var_2 werden nur vertauscht, wenn der Wert von var_2 größer als der Wert von var_1 ist.

Ist der Wert von var_1 größer oder gleich dem Wert von var_2, wird der Anweisungsblock, der das Vertauschen vornimmt, übersprungen, und die beiden Variablen var_1 und var_2 werden unverändert wieder ausgegeben.

Mögliche Abläufe des Programms vertausc.c:

```
Erste Zahl: 122.450 ⏎
Zweite Zahl: 4567.89 ⏎
Die geordneten Zahlen sind:
            4567.890
             122.450
```

```
Erste Zahl: 230.123 ⏎
Zweite Zahl: 12 ⏎
Die geordneten Zahlen sind:
             230.123
              12.000
```

11.3 Verschachtelte if-Anweisungen

Eine weitere Regel für die if-Anweisung soll an einem C-Programmausschnitt gezeigt werden.

Beispiel:
monat sie eine int-Variable, und urlaub und wetter seien char-Variablen.
C-Programmausschnitt:

```
/****************************************************/
/*        Verschachtelte if-Anweisungen         */
/****************************************************/
if ((monat>4) && (monat<10))
   if (urlaub=='j')
      if (wetter=='g')
         printf("Einen schoenen Badeurlaub wuensche ich !\n");
      else {
         printf("Seien Sie nicht traurig wegen des Wetters !\n");
         printf("Bleiben Sie einfach zuhause und lernen\n");
         printf("Sie die Programmiersprache C !\n");
      }

printf("Einen schoenen Tag wuensche ich noch !\n");
```

Zugehöriges Struktogramm:

```
+----------------------------------------------------------------------+
|                    if ((monat>4) && (monat<10))                      |
| J                                                                  N |
+-------------------------------------------------------------+--------+
|                      if (urlaub=='j')                       |        |
| J                                                         N |        |
+----------------------------------------+--------------------+        |
|            if (wetter=='g')            |         |          |        |
| J                                    N |         |          |        |
+----------------------+-----------------+         |          |        |
|Ausgabe: Einen schoenen|Ausgabe: Seien Sie nicht  |          |        |
|         Badeurlaub    |         traurig wegen des|          |        |
|         wuensche ich! |         Wetters!         |          |        |
|                      |         Bleiben Sie einfach|        |        |
|                      |         zuhause und lernen |        |        |
|                      |         Sie die Programmier-|       |        |
|                      |         sprache C!        |          |        |
+----------------------+----------------------------+---------+--------+
| Ausgabe: Einen schoenen Tag wuensche ich noch!                       |
+----------------------------------------------------------------------+
```

Der else-Teil gehört hier zum innersten if. Es wird also von innen nach außen verschachtelt: erstes else zum letzten noch nicht abgeschlossenen if, nächstes else zum vorletzten nicht abgeschlossenen if usw.
Wenn Sie einen anderen Bezug bewirken wollen, so müssen Sie – wie wir im nächsten Beispiel sehen werden – dies durch Klammerung mit { } verdeutlichen.

In diesem Beispiel hier wird der Trostspruch zum Wetter und die Aufforderung, C zu erlernen, nur dann am Bildschirm ausgegeben, wenn monat einen Wert größer als 4 aber kleiner als 10, urlaub den Buchstaben j und wetter nicht den Buchstaben g enthält.

Beispiel:

Soll sich der else-Teil auf das erste if beziehen, so müsste der entsprechende C-Programmteil wie folgt gestaltet sein.

```
/*****************************************/
/*       Verschachtelte  if-Anweisungen        */
/*****************************************/
if ((monat>4) && (monat<10)) {
   if (urlaub=='j')
      if (wetter=='g')
         printf("Einen schoenen Badeurlaub wuensche ich !\n");
} else {
   printf("Ziehen Sie sich warm an !\n");
   printf("Auch der Winter geht vorbei\n");
}
printf("Einen schoenen Tag wuensche ich noch !\n");
```

Struktogramm:

```
+------------------------------------------------------------------------+
|                       if ((monat>4) && (monat<10))                     |
| J                                                                    N |
+--------------------------------------------------------+---------------+
|                  if (urlaub=='j')                      |Ausgabe: Ziehen Sie sich |
| J                                              N       | warm an!      |
+----------------------------------------+---------------+ Auch der Winter|
|            if (wetter=='g')            |               | geht vorbei   |
| J                              N       |               |               |
+----------------------------+-----------+               |               |
|Ausgabe: Einen schoenen     |           |               |               |
|Badeurlaub wuensche ich!    |           |               |               |
+----------------------------+-----------+---------------+---------------+
| Ausgabe: Einen schoenen Tag wuensche ich noch!                         |
+------------------------------------------------------------------------+
```

Falls die int-Variable monat nicht einen Wert besitzt, der größer als 4 und zugleich kleiner als 10 ist, so wird am Bildschirm die Empfehlung, sich warm anzuziehen und der Trost, dass der Winter auch vorbeigeht, ausgegeben. Für diesen Fall ist dann die if-Anweisung beendet. Besitzt dagegen die int-Variable monat einen Wert, der sowohl größer als 4 als auch kleiner als 10 ist, so wird weiter verzweigt: if (urlaub=='j') und danach möglicherweise nochmals verzweigt: if (wetter=='g')

Beispiel:

Es soll ein „Rechenlernprogramm" rechnen.c für die vier Grundrechenarten erstellt werden. Der Lernende soll über Tastatur zwei Zahlen und anschließend die Ergebnisse eingeben, die dann vom Programm bewertet werden. Zunächst wird wieder ein Struktogramm entworfen.

11 Die if-Anweisung

Struktogramm:

```
+---------------------------------------------------------------------------+
| Ausgabe einer Ueberschrift                                                |
| Eingabe von zwei Gleitpunktzahlen ( zahl_1, zahl_2 )                      |
| zaehl=0                                                                   |
+---------------------------------------------------------------------------+
| Fragen nach Ergebnis von zahl_1 + zahl_2 (Einlesen in Variable ein_summe) |
| summe=zahl_1+zahl_2                                                       |
+---------------------------------------------------------------------------+
|                    if (!(ein_summe-summe))                                |
| J                                                                       N |
+-------------------------------------------+-------------------------------+
| Ausgabe: richtig!                         | Ausgabe: falsch!              |
| ++zaehl                                   |       Die Summe ist: summe    |
+-------------------------------------------+-------------------------------+
| Fragen nach Ergebnis von zahl_1 - zahl_1 (Einlesen in Variable 'ein_subtr') |
| subtr=zahl_1-zahl_2                                                       |
+---------------------------------------------------------------------------+
|                    if (ein_subtr-subtr==0)                                |
| J                                                                       N |
+-------------------------------------------+-------------------------------+
| Ausgabe: richtig!                         | Ausgabe: falsch!              |
| ++zaehl                                   |       Die Subtraktion ist: 'subtr' |
+-------------------------------------------+-------------------------------+
| Fragen nach Ergebnis von zahl_1 * zahl_2 (Einlesen in Varible 'ein_multi') |
| multi=zahl_1*zahl_2                                                       |
+---------------------------------------------------------------------------+
|                    if (ein_multi-multi==0)                                |
| J                                                                       N |
+-------------------------------------------+-------------------------------+
| Ausgabe: richtig!                         | Ausgabe: falsch!              |
| ++zaehl                                   |       Die Multiplikation ist: 'multi'|
+-------------------------------------------+-------------------------------+
| Fragen nach Ergebnis von zahl_1 / zahl_2 (Einlesen in Variable 'ein_divisio')|
| divisio=zahl_1/zahl_2                                                     |
+---------------------------------------------------------------------------+
|                    if (ein_divisio == divisio)                            |
| J                                                                       N |
+-------------------------------------------+-------------------------------+
| Ausgabe: richtig!                         | Ausgabe: falsch!              |
| ++zaehl                                   |       Die Division ist: 'divisio' |
+-------------------------------------------+-------------------------------+
|                           if (zaehl-4)                                    |
| J                                                                       N |
+-------------------------------------------+-------------------------------+
| Ausgabe: Sie haben 'zaehl' Auf-           | Ausgabe: Bravo!               |
|          gaben richtig geloest            |       Sie haben alle Aufgaben |
|                                           |          richtig geloest!     |
+-------------------------------------------+-------------------------------+
```

11.3 Verschachtelte if-Anweisungen

Zugehöriges C-Programm `rechnen.c`:

```c
#include <stdio.h>
int main(void)
{
    float    zahl1, zahl2, summe, subtr, multi, divisio;
    float    ein_summe, ein_subtr, ein_multi, ein_divisio;
    int      zaehl=0;    /* zaehl mit Wert 0 vorbesetzen */
    /*-------- Ausgabe einer Ueberschrift und Einlesen von zwei Zahlen ------*/
    printf("\n%47s\n","Rechenprogramm");
    printf("%47s\n\n\n","==============");

    /*-------- Eingabe von zwei Zahlen ------------------------------------*/
    printf("Geben Sie zwei Zahlen durch Komma getrennt ein: ");
    scanf("%f,%f", &zahl1, &zahl2);
    printf("\n\n");

    /*-------- Summen-Eingabe, -Berechnung und -Bewertung ------------------*/
    printf("Wieviel ist %.2f + %.2f ? ", zahl1, zahl2);
    scanf("%f", &ein_summe);
    summe = zahl1+zahl2;
    if (!(ein_summe-summe)) {
       printf("%20s\n\n","richtig !");
       ++zaehl;
    } else {
       printf("%20s ","falsch !");
       printf("(richtig waere: %.2f + %.2f = %.2f)\n\n", zahl1, zahl2, summe);
    }

    /*--------- Subtraktions-Eingabe, -Berechnung und -Bewertung ------------*/
    printf("Wieviel ist %.2f - %.2f ? ", zahl1, zahl2);
    scanf("%f", &ein_subtr);
    subtr = zahl1-zahl2;
    if (ein_subtr-subtr == 0) {
       printf("%20s\n\n","richtig !");
       ++zaehl;
    } else {
       printf("%20s ","falsch !");
       printf("(richtig waere: %.2f - %.2f = %.2f)\n\n", zahl1, zahl2, subtr);
    }

    /*--------- Multiplikations-Eingabe, -Berechnung und -Bewertung ---------*/
    printf("Wieviel ist %.2f * %.2f ? ", zahl1, zahl2);
    scanf("%f",&ein_multi);
    multi=zahl1*zahl2;
    if (ein_multi-multi == 0) {
       printf("%20s\n\n","richtig !");
       ++zaehl;
    } else {
       printf("%20s ","falsch !");
```

11 Die if-Anweisung

```
        printf("(richtig waere: %.2f * %.2f = %.2f)\n\n", zahl1, zahl2, multi);
    }

    /*--------- Divisions-Eingabe, -Berechnung und -Bewertung ---------------*/
    printf("Wieviel ist %.2f / %.2f ? ", zahl1, zahl2);
    scanf("%f", &ein_divisio);
    divisio = zahl1 / zahl2;
    if (ein_divisio == divisio) {
        printf("%20s\n\n", "richtig !");
        ++zaehl;
    } else {
        printf("%20s ","falsch !");
        printf("(richtig waere: %.2f / %.2f = %.2f)\n\n",zahl1, zahl2, divisio);
    }

    /*---------- Ausgabe des Bewertungsergebnisses -------------------------*/
    if (zaehl-4)
        printf("\n\nSie haben %d Aufgaben richtig geloest !\n",zaehl);
    else
        printf("\n\nBravo !\n    Sie haben alle Aufgaben richtig geloest !");
    return(0);
}
```

Erläuterungen zum C-Programm rechnen.c:
Zunächst wird am Bildschirm folgende Überschrift ausgegeben:

```
              Rechenprogramm
              ==============
```

Danach werden mit der Funktion scanf() die Werte zu den Variablen zahl1 und zahl2 eingelesen Als nächstes wird nach dem Ergebnis der mathematischen Operation von zahl1 + zahl2 gefragt. Es werden hierbei die Werte zu diesen beiden Variablen ausgegeben.

Die vom Bediener eingegebene Antwort wird über die Funktion scanf() in der Variablen ein_summe gespeichert. Mit der Anweisung summe = zahl_-1+zahl_2 wird das wirkliche Ergebnis dieser Addition der Variablen summe zugewiesen.

```
if (!(ein_summe - summe))
```

> Ist der Wert von summe gleich dem Wert von ein_summe, so ist das Ergebnis der Subtraktion dieser beiden Werte 0, entspricht also dem Wahrheitswert FALSE. Der Negationsoperator bewirkt aber nun die Umkehrung des Wahrheitswertes: 1 (TRUE). Wenn also die eingegebene Zahl (ein_summe) gleich der berechneten Zahl (summe) ist, so wird der darauffolgende Block mit Ausgabe der Textes: richtig! und Inkrementieren der Variablen zaehl um 1 (++zaehl), andernfalls der Block nach else mit Ausgabe des Textes: falsch! und Ausgabe des wirklichen Ergebnisses, das in der Variablen summe gespeichert ist, ausgeführt.

Anschließend wird mit scanf() die Lösung des Benutzers zur mathematischen Operation zahl1-zahl2 in die Variable ein_subtr eingelesen. Mit der Anweisung `subtr = zahl1-zahl2` wird das wirkliche Ergebnis dieser Subtraktion der Variablen `subtr` zugewiesen.

```
if (ein_subtr - subtr == 0)
```

Ist der Wert von `subtr` gleich dem Wert von `ein_subtr`, so ist das Ergebnis dieser Subtraktion gleich 0 und die Bedingung ist erfüllt (TRUE); für diesen Fall wird also der darauffolgende Block mit Ausgabe des Textes: `richtig!` und Inkrementieren der Variablen `zaehl` um 1 (`++zaehl`) ausgeführt.

Ist der Wert von `subtr` nicht gleich dem Wert von `ein_subtr`, so wird der `else`-Block mit Ausgabe des Textes: `falsch!` und Ausgabe des wirklichen Ergebnisses, das in der Variable `subtr` gespeichert ist, ausgeführt.

Wir wollen auf die weiteren Anweisungen nicht mehr eingehen, da diese weitgehend den vorherigen entsprechen. Es soll hier nur noch die letzte `if`-Anweisung erläutert werden:

```
if (zaehl - 4)
```

Ist in `zaehl` der Wert 4 gespeichert, so ist das Ergebnis dieses Ausdrucks 0 und es wird der `else`-Zweig mit Ausgabe des Textes: `Bravo! Sie haben alle Aufgaben richtig gelöst` ausgeführt.

Ist in `zaehl` nicht der Wert 4 enthalten, so ist das Ergebnis des Ausdrucks (`zaehl - 4`) verschieden von 0, d. h. mindestens eine Rechenaufgabe wurde falsch angegeben, da `zaehl` nicht bei allen 4 Aufgaben um 1 inkrementiert wurde. Daher wird am Bildschirm ausgegeben, wie viele Aufgaben richtig gelöst wurden.

Zur Demonstration der Möglichkeiten in C wurden hier bei `if` Ausdrücke wie `!(ein_summe-summe)` oder `(ein_subtr-subtr==0)` angegeben. So sollte man allerdings nicht programmieren, da dies nicht die Lesbarkeit eines Programms fördert. Die üblichen und auch sofort verständlichen Angaben wären z. B. `(ein_summe==summe)` oder `(ein_subtr==subtr)`.

Möglicher Ablauf des Programms `rechnen.c`:

```
                    Rechenprogramm
                    ==============
Geben Sie zwei Zahlen durch Komma getrennt ein: 8,4 ⏎
Wieviel ist 8.00 + 4.00 ? 12 ⏎
          richtig !
Wieviel ist 8.00 - 4.00 ? 4 ⏎
          richtig !
Wieviel ist 8.00 * 4.00 ? 24 ⏎
          falsch ! (richtig waere: 8.00 * 4.00 = 32.00)
Wieviel ist 8.00 / 4.00 ? 2 ⏎
          richtig !
Sie haben 3 Aufgaben richtig geloest !
```

11 Die if-Anweisung

11.4 Tipp: Einrücken untergeordneter Programmteile

Bei der Bewertung eines Programms ist die gute Lesbarkeit ein sehr wichtiges Kriterium, da die Zeit, die mit dem Lesen von Programmen verbracht wird, meist ein Vielfaches der Zeit ausmacht, die zum Erstellen der entsprechenden Programme benötigt wurde. Die Lesbarkeit eines Programms läßt sich nun durch *Einrücken von untergeordneten Programmteilen* wesentlich erhöhen. Wie einzurücken ist, wurde bereits in den vorherigen Programmbeispielen für die Anweisungen innerhalb der geschweiften Klammern von main() und if-Anweisungen gezeigt. Es gibt keine allgemeingültige Regel, wie viele Leerzeichen einzurücken sind; üblich ist jedoch das Einrücken um drei, vier oder auch acht Leerzeichen.

11.5 Fallgruben

11.5.1 Falsche Gleichheitsüberprüfung

Ein sehr häufig auftretender Fehler in C-Programmen ist die Angabe von = anstelle von == in Vergleichen. Um z. B. zu prüfen, ob die int-Variable zaehler den Wert 0 hat, wird oft der intuitiv naheliegende, aber falsche Vergleich

```
if (zaehler = 0)    /* (1) falsch */
```

anstelle des richtigen Vergleichs

```
if (zaehler == 0)   /* (2) richtig */
```

angegeben.

Bei (1) weist der Compiler den Wert 0 der Variablen zaehler zu; der zugewiesene Wert 0 ist dann das Resultat des Ausdrucks, so dass diese Bedingung nie erfüllt, d. h. immer falsch (0) ist und der von der if-Abfrage abhängige ja-Zweig niemals ausgeführt wird; siehe auch Abbildung 11.6.

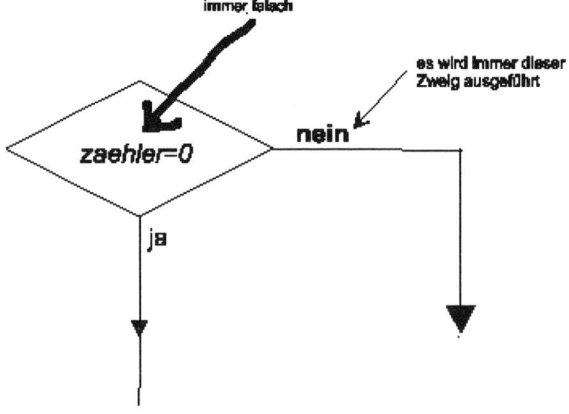

Abbildung 11.6: Falsche Gleichheitsüberprüfung

Obwohl die Version (1) sinnlos erscheint, ist sie syntaktisch korrekt und wird vom Compiler nicht als Fehler erkannt.

Dagegen ist Version (2) korrekt und hätte z. B. auch mit if (!zaehler) angegeben werden können.

Ein weiteres Beispiel dazu:

Um z. B. zu prüfen, ob in der char-Variable antwort das Zeichen 'j' liegt, wird oft folgender falscher „Vergleich"

```
if (antwort='j')
```

angegeben. Leider wird hier kein Vergleich auf 'j', sondern eine Zuweisung von 'j' an antwort durchgeführt. Erst dann wird geprüft, ob das Ergebnis des Ausdrucks TRUE (verschieden von 0) ist. Dies ist hier der Fall, da der Wert dieses Ausdrucks 'j' ist, und der ASCII-Code für 'j' verschieden von 0 ist. Dieser „Vergleich" (eigentlich eine Zuweisung) wird also immer erfüllt sein, unabhängig davon, welchen Inhalt die Variable antwort hat. Zusätzlich wird durch diesen „Vergleich" noch der vorherige Inhalt von antwort zerstört, da er mit 'j' überschrieben wird.

Einige Compiler geben bei derartigen Angaben eine Warnung[1] aus. Dies ist sicher sehr hilfreich, da solche fehlerhaften „Vergleiche" äußerst schwer auffindbar sind. Verfügen Sie über keinen solchen Compiler, dann können Sie die Gefahr für solche unerwünschte „Vergleiche" etwas mildern, wenn Sie bei Vergleichen mit Konstanten die Konstante links vom = angeben:

```
if ('j'=antwort)
```

In diesem Fall würde Ihnen der C-Compiler eine Fehlermeldung ausgeben, da einer Konstante niemals ein anderer Wert zugewiesen werden kann. Dann können Sie den fehlerhaften Vergleich sofort korrigieren:

```
('j'==antwort)
```

und ersparen sich die zeitaufwendige Suche nach solchen ärgerlichen Fehlern.

11.5.2 Keine unnötige Auswertung rechts von && und ||

&& Wenn der linke Operand bei && FALSE (in C: 0) liefert, dann ist der Wahrheitswert des gesamten Ausdrucks in jedem Fall FALSE, unabhängig davon, welchen Wahrheitswert der rechte Operand hat. Dies macht sich C zunutze und wertet den rechten Operand erst gar nicht aus.

In einigen Fällen kann dies hilfreich sein, wie z. B. zum Vermeiden einer Division durch 0 in einer Bedingung:

```
if (n!=0 && sum/n<durchschnitt)
```

In diesem Fall wird der rechte Operand (sum/n<durchschnitt) zu && nur ausgewertet, wenn n verschieden von 0 ist. Somit ist sichergestellt, dass in diesem Fall sum niemals durch 0 dividiert wird. In anderen Fällen kann diese Regelung jedoch zu folgenschweren Fehlern führen. So wird z. B. der Präfixoperator bei ++b im Ausdruck

---

[1] nur eine Warnung und keine Fehlermeldung, da manchmal solche „Vergleichs-Zuweisungen" auch erwünscht sein können, wie wir später sehen werden

        if (a<5 && ++b)

nur dann ausgewertet, wenn a einen Wert kleiner als 5 hat.

|| Wenn der linke Operand bei || TRUE (in C: verschieden von 0) liefert, dann ist der Wahrheitswert des gesamten Ausdrucks in jedem Fall TRUE, unabhängig davon, welchen Wahrheitswert der rechte Operand hat. Auch dies macht sich C zunutze und wertet den rechten Operand erst gar nicht aus.

In einigen Fällen kann dies wieder sehr hilfreich sein, wie z. B. bei der Überprüfung, ob in einer char-Variablen z ein Vokal gespeichert ist:

        if (z=='a' || z=='e' || z=='i' || z=='o' || z=='u')

In diesem Fall wird der Ausdruck von links her abgearbeitet. Sobald eine Überprüfung erfolgreich war, wird der Gesamtausdruck als TRUE gewertet und es werden keine weiteren Vergleiche mehr vorgenommen. So spart C unnütze Vergleiche, was natürlich zu schnelleren Programmabläufen führt. Aber diese Regelung kann auch wieder zu sehr ärgerlichen Fehlern führen. So wird z. B. der Präfixoperator bei ++c im Ausdruck

        if (a<=5 || ++c>0)

nur dann ausgewertet, wenn a einen Wert größer als 5 hat.

11.5.3 Vergleiche von negativen Zahlen mit unsigned-Variablen

Sehr seltsam können sich Programme verhalten, wenn eine unsigned-Variable mit einer negativen Zahl verglichen wird. C führt hier eine implizite Umwandlung der negativen Zahl in unsigned[2] durch, so dass hieraus dann eine große Zahl resultiert, da das Vorzeichenbit nun Teil des Betrags ist. Dies führt dazu, dass der Vergleich falsch durchgeführt wird, wie folgendes C-Programm mineins.c dies demonstriert:

```
#include <stdio.h>

int main(void) {
   unsigned int zahl;
   printf("Gib eine Zahl ein: "); scanf("%u", &zahl);

   if (zahl > -1)
      printf("%d ist groesser als -1\n", zahl);
   else
      printf("%d ist nicht groesser als -1\n", zahl);
   return(0);
}
```

Möglicher Ablauf des Programms mineins.c:

```
Gib eine Zahl ein: 124 ⏎
124 ist nicht groesser als -1
```

---

[2]siehe auch Kapitel 8.1.2 auf Seite 133

Um solche Fehler zu vermeiden, sollte man sich immer zuerst genau seine Daten-Deklarationen überlegen. Denn es muss wohl ein Design-Fehler vorliegen, wenn eine `unsigned`-Variable mit einer negativen Zahl verglichen wird. In diesem Fall sollte die entsprechende Variable in jedem Fall als `int` oder `long int` deklariert werden. Unabhängig davon könnte man aber auch für obiges Programm unter Verwendung von *casting* das richtige Ergebnis erhalten, wie folgendes Programm `mineins2.c` zeigt:

```
#include <stdio.h>
int  main(void) {
   unsigned int zahl;
   printf("Gib eine Zahl ein: ");
   scanf("%u", &zahl);

   if ((signed int)zahl > -1)
      printf("%d ist groesser als -1\n", zahl);
   else
      printf("%d ist nicht groesser als -1\n", zahl);
   return(0);
}
```

Möglicher Ablauf des Programms `mineins2.c`:

```
Gib eine Zahl ein: 124 ⏎
124 ist groesser als -1
```

11.5.4 Hohe Priorität des Negations-Operators !

Beim Negations-Operator ! handelt es sich wie z. B. bei einem negativen Vorzeichen um einen so genannten monadischen Operator, der nur auf einen Operanden angewendet werden darf. Deshalb ist dem Negations-Operator ! auch eine sehr hohe Priorität zugeordnet. Dies kann zu dummen Fehlern führen, wie das nachfolgende Beispiel zeigt:

```
if (!x>=0)
```

Dieser Ausdruck negiert leider nicht, wie man annehmen könnte, den ganzen Ausdruck (x>=0), sondern nur x. Dies bedeutet, dass für !x

0 (wenn x verschieden von 0 ist) oder

1 (wenn x gleich 0 ist)

eingesetzt wird. Somit resultiert dieser Ausdruck entweder in

0>=0 oder

1>=0

Unabhängig vom Wert von x ist diese Bedingung also immer erfüllt. Dies war sicherlich nicht, was der Programmierer erreichen wollte. Wenn er überprüfen wollte, ob der Wert von x negativ ist, so hätte er in diesem Ausdruck Klammern verwenden müssen, damit sich der Negations-Operator ! auf den ganzen Ausdruck bezieht:

```
if (!(x>=0))
```

11.6 Programmiertechniken

11.6.1 if-Kaskaden

Es kommt häufig vor, dass man eine ganze Palette von Bedingungen überprüfen muss. Es entstehen dann so genannte if-Kaskaden. Ein Beispiel für eine solche if-Kaskade wäre z. B. die Eingabe bei einer Menü-Auswahl. Es soll nun ein C-Programm menue1.c erstellt werden, das eine Menü-Auswahl einliest, und dem Benutzer dann seine getroffene Wahl ausgibt.

Mögliche Abläufe dieses Programms menue1.c:

```
    Hauptmenue
    ==========
(A)endern
(B)eenden
(D)rucken
(E)ingeben
(L)oeschen
Was wuenschen Sie zu tun ? d ⏎
Sie haben (D)rucken gewaehlt
```

```
    Hauptmenue
    ==========
(A)endern
(B)eenden
(D)rucken
(E)ingeben
(L)oeschen
Was wuenschen Sie zu tun ? x ⏎
Ihre Wahl 'X' ist unerlaubt
```

Nach den Regeln der strukturierten Programmierung würde dies zu folgendem Einrücken der einzelnen if-Abfragen im C-Programm führen:

```c
#include <stdio.h>
#include <ctype.h>

int  main(void)
{
   char wahl;
   printf("    Hauptmenue\n");
   printf("    ==========\n\n");
   printf("(A)endern\n");
   printf("(B)eenden\n");
   printf("(D)rucken\n");
   printf("(E)ingeben\n");
   printf("(L)oeschen\n\n");
   printf("Was wuenschen Sie zu tun ? ");
   wahl=toupper(getchar()); getchar();

   if (wahl=='A')
      printf("Sie haben (A)endern gewaehlt\n");
   else
```

```
      if (wahl=='B')
         printf("Sie haben (B)eenden gewaehlt\n");
      else
         if (wahl=='D')
            printf("Sie haben (D)rucken gewaehlt\n");
         else
            if (wahl=='E')
               printf("Sie haben (E)ingeben gewaehlt\n");
            else
               if (wahl=='L')
                  printf("Sie haben (L)oeschen gewaehlt\n");
               else
                  printf("Ihre Wahl '%c' ist unerlaubt\n", wahl);
   return(0);
}
```

Da das ständige Einrücken hier dazu führt, dass man immer weiter an den rechten Rand „gedrückt" wird, und somit immer weniger Platz für eine Zeile bleibt, hat sich in der Praxis folgende Technik eingebürgert:

```
if (bedingung1) {
....
} else if (bedingung2) {
....
} else if (bedingung3) {
....
....
} else if (bedingungn) {
....
} else {
....
}
```

Auch wenn diese Technik einer streng strukturierten Programmierung etwas widerspricht, muss man sie akzeptieren, da von ihr in der praktischen Software-Entwicklung Gebrauch gemacht wird. Erfahrene C-Programmierer würden z. B. das obige C-Programm wie folgt schreiben (menue2.c):

```
#include <stdio.h>
#include <ctype.h>
int  main(void)
{
   char wahl;
   printf("     Hauptmenue\n");
   printf("     ==========\n\n");
   printf("(A)endern\n");
   printf("(B)eenden\n");
   printf("(D)rucken\n");
   printf("(E)ingeben\n");
   printf("(L)oeschen\n\n");
   printf("Was wuenschen Sie zu tun ? ");
   wahl=toupper(getchar()); getchar();
```

```
if (wahl=='A')
    printf("Sie haben (A)endern gewaehlt\n");
else if (wahl=='B')
    printf("Sie haben (B)eenden gewaehlt\n");
else if (wahl=='D')
    printf("Sie haben (D)rucken gewaehlt\n");
else if (wahl=='E')
    printf("Sie haben (E)ingeben gewaehlt\n");
else if (wahl=='L')
    printf("Sie haben (L)oeschen gewaehlt\n");
else
    printf("Ihre Wahl '%c' ist unerlaubt\n", wahl);
return(0);
}
```

Für solche Aufgabenstellungen existiert zwar noch eine andere C-Konstruktion (switch), die etwas später vorgestellt wird. Jedoch kann diese Konstruktion nur bei Überprüfungen auf Konstanten (wie in diesem Beispiel) benutzt werden. Bei Intervall-Überprüfungen kommt man nicht ohne solche if-Kaskaden aus.

11.6.2 Pseudocode

Als Dokumentations- und Entwurfs-Hilfmittel haben wir bereits die Struktogramme und die Programmablaufpläne kennengelernt. Beide haben den Nachteil, dass sie zeichnerisch sehr aufwendig sind, weswegen sie auch hauptsächlich für die Programmdokumentation eingesetzt werden. Neben diesen anschaulichen, aber auch etwas aufwendigen Darstellungsarten gibt es eine weitere Möglichkeit der Darstellung, die vor allen Dingen beim Programmentwurf eingesetzt wird: der *Pseudocode*. Der Pseudocode ist eine Zwischenform von Umgangssprache und Programmiersprache. Der Pseudocode ermöglicht es, den entsprechenden Algorithmus[3] in gewisser formaler Weise auszudrücken, ohne dass man dabei auf Details der entsprechenden Programmiersprache achten muss. Bei der Formulierung des Algorithmus in Form eines Pseudocodes sollte man sich der Schlüsselwörter der benutzten Programmiersprache bedienen. Noch einige allgemeine Punkte zum Pseudocode:

- Es gibt keinen standardisierten Pseudocode. Im Prinzip kann jeder seinen eigenen Pseudocode definieren. In der praktischen Softwareentwicklung gelten aber meist gruppen- oder abteilungsspezifische Regeln, die einzuhalten sind.
- Der Pseudocode darf alles enthalten, was für den Programmierer sinnvolle Aussagen sind.
- Es sollten im Pseudocode keine Strukturelemente verwendet werden, die in der betreffenden Zielsprache nicht vorhanden oder nicht erlaubt sind.

Ein Ausschnitt eines in Pseudocode formulierten Algorithmus könnte z. B. sein:

```
if (a>b)
    Vertausche die Werte von a und b
```

---

[3] Algorithmus ist der Lösungsweg zu einer entsprechenden Aufgabenstellung

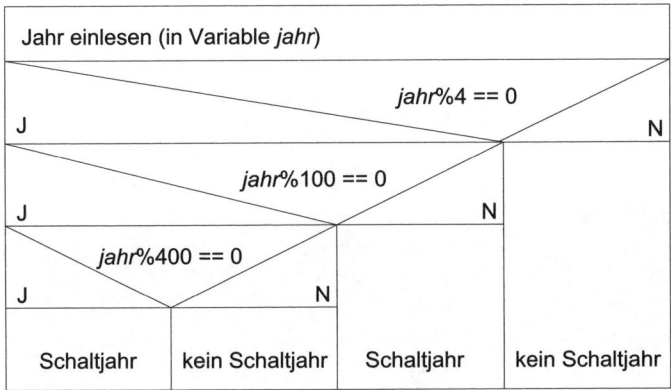

Abbildung 11.7: Struktogramm zur Bestimmung eines Schaltjahres

11.7 Übungen

11.7.1 Schaltjahre (Struktogramm in C-Programm umformen)

Erstellen Sie ein C-Programm `schalt.c`, das eine Jahreszahl einliest und dann ausgibt, ob es sich bei diesem Jahr um ein Schaltjahr handelt oder nicht. Das Struktogramm aus Abbildung 11.7 zeigt die Regeln für ein Schaltjahr. Setzen Sie nun dieses Struktogramm in das C-Programm `schalt.c` um!

Beispiele für den möglichen Ablauf dieses Programms `schalt.c` sind:

```
Gib ein Jahr ein: 1900
   ---> kein Schaltjahr
```

```
Gib ein Jahr ein: 2000
   ---> Schaltjahr
```

11.7.2 Rechnungen erstellen

Ein Versandgeschäft berechnet bei Aufträgen bis zu 500 € einen Verpackungszuschlag von 10 € und Versandkosten von 15 €. Bei Rechnungsbeträgen von 500 € bis 2 000 € liefert es ohne Berechnung von Versandkosten, berechnet aber einen Verpackungszuschlag von 7 €. Bei Rechnungen über 2 000 € entstehen dem Kunden keine zusätzlichen Kosten. Erstellen Sie nun ein C-Programm `rechnung.c`, das den ursprünglichen Rechnungsbetrag einliest und dann auf diesen Betrag die anfallenden Verpackungs- und Versandkosten aufaddiert.

Beispiele für den möglichen Ablauf dieses Programms `rechnung.c`:

```
Rechnungsbetrag: 435.64
Rechnungsbetrag              :     435.64 Euro
Verpackungskosten            :      10.00 Euro
Versandkosten                :      15.00 Euro
-----------------------------------------------
Gesamtbetrag                 :     460.64 Euro
```

11 Die if-Anweisung

```
Rechnungsbetrag: 3472.89 ⏎
Rechnungsbetrag          :      3472.89 Euro
Verpackungskosten        :         0.00 Euro
Versandkosten            :         0.00 Euro
--------------------------------------------------
Gesamtbetrag             :      3472.89 Euro

Rechnungsbetrag: 987.26 ⏎
Rechnungsbetrag          :       987.26 Euro
Verpackungskosten        :         7.00 Euro
Versandkosten            :         0.00 Euro
--------------------------------------------------
Gesamtbetrag             :       994.26 Euro
```

Kapitel 12

Die bedingte Bewertung

> *Mancher gibt sich viele Müh'*
> *Mit dem lieben Federvieh;*
> *Einesteils der Eier wegen,*
> *Welche diese Vögel legen,*
> *Zweitens: Weil man dann und wann*
> *Einen Braten essen kann;*
> *Drittens aber nimmt man auch*
> *Ihre Federn in Gebrauch.*
> *Max und Moritz, Wilhelm Busch*

12.1 Die bedingte Bewertung ? :

C erlaubt als Sonderform *bedingte Bewertungen*. Wenn wir das Maximum der beiden Variablen zahl1 und zahl2 an die Variable max zuweisen wollen, so würden wir mit unseren bisherigen Kenntnissen folgenden Programmteil erstellen:

```
if (zahl1 > zahl2)
    max=zahl1;
else
    max=zahl2;
```

Ist der Wert von zahl1 größer als der Wert von zahl2, so wird der Wert von zahl1 der Variablen max, andernfalls der Wert von zahl2 der Variablen max zugewiesen. Mit der bedingten Bewertung hätten wir diesen Programmteil auch wie folgt angeben können:

```
max = (zahl1>zahl2) ? zahl1 : zahl2;
```

Zunächst wird hier der Ausdruck (zahl1>zahl2) bewertet. Trifft diese Bedingung zu, dann wird der Variablen max der Wert von zahl1, andernfalls der Wert von zahl2 zugewiesen.

12 Die bedingte Bewertung

Formal hat die bedingte Bewertung folgendes Aussehen:

Bedingte Bewertung:

ausdr1 ? *ausdr2* : *ausdr3*

Zunächst wird dabei der *ausdr1* bewertet. Ist sein Wert verschieden von 0 (TRUE), so wird *ausdr2* bewertet, andernfalls *ausdr3*. In jedem Fall wird nur einer der beiden Ausdrücke *ausdr2* oder *ausdr3* bewertet; dieser Wert ist dann das Ergebnis der gesamten bedingten Bewertung.

Da der Operator ? : eine sehr niedrige Priorität besitzt, sind runde Klammern bei *ausdr1*, *ausdr2* und *ausdr3* meist nicht notwendig, erhöhen aber die Lesbarkeit.

Beispiel:

Das folgende C-Programm `mannweib.c` zeigt eine Anwendung des bedingten Operators:

```
#include <stdio.h>

int main(void)
{
    char    zeichen;

    printf("Geben Sie den Buchstaben   m  oder  w   ein: ");

    /**********************************************************************/
    /*                                                                    */
    /*     Wird vom Benutzer   m   eingegeben, so wird                    */
    /*                 maennlich  am Bildschirm ausgegeben                */
    /*                                                                    */
    /*     Wird vom Benutzer ein anderes Zeichen eingegeben, so wird      */
    /*                 weiblich   am Bildschirm ausgegeben                */
    /*                                                                    */
    /*     Danach wird noch der Inhalt von   zeichen   ausgegeben         */
    /*                                                                    */
    /**********************************************************************/

    printf("\nSie haben    ***%s***   gewaehlt\n",
           ((zeichen=getchar()) == 'm') ? ("maennlich") : ("weiblich"));
    return(0);
}
```

Hinweis: Eine eventuelle Warnung des Compilers, dass `zeichen` einen Wert zugewiesen bekommt, der nirgendwo mehr benutzt wird, kann man beheben, indem man die Deklaration `char zeichen;` entfernt und anstelle von `(zeichen=getchar())` nur `getchar()` schreibt.

1. Ablaufbeispiel:

```
Geben Sie den Buchstaben   m  oder  w   ein: m ⏎

Sie haben    ***maennlich***   gewaehlt
```

12.1 Die bedingte Bewertung ? :

2. Ablaufbeispiel:

   ```
   Geben Sie den Buchstaben   m oder w   ein: w ⏎

   Sie haben   ***weiblich***   gewaehlt
   ```

3. Ablaufbeispiel:

   ```
   Geben Sie den Buchstaben   m oder w   ein: x ⏎

   Sie haben   ***weiblich***   gewaehlt
   ```

In einer Anweisung werden hier
  eine Eingabe   `getchar()`
  eine Zuweisung   `zeichen=getchar()`
  eine bedingte Bewertung   `... ? ... : ...`
  eine Ausgabe   `printf(...)`
abgehandelt.

Beispiel:
Das zuvor gezeigte Rechen-Lernprogramm könnte unter Verwendung der bedingten Bewertung wie folgt aussehen (`rechnen2.c`):

```c
#include <stdio.h>

int   main(void)
{
  float    zahl1, zahl2, summe, subtr, multi, divisio;
  float    ein_summe, ein_subtr, ein_multi, ein_divisio;
  int      zaehl=0;   /* zaehl mit Wert 0 vorbesetzen */

  /*-------- Ausgabe einer Ueberschrift und Einlesen von zwei Zahlen ------*/
  printf("\n%47s\n","Rechenprogramm");
  printf("%47s\n\n\n","==============");

  /*-------- Eingabe von zwei Zahlen -------------------------------------*/
  printf("Geben Sie zwei Zahlen durch Komma getrennt ein: ");
  scanf("%f,%f", &zahl1, &zahl2);
  printf("\n\n");

  /*-------- Summen-Eingabe, -Berechnung und -Bewertung ------------------*/
  printf("Wieviel ist %.2f + %.2f ? ", zahl1, zahl2);
  scanf("%f", &ein_summe);
  summe = zahl1+zahl2;
  printf("%20s\n\n", (!(ein_summe-summe)) ? "richtig !" : "falsch !");
  !(ein_summe-summe) ? ++zaehl : printf("%.2f + %.2f = %.2f\n\n",zahl1,zahl2,summe);

  /*--------- Subtraktions-Eingabe, -Berechnung und -Bewertung -----------*/
  printf("Wieviel ist %.2f - %.2f ? ", zahl1, zahl2);
  scanf("%f", &ein_subtr);
  subtr = zahl1-zahl2;
  printf("%20s\n\n", (ein_subtr-subtr==0) ? "richtig !" : "falsch !");
  (ein_subtr-subtr==0) ? ++zaehl : printf("%.2f - %.2f = %.2f\n\n",
                                           zahl1, zahl2, subtr);
```

12 Die bedingte Bewertung

```c
/*--------- Multiplikations-Eingabe, -Berechnung und -Bewertung ---------*/
printf("Wieviel ist %.2f * %.2f ? ", zahl1, zahl2);
scanf("%f",&ein_multi);
multi=zahl1*zahl2;
printf("%20s\n\n", (ein_multi-multi==0) ? "richtig !" : "falsch !");
(ein_multi-multi==0) ? ++zaehl : printf("%.2f * %.2f = %.2f\n\n",
                                         zahl1, zahl2, multi);

/*--------- Divisions-Eingabe, -Berechnung und -Bewertung ---------*/
printf("Wieviel ist %.2f / %.2f ? ", zahl1, zahl2);
scanf("%f", &ein_divisio);
divisio = zahl1 / zahl2;
printf("%20s\n\n", (ein_divisio==divisio) ? "richtig !" : "falsch !");
(ein_divisio==divisio) ? ++zaehl : printf("%.2f / %.2f = %.2f\n\n",
                                           zahl1, zahl2, divisio);

/*---------- Ausgabe des Bewertungsergebnisses -------------------*/
if (zaehl-4)
    printf("\n\nSie haben %d Aufgaben richtig geloest !\n",zaehl);
else
    printf("\n\nBravo !\n    Sie haben alle Aufgaben richtig geloest !");
return(0);
}
```

Dieses Programm `rechnen2.c` diente lediglich der Demonstration des Operators ? :. Besser lesbar ist sicher das früher vorgestellte C-Programm `rechnen.c`.

12.2 Priorität des bedingten Operators

Wie Tabelle 12.2 zeigt, ist die Priorität des bedingten Operators sehr niedrig.

Tabelle 12.1: Priorität der bisher kennengelernten Operatoren

Operatoren	Assoziativität		Priorität
( )	von links her	⇓	
! ~ (Tilde) ++ -- +(Vorz.) -(Vorz.) sizeof & (Adreßop.)	von rechts her	⇓	höhere
* / %	von links her	⇓	Priorität
+ -	von links her	⇓	
<< >>	von links her	⇓	
< <= > >=	von links her	⇓	
== !=	von links her	⇓	
& (bitweise AND)	von links her	⇓	
^	von links her	⇓	
|	von links her	⇓	
&&	von links her	⇓	
||	von links her	⇓	niedrigere
?:	von rechts her	⇓	Priorität
= += -= *= /= %= >>= <<= &= |= ^=	von rechts her	⇓	

Da die bedingte Bewertung gerade noch höhere Priorität als die Zuweisungsoperatoren hat, können Anweisungen wie die folgende angegeben werden:

```
max = (zahl1>zahl2) ? zahl1 : zahl2;
```

Die bedingte Bewertung ist im übrigen der einzige Operator, der drei Operanden hat:

```
operand1 ? operand2 : operand3
```

Liefert der *operand1* einen Wert verschieden von 0, so wird *operand2*, anderfalls *operand3* ausgewertet. Einer beiden Operanden *operand2* oder *operand3* wird also in jedem Fall nicht ausgewertet. Das ist bei Programmteilen, wie dem folgenden zu berücksichtigen:

```
a=2;
b=1;
x = (a>b) ? ++a : ++b;
```

Nach dieser Anweisung hat x und a den Wert 3, während b weiterhin den Wert 1 (und nicht 2) hat.
Eine Anwendung, bei der mehrere bedingte Bewertungen ineinander geschachtelt sind, wäre z. B.:

```
printf("%s\n", (a>0)?"Positiv":(a<0)?"Negativ":"Null");
```

12.3 Tipp: Alternative Ausgaben bei `printf()`

Die bedingte Bewertung kann sehr elegant bei Ausgaben verwendet werden, bei denen abhängig von einer Variablen eine von zwei Alternativen auszugeben ist, wie z. B.:

```
printf("Es %s %d Person%s beteiligt\n",
       (n>1) ? "sind" : "ist", n, (n>1) ? "en" : "");
```

12.4 Übung: Idealgewicht

Das Idealgewicht eines Erwachsenen wird oft nach folgenden Verfahren berechnet: Von der Körpergröße (in cm) werden 100 abgezogen. Diese Zahl wird dann bei Männern mit dem Faktor 0.95 und bei Frauen mit dem Faktor 0.9 multipliziert. Die so erhaltene Größe stellt dann das Idealgewicht dar, wobei dabei jedoch nach oben und nach unten eine Toleranzgrenze von 2% erlaubt ist. Erstellen Sie ein C-Programm `idealgew.c`, das das Geschlecht, die Körpergröße und das Gewicht einliest. Danach soll es dann den Bereich ausgeben, in dem das Idealgewicht dieser Person liegt, bevor es ausgibt, ob die betreffende Person Über-, Unter- oder Idealgewicht hat.
Mögliche Abläufe dieses Programms `idealgew.c`:

```
Idealgewicht von Maennern und Frauen
====================================
Ihr Geschlecht ? (m/w) m ⏎
Ihr Gewicht ? (in kg) 80 ⏎
```

12 Die bedingte Bewertung

```
Ihre Koerpergroesse ? (in cm) 180 ⏎
Ihr Idealgewicht liegt zwischen 74.5 .. 77.5 kg
..... Sie haben Uebergewicht
```

```
Ihr Geschlecht ? (m/w) w ⏎
Ihr Gewicht ? (in kg) 65 ⏎
Ihre Koerpergroesse ? (in cm) 180 ⏎
Ihr Idealgewicht liegt zwischen 70.6 .. 73.4 kg
..... Sie haben Untergewicht
```

```
Ihr Geschlecht ? (m/w) m ⏎
Ihr Gewicht ? (in kg) 77 ⏎
Ihre Koerpergroesse ? (in cm) 182 ⏎
Ihr Idealgewicht liegt zwischen 76.3 .. 79.5 kg
..... Sie haben Idealgewicht
```

Kapitel 13

Die `switch`-Anweisung

> *Gute Tiere, spricht der Weise,*
> *Mußt du züchten, musst du kaufen,*
> *Doch die Ratten und die Mäuse,*
> *Kommen ganz von selbst gelaufen.*
> *Gut und Böse, Wilhelm Busch*

13.1 Die `switch`-Anweisung

Mit der `switch`-Anweisung kann unter mehreren Alternativen, nicht nur unter zwei wie bei der `if`-Anweisung, ausgewählt werden. Die Syntax für die `switch`-Anweisung ist:

```
switch (ausdruck)
{
    case ausdr1:      anweisungen1
    case ausdr2:      anweisungen2
  ...
    case ausdrN:      anweisungenN
    default:          anweisungenD
}
```

Es wird der bei `switch` angegebene (*ausdruck*) ausgewertet und das Ergebnis mit den einzelnen `case`-Ausdrücken, die `int`- oder `char`- Werte (Konstanten) liefern müssen, verglichen.

Wird keine Übereinstimmung gefunden, so verzweigt das Programm zur `default`-Marke, falls diese angegeben wurde.

Wird keine Übereinstimmung gefunden und es ist keine `default`-Marke angegeben, so wird keine Anweisung des `switch`-Blocks ausgeführt. Fehlt also die `default`-Marke, so wird der gesamte `switch`-Block übersprungen, falls keine Übereinstimmung in den `case`-Marken vorliegt.

13 Die switch-Anweisung

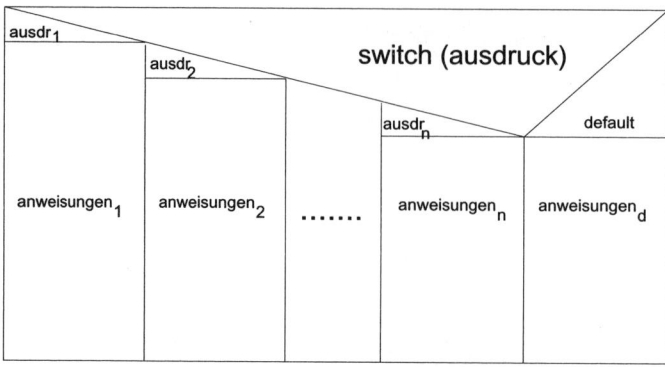

Abbildung 13.1: Struktogramm zur switch-Anweisung

Die switch-Anweisung ist mit einem Programm-Schalter zu vergleichen und wird im Struktogramm - wie in Abbildung 13.1 gezeigt – dargestellt.
Eine andere übliche Darstellung der switch-Anweisung in einem Struktogramm ist in Abbildung 13.2 gezeigt.
Die Reihenfolge der case- und default-Marken ist beliebig. Die angegebenen case-Konstanten müssen verschieden sein.
Um die switch-Anweisung unmittelbar verlassen zu können, ist das Schlüsselwort break (wird später noch genauer behandelt) anzugeben.

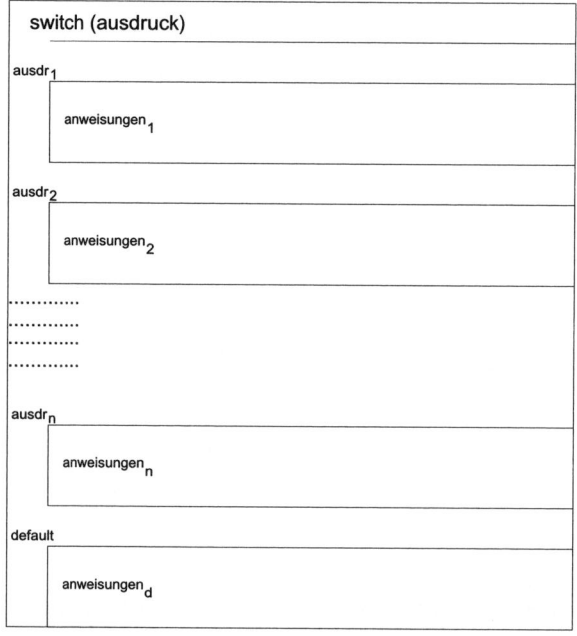

Abbildung 13.2: Alternatives Struktogramm zur switch-Anweisung

13.1 Die `switch`-Anweisung

Fehlt die `break`-Anweisung, so wird der Programmablauf bei der nächsten `case`-Alternative fortgeführt.

Beispiel:
Hier wird ein C-Programm `hexziff1.c` erstellt, das eine hexadezimale Ziffer einliest, und dann die dieser Ziffer entsprechende Dezimal-, Oktal- und Dualzahl ausgibt. Nachfolgend ist das Struktogramm zu dieser Aufgabenstellung gezeigt:

```
+----------------------------------------------------------------------+
| Ausgabe: Geben Sie eine Hexaziffer ein!                              |
| hexa_ziffer=getchar()                                                |
| Ausgabe: Hexa Dezimal Oktal Dual                                     |
| Ausgabe der Variable hexa_ziffer                                     |
+----------------------------------------------------------------------+
| switch (hexa_ziffer)                                                 |
|   +-------------------------------------------------+--default:----+
|   | case '0':                                       |              |
|   |   +-------------------------------------------+ Ausgabe:       |
|   |   | Ausgabe: hexa_ziffer hexa_ziffer 0000; break | Das ist keine|
|   |   +-------------------------------------------+ Hexa-Ziffer ! |
|   | case '1':                                       |              |
|   |   +-------------------------------------------+                |
|   |   | Ausgabe: hexa_ziffer hexa_ziffer 0001; break              |
|   |   +-------------------------------------------+                |
|   | case '2':                                       |              |
|   |   +-------------------------------------------+                |
|   |   | Ausgabe: hexa_ziffer hexa_ziffer 0010; break              |
|   |   +-------------------------------------------+                |
|   | case '3':                                       |              |
|   |   +-------------------------------------------+                |
|   |   | Ausgabe: hexa_ziffer hexa_ziffer 0011; break              |
|   |   +-------------------------------------------+                |
|   | case '4':                                       |              |
|   |   +-------------------------------------------+                |
|   |   | Ausgabe: hexa_ziffer hexa_ziffer 0100; break              |
|   |   +-------------------------------------------+                |
|   | case '5':                                       |              |
|   |   +-------------------------------------------+                |
|   |   | Ausgabe: hexa_ziffer hexa_ziffer 0101; break              |
|   |   +-------------------------------------------+                |
|   | case '6':                                       |              |
|   |   +-------------------------------------------+                |
|   |   | Ausgabe: hexa_ziffer hexa_ziffer 0110; break              |
|   |   +-------------------------------------------+                |
|   | case '7':                                       |              |
|   |   +-------------------------------------------+                |
|   |   | Ausgabe: hexa_ziffer hexa_ziffer 0111; break              |
|   |   +-------------------------------------------+                |
|   | case '8':                                       |              |
|   |   +-------------------------------------------+                |
|   |   | Ausgabe: hexa_ziffer 10 1000; break                       |
```

13 Die switch-Anweisung

```
|  +-----------------------------------------------------------------+   |
|  | case '9':                                                       |   |
|  |  +--------------------------------------------------------------+   |
|  |  | Ausgabe: hexa_ziffer 11 1001; break                          |   |
|  |  +--------------------------------------------------------------+   |
|  | case 'a':                                                       |   |
|  | case 'A':                                                       |   |
|  |  +--------------------------------------------------------------+   |
|  |  | Ausgabe: 10 12 1010; break                                   |   |
|  +-----------------------------------------------------------------+   |
|  | case 'b':                                                       |   |
|  | case 'B':                                                       |   |
|  |  +--------------------------------------------------------------+   |
|  |  | Ausgabe: 11 13 1011; break                                   |   |
|  +-----------------------------------------------------------------+   |
|  | case 'c':                                                       |   |
|  | case 'C':                                                       |   |
|  |  +--------------------------------------------------------------+   |
|  |  | Ausgabe: 12 14 1100; break                                   |   |
|  +-----------------------------------------------------------------+   |
|  | case 'd':                                                       |   |
|  | case 'D':                                                       |   |
|  |  +--------------------------------------------------------------+   |
|  |  | Ausgabe: 13 15 1101; break                                   |   |
|  +-----------------------------------------------------------------+   |
|  | case 'e':                                                       |   |
|  | case 'E':                                                       |   |
|  |  +--------------------------------------------------------------+   |
|  |  | Ausgabe: 14 16 1110; break                                   |   |
|  +-----------------------------------------------------------------+   |
|  | case 'f'                                                        |   |
|  | case 'F'                                                        |   |
|  |  +--------------------------------------------------------------+   |
|  |  | Ausgabe: 15 17 1111; break                                   |   |
+--+--------------------------------------------------------------+------+
| Ausgabe: Auf Wiedersehen!                                              |
+------------------------------------------------------------------------+
```

Hier ist erkennbar, dass Struktogramme sehr aufwendig zu zeichnen sind. In der praktischen Softwareentwicklung bevorzugt man deshalb den Pseudocode bei einem Programmentwurf. Struktogramme setzt man meist nur zu Dokumentationszwecke ein. Da heute so genannte Struktogramm-Generatoren angeboten werden, mit denen man sich aus einem C-Programm ein Struktogramm erzeugen lassen kann, ist dann der Aufwand für die Dokumentation meist nicht so groß.

Das zugehörige C-Programm `hexziff1.c`:

```
/****************************************************************/
/*  Dieses Programm liest eine Hexa-Ziffer ein und gibt         */
/*  die dieser Ziffer entsprechende                             */
/*     Dezimalzahl, Oktalzahl und Dualzahl am Bildschirm wieder aus    */
```

13.1 Die switch-Anweisung

```c
/**********************************************************************/
#include <stdio.h>

int main(void)
{
  char     hexa_ziffer;
  /*---- Eingabe einer Hexa-Ziffer in die char-Variable hexa_ziffer ------*/
  printf("Geben Sie eine Hexaziffer ein !\n");
  hexa_ziffer=getchar();
  /*---- Ausgabe einer Ueberschrift und der eingegebenen Hexa-Ziffer -----*/
  printf("\n\n\n%10s%10s%10s%10s\n","Hexa","Dezimal","Oktal","Dual");
  printf("%10c",hexa_ziffer);
  /*---- Ausgabe der zugehoerigen Dezimal-, Oktal- und Dualzahl ----------*/
  switch (hexa_ziffer) {
     case '0': printf("%10c%10c%10s\n",hexa_ziffer,hexa_ziffer,"0000"); break;
     case '1': printf("%10c%10c%10s\n",hexa_ziffer,hexa_ziffer,"0001"); break;
     case '2': printf("%10c%10c%10s\n",hexa_ziffer,hexa_ziffer,"0010"); break;
     case '3': printf("%10c%10c%10s\n",hexa_ziffer,hexa_ziffer,"0011"); break;
     case '4': printf("%10c%10c%10s\n",hexa_ziffer,hexa_ziffer,"0100"); break;
     case '5': printf("%10c%10c%10s\n",hexa_ziffer,hexa_ziffer,"0101"); break;
     case '6': printf("%10c%10c%10s\n",hexa_ziffer,hexa_ziffer,"0110"); break;
     case '7': printf("%10c%10c%10s\n",hexa_ziffer,hexa_ziffer,"0111"); break;
     case '8': printf("%10c%10s%10s\n",hexa_ziffer,"10","1000"); break;
     case '9': printf("%10c%10s%10s\n",hexa_ziffer,"11","1001"); break;
     case 'a':
     case 'A': printf("%10s%10s%10s\n","10","12","1010"); break;
     case 'b':
     case 'B': printf("%10s%10s%10s\n","11","13","1011"); break;
     case 'c':
     case 'C': printf("%10s%10s%10s\n","12","14","1100"); break;
     case 'd':
     case 'D': printf("%10s%10s%10s\n","13","15","1101"); break;
     case 'e':
     case 'E': printf("%10s%10s%10s\n","14","16","1110"); break;
     case 'f':
     case 'F': printf("%10s%10s%10s\n","15","17","1111"); break;
     default: printf(" Das ist keine Hexa-Ziffer !\n"); break;
  }
  printf("\n\n\nAuf Wiedersehen !\n\n\n");
  return(0);
}
```

Erläuterungen zum C-Programm `hexziff1.c`:
Wurde in die `char`-Variable `hexa_ziffer` ein Zeichen eingegeben, das einer der Hexa-Ziffer 0, . . . , 9, a, A,..., f, F entspricht, so verzweigt das Programm zu der entsprechenden `case`-Marke und gibt die zugehörigen Dezimal-, Oktal- und Dualzahlen am Bildschirm aus.
Wurde in die `char`-Variable `hexa_ziffer` ein Zeichen eingegeben, das keiner Hexadezimalziffer entspricht, so verzweigt das Programm zu der `default`-Marke und gibt den folgenden Text am Bildschirm aus:

13 Die switch-Anweisung

```
            Das ist keine Hexa-Ziffer !
```

Falls keine Hexa-Ziffer vorliegt und es wäre keine default-Marke angegeben, so würde keine Anweisung in der switch-Anweisung ausgeführt. Der Programmblock der switch-Anweisung würde also übersprungen werden.

Die break-Anweisung sorgt dafür, dass der switch-Block sofort verlassen wird. Fehlt diese break-Anweisung, so wird mit der nächsten case-Marke fortgefahren. Wäre z. B. bei den Anweisungen zur Marke '0' das break weggelassen worden:

```
case '0':
case '1':
   printf (....);
   break;
```

und in hexa_ziffer das Zeichen '0' gespeichert, so wäre das Programm zunächst zur case-Marke '0' verzweigt und hätte die Dezimal-, Oktal- und Dualzahl zu 0 am Bildschirm ausgegeben. Da nun hier kein break angegeben wurde, wäre auch noch die nächste case-Anweisung (Ausgabe der Dezimal-, Oktal- und Dualzahlen zu 1) ausgeführt worden.

Für die Zeichen '0',..., '9' entspricht die eingegebene Hexadezimalziffer der Ziffer im Dezimalsystem; für diesen Fall kann also die eingegebene Hexa-Ziffer unverändert am Bildschirm ausgegeben werden.

Für die Zeichen '0',..., '7' entspricht die eingegebene Hexa-Ziffer der entsprechenden Ziffer im Oktalsystem; für diesen Fall kann also der Inhalt der ensprechenden hexa_ziffer unverändert am Bildschirm ausgegeben werden.

Da als Hexa-Ziffern sowohl Gross- als auch Kleinbuchstaben zugelassen sind, werden als case-Marken bei den Buchstaben sowohl Groß- und Kleinbuchstaben angegeben, z. B.:

```
case 'd':
case 'D':
   printf (....);
   break;
```

Ist in hexa_ziffer das Zeichen 'd' gespeichert, wird zur entsprechenden case-Marke 'd' verzweigt. Da nach dieser case-Marke keine Anweisungen, vor allem kein break, angegeben wurden, wird mit der nächsten case-Marke ('D') fortgefahren; es werden also die zur case-Marke 'D' gehörigen Anweisungen ausgeführt.

Diese Vorgehensweise bewirkt, dass sowohl für Klein- als auch für Großbuchstaben die entsprechenden Dezimal-, Oktal-, und Dualzahlen am Bildschirm ausgegeben werden.

Mögliche Abläufe dieses Programms hexziff1.c:

1. Ablaufbeispiel:

```
Geben Sie eine Hexaziffer ein !
9 ⏎
     Hexa    Dezimal    Oktal    Dual
        9          9       11    1001
Auf Wiedersehen !
```

2. Ablaufbeispiel:
```
Geben Sie eine Hexaziffer ein !
F ⏎
     Hexa    Dezimal    Oktal     Dual
       F       15         17      1111
Auf Wiedersehen !
```

3. Ablaufbeispiel:
```
Geben Sie eine Hexaziffer ein !
L ⏎
     Hexa    Dezimal    Oktal     Dual
       L Das ist keine Hexa-Ziffer !
Auf Wiedersehen !
```

Beispiel:
Wenn beim vorhergehenden Beispiel auf die Ausgabe der entsprechenden Dualzahl verzichtet worden wäre, hätte dieses Programm wie das folgende Programm hexziff2.c aussehen können. Es soll in diesem Programm auch gezeigt werden, dass die Reihenfolge der case-Konstanten beliebig sein kann.

```c
/*************************************************************************/
/*   Dieses Programm liest eine Hexa-Ziffer ein und gibt die diese Ziffer */
/*      entspr. Dezimalzahl und Oktalzahl  am Bildschirm aus            */
/*************************************************************************/
#include <stdio.h>

int main(void)
{
  char hexa_ziffer;
  /*---- Eingabe einer Hexa-Ziffer in die char-Variable hexa_ziffer ------*/
  printf("Geben Sie eine Hexaziffer ein !\n");
  hexa_ziffer=getchar();
  /*---- Ausgabe einer Ueberschrift und der eingegebenen Hexa-Ziffer -----*/
  printf("\n\n\n%10s%10s%10s\n","Hexa","Dezimal","Oktal");
  printf("%10c",hexa_ziffer);
  /*---- Ausgabe der zugehoerigen Dezimal-, Oktal- und Dualzahl ----------*/
  switch (hexa_ziffer) {
    case 'e':
    case 'E': printf("%10s%10s\n","14","16"); break;

    case 'a':
    case 'A': printf("%10s%10s\n","10","12"); break;

    case '6':
    case '2':
    case '7':
    case '1':
    case '0':
    case '5':
    case '3':
    case '4': printf("%10c%10c",hexa_ziffer,hexa_ziffer); break;
```

```
        case '8': printf("%10c%10s\n",hexa_ziffer,"10"); break;

        case '9': printf("%10c%10s\n",hexa_ziffer,"11"); break;

        case 'b':
        case 'B': printf("%10s%10s\n","11","13"); break;

        case 'c':
        case 'C': printf("%10s%10s\n","12","14"); break;

        case 'd':
        case 'D': printf("%10s%10s\n","13","15"); break;

        case 'f':
        case 'F': printf("%10s%10s\n","15","17"); break;

        default: printf(" Das ist keine Hexa-Ziffer !\n"); break;
    }
    printf("\n\n\nAuf Wiedersehen !\n\n\n");
    return(0);
}
```

Da die Hexaziffern 0...7 auch entsprechende Darstellungen im Oktal und Dezimalsystem besitzen, konnte für alle diese Hexaziffern lediglich eine Anweisung angegeben werden, der acht verschiedene case-Marken '0',..., '7' in einer völlig ungeordneten Reihenfolge vorangestellt wurden.

Es sei jedoch darauf hingewiesen, dass bei dieser Vorgehensweise die Übersichtlichkeit leiden kann.

13.2 Fallgrube: case-Marken müssen ganzzahlige Konstanten sein

Als case-Marken sind nur ganzzahlige Konstanten (char, int, long) erlaubt. Es sind keine Ausdrücke oder Variablen wie z. B.

```
switch (x) {
    case (a):
        .....
    case (x>=0 && x<=10):
        .....
    case (x>=11 && x<=100):
        .....
    ......
    ......
}
```

erlaubt. In solchen Fällen, wie bei diesen Intervallprüfungen, muss man mit if-Kaskaden (siehe Kapitel 11.6.1 auf Seite 178) arbeiten:

```
if (x==a) {
    .....
} else if (x>=0 && x<=10) {
    .....
} else if (x>=11 && x<=100) {
    .....
```

13.3 Tipps

13.3.1 Alle `case`-Marken (auch letzte) mit `break` abschliessen

Es ist empfehlenswert, alle `case`-Marken mit einem `break` abzuschliessen, vor allem auch die letzte. Der Grund dafür liegt in der Tatsache, dass `switch`-Anweisungen später eventuell um einige `case`-Marken erweitert werden.

Bei der Erweiterung wird meist nicht mehr der bereits vorhandene Code geprüft. Da die frühere letzte `case`-Marke aufgrund der Erweiterung nun nicht mehr an letzter Stelle steht, kann ein dort fehlendes `break` zu „dummen" Fehler führen, da bei Ansprung dieser Marke nicht nur der Code zu dieser Marke, sondern aufgrund des Fehlens von `break` auch noch der Code der nächsten neu hinzugefügten `case`-Marke ausgeführt wird.

13.3.2 `default` immer angeben

Es ist empfehlenswert, die `default`-Marke immer anzugeben, auch wenn man ganz sicher ist, dass sie nie zutreffen wird, denn in der praktischen Programmierung macht sich das bezahlt, da „absolut sicher" vielleicht in 99,9% zutrifft, aber genau diese restlichen 0,1% können zu teueren und schwer auffindbaren Fehlern führen. Deshalb sollte man immer – auch bei „absoluter Sicherheit", dass `default` nicht gebraucht wird – folgende oder eine ähnliche Angabe in einer `switch`-Anweisung einbetten:

```
switch (x) {
  case 1:
      .......
  case 2:
      .......
  case 3:
      .......
    .....
  case 14:
      .......
  default:
      printf("Programminterner Fehler (bei switch-Marke)\n");
      break;
}
```

13.4 Übung: Fläche, Umfang und Radius eines Kreises

Erstellen Sie ein C-Programm `kreis.c`, bei dem zunächst der Benutzer wählen kann, ob er den Umfang, die Fläche oder den Radius eines Kreises eingeben möchte. Nach dieser Wahl muss er dann die betreffende Größe eingeben, bevor das Programm die beiden fehlenden Größen berechnet und ausgibt.

Mögliche Abläufe dieses Programms `kreis.c`:

```
Flaeche, Umfang und Radius eines Kreises
========================================

Du kannst waehlen, was du eingeben moechtest.
Ich berechne Dir dann die 2 fehlenden Groessen.
      Flaeche eingeben:      f
      Umfang eingeben:       u
      Radius eingeben:       r

Deine Wahl? r ⏎
Radius? 12.3 ⏎
...... Radius  = 12.30
...... Flaeche = 475.29
...... Umfang  = 77.28
```

```
........
      Flaeche eingeben:      f
      Umfang eingeben:       u
      Radius eingeben:       r

Deine Wahl? u ⏎
Umfang? 246.6 ⏎
...... Radius  = 39.25
...... Flaeche = 4839.23
...... Umfang  = 246.60
```

```
........
      Flaeche eingeben:      f
      Umfang eingeben:       u
      Radius eingeben:       r

Deine Wahl? k ⏎

......'k' ist keine erlaubte Wahl
```

Kapitel 14

Der Komma-Operator

Dummheit, die man bei andern sieht,
Wirkt meist erhebend auf's Gemüt.
Wilhelm Busch

14.1 Der Komma-Operator

Der Komma-Operator fasst mehrere Ausdrücke syntaktisch zu einem einzigen Ausdruck zusammen.

Sind mehrere Ausdrücke durch ein Komma (,) getrennt, so werden sie von links nach rechts bewertet; Datentyp und Wert des Gesamtausdrucks ist dann gleich dem Datentyp und Ergebnis der letzten Operation.

Beispiel:

```
zeich='J', zaehl=9, pi=3.1415;
```

Alle drei Zuweisungen werden nacheinander berechnet, das Ergebnis des Gesamtausdruckes ist gleich `3.1415`.

Im Zusammenhang mit Schleifenvariablen, die wir im nächsten Kapitel behandeln werden, wird dieser Komma-Operator häufig verwendet. Der Komma-Operator erlaubt nämlich die Unterbringung von mehreren Zuweisungen an einer Stelle, wo sonst nur eine erlaubt wäre.

Mann kann den Komma-Operator auch innerhalb einer `if`-Anweisung verwenden, um sich die geschweiften Klammern einer Blockanweisung zu sparen, wie z. B.:

```
if (...)
   zaehl++, printf ("\n Zaehler erhoeht\n");
```

Sonst hätte man schreiben müssen:

```
if (...) {
   zaehl++;
   printf ("\n Zaehler erhoeht\n");
}
```

Aus Gründen der besseren Lesbarkeit ist aber die zweite Vorgehensweise vorzuziehen.

14.2 Komma-Operator hat die niedrigste Priorität

Für alle bisherigen Operatoren gilt die in Tabelle 14.1 gezeigte Prioritätstabelle.

Tabelle 14.1: Priorität der bisher kennengelernten Operatoren

( )	von links her	⇓
! ˜(Tilde) ++ −− +(Vorz.) −(Vorz.) $sizeof$ &(Adreßop.)	von rechts her	⇓ höhere
* / %	von links her	⇓ Priorität
+ −	von links her	⇓
<< >>	von links her	⇓
< <= > >=	von links her	⇓
== !=	von links her	⇓
& (bitweise AND)	von links her	⇓
ˆ	von links her	⇓
|	von links her	⇓
&&	von links her	⇓
||	von links her	⇓
? :	von rechts her	⇓ niedrigere
= += −= *= /= %= >>= <<= &= |= ˆ=	von rechts her	⇓ Priorität
, ($Komma-Operator$)	von links her	⇓

Der Komma-Operator erzwingt – wie aus Tabelle 14.1 ersichtlich – eine Abarbeitung *„von links her"*, was duch die folgenden Beispiele nochmals gezeigt wird.

```
a=5, b=7, a+b;
```

    a erhält den Wert 5 und b erhält den Wert 7. Die Summe von a+b wird berechnet und ist das Ergebnis des Gesamtausdrucks. Da diese Summe aber nirgends abgespeichert wird, geht sie verloren.

```
a = (a=5, b=7, a+b);
```

    a erhält zunächst den Wert 5 und b erhält den Wert 7. Dann wird die Summe von a+b berechnet (12); sie ist das Ergebnis des Gesamtausdrucks und wird nun a zugewiesen, so dass a nach Ausführung dieser Anweisung den Wert 12 hat.

14.3 Übung: Zusammenfassen mehrerer Anweisungen zu einer

Könnte der folgende Ausschnitt aus einem C-Programm auch ohne Verwendung von geschweiften Klammern { . . } programmiert werden. Wenn ja, wie ?

```
if (x>y) {
   h=x;
   x=y;
   y=h;
}
```

Kapitel 15

Die `for`-Anweisung

Ein Mensch dem Sprichwort Glauben schenkt:
'S kommt alles anders, als man denkt -
Bis er dann die Erfahrung macht:
Genau so kams, wie er gedacht.
Überraschungen, Eugen Roth

15.1 Die `for`-Anweisung

Syntaktisch sieht die `for`-Schleife wie folgt aus:

---

for (*ausdruck1; ausdruck2; ausdruck3*)

   anweisung

Die *anweisung* kann selbstverständlich wieder ein Block von Anweisungen sein, der dann mit { . . . } zu klammern ist.

- *ausdruck1* initialisiert die Schleifenvariable(n).
- *ausdruck2* legt das Abbruchkriterium für die Schleife fest, wenn *ausdruck2* nicht erfüllt (falsch) ist.
- *ausdruck3* reinitialisiert die Schleifenvariable(n), z. B. beim Inkrementieren von Schleifenvariable(n).

Die Komponenten (*ausdrücke*) können einzeln oder auch insgesamt fehlen, jedoch müssen die Semikolons in der Klammer an den richtigen Stellen verbleiben.
Die Funktionsweise der `for`-Schleife läßt sich am besten anhand eines Programmablaufplans - wie er in Abbildung 15.1 gezeigt ist – erläutern.

15 Die for-Anweisung

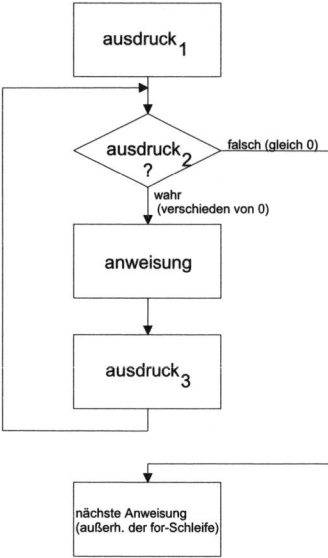

Abbildung 15.1: Programmablaufplan zur for-Schleife

Beispiel:

Gegeben sei das folgende C-Programm haus.c:

```c
#include <stdio.h>

int main(void) {
   int i;
   printf("            *\n");
   printf("          ** **\n");
   printf("        **     **\n");
   printf("      **         **\n");
   printf("      ***********\n");
   printf("      ***********\n");

   for (i=1;i<5;++i)
      printf("      **         **\n");

   printf("      ***********\n");
   return(0);
}
```

Der Programmteil

```c
   for (i=1;i<5;++i)
      printf("      **         **\n");
```

entspricht dem in Abbildung 15.2 gezeigten Programmablauf.
Die nach der for-Zeile folgende printf()-Anweisung wird viermal ausgeführt.

202

15.1 Die `for`-Anweisung

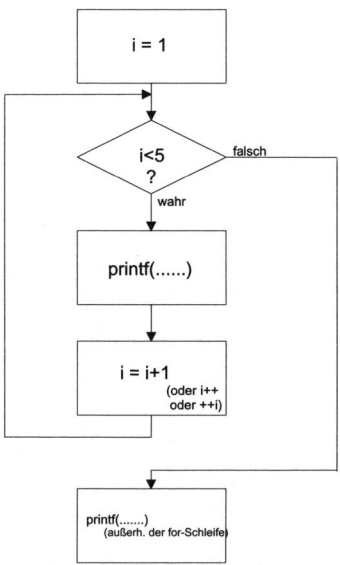

Abbildung 15.2: Programmablaufplan zur `for`-Schleife

Allgemein könnte eine `for`-Schleife so dargestellt werden:
  for (Schleifenvariable=Anfangswert ;
       Schleifenbedingung ;
       Schleifenvariable verändern)

In unserem Beispiel wäre
  Schleifenvariable   : `i`
  Anfangswert   : `1`
  Schleifen-Bedingung   : `i<5`
  Schleifenvariable verändern   : `++i` (was `i=i+1` entspricht)

Das C-Programm `haus.c` würde also folgendes am Bildschirm ausgeben:

```
         *
        ** **
       **   **
      **     **
     **********
     **********
     **     **
     **     **
     **     **
     **     **
     **********
```

Da die Abfrage der Schleifen-Bedingung am Anfang durchgeführt wird, wird die `for`-Schleife im Struktogramm – wie in Abbildung 15.3 gezeigt – dargestellt.

15 Die for-Anweisung

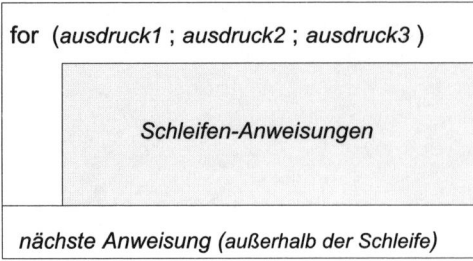

Abbildung 15.3: Struktogramm zur for-Schleife

Bei der folgenden for-Schleife:

```
for (i=7; i>10;\ ++i)
    printf("Guten ");
printf("Tag\n");
```

ist die Schleifenbedingung i > 10 sofort nicht erfüllt, d. h. die Schleifenanweisung printf(" Guten "); wird überhaupt nicht ausgeführt.
Stattdessen wird mit der nächsten Anweisung außerhalb der for-Schleife fortgefahren und nur der Text:
Tag
am Bildschirm ausgegeben.

Beispiel:

Es soll die geometrische Reihe

$$1 + \frac{1}{2} + \frac{1}{4} + \ldots + \frac{1}{2^n}$$

berechnet werden, wobei n einzugeben ist. Diese Reihe besteht aus n+1 Summanden (Summengliedern).
Struktogramm zu dieser Aufgabenstellung:

```
+-------------------------------------------------------------------+
| reih_teil=1                                                       |
| summe=1                                                           |
+-------------------------------------------------------------------+
| Ausgabe einer Überschrift und Eingabe von n (ganzzahlig)          |
+-------------------------------------------------------------------+
| for (zaehl=1; zaehl<=n; ++zaehl)                                  |
|   +---------------------------------------------------------------+
|   | reih_teil=reih_teil/2                                         |
|   | summe+=reih_teil                                              |
+---+---------------------------------------------------------------+
| Ausgabe: Die Summe der geometrischen Reihe bis n ist: summe       |
+-------------------------------------------------------------------+
```

15.1 Die `for`-Anweisung

Zugehöriges C-Programm `georeihe.c`:

```c
#include <stdio.h>

int main(void) {
   int     zaehl,   n;
   double  reih_teil=1,  summe=1;

   printf("\n\nBerechnung der geometrischen Reihe\n");
   printf("==================================\n\n\n\n");

   printf("Geben Sie  n  ganzzahlig positiv ein !\n"); scanf("%d",&n);

   for (zaehl=1 ; zaehl<=n ; ++zaehl)   {
      reih_teil=reih_teil/2;
      summe+=reih_teil;
   }
   printf("\n\n\nDie Summe der geometrischen Reihe bis %d ist:\n",n);
   printf("%lf\n", summe);
   return(0);
}
```

Erklärung zum Programm `georeihe.c`:
Die beiden `double`-Variablen `summe` und `reih_teil` werden bei ihrer Deklaration mit dem Wert 1 vorbesetzt.
In der `for`-Schleife wird zunächst die Schleifenvariable `zaehl` auf 1 gesetzt. Danach wird gefragt, ob die Schleifen-Bedingung `zaehl<=n` noch erfüllt ist; wenn ja, dann werden die beiden zur Schleife gehörigen Anweisungen

```
reih_teil=reih_teil/2;
summe+=reih_teil;
```

ausgeführt und die Schleifenvariable `zaehl` mit `++zaehl` um den Wert 1 inkrementiert. Nun beginnt der zweite Schleifendurchlauf mit der Überprüfung der Schleifen-Bedingung; ist sie noch erfüllt, so werden wieder die Schleifenanweisungen und die Inkrementierung `++zaehl` durchgeführt usw.
Die Schleife wird erst verlassen, wenn die Schleifenbedingung nicht mehr erfüllt ist. Wird z. B. für n (Variable n) 0 eingegeben, so werden die Schleifenanweisungen kein einziges Mal ausgeführt.
Abbildung 15.4 zeigt den Programmablaufplan zum Programm `georeihe.c`.
Anhand des Programmablaufplans ist leicht zu erkennen, dass bei der Eingabe von 0 für n die Schleifenanweisungen nicht ausgeführt und der unveränderte Wert für `summe` (1) am Bildschirm ausgegeben wird.

> Wird für n der Wert 1 eingegeben, so werden die beiden Schleifenanweisungen 1-mal ausgeführt.
> Wird für n der Wert 2 eingegeben, so werden die beiden Schleifenanweisungen 2-mal ausgeführt.
> ......
> Wird für n ein beliebiger Wert y eingegeben, so werden die beiden Schleifenanweisungen y-mal ausgeführt.

15 Die for-Anweisung

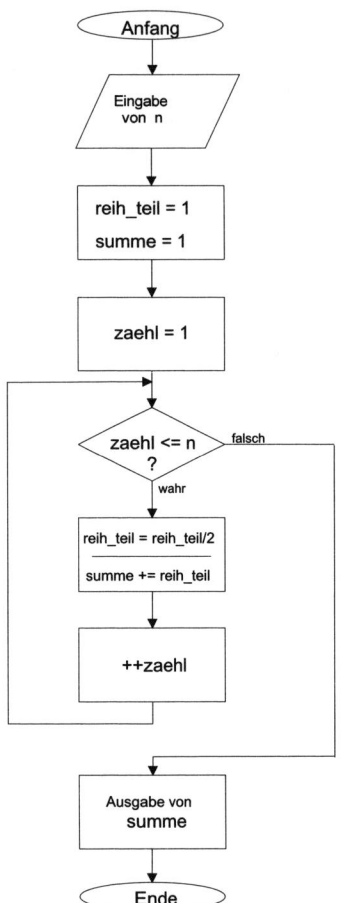

Abbildung 15.4: Programmablaufplan zum Programm *georeihe.c*

Mögliche Abläufe des Programms `georeihe.c`:

```
Berechnung der geometrischen Reihe
==================================
Geben Sie  n  ganzzahlig positiv ein !
11 ⏎

Die Summe der geometrischen Reihe bis 11 ist:
1.999512
```

```
...................
Geben Sie  n  ganzzahlig positiv ein !
1 ⏎

Die Summe der geometrischen Reihe bis 1 ist:
1.500000
```

```
..................
Geben Sie  n  ganzzahlig positiv ein !
3 ⏎
Die Summe der geometrischen Reihe bis 3 ist:
1.875000
```

```
..................
Geben Sie  n  ganzzahlig positiv ein !
0 ⏎
Die Summe der geometrischen Reihe bis 0 ist:
1.000000
```

```
..................
Geben Sie  n  ganzzahlig positiv ein !
90 ⏎
Die Summe der geometrischen Reihe bis 90 ist:
2.000000
```

15.2 Die `for`-Schleife und der Komma-Operator

Die `for`-Schleife ist ein wichtiger Anwendungsfall für den Komma-Operator. In vielen Fällen müssen mehrere Schleifenvariablen initialisiert und/oder reinitialisiert werden. Werden die einzelnen Zuweisungen durch Kommas getrennt, so gelten sie – wie wir beim Komma-Operator im vorherigen Kapitel gehört haben – syntaktisch als ein zusammenhängender Ausdruck.

Beispiel:
Es soll wieder die geometrische Reihe berechnet werden, wobei n einzugeben ist:

$$1 + \frac{1}{2} + \frac{1}{4} + \ldots\ldots + \frac{1}{2^n}$$

Zugehöriges C-Programm `georeih2.c`:

```c
#include <stdio.h>

int  main(void)
{
    int      zaehl, n;
    double   reih_teil,  summe;

    printf("\n\nBerechnung der geometrischen Reihe\n");
    printf("==================================\n\n\n");

    printf("Geben Sie  n  ganzzahlig ein !\n");
    scanf("%d",&n);

    for (reih_teil=0.5,summe=1,zaehl=1 ; zaehl<=n ; reih_teil/=2,++zaehl)
        summe+=reih_teil;

    printf("\n\nDie Summe der geometrischen Reihe bis %d ist:\n",n);
    printf("%lf\n",summe);
    return(0);
}
```

15 Die for-Anweisung

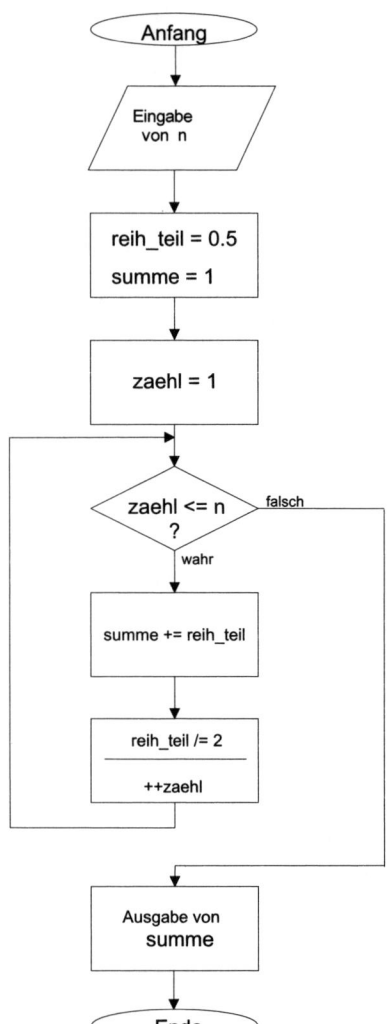

Abbildung 15.5: Programmablaufplan zum Programm georeih2.c

Hier werden die Variablen summe und reih_teil in der for-Anweisung initialisert. Warum reih_teil mit dem Wert 0.5 vorzubesetzen ist, wird aus dem Programmablaufplan in Abbildung 15.5 ersichtlich. Die ständige Division durch 2 wird im Reinitialisierungsteil der for-Anweisung vorgenommen; so verbleibt eine einzige Schleifenanweisung:

```
summe += reih_teil;
```

Abbildung 15.5 zeigt den Programmablaufplan zum Programm georeih2.c reih_teil ist hier mit 0.5 zu initialisieren, da die Division durch 2 erst im Reinitialisierungsteil vorgenommen wird, also erst nach der Ausführung der Schleifenanweisung:

```
summe += reih_teil;
```

15.2 Die `for`-Schleife und der Komma-Operator

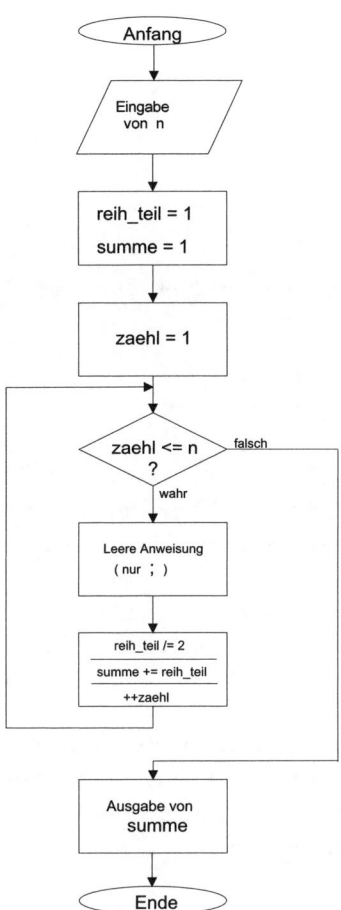

Abbildung 15.6: Programmablaufplan zum Programm `georeih3.c`

Würde `reih_teil` im Initialisierungsteil der `for`-Anweisung mit dem Wert 1 vorbesetzt, so würde dieses Programm die folgende Reihe berechnen:

$$1 + 1 + \frac{1}{2} + \frac{1}{4} + \ldots\ldots + \frac{1}{2^n}$$

Vollziehen Sie dies noch einmal im Programmablaufplan aus Abbildung 15.5 nach! Jetzt wollen wir nochmals die geometrische Reihe berechnen, wobei wir alle erforderlichen Schleifenanweisungen im `for`-Schleifenkopf unterbringen, so dass überhaupt keine Schleifenanweisung mehr übrigbleibt.
Zugehöriges C-Programm `georeih3.c`:

```
#include <stdio.h>

int main(void)
{
    int     zaehl, n;
```

15 Die for-Anweisung

```
    double reih_teil, summe;

    printf("\n\nBerechnung der geometrischen Reihe\n");
    printf("=================================\n\n\n\n");

    printf("Geben Sie  n  ganzzahlig ein !\n");
    scanf("%d",&n);

    for (reih_teil=1,summe=1,zaehl=1; zaehl<=n; reih_teil/=2,summe+=reih_teil,++zaehl)
        ; /* leere Anweisung */

    printf("\n\n\nDie Summe der geometrischen Reihe bis %d ist:\n",n);
    printf("%lf\n",summe);
    return(0);
}
```

Abbildung 15.6 zeigt den Programmablaufplan zum Programm `georeih3.c` Hier haben wir als einzige Schleifenanweisung eine leere Anweisung. Für dieses Programm ist `reih_teil` mit dem Wert 1 vorzubesetzen.

Der Komma-Operator erlaubt also, mehrere Ausdrücke zu einem einzigen Ausdruck zu verschmelzen. Diese Technik lässt sich vor allen Dingen bei der `for`-Schleife anwenden, wenn mehrere Schleifenvariablen zu initialisieren und/oder zu reinitialisieren sind.

Generell sollte man jedoch darauf achten, den `for`-Schleifenkopf nicht zu überladen. Um die Übersichtlichkeit und Lesbarkeit eines Programms zu wahren, ist es des öfteren besser, Variablen in eigenen Anweisungen zu initialisieren oder zu verändern, wenn sie nicht unmittelbar zur Schleifensteuerung gehören.

15.3 Fallgrube: Semikolon am Ende des for-Schleifenkopfs

Eine Schleifenkonstruktion, die einen häufigen Grund für ärgerliche Fehler liefert, soll an einem Beispiel aufgezeigt werden.
Beispiel:
Es sollen die Quadratzahlen von 1 bis 10 am Bildschirm ausgegeben werden.
Der zugehörige C-Programmteil könnte wie folgt aussehen:
```
for (i=1 ; i<=10 ; i++)  ;    ← Vorsicht!
    printf("%10d%10d\n", i, i*i);
```
Dieser Programmteil würde nicht das gewünschte Ergebnis liefern, da das nach dem `for`-Schleifenkopf angegebene Semikolon bewirkt, dass nur eine leere Anweisung zur Schleife gehört. Die `printf()`-Anweisung gehört also bei dieser Schreibweise nicht mehr zur `for`-Schleife und wird deshalb nur einmal, und nicht – wie gewünscht – 10-mal ausgeführt. Dieser Programmteil würde also nur eine Zeile am Bildschirm ausgeben, nämlich folgende

```
         11         121
```

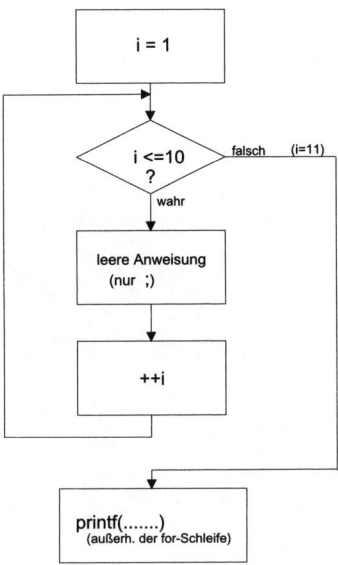

Abbildung 15.7: Semikolon am Ende des Schleifenkopfes

Warum dieser Programmteil eine solche Bildschirmausgabe liefert, verdeutlicht nochmals der Programmablaufplan in Abbildung 15.7.
Richtig wäre folgender Programmteil gewesen:
```
for (i=1 ; i<=10 ; i++)   /*←  Hier kein Semikolon mehr */
    printf("%10d%10d\n", i, i*i);
```
was dann dem Programmablaufplan in Abbildung 15.8 entspräche.

15.4 Geschachtelte Schleifen

Als nächstes lernen wir ineinander geschachtelte Schleifen kennen.

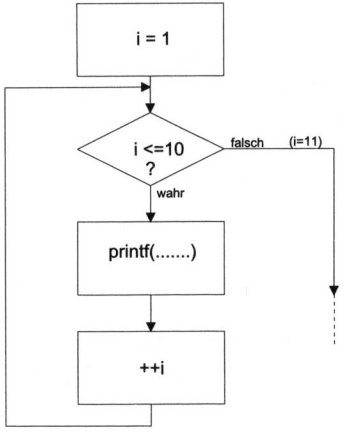

Abbildung 15.8: Kein Semikolon am Ende des Schleifenkopfes

15 Die for-Anweisung

Beispiel:
Wir wollen C-Programm `eimalei.c` erstellen, das das Einmaleins am Bildschirm ausgibt.
Zugehöriges Struktogramm:

```
+-------------------------------------------------------------------------+
!Ausgabe einer Ueberschrift                                               !
+-------------------------------------------------------------------------+
!for (aussen=1 ; aussen<=10 ; aussen++)                                   !
!  +----------------------------------------------------------------------+
!  !for (innen=1 ; innen<=10 ; innen++)                                   !
!  !  +-------------------------------------------------------------------+
!  !  ! Ausgabe:  aussen, innen, aussen*innen                             !
+--+--+-------------------------------------------------------------------+
```

Zugehöriges C-Programm `eimalei.c`:

```c
#include <stdio.h>

int  main(void)
{
    int      aussen,   innen;

    printf("\n\nDas Einmaleins\n");
    printf("==============\n\n\n\n");

    for (aussen=1 ; aussen<=10 ; aussen++)
       for (innen=1 ; innen<=10 ; innen++)
          printf("%30d * %2d = %3d\n",aussen,innen,aussen*innen);
    return(0);
}
```

Erklärung:
Die Schleifenanweisung der äußeren `for`-Schleife ist wieder eine `for`-Schleife. Diese innere `for`-Schleife wird zunächst ausgeführt; d. h. am Bildschirm wird folgendes ausgegeben:

```
              1 *  1 =   1
              1 *  2 =   2      Die Variable aussen
              1 *  3 =   3      besitzt bei allen
              1 *  4 =   4      10 Durchläufen der
              1 *  5 =   5      inneren for-Schleife
              1 *  6 =   6      den Wert 1, während
              1 *  7 =   7      die Variable innen
              1 *  8 =   8      für jeden Durchlauf
              1 *  9 =   9      um 1 erhöht wird.
              1 * 10 =  10
```

Danach wird wieder zur äußeren `for`-Schleife zurückgekehrt, d. h., jetzt wird aussen um 1 erhöht, bevor wieder die innere `for`-Schleife 10-mal durchlaufen wird; d. h. am Bildschirm wird nun folgendes ausgegeben:

```
              2 *  1 =   2
              2 *  2 =   4
```

15.4 Geschachtelte Schleifen

```
2 *  3 =  6
2 *  4 =  8
2 *  5 = 10
2 *  6 = 12
2 *  7 = 14
2 *  8 = 16
2 *  9 = 18
2 * 10 = 20
```
usw.

Insgesamt wird also die `printf()`-Anweisung 100-mal ausgeführt. Um ineinander geschachtelte `for`-Schleifen besser verstehen zu können, soll zu diesem Beispiel noch ein Programmablaufplan angegeben werden. Vollziehen Sie anhand dieses Ablaufplans die einzelnen Schritte des zuvor angegebenen C-Programms `eimalei.c` nochmals nach. Abbildung 15.9 zeigt den Programmablaufplan zum Programm `eimalei.c`.

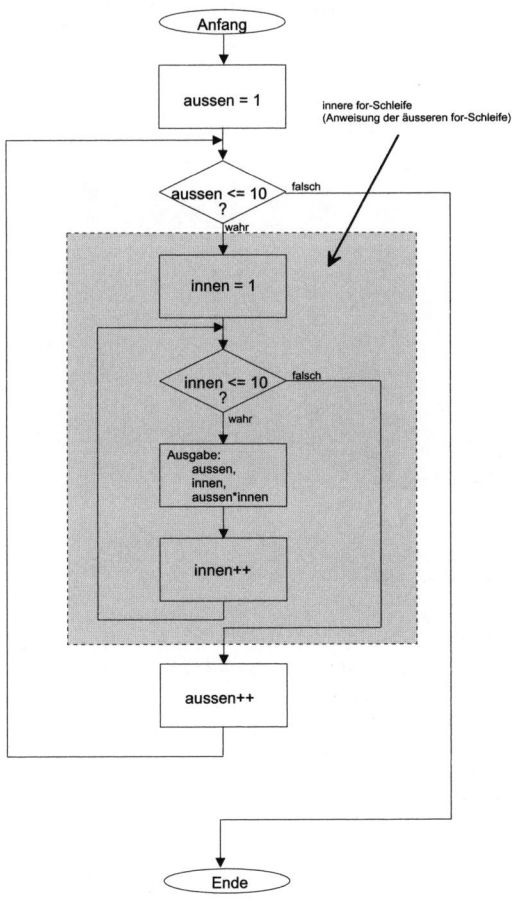

Abbildung 15.9: Programmablaufplan zum Programm `eimalei.c`

15 Die for-Anweisung

Weiteres Beispiel:
Es soll ein C-Programm hexokdua.c erstellt werden, das von einem Startwert, der einzugeben ist, bis zu einem Endwert, der auch einzugeben ist, alle in diesem Intervall liegenden Zahlen in Dezimal-, Hexa-, Oktal- und Dualdarstellung ausgibt. Dieses Programm soll auf die Zahlen 0..255 begrenzt sein.
Zugehöriges Struktogramm:

```
+-------------------------------------------------------------------------+
!Ausgabe einer Programm-Überschrift                                       !
!Einlesen der Variablen    start    und    ende                           !
!Ausgabe einer Tabellenüberschrift                                        !
+-------------------------------------------------------------------------+
!for (zahl=start ; zahl<=ende ; ++zahl)                                   !
!  +----------------------------------------------------------------------+
!  !printf("%18d %9x %8o ", zahl, zahl, zahl)                             !
!  +----------------------------------------------------------------------+
!  !for (i=7 ; i>=0 ; i--)                                                !
!  !  +-------------------------------------------------------------------+
!  !  !printf("%1d", (zahl>>i) & 1)                                       !
!  +--+-------------------------------------------------------------------+
!  !printf("\n")                                                          !
+--+----------------------------------------------------------------------+
```

Zugehöriges C-Programm hexokdua.c:

```c
#include <stdio.h>
int  main(void)
{
    int    zahl,   start,   ende,   i;

    printf("\n\nZahlenumwandlung\n");
    printf("================\n\n");
    printf("Von ? ");      scanf("%d",&start);
    printf("Bis ? ");      scanf("%d",&ende);
    printf("\n\n%20s%10s%10s%13s\n","Dezimal","Hexa","Oktal","Dual");

    for (zahl=start ; zahl<=ende ; ++zahl)  {
        printf("%18d   %9x %8o        ",zahl,zahl,zahl);
        for (i=7 ; i>=0 ; i--)
            printf("%1d",(zahl>>i) & 1);
        printf("\n");
    }
    return(0);
}
```

Mögliche Abläufe dieses Programms hexokdua.c:

```
Zahlenumwandlung
================
Von ? 4 ⏎
Bis ? 7 ⏎

             Dezimal      Hexa     Oktal         Dual
                   4         4         4     00000100
```

214

15.4 Geschachtelte Schleifen

```
              5           5           5       00000101
              6           6           6       00000110
              7           7           7       00000111
..............
Von ? 25  ⟵
Bis ? 29  ⟵
           Dezimal       Hexa       Oktal          Dual
              25          19          31       00011001
              26          1a          32       00011010
              27          1b          33       00011011
              28          1c          34       00011100
              29          1d          35       00011101

..............
Von ? 233 ⟵
Bis ? 241 ⟵
           Dezimal       Hexa       Oktal          Dual
             233          e9         351       11101001
             234          ea         352       11101010
             235          eb         353       11101011
             236          ec         354       11101100
             237          ed         355       11101101
             238          ee         356       11101110
             239          ef         357       11101111
             240          f0         360       11110000
             241          f1         361       11110001
```

Nach Ausgabe der Programm-Überschrift wird ein Startwert in die Variable `start` und ein Endwert in die Variable `ende` eingelesen. Nachdem diese Eingabe erfolgt ist, wird folgender Text ausgegeben:

```
           Dezimal       Hexa       Oktal          Dual
```

Die beiden ineinander geschachtelten `for`-Schleifen sind für die Ausgabe der einzelnen Zahlendarstellungen in den verschiedenen Zahlensystemen zuständig.

In der äußeren `for`-Schleife wird die Laufvariable `zahl` verwendet, die zunächst mit dem Startwert `start` initialisiert wird und in Einserschritten bis zum Endwert `ende` läuft.

Zur äußeren `for`-Schleife gehört ein Block von drei Anweisungen:

```
printf("%18d   %9x %8o     ",zahl,zahl,zahl);
for (i=7 ; i>=0 ; i--)
    printf("%1d",(zahl>>i) & 1);
printf("\n");
```

- Die erste Anweisung dieses Blocks ist eine `printf()`-Anweisung (ohne Zeilenvorschub) die den Wert von `zahl` über entsprechende Formatangaben dezimal, hexadezimal und oktal ausgibt.

- Die zweite Anweisung dieses Blocks ist eine `for`-Schleife, die für die Ausgabe von `zahl` in Dualdarstellung verantwortlich ist.

- Bei der dritten Anweisung dieses Blocks handelt es sich um eine `printf()`-Anweisung, die einen Zeilenvorschub bewirkt.

15 Die for-Anweisung

Die innere for-Schleife, die für die Ausgabe der Dualdarstellung verantwortlich ist, werden wir jetzt noch etwas genauer betrachten:

```
for (i=7 ; i>=0 ; i--)
    printf("%1d",(zahl>>i) & 1);
```

In der inneren for-Schleife wird die die Laufvariable i verwendet, die zunächst mit 7 vorbesetzt wird und dann nach jedem Schleifendurchlauf um 1 dekrementiert wird, bis die Schleifenbedingung i>=0 nicht mehr erfüllt ist. Insgesamt wird also die zu dieser Schleife gehörige printf()-Anweisung 8-mal ausgeführt.

Die folgende Schleifenanweisung wollen wir anhand eines Beispiels durchsprechen:

```
printf("%1d", (zahl>>i) & 1)
```

Wenn beispielsweise in der int-Variablen zahl momentan der Wert 142 gespeichert ist, dann wird diese Zahl rechnerintern wie folgt dargestellt, wobei für int hier zwei Bytes angenommen werden:

Vorzeichen	2^{14} = 16384	2^{13} = 8192	2^{12} = 4096	2^{11} = 2048	2^{10} = 1024	2^{9} = 512	2^{8} = 256	2^{7} = 128	2^{6} = 64	2^{5} = 32	2^{4} = 16	2^{3} = 8	2^{2} = 4	2^{1} = 2	2^{0} = 1
142= 0	0	0	0	0	0	0	0	1	0	0	0	1	1	1	0

Beim ersten Durchlauf der inneren for-Schleife ist der Wert der Laufvariablen i gleich 7, d.h., es wird durch die printf()-Anweisung eine Dezimalziffer (%1d) und zwar die Ziffer 1 am Bildschirm ausgegeben:

	Vorzeichen	2^{14} = 16384	2^{13} = 8192	2^{12} = 4096	2^{11} = 2048	2^{10} = 1024	2^{9} = 512	2^{8} = 256	2^{7} = 128	2^{6} = 64	2^{5} = 32	2^{4} = 16	2^{3} = 8	2^{2} = 4	2^{1} = 2	2^{0} = 1	
zahl>>7	0	0	0	0	0	0	0	0	0	0	0	0	0	0	0	1	=1
1	0	0	0	0	0	0	0	0	0	0	0	0	0	0	0	1	
(zahl>>7)&1=	0	0	0	0	0	0	0	0	0	0	0	0	0	0	0	1	=1

Beim nächsten Durchlauf der inneren for-Schleife ist der Wert der Laufvariablen i gleich 6, da er im Reinitialisierungsteil um 1 dekrementiert wurde; d.h., es wird durch die printf()-Anweisung eine Dezimalziffer (%1d) und zwar die Ziffer 0 am Bildschirm ausgegeben:

	Vorzeichen	2^{14} = 16384	2^{13} = 8192	2^{12} = 4096	2^{11} = 2048	2^{10} = 1024	2^{9} = 512	2^{8} = 256	2^{7} = 128	2^{6} = 64	2^{5} = 32	2^{4} = 16	2^{3} = 8	2^{2} = 4	2^{1} = 2	2^{0} = 1	
zahl>>6	0	0	0	0	0	0	0	0	0	0	0	0	0	1	0	=2
1	0	0	0	0	0	0	0	0	0	0	0	0	0	0	0	1	
(zahl>>6)&1=	0	0	0	0	0	0	0	0	0	0	0	0	0	0	0	0	=0

15.4 Geschachtelte Schleifen

Für die nächsten beiden Durchläufe mit i=5 und i=4 wird wieder Ziffer 0 ausgegeben. Den 5. Durchlauf mit i=3 wollen wir nochmals genauer betrachten:

	Vorzeichen	2^{14} =16384	2^{13} =8192	2^{12} =4096	2^{11} =2048	2^{10} =1024	2^{9} =512	2^{8} =256	2^{7} =128	2^{6} =64	2^{5} =32	2^{4} =16	2^{3} =8	2^{2} =4	2^{1} =2	2^{0} =1	
zahl>>3	0	0	0	0	0	0	0	0	0	0	0	1	0	0	0	1	= 17
1	0	0	0	0	0	0	0	0	0	0	0	0	0	0	0	1	
(zahl>>3)&1=	0	0	0	0	0	0	0	0	0	0	0	0	0	0	0	1	= 1

Für den 5. Durchlauf würde also die Ziffer 1 ausgegeben.
Insgesamt würde diese Ausführung der inneren for-Schleife also genau die Dualdarstellung der Dezimalzahl 142 mit 8 Bitstellen am Bildschirm ausgeben:

```
10001110
```

Es wird also bei jedem Durchlauf der inneren for-Schleife der Inhalt von zahl um i Stellen nach rechts geshiftet (geschoben).
Diese Shift-Operation bewirkt, dass der Inhalt des i-ten Bits ins 0-te Bit gebracht wird, d. h., der Inhalt des i-ten Bits wird an die letzte Stelle rechts gebracht.
Das bitweise AND (&) des so erhaltenen Bitmusters mit 1 bewirkt, dass alle höherwertigen Bits außer dem 0-ten Bit auf 0 gesetzt werden; das so erhaltene Bitmuster kann deshalb entweder nur den Wert 1 (wenn i-tes Bit von zahl auf 1 gesetzt war) oder den Wert 0 (wenn i-tes Bit von zahl auf 0 gesetzt war) enthalten.
Die innere for-Schleife gibt also, von links mit dem 7-ten Bit beginnend den Inhalt der einzelnen Binärstellen einer im Rechner dargestellten Zahl am Bildschirm aus.

Noch ein Beispiel:
Wir wollen ein C-Programm dualzahl.c erstellen, das die interne Darstellung einer long int-Zahl am Bildschirm ausgibt. Dieses Programm soll unter Verwendung eines Makros geschrieben werden.

```c
#include <stdio.h>

#define DUAL_ZIFF(zahl,x)   printf( (zahl>>x)&1 ? "1" : "0" )

int  main(void) {
   long int   dezi_zahl;
   int  i;

   printf("Gib eine ganze Zahl ein: "); scanf("%ld", &dezi_zahl);

   printf("\nDiese Zahl hat folgendes Bitmuster:\n          ");
   for (i=31 ; i>=0 ; i--)
      DUAL_ZIFF(dezi_zahl,i);
   printf("\n");
```

15 Die for-Anweisung

```
        return(0);
}
```

Möglicher Ablauf dieses Programms `dualzahl.c`:

```
Gib eine ganze Zahl ein: 981236741 ⏎
Diese Zahl hat folgendes Bitmuster:
       00111010011111000111110000000101
```

Und noch ein Beispiel:

In diesem Beispiel wollen wir ein C-Programm `mittwert.c` erstellen, das den Mittelwert von n Zahlen, die alle einzugeben sind, berechnet. Die Anzahl n der einzugebenden Werte ist ebenfalls einzugeben.

```c
#include <stdio.h>

int  main(void)
{
   float   wert, mittel_wert;
   int     anzahl, i;

   printf("%50s\n","Mittelwertberechnung");
   printf("%50s\n\n","====================");

   printf("Wieviele Werte wollen Sie eingeben ? ");
   scanf("%d", &anzahl);

   mittel_wert=0;
   printf("\n\n");

   for (i=1 ; i<=anzahl ; ++i)  {
      printf("Geben Sie den %d. Wert ein: ", i);
      scanf("%f", &wert);
      mittel_wert += wert;
   }

   mittel_wert /= anzahl;

   printf("\nDer Mittelwert der eingegebenen Werte ist: %g\n",mittel_wert);
   return(0);
}
```

Möglicher Ablauf dieses Programms `mittwert.c`:

```
                         Mittelwertberechnung
                         ====================

Wieviele Werte wollen Sie eingeben ? 6 ⏎

Geben Sie den 1. Wert ein: 4.3 ⏎
Geben Sie den 2. Wert ein: 3.45 ⏎
Geben Sie den 3. Wert ein: 2.1 ⏎
```

```
Geben Sie den 4. Wert ein: 7.3 ⏎
Geben Sie den 5. Wert ein: 8 ⏎
Geben Sie den 6. Wert ein: 2.34 ⏎

Der Mittelwert der eingegebenen Werte ist: 4.58167
```

15.5 Eine endlose `for`-Schleife

Es können auch Ausdrücke in einer `for`-Anweisung weggelassen werden, wie z. B.

```
zaehl=1;
for ( ; zaehl<=n ; ) {
    ....
    zaehl++;
}
```

In solchen Fällen entfällt die automatische Initialisierung oder Reinitialisierung bzw. wie im obigen Beispiel beides. Man kann sogar soweit gehen, dass man alle drei Ausdrücke innerhalb einer `for`-Anweisung wegläßt.
Eine Angabe wie

```
for ( ; ; ) {
    .....
}
```

entspricht dann

```
for ( ; 1 ; )       .....
```

Das bedeutet, dass die Schleifenbedingung immer erfüllt ist und es sich somit um eine Endlosschleife handelt.
Auf Endlosschleifen und ihre Anwendungsfälle werden wir später in Kapitel 18 bei der Vorstellung des Schlüsselworts `break` noch genauer eingehen.

15.6 `for` bei Durchläufen mit festen Schrittweiten

`for`-Schleifen werden immer dann verwendet, wenn eine Aufgabenstellung das Durchlaufen von Bereichen von einem Anfangs- bis zu einem Endwert mit festen Schrittweiten erfordert. Ein Beispiel dafür wäre die Kaufpreis-Entwicklung der Insel Manhattan, die im Jahre 1627 für 24 $ gekauft wurde. Es soll hier ein Programm `manhatan.c` erstellt werden, welches die Kaufpreis-Entwicklung unter Berücksichtigung von Zinsen und Zinseszinsen bis zum Jahre 2000 berechnet und ausgibt. Da eine solche Tabelle zu groß würde, soll nur immer dann das Jahr mit momentanen Kaufpreis ausgegeben werden, wenn der Kaufpreis die nächste Zehnerpotenz überspringt.
Hier wird deutlich, dass die Jahre nacheinander (mit Schrittweite 1) durchlaufen werden müssen. Der Kaufpreis dagegen kommt nicht als Schleifenvariable in Frage, da er sich nicht konstant erhöht.
Mögliches C-Programm `manhatan.c`:

15 Die for-Anweisung

```c
#include <stdio.h>

int main(void) {
   int i;
   double k=24,
          zehner=10,
          zinssatz;
   printf("Entwicklung des Manhattan-Kaufpreises\n");
   printf("=====================================\n\n");
   printf("Der Kaufpreis der Insel Manhattan war 24 $ im Jahre 1627\n");
   printf("Waere dieser Preis mit x %% verzinst wurden, so haette er\n");
   printf("sich unter Beruecksichtigung von Zinseszinsen entsprechend\n");
   printf("der folgenden Tabelle erhoeht:\n");
   printf("In der Tabelle wird immer nur dann ein Jahr ausgegeben, wenn\n");
   printf("der Kaufpreis die naechste Zehnerpotenz uebersringt.\n\n");
   printf("\n\nGeben Sie den Zinssatz in %% ein: ");
   scanf("%lf", &zinssatz);

   printf("\n\n");
   printf("    Jahr                    Preis\n");
   printf("=================================\n");
   for (i=1627 ; i<=1999 ; i++) {
      if (k>zehner) {
         zehner *= 10;
         printf("%7d%25.2lf $\n", i, k);
      }
      k *= 1+zinssatz/100;
   }
   printf("---------------------------------\n");
   printf("%7d%25.2lf $\n", i, k);
   return(0);
}
```

Möglicher Ablauf des Programms manhatan.c:

```
Entwicklung des Manhattan-Kaufpreises
=====================================

Der Kaufpreis der Insel Manhattan war 24 $ im Jahre 1627
.....................
Geben Sie den Zinssatz in % ein: 6.4 ⏎
    Jahr                    Preis
=================================
    1627                    24.00 $
    1651                   106.37 $
    1688                  1055.97 $
    1725                 10483.13 $
    1762                104071.31 $
    1799               1033168.72 $
    1836              10256790.51 $
    1873             101824367.16 $
```

```
  1910             1010862193.48 $
  1947            10035342253.31 $
  1985           106001997954.90 $
-----------------------------------
  2000           268805698004.40 $
```

Nicht immer ist die Schrittweite und Endebedingung bei einer Aufgabenstellung so leicht erkennbar, wie dies der Fall im vorherigen Beispiel war. In solchen Fällen muss man immer erst die Gesetzmässigkeiten herausfinden, die einer Aufgabenstellung zugrunde liegen.

Beispiel:

Es soll ein Programm `zahltab.c` erstellt werden, das nach Eingabe der gewünschten Zeilenzahl folgendes ausgibt:

```
Ausgabe einer Zahlentabelle im Dreiecksformat
=============================================

Wieviele Zeilen sollen ausgegeben werden: 20 ⏎

   1
   2    4
   3    6    9
   4    8   12   16
   5   10   15   20   25
   6   12   18   24   30   36
   7   14   21   28   35   42   49
   8   16   24   32   40   48   56   64
   9   18   27   36   45   54   63   72   81
  10   20   30   40   50   60   70   80   90  100
  11   22   33   44   55   66   77   88   99  110  121
  12   24   36   48   60   72   84   96  108  120  132  144
  13   26   39   52   65   78   91  104  117  130  143  156  169
  14   28   42   56   70   84   98  112  126  140  154  168  182  196
  15   30   45   60   75   90  105  120  135  150  165  180  195  210  225
  16   32   48   64   80   96  112  128  144  160  176  192  208  224  240  256
  17   34   51   68   85  102  119  136  153  170  187  204  221  238  255  272  289
  18   36   54   72   90  108  126  144  162  180  198  216  234  252  270  288  306  324
  19   38   57   76   95  114  133  152  171  190  209  228  247  266  285  304  323  342  361
  20   40   60   80  100  120  140  160  180  200  220  240  260  280  300  320  340  360  380  400
```

Nach genauerer Betrachtung dieser Tabelle stellt man folgende Eigenschaften fest:

1. Die erste Zahl einer Zeile ist immer der Nachfolger der direkt darüber stehenden Zahl (in der vorherigen Zeile).
2. Die Schrittweite in einer Zeile ist immer durch die erste Zahl festgelegt.
3. Das Ende einer Zeile ist immer das Quadrat der ersten Zahl in dieser Zeile.

Hat man diese Eigenschaften herausgearbeitet, so kann man das zugehörige C-Programm `zahltab.c` angeben:

15 Die for-Anweisung

```c
#include <stdio.h>

int main(void) {
   int i, j,
       zeile;
   printf("Ausgabe einer Zahlentabelle im Dreiecksformat\n");
   printf("=============================================\n\n");
   printf("Wieviele Zeilen sollen ausgegeben werden: "); scanf("%d", &zeile);

   printf("\n\n");
   for (i=1 ; i<=zeile ; i++) {
      for (j=i ; j<=i*i ; j+=i)
         printf("%4d", j);
      printf("\n");   /* Zeilenvorschub in der aeusseren Schleife */
   }
   return(0);
}
```

15.7 Variablendeklaration im for-Schleifenkopf (neu in C99)

C99 erlaubt wie C++, eine Variable im Initialisierungsteil des for-Schleifenkopfs zu deklarieren. Der Gültigkeitsbereich einer solchen Variablen ist dann auf den Block der Anweisungen innerhalb dieser for-Schleife beschränkt, was bedeutet, dass solche Variablen nur innerhalb des zugehörigen for-Schleifenblocks verwendet werden können und außerhalb dieses Blocks unbekannt sind.

Diese temporäre Deklaration von Laufvariablen ist sehr hilfreich, da man oft solche Laufvariablen nur innerhalb von Schleifen benötigt.

Das folgende C-Programm zahltab2.c, das weitgehend das Gleiche leistet wie das vorherige Programm zahltab.c, nur dass es am Ende jeder Zeile nochmals die Zeilennummer in Klammern ausgibt, demonstriert diese lokale Deklaration von Laufvariablen im for-Schleifenkopf:

```c
#include <stdio.h>

int main(void) {
   int zeile;

   printf("Ausgabe einer Zahlentabelle im Dreiecksformat\n");
   printf("=============================================\n\n");
   printf("Wieviele Zeilen sollen ausgegeben werden: "); scanf("%d", &zeile);
   printf("\n\n");

   //... bis hier ist noch kein i und noch kein j bekannt
   for (int i=1 ; i<=zeile ; i++) { // i hier bekannt
      for (int j=i ; j<=i*i ; j+=i) // i auch hier bekannt
         printf("%4d", j);          // j kann nur hier verwender werden
      printf(" (%d)\n", i);         // i noch bekannt; j nicht mehr
```

```
    }
    //... ab hier ist wieder kein i und kein j mehr bekannt

    return(0);
}
```

Möglicher Ablauf des Programms `zahltab2.c`:

```
Ausgabe einer Zahlentabelle im Dreiecksformat
=============================================
Wieviele Zeilen sollen ausgegeben werden: 8 ⏎
    1  (1)
    2   4  (2)
    3   6   9  (3)
    4   8  12  16  (4)
    5  10  15  20  25  (5)
    6  12  18  24  30  36  (6)
    7  14  21  28  35  42  49  (7)
    8  16  24  32  40  48  56  64  (8)
```

15.8 Programmiertechniken

15.8.1 Anhalten einer Bildschirmausgabe

Bei vielen Tabellen reicht die Zeilenzahl des Bildschirms nicht aus, um die ganze Tabelle anzuzeigen. In solchen Fällen ist es empfehlenswert, die Ausgabe nach einer bestimmten Zeilenzahl anzuhalten, damit der Benutzer die bisher ausgegebene Teil-Tabelle in aller Ruhe lesen kann. Erst nach einer Eingabe des Benutzers sollte das Programm mit der Tabellenausgabe fortfahren. In solchen Fällen verwendet man eine Zählvariable, die alle bisher ausgegebenen Zeilen auf einer Bildschirmseite mitzählt. Um die Bildschirmausgabe nach n Zeilen anzuhalten, kann man folgende Techniken benutzen:

```
z=0;
.....
for (....) {
    ....
        z++ bei bei jeder Ausgabe einer Zeile
        if (z==n) {
            printf("Weiter mit Return.....");
            getchar();
            Eventuell Tabellen-Überschrift erneut ausgeben
            z=0;    /* z wieder neu auf 0 setzen */
        }
    ....
}

z=0;
.....
for (....) {
    ....
```

15 Die for-Anweisung

```
        z++ bei bei jeder Ausgabe einer Zeile
        if (z%n == 0) {   /* Mit Modulo arbeiten */
            printf("Weiter mit Return.....");
            getchar();
            Eventuell Tabellen-Überschrift erneut ausgeben
        }
     ....
}
```

Hier soll wieder als Demonstrationsbeispiel die Kaufpreis-Entwicklung der Insel Manhattan seit 1627 berechnet und ausgegeben werden. Diesmal soll jedoch der Kaufpreis alle x Jahre ausgegeben werden. Die Intervallgröße x ist einzugeben. Das entsprechende C-Programm manhat2.c könnte z. B. folgendes Aussehen haben:

```c
#include <stdio.h>

int main(void) {
    int i, z=0, intervall;
    double k=24, zinssatz;

    printf("Entwicklung des Manhattan-Kaufpreises\n");
    printf("=====================================\n\n");
    printf("Der Kaufpreis der Insel Manhattan war 24 $ im Jahre 1627\n");
    printf("Waere dieser Preis mit x %% verzinst wurden, so haette er\n");
    printf("sich unter Beruecksichtigung von Zinseszinsen entsprechend\n");
    printf("der folgenden Tabelle erhoeht:\n");
    printf("In der Tabelle wird Kaufpreis in x Jahresschritten ausgegeben.\n");

    printf("\n\n\nGeben Sie den Zinssatz in %% ein: ");
    scanf("%lf", &zinssatz);
    printf("\nAusgabe in welchen Jahresintervallen: ");
    scanf("%d", &intervall);
    getchar();
    printf("\n\n");
    printf("      Jahr                    Preis\n");
    printf("=================================\n");
    for (i=1627 ; i<=1999 ; i++) {
        if ((i-1627)%intervall==0) {
            printf("%7d%25.2lf $\n", i, k);
            if (++z%22==0) {    /* Nach allen 22 Jahres-Zeilen anhalten */
                printf("Weiter mit Return.....");
                getchar();
                printf("      Jahr                    Preis\n");
                printf("=================================\n");
            }
        }
        k *= 1+zinssatz/100;
    }
    printf("---------------------------------\n");
    printf("%7d%25.2lf $\n", i, k);
}
```

```
        return(0);
}
```

Möglicher Ablauf dieses Programms manhat2.c:

```
Entwicklung des Manhattan-Kaufpreises
=====================================

Der Kaufpreis der Insel Manhattan war 24 $ im Jahre 1627
Waere dieser Preis mit x % verzinst wurden, so haette er
sich unter Beruecksichtigung von Zinseszinsen entsprechend
der folgenden Tabelle erhoeht:
In der Tabelle wird Kaufpreis in x Jahresschritten ausgegeben.

Geben Sie den Zinssatz in % ein: 6 ⏎
Ausgabe in welchen Jahresintervallen: 10 ⏎


    Jahr                  Preis
=====================================
    1627                  24.00 $
    1637                  42.98 $
    1647                  76.97 $
    1657                 137.84 $
    1667                 246.86 $
    1677                 442.08 $
    1687                 791.70 $
    1697                1417.82 $
    1707                2539.10 $
    1717                4547.15 $
    1727                8143.25 $
    1737               14583.32 $
    1747               26116.51 $
    1757               46770.68 $
    1767               83759.17 $
    1777              149999.92 $
    1787              268627.01 $
    1797              481070.07 $
    1807              861523.22 $
    1817             1542856.88 $
    1827             2763021.69 $
    1837             4948151.03 $
Weiter mit Return..... ⏎
    Jahr                  Preis
=====================================
    1847             8861384.88 $
    1857            15869390.70 $
    1867            28419661.79 $
    1877            50895285.85 $
    1887            91145705.43 $
    1897           163228076.62 $
    1907           292316625.03 $
```

15 Die for-Anweisung

```
    1917             523494554.59 $
    1927             937499017.25 $
    1937            1678917955.55 $
    1947            3006686353.38 $
    1957            5384517330.19 $
    1967            9642850457.76 $
    1977           17268876530.38 $
    1987           30925927756.32 $
    1997           55383626485.85 $
-----------------------------------
    2000           65962785282.67 $
```

15.8.2 Zeilenvorschübe bei geschachtelten Schleifen

Dem C-Anfänger bietet es immer wieder Schwierigkeiten, den Zeilenvorschub bei einer Ausgabe von mehreren Zeilen in geschachtelten for-Schleifen richtig einzuordnen. Dazu sollte er sich folgendes klarmachen:

1. Die äußere Schleife ist für die Zeilenvorschübe verantwortlich, während die innere Schleife für die Ausgabe der einzelnen Spalten verantwortlich ist.
2. Der Zeilenvorschub in der äußeren Schleife sollte aber immer erst dann erfolgen, wenn die innere Schleife ihre Arbeit getan hat.

Beispiel 1:

Es soll ein C-Programm `quadrat.c` erstellt werden, das ein Rechteck in der Mitte des Bildschirms ausgibt. Die Größe des Rechtecks soll dabei der Benutzer wählen können.

Möglicher Ablauf dieses Programms `quadrat.c`:

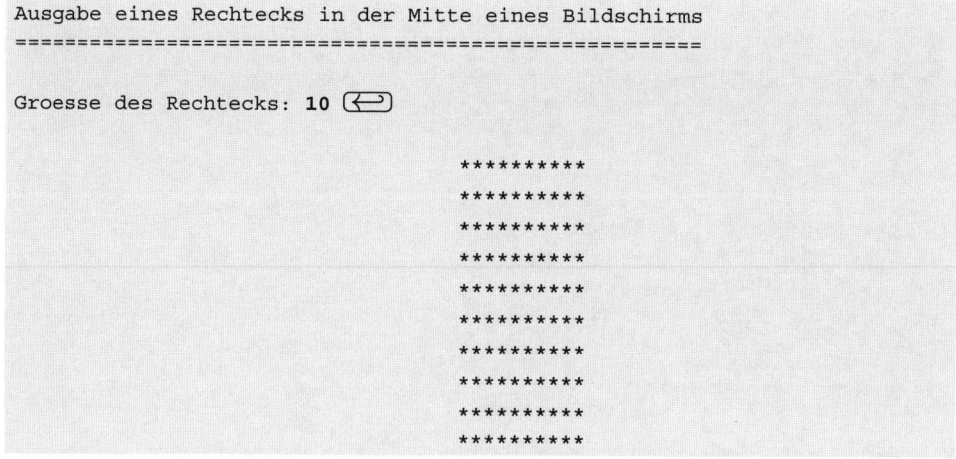

Mögliches C-Programm `quadrat.c` (erste Variante):

```
#include <stdio.h>
int  main(void) {
    int i, j, groesse;

    printf("Ausgabe eines Rechtecks in der Mitte eines Bildschirms\n");
    printf("========================================================\n\n");
    printf("Groesse des Rechtecks: ");
    scanf("%d", &groesse);
    printf("\n\n");

    for (i=1 ; i<=groesse ; i++) {
        for (j=1 ; j<=40-groesse/2 ; j++)  /* Einruecken in einer Zeile */
            printf(" ");
        for (j=1 ; j<=groesse ; j++)   /* In einer inneren Schleife     */
            printf("*");               /* Sternchen fuer eine Zeile ausgeben */
        printf("\n");                  /* Zeilenvorschub in aeusseren Schleife */
    }
    return(0);
}
```

Unter Verwendung des mit C89 eingeführten * bei `printf()` könnte die erste innere `for`-Schleife auch eingespart werden. Somit wäre das folgende C-Programm `quadrat2.c` eine weitere Variante zur Lösung der gestellten Aufgabe:

```
#include <stdio.h>
int  main(void)
{
    int i, j, groesse;

    printf("Ausgabe eines Rechtecks in der Mitte eines Bildschirms\n");
    printf("========================================================\n\n");
    printf("Groesse des Rechtecks: ");
    scanf("%d", &groesse);

    printf("\n\n");

    for (i=1 ; i<=groesse ; i++) {
        printf("%*s", 40-groesse/2, " ");  /* 40-groesse/2 Blanks einruecken */
        for (j=1 ; j<=groesse ; j++)   /* In einer inneren Schleife     */
            printf("*");               /* Sternchen fuer eine Zeile ausgeben */
        printf("\n");                  /* Zeilenvorschub in aeusseren Schleife */
    }
    return(0);
}
```

Beispiel 2:

Es soll ein C-Programm `weihbaum.c` erstellt werden, das einen „3-spitzigen" Weihnachtsbaum ausgibt. Über Eingabe eines Vergrößerungsfaktors kann der Benutzer die Größe des gewünschten Baums festlegen. Mögliche Abläufe dieses Programms `weihbaum.c`:

15 Die `for`-Anweisung

```
Ausgabe eines Weihnachtsbaums
=============================

Vergroesserungsfaktor: 3 ⏎

                    *
                   ***
                  *****
                    *
                   ***
                  *****
                 *******
                ********* 
               ***********
                    *
                   ***
                  *****
                 *******
                ********* 
               ***********
              *************
             ***************
            *****************
                    *
                    *
                    *
                    *
                    *
                    *

Ausgabe eines Weihnachtsbaums
=============================
Vergroesserungsfaktor: 1 ⏎

          *
          *
         ***
          *
         ***
        *****
          *
          *
```

Mögliches C-Programm `weihbaum.c`:

```c
#include <stdio.h>
int main(void) {
   int i, j, groesse;

   printf("Ausgabe eines Weihnachtsbaums\n");
   printf("=============================\n\n");
   printf("Vergroesserungsfaktor: "); scanf("%d", &groesse);
   printf("\n\n");
```

```c
        /* Ausgabe der 1.Spitze */
    for (i=1 ; i<=groesse ; i++) {
        printf("%*s", 40-i, " "); /* 40-i Blanks einruecken */
        for (j=1 ; j<=i*2-1 ; j++)    /* In einer inneren Schleife      */
            printf("*");              /* Sternchen fuer eine Zeile ausgeben */
        printf("\n");    /* Zeilenvorschub in aeusseren Schleife */
    }
        /* Ausgabe der 2.Spitze */
    for (i=1 ; i<=2*groesse ; i++) {
        printf("%*s", 40-i, " "); /* 40-i Blanks einruecken */
        for (j=1 ; j<=i*2-1 ; j++)    /* In einer inneren Schleife      */
            printf("*");              /* Sternchen fuer eine Zeile ausgeben */
        printf("\n");    /* Zeilenvorschub in aeusseren Schleife */
    }

        /* Ausgabe der 3.Spitze */
    for (i=1 ; i<=3*groesse ; i++) {
        printf("%*s", 40-i, " "); /* 40-i Blanks einruecken */
        for (j=1 ; j<=i*2-1 ; j++)    /* In einer inneren Schleife      */
            printf("*");              /* Sternchen fuer eine Zeile ausgeben */
        printf("\n");    /* Zeilenvorschub in aeusseren Schleife */
    }

        /* Ausgabe des Stamms */
    for (i=1 ; i<=groesse*2 ; i++)
        printf("%39s*\n", " ");      /* 39 Blanks und dann * ausgeben */
    return(0);
}
```

Alternatives C-Programm `weihbau2.c`:

```c
#include <stdio.h>

int main(void)
{
    int i,
        j,
        groesse,
        z;

    printf("Ausgabe eines Weihnachtsbaums\n");
    printf("=============================\n\n");
    printf("Vergroesserungsfaktor: ");
    scanf("%d", &groesse);

    printf("\n\n");

        /* Ausgabe aller 3 Spitzen */
    for (z=1 ; z<=3 ; z++)
        for (i=1 ; i<=z* groesse ; i++) {
            printf("%*s", 40-i, " "); /* 40-i Blanks einruecken */
```

15 Die for-Anweisung

```
            for (j=1 ; j<=i*2-1 ; j++)    /* In einer inneren Schleife       */
                printf("*");              /* Sternchen fuer eine Zeile ausgeben */
            printf("\n");       /* Zeilenvorschub in aeusseren Schleife */
        }

        /* Ausgabe des Stamms */
        for (i=1 ; i<=groesse*2 ; i++)
            printf("%39s*\n", " ");     /* 39 Blanks und dann * ausgeben */
        return(0);
    }
```

15.8.3 Kombinieren mit for-Schleifen

Geschachtelte for-Schleifen lassen sich bei Aufgaben einsetzen, bei denen alle Kombinationen zu bestimmten Einzelteilen „durchprobiert" werden müssen.

Beispiel:

Es stehen 10 Cent, 20 Cent und 50 Cent-Briefmarken zur Verfügung. Welche Möglichkeiten gibt es, einen Brief mit x Cents zu frankieren? Es soll zu dieser Aufgabenstellung ein C-Programm briefmar.c erstellt werden, das den Betrag x einliest und dann alle Frankierungs-Möglichkeiten für diesen Betrag ausgibt.
Möglicher Ablauf des Programms briefmar.c:

```
Frankierungsmoeglichkeiten fuer einen Brief
===========================================
Dieses Programm gibt alle Moeglichkeiten aus,
um einen Brief mit x Cents zu frankieren,
wenn 10Cent, 20Cent und 50Cent-Marken zur Verfuegung stehen.

Wieviel kostet der Brief: 150 ⏎

|    10Cent   |    20Cent   |   50Cent   |
|-------------+-------------+------------|
|       0     |       0     |      3     |
|       0     |       5     |      1     |
|       1     |       2     |      2     |
|       1     |       7     |      0     |
|       2     |       4     |      1     |
|       3     |       1     |      2     |
|       3     |       6     |      0     |
|       4     |       3     |      1     |
|       5     |       0     |      2     |
|       5     |       5     |      0     |
|       6     |       2     |      1     |
|       7     |       4     |      0     |
|       8     |       1     |      1     |
|       9     |       3     |      0     |
|      10     |       0     |      1     |
```

	11	2	0
	13	1	0
	15	0	0

Mögliches C-Programm `briefmar.c`:

```c
#include <stdio.h>

int  main(void)
{
    int zehn,
        zwanzig,
        fuenfzig,
        betrag;
    printf("Frankierungsmoeglichkeiten fuer einen Brief\n");
    printf("===========================================\n\n");
    printf("Dieses Programm gibt alle Moeglichkeiten aus,\n");
    printf("um einen Brief mit x Cents zu frankieren,\n");
    printf("wenn 10Cent, 20Cent und 50Cent-Marken zur Verfuegung stehen.\n\n");
    printf("Wieviel kostet der Brief: ");
    scanf("%d", &betrag);
    printf("\n\n");
    printf("| %10s | %10s | %10s |\n", "10Cent", "20Cent", "50Cent");
    printf("|------------+------------+------------|\n");

    for (zehn=0 ; zehn<=betrag/10 ; zehn++)
        for (zwanzig=0 ; zwanzig<=betrag/20 ; zwanzig++)
            for (fuenfzig=0 ; fuenfzig<=betrag/50 ; fuenfzig++)
                if (zehn*10+zwanzig*20+fuenfzig*50 == betrag)
                    printf("| %10d | %10d | %10d |\n", zehn, zwanzig, fuenfzig);
    return(0);
}
```

Dieses C-Programm könnte noch dahingehend verbessert werden, dass es bei großen Tabellen nach der Ausgabe einer Bildschirmseite anhält, und erst auf Tastendruck des Benutzers mit der Tabellen-Ausgabe fortfährt. Diese Technik ist zuvor vorgestellt wurden. Hier wurde sie aus Demonstrationszwecken nicht eingebaut.

Bei solchen geschachtelten `for`-Schleifen zum Durcharbeiten aller Kombinationen ist jedoch auch etwas Vorsicht geboten. Das nachfolgende Beispiel soll dies verdeutlichen.

Beispiel:

Es sind alle möglichen Reihenfolgen beim Ziehen von Lottozahlen zu simulieren und mitzuzählen. Eine mögliche Lösung wäre das C-Programm `lottozah.c`:

15 Die for-Anweisung

```
#include <stdio.h>

int main(void) {
   long int moegl=0;
   int e, /* erste Zahl */
       z, /* zweite Zahl */
       d, /* dritte Zahl */
       v, /* vierte Zahl */
       f, /* fuenfte Zahl */
       s; /* sechste Zahl */
   printf("Zaehlen aller moeglichen Reihenfolgen beim Lottozahlen-Ziehen\n");
   printf("================================================================\n\n");
   printf("\n\n");

   for (e=1 ; e<=49 ; e++)
      for (z=1 ; z<=49 ; z++)
         for (d=1 ; d<=49 ; d++)
            for (v=1 ; v<=49 ; v++)
               for (f=1 ; f<=49 ; f++)
                  for (s=1 ; s<=49 ; s++)
                     if (e!=z && e!=d && e!=v && e!=f && e!=s &&
                         z!=d && z!=v && z!=f && z!=s          &&
                         d!=v && d!=f && d!=s                  &&
                         v!=f && v!=s                          &&
                         f!=s)
                        moegl++;
   printf("%ld Moeglichkeiten\n", moegl);
   return(0);
}
```

Bei diesem harmlos aussehenden Programm lottozah.c sind 6 Schleifen ineinander geschachtelt. Jede Schleife wird 49 mal ausgeführt, so dass die innerste if-Abfrage $49 \cdot 49 \cdot 49 \cdot 49 \cdot 49 \cdot 49$-mal ausgeführt wird. In der praktischen SW-Entwicklung sind solche Betrachtungsweisen von großem Interesse, da man immer das Laufzeitverhalten in etwa abschätzen muss, vor allen Dingen, wenn es um die Beurteilung von verschiedenen Algorithmen geht. Eine mögliche ungefähre Abschätzung hierfür (ohne zu Hilfenahme eines Taschenrechners) wäre z. B. folgende:

$$49^6 \text{ ist ungefähr } 50^6 = \quad 5^6 \cdot 10^6 \text{ ist ungefähr } 10^4 \cdot 10^6 = 10^{10}$$
$$\downarrow$$
$$(5^3 \text{ ist ungefähr } 10^2 \rightarrow 5^6 \text{ ist ungefähr } 10^4)$$

Die innerste if-Abfrage wird also ungefähr 10^{10} (10 Milliarden) mal ausgeführt. Diese ungefähre Schätzung reicht aus, um zu erkennen, dass dieses Programm einige Zeit brauchen wird. Abhängig vom Prozessortyp kann dieses Programm einige Zeit rechnen, bis es das Ergebnis ausgibt. Sie sollten grundsätzlich immer im voraus grob abschätzen, wie oft ineinander geschachtelte Schleifen ausgeführt werden, um so in etwa die Ausführungsdauer des Programms zu kennen. So vermeiden Sie dann auch, dass das Warten auf eine Ausgabe des Programms für Sie unerklärlich ist. Eine andere Möglichkeit, den Benutzer eines rechenintensiven Programms zu beruhigen, ist die Ausgabe von Zwischeninformationen, wie das nachfolgend gezeigt wird.

15.8.4 Zwischeninformationen bei rechenintensiven Programmen

Rechenintensive Programme können Minuten, sogar Stunden oder Tage dauern, bis sie ein Ergebnis liefern. Bei solchen Programmen sollten Zwischenergebnisse ausgegeben werden, um so den Benutzer zu beruhigen und ihm mitzuteilen, dass das Programm noch richtig arbeitet. Für das Lottoprogramm könnte eine solche Ausgabe eines Zwischenstandes z. B. in der zweiten Schleife eingebettet werden, um dem Benutzer mitzuteilen, dass das Programm noch rechnet, wie dies im folgenden Programm lottoza2.c gezeigt ist:

```c
#include <stdio.h>

int main(void) {
    long int moegl=0;
    int e, /* erste Zahl */
        z, /* zweite Zahl */
        d, /* dritte Zahl */
        v, /* vierte Zahl */
        f, /* fuenfte Zahl */
        s; /* sechste Zahl */
    printf("Zaehlen aller moeglichen Reihenfolgen beim Lottozahlen-Ziehen\n");
    printf("================================================================\n\n");
    printf("\n\n");
    for (e=1 ; e<=49 ; e++)
        for (z=1 ; z<=49 ; z++) {                  /* Testausgabe */
            printf("1.Kugel: %d; 2.Kugel: %d (bitte warten)\n", e, z);
            for (d=1 ; d<=49 ; d++)
                for (v=1 ; v<=49 ; v++)
                    for (f=1 ; f<=49 ; f++)
                        for (s=1 ; s<=49 ; s++)
                            if (e!=z && e!=d && e!=v && e!=f && e!=s &&
                                z!=d && z!=v && z!=f && z!=s          &&
                                d!=v && d!=f && d!=s                  &&
                                v!=f && v!=s                          &&
                                f!=s)
                                moegl++;
        }
    printf("%ld Moeglichkeiten\n", moegl);
    return(0);
}
```

Hinweis: Die Ausführung dieses Programms kann sehr lange dauern. Wenn Sie das Programm abbrechen wollen, so drücken Sie (Strg)-(C) ((Strg)-Taste festhalten und Taste (C) drücken). Noch besser ist eine Zwischenausgabe, die dem Benutzer in Prozent mitteilt, wie weit die Programmausführung fortgeschritten ist. So kann der Benutzer in etwa abschätzen, wie lange er noch auf das Programmergebnis warten

15 Die for-Anweisung

muss. Diese Technik wird im nachfolgenden Programm `lottoza3.c` gezeigt, wobei die Prozentausgabe am Ende der dritten `for`-Schleife eingebaut ist. Damit nicht jede Ausgabe der prozentualen Ausführungsdauer in einer neuen Zeile erscheint, wird mit \r (Wagenrücklauf) an den Anfang der momentanen Zeile positioniert, so dass der vorherige Text durch die neue Prozentausgabe überschrieben wird.

```c
#include <stdio.h>

int main(void)
{
    long int moegl=0;
    int e, /* erste Zahl */
        z, /* zweite Zahl */
        d, /* dritte Zahl */
        v, /* vierte Zahl */
        f, /* fuenfte Zahl */
        s; /* sechste Zahl */
    float prozent,
          zaehle=0,
          divisor=49.0*49.0*49.0;

    printf("Zaehlen aller moeglichen Reihenfolgen beim Lottozahlen-Ziehen\n");
    printf("==============================================================\n\n");
    printf("\n\n");

    for (e=1 ; e<=49 ; e++)
       for (z=1 ; z<=49 ; z++)
          for (d=1 ; d<=49 ; d++) {
             for (v=1 ; v<=49 ; v++)
                for (f=1 ; f<=49 ; f++)
                   for (s=1 ; s<=49 ; s++)
                      if (e!=z && e!=d && e!=v && e!=f && e!=s &&
                          z!=d && z!=v && z!=f && z!=s            &&
                          d!=v && d!=f && d!=s                    &&
                          v!=f && v!=s                            &&
                          f!=s)
                         moegl++;
             prozent=++zaehle/divisor*100;          /* wieviel % sind hier */
             printf("\r%.4f%% berechnet", prozent); /* schon berechnet.    */
          }
    printf("%ld Moeglichkeiten\n", moegl);
    return(0);
}
```

Hinweis: Die Ausführung dieses Programms kann natürlich auch wieder sehr lange dauern. Wenn Sie das Programm abbrechen wollen, so drücken Sie (Strg)-(C).

15.8.5 Merker in `for`-Schleifen bei Eintreten von Ereignissen

Um nach dem Durchlaufen einer `for`-Schleife noch zu wissen, ob ein bestimmtes Ereignis während der Ausführung der `for`-Schleife eingetreten ist oder nicht, sollten so genannte Merker (im engl. *Flags* genannt) innerhalb von `for`-Schleifen gesetzt werden. Oft werden boole'sche Merker benötigt. Boole'sche Merker sind Variablen, die nur zwei Werte annehmen können: TRUE oder FALSE. C89 kennt nun aber nicht wie PASCAL den Datentyp `boolean`. Dieser Datentyp wird in C89 durch die Datentypen `int` oder `char` abgedeckt. Als Erinnerung: Ist der Wert einer `char`- oder `int`-Variablen 0, bedeutet dies FALSE. Ist er verschieden von 0, steht dies für TRUE. Zwecks besserer Lesbarkeit führten viele C89-Programmierer deshalb mit `#define` den boole'schen Datentyp in ihrem Programm ein:

```
#define boolean unsigned char
```
oder auch
```
#define boolean int
```

Eine spätere Deklaration, wie z. B.
```
boolean merker;
```
oder
```
boolean merker;
```
entspricht dann exakt der Deklaration
```
unsigned char merker;
```
oder
```
int merker;
```
und ist keine echte „boole'sche Deklaration" wie in PASCAL, aber sie verbessert die Lesbarkeit eines C-Programms, da sofort erkennbar ist, dass es sich hier um eine „boole'sche" Variable handelt.

Beispiel:

Es ist ein C-Programm `hintquad.c` zu erstellen, das alle Zahlen aus einem Intervall ausgibt, bei denen das Quadrat der durch die letzten beiden Ziffern dargestellten Zahl gleich der Zahl selbst ist. Die Intervallgrenzen sind vom Benutzer einzugeben. Werden keine Zahlen mit dieser Eigenschaft in dem vorgegebenen Intervall gefunden, so ist dies auch vom Programm zu melden.

Mögliche Abläufe dieses Programms `hintquad.c`:

```
Von ? 2
Bis ? 100
Keine Zahlenpaare im Intervall [2,100]
```

```
Von ? 1
Bis ? 10000
1 = 1 * 1
625 = 25 * 25
5776 = 76 * 76
```

Mögliches C-Programm `hintquad.c`:

```c
#include <stdio.h>

#define boolean  unsigned char

int  main(void) {
   long int von, bis, i, j;
   boolean  gefunden=0; /* Boole'sche Variable, die 1 gesetzt wird,
```

```
                        wenn ein Zahlenpaar gefunden wird */
   printf("Produkt der letzten beiden Ziffern gleich einer Zahl\n");
   printf("=================================================\n\n");
   printf("Von ? ");    scanf("%ld", &von);
   printf("Bis ? ");    scanf("%ld", &bis);
   printf("\n");
   for (i=von ; i<=bis ; i++) {
      j=i%100;
      if (i==j*j) {
         gefunden=1;
         printf("%ld =   %ld * %ld\n", i, j, j);
      }
   }
   if (!gefunden)
      printf("Keine Zahlenpaare im Intervall [%ld,%ld]\n", von, bis);
   return(0);
}
```

15.9 Fallgruben

15.9.1 Niemals die Laufvariable im Schleifenkörper ändern

Innerhalb eines Schleifenkörpers sollte niemals die Laufvariable geändert werden, da dies zu äußerst schwer lesbaren Programmen führt. Als Beispiel wollen wir wieder die geometrische Reihe berechnen, wobei jedoch die Berechnung abbrechen soll, sobald sich bei der Summe keine Veränderung mehr ergibt. Im folgenden C-Programm georeih4.c wird der Schleifenabbruch dadurch erreicht, dass man die Laufvariable zaehl im Schleifenkörper auf n+1 setzt, so dass bei der nächsten Überprüfung von zaehl<=n diese Bedingung nicht mehr erfüllt ist, und die Schleife abgebrochen wird.

```
#include <stdio.h>

int  main(void) {
   int    zaehl, n;
   float  reih_teil=1, summe=1, alt_summe;

   printf("\n\nBerechnung der geometrischen Reihe\n");
   printf("==================================\n\n");
   printf("Geben Sie  n  ganzzahlig positiv ein: "); scanf("%d", &n);
   alt_summe = summe;
   for (zaehl=1 ; zaehl<=n ; ++zaehl) {
      reih_teil=reih_teil/2;
      summe+=reih_teil;
      printf("%5d: %.10f\n", zaehl, summe);
      if (alt_summe==summe)
         zaehl=n+1;
      else
         alt_summe=summe;
```

15.9 Fallgruben

```
    }
    printf("\nDie Summe der geometrischen Reihe bis %d ist: %f\n", n, summe);
    return(0);
}
```

Möglicher Ablauf des C-Programms `georeih4.c`:

```
Berechnung der geometrischen Reihe
==================================
Geben Sie  n  ganzzahlig positiv ein: 1000 ⏎
    1: 1.5000000000
    2: 1.7500000000
    3: 1.8750000000
..........
   22: 1.9999997616
   23: 1.9999998808
   24: 2.0000000000
   25: 2.0000000000
Die Summe der geometrischen Reihe bis 1000 ist: 2.000000
```

Wenn dieses Programm `georeih4.c` auch das gewünschte Ergebnis liefert – wie das Ablaufbeispiel zeigt –, so ist es doch im Sinne der strukturierten Programmierung kein gutes Programm, da die Veränderung der Laufvariable im Schleifenkörper versteckt ist, was vor allen Dingen bei größeren Schleifenkörpern zu schwer verständlichen und schlecht lesbaren Programmen führt.

Besser wäre das folgende C-Programm `georeih5.c`, das das gleiche leistet, aber den Abbruch der Schleife über einen Merker (boole'sche Variable) erreicht, der bei Eintreten des Ereignisses (keine Veränderung von `summe` mehr) gesetzt wird und immer im Schleifenkopf abgefragt wird.

```c
#include <stdio.h>

#define bool  unsigned char

int main(void) {
    int     zaehl, n;
    float   reih_teil=1, summe=1, alt_summe;
    bool    ungleich=1;

    printf("\n\nBerechnung der geometrischen Reihe\n");
    printf("==================================\n\n");
    printf("Geben Sie  n  ganzzahlig positiv ein: "); scanf("%d", &n);
    alt_summe = summe;
    for (zaehl=1 ; zaehl<=n && ungleich ; ++zaehl) {
        reih_teil=reih_teil/2;
        summe+=reih_teil;
        printf("%5d: %.10f\n", zaehl, summe);
        if (alt_summe==summe)
            ungleich=0;
        else
            alt_summe=summe;
    }
```

```
        printf("\nDie Summe der geometrischen Reihe bis %d ist: %f\n", n, summe);
        return(0);
}
```

Zudem kann es auch sehr gefährlich sein, eine Laufvariable innerhalb eines Schleifenkörpers zu ändern. Dies sollte nur im Reinitialisierungsteil des for-Schleifenkopfs geschehen.

Beispiel:

Es soll ein C-Programm hamming1.c erstellt werden, das die Hamming-Folge ausgibt. Die Hamming-Folge ist die Folge aller Zahlen, die keine anderen Primteiler als 2, 3 oder 5 besitzen.

Mögliches Aussehen des Programms hamming1.c:

```
#include <stdio.h>

int  main(void)
{
    unsigned long int  ab, bis,
                       i, j;
    int  hamming_zahl;   /* Boole'sche Variable */

    printf("HAMMING-Folge\n");
    printf("=============\n\n");
    printf("Hamming-Zahlen sind Zahlen, die keine anderen Primteiler als\n");
    printf("   2, 3 oder 5 haben.\n");
    printf("Dieses Programm gibt Ihnen die Hamming-Zahlen fuer einen\n");
    printf("Bereich aus, dessen obere und untere Grenze Sie waehlen koennen\n\n");

    printf("Untere Bereichsgrenze: ");
    scanf("%ld", &ab); getchar();
    printf("Obere Bereichsgrenze: ");
    scanf("%ld", &bis); getchar();
    printf("\n");

    for (i=ab ; i<=bis ; i++) {
        hamming_zahl = 0;
        for (j=2 ; j<=5 ; j++)
            for ( ; i%j==0 ; ) {  /* Solange, wie i durch j teilbar ist */
                hamming_zahl=1;
                i /= j;  /* <---- Fehler !!! */
            }
        if (hamming_zahl && i==1)
            printf("%7ld ", i);
    }
    return(0);
}
```

Auf den ersten Blick scheint dieses Programm korrekt zu sein. Starten wir es aber, so gibt es nur Einsen aus. Der Grund liegt darin, dass die Laufvariable i im Schleifenkörper manipuliert wird, und somit immer wieder auf 1 zurückgesetzt wird, so dass es sich hier also um eine ungewollte Endlosschleife handelt. Brechen Sie diese Programm dann mit der Taste (Strg)-(C) ab.

Im folgenden C-Programm hamming2.c ist dieser Fehler behoben, indem nicht mehr die Laufvariable i selbst, sondern eine Hilfsvariable zahl geändert wird. Zuvor ist dieser Hilfsvariablen aber immer der aktuelle Wert von i zuzuweisen.

```c
#include <stdio.h>

int main(void) {
   unsigned long int   ab, bis,
                       i, j,
                       zahl;
   int   hamming_zahl;   /* Boole'sche Variable */

   printf("HAMMING-Folge\n");
   printf("=============\n\n");
   printf("Hamming-Zahlen sind Zahlen, die keine anderen Primteiler als\n");
   printf("   2, 3 oder 5 haben.\n");
   printf("Dieses Programm gibt Ihnen die Hamming-Zahlen fuer einen\n");
   printf("Bereich aus, dessen obere und untere Grenze Sie waehlen koennen\n\n");

   printf("Untere Bereichsgrenze: ");
   scanf("%ld", &ab);
   printf("Obere Bereichsgrenze: ");
   scanf("%ld", &bis);
   printf("\n");

   for (i=ab ; i<=bis ; i++) {
      hamming_zahl = 0;
      zahl = i;
      for (j=2 ; j<=5 ; j++)
         for ( ; zahl%j==0 ; ) {   /* Solange, wie zahl durch j teilbar ist */
            hamming_zahl=1;
            zahl /= j;
         }
      if (hamming_zahl && zahl==1)
         printf("%7ld ", i);
   }
   return(0);
}
```

Möglicher Ablauf des Programms hamming2.c:

```
HAMMING-Folge
=============

Hamming-Zahlen sind Zahlen, die keine anderen Primteiler als
   2, 3 oder 5 haben.
Dieses Programm gibt Ihnen die Hamming-Zahlen fuer einen
```

```
Bereich aus, dessen obere und untere Grenze Sie waehlen koennen

Untere Bereichsgrenze: 2 ⏎
Obere Bereichsgrenze: 100 ⏎

    2     3     4     5     6     8     9    10    12    15
   16    18    20    24    25    27    30    32    36    40
   45    48    50    54    60    64    72    75    80    81
   90    96   100
```

15.9.2 Gleitpunktzahlen niemals auf Gleichheit prüfen

Gleitpunktzahlen, die im Dezimalsystem ganz genau dargestellt werden können, können oft im Dualsystem nicht ganz genau dargestellt werden. Dies führt zu kleinen, aber in gewissen Situationen doch zu berücksichtigenden Ungenauigkeiten. Eine solche Situation liegt z. B. dann vor, wenn man `float`- oder `double`-Variable als Laufvariablen benutzt.

Als Beispiel dazu möge das nachfolgende C-Programm `gleizaeh.c` dienen, das alle Zahlen zwischen 0.1 und 1 mit einer Schrittweite von 0.1 ausgeben soll.

```c
#include <stdio.h>

int main(void)
{
    float i;

    for (i=0.1 ; i!=1.0 ; i+=0.1)
        printf("%.10f\n", i);
    return(0);
}
```

Dieses Programm scheint auf den ersten Blick korrekt zu sein, denn die Schleife beginnt bei 0.1 und läuft mit einer Schrittweite 0.1 solange die Laufvariable ungleich 1.0 ist. Leider wird aber aufgrund der bei der Gleitpunktdarstellung auftretenden Genauigkeitsfehler niemals eine ganz genaue Darstellung von 1.0 erreicht, was dazu führt, dass diese Abbruchstelle überlaufen wird, und das Programm sich in eine Endlosschleife begibt, so dass „ewig" die Laufvariable um 0.1 erhöht und immer der neue Wert ausgegeben wird:

```
0.1000000015
0.2000000030
0.3000000119    <-- Bereits an diesen Ausgaben ist die Ungenauigkeit bei
0.4000000060        Gleitpunktdarstellung zu erkennen
0.5000000000
0.6000000238
0.7000000477
0.8000000715
0.9000000954
1.0000001192
1.1000001431
1.2000001669
```

```
1.3000001907
1.4000002146
1.5000002384
1.6000002623
1.7000002861
........
Abbruch mit Strg-C
```

In solchen Fällen, wo man float- und double-Werte bei der Schleifenabfrage verwendet, sollte man also niemals auf Gleichheit oder Ungleichheit abfragen, sondern immer auf „Kleiner" oder „Größer", wie dies im nächsten Programm gleizae2.c geschehen ist:

```
#include <stdio.h>

int main(void) {
   float i;

   for (i=0.1 ; i<=1.0 ; i+=0.1)
      printf("%.10f\n", i);
   return(0);
}
```

Starten wir dieses Programm, so resultiert es zumindest nicht in einer Endlosschleife:

```
0.1000000015
0.2000000030
0.3000000119
0.4000000060
0.5000000000
0.6000000238
0.7000000477
0.8000000715
0.9000000954
```

Allerdings funktioniert es auch noch nicht ganz richtig, denn es fehlt aufgrund der internen Ungenauigkeit die letzte Ausgabe der Zahl 1.0.

Eine Möglichkeit, mit solchen Ungenauigkeiten umzugehen, ist die Berücksichtigung der Ungenauigkeit bereits im Programm, wie dies im nächsten Programm gleizae3.c geschehen ist:

```
#include <stdio.h>

#define EPSILON 1e-6

int main(void) {
   float i;

   for (i=0.1 ; i<=1.0+EPSILON ; i+=0.1)
      printf("%.10f\n", i);
   return(0);
}
```

15 Die for-Anweisung

Starten wir dieses Programm gleizae3.c, so erhalten wir das gewünschte Resultat auf dem Bildschirm.

```
0.1000000015
0.2000000030
0.3000000119
0.4000000060
0.5000000000
0.6000000238
0.7000000477
0.8000000715
0.9000000954
1.0000001192
```

Eine noch bessere Methode, die Ungenauigkeit der Gleitpunktdarstellung zu umgehen, ist das Arbeiten mit int- oder long int-Laufvariablen, wenn dies möglich ist, denn diese ganzzahligen Datentypen kennen keine solche Ungenauigkeiten. Dies wird auch im nachfolgenden Programm gleizae4.c getan:

```c
#include <stdio.h>

int main(void) {
   int i;
   for (i=1 ; i<=10 ; i++)
       printf("%.10f\n", (float)i/10);
   return(0);
}
```

Starten wir dieses Programm gleizae4.c, so liefert es folgende Ausgabe:

```
0.1000000000
0.2000000000
0.3000000000
0.4000000000
0.5000000000
0.6000000000
0.7000000000
0.8000000000
0.9000000000
1.0000000000
```

15.9.3 Laufvariable einer for-Schleife läuft über Endwert hinaus

Es wird oft fälschlicherweise angenommen, dass die Laufvariable einer for-Schleife nach Beendigung dieser Schleife gleich dem Endwert ist. Dies ist aber nicht richtig, denn die Laufvariable läuft immer über den Endwert hinweg, wie dies das nächste C-Programm fordrueb.c verdeutlicht:

```
#include <stdio.h>

int main(void) {
   int i, zaehl=0;

   for (i=1 ; i<=100 ; i++)
      zaehl++;

   printf("i=%d, zaehl=%d\n", i, zaehl);
   return(0);
}
```

Dieses Programm würde folgendes ausgeben:

```
i=101, zaehl=100
```

Dieses „Drüber-Weglaufen" muss man berücksichtigen, wenn man mit dem Wert der Variablen i im weiteren Programm weiterarbeiten möchte.

15.10 Übungen

15.10.1 Berechnung der harmonischen Reihe

Erstellen Sie ein C-Programm harmon.c, das die harmonische Reihe berechnet, wobei der Endwert n dabei einzugeben ist:

$$1+\frac{1}{2}+\frac{1}{3}+\frac{1}{4}+\ldots+\frac{1}{n}$$

Mögliche Abläufe dieses Programms harmon.c:

```
Bis zu welchem n soll diese Reihe berechnet werden: 3
   Summe bis 1/3: 1.8333333
```

```
Bis zu welchem n soll diese Reihe berechnet werden: 10
   Summe bis 1/10: 2.9289683
```

```
Bis zu welchem n soll diese Reihe berechnet werden: 1000
   Summe bis 1/1000: 7.4854709
```

```
Bis zu welchem n soll diese Reihe berechnet werden: 1000000
   Summe bis 1/1000000: 14.3927267
```

15.10.2 Ausgabe der Dominosteine

Zu einem Dominospiel gehören 28 Spielsteine. Jeder Stein ist durch einen Strich in zwei Hälften geteilt. Jede Hälfte zeigt eine durch Punkte ausgedrückte Zahl von 0 bis 6, wobei jede Zahl einmal doppelt und einmal mit jeder anderen Zahl vorkommt. Erstellen Sie ein C-Programm domino.c, das alle zu einem Dominospiel gehörigen Steine ausgibt, wie z. B.:

```
Dominosteine
============
+---+---+   +---+---+   +---+---+   +---+---+   +---+---+   +---+---+   +---+---+
| 0 | 0 |   | 0 | 1 |   | 0 | 2 |   | 0 | 3 |   | 0 | 4 |   | 0 | 5 |   | 0 | 6 |
+---+---+   +---+---+   +---+---+   +---+---+   +---+---+   +---+---+   +---+---+

+---+---+   +---+---+   +---+---+   +---+---+   +---+---+   +---+---+
| 1 | 1 |   | 1 | 2 |   | 1 | 3 |   | 1 | 4 |   | 1 | 5 |   | 1 | 6 |
+---+---+   +---+---+   +---+---+   +---+---+   +---+---+   +---+---+

+---+---+   +---+---+   +---+---+   +---+---+   +---+---+
| 2 | 2 |   | 2 | 3 |   | 2 | 4 |   | 2 | 5 |   | 2 | 6 |
+---+---+   +---+---+   +---+---+   +---+---+   +---+---+

+---+---+   +---+---+   +---+---+   +---+---+
| 3 | 3 |   | 3 | 4 |   | 3 | 5 |   | 3 | 6 |
+---+---+   +---+---+   +---+---+   +---+---+

+---+---+   +---+---+   +---+---+
| 4 | 4 |   | 4 | 5 |   | 4 | 6 |
+---+---+   +---+---+   +---+---+

+---+---+   +---+---+
| 5 | 5 |   | 5 | 6 |
+---+---+   +---+---+

+---+---+
| 6 | 6 |
+---+---+
```

Kapitel 16

Die `while`-Anweisung

> *Die letzte Kinderkrankheit wich:*
> *Die Altersleiden melden sich!*
> *Lebenslauf, Eugen Roth*

16.1 Die `while`-Anweisung

Syntaktisch sieht die `while`-Schleife wie folgt aus:

---
while (*ausdruck*)
  anweisung

Die *anweisung* kann selbstverständlich wieder ein Block von Anweisungen sein, der dann mit { .. } zu klammern ist.

Die Funktionsweise der `while`-Schleife lässt sich am besten anhand eines Programmablaufplans zeigen; siehe dazu Abbildung 16.1.
Vor jedem Schleifendurchlauf wird *ausdruck* berechnet. Solange das Ergebnis verschieden von 0 (TRUE) ist, wird die Schleifen-*anweisung* ausgeführt. Erst, wenn die Auswertung von *ausdruck* 0 (FALSE) liefert, wird die Schleife beendet und mit der nächsten nicht zur Schleife gehörigen Anweisung fortgefahren.
Ist das Ergebnis von *ausdruck* bereits bei der ersten Berechnung gleich 0 (FALSE), so wird die Schleife gar nicht durchlaufen, sondern sofort mit der nächsten nicht zur Schleife gehörigen Anweisung fortgefahren.
Da die Abfrage der Schleifen-Bedingung wie bei der `for`-Schleife am Anfang durchgeführt wird, wird die `while`-Schleife genauso wie die `for`-Schleife im Struktogramm dargestellt; siehe dazu Abbildung 16.2.
Jede `for`-Schleife:

```
for (ausdr1 ; ausdr2 ; ausdr3)
    Schleifenanweisung
```

läßt sich auch durch eine `while`-Schleife formulieren:

16 Die while-Anweisung

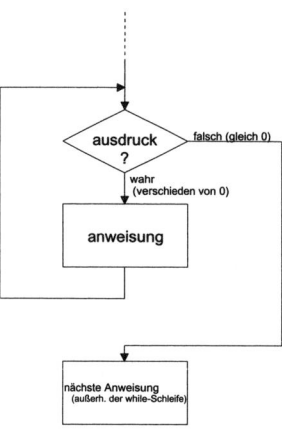

Abbildung 16.1: Programmablaufplan zur while-Schleife

```
ausdr1;
while (ausdr2) {
    Schleifenanweisung
    ausdr3;
}
```

und umgekehrt.

Beispiel:

Es soll ein C-Programm bonbon.c erstellt werden, das einen momentanen Bonbonpreis, eine Inflationsrate und eine Preisgrenze einliest. Dieses Programm soll dann berechnen, nach wie viel Jahren bei dieser Inflationsrate und diesem Ausgangs-Bonbonpreis die entsprechende Preisgrenze erreicht bzw. überschritten ist. Struktogramm zu dieser Aufgabenstellung:

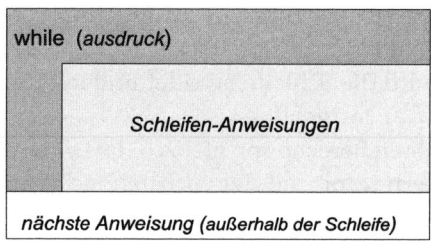

Abbildung 16.2: Struktogramm zur while-Schleife

16.1 Die while-Anweisung

```
+----------------------------------------------------------------------+
| Ausgabe einer Überschrift                                            |
+----------------------------------------------------------------------+
| Einlesen von  bonbon_preis, inflations_rate, preis_grenze            |
+----------------------------------------------------------------------+
| Ausgabe:  "Ein Bonbon, das heute %.2 Euro kostet\n", bonbon_preis    |
|           "kostet bei Inflationsrate von %.2f Prozent\n", inflations_rate |
+----------------------------------------------------------------------+
| jahre=0                                                              |
+----------------------------------------------------------------------+
| while (bonbon_preis < preis_grenze)                                  |
|   +------------------------------------------------------------------+
|   | bonbon_preis += bonbon_preis*inflations_rate/100                 |
|   | jahre++                                                          |
+---+------------------------------------------------------------------+
| Ausgabe:  "nach %d Jahren mehr als %.2f Euro\n\n", jahre, preis_grenze |
|           "Der Preis waere dann %.2f Euro\n", bonbon_preis           |
+----------------------------------------------------------------------+
```

Zugehöriges C-Programm bonbon.c **(mit while-Schleife)**:

```c
#include <stdio.h>
int  main(void)
{
    float  bonbon_preis, inflations_rate, preis_grenze;
    int    jahre;

    /*------ Ausgabe einer Ueberschrift ----------------------------*/
    printf("\n%43s","Bonbon");
    printf("\n%43s\n\n\n","======");

    /*------ Einlesen von Bonbonpreis, Inflationsrate und Preisgrenze -------*/
    printf("Momentaner Bonbonpreis (in Euro): "); scanf("%f", &bonbon_preis);
    printf("Inflationsrate   (in Prozent): ");    scanf("%f", &inflations_rate);
    printf("Preisgrenze (in Euro): ");            scanf("%f", &preis_grenze);

    printf("\n\n\nEin Bonbon, das heute %.2f Euro kostet,\n", bonbon_preis);
    printf("kostet bei einer Inflationsrate von %.2f Prozent\n", inflations_rate);

    /*------ Preisanstieg ueber eine while-Schleife nachvollziehen ----------*/
    jahre=0;                                                /*****/
    while (bonbon_preis < preis_grenze) {                   /*****/
       bonbon_preis += bonbon_preis*inflations_rate/100;
       jahre++;                                             /*****/
    }
    /*------ Ausgabe der Jahre und des Endpreises --------------------------*/
    printf("nach %d Jahren mehr als %.2f Euro\n\n", jahre, preis_grenze);
    printf("Der Preis waere dann %.2f Euro\n", bonbon_preis);
    return(0);
}
```

C-Programm bonbon2.c **(mit for-Schleife)**, das das gleiche leistet:

16 Die while-Anweisung

```c
#include <stdio.h>
int  main(void)
{
   float  bonbon_preis, inflations_rate, preis_grenze;
   int    jahre;

   /*------ Ausgabe einer Ueberschrift ------------------------------------*/
   printf("\n%43s","Bonbon");
   printf("\n%43s\n\n\n","======");

   /*------ Einlesen von Bonbonpreis, Inflationsrate und Preisgrenze -------*/
   printf("Momentaner Bonbonpreis (in Euro): "); scanf("%f", &bonbon_preis);
   printf("Inflationsrate  (in Prozent): ");     scanf("%f", &inflations_rate);
   printf("Preisgrenze (in Euro): ");            scanf("%f", &preis_grenze);

   printf("\n\n\nEin Bonbon, das heute %.2f Euro kostet,\n", bonbon_preis);
   printf("kostet bei einer Inflationsrate von %.2f Prozent\n", inflations_rate);

   /*------ Preisanstieg ueber eine for-Schleife nachvollziehen ------------*/
   for (jahre=0 ; bonbon_preis < preis_grenze ; jahre++)    /*****/
      bonbon_preis += bonbon_preis*inflations_rate/100;
   /*------ Ausgabe der Jahre und des Endpreises --------------------------*/
   printf("nach %d Jahren mehr als %.2f Euro\n\n", jahre, preis_grenze);
   printf("Der Preis waere dann %.2f Euro\n", bonbon_preis);
   return(0);
}
```

Beide Programme leisten das gleiche und würden z. B. folgende Abläufe ergeben:

1. Ablaufbeispiel:

```
Momentaner Bonbonpreis (in Euro): 0.1 ⏎
Inflationsrate  (in Prozent): 5 ⏎
Preisgrenze (in Euro): 10 ⏎

Ein Bonbon, das heute 0.10 Euro kostet,
kostet bei einer Inflationsrate von 5.00 Prozent
nach 95 Jahren mehr als 10.00 Euro

Der Preis waere dann 10.30 Euro
```

2. Ablaufbeispiel:

```
Momentaner Bonbonpreis (in Euro): 0.2 ⏎
Inflationsrate  (in Prozent): 130 ⏎
Preisgrenze (in Euro): 100 ⏎

Ein Bonbon, das heute 0.20 Euro kostet,
kostet bei einer Inflationsrate von 130.00 Prozent
nach 8 Jahren mehr als 100.00 Euro

Der Preis waere dann 156.62 Euro
```

3. Ablaufbeispiel:
```
Momentaner Bonbonpreis (in Euro): 0.05 ⏎
Inflationsrate  (in Prozent): 2.3 ⏎
Preisgrenze (in Euro): 11.60 ⏎

Ein Bonbon, das heute 0.05 Euro kostet,
kostet bei einer Inflationsrate von 2.30 Prozent
nach 240 Jahren mehr als 11.60 Euro

Der Preis waere dann 11.73 Euro
```

16.2 Programmiertechniken

16.2.1 while bei unbekannter Zahl von Schleifendurchläufen

while-Schleifen werden wie for-Schleifen immer dann verwendet, wenn bei einer Aufgabenstellung bestimmte Anweisungen wiederholt auszuführen sind. while-Schleifen werden bevorzugt dann verwendet, wenn nicht vorhersagbar ist, wie oft die betreffenden Anweisungen zu wiederholen sind. Ein Beispiel dafür wäre das Heron-Verfahren zur näherungsweisen Berechnung der Quadratwurzel einer Zahl x. Der nachfolgende Pseudocode zeigt den entsprechenden Algorithmus, der nach *Heron von Alexandrien* (50 n. Chr.) benannt ist:

```
Eingabe einer Zahl x
y = x/2
z = x/y
Ausgabe von z
Solange (z-y)² > 10⁻⁶ gilt, führe folgende Schritte aus
    y = (y+z)/2
    z = x/y
    Ausgabe von z
```

Hier wird deutlich, dass nicht im voraus festgelegt werden kann, wie oft die einzelnen Anweisungen in der Schleife auszuführen sind. Mögliches C-Programm heron.c zu dieser Aufgabenstellung:

```c
#include <stdio.h>
int main(void) {
    double x, y, z;
    printf("Gib eine Zahl ein: "); scanf("%lf", &x);
    y=x/2;
    z=x/y;
    printf("%20.6f\n", z);
    while ((z-y)*(z-y) > 10e-6) {
        y = (y+z)/2;
        z = x/y;
        printf("%20.6f\n", z);
    }
    return(0);
}
```

16 Die while-Anweisung

Mögliche Abläufe des Programms heron.c:

```
Gib eine Zahl ein: 2 ⏎
           2.000000
           1.333333
           1.411765
           1.414211
```

```
Gib eine Zahl ein: 1234567 ⏎
           2.000000
           3.999987
           7.999870
          15.998911
          31.991190
          63.929384
         127.436895
         251.564573
         478.595994
         807.393129
        1056.779201
        1109.715804
        1111.109829
```

Da in C jede for-Schleife durch eine while-Schleife und umgekehrt auch jede while-Schleife durch eine for-Schleife nachgebildet werden kann, hätte man obige Aufgabenstellung auch mit dem folgenden Programm heron2.c lösen können:

```c
#include <stdio.h>
int  main(void) {
    double  x, y, z;
    printf("Gib eine Zahl ein: "); scanf("%lf", &x);
    y=x/2; z=x/y;
    printf("%20.6f\n", z);
    for ( ; (z-y)*(z-y)>10e-6 ; ) {    /****/
        y = (y+z)/2;
        z = x/y;
        printf("%20.6f\n", z);
    }
    return(0);
}
```

oder sogar noch extremer, wie im folgenden Programm heron3.c gezeigt:

```c
#include <stdio.h>
int  main(void) {
    double  x, y, z;
    printf("Gib eine Zahl ein: "); scanf("%lf", &x);
    y=x/2; z=x/y;
    for ( printf("%20.6f\n", z); (z-y)*(z-y)>10e-6; printf("%20.6f\n", z) ) {    /****/
        y = (y+z)/2;
        z = x/y;
    }
    return(0);
}
```

wobei diese zuletzt angegebene Lösung nicht zu empfehlen ist, da sie den Initialisierungs- und Reinitialisierungsteil der for-Schleife für Ausgaben mißbraucht, was sicher unnötig das Verständnis dieses Programms erschwert.

Aus Gründen der besseren Lesbarkeit und des besseren Verständnisses von C-Programmen kann auf die Frage

Wann ist eine for- und wann eine while-Schleife in C zu verwenden?

allgemein folgendes geantwortet werden:

1. for-Schleifen werden üblicherweise dann verwendet, wenn ein ganzer Bereich beginnend bei einem bestimmten Startwert bis zu einem vorgegebenen Endwert mit einer festen Schrittweite zu durchlaufen ist (siehe dazu auch die Beispiele im vorherigen Kapitel).

2. while-Schleifen dagegen werden immer dann verwendet, wenn lediglich ein Endekriterium gegeben ist, und es nicht vorhersagbar ist, wie oft die entsprechenden Schleifenanweisungen ausgeführt werden müssen, bis das Endekriterium zutrifft. Das vorherige Beispiel (Heron-Verfahren) ist somit eine typische Anwendung für eine while-Schleife.

16.2.2 Konsistenzprüfungen bei Eingaben

Oft werden für Eingaben bestimmte Eigenschaften vorausgesetzt, die auch vorliegen müssen, damit das entsprechende Programm richtig arbeitet. Solche Eigenschaften könnten z. B. sein:

- Einzugebende Zahl muss gerade sein,
- Einzugebende Zahl muss im Intervall [1,4] liegen, usw.

Da solche Anforderungen für den weiteren richtigen Ablauf eines Programms von größter Wichtigkeit sein können, muss der Programmierer eventuelle falsche Eingaben durch den Benutzer abfangen. Dazu wird oft folgende Technik angewendet:

```
Eingabe des Benutzer lesen
while (Eingabe nicht richtig) {
    Ausgabe einer Fehlermeldung
    Benutzer zur Eingabe-Wiederholung auffordern und diese einlesen
}
```

Für die beiden oben erwähnten Anforderungen an eine Eingabe könnte der C-Code z. B. wie folgt aussehen:

1. Möglicher C-Code zum Einlesen einer geraden Zahl:

```c
printf("Gib gerade Zahl ein: ");
scanf("%d", &zahl);
while (zahl%2 != 0) {
    printf("Einzugebende Zahl muss gerade sein\n");
    printf("Gib nun endlich eine gerade Zahl ein: ");
    scanf("%d", &zahl);
}
```

2. Möglicher C-Code zum Einlesen einer Zahl aus dem Intervall [1,4]:
```
printf("Gib eine Zahl aus dem Intervall [1,4] ein: ");
scanf("%d", &zahl);
while (zahl<1 || zahl>4) {
    printf("Einzugebende Zahl muss im Intervall [1,4] liegen\n");
    printf("Gib nun endlich eine Zahl aus Intervall [1,4] ein: ");
    scanf("%d", &zahl);
}
```

16.2.3 Die Konstante EOF

Die Konstante EOF, welche in stdio.h definiert ist, spielt in C eine wichtige Rolle. EOF ist die Abkürzung für *End-Of-File* (zu deutsch: Dateiende) und kennzeichnet das Ende eines Eingabetextes. Beim Lesen von einer Datei steht sie für das Dateiende. Bei interaktiver Eingabe über Tastatur kann EOF durch Drücken von (Strg)-(Z) (unter MS-DOS) bzw. (Strg)-(D) (unter Unix oder Linux) nachgebildet werden.

Ist nun ein vollständiger Text durch ein C-Programm einzulesen und zu verarbeiten, so wird meist folgende Technik angewendet:

```
int zeich;  /* als int deklarieren, da getchar() int und nicht char liefert */

while ( (zeich=getchar()) != EOF ) {
    ........
    Verarbeitung von zeich
    ........
}
```

Ein Beispiel soll diese Technik verdeutlichen. Es ist ein C-Programm kleigros.c zu erstellen, welches alle Kleinbuchstaben eines eingegebenen Text in Großbuchstaben umwandelt, bevor es diese ausgibt. Nicht-Kleinbuchstaben soll es unverändert ausgeben:

```
#include <stdio.h>
#include <ctype.h>
int main(void) {
    int zeich;
    while ((zeich=getchar()) != EOF)
        putchar(toupper(zeich));
    return(0);
}
```

Möglicher Ablauf dieses Programms kleigros.c:

```
Das ist eine Testeingabe fuer Klein- ⏎
DAS IST EINE TESTEINGABE FUER KLEIN-
nach Gross- ⏎
NACH GROSS-
umwandlung. ⏎
UMWANDLUNG.
(Strg)-(D)
```

Die Standardeingabe könnte hierbei auch von der Tastatur mit < in eine Datei umgelenkt werden. So wäre es dann möglich, den Inhalt einer Datei in Großbuchstaben ausgeben zu lassen. In diesem Fall könnte kein Text über die Tastatur eingegeben werden, da das Programm dann für die Dauer seiner Ausführung aus der nach < angegebenen Datei (anstelle von der Tastatur) liest.

Wenn z. B. die Datei kg.txt folgenden Inhalt hätte:

```
Das ist eine Testeingabe fuer Klein-
nach Gross-
umwandlung.
```

dann würde der Aufruf

```
user@linux:~ >   kleigros < kg.txt ⏎
```

folgende Ausgabe liefern:

```
DAS IST EINE TESTEINGABE FUER KLEIN-
NACH GROSS-
UMWANDLUNG.
```

16.2.4 Minimum und Maximum in einer Zahlenfolge

Bei vielen Aufgabenstellungen kommt es vor, dass aus einer Zahlenreihe das Minimum bzw. das Maximum oder auch beide zu bestimmen sind. Die dafür verwendete Technik ist nachfolgend in Form von Pseudocode angegeben:

```
min= 1.Zahl
max= 1.Zahl
while (noch weitere Zahlen vorhanden) {
    zahl= naechste Zahl
    if (zahl<min)
        min=zahl;
    if (zahl>max)
        max=zahl;
}
Ausgabe:  min (Minimum) und max (Maximum)
```

Ein Programmierbeispiel soll diese Technik demonstrieren. Dabei soll aus einer Folge von positiven Zahlen, die einzugeben sind, die kleinste und die größte ermittelt werden. Das Ende der Zahlenfolge soll dem Programm minmax.c durch die Eingabe der Zahl 0 mitgeteilt werden.

Mögliches C-Programm minmax.c:

```c
#include <stdio.h>

int  main(void) {
   int i=1,   /* zaehlt die eingegebenen Zahlen mit */
       zahl,     /* enthaelt immer gerade eingegebene Zahl */
       min, max,    /* enthalten den Wert des Minimums und Maximums */
       imin, imax;  /* enthalten Nummer von Minimum und Maximum */
   printf("Minimum und Maximum in einer Zahlenreihe bestimmen\n");
   printf("==================================================\n\n");
   printf("Gib nun deine Zahlen ein (Abbruch mit 0):\n");
```

```
    printf("%d.Zahl: ", i);
    scanf("%d", &zahl);
    min=max=zahl; /* 1.Zahl ist zunaechst sowohl Maximum wie Minimum */
    imin=imax=i;
    while (zahl!=0) {
        printf("%d.Zahl: ", ++i);
        scanf("%d", &zahl);
        if (zahl!=0) {
            if (zahl<min) {
                min=zahl;
                imin=i;
            }
            if (zahl>max) {
                max=zahl;
                imax=i;
            }
        }
    } /* end_while */
    printf("\n\n");
    printf("Minimum: %d (%d.Zahl)\n", min, imin);
    printf("Maximum: %d (%d.Zahl)\n", max, imax);
    return(0);
}
```

Möglicher Ablauf dieses Programms `minmax.c`:

```
Minimum und Maximum in einer Zahlenreihe bestimmen
==================================================
Gib nun deine Zahlen ein (Abbruch mit 0):
1.Zahl: 12 ⏎
2.Zahl: 1234 ⏎
3.Zahl: 8 ⏎
4.Zahl: 7 ⏎
5.Zahl: 2 ⏎
6.Zahl: 425 ⏎
7.Zahl: 0 ⏎

Minimum: 2 (5.Zahl)
Maximum: 1234 (2.Zahl)
```

16.3 Zufallszahlen in C

Mit dem Computer lassen sich Vorgänge, die sich zufällig ereignen, mit Hilfe von Zufallszahlen nachahmen, oder – wie man sagt – simulieren. Simulationen werden in der Praxis immer dann durchgeführt, wenn keine exakten Daten und damit natürlich auch kein geeignetes Verfahren verfügbar ist, um das dynamische Verhalten eines Systems zu beschreiben.

Wie erhält man aber nun Zufallszahlen?

Dazu benötigt man einen Zufallszahlen-Generator, der Zahlen liefert, deren Werte zufällig und damit nicht vorhersagbar sind.
Eine mögliche Realisierung eines solchen Zufallszahlen-Generators wäre z. B.

```
#define rand()   (z=z*1103515245+12345, z&0x7fff)
unsigned long int z=1;
```

Dieser Zufallszahlen-Generator `rand()` liefert bei jedem Aufruf eine zufällige ganze Zahl, von der man nur sagen kann, dass sie im Intervall [0,0x7fff] liegt. Das heißt dass dieser Zufallszahlen-Generator eine Zahl z liefert, für die gilt: 0<=z<=32767.

Nun wollen wir unseren Zufallszahlen-Generator mit dem nachfolgend gezeigten Programm `zufzahl1.c` testen:

```
#include <stdio.h>

#define rand()   (z=z*1103515245+12345, z&0x7fff)
unsigned long int z=1;  /* Variablen koennen auch ausserhalb von main */
                        /* deklariert werden                          */
int  main(void) {
   int i;

   printf("Hier sind 5 Zufallszahlen:\n");
   for (i=1 ; i<=5 ; i++)
      printf("%d\n", rand());
   return(0);
}
```

Starten wir das Programm `zufzahl1`, so gibt es folgendes aus:

```
Hier sind 5 Zufallszahlen:
32422
12519
25748
6973
24370
```

Hier gibt es jedoch noch ein Problem, das erkennbar wird, wenn wir `zufzahl1` ein zweites Mal starten:

```
Hier sind 5 Zufallszahlen:
32422
12519
25748
6973
24370
```

An dieser Ausgabe ist erkennbar, dass dieser Zufallszahlen-Generator immer die gleiche Zufallszahlenfolge liefert. Die Nicht-Vorhersagbarkeit der erzeugten Zufallszahlenfolgen wäre also für den zweiten, dritten, ... Programmlauf nicht gewährleistet. Die Ursache für die immer gleiche Zufallszahlenfolge ist, dass der Generator immer mit dem gleichen Startwert, nämlich 1 beginnt. Man müsste also bei jedem Programmlauf nur einen anderen Startwert verwenden, und man würde dann auch immer eine andere Folge von Zufallszahlen erhalten. Zum Setzen

16 Die while-Anweisung

des Startwerts für den Zufallszahlen-Generator definieren wir hier nun noch ein zusätzliches Makro srand():

```
#define rand()    (z=z*1103515245+12345, z&0x7fff)
#define srand(s)  z=s
```

Wie wird nun aber der Startwert s festgelegt? Eine Möglichkeit wäre, diesen Startwert den Benutzer eingeben zu lassen. Diese Vorgehensweise wird in zufzahl2.c gezeigt:

```
#include <stdio.h>

#define rand()    (z=z*1103515245+12345, z&0x7fff)
#define srand(s)  z=s
unsigned long int z=1;   /* Variablen koennen auch
                            ausserhalb von main deklariert werden */
int main(void) {
   int i;
   long int startwert;

   printf("Startwert fuer Zufallszahlen-Generator: ");
   scanf("%ld", &startwert);
   srand(startwert);

   printf("Hier sind 5 Zufallszahlen:\n");
   for (i=1 ; i<=5 ; i++)
      printf("%d\n", rand());
   return(0);
}
```

Startet man nun zufzahl2.c, so muss zuerst ein Startwert vom Benutzer eingegeben werden:

```
Startwert fuer Zufallszahlen-Generator: 12 ⏎
Hier sind 5 Zufallszahlen:
23893
21354
91
4344
31185
```

Startet man nun zufzahl2.c erneut, so muss wieder zuerst ein Startwert vom Benutzer eingegeben werden. Gibt der Benutzer einen anderen Startwert ein, so erhält er auch eine andere Zufallszahlenfolge:

```
Startwert fuer Zufallszahlen-Generator: 3428 ⏎
Hier sind 5 Zufallszahlen:
23501
15490
3987
7120
26569
```

Diese Möglichkeit der Startwert-Eingabe durch den Benutzer ist jedoch nicht ganz zufriedenstellend, da zum einen der Benutzer durch eine zusätzliche Eingabe belästigt wird und zum anderen diese Vorgehensweise auch nicht ganz der Forderung nach Unvorhersagbarkeit der Zufallszahlen gerecht wird, wenn der Benutzer bei zwei unterschiedlichen Programmläufen den gleichen Startwert eingibt.

Diese beiden Nachteile entfallen, wenn das Setzen des Startwerts automatisiert wird. Als zufälliger Startwert bietet sich dabei die Zeit des Programmstarts an. Dazu muss die Bibliotheksroutine `time()` aufgerufen werden. `time()` gibt die momentane Zeit in Form einer ganzzahligen Konstante zurück. Wenn `time()` in einem Programm aufgerufen wird, sollte die Headerdatei `time.h` mit

```
#include <time.h>
```

zum Bestandteil des C-Programms gemacht werden. Zum automatischen Setzen des Startwerts empfiehlt sich dann folgender Aufruf:

```
srand(time(NULL));   /* NULL ist spez. Zeigerkonst. (dazu später mehr) */
```

Diese automatische Bestimmung des Startwerts wollen wir nun mit `zufzahl3.c` testen:

```
#include <stdio.h>      /* Fuer NULL, das spaeter verwendet wird */
#include <time.h>       /* Fuer time(..)                         */

#define rand()     (z=z*1103515245+12345, z&0x7fff)
#define srand(s)   z=s
unsigned long int z=1;   /* Variablen können auch              */
                         /* ausserhalb von main deklariert werden */
int  main(void) {
    int i;

    srand(time(NULL));
    printf("Hier sind 5 Zufallszahlen:\n");
    for (i=1 ; i<=5 ; i++)
       printf("%d\n", rand());
    return(0);
}
```

Wird nun `zufzahl3.c` gestartet, so ergibt sich ohne Eingriff des Benutzers eine nicht vorhersagbare Folge von Zufallszahlen:

```
Hier sind 5 Zufallszahlen:
24190
20447
9260
32501
25738
```

Wird `zufzahl3.c` ein weiteres mal gestartet, so ergibt sich eine völlig andere Zufallszahlenfolge:

```
Hier sind 5 Zufallszahlen:
18885
7962
23115
31784
15681
```

16 Die while-Anweisung

Nun wird man aber nicht immer Zufallszahlen aus dem Intervall [0,32767] benötigen, sondern z. B. aus dem Intervall [1,6], wenn man das Werfen eines Würfels simulieren möchte. Um dies zu erreichen, muss eine von rand() gelieferte Zufallszahl in das gewünschte Intervall projeziert werden. Für den Würfel wäre dies möglich mit

```
rand()%6+1 /* liefert Zufallszahlen zwischen 1 und 6 */
```

Allgemein gilt für eine Projektion in ein Intervall [u,o]:

```
rand()%(o-u+1)+u
```

Das nächste Programm zufzahl4.c simuliert nun den zehnmaligen Wurf eines Würfels und gibt für jeden Wurf die erzielte Augenzahl (oben liegende Punktzahl) aus:

```c
#include <stdio.h>   /* Fuer NULL, das spaeter verwendet wird */
#include <time.h>    /* Fuer time(..)                         */

#define rand()   (z=z*1103515245+12345, z&0x7fff)
#define srand(s) z=s

unsigned long int z=1;

int  main(void)
{
   int i,
       augen;

   srand(time(NULL));

   printf("Bei 10 mal Wuerfeln habe ich folgende Augenzahlen geworfen:\n");
   for (i=1 ; i<=10 ; i++) {
      augen=rand()%6+1;
      printf("%2d.Wurf: %d\n", i, augen);
   }
   return(0);
}
```

Startet man nun zufzahl4.c, dann könnte sich z. B. folgender Ablauf ergeben:

```
Bei 10 mal Wuerfeln habe ich folgende Augenzahlen geworfen:
 1.Wurf: 6
 2.Wurf: 1
 3.Wurf: 2
 4.Wurf: 1
 5.Wurf: 2
 6.Wurf: 5
 7.Wurf: 4
 8.Wurf: 5
 9.Wurf: 2
10.Wurf: 1
```

Ein weiterer Start von zufzahl4.c sollte natürlich zu anderen Wurfergebnissen führen:

16.3 Zufallszahlen in C

```
Bei 10 mal Wuerfeln habe ich folgende Augenzahlen geworfen:
 1.Wurf: 2
 2.Wurf: 3
 3.Wurf: 4
 4.Wurf: 1
 5.Wurf: 2
 6.Wurf: 5
 7.Wurf: 4
 8.Wurf: 1
 9.Wurf: 4
10.Wurf: 1
```

Eine andere und sogar etwas genauere Projektionsmethode ist, dass man sich z. B. eine Grenze im Bereich der Zufallszahlen definiert: Trifft ein Ereignis mit einer bestimmten Wahrscheinlichkeit ein, so berechnet man eine Grenze im Bereich der Zufallszahlen und läßt sich dann Zufallszahlen generieren. Liegt die Zufallszahl unter der Grenze, dann ist das Ereignis in diesem Fall zugetroffen. Liegt Zufallszahl dagegen über dieser Grenze, dann ist Ereignis nicht zugetroffen.
Hierbei kann man wie folgt vorgehen:

```
#define RAND_MAX    0x7fffffff
...
   float grenze;
.......
   grenze = wahrscheinlichkeit*RAND_MAX;

   if (rand() <= grenze)
      Ergebnis ist eingetreten
   else
      Ergebnis ist nicht eingetreten
.....
```

Nehmen wir z. B. an, dass die Wahrscheinlichkeit bei einer Ölbohrung fündig zu werden, x Prozent ist. Es soll nun ein C-Programm `oelbohr.c` erstellt werden, das zunächst die Wahrscheinlichkeit x einliest, bevor es dann mit Hilfe von Simulationen berechnet, wie viele Bohrungen durchschnittlich notwendig sind, damit man mindestens einmal auf Öl stößt.

```
#include <stdio.h>
#include <time.h>

#define RAND_MAX   0x7fffffff
#define rand()     (z=z*1103515245+12345, z&RAND_MAX)
#define srand(s)   z=s

unsigned long int z=1;

int  main(void) {
   long int  i, wieoft, erfolg;
      float  x, erfolgs_grenze, zaehl, gesamt=0;
   printf("Durchschnittl. Bohrversuche bis man fuendig wird\n");
   printf("================================================\n\n");
```

16 Die while-Anweisung

```
    printf("Die Wahrscheinlichkeit, dass man bei einer Oelbohrung fuendig wird,\n");
    printf("ist x %%\n\n");
    printf("Dieses Programm ermittelt ueber Simulation die durchschnittl.\n");
    printf("notwendige Anzahl von Bohrungen, um  mind. einmal fuendig zu werden.\n\n");

    printf("Wahrscheinlichkeit (in Prozent) fuer eine erfolgreiche Bohrung: ");
    scanf("%f", &x);
    printf("Wieviele Simulationen durchfuehren: ");
    scanf("%ld", &wieoft);

    srand(time(NULL));
    erfolgs_grenze=RAND_MAX*x/100; /* bildet den Wahrscheinlichkeitsraum
                                      von 100 % auf den Bereich [0,RAND_MAX] ab */
    for (i=1 ; i<=wieoft ; i++) {
       zaehl=erfolg=0;
       while (!erfolg) {
          zaehl++;
          if (rand()<erfolgs_grenze)
             erfolg++;
       }
       gesamt += zaehl;
    }
    printf("\n\nDurchschnittl. benoetigt man %.2f Bohrungen, "
           "um einmal fuendig zu werden\n", gesamt/wieoft);
    return(0);
}
```

Mögliche Abläufe dieses C-Programms oelbohr.c:

```
.....................
Wahrscheinlichkeit (in Prozent) fuer eine erfolgreiche Bohrung: 12 ⏎
Wieviele Simulationen durchfuehren: 10000 ⏎
Durchschnittl. benoetigt man 8.34 Bohrungen, um einmal fuendig zu werden
```

```
.....................
Wahrscheinlichkeit (in Prozent) fuer eine erfolgreiche Bohrung: 8 ⏎
Wieviele Simulationen durchfuehren: 100000 ⏎
Durchschnittl. benoetigt man 12.49 Bohrungen, um einmal fuendig zu werden
```

Bisher haben wir hier mit einem eigenen Zufallszahlen-Generator gearbeitet. In der C-Bibliothek ist jedoch bereits ein Zufallszahlen-Generator vorhanden, so dass keine eigene Realisierung notwendig ist. Die dort zur Verfügung gestellten Routinen haben die gleichen Namen wie unsere selbst erstellten Routinen: rand() und srand(). Da diese beiden C-Standardroutinen in der Headerdatei stdlib.h deklariert sind, sollte diese Headerdatei mit

```
#include <stdlib.h>
```

zum Bestandteil des C-Programms gemacht werden, in dem diese Standardfunktionen benutzt werden. In Zukunft wollen wir die beiden Standardfunktionen rand() und srand() verwenden, so dass die beiden hier zu Demonstrationszwecke aufgestellten Makros:

16.3 Zufallszahlen in C

```
#define rand() ...
#define srand(s) ...
```

nicht mehr angegeben werden müssen.

Die Verwendung des in der C-Bibliothek bereitgestellten Zufallszahlen-Generators (rand() und srand()) wollen wir anhand eines Beispiels demonstrieren: Sieben Jäger schiessen auf sieben Enten. Kein Jäger weiss, welche Enten die anderen Jäger ins Visier nehmen. Wie viele Enten überleben durchschnittlich?

Ein Schußvorgang könnte mit folgendem Programm jaeger1.c simuliert werden:

```c
#include <stdio.h>
#include <stdlib.h>
#include <time.h>

int main(void) {
    int i, ente,
        e1=1,   /* Boole'sche Variablen (1 heisst lebend) */
        e2=1, e3=1, e4=1, e5=1, e6=1, e7=1,
        ueberleben=0;   /* zaehlt die ueberlebenden Enten */
    printf("7 Jaeger schiessen auf 7 Enten\n");
    printf("==============================\n\n");
    printf("Kein Jaeger weiss,\n");
    printf("auf welche Enten die anderen Jaeger schiessen\n\n");
    printf("Hier ist die Simulation:\n");
    srand(time(NULL));
    for (i=1 ; i<=7 ; i++) {
        ente=rand()%7+1;
        printf("Jaeger %d: ----> Ente %d\n", i, ente);
        switch (ente) {
            case 1: e1=0; break;
            case 2: e2=0; break;
            case 3: e3=0; break;
            case 4: e4=0; break;
            case 5: e5=0; break;
            case 6: e6=0; break;
            case 7: e7=0; break;
            default: printf("\nProgramminterner Fehler\n");
        }
    }
    ueberleben=e1+e2+e3+e4+e5+e6+e7;
    switch (ueberleben) {
        case 0: printf("\n   keine Ente hat ueberlebt\n"); break;
        case 1: printf("\n   1 Ente hat ueberlebt\n"); break;
        default: printf("\n   %d Enten haben ueberlebt\n", ueberleben); break;
    }
    return(0);
}
```

Startet man jaeger1.c mehrmals nacheinander, so ergeben sich immer unterschiedliche Ergebnisse:

16 Die while-Anweisung

```
....................
Jaeger 1: ----> Ente 5
Jaeger 2: ----> Ente 2
Jaeger 3: ----> Ente 6
Jaeger 4: ----> Ente 1
Jaeger 5: ----> Ente 1
Jaeger 6: ----> Ente 7
Jaeger 7: ----> Ente 7
  2 Enten haben ueberlebt
```

```
....................
Jaeger 1: ----> Ente 7
Jaeger 2: ----> Ente 1
Jaeger 3: ----> Ente 7
Jaeger 4: ----> Ente 6
Jaeger 5: ----> Ente 6
Jaeger 6: ----> Ente 6
Jaeger 7: ----> Ente 7
  4 Enten haben ueberlebt
```

Um einen aussagekräftigen Mittelwert zu erhalten, müsste man diesen Vorgang sehr häufig wiederholen. Dies geschieht im folgenden C-Programm `jaeger2.c`, wo dieser Schiessvorgang x-mal durchgeführt wird. Wie oft der Schiessvorgang simuliert werden soll, kann der Benutzer eingeben. Je häufiger dabei der Schiessvorgang simuliert wird, umso aussagekräftiger ist natürlich der Mittelwert.
Mögliches C-Programm `jaeger2.c`:

```c
#include <stdio.h>
#include <stdlib.h>
#include <time.h>

int main(void) {
   long int s,
            wieoft;
   int i,
       ente,
       e1, e2, e3, e4, e5, e6, e7; /* Boole'sche Variablen (1 = leben) */
   float mittel_ueberleben=0;   /* zaehlt die ueberlebenden Enten */
   printf("7 Jaeger schiessen auf 7 Enten\n");
   printf("==============================\n\n");
   printf("Kein Jaeger weiss,\n");
   printf("auf welche Enten die anderen Jaeger schiessen\n\n");
   printf("Dieser Schiess-Vorgang soll wieoft wiederholt werden: ");
   scanf("%ld", &wieoft);

   srand(time(NULL));
   for (s=1 ; s<=wieoft; s++) {
      e1=e2=e3=e4=e5=e6=e7=1; /* Am Anfang leben immer alle Enten */
      for (i=1 ; i<=7; i++) {
         ente=rand()%7+1;
         switch (ente) {
```

```
            case 1: e1=0; break;
            case 2: e2=0; break;
            case 3: e3=0; break;
            case 4: e4=0; break;
            case 5: e5=0; break;
            case 6: e6=0; break;
            case 7: e7=0; break;
            default: printf("\nProgramminterner Fehler\n");
        }
    }
        /* Addieren der ueberlebenden Enten */
    mittel_ueberleben += e1+e2+e3+e4+e5+e6+e7;
  }
  printf("\n\nBei %ld simulierten Schiessvorgaengen ueberlebten \n", wieoft);
  printf("durchschnittlich %.2f Enten\n", mittel_ueberleben/wieoft);
  return(0);
}
```

Mögliche Abläufe dieses Programms jaeger2.c:

```
7 Jaeger schiessen auf 7 Enten
==============================
Kein Jaeger weiss,
auf welche Enten die anderen Jaeger schiessen
Dieser Schiess-Vorgang soll wieoft wiederholt werden: 10
Bei 10 simulierten Schiessvorgaengen ueberlebten
durchschnittlich 2.20 Enten
```

```
..................
Dieser Schiess-Vorgang soll wieoft wiederholt werden: 10
Bei 10 simulierten Schiessvorgaengen ueberlebten
durchschnittlich 2.70 Enten
```

```
..................
Dieser Schiess-Vorgang soll wieoft wiederholt werden: 100
Bei 100 simulierten Schiessvorgaengen ueberlebten
durchschnittlich 2.31 Enten
```

```
..................
Dieser Schiess-Vorgang soll wieoft wiederholt werden: 100
Bei 100 simulierten Schiessvorgaengen ueberlebten
durchschnittlich 2.48 Enten
```

```
..................
Dieser Schiess-Vorgang soll wieoft wiederholt werden: 10000
Bei 10000 simulierten Schiessvorgaengen ueberlebten
durchschnittlich 2.37 Enten
```

```
..................
Dieser Schiess-Vorgang soll wieoft wiederholt werden: 10000
Bei 10000 simulierten Schiessvorgaengen ueberlebten
durchschnittlich 2.37 Enten
```

16.4 Übungen

16.4.1 Fritz und Hans essen Äpfel

Fritz und Hans haben gemeinsam x Äpfel gekauft. In der Zeit, in der Fritz 5 Äpfel ißt, ißt Hans 3. Wie viele Äpfel hat jeder gegessen, wenn keine mehr übrig sind. Erstellen Sie ein C-Programm `aepfel.c`, das zunächst einliest, wie viele Äpfel Fritz und Hans zusammen gekauft haben, und dann die in jeder Runde von Fritz bzw. Hans gegessenen Äpfel einschließlich der noch übrigen Äpfel in Form einer Tabelle ausgibt.

Möglicher Ablauf dieses Programms `aepfel.c`:

```
Wieviele Aepfel haben Fritz und Hans gekauft: 114 ⏎

Sorry, aber die Zahl der Aepfel muss durch 8 teilbar sein

   Gib eine neue Zahl ein: 122 ⏎


Sorry, aber die Zahl der Aepfel muss durch 8 teilbar sein

   Gib eine neue Zahl ein: 120 ⏎


Essen von Aepfeln
-----------------

 Runde | Fritz |  Hans |  Rest |
-------+-------+-------+-------|
    1  |    5  |    3  |  112  |
    2  |   10  |    6  |  104  |
    3  |   15  |    9  |   96  |
    4  |   20  |   12  |   88  |
    5  |   25  |   15  |   80  |
    6  |   30  |   18  |   72  |
    7  |   35  |   21  |   64  |
    8  |   40  |   24  |   56  |
    9  |   45  |   27  |   48  |
   10  |   50  |   30  |   40  |
   11  |   55  |   33  |   32  |
   12  |   60  |   36  |   24  |
   13  |   65  |   39  |   16  |
   14  |   70  |   42  |    8  |
   15  |   75  |   45  |    0  |
```

16.4.2 Primfaktor-Zerlegung

Erstellen Sie ein C-Programm `primfakt.c`, das eine ganze Zahl einliest und dann alle Primfaktoren dieser Zahl ausgibt.

Mögliche Abläufe dieses Programms `primfakt.c`:

16.4 Übungen

```
Primfaktorzerlegung fuer eine Zahl
==================================

Zahl ? 1275 ⏎

  1275 = 3 * 5 * 5 * 17
```

```
Primfaktorzerlegung fuer eine Zahl
==================================

Zahl ? 123456787 ⏎

  123456787 = 31 * 31 * 128467
```

```
Primfaktorzerlegung fuer eine Zahl
==================================

Zahl ? 1234567891 ⏎

  1234567891 = Primzahl
```

Kapitel 17

Die `do...while`-Anweisung

> *Als Kind schon wir zu hören kriegen,*
> *Dass wir, wie wir uns betten, liegen.*
> *Doch dann sehn anders wirs verkettet:*
> *Wer richtig liegt, wird gut gebettet.*
> *Trübe Erfahrung, Eugen Roth*

17.1 Die `do...while`-Anweisung

Im Unterschied zur `for`- und `while`-Schleife wird bei der `do...while`-Schleife die Schleifenbedingung am Ende abgefragt, d. h. die Schleifenanweisung wird zumindest einmal ausgeführt, was bei der `for`- und `while`-Schleife nicht gewährleistet ist, da dort die Überprüfung der Schleifenbedingung am Anfang stattfindet. Die `do...while`-Schleife ist vergleichbar mit der `REPEAT...UNTIL`-Schleife in der Programmiersprache Pascal.
Syntaktisch sieht die `do...while`-Schleife wie folgt aus:

---

do
    anweisung
while (*ausdruck*);

Die *anweisung* kann selbstverständlich wieder ein Block von Anweisungen sein, der dann mit `{..}` zu klammern ist.

Die Funktionsweise der `do...while`-Schleife läßt sich am besten wieder anhand eines Programmablaufplans zeigen; siehe Abbildung 17.1.
Nach jedem Schleifendurchlauf wird *ausdruck* berechnet. Ist das Ergebnis verschieden von 0 (TRUE), so wird die Schleifen-*anweisung* nochmals ausgeführt. Erst, wenn die Auwertung von *ausdruck* 0 (FALSE) liefert, wird die Schleife beendet und mit der nächsten nicht zur Schleife gehörigen Anweisung fortgefahren.
Für ehemalige PASCAL-Programmierer sind folgende Hinweise wichtig:

17 Die do...while-Anweisung

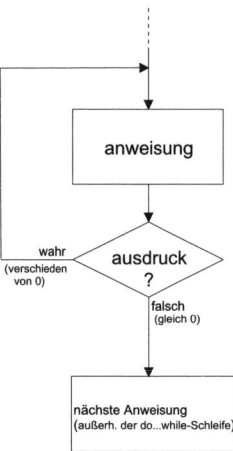

Abbildung 17.1: Programmablaufplan zur do...while-Schleife

❏ In PASCAL wird bei der REPEAT...UNTIL-Anweisung die Schleife solange ausgeführt wird, wie die Endebedingung nicht erfüllt ist (UNTIL).

❏ In C ist dies umgekehrt: hier wird die Schleife solange ausgeführt, wie die zuletzt angegebene Bedingung erfüllt ist (while).

Da die Abfrage der Bedingung bei der do...while-Schleife am Ende stattfindet, wird diese Schleife im Struktogramm – wie in Abbildung 17.2 gezeigt – dargestellt.

Beispiel:
Der größte gemeinsame Teiler (*ggT*) und das kleinste gemeinsame Vielfache (*kgV*) zweier int-Zahlen soll berechnet und ausgegeben werden. Den *ggT* zweier Zahlen kann man nach dem *Euklid'schen Algorithmus* bestimmen: Die erste Zahl ist der Dividend und die zweite der Divisor. Man geht nun nach folgenden Verfahren vor:

1. Ganzzahlige Division mit aktuellen Dividenden und Divisor durchführen.
2. Ist der Divisonsrest ungleich 0, wird der Divisor zum neuen Dividenden und der Divisionsrest zum neuen Divisor und wieder mit Punkt 1 fortgefahren.
3. Ist Divisonsrest gleich 0, ist Divisor der *ggT* und Verfahren ist beendet.

Das *kgV* der zwei eingegebenen Zahlen ist dann das Produkt dieser beiden Zahlen, geteilt durch *ggT*.

Beispiele zur Erklärung dieses Algorithmus:

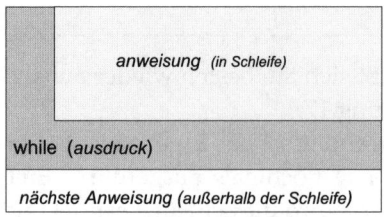

Abbildung 17.2: Struktogramm zur do...while-Schleife

17.1 Die do...while-Anweisung

```
42 :  12  =  3  Rest  6   (12 wird neuer Dividend; 6 wird neuer Divisor)
12 :   6  =  2  Rest  0   (Rest 0 = Endekriterium; ggT = 6 (Divisor)
```

$ggT = 6, kgV = \frac{42 \cdot 12}{6} = 84$

```
12 :  42  =  0  Rest 12   (42 wird neuer Dividend; 12 wird neuer Divisor)
42 :  12  =  0  Rest  6   (12 wird neuer Dividend; 6 wird neuer Divisor)
12 :   6  =  2  Rest  0   (Rest 0 = Endekriterium; ggT = 6 (Divisor)
```

$ggT = 6, kgV = \frac{42 \cdot 12}{6} = 84$

```
+---+-----------------------------------------------------------------+
!d  !Einlesen von 2 Zahlen nach  divident, divisor                    !
!o  +-----------------------------------------------------------------+
!   !multipl = divident*divisor                                       !
!   +---+-------------------------------------------------------------+
!   !d  !rest = divident%divisor                                      !
!   !o  !divident = divisor                                           !
!   !   !divisor = rest                                               !
!   !   +-------------------------------------------------------------+
!   !while (divisor>0);                                               !
!   +-----------------------------------------------------------------+
!   !Ausgabe: divident (ggt),                                         !
!   !         multipl/divident (kgV)                                  !
!   !Ausgabe: Wollen Sie noch zwei Zahlen eingeben (j/n) ?            !
!   +-----------------------------------------------------------------+
!while (tolower(getchar())!='n');                                     !
+---------------------------------------------------------------------+
```

Zugehöriges C-Programm ggtkgv.c:

```c
#include <stdio.h>
#include <ctype.h>

int main(void) {
   long int   divident, divisor, multipl, rest;
   do {
      printf("\n\nGeben Sie zwei Zahlen (mit Komma getrennt) ein: ");
      scanf("%ld, %ld", &divident, &divisor); getchar();
      multipl=divident*divisor;
      do {                            /* EUKLIDsche Algorithmus:      */
         rest = divident % divisor;
         divident = divisor;          /* Nach Verlassen dieser Schleife */
         divisor = rest;              /* befindet sich der ggT in der */
      } while (divisor>0);            /* Variablen  divident          */

      printf("ggT = %ld\n", divident);              /* Ausgabe des ggT */
      printf("kgV = %ld\n\n\n", multipl/divident);  /* Ausgabe des kgV */
      printf("Wollen Sie noch zwei Zahlen eingeben (j/n)? ");
   } while (tolower(getchar())!='n');
   return(0);
}
```

17 Die do...while-Anweisung

Möglicher Ablauf dieses Programm ggtkgv.c:

```
Geben Sie zwei Zahlen (mit Komma getrennt) ein: 12,42
ggT = 6
kgV = 84
Wollen Sie noch zwei Zahlen eingeben (j/n)? j

Geben Sie zwei Zahlen (mit Komma getrennt) ein: 567, 54
ggT = 27
kgV = 1134
Wollen Sie noch zwei Zahlen eingeben (j/n)? n
```

17.2 Programmiertechniken

17.2.1 do...while-Schleifen nicht so oft wie while-Schleifen

In der Praxis werden while-Schleifen wesentlich öfter verwendet als do...while-Schleifen. do...while-Schleifen werden aber immer dann verwendet, wenn bei einer Aufgabenstellung bestimmte Anweisungen wiederholt auszuführen sind. Anders als bei for- oder while-Schleifen ist bei einer do...while-Schleife immer sichergestellt, dass der Schleifenkörper zumindest einmal ausgeführt wird, da die Schleifenbedingung erst am Ende abgeprüft wird. Häufige Verwendung findet die do...while-Schleife deshalb in Situationen, bei denen gewisse Anweisungen unbedingt einmal und dann eventuell auch wiederholt auszuführen sind.

Ein typisches Beispiel dafür wäre ein Computerspiel, das nach dem Aufruf zumindest einmal gespielt werden soll. Dann erst soll der Benutzer gefragt werden, ob er noch einmal spielen möchte:

```c
char noch_einmal;
do
    /*........ Spielcode */
    printf("Willst du noch einmal spielen (j/n): ");
    noch_einmal=getchar(); getchar();
} while (toupper(noch_einmal) == 'J');
```

17.2.2 Abschließendes } while immer in einer Zeile

Das abschließende } while zu einer do...while-Schleife sollte immer in einer Zeile angegeben werden:

```c
do {
    .....
} while (toupper(noch_einmal) == 'J');
    .....
```

So ist eindeutig erkennbar, dass es sich hierbei um den Abschluss einer do...while-Schleife handelt. Eine andere Angabe, wie z. B. die nachfolgende, erschwert die Lesbarkeit von umfangreicheren Programmen ganz erheblich, da hierbei nicht sofort erkennbar ist, ob es sich beim hier fett gedruckten um den Abschluss einer do...while-Schleife oder um den Beginn einer neuen while-Schleife handelt.

```
.....
do {
    .....
}
while (toupper(noch_einmal) == 'J');
.....
```

17.3 Übungen

17.3.1 Zahlen raten

Erstellen Sie ein C-Programm zahlrat.c, das sich zufällig eine Zahl aus dem Intervall [1,x] denkt. x ist dabei vom Benutzer einzugeben. Danach soll der Benutzer versuchen, die vom Computer gedachte Zahl zu erraten. Für jeden Rateversuch wird dem Benutzer mitgeteilt, ob seine Zahl zu groß oder zu klein ist.
Möglicher Ablauf dieses Programms zahlrat.c:

```
Zahlenraten
===========

Ich denke mir eine Zahl aus dem Intervall [1,x].
Du musst dann versuchen, diese Zahl zu erraten.

Zunaechst musst du einmal festlegen, wie gross die zu
ratende Zahl maximal sein darf: 40 ⏎

Hm..... OK, ich habe eine Zahl

Dein 1.Versuch: 20 ⏎
                                          .....zu niedrig
Dein 2.Versuch: 30 ⏎
                                          ........zu hoch
Dein 3.Versuch: 25 ⏎
                                          .....zu niedrig
Dein 4.Versuch: 28 ⏎
                                          ........zu hoch
Dein 5.Versuch: 26 ⏎
                                          .....zu niedrig
Dein 6.Versuch: 27 ⏎
                                          .....Richtig

Du hast 6 Versuche zum Erraten der Zahl benötigt.
```

17 Die do...while-Anweisung

17.3.2 Armstrong-Zahlen

Armstrong-Zahlen sind Zahlen, bei denen Summe der 3er-Potenzen aller Ziffern gleich der Zahl selbst ist, wie z. B. bei 153:

$$153 = 1^3 + 5^3 + 3^3$$

Erstellen Sie nun ein C-Programm `armstron.c`, das die Armstrong-Zahlen aus einem bestimmten Bereich ermittelt. Die untere und obere Grenze dieses Bereichs sind vom Benutzer einzugeben. Dieses Programm soll jedoch nicht nur auf Armstrong-Zahlen begrenzt sein, sondern es dem Benutzer ermöglichen, die Potenz (bei Armstrong gleich 3) selbst festzulegen.
Mögliche Abläufe dieses Programms `armstron.c`:

```
ARMSTRONG- und andere Zahlen
============================

Armstrong-Zahlen sind Zahlen, bei denen Summe der 3er Potenzen
aller Ziffern gleich der Zahl selbst ist, wie z.B. bei 153:
        3   3   3
  153 = 1 + 5 + 3

Dieses Programm ermittelt jedoch nun nicht nur Armstrong-Zahlen,
sondern laesst die Potenz durch den Benutzer festlegen.
Ausserdem kann der Benutzer noch den Bereich waehlen, in dem
nach entsprechenden Zahlen zu suchen ist.

Potenz fuer die einzelnen Ziffern: 3 ⏎
Untere Bereichsgrenze: 1 ⏎
Obere Bereichsgrenze: 1000 ⏎
1
153
370
371
407
```

```
...........
Potenz fuer die einzelnen Ziffern: 4 ⏎
Untere Bereichsgrenze: 1000 ⏎
Obere Bereichsgrenze: 2000 ⏎
1634
```

```
...........
Potenz fuer die einzelnen Ziffern: 6 ⏎
Untere Bereichsgrenze: 500000 ⏎
Obere Bereichsgrenze: 600000 ⏎
548834
```

Kapitel 18

Die `break`-Anweisung

> *Karl Valentin zum Arzt: „Mein Magen tut weh,*
> *die Leber ist geschwollen, die Füsse wollen nicht so recht;*
> *das Kopfweh hört nicht mehr auf, und wenn ich von mir selbst reden darf:*
> *Ich fühle mich auch nicht wohl."*

18.1 Die `break`-Anweisung

Nicht immer ist es sinnvoll, eine Schleife nur über das Abbruchkriterium zu verlassen. Die break-Anweisung dient dazu, um eine for-, while-, do...while-Schleife oder eine switch-Anweisung vorzeitig zu verlassen. Dazu muss lediglich break aufgerufen werden.

for-Schleife:

```
    for (ausdr1 ; ausdr2 ; ausdr3) {
        .....
        .....
+----break;
|       .....
|       .....
| }
+->anweisung;     /* ausserhalb der for-Schleife */
```

while-Schleife:

```
    while (ausdruck) {
        .....
        .....
+----break;
|       .....
|       .....
| }
+->anweisung;     /* ausserhalb der while-Schleife */
```

do...while-Schleife:

```
      do {
          .....
          .....
   +----break;
   |      .....
   |      .....
   | } while (ausdruck);
   +->anweisung      /* ausserhalb der do...while-Schleife */
```

switch-Anweisung:

```
      switch (ausdruck) {
          .....
          case x:
              ....
   +------break;
   |      .....
   |      .....
   | } while (ausdruck);
   +->anweisung;     /* ausserhalb der switch-Anweisung */
```

18.2 break bewirkt Verlassen einer Schleifenebene

Bei mehrfach ineinander geschachtelten Schleifen bewirkt break nur den Abbruch der innersten Schleife bzw. der switch-Anweisung, wie z. B.:

```
while (ausdruck) {
   ....
   w_anweisungen;
   ....
   do {
      ....
      d_anweisungen;
      ....
      for (ausdr1 ; ausdr2 ; ausdr3) {
         ....
+------break;
|        ....
|     }
+-->nächste d_anweisung;
      .....
   } while (ausdruck);
   nächste w_anweisung;
   ....
}
```

18.3 Programmiertechniken

18.3.1 Sofortiges Verlassen von Schleifen und `switch`

Es sind zwei Anwendungsbereiche, bei denen break benutzt wird:

1. **Verlassen von switch-Anweisungen**
   Diese Anwendung wurde bereits bei der switch-Anweisung besprochen.

2. **Verlassen von for-, while- und do...while-Schleifen**
   In manchen Fällen treten während der Ausführung eines Schleifenkörpers Situationen auf, bei denen eine weitere Ausführung dieser Schleife wenig Sinn macht. Hier kann dann break verwendet werden, wenn dies auch den strengen Gesetzen der strukturierten Programmierung widerspricht, da es sich ja bei break um einen unbedingten Sprung handelt. Natürlich könnten solche Aufgabenstellungen auch strukturiert gelöst werden, indem durch entsprechende Abfragen diese Situationen abgeprüft werden und ein entsprechender Merker bei Eintreten einer dieser Situationen gesetzt wird. Der Merker selbst wird dann in der Schleifenbedingung mit eingebaut, um eine erneute Schleifen-Ausführung vom momentanen Merker-Wert abhängig zu machen. Diese Vorgehensweise hat jedoch den Nachteil, dass in der gesamten Schleife ständig der Merker überprüft werden muss, da von dessen Wert die weitere Schleifenausführung abhängig ist. Dies kostet zu einem unnütze Rechenzeit und zum anderen erhöht sich nicht unbedingt die Lesbarkeit eines Programms.

Beispiel:
Bei einer Eingabe wird ein gewisses Format für die Zeilen vorausgesetzt. Wird gegen dieses Format verstossen, so soll die Bearbeitung der Zeilen abgebrochen werden.
Eine mögliche Lösung (ohne break):

```
fehler=0;
while (noch weitere Zeilen && fehler==0) {
    .......
    if (Anzahl der Felder != 5) {
        Ausgabe: "Fehler: Keine 5 Felder in Zeile"
        fehler=1;
    }
    if (fehler==0 && Länge des 1.Felds > 20) {
        Ausgabe: "Fehler: 1.Feld zu lang"
        fehler=1;
    }
    if (fehler==0 && Länge des 2.Felds > 20) {
        Ausgabe: "Fehler: 2.Feld zu lang"
        fehler=1;
    }
    if (fehler==0 && 3.Feld keine ganze Zahl) {
        Ausgabe: "Fehler: 3.Feld muss eine ganze Zahl sein"
        fehler=1;
    }
```

18 Die break-Anweisung

```
        if (fehler==0 && Wert des 3.Feld < 0) {
            Ausgabe: "Fehler: Zahl im 3.Feld muss positiv sein"
            fehler=1;
        }
        .......
    }
    if (fehler) {
        .....
    } else {
        .....
    }
    .......
```

Eine mögliche Lösung (mit break):

```
while (noch weitere Zeilen) {
    fehlerfrei=0;
    .......
    if (Anzahl der Felder != 5) {
        Ausgabe: "Fehler: Keine 5 Felder in Zeile"
        break;
    }
    if (L\"ange des 1.Felds > 20) {
        Ausgabe: "Fehler: 1.Feld zu lang"
        break;
    }
    if (L\"ange des 2.Felds > 20) {
        Ausgabe: "Fehler: 2.Feld zu lang"
        break;
    }
    if (3.Feld keine ganze Zahl) {
        Ausgabe: "Fehler: 3.Feld muss eine ganze Zahl sein"
        break;
    }
    if (Wert des 3.Feld<0) {
        Ausgabe: "Fehler: Zahl im 3.Feld muss positiv sein"
        break;
    }
    .......
    fehlerfrei=1; /* Wenn bis hierher, dann fehlerfrei */
}
if (fehlerfrei) {
    .....
} else {
    .....
}
.......
```

Bei der zweiten Vorgehensweise entfällt die ständige Überprüfung, ob bereits ein Fehler aufgetreten ist. Vor allen Dingen bei mehreren Merkern wirkt sich diese zweite Methode sehr vorteilhaft aus.

18.3.2 Endlosschleifen und `break`

In der Praxis wird break oft noch zum Verlassen von Endlosschleifen verwendet. Neben der unbedingten Notwendigkeit von Endlosschleifen in Anwendungsgebieten wie der Steuerungstechnik oder der Systemprogrammierung werden Endlosschleifen jedoch auch in herkömmlichen Anwendungen benutzt. Diese Programmiertechnik wurde vor allen Dingen von Unix-Programmierern in die C-Praxis eingebracht und resultiert aus deren Umgang mit der Linux-Unix-Shell[1], wo solche endlosen Schleifen sehr häufig notwendig sind. Beispiele dafür könnten z. B. Schleifen sein, bei denen irgend etwas berechnet wird, und das Ergebnis der Berechnung eine weitere Ausführung des restlichen Schleifenkörpers überflüssig macht oder sogar verbietet.

Beispiel:
Eine Marktfrau wird gefragt, wie viele Eier sie bei sich habe. Sie antwortet:
Wenn ich 11er Packungen mache, dann bleiben 5 übrig. Verwende ich dagegen 23er Packungen, so verbleiben 3. Wie viele Eier hat sie mindestens?
Das folgende Programm `eifrau1.c` beantwortet diese Frage:

```
#include <stdio.h>
int  main(void) {
    int i=1;
    while (1) {  /* Endlosschleife: 1 = immer erf\"ullt */
       if (i%11==5 && i%23==3)
          break;
       i++;
    }
    printf("%d Eier\n", i);
    return(0);
}
```

Eine solche Programmierung wird natürlich vor allen Dingen bei Vertretern der reinen strukturierten Programmierung auf Unmut stoßen, denn diese hätten die Aufgabenstellung wie folgt gelöst (`eifrau2.c`):

```
#include <stdio.h>
int  main(void) {
    int i=0;
    do {
       i++;
    } while (i%11!=5 || i%23!=3);
    printf("%d Eier\n", i);
    return(0);
}
```

und doch wird dieser Programmierstil vor allen Dingen in Unix-Umgebungen sehr häufig verwendet.

---
[1] Im Buch *Linux-Unix-Shells; H. Herold; Addison-Wesley* ausführlich beschrieben

18.4 Übungen

18.4.1 Würfelspiel bis 100

Bei diesem Würfelspiel würfelt jeder Spieler sooft er will. Verzichtet ein Spieler auf weiteres Würfeln, bevor er eine 1 würfelt, bekommt er die Summe der bisher erzielten Augen gutgeschrieben. Würfelt er aber eine 1, so erhält er gar nichts und der andere Spieler kommt an die Reihe. Es gewinnt, wer als erster 100 Augen hat. Erstellen Sie ein C-Programm bis100.c, das die Rolle des ersten Spielers übernimmt. Ihr Programm soll dabei nach folgender Strategie spielen: Es würfelt solange, bis seine Punktzahl 19 übersteigt oder bis es 5 mal gewürfelt hat, je nachdem was zuerst eintritt. Da es sich um ein *ehrliches Programm* handelt, übernimmt es auch die Schiedsrichterrolle, indem es immer die momentanen Zwischenstände ausgibt und den Benutzer fragt, ob er noch einmal würfeln möchte. Am Ende eines Spiels soll der momentane Spielstand ausgegeben, und der Benutzer gefragt werden, ob er noch einmal spielen möchte. Wenn ja, so beginnt ein neues Spiel, ansonsten wird der Endstand ausgegeben.

18.4.2 Primzahlen

Erstellen Sie ein C-Programm primzahl.c, das alle Primzahlen zwischen m und n ermittelt und ausgibt. m und n sind dabei einzugeben. Mögliche Abläufe dieses Programms primzahl.c sind z. B.:

```
Primzahlen
==========
Dieses Programm gibt Ihnen alle Primzahlen zwischen
m und n aus. m und n sind dabei einzugeben.
m: 1 ⏎
n: 500 ⏎
        2,      3,      5,      7,     11,     13,     17,     19,
       23,     29,     31,     37,     41,     43,     47,     53,
       59,     61,     67,     71,     73,     79,     83,     89,
       97,    101,    103,    107,    109,    113,    127,    131,
      137,    139,    149,    151,    157,    163,    167,    173,
      179,    181,    191,    193,    197,    199,    211,    223,
      227,    229,    233,    239,    241,    251,    257,    263,
      269,    271,    277,    281,    283,    293,    307,    311,
      313,    317,    331,    337,    347,    349,    353,    359,
      367,    373,    379,    383,    389,    397,    401,    409,
      419,    421,    431,    433,    439,    443,    449,    457,
      461,    463,    467,    479,    487,    491,    499,
........
m: 12345000 ⏎
n: 12345500 ⏎
12345001, 12345017, 12345049, 12345071, 12345083, 12345121, 12345127, 12345143,
12345149, 12345163, 12345169, 12345191, 12345209, 12345211, 12345233, 12345253,
12345259, 12345283, 12345293, 12345301, 12345313, 12345317, 12345323, 12345341,
12345367, 12345371, 12345373, 12345379, 12345397, 12345413, 12345419, 12345427,
12345433, 12345439, 12345479, 12345491, 12345493, 12345499,
```

Kapitel 19

Die continue-Anweisung

*Der einzige Duzfreund Adenauers war der Kölner Bankier Pferdmenges,
einer der wohlhabensten Männer Deutschlands.
Einmal wurde er in einem Interview gefragt:
„Was würden Sie tun, wenn Sie eine Million hätten?"
Pferdmenges antwortete: „Mich einschränken!"*

19.1 Die continue-Anweisung

Soll während des Programmlaufs in einer Schleife sofort mit dem nächsten Durchlauf der gleichen Schleife fortgefahren werden, so kann dazu die continue-Anweisung verwendet werden.

Die continue-Anweisung ist also der break-Anweisung ähnlich. Sie bewirkt allerdings im Unterschied zur break-Anweisung nicht den Abbruch der gesamten Schleife, sondern nur den Abbruch des aktuellen Schleifendurchlaufs, also einen Sprung zum Schleifenende. continue leitet somit unverzüglich den nächsten Schleifendurchlauf ein und hat auch im Gegensatz zu break keine Auswirkung auf switch-Anweisungen.

Die Abbildungen 19.1 und 19.2 zeigen die Wirkungsweise von continue für while-, for- und do...while-Schleifen anhand von Programmabläufen.

Die continue-Anweisung bewirkt also eine sofortige Wiederholung der betreffenden Schleife. Bei while und do...while bedeutet dies, dass sofort wieder die Bedingung (*ausdruck*) ausgewertet wird. Bei for wird als nächstes die Reinitialisierung (*ausdr3*) durchgeführt und dann zur Schleifenbedingung (*ausdr2*) verzweigt.

Beispiel:

Es soll ein C-Programm vollkomm.c erstellt werden, das alle vollkommenen Zahlen zwischen x und y am Bildschirm ausgibt. Eine vollkommene Zahl liegt dann vor, wenn die Summe aller Teiler einer Zahl z (ohne z selbst) gleich der Zahl z ist, wie z. B.:

6 ist eine vollkommene Zahl, da 1+2+3 = 6

28 ist eine vollkommene Zahl, da 1+2+4+7+14 = 28

19 Die continue-Anweisung

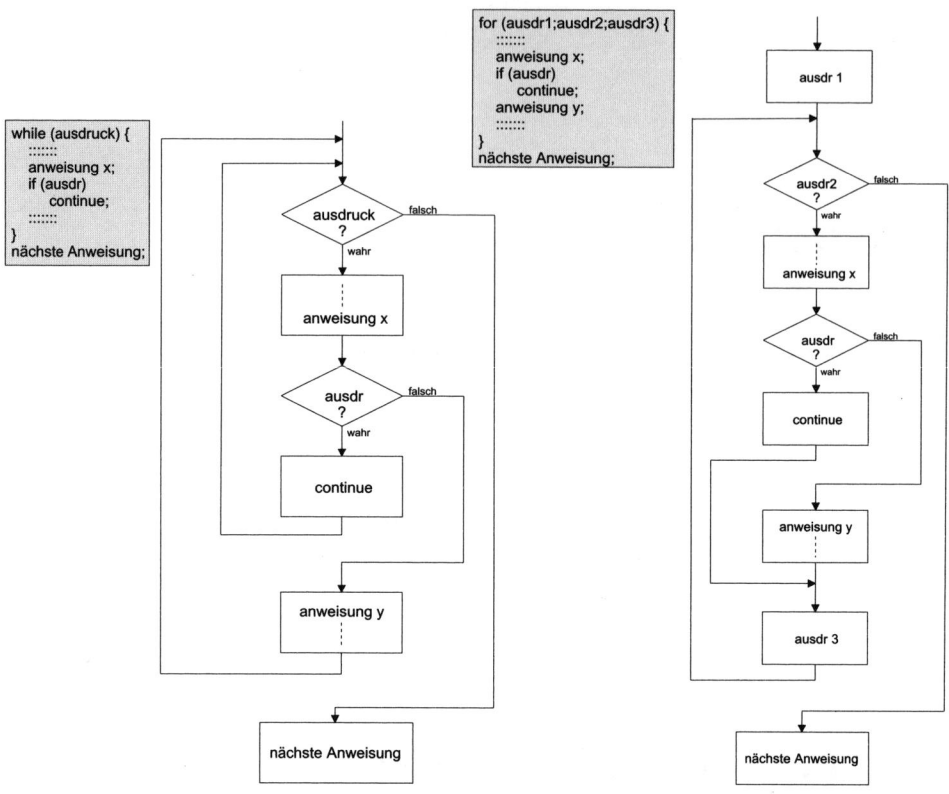

Abbildung 19.1: Wirkung von continue in while- und for-Schleife

Zugehöriges C-Programm vollkomm.c:

```c
#include <stdio.h>
int  main(void) {
    long int    sum, innen, aussen, von, bis;

    printf("Vollkommene Zahlen von? "); scanf("%ld", &von);
    printf("Vollkommene Zahlen bis? "); scanf("%ld", &bis);
    printf("\n\nDie vollkommenen Zahlen von %ld bis %ld sind:\n", von, bis);

    for (aussen=von ; aussen<=bis ; aussen++)  {
        sum=0;
        for (innen=1 ; innen<=aussen/2 ; innen++) {
            if ((aussen % innen) != 0)
                continue;
            sum+=innen;
            if (sum > aussen)
                break;
        }
        if (sum == aussen)
            printf("%ld\n",sum);
    }
```

19.1 Die continue-Anweisung

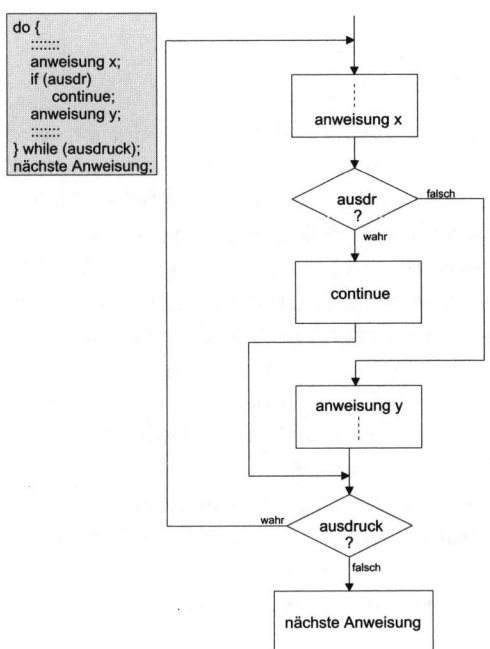

```
do {
    ......
    anweisung x;
    if (ausdr)
        continue;
    anweisung y;
    ......
} while (ausdruck);
nächste Anweisung;
```

Abbildung 19.2: Wirkung von continue in do...while-Schleife

```
    return(0);
}
```

Möglicher Ablauf dieses Programms vollkomm.c:

```
Vollkommene Zahlen von? 3
Vollkommene Zahlen bis? 1000

Die vollkommenen Zahlen von 3 bis 1000 sind:
6
28
496
```

Diese Aufgabenstellung hätte man selbstverständlich auch ohne break und continue lösen können, wie im folgenden Ausschnitt des C-Programms vollkom2.c, das die Anforderungen eines strukturierten Programms erfüllt:

```
........
    for (aussen=von ; aussen<=bis ; aussen++)  {
        sum=0;
        for (innen=1 ; innen<=aussen/2 ; innen++)
            if ((aussen % innen) == 0)
                sum += innen;
        if (sum == aussen)
            printf("%ld\n",sum);
    }
........
```

19.2 Programmiertechniken

19.2.1 continue nur im äußersten Notfall

Während die Verwendung von break noch einigermaßen gerechtfertigt ist, wird continue wirklich nur in äußersten Notfällen verwendet. Ein „möglicher Notfall" könnte sein, dass bei Eintreten bestimmter Situationen der Rest des Schleifenkörpers für den momentanen Durchlauf nicht mehr ausgeführt werden soll.

Diese Situation allein rechtfertigt allerdings kein continue, da eine solche Ausführung auch von einer if-Abfrage abhängig gemacht werden kann. Gibt es aber viele Vorschriften an unterschiedlichen Stellen, von denen die Ausführung eines noch sehr umfangreichen Rest-Schleifencodes abhängig ist, so bewirkt das ständige Einrücken durch die eingebauten if-Anweisungen ein langsames Verschwinden des eigentlichen Codes am rechten Rand, was meist zu einer Unübersichtlichkeit führt (*Welche öffnende Klammer { gehört zu welcher schliessenden Klammer }?*).

Ein mögliches Beispiel hierzu wäre ein C-Programm, das für die Steuerung einer Ölzentralheizung zuständig ist. Das Programm erhält fortlaufend von den Messstellen die aktuellen Temperaturwerte, die mit einem geforderten Sollwert verglichen werden. Bei Abweichungen ist ein Programmteil auszuführen, der für die Regelung der Anlage zuständig ist:

```
while (1) {
   /* evtl. Timer ablaufen lassen                          */
   /* Lesen der momentanen Ist-Temperatur von Messstellen */
   ::
   if (temperatur == soll_wert)
      continue;
   ::
   /* Programmteil, der bei Sollwertabweichungen die notwendigen Schritte, wie */
   /* Offen einschalten, Ölzufuhr regeln, usw... einleitet                     */
   ::
}
```

Für solche Programme, bei denen das ständige Lesen einer physikalischen Größe erforderlich ist, verwendet man am besten Endlosschleifen wie z. B.

```
while(1)
```

oder

```
for (;;).
```

Der Vorteil von continue liegt hier in der Tatsache, dass bei fehlender Sollwertabweichung der für die Regelung verantwortliche Programmteil einfach übersprungen wird, ohne dass die Schleife verlassen werden muss. Für den Fall einer Sollwertabweichung wird die continue-Anweisung nicht ausgeführt, und der Programmteil für die Regelung tritt in Aktion. Wenn es auch einige wenige Gründe für die Benutzung von continue geben mag, sollte aber trotzdem vor jeder Verwendung von continue gewissenhaft geprüft werden, ob in der jeweiligen Situation nicht auch eine gute strukturierte Lösung möglich wäre. Meist wird dies der Fall sein. Wenn nicht, so kann continue verwendet werden; diese Verwendung sollte jedoch immer mit einem expliziten Kommentar hervorgehoben werden.

19.2.2 Korrekte Programme müssen auch schnell sein

Viel zu oft wurde in der Vergangenheit die alleinige Betonung auf korrekte Programme gelegt. Dies sollte eine Selbstverständlichkeit sein.
Doch ist auch ein korrektes und wohl strukturiertes Programm, das 4000 Jahre braucht, um sein Ergebnis zu berechnen, genauso wertlos wie ein falsches Programm; zumal dann, wenn es sich herausstellt, dass das gesuchte Ergebnis durch ein anderes Programm in zwei Stunden geliefert wird. Diese Unterschiede mögen gewaltig klingen und doch lehrt die Programmierpraxis, dass sich die Unterschiede in der Performance (Leistungsfähigkeit, Schnelligkeit) von Programmen zu ähnlichen Aufgabenstellungen in solchen Dimensionen bewegen.
Eine Möglichkeit, selbst die Performance eines Programms zu messen, ist die Ausgabe der gebrauchten CPU-Zeit. Dazu ist in der Headerdatei time.h die Funktion clock() deklariert. clock() liefert die seit dem Programmstart verbrauchte CPU-Zeit. Der Datentyp für diese CPU-Zeit ist clock_t, welcher ebenfalls in time.h definiert ist. Falls die CPU-Zeit in Sekunden benötigt wird, dann muss der von clock() gelieferte Wert noch durch CLOCKS_PER_SEC (C89/C99) bzw. auf älteren Compilern durch CLK_TCK dividiert werden.
Beispiel:
Das C-Programm clock1.c verdeutlicht die Anwendung von clock(). Es berechnet i^2 (für i=1,...,10 000 000) auf zwei verschiedene Arten und mißt die dabei benötigten CPU-Zeiten:

```c
#include <time.h>
#include <stdio.h>
#include <math.h>

int main(void) {
    double   wert, i;
    clock_t  start, ende, eln_zeit;

    start = clock();
    for (i=1 ; i<=10000000 ; i++)
        wert = exp(2 * log(i));   /* entspricht: i hoch 2 */
    eln_zeit = clock();
    for (i=1 ; i<=10000000 ; i++)
        wert = pow(i, 2);
    ende = clock();
    printf("Berechnen von i hoch 2 (i=1,..,10000000) mit e/ln: %10.3lf Sek\n",
            (eln_zeit-start)/(double)CLOCKS_PER_SEC);
    printf("Berechnen von i hoch 2 (i=1,..,10000000) mit pow:  %10.3lf Sek\n",
            (ende-eln_zeit)/(double)CLOCKS_PER_SEC);
    printf("Gesamte vom Programm verbrauchte Zeit:             %10.3lf Sek\n",
            (ende-start)/(double)CLOCKS_PER_SEC);
    return(0);
}
```

Mögliche Ausgabe durch das Programm clock1.c:

19 Die continue-Anweisung

```
Berechnen von i hoch 2 (i=1,..,10000000) mit e/ln:     10.100 Sek
Berechnen von i hoch 2 (i=1,..,10000000) mit pow:       5.130 Sek
Gesamte vom Programm verbrauchte Zeit:                 15.230 Sek
```

Beispiel: Ein weiteres Beispiel ist die Überprüfung der Goldbach-Vermutung, wo die Laufzeit-Unterschiede bei der Verwendung verschiedener Algorithmen noch wesentlich deutlicher werden. Die Goldbach-Vermutung lautet:
„Jede gerade Zahl größer als 2 läßt sich als Summe zweier Primzahlen darstellen."
Erste Lösung `goldbac1.c`:

```c
#include <stdio.h>
#include <time.h>
#define bool  unsigned char
int  main(void) {
   long int unten, oben, i, j, k, teiler;
   bool    prim, goldbach;
   clock_t start, ende;
   printf("Untere Bereichgrenze ? "); scanf("%ld", &unten);
   if (unten%2 != 0)
      unten++;
   printf("Obere Bereichgrenze ? "); scanf("%ld", &oben);
   if (oben%2 != 0)
      oben--;
   start = clock();
      /* Ueberpruefen der Goldbachvermutung fuer den Bereich */
   goldbach=1;
   for (i=unten ; i<=oben && goldbach; i=i+2) {
      goldbach=0;
      for (j=2 ; j<i && goldbach==0 ; j++) {
         prim=1;
         for (teiler=2 ; teiler<j/2 && prim ; teiler++) {
            if (j%teiler==0)
               prim=0;
            if (prim) {
               for (k=2 ; k<i && goldbach==0; k++) {
                  for (teiler=2 ; teiler<k/2 && prim ; teiler++)
                     if (k%teiler==0)
                        prim=0;
                  if (prim && j+k==i)
                     goldbach=1;
               }
            }
         }
      }
   }
   if (goldbach)
      printf("\nFuer Bereich [%ld,%ld] stimmt Goldbach-Vermutung\n", unten, oben);
   else
      printf("\n\aVerstoss gegen Goldbach-Vermutung bei Zahl %ld\n", i-2);
   ende = clock();
   printf("\n\nGebrauchte CPU-Zeit fuer dieses Programm: %6.3f Sek.\n",
```

```
            (ende-start)/(double)CLOCKS_PER_SEC);
    return(0);
}
```

Möglicher Ablauf von `goldbac1.c`:

```
Untere Bereichgrenze ? 1000 ⏎
Obere Bereichgrenze ? 4000 ⏎
Fuer Bereich [1000,4000] stimmt Goldbach-Vermutung
Gebrauchte CPU-Zeit fuer dieses Programm: 216.410 Sek.
```

Dieses Programm `goldbac1.c` benötigt also fast 4 CPU-Minuten, um die Goldbach-Vermutung für den Bereich zwischen 1 000 und 4 000 zu überprüfen. Nimmt man größere Bereichsgrenzen und größere Bereiche, so nimmt die benötigte Rechenzeit dramatisch zu. Dieses Programm ist also kaum zu gebrauchen. Zur gleichen Aufgabenstellung wird nun ein anderer Algorithmus in `goldbac2.c` gewählt, und auch hier wird geprüft, wieviel CPU-Zeit dieses neue Programm benötigt.

Zweite Lösung: `goldbac2.c` (Ausschnitt)

```
    ............
    start = clock();
    /* Ueberpruefen der Goldbachvermutung fuer den Bereich */
    goldbach=1;
    for (i=unten ; i<=oben && goldbach; i=i+2) {
        for (j=2 ; j<i ; j++) {
            prim=1;
            for (teiler=2 ; teiler<j/2 ; teiler++)
                if (j%teiler==0) {
                    prim=0;
                    break;
                }
            if (!prim)
                continue;   /* <-- zum naechsten j-Schleifendurchlauf */
            k=i-j;
            for (teiler=2 ; teiler<k/2 && prim ; teiler++)
                if (k%teiler==0) {
                    prim=0;
                    break;
                }
            if ((goldbach=prim) == 1)
                break;
        }
    }
    ............
```

Möglicher Ablauf des Programms `goldbac2.c`:

```
Untere Bereichgrenze ? 1000 ⏎
Obere Bereichgrenze ? 4000 ⏎
Fuer Bereich [1000,4000] stimmt Goldbach-Vermutung
Gebrauchte CPU-Zeit fuer dieses Programm: 0.160 Sek.
```

Die erhebliche Laufzeitverbesserung ist offensichtlich. Natürlich hätte man das auch ohne `continue` erreicht, wie nachfolgend gezeigt wird.

Dritte Lösung: `goldbac3.c` (Ausschnitt)

```
............
   start = clock();
      /* Ueberpruefen der Goldbachvermutung fuer den Bereich */
   goldbach=1;
   for (i=unten ; i<=oben && goldbach; i=i+2) {
      for (j=2 ; j<i ; j++) {
         prim=1;
         for (teiler=2 ; teiler<j/2 ; teiler++)
            if (j%teiler==0) {
               prim=0;
               break;
            }
         if (prim) {
            k=i-j;
            for (teiler=2 ; teiler<k/2 && prim ; teiler++)
               if (k%teiler==0) {
                  prim=0;
                  break;
               }
            if ((goldbach=prim) == 1)
               break;
         }
      }
   }
............
```

Möglicher Ablauf des Programms `goldbac3.c`:

```
Untere Bereichgrenze ? 1000 ⏎
Obere Bereichgrenze ? 4000 ⏎
Fuer Bereich [1000,4000] stimmt Goldbach-Vermutung
Gebrauchte CPU-Zeit fuer dieses Programm:  0.160 Sek.
```

19.3 Datums- und Zeitangaben (<`time.h`>)

Es wurde bereits die in `time.h` deklarierte Funktion `clock()` erwähnt. Der Vollständigkeit halber werden die Datentypen, Konstanten und Funktionen hier vorgestellt, die C89 und C99 für die Headerdatei `time.h` vorschreibt.

19.3.1 Konstanten

```
CLOCKS_PER_SEC    Ticks der Systemuhr pro Sekunde
NULL              Nullzeiger (auch in anderen Headerdateien)
```

19.3.2 Datentypen

`clock_t`: ganzzahliger Datentyp für CPU-Zeiten

`time_t`: ganzzahliger Datentyp für Datums- und Zeitangaben

`size_t`: ganzzahliger Datentyp für Grössenangaben; ist auch in anderen Headerdateien definiert, wie z. B. `stddef.h`

`struct tm`: Struktur, welche alle zu einer Kalenderzeit (Datum und Zeit im Gregorianischen Kalender) gehörigen Komponenten enthält. In dieser Struktur sollten zumindest die folgenden Komponenten enthalten sein:

```
int tm_sec;    /*Sekunden nach der Minute: [0,60] */
int tm_min;    /*Minuten nach der Stunde: [0,59] */
int tm_hour;   /*Stunden seit Mitternacht: [0,23] */
int tm_mday;   /*Monatstag: [1,31] */
int tm_mon;    /*Monat seit Januar: [0,11] */
int tm_year;   /*Jahr seit 1900 */
int tm_wday;   /*Tag seit Sonntag: [0,6] */
int tm_yday;   /*Tag seit 1.Januar: [0,365] */
int tm_isdst;  /*(engl.: is daylight saving time) zeigt an, ob es sich um Sommerzeit
                 handelt (positiv) oder nicht (0). Negativer Wert bedeutet: Diese
                 Information ist nicht verfügbar */
```

19.3.3 Funktionen

`char *asctime(struct tm *zeitzeig)`

liefert die Kalenderzeit aus der Struktur `*zeitzeig` als Zeichenkette in der folgenden Form: `Sun Sep 16 01:03:52 1973\n`. Die Struktur, auf die `zeitzeig` zeigt, wird normalerweise mit `localtime()` oder `gmtime()` ermittelt.

`clock_t clock()`

liefert die von einem Programm seit seinem Start verbrauchte CPU-Zeit (in „Uhr-Ticks") als `clock_t`-Wert. Falls die verbrauchte CPU-Zeit in Sekunden benötigt wird, dann muss der zurückgegebene Wert noch durch `CLOCKS_PER_SEC` dividiert werden.

`char *ctime(time_t *kzeit)`

liefert die Kalenderzeit, auf die `kzeit` zeigt, als Zeichenkette. Ein Aufruf dieser Funktion entspricht: `asctime(localtime(kzeit))`

`double difftime(time_t zeit2, time_t zeit1)`

liefert die Differenz zwischen zwei Kalenderzeiten: `zeit2 - zeit1` als double-Wert (entspricht Sekunden) zurück.

`struct tm *gmtime(const time_t *kzeit)`

wandelt die Kalenderzeit, auf die `kzeit` zeigt, in eine Kalenderzeit um, welche die so genannte Universal-Zeit (entspricht: GMT = Greenwich Mean Time) darstellt, und gibt einen `struct tm`-Zeiger auf diese Universalzeit zurück.

19 Die continue-Anweisung

`struct tm *localtime(const time_t *kzeit)`

wandelt die Kalenderzeit, auf die `kzeit` zeigt, in eine Kalenderzeit um, welche die Ortszeit darstellt, und gibt einen `struct tm`-Zeiger auf diese Ortszeit zurück.

`time_t mktime(struct tm *zeitzeig)`

liefert die Kalenderzeit `*zeitzeig` als eine `time_t`-Zeit. Die originalen Werte der Komponenten `tm_wday` und `tm_yday` in `*zeitzeig` werden ignoriert, und die Originalwerte der anderen Komponenten sind nicht auf die angegebenen Bereiche begrenzt. Bei erfolgreicher Ausführung dieser Funktion werden die Werte von `tm_wday` und `tm_yday` geeignet gesetzt, und die anderen Komponenten aus `*zeitzeig` werden entsprechend angepasst, um die angegebene Kalenderzeit darzustellen, aber diesesmal liegen die Werte in den angegebenen Bereichen. Der endgültige Wert von `tm_mday` wird nicht gesetzt, bis `tm_mon` und `tm_year` festgelegt sind. So könnte z. B. `tm_mday` mit Wert 35 besetzt sein; `mktime()` ist dann verpflichtet, die Komponenten wieder richtig zu setzen, d. h. in ihre definierten Bereiche (siehe `struct tm`) zu projizieren. `mktime()` gibt die Kalenderzeit als `time_t`-Wert zurück. Ist eine Kalenderzeit nicht darstellbar, liefert `mktime()` den Wert -1.

`size_t strftime(char *zeichk, size_t max,`
`    const char *format, const struct tm *zeitzeig)`

schreibt die Kalenderzeit aus der Struktur `*zeitzeig` entsprechend der `format`-Angabe an die Adresse `zeichk`. In der `format`-Zeichenkette können entweder einfache Zeichen (nicht %) oder Umwandlungsvorgaben angegeben werden. Die einfachen Zeichen werden unverändert nach `zeichk` geschrieben. Eine Umwandlungsvorgabe ist ein % gefolgt von einem der Zeichen aus Tabelle 19.1, welches die „Ersetzung" festlegt.

Tabelle 19.1: Umwandlungszeichen für Funktion `strftime()`

Angabe	wird ersetzt durch
%a	abgekürzter Wochentags-Name
%A	ausgeschriebener Wochentags-Name
%b	abgekürzter Monats-Name
%B	ausgeschriebener Monats-Name
%c	geeignete Datums- und Zeit-Darstellung
%C	letzten beiden Ziffern der Jahreszahl
%d	Monatstag (01-31)
%D	(neu in C99) Monat/Tag/Jahr
%e	(neu in C99) Tag des Monats als zwei Zeichen (wie z. B. " 4" oder "23")
%F	(neu in C99) Jahr/Monat/Tag
%g	(neu in C99) letzten beiden Ziffern der Jahreszahl bei wochenbasierter Zählung
%G	(neu in C99) Jahreszahl bei wochenbasierter Zählung

Tabelle 19.1 – Fortsetzung

Angabe	wird ersetzt durch
%h	(neu in C99) abgekürzter Monats-Name
%H	Stunde (00-23)
%I	Stunde (01-12)
%j	Tag des Jahres (001-366)
%m	Monat (01-12)
%M	Minute (00-59)
%n	(neu in C99) Zeilenumbruch
%p	äquivalent zur amerikanischen AM/PM-Schreibweise
%r	(neu in C99) 12-Stundenzeit
%R	(neu in C99) hh:mm (Stunde:Minute)
%S	Sekunden (00-60)
%t	(neu in C99) Tabulatorzeichen
%T	(neu in C99) hh:mm:ss (Stunde:Minute:Sekunde)
%u	(neu in C99) Wochentag (1-7; 1.Montag = 1.Tag der 1.Woche)
%U	Wochennummer (00-53; 1.Sonntag = 1.Tag der 1.Woche)
%V	(neu in C99) Wochennummer bei wochenbasierter Zählung
%w	Wochentag (0-6; 0 = Sonntag)
%W	Wochennummer (00-53; 1.Montag = 1.Tag der 1.Woche)
%x	geeignete Datum-Darstellung
%X	geeignete Zeit-Darstellung
%y	Jahreszahl (ohne Jahrhundert-Zahl: 00-99)
%Y	Jahreszahl (mit Jahrhundert-Zahl)
%z	Differenz zwischen dieser Zeitzone und der Universal-Zeit (Greenwich Mean Time)
%Z	Zeitzone
%%	%

Ein wochenbasiertes Jahr wird bei den Umwandlungszeichen %g, %G und %V verwendet. Bei einem wochenbasiertem Jahr ist der Montag der erste Tag der Woche, und die erste Woche des Jahres muss den 4. Januar beinhalten.

Es werden niemals mehr als max Zeichen nach zeichk geschrieben. Wenn die Gesamtzahl der nach zeichk geschriebenen Zeichen nicht grösser als max ist, dann liefert die Funktion strftime die Gesamtzahl der geschriebenen Zeichen, ansonsten gibt sie 0 zurück und der Inhalt von zeichk ist unbestimmt.

`time_t time(time_t *kzeit)`

bestimmt die momentane Kalenderzeit und gibt sie als time_t-Datentyp zurück. Wenn für kzeit kein Nullzeiger übergeben wird, dann wird der entsprechende Rückgabewert auch noch im Speicherplatz untergebracht, auf den kzeit zeigt.

19 Die continue-Anweisung

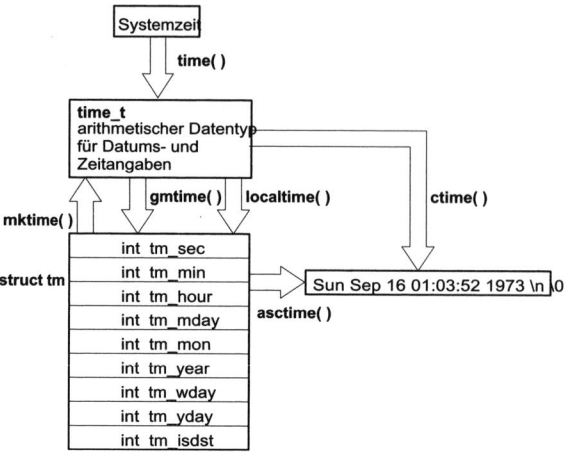

Abbildung 19.3: Einige Funktionen aus <time.h> im Überblick

19.3.4 Einige Funktionen aus time.h im Überblick

Abbildung 19.3 zeigt das Zusammenspiel einiger Funktionen aus <time.h>.
Beispiel:
Das folgende Programm welchtag.c beantwortet die Frage:
Welcher Wochentag ist/war der .....?

```c
#include <stdio.h>
#include <time.h>

int  main(void)
{
    struct tm    zeit_string;
    int          tag, monat, jahr;

    printf("Datum (tt.mm.jjjj) ? (jjjj muss >= 1900 sein) ");
    scanf("%d.%d.%d", &tag, &monat, &jahr);
    while (jahr < 1900) {
        printf("Das Jahr muss >= 1900 sein !\a\n\n");
        printf("Datum (tt.mm.jjjj) ? (jjjj muss >= 1900 sein) ");
        scanf("%d.%d.%d", &tag, &monat, &jahr);
    }
    zeit_string.tm_year = jahr-1900;
    zeit_string.tm_mon  = monat-1;
    zeit_string.tm_mday = tag;
    zeit_string.tm_hour = zeit_string.tm_min = 0;
    zeit_string.tm_sec  = 1;
    zeit_string.tm_isdst = -1;

    if (mktime(&zeit_string) == -1) {
        printf("Dieses Datum ist mir unbekannt\n");
    } else {
```

19.3 Datums- und Zeitangaben (<time.h>)

```
        switch (zeit_string.tm_wday) {
           case 0:
              printf("Dieses Datum war/ist ein Sonntag\n");      break;
           case 1:
              printf("Dieses Datum war/ist ein Montag\n");       break;
           case 2:
              printf("Dieses Datum war/ist ein Dienstag\n");     break;
           case 3:
              printf("Dieses Datum war/ist ein Mittwoch\n");     break;
           case 4:
              printf("Dieses Datum war/ist ein Donnerstag\n");   break;
           case 5:
              printf("Dieses Datum war/ist ein Freitag\n");      break;
           case 6:
              printf("Dieses Datum war/ist ein Samstag\n");      break;
           default:
              printf("Dieses Datum ist mir unbekannt\n");        break;
        }
     }
     return(0);
}
```

Erklärung:
Soll auf eine Komponente der Struktur `struct tm` zugegriffen werden, so muss zunächst der Strukturname (hier `zeit_string`) gefolgt von einem Punkt vor dem Komponenten-Namen angeben werden, wie z. B. `zeit_string.tm_hour`.
Mögliche Abläufe des Programms `welchtag.c`:

```
Datum (tt.mm.jjjj) ? (jjjj muss >= 1900 sein) 12.4.2015 ⏎
Dieses Datum war/ist ein Sonntag
```

```
Datum (tt.mm.jjjj) ? (jjjj muss >= 1900 sein) 24.12.1980 ⏎
Dieses Datum war/ist ein Mittwoch
```

Beispiel:
Das folgende Programm `welchdat.c` beantwortet die Frage:
Welches Datum ist/war heute in/vor x Tagen?

```
#include <stdio.h>
#include <stdlib.h>
#include <time.h>

int  main(void)
{
    struct tm   zeit_string;
    time_t      heute, neu_datum;
    int         tage;

    printf("Wieviele Tage von heute ab ? ");
    scanf("%d", &tage);

    time(&heute);
```

19 Die continue-Anweisung

```c
    printf("\nHeute ist %s", ctime(&heute));

    zeit_string = *localtime(&heute);
    zeit_string.tm_mday += tage;

    if ( (neu_datum=mktime(&zeit_string)) == -1 )
      printf("mktime ging daneben\n");
    else
      printf("Datum/Zeit %s %d Tage %s %s\n",
          tage>0?"in":"vor", abs(tage), tage>0?"ist":"war", ctime(&neu_datum));
    return(0);
}
```

Mögliche Abläufe des Programms `welchdat.c`:

```
Wieviele Tage von heute ab ? 150 ⏎

Heute ist Fri Feb  9 14:32:08 2001
Datum/Zeit in 150 Tage ist Mon Jul  9 14:32:08 2001
```

```
Wieviele Tage von heute ab ? -5000 ⏎

Heute ist Fri Feb  9 14:33:02 2001
Datum/Zeit vor 5000 Tage war Wed Jun  3 14:33:02 1987
```

Beispiel:

Das folgende Programm `datuminfo.c` erlaubt dem Benutzer die Eingabe eines Datums ohne Jahreszahl sowie die Eingabe eines Start- und Endejahres. Anschließend gibt es für alle Jahre aus dem Intervall Informationen zum zuerst eingegebenen Datum aus:

```c
#include <stdio.h>
#include <time.h>

int main(void)
{
    struct tm  zeit_string;
          int tag, monat, startjahr, endejahr, jahr;
    char date[1000]; /* Speicherplatz fuer 1000 Zeichen */


    printf("Datum (tt.mm)? ");
    scanf("%d.%d", &tag, &monat);
    zeit_string.tm_mon  = monat-1;
    zeit_string.tm_mday = tag;
    zeit_string.tm_hour = zeit_string.tm_min = 0;
    zeit_string.tm_sec  = 1;
    zeit_string.tm_isdst = -1;

    printf("Startjahr? ");
    scanf("%d", &startjahr);
    while (jahr < 1900) {
        printf("....Das Jahr muss >= 1900 sein !\n");
```

19.3 Datums- und Zeitangaben (<time.h>)

```
            printf("Neues Startjahr? ");
            scanf("%d", &startjahr);
        }
        printf("Endejahr? ");
        scanf("%d", &endejahr);

        for (jahr=startjahr; jahr<=endejahr; jahr++) {
            zeit_string.tm_year = jahr-1900;
            if (mktime(&zeit_string) == -1) {
                printf("Dieses Datum ist mir unbekannt\n");
            } else {
                strftime( date, 1000,
                    "Tag:   %d (im Monat) %j (im Jahr) %A (%a) %B (%b)\n          "
                    "Woche: %W (Montag 1.Tag) %U (Sonntag 1.Tag)\n", &zeit_string );
                printf("%d: %s\n", jahr, date );
            }
        }
    }
    return 0;
}
```

Mögliche Abläufe des Programms `datuminfo.c`:

```
Datum (tt.mm)? 24.12 ⏎
Startjahr? 2001 ⏎
Endejahr? 2006 ⏎
2001: Tag:   24 (im Monat) 358 (im Jahr) Monday (Mon) December (Dec)
      Woche: 52 (Montag 1.Tag) 51 (Sonntag 1.Tag)

2002: Tag:   24 (im Monat) 358 (im Jahr) Tuesday (Tue) December (Dec)
      Woche: 51 (Montag 1.Tag) 51 (Sonntag 1.Tag)

2003: Tag:   24 (im Monat) 358 (im Jahr) Wednesday (Wed) December (Dec)
      Woche: 51 (Montag 1.Tag) 51 (Sonntag 1.Tag)

2004: Tag:   24 (im Monat) 359 (im Jahr) Friday (Fri) December (Dec)
      Woche: 51 (Montag 1.Tag) 51 (Sonntag 1.Tag)

2005: Tag:   24 (im Monat) 358 (im Jahr) Saturday (Sat) December (Dec)
      Woche: 51 (Montag 1.Tag) 51 (Sonntag 1.Tag)

2006: Tag:   24 (im Monat) 358 (im Jahr) Sunday (Sun) December (Dec)
      Woche: 51 (Montag 1.Tag) 52 (Sonntag 1.Tag)

Datum (tt.mm)? 29.2 ⏎
Startjahr? 2000 ⏎
Endejahr? 2005 ⏎
2000: Tag:   29 (im Monat) 060 (im Jahr) Tuesday (Tue) February (Feb)
      Woche: 09 (Montag 1.Tag) 09 (Sonntag 1.Tag)

2001: Tag:   01 (im Monat) 060 (im Jahr) Thursday (Thu) March (Mar)
      Woche: 09 (Montag 1.Tag) 08 (Sonntag 1.Tag)
```

```
2002: Tag:   01 (im Monat) 060 (im Jahr) Friday (Fri) March (Mar)
      Woche: 08 (Montag 1.Tag) 08 (Sonntag 1.Tag)

2003: Tag:   01 (im Monat) 060 (im Jahr) Saturday (Sat) March (Mar)
      Woche: 08 (Montag 1.Tag) 08 (Sonntag 1.Tag)

2004: Tag:   01 (im Monat) 061 (im Jahr) Monday (Mon) March (Mar)
      Woche: 09 (Montag 1.Tag) 09 (Sonntag 1.Tag)

2005: Tag:   01 (im Monat) 060 (im Jahr) Tuesday (Tue) March (Mar)
      Woche: 09 (Montag 1.Tag) 09 (Sonntag 1.Tag)
```

19.4 Übung: Drei Zahlen zu einer Summe finden

Bei dieser Aufgabenstellung handelt es sich um ein Beispiel zum Üben von Performance-Verbesserungen. Für Aufgabenstellungen dieser Art existieren zwar eigene Algorithmen, aber hier soll der Programmierer seine Fähigkeit und auch seinen Willen zur Problemlösung stärken, indem er auch mit begrenzten Mitteln einen Lösungsweg finden will und schließlich auch finden wird. Eine solche Schulungsmethode läßt sich durch den englischen Satz *Salvation through suffering* beschreiben. Erstellen Sie ein C-Programm ziffadd2.c, das zu einer vorgegebenen Zahl drei Zahlen abc, def und ghi findet, deren Summe gleich dieser Zahl ist. Die einzelnen Ziffern der drei Zahlen a, b, c, ..., h, i müssen dabei jedoch alle verschieden sein. Der Benutzer kann dabei steuern, ob er alle Lösungen oder nur eine ausgegeben haben möchte. Das Programm sollte aber immer ausgeben, wie viele Lösungen es insgesamt gibt. Eine einfache Lösung dieser Aufgabenstellung wäre z. B. das folgende C-Programm ziffadd1.c:

```c
#include <stdio.h>
#include <ctype.h>
#include <time.h>
int main(void) {
    int zahl, /* Eingegebene Zahl */
        zahl1, zahl2, zahl3, /* gefundene Loesungen */
        e3, e2, e1, /* Ziffern fuer die 1.Zahl */
        z3, z2, z1, /* Ziffern fuer die 2.Zahl */
        d3, d2, d1, /* Ziffern fuer die 3.Zahl */
        lsg=0, /* zaehlt die Loesungen mit */
        lsg_gefunden=0,  /* boole'sche Var: zeigt an, ob Loesung gefunden */
        alle; /* boole'sche Var: ob alle oder nur eine Loesung ausgegeben */
    clock_t start, ende;
    printf("Zahlen zu einer Summe ermitteln\n");
    printf("==============================\n\n");
    printf("Dieses Programm ermittelt zu einer vorgegebenen Zahl\n");
    printf("3 Zahlen abc, def und ghi, deren Summe gleich dieser Zahl ist:\n");
    printf("    abc\n");
    printf("    def\n");
    printf("    ghi\n");
```

19.4 Übung: Drei Zahlen zu einer Summe finden

```c
   printf("     -----\n");
   printf("     zahl\n");
   printf("Die einzelnen Ziffern der 3 Zahlen sind dabei alle verschieden.\n\n\n");
   printf("Gib eine drei- oder vierstellige Zahl ein: ");
   scanf("%d", &zahl); getchar();
   while (zahl<100 || zahl>9999) {
      printf("  ...... Zahl muss drei- oder vierstellig sein.\n");
      printf("Wiederhole deine Eingabe: "); scanf("%d", &zahl); getchar();
   }
   printf("\nAlle Loesungen anzeigen (j/n) ? "); alle=toupper(getchar())=='J';
   start=clock();
   for (zahl1=100 ; zahl1<=999 ; zahl1++)
      for (zahl2=100 ; zahl2<=999 ; zahl2++)
         for (zahl3=100 ; zahl3<=999 ; zahl3++)
            if (zahl1+zahl2+zahl3==zahl) {
               e1=zahl1/100;  e2=zahl1%100/10;  e3=zahl1%10;
               z1=zahl2/100;  z2=zahl2%100/10;  z3=zahl2%10;
               d1=zahl3/100;  d2=zahl3%100/10;  d3=zahl3%10;
               if (          e1!=e2 && e1!=e3 &&
                   e1!=z1 && e1!=z2 && e1!=z3 &&
                   e1!=d1 && e1!=d2 && e1!=d3 &&
                                       e2!=e3 &&
                   e2!=z1 && e2!=z2 && e2!=z3 &&
                   e2!=d1 && e2!=d2 && e2!=d3 &&
                   e3!=z1 && e3!=z2 && e3!=z3 &&
                   e3!=d1 && e3!=d2 && e3!=d3 &&
                             z1!=z2 && z1!=z3 &&
                   z1!=d1 && z1!=d2 && z1!=d3 &&
                                       z2!=z3 &&
                   z2!=d1 && z2!=d2 && z2!=d3 &&
                   z3!=d1 && z3!=d2 && z3!=d3 &&
                             d1!=d2 && d1!=d3 &&
                                       d2!=d3) {
                  ++lsg;
                  if (alle || (!alle && !lsg_gefunden)) {
                     printf("\n%5d. Loesung:", lsg);
                     printf("%5d\n", zahl1);
                     printf("%20d\n", zahl2);
                     printf("%20d\n", zahl3);
                     printf("               -----\n");
                     printf("%20d\n", zahl);
                     lsg_gefunden=1;
                  }
               }
            }
   if (lsg_gefunden) {
      printf("\n\n----> Insgesamt %d Loesungen gefunden\n", lsg);
   } else {
      printf("\n   Zu dieser Zahl gibt es keine Loesung!\n");
   }
```

19 Die continue-Anweisung

```
    ende=clock();
    printf("\n\nGebrauchte CPU-Zeit fuer dieses Programm: %6.3f Sek.\n",
            (ende-start)/(double)CLOCKS_PER_SEC);
    return(0);
}
```

Der Nachteil dieses C-Programms `ziffadd1.c` ist, dass es viel zu lange zur Ermittlung der Lösungsmöglichkeiten braucht, wie dies der nachfolgende Ablauf auf einem Rechner mit dem 80486-Prozessor zeigt:

```
Zahlen zu einer Summe ermitteln
===============================

Dieses Programm ermittelt zu einer vorgegebenen Zahl
3 Zahlen abc, def und ghi, deren Summe gleich dieser Zahl ist:
     abc
     def
     ghi
     -----
     zahl
Die einzelnen Ziffern der 3 Zahlen sind dabei alle verschieden.

Gib eine drei- oder vierstellige Zahl ein: 1893 ⏎
Alle Loesungen anzeigen (j/n) ? n ⏎
     1. Loesung:   102
                   834
                   957
                   -----
                   1893

----> Insgesamt 1512 Loesungen gefunden

Gebrauchte CPU-Zeit fuer dieses Programm: 490.440 Sek.
```

Erstellen Sie ein C-Programm `ziffadd2.c`, das das Gleiche leistet, aber die Lösungen in wesentlich kürzerer Zeit ermittelt, wie z. B.:

```
................
Gib eine drei- oder vierstellige Zahl ein: 1893 ⏎
Alle Loesungen anzeigen (j/n) ? n ⏎
     1. Loesung:   430
                   571
                   892
                   -----
                   1893

----> Insgesamt 1512 Loesungen gefunden

Gebrauchte CPU-Zeit fuer dieses Programm:   0.330 Sek.
```

Kapitel 20

Marken und die `goto`-Anweisung

> *Den verderblichen Kreislauf der Wirtschaftskrise charakterisiert*
> *folgende Geschichte aus den dreissiger Jahren:*
> *Ein Arbeitskind fragt die Mutter: „Warum heizen wir nicht?"*
> *„Weil es keine Kohle gibt."*
> *„Warum haben wir keine Kohle?"*
> *„Weil der Vater arbeitslos ist."*
> *„Warum ist der Vater arbeitslos?"*
> *„Weil es zuviel Kohle gibt!"*

20.1 Marken und die `goto`-Anweisung

Die Syntax der `goto`-Anweisung ist:

`goto` marke;
Diese Anweisung bewirkt einen Sprung zu der Programmstelle, an der
  `marke:`
angegeben ist.

Eine `marke` hat dabei die gleiche Form wie ein Variablenname[1]; anschließend folgt ein Doppelpunkt:
  `marke:   anweisung;`
`marken` können vor jeder Anweisung stehen, unabhängig davon, ob sie innerhalb des Programms mit `goto` angesprungen werden oder nicht. Nach einer `marke` muss immer mindestens eine Anweisung angegeben sein, eventuell auch nur die leere Anweisung:
  `marke:   ;`
In einem Programm darf dieselbe Marke nur einmal angegeben sein.

---
[1] muss mit Buchstabe oder Unterstrich beginnen und des weiteren dürfen nur Buchstaben, Ziffern oder Unterstriche folgen

20.2 Programmiertechniken

20.2.1 goto nur im äußersten Notfall

Mit Einführung der Strukturierten Programmierung in den 60er Jahren wurde die Springerei mit goto sehr verpönt. Damals waren Programme vor allen Dingen in Assembler geschrieben. Dort war und ist zum Teil noch der Sprung zu einer Code-Adresse ein fundamentales Prinzip. Später wurde dieser Stil vor allen Dingen in **BASIC** übernommen. Man stellte damals sehr schnell fest, dass Programme, die mit Vorwärts- und Rückwärtssprüngen gespickt sind, nicht nur schwer verständlich, sondern auch kaum wartbar waren. Dies führte zu einer erheblichen Verteuerung der Software. Ein Ausweg aus diesem Dilemma war die *Strukturierte Programmierung*, die bewies, dass jede Aufgabenstellung auch ohne die Verwendung eines einzigen goto gelöst werden kann.

Die Folge war, dass die Vertreter der reinen Strukturierten Programmierung goto aus ihrem Wortschatz verbannten. Man könnte nun fragen, warum C dann überhaupt noch die goto-Anweisung anbietet. Der Grund hierfür ist, dass es Anwendungsfälle gibt, bei denen ein gezielt eingesetztes goto einen Ausweg aus einer sonst sehr umständlichen Programmierkonstruktion bietet und ein Programm eventuell lesbarer macht, als dies mit der reinen strukturierten Programmierung der Fall wäre. Man sollte sich allgemein an die folgende Devise halten:

*Nicht mehr **goto**'s als nötig!*

denn ein zu exzessiver Gebrauch von goto's führt zwangsläufig zu unlesbaren und schlecht wartbaren Programmen. Fälle, bei denen goto eventuell „notwendig" sein kann, zeigen die nachfolgende Programmtechniken.

20.2.2 Lesbarere und schnellere Programme mit goto

Der Gebrauch von goto ist zum Verlassen gleich mehrerer Schleifenebenen gerechtfertigt. Grundsätzlich sollte man dabei jedoch nur Vorwärts- und keine Rückwärtssprünge verwenden. Übliche Situationen, bei denen mehrere Schleifenebenen gleichzeitig zu verlassen sind, ist das Auftreten einer Fehlersituationen oder das Eintreten eines bestimmten Ereignisses, was eine weitere Ausführung der Schleifen überflüssig macht oder sogar verbietet:

```
....
for (....) {
   while (....) {
      for (....) {
         ....
         if (fehler)
            goto ende;
         ....
      }
   }
}
ende: ....
.....
```

In solchen Anwendungsfällen (Auftreten eines Fehlers oder eines Ereignisses) wäre auch eine strukturierte Lösung möglich. Dann müsste aber vor Ausführung jeder Schleife gefragt werden, ob der Fehler oder das Ereignis bereits eingetreten ist. Zum einen bläht dies die Schleifenbedingung auf, worunter dann die Lesbarkeit leidet. Zum anderen verlangsamt dies das Programm ganz erheblich, da vor jeder Schleifenausführung eine zusätzliche Bedingung abzuprüfen ist. Wenn man sich z. B. neun ineinander geschachtelte Schleifen vorstellt, die jeweils 10-mal durchlaufen werden, so sind dies 10^9 (1 Milliarde) zusätzliche Vergleiche. Dass dies die Performance eines Programms ganz erheblich beeinflusst, liegt auf der Hand.

Kapitel 21

Graphikprogrammierung unter Linux

> *Eine redselige Dame konsultierte einst Doktor Heim:*
> *„Herr Professor", klagte sie ganz bewegt, „ich glaube, ich*
> *habe mich überanstrengt!". „Na", lächelte Heim*
> *leicht verschmitzt, „dann zeigen Sie mal Ihre Zunge."*

Im Rahmen dieses Buches wurden eigene Graphikroutinen entworfen, mit denen eine einfache Graphikprogrammierung möglich ist. Die hier entworfenen Graphikroutinen ähneln denen von BGI (*Borland Graphics Interface*) des früher unter MS-DOS sehr beliebten Turbo-C und Turbo-Pascal. Diese Graphik-Implementierung hat den Namen LCGI (*Linux C Graphics Interface*). Natürlich sind Programme, welche die in diesem Kapitel vorgestellten Graphikroutinen verwenden, nicht mehr C89- bzw. C99-konform, sondern sind nur unter dem X-Windows-System von Linux/Unix ablauffähig, wenn die Graphikbibliothek *Qt* der Firma *Trolltech* installiert ist, was wohl meistens der Fall sein wird; andernfalls müssen Sie *Qt* erst installieren.

21.1 Bezug und Installation von LCGI

21.1.1 Bezug von LCGI

Die Graphikbibliothek LCGI befindet sich in dem gezippten tar-Archiv

```
lcgi-1.0.tgz
```

und kann von der Webseite

```
http://www.susepress.de/de/download
```

heruntergeladen werden.

21.1.2 Installation von LCGI

Um die Graphikbibliothek LCGI zu installieren, müssen Sie sich als `root` anmelden und anschließend in das Directory wechseln, in dem sich das heruntergeladene Archiv `lcgi-1.0.tgz` befindet. Nun müssen Sie die folgenden Schritte durchführen:

1. Entpacken des Archivs `lcgi-1.0.tgz` mit
   ```
   linux:~ # tar xzvf lcgi-1.0.tgz ⏎
   ```
2. Wechseln in das Directory `lcgi-1.0`
   ```
   linux:~ # cd lcgi-1.0 ⏎
   ```
3. Lesen Sie die Datei *README*, die die weiteren Installationsschritte beschreibt.

21.2 Benutzung von LCGI

21.2.1 Inkludieren von `<graphics.h>`

Da die hier vorgestellten Funktionen in der Headerdatei `graphics.h` deklariert sind, sollte immer angegeben werden, wenn man von diesen Funktionen in seinem Programm Gebrauch macht.

```
#include <graphics.h>
```

21.2.2 Angabe von `main()` mit Parametern

Wenn Sie in Ihrem Programm Routinen aus diesem Kapitel aufrufen, müssen Sie statt
```
int main(void)
```
immer folgendes angeben:
```
int main( int argc, char *argv[] )
```

21.2.3 Kompilieren und Linken von Graphikprogrammen

Wenn Sie ein Programm erstellt haben, das Routinen aus diesem Kapitel aufruft, müssen Sie dieses immer mit dem mitgelieferten Kommando `lcc` statt `gcc` bzw. `cc` kompilieren und linken.

Wenn Sie z. B. ein Programm `polygon.c` entworfen haben und dieses nun kompilieren wollen, müssen Sie z. B. folgendes aufrufen:
```
user@linux:~ >   lcc -o polygon polygon.c ⏎
```

`lcc` bietet die gleichen Optionen an wie das Kommando `gcc` bzw. `cc`.
Geben Sie danach zum Testen die folgende Kommandozeile ein:
```
user@linux:~ >   polygon ⏎
```
bzw. die folgende, wenn sie als `root` angemeldet sind:
```
linux:~ #   ./polygon ⏎
```

Wenn Sie mit der integrierten Environment xwpe arbeiten, müssen Sie unter dem
Menüpunkt *Options* → *Compiler* → *C* die folgenden Einträge vornehmen:

Compiler:	g++
Compiler-Options:	-g -I/usr/include/lcgi
Loader-Options:	-L/usr/lib/qt2/lib[1] -L/usr/lib -L/usr/X11R6/lib -lXext -lm -llcgi -lqt -lXext -lX11
LAnguage:	C
File-Postfix:	.c

Die so eingestellten Optionen müssen Sie dann über den Menüeintrag *Options* →
Save Options sichern.

21.3 Einige für Graphik benötigte C-Konstrukte

In diesem Kapitel werden einige C-Konstrukte benötigt, die erst in späteren Kapiteln behandelt werden. Die hier vorgeschobenen kurzen Erklärungen sollten jedoch ausreichen, diese Konstrukte zu verstehen und dann auch richtig einsetzen zu können.

21.3.1 Dynamisches Erstellen von Zeichenketten

Manchmal möchte man sich dynamisch Zeichenketten „zusammenbauen". Dazu
steht die Funktion sprintf() zur Verfügung:

```
sprintf( string, format, ... );
```

Diese Funktion sprintf() kann genauso wie die Funktion printf() verwendet
werden. Anders als printf() schreibt diese Funktion die formatierte Zeichenkette nicht auf den Bildschirm, sondern in die Variable string. Die Variable string
selbst muss jedoch zuvor z. B. mit

```
char string[100];
```

definiert werden. Statt 100 kann auch eine größere oder eine kleinere Zahl angegeben werden. Die hier angegebene Zahl legt jedenfalls die maximale Anzahl von Zeichen fest, die ein so hergestellter String haben kann. Hat er mehr Zeichen führt dies zu einer Speicherüberschreibung, was katastrophale Folgen für das jeweilige Programm haben kann. Da C das Ende einer Zeichenkette mit einem 0-Byte kennzeichnet, muss man sogar Platz für ein Zeichen mehr reservieren. Wenn man also z. B. maximal 10 Zeichen (wie z. B. bild10.gif) nach dateiname schreiben möchte, muss man mindestens Speicherplatz für 11 Zeichen reservieren:

```
char dateiname[11];
```

Möchte man z. B. unter 10 Graphikdateien, die die Namen bild1.gif bis
bild10.gif haben, eine zufällige auswählen, so wäre dies mit dem folgenden
C-Code möglich:

---

[1]Sollten Sie für QTDIR einen anderen Pfad als /usr/lib/qt2 eingestellt haben, müssen Sie diesen hier anstelle von /usr/lib/qt2 angeben.

```
char dateiname[20];
int  z;
.....

z = rand()%10+1;
sprintf(dateiname, "bild%d.gif", z);
printf("%s\n", dateiname); /* gibt bild1.gif, bild2.gif oder ... oder bild10.gif
                              aus */
```

21.3.2 Kurze Beschreibung von Arrays

Die beiden später vorgestellten Graphikfunktionen drawpoly() (zeichnet den Umriss eines Polygons) und fillpoly() (zeichnet ein ausgefülltes Polygon) machen von so genannten *Arrays* Gebrauch. Ein Array ist eine Zusammenfassung von mehreren hintereinanderliegenden Speicherplätzen unter einem Namen.

Mit folgender Deklaration wird z. B. ein Array mit dem Namen a deklariert:

```
int a[10];
```

Dieses Array kann nun 10 int-Werte aufnehmen, wie z. B.

```
a[0]=125; /* Im 1.Speicherplatz des Arrays 125 ablegen */
a[1]=345; /* Im 2.Speicherplatz des Arrays 345 ablegen */
a[2]=72;  /* Im 3.Speicherplatz des Arrays 72 ablegen  */
........
a[9]=737; /* Im 10.Speicherplatz des Arrays 737 ablegen */
```

Anstelle von 10 int-Variablen wurde also ein Array a deklariert, das 10 int-Variablen unter einem Namen zusammenfasst:

```
            a
       +---------+
   [0] |   125   |
       +---------+
   [1] |   345   |
       +---------+
   [2] |    72   |
       +---------+
   [3] |   ...   |
   ... |   ...   |
   ... |   ...   |
   [8] |   ...   |
       +---------+
   [9] |   737   |
       +---------+
```

Um die einzelnen Speicherplätze zu unterscheiden, sind diese von 0 bis 9 (nicht bis 10) durchnummeriert, wobei die entsprechende Nummer in [...] direkt nach dem Array-Namen (hier a) anzugeben ist. Arrays werden ausführlich in Kapitel 25 auf Seite 517 beschrieben.

21.4 Graphikmodus ein- und ausschalten

`initgraph(int breite, int hoehe)`

> schaltet den Graphikmodus ein, indem ein Fenster eingeblendet wird, das `breite` Pixel breit und `hoehe` Pixel hoch ist.

`closegraph()`

> beendet den Graphikmodus. Da in diesem Fall auch das Graphikfenster gelöscht wird, wird meist vor `closegraph()` noch ein `getch()` angegeben, so dass erst auf einen Tastendruck des Benutzers hin der Graphikmodus verlassen wird.

Typisch für die Graphikprogrammierung ist deshalb z. B. folgender Programmausschnitt:

```
#include <graphics.h>
. . . . . . .
int main( int argc, char *argv[] )
{
    initgraph( 640, 480 );
       . . . . . . . .
          Graphik-Programmteil
       . . . . . . . .
    getch();   /* auf einen Tastendruck warten */
    closegraph();
}
```

21.5 Eingaben im Graphikmodus

Während man im Graphikmodus arbeitet, kann man nicht mehr die Standardroutinen für die Ein- und Ausgabe (`printf()`, `scanf()`, `getchar()` und `putchar()`) verwenden, sondern muss die eigens dafür angebotenen Routinen verwenden, welche nachfolgend vorgestellt sind:

`getcharacter(char *text, ...)`

> fordert den Benutzer durch Ausgabe des Textes `text` zur Eingabe eines Zeichens auf und liefert das vom Benutzer eingegebene Zeichen zurück.

`gettext(char *text, ...)`

> fordert den Benutzer durch Ausgabe des Textes `text` zur Eingabe eines Textes auf und liefert den vom Benutzer eingegebenen Text als Rückgabewert.

`getint(char *text, ...)`

> fordert den Benutzer durch Ausgabe des Textes `text` zur Eingabe einer ganzen Zahl auf und liefert die vom Benutzer eingegebene Zahl als `int`-Rückgabewert.

`getdouble(char *text, ...)`

fordert den Benutzer durch Ausgabe des Textes `text` zur Eingabe einer Gleitpunktzahl auf und liefert die vom Benutzer eingegebene Zahl als `double`-Rückgabewert.

`kbhit()`

prüft, ob eine Taste gedrückt wurde. Falls eine Taste gedrückt wurde, liefert `kbhit()` einen `int`-Wert ungleich 0 (TRUE), falls nicht, liefert diese Funktion 0 (FALSE) zurück. Das dabei eingegebene Zeichen kann mit der nachfolgend vorgestellten Routine `getch()` nachträglich erfragt werden.

`getch()`

liest ein Zeichen ein.

Anders als bei `getchar()` findet hier jedoch keine Zwischenpufferung statt, sondern das Zeichen wird direkt von der Tastatur gelesen. Das eingegebene Zeichen wird dabei nicht am Bildschirm angezeigt. In jedem Fall liefert diese Routine den Tastencode des eingegebenen Zeichens zurück. Mit `getch()` lassen sich nicht nur ASCII-Zeichen, sondern auch beliebige andere Steuerzeichen, wie z. B. Funktionstasten, (↑), (Bild↓) usw. einlesen. `getch()` liefert einen eigenen Code für das eingegebene Zeichen. Für jede einzelne Taste steht im Graphikmodus eine eigene Konstante zur Verfügung:

```
Verschiedene Tasten
    Key_Escape, Key_Tab,   Key_Backtab, Key_Backspace, Key_Return, Key_Enter,
    Key_Insert, Key_Delete, Key_Pause,   Key_Print,    Key_Sysreq,
Tasten zur Cursor-Steuerung
    Key_Home,   Key_End,    Key_Left, Key_Up, Key_Right, Key_Down,
    Key_Pageup, Key_Pagedown,
Umschalt-Tasten
    Key_Shift,    Key_Control, Key_Meta,      Key_Alt,
    Key_Capslock, Key_Numlock, Key_Scrolllock,
Funktions-Tasten
    Key_F1,  Key_F2,  Key_F3,  Key_F4,  Key_F5,  Key_F6,  Key_F7,  Key_F8,
    Key_F9,  Key_F10, Key_F11, Key_F12, Key_F13, Key_F14, Key_F15, Key_F16,
    Key_F17, Key_F18, Key_F19, Key_F20, Key_F21, Key_F22, Key_F23, Key_F24,
    Key_F25, Key_F26, Key_F27, Key_F28, Key_F29, Key_F30, Key_F31, Key_F32,
    Key_F33, Key_F34, Key_F35,
Sonder-Tasten
    Key_Super_L, Key_Super_R, Key_Menu, Key_Hyper_L, Key_Hyper_R,
7-Bit druckbare ASCII-Tasten
    Key_Space,     Key_Exclam,     Key_Quotedbl,  Key_Numbersign,
    Key_Dollar,    Key_Percent,    Key_Ampersand, Key_Apostrophe,
    Key_Parenleft, Key_Parenright, Key_Asterisk,  Key_Plus,
    Key_Comma,     Key_Minus,      Key_Period,    Key_Slash,
    Key_0, Key_1, Key_2, Key_3, Key_4, Key_5, Key_6, Key_7, Key_8, Key_9,
    Key_Colon, Key_Semicolon,
    Key_Less,  Key_Equal,    Key_Greater, Key_Question, Key_At,
    Key_A, Key_B, Key_C, Key_D, Key_E, Key_F, Key_G, Key_H, Key_I, Key_J,
```

21.5 Eingaben im Graphikmodus

```
    Key_K,    Key_L,    Key_M,    Key_N, Key_O, Key_P, Key_Q, Key_R, Key_S, Key_T,
    Key_U,    Key_V,    Key_W,    Key_X, Key_Y, Key_Z,
    Key_Bracketleft, Key_Backslash, Key_Bracketright, Key_Asciicircum,
    Key_Underscore,  Key_Quoteleft, Key_Braceleft,    Key_Bar,
    Key_Braceright,  Key_Asciitilde
```

```
outtextxy(int left, int top, int right, int bottom,
          char *text, ...)
```

gibt den Text text in dem Rechteck aus, dessen linke obere Ecke durch (left, top) und dessen rechte untere Ecke durch (right, bottom) festgelegt wird. outtextxy() benutzt die Schriftart und Formatierung, die mit settextstyle() und settextjustify()[2] festgelegt werden kann.

Bei den Graphikfunktionen getcharacter(), gettext(), getint(), getdouble() und outtextxy() bedeuten die drei Punkte, dass text die Formatierungszeichen von printf() enthalten kann, und dass dann eventuell angegebene weitere Argumente entsprechend formatiert im Text eingebettet werden, wie z. B.:

```
int  ganz, unten, oben;
....
unten = 5;
oben = 107;

ganz = getint( "Gib eine Zahl zwischen %d und %d ein", unten, oben );
```

Dieser Programmausschnitt blendet ein Fenster ein, in dem der Benutzer mit dem Satz „Gib eine Zahl zwischen 5 und 107 ein" zur Eingabe einer ganzen Zahl aufgefordert wird.

Eine weitere in der Graphikbibliothek angebotene Routine ist:

```
delay(int millisekunden)
```

hält die Programmausführung für millisekunden an.

Beispiel:
Das folgende Programm einaus.c demonstriert die Verwendung der Routinen zum Einlesen von Zeichen, Zahlen und Text.

```
#include <graphics.h>

int main( int argc, char *argv[] ) {
   char      zeich;
   int       iZahl;
   double    dZahl;
   const char *string;

   initgraph( 400, 250 );
   cleardevice( WHITE ); /* löscht den Inhalt des Graphikfensters
                            und setzt seinen Hintergrund auf weiss */
   zeich = getcharacter( "Gib ein Zeichen ein!" );
```

---
[2] siehe Kapitel 21.9 auf Seite 324

21 Graphikprogrammierung unter Linux

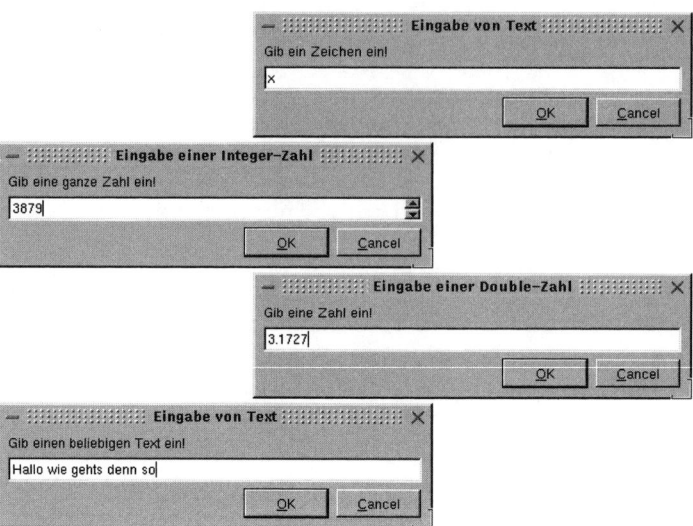

Abbildung 21.1: Fenster zur Eingabe von einzelnen Zeichen, Zahlen und Text

```
    iZahl  = getint( "Gib eine ganze Zahl ein!" );
    dZahl  = getdouble( "Gib eine Zahl ein!" );
    string = gettext( "Gib einen beliebigen Text ein!" );
    outtextxy( 100,  50, 400, 250, "Das Zeichen ist: %c", zeich );
    outtextxy( 100, 100, 400, 250, "Die ganze Zahl ist: %d", iZahl );
    outtextxy( 100, 150, 400, 250, "Die Gleitpunktzahl ist: %g", dZahl );
    outtextxy( 100, 200, 400, 250, "Der Text ist: %s", string );
    getch();
    closegraph();
    return(0);
}
```

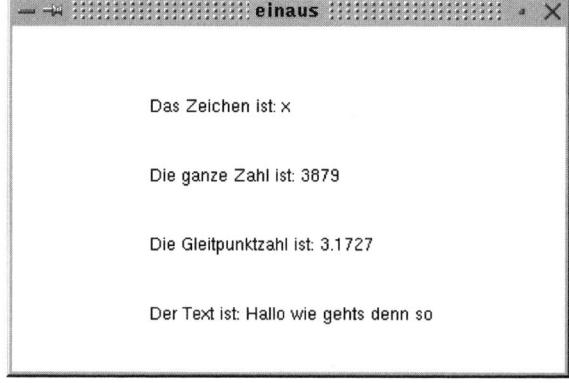

Abbildung 21.2: Anzeige der Eingaben im Hauptfenster

Das Programm `einaus.c` blendet die in Abbildung 21.1 gezeigten Fenster für die jeweiligen Eingaben ein. Nachdem der Benutzer alle geforderten Eingaben getätigt hat, werden ihm im Hauptfenster nochmals seine Eingaben angezeigt; siehe auch Abbildung 21.2.

Beispiel:

Mit dem folgenden C-Programm `reaktion.c` können Sie Ihre Reaktionszeit testen:

```
#include <graphics.h>
#include <stdlib.h>
#include <time.h>

int main( int argc, char *argv[] ) {
   double   zeit, min=1000000000;
   clock_t  start, ende;

   srand( time(NULL) );
   initgraph( 640, 480 );

   do {
      cleardevice( WHITE ); /* loescht Graphikfenster und fuellt es mit weiss */
      outtextxy( 10, 10, 400, 400,
              "Reaktionstest\n"
              "=============\n\n\n\n"
              "Gleich wird dieses Fenster gelb\n\n"
              "Dann musst du so schnell wie möglich eine Taste drücken....");
      delay( 2000+ rand()%4000 );
      if (kbhit()) {
         cleardevice( LIGHTRED ); /* loescht Graphikfenster u. fuellt's hellrot*/
         outtextxy(100, 200, 400, 400,
                 "Du hast versucht zu schummeln. Das ist nicht erlaubt!\n");
         while (kbhit())
            getch();
      } else {
         cleardevice( YELLOW ); /* loescht Graphikfenster und fuellt es gelb */
         start=clock(); /* Stopp-Uhr beginnt zu ticken */
         while (!kbhit())
            ;
         ende=clock(); /* Stopp-Uhr wird angehalten */
         getch(); /* Ueberlesen des eingegebenen Zeichens */
         zeit = (ende-start)/(double)CLOCKS_PER_SEC;
         if (zeit<min)
            min=zeit;
         outtextxy( 100, 300, 500, 400,
                 "Du hast %g Sek. gebraucht. (Bisheriger Rekord: %g Sek.)\n",
                 zeit, min);
      }
      outtextxy( 100, 350, 400, 400,
              ".....Willst du es noch einmal probieren (j/n) ? ");
   } while (getch()==Key_J);
```

```
    closegraph();
    return(0);
}
```

21.6 Bildschirm-, Farben- und Pixel-Operationen

Tabelle 21.1 zeigt die im Graphikmodus möglichen Farben.
Der Bildschirm entspricht bei dieser Graphik einem x-y-Koordinatensystem, dessen Nullpunkt die linke obere Ecke ist (x=0,y=0). Der Graphikcursor kann unter Angabe eines (x,y)-Werts positioniert werden:

Folgende Graphikroutinen können dabei verwendet werden:

`cleardevice(int farbe)`

> löscht den ganzen Inhalt des Graphikfensters und füllt es mit Farbe `farbe`.

`getmaxx() bzw. getmaxy()`

> liefern die größte x- bzw. y-Koordinate (als `int`-Wert) des Graphikfensters.

`getx() bzw. gety()`

> liefern die aktuelle x- bzw. y-Koordinate (als `int`-Wert) des Graphikcursors.

Tabelle 21.1: Die im Graphikmodus möglichen Farbekonstanten bzw. -nummern

Name	Wert	auf deutsch
BLACK	0	schwarz
BLUE	1	blau
GREEN	2	grün
CYAN	3	türkis
RED	4	rot
MAGENTA	5	violett
BROWN	6	braun
LIGHTGRAY	7	hellgrau
DARKGRAY	8	dunkelgrau
LIGHTBLUE	9	hellblau
LIGHTGREEN	10	hellgrün
LIGHTCYAN	11	helles Türkis
LIGHTRED	12	hellrot
LIGHTMAGENTA	13	helles Violett
YELLOW	14	gelb
WHITE	15	weiss

21.6 Bildschirm-, Farben- und Pixel-Operationen

`getmaxcolor()`

liefert die höchste Farbnummer (als `int`-Wert), die im Graphikmodus verwendet werden kann.

`putpixel(int x, int y, int farbe)`

zeichnet einen Punkt (Pixel) mit der Farbe `farbe` an der Position (x, y).

`getpixel(int x, int y)`

liefert die Farbe (als `int`-Wert) des Pixels an der Position (x, y).

Beispiel:
Dieses Beispiel stammt aus dem 11. Informatik-Wettbewerb. Das hier verwendete Modell gibt stark vereinfacht eine Vorstellung davon, wie Öl in das Erdreich einsickert. Dazu stellt man sich einen vertikalen Schnitt durch den Erdboden vor und verwendet dafür ein rechteckiges Feld mit ganzzahligen Koordinaten. Die y-Achse des Koordinatensystems sei nach unten orientiert, die x-Achse nach rechts.
Über die anfängliche Verteilung des Öls nimmt man folgendes an: Das Öl befindet sich in den mittleren beiden Vierteln der oberen Erdschicht, d. h. an Positionen mit den Koordinaten (x,y), für die folgendes gilt:
$\frac{1}{4} \cdot Feldbreite <= x <= \frac{3}{4} \cdot Feldbreite$ und $y = 1$
Zusätzlich sei x ungerade, also nur jedes zweite Pixel.
Über das Eindringen des Öls in den Erdboden machen wir folgende Annahmen: Befindet sich Flüssigkeit an Position (x,y), so dringt sie mit der Wahrscheinlichkeit p (0 < p <= 1) in die nächsttiefere Schicht zur Position (x-1,y+1) und unabhängig davon auch mit der Wahrscheinlichkeit p zur Position (x+1,y+1) vor. Dabei kann p als Maß für die Bodenbeschaffenheit gedeutet werden. Befindet sich an Position (x,y) keine Flüssigkeit, gelangt von dieser Stelle her auch keine Flüssigkeit mehr in die nächsttiefere Erdschicht. Folgendes C-Programm `oel.c` löst diese Aufgabenstellung:

```
#include <stdio.h>
#include <stdlib.h>
#include <time.h>
#include <graphics.h>

int main( int argc, char *argv[] ) {
   float p;  /* Einzulesende Wahrscheinlichkeit */
   int grenze, x, y, x_max, y_max, farbe,
       noch_oel=1; /* Boole'sche Var.: 1, solange Oel da, sonst dann 0 */
   srand(time(NULL)); /* Zufallszahlen-Generator initialisieren */
   /*--- Graphik einschalten */
   initgraph( 640, 480 );
   /*--- Wahrscheinlichkeit fuer Oel-Eindringen einlesen */
   p = getdouble("Wahrscheinlichkeit fuer Eindringen des Oels ? " );
   grenze = (int)(RAND_MAX*p);
   /*--- Graphikbildschirm loeschen und maximal moegl. Koordinaten ermitteln */
   cleardevice( LIGHTGRAY );
   x_max = getmaxx(); y_max = getmaxy();
```

21 Graphikprogrammierung unter Linux

 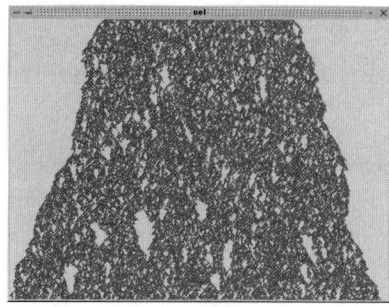

Abbildung 21.3: Wahrscheinlichkeit von 0.62 (links) und 0.7 (rechts)

```
    /*--- Eindringen des Oels am Bildschirm simulieren */
    for (x=x_max/4 ; x<=x_max*3/4 ; x++)
        if ((x+1)%2==0)
            putpixel(x,1,BLUE);
    for (y=1 ; y<y_max-1 && noch_oel ; y++) {
        noch_oel=0;
        for (x=0 ; x<x_max-1 ; x++) {
            farbe = getpixel(x,y);
            if (farbe==BLUE || farbe==RED) {
                noch_oel=1;
                if (x-1>=0 && rand()<=grenze)
                    putpixel(x-1,y+1,BLUE);
                if (x+1<=x_max && rand()<=grenze)
                    putpixel(x+1,y+1,RED);
            }
        }
        if ( kbhit() )
            break;
    }
    getch();
    closegraph();
    return(0);
}
```

Abbildung 21.3[3] zeigt das Einsickern von Öl für die Wahrscheinlichkeiten von 0.62 und 0.7.

Beispiel:

Das folgende Programm `pixel.c` wählt zufällig eine Hintergrundfarbe und malt dann 1 000 kleine Vierecke an zufällige Bildschirmpositionen mit zufällig gewählten Farben. Ein Viereck sind dabei 9 Pixel:

```
xxx
xox
xxx
```

---

[3]Beim Zeigen von Graphik-Bildschirmausgaben sind die Farben, wie sie wirklich am Bildschirm erscheinen, hier nicht erkennbar

wobei nur der Mittelpunkt (o) zufällig gewählt ist. Danach wird der Inhalt dieses Fensters gelöscht, mit einer zufälligen Hintergrundfarbe gefüllt und wieder mit neuen zufälligen kleinen Rechtecken bemalt. Mit einem Tastendruck kann dieses Programm beendet werden.

```c
#include <stdio.h>
#include <stdlib.h>
#include <time.h>
#include <graphics.h>

#define PIXEL_ZAHL    1000

int  main( int argc, char *argv[] )
{
   int i,
       maxx, maxy,
       x, y;
   int farbe,
       max_farbe;

   srand(time(NULL));

   initgraph( 640, 480 );
      /* Maximal moegliche Koordinaten */
   maxx=getmaxx();
   maxy=getmaxy();
      /* Maximale Farbennummer */
   max_farbe = getmaxcolor();
      /* Zufaellige Hintergrund-Farben und Setzen von farbigen Pixeln */
   while ( !kbhit()) {
      cleardevice( rand()%(max_farbe+1) );
      for (i=1 ; i<=PIXEL_ZAHL ; i++) {
         x = rand()%maxx;
         y = rand()%maxy;
         farbe = rand()%(max_farbe+1);
            /* Aus Pixel ein kleines Viereck malen */
         putpixel(x, y, farbe);
         putpixel(x-1,y-1,farbe);
         putpixel(x,y-1,farbe);
         putpixel(x+1,y-1,farbe);
         putpixel(x+1,y,farbe);
         putpixel(x+1,y+1,farbe);
         putpixel(x,y+1,farbe);
         putpixel(x-1,y+1,farbe);
         putpixel(x-1,y,farbe);
      }
   }
   closegraph();
   return 0;
}
```

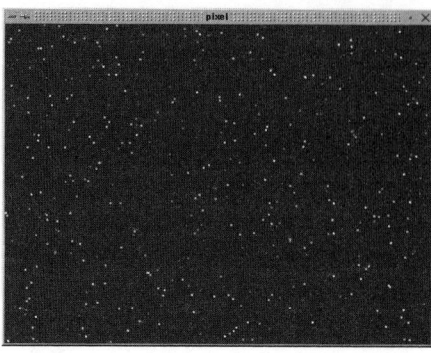 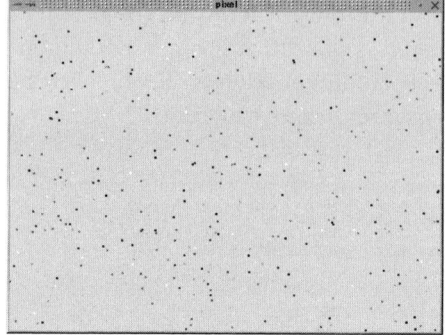

Abbildung 21.4: Ständige Ausgabe von kleinen Vierecken auf wechselnden Hintergrund

Abbildung 21.4 zeigt die Inhalte des von Programm `pixel.c` eingeblendeten Fensters zu gewissen Zeitpunkten.

21.7 Positionieren, Linien zeichnen und Farbe einstellen

`setcolor(int farbe)`

> legt die Zeichenfarbe für Textausgaben und das Malen von Linien, Kreisen, Vierecken usw. auf die Farbe `farbe` fest.

`getcolor(int farbe)`

> liefert die aktuell eingestellte Zeichenfarbe für Textausgaben und das Malen von Linien, Kreisen, Vierecken usw. (als `int`-Wert).

`moverel(int dx, int dy)`

> bewegt den nicht sichtbaren Graphikcursor um eine Distanz (`dx`, `dy`) relativ zu seiner momentanen Position, ohne dabei zu zeichnen.

`moveto(int x, int y)`

> positioniert den Graphikcursor auf den Punkt (x, y).

`line(int x1, int y1, int x2, int y2)`

> zeichnet eine Linie von (x1,y1) nach (x2,y2). Dabei werden die aktuelle Farbe, Linienart und Linienbreite verwendet.

`linerel(int dx, int dy)`

> zeichnet eine Linie relativ (dx, dy) zur momentanen Position des Graphikcursors. Es werden die aktuelle Farbe, Linienart und Linienbreite verwendet.

21.7 Positionieren, Linien zeichnen und Farbe einstellen

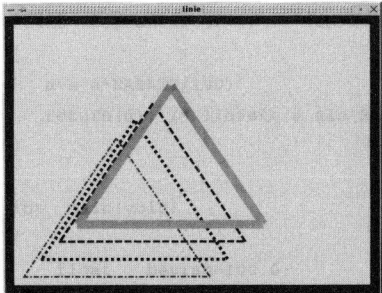

Abbildung 21.5: Anzeige des Programms `linie.c` nach vier Tastendrücken

`lineto(int x, int y)`

    zeichnet eine Linie von der momentanen Position des Graphikcursors zu dem angegebenen absoluten Punkt (x, y). Es werden die aktuelle Farbe, Linienart und Linienbreite verwendet.

`setlinestyle(int linestyle, int dicke)`

    setzt die Linienart und -dicke für folgende Zeichenaktionen. Die hier gesetzte Linienart wird von linienzeichnenden Graphikfunktionen, wie z. B. `line()`, `linerel()`, `lineto()`, `rectangle()`, `drawpoly()`, `arc()`, `circle()`, `ellipse()` oder `pieslice()` verwendet.

    Für `linestyle` ist einer der folgenden Namen anzugeben:

Name	Wert	Art der Linie
NO_LINE	0	keine
SOLID_LINE	1	durchgezogen
DASHED_LINE	2	gestrichelt
DOTTED_LINE	3	gepunktet
DASH_DOT_LINE	4	Strich Punkt Strich Punkt...
DASH_DOT_DOT_LINE	5	Strich Punkt Punkt Strich Punkt Punkt Strich...
MAXLINESTYLE	5	

Beispiel:

Das folgende Programm `linie.c` zeichnet Dreiecke in die linke untere Ecke des Bildschirms. Die einzelnen Dreiecke sind dabei immer um etwas nach rechts oben versetzt. Abbildung 21.5 zeigt den Inhalt des von Programm `linie.c` eingeblendeten Fensters, nachdem viermal eine beliebige Taste gedrückt wurde.

Das Programm `linie.c`:

```
#include <graphics.h>

#define OFFSET    30

int  main( int argc, char *argv[] ) {
```

```c
int maxx, maxy;
initgraph( 640, 480 );
    /* Maximal moegliche Koordinaten */
maxx = getmaxx();
maxy = getmaxy();
    /*--- Bildschirm loeschen ---*/
cleardevice( LIGHTGRAY );
    /*--- Blauen dicken Rahmen um Bildschirm zeichnen ---*/
setcolor( BLUE );
setlinestyle( SOLID_LINE, 30 );
line( 0, 0, maxx, 0 );
line( maxx, 0, maxx, maxy );
line( maxx, maxy, 0, maxy );
line( 0, maxy, 0, 0 );
getch();
    /*--- Rotes Dreieck an linken unteren Bildschirm ---*/
setcolor( RED );
setlinestyle( DASH_DOT_LINE, 3 );
moveto( OFFSET, maxy-OFFSET );
lineto( maxx/2+OFFSET, maxy-OFFSET );
linerel( -maxx/4,-maxy/2 );
linerel( -maxx/4,maxy/2 );
getch();
    /*--- Schwarzes Dreieck mit dicker gepunkteter Linie etwas nach ---*/
    /*--- rechts oben versetzt                                    ---*/
setcolor( BLACK );
setlinestyle( DOTTED_LINE, 5 );
moverel( +OFFSET, -OFFSET );
linerel( maxx/2, 0 );
linerel( -maxx/4, -maxy/2 );
linerel( -maxx/4, maxy/2 );
getch();
    /*--- Blaues Dreieck mit gestrichelter Linie nach rechts oben versetzt */
setcolor( BLUE );
setlinestyle( DASHED_LINE, 4 );
moverel( +OFFSET, -OFFSET );
linerel( maxx/2, 0 );
linerel( -maxx/4, -maxy/2 );
linerel( -maxx/4, maxy/2 );
getch();
    /*--- Gruenes Dreieck mit durchgezogener Linie nach rechts oben -*/
setcolor( GREEN );
setlinestyle( SOLID_LINE, 15 );
moverel( +OFFSET, -OFFSET );
linerel( maxx/2, 0 );
linerel( -maxx/4, -maxy/2 );
linerel( -maxx/4, maxy/2 );
getch(); getch();
closegraph();
```

```
        return(0);
}
```

21.8 Figuren zeichnen und ausfüllen

`rectangle(int left, int top, int right, int bottom)`

zeichnet ein Rechteck, wobei die aktuellen Einstellungen für Linienart, -stärke und -farbe benutzt werden; siehe auch `setcolor()` und `setlinestyle()`. Die linke obere Ecke ist dabei durch die Koordinaten (`left,top`) und die rechte untere Ecke durch (`right,bottom`) in Pixeln festgelegt:

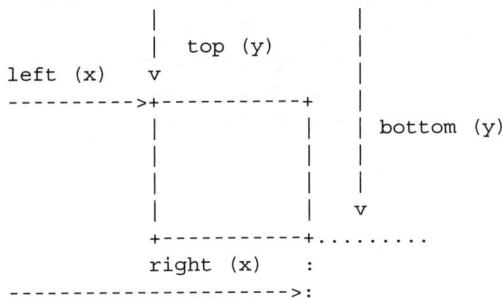

`circle(int x, int y, int radius)`

zeichnet in der aktuellen Zeichenfarbe (siehe `setcolor()`) einen Kreis um den Mittelpunkt (x, y) mit dem Radius `radius`.

`arc(int x, int y, int start, int end, int radius)`

zeichnet in der aktuellen Zeichenfarbe (siehe `setcolor()`) einen Kreisbogen. (x, y) ist der Mittelpunkt. Die Winkel `start` und `end` legen Start- und Endpunkt des mit Radius `radius` gezogenen Kreisbogens fest. Die Angabe beider Winkel erfolgt in Grad, wobei entgegen dem Uhrzeigersinn gezählt wird:

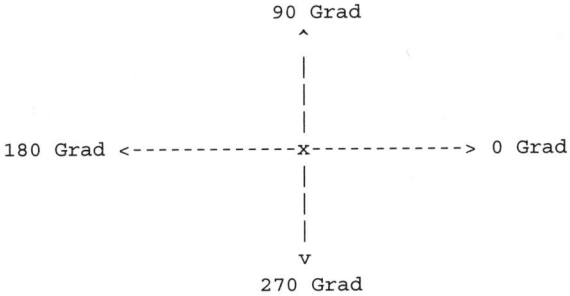

`ellipse(int x, int y, int start, int end, int xradius,
    int yradius)`

zeichnet einen elliptischen Kreisausschnitt um den Mittelpunkt (x, y) mit den Radien `xradius` (horizontal) und `yradius` (vertikal). `start` und `end` legen dabei den Start- und Endpunkt des elliptischen Bogens fest. Hat `start` den Wert 0 und `end` den Wert 360, wird eine vollständige Ellipse gezeichnet. Die Angabe beider Winkel erfolgt in Grad, wobei entgegen dem Uhrzeigersinn gezählt wird; siehe auch `arc()`.

`setfillstyle(int pattern, int farbe)`

setzt das Muster (`pattern`) und die dabei zu verwendende `farbe` für Flächenfüllungen. Für `pattern` ist einer der folgenden Namen anzugeben:

Name	Wert	Füllmuster
EMPTY_FILL	0	Hintergrundfarbe
SOLID_FILL	1	angegebene `farbe`
DENSE1_FILL	2	sehr stark ausgefüllt
DENSE2_FILL	3	‖
DENSE3_FILL	4	‖
DENSE4_FILL	5	‖
DENSE5_FILL	6	‖
DENSE6_FILL	7	⇓
DENSE7_FILL	8	sehr schwach ausgefüllt
HORLINE_FILL	9	horizontale Linien
VERLINE_FILL	10	vertikale Linien
CROSS_FILL	11	horizontale und vertikale Linien
LDIAG_FILL	12	//////////
RDIAG_FILL	13	\\\\\\\\\\
CROSSDIAG_FILL	14	beides (`LDIAG_FILL` und `RDIAG_FILL`)
MAXFILLSTYLE	14	

`fillellipse(int x, int y, int xradius, int yradius)`

zeichnet eine ausgefüllte Ellipse mit (x, y) als Mittelpunkt; `xradius` wird dabei als horizontaler und `yradius` als vertikaler Radius verwendet. Die Ellipse selbst wird mit dem aktuellen Füllmuster und der aktuellen Füllfarbe gefüllt; siehe auch `setfillstyle()`.

`bar(int left, int top, int right, int bottom)`

zeichnet einen zweidimensionalen Balken. Wie bei `rectangle()` wird die linke obere Ecke durch die Koordinaten (`left`, `top`) und die rechte untere Ecke durch (`right`, `bottom`) in Pixeln festgelegt. Es wird dabei die aktuelle Füllfarbe und das aktuelle Füllmuster (siehe `setfillstyle()`) verwendet. Einen Umriss zeichnet `bar()` nicht; dazu müßte `bar3d()` mit `depth=0` verwendet werden.

`bar3d(int left, int top, int right, int bottom, int depth)`

zeichnet einen dreidimensionalen Balken. Ein dreidimensionaler Balken besteht aus einem gefüllten Rechteck, bei dem – wie bei `rectangle()` – die linke obere Ecke durch die Koordinaten (`left`, `top`) und die rechte untere Ecke durch (`right,bottom`) in Pixeln festgelegt wird. `bar3d()` zeichnet zuerst die Umrisslinien in der aktuellen Zeichenfarbe (siehe `setcolor()`) und der aktuellen Linienart (siehe `setlinestyle()`). Danach füllt es die umschlossene Fläche mit dem aktuellen Füllmuster; siehe auch `setfillstyle()`). Über `depth` (zu deutsch: Tiefe) läßt sich die räumliche Tiefe des dreidimensionalen Balkens (in Pixel) festlegen. Eine Faustregel besagt dabei, dass die Tiefe ungefähr 25% der Breite betragen sollte. Bei `depth=0` wird nur ein zweidimensionaler Balken mit einer Umrisslinie gezeichnet.

`drawpoly(int numpoints, int *polypoints)`

zeichnet den Umriss eines Polygons mit `numpoints` Eckpunkten in der aktuellen Linienart und -farbe. `numpoints` gibt die Anzahl der Eckpunkte an. `polypoints` muss der Name des Arrays sein, das fortlaufende Koordinatenpaare enthalten muss. Zum Zeichnen einer geschlossenen Figur mit *n* Eckpunkten muss `polypoints` *n+1* Koordinatenpaare enthalten, wobei das letzte Paar dieselben Werte wie das erste Paar hat; siehe auch nachfolgende Beispiele.

`fillpoly(int numpoints, int *polypoints)`

zeichnet ein ausgefülltes Polygon mit `numpoints` Eckpunkten in der aktuellen Linienart und -farbe. Danach wird dieses Polygon mit der aktuellen Füllfarbe und dem aktuellen Füllmuster (siehe `setfillstyle()`) gefüllt. Wie bei `drawpoly()` gilt: `numpoints` gibt die Anzahl der Eckpunkte an. `polypoints` muss der Name des Arrays sein, das fortlaufende Koordinatenpaare enthalten muss. Zum Zeichnen einer geschlossenen Figur mit *n* Eckpunkten muss `polypoints` *n+1* Koordinatenpaare enthalten, wobei das letzte Paar dieselben Werte wie das erste Paar hat; siehe auch nachfolgende Beispiele.

Beispiele:
Das folgende Programm `figur.c` malt eine Person mit Tisch auf den Bildschirm. Die Farben und Muster in den jeweiligen Symbolen sind dabei zufällig ausgewählt. Bei einem Tastendruck wird immer ein neues Bild gemalt. Das Programm kann mit Drücken der (ESC)-Taste verlassen werden. Mögliche durch `figur.c` gezeigte Bilder könnten z. B. aussehen, wie sie in Abbildung 21.6 gezeigt sind.
Das Programm `figur.c`:

```
#include <graphics.h>
#include <time.h>
#include <stdlib.h>

#define ZUFALLSFARBE \
        farbe = rand()%(max_farbe+1);    /* Zufaellige Zeichenfarbe */ \
        setcolor(farbe);                 /* setzen                  */

#define ZUFALLS_FUELLMUSTER \
        muster = rand()%MAXLINESTYLE;    /* Zufaelliges Fuellmuster */ \
        hfarbe = rand()%(max_farbe+1);   /* Zufaellige Fuellfarbe   */ \
```

21 Graphikprogrammierung unter Linux

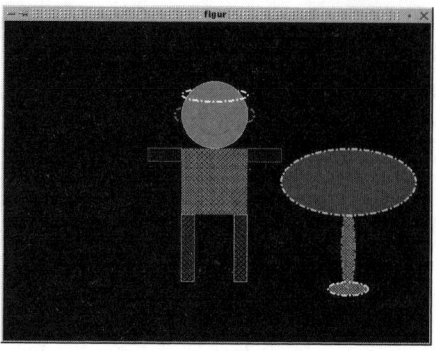 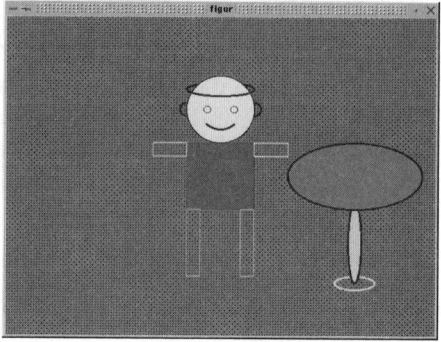

Abbildung 21.6: Unterschiedliche Anzeigen des Programms `figur.c` nach einem Tastendruck

```c
        setfillstyle(muster,hfarbe);    /* setzen */

int main( int argc, char *argv[] ) {
  int maxx, maxy,
      muster, lmuster,
      farbe, hfarbe,
      mittex, mittey,
      max_farbe, poly[10];

  srand(time(NULL));  /* Zufallsgenerator initialisieren */

  initgraph( 640, 480 );

  maxx = getmaxx();   /* Maximal moegliche Koordinaten */
  maxy = getmaxy();
  mittex = maxx/2;    /* Bildschirm-Mittelpunkt */
  mittey = maxy/2;
  max_farbe = getmaxcolor();     /* Maximale Farbennummer */

  while (1) {  /* Figur malen */
      /*------ Bildschirm-Rahmen und -Hintergrund -------------------*/
      cleardevice( BLACK );
      setlinestyle( SOLID_LINE, 1 );
      ZUFALLSFARBE; ZUFALLS_FUELLMUSTER;
      poly[0] = poly[1] = poly[3] = poly[6] = poly[8] = poly[9] = 0;
      poly[2] = poly[4] = maxx;
      poly[5] = poly[7] = maxy;
      fillpoly( 5, poly );
      /*------ Bauch ------------------------------------------------*/
      ZUFALLSFARBE; ZUFALLS_FUELLMUSTER;
      bar3d( mittex-50, mittey-50, mittex+50, mittey+50, 0 ); /* Bauch malen */
      /*------ Kopf -------------------------------------------------*/
      ZUFALLSFARBE;
```

```
        ZUFALLS_FUELLMUSTER;
        fillellipse( mittex, mittey-100, 50, 50 );    /* Kopf malen */
        /*------ Beine -----------------------------------------*/
        ZUFALLSFARBE; ZUFALLS_FUELLMUSTER;
        bar3d( mittex-50, mittey+50, mittex-30, mittey+150, 0 ); /* Linkes Bein */
        bar3d( mittex+30, mittey+50, mittex+50, mittey+150, 0 ); /* Rechtes Bein */
        /*------ Arme ------------------------------------------*/
        ZUFALLSFARBE; ZUFALLS_FUELLMUSTER;
        bar3d( mittex-100, mittey-50, mittex-50,  mittey-30, 0 ); /* Linker Arm */
        bar3d( mittex+50,  mittey-50, mittex+100, mittey-30, 0 ); /* Rechter Arm */
        /*------ Augen -----------------------------------------*/
        ZUFALLSFARBE; ZUFALLS_FUELLMUSTER;
        fillellipse( mittex-20, mittey-100, 5, 5 );  /* Linkes Auge */
        fillellipse( mittex+20, mittey-100, 5, 5);   /* Rechtes Auge */
        /*------ Ohren -----------------------------------------*/
        lmuster = rand()%MAXLINESTYLE;   /* Zufaelliges Linienmuster */
        setlinestyle( lmuster, 3 );      /* und dicke Linie setzen */
        arc( mittex-50, mittey-100,  90, 270, 10 ); /* Linkes Ohr */
        arc( mittex+50, mittey-100, 270,  90, 10 ); /* Rechtes Ohr */
        /*------- Mund -----------------------------------------*/
        arc( mittex, mittey-100, 225, 315, 30 );
        /*------ Heiligenschein --------------------------------*/
        ZUFALLSFARBE;
        ellipse( mittex, mittey-130, 135,45, 50,10 );
        /*------ Tisch -----------------------------------------*/
        ZUFALLSFARBE; ZUFALLS_FUELLMUSTER;
        fillellipse( mittex+200,mittey+160, 30,10 );
        ZUFALLSFARBE; ZUFALLS_FUELLMUSTER;
        fillellipse( mittex+200,mittey+100, 10,60 );
        ZUFALLSFARBE;
        setfillstyle( SOLID_FILL, rand()%getmaxcolor() );
        fillellipse(mittex+200,mittey, 100,50 );

        if ( getch() == Key_Escape ) /* Abbruch bei ESC */
            break;
    }
    closegraph();
    return(0);
}
```

Das folgende Programm `fmuster.c` gibt nacheinander alle Füllmuster mit `bar()` und `bar3d()` am Bildschirm aus, wie es in der Abbildung 21.7 gezeigt ist.

```
#include <graphics.h>

int  main( int argc, char *argv[]) {
    int links, oben, i;
    initgraph( 640, 500 );
    setcolor( RED );
        /* Alle Fuellmuster fuer bar durchlaufen */
    for (i=SOLID_FILL ; i<=MAXFILLSTYLE ; i++) {
```

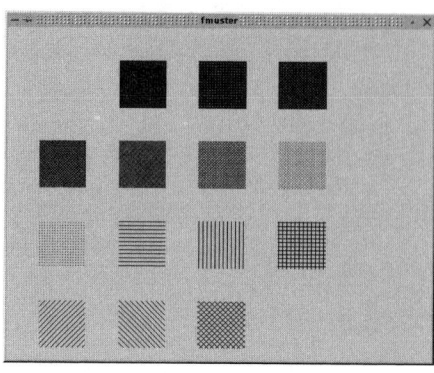
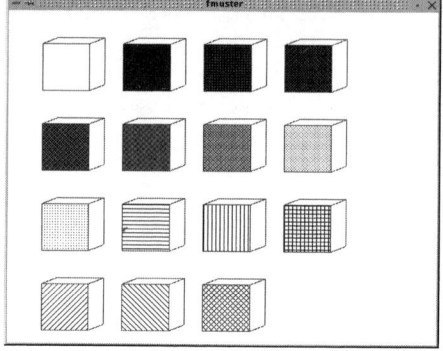

Abbildung 21.7: Unterschiedliche Anzeigen des Programms `fmuster.c` nach einem Tastendruck

```
        links=i%4;
        oben=i/4;
        setfillstyle( i, BLUE );
        bar(50+links*120, 50+oben*120, 120+links*120, 120+oben*120);
    }
    getch();
    cleardevice( WHITE );
    /* Alle Fuellmuster fuer bar3d durchlaufen */
    for (i=EMPTY_FILL ; i<=MAXFILLSTYLE ; i++) {
        links=i%4;
        oben=i/4;
        setfillstyle( i, BLUE );
        bar3d(50+links*120, 50+oben*120, 120+links*120, 120+oben*120, 25 );
    }
    getch();
    closegraph();
    return 0;
}
```

Das folgende Programm `polygon.c` gibt „Stern-Polygone" nacheinander am Bildschirm aus. Die einzelnen Polygone, deren Eckpunkte in einem gewissen Bereich zufällig gewählt werden, haben immer den Fenster-Mittelpunkt als Mittelpunkt und werden übereinander gezeichnet. Der Benutzer kann dabei am Anfang des Programms angeben, ob die Polygone ausgefüllt sein sollen oder nicht.

```
#include <ctype.h>
#include <stdlib.h>
#include <time.h>
#include <graphics.h>

int main( int argc, char* argv[] ) {
    int ausgefuellt;   /* 1, wenn ausgefuellte Polygone gewuenscht, sonst 0 */
    int mx, my;
    int poly[18]; /*----- immer eins mehr hier angeben als Elemente
```

21.8 Figuren zeichnen und ausfüllen

```
                 ----- wirklich benoetigt werden. */

    printf("Ausgefuellte Polygone (j/n): ");
    ausgefuellt = toupper(getchar())=='J' ? 1 : 0;
    srand(time(NULL)); /* Zufallszahlen-Generator initialisieren */

    initgraph( 640, 480 );
    mx = getmaxx()/2; my = getmaxy()/2;
    setcolor( BLUE );
    while (1) {
        poly[0]  = mx+rand()%mx;     poly[1]  = my;               /* 1.Eckpunkt */
        poly[2]  = mx+20+rand()%50;  poly[3]  = my-20-rand()%50;  /* 2.Eckpunkt */
        poly[4]  = mx;               poly[5]  = my-rand()%my;     /* 3.Eckpunkt */
        poly[6]  = mx-20-rand()%50;  poly[7]  = my-20-rand()%50;  /* 4.Eckpunkt */
        poly[8]  = mx-rand()%mx;     poly[9]  = my;               /* 5.Eckpunkt */
        poly[10] = mx-20-rand()%50;  poly[11] = my+20+rand()%50;  /* 6.Eckpunkt */
        poly[12] = mx;               poly[13] = my+rand()%my;     /* 7.Eckpunkt */
        poly[14] = mx+20+rand()%50;  poly[15] = my+20+rand()%50;  /* 8.Eckpunkt */
        /* Da drawpoly das Polygon nicht automatisch schließt, muss als */
        /* Endpunkt wieder der Anfangspunkt angegeben werden.           */
        poly[16] = poly[0]; poly[17] = poly[1];
        /* Polygon zeichnen */
        if (ausgefuellt) {
            setfillstyle(SOLID_FILL, rand()%getmaxcolor());
            fillpoly(9, poly);
        } else
            drawpoly(9, poly);
        if (getch()==Key_Escape) /* Abbruch mit ESC */
            break;
    }
    closegraph();
    return 0;
}
```

Mögliche durch polygon.c ausgegebene Bilder nach x-maligen Tastendruck zeigt Abbildung 21.8.

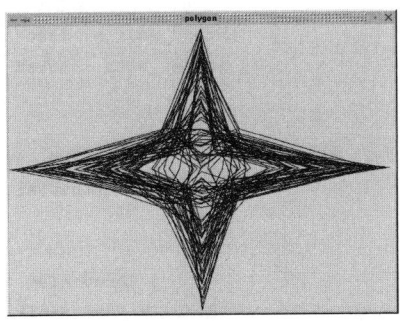 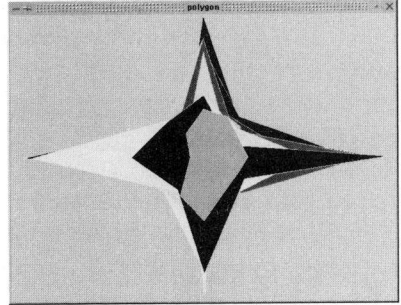

Abbildung 21.8: Anzeige des Programms polygon.c nach x-maligen Tastendruck (links: nicht ausgefüllt, rechts: ausgefüllt)

21.9 Einstellungen für Textausgaben

`settextjustify(int horiz,int vert)`

> legt die Ausrichtung (Justierung) nachfolgender Textausgaben mit `outtextxy()` fest. Der Text kann horizontal und vertikal justiert werden. Für `horiz` und `vert` sind folgende Werte möglich:

Parameter	Name	Wert	Justierung
horiz	LEFT_TEXT	0	linksbündig
	HCENTER_TEXT	1	horizontal zentriert
	RIGHT_TEXT	2	rechtsbündig
vert	BOTTOM_TEXT	0	an Grundlinie ausgerichtet
	VCENTER_TEXT	1	vertikal zentriert
	TOP_TEXT	2	oben ausgerichtet

`settextstyle(char *name, int groesse)`

> `name` legt den Zeichensatz (`"Times"`, `"Helvetica"` usw.) und `groesse` die Größe der Zeichen für folgende Textausgaben fest.

`textheight()`

> liefert die Höhe des aktuell eingestellten Zeichensatzes in Pixeln (als `int`-Wert) zurück.

`textwidth(char *text)`

> liefert die Breite, die der Text `text` benötigt, in Pixeln (als `int`-Wert) zurück.

Das folgende Programm `groesse.c` zeigt alle Schriftgrößen des Font *Times* ab der Größe 10 in 10er-Schritten an; siehe auch Abbildung 21.9

```
#include <stdio.h>
#include <stdlib.h>
#include <graphics.h>
```

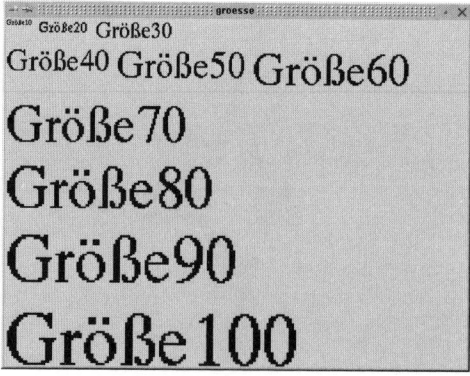

Abbildung 21.9: Anzeige des Programms `groesse.c`

21.9 Einstellungen für Textausgaben

```c
int main( int argc, char *argv[] ) {
   int i, x=1, y=0;
   char string[80];   /* Auszugebende Zeichenkette wird hier mit sprintf
                         (aus stdlib.h) vor der Ausgabe hinterlegt       */
   initgraph( 640, 480 );

   for (i=10 ; i<=100 ; i+=10) {
      /* Textstil, Richtung und Groesse festlegen */
      settextstyle( "Times", i );

      /* Text formatiert mit sprintf (aus stdlib.h) in string ablegen */
      sprintf(string, "Größe%d", i );

      /* Ausgabe des Textes aus string */
      outtextxy( x, y, getmaxx(), getmaxy(), string );

      /* Naechste Textzeile (y-Koordinate) berechnen */
      if (i<=60) {
         x += textwidth(string)+10;
         if (i==30 || i==60) {
            x = 1;
            y += textheight();
         }
      } else
         y += textheight();
   }

   getch();
   closegraph();
   return 0;
}
```

Das folgende Programm `just.c` demonstriert alle Justierungs-Kombinationen in Tabellenform; siehe auch Abbildung 21.10.

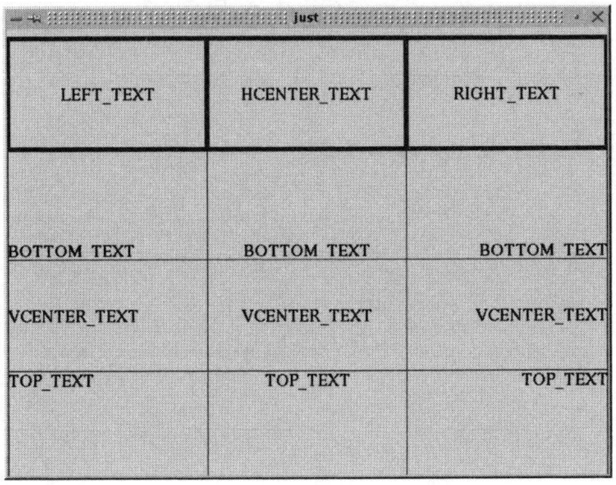

LEFT_TEXT	HCENTER_TEXT	RIGHT_TEXT
BOTTOM TEXT	BOTTOM TEXT	BOTTOM TEXT
VCENTER_TEXT	VCENTER_TEXT	VCENTER_TEXT
TOP_TEXT	TOP_TEXT	TOP_TEXT

Abbildung 21.10: Anzeige des Programms `just.c`

```c
#include <graphics.h>

int main( int argc, char *argv[] ) {
  int x, y=0, maxx, maxy, yd, h, v;
    initgraph( 640, 480 );
    maxx = getmaxx(); maxy = getmaxy();
    x    = maxx/3;
    yd   = maxy/4;
    settextstyle( "Times", 18 );
       /* Alle Justierungs-Kombinationen als Tabelle anzeigen */
    for ( h=LEFT_TEXT; h<=RIGHT_TEXT; h++ ) {
      y = 10;
      setlinestyle( SOLID_LINE, 5 );
      settextjustify( HCENTER_TEXT, VCENTER_TEXT );
      setcolor( BLUE );
      rectangle( h*x, y, (h+1)*x, y+yd );
      setlinestyle( SOLID_LINE, 1 );
      setcolor( BLACK );
      switch (h) {
        case LEFT_TEXT:
            outtextxy( h*x, y, (h+1)*x, y+yd, "LEFT_TEXT" );    break;
        case HCENTER_TEXT:
            outtextxy( h*x, y, (h+1)*x, y+yd, "HCENTER_TEXT" ); break;
        case RIGHT_TEXT:
            outtextxy( h*x, y, (h+1)*x, y+yd, "RIGHT_TEXT" );   break;
      }
      for ( v=BOTTOM_TEXT; v<=TOP_TEXT; v++ ) {
        y += yd;
        settextjustify( h, v );   /* Text-Ausrichtung festlegen */
        setcolor( BLUE );
        rectangle( h*x, y, (h+1)*x, y+yd );
        setcolor( BLACK );
        switch (v) {
          case BOTTOM_TEXT:
              outtextxy( h*x, y, (h+1)*x, y+yd, "BOTTOM_TEXT" ); break;
          case VCENTER_TEXT:
              outtextxy( h*x, y, (h+1)*x, y+yd, "VCENTER_TEXT" ); break;
          case TOP_TEXT:
              outtextxy( h*x, y, (h+1)*x, y+yd, "TOP_TEXT" ) ;   break;
        }
      }
    }
    getch(); closegraph(); return 0;
}
```

21.10 Externe Bilder laden, Bildteile speichern und einblenden

`loadimage(char *filename, void **imagebuffer)`

lädt ein externes Bild, das den Dateinamen `filename` hat, in den Puffer `imagebuffer`. Um z. B. die beiden Dateien `lausbub.gif` und `urlaub.jpg` zu laden, wäre der folgende Code denkbar:

```
void *bild1, *bild2;
....
loadimage( "lausbub.gif", &bild1);
loadimage( "urlaub.jpg", &bild2);
```

Das Anzeigen eines geladenen Bildes ist mit der weiter unten vorgestellten Funktion `putimage()` möglich. Es werden alle wichtigen Graphikformate unterstützt, wie z. B. `.gif`, `.jpg`, `.bmp`, `.png`, `.xpm` usw.

`getimage(int left, int top, int right, int bottom, void **imagebuffer)`

kopiert einen rechteckigen Bildausschnitt, dessen linke obere Ecke durch (`left`, `top`) und dessen rechte untere Ecke durch (`right`, `bottom`) festgelegt ist, in den Puffer `imagebuffer`.

`putimage(int left, int top, void *imagebuffer, int op)`

kopiert den Inhalt des Puffers mit der Kennung `imagebuffer`, der zuvor mit `loadimage()` bzw. `getimage()` gefüllt wurde, bitweise in einen rechteckigen Ausschnitt des Graphikbildschirms. Die linke obere Ecke dieses Zielbereichs wird dabei mit (`left`,`top`) festgelegt. `op` legt dabei fest, wie die Farbe jedes Pixels im Zielbereich basierend auf der Farbe der bereits dort vorhandenen Pixels und der jeweiligen Pixel aus dem zum kopierenden Bild zusammenzufügen sind. Für `op` kann einer der folgenden Namen angegeben werden:

Name	Wert	Bedeutung
COPY_PUT	0	Kopieren (Zielbereich einfach überschreiben)
XOR_PUT	1	XOR-Operation mit Pixeln des Zielbereichs
OR_PUT	2	OR-Operation mit Pixeln des Zielbereichs
AND_PUT	3	AND-Operation mit Pixeln des Zielbereichs
NOT_PUT	4	Pixel des zu kopierenden Bildes invertieren

`freeimage(void **imagebuffer)`

gibt einen zuvor mit `loadimage()` bzw. `putimage()` angelegten Puffer wieder frei.

Beispiel:
Im folgenden C-Programm `sandmann.c` läuft ein Männchen über den Bildschirm und gibt oben bzw. unten die Meldung „Ich bin Kaffeetrinken" aus. Das Männchen läuft dabei vom linken zum rechten Bildschirmrand und streut Sand. Beim Laufen bewegt es sich zufällig einige Pixel nach unten oder oben. Hat es den rechten Rand

erreicht, wird das Bild gelöscht und das Männchen beginnt erneut von links nach rechts zu laufen usw., bis ein Tastendruck des Benutzers das Programm beendet.

```c
#include <stdlib.h>
#include <time.h>
#include <graphics.h>

#define EINH  5

int  main( int argc, char *argv[] ) {
   int x, y, alty, distanz;
   srand(time(NULL));    /* Zufallsgenerator initialisieren */
   initgraph( 640, 480 );
   cleardevice( BLACK );
   x = getmaxx()/2; y = getmaxy()/2;
   setcolor(getmaxcolor());
   settextstyle( "Times", 48 );    /* Textstil festlegen */
      /* Sandmaennchen in die Mitte malen */
   moveto(x,y); linerel( 2*EINH, 2*EINH); linerel(-EINH, EINH);    /* Bein vorne */
   moveto(x,y); linerel(-2*EINH, 2*EINH); linerel(-EINH, -EINH);   /* Bein hinten*/
   moveto(x,y); linerel(0, -2*EINH);                               /* Koerper    */
   moveto(x,y-EINH); linerel(-EINH,0); linerel(-EINH,EINH/2);      /* Arm hinten */
   moveto(x,y-EINH); linerel(EINH,EINH); linerel(EINH,-EINH);      /* Arm vorne  */
   circle(x,y-2*EINH-EINH/2,EINH/2);                               /* Kopf       */
      /* Bild vom Sandmaennchen in internen Puffer hinterlegen */
   getimage( x-3*EINH, y-3*EINH, x+3*EINH, y+3*EINH, 1 );
      /* Sandmaennchen wandert quer über den Bildschirm */
   while (!kbhit()) {
      cleardevice( BLACK );
      y=rand()%getmaxy();
      outtextxy( 0, (y>200)?10:350, getmaxx(), getmaxy(), "Ich bin Kaffeetrinken");
      putimage(0, y-3*EINH, 1, XOR_PUT);
      distanz=EINH/9+1;
      for (x=3*EINH+distanz ; x<=getmaxx() ; x+=distanz ) {
         alty=y;
         y += rand()%7-3;
            /* Neues Sandmaennchen malen und .... */
         putimage(x-3*EINH, y-3*EINH, 1, XOR_PUT);
            /* altes Sandmaennchen loeschen */
         putimage(x-3*EINH-distanz, alty-3*EINH, 1, XOR_PUT);
            /* Sand streuen */
         putpixel(x-3*EINH-distanz, alty+3*EINH, YELLOW);
         if ( kbhit() )
            break;
         delay( 1 );
      }
   }
   closegraph();
   return(0);
}
```

21.10 Externe Bilder laden, Bildteile speichern und einblenden

Abbildung 21.11: Anzeige des Programms `sandmann.c`

Abbildung 21.11 zeigt das von Programm `sandmann.c` angezeigte Fenster zu einem bestimmten Zeitpunkt. Dieses Programm könnte z. B. gestartet werden, wenn man seinen Bildschirmplatz längere Zeit verlässt, und man Information am Bildschirm darüber ausgeben lassen möchte, wo man sich gerade befindet und wann man wieder zurückkommt. Hierzu müsste man jedoch dann die auszugebende Meldung einlesen lassen. Eine entsprechende Anpassung dieses Programms an die speziellen eigenen Bedürfnisse sollte aber nicht allzu schwierig sein.

Beispiel:

Das folgende Programm `karten.c` blendet bei jedem Tastendruck immer sieben zufällig ausgewählte Karten ein, die es übereinander legt (siehe auch Abbildung 21.12). Mit der ESC-Taste kann dieses Programm beendet werden.

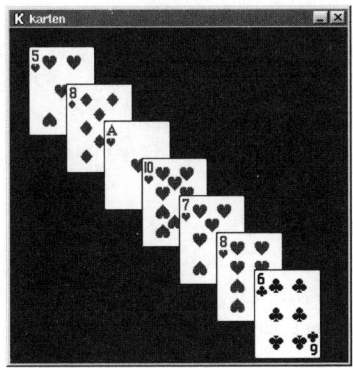 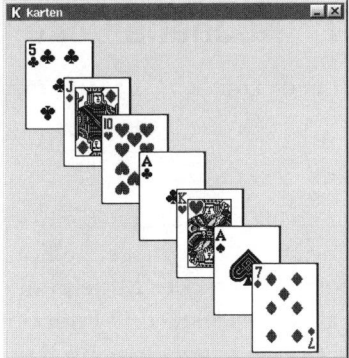

Abbildung 21.12: Unterschiedliche Anzeigen des Programms `karten.c` nach einem Tastendruck

```c
#include <stdlib.h>
#include <time.h>
#include <graphics.h>

#define EINH  5

int  main( int argc, char *argv[] ) {
   int   i;
   void *karte;
   char  name[30];

   srand(time(NULL));  /* Zufallsgenerator initialisieren */

   initgraph( 360, 360 );
   setcolor(getmaxcolor());
   settextstyle( "Times", 48 );  /* Textstil festlegen */
   while (1) {
      cleardevice( rand()%getmaxcolor() );
      for ( i=0; i<7; i++ ) {
         sprintf( name, "%d.bmp", rand()%52+1 ); /* aus 52 Karten eine
                                                    zufaellig auswaehlen */
         loadimage( name, &karte );
         putimage( 20+i*40, 20+i*40, karte, COPY_PUT );
         freeimage( &karte );
      }
      if ( getch() == Key_Escape ) /* Abbruch mit Escape */
         break;
   }
   getch();
   closegraph();
   return(0);
}
```

21.11 Kuchenstücke malen

pieslice(int x, int y, int start, int end, int radius)

sector(int x, int y, int start, int end, int xradius,
   int yradius)

> pieslice() zeichnet ein kreisförmiges ausgefülltes „Kuchenstück" und sector() zeichnet ein elliptisches ausgefülltes „Kuchenstück". (x,y) ist in beiden Fällen der Mittelpunkt. Die Winkel start und end legen in beiden Fällen den Start- und Endpunkt des Kreisbogens fest. pieslice() zeichnet einen Kreisbogen mit Radius radius und sector() einen Ellipsenausschnitt mit xradius bzw. yradius als horizontaler bzw. vertikaler Radius. Die Endpunkte beider Bögen werden mit dem Kreismittelpunkt verbunden und bei beiden Funktionen werden die aktuelle Farbe, Füllfarbe und Füll-

muster verwendet. Die Angabe der Winkel `start` und `end` erfolgt in Grad, wobei entgegen dem Uhrzeigersinn gezählt wird:

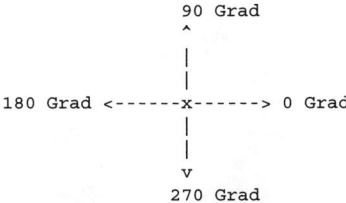

Beispiel:

Das folgende Programm `piesarc.c` ist nicht nur ein Demonstrationsprogramm zu den Graphikroutinen `pieslice()` und `sector()`, sondern auch ein weiteres Beispiel zur Routine `arc()`. Dieses Programm `piesarc.c` blendet die in Abbildung 21.13 gezeigten Bilder ein.

```c
#include <graphics.h>

int  main( int argc, char *argv[] )
{
   int links, oben, i,
       awink1=45, ewink1=135, awink2=250, ewink2=290,
       xrad=50, yrad=70, radius=50;

   initgraph( 640, 640 );

   /* Alle Fuellmuster durchlaufen */
   for (i=EMPTY_FILL ; i<=MAXFILLSTYLE ; i++) {
      links=i%4;
      oben=i/4;
      setfillstyle( i, BLACK );    /* Fuellstil festlegen */
      pieslice( links*150+100, oben*150+100, awink1, ewink1, radius );
      sector( links*150+100, oben*150+100, awink2, ewink2, xrad, yrad );
   }
   getch();

   /* Bogen malen */
   cleardevice( WHITE );
   setlinestyle( SOLID_LINE, 80 );
   setcolor( BLUE );
   arc( getmaxx()/2, getmaxy()/2, 90, 330, 150 );
   setcolor( GREEN );
   arc( getmaxx()/2, getmaxy()/2, -20, 45, 150 );
   getch();

   closegraph();
   return 0;
}
```

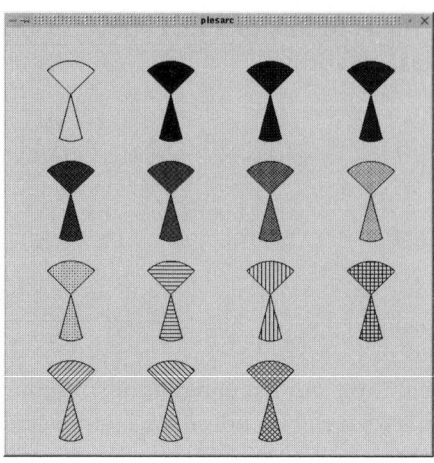 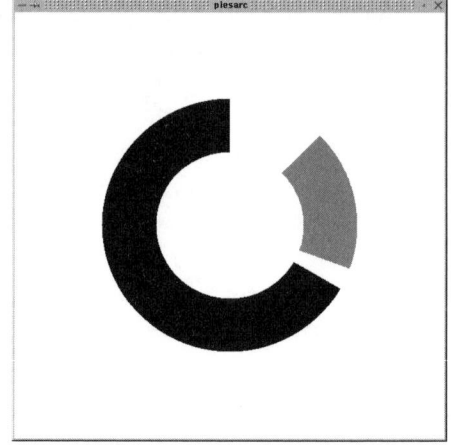

Abbildung 21.13: Anzeige des Programms `piesarc.c` (rechts: nach Tastendruck)

21.12 Graphikpaket neu bzw. anders einrichten

`setpalette(int farbe, int neufarbe)`

> legt für die Farbe `farbe` eine neue Farbe (`neufarbe`) fest. Beispielsweise ändert `setpalette(RED,BLUE)` die Farbe `RED` so, dass ab nun bei Angabe von `RED` blau angezeigt wird.

`setrgbpalette(int farbe, int red, int green, int blue)`

> legt für die Farbe `farbe` eine neue Farbe fest, welche sich aus den RGB-Komponenten `red`, `green` und `blue` zusammensetzt. Da für jede dieser drei Komponenten ein Werte zwischen `0` und `255` angegeben werden kann, hat man also $255 \cdot 255 \cdot 255 = 16581375$ Farben zur Verfügung.

`setwritemode(int modus)`

> legt fest, ob beim Zeichnen mit Routinen wie `line()`, `linerel()`, `lineto()`, `rectangle()`, `drawpoly()` usw. der vorherige Bildschirminhalt direkt überschrieben werden soll (`modus=COPY_PUT`) oder ob dabei eine XOR-Operation für die einzelnen Pixeln verwendet werden soll (`modus=XOR_PUT`). Mit `XOR_PUT` läßt sich die gezeichnete Linie durch einen weiteren Zeichenbefehl im selben Modus ohne Zerstörung bei einem schwarzen Hintergrund aus dem Fenster wieder entfernen.

Beispiel:
Das folgende Programm `farbstuf.c` malt in das eingeblendete Fenster eine große gefüllte Ellipse, deren Inhaltsfarbe langsam Farbstufen von blau, rot und grün durchläuft.

```c
#include <graphics.h>

int  main( int argc, char *argv[] )
{
   int    r=0, g=0, b=0, z=0,
          mr=1, mg=1, mb=1;

   initgraph( 640, 480 );

   setcolor( LIGHTGRAY );
   setfillstyle( SOLID_FILL, LIGHTGRAY );

   do {
      setrgbpalette( LIGHTGRAY, r, g, b );
      fillellipse( getmaxx()/2, getmaxy()/2, 250, 150 );
      if ( z%2==0 ) {
         b += mb;
         if (b==0 || b==255)
            mb*=-1;
      }
      if ( z%3==0 ) {
         g += mg;
         if ( g==0 || g==255 )
            mg *= -1;
      }
      if ( z%5==0 ) {
         r += mr;
         if ( r==0 || r==255 )
            mr *= -1;
      }
      z = ++z%10;
   } while (!kbhit());
   closegraph();
   return 0;
}
```

21.13 Arbeiten mit mehreren Zeichenfenstern

`setviewport(int left, int top, int right, int bottom)`
> richtet im aktuellen Graphikfenster ein neues Zeichenfenster ein: `setviewport()` legt mit (`left,top`) die linke obere Ecke und mit (`right,bottom`) die rechte untere Ecke eines neuen Zeichenfensters fest. `setviewport()` erwartet immer absolute Koordinaten. Z. B. erzeugt `setviewport(0,0,100,100)` ein neues Zeichenfenster mit 100 Pixeln Breite und Länge in der linken oberen Bildschirmecke, unabhängig davon, ob zuvor ein anderes Zeichenfenster gesetzt war oder nicht. Unabhängig vom aktuell gesetzten Zeichenfenster müssen bei allen Graphikroutinen weiterhin absolute Koordinaten für das ganze Graphikfenster angegeben werden.

`setviewport()` wird nur zum Löschen eines Teilfensters mit der nachfolgenden Routine benötigt.

`clearviewport(int farbe)`

Mit dieser Routine kann der Inhalt des momentan aktiven Graphik-Zeichenfensters gelöscht werden, wobei als Füllfarbe bei diesem Löschen die Farbe `farbe` verwendet wird.

`setviewport()` kann verwendet werden, um im Graphikmodus einen bereits früher an einer bestimmten Stelle ausgegebenen Text wieder zu überschreiben. Dazu muss zunächst `setviewport()` mit den Koordinaten des entsprechenden Bildausschnitts aufgerufen werden. Ein folgender Aufruf von `clearviewport()` löscht dann den dort stehenden Text. Nun kann dort neuer Text ausgegeben werden. Mit einem neuen `setviewport()`-Aufruf kann dann in das vorherige Fenster zurückgeschaltet werden.

21.14 Programmierung der Maus

Mit den folgenden Routinen ist eine Mausprogrammierung möglich:

`mouse_getpos(int *x, int *y)`

liefert die aktuelle Mausposition in (*x, *y).

`mouse_setpos(int x, int y)`

positioniert die Maus an die Position (x, y).

`mouse_left()`

liefert 1, wenn die linke Maustaste gerade gedrückt ist, und ansonsten 0.

`mouse_mid()`

liefert 1, wenn die mittlere Maustaste gerade gedrückt ist, und ansonsten 0.

`mouse_right()`

liefert 1, wenn die rechte Maustaste gerade gedrückt ist, und ansonsten 0.

`mouse_button()`

liefert 1, wenn eine beliebige Maustaste gerade gedrückt ist, und ansonsten 0.

`mouse_show()`

bewirkt, dass die Maus sichtbar wird.

`mouse_hide()`

bewirkt, dass die Maus nicht mehr sichtbar ist.

`mouse_visible()`

liefert 1, wenn die Maus gerade sichtbar ist, und ansonsten 0.

`mouse_setcursor(int mouseCursor)`

legt eine Mausform fest. Für `mouseCursor` kann dabei eine der in der folgenden Tabellen gezeigten Konstanten bzw. Werte angegeben werden:

Name	Wert	Form des Mauscursors
`arrowCursor`	0	Standard Pfeil-Cursor
`upArrowCursor`	1	Aufwärts-Pfeil
`crossCursor`	2	Kreuzform
`waitCursor`	3	Uhrform
`ibeamCursor`	4	Text-Cursor
`sizeVerCursor`	5	Vertikaler Strich mit Pfeilen an beiden Enden
`sizeHorCursor`	6	Horizontaler Strich mit Pfeilen an beiden Enden
`sizeBDiagCursor`	7	Diagonaler Strich (/) mit Pfeilen an beiden Enden
`sizeFDiagCursor`	8	Diagonaler Strich (\) mit Pfeilen an beiden Enden
`sizeAllCursor`	9	Kreuz mit Pfeilen an allen vier Enden
`blankCursor`	10	Unsichtbarer Cursor
`splitVCursor`	11	<-||->
`splitHCursor`	12	Horizontale Anzeige von `splitVCursor`
`pointingHandCursor`	13	Zeigende Hand

`mouse_setwindow(int left, int top, int right, int bottom)`

legt fest, dass die Maus nicht aus dem Teilfenster bewegt werden kann, dessen linke obere Ecke mit (`left,top`) und dessen rechte untere Ecke mit (`right, bottom`) festgelegt ist.

`mouse_inwindow(int left, int top, int right, int bottom)`

liefert 1, wenn sich der Mauscursor gerade im Fensterausschnitt befindet, dessen linke obere Ecke mit (`left,top`) und dessen rechte untere Ecke mit (`right, bottom`) festgelegt ist; ansonsten liefert diese Routine den Wert 0 zurück.

Beispiel:
Das folgende Programm `mausdemo.c` demonstriert einige dieser Routinen:

```c
#include <graphics.h>

int  main( int argc, char *argv[] ) {
   int    x, y, c=0;
   char   string[100];
   initgraph( 640, 480 );
   do {
      mouse_getpos(&x,&y);
      setviewport( 0, 0, getmaxx(), 20 );
      clearviewport( LIGHTBLUE );
      sprintf( string, "x: %3d  y: %3d  Left: %d  Mid: %d  Right: %d ",
                x, y, mouse_left(), mouse_mid(), mouse_right());
      outtextxy( 10, 5, getmaxx(), getmaxy(), string );
      setviewport( 0, 0, getmaxx(), getmaxy() );
      if ( mouse_mid() ) {
         switch(c) {
            case 0: c=1; mouse_setcursor(sizeAllCursor);       break;
            case 1: c=2; mouse_setcursor(pointingHandCursor);  break;
            case 2: c=0; mouse_setcursor(arrowCursor);         break;
```

```
            }
         while (mouse_left() || mouse_mid() || mouse_right())
            ;
         delay( 10 );
      }
   } while (!kbhit());
   getch();
   closegraph(); return 0;
}
```

Startet man dieses Programm, zeigt es oben immer die aktuelle Mausposition (x- und y-Koordinate) und zusätzlich zeigt es an, ob die linke, mittlere oder die rechte Maustaste momentan gedrückt wird. Drückt man die mittlere Maustasten, wird der Mauscursor in ein Kreuz mit Pfeilen an allen vier Enden verändert. Drückt man nochmals die mittlere Maustaste, nimmt der Mauscursor die Form einer zeigenden Hand an. Das Programm kann durch einen beliebigen Tastendruck beendet werden.

Beispiel:

Das folgende Programm mauscursor.c blendet ein Fenster ein, wie es in Abbildung 21.14 gezeigt ist. Bewegt der Benutzer den Mauscursor in die angezeigten Felder, wird ihm der zur jeweiligen Beschriftung gehörige Mauscursor angezeigt.

```
#include <graphics.h>

int main( int argc, char *argv[] ) {
   int  i, left, top, right, bottom, x, y;
   char name[100];
   initgraph( 800, 400 );
   settextstyle( "Times", 24 );
   settextjustify( HCENTER_TEXT, VCENTER_TEXT );
   setfillstyle( SOLID_FILL, WHITE );
   for ( i =0; i<= pointingHandCursor; i++ ) {
      if      ( i == arrowCursor)     sprintf( name, "arrowCursor" );
      else if ( i == upArrowCursor)   sprintf( name, "upArrowCursor" );
```

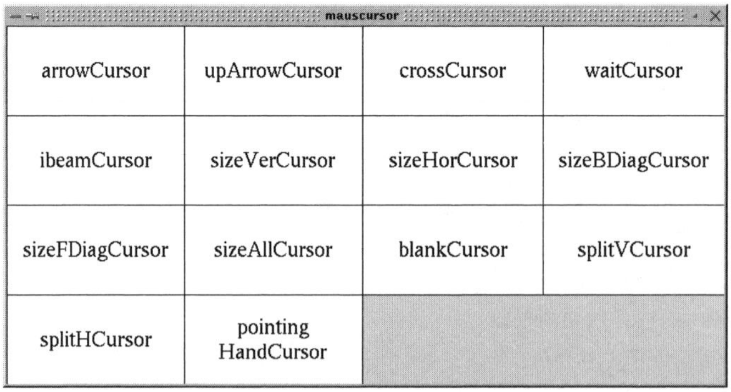

		mauscursor	
arrowCursor	upArrowCursor	crossCursor	waitCursor
ibeamCursor	sizeVerCursor	sizeHorCursor	sizeBDiagCursor
sizeFDiagCursor	sizeAllCursor	blankCursor	splitVCursor
splitHCursor	pointingHandCursor		

Abbildung 21.14: Interaktive Anzeige der verschiedenen Mauscursor

```
        else if ( i == crossCursor)        sprintf( name, "crossCursor" );
        else if ( i == waitCursor)         sprintf( name, "waitCursor" );
        else if ( i == ibeamCursor)        sprintf( name, "ibeamCursor" );
        else if ( i == sizeVerCursor)      sprintf( name, "sizeVerCursor" );
        else if ( i == sizeHorCursor)      sprintf( name, "sizeHorCursor" );
        else if ( i == sizeBDiagCursor)    sprintf( name, "sizeBDiagCursor" );
        else if ( i == sizeFDiagCursor)    sprintf( name, "sizeFDiagCursor" );
        else if ( i == sizeAllCursor)      sprintf( name, "sizeAllCursor" );
        else if ( i == blankCursor)        sprintf( name, "blankCursor" );
        else if ( i == splitVCursor)       sprintf( name, "splitVCursor" );
        else if ( i == splitHCursor)       sprintf( name, "splitHCursor" );
        else if ( i == pointingHandCursor) sprintf( name, "pointing\nHandCursor" );
        left   = i%4*200;
        top    = i/4*100;
        right  = (i%4+1)*200;
        bottom = (i/4+1)*100;
        bar3d( left, top, right, bottom, 0 );
        outtextxy( left, top, right, bottom, name );
    }
    while ( !kbhit() ) {
        mouse_getpos( &x, &y );
        mouse_setcursor( y/100*4 + x/200 );
    }
    closegraph();
    return 0;
}
```

21.15 Transformation mathematischer Koordinaten in das Graphikfenster

Eine mathematische Funktion kann oft Koordinaten besitzen, die außerhalb des Bildschirms liegen. In diesem Fall müssen die mathematischen Koordinaten in Bildschirmkoordinaten transformiert werden; siehe dazu auch Abbildung 21.15. Wenn wir folgende Bezeichnungen einführen:

xb = x-Koordinate auf Bildschirm
yb = y-Koordinate auf Bildschirm
x = wirkliche x-Koordinate (in Funktion)
y = wirkliche y-Koordinate (in Funktion)

dann lassen sich aus obiger Abbildung folgende Beziehungen herleiten:

(1a) $\quad \frac{xb}{xbmax} = \frac{x-xfmin}{xfmax-xfmin}$

(1b) $\quad \frac{yb}{ybmax} = \frac{yfmax-y}{ymax-ymin}$

Die Maßstabsfaktoren ergeben sich dann wie folgt:

(2a) $\quad xfaktor = \frac{xbmax}{xfmax-xfmin}$

(2b) $\quad yfaktor = \frac{ybmax}{yfmax-yfmin}$

Diese beiden Faktoren `xfaktor` und `yfaktor` geben die Anzahl der Bildpunkte (Pixel) an, die einer Längeneinheit in x-Richtung bzw. in y-Richtung entspricht.

21 Graphikprogrammierung unter Linux

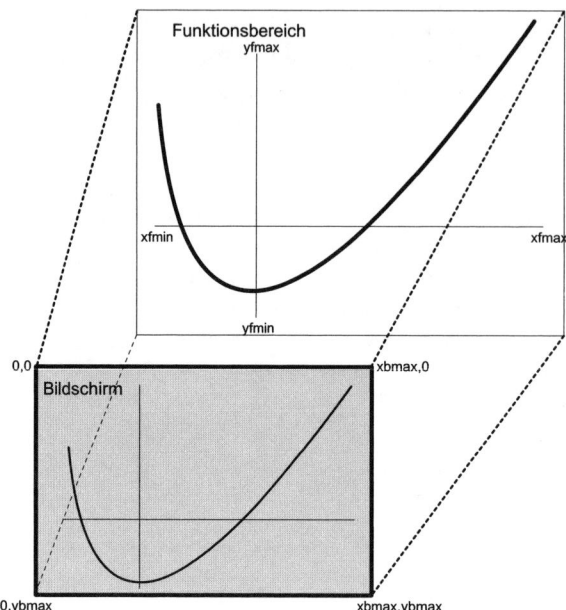

Abbildung 21.15: Transformation mathematischer Koordinaten in das Graphikfenster

Soll nun ein Punkt (x,y) einer Funktion auf den Bildschirm transformiert werden, so müssen die beiden folgenden Formeln angewendet werden:

(3a) $\quad xb = (x - xfmin) \cdot xfactor$

(3b) $\quad yb = (yfmax - y) \cdot yfaktor$

Dem Nullpunkt (0,0) im mathematischen Koordinatensystem entspricht der Bildschirmpunkt:

(4a) $\quad xb_0 = -xfmin \cdot xfaktor$

(4b) $\quad yb_0 = yfmax \cdot yfaktor$

Bei solchen Projektionen ist es notwendig, zunächst ohne Zeichnen alle Funktionswerte zu berechnen, um so `yfmax` und `yfmin` zu ermitteln. Erst nach dieser Ermittlung kann in einem erneuten Durchgang die Funktion auf den Bildschirm projeziert werden.

Beispiel:

Das folgende Programm `funkproj.c` berechnet die Funktion

$$y = ax^3 + bx^2 + cx + d$$

Die Koeffizienten `a`, `b`, `c` und `d` kann dabei der Benutzer ebenso eingeben, wie den kleinsten und den größten x-Wert.

```
#include <stdio.h>
#include <graphics.h>
#include <stdlib.h>
#include <time.h>

#define SW    0.01
```

21.15 Transformation mathematischer Koordinaten in das Graphikfenster

```c
int main( int argc, char *argv[] ) {
   double  a, b, c, d, x, xfmin, xfmax, y, yfmin, yfmax,
                    xb, yb, xfaktor, yfaktor, xbnull, ybnull;
   srand(time(NULL));
      /*------- Eingaben des Benutzers -------------------------------------*/
   printf("Graphische Darstellung der Funktion\n"
          "            3       2\n"
          "  y =  ax  + bx  + cx + d\n\n");
   printf("a? ");   scanf("%lf", &a);
   printf("b? ");   scanf("%lf", &b);
   printf("c? ");   scanf("%lf", &c);
   printf("d? ");   scanf("%lf", &d);
   printf("\n\nxmin? ");  scanf("%lf", &xfmin);
   printf("xmax? ");      scanf("%lf", &xfmax);
      /*------- Funktion berechnen, um yfmin und yfmax zu ermitteln ---------*/
   yfmin = yfmax = a*xfmin*xfmin*xfmin + b*xfmin*xfmin + c*xfmin + d;
   for (x=xfmin+SW ; x<=xfmax ; x+=SW) {
      y = a*x*x*x + b*x*x + c*x + d;
      if (y>yfmax)
         yfmax=y;
      if (y<yfmin)
         yfmin=y;
   }
      /*------- Massstab-Faktoren berechnen ---------------------------------*/
   initgraph( 640, 480 );
   xfaktor = getmaxx() / (xfmax-xfmin);
   yfaktor = getmaxy() / (yfmax-yfmin);
      /*------- Ausgabe der Koordinaten-Achse -------------------------------*/
   xbnull = -xfmin * xfaktor;
   ybnull =  yfmax * yfaktor;
   line(0, (int)ybnull, (int)xbnull, (int)ybnull);
   line((int)xbnull, 0, (int)xbnull, (int)ybnull);
   line(getmaxx(), (int)ybnull, (int)xbnull, (int)ybnull);
   line((int)xbnull, getmaxy(), (int)xbnull, (int)ybnull);
      /*------- Koordinaten-Beschriftung ------------------------------------*/
   outtextxy(0, (int)(ybnull-10), getmaxx(), getmaxy(), "|%-10.1lf", xfmin );
   outtextxy(getmaxx()-90, (int)(ybnull-10), getmaxx(),getmaxy(), "%10.1lf|",xfmax);
   outtextxy((int)(xbnull-3), 0, getmaxx(), getmaxy(),"-%-10.1lf", yfmax );
   outtextxy((int)(xbnull-3), getmaxy()-10, getmaxx(),getmaxy(), "-%-10.1lf",yfmin);
      /*------- Ausgabe der Funktion ----------------------------------------*/
   for (x=xfmin ; x<=xfmax ; x+=SW) {
      y = a*x*x*x + b*x*x + c*x + d;
      xb = (x - xfmin) * xfaktor;
      yb = (yfmax -y) * yfaktor;
      putpixel((int)xb, (int)yb, BLACK );
   }
   getch();
   closegraph();
   return(0);
}
```

21 Graphikprogrammierung unter Linux

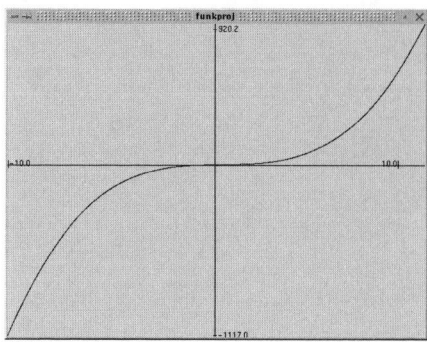

Abbildung 21.16: Plot der Funktion zum ersten Ablaufbeispiel

1. Ablaufbeispiel:

```
..........
a? 1
b? -1
c? 2
d? 3
xmin? -10
xmax? 10
```

Abbildung 21.16 zeigt das Graphikfenster für dieses Ablaufbeispiel.

2. Ablaufbeispiel:

```
..........
a? 0
b? 0
c? 3
d? -5
xmin? -10
xmax? 20
```

Abbildung 21.17 zeigt das Graphikfenster für dieses Ablaufbeispiel.

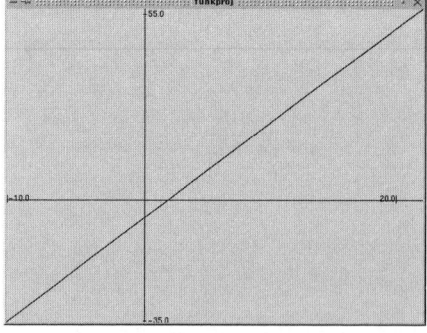

Abbildung 21.17: Plot der Funktion zum zweiten Ablaufbeispiel

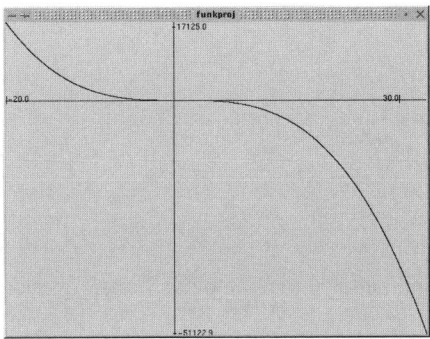

Abbildung 21.18: Plot der Funktion zum dritten Ablaufbeispiel

3. Ablaufbeispiel:

```
. . . . . . . . . .
a? -2 ⏎
b? 3 ⏎
c? 4 ⏎
d? 5 ⏎
xmin? -20 ⏎
xmax? 30 ⏎
```

Abbildung 21.18 zeigt das Graphikfenster für dieses Ablaufbeispiel.

21.16 Kurzer Einblick in Fraktale und Chaos

Hier wird ein kurzer Einblick in die neue, faszinierende und fächerübergreifende Wissenschaft *Fraktale und Chaostheorie* gegeben, da es sich hierbei um ein Gebiet handelt, in dem man sich sehr interessante Graphikbilder erzeugen lassen kann.
Wohl niemals zuvor hat ein Forschungsgebiet der Mathematik soviel Aufmerksamkeit in der Öffentlichkeit erregt wie die Fraktale. Ein Fraktal ist eine geometrische Figur, in der sich das Motiv in stets kleinerem Massstab wiederholt. Früher galten diese Gebilde eher als mathematische Spielereien, aber mit dem Aufkommen von schneller Computer-Graphik stieg das Interesse der Wissenschaftler und der Öffentlichkeit an den faszinierenden Bilder, die Fraktale liefern. Heute weiss man, dass Fraktale in vielen aktuellen Bereichen der Wissenschaften zu wichtigen neuen Erkenntnissen geführt haben. Bei einigen Übungen wird deshalb hier nicht nur die Ästhetik des Fraktals in den Vordergrund gestellt, sondern auch auf ihre praktische Verwendung eingegangen.
Der „Vater" der Fraktalen ist der französisch-amerikanische Mathematiker *Benoit. B. Mandelbrot*, der durch die Veröffentlichung seines Buchs *"The Fractal Geometry of Nature"* die Begeisterung für Fraktale auslöste. Fraktale sind durch eine Art „Selbstähnlichkeit" gekennzeichnet, wobei ein Bild, das Motiv, sich in immer kleinerem Massstab fortlaufend wiederholt. Ein Fraktal bietet dem geistigen Auge eine Möglichkeit, die Unendlichkeit zu schauen.

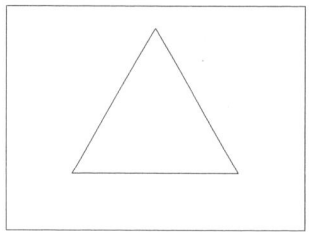 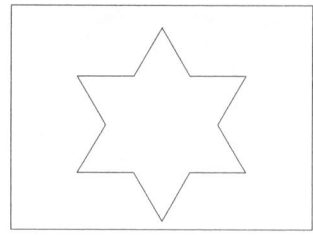

Abbildung 21.19: Kochsche Schneeflocke zu Beginn (links) und nach einer Transformation (rechts)

Ein gutes Beispiel ist die *Kochsche Schneeflocke*, die nach dem schwedischen Mathematiker *Helge Koch* benannt wurde, der diese Form 1904 als erster beschrieb. In einer der nachfolgenden Übungen sollten Sie diese Schneeflocke auch selbst programmieren. Hier wird sie zunächst zur Klärung des Begriffs „*Selbstähnlichkeit*" herangezogen.

Um eine Kochsche Kurve zu konstruieren, stelle man sich ein Dreieck vor, dessen Seiten jeweils einen Meter lang sind, wie dies links in Abbildung 21.19 gezeigt ist. Nun denke man sich eine bestimmte Transformation: eine bestimmte, wohl definierte, leicht zu wiederholende Reihe von Regeln. Bei der Kochschen Flocke sind die Transformationsregeln wirklich sehr einfach:

> *Man füge in der Mitte einer jeden Seite ein neues Dreieck hinzu, das in der Form identisch ist, aber nur ein Drittel so groß. Das Ergebnis ist ein Davidstern. Statt aus drei Segmenten von einem Meter besteht der Umriss der Form nun aus 12 Segmenten von 1/3 Meter (33,333... cm). Statt drei Ecken gibt es nun 6; siehe auch rechts in Abbildung 21.19.*

Nun nehme man jede der zwölf Seiten und wiederhole die Transformation, indem man ein wiederum kleineres Dreieck im mittleren Drittel einer jeder Kante anfügt; siehe auch links in Abbildung 21.20. Führt man eine weitere Tarnsformation durch, erhält man ein Bild wie es rechts in Abbildung 21.20 gezeigt ist.

Diese Transformationen kann man nun unendlich fortsetzen, wobei der Umriss immer detaillierter wird. Die Gestalt ähnelt schliesslich einer Art idealer Schneeflocke, wie sie in Abbildung 21.21 gezeigt ist.

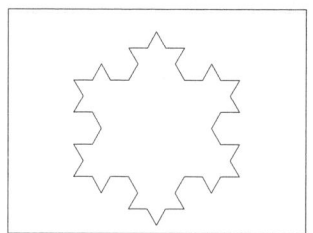 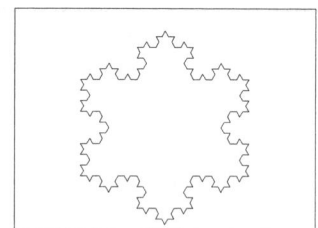

Abbildung 21.20: Kochsche Schneeflocke nach zwei (links) und drei (rechts) Transformationen

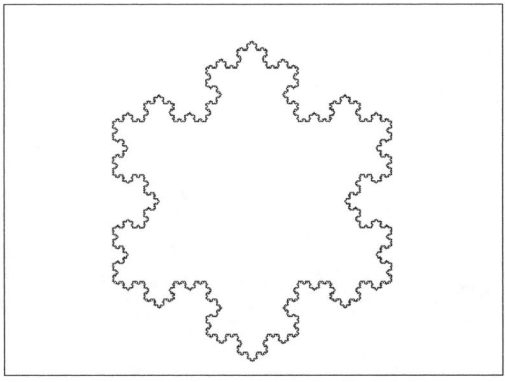

Abbildung 21.21: Kochsche Schneeflocke nach *n* Transformationen

Diese Kochsche Schneeflocke weist einige interessante Eigenschaften auf. Zunächst einmal ist sie eine fortlaufende Schleife, die sich nie überschneidet, da die Seitenlänge der neu hinzukommenden Dreiecke stets so kurz ist, dass ein Zusammenstoß vermieden wird. Ferner fügt jedes neu hinzukommende Dreieck der Kurve ein kleines Areal hinzu, obwohl der Gesamtflächeninhalt begrenzt bleibt und den des ursprünglichen Dreiecks nicht wesentlich übersteigt. Dennoch ist die Kurve (Länge des Umfangs) unendlich lang:

Umfang des ersten Dreiecks: 3
Umfang des Davidsterns (1. Transformation): $\frac{4}{3} + \frac{4}{3} + \frac{4}{3}$
Umfang der 2. Transformation: $(\frac{4}{3})^2 + (\frac{4}{3})^2 + (\frac{4}{3})^2 = \frac{16}{9} + \frac{16}{9} + \frac{16}{9}$
Umfang der 3. Transformation: $(\frac{4}{3})^3 + (\frac{4}{3})^3 + (\frac{4}{3})^3$
. . . .
Umfang der n. Transformation: $(\frac{4}{3})^n + (\frac{4}{3})^n + (\frac{4}{3})^n = 3 \cdot (\frac{4}{3})^n$

Dieses paradoxe Ergebnis – eine unendliche Strecke innerhalb eines begrenzten Raums – verwirrte so manchen Mathematiker, der um die Jahrhundertwende darüber nachdachte. Die Kochsche Kurve half im übrigen die Antwort auf die Frage zu finden:

Wie lange ist die englische Küste?

Diese Frage hatte sich der englische Meteorologe *Lewis Fry Richardson* gestellt. Mandelbrot griff auf die Veröffentlichungen von Richardson zurück und ihm fiel auf, dass die Länge der englischen Küste vom Massstab der verwendeten Landkarte abhängig ist. Eine Karte, auf der 1 cm hundert Kilometer in der Wirklichkeit entspricht (Maßstab 1:10 000 000) ist nun einmal ungenauer als eine Wanderkarte, auf der 1 cm einem Kilometer in der Wirklichkeit entspricht (Maßstab 1:100 000). Je mehr Details sichtbar werden, desto länger wird die Küstenlinie.

Dieser kurze Einblick in die Fraktale soll hier genügen. Bei den Übungen in begleitenden Übungsbuch wird immer, wenn notwendig, noch einige Theorie zu den entsprechenden fraktalen Strukturen gegeben.

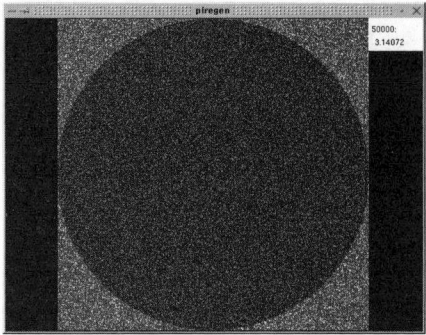

Abbildung 21.22: Ermitteln der Zahl π durch das Fallen von Regentropfen

21.17 Übungen

21.17.1 Ermitteln der Zahl PI mit Regentropfen

Erstellen Sie ein C-Programm piregen.c, das zunächst ein rotes Quadrat im Graphikfenster malt. In dieses Quadrat soll es dann einen genau passenden Kreis malen. Dieser Kreis soll z. B. blau ausgemalt sein. Nun lassen Sie zufällig Regentropfen in das Quadrat fallen. Das Fallen eines Regentropfens kann dadurch angezeigt werden, dass an der entsprechenden (zufällig ermittelten Position) ein Pixel mit einer bestimmten Farbe gezeichnet wird. Dabei sollte für außerhalb des Kreises gefallene Regentropfen eine andere Farbe verwendet werden, wie für Tropfen im Kreis. Zählt man nun immer die Regentropfen, die in den Kreis fielen und teilt diese Zahl durch die Gesamtzahl der bisher gefallenen Regentropfen, so ergibt sich eine Näherung für $\frac{\pi}{4}$. Nimmt man also das Ergebnis mal 4, so hat man eine Näherung für die Zahl π. Es wäre schön, wenn Ihr Programm alle 1 000 Tropfen die bisher ermittelte π-Näherung als Zwischeninformation am oberen rechten Bildschirmrand anzeigen würde; siehe auch Abbildung 21.22. Wie viele Regentropen fallen sollen, muss der Benutzer vor dem Beginn einer Simulation eingeben. Nach der Beendigung einer Simulation wird dem Benutzer die ermittelte Zahl π angezeigt, wobei er auch gefragt wird, ob er eine weitere Simulation wünscht; siehe auch Abbildung 21.23.

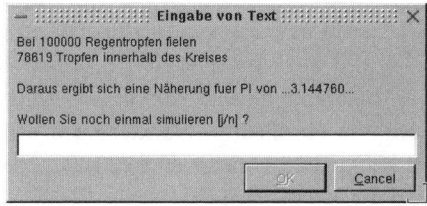

Abbildung 21.23: Anzeigen der ermittelten Zahl π mit Frage, ob weitere Simulation gewünscht

21.17 Übungen

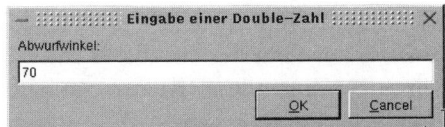 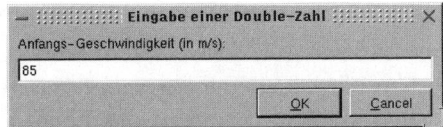

Abbildung 21.24: Eingabe des Abwurfwinkels und der Abwurfgeschwindigkeit

21.17.2 Basketball spielen

Erstellen Sie ein C-Programm basket.c, das zunächst einen Basketballkorb an einer zufällig ermittelten Position in der rechten Hälfte des Graphikfensters zeichnet und am linken unteren Rand des Graphikfensters einen Ball hüpfen läßt. Dieser Ball soll am Boden die Startposition einnehmen, wenn der Benutzer mit der Eingabe des Abwurfwinkels (siehe links Abbildung 21.24) beginnt. Nach der Eingabe dieses Winkels muss der Benutzer noch die Anfangsgeschwindigkeit, mit welcher der Ball abgeworfen werden soll, in Meter pro Sekunde eingeben (siehe rechts in Abbildung 21.24).

Nach diesen Eingaben soll die Flugbahn des Basketballs simuliert werden; siehe auch Abbildung 21.25. Wird der Korb getroffen, so soll dies dem Benutzer gemeldet

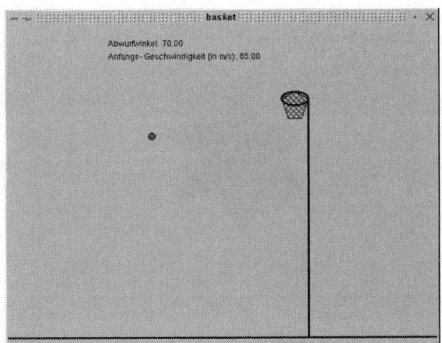 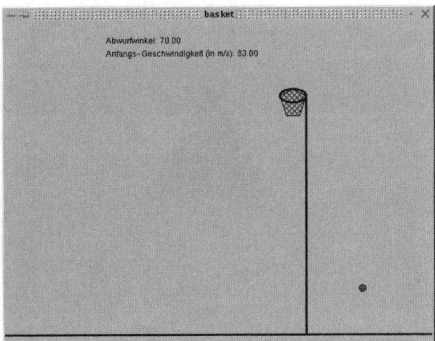

Abbildung 21.25: Simulation der Flugbahn des Basketballs

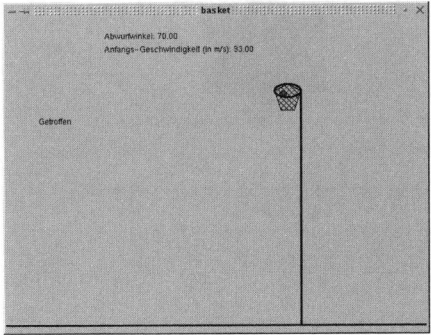

Abbildung 21.26: Anzeige bei einem Treffer im Basketballspiel

werden und der Ball dann senkrecht zu Boden fallen; siehe auch Abbildung 21.26. Grundsätzlich gilt, dass beim Auftrefen des Balls auf dem Boden, dieser mit dem gleichen Winkel wieder abspringt, mit dem er aufsprang, allerdings nur mit halber Geschwindigkeit. Während des Flugs soll keinerlei Reibung (wie z. B. Luftwiderstand) berücksichtigt werden.

21.17.3 Die Kochsche Schneeflocke

Erstellen Sie ein C-Programm koch.c, das die Kochsche Schneeflocke auf den Bildschirm malt. Der Benutzer soll dabei vor dem Malen eingeben können, ob

- ❏ Farbe zu verwenden ist,
- ❏ bei den Transformationen das vorherige Bild zu löschen ist und
- ❏ die Kurve ausgefüllt oder nicht ausgefüllt zu zeichnen ist.

Die Abbildungen 21.27, 21.28 und 21.29 zeigen die Folge von eingeblendeten Kochkurven, wobei die nächste Transformation immer durch einen Tastendruck ausgelöst wird. Der Schwierigkeitsgrad dieses Programms ist sehr hoch, weshalb Ihnen vielleicht der folgende kleine Tip weiterhilft: *Das Zeichnen der Linien kann unter Zuhilfenahme des 4er-Systems erfolgen.*

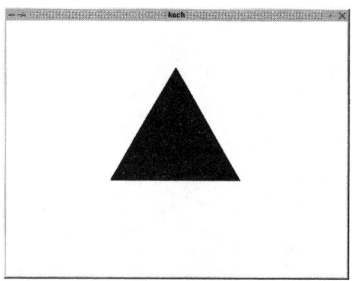 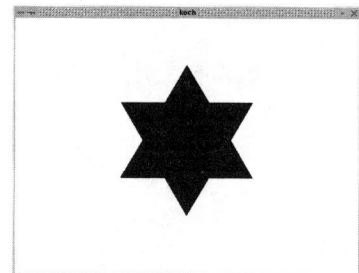

Abbildung 21.27: Ausgangspunkt und erste Transformation

 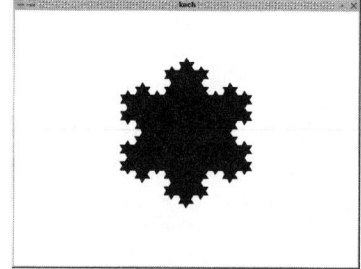

Abbildung 21.28: Zweite und dritte Transformation

21.17 Übungen

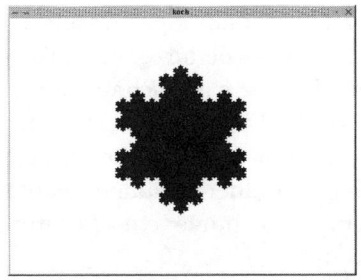
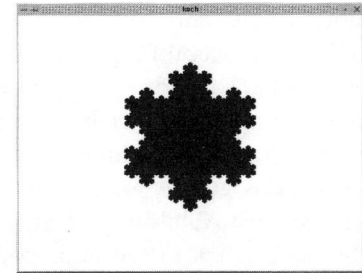

Abbildung 21.29: Vierte und letzte Transformation

21.17.4 Zeichnen und Füllen von Quadraten mit der Maus

Erstellen Sie ein C-Programm `quadzeic.c`, das Ihnen erlaubt, Quadrate am Bildschirm zeichnen und mit Farbe füllen zu lassen. Das Zeichnen eines Quadrates beginnt dabei mit dem Drücken der linken Maustaste. Solange die linke Maustaste nicht losgelassen wird, wird der Umriß des bisherigen Quadrates, das sich von der

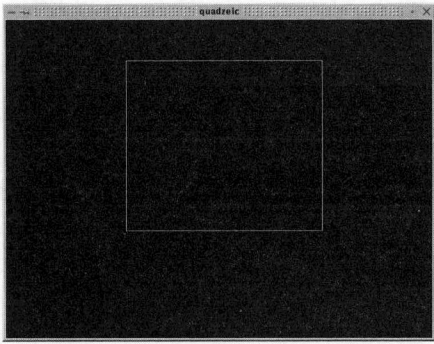

Abbildung 21.30: Zeichnen von Quadraten mit der linken Maustaste

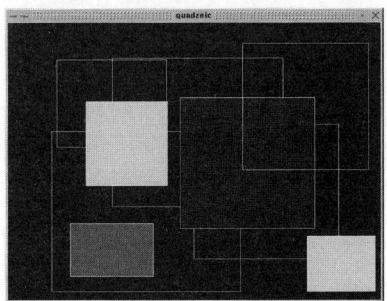

Abbildung 21.31: Füllen des zuletzt gezeichneten Quadrats mit zufälliger Farbe bei Klick auf rechte Maustaste

Startposition bis zur momentanen Position erstreckt, immer gestrichelt angezeigt; siehe auch links in Abbildung 21.30. Erst nachdem der Benutzer die linke Maustaste losläßt, wird das Quadrat wirklich auf den Bildschirm gezeichnet, und zwar mit einer durchgehenden Linie; siehe auch rechts in Abbildung 21.30. Der Benutzer soll beliebig viele Quadrate zeichnen können. Drückt der Benutzer die rechte Maustaste, dann soll das zuletzt gezeichnete Quadrat mit einer zufälligen Farbe gefüllt werden; siehe auch Abbildung 21.31. Erst wenn der Benutzer eine Tastatureingabe durchführt, soll sich das Programm beenden.

Kapitel 22

Funktionen

> *Man sollte nur die leisen Rassen*
> *Und nicht die lauten reisen lassen.*
> *Stoß-Seufzer, Eugen Roth*

In der Programmierpraxis sind häufig Probleme anzutreffen, die einander von der Aufgabenstellung her ähnlich sind. Dieser Tatsache wird in der Programmiersprache C mit so genannten Funktionen (*functions*) Rechnung getragen.
Funktionen in C sind Unterprogramme, die mit Subroutinen in Fortran oder auch Prozeduren/Funktionen in Pascal vergleichbar sind.

22.1 Allgemeines zu Funktionen

Wir haben bisher schon – ohne es ausführlich zu erwähnen – mit Funktionen gearbeitet. So haben wir z. B. zur Ausgabe auf dem Bildschirm die Funktion `printf()` aufgerufen. Hinter diesem Funktionsnamen verbirgt sich ein Programmteil, der in der Standardbibliothek definiert ist und bei jedem Aufruf von `printf()` ausgeführt wird.

22.1.1 Allgemeines Beispiel zu Funktionen

Am besten können wir das Prinzip von Funktionen an einem allgemeinen Beispiel nachvollziehen. In diesem Beispiel wird nicht die Programmiersprache C, sondern – zum besseren Verständnis – die deutsche Sprache verwendet. Es soll bei der Personalabteilung einer Firma immer ein einheitliches Papier für die Spesenabrechnung abgegeben werden. Wir nehmen dazu an, dass in der Standardbibliothek eine Funktion (Schablone) mit Namen `spesen()` definiert sei, was natürlich nicht für die wirkliche Programmbibliothek gilt.

```
    Funktionsname                    Liste der formalen Parameter
        |                                          |
        |                                          v
        v
spesen( name, stadt, preis, vor, haupt, nach, tagzeit, währung, datum )
{
    Drucke folgendes aus:
       "Herr/Frau name hat am datum in stadt
        zu(m) tagzeit:
             vor als Vorspeise
             haupt als Hauptspeise und
             nach als Nachspeise
        gegessen.
        Der Preis für dieses Essen betrug preis währung."
}
```

Wird im Programm jetzt die Funktion spesen() mit folgenden aktuellen Parametern aufgerufen:

```
spesen(Meyer Hans, Erlangen, 30.80, Suppe, Schnitzel, Eis, Mittag, Euro, 3.7.2001)
```

dann wird der zu diesem Namen gehörige Programmteil aus der Standardbibliothek ausgeführt, wobei für die formalen – als Platzhalter dienenden – Parameter die entsprechenden aktuellen Parameter eingesetzt werden:

```
formaler Parameter                          aktueller Parameter
      name       <--------------------->    Meyer Hans
      stadt      <--------------------->    Erlangen
      preis      <--------------------->    30.80
      vor        <--------------------->    Suppe
      haupt      <--------------------->    Schnitzel
      nach       <--------------------->    Eis
      tagzeit    <--------------------->    Mittag
      währung    <--------------------->    Euro
      datum      <--------------------->    3.7.2001
```

Der vorherige Funktionsaufruf würde also folgenden Ausdruck bewirken:

```
       Herr/Frau Meyer Hans hat am 3.7.2001 in Erlangen
       zu(m) Mittag:
            Suppe als Vorspeise
            Schnitzel als Hauptspeise und
            Eis als Nachspeise
       gegessen.
       Der Preis für dieses Essen betrug 30.80 Euro.
```

An diesem Beispiel ist zu erkennen, dass bei der Definition der Funktion spesen() in der Standardbibliothek lediglich der Rahmen für das Spesenpapier mit „Platzhaltern" (formale Parameter) festgelegt wurde.

Zum Aufruf dieser Funktion ist der in der Standardbibliothek verwendete Funktionsname mit den aktuellen Parametern, die für die formalen Parameter einzusetzen sind, anzugeben; ein solcher Funkionsaufruf bewirkt, dass der zu diesen Funktionsnamen gehörige Programmteil mit den angegebenen aktuellen Parametern ausgeführt wird.

Sollte z. B. ein Spesenpapier für Frau *Geller Inge* angefertigt werden, so könnte der Funktionsaufruf folgendes Aussehen besitzen:

```
spesen(Geller Inge, Chicago, 5, Nichts, Whisky, Nichts, Frühstück, Dollar, 9.8.2001)
```
was folgenden Ausdruck ergeben würde:

```
            Herr/Frau  Geller Inge  hat am    9.8.2001 in    Chicago
            zu(m)  Frühstück:
                Nichts als Vorspeise
                Whisky als Hauptspeise und
                Nichts als Nachspeise
            gegessen.
            Der Preis für dieses Essen betrug  5 Dollar.
```

22.1.2 Die Begriffe Parameter und Argumente

Bisher haben wir immer von formalen und aktuellen Parametern gesprochen. Dies ist laut der Definition von C89 nicht mehr ganz richtig, denn C89 legt folgende Nomenklatur fest:

Parameter Der Begriff *Parameter* steht in C89 für die altbekannten Begriffe „*formales Argument*" oder „*formaler Parameter*". Mit Parameter werden also die „Platzhalter" bei einer Funktions-Definition bzw. einer Funktions-Deklaration bezeichnet.

Argument Der Begriff *Argument* steht in C89 für die altbekannten Begriffe „*aktuelles Argument*" oder „*aktueller Parameter*". Seit C89 werden also Parameter, die beim Aufruf einer Funktion oder eines Makros angegeben werden, Argument genannt.

In obigen Beispiel würden z. B. `name, stadt, preis, vor, haupt, nach, tagzeit, währung` und `datum` als Parameter bezeichnet, während die Bezeichner bei einem Aufruf wie z. B. `Geller Inge, Portland, 16, Nichts, Croissants, Nichts, Frühstück, Dollar, 12.8.2001` als Argumente bezeichnet werden.

22.1.3 Bibliotheken und Headerdateien

Zu jedem C-Compiler wird eine Bibliothek mitgeliefert, in der Funktionen hinterlegt sind. Typische Beispiele für solche Funktionen sind `printf()` oder `scanf()`. Diese Funktionen sind in einer Bibliothek hinterlegt, in der sich der Linker, nachdem kompiliert wurde, die zum entsprechenden Funktionsaufruf gehörige Funktion sucht und zum Programm dazubindet.
Sie können also z. B. die Funktion `printf()` benutzen und Bildschirmausgaben veranlassen, obwohl Sie den dazugehörigen Programmteil (Funktion) nicht selbst programmiert haben; dies hat der Compiler-Hersteller bereits für Sie getan.
Seit C89 sind die Funktionsnamen und deren Funktionalität, die jedes C-Kompilierungssystem anbieten muss, genau festgelegt. Diese Funktionen sind üblicherweise in einer Standardbibliothek hinterlegt. Diese Standardbibliothek ist im Prinzip eine Datei, die den für den Linker bindbaren Objekt-Code dieser Funktionen enthält.

Damit aber auch bereits dem C-Compiler Informationen zu solchen Standardfunktionen bekannt sind, existieren so genannte Headerdateien[1], in denen die Funktionsköpfe der entsprechenden Funktionen angegeben sind. So wird z. B. in der Headerdatei `math.h` folgende Angabe vorhanden sein:

```
double sqrt(double x);
```

Aus dieser Deklaration läßt sich schließen, dass es in der Standardbibliothek eine Funktion mit Namen `sqrt()` (zur Wurzelberechnung) gibt, die einen `double`-Parameter erwartet, und dann die Wurzel zu diesem Parameter als `double`-Wert zurückliefert.

Damit dem Compiler eine solche Deklaration bekannt ist, muss man die Angabe `#include` verwenden. Wenn Sie beispielsweise die Standardfunktion `sqrt()` in Ihrem C-Programm aufrufen, wie z. B.:

```
x=sqrt(5.43); /* x wird die Quadratwurzel von 5.43 zugewiesen */
```

so müßten Sie

```
#include <math.h>
```

am Anfang Ihres C-Programms angeben. Mit `#include` veranlassen Sie den C-Compiler, den Inhalt der entsprechenden Headerdatei (hier `math.h`) zu lesen und als Teil Ihres Programms zu betrachten, obwohl Sie diesen Teil gar nicht selbst geschrieben haben.

Die Deklarationen der von C angebotenen Standardfunktionen sind über mehrere Headerdateien aufgeteilt (`stdio.h`, `math.h`, `stdlib.h`, ...). Einige dieser Headerdateien haben wir bereits in den vorherigen Kapiteln kennengelernt, weitere werden wir in späteren Kapiteln immer an einer geeigneten Stelle kennenlernen. Verwenden wir z. B. `printf()` oder `scanf()` in einem C-Programm, so sollten wir, da diese beiden Funktionen in `stdio.h`[2] deklariert sind, folgende Zeile am Anfang des Programms angeben:

```
#include <stdio.h>
```

Da fast jedes C-Programm von Ein- und Ausgabe Gebrauch macht, sollte auch diese Zeile am Anfang fast jedes C-Programms angegeben sein. Nachdem der Compiler diese Zeile bearbeitet hat, ist der Inhalt von Datei `stdio.h` mit allen ihren Deklarationen, Makro- und Konstanten-Definitionen Bestandteil Ihres C-Programms.

Zur Erinnerung:

Falls Sie eigene Headerdateien verwenden, die Sie selbst erstellt haben, dann sollten Sie den Namen der entsprechenden Headerdatei nicht mit spitzen Klammern <...>, sondern mit Anführungszeichen "..." klammern, wie z. B.:

```
#include "steuer.h"
```

Die Anführungszeichen veranlassen den Compiler im Working-Directory (Arbeitsverzeichnis) nach dieser Headerdatei `steuer.h` zu suchen. Eigene Headerdateien sollten Sie auch niemals in den vom Kompilierungssystem festgelegten Directories (wie z. B. `/usr/include`) hinterlegen.

---

[1] Headerdateien enden immer mit dem Suffix `.h` und sind z. B. in Linux/Unix im Directory `/usr/include` hinterlegt

[2] *stdio* ist die Abkürzung für *standard input/output*

22.2 Erstellen eigener Funktionen

Bei der Definition einer Funktion wird lediglich eine „Schablone", oder besser, eine Programmstruktur unter Verwendung von (formalen) Parametern festgelegt. Hierbei gibt es zwei unterschiedliche Formen:

- die neuere C89/C99-Form und
- die ältere und heute veraltete Form aus der Zeit vor C89/C99.

22.2.1 Definition von Funktionen in C89/C99

Beim Erstellen neuer C-Programme sollte immer diese Form verwendet werden, da sie doch einige Vorteile gegenüber der älteren Deklarationsform, die später vorgestellt wird, aufweist.
Eine Funktionsdefinition hat in C89/C99 die folgende Form:

```
datentyp funktionsname( [Parameter-Deklarationen] )³
{
    [Lokale Deklarationen]
    ......
    Funktions-Anweisungen
    ......
}
```

datentyp legt dabei den Datentyp des Wertes fest, den die Funktion als Rückgabewert liefert. Für die Wahl von Funktionnamen gelten die gleichen Regeln wie für Variablennamen: Sie müssen mit einem Buchstaben oder Unterstrich beginnen, und die weiteren Zeichen dürfen Buchstaben, Ziffern oder Unterstriche sein. Diese formalen Aussagen wollen wir anhand eines Beispiels erläutern.

Da C keinen Potenzoperator, wie z. B. ** in Fortran kennt, werden wir ein Programm potenz.c erstellen, in dem wir eine eigene Funktion hoch(x,y) definieren, die einen float-Wert x mit einem int-Wert y potenziert, also x^y berechnet. So sollte z. B. der Funktionsaufruf hoch(2.5,3) den Wert 15.625 (2.5^3 = 2.5·2.5·2.5) liefern.

```
#include   <stdio.h>
/*_____*/
float hoch(float a, int b)    /* Funktionsname(Parameter-Deklarationen)  */
{
    int     zaehler;          /*    Lokale Deklarationen     */
    float   rueckgabe_wert=1; /*                             */
    if (b<0) {                /*                             */
        a = 1/a;              /*                             */
        b = -b;               /*                             */
    }                         /*    Funktions-               */
    for (zaehler=1 ; zaehler<=b ; ++zaehler)  /*  Anweisungen */
        rueckgabe_wert *= a;  /*                             */
    return(rueckgabe_wert);   /*                             */
}
```

---
³Die in [...] angegebenen Teile sind optional, was bedeutet, dass sie nicht unbedingt angegeben sein müssen

22 Funktionen

```
/*_____*/
int main(void)   /* Funktionsname(leere Liste von formalen Parametern) */
{
    int     exponent;      /*  Lokale Deklarationen            */
    float   zahl, ergeb;   /*                                  */

    printf("Potenz-Berechnung\n"
           "=================\n\n\n"
           "Dieses Programm berechnet x hoch y\n\n\n");

    printf("x: ");
    scanf("%f", &zahl);
    printf("y: ");
    scanf("%d", &exponent);
    printf("\n");
    /*_____*/
    ergeb = hoch(zahl, exponent);   /* Aufruf der Funktion   hoch    */
    /*_____*/
    printf("....%g hoch %d = %g\n", zahl, exponent, ergeb);

    /* Wenn Rueckgabewert (wie hier) nicht zwischengespeichert werden soll */
    /* kann hoch auch direkt in printf aufgerufen werden                   */
    printf("....%g hoch %d = %g\n", zahl, exponent, hoch(zahl, exponent));
    return(0);
}
```

Mögliche Abläufe des Programms `potenz.c`:

```
................
x: 2.5 ⏎
y: 3 ⏎
....2.5 hoch 3 = 15.625
....2.5 hoch 3 = 15.625
```

```
................
x: -5.6 ⏎
y: 7 ⏎
....-5.6 hoch 7 = -172709
....-5.6 hoch 7 = -172709
```

```
................
x: 2 ⏎
y: -3 ⏎
....2 hoch -3 = 0.125
....2 hoch -3 = 0.125
```

Aus diesem Beispiel können wir sehr viel über Funktionen in C lernen:
- ❏ Ein C-Programm kann aus einer oder mehreren Funktionen bestehen. Unser C-Programm `potenz.c` besteht aus zwei Funktionen mit den Namen `main()` und `hoch()` und Aufrufen von Standardfunktionen wie `printf()`, `scanf()`.

- Bei main() handelt es sich um eine besondere Funktion, da main() den Programmanfang kennzeichnet. Das heißt, dass in jedem C-Programm eine Funktion mit dem Namen main() enthalten sein muss. An dieser Forderung haben wir uns ja auch – ohne die Bedeutung von Funktionen zu kennen – in allen bisherigen Programmbeispielen (in den vorherigen Kapiteln) gehalten.

- Von der Funktion main() aus werden dann normalerweise andere Funktionen aufgerufen. In unserem Beispiel ruft die Funktion main() die Funktionen printf() und scanf() aus der Standardbibliothek und die selbsterstellte Funktion hoch() auf, die vor main() definiert ist.

- An der Angabe (void) hinter main können wir erkennen, dass bei dieser Funktion auf die Angabe von formalen Parametern verzichtet wurde, was ja erlaubt ist.

- Da Funktionen in beliebiger Reihenfolge definiert werden können, hätten wir die Definition der Funktion hoch() auch nach der von main() angeben dürfen; man hätte dabei jedoch einige Punkte berücksichtigen müssen, wie wir bald sehen werden. Man kann sogar Funktionen für ein Programm in verschiedenen Dateien definieren. Dann sind natürlich Bezüge zwischen diesen Dateien herzustellen. Auf diese Möglichkeit werden wir an späterer Stelle nochmals zu sprechen kommen. Vorab werden wir aber annehmen, dass alle in einem Programm verwendeten Funktionen in einer Datei stehen.

- In der Funktion main() wird mit der Anweisung
  ergeb = hoch(zahl, exponent);
  die Funktion hoch() aufgerufen, d.h., es wird der Programmteil mit dem Namen hoch() ausgeführt, wobei für die

formalen Parameter	die	aktuellen Argumente
a		zahl
b		exponent

  eingesetzt werden.

- Bei der Definition von hoch() müssen die formalen Parameter deklariert werden, damit ihre Datentypen der Funktion bekannt sind:
  float hoch(**float a, int b**)

- Die Definition
  float hoch(float a, int b)
  legt zusätzlich fest, dass die Funktion hoch() als Rückgabe einen Wert vom Datentyp **float** liefert.

- Nach der öffnenden geschweiften Klammer { werden so genannte lokale Variablen deklariert:
  int   zaehler;
  float rueckgabe_wert = 1;
  Die hier deklarierten Variablen sind ebenso wie die zuvor deklarierten formalen Parameter nur innerhalb dieser Funktion bekannt. Diesen Effekt soll das Attribut *lokal* ausdrücken. Hätten wir z. B. in main() eine int-Variable zaehler deklariert, so würde es sich dabei – auch wenn der gleiche Namen angegeben wurde – um eine andere Variable handeln, als bei zaehler in der

Funktion hoch(). Auf dieses Phänomen werden wir bald noch zurückkommen.

❑ Die Funktion hoch() berechnet nun einen Wert und gibt den berechneten Wert, der bei unserem Beispiel in der float-Variable rueckgabe_wert liegt, mit Hilfe der return-Anweisung an die aufrufende Funktion (in unserem Fall an die Funktion main()) zurück:
return(rueckgabe_wert);

❑ Dieser Wert von rueckgabe_wert wird in der Variablen ergeb mit
ergeb = hoch(zahl, exponent);
gespeichert und später am Bildschirm ausgegeben.

❑ Die beiden Anweisungen in unserem Beispiel:
ergeb = hoch (zahl, exponent);
printf("...", zahl, exponent, ergeb);
kann man, wenn der Rückgabewert nur temporär gebraucht wird, auch zu einer Anweisung zusammenfassen, was wir in unserem Programm später auch zur Demonstration getan haben:
printf("...", zahl, exponent, hoch (zahl, exponent));

22.2.2 Definition von Funktionen in Alt-C

Auch wenn die in diesem Abschnitt vorgestellte Form von Funktionsdefinitionen beim Erstellen neuer C-Programme nicht mehr verwendet werden sollte, muss ein C-Programmierer sie doch kennen, denn es kann jederzeit vorkommen, dass er alte C-Programme lesen und verstehen muss, z. B. dann, wenn er diese in C89 bzw. C99 umformen oder Fehler in Ihnen beheben muss. Eine Funktionsdefinition hat in Alt-C die folgende Form:

```
datentyp funktionsname( [Liste der Parameter] )[4]
[Deklaration der Parameter]
{
    [Lokale Deklarationen]
    ......
    Funktions-Anweisungen
    ......
}
```

datentyp legt dabei den Datentyp des Wertes fest, den die Funktion als Rückgabewert liefert. Auch hier gelten für die Wahl von Funktionsnamen die gleichen Regeln wie für Variablennamen: Funktionsnamen müssen mit einem Buchstaben oder Unterstrich beginnen, und die weiteren Zeichen dürfen Buchstaben, Ziffern oder Unterstriche sein.

Der große Unterschied zwischen Funktions-Definitionen in Alt-C und C89/C99 liegt also bei der Deklaration der Parameter. Während in C89/C99 in den Klammern die Parameter direkt deklariert werden, werden bei Alt-C dort nur die Na-

---

[4]Die in [...] angebenen Teile sind optional, was bedeutet, dass sie nicht unbedingt angeben sein müssen

men der Parameter angegeben. Die Deklaration erfolgt dann unmittelbar vor der öffnenden Klammer { des Funktionsrumpfs.

Beispiel:

In Alt-C hätten sich am Programm `potenz.c` nur die folgenden Zeilen (`potenz2.c`) geändert:

```
float hoch(a, b)
    float a;    /* Deklaration der formalen Parameter erfolgt */
    int   b;    /* erst hier                                   */
{ .........
}
```

22.2.3 Die `return`-Anweisung

Eine `return`-Anweisung bewirkt die unmittelbare Beendigung einer Funktion und die Rückkehr zur aufrufenden Funktion. Die Syntax für die `return`-Anweisung ist:

> **return**(*ausdruck*); oder
>
> **return** *ausdruck*; oder
>
> **return**;

Wenn eine `return`-Anweisung mit einem *ausdruck* angegeben wird, so wird der Wert dieses Ausdrucks als Funktionsergebnis an den Aufrufer zurückgegeben. Wenn der Ausdruck einen Datentyp hat, der verschieden von dem der zugehörigen Funktion ist, dann wird der Wert dieses Ausdrucks in diesen Rückgabetyp konvertiert. Die Umwandlung erfolgt dabei so, als ob der Ausdrucks-Wert einer Variablen von diesem Datentyp zugewiesen würde; siehe auch *Implizite Datentypumwandlungen* in Kapitel 8.1.2 auf Seite 133.

Wird `return` ohne Angabe eines *ausdrucks* aufgerufen, so liefert die entsprechende Funktion keinen Rückgabewert. Darauf wird im nachfolgenden eingegangen.

22.2.4 Funktionen ohne Rückgabewert

In Pascal unterscheidet man Funktionen und Prozeduren. Prozeduren unterscheiden sich dabei von Funktionen darin, dass sie keinen Wert an den Aufrufer zurückgeben. C kennt nun aber nur Funktionen. Um Prozeduren in C nachzubilden, muss man als Rückgabe-Datentyp für eine Funktion den Datentyp `void` angeben.

Beispiel:

Das folgende Programm `striche.c` definiert sich eine Funktion („Prozedur") `ausgabe()` zur *n*-maligen Ausgabe eines Zeichens. Das auszugebende Zeichen wird dieser Funktion ebenso als aktuelles Argument übergeben wie die Anzahl, wie oft es auszugeben ist.

```
#include <stdio.h>
/*------ ausgabe ---------------------------------------------------------*/
void ausgabe(unsigned char zeich, int n) {
   int  i;
   for (i=1 ; i<=n ; i++)
       printf("%c", zeich);
   printf("\n");
}


/*------ main ------------------------------------------------------------*/
int main(void)
{
   int   zeich, wieoft;

   do {
      printf("\n\n");
      printf("Welches Zeichen (Abbruch mit 0): ");
      zeich=getchar(); getchar();
      if (zeich != '0') {
         printf("Wie oft ist dieses Zeichen auszugeben: ");
         scanf("%d", &wieoft); getchar();
         ausgabe(zeich, wieoft);
      }
   } while (zeich != '0');
   return(0);
}
```

Möglicher Ablauf dieses Programms `striche.c`:

```
Welches Zeichen (Abbruch mit 0): - ⏎
Wie oft ist dieses Zeichen auszugeben: 50 ⏎
--------------------------------------------------

Welches Zeichen (Abbruch mit 0): # ⏎
Wie oft ist dieses Zeichen auszugeben: 10 ⏎
##########

Welches Zeichen (Abbruch mit 0): + ⏎
Wie oft ist dieses Zeichen auszugeben: 70 ⏎
++++++++++++++++++++++++++++++++++++++++++++++++++++++++++++++++++++++

Welches Zeichen (Abbruch mit 0): x ⏎
Wie oft ist dieses Zeichen auszugeben: 3 ⏎
xxx

Welches Zeichen (Abbruch mit 0): 0 ⏎
```

Soll eine Funktion keinen Wert an die aufrufende Funktion zurückliefern, so ist bei return kein *ausdruck* anzugeben, was lediglich die Beendigung der aktuellen Funktion und die Rückkehr zur aufrufenden Funktion (ohne Rückgabe eines Wertes) bewirkt.

Man kann in diesem Fall aber auch vollständig auf return verzichten, wie wir dies z. B. in der Funktion ausgabe() des Programms striche.c getan haben. Es gilt nämlich, dass das Erreichen des Funktionsendes (abschließende geschweifte Klammer }) immer automatisch zu einer Rückkehr (ohne Rückgabe eines Wertes) aus der Funktion führt.

22.2.5 Forward-Deklarationen

Im C-Programm potenz.c haben wir die Funktion hoch() vor der Funktion main(), die diese Funktion aufruft, definiert. Man kann eine Funktion jedoch auch erst nach der aufrufenden Funktion definieren, muss dabei aber wissen, dass dann der C-Compiler, der ein C-Programm von vorne nach hinten abarbeitet, zum Zeitpunkt des Aufrufs diese Funktion noch nicht kennt. Für solche Fälle gilt dann in C die folgende Regel:

> *Findet ein C-Compiler den Aufruf einer Funktion, die nicht zuvor definiert oder deklariert ist, so nimmt er als Datentyp für den Rückgabewert immer* int *an.*

Beispiel:

Nachfolgend ist das Programm potenz3.c angegeben, das identisch zu potenz.c ist, nur mit dem Unterschied, dass die beiden Funktionen hoch() und main() vertauscht sind.

```
#include   <stdio.h>

int  main(void)    /*  Funktionsname(leere Liste von formalen Parametern) */
{
    int     exponent;      /*  Lokale Deklarationen              */
    float   zahl, ergeb;   /*                                    */

    printf("Potenz-Berechnung\n"
           "=================\n\n\n"
           "Dieses Programm berechnet x hoch y\n\n\n");
    printf("x: ");
    scanf("%f", &zahl);
    printf("y: ");
    scanf("%d", &exponent);
    printf("\n");
    /*_____*/
    ergeb = hoch(zahl, exponent);  /* Aufruf der noch unbekannten */
                                   /* Funktion hoch               */
    /*_____*/
    printf("....%g hoch %d = %g\n", zahl, exponent, ergeb);
    /* Wenn Rueckgabewert (wie hier) nicht zwischengespeichert werden soll   */
    /* kann hoch (auch hier noch unbekannt) auch in printf aufgerufen werden */
    printf("....%g hoch %d = %g\n", zahl, exponent, hoch(zahl, exponent));
```

```
                                              /*--------------------*/
    return(0);
}

float hoch(float a, int b)    /* Funktionsname(Parameter-Deklarationen) */
{
    int     zaehler;                /*   Lokale Deklarationen     */
    float   rueckgabe_wert=1;  /*                                 */
    if (b<0) {                                /*                  */
        a = 1/a;                              /*                  */
        b = -b;                               /*                  */
    }                                         /*    Funktions-    */
    for (zaehler=1 ; zaehler<=b ; ++zaehler)  /*    Anweisungen   */
        rueckgabe_wert *= a;                  /*                  */
    return(rueckgabe_wert);                   /*                  */
}
```

Beim Versuch dieses Programm zu kompilieren, meldet der C-Compiler Fehler, wie z. B.:

```
potenz3.c:29: warning: type mismatch with previous implicit declaration
potenz3.c:18: warning: previous implicit declaration of 'hoch'
potenz3.c:29: warning: 'hoch' was previously implicitly declared to return 'int'
```

Diese Fehlermeldungen besagen, dass der Datentyp, der beim Aufruf der Funktion verwendet wurde, nicht mit den Typen bei der Definition der entsprechenden Funktion übereinstimmen. In Programm `potenz3.c` stimmt der Rückgabe-Datentyp beim Aufruf (hier wird `int` angenommen) nicht mit dem bei der Definition der Funktion `hoch()` (`float`) überein.

Um einen Fehler dieser Art zu beheben, gibt es zwei Möglichkeiten:

1. **Funktion wird vor ihrem Aufruf definiert**, wie wir dies auch im Programm `potenz.c` getan haben. Dann ist beim Aufruf der Funktion (aufgrund der vorherigen Definition) sowohl der Rückgabe-Typ als auch der Datentyp der einzelnen Parameter bekannt. Der Datentyp der einzelnen Parameter ist für den Compiler ebenso wichtig, damit er die aktuellen Argumente beim Aufruf in den Datentyp des entsprechenden Parameters konvertieren kann. Darauf werden wir bald noch genauer eingehen.

2. **Funktion wird vor ihrem Aufruf deklariert**. *Deklarieren einer Funktion* bedeutet, dass man sie nicht vollständig definiert, sondern nur den Funktions-Kopf mit abschließenden Semikolon angibt:
   datentyp funktionsname(Parameter-Deklaration);
   So kennt der Compiler bei einem Aufruf dieser Funktion schon alle erforderlichen Datentypen (des Rückgabewerts und der Parameter) und kann die notwendigen Schritte durchführen. Die Definition der Funktion kann sich dann an jeder beliebigen anderen Stelle befinden. Diese Vorgehensweise wird auch mit *FORWARD-Deklaration* bezeichnet.

Beispiel:

Das Programm `potenz4.c` zeigt diese zweite Möglichkeit.

22.2 Erstellen eigener Funktionen

```c
#include  <stdio.h>
/*_____*/
float hoch(float a, int b);    /* FORWARD-Deklaration */
/*_____*/
int  main(void)   /* Funktionsname(leere Liste von formalen Parametern) */
{
    int     exponent;         /*   Lokale Deklarationen          */
    float   zahl, ergeb;      /*                                 */

    printf("Potenz-Berechnung\n"
           "=================\n\n\n"
           "Dieses Programm berechnet x hoch y\n\n\n");
    printf("x: ");
    scanf("%f", &zahl);
    printf("y: ");
    scanf("%d", &exponent);
    printf("\n");
    ergeb = hoch(zahl, exponent);  /* Aufruf der Funktion   hoch    */
    printf("....%g hoch %d = %g\n", zahl, exponent, ergeb);
    /* Wenn Rueckgabewert (wie hier) nicht zwischengespeichert werden soll */
    /* kann hoch auch direkt in printf aufgerufen werden                   */
    printf("....%g hoch %d = %g\n", zahl, exponent, hoch(zahl, exponent));
    return(0);
}

float hoch(float a, int b)    /* Funktionsname(Parameter-Deklarationen) */
{
    int     zaehler;             /*   Lokale Deklarationen        */
    float   rueckgabe_wert=1;    /*                               */
    if (b<0) {                   /*                               */
        a = 1/a;                 /*                               */
        b = -b;                  /*                               */
    }                            /*  Funktions-                   */
    for (zaehler=1 ; zaehler<=b ; ++zaehler)  /*    Anweisungen    */
        rueckgabe_wert *= a;     /*                               */
    return(rueckgabe_wert);      /*                               */
}
```

Bei der zweiten Vorgehensweise wirkt sich das neu in C89 eingeführte *Prototyping* sehr vorteilhaft aus.

22.2.6 Funktions-Prototypen

In Alt-C teilte eine Funktions-Deklaration dem Compiler lediglich den Datentyp des Rückgabewerts mit, wie z. B.:

```c
float   hoch();
void    ausgabe();
```

Wurde in Alt-C eine Funktion erst nach ihrem Aufruf deklariert, so wurde – wie schon erwähnt – vom Compiler der Rückgabe-Datentyp `int` angenommen, was zu dem schlechten Programmierstil führte, dass Funktionen, die `int`-Werte zurücklieferten, erst gar nicht mehr deklariert wurden. Alt-C bot auch keine Möglichkeit, den Typ und die Anzahl der Parameter anzugeben, was in anderen Programmiersprachen (wie Pascal) schon immer möglich war. Diese Schwackpunkte von Alt-C waren auch ein Hauptpunkt der Kritik an C. C89 entkräftete viele der Argumente gegen C, indem es *Funktions-Prototypen* einführte. Funktions-Prototypen ermöglichen es, bei der Deklaration einer Funktion nicht nur den Rückgabe-Datentyp, sondern auch die Typen der einzelnen formalen Parameter anzugeben, wie z. B.

```
float   hoch(float, int);
void    ausgabe(unsigned char, int);
```

Es ist sogar möglich, neben dem Typ eines formalen Arguments noch einen Namen anzugeben:

```
float hoch(float zahl, int potenz);
void  ausgabe(unsigned char zeichen, int n);
```

Eine Kombination beider Methoden ist zwar zur Wahrung eines guten Programmierstils nicht empfehlenswert, wäre aber auch möglich:

```
float hoch(float, int potenz);
void  ausgabe(unsigned char, int n);
```

Die Einführung von *Funktions-Prototypen* bringt die folgende Vorteile mit sich.

Lesbarkeit und Verständlichkeit von Programmen wird erleichtert

Dies ist äußerst wichtig, denn es gilt immmer die Regel:

> *Die Lesezeit für Programme übersteigt bei weitem die benötigte Schreibzeit.*

Eine Funktionsdeklaration wie

```
void  ausgabe(unsigned char zeichen,   /* Auszugebendes Zeichen      */
              int n                    ); /* Wie oft ist zeichen auszugeben */
```

gibt dem Leser eines Programmes sicherlich mehr Information als

```
void  ausgabe();
```

Falsche Argumente beim Funktionsaufruf entdeckt schon der Compiler

Durch die Angabe der Parameter-Datentypen in der Funktionsdeklaration, kann bereits der Compiler Widersprüche zwischen den formalen Parameter-Datentypen (bei Funktions-Deklaration) und den aktuellen Argument-Datentypen (beim Funktionsaufruf) erkennen:

Beispiel:

So würde z. B. das folgende Programm `addalt.c`, das im Stil von Alt-C geschrieben ist, fehlerfrei kompiliert und erst zur Laufzeit zu Fehlern führen.

```
#include <stdio.h>
/*_____*/
float   add();  /* Anzahl der Parameter und ihr typ bleibt C-Compiler unbekannt */
```

22.2 Erstellen eigener Funktionen

```
/*_____*/
int  main(void) {
   float   zahl1, zahl2, ergeb;

   printf("1. Zahl: "); scanf("%f", &zahl1);
   printf("2. Zahl: "); scanf("%f", &zahl2);
   /*_____*/
   ergeb = add(zahl1);   /* Fehlerhafter Aufruf von add mit */
                         /* einem statt mit zwei Argumenten */
   /*_____*/
   printf("......%g + %g = %g\n", zahl1, zahl2, ergeb);
   return(0);
}

float add(a, b)
   float  a;
   float  b;
{
   return(a+b);
}
```

Möglicher Ablauf dieses Programms `addalt.c`:

```
1. Zahl: 24.5 ⏎
2. Zahl: 46.7 ⏎
.....24.5 + 46.7 = 28.3248
```

Solche Fehler, die erst zur Laufzeit auftreten, sind oft sehr schwer auffindbar. Unter Verwendung einer Prototyp-Deklaration, wie dies im nächsten Programm add-neu.c geschehen ist, würde dieser Fehler bereits bei der Kompilierung entdeckt, und eine mühsame Fehlersuche wird nicht notwendig, da bereits der Compiler den Verstoß anzeigt.

```
#include <stdio.h>

/*_____*/
float   add(float a, float b);   /* Datentyp und Anzahl der Parameter wird */
                                 /* bereits hier festgelegt                */
/*_____*/

int  main(void) {
   float   zahl1, zahl2, ergeb;

   printf("1. Zahl: ");
   scanf("%f", &zahl1);
   printf("2. Zahl: ");
   scanf("%f", &zahl2);

   /*_____*/
   ergeb = add(zahl1);   /* Anzahl der Argumente stimmt nicht mit    */
                         /* Prototyp-Deklaration ueberein            */
                         /*  ---> Schon der Compiler meldet hier einen Fehler */
```

```
    /*_____*/
    printf("......%g + %g = %g\n", zahl1, zahl2, ergeb);
    return(0);
}

float add(float a, float b) {
    return(a+b);
}
```

So würde der C Compiler bei der Kompilierung von addneu.c z. B. folgende Fehlermeldung bringen:

```
addneu.c: In function 'main': addneu.c:18: too few arguments to
function 'add'
```

Anpassung der Argumente an die Datentypen der Parameter

Durch die Angabe der Parameter-Datentypen in der Funktionsdeklaration kann der Compiler die als Argumente angegebenen Werte in die Datentypen der formalen Parameter umwandeln. Der Compiler bedient sich dabei den Regeln, die für *Implizite Datentypumwandlungen* gelten; siehe auch Kapitel 8.1.2 auf Seite 133.

So konvertiert z. B. das folgende Programm add2neu.c, das sich einer Prototyp-Deklaration im Stil von C89 bedient, implizit beim Aufruf der Funktion add() die beiden als Argumente angegebenen float-Werte in int-Werte (Abschneiden des Nachkommateils).

```
#include <stdio.h>
/*_____*/
float add(int a, int b);   /* Parameter-Datentyp wird bereits */
                           /* hier festgelegt                 */
/*_____*/
int main(void) {
    float zahl1, zahl2, ergeb;

    printf("1. Zahl: "); scanf("%f", &zahl1);
    printf("2. Zahl: "); scanf("%f", &zahl2);
    /*_____*/
    ergeb = add(zahl1, zahl2);  /* Die float-Werte von zahl1 und zahl2 werden */
                                /* automatisch in int-Werte konvertiert       */
                                /* (Nachkommateil wird abgeschnitten). Diese  */
                                /* Konvertierung wird aufgrund der vorherigen */
                                /* Prototyp-Deklaration vom Compiler durchgef.*/
    /*_____*/
    printf("......%g + %g = %g\n", zahl1, zahl2, ergeb);
    return(0);
}

float add(int a, int b) { return(a+b); }
```

Mögliche Abläufe des Programms add2neu.c:

```
1. Zahl: 2 ⏎
2. Zahl: 3 ⏎
......2 + 3 = 5
```

```
1. Zahl: 2.9 ⏎
2. Zahl: 3.5 ⏎
......2.9 + 3.5 = 5     [Falsches Ergebnis, da Funktion add nicht für float-Werte ausgelegt]
```

Hätte man das Programm in Alt-C geschrieben, wie dies nachfolgend im Programm add2alt.c geschehen ist, dann sind dem Compiler beim Aufruf von add() die formalen Parameter-Datentypen unbekannt, und er nimmt als formale Parameter-Datentypen die Datentypen der Argumente (hier 4 Bytes für jedes float-Argument) an. Die Funktion add() selbst arbeitet aber entsprechend ihrer Definition mit zwei int-Parameter. Dies führt dann natürlich zu falschen Ergebnissen während der Laufzeit.

```c
#include <stdio.h>

/*_____*/
float   add();   /* Datentypen der Parameter bleiben C-Compiler unbekannt */
/*_____*/

int  main(void)
{
    float   zahl1, zahl2, ergeb;

    printf("1. Zahl: ");
    scanf("%f", &zahl1);
    printf("2. Zahl: ");
    scanf("%f", &zahl2);

    /*_____*/
    ergeb = add(zahl1, zahl2);  /* Aufruf von add mit zwei float-Variablen  */
                                /* obwohl die entspr. Parameter spaeter    */
                                /* bei der Definition mit int deklariert sind */
                                /* ---> bewirkt in Alt-C einen Laufzeit-Fehler*/
    /*_____*/

    printf("......%g + %g = %g\n", zahl1, zahl2, ergeb);
    return(0);
}

float add(a, b)
    int   a;
    int   b;
{
    return(a+b);
}
```

Möglicher Ablauf dieses Programms add2alt.c:

```
1. Zahl: 2 ⏎
2. Zahl: 3 ⏎
.....2 + 3 = 1.07374e+09
```

Schnittstellen-Überprüfung bereits durch Compiler

Größere Software-Pakete setzen sich meist aus mehreren Modulen zusammen, wobei die einzelnen Module von unterschiedlichen Personen oder Teams entwickelt werden. Meist kommunizieren diese einzelnen Module über gegenseitige Funktionsaufrufe miteinander. Solche Kommunikationspunkte nennt man üblicherweise *Schnittstellen*. Es ist nun gängige C-Praxis, dass jedes Modul seine Schnittstellen zur Außenwelt in einer eigenen Headerdatei mit `extern` (darauf kommen wir später noch zu sprechen) deklariert. Jeder andere Programmteil, der nun Funktionen aus diesem Modul aufrufen möchte, verleibt sich diese `extern`-Deklarationen mittels

```
#include "Modul-Headerdatei"
```

ein. Auf die Modultechnik werden wir später in Kapitel 23 noch zu sprechen kommen.

22.2.7 Implizite Datentypumwandlung beim Funktionsaufruf

Argumente einer Funktion werden beim Aufruf automatisch in die Datentypen der Parameter (aus Funktionsdefinition) umgewandelt. Dabei gelten die Regeln der *impliziten Datentypumwandlung*. Wir wollen diese Regeln, die in Kapitel 8.1.2 ausführlich besprochen wurden, hier nochmals kurz zusammenfassen:

> **Regel 1 (char, short, int und unsigned)**
>
> Es wird mit nichts kleinerem als `int` gerechnet, d. h., `char`- und `short`-Argumente werden implizit und ohne Einwirkung des Programmierers nach `int` umgewandelt.

Beispiel:
Das folgende Programm `regel1.c` demonstriert diese Regel.

```
#include <stdio.h>

void regel1(char a, char b, char c) /* Obwohl a, b und c als char dekl. sind, */
{                                   /* werden Argumente im Datentyp int abgelegt */
    printf("%d, %d, %d\n", a+10000, b-10000, c+20000);
}
int  main(void) {
    regel1(1, -10000, 'A');
    return(0);
}
```

Ausgabe durch dieses Programms `regel1.c`:

```
10001, -10016, 20065
```

An diesem Beispiel ist zu erkennen, dass man in der Funktion `regel1()` mit `int`-Werten rechnen kann, obwohl man die Parameter als `char` deklariert hat. Lediglich das zweite Argument liefert nicht das erwartete Ergebnis. Der Grund hierfür ist, dass der Compiler die Argumente intern zuerst in die Datentypen der Parameter konvertiert, bevor er dann den Datentyp auf int verlängert. Dies bewirkt beim zweiten Argument einen Überlauf. Im nachfolgenden Beispielprogramm regel-1a.c vollziehen wir die Vorgehensweise anhand expliziter Zuweisungen nach:

```c
#include <stdio.h>

void regel1(char a, char b, char c) /* Obwohl a, b und c als char dekl. sind, */
{                                    /* werden Argumente im Datentyp int abgelegt */
   printf("%d, %d, %d\n", a+10000, b-10000, c+20000);
}
int  main(void) {
   char  arg1 = 1;
   char  arg2 = -10000;
   char  arg3 = 'A';
   regel1(arg1, arg2, arg3);
   printf("%d, %d, %d\n", arg1+10000, arg2-10000, arg3+20000);
   return(0);
}
```

Ausgabe durch dieses Programms regel1a.c:

```
10001, -10016, 20065
10001, -10016, 20065
```

Regel 2 (signed und unsigned)

Hier werden mehrere Fälle unterschieden:

1. unsigned-Argument → längeren signed oder unsigned-Datentyp
   ursprünglicher Wert bleibt unverändert

2. signed-Argument → gleichlangen oder längeren unsigned-Datentyp
   Es wird das entsprechende Bitmuster im unsigned-Datentyp abgelegt, wobei im Falle eines längeren unsigned-Datentyps das Vorzeichenbit „nach vorne verlängert" wird.

3. signed- oder unsigned-Argument → kürzeren unsigned- oder signed-Datentyp
   Für den Fall, dass der Wert zu groß für den Zieltyp ist, macht der C-Standard keine festen Vorschriften. Es gilt aber meist, dass im entsprechenden Bitmuster die vorne überhängenden Bits einfach abgeschnitten werden.

4. unsigned-Argument → gleichlangen signed-Datentyp
   Für diesen Fall wird meist einfach das Bitmuster im signed-Datentyp abgespeichert, wenn der C-Standard sich auch nicht für den Fall festlegt, dass der unsigned-Wert außerhalb des signed- Wertebereichs liegt.

22 Funktionen

> **Regel 3** (Gleitpunktzahlen und Ganzzahlen)
>
> Hier werden zwei Fälle unterschieden:
>
> 1. Gleitpunkt-Argument → Ganzzahl
>   Der gebrochene Anteil der Gleitpunktzahl wird abgehackt. Wenn der ganzahlige Anteil außerhalb des Wertebereichs des Ganzzahltyps liegt, so ist das Verhalten undefiniert.
>
> 2. Ganzzahl-Argument → Gleitpunktzahl
>   Wenn der Wert der entsprechenden Ganzzahl zwar im Wertebereich der darstellbaren Gleitpunktzahlen liegt, aber nicht genau darstellbar ist, dann ist das Ergebnis entweder der nächsthöhere oder der nächstniedrigere darstellbare Wert (vom C-Standard nicht vorgeschrieben).

> **Regel 4 (float, double und long double)**
>
> Hier werden zwei Fälle unterschieden:
>
> 1. float-Argument → double
>   float-Argument → long double
>   double-Argument → long double
>   ursprünglicher Wert bleibt unverändert
>
> 2. double-Argument → float
>   long double-Argument → float
>   long double-Argument → double
>   Falls der Wert größer ist, als der Zieldatentyp aufnehmen kann, dann liegt undefiniertes Verhalten vor. Ist der Wert nicht zu groß für den Zieldatentyp, kann aber dort nicht genau dargestellt werden, da dort weniger Bits zur Darstellung zur Verfügung stehen, dann ist das Ergebnis entweder der nächsthöhere oder der nächstniedrigere darstellbare Wert (vom C-Standard nicht vorgeschrieben).

> **Regel 5 (Übliche arithmetische Umwandlungen)**
>
> Die hier angegebenen impliziten Umwandlungen von Datentypen werden als *übliche arithmetische Umwandlungen* bezeichnet. Graphisch lassen sich die dabei geltenden Regeln – wie in Abbildung 22.1 gezeigt – darstellen. Horizontale Umwandlungen werden immer durchgeführt; vertikale Umwandlungen nur bei Bedarf. Für die vertikalen Umwandlungen gilt, dass das Argument (beim Funktionsaufruf) immer in den Datentyp des entsprechenden Parameters (bei der Funktionsdefinition) umgewandelt wird, bevor der Funktionsaufruf stattfindet.

Entsprechend Abbildung 22.1 gilt z. B.: Wenn bei einem Funktionsaufruf ein Argument mit dem Datentyp unsigned int angegeben wird, der entsprechende Parameter bei der Funktionsdefinition aber mit Datentyp double deklariert wur-

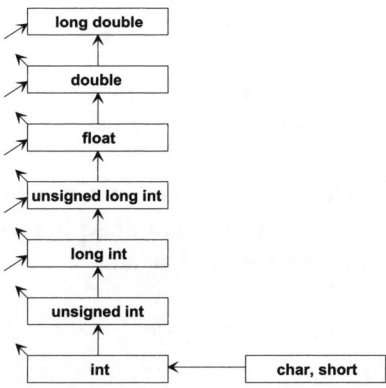

Abbildung 22.1: Regel für übliche arithmetische Umwandlungen

de, so wird das unsigned int-Argument implizit in double umgewandelt. In Abbildung 22.1 ließe sich dies – wie Abbildung 22.2 gezeigt – nachvollziehen.

22.2.8 Typische Anwendungsgebiete von Funktionen
Eine Funktion für sich ähnelnde Programmteile

Die Idee für Funktionen (oder besser deren Vorgänger, den so genannten Unterprogrammen), entstand noch zur Assembler-Zeit, als noch keine höheren Programmiersprachen existierten. Man stand damals häufig vor dem Problem, dass man Programmteile hatte, die sich weitgehend ähnlich waren. Man mußte dann jedesmal an der enstprechenden Stelle den nahezu gleichen Programmcode wieder vollständig angeben. Dies blähte die Programme nicht nur auf, sondern erforderte auch viel Tipparbeit.

Aus dieser Not machte man eine Tugend und erfand die so genannten Unterprogramme, die lediglich „Code-Schablonen" waren, die man nur einmal definierte und dann bei Bedarf immer aufrufen konnte. Ein solcher Aufruf bewirkte dann

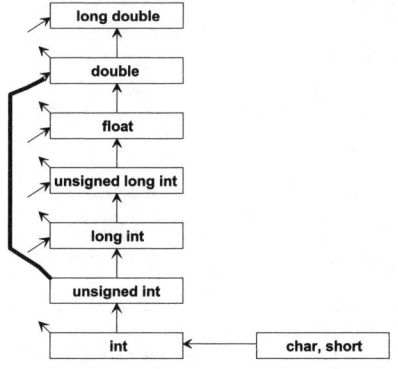

Abbildung 22.2: unsigned int- und double-Operand bewirkt double-Berechnung

22 Funktionen

den Sprung zu diesem Unterprogramm. Damals kannte man noch nicht das Parameterkonzept, sondern arbeitete mit globalen Variablen.

Mit der Hinzunahme des Parameterkonzepts wurde die Unterprogrammtechnik verbessert und es entstanden die Funktionen und Prozeduren, wie sie heute von nahezu jeder höheren Programmiersprache angeboten werden.

Aber auch weiterhin werden Funktionen am häufigsten dazu verwendet, um sich ähnelnde Programmteile nur einmal (als Funktion) zu definieren und diese Funktion dann an entsprechender Stelle (mit aktuellen Argumenten) aufzurufen.

Beispiel:

Das folgende – doch etwas schwierigere – C-Programm romzahl.c, das arabische Zahlen einliest und diese dann in römischer Zahlendarstellung ausgibt, demonstriert diese Anwendung von Funktionen. Für die Ausgabe der verschiedenen Zahlenbereiche definiert es nur eine Funktion, die es jeweils immer mit den aktuellen Argumenten eines bestimmten Zahlenbereichs aufruft.

```c
#include <stdio.h>

void block_ausgabe( long int wert, char einer, char fuenfer, char zehner );
/*----------- main -----------------------------------------------------*/
int  main(void) {
  long int   zahl;
  int        i;
  printf("\n\nArabische Zahlen in Roemische Zahlen umwandeln\n"
         "==============================================\n\n\n");
  while (1) {
    do {
      printf("Gib eine positive Zahl ein (Abbruch mit 0): "); scanf("%ld", &zahl);
    } while (zahl<0);
    if (zahl==0)
      break;
    printf("            ....... %ld = ", zahl);
    for (i=1 ; i<=zahl/1000 ; i++) /*--- Ausgabe aller Tausender (M) ---*/
      printf("M");
    zahl %= 1000;     /*--- Ausgabe fuer Zahlenbereich 100..900 ---*/
    block_ausgabe(zahl/100, 'C', 'D', 'M');
    zahl %= 100;      /*--- Ausgabe fuer Zahlenbereich 10..90 -----*/
    block_ausgabe(zahl/10, 'X', 'L', 'C');
    zahl %= 10;       /*--- Ausgabe fuer Zahlenbereich 1..9 -------*/
    block_ausgabe(zahl, 'I', 'V', 'X');
    printf(" ........\n\n");
  }
  return(0);
}
/*----------- block_ausgabe --------------------------------------------*
 * Diese Funktion gibt immer den entsprechenden Block einer Zahl aus.
 * wert      ist die auszugebende Zehnerpotenz
 * einer     enthaelt entspr. roem. Zeichen der Zehnerpotenz:    I=1, X=10, C=100
 * fuenfer   enthaelt entspr. roem. Zeichen von 5 * Zehnerpotenz: V=5, L=50, D=500
```

```
 * zehner    enthaelt entspr. roem. Zeichen der naechsten
 *           Zehnerpotenz, die groesser als der wert ist: X=10, C=100, M=1000   */
void block_ausgabe( long int wert, char einer, char fuenfer, char zehner ) {
  long int  i;
  if (wert==9)
     printf("%c%c", einer, zehner);
  else if (wert>4) {
     printf("%c", fuenfer);
     for (i=wert ; i>=6 ; i--)
        printf("%c", einer);
  } else if (wert==4)
     printf("%c%c", einer, fuenfer);
  else
     for (i=wert ; i>=1 ; i--)
        printf("%c", einer);
}
```

Möglicher Ablauf des Programms `romzahl.c`:

```
Arabische Zahlen in Roemische Zahlen umwandeln
==============================================

Gib eine positive Zahl ein (Abbruch mit 0): 1999 ⏎
         ....... 1999 = MCMXCIX ........
Gib eine positive Zahl ein (Abbruch mit 0): 2009 ⏎
         ....... 2009 = MMIX ........
Gib eine positive Zahl ein (Abbruch mit 0): 12345 ⏎
         ....... 12345 = MMMMMMMMMMMMCCCXLV ........
Gib eine positive Zahl ein (Abbruch mit 0): 987 ⏎
         ....... 987 = CMLXXXVII ........
Gib eine positive Zahl ein (Abbruch mit 0): 0 ⏎
```

Lesbarere Programme durch Funktionen

Die Aufteilung eines Programms in einzelne Programmteile, die gewisse Teilaufgaben lösen, macht ein Programm verständlicher und leichter änderbar. Ein Programm, das nur aus einem „Moloch", nämlich einer großen `main()`-Funktion besteht, ist bei weitem nicht so leicht verständlich und änderbar wie ein Programm, das die gestellte Aufgabe in wohlstrukturierte Teilaufgaben zergliedert und diese dann durch Funktionen löst. Bei dieser Vorgehensweise muss bei einer notwendig werdenden Änderung nur die entsprechende Funktion geändert werden, und man muss nicht in den vielen Code-Zeilen der `main()`-Funktion mühsam nach den in Frage kommenden Code-Teil suchen, an dem die entsprechenden Änderungen durchzuführen sind. Dies soll anhand eines kleinen Programms verdeutlicht werden.

Beispiel:

Es soll hier ein C-Programm `vchiffre.c` erstellt werden, das Nachrichten verschlüsselt. Als Chiffrieralgorithmus soll dabei ein einfacher Verschiebechiffre verwendet werden. Der einzugebende Schlüssel x legt fest, dass für jeden Kleinbuch-

22 Funktionen

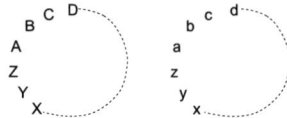

Abbildung 22.3: Alphabet zyklisch fortgesetzt

staben aus dem Originaltext dessen x. Nachfolger unter den Kleinbuchstaben und für jeden Großbuchstaben dessen x. Nachfolger unter den Großbuchstaben auszugeben ist. Das entsprechende Alphabet denkt man sich dabei, wie in Abbildung 22.3 gezeigt, zyklisch fortgesetzt.
Tritt im Eingabetext ein Zeichen auf, das nicht im englischen Alphabet enthalten ist, wie z. B. ä oder ?, so soll es unverschlüsselt wieder ausgegeben werden.
C-Programm vchiffre.c:

```
#include <stdio.h>
#include <ctype.h>

char codier(char z, int k);

int  main(void)
{
   int schluessel;
   char zeich;

   printf("Verschluesseln einer Nachricht mit Verschiebechiffre\n");
   printf("====================================================\n\n");
   printf("Der wie vielte Nachfolger soll immer genommen werden ? ");
   scanf("%d", &schluessel); getchar();
   printf("\nGib nun den zu verschluesselten Text ein:\n");

   while ((zeich=getchar()) != EOF)
      putchar( codier(zeich, schluessel) );
   return(0);
}

char codier(char z, int k)
{
   if (isupper(z))
      return('A'+(z-'A'+k) % 26);
   else if (islower(z))
      return('a'+(z-'a'+k) % 26);
   else
      return(z);
}
```

Möglicher Ablauf dieses Programms vchiffre.c:

```
....................
Der wie vielte Nachfolger soll immer genommen werden ? 3 ⏎

Gib nun den zu verschluesselten Text ein:
In diesem Beispiel wird ein ⏎
Lq glhvhp Ehlvslho zlug hlq
einfacher Verschiebechiffre gezeigt. ⏎
hlqidfkhu Yhuvfklhehfkliiuh jhchljw.
Strg-D     (für EOF)
```

Erläuterungen zum Programm vchiffre.c:
Mit der Anweisung

```
return('A'+(z-'A'+k) % 26);
```

in der Funktion codier() wird der entsprechende verschlüsselte Großbuchstabe ermittelt und mit return an das aufrufende Programmteil (hier main()) zurückgegeben. Da char-Werte in Ausdrücken in int-Werte umgewandelt werden, wird mit z-'A' zunächst einmal die Position des übergebenen Zeichens z im Alphabet ermittelt. Diese Operation ist notwendig, da die Zeichen im ASCII-Code abgespeichert sind. Z. B. ist das Zeichen 'C' in ASCII mit 67 codiert. 'C'-'A' ergibt dann die Position 2, 'A' soll die Position 0 im Alphabet besitzen. Mit dem Ausdruck

```
(z-'A'+k)
```

wird die Alphabetposition des verschlüsselten Buchstabens, abhängig vom k-Wert, bestimmt. Da eine so ermittelte Position außerhalb des Alphabets liegen kann, muss mit dem Modulo-Operator % die Position in den Bereich 0...25 projeziert werden.

Die anschließende Addition von 'A' ist notwendig, da wir den entsprechenden ASCII-Wert der so ermittelten Alphabetposition zurückgeben müssen.

Testen wir den eben durchgesprochenen Ausdruck einmal, indem wir für z den Wert 'V' und für k den Wert 17 annehmen; siehe Abbildung 22.4. Für dieses Beispiel wird also – wie aus Abbildung 22.4 ersichtlich – das Zeichen 'M' zurückgegeben.

Falls es sich beim übergebenen Zeichen an codier() nicht um einen Großbuchstaben, handelt, dann wird für den Fall, dass es sich um einen Kleinbuchstaben mit

```
return('a'+(z-'a'+k) % 26);
```

der entsprechend verschlüsselte Kleinbuchstaben zurückgegeben.
Handelt es sich bei dem übergebenen Zeichen weder um einen Groß- noch um einen Kleinbuchstaben, so wird mit

```
return(z);
```

das übergebene Zeichen unverändert wieder zurückgegeben.

Leichte Änderbarkeit des Programms vchiffre.c:
Sollte nun ein anderer Verschlüsselungsalgorithmus gefordert werden, so muss hier nur die Funktion codier() entsprechend geändert werden. Der Rest des Programms bleibt von dieser Änderung unberührt.

22 Funktionen

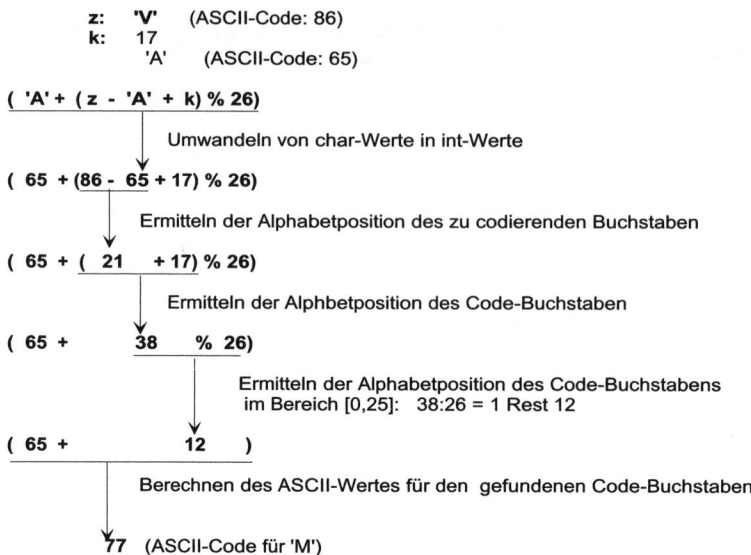

Abbildung 22.4: Chiffriertest für `z='V'` und `k=17`

22.2.9 Übungen

Klassisches Wahrscheinlichkeitsproblem

Der Spieler *Antoine Gombaud Chevalier de Mère* fragte eines Tages den französischen Mathematiker und Philosophen *Pascal*, ob es wahrscheinlicher sei, mindestens eine 6 bei vier Würfen mit einem Würfel oder mindestens eine Doppelsechs bei 24 Würfen mit zwei Würfeln zu erhalten.
Erstellen Sie ein C-Programm `demere.c`, das über *n* Simulationen diese Frage beantwortet. Die Anzahl n der Simulationen soll der Benutzer eingeben können.

Sparrate für ein bestimmtes Endguthaben

Fritz spart auf ein Endguthaben von 20 000 € am 31.12.2010. Wie viel muss er, 2001 beginnend, am ersten Werktag eines jeden Jahres einzahlen, damit er bei einem Jahres-Zinssatz von x% dieses Guthaben erreicht? Nun könnte ein Programm entwickelt werden, das für jede in Frage kommende Rate das Guthaben berechnet und vergleicht, ob es dem gewünschten Endguthaben entspricht.
Ein wesentlich schnellerer Algorithmus besteht jedoch darin, das Problem als eine mathematische Funktion

    `f(Rate)=guthaben(Laufzeit,Rate)-Endguthaben`

aufzufassen, für die die Nullstelle bestimmt wird. Dazu wird zu Beginn eine zu niedrige und eine zu hohe Rate festgelegt und durch wiederholte Intervallhalbierung die richtige Rate ermittelt. Schreiben Sie eine Funktion `nullstelle()`, die dies erledigt. Das zu entwickelnde Programm `sparrate.c` sollte damit mindestens aus den drei Funktionen `main()`, `guthaben()` und `nullstelle()` bestehen.

22.2 Erstellen eigener Funktionen

Anmerkung: Die minimale Rate soll 1 € betragen; als erste Obergrenze kann der Wert Endguthaben/Laufzeit genommen werden.
Nachfolgend ist ein Beispiel für die schrittweise Annäherung an die Rate durch Intervallhalbierung gezeigt:

```
Anfangsjahr = 2000
Endjahr     = 2010
Endguthaben = 10000
Zinssatz    = 5%
                |    Untergrenze   |    Obergrenze   |
----------------+------------------+-----------------+
 0. Iteration   |        1.000     |     1000.000    |
 1. Iteration   |      500.500     |     1000.000    |
 2. Iteration   |      750.250     |     1000.000    |
 3. Iteration   |      750.250     |      875.125    |
 4. Iteration   |      750.250     |      812.688    |
 5. Iteration   |      750.250     |      781.469    |
 6. Iteration   |      750.250     |      765.859    |
 7. Iteration   |      750.250     |      758.055    |
 8. Iteration   |      754.152     |      758.055    |
 9. Iteration   |      756.104     |      758.055    |
10. Iteration   |      757.079     |      758.055    |
11. Iteration   |      757.079     |      757.567    |
12. Iteration   |      757.079     |      757.323    |
13. Iteration   |      757.079     |      757.201    |
14. Iteration   |      757.140     |      757.201    |
15. Iteration   |      757.171     |      757.201    |
16. Iteration   |      757.186     |      757.201    |
17. Iteration   |      757.186     |      757.193    |
18. Iteration   |      757.186     |      757.190    |
19. Iteration   |      757.186     |      757.188    |
20. Iteration   |      757.186     |      757.187    |

Jährliche Sparrate = 757.19
```

Mögliche Abläufe dieses Programms `sparrate.c`:

```
Ratenrechnung bei vorgegebener Spardauer & Endguthaben
======================================================

Bitte Anfangsjahr eingeben: 2000 ⏎
Bitte Endjahr eingeben: 2010 ⏎
Bitte Endguthaben (ganzzahlig) eingeben: 20000 ⏎
Bitte Zinssatz eingeben: 6.3 ⏎

Jaehrliche Sparrate: 1407.45!
```

```
Ratenrechnung bei vorgegebener Spardauer & Endguthaben
======================================================

Bitte Anfangsjahr eingeben: 2001 ⏎
```

```
Bitte Endjahr eingeben: 2010 ⏎
Bitte Endguthaben (ganzzahlig) eingeben: 20000 ⏎
Bitte Zinssatz eingeben: 12.1 ⏎

Jaehrliche Sparrate: 1202.38!

Ratenrechnung bei vorgegebener Spardauer & Endguthaben
========================================================

Bitte Anfangsjahr eingeben: 2002 ⏎
Bitte Endjahr eingeben: 2020 ⏎
Bitte Endguthaben (ganzzahlig) eingeben: 100000 ⏎
Bitte Zinssatz eingeben: 9.2 ⏎

Jaehrliche Sparrate:  2173.97!
```

22.3 Die Parameter von Funktionen

Wie wir bereits besprochen haben, ist für jeden formalen Parameter bei Funktionsdefinitionen ein Datentyp anzugeben. Fehlen formale Parameter, dann entfällt natürlich auch die Typvereinbarung.
Die Parameter einer Funktion stellen eine Art Schnittstelle zur aufrufenden Funktion dar, d. h., die aufrufende Funktion kann über diese Parameter mit der aufgerufenen Funktion kommunizieren und Werte übergeben.
Diese Übergabe von Argumenten (Parametern) wollen wir nun genauer betrachten.

22.3.1 Leere Parameterliste durch Angabe von `void`

Besitzt eine Funktion keinerlei Parameter, so kann natürlich auch kein Parameter deklariert werden. Für diesen Fall gibt man bei der Funktionsdefinition das Schlüsselwort `void` an.

Beispiel:

Das folgende Programm `leerpara.c` illustriert dies.

```c
#include    <stdio.h>

void noargs(void) /*--- Explizite void-Angabe fuer leere Parameterliste */
{
    printf("Dies ist die Funktion noargs\n");
}

int  main(void)   /*--- Auch main ist eine Funktion. Wir verwenden diese   */
                  /*--- Funktion hier ohne Parameter und ohne Rueckgabewert */
{
   noargs();
   return(0);
}
```

Ausgabe durch dieses Programm `leerpara.c`:

```
Dies ist die Funktion noargs
```

22.3.2 Bei Funktionsaufrufen findet nur Wertübergabe statt

Wird in C eine Funktion aufgerufen, dann werden *nur die Werte der aktuellen Argumente* an die entsprechende Funktion übergeben. Was diese Aussage bedeutet, soll an konkreten Beispielen gezeigt werden.

Beispiel:

Das folgende Programm `rabatt.c` soll für einen Betrag den Endbetrag nach Abzug eines Rabattes berechnen und ausgeben.

```c
#include <stdio.h>

#define   RABATT   3.2

/*_____*/
void  berech(float a)
{
    a=a-a*RABATT/100;
}
/*_____*/

int  main(void)
{
    float    betrag=100.0;

    printf("Nach Abzug des Rabatts von %.1f%% vom Betrag %.2f Euro\n",
           RABATT, betrag);
    /*_____*/
    berech(betrag);   /*--- Berechnen des Endbetrags ---*/
    /*_____*/
    printf("ist der neue Betrag : %.2f Euro\n", betrag);
    return(0);
}
```

Ablauf des Programms `rabatt.c`:

```
Nach Abzug des Rabatts von 3.2% vom Betrag 100.00 Euro
ist der neue Betrag : 100.00 Euro
```

Diese falsche Ausgabe hat ihre Ursache darin, dass die aufrufende Funktion `main()` nicht die Adresse, sondern lediglich – wie oben erwähnt – den Wert von `betrag` an `berech()` übergibt. Mit der Variablendefinition

```
    float    betrag=100.0;
```

in der Funktion `main()` wird ein Speicherbereich reserviert, in dem der Wert 100.00 abgelegt wird, wie dies in Abbildung 22.5 gezeigt ist.
Mit dem Funktionsaufruf

```
    berech(betrag);
```

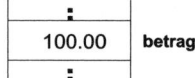

Abbildung 22.5: Speichern von 100 in Variable rabatt (im Speicherbereich von main())

wird der Wert von betrag in einen eigenen Speicherbereich (auch *Stack* genannt) für die Funktion berech() kopiert, wie dies in Abbildung 22.6 gezeigt ist. Dieser eigens für die Funktion berech() reservierte Speicherbereich wird nach dem Verlassen der Funktion wieder freigegeben.

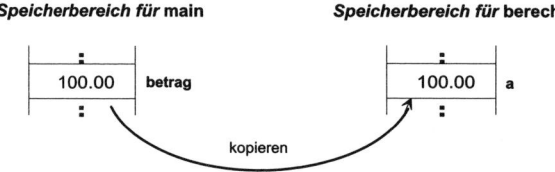

Abbildung 22.6: Kopieren des Werts 100 in lokale Variable a (im Speicherbereich von berech())

Bei der Ausführung der Funktion berech() wird mit der Anweisung

```
a=a-a*RABATT/100;
```

die Kopie von betrag, d. h. a, und nicht betrag selbst verändert, was zu dem in Abbildung 22.7 gezeigten Speicherbild führt.

Abbildung 22.7: Verändern des Werts der lokalen Variablen a (im Speicherbereich von berech())

Der ursprüngliche Wert von betrag bleibt vom „Rendezvouz" mit der Funktion berech() völlig unbeeinflußt. Nach der Rückkehr aus der Funktion berech() wird dann der unveränderte Wert von betrag (100.0) ausgegeben.
Eine Möglichkeit, dieses Programm rabatt.c zu berichtigen, wird nachfolgend im Programm rabatt2.c gezeigt:

```
#include    <stdio.h>

#define     RABATT  3.2
```

```
float   berech(float a)  /* Nun Rueckgabetyp float */
{
   a=a-a*RABATT/100;
   return(a); /* liefert a als Rueckgabewert */
}

int   main(void)
{
   float    betrag=100.0;

   printf("Nach Abzug des Rabatts von %.1f%% vom Betrag %.2f Euro\n",
          RABATT, betrag);

   betrag = berech(betrag);  /*-- Rueckgabewert von berech() wird neuer betrag --*/

   printf("ist der neue Betrag : %.2f Euro\n", betrag);
   return(0);
}
```

Es wurden die folgenden Änderungen durchgeführt:
Die Funktion berech() verändert zwar auch hier nur die Kopie von betrag (im Speicherbereich von berech). Durch die Anweisung

```
   return(a);
```

liefert sie aber jetzt den veränderten Wert von betrag an den Aufrufer (hier main()) zurück. Durch die Zuweisung (in der Funktion main())

```
   betrag = berech(betrag);
```

wird nun der Rückgabewert von berech() (berechneter Rabatt-Betrag aus dem Speicherbereich der Funktion berech()) der Variablen betrag (in main()) als neuer Wert zugewiesen.
Nun funktioniert das Programm, wie der folgende Ablauf zeigt.

```
Nach Abzug des Rabatts von 3.2% vom Betrag 100.00 Euro
ist der neue Betrag : 96.80 Euro
```

Um die interne Behandlung der Parameterübergabe besser verstehen zu können, wird noch ein weiteres Beispiel vorgestellt.

Beispiel:

Das folgende Programm tausch.c soll die Inhalte von zwei Variablen vertauschen.

```
#include    <stdio.h>

void    tausch(int a, int b) {
   int     hilf;

   hilf=a;
   a=b;
   b=hilf;
}
```

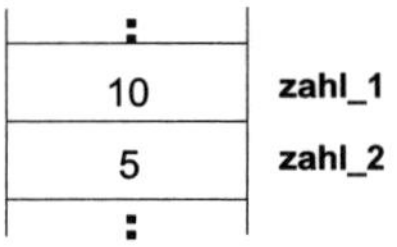

:	
10	zahl_1
5	zahl_2
:	

Abbildung 22.8: Speichern der Werte 10 und 5 in den Variablen `zahl_1` und `zahl_2` (im Speicherbereich von `main()`)

```
int main(void) {
   int    zahl_1, zahl_2;

   zahl_1 = 10;
   zahl_2 = 5;

   printf(" Vor tausch-Aufruf: zahl_1=%d, zahl_2=%d\n", zahl_1, zahl_2);

   tausch(zahl_1,zahl_2);

   printf("Nach tausch-Aufruf: zahl_1=%d, zahl_2=%d\n", zahl_1, zahl_2);
   return(0);
}
```

Dieses Programm würde nicht – wie erwartet – die Inhalte der beiden `int`-Variablen `zahl_1` und `zahl_2` vertauschen, wie die folgende Ausgabe dieses Programms `tausch.c` zeigt:

```
Vor tausch-Aufruf: zahl_1=10, zahl_2=5
Nach tausch-Aufruf: zahl_1=10, zahl_2=5
```

Mit der Variablendeklaration

```
   int    zahl_1, zahl_2;
```

wird in `main()` Speicherplatz reserviert, in dem mit den Anweisungen

```
   zahl_1 = 10;
   zahl_2 = 5;
```

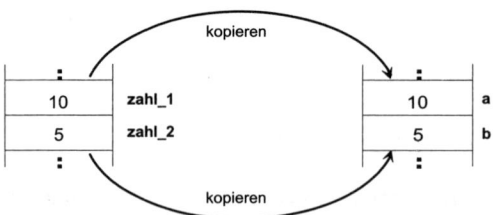

Abbildung 22.9: Kopieren der Werte 10 und 5 in die lokalen Variablen `a` und `b` (im Speicherbereich von `tausch()`)

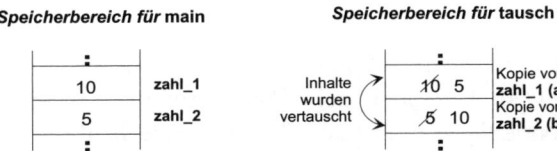

Abbildung 22.10: Vertauschen der kopierten Werte 10 und 5 (im Speicherbereich von `tausch()`)

die Werte 10 und 5 gespeichert werden, wie dies in Abbildung 22.8 gezeigt ist.
Mit dem Funktionsaufruf

```
tausch(zahl_1,zahl_2);
```

werden dann die Werte von `zahl_1` und `zahl_2` an die Funktion `tausch()` übergeben, was einem Kopieren dieser Werte in einen eigenen Speicherbereich für die Funktion `tausch()` gleichkommt, wie dies in Abbildung 22.9 gezeigt ist.
Im Funktionsbereich von `tausch()` ist eine lokale Variable `hilf` deklariert, welche nur innerhalb von `tausch()` verwendet werden kann.
Die Anweisungen im Funktionsbereich von `tausch()` bewirken das Vertauschen der kopierten Werte, wie dies in Abbildung 22.10 gezeigt ist.
In Abbildung 22.10 ist zu erkennen, dass die Inhalte der ursprünglichen Variablen `zahl_1` und `zahl_2` durch die „Vertausch-Anweisungen" nicht verändert wurden.
Die beiden `int`-Variablen in `main()` besitzen also nach der Rückkehr aus der Funktion `tausch()` noch dieselben Werte wie vor dem Funktionsaufruf von `tausch()`, was auch die folgenden Bildschirmausgaben verdeutlichen:

```
Vor tausch-Aufruf:  zahl_1=10, zahl_2=5
Nach tausch-Aufruf: zahl_1=10, zahl_2=5
```

Bei einem Funktionsaufruf werden also grundsätzlich nur die Werte der aktuellen Argumente an die aufgerufene Funktion übergeben. Daraus folgt, dass eine Funktion bei der eben vorgestellten Vorgehensweise den Inhalt von außerhalb deklarierten Variablen nicht verändern kann. Wie aber kann man die außerhalb von Funktionen deklarierten Variablen innerhalb von Funktionen verändern? Der nachfolgende Abschnitt gibt die Antwort auf diese Frage.

22.3.3 Call by reference

Die Antwort auf die zuvor gestellte Frage lautet:

Wir müssen nicht Werte, sondern Adressen als Argumente übergeben.

Wie können wir aber Adressen übergeben? Antwort: Wir müssen die formalen Parameter bei der Funktionsdefinition als so genannte *Zeiger* (durch Voranstellen von `*` vor den Parameternamen) deklarieren und beim Funktionsaufruf die Adressen von Variablen (durch Voranstellen des Adreßoperators `&` vor den Variablennamen) übergeben.

22 Funktionen

Beispiel:

Die Funktion `tausch()` aus dem vorherigen Beispiel soll so umgeschrieben werden, dass die beiden Argumente a und b nicht mehr Werte erwarten, sondern Adressen von Variablen. Das folgende Programm `tausch2.c` verdeutlicht dies.

```
#include    <stdio.h>

void  tausch(int *a, int *b) /* Nun Zeiger-Parameter */ {
    int    hilf;

    hilf = *a;
    *a = *b;
    *b = hilf;
}
int   main(void) {
    int    zahl_1, zahl_2;

    zahl_1 = 10;
    zahl_2 = 5;

    printf(" Vor tausch-Aufruf: zahl_1=%d, zahl_2=%d\n", zahl_1, zahl_2);
    tausch(&zahl_1, &zahl_2); /** Aufruf von tausch mit den Adressen der
                                ** Variablen zahl_1 und zahl_2          **/
    printf("Nach tausch-Aufruf: zahl_1=%d, zahl_2=%d\n", zahl_1, zahl_2);
    return(0);
}
```

Dieses Programm `tausch2.c` vertauscht die Inhalte der beiden **int**-Variablen zahl_1 und zahl_2 nun wirklich, wie der Programmablauf auch zeigt:

```
Vor tausch-Aufruf: zahl_1=10, zahl_2=5
Nach tausch-Aufruf: zahl_1=5, zahl_2=10
```

Mit der Variablendeklaration

```
    int    zahl_1, zahl_2;
```

wird in `main()` Speicherplatz reserviert, in dem mit den Anweisungen

```
zahl_1 = 10;
zahl_2 = 5;
```

die Werte 10 und 5 gespeichert werden; siehe auch Abbildung 22.11.

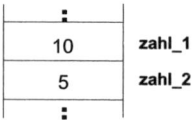

Abbildung 22.11: Speichern der Werte 10 und 5 in den Variablen zahl_1 und zahl_2 (im Speicherbereich von `main()`)

22.3 Die Parameter von Funktionen

Wir wollen jetzt aber eine andere Darstellungsweise verwenden, wie sie in Abbildung 22.12 gezeigt ist.

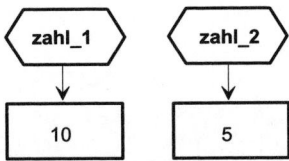

Abbildung 22.12: Speichern der Werte 10 und 5 in den Variablen zahl_1 und zahl_2 (im Speicherbereich von main())

In der Definition von tausch() werden mit der Deklaration
```
void    tausch(int *a, int *b)
```
zwei Speicherplätze für int-Zeiger reserviert, wie dies in Abbildung 22.13 gezeigt ist.

Abbildung 22.13: Zwei Zeigervariablen, die auf die Variablen a und b zeigen

Mit dem Funktionsaufruf
```
    tausch(&zahl_1, &zahl_2);
```
werden die Adressen von zahl_1 und zahl_2 als aktuelle Argumente an die Funktion tausch() übergeben; als Erinnerung: & = Adreßoperator. Bei dieser Übergabe werden also in die beiden reservierten Speicherplätze a und b der Funktion tausch() die Adressen von zahl_1 und zahl_2 abgelegt; siehe Abbildung 22.14.

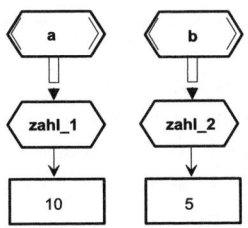

Abbildung 22.14: Übergabe der Adressen von zahl_1 und zahl_2 an tausch()

Der Ablauf innerhalb der Funktion tausch() soll bildlich dargestellt werden:
```
    hilf = *a;    /* siehe Abbildung 22.15 */
    *a   = *b;    /* siehe Abbildung 22.16 */
    *b   = hilf;  /* siehe Abbildung 22.17 */
```

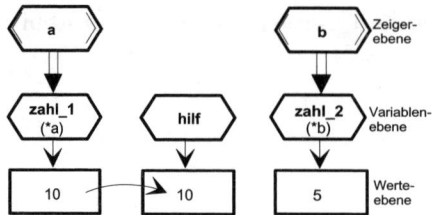

Abbildung 22.15: Auswirkung der Anweisung `hilf = *a`

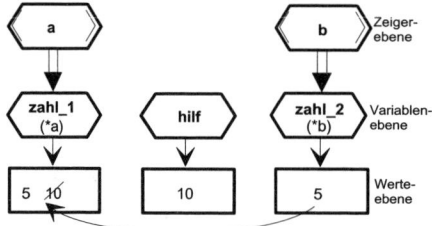

Abbildung 22.16: Auswirkung der Anweisung `*a = *b`

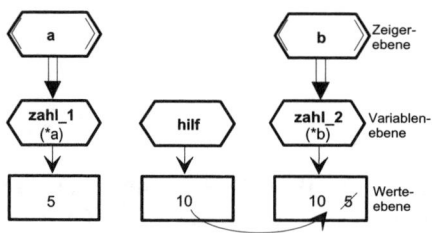

Abbildung 22.17: Auswirkung der Anweisung `*b = hilf`

Nach der Rückkehr aus der Funktion `tausch()` sind die Werte von `zahl_1` und `zahl_2` vertauscht.

Die eben kennengelernte Technik der Parameterübergabe mit Adressen nennt man *call by reference*, während man die Parameterübergabe mit Werten *call by value* nennt. Ganz allgemein kann man mit Zeigerparametern eine oder mehrere außerhalb der Funktion deklarierte Variablen beeinflussen. Eine solche Vorgehensweise birgt aber auch einige Gefahren in sich, denn ein zu freizügiger Umgang mit Zeigerparametern läßt die Verwaltung von Variablen schnell unübersichtlich werden, was zu schwer auffindbaren Fehlern führen kann.

An dieser Stelle wird vielleicht auch deutlich, warum bei der Bibliotheksfunktion `scanf()` die Variablen mit Adreßoperator `&` anzugeben sind. Würde nämlich keine Adresse einer Variablen an `scanf()` übergeben, könnte diese Funktion den eingegebenen Wert nicht an die aufrufende Funktion zurückliefern.

22.3.4 Auswertung der Argumente findet vor Funktionsaufruf statt

Alle Argumente bei einem Funktionsaufruf werden nur einmal vor dem Funktionsaufruf ausgewertet und dann an die entsprechende Funktion übergeben.

Beispiel:

Das folgende Programm `argvor.c` demonstriert, dass bei Funktionen die Argumente nur einmal vor dem Aufruf ausgewertet werden, während im Gegensatz dazu die Argumente von Makros eventuell mehrmals ausgewertet werden.

```
#include <stdio.h>

#define makromax(x,y)  ( (x>y) ? x : y )

int funkmax(int x, int y) {
    if (x>y)
        return(x);
    else
        return(y);
}
int main(void) {
    int  a, b, max;

    a = 5; b = 10;
    max = funkmax(++a, ++b);
    printf("a=%d, b=%d, max=%d\n", a, b, max);

    a = 5; b = 10;
    max = makromax(++a, ++b);
    printf("a=%d, b=%d, max=%d\n", a, b, max);
    return(0);
}
```

Dieses Programm `argvor.c` liefert die folgende Ausgabe:

```
a=6, b=11, max=11
a=6, b=12, max=12
```

Bei

```
    max = funkmax(++a, ++b);
```

wird zuerst den Argumenten a der Wert 6 (5+1) und b der Wert 11 (10+1) zugewiesen. Erst nachdem diese Ausdrücke ausgewertet sind, wird die Funktion mit den entsprechenden Werten aufgerufen.

Im Gegensatz dazu expandiert der Compiler den Makroaufruf

```
    max = makromax(++a, ++b);
```

zu folgender Anweisung

```
    max = ( (++a>++b) ? ++a : ++b );
```

Dies führt dazu, dass zunächst für den Vergleich die beiden Ausdrücke (Argumente) ausgewertet werden

```
++a    (a wird hier der Wert 6 (5+1) zugewiesen)
++b    (b wird hier zunächst der Wert 11 (10+1) zugewiesen)
```

Dies bedeutet nun, dass b größer als a ist, was dazu führt, dass die Anweisung nach dem „:" (Doppelpunkt) ausgeführt wird, also der Ausdruck (das Argument)

```
++b    (b wird hier der Wert 12 (11+1) zugewiesen)
```

erneut ausgewertet wird.

22.3.5 Fallgruben

Reihenfolge der Argument-Auswertung ist nicht festgelegt

Ob ein C-Compiler die Argumente *von links nach rechts* oder aber von *von rechts nach links* auswertet, ist vom C-Standard nicht vorgeschrieben. Die einzige Vorschrift, die der C-Standard hier macht, lautet:

Argumente und Funktionsbezeichner müssen vollständig ausgewertet sein, bevor mit der Ausführung des Funktionscodes begonnen wird.

Nehmen wir z. B. das Programm `argreih.c`:

```c
#include <stdio.h>

int funkmax(int x, int y) {
    if (x>y)
        return(x);
    else
        return(y);
}
int main(void) {
    int a, b, max;

    a = 5;
    b = 10;
    max = funkmax(a=a+b, b=2*b);
    printf("a=%d, b=%d, max=%d\n", a, b, max);
    return(0);
}
```

Dieses Programm könnte abhängig von der Abarbeitungs-Strategie des jeweiligen Compilers unterschiedliche Ergebnisse liefern.
Bei einem Compiler, der die Argumente *von links nach rechts* abarbeitet, wird es folgende Ausgabe liefern:

```
a=15, b=20, max=20
```

Dieser Compiler hat also die Argumente *von links nach rechts* abgearbeitet.

```
a=a+b    (a wird der Wert 15 (5+10) zugewiesen)
b=2*b    (b wird der Wert 20 (2*10) zugewisen)
```

Bei einem Compiler, der die Argumente *von rechts nach links* abarbeitet, wird es folgende Ausgabe liefern:

```
a=25, b=20, max=25
```

Dieser Compiler hat also die Argumente *von rechts nach links* abgearbeitet.

```
b=2*b    (b wird der Wert 20 (2*10) zugewiesen)
a=a+b    (a wird der Wert 25 (5+20) zugewiesen)
```

Portable Programme sollten also die Auswertungs-Reihenfolge nicht dem jeweiligen Compiler überlassen, sondern die gewünschte Auswertungs-Reihenfolge selbst vor dem Funktionsaufruf vornehmen, wie z. B.:

- Von links nach rechts
    ```
    a=a+b;
    b=2*b;
    max = funkmax(a, b);
    ```
- Von rechts nach links
    ```
    b=2*b;
    a=a+b;
    max = funkmax(a, b);
    ```

Aufruf-Reihenfolge von Funktionen in Ausdrücken ist nicht festgelegt

In einer Anweisung wie

```
x = funk1() + funk2();
```

ist nicht festgelegt, ob funk1() vor funk2() aufzurufen ist oder umgekehrt. Die Aufruf-Reihenfolge ist jedoch bei Funktionen von Wichtigkeit, die den Inhalt derselben Variablen verändern.

Beispiel:

Das folgende Programm zins.c ist nicht portabel, da es die Aufruf-Reihenfolge der beiden Funktionen zinsen() und rueckzahl() dem jeweiligen Compiler überläßt.

```c
#include <stdio.h>

#define ZINSSATZ  0.08

float   zinsen( float *betr) {
    float zins_betrag = *betr*ZINSSATZ;

    *betr += zins_betrag;
    return( zins_betrag );
}

float   rueckzahl( int rate, float *betra ) {
    return( *betra -= rate );
}

int   main(void) {
    float betrag = 10000;
    float neu_betrag;

    /*_____*/
```

22 Funktionen

```
    neu_betrag = zinsen(&betrag) + rueckzahl(100, &betrag);
    /*_____*/

    printf("Neuer Betrag ist: %.2f\n", neu_betrag);
    printf("Wert von betrag ist: %.2f\n", betrag);
    return(0);
}
```

Dieses Programm zins.c könnte abhängig von der Aufruf-Reihenfolge, die der jeweilige Compiler benutzt, unterschiedliche Ergebnisse liefern:

1. Aufruf von zinsen() erfolgt *vor* rueckzahl().

   ```
   Neuer Betrag ist: 11500.00
   Wert von betrag ist: 10700.00
   ```

2. Aufruf von zinsen() erfolgt *nach* rueckzahl().

   ```
   Neuer Betrag ist: 10692.00
   Wert von betrag ist: 10692.00
   ```

Portable Programme sollten also die Aufruf-Reihenfolge von Funktionen in Ausdrücken nicht dem jeweiligen Compiler überlassen, sondern die gewünschte Aufruf-Reihenfolge selbst festlegen, wie z. B.:

- Aufruf von zinsen() soll *vor* rueckzaehl() erfolgen

  ```
  neu_betrag = zinsen(&betrag);
  neu_betrag += rueckzahl(100, &betrag);
  ```

- Aufruf von zinsen() soll *nach* rueckzaehl() erfolgen

  ```
  neu_betrag = rueckzahl(100, &betrag);
  neu_betrag += zinsen(&betrag);
  ```

22.3.6 Übung: Zeiten-Taschenrechner

Erstellen Sie ein Programm zeitrech.c, das wahlweise zwei Uhrzeiten addiert oder voneinander subtrahiert.

Mögliche Abläufe dieses Programms zeitrech.c:

```
Taschenrechner fuer Uhrzeiten
=============================
Bitte Startzeit eingeben (hh:mm:ss): 12:45 ⏎
Bitte 2. Zeit eingeben (hh:mm:ss): 11:40:25 ⏎
Bitte Operation eingeben (+/-): - ⏎
12:45:00 - 11:40:25 = 01:04:35

Taschenrechner fuer Uhrzeiten
=============================
Bitte Startzeit eingeben (hh:mm:ss): 23:15:12 ⏎
Bitte 2. Zeit eingeben (hh:mm:ss): 5 ⏎
Bitte Operation eingeben (+/-): + ⏎
23:15:12 + 05:00:00 = 1 Tag 04:15:12

Taschenrechner fuer Uhrzeiten
=============================
Bitte Startzeit eingeben (hh:mm:ss): 00:31:42 ⏎
```

```
Bitte 2. Zeit eingeben (hh:mm:ss): 00:45 ⏎
Bitte Operation eingeben (+/-): - ⏎
00:31:42 - 00:45:00 = -23:46:42
```

22.4 Ellipsen-Prototypen für Funktionen mit variabler Argumentzahl

Mittels Ellipsen-Prototypen ist seit C89 die Behandlung von Funktionen, die mit einer unterschiedlichen Zahl von Argumenten aufgerufen werden können, standardisiert.

22.4.1 Reihenfolge der Argument-Ablage im Stack

In Alt-C (vor C89) wurden alle übergebenen Parameter eines Funktionsaufrufs *von rechts nach links* auf den Stack abgelegt. Der Vorteil dieser Methode war, dass eine variabel lange Liste von aktuellen Parametern beim Aufruf von Funktionen wie `printf()` möglich war. Der Nachteil dieser Vorgehensweise war, dass manchmal von C-Compilern nicht so effizienter Code beim Funktionsaufruf erzeugt werden konnte, wie z. B. von Pascal-Compilern, bei denen die Anzahl und der Typ der Argumente zum Aufrufzeitpunkt bekannt ist.
Ein weiterer Nachteil dieser Methode war, dass sie nicht den standardisierten Aufruffolgen einiger Betriebssysteme entsprach. Nichtsdestotrotz mußte bei allen Funktionsaufrufen die ineffizientere Aufrufsequenz gewählt werden, um gelegentlichen `printf()`-Aufrufen gerecht zu werden.
Das Linken von Modulen aus anderen Sprachen wurde durch diese C-speziellen Aufruffolgen ebenfalls nicht erleichtert.

22.4.2 Ellipsen-Prototypen

Das C89-Standardisierungs-Komitee war über die gerade erwähnten Nachteile nicht besonders glücklich und stellte folgende Regel auf:
Funktionen, die eine variable Anzahl von Argumenten erwarten, müssen mit so genannten Ellipsen-Prototypen deklariert werden, wie z. B.:

```
int printf(const char *format, ...);
```

Die drei Punkte (*Ellipse*) bei einer *Prototyp-Deklaration* deuten an, dass beim Aufruf von `printf()` neben einem fest vorgeschriebenen Parameter `format` beliebig weitere aktuelle Parameter angegeben werden können.
Seit der Einführung von Ellipsen kann nun der Compiler bei jedem Funktionsaufruf ohne vorheriger Ellipsen-Prototyp-Deklaration annehmen, dass diese Funktion eine feste Anzahl von Parametern hat.

22.4.3 Abarbeiten variabel langer Argumentlisten

Um eine variable Anzahl von Argumenten innerhalb einer Funktion abarbeiten zu können, sind die folgenden Schritte notwendig:

1. Zugriff auf die fest vorgegebenen Parameter über deren Namen ist wie bisher möglich.

2. Deklaration einer Zeigervariablen des (in der Standard-Headerdatei <stdarg.h> definierten) Typs va_list:
   ```
   va_list argument_list_zeiger;
   ```

3. Aufruf des Makros va_start() mit zwei Argumenten: dem Namen des zuvor deklarierten Zeigers (vom Typ va_list) und dem Namen des letzten benamten Parameters:
   ```
   va_start(argument_list_zeiger, letzter_benamter_param);
   ```
   Dieser Aufruf ermittelt anhand des letzten fixen Arguments, wo das erste variable Argument (auf dem Stack) gespeichert ist, und setzt `argument_list_zeiger` auf den Anfang dieser variablen Argumentenliste.

4. Wiederholter Aufruf des Makros va_arg(), um so die variable Argumentenliste „Stück für Stück" abzuarbeiten. Dieses Makro schaltet `argument_list_zeiger` immer ein Argument weiter in dieser Liste. Als erstes Argument ist bei va_arg() der `argument_list_zeiger` anzugeben. Das zweite Argument muss den Typ des zu erwartenden Arguments festlegen, um so va_arg() die Größe des entsprechenden variablen Arguments mitzuteilen. Es ist zu beachten, dass bei char-Argumenten der Typ int und bei float-Argumenten der Typ double anzugeben ist. Das Ende einer variabel langen Argumentenliste muss über getroffene Vereinbarungen erkannt werden, wie z. B. 1. Argument gibt die Anzahl der aktuellen Argumente an, oder letztes Argument ist -1[5], usw.; siehe auch weiter unten.

5. Vor Rückkehr aus dieser Funktion muss noch das Makro va_end() aufgerufen werden:
   ```
   va_end(argument_list_zeiger);
   ```
   Dieser Aufruf setzt `argument_list_zeiger` auf NULL und versetzt den Stack wieder in einen „sauberen" Zustand. Ohne diesen Aufruf kann der weitere Programmablauf ein seltsames Verhalten zeigen.

Hinweis:
C99 hat ein neues Makro va_copy() eingeführt, das die Argumentliste aus `quelle` nach `ziel` kopiert:
```
void va_copy( va_list ziel, va_list quelle ); // neu in C99
```

22.4.4 Verfahren zum Abarbeiten variabel langer Argumentlisten

Es gibt viele Möglichkeiten, in einer Funktion, die eine variabel lange Argumentliste erlaubt, auf die einzelnen unbenannten Argumente innerhalb dieser Funktion zuzugreifen. Wir werden hier vier Verfahren anhand eines Beispiels vorstellen. Dabei soll eine Funktion vieladd() erstellt werden, die die übergebenen Werte ad-

---

[5] nur möglich, wenn alle Argumente numerische Werte von einem Typ (z. B. int) sind

22.4 Ellipsen-Prototypen für Funktionen mit variabler Argumentzahl

diert und die Summe zurückgibt. Diese Funktion soll mit einer unterschiedlichen Zahl von zu addierenden Werten aufgerufen werden können.

Anzahl der Argumente beim Aufruf als eigenes Argument übergeben

Bei diesem Verfahren wird der entsprechenden Funktion über einem eigenen Argument mitgeteilt, wie viele Argumente beim aktuellen Aufruf angegeben sind. Das folgende Programm `vieladd1.c` demonstriert dieses Verfahren.

```c
#include  <stdio.h>
#include  <stdarg.h>

float  viel_add1(int n, ...) {
    va_list    arg_zeiger;
    float      wert, ergeb=0;
    int        i;
    va_start(arg_zeiger, n);   /*--- Zugriff auf 1.Argument (noch benamt) -*/
    for (i=1 ; i<=n ; i++) {   /*--- Lesen der restl. Argumente (unbenamt) ---*/
        wert = va_arg(arg_zeiger, double);
        ergeb += wert;
    }
    va_end(arg_zeiger); /*--- Stack wieder in sauberen Zustand versetzen---*/
    return(ergeb);
}
int  main(void) {
    float  summe;
    summe = viel_add1(1, 123.45);     /* Aufruf mit 1 Argument */
    printf("123.45 = %g\n", summe);
    summe = viel_add1(3, 2.3, 3.5, 100.2);   /* Aufruf mit 3 Argumenten */
    printf("2.3 + 3.5 + 100.2 = %g\n", summe);
    summe = viel_add1(5, -10.5, 300.0, 20.5, -50.0, 10.3);  /* Aufruf mit 5 Arg. */
    printf("-10.5 + 300 + 20.5 - 50 + 10.3 = %g\n", summe);
    return(0);
}
```

Ausgabe durch dieses Programm `vieladd1.c`:

```
123.45 = 123.45
2.3 + 3.5 + 100.2 = 106
-10.5 + 300 + 20.5 - 50 + 10.3 = 270.3
```

Ende der Argumentliste durch speziellen Wert kennzeichnen

Bei diesem Verfahren wird der entsprechenden Funktion über einen speziellen – zwischen Funktion und Aufrufer vereinbarten – Wert das Ende der Argumentliste mitgeteilt. Das folgende Programm `vieladd2.c` demonstriert dieses Verfahren, wobei das Ende der Argumentliste immer der Wert `0.0` sein muss.

```c
#include  <stdio.h>
#include  <stdarg.h>

float  viel_add2(double zahl1, ...) {
```

```
        va_list    arg_zeiger;
        double     wert, ergeb;

        va_start(arg_zeiger, zahl1); /*--- Zugriff auf 1.Argument (noch benamt) -*/
        ergeb = zahl1;
          /*--- Lesen der restl. Argumente (unbenamt); Ende, wenn Argument = 0 --*/
        while ( (wert=va_arg(arg_zeiger, double)) != 0 )
           ergeb += wert;
        va_end(arg_zeiger); /*--- Stack wieder in sauberen Zustand versetzen---*/
        return(ergeb);
}
int main(void) {
    float   summe;
    summe = viel_add2(123.45, 0.0);
    printf("123.45 = %g\n", summe);
    summe = viel_add2(2.3, 3.5, 100.2, 0.0);
    printf("2.3 + 3.5 + 100.2 = %g\n", summe);
    summe = viel_add2(-10.5, 300.0, 20.5, -50.0, 10.3, 0.0);
    printf("-10.5 + 300 + 20.5 - 50 + 10.3 = %g\n", summe);
    return(0);
}
```

Ausgabe durch dieses Programm `vieladd2.c`:

```
123.45 = 123.45
2.3 + 3.5 + 100.2 = 106
-10.5 + 300 + 20.5 - 50 + 10.3 = 270.3
```

Typ jedes Elements durch spezielle Formatangaben kennzeichnen

Bei diesem Verfahren werden der entsprechenden Funktion über Formatelemente die Typen der einzelnen Argumente mitgeteilt. Das Ende der Argumentliste wird hierbei wieder mit einem speziellen Formatelement gekennzeichnet.

Nach diesem hier vorgestellten Verfahren arbeitet `printf()`, wobei die Anzahl und Typen der Argumente durch Formatangaben (%-Angaben) im ersten String festgelegt werden. Da wir die Abarbeitung von Strings erst in einem späteren Kapitel vorstellen, können wir die exakte Arbeitsweise von `printf()` hier noch nicht vorstellen. Jedoch können wir das Prinzip mit einer vereinfachten Vorgehensweise nachbilden.

Das folgende Programm `vieladd3.c` demonstriert dieses vereinfachte Verfahren. Hierbei muss jedem echten Wert in der Argumentliste ein Formatelement vom Typ `char` vorangestellt werden, und zwar

Formatelement	Wert
'c' oder 'd'	für `char`- oder `short`-Werte
'l'	für `int`- oder `long`-Werte
'f'	für `float`- oder `double`-Werte
'z'	für `long double`-Werte
'e'	für Ende der Argumentliste

22.4 Ellipsen-Prototypen für Funktionen mit variabler Argumentzahl

```c
#include <stdio.h>
#include <stdarg.h>
#include <ctype.h>

long double   viel_add3(char format, ...) {
    va_list       arg_zeiger;
    long double   wert, ergeb=0;

    va_start(arg_zeiger, format);   /*--- Zugriff auf 1.Argument (noch benamt) -*/
        /*--- Lesen der restl. Argumente (unbenamt); Ende, wenn Argument = 0 --*/
    while (format != 'e') {
        switch (tolower(format)) {
            case 'c':
            case 'd': wert = va_arg(arg_zeiger, int);         break;
            case 'l': wert = va_arg(arg_zeiger, long);        break;
            case 'f': wert = va_arg(arg_zeiger, double);      break;
            case 'z': wert = va_arg(arg_zeiger, long double); break;
        }
        ergeb += wert;
        format = va_arg(arg_zeiger, int); /*--- Naechstes Formatzeichen lesen -*/
    }
    va_end(arg_zeiger); /*--- Stack wieder in sauberen Zustand versetzen---*/
    return(ergeb);
}
int  main(void) {
    long double sum;
    sum = viel_add3('d', -200, 'f', 0.5, 'c', 'x', 'l', 1000000, 'z', 1e9L, 'e');
    printf("-200 + 0.5 + 'x' + 1000000 + 1e9L = %Lf\n", sum);
    return(0);
}
```

Ausgabe durch dieses Programm `vieladd3.c`:

```
-200 + 0.5 + 'x' + 1000000 + 1e9L = 1000999920.500000
```

Aufruf der Funktion `vprintf()`

C bietet in der Headerdatei `stdio.h` die Funktion `vprintf()` an:

```c
#include <stdio.h>
#include <stdarg.h> // muss wegen des Datentyps va_list inkludiert werden

int vprintf(const char *format, va_list arg)
```

Die Parameter sind analog zur Funktion `printf()` zu interpretieren:

❑ `format` ist dabei der Formatierungsstring und

❑ `arg` enthält die einzelnen Argumente

`vprintf()` ist äquivalent zur Funktion `printf()`, wobei jedoch die variable lange Argumentliste durch einen Parameter `arg` (vom Typ `va_list`) ersetzt wird. `arg` sollte zuvor durch einen Aufruf des Makros `va_start()` initialisiert worden sein. `vprintf()` ruft auch nicht das Makro `va_end()` auf.

vprintf() läßt sich z. B. sehr gut einsetzen, um eine eigene Fehlermeldungs-Routine zu realisieren, die genauso aufrufbar ist wie printf(). Dies wird im folgenden Programm fehlausg.c gezeigt wird.

```c
#include    <stdio.h>
#include    <stdarg.h>
/*------- fehl_meld -----------------------------------------*/
void  fehl_meld(int kennung, const char *fmt, ...) {
  va_list   az;

  va_start(az, fmt);

  switch (kennung) {
    case 0:
       vprintf(fmt, az);
       printf("\n");
       break;
    case 1:
       printf("Warnung: ");
       vprintf(fmt, az);
       printf("\n");
       break;
    case 2:
       printf("Fehler: ");
       vprintf(fmt, az);
       printf("\n");
       break;
    default:
       fehl_meld(2, "Falscher Aufruf von fehler_meld....", az);
       break;
  }
  va_end(az);
  return;
}


/*------- main -----------------------------------------*/
int  main(void) {
  double wert = 3.0/7;
  int    zahl = 125;

  fehl_meld(0, "%d * %d = %d", 2, 3, 2*3);
  fehl_meld(0, "%s ist %.6lf", "Drei geteilt durch sieben", wert);
  fehl_meld(0, "Hans ist %d alt", 34);
  fehl_meld(1, "Illegale Eingabe `%d´....", zahl);
  fehl_meld(2, "Du musst Zahlen aus Intervall [%d, %d] eingeben", 5, 10);
  fehl_meld(3, "%d mal %.3lf = %.3lf", zahl, wert, zahl*wert);
  return(0);
}
```

Das Programm fehlausg.c gibt folgendes aus:

```
2 * 3 = 6
Drei geteilt durch sieben ist 0.428571
Hans ist 34 alt
Warnung: Illegale Eingabe '125´....
Fehler: Du musst Zahlen aus Intervall [5, 10] eingeben
Fehler: Falscher Aufruf von fehler_meld....
```

22.4.5 Fallgruben

char-Parameter werden in int und float-Parameter in double umgewandelt

Wie bereits erwähnt, ist es unbedingt zu beachten, dass bei char-Argumenten der Typ int und bei float-Argumenten der Typ double beim Aufruf von va_arg() anzugeben ist. Wird dies nicht beachtet, so führt dies während der Programmausführung zwangsläufig zu Chaos.

Würde man z. B. im Programm vieladd1.c in der Funktion vieladd() die Zeile

```
wert = va_arg(arg_zeiger, double);
```

durch die Zeile

```
wert = va_arg(arg_zeiger, float);
```

ersetzen, so würde dieses Programm seltsame Ergebnisse liefern, wie z. B.:

```
123.45 = -1.07374e+08
2.3 + 3.5 + 100.2 = 2.72008e+23
-10.5 + 300 + 20.5 - 50 + 10.3 = 1.21484
```

Der Grund für diese falsche Ausgabe liegt darin begründet, dass der Compiler beim Aufruf der Funktion vieladd() den Typ der „überhängenden" Argumente nicht kennen kann, da in der Funktionsdefinition hierfür nur eine Ellipse (drei Punkte) angegeben wurde. Beim Aufruf sind hierfür Gleitpunktzahlen angegeben und für Gleitpunktzahlen nimmt der Compiler dann immer den Typ double an, so dass er diese Zahlen im double-Format (8 Bytes) auf den Stack legt. Beim Abarbeiten des Stacks in der Funktion vieladd() haben wir bei va_arg() aber Typ float angegeben, was dazu führt, dass nur 4 Bytes vom Stack gelesen werden, woraus dann eine völlig andere Gleitpunktzahl resultiert, als beim Aufruf angegeben wurde.

Argumente beim Funktionsaufruf müssen erwarteten Datentyp entsprechen

Es ist wichtig, dass man beim Aufruf einer Funktion, die variabel lange Argumentlisten zuläßt, die Argumente immer in dem Datentyp angibt, der von dieser Funktion beim Aufruf von va_arg() erwartet wird. Wird dies nicht beachtet, so führt dies während der Programmausführung zwangsläufig zu Chaos. Würde man z. B. im Programm vieladd2.c in der Funktion main() die Zeile

```
summe = viel_add2(-10.5, 300.0, 20.5, -50.0, 10.3, 0.0);
```

durch die Zeile

```
summe = viel_add2(-10.5, 300, 20.5, -50.0, 10.3, 0.0);
```

ersetzen (300.0 wurde in 300 geändert), so würde dieses Programm seltsame Ergebnisse liefern, wie z. B. die Ausgabe

```
Floating point error: Overflow.
```

Der Grund für dieses fehlerhafte Verhalten liegt darin begründet, dass der Compiler beim Aufruf der Funktion vieladd() den Typ der „überhängenden" Argumente nicht kennen kann, da in der Funktionsdefinition hierfür nur eine Ellipse (drei Punkte) angegeben wurde. Beim Aufruf ist hier für ein Argument eine ganze Zahl angegeben und für ganze Zahlen nimmt der Compiler dann den Typ int an, so dass er diese Zahl im int-Format (4 Bytes) auf den Stack legt. Beim Abarbeiten des Stacks in der Funktion vieladd() haben wir bei va_arg() aber den Typ double angegeben, was dazu führt, dass 8 Bytes vom Stack gelesen werden, woraus dann zunächst hier eine völlig andere Zahl resultiert. Viel schlimmer aber noch ist, dass die vollständige Stack-Abarbeitung durcheinander geraten ist, so dass z. B. auch die Kennzeichnung des Endes der Argumentliste mit 0.0 nicht mehr erkannt wird, und aus dem Stack in einem fort fremde Werte gelesen werden, bis vielleicht einmal zufällig der Wert 0.0 auftaucht.

22.4.6 Übungen

Maximum aus vielen Zahlen

Schreiben Sie eine Funktion vielmax(), die das Maximum aus allen übergebenen Ganzzahlen, was beliebig viel sein können, ermittelt und als Rückgabewert liefert. Zum Testen der Funktion rufen Sie diese in main() (in Ihrem Programm vielmax.c) mit unterschiedlich vielen Argumenten auf.
Möglicher Ablauf des Programms vielmax.c:

```
Testprogramm fuer Funktion vielmax()
====================================
Das Maximum der Zahlen 12, 17, 3, 6, 24, 8 ist: 24
Das Maximum der Zahlen 105, 77, 3, 54 ist: 105
```

Zeichnen von Polygonen

Schreiben Sie ein Programm polydraw.c, das eine Funktion poly_zeichnen() enthält, die die Graphikroutine drawpoly() nachbildet. Diese Funktion soll mit einer beliebigen Anzahl von Punkten (x- und y-Werte) aufgerufen werden. Das Ende der Argumentliste soll dabei immer mit einem negativen Wert gekennzeichnet sein. Zum Testen der Funktion poly_zeichnen() rufen Sie diese in main() mit unterschiedlicher Anzahl von Argumenten auf. Abbildung 22.18 (links) zeigt das anfängliche Graphikfenster, in dem einige Informationen angezeigt werden, bevor dann mit Aufrufen der von Ihnen erstellten Funktion poly_zeichnen() zwei Polygone gezeichnet werden, wie dies in Abbildung 22.18 (rechts) gezeigt ist.

22.5 Neuheiten in C99

22.5.1 Inline-Funktionen

Da jeder Funktionsaufruf mit einer Laufzeiterhöhung (aufgrund des erforderlichen Stackmanagements) verbunden ist, wurden im früheren C bei zeitkritischen Aufga-

22.5 Neuheiten in C99

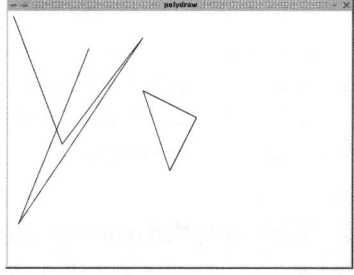

Abbildung 22.18: Information (links) und zwei mit `poly_zeichnen()` gezeichnete Polygone (rechts)

benstellungen oft Makros anstelle von Funktionen verwendet. Jeder Makroaufruf wurde dann vom Präprozessor (Precompiler) durch die entsprechenden Anweisungen direkt im Code ersetzt. Die Verwendung von Makros ist jedoch ziemlich aufwendig und fehleranfällig, da bei einem Makroaufruf nur eine (etwas bessere) Ersetzung von Text stattfindet, was viele Nebeneffekte auslösen kann, wie beispielsweise die mehrmalige Auswertung der Argumente.

C99 bietet nun die Möglichkeit, so genannte `inline`-Funktionen zu definieren, um die Vorteile von Makros (schnellere Ausführung, da Code der entsprechenden `inline`-Funktion an der Aufrufstelle eingefügt wird und somit das Stackmanagement entfällt) mit den Vorteilen von Funktionen (Auswertung der Argumente vor dem Funktionsaufruf) zu kombinieren. Die Deklaration von `inline`-Funktionen entspricht der normaler Funktionen, nur dass das Schlüsselwort `inline` am Beginn der Funktionsdeklaration angegeben wird. Das folgende Programm `inline.c` zeigt typische Seiteneffekte, die bei Makros, nicht aber bei `inline`-Funktionen auftreten können.

```c
#include <stdio.h>
#define quad_makro(zahl)      zahl * zahl
inline   int quad_inline(int zahl) { return zahl*zahl; }
int main(void) {
   int z;
   z = 3;
   printf("quad_makro(++z)  = %d\n", quad_makro(++z) );
       // quad_makro(++z) wird zu:    ++z * ++z   --> 5*5
   z = 3;
   printf("quad_inline(++z) = %d\n", quad_inline(++z) );
       // quad_inline(++z) wird zu: quad_line(4) --> 4*4
   return(0);
}
```

Das Programm `inline.c` gibt folgendes aus:

```
quad_makro(++z)  = 25
quad_inline(++z) = 16
```

Da die Anweisungen von inline-Funktionen sowie auch die von Makros direkt im Code eingefügt werden, sollten beide nur für kleine Aufgaben eingesetzt werden, da dies sonst bei häufigen Aufrufen zu einer „Codeaufblähung" führt.

Es ist darauf hinzuweisen, dass inline nur ein Vorschlag an den Compiler ist, den dieser auch ignorieren kann.

22.5.2 Der vordefinierte Name __func__

C99 hat einen neuen vordefinierten Namen __func__ eingeführt, welcher innerhalb einer Funktion immer den Namen der entsprechenden Funktion als Zeichenkette enthält. Das folgende C-Programm funcbez.c, das nur auf einem C99-Compiler erfolgreich übersetzt werden kann, ist ein Demonstrationsprogramm zum vordefinierten Namen __func__:

```
#include <stdio.h>

void hans_guck_in_die_luft( void ) {
    printf("Ich bin die Funktion '%s'\n", __func__);
}
void suppen_kasper( void ) {
    printf("Ich bin die Funktion '%s'\n", __func__);
}
int main(void) {
    hans_guck_in_die_luft();
    suppen_kasper();
    return 0;
}
```

Das Programm funcbez.c gibt folgendes aus:

```
Ich bin die Funktion 'hans_guck_in_die_luft'
Ich bin die Funktion 'suppen_kasper'
```

22.5.3 Keine Unterstützung von implizitem int

In C89 existierte noch die so genannte implizite int-Regel, die festlegt, dass bei Funktionen, für die kein Rückgabe-Datentyp angegeben ist, implizit vom Compiler der Rückgabe-Datentyp int angenommen wird. So kann z. B. in C89 der folgende Code angegeben werden:

```
main() { /* C89-Compiler interpretiert dies als: int main() */
    .....
}
addiere( const a, const b ) { /* C89-Compiler interpretiert dies als:
                                 int addiere( const int a, const int b ) */
    return a+b;
}
```

Aus diesem Code wird ersichtlich, dass die implizite int-Regel nicht nur für Rückgabe-Datentypen gilt, sondern z. B. auch für Parameter-Deklarationen. C99 schaffte diese implizite int-Regel ab, weshalb der obige Code in C99 wie folgt anzugeben ist:

```
int main(void) {
   .....
}
int addiere( const int a, const int b ) {
   return a+b;
}
```

Um alte C-Programme weiter kompilieren zu lassen, geben C99-Compiler bei Benutzung der impliziten `int`-Regel meist nur eine Warnung aus, aber übersetzen diese Programme trotzdem.

22.5.4 Keine impliziten Funktionsdeklarationen

In Kapitel 22.2.5 auf Seite 359 haben wir erfahren, dass man eine Funktion auch nach der aufrufenden Funktion deklarieren kann. Für diesen Fall, dass eine Funktion aufgerufen wird, die nicht zuvor definiert oder deklariert ist, nimmt der C-Compiler als Datentyp für den Rückgabewert einer solchen Funktion immer `int` an. Solche impliziten Funktionsdeklarationen werden von C99 nicht mehr unterstützt. Um alte C-Programme weiter kompilieren zu lassen, geben C99-Compiler beim Auftauchen von impliziten Funktionsdeklarationen meist nur eine Warnung aus, aber übersetzen diese Programme trotzdem.

22.5.5 Einschränkungen bei `return`

In C89 konnte bei einer Funktion, die einen Rückgabe-Datentyp hatte, der nicht `void` war, noch ein einfaches `return` ohne jegliche Wertrückgabe angegeben werden. Obwohl dies dazu führte, dass das Verhalten undefiniert war, war es erlaubt. In C99 ist dies nun verboten. C99 schreibt vor, dass in allen Funktionen, die nicht den Rückgabe-Datentyp `void` haben, nur `return`-Angaben mit einem Wert erlaubt sind.

22.6 Rekursive Funktionen

22.6.1 Allgemeines zu rekursiven Funktionen

C-Funktionen können auch rekursiv aufgerufen werden, d. h., eine Funktion darf sich selbst wieder aufrufen. Ein solcher rekursiver Aufruf kann entweder direkt oder auf Umwegen über andere Funktionsaufrufe erfolgen.
Das folgende Programm `fakul.c` berechnet zu einer Zahl n, die einzugeben ist, die Fakultät: $n! = 1 \cdot 2 \cdot 3 \cdot \ldots \cdot n$ (Ausnahme 0! = 1).

```
#include <stdio.h>

long  fakul(int n);   /*--- liefert die Fakultaet n! = 1*2*3*...*n */

int  main(void) {
    int  bis;
    printf("Fakultaet von ? ");   scanf("%d", &bis);
```

22 Funktionen

```
        printf("  ..... %d! = %ld .....\n", bis, fakul(bis) );
        return(0);
}
long fakul(int zahl) {
    long int ergeb;
    if (zahl>0)
        ergeb = zahl * fakul(zahl-1);
                /*^^^^^^^^^^^^^  Rekursiver Aufruf */
    else
        ergeb = 1;
    return(ergeb);
}
```

Mögliche Abläufe des Programms fakul.c:

```
Fakultaet von ? 3 ⏎
 ..... 3! = 6 .....
```

```
Fakultaet von ? 6 ⏎
 ..... 6! = 720 .....
```

```
Fakultaet von ? 0 ⏎
 ..... 0! = 1 .....
```

```
Fakultaet von ? 11 ⏎
 ..... 11! = 39916800 .....
```

Erläuterung für bis = 3:
Während des Programmlaufs wird eine Verschachtelung aufgebaut, wie sie in Abbildung 22.19 gezeigt ist. Bei jedem Aufruf der Funktion fakul() wird die gerade

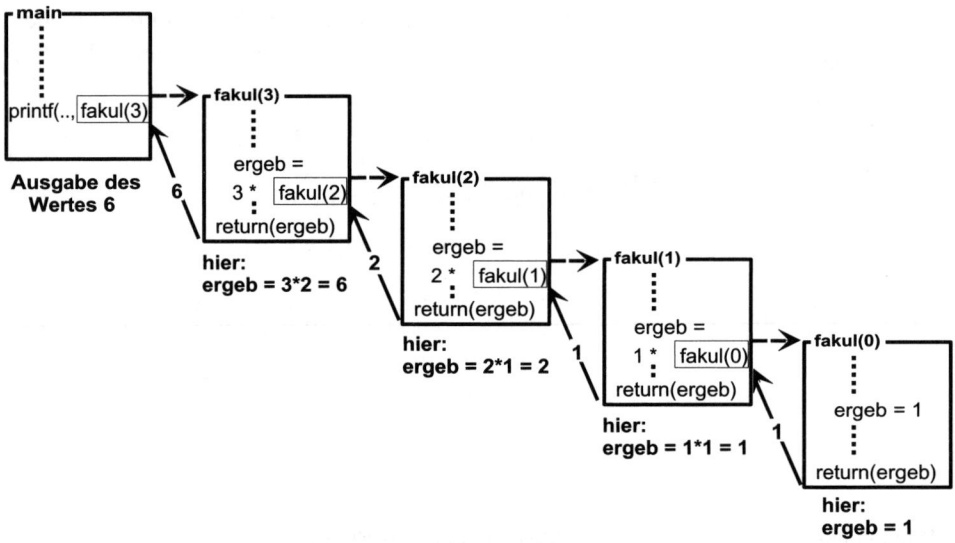

Abbildung 22.19: Rekursiver Aufruf der Funktion fakul() im Programm fakul.c

arbeitende Funktion temporär unterbrochen und neu gestartet, allerdings eine Ebene tiefer.

Hier wird also eine Bearbeitung eines Problems wiederholt, ohne dass eine Wiederholungsanweisung wie z. B. `while` auftritt: Bei der Rekursion handelt es sich um eine *Wiederholung durch Schachtelung*. Alle lokalen Variablen werden bei jedem rekursiven Funktionsaufruf neu auf dem Stack angelegt, so dass jeder Aufruf der Funktion in einer rekursiven Aufruffolge seine eigenen „privaten" Variablen besitzt. In unserem Beispiel werden also bei jedem Aufruf von `fakul()` neue Speicherplätze für `ergeb` und `zahl` angelegt, d. h., z. B. `ergeb` in `fakul(3)` ist unabhängig von `ergeb` in `fakul(2)`.

Natürlich wäre die Berechnung der Fakultät auch unter Verwendung von Schleifen (Wiederholungs-Anweisungen) möglich gewesen, wie dies im nachfolgenden Programm `fakul2.c` geschehen ist:

```
#include  <stdio.h>

int  main(void) {
    int      bis, i;
    long int ergeb=1;
    printf("Fakultaet von ? "); scanf("%d", &bis);
    for (i=1 ; i<=bis ; i++)
        ergeb *= i;
    printf("  .....  %d! = %ld .....\n", bis, ergeb);
    return(0);
}
```

Wir können nun das bisher Kennengelernte über rekursive Funktionen zusammenfassen und durch Neues ergänzen:

Rekursive Funktionen

Eine Funktion heißt *rekursiv*, wenn sie sich selbst direkt aufruft oder wenn ein Aufruf einer anderen von ihr aufgerufenen Funktion dazu führt, dass sie ihrerseits wieder aufgerufen wird.

Jede rekursive Funktion kann mittels Wiederholungs-Anweisungen realisiert werden; das Umgekehrte gilt natürlich auch.

Ein rekursiver Funktionsaufruf erfordert Zeit und Speicherplatz, da für jeden neuen Aufruf neue „private" Variablen, d. h. neue Speicherplätze anzulegen sind.

Der Programmierer muss dafür sorgen, dass eine rekursive Schachtelung gegen ein definiertes Ende läuft; im Programm `fakul.c`:

```
            if (zahl > 0)
                ergeb = zahl * fakul (zahl - 1);
            else
                ergeb = 1;
```

Wie bei jeder Wiederholung, muss also auch bei der Rekursion für einen Abbruch gesorgt werden.

Bei rekursiven Funktionsaufrufen können gleichzeitig mehrere Versionen einer Variablen auf dem Stack (Keller) liegen, die den einzelnen Verschachtelungsebenen entsprechen.

22 Funktionen

Beispiel:

Das folgende Programm `rueckwae.c` liest nacheinander Zeichen ein, die es dann in umgekehrter Reihenfolge wieder ausgibt. Das Ende einer solchen Zeichenkette wird durch Eingabe von EOF (`Strg`-`D` unter Linux/Unix) gekennzeichnet.

```
#include <stdio.h>

void umdrehen(void)
{
    int zeichen;

    zeichen = getchar();

    if (zeichen != EOF) {
        umdrehen();
        putchar(zeichen);
    }
}

int main(void)
{
    printf("Geben Sie Text ein (Ende = EOF)!\n");

    umdrehen();
    return(0);
}
```

Mögliche Abläufe des Programms `rueckwae.c`:

```
Geben Sie Text ein (Ende = EOF)!
NEGER ⏎
Strg-D
REGEN
```

```
Geben Sie Text ein (Ende = EOF)!
HALLO ⏎
X ⏎
Strg-D
X
OLLAH
```

```
Geben Sie Text ein (Ende = EOF)!
HER ⏎
Strg-D
REH
```

Erläuterung für die Eingabe der Zeichenkette „HER":
Abbildung 22.20 erläutert die rekursiven Aufrufe der Funktion `umdrehen()`.
'x' − > *zeichen* bedeutet die Eingabe des Zeichens x bei der Anweisung:

```
zeichen = getchar();
```

Wir sehen hier, dass mit jedem Aufruf von `umdrehen()` ein neuer Speicherplatz für die Variable `zeichen` im Stackbereich angelegt wird. Der Stackpointer zeigt dann auf die aktuelle Version von `zeichen`. Mit der Rückkehr in eine höhere Ebene

22.6 Rekursive Funktionen

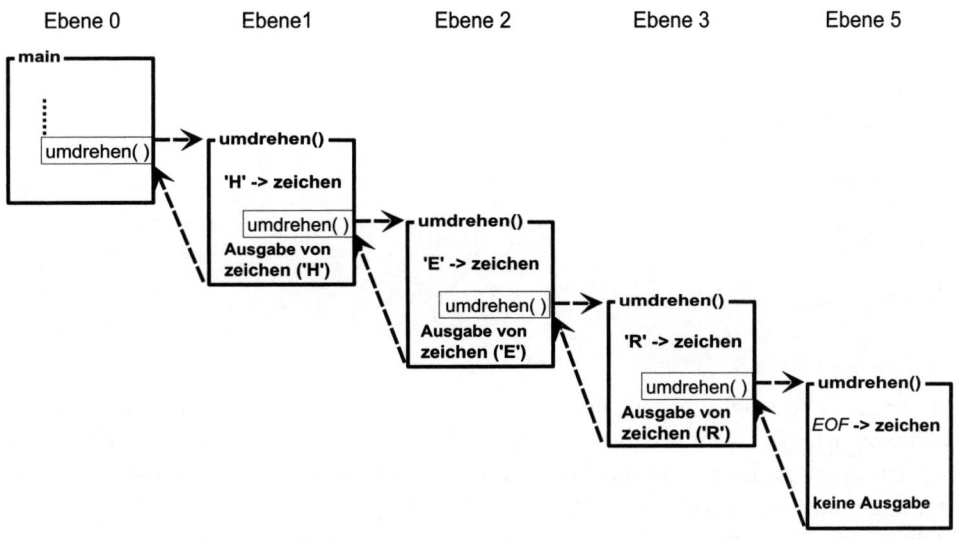

Abbildung 22.20: Rekursive Aufrufe der Funktion umdrehen() im Programm rueckwae.c

wird der Stackpointer zurückgesetzt und der vorherige Wert von zeichen ist nicht mehr verfügbar.

Würde man z. B. Eingabe-Umlenkung verwenden, so könnte man sich den Inhalt einer Datei vollständig rückwärts ausgeben lassen. So würde z. B. der Aufruf

```
user@linux:~ >  rueckwae < rueckwae.c
```

folgende Ausgabe liefern:

```
Geben Sie Text ein (Ende = EOF)!

}
;)0(nruter
;)(neherdmu

;)"n\!)FOE = ednE( nie txeT eiS nebeG"(ftnirp
{
)diov(niam  tni

}
```

22 Funktionen

```
}
;)nehciez(rahctup
;)(neherdmu
{ )FOE =! nehciez( fi

;)(rahcteg = nehciez

;nehciez  tni
{
)diov(neherdmu  diov

>h.oidts<  edulcni#
```

In unserem Beispiel werden die eingegebenen Zeichen – durch ständigen Aufruf von umdrehen() – aufeinandergestapelt. Durch die wiederholte Rückkehr in die nächsthöhere Aufrufebene wird der Stapel dann in umgekehrter Reihenfolge wieder abgebaut, woraus dann die Ausgabe: REH resultiert.

Rekursive Lösungen von Problemen sparen im allgemeinen keinen Speicherplatz, da sie Speicherungen ihrer Werte im Stack benötigen.

Ein weiterer Nachteil rekursiver Funktionen ist, dass infolge der Stackverwaltung der Programmablauf langsamer wird.

Die Vorteile der Rekursion sind, dass Programme kompakter werden und sich mit Rekursion manche Aufgabenstellungen leichter lösen lassen; siehe auch nächstes Kapitel.

22.6.2 Einige typische Anwendungen für die Rekursion

Hier werden einige typische Anwendungsgebiete für Rekursion gezeigt. Im Nachfolgebuch *Informatik-Grundlagen und wichtige Algorithmen* werden weitere Anwendungsgebiete gezeigt, wie z. B. *Rekursion bei der Syntaxanalyse* oder *Rekursion beim Backtracking-Verfahren*.

Rekursion bei Baumstrukturen

Besonders vorteilhaft wirkt sich die Verwendung von rekursiven Funktionen bei Baumstrukturen aus.

Beispiel:

Das folgende Programm dreieck.c gibt nach der Eingabe der Zeilenzahl Dreiecke der folgenden Form aus:

```
      1
     121
    12321
   1234321
    .....
```

Diese Aufgabenstellung löst das Programm dreieck.c rekursiv.

```
#include <stdio.h>

void  druck(int zeile, int bis) {
    printf("%d", zeile);              /*  Ausgabe der linken Haelfte     */
    if (zeile < bis)                  /*  einer Zeile                    */
        druck(zeile+1, bis);          /*  einschliesslich der Mitte      */
    if (zeile != bis)                 /*  Ausgabe der rechten Haelfte    */
        printf("%d", zeile);          /*  einer Zeile                    */
}

int  main(void) {
    int  anzahl, i, j;
    printf("Wie viele Zeilen ? "); scanf("%d", &anzahl);
    for (i=1 ; i<=anzahl ; ++i) {     /*  Schleife zum Zaehlen der Zeilen */
        for (j=1 ; j<=40-i; ++j)      /*  Einruecken in Bildschirmmitte   */
            printf(" ");              /*                                  */
        druck(1, i);                  /*  Erzeugen einer Zeile            */
        printf("\n");                 /*  Zeilenvorschub                  */
    }
    return(0);
}
```

Mögliche Abläufe des Programms `dreieck.c`:

```
Wie viele Zeilen ? 5 ⏎
                                       1
                                      121
                                     12321
                                    1234321
                                   123454321
```

```
Wie viele Zeilen ? 8 ⏎
                                       1
                                      121
                                     12321
                                    1234321
                                   123454321
                                  12345654321
                                 1234567654321
                                123456787654321
```

Rekursion bei rekursiv definierten mathematischen Funktionen

Es existiert eine Vielzahl von mathematischen Funktionen, die rekursiv definiert werden. Für die Berechnung solcher Funktionen eignen sich rekursive Funktionen natürlich hervorragend. Z. B. können Fibonacci-Zahlen wie folgt definiert werden:

```
F(1) = 1            für n = 1
F(2) = 2            für n = 2
F(n) = F(n-2) + F(n-1)   für n > 2
```

Das folgende Programm `fibonaci.c` berechnet die Fibonacci-Zahlen mit Hilfe von Rekursion. Dabei zeigt sich, dass die obige Formel unter Verwendung von Rekursion nahezu direkt im Programm übernommen werden kann.

22 Funktionen

```
#include  <stdio.h>

long int  fibo(long int n) { return ( (n<=2) ? n : fibo(n-2)+fibo(n-1) ); }
int  main(void) {
    long int   i, fibostart, fiboende;
    printf("Fibonacci-Zahlen\n"
           "================\n\n");
    printf("Startwert: "); scanf("%ld", &fibostart);
    printf("Endwert: "); scanf("%ld", &fiboende);
    for (i=fibostart ; i<=fiboende ; i++)
        printf("     F(%ld) = %ld\n", i, fibo(i));
    return(0);
}
```

Mögliche Abläufe dieses Programms fibonaci.c:

```
............
Startwert: 1 ⟵
Endwert: 10 ⟵
    F(1)  = 1
    F(2)  = 2
    F(3)  = 3
    F(4)  = 5
    F(5)  = 8
    F(6)  = 13
    F(7)  = 21
    F(8)  = 34
    F(9)  = 55
    F(10) = 89
```

```
............
Startwert: 25 ⟵
Endwert: 30 ⟵
    F(25) = 121393
    F(26) = 196418
    F(27) = 317811
    F(28) = 514229
    F(29) = 832040
    F(30) = 1346269
```

Eine genauere Betrachtung zeigt uns, dass sich die Berechnung der Fibonacci-Zahlen als Baum darstellen läßt, der uns im übrigen auch die Aufrufhierarchie der rekursiven Funktion fibo() aus dem Programm fibonaci.c zeigt. Abbildung 22.21 zeigt den Baum für F(5).

Die Gefahr bei solchen Bäumen ist natürlich, dass sie wie ein „Schneeballsystem" sehr schnell anwachsen. Das obige Programm würde z. B. mit Sicherheit für F(10000) den Stack zum Überlaufen bringen.

Rekursion bei Fraktalen (Lindenmayer-Systeme)

Im Jahre 1956 publizierte *N. Chomsky* die Theorie der formalen Grammatiken. Von *S. Ginsburg* wurde dann 1962 die Gleichwertigkeit der *Backus-Naur-Form* mit den

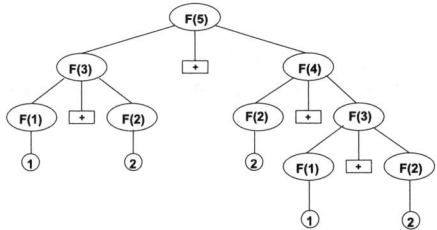

Abbildung 22.21: Rekursiver Aufrufhierarchie für F(5)

kontextfreien Chomsky-Grammatiken erkannt. Aufgrund dieser Beschreibungen konnte dann 1968 *A. Lindenmayer* die Theorie der *L-Systeme* entwickeln.
Ist V ein Alphabet von Zeichen und $V*$ bzw. $V+$ die Menge aller bzw. aller nichtleerer Wörter über V, so stellt das Tripel $(V, V+, P)$ ein *kontextfreies L-System* dar, das als *0L-System* bezeichnet werden soll.
P ist dabei die (endliche) Menge der Produktionsregeln. Eine Produktionsregel (a, x) kann man schreiben als Zuordnung
$$a \longrightarrow x$$

Beispiel:

Das Alphabet ist a,b und die Produktionsregeln sind:
(1) a $\longrightarrow$ ab
(2) b $\longrightarrow$ a

Ausgehend vom Grundwort (Axiom) a, lassen sich durch gleichzeitige Anwendung der Produktionsregeln folgende Zeichenketten ableiten:

a $\longrightarrow$ ab $\longrightarrow$ aba $\longrightarrow$ abaab $\longrightarrow$ abaababa $\longrightarrow$ abaababaabaab

Ein 0L-System ist somit charakterisiert durch die Angabe eines Axioms und den zugehörigen Produktionsregeln.
Das 0L-System für eine Seite (_/_) der Koch-Kurve (aus Kapitel 21.16 auf Seite 341) besteht z. B. aus dem Axiom F und den Produktionsregeln:

F $\longrightarrow$ F + F - - F + F
\+ $\longrightarrow$ +
\- $\longrightarrow$ -

Dabei kann F als *Forward*, d.h Zeichnen einer Strecke, + als Linksdrehung und - als Rechtsdrehung interpretiert werden
In der folgenden Tabelle sind die für 0L-Systeme notwendigen Symbole zusammen mit ihrer Bedeutung für die Graphik zusammengefaßt:

Symbol	Graphik-Aktion
F	Um eine bestimmte Länge in aktuelle Richtung vorwärtsbewegen und dabei zeichnen.
f	eine bestimmte Länge in aktuelle Richtung vorwärtsbewegen ohne zu zeichnen.
+	aktuelle Richtung um vorgegebenen Winkel nach links drehen.
-	aktuelle Richtung um vorgegebenen Winkel nach rechts drehen.
[	Speichern von aktueller Position und Richtung auf dem Stack.
]	Setzen der aktuellen Position und Richtung auf die zuvor im Stack abgelegten Werte.

22 Funktionen

Sind (x,y) die momentanen Koordinaten und ist die aktuelle Richtung durch den Winkel w gegeben, so kann der momentane Zustand durch das Tripel (x,y,w) beschrieben werden. Die Symbole F, + und - führen dann bei einem vorgegebenen Drehwinkel w zu folgender Änderung des Zustands:

Symbol	Graphik-Aktion
F	(x+l*cos(-w), y+l*sin(-w), w)
+	(x, y, w+d)
-	(x, y, w-d)

In dieser Tabelle steht l für die Länge der zu zeichnenden Linie.
Diese Rechenoperationen lassen sich nun leicht in C realisieren.

Beispiel:

Das folgende C-Programm lsystem1.c realisiert das folgende 0L-System:

```
F ---> F F + F - F - F F + F + F -
       Anfangsrichtung = 0 Grad
       Drehwinkel w = 90 Grad
```

```c
#include  <stdio.h>
#include  <math.h>
#include  <graphics.h>

/*---------- Makros fuer die Symbole der Produktionsregeln ---------------*/
#define    F       f(t-1);              /* F */
#define    M       phi=phi-delta;       /* - */
#define    P       phi=phi+delta;       /* + */
/*---------- Makros, die Zeichen-Regeln beschreiben ---------------------*/
/*------------ muessen fuer neue Bilder enstprechend gesetzt werden ----*/
#define ANFWINKEL     0         /* Winkel zum Zeichnen der ersten Gerade */
#define DREHWINKEL    90        /* Drehwinkel (Schrittweite) */
#define LFAKTOR       0.25      /* Verkleinerungsfaktor fuer Laenge bei Rekursion */
#define STARTX        (getmaxx()-4*STARTLAENGE)/2    /* x-Koordinate zu Beginn */
#define STARTY        getmaxy()/2                    /* y-Koordinate zu Beginn */
#define STARTLAENGE   getmaxy()/4 /* Ausgangslaenge fuer das Zeichnen */
#define REKTIEFE      5  /* Rekursionstiefe */

double  x, y, laenge, phi, delta;
void   f(int t);
/*--------- main ------------------------------------------------------*/
int  main( int argc, char *argv[] ) {
   const double  PI=4*atan(1);
   int           t;

   delta = (DREHWINKEL*PI)/180;  /*---- Umrechnen Winkel in Bogenmass */

   initgraph( 640, 480 );
   laenge = STARTLAENGE;
   for (t=1; t<=REKTIEFE; t++) {
      clearDevice( LIGHTBLUE );
```

```
      phi = (ANFWINKEL*PI)/180;     /*---- Umrechnen Winkel in Bogenmass */
      x=STARTX;
      y=STARTY;
      moveto( (int)x, (int)y);
      f(t);
      laenge *= LFAKTOR;
      getch();
   }
   closegraph();
   return(0);
}
/*---------- f -----------------------------------------------------------*/
void f(int t) {
   if (t>0) {
      F F   P F   M F   M F F   P F   P F   M
   } else {
      x += laenge*cos(-phi);
      y += laenge*sin(-phi);
      lineto( (int)x, (int)y );
   }
}
```

Die Abbildungen 22.22, 22.23 und 22.24 zeigen die Folge von Bildern, die nacheinander durch einen beliebigen Tastendruck von Programm lsystem1.c angezeigt werden.

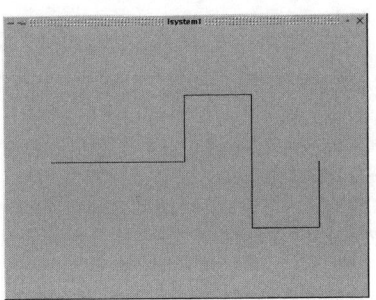 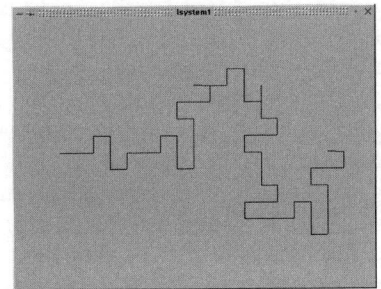

Abbildung 22.22: Bild für Rekursionstiefe 1 (links) bzw. 2 (rechts)

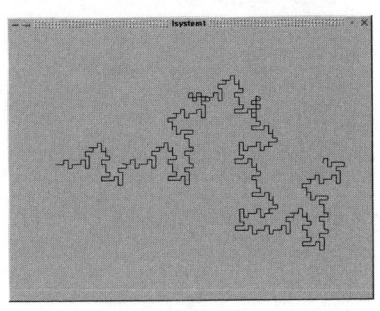 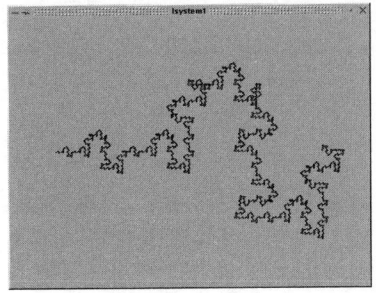

Abbildung 22.23: Bild für Rekursionstiefe 2 (links) bzw. 3 (rechts)

22 Funktionen

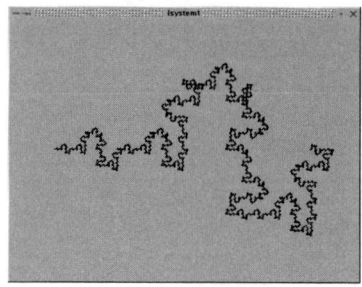

Abbildung 22.24: Bild für Rekursionstiefe 4

Beispiel 2:

Das folgende C-Programm `lsystem2.c` realisiert das folgende 0L-System, wobei im Programmlisting die gegenüber dem Programm `lsystem1.c` neu hinzugekommenen oder geänderten Zeilen durch den Kommentar /***/ am Zeilenende markiert sind:

```
F ---> F [F + F - - F]   [- F + F]
        Anfangsrichtung = 90 Grad
        Drehwinkel w = 22.5 Grad
```

```
#include  <stdio.h>
#include  <math.h>
#include  <graphics.h>
/*--------- Makros fuer die Symbole der Produktionsregeln ---------------*/
#define   F    f(t-1);                                   /* F */
#define   M    phi=phi-delta;                            /* - */
#define   P    phi=phi+delta;                            /* + */
#define   A_   altx=x; alty=y; altphi=phi;               /* [ */       /***/
#define   _Z   x=altx,y=alty,moveto((int)x,(int)y); phi=altphi; /* ] */ /***/
/*--------- Makros, die Zeichen-Regeln beschreiben ---------------------*/
/*------------- muessen fuer neue Bilder enstprechend gesetzt werden ----*/
#define ANFWINKEL    90         /* Winkel zum Zeichnen der ersten Gerade */ /***/
#define DREHWINKEL   22.5       /* Drehwinkel (Schrittweite) */            /***/
#define LFAKTOR      0.75       /* Verkleinerungsfaktor fuer Laenge */    /***/
#define STARTX       (getmaxx()/2)    /* x-Koordinate zu Beginn */         /***/
#define STARTY       getmaxy()-30     /* y-Koordinate zu Beginn */         /***/
#define STARTLAENGE  getmaxy()/5  /* Ausgangslaenge fuer das Zeichnen */   /***/
#define REKTIEFE     6   /* Rekursionstiefe */ /***/

double  x, y, laenge, phi, delta; /* global definierte Variablen, die
                                     in allen Funktionen zugaenglich sind */
void  f(int t);
/*---------- main ------------------------------------------------------*/
int  main( int argc, char *argv[] ) {
   const double  PI=4*atan(1);
   int           t;
   delta = (DREHWINKEL*PI)/180;  /*---- Umrechnen Winkel in Bogenmass */
   initgraph( 640, 480 );
```

22.6 Rekursive Funktionen

```
    laenge = STARTLAENGE;
    for (t=1; t<=REKTIEFE; t++) {
       cleardevice( LIGHTBLUE );
       phi = (ANFWINKEL*PI)/180;    /*---- Umrechnen Winkel in Bogenmass */
       x=STARTX; y=STARTY;
       moveto( (int)x, (int)y );
       f(t);
       laenge *= LFAKTOR;
       getch();
    }
    closegraph();
    return(0);
}
/*---------- f -----------------------------------------------------------*/
void f(int t) {
    double  altx, alty, altphi;
    if (t>0) {
       F  A_  F P F M M F _Z    A_  M F P F _Z                        /***/
    } else {
       x += laenge*cos(-phi);
       y += laenge*sin(-phi);
       lineto( (int)x, (int)y );
    }
}
```

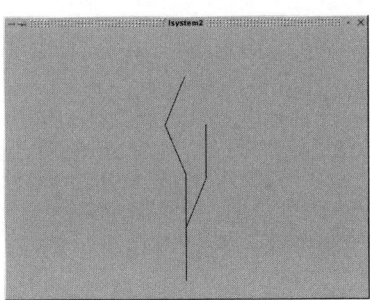 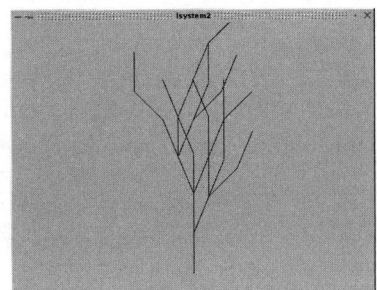

Abbildung 22.25: Bild für Rekursionstiefe 1 (links) bzw. 2 (rechts)

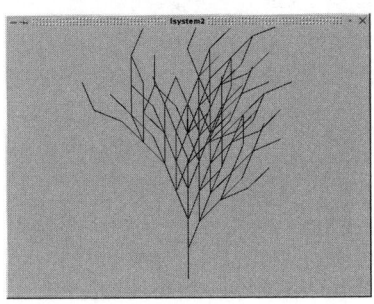 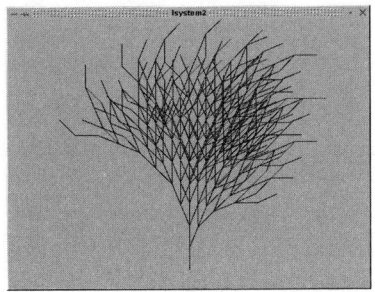

Abbildung 22.26: Bild für Rekursionstiefe 2 (links) bzw. 3 (rechts)

411

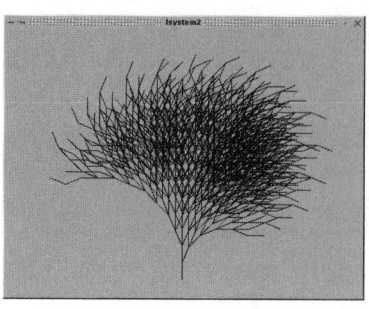 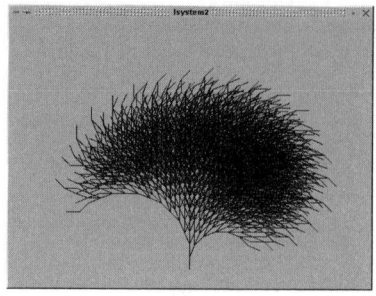

Abbildung 22.27: Bild für Rekursionstiefe 4 (links) bzw. 5 (rechts)

Die Abb. 22.25, 22.26 und 22.27 zeigen die Folge von Bildern, die nacheinander durch beliebigen Tastendruck von Programm lsystem2.c angezeigt werden.

22.6.3 Übungen

Größter gemeinsamer Teiler

Der größte gemeinsame Teiler (ggT) zweier Zahlen läßt sich auch rekursiv definieren:

$$ggT(n,m) = \begin{cases} n & \text{wenn } m=0 \\ ggT(m, n \bmod m) & \text{sonst} \end{cases}$$

Erstellen Sie ein C-Programm ggtrekur.c, das den größten gemeinsamen Teiler von mehreren Zahlen unter Verwendung dieser rekursiven Formel ermittelt. Mögliche Abläufe des Programms ggtrekur.c sind:

```
Groesster gemeinsamer Teiler
============================
Gib nicht-negative ganze Zahlen ein (Ende=0)
   1. Zahl: 818127 ⏎
   2. Zahl: 999999 ⏎
   3. Zahl: 1071 ⏎
   4. Zahl: 0 ⏎
   =====> ggt = 9
```

```
........
   1. Zahl: 2376 ⏎
   2. Zahl: 3751 ⏎
   3. Zahl: 23122 ⏎
   4. Zahl: 0 ⏎
   =====> ggt = 11
```

```
........
   1. Zahl: 53536 ⏎
   2. Zahl: 78283 ⏎
   3. Zahl: 89372 ⏎
   4. Zahl: 0 ⏎
   =====> ggt = 1
```

Rekursives Umwandeln einer Dezimalzahl in Dualzahl

Ein Algorithmus zur Umwandlung einer Dezimalzahl in eine Dualzahl ist:

```
Solange zahl ungleich 0 führe folgende Schritte durch:
    zahl = zahl % 2 (Rest von Division durch 2)
    zahl = zahl / 2
Gib die errechneten Reste in umgekehrter
Reihenfolge (von unten nach oben) aus.
```

Beispiel:

```
    12 : 2 = 6 Rest 0   ^
     6 : 2 = 3 Rest 0   |
     3 : 2 = 1 Rest 1   |   Ausgabe in umgekehrter Reihenfolge
     1 : 2 = 0 Rest 1   |

    Dualzahl zu 12 ist somit 1100
```

Erstellen Sie ein C-Programm `dualwand.c`, das diese Umwandlung rekursiv löst. Mögliche Abläufe des Programms `dualwand.c`:

```
Gib eine Dezimalzahl ein: -1 ⏎
11111111111111111111111111111111
```

```
Gib eine Dezimalzahl ein: 12 ⏎
1100
```

```
Gib eine Dezimalzahl ein: 12345 ⏎
11000000111001
```

L-Systeme (Pflanze1)

Erstellen Sie ein C-Programm `pflanze1.c`, das eine Pflanze malt, die mit folgenden 0L-System beschrieben ist:

```
F ---> F F - [-F + F + F ] + [ +F - F - F]
            Anfangsrichtung = 90 Grad
            Drehwinkel w = 22.5 Grad
```

Abbildungen 22.28 und 22.29 zeigen einige der auf Tastendruck nacheinander von Programm `pflanze1.c` angezeigten Bilder.

Abbildung 22.28: Bild für Rekursionstiefe 3 (links) bzw. 4 (rechts)

 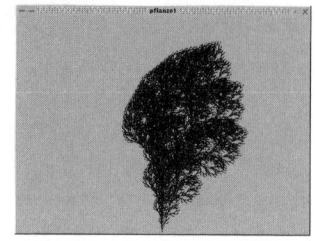

Abbildung 22.29: Bild für Rekursionstiefe 5 (links) bzw. 6 (rechts)

L-Systeme (Koch-Kurve)

Erstellen Sie ein C-Programm koch.c, das das Koch-Dreieck zeichnet. Das Koch-Dreieck setzt sich dabei aus drei Koch-Linien zusammen. Eine Koch-Linie läßt sich mit folgendem 0L-System beschreiben:

```
F ---> F+F--F+F
        Anfangsrichtung = 0 Grad
        Drehwinkel w = 60 Grad
```

Da dieses L-System nur eine Linie beschreibt, muss dieses L-System dreimal angewendet werden, um das Koch-Dreieck zu erhalten. Abbildungen 22.30 und 22.31 zeigen einige der auf Tastendruck nacheinander von Programm koch.c angezeigten Bilder.

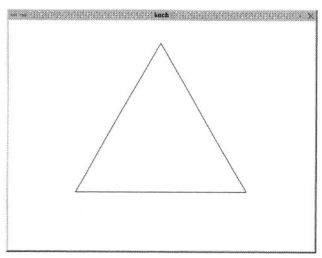 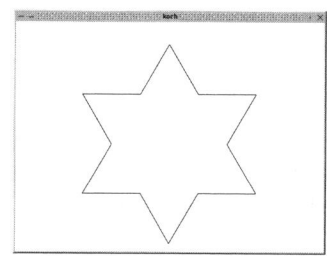

Abbildung 22.30: Bild für Rekursionstiefe 1 (links) bzw. 2 (rechts)

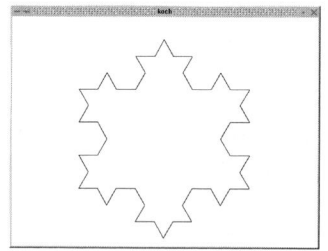 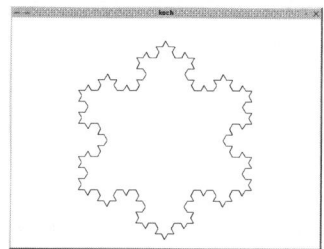

Abbildung 22.31: Bild für Rekursionstiefe 3 (links) bzw. 4 (rechts)

22.7 Zeiger auf Funktionen
22.7.1 Zeiger auf Funktionen

Ein Zeiger kann nicht nur auf Variablen, sondern auch auf Funktionen positioniert werden; ein Zeiger, der auf eine Funktion gerichtet wird, zeigt auf den Anfang des Funktions-Codes. Wir wollen ein C-Programm kugzyvol.c erstellen, bei dem der Benutzer steuern kann, ob er sich das Volumen eines Zylinders ($r^2\pi \cdot hoehe$) oder einer Kugel ($\frac{4}{3}r^3\pi$) berechnen läßt.

```c
#include  <stdio.h>
#include  <math.h>
#include  <ctype.h>
#define   PI   4*atan(1)
/*-------- berech -----------------------------------------------*/
float berech( float   rad,   float   (*welch_funktion)(float rad) ) {
                                   /*^^^^^^^^^^^^^^^^^^^^^^^^^^*/
   return(rad* (*welch_funktion)(rad));
}             /*^^^^^^^^^^^^^^^^^^^^^*/
/*-------- zyl_vol ----------------------------------------------*/
float zyl_vol(float r) {
   return(r*PI);
}
/*-------- kug_vol ----------------------------------------------*/
float kug_vol(float r) {
   return(r*r*4/3*PI);
}
/*-------- main -------------------------------------------------*/
int  main(void) {
    float    radius, hoehe;
    char     wahl;
    do {
       printf("\nVolumen eines Zylinders oder einer Kugel ( Z/K ) ? ");
       wahl = toupper(getchar());
       if (wahl!='Z' && wahl!='K')   {
          printf("\n\n\nFalsche Eingabe!\n\n");
          printf("Sie duerfen nur Z oder K eingeben !\n\n");
          printf("Wiederholen Sie Ihre Eingabe !\n\n\n");
       }
    } while (wahl!='Z' && wahl!='K');
    printf("\nGeben Sie Radius ein: "); scanf("%f", &radius);
    if (wahl=='Z')  {
       printf("Geben Sie Hoehe des Zylinders ein: "); scanf("%f", &hoehe);
       printf("  ---> Volumen (Zylinder): %f\n", hoehe*berech(radius,zyl_vol));
    }                                   /*^^^^^^^^^^^^^^^^^^^^^^^^*/
    else
       printf("  ---> Volumen (Kugel): %f\n", berech(radius,kug_vol));
                                       /*^^^^^^^^^^^^^^^^^^^^^^^*/
    return(0);
}
```

Erklärung zum Programm kugzyvol.c:
Mit dem Aufruf
```
berech(radius, zyl_vol);   /* auch moegl: berech(radius, &zyl_vol); */
```
wird an berech() die Adresse der Funktion zyl_vol() übergeben.
Mit dem Aufruf
```
berech(radius, kug_vol);   /* auch moegl: berech(radius, &kug_vol); */
```
wird an berech() die Adresse der Funktion kug_vol() übergeben.
Mit der Deklaration des formalen Parameters
```
float (*welch_funktion)(float rad)
```
in der Funktion berech() wird ein Zeiger welch_funktion auf eine Funktion vereinbart, die einen float-Wert liefert.
Mit dem Aufruf
```
berech(radius, zyl_vol);
```
wird dann der Zeiger welch_funktion auf den Anfang des Codes von Funktion zyl_vol() positioniert; siehe auch Abbildung 22.32.

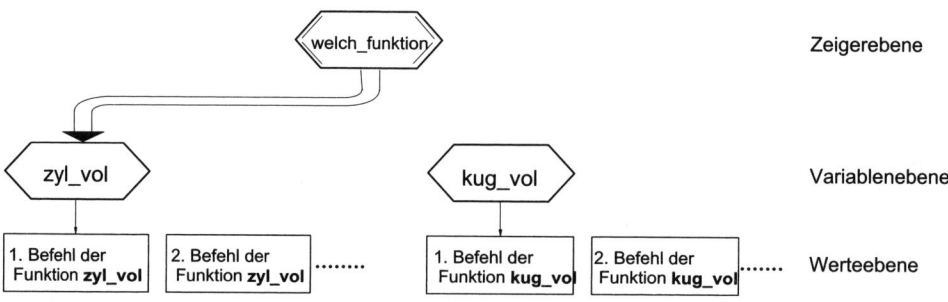

Abbildung 22.32: Positionieren des Zeigers welch_funktion auf Funktion zyl_vol()

Mit dem Funktionsaufruf
```
berech(radius, kug_vol);
```
dagegen wird der Zeiger welch_funktion auf die Anfangsadresse von kug_vol() gesetzt; siehe auch Abbildung 22.33.

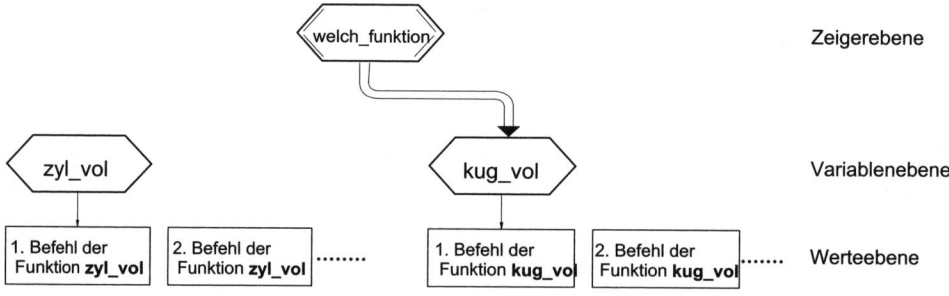

Abbildung 22.33: Positionieren des Zeigers welch_funktion auf Funktion kug_vol()

Hätten wir bei der Deklaration von welch_funktion in der Funktion berech() die Klammern weggelassen:

```
float *welch_funktion(...);
```

dann hätte dies bedeutet, dass welch_funktion eine Funktion ist, die einen Zeiger auf einen float-Wert an die aufrufende Funktion zurückliefert. Den Unterschied zwischen

```
float (*welch_funktion)(...);
      /* welch_funktion = Zeiger auf Funktion, die float-Wert liefert */
```

und

```
float *welch_funktion(...);
      /* welch_funktion = Funktion, die Zeiger auf float-Wert liefert */
```

sollten Sie sich klarmachen.

Will man nun über den Zeiger welch_funktion eine Funktion aufrufen, so muss man *welch_funktion angeben, da welch_funktion ein Zeiger und folglich *welch_funktion die eigentliche Funktion ist.

Wenn z. B. welch_funktion auf die Funktion zyl_vol() zeigt, dann entspricht die Anweisung

```
return (rad*(*welch_funktion)(rad));
```

der Anweisung

```
return (rad * zyl_vol(rad));
```

wie dies auch in Abbildung 22.34 gezeigt ist.

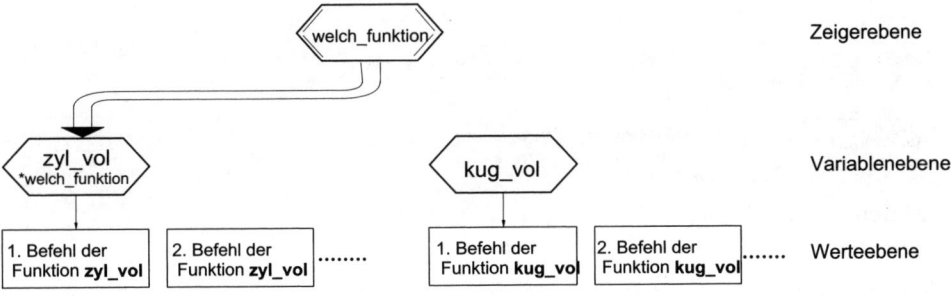

Abbildung 22.34: *welch_funktion entspricht zyl_vol()

Um das Zeigerprinzip bei Funktionen besser verstehen zu können, wollen wir ein weiteres Deklarations-Beispiel angeben:

```
float *(*welch_funktion)(...);
```

Hier wäre welch_funktion ein Zeiger auf eine Funktion, die einen Zeiger auf einen float-Wert liefert.

22.7.2 Typische Anwendungen
Auswahl von Funktionen zur Programmlaufzeit

Ein typischer Anwendungsfall für Zeiger auf Funktionen liegt vor, wenn erst zum Zeitpunkt der Programmausführung bekannt ist, welche Funktion auszuführen ist. Nehmen wir z. B. ein Sortierprogramm, bei dem erst während der Programmausführung bekannt ist, welche Daten zu sortieren sind: Ganze Zahlen, Zeichenketten oder sonstige Daten. In diesem Fall schreibt man nur eine Sortierfunktion, die neben anderen Parametern auch einen Zeiger auf eine Funktion erwartet, die für den Vergleich der einzelnen Daten zuständig ist. Ist dann während der Programmausführung bekannt, welche Daten zu sortieren sind, so wird diese Sortierroutine mit der Adresse der entsprechenden Vergleichsfunktion aufgerufen. Genau nach diesem Prinzip funktioniert auch die in der C-Standardbibliothek angebotene Quicksort-Routine `qsort()`, die wir in einem späteren Kapitel kennenlernen werden. Sie kann zum Sortieren jeglicher Art von Daten verwendet werden. Der Benutzer muss dazu nur die Adresse seiner eigenen Vergleichsroutine angeben. Hier wird nun zur Demonstration für die Auswahl von Funktionen zum Zeitpunkt der Programmausführung ein einfacheres Beispiel verwendet.

Beim folgenden Programm `funkzgr1.c` kann der Benutzer nach Eingabe einer ganzen Zahl wählen, ob er die Dualdarstellung, die Primfaktoren oder alle Teiler zu dieser Zahl haben möchte. Abhängig von seiner Wahl ruft dieses Programm dann die Funktion `ausgabe()` mit der entsprechenden Funktionsadresse auf.

```c
#include  <stdio.h>
#include  <math.h>

/*------- dual -------------------------------------------------------*/
void  dual(long zahl) {
   if (zahl!=0) {
      dual(zahl/2);
      printf("%ld", zahl%2);
   }
}


/*------- primfakt ---------------------------------------------------*/
void  primfakt(long zahl) {
  long   teiler=2, wurzel=sqrt(zahl);
  while (teiler<=wurzel) {
      if (zahl%teiler==0) {
         while (zahl%teiler==0) {
            zahl /= teiler;
            printf("%ld ", teiler);
         }
      }
      teiler++;
  }
  if (zahl>1)
     printf("%ld ", zahl);
}
```

```
/*------- alle_teiler ----------------------------------------------*/
void  alle_teiler(long zahl) {
  long  i;
  for (i=1 ; i<=zahl ; i++)
    if (zahl%i==0)
       printf("%ld ", i);
}
/*------- ausgabe --------------------------------------------------*/
void ausgabe(long  zahl, void (*funkzgr)(long zahl)) {
   (*funkzgr)(zahl);
}
/*------- main -----------------------------------------------------*/
int  main(void) {
  long    zahl;
  char    zeich;
  printf("Gib eine ganze Zahl ein: ");
  scanf("%ld", &zahl); getchar();

  printf("(1) Dualdarstellung\n"
         "(2) Primfaktoren\n"
         "(3) Alle Teiler\n\n"
         "Deine Wahl: ");
  zeich=getchar();
  switch (zeich) {
       case '1': ausgabe(zahl, dual);          break;
       case '2': ausgabe(zahl, primfakt);      break;
       case '3': ausgabe(zahl, alle_teiler);   break;
  }
  printf("\n");
  return(0);
}
```

Verwendung der gleichen Funktion für unterschiedliche Aufgaben

Eine weitere Anwendung von Zeiger auf Funktionen ist die Verwendung der gleichen Funktion für unterschiedliche Aufgaben. Das folgende C-Programm funk-zgr2.c, das die Funktion $cos(4\pi x)*e^{-x}$ graphisch anzeigt, verdeutlicht dies. Es ruft zweimal die Funktion funktion() auf, die jedesmal die erforderliche Berechnung der Funktion $cos(4\pi x)*e^{-x}$ durchführt:

1. Das erstemal wird beim Aufruf die Funktion simuliere_zeichnen() übergeben. Diese Funktion bestimmt die maximalen und minimalen Werte für x und y. Nach der Rückkehr aus funktion() können aus diesen Maximal- und Minimalwerten die erforderlichen Projektionsparameter für das Zeichnen der Funktion ermittelt werden; siehe auch Kapitel 21.15 auf Seite 337.

2. Beim zweiten Aufruf von funktion() wird die Funktion wirklich_-zeichnen() übergeben. Diese Funktion führt nun mithilfe der entsprechenden Projektionsparameter das Zeichnen der Funktion im Graphikfenster durch.

22 Funktionen

```c
#include   <stdio.h>
#include   <graphics.h>
#include   <stdlib.h>
#include   <time.h>
#include   <math.h>

#define SW   0.0001
/*---------- globale Variablen ---------------------------------------*/
double   xfmin, xfmax, yfmin, yfmax, xfaktor, yfaktor, xbnull, ybnull, a, b;
/*------- simuliere_zeichnen -----------------------------------------*/
void   simuliere_zeichnen(double x, double y) {
   if (y>yfmax) yfmax = y;
   if (y<yfmin) yfmin = y;
   if (x>xfmax) xfmax = x;
   if (x<xfmin) xfmin = x;
}
/*------- wirklich_zeichnen ------------------------------------------*/
void wirklich_zeichnen(double x, double y) {
   putpixel( (int)((x-xfmin)*xfaktor), (int)((yfmax-y)*yfaktor), BLUE );
}
/*------- funktion ---------------------------------------------------*/
void funktion(void (*f)(double x, double y)) {
   double  x, y, PI = 4*atan(1);
   for (x=xfmin ; x<=xfmax ; x+=SW) {
      y = cos(4*PI*x)*exp(-x);
      (*f)(x, y);
   }
}
/*------- main -------------------------------------------------------*/
int  main( int argc, char *argv[] ) {
    srand(time(NULL));
    /*------- Eingaben des Benutzers ---------------------------------*/
    printf("Graphische Darstellung der Funktion\n"
           "                            -x\n"
           "  y = cos(4*pi*x) * e\n");
    printf("\n\nxmin? ");   scanf("%lf", &xfmin);
    printf("xmax? ");       scanf("%lf", &xfmax);
       /*------- Berechnen der maximalen und minimalen Funktionswerte ------*/
    yfmin = yfmax = exp(xfmin);
    funktion(simuliere_zeichnen); /*******************/

    initgraph( 640, 480 ); /* Graphik initialisieren */
       /*------- Massstab-Faktoren berechnen ---------------------------*/
    xfaktor = getmaxx() / (xfmax-xfmin);
    yfaktor = getmaxy() / (yfmax-yfmin);
       /*------- Ausgabe der Koordinaten-Achse -------------------------*/
    xbnull = -xfmin * xfaktor;
    ybnull =  yfmax * yfaktor;
    line(0, (int)ybnull, (int)xbnull, (int)ybnull);
    line((int)xbnull, 0, (int)xbnull, (int)ybnull);
```

```
    line(getmaxx(), (int)ybnull, (int)xbnull, (int)ybnull);
    line((int)xbnull, getmaxy(), (int)xbnull, (int)ybnull);
        /*------- Ausgabe der Funktion ------------------------------------*/
    funktion(wirklich_zeichnen); /*******************/
    getch(); closegraph();
    return(0);
}
```

Abbildung 22.35 zeigt Plots des Programms `funkzgr2.c`.

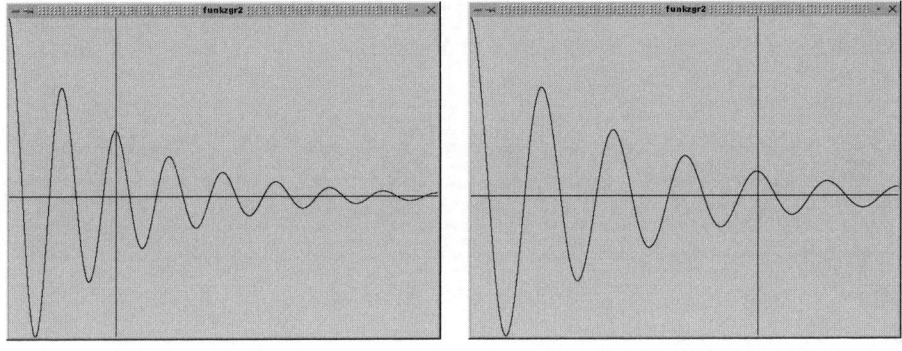

Abbildung 22.35: Plots für `xmin=-1,xmax=3` (links) und `xmin=-2,xmax=1` (rechts)

Kapitel 23
Speicherklassen und Modultechnik

Optimus odor in corpore est nullus.
(Der beste Körpergeruch ist gar keiner.)
Seneca

Es wurde schon einmal erwähnt, dass sich C-Programme aus mehreren Dateien zusammensetzen können. Jede Programmdatei – auch *Modul* genannt – kann einzeln kompiliert werden, aber ist für sich allein nicht lauffähig.
Diese getrennt kompilierten Module können anschließend mit Hilfe des Linkers zu einem einzigen Programm zusammengebunden werden.

23.1   Gültigkeitsbereich, Lebensdauer, Speicherort
23.1.1   Gültigkeitsbereich
Unter dem Gültigkeitsbereich eines Objekts (*Funktionsname, Variablenname*) versteht man die Bereiche in den einzelnen Programmeinheiten, in denen es angesprochen werden kann.
Beim Gültigkeitsbereich wird zwischen folgenden Arten unterschieden:
- modulglobal
- programmglobal
- lokal

Modulglobale Gültigkeit

Ein *modulglobales* Objekt ist innerhalb der gesamten Programmdatei (Modul) ansprechbar, in der es deklariert ist, aber nicht in einer anderen Programmdatei (Modul). Jede Variable, die außerhalb einer Funktion deklariert ist, werden wir als *modulglobal* bezeichnen.
Da modulglobale Variablen außerhalb von Funktionen vereinbart sind und somit vielen Funktionen zur Verfügung stehen, kann innerhalb von Funktionen auf modulglobale Variablen zugegriffen werden, ohne dass diese als Parameter zu übergeben sind.

Beispiel:

In diesem Beispiel werden wir ein C-Programm `tausch3.c` erstellen, das mit Hilfe einer Funktion `tausch()` die Werte zweier Variablen vertauscht. In diesem Programm werden die entsprechenden Variablen jedoch nicht als Zeigervariablen übergeben.

```c
#include <stdio.h>

int   zahl_1, zahl_2;   /*------ modulglobale Variablen ----*/

void tausch(void)
{
    int  hilf;

    hilf = zahl_1;
    zahl_1 = zahl_2;
    zahl_2 = hilf;
}

int  main(void)
{
    zahl_1 = 10;
    zahl_2 = 5;

    tausch();

    printf("zahl_1=%d\n"
           "zahl_2=%d\n",zahl_1, zahl_2);
    return(0);
}
```

Da die beiden `int`-Variablen `zahl_1` und `zahl_2` außerhalb jeder Funktion vereinbart wurden, stehen sie allen in der Programmdatei definierten Funktionen (hier `main()` und `tausch()`) zur Verfügung. Ihr Gültigkeitsbereich erstreckt sich also über die gesamte Programmdatei (Modul).
Mit der modulglobalen Deklaration

```c
    int zahl_1, zahl_2;
```

werden zwei Speicherplätze reserviert, auf die alle Funktionen dieser Programmdatei zugreifen können. Mit den Zuweisungen

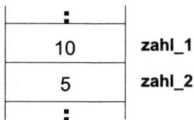

Abbildung 23.1: Speicherbereich, auf den alle Funktionen der Programmdatei zugreifen können

```
zahl_1 = 10;
zahl_2 = 5;
```
werden in diese Speicherplätze Werte geschrieben, wie dies in Abbildung 23.1 gezeigt ist.

Beim Aufruf der Funktion `tausch()` wird mit der Deklaration
```
int hilf;
```
ein eigener Speicherplatz auf dem so genannten *Stack* reserviert, der nur für die Dauer der Funktionsausführung von `tausch()` verfügbar ist; siehe dazu auch Abbildung 23.2.

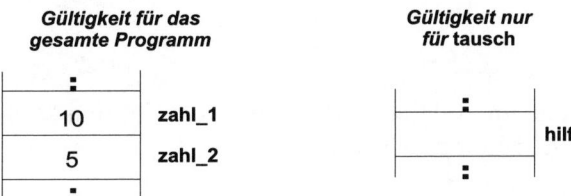

Abbildung 23.2: Unterschiedliche Gültigkeitsbereiche der Variablen

Mit der Anweisung
```
hilf = zahl_1;
```
wird der Wert der modulglobalen Variablen `zahl_1` der lokalen Variablen `hilf` zugewiesen, wie dies in Abbildung 23.3 gezeigt ist.

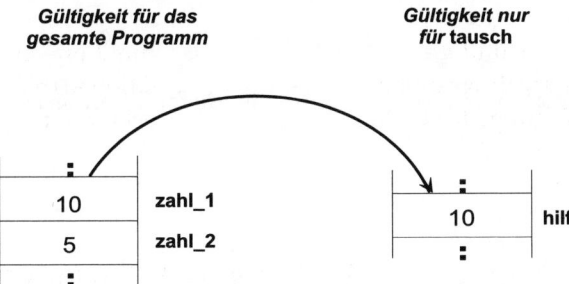

Abbildung 23.3: Zuweisen des Werts der modulglobalen Variablen `zahl_1` an die lokale Variable `hilf`

Mit der Anweisung
```
zahl_1 = zahl_2;
```
wird der Wert der modulglobalen Variablen `zahl_2` der modulglobalen Variablen `zahl_1` zugewiesen. Mit dieser Zuweisung wird also in der Funktion `tausch()` der Wert einer modulglobalen Variablen verändert; siehe dazu auch Abbildung 23.4.

23 Speicherklassen und Modultechnik

Abbildung 23.4: Zuweisen der modulglobalen Variablen `zahl_2` an die modulglobale Variable `zahl_1`

Mit der Anweisung

```
zahl_2 = hilf;
```

wird dann auch noch die zweite modulglobale Variable von der Funktion `tausch()` verändert, wie dies in Abbildung 23.5 gezeigt ist.

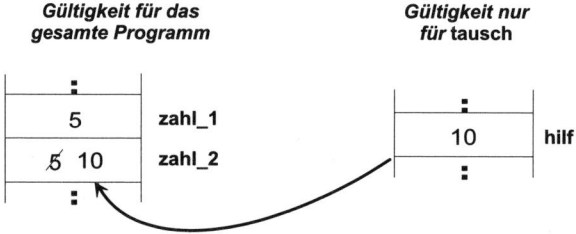

Abbildung 23.5: Zuweisen der lokalen Variablen `hilf` an die modulglobale Variable `zahl_2`

Nach der Rückkehr aus der Funktion `tausch()` in die aufrufende Funktion `main()` werden die Werte der modulglobalen Variablen `zahl_1` und `zahl_2` am Bildschirm ausgegeben:

```
zahl_1=5
zahl_2=10
```

Wir können also ohne Übergabe von Adressen innerhalb von Funktionen die Inhalte von modulglobalen Variablen verändern.

Unter einer modulglobalen Variablen können wir uns eine Gemeinschaftskasse in einer Familie (*Modul*) vorstellen, in die jedes Familienmitglied (*Funktion*) Geld einzahlen oder aus ihr entnehmen kann.

Vergessen Sie nicht, dass alle in einer Programmdatei vereinbarten Funktionen ebenso einen modulglobalen Gültigkeitsbereich besitzen, was ja bedeutet, dass jede in dieser Programmdatei definierte Funktion eine andere Funktion, die ebenfalls in dieser Programmdatei vereinbart wurde, aufrufen kann.

Programmglobale Gültigkeit

Ein *programmglobales Objekt* ist von mehreren Programmdateien (Modulen) aus ansprechbar, das heißt von allen Programmdateien, die das Objekt als extern deklarieren; dazu gleich mehr.

Im Unterschied zu modulglobalen Objekten, deren Gültigkeit auf die Programmdatei (Modul) beschränkt ist, in der sie deklariert sind, erstreckt sich der Geltungsbereich von programmglobalen Objekten über mehrere Programmdateien.

Unter programmglobalen Variablen können wir uns z. B. eine Schulkasse vorstellen, auf die Schüler (*Funktionen*) aus verschiedenen Klassen (*Modulen*) zugreifen können; d.h. jeder Schüler kann dort unkontrolliert Geld einzahlen oder entnehmen. Bereits an diesem Schulkassen-Beispiel ist erkennbar, dass man sehr sparsam mit programmglobalen Variablen umgehen sollte, denn hier wie auch in der Programmierpraxis kann dies zu nicht mehr nachvollziehbaren Inhalten des betreffenden globalen Objekts (Schulkasse oder Variable) führen.

Lokale Gültigkeit und Privatisierungseffekt in Blöcken

Ein *lokales Objekt* ist nur innerhalb des Programmteils, d. h. in einer Funktion oder in einem Block von Anweisungen (mit { . . . } geklammert) ansprechbar, in dem es deklariert ist.

Bei der Variablen `hilf` in der Funktion `tausch()` (im Programm `tausch3.c`) handelt es sich um eine lokale Variable, d.h., auf `hilf` kann nur innerhalb der Funktion `tausch()`, aber nicht von außerhalb zugegriffen werden.

Da in C keine Funktionen innerhalb von Funktionen definiert werden können, ist die Blockstruktur von C nicht mit der von PASCAL oder ALGOL vergleichbar.

Auf eine solche Verschachtelung von Funktionen wurde in C aus Übersichtlichkeitsgründen verzichtet: In C können Funktionen nur streng hintereinander deklariert werden.

Da sich das Prinzip der Schachtelung aber bei der Deklaration von Daten sehr bewährt hat, können in C an jedem Anfang eines Blocks, d. h. unmittelbar nach jeder öffnenden geschweiften Klammer {, Variablen deklariert werden. Es gelten dabei die folgenden Regeln:

1. Jedes C-Programm setzt sich aus Funktionen zusammen, und jede einzelne Funktion innerhalb eines Programms besitzt zumindest einen Block, in dem weitere Blöcke verschachtelt sein können.

2. Innerhalb eines jeden solchen Blocks können nun unmittelbar nach { weitere Variablen definiert werden. Diese sind dann allerdings nur innerhalb dieses Blocks bekannt. Falls solche „blocklokalen" Variablen der Speicherklasse `auto` – was die Voreinstellung ist (siehe auch Kapitel 23.2) – zugeordnet sind, gehen ihre Werte beim Verlassen des Blocks verloren.

3. Werden innerhalb eines Blocks bei der Variablendeklaration Namen angegeben, die schon außerhalb vergeben wurden, so bedeutet dies keinen Verstoß gegen die Regeln von C, sondern es gilt dann: Die „innere" Variable ist völlig unabhängig von der „äußeren" Variablen und innerhalb des Blocks kann dann nur auf die „innere" Variable, nicht aber auf die „äußere" zugegriffen

23 Speicherklassen und Modultechnik

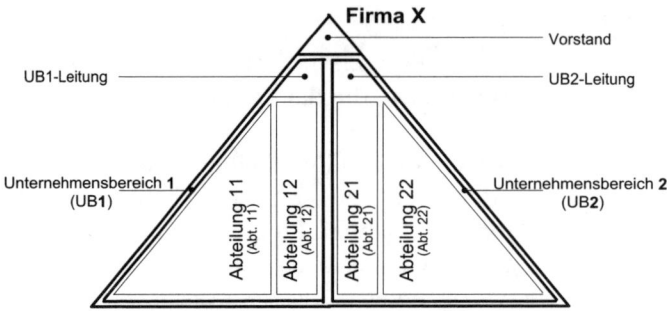

Abbildung 23.6: Organisationsform einer Firma

werden. Die „äußere" Variable kann erst nach Verlassen das Blocks wieder angesprochen werden.

4. Wird innerhalb eines Blocks auf eine Variable zugegriffen, deren Name nicht in diesem Block lokal deklariert wurde, so wird damit eine Variable angesprochen, die außerhalb dieses Blocks vereinbart wurde.

Der Gültigkeitsbereich von Variablen beim Blockkonzept soll anhand eines Beispiels nochmals verdeutlicht werden.

Beispiel:

Ein Unternehmen habe die in Abbildung 23.6 gezeigte Organisationsform.
In dieser Firma arbeiten nun mehrere Personen mit dem Namen *Meier*. Wie diese Personen nun verteilt sind, soll durch nachfolgende Blockstruktur gezeigt werden, wobei für den Vorstand und die Leitung des Unternehmensbereichs (UB) kein eigener Block gebildet wurde; siehe auch Abbildung 23.7.
Gültigkeitsbereich der einzelnen „Meier":

1. Spricht man nun in der UB1-Leitung von Herrn Meier, so ist der Meier aus der UB1-Leitung gemeint.
2. Wird in der Abteilung 11 von einem Herrn Meier gesprochen, so bezieht sich diese auf den abteilungsinternen Meier.
3. Ist in der Abteilung 12 von einem Herrn Meier die Rede, so betrifft dies den Meier aus der UB1-Leitung, da in Abteilung 12 kein Meier arbeitet.
4. Ist in der UB2-Leitung die Rede von einem Meier, so wird der Meier aus dem Vorstand gemeint, da in der UB2-Leitung kein Herr dieses Namens vorhanden ist.
5. Redet man in Abteilung 21 von einem Meier, so bezieht sich das auf den Meier aus der Vorstandsetage, da weder ein Meier in Abteilung 21 noch in der direkt übergeordneten Ebene UB2 existiert.
6. Wird in der Abteilung 22 von einem Meier gesprochen, so betrifft dies den Herrn Meier aus derselben Abteilung.

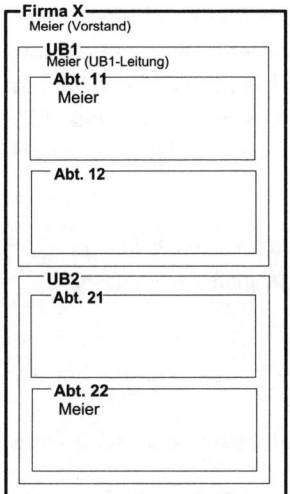

Abbildung 23.7: Blockstruktur zur Firma in Abbildung 23.6

7. Wenn man im Vorstand über Herrn Meier spricht, so betrifft dies den Herrn Meier aus der Vorstandschaft.

An diesem Beispiel können wir erkennen, dass bei Vorhandensein von blocklokalen und blockexternen Variablen gleichen Namens zunächst auf die blocklokalen Variablen zugegriffen wird.

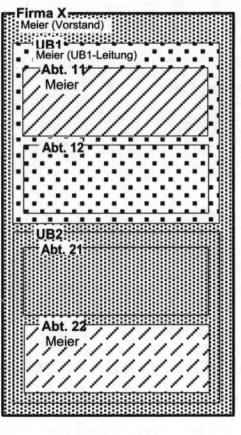

ERKLÄRUNG:

- Gültigkeitsbereich für Meier aus dem Vorstand
- Gültigkeitsbereich für Meier aus der UB1-Leitung
- Gültigkeitsbereich für Meier aus Abt. 11
- Gültigkeitsbereich für Meier aus Abt. 22

Abbildung 23.8: Gültigkeitsbereiche für die verschiedenen Meier

23 Speicherklassen und Modultechnik

Wird eine Variable angesprochen, die nicht im betreffenden Block deklariert wurde, so wird auf die Variable zugegriffen, die im übergeordneten Block vereinbart ist; wurde auch im direkt übergeordneten Block keine Variable mit solchem Namen definiert, so bezieht sich der Zugriff auf die Variable im nächst höheren Block, falls sie dort deklariert wurde. Ist sie auch hier nicht deklariert worden, dann wird noch eine Ebene höher gestiegen usw.

> *Der Gültigkeitsbereich von Variablen erstreckt sich also auf den Block, in dem sie deklariert wurden und alle untergeordneten Blöcke, in denen der gleiche Name nicht neu vereinbart wurde.*

Vergessen Sie nicht, dass blocklokale Variablen außerhalb des entsprechenden Blocks nicht mehr zur Verfügung stehen.

Wir wollen den Gültigkeitsbereich von Variablen bei der Blockstruktur noch an einem kleinem C-Programm `block.c` zeigen:

```c
#include <stdio.h>

int main(void) {
    int  x;                           /* x im aeusseren Block */
    x=10;                             /* aeusseres x wird benutzt */
    {   int  x;                       /* x im inneren Block */
        int  sum;
        sum=0;
        for (x=1 ; x<=100 ; x=x+2)    /* inneres x       */
            sum += x;                 /* wird benutzt */
        printf("Die Summe der ungeraden Zahlen von 1 bis 100 ist %d\n",sum);
        printf("x = %d\n", x);        /* inneres x wird ausgegeben */
                                      /* Ausgabe : x = 101         */
    }
    printf("x = %d\n",x);             /* aeusseres x wird ausgegeben */
                                      /* Ausgabe : x = 10            */
    return(0);
}
```

Dieses Programm `block.c` würde folgendes ausgeben:

```
Die Summe der ungeraden Zahlen von 1 bis 100 ist 2500
x = 101
x = 10
```

Da eine neue Deklaration einer Variablen mit schon vorhandenen Namen in einem untergeordneten Block eine völlig unabhängige Variable festlegt, wäre es möglich, auch einen anderen Datentyp für eine gleichnamige Variable anzugeben, wie etwa:

```c
int v;

funk1() {
    double v;
    ...
}
```

23.1.2 Lebensdauer

Eine weitere Eigenschaft eines Objekts, die von seinem Gültigkeitsbereich (programmglobal, modulglobal, lokal) unabhängig ist, ist seine *Lebensdauer*. Bei der Lebensdauer einer Variablen unterscheidet man zwischen:

Statische Lebensdauer

Zu dieser Gruppe gehören Objekte, die während der gesamten Programmlaufzeit einen festen Platz im Speicher besitzen.

Kurzzeitige Lebensdauer (automatic)

Dieser Klasse werden Variablen zugeordnet, die nur für die Dauer eines Funktionsaufrufs oder einer Ausführung eines Blocks von Anweisungen (mit { . . . } geklammert) definiert sind.

Variablen dieser Kategorie werden nicht an einem festen Platz, sondern im so genannten *Stack* gespeichert. Der *Stack* ist im Gegensatz zum *Datensegment* ein Speicherbereich, in dem die nur temporär vorhandenen Variablen (wie eben die auto-Variablen) für die Dauer der Existenz des entsprechenden Blocks (Funktion), in dem sie definiert sind, untergebracht werden.

Der Stackbereich einer Funktion wird beim Verlassen der Funktion wieder freigegeben. Bei erneutem Aufruf der Funktion werden die entsprechenden Variablen wieder neu auf dem Stack angelegt.

23.1.3 Speicherort

Die dritte und letzte Eigenschaft eines Objekts ist, dass es entweder *im Speicher* oder in einem *Prozessor-Register* gehalten werden kann.

23.1.4 Gültigkeit, Lebensdauer und Speicherort im Überblick

Zusammenfassend kann also festgehalten werden: C bietet eine Reihe von Möglichkeiten, den Charakter von Variablen zu wählen:

- ❏ Gültigkeitsbereich:
    - ➢ programmglobal
    - ➢ modulglobal
    - ➢ lokal
- ❏ Lebensdauer:
    - ➢ statisch
    - ➢ kurzzeitig
- ❏ Speicherort:
    - ➢ Hauptspeicher
    - ➢ Prozessor-Register

Dies geschieht mit Hilfe der folgenden Schlüsselwörtern, die der jeweiligen Deklaration vorangestellt werden:

extern, auto, static oder register

Jedes Schlüsselwort repräsentiert dabei eine so genannte Speicherklasse. Da eine Variable nur einer Speicherklasse zugeordnet werden kann, darf bei einer Deklaration nur eines der Schlüsselwörter verwendet werden.

Wir wollen nun im nächsten Abschnitt besprechen, was für die einzelnen Schlüsselwörter bezüglich Gültigkeitsbereich, Lebensdauer und Speicherort gilt.

23.1.5 Übung: Ausgabe des Programms block3.c

Was gibt das folgende Programm block3.c aus?

```c
#include <stdio.h>

int i=0;

int main(void)
{
    int i=1;

    printf("i=%d\n", i);
    {
        int i=2;
        printf("i=%d\n", i);
        {
            i++;
            printf("i=%d\n", i);
        }
        printf("i=%d\n", i);
    }
    printf("i=%d\n", i);
    return(0);
}
```

23.2 Schlüsselwörter extern, auto, static und register

23.2.1 Das Schlüsselwort extern

LEBENSDAUER: STATISCH
GÜLTIGKEITSBEREICH: PROGRAMMGLOBAL
SPEICHERORT: IM HAUPTSPEICHER (DATENSEGMENT)

Zu dieser Speicherklasse wollen wir jetzt ein Beispiel behandeln: Es soll ein Programm erstellt werden, das eine Reihe von positiven Meßwerten einliest. Die Eingabe soll bei einem negativen Meßwert beendet sein. Unser Programm soll den Mittelwert der eingegebenen Meßwerte berechnen und am Bildschirm ausgeben.

23.2 Schlüsselwörter extern, auto, static und register

Programmdatei (Modul) 1 (einles.c):

```c
/*--- Modul 1: fuer die Eingabe der Werte und Berechnung des Mittelwerts zustaendig
----------------------------------------------------------------------------------*/
#include <stdio.h>

extern double   mittel_wert;   /*--- Referenzieren die entspr.  */
extern int      zaehler;       /*    programmglobalen Variablen */

void einles(void) {
    double  mess_wert; /*--- Lokale Variable */
    do {
        printf("Gib %d. Messwert ein: ", ++zaehler);
        scanf("%lf", &mess_wert);
        if (mess_wert>0)
            mittel_wert += mess_wert;
    } while (mess_wert>0);
}
```

Programmdatei (Modul) 2 (mittelw.c):

```c
/*-- Modul 2: Hauptmodul: von hier aus werden alle notwendigen Funktionen aufgerufen
----------------------------------------------------------------------------------*/
#include <stdio.h>

double   mittel_wert=0;   /*--- Programmglobale Variablen ---*/
int      zaehler=0;

extern void einles(void);  /*--- verweist auf eine Funktion einles */

int main(void) {
    einles();
    --zaehler;
    mittel_wert /= zaehler;
    printf("\n ---> Mittelwert: %.3lf\n", mittel_wert);
    return(0);
}
```

Zuerst müssen hier nun die beiden Module getrennt kompiliert werden. Dies erreicht man mit der Option **-c** (*compile only*):

```
user@linux:~ >   cc -c einles.c  ⏎
user@linux:~ >   cc -c mittelw.c ⏎
```

Durch das Kompilieren werden die entsprechenden Objektdateien erzeugt: einles.o und mittelw.o.
Diese Objektdateien müssen nun mit dem Linker zu einem ablauffähigen Programm (hier mittelwe) zusammengebunden werden.

```
user@linux:~ >   cc -o mittelwe einles.o mittelw.o  ⏎
```

Das Kompilieren und Linken könnte auch durch eine Aufrufzeile erreicht werden:

```
user@linux:~ >   cc -o mittelwe einles.c mittelw.c  ⏎
```

433

23 Speicherklassen und Modultechnik

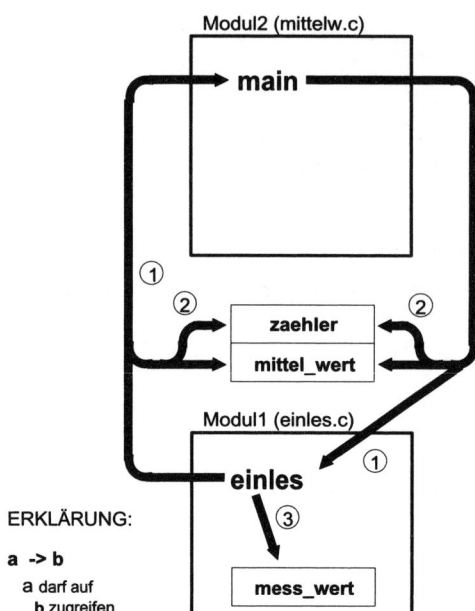

Abbildung 23.9: Zugriffsrechte in den Modulen `einles.c` und `mittelw.c`

Hier würde der C-Compiler automatisch erkennen, das er zuerst die beiden Dateien `einles.c` und `mittelw.c` kompilieren muss, bevor er dann das Linken der beiden erzeugten Objektdateien `einles.o` und `mittelw.o` veranlasst.

Möglicher Ablauf des Programms `mittelwe`:

```
Gib 1. Messwert ein: 4.0
Gib 2. Messwert ein: 3.2
Gib 3. Messwert ein: 5.1
Gib 4. Messwert ein: -2.1

---> Mittelwert: 4.100
```

Abbildung 23.9 veranschaulicht die in den Modulen `einles.c` und `mittelw.c` vorliegende Zugriffsrechte.

1. Die beiden Funktionen `main()` und `einles()` dürfen einander gegenseitig aufrufen.

2. Beide Funktionen `main()` und `einles()` dürfen auf die programmglobalen Variablen `zaehler` und `mittel_wert` zugreifen, d. h., beide Funktionen können die Inhalte dieser Variablen lesen oder auch verändern.

3. Auf die Variable `mess_wert` darf nur die Funktion `einles()` zugreifen, da diese Variable nur Gültigkeit innerhalb der Funktion `einles()` besitzt.

Der Gültigkeitsbereich einer modulglobalen Variablen ist auf diejenige Programmdatei (Modul) beschränkt, in der sie definiert wurde. Ohne die `extern-`

Deklarationen (in `einles.c`) könnte auf `mittel_wert` und `zaehler` nur in `mittelw.c` zugegriffen werden.

Um den modulglobalen Gültigkeitsbereich einer Variablen auf programmglobal zu erweitern (Zugriffsmöglichkeit auf eine Variable, die in einem anderen Modul definiert wurde), muss das Schlüsselwort `extern` verwendet werden.

Unterschied zwischen Definition und Deklaration

Es muss zwischen einer externen *Definition* und einer externen Deklaration (Referenz) unterschieden werden:

Bei einer *Deklaration* handelt es sich um das Herstellen eines Bezugs auf ein an anderer Stelle definiertes Objekt.

Definitionen (in Modul `mittelw.c`):

```
double    mittel_wert=0;   /*--- Programmglobale Variablen ---*/
int       zaehler=0;
```

Externe Referenzen (in Modul `einles.c`):

```
    extern double mittel_wert; /*--- Referenzieren die entspr.  */
```

stellt einen Bezug auf die in `mittelw.c` definierte Variable `mittel_wert` her.

```
    extern int zaehler; /* programmglobalen Variablen */
```

stellt einen Bezug auf die in `mittelw.c` definierte Variable `zaehler` her.

Externe Definitionen definieren eine Variable und reservieren einen Speicherplatz.

Externe Referenzen teilen dem Compiler lediglich mit, dass irgendwo (in einem anderen Modul) ein Objekt mit solchem Namen und Datentyp existiert. Bei Referenzen werden also die Variablen nicht erzeugt, und es wird kein Speicherplatz reserviert.

An genau einer Stelle muss eine programmglobale Variable definiert sein. Alle anderen Deklarationen dürfen dann nur Referenzen (mit `extern`) sein.

Eine programmglobale Variable darf nur bei einer externen Defintion initialisiert werden, wie z. B (in Modul `mittelw.c`):

```
int zaehler = 0;
```

Eine Initialisierung bei externen Referenzen, wie z. B. (in Modul `einles.c`):

```
extern int zaehler = 1;
```

ist nicht erlaubt.

Da die Programmiersprache C nicht die Definition einer weiteren Funktion innerhalb einer Funktion erlaubt, sind C-Funktionen zumindest modulglobal.

Werden Funktionen aus verschiedenen Dateien mit dem Linker zu einem Programm – was ja im obigen Beispiel zutrifft – zusammengebunden, dann ist der Gültigkeitsbereich jeder dieser Funktionen programmglobal.

Es verbleibt lediglich die Forderung, dass in jedem Modul alle dort aufgerufenen Funktionen, die keine `int`-Werte zurückliefern, mit Typangabe und `extern` vor dem eigentlichen Aufruf zu deklarieren sind.

23 Speicherklassen und Modultechnik

Einige Anmerkungen zu globalen Variablen:
- ❏ Sie sollten nicht mit allzu vielen globalen Variablen arbeiten, weil dadurch die Verwaltung von Variablen schnell unübersichtlich wird, was wieder zu schwer auffindbaren Fehlern führen kann.
- ❏ Wenn natürlich bestimmte Variablen mehreren Funktionen zur Verfügung stehen sollen, so mag es vereinzelt besser sein, mit modulglobalen Variablen und nicht mit langen Parameterlisten zu arbeiten.
- ❏ Programmglobale Variablen sollten, wenn möglich, überhaupt nicht verwendet werden; dazu aber mehr bei der Modultechnik in Kapitel 23.4.

23.2.2 Das Schlüsselwort `auto`

LEBENSDAUER: KURZZEITIG
GÜLTIGKEITSBEREICH: LOKAL
SPEICHERORT: IM HAUPTSPEICHER (STACK)

`auto`-Variablen sind in einer Funktion lokal, d. h., es kann nur innerhalb der Funktion, in der sie deklariert sind, auf sie zugegriffen werden.
Wird eine Funktion aufgerufen, so wird ein Speicherplatz für diese lokalen Variablen im Stack reserviert, der nach Rückkehr aus der Funktion wieder aufgegeben wird.
Da der Stack-Bereich einer Funktion beim Verlassen wieder freigegeben wird, haben solche Variablen beim Eintritt in die Funktion zunächst einen undefinierten Wert. Zu dieser Speicherklasse wollen wir jetzt ein Beispiel behandeln.

Beispiel:

Es soll ein Programm `autoggt.c` erstellt werden, das den größten gemeinsamen Teiler (*ggT*) zweier Zahlen nach dem *Euklid'schen Algorithmus* berechnet: Die erste Zahl ist der Dividend und die zweite der Divisor. Man geht nun nach folgenden Verfahren vor:

1. Ganzzahlige Division mit Dividenden und Divisor durchführen.
2. Ist der Divisonsrest ungleich 0, so wird der Divisor zum neuen Dividenden und der Divisionsrest zum neuen Divisor und wieder mit Punkt 1 fortgefahren.
3. Ist der Divisonsrest gleich 0, so ist der Divisor der ggT und das Verfahren ist beendet.

Beispiel zur Erklärung dieses Algorithmus:

```
42 :  12 = 3 Rest  6   (12 wird neuer Dividend; 6 wird neuer Divisor)
12 :   6 = 2 Rest  0   (Rest 0 = Endekriterium; ggT = 6 (Divisor)
   ggT = 6


12 :  42 = 0 Rest 12   (42 wird neuer Dividend; 12 wird neuer Divisor)
42 :  12 = 0 Rest  6   (12 wird neuer Dividend; 6 wird neuer Divisor)
12 :   6 = 2 Rest  0   (Rest 0 = Endekriterium; ggT = 6 (Divisor)
   ggT = 6
```

23.2 Schlüsselwörter extern, auto, static und register

Das Programm autoggt.c:

```c
#include <stdio.h>
#include <ctype.h>

/*--------- ggt ----------------------------------------------------*/
int ggt(int a, int b)
{
   auto int  rest;
   do {                        /* EUKLIDsche Algorithmus:      */
      rest = a % b;
      a    = b;                /* Nach Verlassen dieser Schleife */
      b    = rest;             /* befindet sich der ggT in der  */
   } while (rest>0);           /* lokalen Variablen    a        */
   return(a);
}


/*--------- main ---------------------------------------------------*/
int  main(void)
{
   auto int   divident, divisor;

   do {
      printf("\n\nGeben Sie zwei ganze Zahlen ein: ");
      scanf("%d, %d", &divident, &divisor); getchar();

      printf("   ---> ggT = %d\n", ggt(divident,divisor));

      printf("          Wollen Sie noch zwei Zahlen eingeben (J/N) ? ");
   } while (toupper(getchar()) == 'J');
   return(0);
}
```

Möglicher Ablauf dieses Programms autoggt.c:

```
Geben Sie zwei ganze Zahlen ein: 552,18 ⏎
  ---> ggT = 6
             Wollen Sie noch zwei Zahlen eingeben (J/N) ? j ⏎

Geben Sie zwei ganze Zahlen ein: 47,24 ⏎
  ---> ggT = 1
             Wollen Sie noch zwei Zahlen eingeben (J/N) ? n ⏎
```

Nachfolgend wird die Speicherplatz-Zuteilung beim Ablauf des Programms autoggt.c schrittweise erläutert:
Mit den Deklarationen

```
auto int divident, divisor;
```

in der Funktion main() werden lokale Variablen für diese Funktion festgelegt; siehe auch Abbildung 23.10.
Nach Aufruf der Bibliotheksfunktion scanf() könnte – abhängig von der Benutzereingabe – die in Abbildung 23.11 gezeigte Speicherbelegung vorliegen.

23 Speicherklassen und Modultechnik

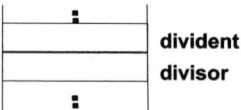

Abbildung 23.10: Lokale Variablen in der Funktion `main()`

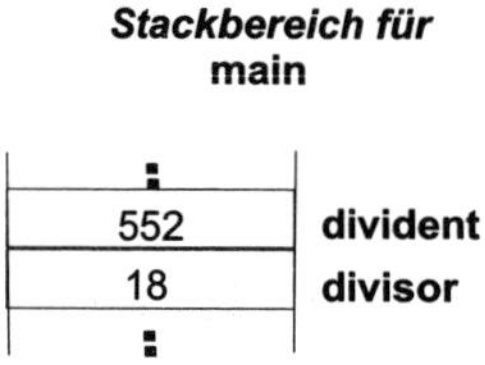

```
Stackbereich für
     main
┌─────────┬─────────┐
│    :    │         │
├─────────┤ divident│
│   552   │         │
├─────────┤ divisor │
│    18   │         │
├─────────┤         │
│    :    │         │
```

Abbildung 23.11: Mögliche Speicherbelegung nach der Benutzereingabe

In einem darauffolgenden `printf()`-Befehl wird die Funktion `ggt()` mit den aktuellen Argumenten `divident` und `divisor` aufgerufen, was eine Erzeugung eines eigenen Stack-Bereichs für die Funktion `ggt()` nach sich zieht, wie dies in Abbildung 23.12 gezeigt ist.
Mit der Deklaration
```
auto int rest;
```

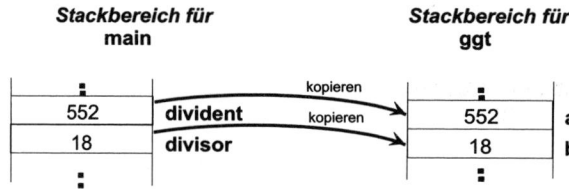

Abbildung 23.12: Speicherbelegung unmittelbar nach Aufruf der Funktion `ggt()`

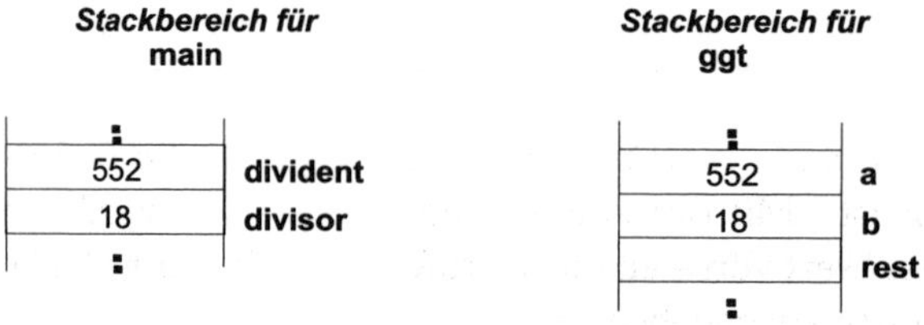

```
Stackbereich für          Stackbereich für
     main                      ggt
┌─────┬──────────┐         ┌─────┬─────┐
│  :  │          │         │  :  │     │
├─────┤ divident │         ├─────┤  a  │
│ 552 │          │         │ 552 │     │
├─────┤ divisor  │         ├─────┤  b  │
│ 18  │          │         │ 18  │     │
├─────┤          │         ├─────┤ rest│
│  :  │          │         │     │     │
                           ├─────┤
                           │  :  │
```

Abbildung 23.13: Speicherbelegung (Parameter und lokale Variablen) für Funktion `ggt()`

23.2 Schlüsselwörter extern, auto, static und register

wird im Stack-Bereich der Funktion ggt() ein weiterer Speicherplatz reserviert, der nur für die Dauer der Ausführung von ggt() zur Verfügung steht; siehe auch Abbildung 23.13.

Nach einem Durchlauf der do...while-Schleife in der Funktion ggt() ergibt sich ein Speicherbild, wie es in Abbildung 23.14 gezeigt ist.

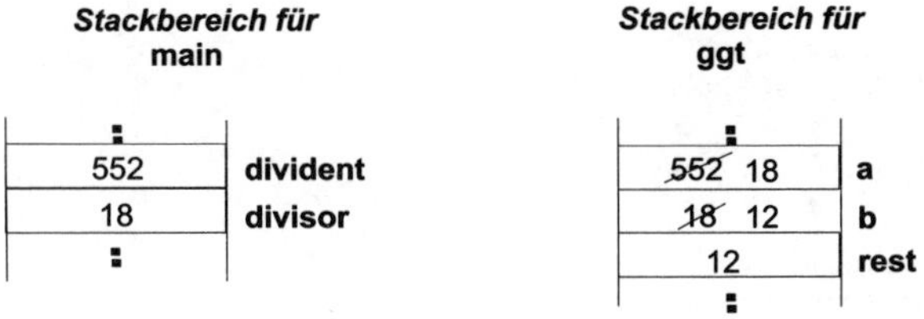

Stackbereich für main		Stackbereich für ggt		
⋮		⋮		
552	divident	~~552~~ 18		a
18	divisor	~~18~~ 12		b
⋮		12		rest
		⋮		

Abbildung 23.14: Speicherbelegung nach einem Durchlauf der do...while-Schleife

Nach dem zweiten Durchlauf der do...while-Schleife der Funktion ggt() liegt ein Speicherbild vor, wie es in Abbildung 23.15 gezeigt ist.

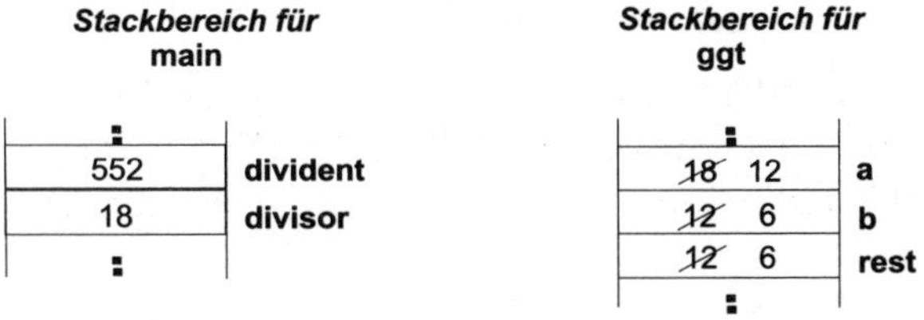

Stackbereich für main		Stackbereich für ggt		
⋮		⋮		
552	divident	~~18~~ 12		a
18	divisor	~~12~~ 6		b
⋮		~~12~~ 6		rest
		⋮		

Abbildung 23.15: Speicherbelegung nach zweitem Durchlauf der do...while-Schleife

Der dritte Durchlauf zieht dann ein Speicherblid nach sich, wie es in Abbildung 23.16 gezeigt ist.

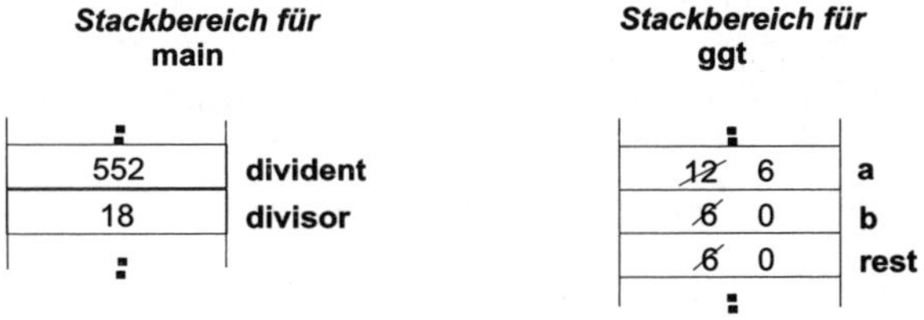

Stackbereich für main		Stackbereich für ggt		
⋮		⋮		
552	divident	~~12~~ 6		a
18	divisor	~~6~~ 0		b
⋮		~~6~~ 0		rest
		⋮		

Abbildung 23.16: Speicherbelegung nach drittem Durchlauf der do...while-Schleife

Nach dem dritten Durchlauf ist die do...while-Schleife beendet, da die Bedingung rest>0 nicht mehr erfüllt ist. Mit der Anweisung return(a) wird die Funktion ggt() verlassen und der Wert von a an die aufrufende Funktion main() zurückgegeben, wo er am Bildschirm ausgegeben wird.

Mit dieser Rückkehr in die aufrufende Funktion main() wird auch der Stack-Bereich der Funktion ggt() wieder freigegeben, d.h., die Inhalte der formalen Parameter (a und b) und die Werte aller auto-Variablen sind nicht mehr verfügbar.

23 Speicherklassen und Modultechnik

In main() wird dann der Benutzer gefragt, ob er eine weitere Berechnung eines ggT wünscht. Gibt der Benutzer beispielsweise J ein, so gilt zunächst noch die alte Speicherbelegung, wie sie in Abbildung 23.17 gezeigt ist.

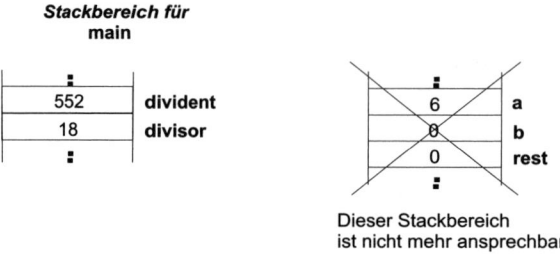

Dieser Stackbereich ist nicht mehr ansprechbar.

Abbildung 23.17: Speicherbelegung nach der Rückkehr aus der Funktion ggt()

Jetzt gibt der Benutzer wieder neue Zahlenwerte ein, von denen der ggT zu bestimmen ist. Wird dann später die Funktion ggt() im printf()-Befehl aufgerufen, so wird wieder ein neuer Stack-Bereich für diese Funktion generiert, d. h., die alten Werte aus dem letzten Aufruf sind nicht mehr vorhanden.

Fehlt bei einer Deklaration innerhalb einer Funktion die Angabe einer Speicherklasse, so wird implizit die Speicherklasse auto angenommen, d. h., in unserem Beispiel hätten wir anstelle der Deklarationen

```
auto int rest;
```
```
auto int divident, divisor;
```

auch

```
int rest;
```
```
int divident, divisor;
```

schreiben können, was keine Auswirkung auf das Programm nach sich gezogen hätte. Der Ablauf in den Stack-Bereichen der beiden Funktionen main() und ggt() wäre völlig identisch gewesen. Da man das Schlüsselwort auto auch innerhalb von Funktionen weglassen darf, wird man es selten in C-Programmen entdecken.

Wir wollen jetzt untersuchen, was passiert, wenn man externe und auto-Variablen mit gleichen Namen versieht.

Beispiel:

Das folgende Programm guelt1.c demonstriert, welche Auswirkungen eine gleiche Benennung von lokalen und globalen Variablen hat.

```
#include  <stdio.h>
void unter_progr(void) {
    int  zahl;

    zahl = 2;
    printf("%d\n", zahl);
}
int  main(void) {
```

```
    int  zahl;

    zahl = 1;
    printf("%d\n", zahl);

    unter_progr();

    printf("%d\n", zahl);
    return(0);
}
```

Ausgabe des Programms `guelt1.c`:

```
1
2
1
```

Mit der Deklaration und der Zuweisung

```
    int  zahl;
```
```
    zahl = 1;
```

in der Funktion `main()` ergibt sich das in Abbildung 23.18 gezeigte Speicherbild.

Stack-Bereich für main

1	zahl

Abbildung 23.18: Speicherbelegung am Anfang des Programms `guelt1.c`

Nach der Ausgabe dieses Wertes am Bildschirm wird die Funktion `unter_-progr()` aufgerufen. Mit der Deklaration und der Zuweisung

```
    int  zahl;
```
```
    zahl = 2;
```

wird ein eigener Speicherplatz im Stack-Bereich für `unter_progr()` reserviert, der mit der Zuweisung den Wert 2 erhält. Nach der Zuweisung ergibt sich das in Abbildung 23.19 gezeigte Speicherbild.

Abbildung 23.19: Speicherbelegung während der Ausführung der Funktion `unter_progr()`

Mit dem `printf()`-Aufruf in `unter_progr()` wird dann der Wert der auto-Variablen aus dem Stack-Bereich von `unter_progr()` (also 2) am Bildschirm ausgegeben.

Nach Rückkehr aus der Funktion `unter_progr()` ist der Stack-Bereich dieser Funktion nicht mehr verfügbar, d. h., jetzt kann nur wieder auf den Stack-Bereich von `main()` zugegriffen werden.

Mit dem zweiten `printf()`-Aufruf in `main()` wird also der Wert 1 (nicht 2) am Bildschirm ausgegeben; siehe auch Abbildung 23.20.

Abbildung 23.20: Speicherbelegung nach der Rückkehr aus der Funktion `unter_progr()`

Variablen mit demselben Namen, die innerhalb von verschiedenen Funktionen deklariert sind, sind voneinander unabhängig. Das Gleiche gilt auch für die Parameter von Funktionen.

Beispiel (nicht kompilierbares Programm):

Für das folgende Programm `guelt2.c` würde der Compiler bei der Übersetzung einen Fehler melden, da in der Funktion `unter_progr()` auf eine Variable `zahl` zugegriffen wird, die dieser Funkton völlig unbekannt ist. Es liegt nämlich weder eine globale Deklaration noch eine lokale Deklaration innerhalb von `unter_progr()` vor.

```
#include <stdio.h>

void unter_progr(void) {
    zahl = 2;
    printf("%d\n", zahl); /* die Variable zahl ist hier nicht bekannt */
}
int  main(void) {
    int  zahl; /*--- lokale Variable in main */

    zahl = 1;
    printf("%d\n", zahl);
    unter_progr();
    printf("%d\n", zahl);
    return(0);
}
```

Beispiel:

Das folgende Programm `guelt3.c` demonstriert den Gültigkeitsbereich von modulglobalen Variablen.

23.2 Schlüsselwörter extern, auto, static und register

```
#include <stdio.h>

int zahl; /*--- globale Variable ----*/

void unter_progr(void) {
    zahl = 2;
    printf("%d\n", zahl);
}
int main(void) {
    zahl = 1;
    printf("%d\n", zahl);
    unter_progr();
    printf("%d\n", zahl);
    return(0);
}
```

Ausgabe des Programms guelt3.c:

```
1
2
2
```

In diesem Programm wird mit der Deklaration

```
int zahl;
```

eine Variable zahl mit modulglobalem Gültigkeitsbereich festgelegt, da diese Deklaration sich außerhalb einer Funktion befindet. zahl ist also innerhalb dieser Programmdatei (Modul) überall, auch innerhalb von Funktionen ansprechbar. Der Speicherplatz für zahl steht also für die gesamte Programmlaufzeit zur Verfügung. Mit folgender Anweisung in main():

```
zahl = 1;
```

ergibt sich das in Abbildung 23.21 gezeigte Speicherbild.

Abbildung 23.21: Speicherbelegung nach der Zuweisung zahl=1 in main()

Nach Ausgabe dieses Wertes mit printf() wird die Funktion unter_progr() aufgerufen. Die Zuweisung in unter_progr()

```
zahl = 2;
```

führt zu der in Abbildung 23.22 gezeigten Speicherbelegung.

Abbildung 23.22: Speicherbelegung nach der Zuweisung zahl = 2 in unter_progr()

Da innerhalb von unter_progr() keine auto-Variable mit dem gleichen Namen deklariert ist, greift diese Funktion auch auf die modulglobale Variable zahl zu und gibt dann deren Wert 2 am Bildschirm aus.

Nach der Rückkehr aus unter_progr() wird mit printf() nochmals der Wert der modulglobalen Variable zahl, der jetzt 2 ist, am Bildschirm ausgegeben.

23.2.3 Fallgrube: Niemals Adressen von auto-Variablen zurückgeben

Da eine lokale Variable einer Funktion immer auf dem Stack angelegt wird, und dieser Stackbereich mit der Rückkehr aus der Funktion freigegeben wird, steht diese Variable nach dem Verlassen der Funktion nicht mehr zur Verfügung.

Deshalb sollte niemals die Adresse einer lokalen Variablen von einer Funktion als Rückgabewert geliefert werden, da diese Adresse nach der Rückkehr auf einen nicht mehr gültigen Speicherplatz im Stack zeigt.

Beispiel:

Das folgende Programm autoadr.c zeigt, dass die Rückgabe einer Adresse einer lokalen Variablen oft zu schwer auffindbaren Fehlern in einem Programm führt:

```c
#include  <stdio.h>

int *addiere(int x, int y) {
   int  sum;

   sum = x+y;
   return(&sum); /* Rückgabe der Adresse der lokalen Variable 'sum' */
}
int  main(void) {
   int  a, b, *summe, *summe2;

   printf("Gib zwei ganze Zahlen ein: ");
   scanf("%d, %d", &a, &b);

   summe = addiere(a, b);
   summe2 = addiere(100, 200);
   printf("     ----> %d + %d = ", a, b);
   printf("%d\n", *summe);
   return(0);
}
```

Möglicher Ablauf dieses Programms autoadr.c:

```
Gib zwei ganze Zahlen ein: 2,3 ⏎
    ----> 2 + 3 = 300
```

Mit dem Aufruf von addiere() in main() werden die beiden eingegebenen Werte (hier 2 und 3) als Argumente an die Funktion addiere() übergeben. Die Deklaration der lokalen (auto-) Variablen und die Zuweisung

```
sum = x+y;
```

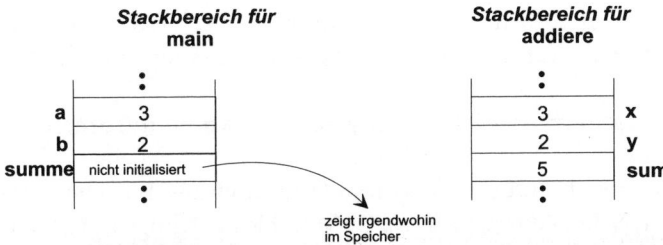

Abbildung 23.23: Speicherbelegung vor Rückkehr aus der Funktion `addiere()`

führt dann zu dem in Abbildung 23.23 gezeigten Aussehen des Speichers.
Mit
```
   return(&sum);
```
wird die Funktion `addiere()` verlassen und die Adresse der lokalen Variablen `sum` an `main()` zurückgegeben. Da jedoch mit dem Verlassen der Funktion `addiere()` auch der ihr zugeteilte Stackbereich freigegeben wird, zeigt diese zurückgegebene Adresse auf einen nun nicht mehr gültigen Speicherbereich, der z. B. eventuell nachfolgend von anderen Funktionen genutzt wird, was hier auch mit dem Aufruf von `summe2 = addiere(100, 200)` geschieht; siehe auch Abbildung 23.24.

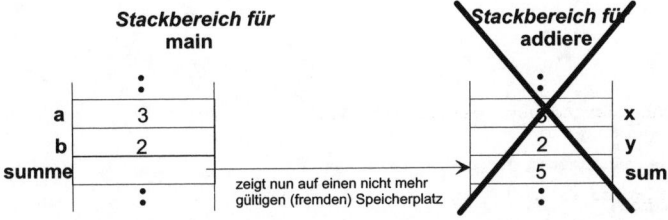

Abbildung 23.24: Speicherbelegung nach Rückkehr aus der Funktion `addiere()`

Die Rückgabe von Adressen von lokalen Variablen ist ein nicht seltener Fehler in C, der oft langwierige Fehlersuchen nach sich zieht.

23.2.4 Das Schlüsselwort `static`

Während das Schlüsselwort `auto` nur innerhalb von Funktionen verwendet werden darf, können sich `static`-Deklarationen innerhalb oder außerhalb einer Funktion befinden.

`static` innerhalb einer Funktion

LEBENSDAUER: STATISCH
GÜLTIGKEITSBEREICH: LOKAL
SPEICHERORT: IM HAUPTSPEICHER (DATENSEGMENT)

23 Speicherklassen und Modultechnik

Hierbei sind `static`-Variablen ähnlich zu `auto`-Variablen. Der Unterschied besteht darin, dass lokale `static`-Variablen nach Rückkehr aus einer Funktion erhalten bleiben.

Erinnern Sie sich daran, dass `auto`-Variablen bei jedem Funktionsaufruf neu im Stack generiert werden.

Für `static`-Variablen bleibt während des Programmlaufs ein fester Speicherplatz reserviert. Angesprochen werden kann eine `static`-Variable allerdings nur in derjenigen Funktion, in der sie deklariert ist.

Bei `static`-Variablen innerhalb einer Funktion handelt es sich also um eine „private", aber doch ständig vorhandene Variable dieser Funktion.

Beispiel:

Wir wollen ein Programm `spieltor.c` erstellen, das bei Ballspielen (Fußball, Handball, usw.) die Tore zählt.

Fällt ein Tor, soll der Bediener dieses Programms entweder den Buchstaben H (Heimmannschaft) oder den Buchstaben G (Gastmannschaft) am Bildschirm eingeben. Es soll dann immer der momentane Spielstand am Bildschirm angezeigt werden. Das Programm soll bei Eingabe des Buchstaben E das Endergebnis ausgeben und sich beenden.

```
#include   <stdio.h>
#include   <ctype.h>

/*------------ einles -------------------------------------*/
char einles(void)
{
    char   zeich;
    do {
        printf("H   =    Heimmannschaft\n"
               "G   =    Gastmannschaft\n"
               "E   =    Endergebnis\n\n"
               "     Gib gewuenschten Buchstaben ein: ");
        zeich = toupper(getchar()); getchar();
    } while (zeich != 'H' && zeich != 'E' && zeich != 'G');
    return( zeich );
}
/*------------ moment_ergeb -------------------------------*/
void moment_ergeb(char mannschaft)
{
    static int  tor_1 = 0;   /*--- static deklariert */
    static int  tor_2 = 0;   /*--- static deklariert */

    printf("\n\n\n");
    switch (mannschaft)  {
       case 'H':
           printf("   ----Momentanes Ergebnis:  %3d : %3d\n", ++tor_1, tor_2);
           break;
       case 'G':
           printf("   ----Momentanes Ergebnis:  %3d : %3d\n", tor_1, ++tor_2);
           break;
```

23.2 Schlüsselwörter extern, auto, static und register

```
        case 'E':
             printf("    ====Endergebnis: %3d : %3d\n", tor_1, tor_2);
             break;
        default :
             printf(".....Programminterner Fehler.....\n");
             break;
     }
     printf("\n\n\n");
}
/*------------ main ---------------------------------------------*/
int  main(void)
{
    char   zeich;

    printf("\n\n\n\n\n\n");
    do  {
        zeich = einles();
        moment_ergeb(zeich);
    } while (zeich != 'E');
    return(0);
}
```

Hätten wir in der Funktion moment_ergeb() anstelle von

```
static int  tor_1 = 0;
static int  tor_2 = 0;
```

die Deklarationen

```
int  tor_1 = 0;
int  tor_2 = 0;
```

angegeben, dann hätte es sich bei tor_1 und tor_2 um zwei auto-Variablen gehandelt, die bei jedem Aufruf von moment_ergeb neu generiert worden wären. Für diesen Fall wären also die bisher berechneten Tore nach Verlassen der Funktion moment_ergeb verloren gewesen.

Um beim Wiederaufruf auf die zuletzt berechneten Werte von tor_1 und tor_2 zugreifen zu können, sind diese beiden Variablen als static zu deklarieren. Dann sind die Werte dieser Variablen in einem eigenen Speicherbereich untergebracht, der nach Verlassen der entsprechenden Funktion nicht aufgegeben wird.

Die Initialisierung mit dem Wert 0 bei

```
static int  tor_1 = 0;
static int  tor_2 = 0;
```

gilt nur für den ersten Aufruf. Wird bei einem Aufruf zahl_1 und/oder zahl_2 verändert, so besitzt die jeweilige Variable beim nächsten Aufruf diesen neuen Wert und wird durch diese Anweisungen nicht wieder auf 0 gesetzt.

static außerhalb einer Funktion

LEBENSDAUER:	STATISCH
GÜLTIGKEITSBEREICH:	MODULGLOBAL
SPEICHERORT:	IM HAUPTSPEICHER (IM DATENSEGMENT)

23 Speicherklassen und Modultechnik

Eine `static`-Variable, die außerhalb einer Funktion deklariert wurde, besitzt nur innerhalb des Moduls, in dem sie deklariert ist, Gültigkeit. In diesem Fall handelt es sich um eine modulglobale Variable, auf die in keiner anderen Programmdatei (Modul) zugegriffen werden kann.

Allerdings kann jede Funktion aus dieser Programmdatei (Modul) eine derart deklarierte Variable benutzen, d. h. lesen oder verändern.

Modulglobale `static`-Variablen reservieren nicht nur für die gesamte Programmlaufzeit einen Speicherplatz, sondern ermöglichen auch eine Art von „Privatsphäre" für einen Modul.

Eine modulglobale `static`-Variable gilt nur für dasjenige Modul, in dem sie deklariert ist. Falls in anderen Programmdateien (Modulen) globale Variablen mit gleichem Namen deklariert sind, entsteht dadurch kein Konflikt, da eine `static`-Variable ihr eigenes *„Revier"* gegen derartige externe Variablen verteidigt.

Beispiel:

Der Zugang zu einer Firma soll durch ein automatisches Überwachungssystem kontrolliert werden. Bei Inbetriebnahme des Systems wird für den Zugang eine bestimmte Geheimnummer festgelegt.

Wir wollen ein Programm erstellen, das in nur einer Datei den Zugriff auf diese anfangs festgelegte Geheimnummer zuläßt. Will ein Besucher durch diesen Zugang eintreten, so hat er diese Nummer einzugeben.

Das Einlesen dieser Nummer geschieht in einer eigenen Programmdatei (Modul). Wird dreimal hintereinander eine falsche Nummer eingegeben, so ist Alarm auszulösen.

Modul 1 (`nreingab.c`):

```c
#include  <stdio.h>

#define  bool    unsigned char
/*------ Funktionen aus geheim.c ---------------------------------*/
extern void   num_vergabe(void);
extern bool   nr_richtig(long nr);
/*------ main ----------------------------------------------------*/
int  main(void) {
    int     zaehler=0;
    long    nummer;

    num_vergabe();
    do {
        printf("\n\n\n Gib Nummer ein: ");
        scanf("%ld", &nummer);
        if (nr_richtig(nummer)) {
            printf("\n\n-----Tuere oeffnen -----\n");
            zaehler=0;
        } else {
            printf("     .....Falsche Nummer.....\n");
            zaehler++;
        }
    } while (zaehler<3);
```

23.2 Schlüsselwörter extern, auto, static und register

```
        printf("\a\n\n\n\n\n\n          A L A R M\n\n\n\n");
    return(0);
}
```

Modul 2 (geheim.c):

```
#include <stdio.h>

#define  bool   unsigned char

static long   geheim_nummer; /*---- nur in diesem Modul bekannt ---*/

/*------ num_vergabe ----------------------------------------*/
void num_vergabe(void) {
    printf("\n\n\n\n\n          I N B E T R I E B N A H M E  !!\n\n\n");
    printf("\n\n  Geben Sie die Geheimnummer ein !\n");
    scanf("%ld", &geheim_nummer);
}
/*------ nr_richtig -----------------------------------------*/
bool  nr_richtig(long nummer) {
    return (nummer == geheim_nummer);
}
```

Auf die static-Variable geheim_nummer kann nur innerhalb des Moduls 2 (geheim.c) von den Funktionen num_vergabe() und nr_richtig() zugegriffen werden.

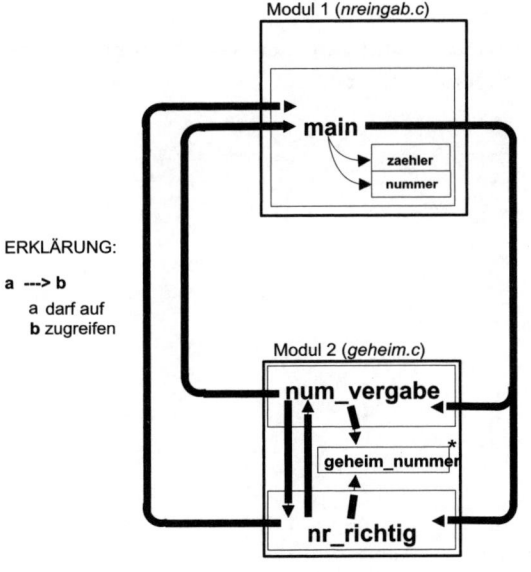

Abbildung 23.25: Zugriffsrechte in den Modulen nreingab.c und geheim.c

23 Speicherklassen und Modultechnik

Die Funktion num_vergabe() wird nur einmal, am Anfang von main() in Modul 1 (nreingab.c), aufgerufen, um in die static-Variable geheim_nummer einen Wert einzulesen. Nach der Rückkehr nach main() ist der Wert von geheim_nummer dort nicht verfügbar.

Mit dem Aufruf der Funktion nr_richtig() aus Modul 2 (geheim.c) steht die static-Variable geheim_nummer wieder zur Verfügung und besitzt noch den zuletzt dort abgespeicherten Wert.

Die Funktionen main(), num_vergabe() und nr_richtig() können von allen Funktionen aus den beiden Modulen aufgerufen werden, da deren Gültigkeitsbereich programmglobal ist.

Um aus diesen beiden Modulen ein ablauffähiges Programm nrpruef zu generieren müßte z. B. folgendes aufgerufen werden:

```
user@linux:~ >  cc -o nrpruef nreingab.c geheim.c
```

Abbildung 23.25 veranschaulicht die Zugriffsrechte der beiden Module nreingab.c und geheim.c.

Hier können wir erkennen, dass der Gültigkeitsbereich von main(), num_vergabe() und nr_richtig() programmglobal ist.

Dagegen ist der Gültigkeitsbereich von geheim_nummer lediglich modulglobal. Auf diese Variable dürfen also nur die Funktionen num_vergabe() und nr_richtig() zugreifen.

Neben dem modulglobalen Gültigkeitsbereich ist noch zu beachten, dass es sich bei geheim_nummer um eine static-Variable handelt und ihr Wert nicht mit Verlassen von Modul 2 (geheim.c) verloren geht.

Beispiel:

Zum Beweis, dass sich mit static-Variablen und externen Variablen konfliktfrei arbeiten läßt, soll folgendes Programmbeispiel dienen.

Modul 1 (static1.c):

```c
#include  <stdio.h>

char  buchstab;   /*--- Programmglobale Variable */

extern void  funk(void);

int  main(void) {
    buchstab = 'm';
    printf("%c\n", buchstab);
    funk();
    printf("%c\n", buchstab);
    return(0);
}
```

Modul 2 (static2.c):

```c
#include  <stdio.h>

static char  buchstab;   /*---- Modulglobale Variable */

void funk(void) {
```

```
    buchstab = 'd';
    printf("%c\n", buchstab);
}
```

Um aus diesen beiden Modulen ein ablauffähiges Programm `stattest` zu generieren, müßte z. B. folgendes aufgerufen werden:

```
user@linux:~ >   cc -o stattest static1.c static2.c ⏎
```

Ausgabe durch das Programm `stattest`:

```
m
d
m
```

Diese Bildschirmausgabe ist wie folgt zu erklären: Obwohl wir mit zwei Variablen gleichen Namens (`buchstab`) arbeiten, werden doch zwei verschiedene Speicherplätze reserviert; siehe auch Abbildung 23.26.

	buchstab	(globale Variable)
	buchstab	(**static**-Variable)

Abbildung 23.26: Zwei verschiedene Speicherplätze für die Variabble `buchstab`

Mit der Anweisung

```
    buchstab = 'm';
```

wird in `main()` auf die globale Variable zugegriffen. Nach Aufruf der Funktion `funk()` wird mit der Zuweisung

```
    buchstab = 'd';
```

auf die `static`-Variable (in Modul 2) und nicht auf die globale Variable (in Modul 1) zugegriffen.
Nach der Rückkehr aus `funk()` in die aufrufende Funktion `main()` ist die `static`-Variable `buchstab` (aus Modul 2) hier nicht mehr ansprechbar; jetzt wird wieder auf die globale Variable `buchstab` (aus Modul 1) zugegriffen, was zur Ausgabe von `m` führt.

Definition von `static`-Funktionen

Werden mehrere Programmdateien zu einem Programm zusammengebunden, so ist der Gültigkeitsbereich aller definierten Funktionen programmglobal.
Wird nun eine Funktion als `static` definiert, so wird der Gültigkeitsbereich dieser Funktion modulglobal, d. h. auf die Programmdatei beschränkt, in der die Funktion definiert ist. Funktionen aus anderen Programmdateien können eine solche `static`-Funktion dann nicht aufrufen.

Beispiel:
In einer Stadt wie Mannheim seien alle Straßen senkrecht zueinander angeordnet. Jedem Treffpunkt zweier Straßen ist ein Zahlenwert – entsprechend einem Koor-

23 Speicherklassen und Modultechnik

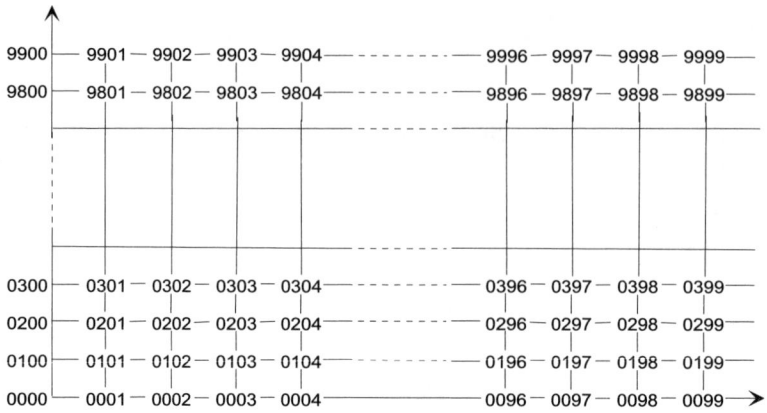

Abbildung 23.27: Koordinatensystem für eine Stadt, in der alle Straßen senkrecht zueinander angeordnet sind

dinatensystem – zugeordnet. Die Stadt besitzt maximal 99 (senkrecht) · 99 (waagrecht) Straßen, wie dies in Abbildung 23.27 gezeigt ist.

So entspricht 0203 zwei Straßen hoch und drei Straßen rechts, von 0000 aus gesehen:

```
    --->
    |
    |
```

Es soll nun ein Programm erstellt werden, das von einem Besucher dieser Stadt zunächst seinen momentanen Aufenthaltsort und seinen Zielpunkt über Bildschirm einliest und ihm dann den zu fahrenden Weg ausgibt.

Glaubt der Besucher, sich verfahren zu haben, so gibt er seinen momentanen Aufenthaltsort ein, und das Programm meldet ihm einen neuen Weg zum Zielort.

Beim Kommentar im C-Programm wird lediglich die Struktur der Wegausgabe vorgesehen, nicht die wirkliche Anzahl von senkrechten und waagrechten Strichen.

Die Anzahl von senkrechten Strichen (|) wird durch den Betrag des Wertes von vertikal festgelegt. Die Anzahl von waagrechten Strichen (–) wird durch den Betrag des Wertes von horizontal festgelegt. Der Weganfang wird durch einen Punkt (.) und das Ziel durch >, <, V oder A gekennzeichnet, um die Wegrichtung festzulegen. Ein möglicher Ablauf dieses Programms ist z. B.:

```
Geben Sie den Zielpunkt ein [0,9999]: 0305
Geben Sie den momentanen Aufenthaltsort ein [0,9999]: 0605
.
|
|
|
V


Geben Sie den momentanen Aufenthaltsort ein [0,9999]: 810
    .
    |
```

```
            |
            |
            |
            |
     <-----
Geben Sie den momentanen Aufenthaltsort ein [0,9999]: 0706 ⏎

     .
     |
     |
     |
     |
     <-
Geben Sie den momentanen Aufenthaltsort ein [0,9999]: 305 ⏎

      ----- Ziel erreicht ----
```

Modul 1 (weghaupt.c):

```
#include  <stdio.h>
/*------- Externe Funktionen, die hier aufgerufen werden ---------------*/
extern int  ein_ziel(void);
extern int  ein_momentan(void);
/*-------------- Makro WEG_AUSGABE ------------------------------------*/
#define  WEG_AUSGABE(erst,n,string,letzt) { \
         int i;                             \
         printf("%s", erst);                \
         for (i=0 ; i<abs(n) ; i++)         \
             printf("%s", string);          \
         printf("%s", letzt);               \
}
static void  weg(int horizontal, int vertikal) /*-- nur in diesem Modul */
{                                              /*---- aufrufbar        */
   int  i;
   if ((vertikal == 0) && (horizontal == 0))
       printf("\n\n\n ----- Ziel erreicht ----\n\n\n");
   else if (horizontal == 0)
       if (vertikal < 0)                                    /* .     */
           WEG_AUSGABE(".\n", vertikal, "|\n", "V\n\n\n")   /* |     */
                                                            /* V     */
       else                                                 /* A     */
           WEG_AUSGABE("A\n", vertikal, "|\n", ".\n\n\n")   /* |     */
   else if (vertikal == 0)
       if (horizontal < 0)
           WEG_AUSGABE("<", horizontal, "-", ".\n\n\n")     /* <----. */
       else
           WEG_AUSGABE(".", horizontal, "-", ">\n\n\n")     /* .----> */
   else if ((vertikal< 0) && (horizontal> 0)) {     /* .        */
       WEG_AUSGABE(".\n", vertikal, "|\n", " ")     /* |        */
       WEG_AUSGABE("", horizontal, "-", ">\n\n\n")  /* -----> */
```

```
        } else if ((vertikal> 0) && (horizontal> 0)) {      /*  ----->  */
            WEG_AUSGABE(" ", horizontal, "-", ">\n")         /*  |       */
            WEG_AUSGABE("", vertikal, "|\n", ".\n\n\n")      /*  .       */
        } else if ((vertikal< 0) && (horizontal< 0)) {       /*       .  */
            WEG_AUSGABE("", horizontal, " ", ".\n")          /*       |  */
            for (i=0 ; i>vertikal ; --i)                     /*  <----   */
                WEG_AUSGABE("", horizontal, " ", "|\n")
            WEG_AUSGABE("<", horizontal, "-", "\n\n\n")
        } else if ((vertikal> 0) && (horizontal< 0)) {       /*  <----   */
            WEG_AUSGABE("<", horizontal, "-", "\n")          /*      |   */
            for (i=0 ; i<vertikal ; ++i)                     /*      .   */
                WEG_AUSGABE("", horizontal, " ", "|\n")
            WEG_AUSGABE("", horizontal, " ", ".\n\n\n")
        }
    }
    int main(void) {
        int zielpunkt=ein_ziel(), momentan;

        do {
            momentan = ein_momentan();
            weg(zielpunkt%100-momentan%100, zielpunkt/100-momentan/100);
        } while ((zielpunkt-momentan) != 0);
        return(0);
    }
```

Modul 2 (wegein.c):

```
#include <stdio.h>

static void falsch_ein(void)    /*--- nur in diesem Modul aufrufbar */ {
    printf("\a      ......F A L S C H E    E I N G A B E......\n");
}
int ein_ziel(void) {
    int   zielpunkt;
    do {
        printf("Geben Sie den Zielpunkt ein [0,9999]: ");
        scanf("%d", &zielpunkt);
        if ((zielpunkt>9999) || (zielpunkt<0))
            falsch_ein();
    } while ((zielpunkt>9999) || (zielpunkt<0));
    return(zielpunkt);
}
int ein_momentan(void) {
    int   momentan;
    do {
        printf("Geben Sie den momentanen Aufenthaltsort ein [0,9999]: ");
        scanf("%d", &momentan);
        if ((momentan>9999) || (momentan<0))
            falsch_ein();
    } while ((momentan>9999) || (momentan<0));
```

```
        return(momentan);
}
```

Die `static`-Funktion `falsch_ein()` (in `wegein.c`) hat einen modulglobalen Gültigkeitsbereich, d. h., diese Funktion kann nur von den Funktionen `ein_ziel()` und `ein_momentan()`, aber nicht von der Funktion `main()` aus `weghaupt.c` aufgerufen werden.

Umgekehrt hat die `static`-Funktion `weg()` (in `weghaupt.c`) einen modulglobalen Gültigkeitsbereich für das Modul `weghaupt.c`, d. h., diese Funktion kann nur von der Funktion `main()`, aber nicht von den Funktionen `ein_ziel()` und `ein_momentan()` aufgerufen werden.

Um aus diesen beiden Modulen ein ablauffähiges Programm `weghilfe` zu generieren, müßte z. B. folgendes aufgerufen werden:

```
user@linux:~ >   cc -o weghilfe   weghaupt.c wegein.c ⏎
```

Zur Wiederholung nochmals eine kurze Zusammenfassung:

> *Falls bei Deklarationen oder Definitionen außerhalb von Funktionen keine explizite Speicherklasse angegeben wird, so ist automatisch „programmglobal" voreingestellt. Innerhalb von Funktionen ist die Voreinstellung* `auto`.

23.2.5 Das Schlüsselwort `register`

LEBENSDAUER:	KURZZEITIG
GÜLTIGKEITSBEREICH:	LOKAL
SPEICHERORT:	IM REGISTER

Eine `register`-Definition dient hauptsächlich der Erhöhung der Ablaufgeschwindigkeit eines Programms.

Der Speicherplatz einer `register`-Variablen wird in der Zentraleinheit oder CPU = *Central Prozessor Unit* reserviert. In der CPU können Daten wesentlich schneller verarbeitet werden als im Arbeitsspeicher.

Deshalb wird man Variablen, die besonders oft verwendet werden, dieser Speicherklasse zuordnen. Da eine CPU nur über eine begrenzte Anzahl von Registern verfügt, kann eine `register`-Definition lediglich als Vorschlag für den Compiler gelten. Trotzdem wird der Compiler versuchen – wo dies möglich ist – einen solchen Vorschlag zu realisieren.

Es kann also keine Garantie gegeben werden, dass jede Variable, die der `register`-Speicherklasse zugeordnet wird, sich während des Programmlaufs ständig in der CPU befindet.

Eine `register`-Definition hat z. B. folgende Form:

- `register int zahl;`
- `register char buchstabe;`

Hinweis:
Der Adreßoperator `&` darf nicht auf `register`-Variablen angewendet werden.

Beispiel:
Das folgende Programm `e_reihe.c` berechnet Potenzen für die Zahl e mit Hilfe einer Reihenentwicklung:

$$e^x = 1 + x + \frac{x^2}{2!} + \frac{x^3}{3!} + \ldots\ldots + \frac{x^n}{n!}$$

$$(n! = 1 \cdot 2 \cdot 3 \cdot 4 \cdot \ldots \cdot n)$$

Es liest über Bildschirm eine Startpotenz und eine Endpotenz ein und gibt dann alle ganzzahligen Potenzen von e, die zwischen dem Start- und dem Endwert liegen, aus. Die Reihe soll dabei immer nur bis zum 31. Glied berechnet werden.

```c
#include   <stdio.h>

int  main(void) {
    register int    y, i, j;
    int             start,ende;
    double          sum,  faku,  mal;

    printf("\nGeben Sie Start- und Endwert durch Komma getrennt ein: ");
    scanf("%d,%d", &start, &ende);
    printf("\n\n\n");

    for (i=start ; i<=ende ; ++i) {
        sum=1+i;
        for (j=2 ; j<=30 ; ++j) {
            faku=1;
            for (y=2 ; y<=j ; ++y)
                faku*=y;
            mal=i;
            for (y=2 ; y<=j ; ++y)
                mal*=i;
            sum+=mal/faku;
        }
        printf("   e hoch %d = %g\n", i, sum);
    }
    return(0);
}
```

Hier wird dem Compiler vorgeschlagen, die Laufvariablen y, i und j während des Programmlaufs ständig in den Registern zu halten.

23.2.6 Übung: Ausgabe des Programms `speiklal.c`

Was gibt das folgende Programm `speiklal.c` aus?

```c
#include   <stdio.h>

int  i=0;

int setze1(int x);
int setze2(int x);

int  main(void)
{
```

```
    auto int   i=5;

    setze1(i/2);      printf("i = %d\n", i);
    setze1(i=i/2);    printf("i = %d\n", i);
    i = setze1(i/2);  printf("i = %d\n", i);

    setze2(i);        printf("i = %d\n", i);
    return(0);
}

int setze1(int i)
{
   i = i<=2 ? 5 : 0;
   return(i);
}

int setze2(int i)
{
   i = i%i * (i*i/(2*i)+4);    printf("i = %d\n", i);
   return(i);
}
```

23.3 Die Schlüsselwörter const und volatile

Bei den beiden n C89 neu hinzugekommenen Schlüsselwörtern const und volatile handelt es sich nicht um Speicherklassen-Angaben (wie extern, static, auto, register), sondern um so genannte *Typ-Qualifizierer*, die bei Variablen-Deklarationen und -Definitionen verwendet werden dürfen.

23.3.1 Das Schlüsselwort const

const teilt dem Compiler mit, dass das zugehörige Objekt nicht modifiziert werden darf, d. h.: nach dieser Deklaration darf einem solchen Objekt weder ein Wert zugewiesen werden noch darf es inkrementiert oder dekrementiert werden. Dieses neue Schlüsselwort bringt einige Vorteile mit sich:

Besserer Code

Da ein mit const qualifizierter Wert niemals modifiziert werden darf, kann der Compiler sich für die gesamte Programmlaufzeit auf die Unveränderlichkeit dieses Werts verlassen und benötigt deshalb nicht die „aufwendige" Verwaltung wie für Variablen.
Beispiel:

```
const int kilo_byte = 1024;
```

> Der Compiler muss keinen Code generieren, um den Wert von kilo_byte aus dem Speicher zu laden. Anstelle dessen kann er überall, wo kilo_byte verwendet wird, den Wert 1024 einsetzen.

Früheres Finden von Logikfehlern

Die Einführung des Schlüsselworts `const` ermöglichte es nun, „nur lesbare" (*read-only*) Daten auch explizit als solche zu kennzeichnen. Wird hierbei diszipliniert gearbeitet, dann kann bereits der Compiler den Fehler erkennen, wenn versucht wird, „nur-lesbare" Daten zu beschreiben. Solche Fehler würden ansonsten erst zur Programmlaufzeit auftauchen und eine eventuell zeitaufwendige Fehlersuche nach sich ziehen.

Bessere Verständlichkeit der Programme

Ein Programm ist sicherlich besser lesbar und verständlicher, wenn bereits bei der Deklaration von Daten erkennbar wird, dass gewisse Daten nur zur Information dienen (lesbar sind) und niemals ihre Werte verändern werden.

`const` und Zeiger

Noch einige Besonderheiten, welche es im Zusammenhang mit Zeigern und `const` zu beachten gibt:

`const int *zgr_auf_konstante = &variable;`

> Der Inhalt des Speicherplatzes, auf welchen `zgr_auf_konstante` zeigt, darf beim Zugriff über `zgr_auf_konstante` nicht verändert werden. `zgr_auf_konstante` selbst dagegen darf verändert werden. So wäre z. B.

```
zgr_auf_konstante++;       /* erlaubt       */
(*zgr_auf_konstante)++;    /* nicht erlaubt */
```

`int *const konstanter_zgr = &variable;`

> Hier darf der Inhalt, auf den `konstanter_zgr` zeigt, verändert werden, aber `konstanter_zgr` selbst darf nicht modifiziert werden. So wäre z. B.

```
(*konstanter_zgr)++;   /* erlaubt       */
konstanter_zgr++;      /* nicht erlaubt */
```

`const int *const  konst_zgr_auf_konst = &variable;`

> Hier darf weder der Inhalt, auf den `konst_zgr_auf_konst` zeigt, noch der Zeiger `konst_zgr_auf_konst` selbst verändert werden. So wäre z. B.

```
konst_zgr_auf_konst++;      /* nicht erlaubt */
(*konst_zgr_auf_konst)++;   /* nicht erlaubt */
```

Beispiel:
Die Kompilierung des folgenden Programms `const.c` demonstriert nochmals die erlaubten und unerlaubten Konstrukte beim Umgang mit konstanten Zeigern bzw. Zeigern auf Konstanten.

```
1  #include <stdio.h>
2
3  int  wert, wert2;
```

```
 4
 5  int  main(void)
 6  {
 7      const int *       zgr_auf_konstante  = &wert;
 8      int         *const    konstanter_zgr     = &wert;
 9      const int *const  konst_zgr_auf_konst = &wert;
10
11      zgr_auf_konstante   = &wert2;
12      (*zgr_auf_konstante) = wert2;
13
14      konstanter_zgr    = &wert2;
15      (*konstanter_zgr) = wert2;
16
17      konst_zgr_auf_konst    = &wert2;
18      (*konst_zgr_auf_konst) = wert2;
19      return(0);
20  }
```

Für dieses Programm meldet der Compiler z. B. folgende Fehler:

```
const.c:12: warning: assignment of read-only location
const.c:14: warning: assignment of read-only variable 'konstanter_zgr'
const.c:17: warning: assignment of read-only variable 'konst_zgr_auf_konst'
const.c:18: warning: assignment of read-only location
```

const-Parameter bei Funktionsdefinitionen

In der Parameterliste von Funktionsdefinitionen kann ebenfalls das Schlüsselwort const verwendet werden, wie z. B. die Prototyp-Deklarationen von den Funktionen printf() und scanf() aus <stdio.h> zeigen:

```
int  printf(const char *format, ...);
int  scanf(const char *format, ...);
```

Dies bedeutet, dass als erstes Argument diesen Funktionen ein String (char-Zeiger) übergeben wird, wobei der String (auf den der char-Zeiger zeigt) von der Funktion nicht verändert werden kann.

23.3.2 Das Schlüsselwort volatile

Das Schlüsselwort volatile kann als Gegenstück zu const verstanden werden: Es sollte für Variablen verwendet werden, welche nicht nur durch das Programm selbst, sondern auch jederzeit von „außerhalb" (z. B. durch Interrupts) verändert werden können[1]. Bei Angabe dieses Schlüsselworts muss der Compiler sicherstellen, dass jedes – vom Programmierer vorgegebene – Lesen und Beschreiben eines volatile-Objekts genau so wie vorgegeben stattfindet. Ein Compiler darf also vorgegebene Lese- oder Schreiboperationen auf volatile-Objekte nicht „wegoptimieren".

---
[1] volatile bedeutet ins Deutsche übersetzt: *flatterhaft, unbeständig*; es weist den Compiler darauf hin, sich bei seiner Codegenerierung nicht darauf zu verlassen, dass der Inhalt des entsprechenden Objekts konstant bleibt, sondern er sich jederzeit ändern kann

23 Speicherklassen und Modultechnik

Beispiel:
Betrachten wir das folgende Programmstück:

```c
int  main(void)          /* Summe aller ungeraden Zahlen berechnen */
{
   int sum=0, i, n;

   printf("Gib n ein: ");
   scanf(&n);
   for (i=1 ; i<=n ; i=i+2)
       sum +=i;
   return(0);
}
```

Dieses Programmstück könnte einen Optimierer in einem Compiler dazu veranlassen, nicht für jeden Schleifendurchlauf sum und i auf den wirklichen Wert zu setzen, sondern anstelle dessen die entsprechenden Werte zu diesen beiden Variablen in den Registern zu halten und erst mit dem Abschluß der Schleife die ermittelten Werte aus den Registern in den Speicher und damit in die Variablen sum und i zu schreiben. In diesem Beispiel würde diese Vorgehensweise keinen Schaden anrichten.

Bei hardwarenaher Programmierung (wie Gerätetreiber oder Zeiger auf ein E/A-Port) kann allerdings eine solche Optimierung „tödlich" sein:

```c
short *bildschirm_port = TTYADDR;
   :
for (i=0 ; i<n ; i++)
   *bildschirm_port = vektor[i];
```

Da hier nicht garantiert ist, dass wirklich ein Code – wie vorgegeben – generiert wird, muss das Schlüsselwort volatile angegeben werden:

```c
volatile short *bildschirm_port = TTYADDR;
   :
for (i=0 ; i<n ; i++)
   *bildschirm_port = vektor[i];
```

23.3.3 Kombination von `const` und `volatile`

Die Kombination beider Schlüsselwörter ist auch möglich: Die Deklaration

```
extern const volatile int real_time_clock;
```

bedeutet, dass der Inhalt von `real_time_clock` zwar von der Hardware verändert werden darf, aber es kann dieser Variablen vom Programm aus weder ein Wert zugewiesen werden, noch kann sie von dort inkrementiert oder dekrementiert werden.

23.3.4 Übung: Konstante Zeiger und Zeiger auf Konstanten

Welche Anweisungen im folgenden Programm `constzei.c` sind erlaubt und welche nicht?

```
#include    <stdio.h>

int   main(void)
{
    const double pi=3.14;
    double *dz;
    int var=100;
    int *const cz=&var;
    const int* zc=&var;
    const int* const czc=&var;

    pi = 6.2;
    dz = &pi;
    *dz = 6.2;

    *cz = 50;
    cz = zc;
    *zc = 500;
    zc = cz;
    *czc = 5000;
    czc = zc;
    return(0);
}
```

23.4 Die Modultechnik

Hier wird zunächst anhand einiger wichtiger Meilensteine die Geschichte der Softwareentwicklung von ihren Anfängen bis zur heute weit verbreiteten Modultechnik kurz skizziert. Dabei wird auch nochmals auf die Aufgaben eines Linkers im Gegensatz zu denen eines Compilers eingegangen.

Im zweiten Teil wird dann ein praktisches Beispiel zur Modultechnik angegeben. Dazu werden – unter Verwendung der Modultechnik – Programme entwickelt, die Turingmaschinen simulieren. Anhand dieses Beispiels werden die wichtigsten Schritte nachvollzogen, die ein Softwareprojekt von der Entwurfs- bis zur Testphase durchläuft.

23.4.1 Von der Maschinensprache bis zur Modultechnik

Seit ihren Anfängen irgendwann in den 50er Jahren beschäftigt sich die Softwareentwicklung mit einer zentralen Frage:
Wie kann qualitativ gute Software kostengünstig hergestellt werden?
Im Laufe dieser Zeit haben sich die Entwicklungsmethoden und Gliederungsstrukturen immer weiter entwickelt. Die wichtigsten Meilensteine, die die Softwareentwicklung von Beginn an durchlief, werden nachfolgend kurz vorgestellt.

Erste Rechenmaschinen und Maschinensprachen

Die ersten Computer wurden Mitte der 40er Jahre gebaut. Computer bedeutete damals: Maschinen, die dem Menschen das Rechnen abnehmen. Zu diesem Zeitpunkt gab es bei den Ingenieuren, die diese Maschinen bedienten, noch keine Trennung zwischen Hardware- und Software-Ingenieuren. Wollte jemand die Maschine programmieren, so mußte er deren innere Struktur genau kennen; er mußte also die Hardware der Maschine genauso gut kennen wie die speziell auf diese Maschine zugeschnittene Maschinensprache. Damals durfte ein guter Programmierer nicht problemorientiert, sondern er mußte maschinenorientiert denken, da das Erstellen von guten Programmen nur dann möglich war, wenn der Ingenieur seine Maschine in- und auswendig kannte.

Assembler und Unterprogrammtechnik

Sehr bald erkannte man, dass das Schreiben von Programmen in einer speziellen Maschinensprache viele Nachteile hatte. Neben der Tatsache, dass das Programmieren nur einem kleinen Personenkreis, nämlich Ingenieuren mit detaillierten Maschinenkenntnissen vorbehalten war, stand das Problem der äußerst schwer lesbaren Maschinenprogramme, da diese meist durch Folgen von Bitmustern angegeben wurden. Solche Sequenzen von Bitmustern waren zwar für die Maschine verständlich, aber für Menschen äußerst schwer lesbar. Änderungen an umfangreichen Maschinenprogrammen, die durch endlose Sequenzen von Bitmustern angegeben wurden, waren somit äußerst schwierig.

Assembler Es war also nur folgerichtig, dass man versuchte, sich von dieser starken Maschinenabhängigkeit etwas zu lösen. Man erfand die maschinenorientierten Sprachen, auch Assembler genannt.
Assembler-Sprachen waren zwar immer noch maschinenabhängig, da jede Maschine ihren eigenen Assembler hatte. Trotzdem bedeutete die Einführung von Assembler-Sprachen einen ersten Abstraktionsschritt, da beim Programmieren nicht mehr mit Bitmustern hantiert werden mußte, sondern bereits so genannte mnemotechnische Begriffe wie z. B. add (zum Addieren) oder mov (zum Umspeichern von Werten) verwendet werden konnten.
Ein Programmierer mußte also nicht mehr alle Internas einer Maschine kennen, sondern es reichte aus, wenn er die zugehörige Assembler-Sprache erlernte und sich zusätzlich noch einige grundlegende Kenntnisse über die Architektur des betreffenden Rechners (wie Wortbreite, Registeranzahl usw.) aneignete.
Die Einführung von mnemotechnischen Begriffen führte natürlich zu wesentlich leichter lesbaren Programmen. Auch entfiel das Kontrollieren von endlosen Bitmustern. Statt dessen konnte sich der Programmierer nun schon mehr auf das eigentlich zu lösende Problem konzentrieren, da er sich nicht mehr mit detaillierten Maschinenbeschaffenheiten herumschlagen mußte.

Unterprogrammtechnik Die zuvor erwähnten Vorteile des Assemblers führten natürlich dazu, dass man versuchte, immer komplexere Aufgaben zu programmieren. Die Folge waren sehr lange Assemblerprogramme. So bestand z. B. das IBM-System OS/360 aus Millionen von Assemblerzeilen. Sehr bald erkannte man, dass sich oft gewisse Befehlsfolgen in einem größeren Assemblerprogramm wiederholten. Man war folglich bestrebt, in einem Programm solche mehrfach vorkommenden Codesequenzen auszugliedern, an einem Platz zusammenzufassen und diese Programmstellen dann bei Bedarf aufzurufen (meist mit *call subroutine*). Dies nannte man die Subroutinen- oder Unterprogrammtechnik.

Dies war ein zweiter wichtiger Abstraktionsschritt: Man kapselte hierbei nämlich eine Befehlsfolge gegen außen ab, die nur bei Bedarf aufgerufen wurde. Da in größeren Softwareprojekten mehrere Programmierer am gleichen Programm arbeiten mußten, brachte diese Technik den entscheidenden Vorteil, dass unterschiedliche Programmteile von verschiedenen Leuten geschrieben werden konnten. Ein anderer Programmierer rief dann bei Bedarf solche von fremden Personen erstellten Unterprogramme auf, ohne unbedingt zu wissen, wie sie im einzelnen programmiert waren. Den Aufrufer interessierte dabei nur, was diese Subroutinen taten und nicht, wie sie es taten. Dass die fremden Unterprogramme das Erwartete richtig taten, mußte natürlich vorher von deren Ersteller ausgetestet werden.

Die Unterprogrammtechnik brachte große Platzersparnis mit sich, hatte aber auch noch große Nachteile.

Nachteile der Unterprogrammtechnik

1. *keine Parameter*

   Zu Subroutinen zusammengefaßte Programmteile mußten in unterschiedlichen Situationen oft auch geringfügig Unterschiedliches leisten. Nehmen wir z. B. eine einfache Subroutine, die beim Aufruf den Umfang eines Kreises berechnen soll. Da Subroutinen kein Parameterkonzept kannten, wurden globale Variablen als Parameter mißbraucht. Für obige Aufgabenstellung hat man also z. B. eine globale Variable r eingeführt, die vor jedem Aufruf der Subroutine mit dem entsprechenden Radius zu setzen war, und die Subroutine hat dann immer aus dieser globalen Variablen den jeweils aktuellen Radius gelesen. Globale Variablen haben aber den großen Nachteil, dass sie im ganzen Programm „vogelfrei" sind; d. h. dass an jeder beliebigen Stelle im Programm (von anderen Programmteilen) in diese Speicherplätze geschrieben werden kann. Die Folgen eines solchen versehentlichen Überschreibens von nicht geschützten globalen Speicherbereichen sind meist verheerend und das Auffinden des Missetäters ist meist sehr schwierig.

2. *keine Rückgabewerte*

   Da die Subroutinen nicht nur keine Parameter, sondern auch keine Rückgabewerte kannten, entstand ein weiteres Problem des Datenaustauschs zwischen dem aufrufenden Programmteil und der Subroutine. Nehmen wir wieder das vorherige Beispiel des Kreisumfangs, so stellt sich die Frage, wie diese Subroutine den berechneten Kreisumfang an den Aufrufer zurückgeben konnte. Auch hier gab es wieder nur eine Lösung, nämlich globale Daten, auf die auch der Aufrufer zugreifen konnte. Die Subroutine schrieb also den berechneten Umfang an eine Speicherstelle, aus der der Aufrufer ihn lesen konnte. Es entstanden also auch hier wieder die bereits zuvor beschriebenen Probleme, die bei Verwendung von globalen Daten auftreten können.

3. *keine lokale Daten*
   Um eine bestimmte Teilaufgabe in einer Subroutine zu lösen, benötigt man fast immer temporäre Speicherplätze. Man denke nur an die Hilfsvariable beim Vertauschen von zwei Variablen oder an die Laufvariablen bei Schleifen. Nach Erfüllung der jeweiligen Teilaufgabe werden solche temporären Variablen nicht mehr gebraucht. Da die Subroutinentechnik aber keine lokalen Daten zuließ, mußte man auch hier globale Daten benutzen, was wieder die zuvor erwähnten Gefahren mit sich brachte.

Unterprogrammtechnik in einigen höheren Programmiersprachen Obwohl die Unterprogrammtechnik aus der Assemblerzeit stammte, wurde dieses Konzept zwar etwas verändert, aber doch mit allen seinen Nachteilen von einigen höheren Programmiersprachen einfach übernommen. Hier seien zwei renomierte Beispiele genannt:

- *BASIC*, wo die entsprechende Subroutine mit GOSUB *zeilennr* angesprungen wird, und
- *COBOL*, wo die entsprechende Subroutine mit PERFORM *subroutine_name* angesprungen wird.

Obwohl solche Programmiersprachen inzwischen bessere Konzepte anbieten, so hat doch auch diese „blinde Übernahme" der Subroutinentechnik viel dazu beigetragen, dass man in Softwarekreisen auf diese Sprachen nicht gut zu sprechen ist.

Programmiersprachen und Prozedurtechnik

Einer der großen Nachteile der Assembler-Programmierung war, dass man sich beim Programmieren immer noch zu sehr auf die Maschine mit allen ihren Registern und Speicheradressen konzentrieren mußte.

Beim Umsetzen seiner Ideen in ein Assembler-Programm mußte der Programmierer dem Computer jeden auszuführenden Schritt vorschreiben; dabei ging viel wertvolle Zeit und Energie verloren. Man war also bestrebt, etwas Effizienteres zu finden, bei dem sich der Programmierer mehr auf das eigentliche Problem konzentrieren konnte und sich nicht mit der Umsetzung seiner Ideen in maschinennahe Anweisungen herumschlagen mußte. Aus diesem Bestreben entstanden dann Ende der 50er und Anfang der 60er Jahre die ersten problemorientierten höheren Programmiersprachen wie FORTRAN und ALGOL.

Problemorientierte höhere Programmiersprachen Problemorientierte höhere Programmiersprachen ermöglichen dem Programmierer, seine Problemlösung in einer höheren mathematischen Notation anzugeben. Der Übersetzer, auch Compiler genannt, sorgte dann für das Umsetzen eines solchen in einer höheren Programmiersprache geschriebenen Programms in Maschinenanweisungen.

Die Erfindung der höheren Programmiersprache war sicher einer der wichtigsten Evolutionsschritte in der Geschichte der Softwareentwicklung, denn das Programmieren in einer höheren Programmiersprache brachte viele Vorteile mit sich:

Leichte Portierbarkeit
> Man hatte sich endgültig von der darunterliegenden Maschine gelöst. Ein Programmierer, der sein Programm in einer bestimmten Sprache geschrieben hatte, konnte dieses leicht auf eine andere Maschine übertragen (portieren) und dort zum Laufen bringen. Voraussetzung war immer nur, dass auf dieser Maschine ein Compiler für die entsprechende Sprache verfügbar war.

Gute Lesbarkeit
> Programme, die in einer höheren Programmiersprache geschrieben wurden, waren wesentlich leichter lesbar als Assemblerprogramme, weil die Anweisungen in einer dem Menschen viel verständlicheren Form angegeben werden konnten.

Hohe Effizienz
> Da sich der Programmierer jetzt ganz auf die Lösung seiner Aufgabe konzentrieren konnte und sich nicht mehr mit Maschineninstruktionen herumschlagen mußte, konnte er zu gegebenen Problemstellungen in wesentlich kürzerer Zeit die erforderlichen Programme erstellen. Die Entwicklungszeit von umfangreichen Programmen zu komplexen Aufgabenstellungen konnte um den Faktor 10 bis 100 und noch mehr reduziert werden.

Prozedurtechnik Neben der mathematischen Schreib- und Denkweise, die dem Menschen mehr liegt als die Assembler-Anweisungen, verdanken wir den höheren Programmiersprachen (vor allen Dingen ALGOL) noch eine weitere große Errungenschaft: die Prozedurtechnik. Die Prozedurtechnik ist eine konsequente Weiterentwicklung der Subroutinentechnik, wobei jedoch deren Nachteile ausgemerzt wurden. Prozeduren sind nämlich parametrisierbare Subroutinen, die die Deklaration von lokalen Variablen zulassen und einen Rückgabewert liefern.

Neben dem Begriff „Prozedur" wird oft noch der Begriff „Funktion" verwendet. Leider sind diese beiden Begriffe nicht in allen Programmiersprachen gleich definiert. In PASCAL spricht man z. B. dann von einer Funktion, wenn die betreffende Subroutine einen Rückgabewert liefert, und von einer Prozedur, wenn sie dies nicht tut. Andere Sprachen kennen nur Prozeduren (wie z. B. MODULA-2) oder nur Funktionen (wie z. B. C). In solchen Sprachen wird dann zwischen Prozeduren bzw. Funktionen mit oder ohne Rückgabewert unterschieden. Hier soll „Prozedur" als Überbegriff stehen für:

> *Parametrisierbare Subroutinen, die lokale Variablen zulassen und einen Rückgabewert liefern.*

Schwachstellen der Prozedurtechnik Es wurde viel über die Vorteile von höheren Programmiersprachen und ihrem Prozedurkonzept gesprochen, jedoch hat das Prozedurkonzept auch einige Nachteile:

1. *Versteckte Kommunikation mit Außenwelt weiterhin möglich*
   Die Kommunikationspunkte einer Prozedur mit der Außenwelt sind nur an der Parameterliste und dem Rückgabetyp erkennbar. Wird aber innerhalb einer Prozedur auf eine globale Variable zugegriffen, so wird auch an dieser Stelle mit der Außenwelt kommuniziert. Werden solche versteckte Kommunikationen verwendet, so ist dies nicht sofort aus dem Prozedurkopf ersichtlich, sondern kann erst beim genauen Durcharbeiten der einzelnen Anweisungen einer Prozedur entdeckt werden. Ein solcher Zugriff auf globale Variablen birgt natürlich wieder die bereits früher erwähnten Gefahren in sich. Wenn auch erfahrene und gute Softwareentwickler solche globalen Zugriffe immer vermeiden werden, so können doch weniger erfahrene Programmierer wieder in die alte Subroutinentechnik verfallen und mit globalen Variablen arbeiten, da ihnen die Prozedurtechnik dies nicht verbietet.

2. *Zu sehr auf Ein-Mann-Programme zugeschnitten*
   Die Prozedurtechnik war noch zu sehr auf Ein-Mann-Programme zugeschnitten. In der praktischen Softwareentwicklung müssen aber meist mehrere Entwickler (bis zu Hunderte) gleichzeitig am selben Softwareprojekt arbeiten. Mit der reinen Prozedurtechnik konnte solchen Anforderungen nur begrenzt Rechnung getragen werden.

3. *Austauschen von ganzen Programmteilen nur schwer möglich* Das leichte Austauschen von Programmteilen wird bei der Prozedurtechnik nur begrenzt unterstützt, da die logischen Bestandteile alle in ein umfangreiches Programm fest eingebettet sind. Ändern bedeutet hierbei immer, dass in einem "riesigen" Programm geändert werden muss. Und dieses Programm, das eventuell Tausende und Abertausende von Befehlszeilen enthält, mußte dann immer wieder als Ganzes neu kompiliert werden. Dies war natürlich nicht sehr effizient. Schwerwiegender noch war aber der folgende Nachteil: Da das Zusammenspiel zwischen den einzelnen Programmteilen hier nur sehr schwer überschaubar war, konnte es leicht vorkommen, dass von Änderungen versehentlich auch bereits fertige und gut ausgetestete Programmteile betroffen wurden, was verheerende Folgen haben konnte.

Diese doch schwerwiegenden Nachteile bewogen die Softwareentwickler dazu, über bessere Entwicklungsmethoden nachzudenken. Es dauerte auch nicht allzu lange, bis eine solche Methode gefunden wurde, nämlich das *Modulkonzept*.

23.4.2 Modultechnik und Information Hiding

Die Idee der Modultechnik ist, eine Aufgabenstellung nicht als Ganzes zu lösen, sondern diese zunächst in kleine, überschaubare Teilaufgaben zu zerlegen. Die Lösungen der einzelnen Teilaufgaben ergeben zusammengefaßt die Gesamtlösung. Programmtechnisch bedeutet dies, dass jede einzelne Teilaufgabe als eigenständi-

23.4 Die Modultechnik

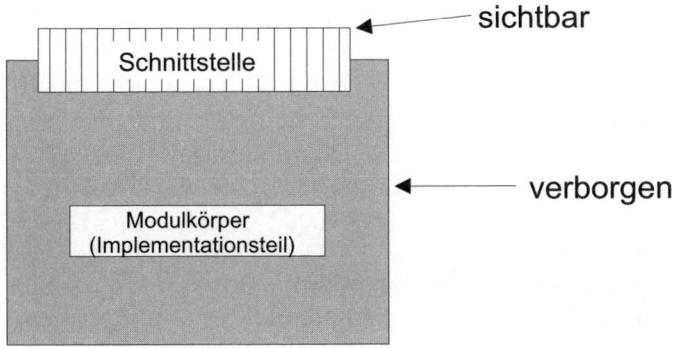

Abbildung 23.28: Sichtbare Schnittstelle und unsichtbare Implementierung eines Moduls

ges Programmteil realisiert wird. Ein solches Programmteil nennt man dann ein *Modul*.

Das Modul

Ein Software-Modul kann z. B. mit einem elektronischen Bauteil wie etwa einer Steckkarte für einen Computer verglichen werden: Ein Modul besteht aus einer nach außen sichtbaren Schnittstelle und der internen Realisierung. Die Schnittstelle ist vergleichbar mit der Steckerleiste der PC-Steckkarte, über die die Kommunikation zwischen Prozessor und Steckkarte stattfindet. Die Realisierung entspricht der auf der Steckkarte installierten elektronischen Schaltung. Eine Realisierung nennt man in der Softwareentwicklung auch die *Implementierung*. Für den Gebrauch der Computer-Steckkarte reicht es vollkommen aus, wenn die Schnittstelle genau beschrieben ist. Ihr interner Aufbau kann im Normalfall niemals verändert werden, da er meist nicht bekannt und zudem auch fest verdrahtet ist. Ähnlich verhält es sich mit Software-Modulen. Auch hier kann – bei Beachtung einiger weniger programmtechnischer Regeln – die Implementierung von außen nicht verändert werden, wie dies in Abbildung 23.28 gezeigt ist.

Information Hiding Alle Deklarationen und Definitionen von Daten und Operationen innerhalb eines Moduls sollten nämlich, soweit sie nicht in der Schnittstellenbeschreibung vorkommen, für die Außenwelt unsichtbar sein. Das Verstecken der eigentlichen Implementierung nennt man *Information Hiding*. Die konsequente Anwendung der Modultechnik führt dazu, dass man Programme erhält, die sich aus weitgehend autonomen Modulen zusammensetzen, die untereinander nur über die definierten Schnittstellen miteinander kommunizieren. Die „wilde" und mit großen Nachteilen verbundene Kommunikation über globale Daten gibt es also nicht mehr, wenn Software nach dieser Methode entworfen und entwickelt wird.

23 Speicherklassen und Modultechnik

Eigenschaften eines Moduls Nachfolgend sind die Charakteristika eines Moduls zusammengefaßt:

    Modul = Schnittstelle + Implementierung

Jedes Modul besteht aus einer nach außen sichtbaren Schnittstelle und einer nach außen unsichtbaren Implementierung, die voll unter Kontrolle des jeweiligen Moduls liegt und somit von keinem fremden Modul manipuliert werden kann.

Schnittstelle enthält die Deklarationen von Typen, Konstanten und Prozeduren Im Sinne des Information Hiding wird in einer Modul-Schnittstelle nur gerade soviel nach außen sichtbar gemacht, wie für die Verwendung des Moduls notwendig ist. So wird man beispielsweise für eine von anderen Modulen aufrufbare Prozedur nur deren Name, die Typen der Parameter und den Typ eines möglichen Rückgabewerts in der Schnittstelle angeben. Wird ein eigener Typ beim Aufruf einer solchen Prozedur benötigt, so muss auch dessen Definition im Schnittstellenteil angegeben sein. Als Beispiel möge ein Modul `tel_manager.c` (in C) dienen, das für die Verwaltung eines Telefonbuchs zuständig ist. Dazu bietet es in der Headerdatei `tel_manager.h` (In C wird die Schnittstelle zu einem Modul üblicherweise über eine zugehörige Headerdatei angegeben) z. B. folgende Schnittstellen an:

```
#define bool    unsigned char
#define TRUE    1
#define FALSE   0


extern bool tel_eintragen(char *name, char *vorname, char *titel, char *telnr);
    /* die einzutragenden Komponenten (Name, Vorname, Titel, Telnr)
       werden uebergeben. tel_eintragen sorgt dann dafuer, dass diese in einer
       internen Datenstruktur (Telefonbuch) festgehalten werden.
       Spaeter koennen diese Daten dann wieder abgefragt werden.
       tel_eintragen liefert TRUE, falls tel_eintragen erfolgreich
       verlief, ansonsten liefert tel_eintragen FALSE zurueck */

extern bool tel_nr_suchen(char *name, char *vorname, char *titel, char *telnr);
    /* sucht im Telefonbuch einen Eintrag zu name.
       Ein Rueckgabewert FALSE zeigt an, dass kein Eintrag zu 'name' existiert. */
```

An dieser Schnittstellen-Spezifikation ist erkennbar, dass die Verwaltung des gesamten Telefonbuchs voll unter der Kontrolle des Moduls `tel_manager.c` liegt. Will ein anderes Modul einen neuen Eintrag in das Telefonbuch vornehmen, so kann es dies nicht direkt tun, da die Telefonbuch-Daten für ihn nicht sichtbar sind, sondern es muss dazu immer die dafür angebotene Routine `tel_-eintragen(...)` mit den entsprechenden Parametern aufrufen. Wie die Telefonbuch-Daten im Modul `tel_manager.c` aufgehoben werden, ob sie z. B. als Binärbaum oder über eine Hashtabelle organisiert sind, entzieht sich der Kenntnis des Aufrufers. Er kann lediglich die über `tel_manager.h` nach außen angebotenen Operationen des Moduls `tel_manager.c` verwenden, um auf die internen Daten dieses Moduls zuzugreifen. Um z. B. die zu einem Nachnamen der im Telefonbuch eingetragenen Daten (Vorname, Titel, Telefonnummer) zu erfahren, müßte ein anderes Modul die dafür angebotene Routine `tel_nr_suchen(...)` benut-

23.4 Die Modultechnik

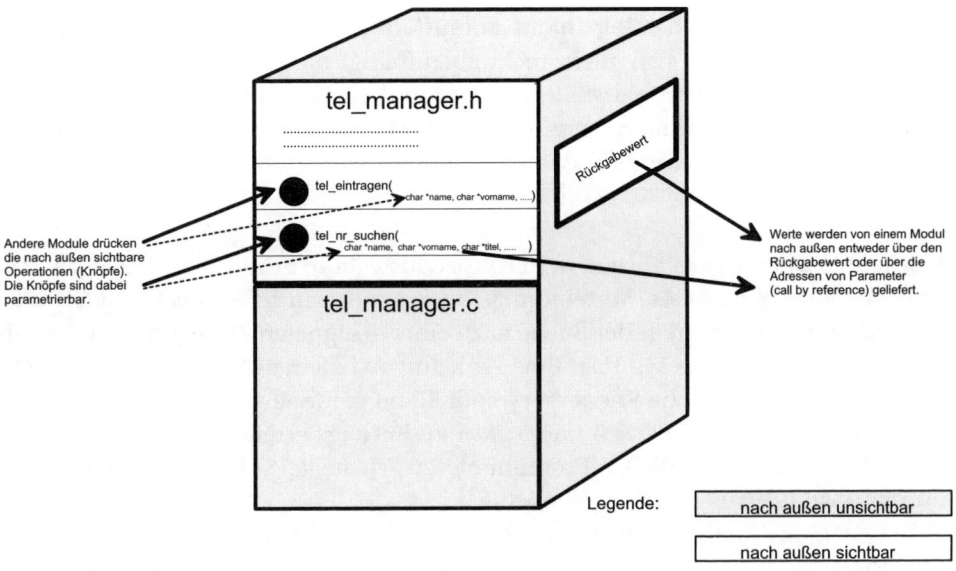

Abbildung 23.29: Software-Modul als *Blackbox* mit nach außen sichtbaren Knöpfen

zen. Ein solches Modul entspricht also einer Art *black box*, über deren Innenleben ein Außenstehender nicht Bescheid weiß. Will er auf interne Daten des Moduls zugreifen, so muss er dazu die nach außen sichtbaren Knöpfe (Operationen) benutzen; siehe auch Abbildung 23.29.

Modul-Implementierung enthält die Realisierung Die Modul-Implementierung besteht zum einen aus modul-lokalen Deklarationen von Datentypen, Konstanten und Variablen. Zum anderen enthält sie die globalen Definitionen (Realisierungen) der nach außen sichtbaren Routinen (wie z. B. `tel_eintragen(...)`). Daneben beinhaltet eine Modul-Implementierung noch die Definition von lokalen Hilfsroutinen, die Hilfsfunktionen für die global sichtbaren Prozeduren ausführen. Solche lokalen Prozeduren sollten nicht global zugänglich sein. In C erreicht man dies z. B. dadurch, dass man bei der Definition einer lokalen Funktion das Schlüsselwort `static` voranstellt; das gleiche gilt im übrigen auch für die Definition von lokalen Variablen in einem C-Modul.

Ein Modul ist getrennt kompilierbar Getrennt kompilierbar bedeutet, dass ein Modul für sich allein erfolgreich kompiliert werden kann. Bei der Kompilierung eines Moduls müssen von den anderen Modulen, mit denen es kommuniziert, lediglich deren Schnittstellen bekannt sein. In einem C-Modul erreicht man das Bekanntmachen der Schnittstellen durch `#include` auf die Headerdateien[2] der entsprechenden Module, mit denen es kommuniziert.

---

[2] enthalten die Schnittstellen-Spezifikationen der jeweiligen Module

Ein Modul ist für sich allein nicht ablauffähig Ein Modul ist zwar getrennt kompilierbar, aber für sich allein nicht ablauffähig, da es ja nur einen Teil eines ablauffähigen Programms darstellt. In der Modultechnik wird also klar unterschieden zwischen der Kompilierung der einzelnen Module und dem Zusammenbinden (Linken) der einzelnen Module zu einem Programm.

Modularer Entwurf Während in der Prozedurtechnik grundsätzlich nur die *top-down-Methode* (schrittweise Verfeinerung) angewandt wurde, liegt der Schwerpunkt beim modularen Design in der Suche nach einer geeigneten Zerlegung der gestellten Aufgabe in einzelne Module. Eine Zerlegung ist dann geeignet, wenn sie leichte Änderbarkeit und hohe Wiederverwendbarkeit garantiert. Dies wird durch eine Mischform zwischen *top-down-* und *bottom-up-*Entwurf erreicht. Nachfolgend sind einige Fragen gegeben, die ein Programmierer sich stellen sollte, wenn er eine vernünftige Modulstruktur erhalten möchte:

- **Welche Aufgaben und Daten gehören zusammen?**
  Ein Beispiel dazu ist ein zentrales Fehlermodul, das alle Fehlermeldungen beinhaltet und zusätzlich noch Routinen anbietet, die für die Ausgabe von Fehlermeldungen zuständig sind. Ein solches Design ist sicher besser, als ein undurchsichtiger Entwurf, bei dem jedes einzelne Modul selbst die Fehlermeldungen ausgibt, und eventuell bei fatalen Fehlern selbst für das Verlassen des gesamten Programms sorgt.

- **Wie gehören die einzelnen Aufgabenstellungen logisch zusammen und welche Schnittstellen sind dabei nach außen erforderlich?**
  Ein Beispiel ist unser Telefonmanager, der als Einziger für die Verwaltung der Telefon-Datenbank verantwortlich ist. Ein solches zentrales Verwalten ist sicher einer verteilten Verwaltung vorzuziehen.

- **Bei welchen Programmteilen sind in Zukunft Änderungen zu erwarten?**
  Denken Sie dabei nicht nur an solche offensichtliche Daten, wie z. B. Mehrwertsteuer oder Zinssatz, sondern auch an zukünftig mögliche Erweiterungen, wie z. B. Umstellung von der Tastatureingabe auf mausgesteuerte Eingabe. Es sollte also bereits beim Design darauf geachtet werden, dass Änderungen leicht möglich sind.

- **Welche Aufgaben werden in ähnlicher oder gleicher Form wieder benötigt?**
  Ein gutes Beispiel hierfür ist eine Firma, die sich auf den Compilerbau spezialisiert hat. Eine solche Firma wird vernünftigerweise den Code-Generator nicht direkt an die lexikalische und syntaktische Analyse koppeln, sondern dazwischen einen Zwischencode-Generator schalten, der die vom Compiler-Frontend (lexikalische und syntaktische Analyse) gelieferten Daten zunächst in einen eigenen Zwischencode übersetzt. Ein solches Design hat viele Vorteile, da für die verschiedenen Sprachen (PASCAL, C, ADA usw.) nur ein Code-Generator geschrieben werden muss, der den Zwischencode in den wirklichen Maschinencode übersetzt; das so genannte Backend wäre also für alle Compiler dieser Firma identisch. Dies hat zusätzlich den Vorteil, dass bei einer notwendigen Portierung der Compiler auf einen anderen Prozessor nur

dieses Backend umgeschrieben werden muss, und schon sind alle Compiler auf dem anderen Rechner verfügbar.

Dies war nur ein Ausschnitt einiger wichtiger Gesichtspunkte, die ein Softwareentwickler beim modularen Entwurf berücksichtigen sollte.

Zum Schluß sei noch angemerkt, dass die Modultechnik trotz ihrer vielen Vorzüge doch auch einige Nachteile hat. An dieser Stelle wollen wir zwar hierauf nicht näher eingehen, aber doch nicht unerwähnt lassen, dass diese Nachteile durch die *objektorientierte Programmierung*, die eine Weiterentwicklung der Modultechnik ist, beseitigt wurden. Nichtsdestotrotz wird weiterhin und auch mit viel Erfolg mit der Modultechnik gearbeitet.

23.4.3 Software-Technik: Linker und Compiler

Für die Modultechnik ist es wichtig, die Unterschiede zwischen einem *Linker* und *Compiler* genau zu kennen. Deshalb werden diese beiden Tools und die ihnen zustehenden Aufgaben nachfolgend nochmals genauer erläutert.

Die Grundidee in der SW-Entwicklung ist die *getrennte Kompilierung*: Unterschiedliche Module können zu unterschiedlichen Zeitpunkten von verschiedenen SW-Entwicklern unabhängig voneinander kompiliert werden. Später können dann die aus den Kompilierungen resultierenden *Objektdateien* mit dem Linker zu einem ablauffähigen Programm zusammengebunden werden.

Der Linker ist normalerweise ein eigenes Programm, das unabhängig vom C-Compiler ist, und deshalb auch nicht viel über die Sprache C weiß. Stattdessen ist für den Linker eine eigene Sprache festgelegt. Es ist nun Aufgabe des C-Compilers, die ihm vorgelegten C-Module in diese dem Linker verständliche Sprache zu übersetzen. So übersetzte Module nennt man dann Objektmodule: In Linux/Unix erkennt man diese an der Endung .o. So liefert z. B. die Kompilierung eines Moduls add.c in in Linux/Unix den Objektmodul add.o.

Wenn wir z. B. in Linux/Unix zwei C-Module a.c und b.c kompilieren, so erhalten wir zwei Objektmodule a.o und b.o, wie dies in Abbildung 23.30 gezeigt ist. Legen wir nun diese beiden Objektmodule dem Linker vor, so generiert er hieraus ein ablauffähiges Programm, wie dies in Abbildung 23.31 gezeigt ist.

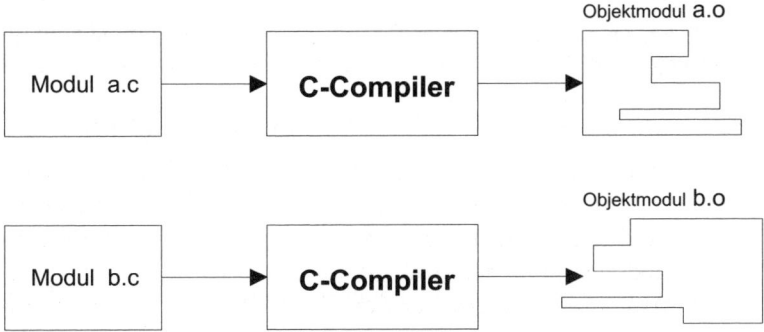

Abbildung 23.30: Kompilieren der beiden Quellmodule a.c und b.c

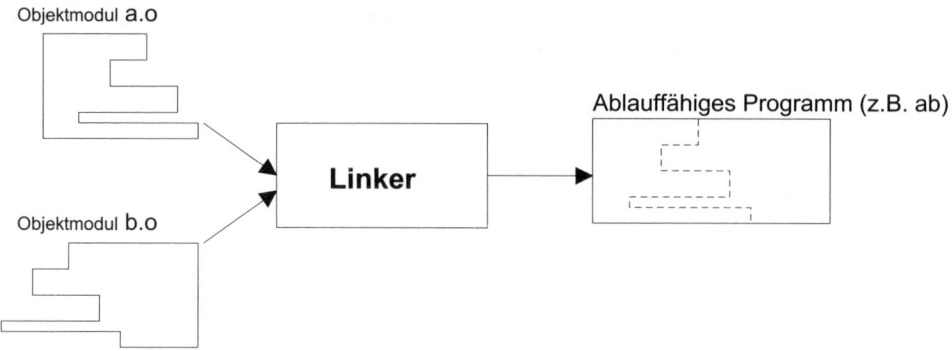

Abbildung 23.31: Linken der beiden Objektmodule a.o und b.o

Wenn die beiden Objektmodule miteinander kommunizieren, was wahrscheinlich der Fall ist, so haben sie Schnittstellen zueinander, die die beiden miteinander abgestimmt haben müssen. Schnittstellen sind dabei üblicherweise Funktionen eines Moduls, die von einem anderen Modul aufgerufen werden.
Die Festlegung von Schnittstellen in C und die Technik des Entwurfs eines Softwarepakets soll nachfolgend an einem Beispiel demonstriert werden.

23.4.4 Beispiel: Simulation von Turingmaschinen

Der englische Mathematiker *Alan M. Turing* konzipierte eine „rechnende Maschine", die ihm zu Ehren heute *Turingmaschine* heißt. Jede Turingmaschine besitzt ein nach beiden Seiten unbegrenztes *Arbeitsband*, das in Felder unterteilt ist und auf dem ein *LS-Kopf* (Lese-/Schreibkopf) hin- und herbewegt werden kann. Die Maschine befindet sich zu jedem Zeitpunkt in einem von endlich vielen *Zuständen*, und der LS-Kopf steht jeweils über genau einem Feld des Bandes (dem momentanen *Arbeitsfeld*). Sie kann erkennen, welches Zeichen auf dem Arbeitsfeld steht und kann es durch ein Zeichen überschreiben.
Ein Arbeitsschritt besteht aus folgendem: In Abhängigkeit vom aktuellen Zustand z und dem Zeichen, das der LS-Kopf gerade liest (dem *Eingabezeichen*), beschriftet sie das Arbeitsfeld mit einem Zeichen (dem *Ausgabezeichen*). Anschließend vollzieht sie eine *Kopfbewegung*, d. h. sie bewegt sich zum links oder rechts benachbarten Feld und geht in einen neuen Zustand z' über, wie dies in Abbildung 23.32 gezeigt ist.
Mit Turingmaschinen können arithmetische Operationen, Größenvergleiche, Zählvorgänge usw. nachgebildet werden. Es lassen sich auch Turingmaschinen konstruieren, für die nicht von vornherein festgelegt ist, welche Operation sie ausführen sollen, sondern bei denen die entsprechenden Befehle auf dem Band angegeben sind.
Turingmaschinen spielen in der Informatik eine wichtige Rolle, denn es gilt folgender Satz:

> *Jedes Problem, das überhaupt maschinell lösbar ist, kann von einer Turingmaschine gelöst werden.*

23.4 Die Modultechnik

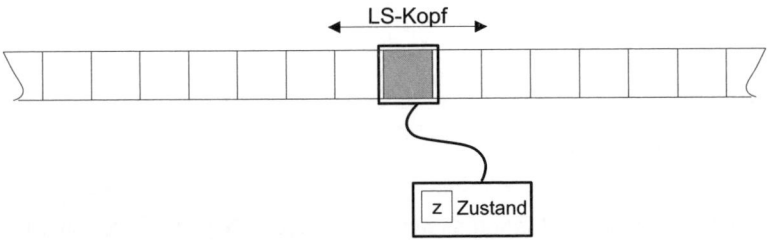

Abbildung 23.32: Die Turingmaschine

Wir wollen nun nachfolgend eine Turingmaschine programmieren, die eine *Paritätsprüfung* durchführt. Als erstes muss bei jedem Softwareprodukt eine ausführliche Aufgabenbeschreibung durchgeführt werden.

Beschreibung der Aufgabenstellung

Es soll eine Turingmaschine konstruiert werden, die alle Strichfolgen mit einer *ungeraden Anzahl von Strichen*, also I, III, IIIII, ... akzeptiert. Zu Beginn befindet sich der LS-Kopf über dem ersten (am weitesten links stehenden) I und im Zustand 1. Leere Felder sollen hier mit # gekennzeichnet werden.
Die Tätigkeit der Turingmaschine beschreiben wir durch ein Fünftupel:

```
(Zustand, Eingabezeichen, Ausgabezeichen, Kopfbewegung, Folgezustand)
```

Für dieses Beispiel benötigen wir drei Fünftupel, nämlich

```
1I#R2, 2I#R1, 2##N3
```

die wie folgt zu interpretieren sind:

`1I#R2`

> Liest die Maschine im Zustand 1 einen Strich, so ersetzt sie ihn durch ein Leerzeichen #, macht die Kopfbewegung R(echts) und geht in den Zustand 2 über.

`2I#R1`

> Liest die Maschine im Zustand 2 einen Strich, so ersetzt sie ihn durch ein Leerzeichen #, macht die Kopfbewegung R(echts) und geht in den Zustand 1 über.

`2##N3`

> Liest die Maschine im Zustand 2 ein Leerzeichen, so macht sie N(ichts), d. h. vollführt keine Kopfbewegung, geht in den akzeptierenden Zustand 3 über und hält an.

Die Maschine ist immer im Zustand 2, wenn sie eine ungerade Anzahl von Strichen gelesen hat. Im Zustand 1 befindet sie sich immer dann, wenn sie eine gerade Anzahl von Strichen gelesen hat.

23 Speicherklassen und Modultechnik

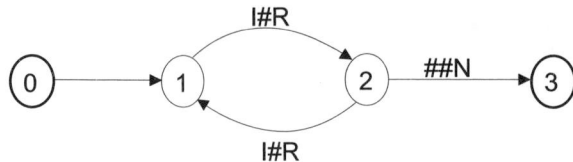

Abbildung 23.33: Zustandsgraph für Turingmaschine, die ungerade Anzahl von Strichen erkennt

Kann die Maschine im aktuellen Zustand für ein Eingabezeichen keines der vorgegebenen Fünftupel anwenden, hält sie an und akzeptiert das Eingabeband nicht. Die Turingmaschine können wir durch einen *Zustandsgraphen* veranschaulichen, bei dem die Knoten die Zustände sind, wobei an den Pfeilen das Eingabezeichen, Ausgabezeichen und die Kopfbewegung angegeben sind; siehe auch Abbildung 23.33.

Modulstruktur für die Paritäts-Turingmaschine

Als erstes wollen wir uns mit der Zerlegung der Gesamtaufgabe in Einzelaufgaben beschäftigen. Natürlich existieren in einem solchen Fall viele verschiedene Zerlegungsmöglichkeiten. Hier wollen wir die Aufgabenstellung in vier Teilaufgaben untergliedern, wobei für jede Teilaufgabe ein Modul zuständig sein soll:

Ein- und Ausgaben am Bildschirm (`bildschi.h` und `bildschi.c`)
Dieses Modul ist sowohl für das Lesen des Eingabebandes (Eingabe erfolgt über Tastatur) als auch für die bildliche Darstellung der Arbeitsweise der Turingmaschine am Bildschirm zuständig.

Simulation der Turingmaschine (`turing.h` und `paturing.c`)
Dieses Modul ist für die Simulation der Turingmaschine verantwortlich. Er realisiert also den zuvor gezeigten Zustandsgraphen.

Fehler-Manager (`fehler.h` und `fehler.c`)
Dieses Modul ist für die Ausgabe von Fehlermeldungen zuständig. Zur Ausgabe bietet dieses Modul eine eigene globale Funktion an, die die anderen Module zur Ausgabe von Fehlermeldungen aufrufen sollten.

Hauptmodul (`paritaet.c`)
Dies ist der Treibermodul mit der `main()`-Funktion, von dem aus alle notwendigen Operationen zum Simulation der Paritäts-Turingmaschine aufgerufen werden. Nachdem diese Strukturierung der Aufgabenstellung vorgenommen wurde, können wir uns an die Schnittstellen-Spezifikation der einzelnen Module machen.

Schnittstellen-Spezifikation für die Paritäts-Turingmaschine

Schnittstellen werden in C üblicherweise in den zugehörigen Headerdateien angegeben. Das Design der Schnittstellen sollte mit allen Verantwortlichen der einzelnen Module abgesprochen werden. Jeder Beteiligte nennt seine Forderungen an die anderen Module. Solange die Schnittstellen nicht geklärt sind, sollte nicht mit der Implementierung begonnen werden.

Erst nachdem die Schnittstellen von allen Beteiligten in so genannten *Design-Reviews* akzeptiert wurden, sollte mit der Implementierung der einzelnen Module begonnen werden. Natürlich wird es in der praktischen Softwareentwicklung immer wieder vorkommen, dass Schnittstellen aufgrund von nicht vorhersehbaren Problemen nachträglich geändert werden müssen. Solche gewünschten Änderungen (*change requests*) müssen jedoch wieder in einem gemeinsamen Design-Review besprochen und ratifiziert werden. Absolut verheerend für jedes größere Software-Projekt sind bilaterale Schnittstellen-Änderungen, von denen der Rest der Projekt-Beteiligten nicht informiert wird.

Nun aber zu den Schnittstellen-Spezifikationen für unsere Paritäts-Turingmaschine:

Schnittstellen-Spezifikation für Modul bildschi (`bildschi.h`):

```
/*-------- Definitionen fuer boole'sche Variablen ---------------------*/
#define  boolean   unsigned char
#define  TRUE      1
#define  FALSE     0
/*--------------------------------------------------------------------*/
extern boolean  einaus_init(char *erstes_zeichen);
/*--------------------------------------------------------------------
            -- initialisiert Bildschirm fuer die Eingabe des Bandinhalts
               und liest dann das erste Eingabezeichen.              */
/*--------------------------------------------------------------------*/
extern int  bildschirm_bewege_kopf(int alt_pos, int neu_pos,
                        int ausgab_zeich, char *eingab_zeich,
                        int alt_zustand, int neu_zustand);
/*--------------------------------------------------------------------
            -- simuliert die Turingmaschine am Bildschirm, indem sie zunaechst
               das 'ausgab_zeich' an 'alt_pos' ausgibt und dann den
               Lese-/Schreibkopf von 'alt_pos' auf 'neupos' bewegt, wo sie
               dann das naechste Eingabezeichen liest und ueber 'eingab_zeich'
               an den Aufrufer zuruecklliefert.
               Ueber 'alt_zustand' wird aktueller Zustand der Turingmaschine
               und ueber 'neu_zustand' neuer Zustand der Turingmaschine zur
               Anzeige am Bildschirm uebergeben.                     */
```

Schnittstellen-Spezifikation für Modul paturing (`turing.h`):

```
/*---------- Konstantendefinitionen --------------------------------*/
#define  OK       1
#define  FERTIG   2
#define  FEHLER   3
#define  boolean  unsigned char
#define  TRUE     1
#define  FALSE    0
/*-----------------------------------------------------------------*/
extern boolean  erlaubtes_zeichen(char zeichen);
/*-----------------------------------------------------------------
             -- liefert zurueck, ob es sich bei 'zeichen' um ein erlaubtes
                Zeichen fuer die Turing-Maschine handelt.         */


/*-----------------------------------------------------------------*/
extern int  turing_regeln(void);
/*-----------------------------------------------------------------
             -- simuliert die Turing-Maschine.
                Zur Simulation auf dem Bildschirm ruft diese Funktion eine
                Routine aus dem Modul 'bildschi.c' auf.
                Der Rueckgabewert (OK, FERTIG, FEHLER) zeigt an, ob ein Zeichen
                von Turingmaschine akzeptiert wurde, oder ob die Turingmaschine
                nun stoppt oder ob ein unerlaubtes Zeichen auf dem Eingabeband
                gelesen wurde.                                     */
```

Schnittstellen-Spezifikation für Modul fehler (`fehler.h`):

```
/*-----------------------------------------------------------------*/
extern void  fehler_meld(const char *fmt,...);
/*-----------------------------------------------------------------
             -- Zentrale Fehlerroutine                             */
```

Hauptmodul paritaet hat keine Schnittstellen. Nachdem nun die Schnittstellen-Spezifikation abgeschlossen ist, können sich die einzelnen Entwickler an die Implementierung ihrer Module machen.

Implementierung der Paritäts-Turingmaschine

Ruft ein Modul a.c Routinen aus einem anderen Modul b.c auf, so sagt man, dass a.c von b.c abhängig ist. Eine solche Abhängigkeit läßt sich in der Implementierung leicht daran erkennen, dass im Modul a.c die Schnittstellen-Beschreibung von Modul b.c in a.c mit

```
#include "b.h"
```

übernommen wird. Nehmen wir z. B. folgenden Ausschnitt aus paturing.c:

```
#include "fehler.h"
#include "bildschi.h"
```

Hieran läßt sich leicht erkennen, dass das Modul `paturing.c` Routinen aus den beiden Modulen `bildschi.c` und `fehler.c` benutzt.
Nun aber zu den Implementierungen der einzelnen Module.

Implementierung des Moduls bildschi (`bildschi.c`):

```
#include    <stdio.h>
#include    <ctype.h>
#include    <graphics.h>
#include    "turing.h"
#include    "fehler.h"
#include    "bildschi.h"

#define STARTPOSX   100
#define STARTPOSY   150
#define WIDTH       15
#define HEIGHT      textheight()
#define VERZOEGER   delay(200);

static int   schritt=0;
static char *eingabe;
/*------------- naechstes_zeichen --------------------------------------*/
static boolean naechstes_zeichen(int x, char *zeich) {
   *zeich = toupper( eingabe[x] );

   if (erlaubtes_zeichen(*zeich))
      return(TRUE);
   else {
      fehler_meld(".... Unerlaubtes Zeichen '%c' .....\n", *zeich);
      return(FALSE);
   }
}
/*------------- einaus_init --------------------------------------------*/
boolean einaus_init(char *erstes_zeichen) {
   cleardevice(LIGHTBLUE);
   eingabe = gettext( "Geben Sie die Bandinschrift ein" );
   settextstyle( "Courier", 24 );
   outtextxy( STARTPOSX, STARTPOSY, getmaxx(), getmaxy(), eingabe );
   settextstyle( "Times", 24 );
   return ( naechstes_zeichen( 0, erstes_zeichen ) );
}
/*------------- bildschirm_bewege_kopf ---------------------------------*/
int  bildschirm_bewege_kopf(int alt_pos, int neu_pos,
                            int ausgabezeichen, char *eingabezeichen,
                            int alt_zustand, int neu_zustand) {
   char string[100];
   settextstyle( "Courier", 24 );
   setcolor(RED);      /* Ausgabezeichen an 'altpos' ausgeben */
   eingabe[alt_pos] = ausgabezeichen;
```

23 Speicherklassen und Modultechnik

```c
        sprintf(string, "%c", ausgabezeichen);
        setviewport( STARTPOSX+alt_pos*WIDTH,     STARTPOSY,
                     STARTPOSX+(alt_pos+1)*WIDTH, STARTPOSY+HEIGHT );
        clearviewport( LIGHTBLUE );
        outtextxy( STARTPOSX+alt_pos*WIDTH,     STARTPOSY,
                   STARTPOSX+(alt_pos+1)*WIDTH, STARTPOSY+HEIGHT, string );

        setcolor( BLACK );      /* Alten Schreib-/Lesezeiger loeschen */
        sprintf(string, " ");
        setviewport( STARTPOSX+alt_pos*WIDTH,     STARTPOSY+HEIGHT,
                     STARTPOSX+(alt_pos+1)*WIDTH, STARTPOSY+2*HEIGHT );
        clearviewport( LIGHTBLUE );
        outtextxy( STARTPOSX+alt_pos*WIDTH,     STARTPOSY+HEIGHT,
                   STARTPOSX+(alt_pos+1)*WIDTH, STARTPOSY+2*HEIGHT, string );
        sprintf(string, "^");   /* Neuen Schreib-/Lesezeiger setzen */
        setviewport( STARTPOSX+neu_pos*WIDTH,     STARTPOSY+HEIGHT,
                     STARTPOSX+(neu_pos+1)*WIDTH, STARTPOSY+2*HEIGHT );
        clearviewport( LIGHTBLUE );
        outtextxy( STARTPOSX+neu_pos*WIDTH,     STARTPOSY+HEIGHT,
                   STARTPOSX+(neu_pos+1)*WIDTH, STARTPOSY+2*HEIGHT, string );
        sprintf(string, "%d. Schritt", ++schritt);
        outtextxy( 200, 400, getmaxx(), getmaxy(), string );
        setcolor(WHITE);
        settextjustify( HCENTER_TEXT, VCENTER_TEXT );
        setviewport( 0, getmaxy()-40, 200, getmaxy() );
        clearviewport( BLACK );
        settextstyle( "Times", 24 );
        sprintf(string, "Zustand: %d --> %d", alt_zustand, neu_zustand);
        outtextxy( 0, getmaxy()-40, 200, getmaxy(), string );
        VERZOEGER;
        setviewport( 0, 0, getmaxx(), getmaxy() );
        setcolor( BLACK );
        return (naechstes_zeichen(neu_pos, eingabezeichen));
}
```

Implementierung des Moduls paturing (paturing.c):

```c
#include  <stdio.h>
#include  "bildschi.h"
#include  "fehler.h"
#include  "turing.h"
/*-------- Konstanten-Definitionen ----------------------------------------*/
#define   RECHTS   +1
#define   LINKS    -1
#define   NICHTS    0
/*-------- Modulglobale Variablen (nur innerhalb dieses Moduls verfuegbar) ---*/
static int   zustand=0;            /*-- aktueller Zustand                 */
static char  eingabe_zeichen;      /*-- zuletzt gelesenes Zeichen         */
static int   alt_kopfpos=0;        /*-- Alte Position des Lese-/Schreibkopfes */
```

478

```
static int   neu_kopfpos=0;       /*-- Neue Position des Lese-/Schreibkopfes */
/*------------ regel ---------------------------------------------*/
static int   regel(int ausgab_zeich, int richtung, int neu_zustand) {
    int   rueckgabe;
    neu_kopfpos += richtung;
    rueckgabe = bildschirm_bewege_kopf(alt_kopfpos, neu_kopfpos,
                                       ausgab_zeich, &eingabe_zeichen,
                                       zustand, neu_zustand);
    alt_kopfpos = neu_kopfpos;
    zustand = neu_zustand;
    return(rueckgabe);
}
/*------------ erlaubtes_zeichen ---------------------------------*/
boolean  erlaubtes_zeichen(char zeichen) {
    return (zeichen=='I' || zeichen=='#');
}
/*------------ turing_regeln -------------------------------------*/
int  turing_regeln(void) {
    switch (zustand) {
        case  0:
            zustand=1;
            return ( (einaus_init(&eingabe_zeichen)==TRUE) ? OK : FEHLER );
        case  1:
            if (eingabe_zeichen=='I')
                return (regel('#', RECHTS, 2));      /*  1I#R2  */
            else
                return(FEHLER);
        case  2:
            if (eingabe_zeichen=='I')
                return (regel('#', RECHTS, 1));      /*  2I#R1  */
            if (eingabe_zeichen=='#')
                return (regel('#', NICHTS, 3));      /*  2##N3  */
            else
                return(FEHLER);
        case  3:
            return(FERTIG);
        default:
            fehler_meld(".....Unerlaubter Zustand %d in turing_regeln...", zustand);
            return(FEHLER);
    }
}
```

Implementierung des Moduls fehler (fehler.c):

```
#include  <stdio.h>
#include  <stdarg.h>
#include  <graphics.h>
#include  "fehler.h"
/*------------ fehler_meld ---------------------------------------*/
```

23 Speicherklassen und Modultechnik

```c
void  fehler_meld(const char *fmt, ...) {
   char string[1000];
   va_list     az;
   va_start(az, fmt);
   vsprintf(string, fmt, az);
   va_end(az);
   outtextxy( 100, 100, getmaxx(), getmaxy(), string );
}
```

Implementierung des Moduls paritaet   (paritaet.c):

```c
#include  <stdio.h>
#include  <graphics.h>
#include  "turing.h"
/*------------- main -----------------------------------------------*/
int  main( int argc, char *argv[] ) {
   int    turing_rueckgabe;
   char   string[100];

   initgraph( 640, 480 );
   /*---- Simulation der Turingmaschine ------------------------------*/
   while ( (turing_rueckgabe=turing_regeln()) == OK)
     ;
   /*---- Ausgabe, ob Band akzeptiert wird oder nicht ----------------*/
   if (turing_rueckgabe == FERTIG)
      sprintf(string, "---> Bandinschrift akzeptiert\n");
   else
      sprintf(string, "---> Bandinschrift nicht akzeptiert\n");
   outtextxy( 300, 400, getmaxx(), getmaxy(), string );
   getch();
   closegraph();
   return(0);
}
```

Generierung der Paritäts-Turingmaschine

Um das Programm für die Paritäts-Turingmaschine zu generieren, müssen die einzelnen Module kompiliert und dann zusammengelinkt werden, was sich leicht mit dem folgenden Aufruf erreichen läßt:

```
user@linux:~ >  lcc -o paritaet paritaet.c paturing.c fehler.c bildschi.c ⏎
```

Nachdem die Module nun alle fehlerfrei kompiliert und gelinkt wurden, kann das erzeugte Programm `paritaet` aufgerufen werden, um die hier entwickelte Turingmaschine zu testen.

Testen der Paritäts-Turingmaschine

Es wurden einige Tests mit Programm `paritaet` für folgende Eingaben durchgeführt:

```
iii#              (wurde akzeptiert)
iiiiii#           (wurde nicht akzeptiert)
ixxxii#           (wurde nicht akzeptiert (falsche Zeichen))
iiiiiiiiii#       (wurde akzeptiert)
```

und es scheint zu funktionieren. Hier wird auf ein umfangreicheres Testen des Programms verzichtet. In der Praxis spielt das Austesten von Programmen natürlich eine zentrale Rolle.

Erweiterungswünsche für die Paritäts-Turingmaschine

Nachdem unsere Paritäts-Turingmaschine zu funktionieren scheint, wollen wir einmal testen, wie gut unser modularer Entwurf bezüglich *leichter Änderbarkeit* ist. Die Paritäts-Turingmaschine soll deshalb nun wie folgt erweitert werden:
Zu den drei vorgegebenen Fünftupeln

```
1I#R2, 2I#R1, 2##N3
```

soll noch die Regel

```
1##R1
```

hinzugefügt werden. Diese neu hinzugekommene Regel ist wie folgt zu interpretieren:

```
1##R1
```

    Liest die Maschine im Zustand 1 (bisher hat sie gerade Anzahl von Strichen gelesen) ein Leerzeichen #, so soll der LS-Kopf weiter nach rechts laufen und alle folgenden Leerzeichen # überlesen.

Für den Fall, dass sich die Maschine im Zustand 2 (bisher hat sie eine ungerade Anzahl von Strichen gelesen) befindet, bedeutet das Lesen eines Leerzeichens # weiterhin, dass sie stoppt, und das Eingabeband akzeptiert.
Diese erweiterte Turingmaschine können wir durch den in Abbildung 23.34 gezeigten *Zustandsgraphen* veranschaulichen.
Nun zeigt sich der Vorteil unseres modularen Entwurfs, denn die erforderlichen Änderungen sind minimal und betreffen nur das Modul paturing.c. Im folgenden Listing sind die zwei neu hinzugekommenen Zeilen in der Funktion turing_regeln() durch /***/ am Zeilenende gekennzeichnet. Der Rest des Moduls blieb unverändert:

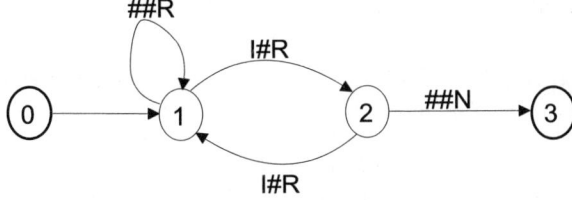

Abbildung 23.34: Zustandsgraph für Turingmaschine, die ungerade Anzahl von Strichen (mit erlaubten Leerzeichen dazwischen) erkennt

```
#include  <stdio.h>
#include  "bildschi.h"
#include  "fehler.h"
#include  "turing.h"

   ::::::::::::::::::::::::
/*------------ turing_regeln -----------------------------------------*/
int turing_regeln(void) {
    switch (zustand) {
        case 0:
            zustand=1;
            return ( (einaus_init(&eingabe_zeichen)==TRUE) ? OK : FEHLER );
        case 1:
            if (eingabe_zeichen=='I')
                return (regel('#', RECHTS, 2));    /*  1I#R2 */
            else if (eingabe_zeichen=='#')                             /***/
                return (regel('#', RECHTS, 1));    /*  1##R1 */        /***/
            else
                return(FEHLER);
        case 2:
            if (eingabe_zeichen=='I')
                return (regel('#', RECHTS, 1));    /*  2I#R1 */
            if (eingabe_zeichen=='#')
                return (regel('#', NICHTS, 3));    /*  2##N3 */
            else
                return(FEHLER);
        case 3:
            return(FERTIG);
        default:
            fehler_meld(".....Unerlaubter Zustand %d in turing_regeln...", zustand);
            return(FEHLER);
    }
}
```

Nach diesen minimalen Änderungen müssen wir dann dieses Modul `paturing.c` wieder neu kompilieren und linken, wie z. B.:

```
user@linux:~ >  lcc -o paritaet paritaet.c paturing.c fehler.c bildschi.c ⏎
```

Und schon ist unsere neue Paritäts-Turingmaschine fertig und kann erneut getestet werden. Dieses Beispiel sollte zeigen, wie leicht ein Programm erweitert werden kann, wenn es eine geeignete Modulstruktur besitzt.

Wiederverwendbarkeit von Modulen

In der Softwareentwicklung ist es von größter Wichtigkeit, dass man später bei ähnlichen Aufgabenstellungen früher erstellte Module wiederverwenden kann.
Diese Wiederverwendbarkeit wollen wir wieder anhand der Turingmaschine verdeutlichen.
Es soll nun eine Turingmaschine erstellt werden, die Wörter aus folgender formalen Sprache erkennt:

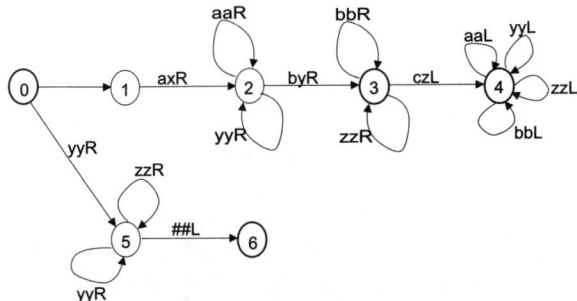

Abbildung 23.35: Zustandsgraph für Turingmaschine, die Wörter der Form $a^n b^n c^n$ erkennt

$S = \{a^n b^n c^n | n >= 0\}$

Erlaubte Wörter dieser Sprache sind z. B.

aaaabbbbcccc, abc, aabbcc

Nicht erlaubte Wörter sind z. B.

aabcc, aaabbbcc, abbc

Solche Wörter spielen z. B. dann eine Rolle, wenn eine Textdatei, die zur Ausgabe auf einem Zeilendrucker bestimmt ist, in einen Text für eine Photomaschine konvertiert werden muss. In diesem Fall müssen unterstrichene Wörter durch Kursivschrift ersetzt werden. Ein unterstrichenes Wort ist dabei eine Buchstabenfolge, an die sich die gleiche Anzahl von Backspace-Zeichen und von Unterstreichungszeichen anschließt; sie hat die Form $a^n b^n c^n$. Eine Turingmaschine, die solche Wörter erkennt, läßt sich nun durch den in Abbildung 23.35 gezeigten Zustandsgraphen beschreiben.

Es stellt sich nun die Frage, was wir bei dieser Aufgabenstellung von unserer Paritäts-Turingmaschine verwenden können. Bei genauerer Betrachtungsweise erkennen wir, dass wir die Dateien bildschi.h, bildschi.c, fehler.h, fehler.c und turing.h unverändert verwenden können.

Die Datei paritaet.c kopieren wir nur unverändert in die Datei unterstr.c um. Ebenso kopieren wir auch die Datei paturing.c in die Datei unturing.c:

```
user@linux:~ >    cp paritaet.c unterstr.c
user@linux:~ >    cp paturing.c unturing.c
user@linux:   >   _
```

Lediglich die kopierte Datei unturing.c, in der die Regeln der Turingmaschine hinterlegt sind, erfordert größere Änderungen, wobei von diesen wiederum nur die Funktion turing_regeln() betroffen ist:

```
:::::::::::::::::::::::::::::::::::::::::
/*------------ turing_regeln -------------------------------------*/
int turing_regeln(void) {
    switch (zustand) {
        case 0:
            zustand=1;
            return ( (einaus_init(&eingabe_zeichen)==TRUE) ? OK : FEHLER );
        case 1:
```

```
            if (eingabe_zeichen=='A')
                return (regel('X', RECHTS, 2) );    /*  1axR2  */
            else if (eingabe_zeichen=='Y')
                return (regel('Y', RECHTS, 5) );    /*  1yyR5  */
            else   return(FEHLER);
        case 2:
            if (eingabe_zeichen=='A')
                return (regel('A', RECHTS, 2));     /*  2aaR2  */
            else if (eingabe_zeichen=='Y')
                return (regel('Y', RECHTS, 2));     /*  2yyR2  */
            else if (eingabe_zeichen=='B')
                return (regel('Y', RECHTS, 3));     /*  2byR3  */
            else   return(FEHLER);
        case 3:
            if (eingabe_zeichen=='B')
                return (regel('B', RECHTS, 3));     /*  3bbR3  */
            else if (eingabe_zeichen=='Z')
                return (regel('Z', RECHTS, 3));     /*  3zzR3  */
            else if (eingabe_zeichen=='C')
                return (regel('Z', LINKS, 4));      /*  3czL4  */
            else   return(FEHLER);
        case 4:
            if (eingabe_zeichen=='A')
                return (regel('A', LINKS, 4));      /*  4aaL4  */
            else if (eingabe_zeichen=='B')
                return (regel('B', LINKS, 4));      /*  4bbL4  */
            else if (eingabe_zeichen=='Y')
                return (regel('Y', LINKS, 4));      /*  4yyL4  */
            else if (eingabe_zeichen=='Z')
                return (regel('Z', LINKS, 4));      /*  4zzL4  */
            else if (eingabe_zeichen=='X')
                return (regel('X', RECHTS, 1));     /*  4xxR1  */
            else   return(FEHLER);
        case 5:
            if (eingabe_zeichen=='Z')
                return (regel('Z', RECHTS, 5));     /*  5zzR5  */
            else if (eingabe_zeichen=='Y')
                return (regel('Y', RECHTS, 5));     /*  5yyR5  */
            else if (eingabe_zeichen=='#')
                return (regel('#', LINKS, 6));      /*  5##L6  */
            else   return(FEHLER);
        case 6:
            return(FERTIG);
        default:
            fehler_meld(".....Unerlaubter Zustand %d in turing_regeln...", zustand);
            return(FEHLER);
    }
}
```

Nun müssen wir uns zunächst erst wieder das neue Programm `unterstr` generieren:

```
user@linux:~ > lcc -o unterstr unterstr.c unturing.c fehler.c bildschi.c ⏎
```

Nachdem die Module nun alle fehlerfrei kompiliert und gelinkt wurden, kann das erzeugte Programm `untertsr` aufgerufen werden, um die hier entwickelte Turingmaschine zu testen.

23.4.5 Übung: Turingmaschine zur binären Addition von 1

Erstellen Sie unter Verwendung der Modultechnik ein Programm (`dualaddi.c`, `adturing.c`, `fehler.c`, `bildschi.c`), das eine duale Addition von 1 durchführt.
So soll z. B. diese Turingmaschine aus der Bandinschrift

```
1100#
```

die Bandschrift

```
1101#
```

produzieren, oder aus der Bandinschrift

```
11011#
```

die Bandinschrift

```
11100#
```

produzieren.

Kapitel 24

Präprozessor-Direktiven

God is real, unless declared integer.
unbekannter Programmierer

Während die Erfinder von C (Kernighan und Ritchie) die Funktionsweise des Präprozessors am ungenauesten vom ganzen C-Sprachumfang beschrieben haben, hat das C89-Komitee umso mehr Aufwand betrieben, um die Rolle des Präprozessors genau festzulegen.
Der Präprozessor verarbeitet den Quelltext einer Programmdatei, wobei alle Präprozessor-Kommandos (Präprozessor-Direktiven) mit dem Zeichen # beginnen. Zwischenraum-Zeichen (engl. *whitespace: Leerzeichen*, \f, \n, \r, \t oder \v) und Kommentare sind vor # zugelassen; zwischen # und Anfang der restlichen Präprozessor-Direktive sind nur *Leerzeichen*, \t und Kommentare zugelassen.
Beispiel:
So sind z. B. die folgenden drei Angaben erlaubte Präprozessor-Direktiven in C89 und C99:

```
/* Kommentar */ #if  TEST
 # /* Kommentar */  if TEST
 # if /* Kommen-
             tar */  TEST
```

Üblicherweise ruft der Compiler automatisch den Präprozessor auf, bevor er mit der Übersetzung beginnt.
C89 schreibt vor, dass der Präprozessor wie ein eigener Schritt vor dem eigentlichen Compilerlauf zu verstehen ist[1].
Der Präprozessor bietet nun die folgenden Dienstleistungen an:

- ❏ Bedingte Kompilierung (#ifdef, ...)
- ❏ Einkopieren von anderen Dateien (#include)
- ❏ Makro-Ersetzung (#define)
- ❏ Makrodefinition aufheben (#undef)

---
[1] Das heißt nicht, dass der Präprozessor-Lauf als eigener Durchgang (wie es in heutigen Compilern oft der Fall ist) realisiert sein muss, sondern sich nur so verhalten muss

- Vordefinierte Makronamen (`__LINE__`, `__FILE__`, ...)
- Zeilenumerierung (`#line`)
- Fehlermeldungen (`#error`)
- Pragmas (`#pragma`)
- Null-Direktive (`#`)

24.1 Bedingte Kompilierung

Mit den Präprozessor-Konstrukten dieser Klasse kann man die Übersetzung einzelner Programmteile von zur Präpozessor-Zeit auswertbaren Bedingungen abhängig machen.

24.1.1 Präprozessor-Direktiven zur bedingten Kompilierung

Folgende Schlüsselwörter stehen für die bedingte Kompilierung zur Verfügung:

`#if` *ausdruck*

> Abhängig davon, ob *ausdruck* erfüllt ist (Auswertung ergibt einen von 0 verschiedenen Wert), wird der darauffolgende Programmteil ausgeführt.

`#ifdef` *name*

> Wenn *name* definiert ist, dann wird der darauffolgende Programmteil ausgeführt; entspricht den Angaben
>
> > `#if defined` *name* oder
> >
> > `#if defined(`*name*`)`

`#ifndef` *name*

> Wenn *name* nicht definiert ist, dann wird der darauffolgende Programmteil ausgeführt; entspricht den Angaben
>
> > `#if !defined` *name* oder
> >
> > `#if !defined(`*name*`)`

`#elif` *ausdruck*

> Abhängig davon, ob *ausdruck* erfüllt ist (Auswertung ergibt einen von 0 verschiedenen Wert), wird der darauffolgende Programmteil ausgeführt.

`#else`

> leitet `else`-Programmteil zu den vier vorherigen Konstruktionen (`#if`, `#ifdef`, `#ifndef`, `#elif`) ein.

`#endif`

> zeigt das Ende einer bedingten Kompilierungs-Konstruktion an.

Die bedingte Kompilierung macht es somit möglich, nur eine Quelldatei zu unterhalten, die dann von unterschiedlichen Compilern und sogar auf unterschiedlichen Maschinen übersetzt werden kann.

Der Ausdruck, der die bedingte Kompilierung bei `#if` und `#elif` steuert, muss ein ganzzahliger konstanter Ausdruck sein, wobei folgende Einschränkungen für diesen Ausdruck gelten:

- er darf kein Casting enthalten
- Bezeichner werden wie folgt interpretiert: sie sind entweder Makronamen oder nicht; zum Zeitpunkt des Präprozessorlaufs gibt es noch keine Schlüsselwörter, Aufzählungskonstanten usw.
- er darf folgende Ausdrücke enthalten:
    defined *Bezeichner*
  oder
    defined(*Bezeichner*)

Diese Ausdrücke liefern den Wert 1, wenn der *Bezeichner* momentan als Makroname definiert ist, und sonst 0.

Beispiel:
Der Programmteil

```
        :
#if bed1
     progteil1
#elif bed2
     progteil2
#elif bed3
     progteil3
#else
     progteil4
#endif
        :
```

kann durch den in Abbildung 24.1 gezeigten Programmablaufplan beschrieben werden.

Es ist auch erlaubt, `#if`-Konstruktionen zu schachteln, wie z. B.:

```
#if beda
#    if beda1
         progteila1
#    else
         progteila2
#    endif
#else
#    if bedb1
         progteilb1
#    else
         progteilb2
#    endif
#endif
```

24 Präprozessor-Direktiven

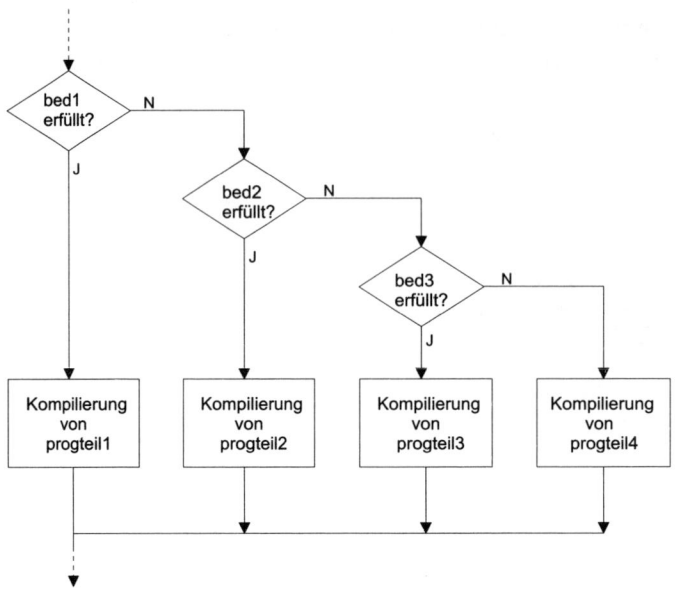

Abbildung 24.1: Programmablaufplan zu einer #if-Kaskade

Diese Angabe kann durch den in Abbildung 24.2 gezeigten Programmablaufplan beschrieben werden.

Um Konstanten für #ifdef-, #ifndef- oder #if defined()-Konstrukte zu definieren, stehen zwei Möglichkeiten zur Verfügung:

1. Statische Definition in der Programmdatei mit #define, wie z. B.
   #define LINUX

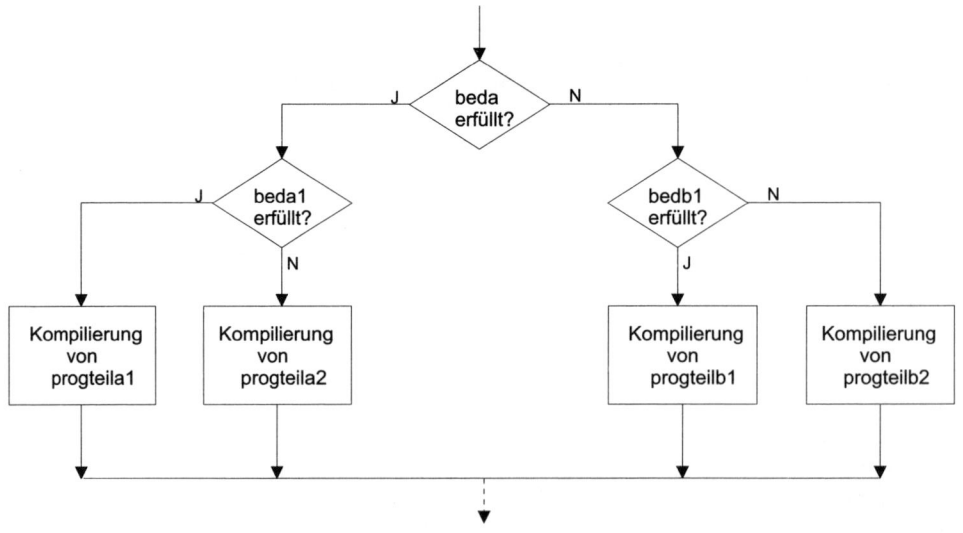

Abbildung 24.2: Programmablaufplan zu einer geschachtelten #if-Konstruktion

Dies hat jedoch den Nachteil, dass man immer den Quellcode manipulieren muss, wenn eine solche Konstante zu definieren bzw. wieder zu entfernen ist.

2. Dynamische Definition auf der Kommandozeile mit **-D***Name*, wie z. B.
   ```
   cc -DLINUX ...
   ```
   Das hat den Vorteil, dass keinerlei Eingriff in den Quellcode notwendig ist, da die entsprechenden Konstanten beim Compiler-Aufruf definiert werden.

24.1.2 Typische Anwendungen
Automatische Anpassung an unterschiedliche Systeme und Hardware
Die bedingte Kompilierung wird eingesetzt, um Programme an unterschiedliche Systeme, Hardware, C-Bibliotheken oder Compiler-Versionen anzupassen.
Beispiele:
Beim folgenden Programmausschnitt wird, wenn der Name `ANSI` definiert ist, die Variable `epsilon` als `long double` und andernfalls als `long float` definiert.

```
#ifdef ANSI
    long double    epsilon;
#else
    long float     epsilon;
#endif
```

Beim folgenden Programmausschnitt werden die Konstante `integer` und die beiden Makros `eingabe()` und `ausgabe()` abhängig davon, ob `BIT32` definiert ist oder nicht, unterschiedlich definiert.

```
#ifndef BIT32
    #define   integer   long int
    #define   eingabe(x)   printf("Gib ganze Zahl ein: ");scanf("%ld", &x)
    #define   ausgabe(x)   printf(#x"=%ld", x)
#else
    #define   integer   int
    #define   eingabe(x)   printf("Gib ganze Zahl ein: ");scanf("%d", &x)
    #define   ausgabe(x)   printf(#x"=%d", x)
#endif
```

Der folgende Programmausschnitt sorgt dafür, dass bei Definition des Präprozessor-Symbols `MSDOS` DOS-spezifische und im Falle von `UNIX` Unix-spezifische Definitionen ins Programm übernommen werden.

```
#ifdef MSDOS
  /* Definitionen und Programmcode für MS-DOS */
  ..............
  ..............
#endif

#ifdef UNIX
  /* Definitionen und Programmcode für Unix */
  ..............
  ..............
#endif
```

Automatische Konfigurierung

Bedingte Kompilierung wird noch zum automatischen Konfigurieren von Programmen verwendet.

Beispiele:

Nehmen wir z. B. an, dass ein Programm für eine Gemeindeverwaltung, sowohl an ein Rechenzentrum einer Millionenstadt (mit großen Speicherkapazitäten) als auch an eine Verwaltung einer Großstadt (mit Workstations) oder einer Kleinstadt (mit PCs) ausgeliefert werden soll. In diesem Fall wäre z. B. folgender Programmausschnitt denkbar:

```
#ifdef MILLIONEN_STADT
    #define MAX_PERSONEN 10000000
#elif GROSS_STADT
    #define MAX_PERSONEN 1000000
#elif KLEIN_STADT
    #define MAX_PERSONEN 100000
#else
    #define MAX_PERSONEN 100000
#endif
```

Der folgende Programmausschnitt sorgt dafür, dass bei Definition des Namens `MSDOS` eine andere Headerdatei mit `#include` einkopiert wird, als für den Fall, wenn das Symbol `UNIX` definiert wurde.

```
#ifdef MSDOS
    #define INC_DATEI   "dos_kdo.h"
#elif UNIX
    #define INC_DATEI   "unix_kdo.h"
#else
    #define INC_DATEI   "allg_kdo.h"
#endif


#include INC_DATEI
```

Folgender Programmausschnitt bewirkt, dass bei Definition des Symbols `__STDC__` (ist -1 bei Standard-C, ansonsten 0), die Headerdatei `limits.h` und ansonsten die Headerdatei `values.h` mit `#include` einkopiert wird.

```
#ifdef __STDC__     /* __STDC__ ist ein von Standard-C vordefiniertes Makro;
                       es wird automatisch auf -1 gesetzt,
                       wenn es sich um einen C89- bzw. C99-Compiler handelt. */
    #include <limits.h>
#else
    #include <values.h>
#endif
```

Testen von eigenen Komponenten oder Modulen während der Testphase

Die bedingte Übersetzung läßt sich gut für Testphasen anwenden. Üblicherweise werden zum Testen größerer Softwarepakete Programmteile „eingehängt", die z. B. die Zwischenwerte von Variablen ausgeben oder den Pfad verfolgen, den ein Programmlauf benutzt.

24.1 Bedingte Kompilierung

Beispiel:

```
#define wertvon(i)   printf(#i" = %d\n", i)
   :
#ifdef TEST
     wertvon(zaehler);
#endif
```

Da solche „Hilfsprogrammteile" nur zur Überprüfung benötigt werden und nicht zur eigentlichen Aufgabe gehören, liegt es nahe, diese nur während der Testphase übersetzen zu lassen (Kompilieren mit **-D***TEST*) und nach Testende nicht mehr im Programmcode „mitzuschleppen" (Kompilieren ohne **-D***TEST*).

Eine andere übliche Anwendung der bedingten Kompilierung liegt in der Modultechnik. Hier sind die einzelnen Module für sich nicht allein ablauffähig. Trotzdem möchten die einzelnen Entwickler der Module natürlich ihre Module vorab soweit wie möglich austesten. Sie betten deshalb eine `main()`-Funktion, die sie zur Testphase benötigen, in eine `#ifdef...#endif`-Konstruktion, wie z. B.:

```
......
......
...... /* der eigentliche Modulteil */
......
......


#ifdef TEST
int  main(void)
{
   ....  /* Testanweisungen */
}
#endif
```

Während der Testphase definieren sie nun den Namen `TEST` und erhalten so ein ablauffähiges Programm, das sie testen können. Nachdem der Modul ausgetestet ist, übergeben sie ihn an den Projektmanager, der ihn nun (ohne den Namen `TEST`) kompilieren läßt und in das entsprechende Softwarepaket miteinbindet. Es ist übliche Praxis, dass man diese `TEST`-Anweisungen im Modul beläßt. So kann man dann später (bei Fehlerbehebungen, Erweiterungen oder sonstigen Änderungen) sofort wieder auf diese Test-Möglichkeit zurückgreifen.

Beispiel:

Es soll ein C-Modul `bitumdre.c` erstellt werden, der den Inhalt einer ganzzahligen Variablen, also ihr Bitmuster, umdreht. Um dieses Modul auszutesten, benötigen wir während der Testphase eine `main()`-Funktion, die diese Funktion mit irgendwelchen Testwerten aufruft.

```
#include <stdio.h>

long  bit_umdreh(long zahl)
{
    long int    hilf, umkehr=0, i;

    for (i=31 ; i>=0 ; --i) {
```

24 Präprozessor-Direktiven

```
        hilf    = (zahl>>i) & 1;
        umkehr = umkehr | (hilf<<(31-i));
    }
    return(umkehr);
}

/*----------------------TEST-Code----------------------------------------*/
#ifdef TEST

int main(void)
{
    long    zahl, umgedreht, i;

    printf("Gib eine Zahl ein: ");
    scanf("%ld", &zahl);

    printf("         Zahl: %ld (", zahl);
    for (i=31; i>=0; i--)
        printf("%ld",(zahl>>i)&1);
    printf(")\n");

    umgedreht = bit_umdreh(zahl);

    printf("Umgedrehte Zahl: %ld (", umgedreht);
    for (i=31; i>=0; i--)
        printf("%ld",(umgedreht>>i)&1);
    printf(")\n");
    return(0);
}
#endif
```

Nachdem wir dieses Modul mit

```
user@linux:~ > cc -o bitumdre -DTEST bitumdre.c ⏎
```

kompiliert und gelinkt haben, können wir es starten und testen:

```
Gib eine Zahl ein: 100 ⏎
         Zahl: 100 (00000000000000000000000001100100)
Umgedrehte Zahl: 637534208 (00100110000000000000000000000000)
```

```
Gib eine Zahl ein: -1 ⏎
         Zahl: -1 (11111111111111111111111111111111)
Umgedrehte Zahl: -1 (11111111111111111111111111111111)
```

```
Gib eine Zahl ein: 12345678 ⏎
         Zahl: 12345678 (00000000101111000110000101001110)
Umgedrehte Zahl: 1921400064 (01110010000110001111010000000000)
```

Nun, nachdem wir dieses Modul getestet haben, können wir es dem Projektleiter übergeben. Nun wird natürlich die main()-Testfunktion nicht mehr benötigt, was der Projektleiter durch das Kompilieren ohne **-D**TEST erreicht.

Unterbinden des mehrfachen Einkopierens von Headerdateien

In der Software-Entwicklung mit C kann es passieren, dass die gleiche Headerdatei mehrmals in ein Programm einkopiert wird, was dann zu Fehlermeldungen führen kann, da die gleichen Definitionen und Deklarationen dann mehrfach im Programm vorhanden sind. Hätte man z. B. die folgenden Angaben in der Headerdatei a.h:

```
#include   "b.h"
#include   "c.h"
....
```

und die folgende Angabe in der Headerdatei b.h:

```
#include   "c.h"
....
```

und die folgenden Angaben in der Headerdatei c.h:

```
#define   TRUE    1
#define   FALSE   0
```

und die folgenden Angaben im Programm x.c:

```
#include   "a.h"
#include   "b.h"
#include   "c.h"
```

dann würde dies zur mehrfachen Definition der Konstanten TRUE und FALSE im Programm x.c führen.

Um nun zu verhindern, dass eine Headerdatei mehrfach in ein Programm einkopiert wird, klammert man den Inhalt von Headerdateien oft wie folgt:

```
#ifndef   Headername
#define   Headername

: : : : : : :

#endif
```

So könnte man z. B. die Headerdatei c.h wie folgt angeben:

```
#ifndef   C
#define   C

#define   TRUE    1
#define   FALSE   0

#endif
```

24.1.3 Testen mit Makro `assert()` aus Headerdatei `<assert.h>`

Um zu garantieren, dass sich ein Programm an bestimmten Stellen in einem festgelegten Zustand befindet, bietet die Headerdatei assert.h ein eigenes Makro assert() an, das wie folgt definiert ist:

24 Präprozessor-Direktiven

```
void assert( int ausdruck );
```

Wenn die Auswertung von *ausdruck* FALSE (Wert gleich 0) ergibt, wird eine Meldung (auf die Standard-Fehlerausgabe) ausgegeben, die den Text des aktuellen Arguments *ausdruck*, den Dateinamen[2] und die Zeilennummer[3] des momentanen assert()-Makros angibt. Danach wird das Programm verlassen.

Dieses Makro ist sehr hilfreich bei der Entwicklung eines Programms, um logische Fehler aufzudecken.

Beispiel:

Im Rahmen eines größeren Projekts besteht eine Teilaufgabe darin, einen Modul zahlwort.c zur Verfügung zu stellen, der eine positive Zahl in Worten ausgibt. Die der entsprechenden Routine ausgabe() übergebene Zahl muss positiv sein.

```
#include   <stdio.h>
#include   <assert.h>

static void  wort_ausgabe(int x) {
   switch (x) {
       case  0:  printf(" null");    break;
       case  1:  printf(" eins");    break;
       case  2:  printf(" zwei");    break;
       case  3:  printf(" drei");    break;
       case  4:  printf(" vier");    break;
       case  5:  printf(" fuenf");   break;
       case  6:  printf(" sechs");   break;
       case  7:  printf(" sieben");  break;
       case  8:  printf(" acht");    break;
       case  9:  printf(" neun");    break;
       default:  assert(0);
   }
}
void  ausgabe(long int zahl) {
   int rest = zahl % 10;

   assert(zahl>=0);     /*..... Hier Aufruf von assert() */
   if (zahl/10 > 0) {
       ausgabe(zahl/10);
   }
   wort_ausgabe(rest);
}

/*---------------TEST-Code----------------------------------------*/
#ifdef TEST
int  main(void)
{
   long int zahl;

   printf("Gib Zahl ein: ");
```

---

[2] Wert des Präprozessor-Makros __FILE__ .
[3] Wert des Präprozessor-makros __LINE__ .

```
    scanf("%ld", &zahl);
    ausgabe(zahl);
    printf("\n");
    return(0);
}

#endif
```

Nachdem wir diesen Modul `zahlwort.c` mit **-D***TEST* kompiliert und gelinkt haben, können wir ihn testen:

```
Gib Zahl ein: 67363 ⏎
  sechs sieben drei sechs drei
```
```
Gib Zahl ein: 2147483647 ⏎
  zwei eins vier sieben vier acht drei sechs vier sieben
```
```
Gib Zahl ein: -23 ⏎
zahlwort: zahlwort.c:25: ausgabe: Zusicherung »zahl>=0« nicht erfüllt.
Abgebrochen
```

Nach Abschluß des Integrationstests könnten alle `assert()`-Anweisungen ausgeschaltet werden (ohne sie aus den Quelldateien zu löschen), indem

```
define NDEBUG
```

vor

```
#include <assert.h>
```

angegeben wird und alles noch einmal kompiliert wird.

Die `assert()`-Anweisungen sollten jedoch für die Dauer des Integrationstests aktiv bleiben, denn so können sehr langwierige Fehlersuchen vermieden werden. Würde z. B. ein anderer Modul die oben angegebene Routine mit einem negativen Wert aufrufen, so würde die dort angegebene `assert()`-Anweisung dies abfangen und melden. Somit ist bereits sichergestellt, dass der Fehler beim Aufrufer und nicht in dieser Funktion zu suchen ist.

24.2 Einkopieren von anderen Headerdateien

24.2.1 Die Präprozessor-Direktive `#include`

Üblicherweise haben die bei `#include` angegebenen Dateien die Endung `.h` und werden Headerdateien genannt.

Eine Präprozessor-Direktive der Form

```
#include <dateiname>
```

durchsucht eine Folge von implementations-definierten Pfaden (Directories) [4] nach *dateiname* und bewirkt, dass diese Zeile durch den vollständigen Inhalt dieser Datei ersetzt wird.

Eine Präprozessor-Direktive der Form

```
#include    "dateiname"
```

---

[4]Directories, in denen sich die Headerdateien des C-Systems befinden, wie z. B. */usr/include* (unter Linux/Unix)

24 Präprozessor-Direktiven

bewirkt, dass diese Zeile durch den vollständigen Inhalt von *dateiname* ersetzt wird. Die Suche nach *dateiname* erfolgt in einer implementations-definierten Art (meist im Working Directory oder in den Directories, die beim Compiler-Aufruf mit der Option **-I** angegeben wurden). Wenn diese Suche nicht erfolgreich verläuft, dann wird in denselben Pfaden gesucht, wie wenn

```
#include    <dateiname>
```

angegeben worden wäre.

`#include`-Angaben können auch geschachtelt werden.

Neben der Angabe von Headerdateien in <...> und "..." können diese auch in Form von Makronamen angegeben werden, wie z. B:

```
#ifdef UNIX
      #define INC_DATEI    "unix_kdo.h"
#else
      #define INC_DATEI    "dos_kdo.h"
#endif

#include INC_DATEI
```

In allen Fällen ersetzt der Präprozessor die entsprechende `#include`-Zeile durch den vollständigen Inhalt der entsprechenden Headerdatei.

Man unterscheidet zwei Arten von Headerdateien:

- Standard-Headerdateien
- Benutzerdefinierte Headerdateien

24.2.2 Typische Anwendungen

Spitze Klammern <...> bei Standard-Headerdateien

C89 und C99 legen genau fest, welche Headerdateien existieren müssen.

In der folgenden Liste sind alle Headerdateien von C89 angegeben, wobei die bereits behandelten Headerdateien fett gedruckt sind. Weitere Headerdateien werden noch in den folgenden Kapiteln vorgestellt:

- **assert.h**
- **ctype.h**
- errno.h
- **float.h**
- **limits.h**
- locale.h
- **math.h**
- setjmp.h
- signal.h
- **stdarg.h**
- stddef.h

- `stdio.h`
- `stdlib.h`
- `string.h`
- **`time.h`**

C89 legt darüber hinaus noch weitgehend den Inhalt dieser Standard-Headerdateien fest, indem es angibt, welche Datentypen, Konstanten, Makros und Funktionen in den einzelnen Dateien deklariert oder definiert sein müssen.

Die Deklarationen geben ein genaues Bild, welche Rückgabe-Datentypen von den einzelnen Bibliotheksfunktionen bereitgestellt werden; zudem geben sie Anzahl und Typ der geforderten Funktionsargumente an.

Wenn nun eine Bibliotheksfunktion wie z. B. sqrt() in einem Programm verwendet wird, sollte die entsprechende Standard-Headerdatei (hier math.h) mit #include zum Bestandteil des Programms gemacht werden.

Standard-Headerdateien werden üblicherweise in spitzen Klammern [5] bei **#include** angegeben, z. B.:

```
#include <math.h>
```

Anführungszeichen "..." bei benutzereigenen Headerdateien

Benutzereigene Headerdateien beinhalten üblicherweise nützliche Konstanten- und Makrodefinitionen, aber auch eigene Datentypfestlegungen. Z.B. könnte eine Konstruktion wie

```
#define bool unsigned char
```

in einer Headerdatei stehen. Jeder Programmteil, welcher diese Datei einkopiert, kann dann von diesem Datentyp bool Gebrauch machen

Neben ihrer Funktion als Sammelplatz für nützliche Konstanten-, Makro- und Datentyp-Definitionen werden die Headerdateien in der Praxis auch für die Schnittstellen-Vereinbarungen zwischen mehreren Programmteilen (Module) verwendet (siehe auch Modultechnik in Kapitel 23.4).

Benutzereigene Headerdateien werden üblicherweise in Anführungszeichen[6] beim **#include** angegeben, wie z. B.:

```
#include "turing.h"
```

24.3 Definition von Makros (#define und #undef)

Eine Präprozessor-Direktive der Form

```
#define Bezeichner Ersetzungstext
```

---

[5]Spitze Klammern veranlassen den Präprozessor, in fest vorgegebenen Pfaden nach der entsprechenden Headerdatei zu suchen (in Linux/Unix z. B. im Standard-Directory für Headerdateien /usr/include).

[6]Anführungszeichen veranlassen den Präprozessor im aktuellen Directory nach der entsprechenden Headerdatei zu suchen. Wird diese dort nicht gefunden, so wird in denselben Pfaden gesucht, wie wenn spitze Klammern <...> hier angegeben worden wären.

veranlasst den Präprozessor, alle nachfolgenden Angaben von *Bezeichner* durch den angegebenen *Ersetzungstext* zu ersetzen. Vor und nach dem *Ersetzungstext* angegebene Zwischenraum-Zeichen wie Leer- oder Tabzeichen werden dabei ignoriert. Mehrere `#define` für den gleichen *Bezeichner* sind nur dann erlaubt, wenn diese einen identischen Ersetzungstext besitzen.

24.3.1 Definition von Konstanten mit `#define`

Wie schon in Kapitel 6 gezeigt wurde, ist es in C möglich, mit `#define` Konstanten zu definieren, wie z. B.:

```
#define MWST        0.16
#define PI          3.1415
#define MAX_ZAHLEN  10000
```

Es dabei aber immer zu beachten, dass bei `#define` eine reine textliche Ersetzung des logischen Namens *Bezeichner* mit dem angegebenen String (*Ersetzungstext*) durchgeführt wird. So führt z. B. die Definition

```
#define  PI   atan(1)*4
```

dazu, dass bei jeder späteren Angabe von `PI` hierfür der Text `atan(1)*4` eingesetzt wird, was immer eine erneute Berechnung dieses Ausdrucks nach sich zieht. In solchen Fällen ist es deshalb besser, mit `const` zu arbeiten, wo diese Berechnung nur einmal bei der Definition durchgeführt und später immer der hierbei berechnete Wert verwendet wird.

```
const double pi = atan(1)*4;
```

Da bei `#define` eine reine textliche Ersetzung stattfindet, kann es auch zur Umbenennung von Funktionen oder Schlüsselwörter benutzt werden, wie z. B.:

```
#define  MALE_LINIE  line
#define  WENN        if
```

Kommt man beim Ersetzungstext nicht mit einer Zeile aus, so ist das Fortsetzungszeichen am Ende der Zeile anzugeben, wie z. B.:

```
#define  UEBERSCHRIFT "          Das ist lediglich ein Demonstrations\
programm"

int main(void)
{
   printf("%s\n", UEBERSCHRIFT);
   return(0);
}
```

Dieses Programm würde folgendes am Bildschirm ausgeben:

```
          Das ist lediglich ein Demonstrationsprogramm
```

Mit `#define` definierte Namen gelten für die ganze Datei (Modul), in der sie definiert sind, d. h. von der Definition bis zum Dateiende. Bei der Definition kann auch auf früher definierte Namen zurückgegriffen werden, wie z. B.:

```
  #define PI     3.1415
  #define PI_4   PI*4
```

Vorsicht ist geboten, bei der Definition von Datentypen, die den „Zeigerstern" beinhalten, wie z. B.:

```
#define int_zgr   int *
```

Eine spätere Definition mit

```
int_zgr   zgr1, zgr2;
```

resultiert aufgrund der einfachen Textersetzung in

```
int  *zgr1, zgr2;   /* zgr1 ist Zeiger;
                       zgr2 aber nur eine int-Variable */
```

und nicht, wie wahrscheinlich erwartet, in

```
int  *zgr1, *zgr2;  /* beabsichtigt: zgr1 und zgr2 sind Zeiger */
```

24.3.2 Definition von Funktionsmakros mit #define

In manchen Fällen ist eine in sich abgeschlossene Teilaufgabe derart kurz, dass es nicht lohnt, diese als Funktion anzugeben und einen Ein- und Rücksprung erforderlich zu machen. C bietet nun die Möglichkeit an, solche kurzen Programmteile als Makros zu definieren:

```
#define makroname(param1,param2,...)   makrobefehl(e)
```

In den Klammern nach *makroname* kann dabei eine Liste von formalen Parametern angegeben werden, die beim Makroaufruf durch die aktuellen Argumente ersetzt werden.

Beispiel:
Das folgende Programm `max2zahl.c` bestimmt das Maximum von zwei Zahlen:

```
#include <stdio.h>

#define max(a,b)   ((a)>(b) ? (a):(b))

int  main(void)
{
   int  zahl_1, zahl_2;

   printf("Geben Sie 2 ganze Zahlen durch Komma getrennt ein: ");
   scanf("%d,%d", &zahl_1, &zahl_2);

   printf("   ---> Maximum dieser beiden Zahlen ist %d\n", max(zahl_1,zahl_2));
   return(0);
}
```

Möglicher Ablauf dieses Programms `max2zahl.c`:

```
Geben Sie 2 ganze Zahlen durch Komma getrennt ein: 123,5364 ⏎
   ---> Maximum dieser beiden Zahlen ist 5364
```

Eine Präprozessor-Direktive der Form

```
#define makroname(param1,param2,...)    Ersetzungstext
```

definiert also ein Funktionsmakro mit Parametern. Auch hier werden alle vor und nach dem *Ersetzungstext* angegebenen Leer- und Tabzeichen ignoriert.

24 Präprozessor-Direktiven

Hierbei ist immer zu beachten, dass zwischen dem *makroname* und der öffnenden Klammer kein Leer- oder Tabzeichen angegeben sein darf. Die wiederholte Definition von gleichnamigen Funktionsmakros ist nur dann erlaubt, wenn diese identisch sind: gleiche Parameterzahl, gleiche Parameternamen und gleichen *Ersetzungstext*. Beim späteren Aufruf eines Funktionsmakros muss die Argumentanzahl gleich der Parameteranzahl in der Makro-Definition sein.

Die Argumente in der Argumenten-Liste werden auch beim Aufruf durch Kommata getrennt. Sind dabei Kommata innerhalb von weiteren Klammernpaaren () angegeben, so stellen diese keine Trennung von Argumenten dar.

Wenn wir z. B. das folgende Programm max.c haben:

```
#include <stdio.h>

#define  max(a,b) ((a)>(b)?(a):(b))

int main(void) {
    int v=1, x=2, y=3, z=4;
    int zahl1, zahl2;
    zahl1 = max(v,max(x,max(y,z)));
    zahl2 = max(max(v,x),max(y,z));
    printf("%d\n", zahl1);
    printf("%d\n", zahl2);
    return(0);
}
```

und wir legen es dem Präprozessor vor, wie z. B.:

```
user@linux:~ >  cpp max.c >max.pp
```

so erzeugt er daraus eine Datei max.pp, in der alle Makros expandiert sind. In dieser Datei können wir also nun nachvollziehen, welche Datei wirklich dem Compiler (nach dem Präprozessor-Lauf) vorgelegt wird:

```
:::::::::::::::::::::::::::

int main(void) {
    int v=1, x=2, y=3, z=4;
    int zahl1, zahl2;
    zahl1 = (( v )>( (( x )>( (( y )>( z )?( y ):( z )) )?( x ):( (( y )>( z )?
( y ):( z )) )) )?( v ):( (( x )>( (( y )>( z )?( y ):( z )) )?( x ):
( (( y )>( z )?( y ):( z )) )) )) ;
    zahl2 = (( (( v )>( x )?( v ):( x )) )>( (( y )>( z )?( y ):( z )) )?
( (( v )>( x )?( v ):( x )) ):( (( y )>( z )?( y ):( z )) )) ;
    printf("%d\n", zahl1);
    printf("%d\n", zahl2);
    return(0);
}
```

Beim Aufruf eines Funktionsmakros wird jeder Parameter aus dem *Ersetzungstext* durch das entsprechende Argument (nach Auflösung aller eventuell darin enthaltener Makros) ersetzt. Diese Ersetzung findet allerdings nicht für Parameter statt, welche im *Ersetzungstext* mit einem voranstehenden # oder ##, oder aber mit einem nachfolgenden ## bei der Definition des Funktionsmakros angegeben wurden.

24.3.3 Operator #: Ersetzung von Makroparametern durch String

Wenn im *Ersetzungstext* vor einem Parameter der Operator # angegeben wurde, dann wird beim Aufruf dieses Funktionsmakros sowohl # als auch der Parameter durch den String des zugehörigen Arguments ersetzt.
Beispiel:
Oft wäre es günstig, wenn man sich in bestimmten Programmphasen den Wert von Variablen zu Testzwecken ausgeben lassen könnte. Für einen solchen Anwendungsfall eignet sich das folgende Makro:

```
#define wertvon(var)    printf(#var" = %d\n\", var)
```

Ein späterer Aufruf

```
wertvon(steuer);
```

wird dann vom Präprozessor zunächst in

```
printf("steuer"" = %d\n", steuer);
```

und dann (nach der String-Konkatenation) in

```
printf("steuer = %d\n", steuer);
```

umgewandelt. Noch allgemeingültiger wäre

```
#define wertvon(var,format) printf(#var" = "format"\n", var)
```

Dann könnte man sich sogar Werte von Variablen mit unterschiedlichen Datentypen ausgeben lassen, wie z. B.:

```
wertvon(ganz,"%d");
```

oder

```
wertvon(bruch,"%.2f");
```

24.3.4 Operator ##: Zusammensetzen neuer Namen

Der Operator ## ermöglicht es, neue Namen aus anderen Namen bilden:
Beispiel:

```
#define  y(a,b)    x##a##b
     .....
   int x12;
     .....
   printf("%d\n",y(1,2));  /* wird vom Präpr. in  printf("%d\n",x12);  umgewandelt */
```

Beispiel:

```
#define x_var_test(zahl)   printf("x"#zahl" = %d\n" x##zahl)
```

Ein späterer Aufruf

```
x_var_test(7);
```

würde vom Präprozessor zunächst in

```
printf("x""7"" = %d\n", x7);
```

umgewandelt, und nach der String-Konkatenation der Zeichenketten ergäbe sich

```
printf("x7 = %d\n", x7);
```

Beim Aufruf von Makros wird also jedes Vorkommen von ## im Ersetzungstext zusammen mit voranstehenden oder nachstehenden Leer- oder Tabzeichen entfernt. Dies bewirkt, dass der voranstehende Name mit dem nachfolgenden Namen zu einem neuen Namen „zusammengeklebt" wird. Der neu entstandene Name steht dann für weitere Makro-Auflösungen zur Verfügung.

Bezüglich des Operators ## schreibt Standard-C die folgenden Regeln vor:

- ❑ ## darf weder am Anfang noch am Ende des *Ersetzungstext* angegeben sein.
- ❑ Die Reihenfolge der Auswertung von ##-Operatoren ist nicht festgelegt.
- ❑ Ein formaler Parameter wird bei Angabe des Operators ## zuerst „zusammengeklebt" und dann aufgelöst, und nicht umgekehrt. Ein aktuelles Argument ersetzt zwar den formalen, wird aber zuvor nicht aufgelöst (siehe auch nachfolgende Beispiele).

```
#define  a(n)   aaa##n
#define  b      2
```

Ein Aufruf von a(b) wird zu aaab aufgelöst, und nicht zu aaa2 oder aaan.

```
#define  a(n)   nummer##n
#define  x      3
```

Ein Aufruf a(x) wird dann durch nummerx und nicht durch nummer3 oder nummern ersetzt.

24.3.5 Rekursive Makrodefinitionen

Definitionen wie

```
#define char   unsigned char
```

bringen C89- und C99-Compiler nicht mehr in Verlegenheit. Manche frühere C-Compiler (besser: C-Präprozessoren) haben sich dann bei Angaben wie

```
      char    zeich;
     /    \
 unsigned char
         /    \
     unsigned char
             /    \
         unsigned char
                 /    \
                ....
                ....
```

„tot geschachtelt". Um solche Schachtel-Kaskaden zu vermeiden, stellte C89 folgende Regel auf:

Ein Makroname, der selbst wieder in seiner eigenen Definition angegeben wird, wird nicht wieder ersetzt, sondern unverändert übernommen.

24.3 Definition von Makros (#define und #undef)

Somit wären Makroangaben wie

```
#define sqrt(x)    printf("Die Wurzel von %lf ist %lf\n",x,sqrt(x))
```

möglich, da ein späterer Aufruf

```
  sqrt(7.5);
```

vom Präprozessor durch

```
  printf("Die Wurzel von %lf ist %lf\n", 7.5, sqrt(7.5));
```

ersetzt würde.

Beispiel:
Die Regel für das folgende Beispiel ist klar

```
#define    f(a)     a * g
#define    g        f
```

Der Aufruf von f(2)(9) resultiert in 2*f(9):

```
f(2)(9)
 2*g(9)
 2*f(9)
```

Beispiel:
Beim folgenden Beispiel dagegen läßt Standard-C zwei verschiedene Ersetzungs-möglichkeiten zu:

```
#define    f(a)     a*g
#define    g(a)     f(a)
```

Der Aufruf von f(2)(9) resultiert dann in
2 * f(9):

```
f(2)(9)
2*g (9)
2*f (9)
```

oder
2 * 9 * g:

```
f(2)(9)
2*g (9)
2*f (9)
2*9 * g
```

24.3.6 Makros mit variabler Anzahl von Argumenten (neu in C99)

C99 ermöglicht es, Makros mit einer variablen Zahl von Argumenten zu verwenden. Dazu müssen wieder – wie bei Funktionen mit variabler Argumentzahl auch – drei Punkte bei der Makrodefinition angegeben werden. Ein Zugriff auf alle nicht benamten Argumente ist dann mit dem Präprozessor-Bezeichner __VA_ARGS__ - möglich.
Hat man z. B. die folgende Makro-Definition:

```
  #define AUSGABE(...)     printf(__VA_ARGS__)
  #define WAHLFUNC( func, ...)    func( __VA_ARGS__ )
```

dann werden die beiden folgenden Aufrufe:

```
AUSGABE( "%d + %d = %d\n", a, b, a+b );
WAHLFUNC( mult, a, b );
```

vom Präprozessor in den folgenden Code umgewandelt:

```
printf("%d + %d = %d\n", a, b, a+b);
mult( a, b );
```

Das folgende Programm `va_args.c`:

```c
#include <stdio.h>

#define AUSGABE(...)     printf(__VA_ARGS__)
#define WAHLFUNC( func, ...)  func( __VA_ARGS__ )

double add( double a, double b)  { return a+b; }
double sub( double a, double b)  { return a-b; }
double mul( double a, double b)  { return a*b; }
double divi( double a, double b) { return a/b; }

int main(void)
{
   double a=5.2, b=2.5;

   AUSGABE( "%g + %g = %g\n", a, b, WAHLFUNC( add, a, b) );
   AUSGABE( "%g - %g = %g\n", a, b, WAHLFUNC( sub, a, b) );
   AUSGABE( "%g * %g = %g\n", a, b, WAHLFUNC( mul, a, b) );
   AUSGABE( "%g / %g = %g\n", a, b, WAHLFUNC( divi, a, b) );
   return 0;
}
```

liefert die folgende Ausgabe:

```
5.2 + 2.5 = 7.7
5.2 - 2.5 = 2.7
5.2 * 2.5 = 13
5.2 / 2.5 = 2.08
```

24.3.7 Makrodefinitionen mit `#undef` wieder aufheben

Eine Präprozessor-Direktive der Form

```
#undef makroname
```

bewirkt, dass der angegebene *makroname* nicht mehr als Makro definiert ist. Eine solche Anweisung wird ignoriert, falls der angegebene *makroname* zu diesem Zeitpunkt nicht als Makroname definiert ist.

Eine Makrodefinition hat unabhängig von der Blockstruktur Gültigkeit bis zu einer #undef-Direktive oder aber, wenn keine #undef-Direktive angegeben ist, bis zum Ende der entsprechenden Programmdatei.

24.3.8 Unterschiede zwischen Funktionen und Makros

Nachfolgend werden die Unterschiede zwischen Funktionen und Makros vorgestellt.

Keine Typfestlegung bei Makro-Parametern

Bei der Definition von Makros muss im Gegensatz zu Funktionen nicht der Typ der Parameter festgelegt werden. So liefert z. B. das folgende Funktionsmakro

```
#define   max(a,b)    ((a) > (b) ? (a) : (b))
```

den größten von zwei Werten. Der Vorteil in der Anwendung solcher Funktionsmakros gegenüber Funktionen ist, dass Makros wesentlich allgemeiner eingesetzt werden können, da keine Typfestlegung für die Parameter und den Rückgabewert erforderlich ist. Das obige Funktionsmakro könnte also sowohl für ganze Zahlen als auch für Gleitpunkt-Zahlen verwendet werden. Anders als bei Funktionen genügt also eine einzige Definition von max für beliebige Datentypen. Dies ist sicherlich ein Vorteil von Makros gegenüber Funktionen, der aber durch die nachfolgend aufgezählten Nachteile wieder aufgehoben wird.

Seiteneffekte bei Makro-Parametern

Da beim Aufruf von Makros anders als bei Funktionen lediglich ein Textersatz stattfindet, kann dies zu schlimmen Seiteneffekten führen. Zwei dieser möglichen Seiteneffekte sollen dies verdeutlichen.

1. **Falsche Operatoren-Zuordnungen**
   Dies soll an zwei Beispielen verdeutlicht werden.
   Beispiel 1: Wenn die folgende Makrodefinition vorliegt:

   ```
   #define   abs(x)    x>0 ? x : -x
   ```

   so würde der Aufruf `x = abs(a-b)+1;` vom Präprozessor expandiert zu:

   ```
   x = a-b>0 ? a-b : -a-b+1;
   ```

   was nicht zum richtigen Ergebnis führt.
   Beispiel 2: Das folgende Programm `hochdrei.c` liefert ein falsches Ergebnis:

   ```
   #include <stdio.h>

   #define hoch_drei(x)   x*x*x

   int  main(void) {
      int  zahl=4;
      printf("%d*%d*%d = %d\n", zahl, zahl, zahl, hoch_drei(zahl));
      printf("%d*%d*%d = %d\n", zahl+1, zahl+1, zahl+1, hoch_drei(zahl+1));
      return(0);
   }
   ```

   Ausgabe durch das Programm `hochdrei.c`:

   ```
   4*4*4 = 64
   5*5*5 = 13
   ```

Diese falsche Berechnung im zweiten `printf()`-Befehl kommt zustande, da der Makroaufruf `hoch_drei(zahl+1)` vom Präprozessor wie folgt expandiert wird:

```
zahl+1 * zahl+1 * zahl+1
```

was zu folgendem Ausdruck führt

```
4+1 * 4+1 * 4+1
```

Aufgrund der Vorrangregeln entspricht dieser Ausdruck aber

```
4+(1 * 4)+(1 * 4)+1 = 13
```

Um solche falsche Operatoren-Zuordnungen bei der Makro-Expandierung zu unterbinden, muss man folgende Regeln bei der Makrodefinition einhalten:

- Alle Parameter im Ersetzungstext klammern
- Den ganzen Ersetzungstext klammern

Die Makrodefinitionen aus unseren beiden Beispielen hätten wir also wie folgt angeben müssen:

```
#define  abs(x)       ((x)>0 ? (x) : -(x))
#define  hoch_drei(x) ((x) * (x) * (x))
```

Dann wären die beiden Aufrufe

```
x = abs(a-b)+1;
hoch_drei(zahl+1)
```

vom Präprozessor auch richtig expandiert wurden:

```
x = ((a-b)>0 ? (a-b) : -(a-b))+1;
((zahl+1) * (zahl+1) * (zahl+1))
```

Funktionen sind hier in jedem Fall sicherer, da bei einem Funktionsaufruf jedes Argument nur einmal berechnet wird und dann der berechnete Wert auf dem Stack hinterlegt wird. Mit diesem Wert arbeitet dann die Funktion.

2. **Mehrmalige Auswertung der angegebenen Argumente**
Ein weiterer gewichtiger Nachteil von Makros gegenüber Funktionen ist, dass übergebene Argumente beim Aufruf eventuell mehrmals ausgewertet werden, was zu unerwarteten Ergebnissen führen kann. So würde z. B. bei folgender Makrodefinition

```
#define  max(a,b)    ((a) > (b) ? (a) : (b))
```

der folgende Aufruf `g = max(++x,y);` vom Präprozessor expandiert zu:

```
g = ((++x) > (y) ? (++x) : (y));
```

Der Wert von x wird also zweimal inkrementiert, was wahrscheinlich nicht geplant war. Gegen diesen Nebeneffekt gibt es leider kein Heilmittel. Funktionen sind hier wieder in jedem Fall sicherer, da bei einem Funktionsaufruf jedes Argument nur einmal berechnet wird und dann der berechnete Wert auf dem Stack hinterlegt wird. Mit diesem Wert arbeitet dann die Funktion.

24.3 Definition von Makros (`#define` und `#undef`)

Makros sind keine Anweisungen

Makros sind keine in sich geschlossene Anweisungsblöcke. Wer dies nicht beachtet, kann sich schwer auffindbare Fehler einhandeln, wie dies das nächste Beispiel (Programm `gerade.c`) zeigt.

```
#include <stdio.h>
#define gerade(a)                        \
           if (a%2==0)                   \
               printf("%d ist gerade\n", a);
int main(void) {
   int x=-1, y=10;

   if (x>0)
      gerade(x)
   else
      gerade(y)
   return(0);
}
```

Wenn wir dieses Programm starten, erhalten wir überraschenderweise keinerlei Ausgabe. Bei genauerer Betrachtung erkennen wir, dass der Präprozessor für

```
if (x>0)
   gerade(x)
else
   gerade(y)
```

folgende Expandierung durchführt:

```
if (x>0)
   if (x%2==0)
      printf("%d ist gerade\n", x);
else
   if (y%2==0)
      printf("%d ist gerade\n", y);
```

Eine andere Schreibweise verdeutlicht uns dann das Problem:

```
if (x>0)
   if (x%2==0)
      printf("%d ist gerade\n", x);
   else if (y%2==0)
      printf("%d ist gerade\n", y);
```

Dieses Problem hier könnten wir beseitigen, wenn wir den ganzen Ersetzungstext des Makros `gerade()` als Block angeben, d.h. mit { ... } klammern.

```
#define gerade(a)                        \
{          if (a%2==0)                   \
               printf("%d ist gerade\n", a); \
}
```

Nun würde dieses Programm das Erwartete ausgeben:

```
10 ist gerade
```

Jedoch ist diese Vorgehensweise auch nicht immer erfolgreich. Wenn z. B. der Aufrufer von gerade() nach seinem Aufruf ein Semikolon angibt, wie z. B.

```
if (x>0)
    gerade(x);
else
    gerade(y);
```

dann führt dies zu einem Compiler-Fehler (*misplaced else*), da dann hieraus der folgende Code resultiert:

```
if (x>0) {
    if (x%2==0)
        printf("%d ist gerade\n", x);
}
;           <------------------- Hier liegt der Syntax-Verstoß
else {
    if (y%2==0)
        printf("%d ist gerade\n", y);
}
;
```

Da hier von der ersten if-Anweisung mehr als eine Anweisung abhängig ist, müßten diese mit {...} geklammert sein, was hier nicht der Fall ist.

Makros haben keine Adressen

Während Funktionen eigene Adressen besitzen (siehe auch „Zeiger auf Funktionen" in Kapitel 22.7 ab Seite 415), haben Makros keinerlei Adresse, da die zugehörigen Anweisungen vom Präprozessor einfach an die entsprechenden Aufrufstellen kopiert werden und somit für den Compiler nicht mehr als eigenes Code-Objekt existieren.

Leerzeichen sind bei Makrodefinitionen wichtig

Während bei Funktionsdefinitionen beliebig viele Leerzeichen zwischen dem Funktionsnamen und der öffnenden Klammer der Parameterliste stehen dürfen, ist dies bei Makros nicht erlaubt.
So würde z. B. die folgende Makrodefinition

```
#define f (x) ((x)-1)
```

bei einem Aufruf der Form f(263) vom Präprozessor expandiert zu:

```
(x) ((x)-1) (263)
```

was dazu führt, dass der Compiler an dieser Stelle eine Fehlermeldung ausgibt.
Während bei der Definition eines Makros zwischen Makroname und öffnender Klammer der Parameterliste keinerlei Leerzeichen stehen dürfen, ist dies wiederum beim Aufruf erlaubt. So könnte man z. B. das früher definierte Makro max() auch wie folgt aufrufen:

```
x = max  (a, b);
```

Eventuelle Codeaufblähung durch Makros

Bei äußerst umfangreichen Makros, die sehr oft in einem größeren Programm aufgerufen werden, kann es zur Aufblähung der entsprechenden Objektdatei kommen, da die zu einem Makro gehörigen Anweisungen vom Präprozessor einfach an jede entsprechende Aufrufstelle kopiert werden. Dies bedeutet, dass die gleichen Anweisungssequenzen mehrfach in den Code übernommen werden. Bei Funktionen ist dies nicht der Fall, da hier der Funktionscode nur einmal an einer bestimmten Speicheradresse hinterlegt wird, und dann bei jedem Funktionsaufruf lediglich angesprungen wird.

Makros laufen schneller ab als Funktionen

Es soll nicht verschwiegen werden, dass Makros schneller als Funktionen ablaufen, da bei Makros natürlich der Ansprung und das ganze Stack-Management, das bei Funktionen erforderlich ist, entfällt. Dieser kleine Vorteil wird aber meist durch die vielen zuvor erwähnten Nachteile wieder zunichte gemacht. Deswegen sollte man Makros nicht als Funktionen mißbrauchen, sondern lediglich für sogenannte „Dreizeiler" einsetzen, wobei man sich aber immer den zuvor erwähnten Nachteilen bewußt sein sollte. Der folgende englische Satz umschreibt den Unterschied zwischen Makros und Funktionen sehr treffend:
Macros act on the text of the program, not (like functions) on the objects of the program.

24.4 Vordefinierte Makronamen

Folgende Makros (siehe Tabelle 24.1) müssen Standard-C-Compiler (Präprozessoren) anbieten:

Tabelle 24.1: Von Standard-C-Compilern (Präprozessoren) angebotene Makros

Makro	Beschreibung
__LINE__	Zeilennummer in der Programmdatei (ganzzahlige Konstante)
__FILE__	Name der Programmdatei (String-Konstante)
__DATE__	Übersetzungsdatum der Programmdatei (String-Konstante der Form *"mmm tt jjjj"*; z. B. *"Jun 14 2002"* oder *"Jun 4 2002"*)
__TIME__	Übersetzungszeit der Programmdatei (String-Konstante der Form *"hh:mm:ss"*; z. B.: *"14:32:53"*)
__STDC__	Erkennungsmerkmal für einen Standard-C-Compiler: Ist diese ganzzahlige Konstante mit Wert -1 gesetzt, so handelt es sich um einen Standard-C-Compiler.
__STDC_VERSION__	(neu in C99) Ganzzahlige Konstante, die den ANSI/ISO Standard angibt, dem der Compiler entspricht: *199901L* für ISO C99.
__STDC_HOSTED__	(neu in C99) 1, wenn ein Betriebssystem vorhanden ist
__STDC_IEC_559__	(neu in C99) 1, wenn IEC 60559-Gleitpunkt-Arithmetik unterstützt wird
__STDC_IEC_559_COMPLEX__	(neu in C99) 1, wenn IEC 60559 komplexe Arithmetik unterstützt wird

Tabelle 24.1 – Fortsetzung

Makro	Beschreibung
`__STDC_ISO_10646__`	(neu in C99) Wert, der Jahr und Monat (*yyyymm*L) der vom Compiler unterstützten ISO/IEC 10646 Spezifikation angibt

Außer für `__LINE__` und `__FILE__` bleiben die Werte der vordefinierten Makros für eine Programmdatei konstant.

Keiner dieser Makronamen darf in einer **#define**- oder **#undef**-Direktive angegeben werden.

Alle vordefinierten Makronamen müssen mit `__` oder `_G` beginnen; G steht dabei für einen Großbuchstaben.

Beispiel:
Das folgende Programm `vormakro.c` demonstriert nochmals einige dieser vordefinierten Makros:

```
#include <stdio.h>

main()
{
   printf("Zeile %d in Datei %s (um %s Uhr am %s)\n",
          __LINE__, __FILE__, __TIME__, __DATE__);

#line 100 "test.c"    /* legt ab hier neue Zeilennummer und neuen Dateinamen fest */
   printf("Zeile %d in Datei %s\n", __LINE__, __FILE__);
}
```

Mögliche Ausgabe durch das Programm `vormakro.c`:

```
Zeile 7 in Datei vormakro.c (um 16:07:08 Uhr am Feb 26 2001)
Zeile 101 in Datei test.c
```

24.5 Die restlichen Präprozessor-Direktiven

24.5.1 #line – Festlegen einer neuen Zeilennumerierung

Eine Präprozessor-Direktive der Form

```
#line zahl
```

bewirkt, dass die aktuelle Zeilennummer auf *zahl* gesetzt wird.
Eine Präprozessor-Direktive der Form

```
#line zahl "dateiname"
```

bewirkt, dass die nachfolgenden Zeilen als Inhalt von Datei *dateiname* betrachtet werden, wobei auch hier die Zeilennumerierung mit *zahl* beginnt.

Mit der `#line`-Direktive kann die automatische Numerierung, die zu Testzwecken in den Programmcode übernommen wird, beeinflußt werden. So wird z. B. durch die Anweisung:

```
#line 112 "fehler.c"
```

die aktuelle Zeilennummer auf 112 und der aktuelle Dateiname auf fehler.c gesetzt. Dies hat keinen Einfluß auf das Programm selbst, sondern nur auf die Numerierung der einzelnen Zeilen.

Der Anwendungsbereich für #line-Direktiven ist vor allen Dingen bei sogenannten Programmgeneratoren zu finden, die C-Programme erzeugen, oder aber auch beim Compilerbau. So muss z. B. ein Compiler nach einem Einkopieren einer Headerdatei (mit #include) die Zeilennumerierung wieder auf die ursprüngliche Zeilennummer zurücksetzen, um dem Benutzer die Syntaxfehler entsprechend den Zeilennummern in der ursprünglichen Programmdatei zu melden, und nicht entsprechend den Zeilennummern, die durch das Einkopieren der Headerdatei entstanden sind, da diese dem Benutzer gar nicht bekannt sind.

24.5.2 #error – Ausgeben von Fehlermeldungen

Eine Präprozessor-Direktive der Form

```
#error "string"
```

bewirkt, dass der hier angegebene *string* am Bildschirm ausgegeben wird und diese Zeile als Fehler gewertet wird.

Beispiel:

```
#if defined(TEST) && defined(FREIGABE)
#   error "TEST und FREIGABE gleichzeitig definiert (Widerspruch!)"
#endif
```

24.5.3 #pragma – Festlegen von compilerspezifischem Verhalten

Eine Präprozessor-Direktive der Form

```
#pragma spezielle-compiler-anweisung
```

bewirkt, dass die entsprechende Implementation sich in einer implementationsdefinierten Art verhält.

Kommt in einem Programm eine #pragma-Direktive vor, welche der Compiler nicht kennt, so wird diese einfach ignoriert.

Pragmas sind compilerspezifisch und von Compiler zu Compiler verschieden.

24.5.4 # – Die Null-Direktive

Eine Präprozessor-Direktive der Form

```
#
```

hat keinerlei Auswirkung und wird vom Präprozessor entfernt.

24.6 Übung: Ausgeben der Konstanten aus `limits.h` und `float.h`

In der Headerdatei `limits.h` sind die Mindestwerte für die verschiedenen Ganzzahltypen und in der Headerdatei `float.h` sind die maximalen und minimalen Werte für die unterschiedlichen Gleitpunkttypen definiert, die für Ihren Compiler gelten. Erstellen Sie zwei Programme `limits.c` und `float.c`, die die in `limits.h` bzw. `float.h` definierten Konstanten am Bildschirm ausgeben. Bei dieser Aufgabenstellung sollten Sie sich ein allgemeingültiges Makro erstellen, das Sie mit entsprechenden Argumenten zur Ausgabe jeder einzelnen Konstante aufrufen.

Mögliche Ausgabe durch `limits.c` (für C89):

```
         CHAR_BIT = 8
        SCHAR_MIN = -128
        SCHAR_MAX = 127
        UCHAR_MAX = 255
         CHAR_MIN = -128
         CHAR_MAX = 127
       MB_LEN_MAX = 6
         SHRT_MIN = -32768
         SHRT_MAX = 32767
        USHRT_MAX = 65535
          INT_MIN = -2147483648
          INT_MAX = 2147483647
         UINT_MAX = 4294967295
         LONG_MIN = -2147483648
         LONG_MAX = 2147483647
        ULONG_MAX = 4294967295
```

Mögliche Ausgabe durch `float.c`:

```
        FLT_RADIX = 2
          FLT_DIG = 6
          DBL_DIG = 15
         LDBL_DIG = 18
     FLT_MANT_DIG = 24
     DBL_MANT_DIG = 53
    LDBL_MANT_DIG = 64
      FLT_MIN_EXP = -125
      DBL_MIN_EXP = -1021
     LDBL_MIN_EXP = -16381
   FLT_MIN_10_EXP = -37
   DBL_MIN_10_EXP = -307
  LDBL_MIN_10_EXP = -4931
      FLT_MAX_EXP = 128
      DBL_MAX_EXP = 1024
     LDBL_MAX_EXP = 16384
   FLT_MAX_10_EXP = 38
   DBL_MAX_10_EXP = 308
```

24.6 Übung: Ausgeben der Konstanten aus `limits.h` und `float.h`

```
   LDBL_MAX_10_EXP = 4932
           FLT_MIN = 1.1754944e-38
           DBL_MIN = 2.225073858507201e-308
          LDBL_MIN = 3.3621031431120935063e-4932
           FLT_MAX = 3.4028235e+38
           DBL_MAX = 1.797693134862316e+308
          LDBL_MAX = 1.189731495357231765e+4932
       FLT_EPSILON = 1.1920929e-07
       DBL_EPSILON = 2.220446049250313e-16
      LDBL_EPSILON = 1.084202172485504434e-19
        FLT_ROUNDS = 1
```

Kapitel 25
Zeiger und Arrays

> *Was man auch redet, schreibt und funkt:*
> *Unheilbar bleibt der wunde Punkt.*
> *Punktion, Eugen Roth*

In der Programmierpraxis sind häufig Probleme anzutreffen, bei denen man nicht mit einfachen Variablen auskommt, sondern einen ganzen Block von Variablen des gleichen Typs benötigt. Ein Beispiel dafür wären die Monatumsätze eines Unternehmens für ein Jahr. In diesem Fall ist es sehr nützlich, 12 `double`-Variablen in einem Block zu definieren, an dem nur ein Name vergeben wird. Zur Unterscheidung der Monate wird dann z. B. ein Index (ganze Zahl) verwendet.

25.1 Eindimensionale Arrays

Ein *Array* ist die namentliche Zusammenfassung einer Anzahl von gleichartigen Objekten eines Datentyps, wie z. B. `int`- oder `char`-Variablen. Anstelle des Begriffes Array wird manchmal auch der Begriff *Vektor* verwendet. Hier werden wir immer den Begriff Array benutzen.

25.1.1 Eindimensionale Arrays

Ein eindimensionales Array mit 26 Elementen vom Typ `char` könnte wie folgt vereinbart werden:

```
char buchst[26];
```

Mit dieser Angabe wird ein Array `buchst` mit 26 Elementen vom Typ `char` definiert. Die Anzahl der Elemente wird bei der Definition in eckigen Klammern angegeben. Unter

```
char buchst[26];
```

können wir uns die Reservierung eines Speicherblocks mit Namen `buchst` und mit 26 aufeinanderfolgenden Elementen (hier also 26 `char`-Variablen) vorstellen, wie dies auch in Abbildung 25.1 gezeigt ist. Mit der Definition

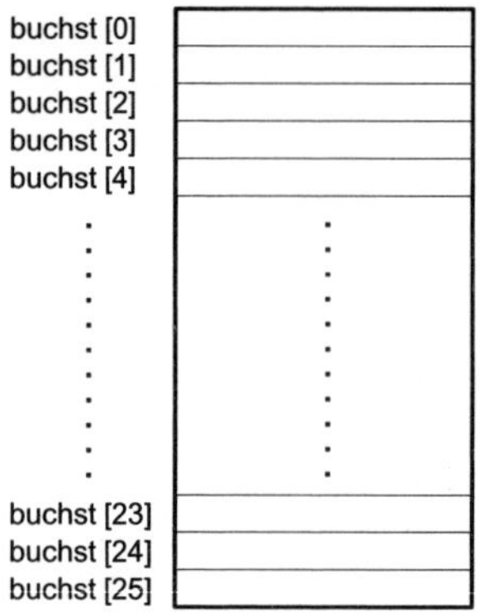

buchst [0]
buchst [1]
buchst [2]
buchst [3]
buchst [4]
⋮
buchst [23]
buchst [24]
buchst [25]

Abbildung 25.1: char-Array buchst mit 26 Speicherplätzen

```
char buchst[26];
```

werden also, wenn man so will, auf einmal 26 char-Variablen (buchst[0], buchst[1], buchst[2], ..., buchst[25]) festgelegt.
Werden *n* Elemente (hier: *n* = 26) für ein Array definiert, so erfolgt die Adressierung über so genannte Indizes von Element 0 bis Element *n* − 1.
Beachten Sie, dass jedes Array mit der Elementnummer 0 und nicht mit 1 beginnt!
Mit den Anweisungen

```
buchst[3]  ='a';
buchst[0]  ='!';
buchst[24] ='H';
```

ergäbe sich dann ein Speicherbild, wie es in Abbildung 25.2 gezeigt ist.
Beispiele:

```
int tage[32];
```
definiert ein Array tage mit 32 int-Variablen tage[0], ..., tage[31].

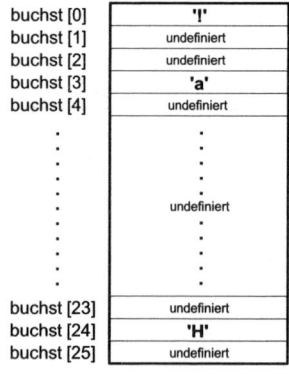

Abbildung 25.2: char-Array buchst mit 26 Speicherplätzen nach einigen Zuweisungen

25.1 Eindimensionale Arrays

```
int *zeig[20];
```
definiert ein Array zeig mit 20 Zeigern zeig[0],...,zeig[19] auf int-Variablen.

Beispiel:

Wir wollen nun ein C-Programm buchstnr.c erstellen, das zunächst in einem Array buchst alle Kleinbuchstaben speichert. Danach kann der Benutzer eine Nummer eingeben, zu der ihm der entsprechende Kleinbuchstabe am Bildschirm ausgegeben wird. Unser Programm soll zur Ermittlung des Buchstabens auf das Array buchst zugreifen.

```
#include <stdio.h>

int main(void) {
   char    buchst[26];
   int     i, zahl;
   for (i=0 ; i<26 ; i++)   /* Array mit Kleinbuchstaben belegen */
      buchst[i] = 'a'+i;
   while (1) {
      printf("Geben Sie eine Zahl zw. 1 und 26 ein (Ende=Zahl 100): ");
      scanf("%d", &zahl);
      if (zahl==100)
         break;
      else if (zahl<1 || zahl>26)
         printf("       .......Falsche Eingabe (Eingabe wiederholen!)....\n");
      else
         printf(" ---> %d. Kleinbuchstabe = %c\n\n", zahl, buchst[zahl-1]);
   }
   printf("------Programmende------\n");
   return(0);
}
```

In der for-Schleife
```
   for (i=0 ; i<26 ; i++)   /* Array mit Kleinbuchstaben belegen */
      buchst[i] = 'a'+i;
```
werden im Array buchst die Kleinbuchstaben abgespeichert.
Da der erste Buchstabe a in buchst[0], der zweite Buchstabe b in buchst[1], ...und der 26. Buchstabe z in buchst[25] liegt, müssen wir beim Zugriff auf das Feld buchst als Index die eingegebene *zahl minus 1* verwenden, um den richtigen Buchstaben zu erhalten. Deshalb wurde auch bei
```
   printf(" ---> %d. Kleinbuchstabe = %c\n\n", zahl, buchst[zahl-1]);
```
nicht buchst[zahl], sondern buchst[zahl-1] angegeben.
Nachfolgend nun noch ein weiteres Beispiel zu eindimensionalen Arrays.

Beispiel:

Der Algorithmus, um Zahlen aus dem Zehnersystem in ein anderes System umzuwandeln, ist folgender:

25 Zeiger und Arrays

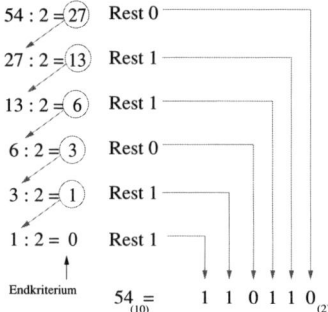

Abbildung 25.3: Umwandlung der Zahl 54 in das Dualsystem

1. Man muss ständig durch die Basis des Zielsystems dividieren und sich den Rest merken.
2. Bei erneuter Division wird das Ergebnis der vorausgehenden Division zum Dividenden.
3. Die Umwandlung ist beendet, wenn bei der Division der Quotient 0 lautet.
4. Die Zahl des Zielsystems ergibt sich dann, wenn man sich die gemerkten Reste in umgekehrter Reihenfolge (von unten nach oben) hinschreibt.

Dieser Algorithmus soll nochmals anhand eines Beispiels (Umwandlung der Zahl 54 ins Dualsystem) – wie es in Abbildung 25.3 gezeigt ist – verdeutlicht werden.

Wir wollen nun ein C-Programm dezumwan.c erstellen, das zunächst das Zielsystem anfordert und dann nach der umzuwandelnden Zahl aus dem Zehnersystem fragt. Nach diesen Benutzereingaben soll unser Programm die entsprechende Zahl im Zielsystem ermitteln. Für die Basis B des Zielsystems soll gelten: B<=10.

Mögliches Aussehen des C-Programms dezumwan.c:

```c
#include  <stdio.h>

int  main(void) {
    int   zahl, basis, zaehler=0, i;
    int   ziel[100];

    while (1) {
        printf("Gib Basis des Zielsystem ein (2<=Basis<=10): ");
        scanf("%d", &basis);
        if (basis>=2 && basis<=10)
            break;
    }
    printf("Gib die zu wandelnde Zahl aus dem Zehnersystem ein: ");
    scanf("%d", &zahl);
    printf("       ---> %d(10) = ", zahl);
    while (zahl>0)  {
        ziel[zaehler] = zahl % basis;
        zahl /= basis;
        ++zaehler;
```

```
    }
    for (i=zaehler-1 ; i>=0 ; i--)
       printf("%d", ziel[i]);
    printf(" (%d)\n",basis);
    return(0);
}
```

Mögliche Abläufe des Programms `dezumwan.c`:

```
Gib Basis des Zielsystem ein (2<=Basis<=10): 2 ⏎
Gib die zu wandelnde Zahl aus dem Zehnersystem ein: 25 ⏎
    ---> 25(10) = 11001(2)

Gib Basis des Zielsystem ein (2<=Basis<=10): 5 ⏎
Gib die zu wandelnde Zahl aus dem Zehnersystem ein: 2536 ⏎
    ---> 2536(10) = 40121(5)
```

Das angegebene C-Programm ist nur lauffähig mit eingegebenen positiven Startzahlen (>0). Da in diesem Beispiel nicht von vornherein klar ist, wieviele Stellen die umgewandelte Zahl benötigt, wäre die Programmierung dieser Aufgabe ohne Verwendung des Arrays `ziel`, also nur mit einfachen Variablen, sehr umständlich. Die Ausgabe der umgewandelten Zahl erfolgt in umgekehrter Reihenfolge, d.h., die durch den Umwandlungsalgorithmus zuerst gefundenen Ziffern sind zuletzt auszugeben. Dies macht die Speicherung in einem Array notwendig. Zur Ausgabe der gespeicherten Ziffern wird, mit dem höchsten Index beginnend, das Array „rückwärts" durchlaufen.

Wurde z. B. für die Basis der Wert 5 und für die zu wandelnde Zahl 2536 angegeben, so hat das Array `ziel`, nachdem der Umwandlungsalgorithmus ausgeführt wurde, die in Abbildung 25.4 gezeigte Belegung.

Um die konvertierte Zahl richtig am Bildschirm auszugeben, müssen wir also zuerst `ziel[4]`, dann `ziel[3]` usw., bis `ziel[0]` ausgeben. Diese Ausgabe wird durch folgende `for`-Schleife vorgenommen:

```
    for (i=zaehler-1 ; i>=0 ; i--)
       printf("%d", ziel[i]);
```

Der Startwert für den rückwärtslaufenden Index i ist zaehler-1, da zaehler (bedingt durch den Umwandlungsalgorithmus) um 1 zu hoch gezählt wurde. So hat z. B. in unserem Beispiel zaehler den Wert 5.

ziel[0]	1
ziel[1]	2
ziel[2]	1
ziel[3]	0
ziel[4]	4

Abbildung 25.4: Belegung des Arrays `ziel` bei Umwandlung der Zahl 2536 in das Zahlensystem zur Basis 5

25.1.2 Nur statische Arrays erlaubt (in C89)

In C89 sind nur statische Arrays erlaubt. Dies bedeutet, dass bei der Definition eines Arrays in C89 die obere Grenze immer eine Konstante sein muss:

```
datentyp   arrayname[ konstante ];
```

Es gibt natürlich viele Anwendungsfälle, in denen man sich dynamische Arrays wünschen würde, wie z. B.:

```
int zahlen[n];
```

wobei die Variable n erst zur Programmlaufzeit auf einen bestimmten Wert gesetzt wird. Solche Konstruktionen sind jedoch mit gewissen Einschränkungen nur in C99 erlaubt; siehe dazu auch Kapitel 25.6 auf Seite 622.

Wir werden jedoch in Kapitel 27.2.2 auf Seite 667 sehen, wie man auch in C89 dynamische Arrays nachbilden kann.

25.1.3 Von Arrays belegter Speicherplatz

Die Größe des Speicherplatzes, den ein Array belegt, läßt sich leicht berechnen:

```
Anzahl der Bytes eines Elements * Array-Länge
```

So wird z. B. durch die folgende Array-Definition

```
int monat[12];
```

ein Speicherplatz von

```
48 Bytes (12 * 4 Bytes für int)
```

belegt. Wenn der Datentyp `double` durch 8 Bytes realisiert ist, so belegt die folgende Definition:

```
double werte[1000];
```

einen Speicherplatz von

```
8000 Bytes (1000 * 8 Bytes für double)
```

Die Größe des durch ein Array belegten Speicherplatzes läßt sich auch unter Verwendung des `sizeof`-Operators ermitteln. Das nachfolgende Programm `arrygros.c` verdeutlicht dies, indem es den `sizeof`-Operator sowohl auf den Arraynamen als auch auf den Datentyp selbst (wie `sizeof(char[100])`) anwendet. Beide Operationen liefern natürlich dasselbe Ergebnis:

```
#include <stdio.h>

#define GROS    100

int main(void) {
   char       c[GROS];
   short      s[GROS];
   int        i[GROS];
   long       l[GROS];
   long long  ll[GROS];
   float      f[GROS];
   double     d[GROS];
```

```
    long double  ld[GROS];

    printf(" c[%d] = %d Bytes (%d)\n", GROS, sizeof(c), sizeof(char[GROS]));
    printf(" s[%d] = %d Bytes (%d)\n", GROS, sizeof(s), sizeof(short[GROS]));
    printf(" i[%d] = %d Bytes (%d)\n", GROS, sizeof(i), sizeof(int[GROS]));
    printf(" l[%d] = %d Bytes (%d)\n", GROS, sizeof(l), sizeof(long[GROS]));
    printf("ll[%d] = %d Bytes (%d)\n", GROS, sizeof(ll), sizeof(long long[GROS]));
    printf(" f[%d] = %d Bytes (%d)\n", GROS, sizeof(f), sizeof(float[GROS]));
    printf(" d[%d] = %d Bytes (%d)\n", GROS, sizeof(d), sizeof(double[GROS]));
    printf("ld[%d] = %d Bytes (%d)\n", GROS, sizeof(ld), sizeof(long double[GROS]));
    return 0;
}
```

Mögliche Ausgabe durch das Programm `arrygros.c`:

```
 c[100] = 100 Bytes (100)
 s[100] = 200 Bytes (200)
 i[100] = 400 Bytes (400)
 l[100] = 400 Bytes (400)
ll[100] = 800 Bytes (800)
 f[100] = 400 Bytes (400)
 d[100] = 800 Bytes (800)
ld[100] = 1200 Bytes (1200)
```

25.1.4 Fallgruben

Array-Indizes erstrecken sich von 0 bis *n*-1 (nicht von 1 bis *n*)

Ein sehr häufiger Fehler in C ist, dass man ein Array der Größe n definiert, und dann mit einer `for`-Schleife der folgenden Art dieses Array beschreibt:

```
    for (i=1; i<=n ; i++)
       array[i] = ...;
```

Der Fehler hierbei ist, dass man annimmt, dass das Array sich über die Elemente `1..n` erstreckt. In Wirklichkeit erstreckt es sich aber über die Elemente `0..n-1`, was dazu führt, dass man beim letzten Durchlauf der `for`-Schleife (`i` ist dann n) mit

```
    array[n] = ...;
```

bereits in fremden Speicherplatz schreibt wie dies das nachfolgende Programm `arryfehl.c` verdeutlicht:

```
#include <stdio.h>

int main(void) {
   int i;
   int vor_array=0;
   int quad[5];
   int nach_array=0;

   for (i=1; i<=5; i++)
      quad[i] = i*i;
   for (i=1; i<=5; i++)
```

```
    printf("%2d *%2d = %3d\n", i, i, quad[i]);
  printf(" ----> vor_array=%d\n", vor_array);
  printf(" ----> nach_array=%d\n", nach_array);
  return(0);
}
```

Mögliche Ausgabe durch dieses Programm `arryfehl.c`:

```
 1 * 1 =   1
 2 * 2 =   4
 3 * 3 =   9
 4 * 4 =  16
 5 * 5 =  25
 ----> vor_array=25
 ----> nach_array=0
```

An der Ausgabe ist zu erkennen, dass hier durch das Schreiben über die Arraygrenzen hinaus der Inhalt der Variablen `vor_array`[1] überschrieben wird, denn dieser Variablen wurde ursprünglich der Wert 0 zugewiesen, und nun hat sie plötzlich den Wert 25, der aus der Zuweisung (in der `for`-Schleife)

```
    quad[5]=5*5;
```

resultiert. Solches Überschreiben von fremden Speicherplatz kann vor allen Dingen in größeren Programmen zu schwer auffindbaren Fehlern führen. Um eine solche Überschreibung in Anwendungen, bei denen eine Indizierung von 1 bis n naheliegender ist, zu vermeiden, läßt man häufig das 0. Element ungenutzt. Man wendet dann oft folgende Technik an:

```
#define MAX_ELEMENTE    konstante

datentyp  array_name[MAX_ELEMENTE+1];
```

Unser Programm `arryfehl.c` könnten wir dann wie folgt umschreiben (`arryok.c`)

```
#include <stdio.h>

#define MAX_ELEMENTE    5

int main(void) {
  int  i, vor_array=0;
  int  quad[MAX_ELEMENTE+1];
  int  nach_array=0;
  for (i=1; i<=MAX_ELEMENTE; i++)
     quad[i] = i*i;
  for (i=1; i<=MAX_ELEMENTE; i++)
     printf("%2d *%2d = %3d\n", i, i, quad[i]);
  printf(" ----> vor_array=%d\n", vor_array);
  printf(" ----> nach_array=%d\n", nach_array);
  return(0);
}
```

---

[1] Variablen wurden umgekehrt zu ihrer Deklaration im Stack abgelegt

Nebeneffekte bei Array-Indizierung

Ein anderer Fehler kann bei der Indizierung von Arrays entstehen, wenn Postfix- oder Präfix-Operatoren verwendet werden. Das folgende Programm `arryfeh2.c` verdeutlicht die dabei möglichen Seiteneffekte:

```
#include  <stdio.h>

int  main(void)
{
   int  i, a[10];

   for (i=0; i<10; i++)
      a[i] = 0;

   i = 2;
   a[i] = i--;

   printf("a[1] = %d, a[2] = %d\n", a[1], a[2]);
   return(0);
}
```

In diesem Programm `arryfeh2.c` ist es keinesfalls festgelegt, in welches Arrayelement der Wert von i abgelegt wird. Je nach Compiler kann es hier zu unterschiedlichen Ergebnissen kommen.

1. **Möglichkeit:**
   Der Index wird ausgewertet, bevor die Variable i dekrementiert wird, und das Arrayelement a[2] erhält den Wert 2:
   ```
   a[1] = 0, a[2] = 2
   ```

2. **Möglichkeit:**
   Der Index wird erst ausgewertet, nachdem die Variable i dekrementiert wurde, und das Arrayelement a[1] erhält den Wert 2:
   ```
   a[1] = 2, a[2] = 0
   ```

Grundsätzlich sollte also auf Anweisungen dieser Art verzichtet werden.

25.1.5 Übungen

Amnestie bei Dodon, dem Märchenkönig

Dodon, der Märchenkönig, nahm bei einem Feldzug x Feinde gefangen, die er in x Einzelzellen steckte. An seinem Geburtstag sollten einige freigelassen werden, und zwar nach einem ganz eigenartigen Verfahren (vom Hofmathematiker ausgedacht). Dieses Verfahren arbeitet mit mehreren Durchgängen, wobei in jedem Durchgang für jede betroffene Zellentür folgender Zustandswechsel durchgeführt wird:

- Ist entsprechende Zellentür zu diesem Zeitpunkt offen, wird sie geschlossen.
- Ist entsprechende Zellentür zu diesem Zeitpunkt geschlossen, wird sie geöffnet.

Zunächst sind alle Zellentüren geschlossen:

25 Zeiger und Arrays

`1 2 3 4 5 6 7 8 9 10 11 12 13 14 15 16 17 18....`

Bei den nachfolgenden Durchgängen werden offene Zellen fett dargestellt.

1. Im ersten Durchgang ist dann jede Tür von einem Zustandswechsel betroffen, was heißt, da zu diesem Zeitpunkt alle Türen geschlossen sind, dass in diesem Durchgang alle Türen geöffnet (fett hier dargestellt) werden:

   `**1** **2** **3** **4** **5** **6** **7** **8** **9** **10** **11** **12** **13** **14** **15** **16** **17** **18**...`

2. Im zweiten Durchgang ist dann nur jede zweite Tür von einem Zustandswechsel betroffen:

   `1 **2** 3 **4** 5 **6** 7 **8** 9 **10** 11 **12** 13 **14** 15 **16** 17 **18**...`

3. Im dritten Durchgang ist dann nur jede dritte Tür von einem Zustandswechsel betroffen:

   `1 2 **3** 4 5 **6** 7 8 **9** 10 11 **12** 13 14 **15** 16 17 **18**...`

Und so geht es im vierten,

`1 2 3 **4** 5 6 7 **8** 9 10 11 **12** 13 14 15 **16** 17 18...`

fünften,

`1 2 3 4 **5** 6 7 8 9 **10** 11 12 13 14 **15** 16 17 18...`

... bis zum x.ten Durchgang weiter.

Die Frage ist nun, welche Zellentüren standen offen, als der Geburtstag des Königs anbrach? Erstellen Sie ein C-Programm `dodon.c`, das die Zahl der Zellentüren (x) einliest und dann diese Frage beantwortet.

Wachsen von Strichen

Erstellen Sie ein C-Programm `wachsen.c`, das ein zufälliges Wachsen von Strichen vom unteren zum oberen Rand eines eingeblendeten Graphikfenster simuliert. Nach einer gewissen Zeit soll die Farbe sich dabei immer ändern. Wird der obere Fensterrand erreicht, so wird die entsprechende Pixelspalte gelöscht und das Wachsen für diese Spalte beginnt erneut vom unteren Bildschirmrand; siehe auch Abbildung 25.5 und 25.6. Um diese Übung zu lösen, muss man das Kapitel 21 auf Seite 301 zur Graphikprogrammierung gelesen haben.

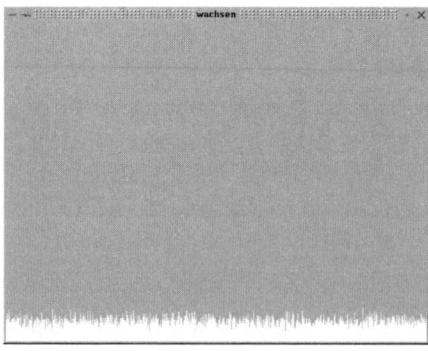 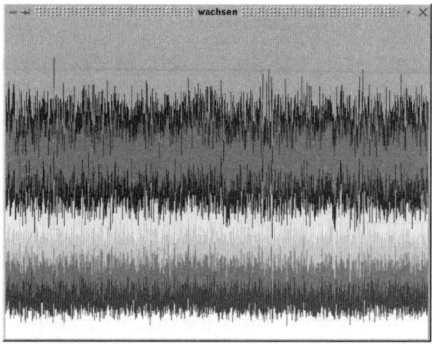

Abbildung 25.5: Wachsen von Strichen (am Anfang und etwas später)

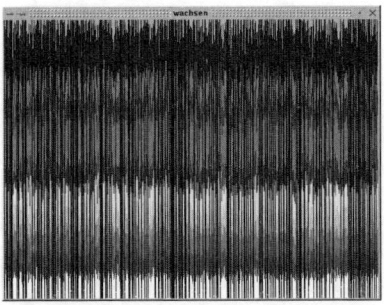

Abbildung 25.6: Wachsen von Strichen (nachdem erste Striche oberen Rand erreichten)

25.2 Mehrdimensionale Arrays

Bisher haben wir nur mit eindimensionalen Arrays gearbeitet. In der Praxis benötigt man aber häufig auch mehrdimensionale Arrays.
Deswegen bietet C neben eindimensionalen Arrays auch noch mehrdimensionale Arrays an, wie z. B. zwei- oder dreidimensionale Arrays.

25.2.1 Zweidimensionale Arrays

In der Mathematik werden zweidimensionale Arrays auch *Matrizen* genannt.
Um uns zweidimensionale Arrays besser vorstellen zu können, wollen wir wieder ein Beispiel heranziehen: Eine Firma A bestehe aus drei Abteilungen, wobei sich für die Jahre 1994, 1995, 1996 und 1997 die in Abbildung 25.7 gezeigte Investitionsgelderverteilung ergibt.
Soll diese Tabelle innerhalb eines C-Programms in einem zusammenhängenden Speicherbereich abgelegt werden, müßte z. B. folgende Array-Definition angegeben werden:

```
int investition[3][4];
```

Diese Definition würde einen zusammenhängenden Speicherbereich reservieren, den wir uns – wie es in Abbildung 25.8 gezeigt ist – vorstellen können.
Wollten wir nun die Investition der Abteilung 1 im Jahr 1997 abspeichern, dann würde dies folgender Zuweisung entsprechen:

```
investition[0][3] = 11783;
```

was ein Speicherbild ergäbe, wie es in Abbildung 25.9 gezeigt ist.
An der Zuweisung

Abteilungen \ Jahr	1994	1995	1996	1997
Abteilung 1	10 532,-	8 955,-	9 374,-	11 783,-
Abteilung 2	9 743,-	12 377,-	11 539,-	13 893,-
Abteilung 3	3 747,-	5 988,-	10 782,-	12 977,-

Abbildung 25.7: Investionstabelle aufgeteilt nach Jahr und Abteilung

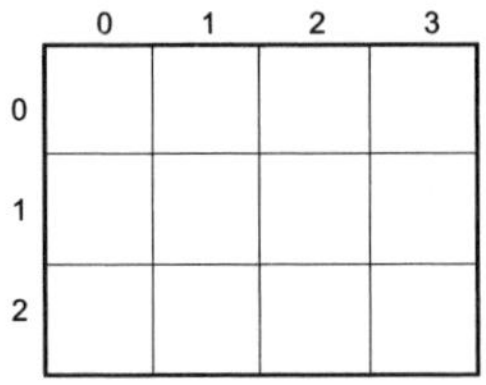

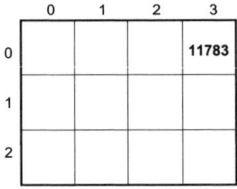

Abbildung 25.8: Vorstellung zur Speicherbelegung eines zweidimensionalen Arrays

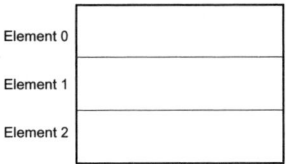

Abbildung 25.9: Belegung des zweidimensionalen Arrays nach investition[0][3]=11783

```
investition[0][3] = 11783;
    /* nicht: investition[0,3] = 11783; wie in anderen Sprachen */
```

können wir erkennen, dass in C ein zweidimensionales Array in Wirklichkeit ein eindimensionales Array ist – wie dies in Abbildung 25.10 gezeigt ist – bei dem jedes Element wieder ein Array darstellt, wie es in Abbildung 25.11 gezeigt ist.

Die Array-Elemente werden im Speicher natürlich nicht in einer zweidimensionalen, sondern in einer eindimensionalen Anordnung (nacheinander) gespeichert, wie dies Abbildung 25.12 zeigt.

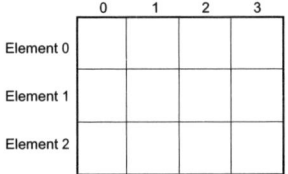

Abbildung 25.10: Zweidimensionales Array ist in Wirklichkeit ein eindimensionales Array

Abbildung 25.11: Zweidimensionales Array ist ein eindimensionales Array, dessen Elemente wieder eindimensionale Arrays sind

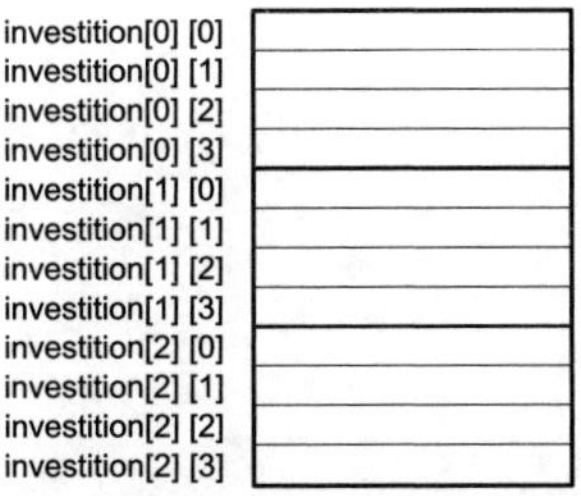

```
investition[0] [0]
investition[0] [1]
investition[0] [2]
investition[0] [3]
investition[1] [0]
investition[1] [1]
investition[1] [2]
investition[1] [3]
investition[2] [0]
investition[2] [1]
investition[2] [2]
investition[2] [3]
```

Abbildung 25.12: Array-Elemente werden im Speicher sequentiell nacheinander abgelegt

Über die Indizes wird dabei eine zweidimensionale Darstellung nachgebildet.

Beispiel:

Wir wollen nun ein C-Programm `invest.c` erstellen, das diese Tabelle speichert und dann am Bildschirm ausgibt:

```c
#include <stdio.h>
/*-------------- striche ----------------------------------------------*/
void striche(char zeich) {
   int i;
   for (i=1 ; i<=52 ; i++)
      printf("%c", zeich);
   printf("\n");
}
/*------------- main ---------------------------------------------------*/
int  main(void) {
   int    investition[3][4];
   int    i, j;

   investition[0][0] = 10532;
   investition[0][1] = 8955;
   investition[0][2] = 9374;
   investition[0][3] = 11783;

   investition[1][0] = 9743;
   investition[1][1] = 12377;
   investition[1][2] = 11539;
   investition[1][3] = 13893;

   investition[2][0] = 3747;
   investition[2][1] = 5988;
   investition[2][2] = 10782;
   investition[2][3] = 12977;

   printf("\n\n%15s|", " ");
   for (i=1994 ; i<=1997 ; i++)      /* Ausgabe der Jahre   */
      printf("%7d |", i);
```

```
        printf("\n");
        striche('=');
        for (i=0 ; i<=2 ; i++)  {
           printf("%13s%d |","Abteilung",i+1);
           for (j=0 ; j<=3 ; j++)
              printf("%7d |",investition[i][j]);
           printf("\n");
           if (i==2)
              striche('=');
           else
              striche('-');
        }
        return(0);
}
```

Im Programmteil

```
        investition[0][0] = 10532;
        investition[0][1] = 8955;
        investition[0][2] = 9374;
        investition[0][3] = 11783;

        investition[1][0] = 9743;
        investition[1][1] = 12377;
        investition[1][2] = 11539;
        investition[1][3] = 13893;

        investition[2][0] = 3747;
        investition[2][1] = 5988;
        investition[2][2] = 10782;
        investition[2][3] = 12977;
```

wird das zweidimensionale Array `investition` mit Werten belegt. Die Anweisungen:

```
        printf("\n\n%15s|", " ");
        for (i=1994 ; i<=1997 ; i++)     /* Ausgabe der Jahre   */
           printf("%7d |", i);
        printf("\n");
```

bewirken dann die Ausgabe des Tabellenkopfes:

```
                |   1994 |   1995 |   1996 |   1997 |
```

Mit dem Aufruf der Funktion

```
        striche("=");
```

wird folgende Zeile am Bildschirm ausgegeben:

```
========================================================
```

Mit dem Programmteil

```
        for (i=0 ; i<=2 ; i++)  {
           printf("%13s%d |","Abteilung",i+1);
           for (j=0 ; j<=3 ; j++)
              printf("%7d |",investition[i][j]);
```

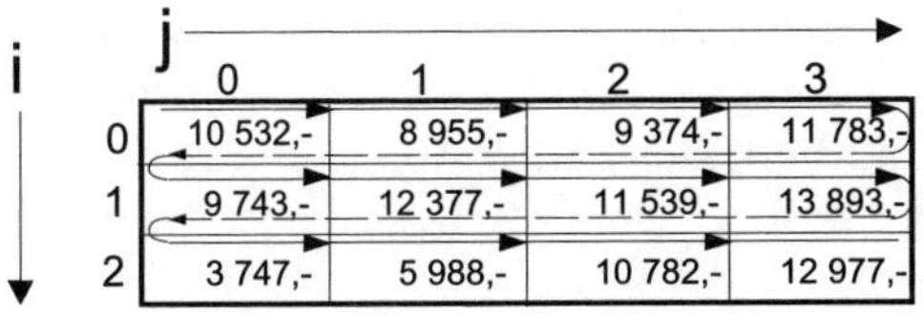

25.2 Mehrdimensionale Arrays

```
        j   0         1         2         3
i   0   | 10 532,- | 8 955,- | 9 374,- | 11 783,- |
    1   |  9 743,- | 12 377,-| 11 539,-| 13 893,- |
    2   |  3 747,- | 5 988,- | 10 782,-| 12 977,- |
```

Abbildung 25.13: Reihenfolge, in der auf Elemente des Arrays `investition` zugegriffen wird

```
        printf("\n");
        if (i==2)
            striche('=');
        else
            striche('-');
    }
```

wird dann die eigentliche Tabelle am Bildschirm ausgegeben. Mit der äußeren Schleife werden die Zeilen von `investition` durchlaufen (Laufindex i); die innere Schleife (Laufindex j) sorgt dann dafür, dass zu jeder Zeile alle Spalten (eigentliche Werte) durchlaufen werden.

Somit wird auf die einzelnen Elemente von `investition` in der Reihenfolge zugegriffen, wie es in Abbildung 25.13 gezeigt ist.

Das Programm `invest.c` würde somit folgendes am Bildschirm ausgeben:

```
             |  1994 |  1995 |  1996 |  1997 |
===========================================================
  Abteilung1 | 10532 |  8955 |  9374 | 11783 |
-----------------------------------------------------------
  Abteilung2 |  9743 | 12377 | 11539 | 13893 |
-----------------------------------------------------------
  Abteilung3 |  3747 |  5988 | 10782 | 12977 |
===========================================================
```

Beispiel:

Es soll ein C-Programm `matadd.c` erstellt werden, das zwei zweidimensionale Arrays (Matrizen) durch Benutzereingaben mit Werten belegt und dann die Summe dieser beiden Matrizen wieder ausgibt. Eine Summe aus zwei Matrizen kann

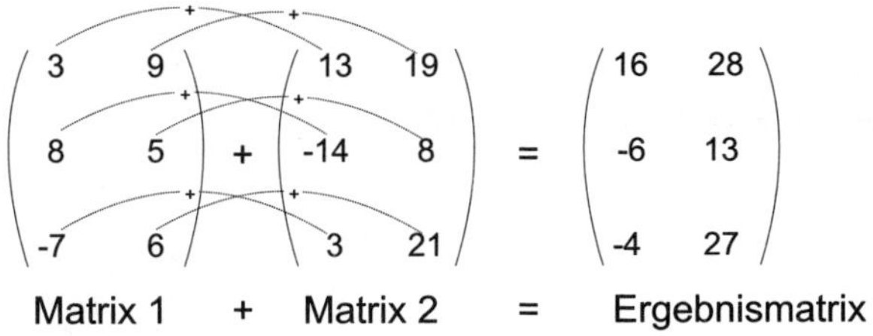

$$\begin{pmatrix} 3 & 9 \\ 8 & 5 \\ -7 & 6 \end{pmatrix} + \begin{pmatrix} 13 & 19 \\ -14 & 8 \\ 3 & 21 \end{pmatrix} = \begin{pmatrix} 16 & 28 \\ -6 & 13 \\ -4 & 27 \end{pmatrix}$$

Matrix 1   +   Matrix 2   =   Ergebnismatrix

Abbildung 25.14: Addition von zwei Matrizen

25 Zeiger und Arrays

nur dann gebildet werden, wenn beide Matrizen gleiche Zeilen- und Spaltenzahl besitzen. Bei der Summenbildung werden die einzelnen Elemente, die in beiden Matrizen an der gleichen Position stehen, addiert; siehe auch Abbildung 25.14. Möglicher Ablauf des Programms `matadd.c`:

```
Addition zweier Matrizen
========================
Eingabe der Zeilen und Spalten der beiden Matrizen
    Zeilen:  3 ⏎
    Spalten: 2 ⏎

----Eingabe der Werte fuer Matrix 1----
Element [0][0]: 3 ⏎
Element [0][1]: 9 ⏎

Element [1][0]: 8 ⏎
Element [1][1]: 5 ⏎

Element [2][0]: -7 ⏎
Element [2][1]: 6 ⏎

----Eingabe der Werte fuer Matrix 2----
Element [0][0]: 13 ⏎
Element [0][1]: 19 ⏎

Element [1][0]: -14 ⏎
Element [1][1]: 8 ⏎

Element [2][0]: 3 ⏎
Element [2][1]: 21 ⏎

         3    9          13   19           16   28
         8    5    +    -14    8    =      -6   13
        -7    6           3   21           -4   27
```

Das Programm `matadd.c`:

```c
#include <stdio.h>
/*----------- eingabe ------------------------------------------------*/
void eingabe(int matrix[10][10], int zeil, int spal) {
   int i, j;
   for (i=0 ; i<zeil ; i++)  {
      for (j=0 ; j<spal ; j++) {
         printf("Element [%d][%d]: ", i, j);
         scanf("%d",&matrix[i][j]);
      }
      printf("\n");
   }
}
/*----------- ausgabe ------------------------------------------------*/
void ausgabe(int m1[10][10], int m2[10][10], int erg[10][10],
             int zeil, int spal) {
```

```c
      int   i, j;
      for (i=0 ; i<zeil ; i++) {
         for (j=0 ; j<spal ; j++)
            printf("%5d", m1[i][j]);
         printf("%s", (i==zeil/2) ? "  +  " : "     ");
         for (j=0 ; j<spal ; j++)
            printf("%5d", m2[i][j]);
         printf("%s", (i==zeil/2) ? "  =  " : "     ");
         for (j=0 ; j<spal ; j++)
            printf("%5d", erg[i][j]);
         printf("\n");
      }
}
/*----------- main ----------------------------------------------------*/
int  main(void) {
   int   mat1[10][10], mat2[10][10], sum_mat[10][10];
   int   i, j, zeilen, spalten;

   printf("\n\nAddition zweier Matrizen\n"
          "========================\n\n\n");
   /*-------------- Eingabe der Zeilen- und Spaltenzahl */
   printf("Eingabe der Zeilen und Spalten der beiden Matrizen\n");
   printf("   Zeilen: ");
   scanf("%d", &zeilen);
   printf("   Spalten: ");
   scanf("%d", &spalten);
   /*-------------- Eingabe der Werte fuer   mat1  und   mat2 */
   printf("\n----Eingabe der Werte fuer Matrix 1----\n");
   eingabe(mat1, zeilen, spalten);
   printf("\n----Eingabe der Werte fuer Matrix 2----\n");
   eingabe(mat2, zeilen, spalten);
   /*-------------- Addition von  mat1  und  mat2 */
   for (i=0 ; i<zeilen ; i++)
      for (j=0 ; j<spalten ; j++)
         sum_mat[i][j] = mat1[i][j]+mat2[i][j];
   /*-------------- Ausgabe der Ergebnis-Matrix */
   ausgabe(mat1, mat2, sum_mat, zeilen, spalten);
   return(0);
}
```

Matrizen in `matadd.c` dürfen maximal 10 Zeilen und 10 Spalten besitzen.

Beispiel:

Um eine Nachricht zu verschlüsseln, kann man sie in einem zweidimensionalen Array zeilenweise eintragen und spaltenweise wieder auslesen; z. B. kann man die Nachricht

```
Eine Katze jagt die Maus
```

zeilenweise eintragen, wie es in Abbildung 25.15 gezeigt ist.
und spaltenweise auslesen (verschlüsselte Nachricht):

25 Zeiger und Arrays

E	i	n	e	_	K
a	t	z	e	_	j
a	g	t	_	d	i
e	_	M	a	u	s

Abbildung 25.15: Zeilenweises Eintragen eines Textes in zweidimensionales Array

```
Eaaeitg nztMee a duKjis
```

Es soll nun ein geeignetes Programm `hebrae.c` für diese so genannte *hebräische Verschlüsselungs-Methode* entwickelt werden.

Zuerst muss der Benutzer seinen zu verschlüsselnden Satz eingeben. Nach dieser Eingabe wird der Benutzer nach der Zeilen- und Spaltenzahl für die Eintragung des zu verschlüsselnden Satzes gefragt.

Wenn beispielsweise die Nachricht

```
Ich lerne C
```

zu verschlüsseln ist und folgende Zeilen- und Spaltenzahl

```
Zeilen:   3
Spalten:  5
```

vom Benutzer angegeben wurde, so ergibt sich aus Abbildung 25.16 die verschlüsselte Nachricht:

```
IeCcr hn e l
```

I	c	h	_	l
e	r	n	e	_
C	_	_	_	_

Abbildung 25.16: Zeilenweises Eintragen eines Textes in zweidimensionales Array

Das Programm `hebrae.c`:

```c
#include <stdio.h>

#define   MAX_ZEILEN   20
#define   MAX_SPALTEN  20
char    rechteck [MAX_ZEILEN] [MAX_SPALTEN];
char    text[MAX_ZEILEN*MAX_SPALTEN];
/*---------- lies_text -------------------------------------------*/
int lies_text(void) {
   int   i=0;
   while ( (text[i++]=getchar())!='\n' && i<MAX_ZEILEN*MAX_SPALTEN)
      ;
   return(i-1);
}
/*---------- main ------------------------------------------------*/
int   main(void) {
    int   laenge, i, j, k, zeilen, spalten;
```

25.2 Mehrdimensionale Arrays

```
        printf("\nGeben Sie den zu verschluesselnden Satz ein !\n");
        laenge = lies_text();   /* In laenge wird Laenge des
                                   eingegebenen Textes gespeichert */
        /*----------------------------------------------------------*/
        /* Eingabe der Zeilen- und Spaltenzahl fuer Verschluessel.-Rechteck */
        /*----------------------------------------------------------*/
        do {
            printf("\nWieviel Zeilen soll Verschluessel.-Rechteck besitzen? ");
            scanf("%d", &zeilen);
            printf("Wieviel Spalten soll Verschluessel.-Rechteck besitzen? ");
            scanf("%d", &spalten);
            if (zeilen*spalten < laenge)   {
                printf("\n .....Zu wenig Platz im Verschluessel.-Rechteck !!\n");
                printf(" .....Wiederholen Sie Ihre Eingabe !\n");
            }
        } while (zeilen*spalten < laenge);
        /*----------------------------------------------------------*/
        /* Auffuellen des Arrays text mit Leerzeichen               */
        /*----------------------------------------------------------*/
        for (i=laenge ; i<MAX_ZEILEN*MAX_SPALTEN ; i++)
            text[i] = ' ';
        /*----------------------------------------------------------*/
        /* Eintragung des Textes in das Verschluessel.-Rechteck     */
        /*----------------------------------------------------------*/
        k = 0;
        for (i=0 ; i<zeilen ; i++)
            for (j=0 ; j<spalten ; j++)
                rechteck[i][j] = text[k++];
        /*----------------------------------------------------------*/
        /* Auslesen des Textes aus Verschluessel.-Rechteck          */
        /*----------------------------------------------------------*/
        printf("\nDie verschluesselte Nachricht ist:\n");
        for (j=0 ; j<spalten ; j++)
            for (i=0 ; i<zeilen ; i++)
                printf("%c", rechteck[i][j]);
        printf("\n");
        return(0);
}
```

Mögliche Abläufe des Programms `hebrae.c`:

```
Geben Sie den zu verschluesselnden Satz ein !
Eine Katze jagt die Maus ⏎
Wieviel Zeilen soll Verschluessel.-Rechteck besitzen? 4 ⏎
Wieviel Spalten soll Verschluessel.-Rechteck besitzen? 6 ⏎

Die verschluesselte Nachricht ist:
Eaaeitg nztMee a  duKjis
```

25 Zeiger und Arrays

```
Geben Sie den zu verschluesselnden Satz ein !
Eaaeitg nztMee a  duKjis  ⏎
Wieviel Zeilen soll Verschluessel.-Rechteck besitzen? 6 ⏎
Wieviel Spalten soll Verschluessel.-Rechteck besitzen? 4 ⏎


Die verschluesselte Nachricht ist:
Eine Katze jagt die Maus
```

```
Geben Sie den zu verschluesselnden Satz ein !
Ich lerne C ⏎
Wieviel Zeilen soll Verschluessel.-Rechteck besitzen? 3 ⏎
Wieviel Spalten soll Verschluessel.-Rechteck besitzen? 5 ⏎


Die verschluesselte Nachricht ist:
IeCcr hn  e l
```

25.2.2 Drei-, vier-, fünf- und sonstige mehrdimensionale Arrays

Es können natürlich nicht nur zweidimensionale Arrays, sondern auch drei-, vier- und sonstige mehrdimensionale Arrays definiert werden, wie z. B. das folgende fünfdimensionale Array

```
double x[10][200][50][30][100];
```

Bei solchen mehrdimensionalen Array-Definitionen muss man nur berücksichtigen, dass man oft mit harmlos aussehenden Definitionen wie der obigen sehr viel Speicher anfordert, über den die betreffende Maschine eventuell nicht verfügt. So würde z. B. die obige Definition bereits zu einer Speicheranforderung von

```
10*200*50*30*100 = 300 Millionen * 8 Byte (für double)
     --> mehr als 2 GigaByte
```
führen.

25.2.3 `sizeof` liefert die Größe eines Arrays

Mit dem `sizeof`-Operator läßt sich die Anzahl der Bytes ermitteln, die von einem Array belegt werden.
Dividiert man diese Größe dann noch durch die Anzahl der Bytes, die der Datentyp eines Elements belegt (wie z. B. `sizeof(int)` oder `sizeof(double)`), so erhält man die Anzahl der Elemente im entsprechenden Array.
Beispiel:
Das folgende Programm `arrysize.c` demonstriert diese Anwendung des `sizeof`-Operators.

```
#include <stdio.h>

int    kalender[12][31];
double matrix[25][40];
char   adressen[200][100];
```

```
int main(void) {
    printf("kalender:\n");
    printf("  %d Elemente\n", sizeof(kalender)/sizeof(int));
    printf("  %d Bytes\n", sizeof(kalender));
    printf("   bei %d Bytes fuer int\n", sizeof(int));
    printf("matrix:\n");
    printf("  %d Elemente\n", sizeof(matrix)/sizeof(double));
    printf("  %d Bytes\n", sizeof(matrix));
    printf("   bei %d Bytes fuer double\n", sizeof(double));
    printf("adressen:\n");
    printf("  %d Elemente\n", sizeof(adressen)/sizeof(char));
    printf("  %d Bytes\n", sizeof(adressen));
    printf("   bei %d Bytes fuer char\n", sizeof(char));
    return(0);
}
```

Möglicher Ablauf dieses Programms `arrysize.c`:

```
kalender:
    372 Elemente
    1488 Bytes
    bei 4 Bytes fuer int
matrix:
    1000 Elemente
    8000 Bytes
    bei 8 Bytes fuer double
adressen:
    20000 Elemente
    20000 Bytes
    bei 1 Bytes fuer char
```

25.2.4 Übung: Game of Life (Beispiel für zellulare Automaten)

Die wesentliche Eigenschaft lebender Organismen ist ihre Fähigkeit zur Selbstreproduktion. Jeder Organismus kann Nachkommen erzeugen, die – bis auf Feinheiten – eine Kopie des erzeugenden Organismus sind. *John von Neumann* stellte folgende Frage: *Sind auch Maschinen (z. B. Roboter) zur Selbstreproduktion fähig? Welche Art logischer Organisation ist dafür notwendig und hinreichend?* *S. M. Ulam* schlug die Verwendung so genannter *zellularer Automaten* vor. Einen zellularen Automaten kann man sich anschaulich als eine in Quadrate (Zellen) aufgeteilte Ebene vorstellen. Auf jedem Quadrat befindet sich ein endlicher Automat, dessen Verhalten von seinem eigenen Zustand und von den Zuständen gewisser Nachbarn (Zellen) abhängt. Alle Automaten sind gleich und arbeiten im gleichen Takt.

Ein berühmtes Beispiel für einen zellularen Automaten ist das *Game of Life (Lebensspiel)* des englischen Mathematikers *John H. Conway*. Jede Zelle hat zwei Zustände (lebend, tot) und die Umgebung der Zelle besteht aus den angrenzenden acht Nachbarquadraten. Die Zeit verstreicht in diskreten Schritten. Von einem Schlag der kosmischen Uhr bis zum nächsten verharrt die Zelle im zuvor eingenommenen

Zustand, beim Gong aber wird nach den folgenden Regeln erneut über Leben und Tod entschieden:

- **Geburt**
  Eine tote Zelle feiert Auferstehung, wenn drei ihrer acht Nachbarn leben.
- **Tod durch Überbevölkerung**
  Eine Zelle stirbt, wenn vier oder mehr Nachbarn leben.
- **Tod durch Vereinsamung**
  Eine Zelle stirbt, wenn sie keinen oder nur einen lebenden Nachbarn hat.

Eine lebende Zelle bleibt also genau dann am Leben, wenn sie zwei oder drei lebende Nachbarn besitzt. Der Reiz dieses Spiels liegt in seiner Unvorhersehbarkeit. Nach den oben angegebenen Regeln kann eine Population aus lebenden Zellen grenzenlos wachsen, sich zu einem periodisch wiederkehrenden oder stabilen Muster entwickeln oder aussterben.

Erstellen Sie ein Programm life.c, bei dem der Benutzer zunächst die Länge und Breite des Spielfelds eingibt. Danach soll der Benutzer wählen können, ob er die Anfangspopulation selbst (über Mausklicks) eingeben will oder ob diese zufällig sein soll. Im zweiten Fall soll der Benutzer noch eingeben können, wie viele Zellen zu Beginn leben sollen. Um diese Übung zu lösen, muss man das Kapitel 21 auf Seite 301 zur Graphikprogrammierung gelesen haben. Die Abbildungen 25.17 und 25.18 zeigen mögliche Anzeigen des Programms life.c.

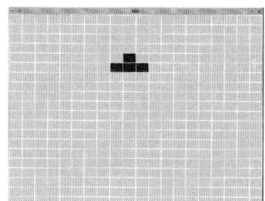 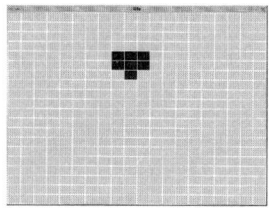 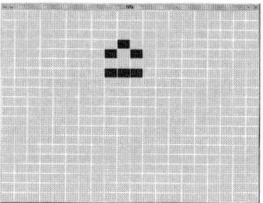

Abbildung 25.17: Population zu Beginn, nach dem ersten und dem zweiten Schritt

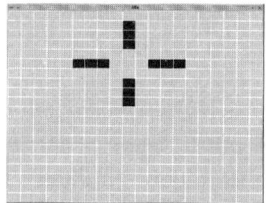 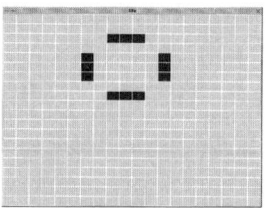

Abbildung 25.18: Populationen nach weiteren Schritten, die sich nun ständg wiederholen

Weitere interessante Figuren sind:

```
                                        x   x
                   x                    xxxx
       xx         xxx        x          x    x
       xx          x        x  x        x xx x
        x          x         xxx        x    x
                                        xxxx
     Pentomino    Kreuz    Gleiter    Chesire-Katze
```

Eine andere Population mit überraschendem Verhalten ist:

```
xxxxx xxxxx xxxxx xxxxx xxxxx xxxxx xxxxx
```

25.3 Zusammenhänge zwischen Arrays und Zeigern

Arrays stehen in engem Zusammenhang mit Zeigern. Zeigervariablen enthalten Adressen und werden bei der Deklaration durch Voranstellen eines Stern (*) vor dem Variablennamen als solche gekennzeichnet, wie z. B.:

```
int *zgr1, *zgr; /* Zwei Zeigervariablen, die auf int-Speicherplätze
                    zeigen können                                   */
```

In diesem Kapitel werden wir erfahren, dass Arrays in der Programmiersprache C sehr viel mit Zeigern gemeinsam haben.

25.3.1 Arrayname ist konstanter Zeiger auf erstes Element

In C gilt immer, dass der Name eines Arrays automatisch ein *konstanter Zeiger* auf das erste Element des Arrays ist. Wenn wir z. B. folgende Array-Definition angeben:

```
int vektor[5];
```

so definieren wir ein Array vektor mit den 5 Elementen vektor[0], vektor[1], ..., vektor[4]. vektor[i] liegt dann i Elemente vom Array-Anfang entfernt. Gibt man nur den Arraynamen vektor alleine (ohne Index) an, so erhält man die Anfangsadresse von vektor. Will man also einen Zeiger, der z. B. mit

```
int *zeiger;
```

definiert ist, auf den Anfang des Arrays vektor positionieren, so kann eine der beiden folgenden Anweisungen, die beide das gleiche leisten, angegeben werden:

```
zeiger = &vektor[0]; /* & = Adreßoperator; liefert Adresse des entspr. Objekts */
zeiger = vektor;
```

Soll nun das erste Element von vektor einer int-Variablen ganz zugewiesen werden, so könnten wir, da sowohl zeiger als auch vektor auf das erste Element zeigen, wieder zwischen den folgenden beiden Anweisungen wählen:

```
ganz = *zeiger;
ganz = *vektor;
```

Beide Anweisungen entsprechen der folgenden Anweisung

```
ganz = vektor[0];
```

Mit der in Abbildung 25.19 gezeigten Symbolik für Zeiger, Variablen und Werte lassen sich die eben beschriebenen Operationen in einer Bildsequenz anschaulich machen:

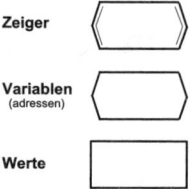

Abbildung 25.19: Symbolik für Zeiger, Variablen und Werte

int vektor[5];

Bei der Darstellung dieser Definition wird davon Gebrauch gemacht, dass ein konstanter Zeiger mit Namen vektor automatisch angelegt wird, der auf das 0. Element des Arrays vektor zeigt, wie dies in Abbildung 25.20 gezeigt ist.

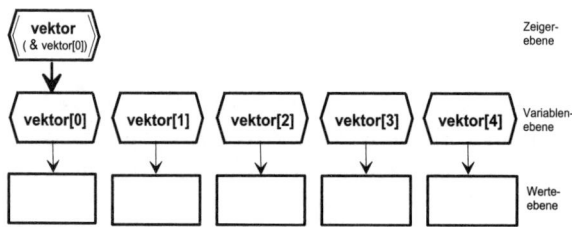

Abbildung 25.20: Konstanter Zeiger vektor nach der Deklaration int vektor[5]

int *zeiger;

Deklaration eines noch undefinierten Zeigers; siehe auch Abbildung 25.21.

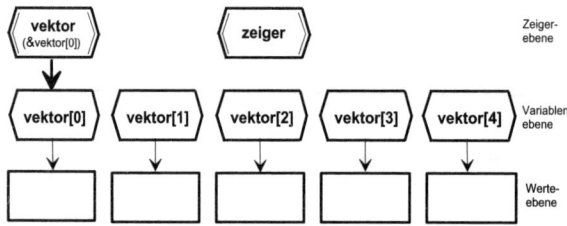

Abbildung 25.21: Nach der Deklaration eines undefinierten Zeigers mit int *zeiger

25.3 Zusammenhänge zwischen Arrays und Zeigern

int ganz;

Deklaration einer weiteren Variablen; siehe auch Abbildung 25.22.

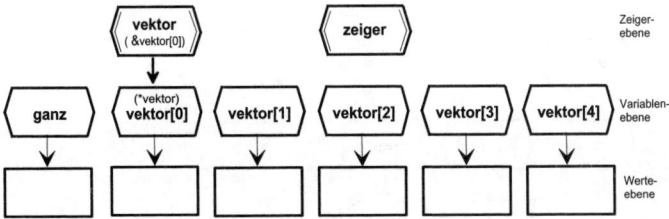

Abbildung 25.22: Nach der Deklaration einer weiteren Variablen mit `int ganz`

zeiger = vektor; (entspricht **zeiger = & vektor [0];**)

Den Zeiger `zeiger` auf den Arrayanfang zu positionieren; siehe auch Abbildung 25.23.

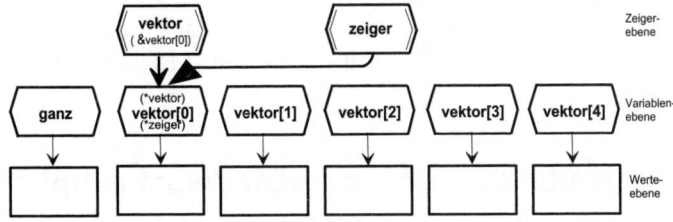

Abbildung 25.23: Positionieren des Zeigers auf den Arrayanfang (mit `zeiger = vektor`)

for (i=0; i<=4; ++i)

    vektor[i]=i+1;

Den Elementen des Arrays Werte zuweisen; siehe auch Abbildung 25.24.

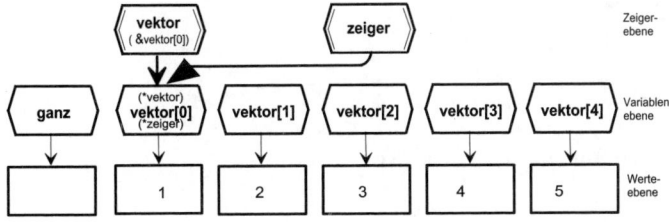

Abbildung 25.24: Nach der Zuweisung von Werten an die Elemente des Arrays

ganz=*zeiger; (entspricht **ganz=*vektor;** oder **ganz=vektor[0];**)

Das Element `vektor[0]` der Variablen `ganz` zuweisen; siehe auch Abbildung 25.25.

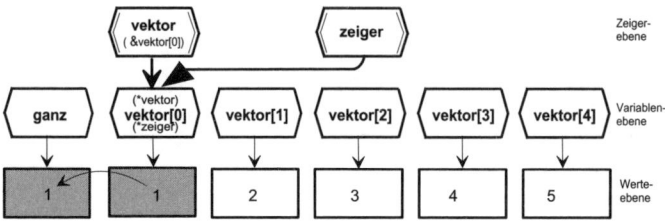

Abbildung 25.25: Nach der Zuweisung `ganz = *zeiger`

Der Name eines Arrays ohne Angabe von Indizes entspricht also immer einem Zeiger auf den Anfang des Arrays, ohne dass dieser als Zeiger deklariert wurde; d. h., wir können z. B. über einen Zeiger verfügen, ohne dass für diesen Zeiger Speicherplatz reserviert wird. Dies wiederum bedeutet, dass ein solcher implizit fest vorgegebener Zeiger nicht verändert werden kann und immer auf dieselbe Adresse (Anfangsadresse eines Arrays) zeigt.

25.3.2 Zugriff auf Arrayelemente ist auch über Zeiger möglich

Nachfolgend wird noch ein weiteres Beispiel in einer Bildsequenz nachvollzogen. Zeigt `zeiger` auf ein bestimmtes Element eines Arrays `elem`, dann zeigt `zeiger+1` auf das nachfolgende Element und `zeiger-1` auf das vorhergehende:

```
int elem[3], *zeiger;  /* siehe Abb. 25.26 */
```

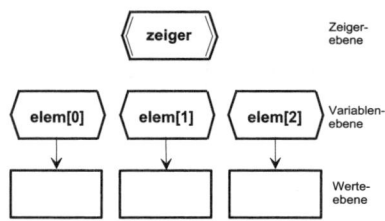

Abbildung 25.26: Nach der Deklaration `int elem[3], *zeiger;`

Bei Abbildung 25.26 und den folgenden Abbildungen wird aus Übersichtsgründen der implizit vorhandene und konstante Zeiger `elem` nicht dargestellt.

25.3 Zusammenhänge zwischen Arrays und Zeigern

```
zeiger=&elem[1];  /* siehe Abb. 25.27 */
```

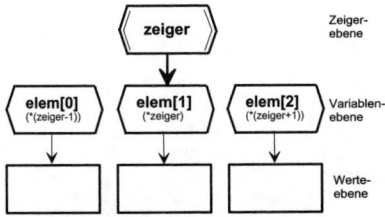

Abbildung 25.27: Nach der Zuweisung `zeiger=&elem[1]`

```
*(zeiger-1) = 10;  (entspricht elem[0]=10)  /* s. Abb. 25.28 */
*zeiger = 20;      (entspricht elem[1]=20)
*(zeiger+1) = 30;  (entspricht elem[2]=30)
```

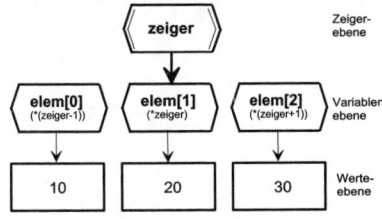

Abbildung 25.28: Nach der Zuweisung von Werten über `zeiger`

```
*(zeiger-1) = *zeiger + *(zeiger+1);  /* siehe Abb. 25.29 */
```

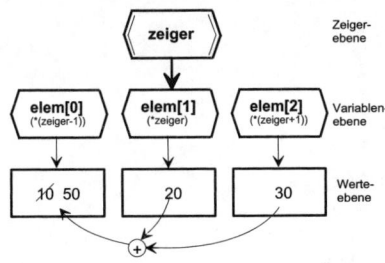

Abbildung 25.29: Nach der Zuweisung `*(zeiger-1) = *zeiger + *(zeiger+1);`

Diese Anweisung entspricht also:

```
elem[0]= elem[1]+ elem[2];
```

Dieses Beispiel wollen wir nun einmal mit fiktiven Adressen auf Maschinenebene durchspielen, wobei hier für den Datentyp `int` zwei Bytes angenommen werden:

```
int elem[3], *zeiger;   /* siehe Abb. 25.30 */
```

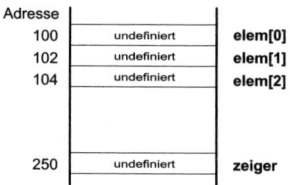

Abbildung 25.30: Nach der Deklaration `int elem[3], *zeiger;`

```
zeiger=&elem[1];   /* siehe Abb. 25.31 */
```

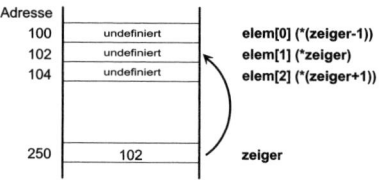

Abbildung 25.31: Nach der Zuweisung `zeiger=&elem[1]`

```
*(zeiger-1) = 10;   /* siehe Abb. 25.32 */
*zeiger = 20;
*(zeiger+1) = 30;
```

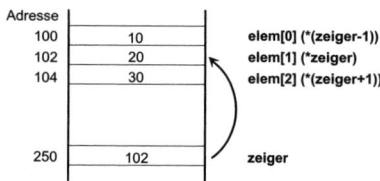

Abbildung 25.32: Nach der Zuweisung von Werten über `zeiger`

```
*(zeiger-1) = *zeiger + *(zeiger+1);   /* siehe Abb. 25.33 */
```

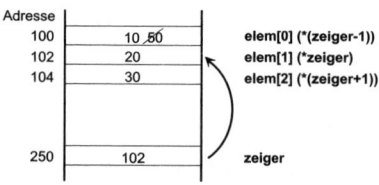

Abbildung 25.33: Nach der Zuweisung `*(zeiger-1) = *zeiger + *(zeiger+1);`

Allgemein können wir also feststellen, dass `zeiger+i` auf das `i`-te Element nach `zeiger` und `zeiger-i` auf das `i`-te Element vor `zeiger` zeigt.

Wenn also `zeiger` auf `vektor[0]` zeigt, dann entspricht `*(zeiger+1)` dem Element `vektor[1]` und `*(zeiger+i)` dem Element `vektor[i]`; siehe auch Abbildung 25.34.

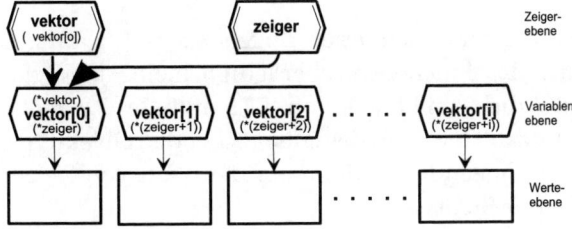

Abbildung 25.34: Zugriff auf Arrayelemente sowohl über `*(zeiger+i)` als auch über `vektor[i]` möglich

`zeiger+i` ist also die Adresse des Elements `vektor[i]` (`&vektor[i]`) und `*(zeiger+i)` ist das Array-Element `vektor[i]` selbst.

Beispiel:

Wir wollen das Konvertierungs-Programm `dezumwan.c` von Seite 520 so umschreiben, dass die Arrayelemente nicht mehr mit Angabe eines Index wie in `ziel[i]`, sondern über den Arraynamen `ziel` mit Distanzangabe `+i` angesprochen werden.

Das folgende Programm `dezumwa2.c` leistet dann dasselbe wie das Programm `dezumwan.c` von Seite 520.

```
#include <stdio.h>

int main(void)
{
    int  zahl, basis, zaehler=0, i;
    int  ziel[100];

    while (1) {
        printf("Gib Basis des Zielsystem ein (2<=Basis<=10): ");
        scanf("%d", &basis);
        if (basis>=2 && basis<=10)
            break;
    }
    printf("Gib die zu wandelnde Zahl aus dem Zehnersystem ein: ");
    scanf("%d", &zahl);

    printf("       ---> %d(10) = ", zahl);
    while (zahl>0)  {
        *(ziel+zaehler) = zahl % basis; /* statt: ziel[zaehler] = zahl % basis; */
        zahl /= basis;
```

```
        ++zaehler;
    }
    for (i=zaehler-1 ; i>=0 ; i--)
        printf("%d", *(ziel+i));     /* Statt: printf("%d", ziel[i]); */
    printf(" (%d)\n",basis);
    return(0);
}
```

Wie wir gezeigt haben, zeigt ein um i inkrementierter Zeiger zeiger+i auf das nachfolgende i.te Element. Da auf Maschinenebene aber lediglich einzelne Bytes adressiert werden können, bedeutet dies – abhängig vom Datentyp des Zeigers – eine Multiplikation von i mit der Anzahl der Bytes des entsprechenden Objekttyps, auf den der Zeiger zeigt. Eine anschließende Addition auf den Wert von Zeiger positioniert dann an die entsprechende Stelle.

Wenn z. B. folgende Arrray-Definition vorliegt:

```
double messwerte[10];
```

vorliegt und für double 8 Bytes verwendet werden, dann bedeutet die folgende Angabe

```
messwerte[7] /* entspricht *(messwerte+7) */
```

dass auf die Adresse zugegriffen wird, die 7*8 Bytes von der Anfangsadresse messwerte entfernt liegt.

Den Unterschied zwischen C-Ebene und Maschinenebene bei der Adressierung soll das nachfolgende Beispiel aufzeigen:

```
short *zeiger, feld[4]; /* siehe Abb. 25.35 */
```

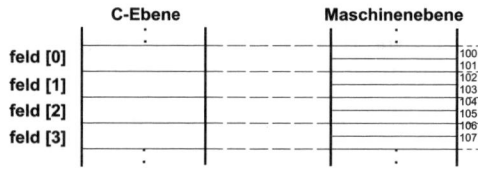

Abbildung 25.35: Nach der Deklaration short *zeiger, feld[4];

Hierbei wird angenommen, dass der Datentyp short zwei Bytes belegt.

```
zeiger = feld; /* siehe Abb. 25.36 */
```

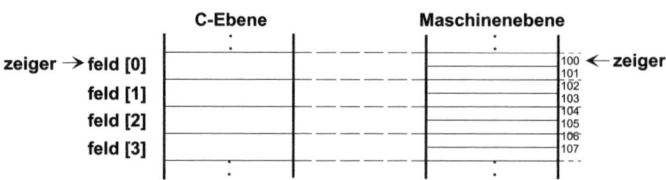

Abbildung 25.36: Nach der Zuweisung zeiger = feld;

25.3 Zusammenhänge zwischen Arrays und Zeigern

```
zeiger = zeiger+3; /* siehe Abb. 25.37 */
```

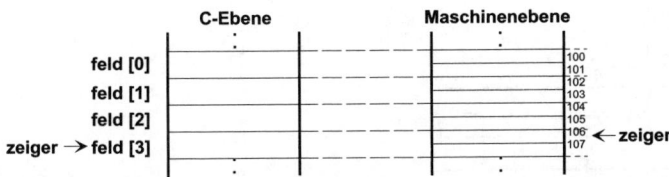

Abbildung 25.37: Nach der Zuweisung `zeiger = zeiger+3`;

`zeiger+3` auf C-Ebene entspricht auf Maschinenebene `zeiger+3*2`, da short-Variablen zwei Bytes belegen. War `zeiger` zuvor auf die Adresse `100` gerichtet, so zeigt er nach der Zuweisung `zeiger=zeiger+3` auf die Adresse `106`, da auf Maschinenebene `100+2*3(=106)` gerechnet wird.

25.3.3 Unterschied zwischen Arraynamen und echtem Zeiger

Wie bereits erwähnt, existiert zwischen einem Arraynamen ohne Indexangabe und einem explizit definierten Zeiger ein wesentlicher Unterschied, den es zu beachten gilt:

```
int *zeig, vektor[5];
```

Bei einem explizit definierten Zeiger (`zeig`) handelt es sich um eine Variable, deren Wert beliebig verändert werden kann. Anders ausgedrückt: In eine solche Zeigervariable kann ständig eine andere Adresse geschrieben werden, wie dies in den Abbildungen 25.38 und 25.39 gezeigt ist.

```
zeig = vektor; oder zeig = &vektor[0]; /* siehe Abb. 25.38 */
```

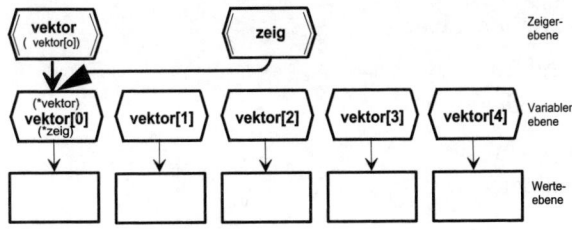

Abbildung 25.38: `zeig = vektor;` entspricht: `zeig = &vektor[0];`

```
zeig=zeig+3;
```

oder

```
zeig=vektor+3;
```

oder

```
zeig=&vektor[3];   /* siehe Abb. 25.39 */
```

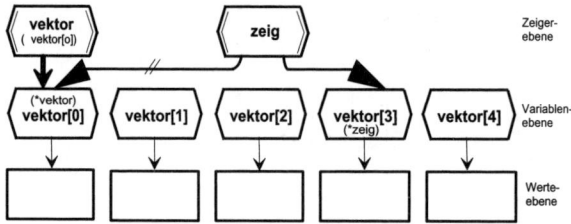

Abbildung 25.39: `zeig = zeig+3;` oder `zeig = vektor+3;` oder `zeig = &vektor[3]`

Bei einem implizit eingeführten Zeiger (wie hier `vektor`) handelt es sich dagegen um eine Konstante, deren Wert niemals manipuliert werden kann. Das heißt also, dass mit der Definition eines Arrays immer automatisch ein konstanter Zeiger (Arrayname ohne Indexangabe) angelegt wird, der immer auf den Arrayanfang zeigt. Ausdrücke wie:

```
vektor=zeiger;
++vektor;
vektor=&vektor[3];
```
sind also nicht erlaubt.

Beispiel:

Es ist ein Programm `quadzahl.c` zu erstellen, das in einem Array `quad` die ersten 20 ganzzahligen Quadratzahlen (ohne 0) ablegt, und dann alle geraden Quadratzahlen in das Array `gerad` und alle ungeraden Quadratzahlen in das Array `ungerad` überträgt.

Danach soll der Benutzer wählen können, ob er

(1) alle geraden Quadratzahlen oder

(2) alle ungeraden Quadratzahlen oder

(3) alle Quadratzahlen zwischen 1 und 20

am Bildschirm aufgelistet haben möchte.

Das Programm `quadzahl.c`:

```
#include <stdio.h>

int main(void)
{
    short    quad[20], gerad[20], ungerad[20];
    short    *zeigqu, *zeigge, *zeigun, *pointer, i, wahl;

    for (i=0 ; i<=19 ; i++)
        quad[i] = (i+1)*(i+1);
    for (zeigqu=quad,zeigge=gerad,zeigun=ungerad ; zeigqu<=&quad[19] ; )
        if (*zeigqu % 2 == 0)
            *zeigge++ = *zeigqu++;     /* entspricht: *zeigge=*zeigqu;   */
```

```
                                    /*       ++zeigqu; ++zeigge; */
        else
            *zeigun++ = *zeigqu++;
    do {
        printf("\n\n"
               "    0 = Programmende\n"
               "    1 = gerade Quadratzahlen\n"
               "    2 = ungerade Quadratzahlen\n"
               "    3 = alle Quadratzahlen\n\n"
               "Ihre Wahl: ");
        scanf("%d", &wahl);
        switch(wahl)  {
            case 0:
                printf("\n-----Programmende------\n");
                break;
            case 1:
                for (pointer=gerad ; pointer<zeigge ; ++pointer)
                    printf("\n%d", *pointer);
                break;
            case 2:
                for (pointer=ungerad ; pointer<zeigun ; ++pointer)
                    printf("\n%d", *pointer);
                break;
            case 3:
                for (pointer=quad ; pointer<zeigqu ; ++pointer)
                    printf("\n%d",*pointer);
                break;
            default:
                printf("\n......Falsche Eingabe......\n\n");
                break;
        }
    } while (wahl != 0);
    return(0);
}
```

Erläuterung:
Mit der ersten Schleife
```
    for (i=0 ; i<=19 ; i++)
        quad[i] = (i+1)*(i+1);
```
werden im Array quad die ersten 20 Quadratzahlen gespeichert, wie dies in Abbildung 25.40 gezeigt ist.
In dieser Schleife wird mit Indizierung gearbeitet; dies erfordert bei jedem Schleifendurchgang eine Adreßberechnung der Art:

```
    Anfangsadresse      +      2      *      i
         ^                     ^             ^
         |                     |             |
      &quad[0]              2 Bytes        Index
                            für short      für quad[i]
```

Bei der zweiten Schleife

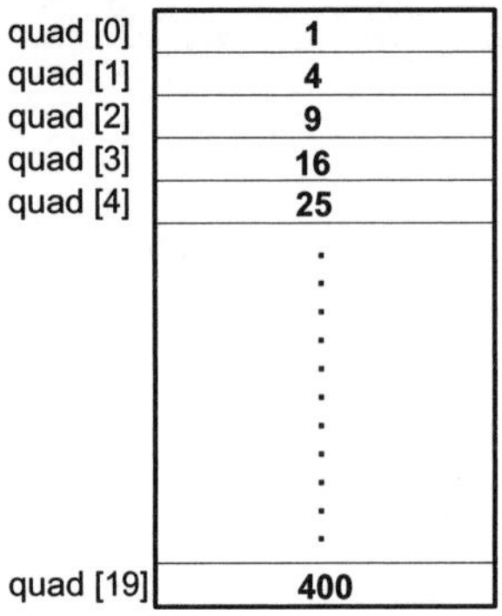

25 Zeiger und Arrays

quad [0]	1
quad [1]	4
quad [2]	9
quad [3]	16
quad [4]	25
⋮	⋮
quad [19]	400

Abbildung 25.40: Speichern der ersten 20 Quadratzahlen im Array quad

```
for (zeigqu=quad,zeigge=gerad,zeigun=ungerad ; zeigqu<=&quad[19] ; )
   if (*zeigqu % 2 == 0)
      *zeigge++ = *zeigqu++;     /* entspricht: *zeigge=*zeigqu;   */
                                 /*             ++zeigqu; ++zeigge */
   else
      *zeigun++ = *zeigqu++;
```

dagegen arbeiten wir mit Zeigern, die bei jedem Zugriff hochgezählt, d. h. auf das nächste Element ausgerichtet werden. Hier sind bei jedem Schleifendurchlauf – im Gegensatz zur ersten Schleife – nur zwei Additionen: für `zeigqu` (+2 Bytes) und `zeigge` (+2 Bytes) oder `zeigun` (+2 Bytes), erforderlich, welche durch den Operator ++ ausgeführt werden.

Im Initialisierungsteil der `for`-Schleife werden die entsprechenden Zeiger gesetzt.

    `zeigqu`   auf die Anfangsadresse des Arrays `quad`,
    `zeigge`   auf die Anfangsadresse des Arrays `gerad`,
    `zeigun`   auf die Anfangsadresse des Arrays `ungerad`

Der Schleifendurchlauf ist beendet, wenn `zeigqu` auf ein Element zeigt, das nicht mehr zum Array quad gehört. Mit der Abfrage

```
if (*zeigqu % 2 == 0)
```

wird überprüft, ob die momentan betrachtete Quadratzahl aus `quad`, auf die `zeigqu` augenblicklich zeigt, durch 2 teilbar ist, also ob es sich um eine gerade Zahl handelt. Wenn ja, dann wird mit der Zuweisung

```
*zeigge++ = *zeigqu++;
```

zunächst die entsprechende Quadratzahl aus `quad` in das Array `gerad` übernommen (`*zeigge=*zeigqu`). In dieser Zuweisung wird allerdings auch noch die Erhöhung von `zeigqu` (`zeigqu++`) und von `zeigge` (`zeigge++`) vorgenommen. Hätten wir zuerst die Zeiger weiterpositionieren und dann die Zuweisung des Wertes vornehmen wollen, so wäre folgende Anweisung erforderlich gewesen:

```
*++zeigge = *++zeigqu;
```

was folgender Anweisungsfolge entsprochen hätte:

```
++zeigqu;
++zeigge;
*zeigge = *zeigqu;
```

Ist die gerade betrachtete Quadratzahl ungerade, so wird sie über den Zeiger `zeigun` mit

```
*zeigun++ = *zeigqu++;
```

im Array `ungerad` aufgenommen.

Die abschließende `do...while`-Schleife wird solange durchlaufen, bis der Benutzer die Ziffer 0 eingibt. Bei Eingabe einer der Ziffern 1, 2 oder 3 wird der Zeiger `pointer` im Initialisierungsteil der entsprechenden `for`-Schleife auf den Anfang des jeweiligen Arrays `gerad`, `ungerad` oder `quad` gesetzt. Bei jedem Schleifendurchlauf wird dann das Arrayelement, auf das `pointer` momentan zeigt (`*pointer`), am Bildschirm ausgegeben, und danach wird der Zeiger `pointer` mit `++pointer` auf das nächste Arrayelement positioniert. Die `for`-Schleife wird solange durchlaufen, bis das Ende des entsprechenden Arrays erreicht ist.

25.3.4 Erlaubte Operationen mit Zeigern

Wir nehmen für die Beispiele hierbei die folgenden Definitionen an:

```
int *zeig1, *zeig2, wert=3;
```

Es sind nun die folgenden Operationen mit Zeigern erlaubt:

Addition einer `int`-Konstante oder einer `int`-Variablen

Beispiele:

```
zeig1 += 4;      /* Positioniere zeig1 um 4 Elemente weiter      */
zeig1 += wert;   /* Positioniere zeig1 um wert (3) Elemente weiter */
```

Subtraktion einer `int`-Konstante oder einer `int`-Variablen

Beispiele:

```
zeig1 -= 4;      /* Positioniere zeig1 um 4 Elemente zurück      */
zeig1 -= wert;   /* Positioniere zeig1 um wert (3) Elemente zurück */
```

Subtraktion zweier Zeiger

Beispiele:

```
zeig1 - zeig2
```

Vergleiche zweier Zeiger

Beispiele:

```
zeig1 >  zeig2
zeig1 <  zeig2
zeig1 >= zeig2
```

```
zeig1 <= zeig2
zeig1 == zeig2
zeig1 != zeig2
```

25.3.5 Unerlaubte Operationen mit Zeigern

Wir nehmen für die Beispiele wieder die folgenden Definitionen an:
```
int  *zeig1, *zeig2, wert=3;
```
Es sind nun die folgenden Operationen mit Zeigern nicht erlaubt:

Addition, Division und Multiplikation von Zeigern
Beispiele:
```
zeig1 = zeig2 + zeig1;  /* nicht erlaubt */
zeig2 = zeig1/zeig2;    /* nicht erlaubt */
zeig1 *= 4;             /* nicht erlaubt */
```

Operationen mit `float`- oder `double`-Werten
Beispiele:
```
zeig1 += 3.37;  /* nicht erlaubt */
zeig2 -= 4.5;   /* nicht erlaubt */
```

Shift-, Bit- oder logische Operationen
Beispiele:
```
zeig2 >>= 4;            /* nicht erlaubt */
zeig1 = !zeig2;         /* nicht erlaubt */
zeig2 = zeig1 & zeig2;  /* nicht erlaubt */
```

Beispiel:

Es sollen über Bildschirm maximal 100 ganze Zahlen eingegeben werden, wobei die Zahl -30000 die Eingabe beendet.

Wir wollen ein C-Programm `sort1.c` erstellen, das die eingegebenen Zahlen sortiert am Bildschirm wieder ausgibt. Dazu wollen wir ein einfaches Sortierverfahren entwickeln.

Wenn wir z. B. folgende Zahlen sortieren müßten:

2
3
4
1

könnten wir folgendermaßen vorgehen:
1. Wir stellen einen Zeiger auf das erste Element und vergleichen dieses Element mit allen anderen Zahlen. Wird bei einem Vergleich ein kleineres Element gefunden, so ist es mit dem momentanen an erster Stelle stehenden Element zu vertauschen. Der Vergleich der restlichen Elemente soll rückwärts erfolgen,

25.3 Zusammenhänge zwischen Arrays und Zeigern

d. h., zuerst wird das letzte Element mit dem ersten Element, dann das vorletzte Element mit dem ersten Element usw. verglichen. Nach einem Durchlauf ist sichergestellt, dass das erste Element auch das kleinste Element ist; siehe auch Abbildung 25.41.

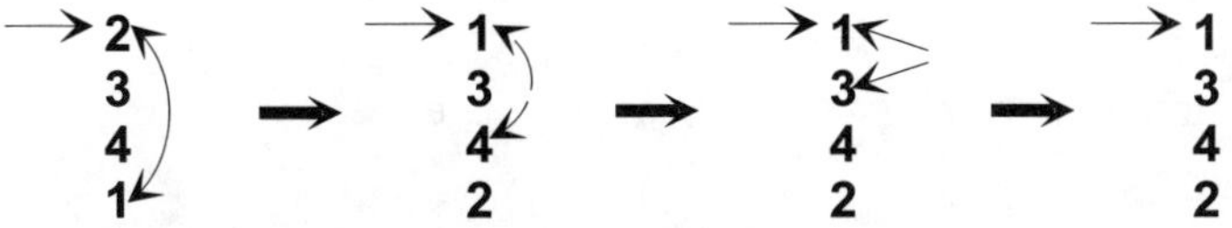

```
→ 2↰      → 1↰      → 1↲      → 1
  3    →    3    →    3↲   →    3
  4         4↲        4         4
  1↲        2         2         2
```

Abbildung 25.41: Kleinstes Element nach vorne bringen

2. Für den zweiten Durchlauf positionieren wir den Zeiger auf das nächste (zweite) Element und vergleichen dieses wieder rückwärts mit allen Elementen. Nach dem zweiten Durchlauf steht fest, dass das zweite Element an seiner richtigen Position steht; siehe auch Abbildung 25.42.

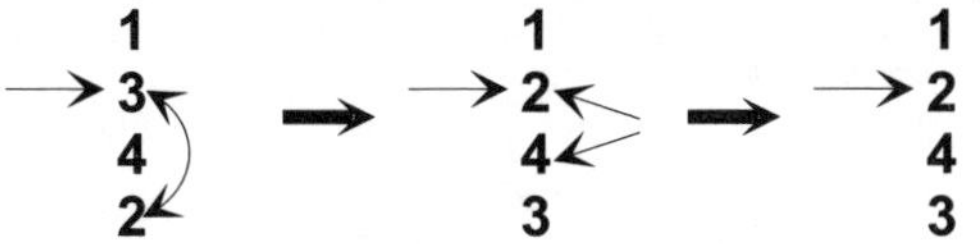

```
   1          1          1
→ 3↰    →  → 2↰    →  → 2
  4          4↲          4
  2↲         3           3
```

Abbildung 25.42: Zweitkleinste Element an zweiter Stelle einordnen

3. Für den dritten Durchlauf positionieren wir deshalb den Zeiger auf das dritte Element und vergleichen dieses mit dem vierten Element; siehe auch Abbildung 25.43.

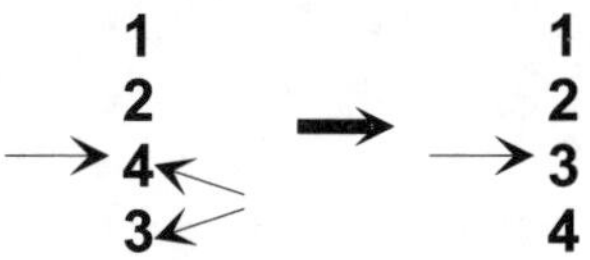

```
   1          1
   2          2
→ 4↰     →  → 3
  3↲          4
```

Abbildung 25.43: Nach drittem Durchgang ist Sortierung abgeschlossen

Allgemein können wir also zu diesem Sortierverfahren sagen, dass wir einen Zeiger 1 auf die zu sortierende Stelle benötigen. Zusätzlich wird noch ein Zeiger 2 benötigt, der vom Arrayende beginnend rückwärts läuft. Es ist dann das mit Zeiger 1 festgehaltene Element sequentiell mit allen Elementen zu vergleichen (und eventuell zu vertauschen), auf die der „schneller laufende" Zeiger 2 zeigt.
Der Zeiger 1 muss also vom Arrayanfang bis zum vorletzten Arrayelement laufen. Der rückwärts laufende Zeiger 2 muss immer beim Arrayende beginnen und bis Zeiger 1 + 1 laufen, d. h., dass jede erneute Ausführung der inneren Schleife einen Schleifendurchlauf weniger besitzt, was ja sinnvoll ist, da ein weiteres Element an seine richtige Position gebracht wurde.

25 Zeiger und Arrays

Das Programm `sort1.c`:

```c
#include <stdio.h>
/*---------- tausch ------------------------------------------------*/
void tausch(int *x, int *y) {
    int hilf;

    hilf=*x;
    *x=*y;
    *y=hilf;
}
/*---------- main --------------------------------------------------*/
int main(void) {
    int  feld[100], *zeiger;
    int  *zeiger1, *zeiger2, *vekt_anfang, *vekt_ende;

    vekt_anfang = zeiger = feld;
    printf("\nGeben Sie Ihre Zahlen ein (Ende=-30000)\n");
    /*----- Eingabe der Zahlen -------------------*/
    do {
       printf("%d.Zahl: ", zeiger-feld+1); scanf("%d", zeiger++);
    } while (*(zeiger-1) != -30000);
    /*----- Initialisieren von Zeigervariablen ---*/
    zeiger -= 2;
    vekt_ende = zeiger;
    /*----- Sortieren der Zahlen -----------------*/
    for (zeiger1=vekt_anfang ; zeiger1<=vekt_ende-1 ; zeiger1++)
       for ( zeiger2=vekt_ende ; zeiger2>=zeiger1+1 ; --zeiger2 )
          if (*zeiger1 > *zeiger2 )
             tausch(zeiger1,zeiger2);
    /*----- Ausgabe der sortierten Zahlen --------*/
    printf("\n\nDie sortierten Zahlen sind :\n");
    for ( ; vekt_anfang<=vekt_ende ; ++vekt_anfang)
       printf("%d\n",*vekt_anfang);
    return(0);
}
```

Erläuterung:
In `main()` wird zunächst mit

```
vekt_anfang = zeiger = feld;
```

in den Zeigervariablen `vekt_anfang` und `zeiger` die Anfangsadresse des Arrays `feld` gespeichert. Im Programmteil

```
do {
   printf("%d.Zahl: ", zeiger-feld+1);  scanf("%d", zeiger++);
} while (*(zeiger-1) != -30000);
```

werden solange Zahlen eingelesen, bis Zahl -30000 eingegeben wird; Abbruchbedingung lautet hierbei

```
*(zeiger-1) != -30000
```

da `zeiger` nach der Eingabe schon ein Element weiterpositioniert wurde. Die Nummer der einzugebenden Zahl lassen wir uns mit

```
zeiger       -      feld        + 1
  ^                  ^
  |                  |
momentane         Anfangsadresse
Zeigerposition    des Arrays feld
```

berechnen (+1, um das Zählen bei 1 beginnen zu lassen). Solche Ausdrücke, in denen zwei Zeiger subtrahiert werden, sind ja bekanntlich erlaubt. Im Programmteil

```
zeiger -= 2;
vekt_ende = zeiger;
```

wird mit `zeiger-=2;` die Zeigervariable `zeiger` auf die letzte relevante Ziffer positioniert. Die Subtraktion von 2 ist notwendig, da beim letzten Durchlauf der do...while-Schleife mit `scanf("%d", zeiger++)` zum einem die nicht zur Zahlenreihe gehörige Zahl -30000 eingelesen wurde, zum anderen der `zeiger` auf das nächste Element (`zeiger++`) positioniert wurde. Danach werden im Programmteil

```
for (zeiger1=vekt_anfang ; zeiger1<=vekt_ende-1 ; zeiger1++)
    for ( zeiger2=vekt_ende ; zeiger2>=zeiger1+1 ; --zeiger2 )
        if (*zeiger1 > *zeiger2 )
            tausch(zeiger1,zeiger2);
```

die Zahlen entsprechend dem oben angegbenen Algorithmus sortiert, bevor die sortierten Zahlen dann mit der folgenden `for`-Schleife ausgegeben werden:

```
for ( ; vekt_anfang<=vekt_ende ; ++vekt_anfang)
    printf("%d\n",*vekt_anfang);
```

25.3.6 Übergabe eines Arrays an eine Funktion mittels Adresse

In C gibt es keinerlei Möglichkeit, ein Array direkt an eine Funktion zu übergeben. Stattdessen übergibt man immer nur die Anfangsadresse des Arrays.
Bei der Deklaration der formalen Parameter einer Funktion sind die beiden Angaben
`int vekt[]` und
`int *vekt`
völlig äquivalent.
Welche Schreibweise man angibt, hängt im wesentlichen davon ab, wie man dann in einer Funktion auf die Arrayelemente zugreift, um so zu dokumentieren, dass man dieses Argument
❑ als Array: `int vekt[] /* bei Zugriffen wie vekt[i] */`
❑ oder als Zeiger: `int *vekt /* bei Zugriffen wie *vekt */`
behandelt.
Wenn ein Arrayname an eine Funktion übergeben wird, sind jedenfalls zwei Betrachtungsarten möglich:
❑ Übergabe eines Arrays: **`int vekt[]`**

❏ Übergabe eines Zeigers: `int *vekt`

Welche dieser beiden Betrachtungen in einem konkreten Fall sinnvoll ist, muss in der jeweiligen Anwendung entschieden werden. Unabhängig von der Deklaration (ob `int *vekt` oder `int vekt[]`) können natürlich beide Zugriffsarten in einer Funktion verwendet werden, wenn dies sinnvoll erscheint.

Es gibt natürlich auch die Möglichkeit, lediglich einen Teil eines Arrays an eine Funktion zu übergeben. Dazu setzt man z. B. beim Funktionsaufruf einen Zeiger auf den Anfang des zu übergebenden Teil-Arrays.

Mit der Definition

```
int feld[5];
```

würde auf C-Ebene das in Abbildung 25.44 gezeigte Speicherbild entstehen.

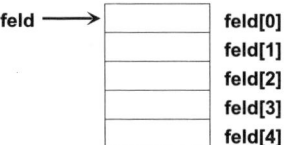

Abbildung 25.44: Speicherbild nach der Deklaration `int feld[5];`

Mit den Funktionsaufrufen

```
ausgabe(&feld[2]);
```

oder

```
ausgabe(feld+2);
```

würde an die Funktion `ausgabe()` als Startwert von `feld` die Adresse des dritten Elements von `feld` übergeben; siehe auch Abbildung 25.45.

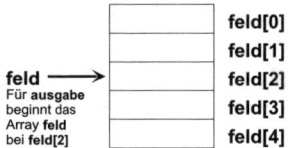

Abbildung 25.45: Startwert von `feld` in der Funktion `ausgabe()` ist `feld[2]`

Bei der Definition der Funktion `ausgabe()` bestehen wieder zwei Möglichkeiten, den formalen Parameter zu deklarieren:

```
ausgabe(int vekt[])
```

oder

```
ausgabe(int *vekt)
```

Wird beim Aufruf einer solchen Funktion, ein Array-Name als Argument übergeben, so wird bei der Ausführung der Funktion diese Adresse auf den Stack hinterlegt. Man arbeitet also dann in der Funktion mit einer Zeigervariablen, deren Inhalt auch verändert werden kann, was aber nicht zur Änderung der Anfangsadresse des Arrays führt.

25.3 Zusammenhänge zwischen Arrays und Zeigern

Beispiel:

Das folgende Programm kubikzah.c füllt zunächst das Array kubik_zahlen mit den Kubikzahlen von 1 bis 1000, bevor der Benutzer einen Bereich eingibt, zu dem er sich die Kubikzahlen (aus diesem Array) ausgeben lassen möchte:

```c
#include <stdio.h>

#define MAX  1000

static void ausgabe(unsigned long *start, unsigned long *ende);

int main(void) {
   unsigned long   kubik_zahlen[MAX+1];
   unsigned long   i, von, bis;

   for (i=1; i<=MAX; i++)
      kubik_zahlen[i] = i*i*i;
   while (1) {
      printf("Kubikzahlen von (Ende 0): "); scanf("%lu", &von);
      if (von == 0)
         break;
      printf("Kubikzahlen bis: "); scanf("%lu", &bis);
      ausgabe(&kubik_zahlen[von], &kubik_zahlen[bis]); printf("\n");
   }
   return(0);
}
static void ausgabe(unsigned long *start, unsigned long *ende) {
   while (start <= ende)
      printf("%10lu", *start++);
         /* *start++ entspricht: *(start++), also entsprechen
            die beiden obigen Codezeilen den folgenden Codezeilen:
            while (start <= ende) {
               printf("%10lu", *start);
               start++; // Zeiger auf naechste Zahl positionieren
            }
         */
}
```

Möglicher Ablauf dieses Programms kubikzah.c:

```
Kubikzahlen von (Ende 0): 100  ⟵
Kubikzahlen bis: 120  ⟵
   1000000   1030301   1061208   1092727   1124864   1157625   1191016   1225043
   1259712   1295029   1331000   1367631   1404928   1442897   1481544   1520875
   1560896   1601613   1643032   1685159   1728000
Kubikzahlen von (Ende 0): 500  ⟵
Kubikzahlen bis: 530  ⟵
 125000000 125751501 126506008 127263527 128024064 128787625 129554216 130323843
 131096512 131872229 132651000 133432831 134217728 135005697 135796744 136590875
 137388096 138188413 138991832 139798359 140608000 141420761 142236648 143055667
 143877824 144703125 145531576 146363183 147197952 148035889 148877000
Kubikzahlen von (Ende 0): 0  ⟵
```

25 Zeiger und Arrays

Bei der Übergabe eines Arraynamens als aktuelles Argument an eine Funktion wird also immer lediglich seine Anfangsadresse auf den Stack in eine eigene funktionslokale Zeigervariable kopiert. Der Inhalt von Zeigervariablen darf ja – im Unterschied zu Arraynamen, die den festen Anfang eines Arrays kennzeichnen – manipuliert werden.

Tritt ein mehrdimensionales Array als formaler Parameter einer Funktion auf, so kann die erste Dimensionierung – wie bei eindimensionalen Vektoren – offengelassen werden:

```
int vekt[][10];
char kreuz_wort[][45];
```

Die zweite und alle weiteren Dimensionen müssen jedoch angegeben werden. Statt der beiden obigen Angaben könnte man auch folgende formalen Parameter-Deklarationen angeben:

```
int (*vekt)[10];
char (*kreuz_wort)[45];
```

Diese beiden Deklarationen, die äquivalent zu den obigen sind, verdeutlichen besser, dass es sich bei `vekt` um einen Zeiger auf `int`-Arrays der Größe 10 und bei `kreuzwort` um einen Zeiger auf `char`-Arrays der Größe 45 handelt. Mit der Anweisung `kreuzwort++` wird also z. B. um 45 Bytes weitergeschaltet.

Beispiel:

Es soll ein Programm `matadd2.c` erstellt werden, das 2 zweidimensionale Arrays (Matrizen) durch Benutzereingaben mit Werten belegt und dann die Summe dieser beiden Matrizen wieder ausgibt.

```
#include  <stdio.h>
/*---------- eingabe ------------------------------------------------*/
void eingabe(int matrix[][10], int zeil, int spal) {
    int i, j;
    for (i=0 ; i<zeil ; i++) {
        for (j=0 ; j<spal ; j++) {
            printf("Element [%d][%d]: ", i, j);
            scanf("%d",&matrix[i][j]);
        }
        printf("\n");
    }
}
/*---------- ausgabe ------------------------------------------------*/
void ausgabe(int m1[][10], int m2[][10], int erg[][10], int zeil, int spal) {
    int i, j;
    for (i=0 ; i<zeil ; i++) {
        for (j=0 ; j<spal ; j++)
            printf("%5d", m1[i][j]);
        printf("%s", (i==zeil/2) ? "  +  " : "     ");
        for (j=0 ; j<spal ; j++)
            printf("%5d", m2[i][j]);
        printf("%s", (i==zeil/2) ? "  =  " : "     ");
        for (j=0 ; j<spal ; j++)
```

```
            printf("%5d", erg[i][j]);
        printf("\n");
    }
}
/*----------- main ------------------------------------------------------*/
int main(void) {
    int    mat1[10][10], mat2[10][10], sum_mat[10][10];
    int    i, j, zeilen, spalten;

    printf("\n\nAddition zweier Matrizen\n"
           "========================\n\n\n");
    /*-------------- Eingabe der Zeilen- und Spaltenzahl */
    printf("Eingabe der Zeilen und Spalten der beiden Matrizen\n");
    printf("   Zeilen:  "); scanf("%d", &zeilen);
    printf("   Spalten: "); scanf("%d", &spalten);
     /*-------------- Eingabe der Werte fuer   mat1  und   mat2 */
    printf("\n----Eingabe der Werte fuer Matrix 1----\n");
    eingabe(mat1, zeilen, spalten);
    printf("\n----Eingabe der Werte fuer Matrix 2----\n");
    eingabe(mat2, zeilen, spalten);
     /*-------------- Addition von  mat1  und  mat2 */
    for (i=0 ; i<zeilen ; i++)
       for (j=0 ; j<spalten ; j++)
         sum_mat[i][j] = mat1[i][j]+mat2[i][j];
     /*-------------- Ausgabe der Ergebnis-Matrix */
    ausgabe(mat1, mat2, sum_mat, zeilen, spalten);
    return(0);
}
```

25.3.7 call by value für Arrays (Zeiger)

Da bei der Übergabe eines Arrays immer die Anfangsadresse (Zeiger) des Arrays übergeben wird, ist es nicht klar, ob die entsprechende Funktion den Inhalt des adressierten Speicherbereichs verändert (*call by reference*) oder nur liest (*call by value*).

Um dem Compiler mitzuteilen, dass der Speicherbereich, auf den eine übergebene Adresse zeigt, nur gelesen und nicht verändert wird, kann man der entsprechenden Parameter-Deklaration das Schlüsselwort const voranstellen. Wird dann in der Funktion versucht, in den Speicherbereich zu schreiben, so meldet der Compiler einen Fehler.

Im obigen Programm matadd2.c hätte man also die Funktion ausgabe(), die die übergebenen Matrizen für die Ausgabe nur liest, auch wie folgt deklarieren können:

```
void ausgabe(const int m1[][10], const int m2[][10], const int erg[][10],
             int zeil, int spal)
{  ...
}
```

Würde man dann in dieser Funktion ausgabe() versuchen, in eine der übergebene Matrizen zu schreiben, wie z. B.:

```
m2[1][1] = 10;
```

dann würde bereits der Compiler einen Fehler melden, wie z. B.:

```
Error ...: Cannot modify a const object in function ausgabe
```

25.3.8 Nachlese zu Arrays und Zeiger

C kennt nur eindimensionale Arrays, und die Größe eines Arrays muss als eine Konstante festgelegt sein. Jedoch kann ein Element eines Arrays ein Objekt eines beliebigen Typs sein, einschließlich eines anderen Arrays. Dies macht es möglich, mehrdimensionale Arrays zu simulieren.

C erlaubt nur zwei Operationen auf Arrays: Größe bestimmen (sizeof) und Adresse des 0. Elements erfragen (arrayname). Alle anderen Array-Operationen werden über Zeiger durchgeführt, auch wenn die indizierte Schreibweise (array[i]) verwendet wird, denn es gilt:

a[i] entspricht ***(a+i)**

Da grundsätzlich immer eine Addition des Index auf die Anfangsadresse stattfindet, sind sogar folgende Angaben möglich:

i[a] entspricht ***(i+a)**

Aus Gründen der Lesbarkeit sollte jedoch auf solche Angaben verzichtet werden. Während man die Anfangsadresse von eindimensionalen Arrays nur durch Angabe des Arraynamens einem Zeiger zuweisen kann, wie z. B.:

```
int a[100];
int *zeiger = a;
```

ist dies bei mehrdimensionalen Arrays nicht so einfach möglich:

```
int a[10][20];
int *zeiger = &a[0][0]; /* nicht möglich: int *zeiger = a; */
```

25.3.9 Algorithmus: Der Bubble-Sort

Die erste für einen Computer geschriebene Programm war ein Sortierprogramm. Die Computer-Pioniere interessierten sich besonders für Sortierprobleme, um die nicht-numerischen Fähigkeiten des Computers zu demonstrieren. Es wird behauptet, dass es kein Programmier-Problem gibt, bei dem nicht früher oder später eine Sortierung anfällt.

Ein populärer und einfacher Sortier-Algorithmus, den jeder Programmierer beherrschen sollte, ist der *Bubble-Sort*, bei dem bei jedem Durchlauf alle benachbarten Elemente verglichen und gegebenenfalls vertauscht werden. Dadurch wandert im i-ten Durchlauf das i-größte Element nach hinten bzw. das i-kleinste Element nach vorne. Der Name dieses Algorithmus resultiert aus der Analogie mit dem Aufsteigen einer Gasblase (*bubble*) in einer Flüssigkeit. Die folgende Funktion bubble_sort() im Programm bubble.c realisiert den Bubble-Sort für ein int-Array der Größe n:

25.3 Zusammenhänge zwischen Arrays und Zeigern

```c
#include <stdio.h>
#include <stdlib.h>
#include <time.h>

void bubble_sort(int n, int z[]) {
   int   i, j, x, k;

   for (i=0; i<n; i++) {
      for (j=n-1; j>i; j--)
         if (z[j-1] > z[j]) {
            x      = z[j-1]; /*-- Vertauschen von z[j] und z[j-1] */
            z[j-1] = z[j];
            z[j]   = x;
         }
      /*------------ Ausgabe hier nur zur Demonstration -------------------*/
      printf("%2d. Durchlauf: ", i-1);
      for (k=0; k<10; k++)
         printf("%3d", z[k]);
      printf("\n");
      /*------------------------------------------------------------------*/
   }
}

int  main(void) {
   int   i, k, zahlen[10];

   srand(time(NULL));

   for (i=0 ; i<10 ; i++)
      zahlen[i] = rand()%100;
   printf("---- vor bubble_sort----------------\n");
   for (k=0; k<10; k++)
      printf("%3d", zahlen[k]);
   printf("\n\n");
   bubble_sort(10, zahlen);
   printf("---- nach bubble_sort---------------\n");
   for (k=0; k<10; k++)
      printf("%3d", zahlen[k]);
   printf("\n\n");
   return(0);
}
```

Möglicher Ablauf des Programms `bubble.c`:

```
---- vor bubble_sort----------------
 75 35 56 48 22 63 16  5  5  3

 1. Durchlauf:    3 75 35 56 48 22 63 16  5  5
 2. Durchlauf:    3  5 75 35 56 48 22 63 16  5
 3. Durchlauf:    3  5  5 75 35 56 48 22 63 16
 4. Durchlauf:    3  5  5 16 75 35 56 48 22 63
```

```
    5. Durchlauf:    3  5  5 16 22 75 35 56 48 63
    6. Durchlauf:    3  5  5 16 22 35 75 48 56 63
    7. Durchlauf:    3  5  5 16 22 35 48 75 56 63
    8. Durchlauf:    3  5  5 16 22 35 48 56 75 63
    9. Durchlauf:    3  5  5 16 22 35 48 56 63 75
---- nach bubble_sort----------------
  3  5  5 16 22 35 48 56 63 75
```

Das beim jeweiligen Durchlauf eingeordnete Element ist in der obigen Ausgabe fett hevorgehoben. Beim Bubble-Sort hat man grundsätzlich immer:

$$\frac{n \cdot (n-1)}{2}$$

Vergleiche, unabhängig davon, ob das Array eventuell schon früher sortiert ist, und damit weitere Durchläufe nicht mehr notwendig wären.

25.3.10 Verwendung der Bibliotheksfunktion qsort()

Ein sehr schneller Sortier-Algorithmus ist der so genannte *Quick-Sort*, weshalb Standard-C auch festlegt, dass in der Headerdatei <stdlib.h> eine Funktion qsort() wie folgt definiert sein muss:

```
void qsort(void *array,
           size_t anzahl,
           size_t groesse,
           int (*vergl_funktion)(const void *, const void *));
```

Die Funktion qsort() sortiert (mit dem Quick-Sort) ein Array mit anzahl Elementen. Das Array beginnt bei array und jedes Vektorelement (array[0] ...array[anzahl-1]) hat eine Größe von groesse Bytes.

Das Sortierkriterium wird durch die Funktion *vergl_funktion festgelegt. Diese Vergleichsfunktion wird ständig von qsort() mit zwei Argumenten, die auf die zu vergleichenden Objekte zeigen, aufgerufen: Die vom Benutzer angegebene Vergleichsfunktion zeigt über den Rückgabewert folgendes an:

```
eine negative Zahl   wenn *argument1 <  *argument2,
0                    wenn *argument1 == *argument2,
eine positive Zahl   wenn *argument1 >  *argument2 ist.
```

Sind zwei Arrayelemente gleich, so ist die Reihenfolge, in der sie im Array eingeordnet werden, nicht festgelegt.

Das folgende Programm qsort1.c leistet das gleiche wie das zuvor vorgestellte Programm bubble.c:

```
#include <stdio.h>
#include <stdlib.h>
#include <time.h>
/*--------- vergleich ----------------------------------------*/
int vergleich(const void *zahl1, const void *zahl2) {
    /* void *-Argumente zuerst nach (int *)-Zeiger casten,
       und dann Zugriff auf die Werte, auf welche die so
       "gecasteten" Zeiger zeigen:
            * (int *)zahl1    und    * (int *)zahl2         */
```

```
      return(* (int *)zahl1 - * (int *)zahl2);   /* aufsteigend sortieren */
}
/*--------- main -----------------------------------------------------*/
int main(void) {
   int  i, k, zahlen[10];

   srand(time(NULL));

   for (i=0 ; i<10 ; i++)
      zahlen[i] = rand()%100;
   printf("---- vor qsort---------------------\n");
   for (k=0; k<10; k++)
      printf("%3d", zahlen[k]);
   printf("\n\n");
   qsort(&(zahlen[0]),               /* Startadresse des zu sortier. Arrays */
         sizeof(zahlen)/sizeof(int), /* Anzahl der Elemente; hier 10        */
         sizeof(int),                /* Groesse eines Array-Elements        */
         &vergleich);                /* Name der Vergleichsroutine          */
   printf("---- nach qsort--------------------\n");
   for (k=0; k<10; k++)
      printf("%3d", zahlen[k]);
   printf("\n\n");
   return(0);
}
```

Würde man in diesem Programm die Vergleichsroutine `vergleich()` wie folgt abändern, so würde dieses Programm das Array `zahlen` nicht aufsteigend, sondern absteigend sortieren:

```
int vergleich(const void *zahl1, const void *zahl2)
{
    return(*(int *)zahl2 - *(int *)zahl1);  /* absteigend sortieren */
}
```

25.3.11 Algorithmus: Binäre Suche

Muss man in einem großen Array nach einem bestimmten Element suchen, so ist eine sequentielle Suche sehr ineffizient. Bei einer Arraygröße von n, braucht man durchschnittlich $\frac{n}{2}$ Vergleiche. Hat das Array also z. B. 1 Million Einträge, dann braucht man durchschnittlich 500 000 Vergleiche, bis man das gesuchte Element im Array findet. Sucht man z. B. 100-mal, so muss das Programm etwa 50 Millionen Vergleiche durchführen. Dies verlangsamt ein Programm ganz erheblich.

Das folgende Programm `suchdiv1.c` demonstriert die sequentielle Suche, indem es zunächst in einem Array zufällig erzeugte Gleitpunktzahlen ablegt. Dann sucht es eine Million mal eine zuvor zufällig ausgesuchte Gleitpunktzahl. Die Suche erfolgt dabei sequentiell vom Beginn des Arrays an.

```
#include <stdio.h>
#include <stdlib.h>
#include <time.h>
```

25 Zeiger und Arrays

```
#define ARRAY_GROESSE   1024
#define ITERATIONEN     1000000L
/*--------- main -------------------------------------------------------*/
int  main(void) {
   long     i, j, zaehl=0;
   float    fzahlen[ARRAY_GROESSE];
   clock_t  zeit1, zeit2;

   srand(time(NULL));
      /* Array fzahlen mit zufälligen Gleitpunktzahlen aus
         den Intervall [0,500] füllen                              */
   for (i=0 ; i<ARRAY_GROESSE ; i++)
      fzahlen[i] = (rand()%500)/(float)(rand()%500+1);
   zeit1 = clock();
   for (i=1 ; i<=ITERATIONEN; i++) {
      /* Suchen einer zufaellig ausgewaehlten Zahl im Array fzahlen */
      float z = fzahlen[rand()%ARRAY_GROESSE];
      for (j=0; j<ARRAY_GROESSE; j++) {
         zaehl++;
         if (z == fzahlen[j])
            break;
      }
   }
   zeit2 = clock();
   printf("-----------------------------------------------------------\n");
   printf("Vergleiche insgesamt:     %ld\n", zaehl);
   printf("Vergleiche durchschnittl.: %.2f\n", (float)zaehl/ITERATIONEN);
   printf("Gebrauchte Zeit:          %.2f Sek.\n",
          (zeit2-zeit1) / (float)CLOCKS_PER_SEC);
   printf("-----------------------------------------------------------\n");
   return(0);
}
```

Das Programm `suchdiv1.c` liefert z. B. die folgende Ausgabe:

```
-----------------------------------------------------------
Vergleiche insgesamt:      507626120
Vergleiche durchschnittl.: 507.63
Gebrauchte Zeit:           14.11 Sek.
-----------------------------------------------------------
```

Viel effizienter wäre in einem solchen Fall die so genannte binäre Suche. Um die binäre Suche anwenden zu können, muss allerdings das entsprechende Array sortiert sein. Die **binäre Suche** in einem sortierten Array funktioniert wie folgt:
Man betrachtet zuerst das Element in der Mitte des Arrays. Ist das gesuchte Element kleiner, so betrachtet man das Element, das zwischen dem Anfang und der Mitte des Arrays steht. Ist es größer, so betrachtet man das Element, das zwischen der Mitte und dem Ende des Arrays steht. Man hat somit die zu durchsuchenden Array-Elemente bereits auf 25% reduziert. Im nächsten Schritt halbiert man den zu durchsuchenden Arraybereich wieder, indem man wieder das Element in der Mitte des entsprechenden Bereichs untersucht. Ist das gesuchte Element größer,

kommt nur die obere Hälfte des Bereichs in Frage, andernfalls, wenn es kleiner ist, die untere Hälfte des Bereichs. Dieses ständige Halbieren des zu durchsuchenden Bereichs bringt es mit sich, dass man nie mehr als $\log_2 N + 1$ Vergleiche benötigt. Hat das Array also z. B. 1 Million Einträge, dann braucht man höchstens 21 Vergleiche, bis man das gesuchte Element im Array findet bzw. feststellt, dass es dort nicht vorhanden ist. Der Pseudocode für die binäre Suche ist nachfolgend angegeben:

```c
int *binsuche(int x, int *array, int n) {
  int lo=0, hi=n-1;
  while (lo<=hi) {
      int mid = (lo+hi)/2;
      if (x < array[mid])
         hi = mid-1;
      else if (x >array[mid])
         lo = mid+1;
      else
         return(array+mid);
  }
  return(NULL);
}
```

Folgendes Programm `suchdiv2.c` entspricht dem Programm `suchdiv1.c`, nur dass es die zufällig ermittelten Gleitpunktzahlen nicht sequentiell, sondern mittels dem binären Suchalgorithmus sucht.

```c
#include <stdio.h>
#include <stdlib.h>
#include <time.h>
#define ARRAY_GROESSE   1000
#define ITERATIONEN     1000000L
/*--------- vergl ----------------------------------------------------*/
int vergl(const void *zahl1, const void *zahl2) {
    if (*(float *)zahl1 > *(float*)zahl2)
       return(1);
    else if (*(float *)zahl1 < *(float*)zahl2)
       return(-1);
    else
       return(0);
}

/*--------- binsuch --------------------------------------------------*/
float *binsuch(float x, float *array, int n, long *zaehl) {
    int lo=0, hi=n-1;

    while (lo <= hi) {
        int mid = (lo+hi)/2;
        (*zaehl)++;
        if (x < array[mid])
           hi = mid-1;
        else if (x > array[mid])
           lo = mid+1;
```

25 Zeiger und Arrays

```
        else
            return(array+mid);
    }
    return(NULL);      /* NULL-Zeiger zeigt an, dass nichts gefunden */
}
/*-------- main -----------------------------------------------------*/
int  main(void) {
    long     i, zaehl=0;
    float    fzahlen[ARRAY_GROESSE];
    clock_t  zeit1, zeit2;

    srand(time(NULL));
    for (i=0 ; i<ARRAY_GROESSE ; i++)
        fzahlen[i] = (rand()%500)/(float)(rand()%500+1);
    qsort(fzahlen,                      /* Startadr. des zu sortier. Arrays */
          sizeof(fzahlen)/sizeof(float), /* Anzahl der Elemente; hier 1001  */
          sizeof(float),                /* Groesse eines Array-Elements     */
          vergl);                       /* Name der Vergleichsroutine       */
    zeit1 = clock();
    for (i=1 ; i<=ITERATIONEN; i++) {
        float z = fzahlen[rand()%ARRAY_GROESSE];
        binsuch(z, fzahlen, ARRAY_GROESSE, &zaehl);
    }
    zeit2 = clock();
    printf("-------------------------------------------------------\n");
    printf("Vergleiche insgesamt:      %ld\n", zaehl);
    printf("Vergleiche durchschnittl.: %.2f\n", (float)zaehl/ITERATIONEN);
    printf("Gebrauchte Zeit:           %.2f Sek.\n",
           (float)(zeit2-zeit1) / CLOCKS_PER_SEC);
    printf("-------------------------------------------------------\n");
    return(0);
}
```

Das Programm `suchdiv2.c` liefert z. B. die folgende Ausgabe:

```
-------------------------------------------------------
Vergleiche insgesamt:      8954649
Vergleiche durchschnittl.: 8.95
Gebrauchte Zeit:           1.07 Sek.
-------------------------------------------------------
```

Die Zeitvorteile gegenüber dem Programm `suchdiv1.c` sprechen für sich. Da die Binärsuche in der Praxis häufig verwendet wird, bietet die C-Bibliothek eigene Funktion zur binären Suche an, nämlich Funktion `bsearch()`.

25.3.12 Verwendung der Bibliotheksfunktion `bsearch()`

Standard-C legt fest, dass in der Headerdatei `<stdlib.h>` eine Funktion `bsearch()` wie folgt definiert sein muss:

```
void *bsearch(const void *such_elem,
              const void *array,
              size_t anzahl,
              size_t groesse,
              int (*vergl_funktion)(const void *, const void *));
```

Die Funktion bsearch() durchsucht ein Array mit anzahl Elementen (array[0], ..., array[anzahl-1]) nach ein Element, das dem Element entspricht, auf das such_elem zeigt. Die Größe jedes einzelnen Elements wird mit dem Parameter groesse festgelegt. Inhalte des entsprechenden Arrays müssen in aufsteigender Reihenfolge sortiert sein, entsprechend dem Sortierkriterium, das vergl_funktion verwendet. Die vom Programmierer erstellte Vergleichsfunktion wird mit zwei Argumenten, die auf zu vergleichenden Elemente (1. Argument: such_elem, 2. Argument: Array-Element) zeigen, aufgerufen. Vom Benutzer angegebene Vergleichsfunktion zeigt über den Rückgabewert folgendes an:

eine negative Zahl	wenn *such_elem < *argument2,
0	wenn *such_elem == *argument2,
eine positive Zahl	wenn *such_elem > *argument2 ist.

Wird das gesuchte Array-Element gefunden, gibt bsearch() einen Zeiger auf das gefundene Element zurück. Falls das gesuchte Objekt nicht gefunden werden konnte, wird ein NULL-Zeiger zurückgegeben. Wenn mehrere Array-Elemente gleich sind, so ist nicht festgelegt, welches von diesen ausgewählt wird. Das folgende Programm suchdiv3.c entspricht dem Programm suchdiv2.c, nur dass es die zufällig ermittelten Gleitpunktzahlen nicht mit einer eigenen *Binärsuch*-Routine, sondern mit der in stdlib.h deklarierten Funktion bsearch() sucht.

```
#include  <stdio.h>
#include  <stdlib.h>
#include  <time.h>
#define ARRAY_GROESSE   1000
#define ITERATIONEN     1000000L
long zaehl = 0;    /* zaehl hier modulglobal */
/*--------- vergl -----------------------------------------*/
int  vergl(const void *zahl1, const void *zahl2) {
   zaehl++;
   if (*(float *)zahl1 > *(float*)zahl2)
      return(1);
   else if (*(float *)zahl1 < *(float*)zahl2)
      return(-1);
   else
      return(0);
}
/*--------- main ------------------------------------------*/
int  main(void) {
   long     i;
   float    fzahlen[ARRAY_GROESSE];
   clock_t  zeit1, zeit2;
   srand(time(NULL));
   for (i=0 ; i<ARRAY_GROESSE ; i++)
```

```
        fzahlen[i] = (rand()%500)/(float)(rand()%500+1);

    qsort(fzahlen,                      /* Startadr. des zu sortier. Arrays */
          sizeof(fzahlen)/sizeof(float), /* Anzahl der Elemente; hier 1001  */
          sizeof(float),                /* Groesse eines Array-Elements     */
          vergl);                       /* Name der Vergleichsroutine       */
    zeit1 = clock();
    for (i=1 ; i<=ITERATIONEN; i++) {
        float z = fzahlen[rand()%ARRAY_GROESSE];
        bsearch(&z, fzahlen, ARRAY_GROESSE, sizeof(float), vergl);
    }
    zeit2 = clock();
    printf("-----------------------------------------------------------\n");
    printf("Vergleiche insgesamt:     %ld\n", zaehl);
    printf("Vergleiche durchschnittl.: %.2f\n", (float)zaehl/ITERATIONEN);
    printf("Gebrauchte Zeit:          %.2f Sek.\n",
           (float)(zeit2-zeit1) / CLOCKS_PER_SEC);
    printf("-----------------------------------------------------------\n");
    return(0);
}
```

Das Programm `suchdiv3.c` liefert z. B. die folgende Ausgabe:

```
-----------------------------------------------------------
Vergleiche insgesamt:      8946521
Vergleiche durchschnittl.: 8.95
Gebrauchte Zeit:           1.25 Sek.
-----------------------------------------------------------
```

25.3.13 Übungen

Spiegeln eines Arrays

Erstellen Sie ein C-Programm `spiegel.c`, das zunächst ein char-Array mit zufälligen Kleinbuchstaben füllt, bevor es sich dann einen zufälligen Bereich dieses Arrays aussucht, den es spiegelt. Die Spiegelung soll dabei einmal iterativ und einmal rekursiv erfolgen. Durch das zweite Spiegeln wird das Array wieder in seine ursprüngliche Form gebracht.
Mögliche Abläufe des Programms `spiegel.c`:

```
Spiegelung eines (Teil-)Arrays
==============================
  |yt ccoesypcdslsy dpnksagfavwmcr|
Spiegelung erfolgt von 3 bis 15:
  |yt yslsdcpyseocc dpnksagfavwmcr|
  |yt ccoesypcdslsy dpnksagfavwmcr|

Spiegelung eines (Teil-)Arrays
==============================
  |qagkel ooflwmtyagt fenuxntnuxkrmbvkvlqgfene|
Spiegelung erfolgt von 7 bis 17:
```

```
|qagkel tgaytmwlfoo  fenuxntnuxkrmbvkvlqgfene|
|qagkel ooflwmtyagt  fenuxntnuxkrmbvkvlqgfene|
```

Folgen von Nullen und Einsen

Erstellen Sie ein Programm `nulleins.c`, das zunächst eine zufällige Folge von Nullen und Einsen erzeugt. Diese Folge soll dann in weiteren Schritten wie folgt komprimiert werden: Aus zwei gleiche aufeinanderfolgende Ziffern wird eine 0 und aus zwei unterschiedliche aufeinanderfolgende Ziffern wird eine 1. Diese Schritte werden solange wiederholt, bis nur noch eine Ziffer übrigbleibt.
Mögliche Abläufe des Programms `nulleins.c`:

```
Länge der 0/1-Folge (max. 1000): 9 ⏎
100000001
10001
101
11
0
```

```
Länge der 0/1-Folge (max. 1000): 71 ⏎
01101011100110001011101101101001100010111000000010101001001010000100011
11100000110110100011000011101110101
10000111000001011
10100011
11001
001
01
1
```

25.4 Strings und `char`-Zeiger

Bisher haben wir nur die Möglichkeit kennengelernt, einzelne Zeichen in Variablen abzuspeichern. Was ist aber nun zu tun, wenn nicht nur ein Zeichen, sondern eine ganze Zeichenkette (engl.: *string*) zusammenhängend abzuspeichern und zu verarbeiten ist?

25.4.1 Besonderheiten von C-Strings

❏ **String-Konstanten sind mit Anführungszeichen "..." zu klammern**
  Eine String-Konstante wäre z. B.
  `"ich lerne C"`
  Eine String-Konstante ist also eine Folge von beliebig vielen Zeichen, die mit "..." geklammert sind. "" wäre eine leere Zeichenkette (Leerstring).

❏ **Strings sind char-Arrays, die mit \0 enden**
  Eine solche String-Konstante kann dann als `char`-Array (siehe auch Abbildung 25.46) aufgefaßt und über einen `char`-Zeiger angesprochen werden.
  Der C-Compiler markiert das Ende eines solchen `char`-Arrays mit dem Null-Zeichen \0 (Byte, das nur 0-Bits enthält), damit beim Programmlauf das Ende

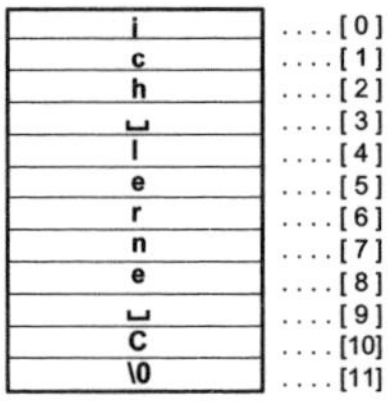

```
    i    ....[0]
    c    ....[1]
    h    ....[2]
    ⌴    ....[3]
    l    ....[4]
    e    ....[5]
    r    ....[6]
    n    ....[7]
    e    ....[8]
    ⌴    ....[9]
    C    ....[10]
   \0    ....[11]
```

Abbildung 25.46: Ein String ist ein `char`-Array, dessen Ende mit `\0` gekennzeichnet ist

des Strings erkannt werden kann. Deshalb ist die Länge eines solchen Arrays um 1 größer als die Anzahl der relevanten Zeichen. Die nachfolgenden Beispiele zeigen, wieviel Bytes die jeweiligen String-Konstanten belegen:

```
"ich lerne C"     12 Bytes
"Hallo"           6 Bytes
""                1 Byte (Leerstring belegt 1 Byte: \0)
```

❑ **Umgebende Anführungszeichen sind nicht Teil des Strings**
Die Anführungszeichen gehören nicht zur Zeichenkette, sondern sind nur Begrenzer. Soll ein Anführungszeichen Teil einer String-Konstante sein, ist es mit `\"` darzustellen. Z. B. entspräche `"\"Vorsicht\""` dem String `"Vorsicht"`.

❑ **Unterschied zwischen einem Zeichen (`char`) und einem String (`char *`)**
Es ist zwischen Zeichen-Konstanten (Datentyp `char`) und String-Konstanten (Datentyp `char *`) zu unterscheiden. So ist z. B. `'A'` nicht das gleiche wie `"A"`. Bei `'A'` handelt es sich um ein einzelnes Zeichen. Bei `"A"` handelt es sich um eine Zeichenkette, die im Rechner als Array dargestellt wird:

```
| A | \0 |    (2 Zeichen)
---------
```

❑ **Bei Übergabe von Strings an Funktionen wird nur Anfangsadresse des Strings übergeben**
Sehr oft stehen String-Konstanten als aktuelle Argumente in Funktionsaufrufen, z. B.:

```
printf("Gib eine Zahl ein:");
```

An die Funktion `printf()` selbst wird dann beim Aufruf nicht die String-Konstante `"Gib eine ganze Zahl ein:"`, sondern ein Zeiger auf den Anfang dieses `char`-Arrays übergeben. Das Ende dieses Zeichen-Arrays wird von `printf()` am `\0`-Zeichen, das vom Compiler bei der Übersetzung automatisch angefügt wurde, erkannt.

❑ **Zuweisung von String-Konstanten an char-Zeiger**
Strings können auch Zeigervariablen zugewiesen werden, wie z. B.

```
gruss="Guten Tag";
```

Um diese Zuweisung zu ermöglichen, sollte `gruss` als

```
char *gruss;
```

definiert sein, d. h. als Zeiger auf ein char-Array. Mit der Zuweisung

```
gruss="Guten Tag";
```

wird an gruss nicht die ganze Zeichenkette Guten Tag übergeben, sondern es wird gruss nur die Anfangsadresse dieser Zeichenkette zugewiesen.

❏ **Keine Operatoren, um einen String als Einheit zu behandeln**
C verfügt über keine Operatoren, die es ermöglichen, eine Zeichenkette als Einheit zu behandeln. Wollten wir z. B. die Zeichenkette "Guten Tag", auf die gruss zeigt, nach begruessung, was zuvor z. B. mit

```
char begruessung[100];
```

deklariert wurde, kopieren, so müßten wir die Funktion strcpy() aus der Standardbibliothek aufrufen:

```
strcpy(begruessung, gruss);
```

Da strcpy() in der Headerdatei string.h definiert ist, muss man bei Verwendung dieser Funktion

```
#include <string.h>
```

angeben.
Nach Standard-C hat strcpy() den folgenden Prototyp:

```
char *strcpy(char *ziel, const char *quelle);
```

strcpy() kopiert die Zeichenkette (einschließlich \0), auf die quelle zeigt, an die Adresse, auf die ziel zeigt. Die Deklaration des Parameters

```
const char *quelle
```

bedeutet, dass der Speicherplatz, auf den quelle zeigt, von der Funktion strcpy() nicht verändert, sondern nur gelesen wird.
Obwohl die Funktion strcpy() in der Standardbibliothek schon vorhanden ist, wollen wir versuchen, strcpy() selbst zu entwerfen. Wir geben hierbei verschiedene mögliche Versionen an. Bedenken Sie bei allen folgenden Beispielen, dass es sich bei einem einfachen Gleichheitszeichen (=) *nicht* um einen Vergleich (==), sondern um eine Zuweisung handelt! Eine while-Schleife wird solange ausgeführt, wie die Schleifenbedingung erfüllt ist bzw. der angegebene Ausdruck ungleich 0 ist.

25.4.2 Das Schlüsselwort restrict für Zeiger (neu in C99)

Eine der wichtigsten Neuheiten in C99 ist das Schlüsselwort restrict, das nur bei Zeigerdeklarationen verwendet werden darf. Ein mit restrict qualifizierter Zeiger legt fest, dass ein Zugriff auf das Objekt, auf welches er zeigt nur über diesen Zeiger möglich ist, nicht aber über andere Zeiger.
In C99 kann restrict dazu benutzt werden, um bei einer Funktion festzulegen, dass es sich bei den zwei Objekten, auf die zwei Zeiger in der Parameterliste zeigen, um zwei verschiedene Objekte handelt, die sich nicht überlappen. Dies erlaubt dem Compiler bestimmte Optimierungen vorzunehmen. Ruft der Benutzer eine solche Funktion trotzdem mit zwei Zeigern auf Objekte auf, die sich überlappen, liegt undefiniertes Verhalten vor.

Aus folgender C89-Deklaration wird z. B. nicht klar ersichtlich, ob sich die Objekte, auf die die beiden Zeiger zgr1 und zgr2 zeigen, überlappen dürfen oder nicht:

```
int copy( int *zgr1, const int *zgr2, int n );
```

Dagegen ist bei folgender C99-Deklaration sofort erkennbar, dass sich die Objekte, auf die die beiden Zeiger zgr1 und zgr2 zeigen, nicht überlappen dürfen.

```
int copy( int *restrict zgr1, const int *restrict zgr2, int n );
```

Hält der Benutzer sich beim Aufruf dieser Funktion copy() nicht daran, liegt undefiniertes Verhalten vor.

In C99 sind die beiden Zeiger ziel und quelle von strcpy() mit restrict qualifiziert, so dass in C99 strcpy() den folgenden Prototyp hat:

```
char *strcpy(char *restrict ziel, const char *restrict quelle);
```

25.4.3 Eigene Realisierung der Funktion strcpy() mit Arrays

Das folgende Programm strcpya.c zeigt zwei mögliche Realisierungen der Funktion strcpy() mit Arrays:

```
#include <stdio.h>
/*------ 1. Realisierung von strcpy mit Arrays ---------------------------*/
char *strcpy1(char ziel[], const char quelle[]) {
   int  zaehl = 0;
   while (quelle[zaehl]) {          /* Solange akt. Zeichen quelle[zaehl] */
      ziel[zaehl] = quelle[zaehl];  /* ungleich 0, da letztes Zeichen     */
      zaehl++;                      /* eines Strings immer \0 (=0) ist.   */
   }
   ziel[zaehl] = '\0';
   return(ziel);  /* strcpy liefert als Rueckgabewert immer den Zeiger ziel */
}
/*------ 2. Realisierung von strcpy mit Arrays ---------------------------*/
char *strcpy2(char ziel[], const char quelle[]) {
   int  zaehl = 0;
   while ( (ziel[zaehl] = quelle[zaehl]) )
      zaehl++;
   return(ziel);  /* strcpy liefert als Rueckgabewert immer den Zeiger ziel */
}

int  main(void) {
   char  *gruss = "Hallo, wie gehts";
   char  gruss1[100], gruss2[100];
   strcpy1(gruss1, gruss); printf("%s\n", gruss1);
   strcpy2(gruss2, gruss); printf("%s\n", gruss2);
   return(0);
}
```

Die Ausgabe dieses Programms ist:

```
Hallo, wie gehts
Hallo, wie gehts
```

Manche Deklarationen entsprechen einer Reservierung von Speicherplatz, andere informieren den Compiler lediglich über die Beschaffenheit eines Objekts. Bei der Deklaration von formalen Parametern einer Funktion wird z. B. kein Speicherplatz reserviert, da solche Deklarationen lediglich die Eigenschaften der aktuellen Argumente angeben, welche beim Funktionsaufruf ja schon existieren.

Deshalb darf bei den Array-Deklarationen in der Parameterliste von Funktionen auf die Angabe einer Dimensionsgrenze verzichtet werden:

```
char *strcpy1(char ziel[], const char quelle[]) {
   ...
}
```

Den Compiler interessiert nämlich nur der Datentyp der Arrayelemente und nicht die Länge des Arrays.

25.4.4 Eigene Realisierung der Funktion `strcpy()` mit Zeigern

Das folgende Programm `strcpyz.c` zeigt zwei mögliche Realisierungen der Funktion `strcpy()` mit Zeigern:

```
#include <stdio.h>
/*------ 1. Realisierung von strcpy mit Zeigern ---------------------------*/
char *strcpy1(char *ziel, const char *quelle) {
   char *rueckgabe = ziel;
   while ( (*ziel = *quelle) ) {
      ziel++;
      quelle++;
   }
   return(rueckgabe);
}
/*------ 2. Realisierung von strcpy mit Zeigern ---------------------------*/
char *strcpy2(char *ziel, const char *quelle) {
   char *rueckgabe = ziel;
   while ( (*ziel++ = *quelle++) )   /* entspricht folg. Anweisungsfolge: */
      ;                              /*    *ziel = *quelle                */
                                     /*    *ziel != 0     (Vergleich)     */
                                     /*    ziel++; quelle++;              */
   return(rueckgabe);
}
int  main(void) {
   char *gruss = "Hallo, wie gehts";
   char gruss1[100], gruss2[100];
   strcpy1(gruss1, gruss); printf("%s\n", gruss1);
   strcpy2(gruss2, gruss); printf("%s\n", gruss2);
   return(0);
}
```

`strcpyz.c` liefert die gleiche Ausgabe wie vorheriges Programm `strcpya.c`.

25 Zeiger und Arrays

Beispiel:

Wir wollen ein C-Programm buchzaeh.c entwerfen, das zunächst den Benutzer auffordert, eine Zeichenkette einzugeben und ihn dann nach einem zu zählenden Zeichen fragt. Nach dieser Eingabe soll dieses Programm ausgeben, wie oft dieses Zeichen in der eingegebenen Zeichenkette vorkommt.

```c
#include <stdio.h>
#define  LAENGE  80     /* maximale Laenge der eingegebenen Zeichenkette */
void  lies_zeile_ein(char *string);
int   zaehl_zeichen(char *string, char zeichen);
int   main(void) {
    char      zeichenkette[LAENGE+1],  such_zeichen;

    printf("\n\n\nGeben Sie eine Zeichenkette (max. 80 Zeichen) ein !\n\n");
    lies_zeile_ein(zeichenkette);   /* Einlesen einer Zeichenkette in einer  */
                                    /* Zeile in den Vektor   zeichenkette    */
    printf("  zu zaehlendes Zeichen: ");
    such_zeichen=getchar();
    printf("\n---> Zeichen %c ist in der obigen Zeichenkette\n", such_zeichen);
    printf("       %d mal enthalten\n",zaehl_zeichen(zeichenkette, such_zeichen));
    return(0);
}
void  lies_zeile_ein(char *string) {
    int  i=0;
    do {                          /*  hier werden die Zeichen einzeln eingelesen */
        string[i]=getchar();      /*  und zwar in das Array  string,             */
        i++;                      /*  bis 80 Zeichen oder RETURN (= \n-Zeichen)  */
    } while (string[i-1]!='\n' && i<LAENGE);  /*  eingegeben wurde              */
    string[i]='\0';               /*  Stringende kennzeichnen                    */
}
int  zaehl_zeichen(char *string, char zeichen) {
    int   zaehler=0;
    do {
        if (*string == zeichen)   /* Wenn ein uebereinstimmendes Zeichen   */
            ++zaehler;            /* gefunden wird, dann  zaehler  erhoehen */
    } while (*string++);          /* bis string -Zeiger auf Null zeigt     */
    return(zaehler);
}
```

Den Programmteil

```c
    do {                          /*  hier werden die Zeichen einzeln eingelesen */
        string[i]=getchar();      /*  und zwar in das Array  string,             */
        i++;                      /*  bis 80 Zeichen oder RETURN (= \n-Zeichen)  */
    } while (string[i-1]!='\n' && i<LAENGE);     /*  eingegeben wurde           */
```

hätten wir noch kompakter angeben können:

```c
        while ( (string[i++]=getchar()) != '\n' && i<LAENGE)
            ; /* leere Anweisung */
```

25.4 Strings und `char`-Zeiger

Beim Aufruf der Funktionen `lies_zeile_ein()` und `zaehl_zeichen()` wird nicht der Inhalt, sondern lediglich die Anfangsadresse des Arrays `zeichenkette` übergeben.

Beispiel:

Es soll das *Spiel 21* programmiert werden, bei dem 21 Streichhölzer auf dem Tisch liegen und zwei Spieler teilnehmen können. Die Spieler dürfen nun abwechselnd zwischen einem und vier Striechhölzer vom Tisch wegnehmen. Der Spieler, der die letzten Streichhölzer vom Tisch nimmt, hat verloren. Um die Namen der beiden Spieler einzulesen, benötigen wir hier zwei `char`-Arrays:

```
char spiel_1[50]; /* Array zum Speichern des Namens von Spieler1 */
char spiel_2[50]; /* Array zum Speichern des Namens von Spieler2 */
```

In diese Arrays können dann die Namen der beiden Spieler eingelesen werden:

```
printf("Wie heisst der Spieler1: ");   scanf("%s", spiel_1);
printf("Wie heisst der Spieler2: ");   scanf("%s", spiel_2);
```

An früherer Stelle wurde gesagt, dass bei `scanf()` die Adresse des Speichers anzugeben ist, in dem die Eingabe abgelegt wird; dazu verwendeten wir bisher immer den Adreßoperator &. Dies ist hier nicht notwendig, da es sich bei einem Arraynamen bereits um einen Zeiger handelt, der die Adresse des ersten Arrayelements enthält. Das Formatelement `%s` gibt an, dass hier nicht nur ein einzelnes Zeichen, sondern eine Zeichenkette eingegeben werden kann. Mit dem Programmteil

```
while (summe_streichhoelzer > 0)  {
   summe_streichhoelzer =
        spiel(summe_streichhoelzer, (wer_dran) ? spiel_1 : spiel_2);
   wer_dran=++wer_dran % 2;
}
```

wird die Funktion `spiel()` aufgerufen und ihr abwechselnd die Anfangsadresse von `spiel_1` und von `spiel_2` übergeben; der zugehörige formale Parameter wurde in der Parameterliste von `spiel()` mit `char *name` deklariert. Aus diesen Überlegungen ergibt sich dann folgendes Programm `spiel21.c`:

```
#include <stdio.h>
int  spiel(int anzahl_streichhoelzer, char *name);
int  main(void) {
    int    summe_streichhoelzer=21, wer_dran=1;
        char spiel_1[50]; /* Array zum Speichern des Namens von Spieler1 */
        char spiel_2[50]; /* Array zum Speichern des Namens von Spieler2 */
    printf("\n%45s","S p i e l  2 1");
    printf("\n%45s\n\n","==============");
    printf("Wie heisst der Spieler1: ");   scanf("%s", spiel_1);
    printf("Wie heisst der Spieler2: ");   scanf("%s", spiel_2);
    printf("\n\n\n\n\n");
    while (summe_streichhoelzer > 0)  {
       summe_streichhoelzer =
            spiel(summe_streichhoelzer, (wer_dran) ? spiel_1 : spiel_2);
       wer_dran=++wer_dran % 2;
    }
```

```
        return(0);
}
int    spiel(int anzahl_streichhoelzer, char *name) {
    int    weg_streichhoelzer;

    printf("Wieviele Streichoelzer nimmst du, %s: ", name);
    scanf("%d",&weg_streichhoelzer);

    while  (weg_streichhoelzer<1 || weg_streichhoelzer>4)  {
        printf("\n\n....Du darfst nur zwischen 1 und 4 Streichhoelzer\n"
               "vom Tisch nehmen !\n\n"
               "Also, wiederhole deine Eingabe !\n\n\n"
               "Wieviele Streichhoelzer nimmst du, %s: ", name);
        scanf("%d", &weg_streichhoelzer);
    }
    anzahl_streichhoelzer -= weg_streichhoelzer;
    if  (anzahl_streichhoelzer<=0)
        printf("\n\nEs liegen keine Streichhoelzer mehr auf dem Tisch\n"
               "\n       %s, du hast verloren\n", name);
    else
        printf("\nNoch %d Streichhoelzer auf'm Tisch\n", anzahl_streichhoelzer);
    return(anzahl_streichhoelzer);
}
```

25.4.5 Die Headerdatei `<string.h>`

Die Headerdatei `<string.h>` enthält eine Vielzahl von Funktionen, die für den Umgang mit Strings konzipiert wurden. Nachfolgend werden diese von C standardisierten Funktionen kurz vorgestellt:

Das allgemeine Ziel war es, äquivalente Möglichkeiten für drei unterschiedliche Typen von Byteketten zur Verfügung zu stellen:

❑ Mit \0 abgeschlossene Zeichenketten. Die Namen der hierfür zuständigen Funktionen beginnen mit `str`...

❑ Mit \0 abgeschlossene Zeichenketten mit maximaler Länge. Die Namen der hierfür zuständigen Funktionen beginnen mit `strn`...

❑ Byteketten einer bestimmten Länge. Die Namen der hierfür zuständigen Funktionen beginnen mit `mem`.... Bei diesen Funktionen wird der Inhalt der Bytes nicht interpretiert; somit wird nicht wie bei Zeichenketten \0 als Ende-Kennzeichnung ausgelegt

Zu beachten ist bei allen hier angegebenen Funktionen:

> *Wenn eine dieser Funktionen in einem Array über den reservierten Speicherbereich hinaus schreibt, so liegt undefiniertes Verhalten vor.*

Nachfolgendes Beispiel `fremdspe.c` verdeutlicht diese Gefahr:

25.4 Strings und `char`-Zeiger

```c
#include <stdio.h>
#include <string.h>

int main(void)
{
   char text[5], text2[10];
   char *zeiger;

   strcpy(text2, "Hallo");
   strcpy(text, "Das ist ein einfacher Text");
   strcpy(zeiger, "Das ist ein einfacher Text");

   printf("  text: %s\n", text);
   printf(" text2: %s\n", text2);
   printf("zeiger: %s\n", zeiger);
   return(0);
}
```

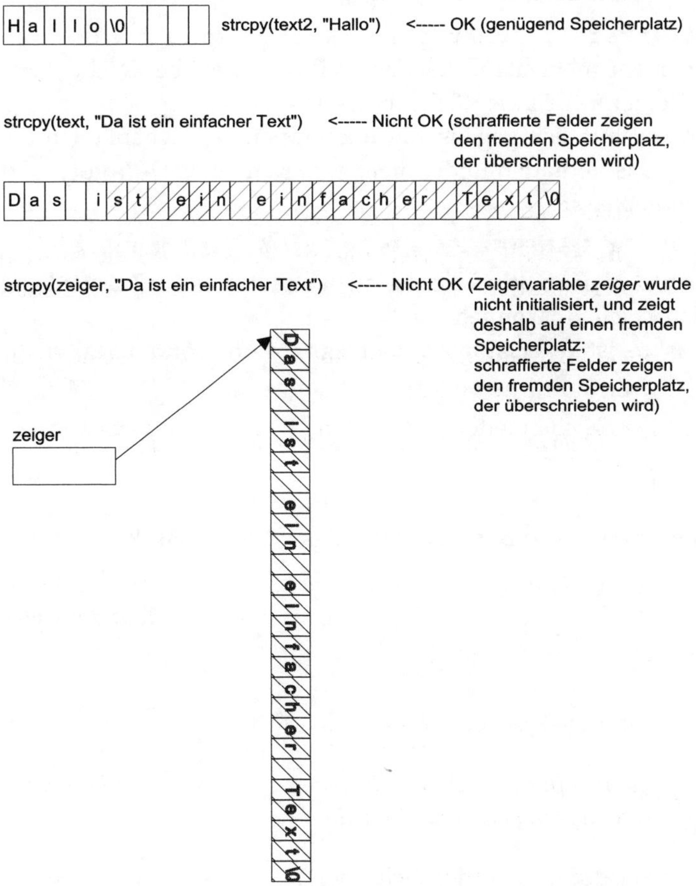

| H | a | l | l | o | \0 | | | |

strcpy(text2, "Hallo")   <----- OK (genügend Speicherplatz)

strcpy(text, "Da ist ein einfacher Text")   <----- Nicht OK (schraffierte Felder zeigen den fremden Speicherplatz, der überschrieben wird)

| D | a | s | | i | s | t | | e | i | n | | e | i | n | f | a | c | h | e | r | | T | e | x | t | \0 |

strcpy(zeiger, "Da ist ein einfacher Text")   <----- Nicht OK (Zeigervariable *zeiger* wurde nicht initialisiert, und zeigt deshalb auf einen fremden Speicherplatz; schraffierte Felder zeigen den fremden Speicherplatz, der überschrieben wird)

zeiger

Abbildung 25.47: Speicherüberschreibung durch das Programm `fremdspe.c`

Abbildung 25.47 verdeutlicht die in diesem Programm `fremdspe.c` stattfindende Speicherüberschreibung, was in C eine der größten Gefahren überhaupt ist. Schreiben in fremde, nicht reservierte Speicherbereiche kann katastrophale Folgen haben, wie z. B. Programmabsturz oder Überschreiben anderer wichtiger Daten.

strcpy() – Kopieren eines Strings

`char *strcpy(char *ziel, const char *quelle);`
Diese Funktion wurde bereits zuvor ausführlich besprochen. Sie kopiert die Zeichenkette `quelle` (einschließlich \0) in den Speicherbereich, auf den `ziel` zeigt. Falls dieser Kopiervorgang auf Objekte angewendet wird, die sich gegenseitig überlappen, dann ist das Verhalten undefiniert, was sich am C99-Prototyp für `strcpy()` sofort erkennen lässt:

```
char *strcpy(char *restrict ziel, const char *restrict quelle);
```

Die Funktion `strcpy()` liefert den Zeiger `ziel` als Funktionswert.

strncpy() – Kopieren von n Zeichen eines Strings

`char *strncpy(char *kett1, const char *kett2, size_t n);`
Diese Funktion kopiert nicht mehr als n Zeichen aus `kett2` in die Zeichenkette `kett1` und liefert den Zeiger `kett1` als Rückgabewert.
Falls dieser Kopiervorgang auf sich gegenseitig überlappende Zeichenketten angewendet wird, dann ist das Verhalten undefiniert, was sich am C99-Prototyp für `strncpy()` sofort erkennen lässt:

```
char *strncpy(char *restrict kett1, const char *restrict kett2, size_t n);
```

Wenn die Länge von `kett2` kleiner als n Zeichen ist, dann wird in der Zeichenkette `kett1` für die fehlenden Zeichen \0 angehängt.
Der Datentyp `size_t` ist meist als `unsigned` oder `unsigned long` definiert.
Vorsicht:

Wenn die Zeichenkette kett2 dagegen länger als n Zeichen ist, dann wird kein \0-Zeichen angehängt

Das folgende Programm `strncpy.c` zeigt die Wirkungsweise der Funktion `strncpy()`:

```c
#include   <stdio.h>
#include   <string.h>

int  main(void)
{
   char   string[100];
   char   *string1 = "Das ist der String1",
          *string2 = "String2";    /* Laenge = 7 */

   strcpy(string, string1);
   strncpy(string, string2, 7);   /* n gleich der Laenge von string2 */
   printf("%s\n", string);
```

```
    strcpy(string, string1);
    strncpy(string, string2, 10);    /* n groesser als Laenge von string2 */
    printf("%s\n", string);

    strcpy(string, string1);
    strncpy(string, string2, 2);     /* n kleiner als Laenge von string2 */
    printf("%s\n", string);

    strcpy(string, string1);
    strncpy(string, string2, 2);
    string[2] = '\0';   /* wenn kuerzer, muss man explizit \0 anhaengen */
    printf("%s\n", string);

    return(0);
}
```

Das Programm `strncpy.c` gibt folgendes aus:

```
String2 der String1
String2
Sts ist der String1
St
```

`strcat()` – Anhängen eines Strings an einen anderen

`char *strcat(char *kett1, const char *kett2);`

Diese Funktion kopiert die Zeichenkette `kett2` (einschließlich abschließendes `\0`) an das Ende der Zeichenkette `kett1`, wobei das 1. Zeichen von `kett2` das abschließende `\0` von `kett1` überschreibt. Falls die beiden Zeichenketten `kett1` und `kett2` sich überlappen, dann ist das Verhalten undefiniert, was sich am C99-Prototyp für `strcat()` sofort erkennen lässt:

```
char *strcat(char *restrict kett1, const char *restrict kett2);
```

`strcat()` liefert als Funktionswert den Zeiger `kett1` auf den Anfang der gesamten Zeichenkette.

Eine mögliche Realisierung der Funktion `strcat()` zeigt das folgende Programm `strcat.c`:

```
#include <stdio.h>

char *strcat(char *kett1, const char *kett2) {
    while (*kett1++)      /* Ende von kett1 suchen */
        ;
    kett1--;    /* kett1 wurde 1 zu hoch gezaehlt */
    while ( (*kett1++ = *kett2++) )   /* kett2 ans Ende von kett1 kopieren */
        ;
    return(kett1);
}

int main(void) {
```

```
    char    string1[100] = "Zeichen",
            *string2 = "ketten";
    strcat (string1, string2);              printf("%s\n", string1);
    strcat(string1, " sind char-Array");    printf("%s\n", string1);
    return(0);
}
```

Das Programm `strcat.c` gibt folgendes aus:

```
Zeichenketten
Zeichenketten sind char-Array
```

Der folgende Programmausschnitt zeigt wieder ein Schreiben in fremden Speicher:

```
        char   *string1="Zeichen";
               *string2="kette";
        strcat(string1, string2);
```

Für `string1` wurden nur 8 Bytes (7+1 für \0) reserviert. Durch den `strcat()`-Aufruf wird ans Ende dieses Speicherbereichs noch Zeichenkette `"kette"` kopiert, was zum Überschreiben von fremden Speicher führt.

strncat() – Anhängen von n Zeichen eines Strings an einen anderen

`char *strncat(char *kett1, const char *kett2, size_t n);`

Diese Funktion ist nahezu identisch zu `strcat()`. Der Unterschied ist, dass lediglich n Zeichen von `kett2` an `kett1` angehängt werden (1. Zeichen von `kett2` überschreibt das abschließende \0). Ein abschließendes \0 wird immer an das Ende der so zusammengehängten Zeichenkette geschrieben. Somit ergibt sich als Zeichenzahl für die neu entstandene Zeichenkette:

```
if (Laenge von kett2 > n)
    Länge von kett1+n+1       /* + 1 für abschließendes \0 */
else
    Länge von kett1 + Länge von kett2 + 1   /* + 1 für abschließendes \0 */
```

Als Funktionswert liefert `strncat()` den Zeiger `kett1` auf den Anfang der gesamten zusammengehängten Zeichenkette. Falls sich die beiden Zeichenketten `kett1` und `kett2` überlappen, dann ist das Verhalten undefiniert, was sich am C99-Prototyp für `strncat()` sofort erkennen lässt:

`char *strncat(char *restrict kett1, const char *restrict kett2, size_t n);`

Eine mögliche Realisierung der Funktion `strncat` zeigt der folgende Programmausschnitt:

```
char *strncat(char *kett1, const char *kett2, unsigned n) {
    int   i;

    while (*kett1++)        /* Ende von kett1 suchen */
        ;
    kett1--;     /* kett1 wurde 1 zu hoch gezaehlt */
    for (i=0; i<n && *kett2 != '\0'; i++)
        *kett1++ = *kett2++;
    return(kett1);
}
```

25.4 Strings und `char`-Zeiger

`strcmp()` — Vergleichen von zwei Strings

`int strcmp(const char *kett1, const char *kett2);`

Diese Funktion vergleicht die beiden Zeichenketten `kett1` und `kett2` byteweise und liefert einen

```
positiven Wert,    wenn kett1 > kett2,
negativen Wert,    wenn kett1 < kett2,
0,                 wenn kett1 und kett2 völlig gleich sind.
```

Eine mögliche Realisierung der Funktion `strcmp()` zeigt das folgende Programm `strcmp.c`:

```c
#include <stdio.h>

int strcmp(const char *kett1, const char *kett2) {
    int zaehl=0;

    while (kett1[zaehl] == kett2[zaehl])
        if (kett1[zaehl++] == '\0')
            return(0);
    return(kett1[zaehl]-kett2[zaehl]);
}
int main(void) {
    char *string1, *string2;

    string1="hallo";
    string2="hallo";
    printf("%d\n", strcmp(string1,string2));
    string1="halLo";
    string2="hallo";
    printf("%d\n", strcmp(string1,string2));
    string1="hallo";
    string2="halLo";
    printf("%d\n", strcmp(string1,string2));
    return(0);
}
```

Startet man dieses Programm `strcmp.c`, liefert es die folgende Ausgabe:

```
0
-32     [ASCII-Codes: 'L'=76; 'l'=108 --> 76-108 = -32]
32      [ASCII-Codes: 'l'=108; 'L'=76  --> 108-76 = 32]
```

Es sei darauf hingewiesen, dass bei einem Vergleich wie

```
if ("text" == "text")
```

nicht etwa die beiden Stringkonstanten alphabetisch auf Zeichengleichheit verglichen werden. Dazu müßte man die Funktion `strcmp()` verwenden. Beim obigen Vergleich werden vielmehr die beiden Stringkonstanten in eigene Speicherbereiche abgelegt, und nur die beiden Anfangsadressen dieser beiden Speicherbereiche werden verglichen. Obwohl die beiden Stringkonstanten zwar eine identische Zeichenfolge haben, so haben sie doch unterschiedliche Adressen, was bedeutet, dass der obige Vergleich niemals TRUE sein wird.

strncmp() – Vergleichen von n Zeichen zweier Strings

`int strncmp(const char *kett1, const char *kett2, size_t n);`
Diese Funktion ist nahezu identisch zu `strcmp()`. Der Unterschied ist, dass sie nur bis zu n Zeichen der beiden Zeichenketten `kett1` und `kett2` vergleicht. Eine mögliche Realisierung der Funktion `strncmp()` zeigt das folgende Programm `strncmp.c`:

```
#include <stdio.h>
int strncmp(const char *kett1, const char *kett2, unsigned n) {
   int i;
   for (i=1; *kett1 == *kett2; kett1++, kett2++, i++)
      if (i == n)
         return(0);
   return(*kett1 - *kett2);
}

int main(void) {
   char *string1, *string2;
   string1="hallo";
   string2="halLo";
   printf("%d\n", strncmp(string1, string2, 3));
   printf("%d\n", strncmp(string1, string2, 5));
   return(0);
}
```

Startet man dieses Programm `strncmp.c`, liefert es z. B. die folgende Ausgabe:

```
0
32
```

strlen() – Ermitteln der Länge eines Strings

`size_t strlen(const char *zeichk);`
Diese Funktion liefert die Länge, d. h. Anzahl der Zeichen in Zeichenkette `zeichk` (ohne abschließendes \0). Mögliche Realisierungen der Funktion `strlen()` zeigt das folgende Programm `strlen.c`:

```
#include <stdio.h>
/*----- 1. Version zu strlen ------------------------------------*/
int strlen1(const char *zeichk) {
   int i=0;
   for (i=0; *zeichk++ != 0; i++)   /* Statt Vergleich auf '\0' auch ein */
      ;                             /* Vergleich auf int-Wert 0 moeglich */
   return(i);
}
/*----- 2. Version zu strlen ------------------------------------*/
int strlen2(const char *zeichk) {
   const char *zgr = zeichk;
   while (*zgr != 0)
      zgr++;
   return(zgr-zeichk);   /* Stringende - Stringanfang */
```

25.4 Strings und `char`-Zeiger

```c
}
int main(void) {
   char *string;
   string = "Winter";
     printf(" 1. Laenge von \"%s\": %d\n", string, strlen1(string));
     printf(" 2. Laenge von \"%s\": %d\n", string, strlen2(string));
   string = "";  /* Leerstring */
     printf(" 1. Laenge von \"%s\": %d\n", string, strlen1(string));
     printf(" 2. Laenge von \"%s\": %d\n", string, strlen2(string));
   string = "Es wird ein schoener Sommertag werden.";
     printf(" 1. Laenge von \"%s\": %d\n", string, strlen1(string));
     printf(" 2. Laenge von \"%s\": %d\n", string, strlen2(string));
   return(0);
}
```

Startet man dieses Programm `strlen.c`, liefert es die folgende Ausgabe:

```
1. Laenge von "Winter": 6
2. Laenge von "Winter": 6
1. Laenge von "": 0
2. Laenge von "": 0
1. Laenge von "Es wird ein schoener Sommertag werden.": 38
2. Laenge von "Es wird ein schoener Sommertag werden.": 38
```

`strchr()` – Suchen eines Zeichens in einem String
`char *strchr(const char *kett, int such_zeich);`
Diese Funktion sucht das erste Vorkommen von `such_zeich` in der Zeichenkette `kett`. Das abschließende `\0` wird als Teil der Zeichenkette angesehen. `strchr()` gibt entweder die Adresse des gefundenen Zeichens zurück oder einen `NULL`-Zeiger, falls das Zeichen `such_zeich` nicht in der Zeichenkette `kett` vorkommt.
Eine mögliche Realisierung der Funktion `strchr()` zeigt das folgende Programm `strchr.c`:

```c
#include <stdio.h>


char *strchr(char *string, int suchzeich) {
    char *ptr;
    for (ptr=string; *ptr != 0 && *ptr != suchzeich; ptr++)
       ;
    if (*ptr == 0)
       return(NULL);
    return(ptr);
}


int main(void) {
    char *string = "Es wird ein schoener Sommertag werden.";
    char *suchen = "aeiou", *zgr;

    printf("|%s| (%c)\n", strchr(string, 'n'), 'n');
```

25 Zeiger und Arrays

```
        for (zgr=suchen; *zgr != 0; zgr++)
            printf("   |%s| (%c)\n", strchr(string, *zgr), *zgr);
        return(0);
    }
```

Startet man dieses Programm `strchr.c`, liefert es die folgende Ausgabe:

```
|n schoener Sommertag werden.| (n)
   |ag werden.| (a)
   |ein schoener Sommertag werden.| (e)
   |ird ein schoener Sommertag werden.| (i)
   |oener Sommertag werden.| (o)
   |(null)| (u)
```

`strrchr()` – Rückwärtiges Suchen eines Zeichens in einem String

`char *strrchr(const char *zeichk, int such_zeich);`

Diese Funktion sucht in `zeichk` das letzte Vorkommen von `such_zeich`. Das abschließende \0 wird hierbei als Bestandteil der Zeichenkette `zeichk` betrachtet. Diese Funktion liefert entweder die Adresse des gefundenen Zeichens oder einen NULL-Zeiger, falls `such_zeich` nicht in `zeichk` gefunden werden kann.
Eine mögliche Realisierung der Funktion `strrchr()` zeigt das folgende Programm `strrchr.c`:

```
#include  <stdio.h>
char *strrchr(char *string, int suchzeich) {
    char *ptr=string;
    while (*ptr++)      /* Ende des Strings 'string' finden */
        ;
    while (--ptr != string && *ptr != suchzeich) /* rueckwaerts suchen */
        ;
    if (ptr == string && *ptr != suchzeich)
        return(NULL);
    return(ptr);
}
int main(void) {
    char *string = "Es wird ein schoener Sommertag werden.";
    char *suchen = "aeiou", *zgr;

    printf("|%s| (%c)\n", strrchr(string, 'n'), 'n');
    for (zgr=suchen; *zgr != 0; zgr++)
        printf("   |%s| (%c)\n", strrchr(string, *zgr), *zgr);
    return(0);
}
```

Startet man dieses Programm `strrchr.c`, liefert es die folgende Ausgabe:

```
|n.| (n)
   |ag werden.| (a)
   |en.| (e)
   |in schoener Sommertag werden.| (i)
```

```
|ommertag werden.| (o)
|(null)| (u)
```

strstr() – Suchen eines Strings in einem String
`char *strstr(const char *kett1, const char *kett2);`
Diese Funktion sucht in kett1 das erste Vorkommen der Zeichenkette kett2 (ohne abschließendes \0).
strstr() liefert entweder Zeiger auf die gefundene Zeichenkette oder einen NULL-Zeiger, falls kett2 nicht ein Teilstring von kett1 ist. Wenn kett2 eine Zeichenkette der Länge 0 ist, so liefert diese Funktion kett1 zurück.
Eine mögliche Realisierung der Funktion strstr() zeigt das folgende Programm suchtext.c, das zunächst eine Zeile Text und dann eine zu suchende Zeichenkette einliest. Danach soll unser Programm die Position des zu suchenden Textteils in der eingegebenen Zeile ermitteln:

```
#include <stdio.h>

#define LAENGE   80    /* maximale Laenge der eingegebenen Zeichenkette */

void  lies_zeile(char *string);
char *strstr(char *kett1, const char *kett2);

int  main(void) {
   char    zeichenkette[LAENGE+1], such_kette[LAENGE+1], *wo;
   int     i;
   printf("\nGeben Sie eine Zeichenkette (max. 80 Zeichen) ein:\n");
   lies_zeile(zeichenkette);       /* Einlesen einer Zeichenkette in einer */
                                   /* Zeile in das Array  zeichenkette     */
   printf("\nGeben Sie den zu suchenden Text (max. 80 Zeichen) ein:\n");
   lies_zeile(such_kette);         /* Einlesen einer Zeichenkette in einer */
                                   /* Zeile in das Array  such_kette       */
   wo = strstr(zeichenkette, such_kette);
   printf("\nDer Text\n  %s\n", such_kette);
   if (wo != NULL) {
      printf("beginnt in der Zeichenkette\n");
      printf(" %s\n", zeichenkette);
      for (i=0 ; i<=wo-zeichenkette ; i++) /* bis zur gefundenen Position  */
         printf(" ");                      /*     Leerzeichen ausgeben     */
      printf("^\n\n");                     /* Ausgabe des Markierungszeichens ^  */
   } else
      printf("ist in der Zeichenkette\n  %s\nnicht enthalten\n", zeichenkette);
   return(0);
}
void  lies_zeile(char *string) {
   int i=0;
   do {                        /* hier werden die Zeichen einzeln eingelesen */
      string[i]=getchar();     /* und zwar in das Array  string,             */
      i++;                     /* bis 80 Zeichen oder RETURN (= \n-Zeichen)  */
```

25 Zeiger und Arrays

```c
      } while (string[i-1]!='\n'  &&  i<=LAENGE);    /* eingegeben wurde    */
      string[i-1]='\0';   /* Stringende kennzeichnen (\n ueberschreiben)    */
}
char *strstr(char *kett1, const char *kett2) {
   int   i,  j,  k;
   for (i=0 ; kett1[i] != '\0' ; i++)   {
      for (j=i,k=0 ; kett2[k] != '\0' && kett1[j] == kett2[k] ; j++,k++)
         ;
      if (kett2[k] == '\0')
         return(&kett1[i]);
   }
   return(NULL);
}
```

Mögliche Abläufe des Programms `suchtext.c`:

```
Geben Sie eine Zeichenkette (max. 80 Zeichen) ein:
Der Schnee ist weiss ⏎
Geben Sie den zu suchenden Text (max. 80 Zeichen) ein:
ist ⏎

Der Text
   ist
beginnt in der Zeichenkette
 Der Schnee ist weiss
          ^
```

```
Geben Sie eine Zeichenkette (max. 80 Zeichen) ein:
Der Schnee ist weiss ⏎
Geben Sie den zu suchenden Text (max. 80 Zeichen) ein:
Das ⏎

Der Text
   Das
ist in der Zeichenkette
   Der Schnee ist weiss
nicht enthalten
```

`strpbrk()` – 1. Vorkommen eines Zeichens aus einer Zeichenmenge

`char *strpbrk(const char *kett1, const char *kett2);`

Diese Funktion sucht in `kett1` das erste Vorkommen eines Zeichens aus `kett2` und liefert dann die Adresse des gefundenen Zeichens oder einen NULL-Zeiger, falls kein Zeichen aus `kett2` in `kett1` vorkommt. Folgendes Programm `vokzaehl.c` zählt die Zahl der Vokale in einem Text, der über die Standardeingabe einzugeben ist:

```c
#include <stdio.h>    /* Zahl der Vokale in einem Text bestimmen */
#include <string.h>

#define  LAENGE   1000    /* maximale Laenge einer Zeile */
int main(void) {
```

25.4 Strings und `char`-Zeiger

```
   unsigned long int   vokal_zahl=0;
   char                zeile[LAENGE], *zeiger;
   char                *vokale="aeiouäöüAEIOUÄÖÜ";
   printf("Gib Text ein:\n");
   printf("-------------------------------------\n");
   while (fgets(zeile, LAENGE, stdin) != NULL) {
      zeiger=zeile;
      while ((zeiger=strpbrk(zeiger,vokale)) != NULL ) {
         vokal_zahl++;
         zeiger++;
      }
   }
   printf("-------------------------------------\n");
   printf("Der Text enthaelt %ld Vokale\n", vokal_zahl);
   return(0);
}
```

Dieses Programm macht bereits von der in `<stdio.h>` deklarierten und an späterer Stelle besprochenen Funktion `fgets()` Gebrauch:

```
char *fgets(char *s, int n, FILE *stream);
```

`fgets()` liest höchstens $n-1$ Zeichen von `stream` (`stdin` steht für Standardeingabe) und speichert sie in dem Puffer, auf den `s` zeigt. Das Lesen stoppt nach einem `EOF` (Dateiende) oder einem Zeilenvorschub. Wenn ein Zeilenvorschub gelesen wird, wird er in dem Puffer gespeichert. Ein `\0` wird nach dem letzten Zeichen im Puffer gespeichert. Beim Erreichen vom Dateiende (`EOF`) gibt `fgets()` den `NULL`-Zeiger zurück.

Möglicher Ablauf des Programms `vokzaehl.c`:

```
Gib Text ein:
-------------------------------------
Das ist ein Test, ⏎
ob das Programm ⏎
auch richtig arbeitet ⏎
(Strg)-(D)
-------------------------------------
Der Text enthaelt 17 Vokale
```

Dieses Programm kann auch auf Dateien angewendet werden. Dazu muss beim Aufruf nur die Standardeingabe in die entsprechende Datei umgelenkt werden, wie z. B.:

`vokzaehl <vokzaehl.c`

Dieser Aufruf zählt die Anzahl der Vokale in der Datei `vokzaehl.c`.

`strspn()` – Zahl von Zeichen aus einer Zeichenmenge am Stringanfang

`size_t strspn(const char *kett1, const char *kett2);`

Diese Funktion berechnet die Länge der Teil-Zeichenkette in `kett1` (von Anfang an), welche nur aus Zeichen von `kett2` besteht. Die Länge dieser Teil-Zeichenkette wird als Funktionswert zurückgegeben. Das folgende Programm `isnrlow.c` zeigt, wie man sich unter Verwendung der Funktion `strspn()` z. B. zwei eigene Funktionen `is_intnumber()` und `is_lowerstring()` schreiben kann, die feststellen, ob ein String eine ganze Zahl ist bzw. ob er nur aus Kleinbuchstaben besteht:

```
#include   <stdio.h>
#include   <string.h>
int   is_intnumber(const char *string) {
    return( !(strspn(string, "0123456789")-strlen(string)) );
}
int   is_lowerstring(const char *string) {
    return( !(strspn(string, "abcdefghijklmnopqrstuvwxyz")-strlen(string)) );
}
int   main(void) {
    char   zeile[1000];
     /* fgets() liest bei jedem Aufruf eine Zeile (einschliesslich dem \n)
        in die Variable 'zeile', jedoch hier maximal 1000 Zeichen.
        Bei EOF liefert fgets() NULL zurueck */
    while (fgets(zeile,1000,stdin) != NULL) {
        zeile[strlen(zeile)-1] = '\0'; /* \n entfernen */
        printf("   ----->  ");
        printf("%s%s; ", is_intnumber(zeile) ? "" : "keine ", "ganze Zahl");
        printf("%s%s\n", is_lowerstring(zeile) ? "" : "nicht ", "nur Kleinbuchst.");
    }
    return(0);
}
```

Möglicher Ablauf des Programms `isnrlow.c`:

```
1736356523  ⏎
    -----> ganze Zahl; nicht nur Kleinbuchst.
hallo  ⏎
    -----> keine ganze Zahl; nur Kleinbuchst.
3.141569  ⏎
    -----> keine ganze Zahl; nicht nur Kleinbuchst.
Hallo  ⏎
    -----> keine ganze Zahl; nicht nur Kleinbuchst.
am 3.6.1997  ⏎
    -----> keine ganze Zahl; nicht nur Kleinbuchst.
Strg-D  ⏎
```

`strcspn()` – Zahl von Komplementzeichen aus einer Zeichenmenge am Stringanfang

`int strcspn(const char *kett1, const char *kett2);`
Diese Funktion ist die Umkehrung zur Funktion `strspn()`. Die Funktion `strcspn()` berechnet die Länge der Teil-Zeichenkette in `kett1` (von Anfang an), die keine Zeichen aus `kett2` enthält. Die Länge dieser Teil-Zeichenkette wird als Funktionswert zurückgegeben.

strtok() – Zerteilen eines Strings nach vorgegebenen "Bruchstellen"

```
char *strtok(char *kett1, const char *kett2);
```

Eine Folge von Aufrufen der strtok()-Funktion bricht die Zeichenkette kett1 in eine Folge von Teil-Zeichenketten1 (so genannte *Token*), wobei die "Bruchstellen" durch kett2 festgelegt werden. Falls sich die beiden Zeichenketten kett1 und kett2 überlappen, dann ist das Verhalten undefiniert, was sich am C99-Prototyp für strtok() sofort erkennen lässt:

```
char *strtok(char *restrict kett1, const char *restrict kett2);
```

Der erste Aufruf in dieser Aufruffolge hat kett1 als erstes Argument und alle nachfolgenden Aufrufe übergeben den NULL-Zeiger als erstes Argument:

Erster Aufruf von strtok(): Der erste Aufruf von strtok() bewirkt dann, dass in kett1 das erste Zeichen gesucht wird, das nicht als Trennzeichen in kett2 vorkommt. Falls kein solches Zeichen gefunden wird, dann gibt strtok() einen NULL-Zeiger zurück. Wenn ein solches Nicht-Trennzeichen gefunden werden kann, dann ist dies der Anfang der ersten Teil-Zeichenkette.

Weitere Aufrufe von strtok():

Bei weiteren Aufrufen sucht strtok() nach einem Trennzeichen: Falls keines gefunden werden kann, erstreckt sich die Teil-Zeichenkette bis zum Ende von kett1 und nachfolgende Aufrufe von strtok() werden fehlschlagen. Wenn ein solches Trennzeichen gefunden wird, dann wird es mit \0 überschrieben und somit das Ende der Teil-Zeichenkette festgelegt. Die Funktion strtok() merkt sich den Zeiger auf das nächste Zeichen, von wo aus die nächste Suche nach einer Teil-Zeichenkette beginnt (bei Aufruf strtok(NULL,...);).

strtok() gibt einen Zeiger auf das erste Vorkommen einer Teil-Zeichenkette zurück, falls eine gefunden werden kann oder einen NULL-Zeiger, falls keine solche gefunden werden kann. Die Trennzeichen, die mit kett2 angegeben werden, können bei jedem Aufruf verschieden sein.

Das Standard-C Papier gibt hierzu folgendes Beispiel:

```
#include <string.h>
static char *str = "?a???b,,,#c";
char *t;
t = strtok(str, "?");      /* t zeigt auf Teil-Zeichenkette "a"  */
t = strtok(NULL, ",");     /* t zeigt auf Teil-Zeichenkette "??b" */
t = strtok(NULL, "#,");    /* t zeigt auf Teil-Zeichenkette "c"  */
t = strtok(NULL, "?");     /* t ist ein NULL-Zeiger */
```

Weiteres Beispiel:
Das folgende Programm strtok.c liest eine Namensliste als eine Zeile ein und „fischt" sich dann die einzelnen Namen heraus, wobei als Trennzeichen für die einzelnen Namen ein „;", ein „," oder ein „:" vereinbart wurde:

```c
#include <stdio.h>
#include <string.h>

int  main(void)
{
    char  zeile[1000], *einzel_name;
    int   i=0;
    char  *trennzeich=",;:";

    printf("Gib die Liste der Namen (mit , oder ; oder : getrennt ein\n");

     /* fgets() liest bei jedem Aufruf eine Zeile (einschliesslich dem \n)
        in die Variable 'zeile', jedoch hier maximal 1000 Zeichen.
        Bei EOF liefert fgets() NULL zurueck */
    fgets(zeile, 1000, stdin);
    zeile[strlen(zeile)-1] = '\0'; /* \n entfernen */
    einzel_name = strtok(zeile, trennzeich);
    while (einzel_name != NULL) {
        printf("Name %d : %s\n", ++i, einzel_name);
        einzel_name = strtok(NULL, trennzeich);
    }
    return(0);
}
```

Möglicher Ablauf des Programms `strtok.c`:

```
Gib die Liste der Namen (mit , oder ; oder : getrennt ein
Möller     Franz;;;;,;;;Wasser Fritzchen:Feuer Emilia;Danneberg Doris-Anne::::  ⏎
Name 1 : Möller     Franz
Name 2 : Wasser Fritzchen
Name 3 : Feuer Emilia
Name 4 : Danneberg Doris-Anne
```

`strerror()` – Text zu einer Fehlernummer

`char *strerror(int fehler_nr);`

Diese Funktion liefert die Adresse der zu einer `fehler_nr` gehörigen Fehlermeldung (dargestellt als Zeichenkette).

Es ist zu beachten, dass der Speicher, auf den der zurückgegebene Zeiger zeigt, durch einen nachfolgenden Aufruf von `strerror()` überschrieben werden kann. Deshalb ist es das sicherste, die von `strerror()` zurückgegebene Zeichenkette sofort in einen eigenen Speicherbereich zu kopieren, wenn diese Fehlermeldung „gerettet" werden soll:

```
strcpy(mein_array, strerror(fehler_nr));
```

Beispiel:

Das folgende Programm `strerror.c` zeigt die Wirkungsweise der Funktion `strerror()`. An späterer Stelle werden wir nochmals auf System-Fehlermeldungen genauer eingehen.

25.4 Strings und `char`-Zeiger

```
#include <string.h>
#include <stdio.h>

int  main(void) {
   int fehler_nr;

   for (fehler_nr=0 ; fehler_nr<5 ; fehler_nr++)
      printf("%3d -> strerror: %s\n", fehler_nr, strerror(fehler_nr));
   return(0);
}
```

Möglicher Ablauf des Programms `strerror.c`:

```
  0 -> strerror: Erfolg
  1 -> strerror: Die Operation ist nicht erlaubt
  2 -> strerror: Datei oder Verzeichnis nicht gefunden
  3 -> strerror: Kein passender Prozeß gefunden
  4 -> strerror: Unterbrechung während des Betriebssystemaufrufs
```

`strcoll()` – Länderspezifisches `strcmp()`

`int strcoll(const char *kett1, const char *kett2);`

Diese Funktion verhält sich genau wie `strcmp()`, außer dass lokal-spezifische Vergleichsregeln (wie Umlaute ä, ö, ü) angewendet werden.

`strxfrm()` – Umwandeln länderspezifischer Zeichenketten in C-normale Form

`size_t strxfrm(char *nach, const char *von, size_t max_groesse);`

Diese Funktion wandelt die lokal-spezifische Zeichenkette `von` in eine „C-normale" Form (engl.-amerik.) um und speichert die umgewandelte Zeichenkette an die Adresse `nach`.

Die Umwandlung garantiert, dass die Funktion `strcmp()` angewandt auf zwei so umgewandelten Zeichenketten das gleiche Ergebnis liefert, wie wenn die Funktion `strcoll()` auf die zwei Original-Zeichenketten angewendet worden wäre.

Es werden allerdings niemals mehr als `max_groesse` Zeichen (`\0` mitgerechnet) nach `nach` geschrieben.

Wenn die beiden Zeichenketten sich überlappen, dann ist das Verhalten undefiniert, was sich am C99-Prototyp für `strxfrm()` sofort erkennen lässt:

`size_t strxfrm(char *restrict nach, const char *restrict von, size_t max_groesse);`

Falls für `max_groesse` der Wert 0 angegeben wird, so darf `nach` ein NULL-Zeiger sein.

Diese Funktion liefert als Funktionswert die Länge der umgewandelten Zeichenkette (ohne `\0`); falls sie einen Wert >= `max_groesse` liefert, so ist der Speicherinhalt von `nach` unbestimmt.

Beispiele:
1. Üblicherweise ist im Deutschen ä<ö ; ä könnte nun z. B. nach ae und ö nach oe umgewandelt und dann würde gelten: (Mörtel < Mord)

2. Um die Größe des Speicherplatzes zu bestimmen, den man benötigt, um die umgewandelte Form einer Zeichenkette `zeichk` zu bestimmen, ist der folgende Ausdruck geeignet: `strxfrm(NULL, zeichk, 0) + 1`

`memcpy()` – Kopieren von n Bytes eines Speicherbereichs (unsicher)

`void *memcpy(void *ziel, const void *quelle, size_t n);`

`memcpy()` kopiert n Zeichen vom Speicherplatz, auf den `quelle` zeigt, in den Speicherbereich, auf den `ziel` zeigt. Falls die beiden n-Byte langen Speicherbereiche sich überlappen, dann ist das Verhalten undefiniert (siehe auch `memmove()`), was sich am C99-Prototyp für `memcpy()` sofort erkennen lässt:

`void *memcpy(void *restrict ziel, const void *restrict quelle, size_t n);`

`memcpy()` liefert die Adresse `ziel` als Funktionswert. Das folgende Programm `memcpy.c` zeigt die Unsicherheit der Funktion `memcpy()` bei sich überlappenden Speicherbereichen.

```
#include <string.h>
#include <stdio.h>

char zeichk1[100];
char *zeichk2;

int  main(void) {
    strcpy(zeichk1, "pferdaepfel");
    zeichk2 = zeichk1+2;
    printf("%s  %s\n", zeichk1, zeichk2);
    memcpy(zeichk2, zeichk1, 9);
    printf("%s  %s\n", zeichk1, zeichk2);
    return(0);
}
```

Möglicher Ablauf des Programms `memcpy.c`:

```
pferdaepfel     erdaepfel
pfpfpfdadad     pfpfdadad
```

`memmove()` – Kopieren von n Bytes eines Speicherbereichs (sicher)

`void *memmove(void *ziel, const void *quelle, size_t n);`

`memmove()` kopiert n Zeichen vom Speicherplatz, auf den `quelle` zeigt, in den Speicherbereich, auf den `ziel` zeigt. Im Gegensatz zu `memcpy()`, garantiert diese Funktion bei Überlappung der beiden Speicherbereiche einen korrekten Kopiervorgang[2]. Wenn also Sicherheit vor Schnelligkeit geht, dann ist diese Funktion zu verwenden. Wenn man einen schnelleren, dafür aber unsicheren Kopiervorgang bevorzugt oder aber sicher ist, dass sich die beiden Speicherbereiche nicht überlappen, dann ist `memcpy()` die richtige Funktion. `memmove()` liefert die Adresse `ziel` als Funktionswert. Das folgende Programm `memmove.c` zeigt, dass die

---
[2] als ob `quelle` über einen temporären Speicherbereich `hilf` nach `ziel` kopiert worden wäre

25.4 Strings und `char`-Zeiger

Funktion `memmove()` im Gegensatz zur Funktion `memcpy()` bei sich überlappenden Speicherbereichen richtig kopiert.

```
#include <string.h>
#include <stdio.h>

char zeichk1[100];
char *zeichk2;

int  main(void) {
    strcpy(zeichk1, "pferdaepfel");
    zeichk2 = zeichk1+2;
    printf("%s  %s\n", zeichk1, zeichk2);
    memmove(zeichk2, zeichk1, 9);
    printf("%s  %s\n", zeichk1, zeichk2);
    return(0);
}
```

Ablauf des Programms `memmove.c`:

```
pferdaepfel    erdaepfel
pfpferdaepf    pferdaepf
```

`memset()` – n-maliges Schreiben eines Zeichens in einen Speicherbereich

`void *memset(void *adress, int zeich, size_t n);`
Diese Funktion schreibt das Zeichen `zeich` (umgewandelt nach `unsigned char`) n mal in den Speicherbereich, der mit Adresse `adress` angegeben wurde. `memset()` liefert die Adresse `adress` als Funktionswert.
Beispielaufrufe wären

```
memset(striche, '-', 100);          /* Ins Array striche 100 Striche schreiben  */
memset(blank, ' ', 2000);           /* Ins Array blank 2000 Leerzeichen schreiben */
memset(zahlen, 0, 100*sizeof(int)); /* Array zahlen mit 100 Nullen füllen        */
```

`memcmp()` – Vergleichen von Bytes in zwei Speicherbereichen

`int memcmp(const void *adress1, const void *adress2, size_t n);`
`memcmp()` vergleicht die ersten n Zeichen des Speicherbereichs, auf den `adress1` zeigt, mit dem ersten n Zeichen des Speicherbereichs, auf den `adress2` zeigt. Diese Funktion liefert als Funktionswert eine

```
negative Zahl, wenn Bytekette in adress1 < Bytekette in adress2
            0, wenn Bytekette in adress1 == Bytekette in adress2
positive Zahl, wenn Bytekette in adress1 > Bytekette in adress2
```

Der Funktionswert entsteht als Differenz aus den beiden ersten nicht übereinstimmenden Zeichen in den Speicherbereichen `adress1` und `adress2`.

`memchr()` – **Suchen eines Zeichens in einem Speicherbereich**

`void *memchr(const void *adress, int such_zeich, size_t n);`
`memchr()` sucht das erste Vorkommen von `such_zeich` in den ersten n Zeichen des Speicherbereichs, auf den `adress` zeigt.
Diese Funktion gibt entweder die Adresse des gefundenen Zeichens zurück, oder einen `NULL`-Zeiger, falls das Zeichen `such_zeich` nicht im angegebenen Speicherbereich gefunden werden konnte.

Neben den hier vorgestellten Funktionen darf jede C-Realisierung noch eigene hinzufügen, wenn deren Namen mit
   `str`k (k steht für Kleinbuchstabe) oder
   `mem`k (k steht für Kleinbuchstabe)
beginnen.

25.4.6 Umwandeln von Strings in numerische Werte

Die Headerdatei `<stdlib.h>`, die ein Sammelplatz für alle Funktionen ist, die keiner der anderen Headerdateien logisch zugeordnet werden können, enthält einige Funktionen, die eine Umwandlung von Strings in numerische Werte durchführen. Nachfolgend werden diese von C standardisierten Funktionen kurz vorgestellt.

`strtol()` – **Umwandeln eines Strings in** `long`

`long int strtol(const char *zeichk, char **end_zeig, int basis);`
`strtol()` (*string-to-long*) wandelt eine Zahl, die als Zeichenkette gespeichert ist, in einen `long int`-Wert um und liefert diesen als Funktionswert.
Dazu zerlegt diese Funktion zuerst den String `zeichk` in drei Einzel-Zeichenketten:

1. Folge von Zwischenraum-Zeichen (durch Funktion `isspace()` festgelegt). Diese Folge kann auch leer sein.
2. Folge von erlaubten Zeichen (abhängig vom `basis`-Wert) für Ganzzahlen
3. Folge von nicht erkannten Zeichen (einschließlich `\0`)

Dann versucht diese Funktion die zweite Teil-Zeichenkette in eine Ganzzahl umzuwandeln und gibt das Ergebnis als Funktionswert zurück.
Falls der aktuelle Wert für `basis` gleich 0 ist, dann ist die erwartete Form für die zweite Teil-Zeichenkette gleich der Definition für `int`-Konstanten: dezimal, oktal (Präfix 0) oder hexadezimal (Präfix 0x oder 0X), wobei ein + oder - Vorzeichen voranstehen darf, aber kein Ganzzahl-Suffix folgen darf.
Falls der aktuelle Wert für `basis` zwischen 2 und 36 liegt, dann ist die erwartete Form für die zweite Teil-Zeichenkette eine Folge von Buchstaben und Ziffern, welche eine erlaubte Zahl im jeweiligen (2er, 3er, ... 36er) System darstellen; dieser Zahl kann ein + oder - Vorzeichen voranstehen, aber es darf ihr kein Ganzzahl-Suffix folgen. Hierbei entsprechen die Buchstaben a (oder A) bis z (oder Z) den Werten 10 bis 35; nur Buchstaben deren Wert kleiner als `basis` ist, sind erlaubt. Falls der Wert von `basis` gleich 16 ist, dann darf vor der Folge von Ziffern und Buchstaben optional 0x oder 0X (aber nach optionalen Vorzeichen) angegeben sein.

25.4 Strings und `char`-Zeiger

Die zweite Teil-Zeichenkette ist leer,

- wenn `zeichk` leer ist, oder
- ganz aus Zwischenraum-Zeichen besteht, oder
- wenn das erste Nicht-Zwischenraum-Zeichen kein Vorzeichen, keine Ziffer und auch kein erlaubter Buchstabe ist.

Falls für `end_zeig` kein NULL-Zeiger übergeben wurde, wird nach einer erfolgreichen Umwandlung die Adresse der dritten Teil-Zeichenkette in dem Zeiger abgelegt, auf den `end_zeig`[3] zeigt. Falls die zweite Zeichenkette leer ist oder nicht die erwartete Form besitzt, dann wird keine Umwandlung durchgeführt: Falls in diesem Fall `end_zeig` kein NULL-Zeiger ist, dann wird der Zeigerwert von `zeichk` nach `*end_zeig` geschrieben. So kann `end_zeig` dazu verwendet werden, um festzustellen, ob eine Umwandlung stattfand. Wenn alles gut verlief, dann liefert `strtol()` die durch Umwandlung erhaltene `long int` Zahl. Falls keine Umwandlung stattfand, dann gibt diese Funktion den Wert 0 zurück. Falls der korrekte Rückgabewert einen Überlauf erzeugen würde, dann wird abhängig vom Vorzeichen entweder der LONG_MAX oder LONG_MIN zurückgegeben und `errno` der Wert ERANGE zugewiesen.

Falls `strtol()` auf Objekte angewendet wird, die sich gegenseitig überlappen, dann ist das Verhalten undefiniert, was sich am C99-Prototyp für `strtol()` sofort erkennen lässt:

```
long int strtol(const char *restrict zeichk, char **restrict end_zeig, int basis);
```

Das folgende Programm `strtol.c` demonstriert die Verwendung der Funktion `strtol()`, indem es Textzeilen einliest (bis EOF). In diesen Textzeilen unterstreicht es alle Zahlen (Zehnersystem), sammelt diese Zahlen in einem Array und gibt am Ende die Summe aller im Text gefundenen Zahlen aus:

```
#include  <stdio.h>
#include  <ctype.h>
#include  <stdlib.h>

#define   BASIS   10
#define   MAX     1000

int  main(void)
{
   long   w, wert[MAX], sum=0, vorhanden;
   int    stellen, i=0, j;
   char   *zgrneu, *zgralt, zeile[1000], striche[]="--------------------";

     /* fgets() liest bei eine Zeile (einschliesslich dem \n) in die Variable 'zeile',
        jedoch hier maximal 1000 Zeichen. Bei EOF liefert fgets() NULL zurueck */
   while (fgets(zeile, MAX, stdin) != NULL) {
      vorhanden = 0;
      printf("%s", zeile);
      zgrneu = zgralt = zeile;
      while (*zgrneu != '\0') {
```

---
[3] Beachte: `end_zeig` ist ein Zeiger auf einen Zeiger

```
            zgralt = zgrneu;
            if (isspace(*zgralt) || *zgralt == '0' ||
               (w = strtol(zgralt, &zgrneu, BASIS)) == 0) {
               zgrneu++;
               printf(" ");
            } else {
               if (i < MAX) {
                  wert[i++] = w;
                  sum += w;
               }
               stellen = zgrneu-zgralt;
               printf("%.*s", stellen, striche);
               vorhanden = 1;
            }
         }
         printf("%c", (vorhanden==1) ? '\n' : '\r');
      }
      if (i > 0) {
         printf("%s\n", striche); printf("%ld ", wert[0]);
         for (j=1; j<i; j++)
            printf("+ %ld ", wert[j]);
         printf("= %ld\n", sum);
      }
      return(0);
}
```

Wenn wir folgende Datei `text.txt` haben:

```
Wir haben heute 123 Bleistifte verkauft und
aus alten Bestaenden wurden -56 zurueckgeliefert.
Vielleicht sollten wir das ganze mit Dualzahlen machen,
wie z.B. 10001000 ist ?
Was ist denn nun 11111010?
Wir sollten zumindest darüber nachdenken.
```

und wir rufen unser Programm mit folgender Kommandozeile auf:

```
strtol < text.txt
```

so liefert es die folgende Ausgabe:

```
Wir haben heute 123 Bleistifte verkauft und
                ---
aus alten Bestaenden wurden -56 zurueckgeliefert.
                            ---
Vielleicht sollten wir das ganze mit Dualzahlen machen,
wie z.B. 10001000 ist ?
         --------
Was ist denn nun 11111010?
                 --------
Wir sollten zumindest darüber nachdenken.
------------------
123 + -56 + 10001000 + 11111010 = 21112077
```

Würden wir im Programm `strtol.c` die Basis auf 2 ändern:

```
#define   BASIS    2
```

so hätten wir folgende Ausgabe erhalten:

```
Wir haben heute 123 Bleistifte verkauft und
                -
aus alten Bestaenden wurden -56 zurueckgeliefert.
Vielleicht sollten wir das ganze mit Dualzahlen machen,
wie z.B. 10001000 ist ?
         --------
Was ist denn nun 11111010?
                 --------
Wir sollten zumindest darüber nachdenken.
-------------------
1 + 136 + 250 = 387
```

Bei Änderung der Basis auf 16:

```
#define   BASIS    16
```

erhalten wir die folgende Ausgabe:

```
Wir haben heute 123 Bleistifte verkauft und
    ---   -  ---  -   --  ---         -
aus alten Bestaenden wurden -56 zurueckgeliefert.
-   - --  -- --       --   ---     --  -  ---
Vielleicht sollten wir das ganze mit Dualzahlen machen,
 - -       -        -   --  -     -   -- - -   -- -
wie z.B. 10001000 ist ?
 -   -   --------
Was ist denn nun 11111010?
 -      --       --------
Wir sollten zumindest darüber nachdenken.
              -    -- -- --  -- --  -
-------------------
2750 + 14 + 14 + 291 + 11 + 14 + 15 + 14 + 14 + 10 + 15 + 13 + 10 + 10 + 14 + 190
 + 174 + 222 + 222 + -86 + 236 + 14 + 3838 + 14 + 14 + 12 + 14 + 218 + 10 + 14 +
13 + 10 + 10 + 14 + 172 + 14 + 14 + 11 + 268439552 + 10 + 222 + 286330896 + 14 +
222 + 218 + 190 + 172 + 222 + 14 = 554780305
```

`strtoll()` – Umwandeln eines Strings in `long long` (neu in C99)

C99 bietet noch die folgende Funktion an:

**long long int strtoll(const char *restrict zeichk,
                    char **restrict end_zeig, int basis);**

Die Funktion `strtoll()` entspricht weitgehend der Funktion `strtol()`, nur dass sie einen `long long int`-Wert zurückliefert. Zudem gilt bei dieser Funktion, dass bei einem Überlauf abhängig vom Vorzeichen entweder der `LLONG_MAX` oder `LLONG_MIN` zurückgegeben und `errno` der Wert `ERANGE` zugewiesen wird.

strtoul() – Umwandeln eines Strings in unsigned long

```
unsigned long strtoul(const char *zeichk, char **end_zeig,
                      int basis);
```

strtoul() (*string-to-unsigned long*) wandelt eine Zahl, die als Zeichenkette gespeichert ist, in einen unsigned long-Wert um und liefert diesen als Funktionswert. Zudem gilt bei dieser Funktion, dass bei einem Überlauf ULONG_MAX zurückgegeben und errno der Wert ERANGE zugewiesen wird. Ansonsten ist diese Funktion weitgehend identisch zur vorherigen Funktion strtol().

Falls strtoul() auf Objekte angewendet wird, die sich gegenseitig überlappen, dann ist das Verhalten undefiniert, was sich am C99-Prototyp für strtoul() sofort erkennen lässt:

```
unsigned long strtoul(const char *restrict zeichk, char **restrict end_zeig,
                      int basis);
```

strtoull() – Umwandeln von String in unsigned long long (neu in C99)

C99 bietet noch die folgende Funktion an:
```
unsigned long long strtoull(const char *restrict zeichk,
                      char **restrict end_zeig, int basis);
```
Die Funktion strtoull() entspricht weitgehend der Funktion strtoul(), nur dass sie einen unsigned long long-Wert zurückliefert. Zudem gilt bei dieser Funktion, dass bei einem Überlauf ULLONG_MAX zurückgegeben und errno der Wert ERANGE zugewiesen wird.

strtod() – Umwandeln eines Strings in double

```
double strtod(const char *zeichk, char **end_zeig);
```
strtod() (*string-to-double*) wandelt eine Zahl, die als Zeichenkette gespeichert ist, in einen double-Wert um und liefert diesen als Funktionswert.
Dazu zerlegt diese Funktion zuerst den String zeichk in drei Einzel-Zeichenketten:

1. Folge von Zwischenraum-Zeichen (durch Funktion isspace() festgelegt). Diese Folge kann auch leer sein.
2. Folge von erlaubten Zeichen für Gleitpunktzahlen
3. Folge von nicht erkannten Zeichen (einschließlich \0)

Dann versucht diese Funktion die zweite Teil-Zeichenkette in eine Gleitpunktzahl umzuwandeln und gibt das Ergebnis als Funktionswert zurück.
Die erwartete Form der zweiten Zeichenkette ist:

1. optionales + oder - (Vorzeichen)
2. Ziffernfolge, welche einen Dezimalpunkt enthalten kann
3. optionaler Exponententeil
4. kein Gleitpunkt-Suffix (f, F, l oder L).

Die zweite Teil-Zeichenkette ist leer,
- wenn zeichk leer ist, oder
- ganz aus Zwischenraum-Zeichen besteht, oder

25.4 Strings und `char`-Zeiger

❏ wenn das erste Nicht-Zwischenraum-Zeichen kein Vorzeichen, keine Ziffer und auch kein Dezimalpunkt ist.

Falls für `end_zeig` kein `NULL`-Zeiger übergeben wurde, wird nach einer erfolgreichen Umwandlung die Adresse der dritten Teil-Zeichenkette in dem Zeiger abgelegt, auf den `end_zeig`[4] zeigt. Falls die zweite Zeichenkette leer ist oder nicht die erwartete Form besitzt, dann wird keine Umwandlung durchgeführt: Falls in diesem Fall `end_zeig` kein `NULL`-Zeiger ist, dann wird der Zeigerwert von `zeichk` nach `*end_zeig` geschrieben. So kann `end_zeig` dazu verwendet werden, um festzustellen, ob eine Umwandlung stattfand. Wenn alles gut verlief, dann liefert `strtod()` die durch Umwandlung erhaltene Gleitpunktzahl. Falls keine Umwandlung stattfand, dann gibt diese Funktion den Wert 0 zurück. Falls der korrekte Rückgabewert einen Überlauf erzeugen würde, dann wird abhängig vom Vorzeichen entweder der positive oder negative Wert `HUGE_VAL` und `errno` der Wert `ERANGE` zugewiesen. Falls der korrekte Rückgabewert einen Unterlauf erzeugen würde, wird 0 zurückgegeben und `errno` erhält den Wert `ERANGE`.

Falls `strtod()` auf Objekte angewendet wird, die sich gegenseitig überlappen, dann ist das Verhalten undefiniert, was sich am C99-Prototyp für `strtod()` sofort erkennen lässt:

```
double strtod(const char *restrict zeichk, char **restrict end_zeig);
```

C99 erlaubt auch die Umwandlung von Gleitpunktzahlen, die im hexadezimalen IEEE-Format vorliegen (siehe auch Kapitel 9.2.4 auf Seite 153).

`strtold()` – Umwandeln eines Strings in `long double` (neu in C99)

```
long double strtold(const char *restrict zeichk,
                    char **restrict end_zeig);
```

Die Funktion `strtold()` entspricht weitgehend der Funktion `strtod()`, nur dass sie einen `long double`-Wert zurückliefert. Zudem gilt bei dieser Funktion, dass bei einem Überlauf abhängig vom Vorzeichen entweder der positive oder negative Wert `HUGE_VALL` zurückgegeben und `errno` der Wert `ERANGE` zugewiesen wird.

`strtof()` – Umwandeln eines Strings in `float` (neu in C99)

```
float strtof(const char *restrict zeichk,
             char **restrict end_zeig);
```

Die Funktion `strtof()` entspricht weitgehend der Funktion `strtod()`, nur dass sie einen `float`-Wert zurückliefert.

`atoi()` – Umwandeln eines Strings in `int`

```
int atoi(const char *zeichk);
```

Die Funktion `atoi()` stammt noch aus der Zeit vor C89 bzw. C99 und ist eine vereinfachte Aufrufform der Funktion `strtol()`. Außer dem Verhalten im Fehlerfalle ist diese Funktion äquivalent zu:

```
(int)strtol(zeichk, (char **)NULL, 10);
```

---

[4] Beachte: `end_zeig` ist ein Zeiger auf einen Zeiger

25 Zeiger und Arrays

atol() – Umwandeln eines Strings in long

`long int atol(const char *zeichk);`

Die Funktion `atol()` ist weitgehend identisch zur Funktion `atoi()`, nur dass sie einen `long int`-Wert zurückliefert. Außer dem Verhalten im Fehlerfalle ist diese Funktion äquivalent zu:

```
strtol(zeichk, (char**)NULL, 10);
```

atoll() – Umwandeln eines Strings in long long (neu in C99)

`long long int atoll(const char *zeichk);`

Die Funktion `atoll()` ist weitgehend identisch zur Funktion `atoi()`, nur dass sie einen `long long int`-Wert zurückliefert. Außer dem Verhalten im Fehlerfalle ist diese Funktion äquivalent zu:

```
strtoll(zeichk, (char**)NULL, 10);
```

atof() – Umwandeln eines Strings in double

`double atof(const char *zeichk);`

Die Funktion `atof()` ist weitgehend identisch zu `atoi()`, nur dass sie einen double-Wert zurückliefert. Außer dem Verhalten im Fehlerfalle ist diese Funktion äquivalent zu:

```
strtod(zeichk, (char **)NULL);
```

sscanf() – Umwandeln eines Strings in numerische Werte

`int sscanf(const char *zeichk, const char *format, ...);`

Die Funktion `sscanf()`, die in der Headerdatei `stdio.h` deklariert ist, ist weitgehend äquivalent zur Funktion `scanf()` (siehe Kapitel 7.4 auf Seite 113), nur dass sie die Eingabe nicht von der Tastatur (Standardeingabe), sondern von der Adresse `zeichk` liest. Die Funktion `sscanf()` gibt den Wert EOF zurück, wenn ein Eingabefehler bereits vor einer Umwandlung auftritt. Ansonsten gibt `sscanf()` die Zahl der gelesenen Eingabeeinheiten zurück. `sscanf()` eignet sich dazu, Strings in numerische Werte umzuwandeln. Das folgende Programm `sscanf.c` demonstriert die Verwendung der Funktion `sscanf()`, indem es genauso wie das früher vorgestellte Programm `strtol.c` Textzeilen einliest (bis EOF). In diesen Textzeilen unterstreicht es alle Zahlen (Zehnersystem), sammelt diese Zahlen in einem Array und gibt am Ende die Summe aller im Text gefundenen Zahlen aus:

```
#include  <stdio.h>
#include  <ctype.h>
#include  <stdlib.h>

#define  MAX   1000
int  main(void) {
   long    w, wert[MAX], sum=0, vorhanden;
   int     stellen, i=0, j;
   char    *zgrneu, *zgralt, zeile[1000], striche[]="--------------------";
```

```
    /* fgets() liest bei jedem Aufruf eine Zeile (einschliesslich dem \n)
       in die Variable 'zeile', jedoch hier maximal 1000 Zeichen.
       Bei EOF liefert fgets() NULL zurueck */
    while (fgets(zeile, MAX, stdin) != NULL) {
        vorhanden = 0;
        printf("%s", zeile);
        zgrneu = zgralt = zeile;
        while (*zgrneu != '\0') {
            zgralt = zgrneu;
            if (isspace(*zgralt) || *zgralt == '0' ||
                sscanf(zgralt, "%ld%n", &w, &stellen) == 0) {
                zgrneu++;
                printf(" ");
            } else {
                if (i < MAX) {
                    wert[i++] = w;
                    sum += w;
                }
                zgrneu += stellen;
                printf("%.*s", stellen, striche);
                vorhanden = 1;
            }
        }
        printf("%c", (vorhanden==1) ? '\n' : '\r');
    }
    if (i > 0) {
        printf("%s\n", striche);
        printf("%ld ", wert[0]);
        for (j=1; j<i; j++)
            printf("+ %ld ", wert[j]);
        printf("= %ld\n", sum);
    }
    return(0);
}
```

25.4.7 Umwandeln von numerischen Werten in Strings

int sprintf(char *zeichk, const char *format, ...);
Die Funktion sprintf(), die in der Headerdatei stdio.h deklariert ist, ist weitgehend äquivalent zur Funktion printf() (siehe Kapitel 7.3 auf Seite 101), nur dass sie die formatierte Ausgabe nicht auf den Bildschirm (Standardausgabe), sondern an die Adresse zeichk schreibt. sprintf() hängt an das Ende der generierten Zeichenkette automatisch ein \0 an. sprintf() gibt die Zahl der nach zeichk geschriebenen Zeichen (abschließendes \0 nicht mitgezählt) als Funktionswert zurück. sprintf() eignet sich dazu, numerische Werte in Strings umzuwandeln. Das folgende Programm sprintf.c demonstriert diese Verwendung von sprintf(). Es liest Zahlen ein, und gibt diese in deutscher kaufmännischer Schreibweise aus:

25 Zeiger und Arrays

```c
#include <stdio.h>
#include <string.h>

#define MAX    1000

int  main(void) {
   int     i, j, k, l, m, len;
   double  zahl[MAX];
   char    formzahl[100], help[100], *zgr;

   for (i=0; i<MAX; i++)   /*-------- Einlesen der Zahlen ----------------*/
      if ((j=scanf("%lf", &zahl[i])) != 1)
         break;

   for (j=0; j<i; j++) {   /*-------- Formatierte Ausgabe der Zahlen -----*/
      sprintf(help, "%.2f", zahl[j]);
      zgr = strrchr(help, '.');
      *zgr = ',';
      if ( (len=strlen(help)) > 6 ) {
         for (k=len-1,l=0; k>=len-3; k--,l++)
            formzahl[l] = help[k];
         for (k=len-4, l=3, zgr=help; k>=0 ; k--, l++) {
            formzahl[l] = help[k];
            if ( ((len-k)%3 == 0) && k != 0 && help[k-1] != '-') /* alle 3 */
               formzahl[++l] = '.';            /* Zeichen ein Trennzeichen */
         }
         formzahl[l] = '\0';
         strcpy(help, formzahl);
         for (k=l-1, m=0; k>=0; k--, m++) /* vom Ende her umkopieren */
            formzahl[m] = help[k];
         formzahl[m] = '\0';
      } else
         strcpy(formzahl, help);
      printf("%20.2f : %17s Euro\n", zahl[j], formzahl);
   }
   return(0);
}
```

Möglicher Ablauf des Programm `sprintf.c`:

```
-3 ⏎
34.5 ⏎
12567 ⏎
-653. ⏎
0 ⏎
-0.23 ⏎
-12.345 ⏎
-1234567.89 ⏎
1276543.21 ⏎
-654321 ⏎
Strg-D
```

```
       -3.00 :            -3,00 Euro
       34.50 :            34,50 Euro
    12567.00 :        12.567,00 Euro
     -653.00 :          -653,00 Euro
        0.00 :             0,00 Euro
       -0.23 :            -0,23 Euro
      -12.35 :           -12,35 Euro
  -1234567.89 :      -1.234.567,89 Euro
   1276543.21 :       1.276.543,21 Euro
    -654321.00 :        -654.321,00 Euro
```

25.4.8 Besonderheiten beim Einlesen von Strings mit `scanf()`

Beim Einlesen von Strings mit `scanf()` ist Vorsicht geboten, da `scanf()` bei der Formatangabe `%s` einen String nur bis zum ersten Zwischenraumzeichen (Leer- oder Tabzeichen) einliest. Das folgende Programm `strein1.c` verdeutlicht dies:

```
#include <stdio.h>

int main(void) {
   char name[50];
   printf("Gib deinen Namen ein: "); scanf("%s", name);
   printf("   Dein Name ist also %s\n", name);
   return(0);
}
```

Möglicher Ablauf des Programms `strein1.c`:

```
Gib deinen Namen ein: Hans Meier ⏎
   Dein Name ist also Hans
```

`scanf()` liest also nur den Vornamen ein und ignoriert den Nachnamen, der mit Leerzeichen vom Vornamen getrennt ist. Eine Möglichkeit, dieses Problem zu umgehen, ist die Verwendung der Formatangabe `%[...]`. In diesem Fall liest `scanf()` dann so lange Zeichen ein, bis es auf ein Zeichen trifft, das nicht in den eckigen Klammern angegeben ist.

Das folgende Programm `strein2.c` verdeutlicht dies, indem es festlegt, dass `scanf()` so lange weiterlesen soll, wie es Zeichen liest, die ein Buchstabe (Klein oder Groß), Querstrich, Leer- oder Tabzeichen sind:

```
#include <stdio.h>

int main(void) {
   char name[50];
   printf("Gib deinen Namen ein: ");
   scanf("%[abcdefghijklmnopqrstuvwxyzABCDEFGHIJKLMNOPQRSTUVWXYZ- \t]", name);
   /* auch möglich sind Bereichsangaben, wie z. B.:
      scanf("%[a-zA-Z- \t]", name); */
   printf("   Dein Name ist also %s\n", name);
   return(0);
}
```

Möglicher Ablauf des Programms `strein2.c`:

```
Gib deinen Namen ein: Hans Meier ⏎
   Dein Name ist also Hans Meier
```

Eine andere Möglichkeit, dieses Problem zu umgehen, ist die Verwendung der Formatangabe %[^...]. In diesem Fall liest `scanf()` dann so lange Zeichen ein, bis es auf ein Zeichen trifft, das in den eckigen Klammern angegeben ist. Das folgende Programm `strein3.c` verdeutlicht dies, indem es festlegt, dass `scanf()` so lange weiterlesen soll, wie es kein Neuzeile-Zeichen liest:

```c
#include <stdio.h>

int main(void) {
   char name[50];
   printf("Gib deinen Namen ein: "); scanf("%[^\n]", name);
   printf("   Dein Name ist also %s\n", name);
   return(0);
}
```

Möglicher Ablauf des Programms `strein3.c`:

```
Gib deinen Namen ein: Hans Meier ⏎
   Dein Name ist also Hans Meier
```

Eine andere Alternative zum Einlesen von ganzen Zeilen wird nachfolgend gezeigt.

25.4.9 Ein- und Ausgabe von Strings mit `gets()` und `puts()`

Eine einfache Alternative zu `scanf()` ist die in `stdio.h` deklarierte Funktion `gets()`, die eine ganze Zeile von der Standardeingabe (Tastatur) in ein char-Array einliest. Wie bei `scanf()`, so muss auch bei `gets()` die Adresse des char-Arrays übergeben werden, in dem der eingegebene String gespeichert werden soll. `gets()` liest dabei immer eine ganze Zeile (bis \n) ein und speichert die gelesenen Zeichen an die als Argument übergebene Adresse, wobei es jedoch das \n durch ein \0 ersetzt.

Die entsprechende Ausgaberoutine zu `gets()` ist die Funktion `puts()`, die einen String auf die Standardausgabe (Bildschirm) ausgibt. Die Adresse des auszugebenden Strings muss dabei als Argument übergeben werden. `puts()` gibt dann den entsprechenden String gefolgt von einem Neuzeile-Zeichen aus; `puts()` ersetzt also das abschließende \0 bei der Ausgabe durch ein \n.

Das folgende Programm `strein4.c` ist ein Demonstrationsbeispiel zu diesen beiden Funktionen `gets()` und `puts()`:

```c
#include <stdio.h>

int main(void) {
   char name[50];
   printf("Gib deinen Namen ein: "); gets(name); /*besser: fgets(name, 50, stdin);*/
   printf("   Dein Name ist also "); puts(name);
   return(0);
}
```

Möglicher Ablauf des Programms `strein4.c`:

```
Gib deinen Namen ein: Hans Meier ⏎
   Dein Name ist also Hans Meier
```

Bei der Kompilierung des Programms `strein4.c` gibt der Compiler eine Warnung aus, wie z. B.:

```
... the 'gets' function is dangerous and should not be used.
```

Nun da die Funktion `gets()` dem Programmierer keinerlei Möglichkeit gibt, festzulegen, wie viele Zeichen maximal einzulesen sind, kann es zu Speicherüberschreibungen kommen, wenn eine Zeile mehr Zeichen enthält, als für das Array, das als Argument angegeben ist, reserviert wurden.

Deswegen wird von der Verwendung der Funktion `gets()` abgeraten. Statt dessen sollte man die folgende Funktion `fgets()` verwenden, wenn ganze Zeilen einzulesen sind:

```
char *fgets(char *s, int size, FILE *stream);
```

`fgets()` liest höchstens `size` minus ein Zeichen von `stream` (`stdin` ist hier für Standardeingabe anzugeben) und speichert sie in dem Puffer, auf den `s` zeigt. Das Lesen stoppt nach einem `EOF` (Dateiende) oder einem Zeilenvorschub. Wenn ein Zeilenvorschub gelesen wird, wird er in dem Puffer gespeichert. Ein `\0` wird nach dem letzten Zeichen im Puffer gespeichert. Beim Erreichen vom Dateiende (`EOF`) gibt `fgets()` den `NULL`-Zeiger zurück.

25.4.10 Unterschied zwischen Zeiger- und Array-Deklaration

Bisher haben wir immer auf die Äquivalenz von *Zeigern* und *Arrays* hingewiesen, aber auch hier gilt: „Keine Regel ohne Ausnahme".

Zwischen einer Zeiger-Deklaration und einer Array-Deklaration gibt es nämlich doch einen kleinen Unterschied.

Bei einer Zeiger-Deklaration wie

```
char *buchstab = "abc";
```

wird nämlich ein eigener Speicherplatz für den Zeiger reserviert. In diesem Speicherplatz kann dann die Anfangsadresse eines Strings abgelegt werden, wie es in Abbildung 25.48 gezeigt ist.

Bei einer Array-Deklaration wie

```
char buchstab[] = "abc";
```

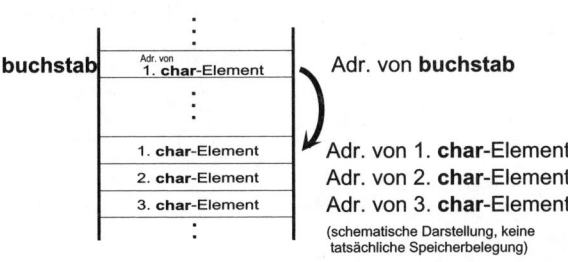

Abbildung 25.48: Für eine Zeigervariable wird ein eigener Speicherplatz reserviert

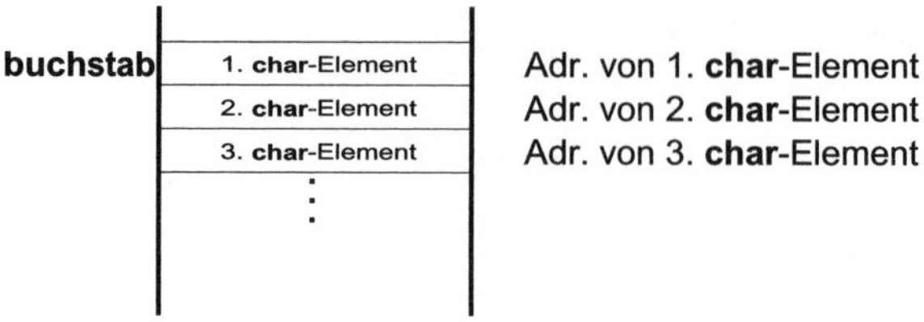

25 Zeiger und Arrays

Abbildung 25.49: Für Anfangsadresse eines Arrays wird kein eigener Speicherplatz reserviert

dagegen wird ein Array der Größe 4 angelegt, indem der String `"abc"` gespeichert wird. `buchstab` ist dabei keine eigene Zeigervariable, sondern immer die konstante Anfangsadresse des Arrays, was bedeutet, dass in diesem Fall der Inhalt von `buchstab` (Adresse des Speichers) niemals verändert werden kann, was bei der vorherigen Zeigerdeklaration möglich ist; siehe auch Abbildung 25.49.

Das folgende Program `zgrarry1.c` kann z. B. *nicht kompiliert* werden.

```c
#include <stdio.h>

int main(void) {
    char *zeiger = "Zeiger-Text";
    char array[] = "Array-Text";

    printf("%s\n", zeiger);
    printf("%s\n", array);

    zeiger = "Neuer Text fuer Zeiger";
    array = "Neuer Text fuer Array";   /* nicht moeglich */
    printf("%s\n", zeiger);
    printf("%s\n", array);

    return(0);
}
```

Der Compiler bricht dabei mit einer Fehlermeldung wie etwa folgender ab:

```
zgrarry1.c: In function 'main':
zgrarry1.c:12: incompatible types in assignment
```

Dagegen wäre das folgende Programm `zgrarry2.c` korrekt.

```c
#include <stdio.h>
#include <string.h>

int main(void) {
    char *zeiger = "Zeiger-Text";
    char array[] = "Array-Text";

    printf("%s\n", zeiger);
    printf("%s\n", array);
```

25.4 Strings und `char`-Zeiger

```
    zeiger = "Neuer Text fuer Zeiger";
    strcpy(array, "Neuer Text");  /* Moeglich, aber bei mehr als 10 Zeichen */
                                  /* wuerde eine Speicherueberschreibung   */
                                  /* stattfinden, da bei der Deklaration:  */
                                  /*    array[] = "Array-Text";            */
                                  /* nur 10 Zeichen + \0 reserviert wurden */
    printf("%s\n", zeiger);
    printf("%s\n", array);
    array[4] = 's';  /* Manipulation des Array-Speicherbereichs ist moeglich */
    printf("%s\n", array);
    return(0);
}
```

Ausgabe durch das Programm `zgrarry2.c`:

```
Zeiger-Text
Array-Text
Neuer Text fuer Zeiger
Neuer Text
Neues Text
```

25.4.11 Direkter Zugriff auf Zeichen in einer String-Konstante

Werden String-Konstanten nur einmal in einem Programm gebraucht, so ist es nicht notwendig, dass man für sie eine eigene Variable einführt, sondern man kann dann auch mit den Stringkonstanten selbst operieren, wie z. B. Zeichen aus ihnen direkt adressieren. Das folgende Programm `vokzaeh2.c`, das die Zahl der Vokale in einem Text, der über die Standardeingabe einzugeben ist, zählt, demonstriert dies:

```
#include <stdio.h>       /* Zahl der Vokale in einem Text bestimmen */
#include <string.h>

#define  LAENGE   1000   /* maximale Laenge einer Zeile */

int main(void) {
    int     i, j, vokal_zahl=0;
    char    zeile[LAENGE];
    printf("Gib Text ein:\n");
    printf("-------------------------------------\n");
    while (gets(zeile) != NULL)
        for (i=0; i<strlen(zeile); i++)
            for (j=0; j<10; j++)
                if (zeile[i] == "aeiouAEIOU"[j]) {
                    vokal_zahl++;
                    break;
                }
    printf("-------------------------------------\n");
    printf("Der Text enthaelt %d Vokale\n", vokal_zahl);
    return(0);
}
```

Möglicher Ablauf des Programms `vokzaeh2.c`:

```
Gib Text ein:
----------------------------------------
Das ist ein Test, ⏎
ob das Programm ⏎
auch richtig arbeitet ⏎
(Strg)-(D)
----------------------------------------
Der Text enthaelt 17 Vokale
```

Dieses Programm kann auch auf Dateien angewendet werden. Dazu muss beim Aufruf lediglich die Standardeingabe in die entsprechende Datei umgelenkt werden, wie z. B.:

vokzaeh2 <vokzaeh2.c

Dieser Aufruf zählt die Anzahl der Vokale in der Datei `vokzaeh2.c` und liefert die folgende Ausgabe:

```
Gib Text ein:
----------------------------------------
----------------------------------------
Der Text enthaelt 119 Vokale
```

25.4.12 Übungen

Streichen aller Vorkommen eines Zeichens aus einem String

Erstellen Sie ein Programm `bucstrei.c`, das aus einem String, der einzugeben ist, alle Vertreter eines Zeichens, das ebenfalls einzugeben ist, streicht, wie z.B.:

```
Geben Sie eine Zeichenkette (max. 1000 Zeichen) ein:
Das ist das Haus vom Nikolaus ⏎
Geben Sie das zu loeschende Zeichen ein: a ⏎
......Die neue Zeichenkette ist dann:
 Ds ist ds Hus vom Nikolus
```

Statistik über die Wortlängen in einem Text

Erstellen Sie ein Programm `wortlen.c`, das eine Häufigkeitsverteilung über die Wortlängen in einem Text ausgibt. Wendet man dieses Programm z. B. auf die Programmdatei `wortlen.c` selbst an:

wortlen <wortlen.c

so könnte es z. B. die folgende Ausgabe liefern:

```
Wortlaenge |    Anzahl |
-----------+-----------|
         1 |        37 |
         2 |         1 |
         3 |         9 |
         4 |        16 |
         5 |        19 |
         6 |        13 |
         7 |         5 |
```

```
       10 |         1 |
       19 |         4 |
```

Ein Gedicht von Joachim Ringelnatz

Von Joachim Ringelnatz stammt das folgende verschlüsselte Gedicht:

```
Ibich habibebi dibich,
Lobittebi, sobi liebib.
Habist aubich dubi mibich
Liebib? Neibin, vebirgibib.
Nabih obidebir Febirn
Gobitt seibi dibir gubit.
Meibin Hebirz habit gebirn
Abin dibir gebirubiht.
```

In diesem Gedicht wurde im originalen Gedicht hinter jedem Vokal bzw. Vokalgruppe ein „bi" eingefügt. Erstellen Sie ein Programm `machebi.c`, das ein Originalgedicht so verschlüsselt. Zudem sollten sie noch ein Programm `entferbi.c` erstellen, das aus so verschlüsselten Gedichten wieder das Originalgedicht herstellt. Wenn man also das mit dem Programm `machebi.c` erstellte obige Gedicht (in Datei `entferbi.ein`) diesem Programm `entferbi.c` vorgelegt:

```
entferbi < entferbi.ein
```

erhält man die folgende Ausgabe:

```
Ich habe dich,
Lotte, so lieb.
Hast auch du mich
Lieb? Nein, vergib.
Nah oder Fern
Gott sei dir gut.
Mein Herz hat gern
An dir geruht.
```

25.5 Array-Initialisierungen

Des öfteren wurde schon von der Möglichkeit Gebrauch gemacht, eine Variable schon bei der Deklaration mit einem Initialwert zu versehen. Dies ist ein Wert, den die Variable bereits beim Laden des Programms erhält, d. h., es wird kein Programmcode benötigt, um diese Variable mit einem Wert vorzubesetzen.

Die Initialisierung einer einfachen Variablen wird bei der Deklaration vorgenommen, indem an den Variablennamen ein Gleichheitszeichen und der gewünschte Initialwert angehängt wird.

Hier einige Beispiele:

```
int i = 0;
double pi = 3.14159265, e = 2.7142414;
char zeichen ='N';
```

```
int buchstaben_zahl ='Z'-'A';
char *falsch = "Falsche Eingabe";
```

25.5.1 Initialisierung von Arrays

Die Initialisierung wirkt sich vor allen Dingen bei ein- und mehrdimensionalen Vektoren sehr vorteilhaft aus. Hierbei muss die Werteliste in geschweiften Klammern eingebettet werden, wie z. B.:

```
int investition[3][4] = {
    10532,  8955,  9374, 11783,  9743, 12377,
    11539, 13893,  3747,  5988, 10782, 12977 };
```

Hier werden die einzelnen Werte in der Reihenfolge genannt, in der sie im Speicher abgelegt werden. Diese Form der Initialisierung entspricht der folgenden Form:

```
int investition[3][4] ={
       { 10532,  8955,  9374, 11783 },
       {  9743, 12377, 11539, 13893 },
       {  3747,  5988, 10782, 12977 }
};
```

Bei dieser zweiten Form der Initialisierung von mehrdimensionalen Arrays werden durch das Setzen von geschweiften Klammern die verschiedenen Ebenen des definierten Objekts nachgebildet. Diese Form ist der ersten Form vorzuziehen, da sie besser lesbar ist. Bei der folgenden Initialisierung:

```
char vokale[5] = {'A', 'E', 'I', 'O', 'U'};
```

ist zu beachten, dass das `char`-Array `vokale` mit fünf Buchstaben gefüllt wird und nicht mit \0 abgeschlossen ist, weshalb es auch nicht als String behandelt werden sollte, sondern eben nur die einzelnen Elemente des Arrays angesprochen werden sollten, wie z. B. `vokale[3]` oder `vokale[1]`. Die Verwendung dieses Arrays als String, wie z. B.:

```
printf("%s", vokale);
```

würde dazu führen, dass nicht nur der String `AEIOU`, sondern auch weitere Zeichen ausgegeben würden, die zufällig nach dem von diesem Array belegten Speicherplatz liegen (bis zu einem zufälligen \0). Dagegen könnte das nachfolgende `char`-Array `falsch` sehr wohl als String verwendet werden, da es explizit mit \0 abgeschlossen wird.

```
char falsch[] = {
       'F','A','L','S','C','H','E','u','E','I','N','G','A','B','E','\0'
};
```

Diese Angabe entspricht den beiden folgenden Angaben:

```
char *falsch = "Falsche Eingabe";
char falsch[] = "Falsche Eingabe";
```

Eine dieser beiden letzten Angaben ist der vorherigen Initialisierungsform vorzuziehen. Wird die Länge eines Arrays nicht angegeben, so berechnet der Compiler diese Länge, indem er die Initialisierungen zählt. In den obigen Angaben ist die Arraylänge also 16 (15 relevante Zeichen und das abschließende \0-Zeichen).

Nachfolgende Beispiele sollen die verschiedenen Arten der Initialisierungen von Arrays verdeutlichen:

```
int x[] = { 1, 5, 7 };
```

definiert und initialisiert x als ein eindimensionales Array mit drei Elementen.

```
float y[4][3] = {
    { 1, 3, 5 },
    { 2, 4, 6 },
    { 3, 5, 7 },
};
```

ist eine vollständig geklammerte Initialisierung: 1, 3, 5 inititialisieren die erste Zeile von y (das Array-Element y[0]; somit werden y[0][0], y[0][1] und y[0][2] initialisiert). Die nächsten zwei Zeilen initialisieren dann entsprechend y[1] und y[2]. Da die Initialisierungsliste nicht vollständig ist, wird y[3] (also y[3][0], y[3][1], y[3][2]) mit Nullen initialisiert. Den gleichen Effekt hätte man mit

```
float y[4][3] = { 1, 3, 5, 2, 4, 6, 3, 5, 7 };
```

erreichen können. Hier werden die ersten drei Elemente aus der Initialisierungsliste in y[0], die nächsten drei in y[1] und die letzten drei in y[2] abgelegt.

```
float z[4][3] = { { 1 }, { 2 }, { 3 }, { 4 } };
```

initialisiert die erste Spalte von z (z[0][0]=1, z[1][0]=2, z[2][0]=3, z[3][0]=4), und die restlichen Elemente werden mit 0 besetzt.

```
short q[4][3][2] = {
    { 1 },
    { 2, 3 },
    { 4, 5, 6 }
};
```

definiert ein dreidimensionales Array, das wie folgt initialisiert wird:

```
q[0][0][0] = 1
q[1][0][0] = 2
q[1][0][1] = 3
q[2][0][0] = 4
q[2][0][1] = 5
q[2][1][0] = 6
restliche Array-Elemente = 0
```

Sowohl die Initialisierung für q beginnt mit { als auch die für q[0]. Für die Initialisierung von q[0][0] dagegen fehlt eine {. Somit können bis zu sechs Elemente (3 · 2) aus der momentanen Liste zur Initialisierung herangezogen werden. Da die momentane Liste allerdings nur 1 Element enthält, wird q[0][0][0] auf 1 gesetzt und die restlichen fünf (q[0][0][1], q[0][1][0], q[0][1][1], q[0][2][0], q[0][2][1]) werden mit 0 initialisiert. Es gilt nämlich, dass bei fehlenden Initwerten immer der Rest mit 0 initialisiert wird. Ebenso fehlt bei der Initialisierung von q[1][0] und q[2][0] eine {, woraus die oben angegebene Initialisierung der Array-Elemente resultiert. Den gleichen Effekt hätte man mit

25 Zeiger und Arrays

```
short q[4][3][2] = {     /* minimale Klammerung */
           1, 0, 0, 0, 0, 0,
           2, 3, 0, 0, 0, 0,
           4, 5, 6
};
```

oder mit

```
short q[4][3][2] = {     /* vollständige Klammerung */
     { { 1 },                },
     { { 2, 3 },             },
     { { 4, 5 }, { 6 },      }
};
```

erreichen können. Am lesbarsten sind Konstruktionen, die entweder die minimale oder die vollständige Klammerung bei der Initialisierung verwenden.

C99 erlaubt die explizite Initialisierung von einzelnen Arrayelementen, indem man vor den entsprechenden Initialisierungswerten noch den entsprechenden Index angibt, wie z. B.:

```
int zahlen[10] = { [0] = 10, [3] = 200, [7] = 500 };  // nur in C99 erlaubt
```

Diese C99-Angabe entspricht der folgenden Angabe in C89:

```
int zahlen[10] = { 10, 0, 0, 200, 0, 0, 0, 500 };
```

Das folgende Programm `arryinitc99.c` verdeutlicht nochmals diese Neuheit von C99:

```c
#include <stdio.h>

int main(void) {
   int  q[4][3][2] = {     /* vollständige Klammerung */
            { { 1 }, },
            { { 2, 3 }, },
            { { 4, 5 },
              { 6 }, }
   };
   int  c[4][3][2] = {     /* in C99 */
            [0][0][0] = 1,
            [1][0][0] = 2,
            [1][0][1] = 3,
            [2][0][0] = 4,
            [2][0][1] = 5,
            [2][1][0] = 6
   };
   int i, j, k;
   for (i=0; i<4; i++) {
      for (j=0; j<3; j++) {
         for (k=0; k<2; k++)
            printf("q[%d][%d][%d] = %d, ", i, j, k, q[i][j][k] );
         printf("  ||    ");
         for (k=0; k<2; k++)
            printf("c[%d][%d][%d] = %d, ", i, j, k, c[i][j][k] );
         printf("\n");
```

```
        }
        printf("                        ||\n");
    }
    return 0;
}
```

Das Programm `arryinitc99.c`, das nur mit einem C99-Compiler übersetzt werden kann, liefert die folgende Ausgabe:

```
q[0][0][0] = 1, q[0][0][1] = 0,   ||   c[0][0][0] = 1, c[0][0][1] = 0,
q[0][1][0] = 0, q[0][1][1] = 0,   ||   c[0][1][0] = 0, c[0][1][1] = 0,
q[0][2][0] = 0, q[0][2][1] = 0,   ||   c[0][2][0] = 0, c[0][2][1] = 0,
                                  ||
q[1][0][0] = 2, q[1][0][1] = 3,   ||   c[1][0][0] = 2, c[1][0][1] = 3,
q[1][1][0] = 0, q[1][1][1] = 0,   ||   c[1][1][0] = 0, c[1][1][1] = 0,
q[1][2][0] = 0, q[1][2][1] = 0,   ||   c[1][2][0] = 0, c[1][2][1] = 0,
                                  ||
q[2][0][0] = 4, q[2][0][1] = 5,   ||   c[2][0][0] = 4, c[2][0][1] = 5,
q[2][1][0] = 6, q[2][1][1] = 0,   ||   c[2][1][0] = 6, c[2][1][1] = 0,
q[2][2][0] = 0, q[2][2][1] = 0,   ||   c[2][2][0] = 0, c[2][2][1] = 0,
                                  ||
q[3][0][0] = 0, q[3][0][1] = 0,   ||   c[3][0][0] = 0, c[3][0][1] = 0,
q[3][1][0] = 0, q[3][1][1] = 0,   ||   c[3][1][0] = 0, c[3][1][1] = 0,
q[3][2][0] = 0, q[3][2][1] = 0,   ||   c[3][2][0] = 0, c[3][2][1] = 0,
                                  ||
```

Nachfolgend sind nun noch einige Punkte erwähnt, die bei der Initialisierung von `char`-Arrays bzw. -Zeiger zu beachten sind.
Der folgende Code:

```
char s[] = "abc",
     t[3] = "abc";
```

definiert die `char`-Arrays `s` und `t`, deren Elemente mit Zeichen-Konstanten initialisiert werden. Diese Deklaration ist identisch zu

```
char s[] = { 'a', 'b', 'c', '\0' },
     t[3] = { 'a', 'b', 'c' };
```

Der Inhalt dieser Arrays kann jederzeit verändert werden, was nicht für die folgende Deklaration gilt:

```
char *zeig = "abc";
```

Hier wird `zeig` als `char`-Zeiger definiert, der auf ein „Array von char" mit Länge 4 zeigt. Wenn `zeig` verwendet wird, um den Inhalt dieses Arrays zu verändern, so liegt undefiniertes Verhalten vor. Dem Compiler ist es nämlich erlaubt, solche Zeichenketten im *read-only*-Speicher unterzubringen.

25.5.2 Dimensionierungsangaben bei der Initialisierung

Bei der Initialisierung mehrdimensionaler Arrays kann auf die Angabe der Elementezahl der ersten Dimension verzichtet werden. Auf die Elementezahl der übrigen Dimensionen jedoch nicht, denn der Compiler benötigt diese Werte, um die Speicherposition eines Elements bei mehrfacher Indizierung zu ermitteln. Wie viele

Arrayelemente im speziellen Fall angelegt werden, hängt von der Liste der Initialisierungswerte ab. Wenn man für alle Arrayelemente Initialwerte angibt, so kann man auf die Angabe der ersten Dimension verzichten. So sind z. B. die beiden folgenden Angaben identisch:

```
int   a[3][4] = { 100, 200, 300, 400, 10, 20, 30, 40, 150, 300, 450, 600 };
int   a[] [4] = { 100, 200, 300, 400, 10, 20, 30, 40, 150, 300, 450, 600 };
```

Im zweiten Fall berechnet der Compiler aus der zweiten Dimension (nämlich 4) und der Anzahl der Initialwerte (nämlich 12) die erste Dimension (nämlich 3).

Gibt man aber z. B. nur zehn (statt zwölf) Initialisierungswerte an, legt der Compiler sowohl bei

```
int   a[3][4] = { 100, 200, 300, 400, 10, 20, 150, 300, 450, 600 };
```

als auch bei

```
int   a[] [4] = { 100, 200, 300, 400, 10, 20, 150, 300, 450, 600 };
```

ein zweidimensionales Array mit drei Zeilen und vier Spalten an, da zehn Werte mindestens drei Zeilen mit je vier Spalten benötigen. Die beiden letzten Arrayelemente werden dabei mit dem Wert 0 initialisiert. Hat die Initialisierungsliste beispielsweise aber nur sieben Werte, wie z. B.

```
int   a[3][4] = { 100, 200, 300, 400, 10, 20, 150 };
```

so entspricht diese Angabe der folgenden:

```
int   a[3][4] = { { 100, 200, 300, 400 },
                  {  10,  20, 150      } };
```

oder auch

```
int   a[3][4] = { { 100, 200, 300, 400 },
                  {  10,  20, 150,   0 },
                  {   0,   0,   0,   0 } };
```

Mit der folgenden Angabe

```
int   a[] [4] = { 100, 200, 300, 400, 10, 20, 150 };
```

wird dagegen ein Array mit zwei Zeilen und vier Spalten angelegt, da für sieben Werte nicht mehr als zwei Zeilen benötigt werden. Die oben angegebene Definition ist somit identisch zu:

```
int   a[2][4] = { { 100, 200, 300, 400 },
                  {  10,  20, 150      } };
```

oder auch:

```
int   a[2][4] = { { 100, 200, 300, 400 },
                  {  10,  20, 150,   0 } };
```

Läßt man die Elementezahl der ersten Dimension weg, werden also immer nur gerade so viele Elemente der ersten Dimension (Zeilen) generiert, wie für die Speicherung der angegebenen Initialsierungswerte notwendig ist. Durch zusätzliche Zeilenklammerung kann man dies allerdings beeinflussen. So würde z. B. durch die folgende Angabe

```
int   a[] [4] = { { 100, 200, 300, 400 },
                  {  10,  20            },
                  { 150                 } };
```

doch ein Array mit drei Zeilen und vier Spalten erzeugt. Diese Angabe würde z. B. der folgenden Angabe entsprechen:

```
int  a[3][4]  =  {  {  100,  200,  300,  400  },
                    {   10,   20,    0,    0  },
                    {  150,    0,    0,    0  }  };
```

25.5.3 Zeiger auf unbenamte Arrays (neu in C99)

C99 erlaubt es, Zeiger auf unbenamte Arrays zeigen zu lassen, wie z. B.:

```
int  *gz = (int[])  { 1, 2, 4, 8, 16, 32, 64, 128 };
char *vz = (char[]) { 'a', 'e', 'i', 'o', 'u', 'A', 'E', 'I', 'O', 'U' };
```

Werden solche unbenamte Arrays außerhalb von Funktionen definiert, existieren sie während der gesamten Programmlaufzeit, ansonsten existieren sie nur für die Dauer der Ausführung des Blocks, in dem sie definiert sind. Das folgende Programm arrynoname.c verdeutlicht nochmals diese Neuheit von C99:

```
#include <stdio.h>

int main(void) {
   int  *gz = (int[])  { 1, 2, 4, 8, 16, 32, 64, 128 };
   char *vz = (char[]) { 'a', 'e', 'i', 'o', 'u', 'A', 'E', 'I', 'O', 'U' };
   int  i;

   printf("Die ersten Zweierpotenzen:  ");
   for (i=0; i<8; i++)
      printf("%d, ", gz[i] );
   printf("\n");
   printf("Die Vokale:  ");
   for (i=0; i<10; i++)
      printf("%c, ", vz[i] );
   printf("\n");
   return 0;
}
```

Das Programm arrynoname.c, das nur mit einem C99-Compiler übersetzt werden kann, liefert die folgende Ausgabe:

```
Die ersten Zweierpotenzen:  1, 2, 4, 8, 16, 32, 64, 128,
Die Vokale:  a, e, i, o, u, A, E, I, O, U,
```

25.5.4 Implizite Initialisierung bei `static`-Variablen/Arrays

`static`-Objekte (Variablen oder Arrays) werden auch ohne explizite Angabe von Initialisierungswerten vom Compiler mit dem Wert 0 initialisiert, wie z. B.

```
static int  x, *zeig;
```

entspricht der Angabe:

```
static int  x=0, *zeig=NULL;
```

```
static int  a[3][4];
```

entspricht der Angabe:

```
static int  a[3][4] = {  { 0, 0, 0, 0 },
                         { 0, 0, 0, 0 },
                         { 0, 0, 0, 0 } };
```

Lokale (*automatic*) Objekte (Variablen oder Arrays) müssen dagegen bei fehlender Angabe von Initialisierungswerten vom Compiler nicht initialisiert werden, wie z. B.:

```
int  berechne_summe(char *wort)
{
   int sum; /* Vorsicht: Es kann ein beliebiger Wert auf
                         dem Stack genommen werden!
               korrekt wäre:   int sum=0;           */
   while (*wort)
      sum += *wort++;
   return(sum);
}
```

Das obige Programm *kann* durchaus mit manchen Compilern das erwartete Ergebnis liefern; verlassen Sie sich trotzdem niemals auf eine implizite Initialisierung eines lokalen Objekts durch den Compiler.

25.5.5 Initialisierung lokaler Variablen auch mit Nicht-Konstanten

Bei lokalen (*automatic*) Variablen muss der Initialwert keine Konstante sein, sondern er kann auch durch einen beliebigen Ausdruck erst berechnet werden, da lokale Variablen bei Eintritt in die Funktion bzw. in den Block jedesmal neu initialisiert werden.

Beispiel:

Das folgende Programm `dualbcd.c` formt eine ganze Zahl in den so genannten BCD-Code (*Binary Coded Decimal*) um. Beim BCD-Code wird nicht die ganze Zahl, sondern jede einzelne Ziffer dual in jeweils vier Bits dargestellt, wie z. B.:

```
345 =   0000    0001    0101    1001    dual
        0000    0011    0100    0101    BCD-Code
           0       3       4       5
```

Im BCD-Code wird also jede Ziffer einzeln codiert und in vier Bits gespeichert. Das Programm `dualbcd.c` soll nur positive ganze Zahlen in den BCD-Code umwandeln können.

```
#include  <stdio.h>

long  bcd_umwandel(long  dual);

int  main(void) {
   long  i,  binaer,  bcd_zahl;
      do {
         printf("\nGeben Sie eine positive ganze Zahl (0-99999999) ein: ");
```

25.5 Array-Initialisierungen

```
        scanf("%ld", &binaer);
        if (binaer<0 || binaer>99999999) {
            printf("\n\nNur Zahlen aus dem Intervall 0 bis 99999999 erlaubt !");
            printf("\n......Wiederholen Sie Ihre Eingabe !\n\n");
        }
    } while (binaer<0 || binaer>99999999);
    printf("\n\nDualdarstellung von %ld :\n",binaer);
    for (i=31; i>=0; i--)
        printf("%ld", (binaer>>i) & 1);
    printf("\n\nBCD-Darstellung von %ld :\n",binaer);
    bcd_zahl = bcd_umwandel(binaer);
    for (i=31 ; i>=0; i--)
        printf("%ld%s", (bcd_zahl>>i) & 1, (i%4==0) ? " ": "");
    printf("\n");
    return(0);
}
long bcd_umwandel(long dual) {
    long bcd_code = dual%10; /* <---- Initialisierung über einen Ausdruck */
    if (dual/=10)
        return(bcd_code+(bcd_umwandel(dual)<<4));
    else
        return(bcd_code);
}
```

Anstelle von

```
    long bcd_code = dual%10; /* <---- Initialisierung über einen Ausdruck */
```

hätte man auch

```
    long bcd_code;
    bcd_code = dual%10;
```

angeben können. Man sieht, dass man mit der Initialisierung eine Deklaration und eine Zuweisung zusammenfassen kann. Bei dieser Initialisierung wird zur Berechnung des Initialwertes auf eine schon zuvor definierte Variable (Argument `dual`) zugegriffen.

Möglicher Ablauf des Programm `dualbcd.c`:

```
Geben Sie eine positive ganze Zahl (0-99999999) ein: 98761234 ⏎

Dualdarstellung von 98761234 :
00000101111000101111101000010010

BCD-Darstellung von 98761234 :
1001 1000 0111 0110 0001 0010 0011 0100
```

25.5.6 Initialisierung von lokalen Arrays in C89/C99

In Standard-C ist die Initialisierung lokaler Arrays erlaubt, was im ursprünglichen C nicht möglich war. Das folgende Programm `monataus.c`, das eine Monatszahl einliest und den entsprechenden Monatsnamen dazu ausgibt, verdeutlicht dies:

```
#include <stdio.h>
void  monat_ausgabe(int monat_nr);
int  main(void) {
  int  m;
  do {
     printf("Gib Monatszahl ein (1-12): "); scanf("%d", &m);
  } while (m<1 || m>12);
  monat_ausgabe(m);
  return(0);
}
void  monat_ausgabe(int monat_nr) {
   char monat[12][10] = {            /* Initialisierung eines lokalen Arrays */
      "Januar",   "Februar",   "Maerz",     "April",    "Mai",       "Juni",
      "Juli",     "August",    "September", "Oktober",  "November",  "Dezember" };
   printf("..... Der %d. Monat ist der %s\n", monat_nr, monat[monat_nr-1]);
}
```

25.5.7 Initialisierung von lokalen Arrays mit variablen Werten (neu in C99)

C99 erlaubt die Initialisierung von lokalen Arrays mit variablen Werten, die keine Konstanten sind. Das folgende Programm wurzzahl.c gibt die Quadratwurzeln zu allen ganzen Zahlen zwischen 0 und 20 aus. Das lokale Array wurzel wird dabei nicht nur mit Konstanten, sondern auch mit Variablen und Rückgabewerten von Funktionsaufrufen initialisiert:

```
#include <stdio.h>
#include <math.h>
void wurzel_ausgabe(void) {
   double vier_wurzel = 2, neun_wurzel = 3;
   double wurzel[21] = { 0, 1,
      sqrt(2),   sqrt(3),     vier_wurzel, sqrt(5),  sqrt(6),  sqrt(7),
      sqrt(8),   neun_wurzel, sqrt(10),    sqrt(11), sqrt(12), sqrt(13),
      sqrt(14),  sqrt(15),    sqrt(16),    sqrt(17), sqrt(18), sqrt(19), sqrt(20)
   };
   for (int i=0; i<=20; i++)
      printf("Wurzel von %2d: %g\n", i, wurzel[i] );
}
int  main(void) {
   wurzel_ausgabe();
   return 0;
}
```

Ausgabe des Programms wurzzahl.c, das nur auf einem C99-Compiler übersetzt werden kann:

```
Wurzel von  0: 0
Wurzel von  1: 1
Wurzel von  2: 1.41421
Wurzel von  3: 1.73205
Wurzel von  4: 2
```

```
Wurzel von  5: 2.23607
Wurzel von  6: 2.44949
Wurzel von  7: 2.64575
Wurzel von  8: 2.82843
Wurzel von  9: 3
Wurzel von 10: 3.16228
Wurzel von 11: 3.31662
Wurzel von 12: 3.4641
Wurzel von 13: 3.60555
Wurzel von 14: 3.74166
Wurzel von 15: 3.87298
Wurzel von 16: 4
Wurzel von 17: 4.12311
Wurzel von 18: 4.24264
Wurzel von 19: 4.3589
Wurzel von 20: 4.47214
```

25.5.8 Initialisierung von lokalen Arrays mit 0 oder NULL

Während nicht explizit initialisierte globale und `static`-Arrays immer automatisch mit dem Wert 0 bzw. mit der Zeigerkonstante `NULL` initialisiert werden, gilt dies für lokale Arrays nicht. Um nun lokale Arrays mit 0 bzw. `NULL` zu initialisieren, ist es nicht notwendig, explizit alle einzelnen Elemente mit 0 bzw. `NULL` zu initialisieren, sondern in diesem Fall reicht es aus, nur das erste Element mit 0 bzw. `NULL` zu initialisieren. Z. B. könnte statt:

```
int  summe[10] = { 0, 0, 0, 0, 0, 0, 0, 0, 0, 0 };
int  wort[8]   = { NULL, NULL, NULL, NULL, NULL, NULL, NULL, NULL };
```

auch nur

```
int  summe[10] = { 0 };
int  wort[8]   = { NULL };
```

angegeben werden, was den gleichen Effekt hätte, nämlich alle 10 Elemente von `summe` auf 0 und alle 8 Elemente von `wort` auf `NULL` setzen. Sind nämlich weniger Initialisierer als Elemente angegeben, werden die restlichen Elemente – wie bei globalen und `static`-Arrays – mit dem Wert 0 bzw. der Zeigerkonstante `NULL` initialisiert. Das ganze funktioniert natürlich nur für 0 und `NULL`. So würden z. B. die folgende Initialisierung:

```
int  mult[10] = { 1 };
```

nicht

```
int  mult[10] = { 1, 1, 1, 1, 1, 1, 1, 1, 1, 1 };
```

sondern der folgenden Initialisierung entsprechen:

```
int  mult[10] = { 1, 0, 0, 0, 0, 0, 0, 0, 0, 0 };
```

25.5.9 Initialisierte Arrays mit `const` vor Überschreiben schützen

In der praktischen Softwareentwicklung kommt es häufiger vor, dass man in einem Array einige Werte hinterlegt, die immer konstant bleiben und niemals verändert werden sollen. Um solche Werte, die als Initialisierungsliste angegeben werden, vor einem versehentlichen Überschreiben zu schützen, muss das Schlüsselwort `const` (siehe auch Kapitel 6.2 auf Seite 79) benutzt werden.

Das folgende Programm `iniconst.c` verdeutlicht dies.

```
 1  #include <stdio.h>
 2
 3  const char   meldung[] = "...Bitte neue Diskette einlegen......";
 4  const long   zehnpot[] = { 1, 10, 100, 1000, 10000, 100000, 1000000 };
 5
 6  int main(void)
 7  {
 8      meldung[5] = 'a';
 9      zehnpot[2] = 64;
10      return(0);
11  }
```

Beim Versuch, dieses Programm zu kompilieren, wird der Compiler entdecken, dass versucht wird, Arrayelemente zu überschreiben, die als konstant festgelegt wurden, und dies als Fehler „anmeckern", wie z. B.:

```
iniconst.c:8: warning: assignment of read-only location
iniconst.c:9: warning: assignment of read-only location
```

Es zeugt von einem sauberen Programmierstil, wenn man solche konstanten Arrays auch explizit mit `const` als solche kennzeichnet.

25.5.10 Übungen

Chinesische Zahlen

Denken Sie sich eine Zahl zwischen 1 und 26 aus. Dann betrachten Sie nacheinander die folgenden sechs quadratischen Tabellen.

```
+---------------+---------------+---------------+
|  1   4   7    |  2   5   8    |  3   4   5    |
| 10  13  16    | 11  14  17    | 12  13  14    |
| 19  22  25    | 20  23  26    | 21  22  23    |
+---------------+---------------+---------------+
|  6   7   8    |  9  10  11    | 18  19  20    |
| 15  16  17    | 12  13  14    | 21  22  23    |
| 24  25  26    | 15  16  17    | 24  25  26    |
+---------------+---------------+---------------+
```

Befindet sich die ausgewählte Zahl in einer der Tabellen, so schreiben Sie die Zahl auf, die sich oben links (fett gedruckt) in dieser Tabelle befindet. Danach addieren Sie die aufgeschriebenen Zahlen. So kommt immer wieder die zu Anfang gewählte Zahl als Ergebnis heraus.

Beispiel:
17 ist im zweiten, im vierten und im fünften Quadrat enthalten. Wenn man die drei ersten Zahlen dieser Quadrate addiert, ergibt sich: 2 + 6 + 9 = 17.
Erstellen Sie ein Programm chinzahl.c, das für alle Zahlen zwischen 1 und 26 überprüft, ob dieses Verfahren richtig ist.

Ein Dauerkalender

In Terminkalendern findet sich häufig der in Abbildung 25.50 gezeigte Dauerkalender.
Erstellen Sie ein Programm dauerkal.c, das ein Datum einliest und dann entsprechend diesem Dauerkalender den Tag dieses Datums ausgibt.
Mögliche Abläufe des Programms dauerkal.c:

```
Geben Sie ein Datum ein: 5.7.1954 ⏎

5. 7.1954 ist ein Montag
```

```
Geben Sie den Tag Ihres Datums ganzzahlig ein: 13.11.1996 ⏎

13.11.1996 ist ein Mittwoch
```

Dauerkalender von 1901 bis 2050

Jahre 1901–2000			2001–2050		Monate J F M A M J J A S O N D
	25 53 81		09 37		4 0 0 3 5 1 3 6 2 4 0 2
	26 54 82		10 38		5 1 1 4 6 2 4 0 3 5 1 3
	27 55 83		11 39		6 2 2 5 0 3 5 1 4 6 2 4
	28 56 84		12 40		0 3 4 0 2 5 0 3 6 1 4 6
01	29 57 85		13 41		2 5 5 1 3 6 1 4 0 2 5 0
02	30 58 86		14 42		3 6 6 2 4 0 2 5 1 3 6 1
03	31 59 87		15 43		4 0 0 3 5 1 3 6 2 4 0 2
04	32 60 88		16 44		5 1 2 5 0 3 5 1 4 6 2 4
05	33 61 89		17 45		0 3 3 6 1 4 6 2 5 0 3 5
06	34 62 90		18 46		1 4 4 0 2 5 0 3 6 1 4 6
07	35 63 91		19 47		2 5 5 1 3 6 1 4 0 2 5 0
08	36 64 92		20 48		3 6 0 3 5 1 3 6 2 4 0 2
09	37 65 93		21 49		5 1 1 4 6 2 4 0 3 5 1 3
10	38 66 94		22 50		6 2 2 5 0 3 5 1 4 6 2 4
11	39 67 95		23		0 3 3 6 1 4 6 2 5 0 3 5
12	40 68 96		24		1 4 5 1 3 6 1 4 0 2 5 0
13	41 69 97		25		3 6 6 2 4 0 2 5 1 3 6 1
14	42 70 98		26		4 0 0 3 5 1 3 6 2 4 0 2
15	43 71 99		27		5 1 1 4 6 2 4 0 3 5 1 3
16	44 72 00		28		6 2 3 6 1 4 6 2 5 0 3 5
17	45 73		01 29		1 4 4 0 2 5 0 3 6 1 4 6
18	46 74		02 30		2 5 5 1 3 6 1 4 0 2 5 0
19	47 75		03 31		3 6 6 2 4 0 2 5 1 3 6 1
20	48 76		04 32		4 0 1 4 6 2 4 0 3 5 1 3
21	49 77		05 33		6 2 2 5 0 3 5 1 4 6 2 4
22	50 78		06 34		0 3 3 6 1 4 6 2 5 0 3 5
23	51 79		07 35		1 4 4 0 2 5 0 3 6 1 4 6
24	52 80		08 36		2 5 6 2 4 0 2 5 1 3 6 1

Wochentage						Anwendung:
M	2	9	16	23	30 37	**Beispiel:** Auf welchen Wochentag fiel der 25. Juli 1954?
D	3	10	17	24	31	**Lösung:** Man gehe von der Jahrestafel aus und suche für das Jahr 1954 in
M	4	11	18	25	32	der Monatstafel unter Juli die zugehörige Monatskennzahl (4); zuzüglich der
D	5	12	19	26	33	Zahl des gesuchten Wochentages (25) ergibt sich die Schlüsselzahl (4 + 25
F	6	13	20	27	34	= 29), für die man in der Wochentagstafel den Sonntag als den gesuchten
S		7	14	21	28 35	Wochentag findet.
S	1	8	15	22	29 36	

Abbildung 25.50: Ein Dauerkalender

25.6 Lokale Arrays variabler Länge (neu in C99)

C99 erlaubt es, lokale Arrays mit variablen Längen zu deklarieren, wie z. B.:

```
void funk(int dim1, int dim2)
{
    int tabelle[dim1][dim2];  /* zweidimensionales Array
                                 variabler Laenge       */
    .....
}
```

In diesem Code wird die Größe der einzelnen Dimensionen erst beim Aufruf der Funktion `funk()` durch die Argumente zu den Parametern `dim1` und `dim2` festgelegt. So bewirkt der Aufruf

```
funk(10, 20);
```

dass ein lokales Array mit folgenden Größen auf dem Stack angelegt wird:

```
int tabelle[10][20];
```

und der Aufruf

```
funk(5, 7);
```

dass ein lokales Array mit folgenden Größen auf dem Stack angelegt wird:

```
int tabelle[5][7];
```

In der Parameterliste einer Funktionsdeklaration kann man Arrays mit variabler Länge angeben, indem man einen Stern (`*`) für die Größe angibt.

Das folgende Programm `dynarr.c` ist ein Demonstrationsbeispiel zu Arrays mit variabler Länge:

```
#include   <stdio.h>
#include   <stdlib.h>
#include   <time.h>

const float mwst_satz = 0.16;
void mwst(int zeilen, int spalten, double array[*][*]);

int main(void) {
    int  i, j, z, s;

    srand(time(NULL));

    z = rand()%10+1;
    s = rand()%3+1;

    double matrix[z][s];   // Variables Array

    for (i=0; i<z; i++)
       for (j=0; j<s; j++)
          matrix[i][j] = rand()%100000/100.0;
    mwst( z, s, matrix );
    return 0;
}
```

```
void mwst(int zeilen, int spalten, double array[zeilen][spalten])
{
   double netto[zeilen][spalten],   // Variable Arrays
          mw[zeilen][spalten];      // ............
   int i, j;

   for (i=0; i<zeilen; i++)
      for (j=0; j<spalten; j++) {
         netto[i][j] = array[i][j] / (1+mwst_satz) * 1;
         mw[i][j] = array[i][j] / (1+mwst_satz) * mwst_satz;
      }
   for (i=0; i<zeilen; i++) {
      for (j=0; j<spalten; j++)
         printf("%7.2f + %6.2f = %6.2f |", netto[i][j], mw[i][j], array[i][j]);
      printf("\n");
   }
}
```

Mögliche Ausgaben durch das Programm `dynarr.c`:

```
681.38 +  109.02 = 790.40 |  735.38 +  117.66 = 853.04 |  693.30 +  110.93 = 804.23 |
143.67 +   22.99 = 166.66 |  567.63 +   90.82 = 658.45 |  158.14 +   25.30 = 183.44 |
 24.97 +    3.99 =  28.96 |  657.18 +  105.15 = 762.33 |  198.87 +   31.82 = 230.69 |

731.25 +  117.00 = 848.25 |
143.72 +   22.99 = 166.71 |

305.12 +   48.82 = 353.94 |  231.14 +   36.98 = 268.12 |
673.62 +  107.78 = 781.40 |  292.16 +   46.75 = 338.91 |
740.33 +  118.45 = 858.78 |  111.49 +   17.84 = 129.33 |
212.73 +   34.04 = 246.77 |  771.75 +  123.48 = 895.23 |
711.50 +  113.84 = 825.34 |  183.16 +   29.30 = 212.46 |
706.20 +  112.99 = 819.19 |  438.67 +   70.19 = 508.86 |
159.60 +   25.54 = 185.14 |  384.10 +   61.46 = 445.56 |
356.94 +   57.11 = 414.05 |   12.36 +    1.98 =  14.34 |
```

25.7 Zeigerarrays und Zeiger auf Zeiger

Bisher wurde nur von einfachen Zeiger-Deklarationen Gebrauch gemacht; es sind aber auch z. B. *Zeigerarrays* möglich. Zeigerarrays sind Arrays, deren Elemente Zeiger sind.

25.7.1 Einfache Zeigerarrays

Mit der folgenden Definition

```
int *zeigarray[6];
```

wird ein Zeigerarray mit 6 Elementen (Array mit 6 Zeigern), die alle auf `int`-Variable zeigen können, definiert. Da die eckigen Klammern stärker als `*` binden, ist `zeigarray` ein Array von Zeigern auf eine `int`-Variable. Jedes Element von

25 Zeiger und Arrays

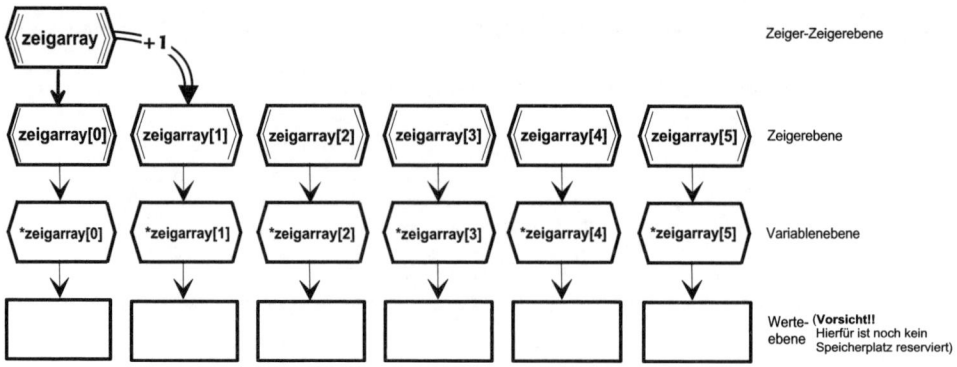

Abbildung 25.51: Nach der Deklaration von `int *zeigarray[6];`

`zeigarray` (`zeigarray[0]`, `zeigarray[1]`, ...) ist somit ein Zeiger auf einen `int`-Speicherplatz.

`zeigarray` selbst ist – wie bei anderen Arrays auch – ein impliziter Zeiger und zeigt auf den Anfang des Arrays, also auf das erste Element des Arrays. `zeigarray` ist somit ein *Zeiger-Zeiger* (Zeiger, der wieder auf einen Zeiger zeigt).

Abbildung 25.51 soll dies nochmals veranschaulichen.

Hierbei ist zu beachten, dass die Elemente des Arrays (die Zeiger) noch nicht initialisiert sind, sondern irgendwohin im Speicherplatz zeigen. Die folgende Anweisung wäre also absolut falsch:

```
*zeigarray[3] = 7; /* falsche Anweisung */
```

Diese Anweisung würde nämlich an die Adresse, die zufällig im Element `zeigarray[3]` steht, den Wert 7 schreiben, und somit fremden Speicherplatz überschreiben, was im günstigsten Fall zum Absturz des Programmes führen kann. Im ungünstigsten Fall überschreibt es einen wichtigen an dieser Adresse stehenden Wert und führt die Programmausführung mit dem falschen Wert weiter, was natürlich zu verheerenden Folgen führen kann.

25.7.2 Zeiger auf Arrays

Durch das Setzen von Klammern können die eben erwähnten Vorrangsregeln von `*` und `[]` durchbrochen werden.
Mit der folgenden Definition z. B.:

```
int (*zeigarray)[6];
```

wird nicht wie vorher ein Zeigerarray mit 6 Elementen, sondern nur **ein** Zeiger definiert, der auf ein Array mit 6 `int`-Variablen zeigt.
Abbildung 25.52 soll dies veranschaulichen.
Mit der Angabe von `zeigarray[1]` adressiert man also das nächste Array (6 `int`-Variablen weiter). Mit `zeigarray[1][2]` würde man also auf das dritte Element des zweiten Arrays zugreifen. Wofür man solche Zeiger auf Arrays benötigt, wird anhand eines Beispiels im nächsten Kapitel erläutert.

25.7 Zeigerarrays und Zeiger auf Zeiger

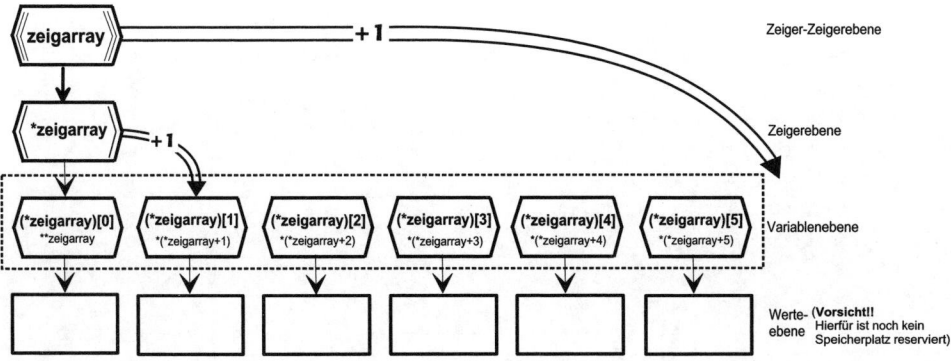

Abbildung 25.52: Nach der Deklaration von `int (*zeigarray)[6];`

25.7.3 Vertauschen von zwei Arrays über Zeiger

Ein Anwendungsbeispiel ist z. B. das Vertauschen von zwei Arrays, indem man nicht die beiden Arrays physikalisch komplett umkopiert, sondern eben nur ihre Anfangsadressen vertauscht. Das folgende Programm `arr_swap.c` verdeutlicht diese Technik:

```
#include  <stdio.h>
/*-------------------------- Initialisieren von zwei int-Arrays ---------*/
int   array1[2][3] = { {1, 2, 3},
                       {4, 5, 6}};
int   array2[2][3] = { {11, 12, 13},
                       {14, 15, 16}};
/*-------------------------- Setzen von zwei Zeiger auf die Arrays ---------*/
int (*z1)[3] = array1;
int (*z2)[3] = array2;

void  ausgabe_array(char *text, int (*array)[3], int zeilnr);
void  swap_array(int (**a1)[3], int (**a2)[3]);
/*---------------------------------------------------------- main ---------*/
int  main(void)
{
   printf("------------- Vor Vertauschen ----------------\n");
   ausgabe_array("z1", z1, 2);
   ausgabe_array("z2", z2, 2);
   printf("              Nur zum Test: z2[1][2] = %d\n\n", z2[1][2]);

   swap_array(&z1, &z2); /* Vertauschen der beiden Array-Zeiger */

   printf("------------- Nach Vertauschen ----------------\n");
   ausgabe_array("z1", z1, 2);
   ausgabe_array("z2", z2, 2);
   printf("              Nur zum Test: z1[1][0] = %d\n", z1[1][0]);
   return(0);
}
```

25 Zeiger und Arrays

```
/*------------------------------------------------- ausgabe_array ---------*/
void  ausgabe_array(char *text, int (*array)[3], int zeilnr) {
  int  i, j;
  printf("%s.............\n", text);
  for (i=0; i<zeilnr; i++) {
     for (j=0; j<3; j++)
        printf("%4d", array[i][j]);
     printf("\n");
  }
}
/*------------------------------------------------------ swap_array ---------*/
void  swap_array(int (**a1)[3], int (**a2)[3]) {
   int (*h)[3];

   h  = *a1;
   *a1 = *a2;
   *a2 = h;
}
```

Mögliche Ausgabe durch das Programm `arr_swap.c`:

```
------------- Vor Vertauschen -----------------
z1.............
    1   2   3
    4   5   6
z2.............
   11  12  13
   14  15  16
               Nur zum Test: z2[1][2] = 16

------------- Nach Vertauschen -----------------
z1.............
   11  12  13
   14  15  16
z2.............
    1   2   3
    4   5   6
               Nur zum Test: z1[1][0] = 14
```

Erklärung zum Programm `arr_swap.c`:
Mit den beiden folgenden Deklarationen:

```
/*-------------------------- Setzen von zwei Zeiger auf die Arrays ---------*/
int (*z1)[3] = array1;
int (*z2)[3] = array2;
```

werden die zwei Zeiger z1 und z2 deklariert, die beide auf ein int-Array mit drei Elementen zeigen können. Zudem wird dem Zeiger z1 die Anfangsadresse des Arrays array1 und dem Zeiger z2 die Anfangsadresse des Arrays array2 zugewiesen.
Die Funktion `ausgabe_array()`:

```
void  ausgabe_array(char *text, int (*array)[3], int zeilnr)
```

erwartet als zweites Argument (für Parameter `int (*array)[3]`) ebenfalls einen Zeiger auf ein `int`-Array mit drei Elementen, weshalb hier zur Ausgabe des jeweiligen Arrays nur einer beiden Zeiger `z1` oder `z2` zu übergeben ist. Wie viele 3-elementige Arrays auszugeben sind, muss dabei als drittes Argument (für Parameter `zeilnr`) angegeben werden.

Die Funktion `swap_array()`:

```
void  swap_array(int (**a1)[3], int (**a2)[3])
```

erwartet als Argumente die Adressen von zwei Zeigern auf ein `int`-Array mit drei Elementen (`int (**a1)[3], int (**a2)[3]`), weshalb hier beim Aufruf zum Vertauschen der beiden Adressen in `z1` und `z2` deren Adresse zu übergeben ist:

```
swap_array(&z1, &z2); /* Vertauschen der beiden Array-Zeiger */
```

Die Übergabe der Adressen der beiden Zeiger `z1` und `z2` ist hier notwendig, da hier ein Vertauschen der beiden Adressen mit *call by reference* stattfindet.

25.7.4 Übergabe von Arrays an Funktionen

Somit verfügen wir über verschiedene Möglichkeiten, ein zweidimensionales Array als Parameter in Funktionen zu deklarieren:

- `int matrix[10][10]` oder
- `int matrix[][10]` oder
- `int (*matrix)[10]`

da in allen diesen Fällen beim Aufruf der Funktion nur die Anfangsadresse des entsprechenden Arrays übergeben wird. Wir hätten also im vorherigen Programm `arr_swap.c` die Funktion `ausgabe_array()` auf drei verschiedene Arten definieren können:

```
void ausgabe_array(char *text, int array[2][3], int zeilnr)
void ausgabe_array(char *text, int array[][3], int zeilnr)
void ausgabe_array(char *text, int (*array)[3], int zeilnr)
```

Nicht möglich wäre dagegen in diesem Beispiel folgende Definition gewesen:

```
void ausgabe_array(char *text, int *array[3], int zeilnr)
```

Denn hier hätte man festgelegt, dass ein
  ein Array mit 3 **int**-Zeigern
und nicht wie gefordert
  ein zweidimensionales **int**-Array,
  dessen erste Dimension die Länge 3 hat,
übergeben wird.

Neu in C99:
C99 erlaubt die Angabe des Schlüsselworts `static` innerhalb der eckigen Klammern eines Arrays, das als Parameter einer Funktion angegeben ist. Dadurch teilt man dem Compiler mit, dass jedes Array, das für diesen Parameter übergeben wird, mindestens die angegebene Zahl von Elementen haben wird.

Das folgende Programm `arrystatic.c` verdeutlicht diese Angabe des Schlüsselworts `static` innerhalb der eckigen Klammer von Arrayparametern, indem es zu den eingegebenen Vor- und Nachnamen einen Loginnamen ermittelt, der sich aus

25 Zeiger und Arrays

den ersten drei Buchstaben des Vor- und des Nachnamens ergibt. Sollte ein Vor- bzw. Nachname weniger als drei Buchstaben besitzen, wird er zuvor mit Unterstrichen hinten aufgefüllt, da die Funktion `loginname` zwei Arrays mit mindestens drei Elementen erwartet:

```c
#include <stdio.h>
#include <string.h>

void loginname( char vorn[static 3], char nachn[static 3], char login[] ) {
   strcpy(login, vorn);
   login[3] = '\0';
   strncat(login, nachn, 3);
}
int main(void) {
   char vorname[100], nachname[100];
   char login[7];
   int i;
   printf("Vorname:  "); fgets(vorname, 100, stdin);
   printf("Nachname: "); fgets(nachname, 100, stdin);
   for (i=strlen(vorname)-1; i<3 ; i++) // -1 wegen \n
      vorname[i] = '_';
   vorname[i] = '\0';
   for (i=strlen(nachname)-1; i<3 ; i++) // -1 wegen \n
      nachname[i] = '_';
   nachname[i] = '\0';
   loginname(vorname, nachname, login);
   printf("Dein Loginname ist: '%s'\n", login);
   return 0;
}
```

Mögliche Abläufe des Programms `arrystatic.c`:

```
Vorname:  helmut ⏎
Nachname: herold ⏎
Dein Loginname ist: 'helher'
```

```
Vorname:  jo ⏎
Nachname: jahn ⏎
Dein Loginname ist: 'jo_jah'
```

```
Vorname:  hans ⏎
Nachname: li ⏎
Dein Loginname ist: 'hanli_'
```

Innerhalb der eckigen Klammern von Arrayparametern können in C99 noch die folgenden Schlüsselwörter angeben werden:

- `restrict`: legt fest, dass der Zeiger zu Beginn die einzige Möglichkeit ist, um auf das Array zuzugreifen
- `const`: legt fest, dass der Zeiger immer auf dasselbe Array zeigt
- `volatile`: ist erlaubt, aber ohne jegliche Bedeutung

25.7 Zeigerarrays und Zeiger auf Zeiger

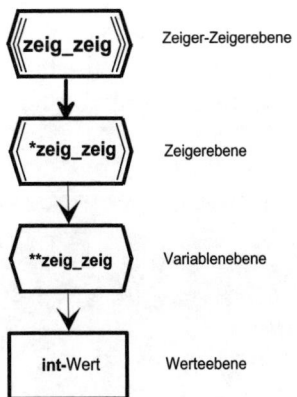

Abbildung 25.53: Nach der Deklaration von `int **zeig_zeig;`

25.7.5 Zeiger-Zeiger

Wir können diese Variationen noch weiter treiben. So wird z. B. mit folgender Angabe ein *Zeiger-Zeiger* definiert:

```
int **zeig_zeig;
```

Ein Zeiger-Zeiger ist ein Zeiger, der wieder auf einen Zeiger zeigt. Ein Zeiger-Zeiger enthält also die Adresse eines Speicherplatzes, in dem wieder eine Adresse gespeichert ist. Beim Zugriff über `zeig_zeig` gilt dann folgendes:

- `**zeig_zeig` ist dann eine `int`-Variable,
- `*zeig_zeig` ist ein Zeiger auf eine `int`-Variable und
- `zeig_zeig` ist ein Zeiger auf einen Zeiger, der auf eine `int`-Variable zeigt.

Abbildung 25.53 verdeutlicht dies nochmals.

Natürlich sind auch Angaben, wie z. B. die folgenden, erlaubt:

```
double ***zzz;       /* Zeiger-Zeiger-Zeiger */
int ****array[10];   /* Array, dessen Elemente Zeiger-Zeiger-Zeiger-Zeiger sind */
```

Wir werden später beim dynamischen Anfordern von Speicherplatz noch Anwendungen zu solchen Zeiger-Zeigern kennenlernen.

25.7.6 Unterschiede zwischen zweidimensionalen Arrays und Zeigerarrays

Die Verwendung zweidimensionaler Arrays besitzt manchmal Nachteile gegenüber eindimensionalen Zeigerarrays.

Um dies zu verdeutlichen, soll ein kleines Programm `englzahl.c` erstellt werden, das eine ganze Zahl aus dem Bereich 0 ... 13 einliest und das entsprechende englische Zahlwort dazu ausgibt. In dieser ersten Version arbeiten wir mit einem einfachen zweidimensionalen Array:

```
#include <stdio.h>

const char engl_wort[14][9] = {
        "zero",
        "one",
        "two",
        "three",
        "four",
        "five",
        "six",
        "seven",
        "eight",
        "nine",
        "ten",
        "eleven",
        "twelve",
        "thirteen"
      };
int main(void) {
   int zahl;
   do {
      printf("Geben Sie eine ganze Zahl zwischen 0 und 13 ein: "); scanf("%d",&zahl);
   } while (zahl<0 || zahl>13);
   printf("..... %d ist in englisch: %s\n", zahl, engl_wort[zahl]);
   return(0);
}
```

Bei der externen Deklaration von `engl_wort` wurden gleichzeitig die Arrayelemente initialisiert. Hier beträgt der Speicherbedarf von

```
char engl_wort[14][9]={...};
```

z	e	r	o	\0				
o	n	e	\0					
t	w	o	\0					
t	h	r	e	e	\0			
f	o	u	r	\0				
f	i	v	e	\0				
s	i	x	\0					
s	e	v	e	n	\0			
e	i	g	h	t	\0			
n	i	n	e	\0				
t	e	n	\0					
e	l	e	v	e	n	\0		
t	w	e	l	v	e	\0		
t	h	i	r	t	e	e	n	\0

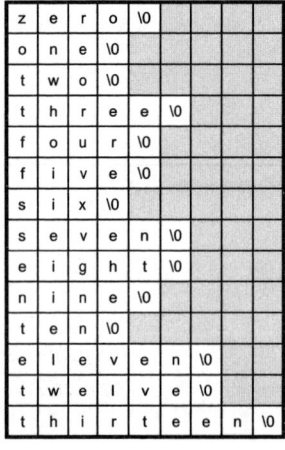

Wir benötigen 14 * 9 Bytes, da das längste Zahlwort (*thirteen*) 8 Zeichen lang ist + 1 Byte für das *\0*-Zeichen, um das Wortende zu kennzeichnen.

(nicht genutzte Speicherplätze sind hier schraffiert)

Abbildung 25.54: Speicherplatzvergeudung bei Verwendung statischer Arrays

dann
14*9 = 126 Bytes

Abbildung 25.54 soll diese Berechnung nochmals verdeutlichen.
Wie wir sehen, wird nur beim englischen Zahlwort *thirteen* die volle Kapazität des reservierten Speicherplatzes in Anspruch genommen. Die anderen Zeichenketten verschwenden Speicherplatz.

Dieses Problem läßt sich mit Hilfe eines Zeigerarrays umgehen, wie dies im folgenden Programm `englzah2.c` geschehen ist:

```
#include <stdio.h>

const char *engl_wort[] = {
    "zero",
    "one",
    "two",
    "three",
    "four",
    "five",
    "six",
    "seven",
    "eight",
    "nine",
    "ten",
    "eleven",
    "twelve",
    "thirteen"
};
int main(void) {
    int    zahl, max = sizeof(engl_wort) / sizeof(engl_wort[0]) - 1;
    do {
        printf("Geben Sie eine ganze Zahl zwischen 0 und %d ein: ", max);
        scanf("%d", &zahl);
    } while (zahl<0 || zahl>max);
    printf("..... %d ist in englisch: %s\n", zahl, engl_wort[zahl]);
    return(0);
}
```

Hier kann bei der Definition von `engl_wort` auf die Größenangabe verzichtet werden (`*engl_wort[]`), da der Compiler die Größe von `engl_wort` anhand der Anzahl und der Länge der Initialisierungswerte (hier Strings) selbst bestimmen kann. Hier wird dann für jedes Zahlwort seine echte Länge plus ein \0-Byte plus je ein Zeiger reserviert. Abbildung 25.55 verdeutlicht diese Speicherbelegung, wobei in diesem Bild zwei Bytes [5] für einen Zeiger angenommen wurden.

Insgesamt werden hier 28 + 63 + 14 = 105 Bytes besetzt. Liegen noch gravierendere Unterschiede bei der Wortlänge vor, so ergeben sich entsprechend größere Speichereinsparungen. Werden also Zeigerarrays anstatt mehrdimensionaler Arrays benutzt, so wird kein Speicherplatz mehr verschwendet.

---

[5] Anmerkung: Meist werden für Zeiger vier oder sogar noch mehr Bytes reserviert

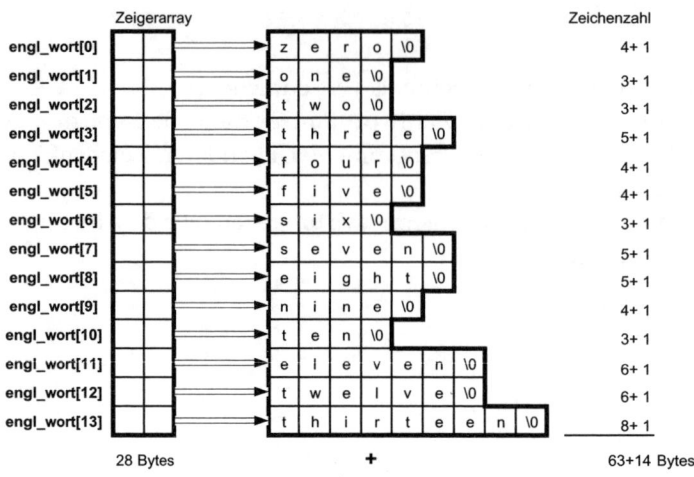

Abbildung 25.55: Bessere Nutzung des Speicherplatzes bei Verwendung von Zeigerarrays

Ein anderer Vorteil des Programms `englzah2.c` gegenüber der ersten Version ist, dass man weitere Wörter an das Array `engl_wort` bei der Initialisierung anhängen könnte (wie z. B. `fourteen` usw.), ohne dass dadurch weitere Änderungen im restlichen Programm notwendig werden, da die entsprechende Dimension immer automatisch mit

```
int max = sizeof(engl_wort) / sizeof(engl_wort[0]) - 1;
```

berechnet wird:

- `sizeof(engl_wort)` liefert die Byteanzahl, die vom gesamten Zeigerarray `engl_wort` belegt wird, also z. B. $14 \cdot 2 = 28$, wenn für einen Zeiger zwei Bytes verwendet werden.
- `sizeof(engl_wort[0])` liefert die Byteanzahl, die von einem Zeiger (hier `sizeof(engl_wort[0])`) belegt wird, wie z. B. 2. Natürlich hätte man hier auch jeden anderen beliebigen Zeiger aus dem Array angeben können, wie z. B.: `sizeof(engl_wort[2])` oder `sizeof(engl_wort[7])`.
- `sizeof(engl_wort) / sizeof(engl_wort[0])` liefert dann die Anzahl der Zeiger im Array `engl_wort`, also bei zwei Bytes für einen Zeiger: $\frac{28}{2} = 14$.

Da die Indizierung von Arrays in C bei 0 beginnt, also sich hier von 0 bis 13 erstreckt, wurde hier der Wert 1 subtrahiert, um den Index des letzten Arrayelements zu erhalten.

In der ersten Version dagegen müßte bei Änderungen die Arraygröße in der Definition von `engl_wort` angepasst werden. Zudem wären weitere Änderungen im restlichen Programm notwendig: 13 bzw. 14 müßte überall durch die entsprechende neue Größe ersetzt werden.

25.7.7 Zugriff auf beliebige Elemente in einem Zeigerarray

Es stellt sich nun die Frage, wie kann man auf ein beliebiges Zeichen innerhalb der einzelnen Zeichenketten von engl_wort, wie z. B. auf das h des Zahlworts eight, zugreifen?

Die Antwort auf diese Frage lautet: entweder mit Zeigern oder mit der Array-Notation ([]). So liefert z. B. engl_wort[8] den Zeiger auf das erste Zeichen der neunten Zeichenkette (eight); siehe auch Abbildung 25.56.

Abbildung 25.56: engl_wort[8] zeigt auf das erste Zeichen des Strings eight

Durch einfache Arithmetik kann man nun Zeiger auf das gewünschte Zeichen setzen. So ist es z. B. mit

```
*(engl_wort[8] + 3)
```

möglich, auf das vierte Zeichen h der Zeichenkette eight zuzugreifen; siehe auch Abbildung 25.57.

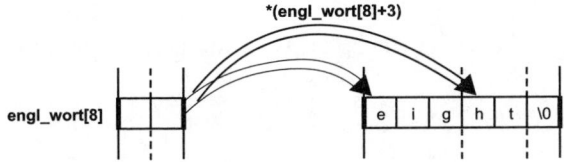

Abbildung 25.57: *(engl_wort[8])+3 zeigt auf das vierte Zeichen des Strings eight

Anstelle von

```
*(engl_wort[8] + 3)
```

könnte man im übrigen auch

engl_wort[8][3] oder

((engl_wort+8) + 3)

verwenden, wobei engl_wort[8][3] sicher die lesbarste Form ist.

Beispiel:

Diese verschiedenen Zugriffsarten sollen in einem Beispiel verdeutlicht werden: Das bekannte Lied „*Drei Chinesen mit dem Kontrabaß saßen auf der Straße...*" soll von einem Programm „gesungen" werden. In der zweiten Strophe werden alle Vokale durch den Vokal a ersetzt (*Dra Chanasan mat dam Kantrabaß saßen af dar Straßa...*) und in der dritten Stophe durch e, dann durch i, o und noch durch u, so dass das Programm folgendes ausgibt:

25 Zeiger und Arrays

```
Dra Chanasan mat dam Kantrabass sassan af dar Strassa
and arzahltan sach was. Da kam da Palaza and sagt:
Was ast dann das ?
-----------------------------------
Dre Chenesen met dem Kentrebess sessen ef der Stresse
end erzehlten sech wes. De kem de Peleze end segt:
Wes est denn des ?
-----------------------------------
Dri Chinisin mit dim Kintribiss sissin if dir Strissi
ind irzihltin sich wis. Di kim di Pilizi ind sigt:
Wis ist dinn dis ?
-----------------------------------
Dro Chonoson mot dom Kontroboss sosson of dor Strosso
ond orzohlton soch wos. Do kom do Polozo ond sogt:
Wos ost donn dos ?
-----------------------------------
Dru Chunusun mut dum Kuntrubuss sussun uf dur Strussu
und urzuhltun such wus. Du kum du Puluzu und sugt:
Wus ust dunn dus ?
-----------------------------------
```

Es bietet sich hier an, die erste Strophe in einem zweidimensionalen Array abzulegen; dies wird am besten schon bei der Definition vorgenommen:

```
char *satz[] = {
        "Drei Chinesen mit dem Kontrabass sassen auf der Strasse",
        "und erzaehlten sich was. Da kam die Polizei und sagt:",
        "Was ist denn das ?"'
};
```

Auch sollen die 5 Vokale in einem eindimensionalen `char`-Array schon bei Definition gespeichert werden:

```
    char   vokale[] = "aeiou";
```

Unser Programm gliedert sich dann in 3 Aufgaben:

1. Alle Vokale in `satz` durch einen vorgegebenen Vokal ersetzen
2. Alle doppelten Vokale durch einen einzelnen ersetzen
3. Den neuen Inhalt von `satz` ausgeben

Die zweite Aufgabe ist nur beim ersten Ersetzen auszuführen, da nach einem Streichdurchgang für alle doppelten Vokale nur noch einfache Vokale vorkommen und beim nachfolgenden Ersetzen auf den neuen Inhalt von `satz` zugegriffen wird.

Erste Version (Programm `dreichi1.c`**) mit Zeiger-Notation:**

```
#include <stdio.h>
#include <string.h>

char *satz[] = {
        "Drei Chinesen mit dem Kontrabass sassen auf der Strasse",
        "und erzaehlten sich was. Da kam die Polizei und sagt:",
        "Was ist denn das ?"
};
```

25.7 Zeigerarrays und Zeiger auf Zeiger

```c
char  vokale[] = "aeiou";
int   vok_pruef(char zeichen);
/*-------------------------------------------------- main ----------------*/
int  main(void) {
    int  i, j, k, l;
                    /*-------- Alle Vokale durch einen Vokal ersetzen -----*/
    for (i=0 ; i<strlen(vokale) ; i++) {
        for (j=0,k=0 ; j<3 ; k=0,j++)
            while (*(satz[j]+k)) {
                for (l=0 ; l<5 ; l++)
                    if (*(satz[j]+k) == *(vokale+l)) {
                        *(satz[j]+k) = *(vokale+i);
                        break;
                    }
                k++;
            }
                    /*-------- Alle doppelten Vokale durch einen ersetzen -*/
        if (i==0) {
            for (j=0,k=0,l=0 ; j<3 ; k=0,l=0,j++) {
                while (*(satz[j]+k+1))
                    if (*(satz[j]+k)==*(satz[j]+k+1) && vok_pruef(*(satz[j]+k)))
                        *(satz[j]+l) = *(satz[j]+k++);
                    else
                        *(satz[j]+l++) = *(satz[j]+k++);
                *(satz[j]+l++) = *(satz[j]+k);
                *(satz[j]+l) = '\0';
            }
        }
                    /*-------- Ausgabe des neuen Textes -------------------*/
        for (j=0 ; j<3 ; j++)
            printf("%s\n", satz[j]);
        printf("---------------------------------\n");
    }
    return(0);
}
/*-------------------------------------------------- vok_pruef ----------*/
int  vok_pruef(char zeichen) {
    int  lauf;
    for (lauf=0 ; lauf<5 ; lauf++)
        if (*(vokale+lauf) == zeichen)
            return(1);
    return(0);
}
```

Hinweis: Dieses Programm muss wie folgt kompiliert werden: [6]

```
cc -fwritable-strings -o dreichi1 dreichi1.c
```

---

[6]Die Angabe -fwritable-strings sorgt dafür, dass die Strings in einen nicht schreibgeschützten Speicherbereich gelegt werden. Im allgemeinen sollte man dies jedoch vermeiden.

635

25 Zeiger und Arrays

Die äußerste Schleife

```
for (i=0 ; i<strlen(vokale) ; i++) {
```

sorgt dafür, dass für jeden Vokal eine eigene Strophe generiert wird. Hier wird die Funktion `strlen()` aus der Standardbibliothek aufgerufen, um die Länge des char-Arrays vokale zu ermitteln: die Länge von vokale ist 5, d. h., diese Schleife wird 5-mal durchlaufen, und bei jedem Schleifendurchlauf wird eine andere Strophe mit einem anderem Vokal am Bildschirm ausgegeben, wie wir gleich noch sehen werden. Im Programmteil

```
                /*-------- Alle Vokale durch einen Vokal ersetzen -----*/
   for (i=0 ; i<strlen(vokale) ; i++) {
      for (j=0,k=0 ; j<3 ; k=0,j++)
         while (*(satz[j]+k)) {
            for (l=0 ; l<5 ; l++)
               if (*(satz[j]+k) == *(vokale+l)) {
                  *(satz[j]+k) = *(vokale+i);
                  break;
               }
            k++;
         }
   }
```

ist die Laufvariable j der Zeilenindex für das mehrdimensionale Array satz. satz[j] zeigt dann immer auf den Anfang der gerade betrachteten Zeile. Auf die einzelnen Zeichen in einer Zeile wird fortlaufend mit der Laufvariable k zugegriffen, wie dies in Abbildung 25.58 gezeigt ist.

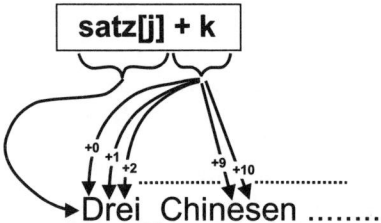

Abbildung 25.58: Zugriff auf die einzelnen Zeichen einer Zeile mit Laufvariable k

Das entsprechende Zeichen, auf das satz[j]+k zeigt, erhält man mit:

```
*(satz[j] + k)
```

Solange nicht das Endezeichen \0 des Strings satz[j] erreicht ist

```
while (*(satz[j]+k))
```

wird die for-Schleife mit der Laufvariablen l ausgeführt und daran anschließend k um 1 inkrementiert: k++, um auf das nächste Zeichen in satz[j] zuzugreifen. In der for-Schleife mit der Laufvariablen l=0..4 wird bei jedem Durchlauf das gerade betrachtete Zeichen aus satz[j] mit einem Zeichen aus dem Array vokale verglichen:

```
if (*(satz[j]+k) == *(vokale+l))
```

25.7 Zeigerarrays und Zeiger auf Zeiger

Wird bei dieser Überprüfung eine Übereinstimmung festgestellt, dann muss es sich beim Zeichen *(satz[j]+k) um einen Vokal handeln; dieser Vokal wird dann durch den entsprechenden Vokal, abhängig von der Strophe, ersetzt:

```
*(satz[j]+k) = *(vokale+i)
```

i ist dabei die Laufvariable der äußersten for-Schleife, die bei jeder neuen Strophe um 1 erhöht wird. Nach dieser Ersetzung kann die Überprüfung für das gerade betrachtete Zeichen aus satz[j] abgebrochen werden (break). Im Programmteil

```
                 /*-------- Alle doppelten Vokale durch einen ersetzen -*/
if (i==0) {
   for (j=0,k=0,l=0 ; j<3 ; k=0,l=0,j++)  {
      while (*(satz[j]+k+1))
         if (*(satz[j]+k)==*(satz[j]+k+1) && vok_pruef(*(satz[j]+k)))
            *(satz[j]+l) = *(satz[j]+k++);
         else
            *(satz[j]+l++) = *(satz[j]+k++);
      *(satz[j]+l++) = *(satz[j]+k);
      *(satz[j]+l) = '\0';
   }
}
```

wird der gesamte Text des zweidimensionalen Arrays satz nochmals durchlaufen und alle doppelten Vokale durch einen Vokal ersetzt; dies geschieht jedoch nur bei ersten Ersetzung, d. h. bei if (i==0), da bei der nächsten Ersetzung alle doppelten Vokale schon durch einen einzelnen ersetzt wurden. In der for-Schleife werden zunächst die folgenden drei Zählvariablen mit 0 vorbesetzt:

j   Zeilenindex für das zweidimensionale Array satz
k   Spaltenindex für das „alte" Array satz
l   Spaltenindex für das „neue" Array satz

Solange nicht das Ende einer Zeile erreicht ist:

```
while (*(satz[j]+k+1))
```

wird mit folgender if-Anweisung überprüft

```
if (*(satz[j]+k)==*(satz[j]+k+1) && vok_pruef(*(satz[j]+k)))
```

ob gerade betrachtetes Zeichen aus satz[j] mit nächstem Zeichen übereinstimmt (Doppelbuchstabe?). Zusätzlich wird durch den Aufruf von vok_pruef() geprüft, ob es sich bei *(satz[j]+k) um einen Vokal handelt. Liegt ein Doppelvokal vor, wird er in satz an die Stelle satz[j]+l geschrieben (l wird aber nicht erhöht):

```
*(satz[j]+l) = *(satz[j]+k++);
```

Handelt es sich nicht um einen Doppelvokal, dann wird mit

```
*(satz[j]+l++) = *(satz[j]+k++);
```

auch das Zeichen an der Position satz[j]+k an die Stelle satz[j]+l geschrieben; für diesen Fall wird aber der „Spaltenindex" l für das „neue" Array um 1 inkrementiert:

```
*(satz[j]+l++);
```

Mit den letzten beiden Anweisungen nach der while-Schleife wird das letzte Zeichen aus dem „alten" satz[j] in den „neuen" übernommen, und das Ende vom „neuen" satz mit dem \0-Zeichen gekennzeichnet. Im folgenden Programmteil wird der veränderte Text des zweidimensionalen Arrays satz ausgegeben.

```
            /*-------- Ausgabe des neuen Textes -------------------*/
    for (j=0 ; j<3 ; j++)
        printf("%s\n", satz[j]);
    printf("---------------------------------\n");
}
```

Zweite Version (Programm dreichi2.c**) mit Array-Notation:**
Hier wird die gleiche Aufgabenstellung unter Verwendung von Arrays, auf deren Elemente mit Zeilen- und Spaltenindex zugegriffen wird, gelöst.

```
#include  <stdio.h>
#include  <string.h>

char  *satz[] = {
       "Drei Chinesen mit dem Kontrabass sassen auf der Strasse",
       "und erzaehlten sich was. Da kam die Polizei und sagt:",
       "Was ist denn das ?"
};
char  vokale[] = "aeiou";
int   vok_pruef(char zeichen);
/*------------------------------------------------ main ---------------*/
int  main(void) {
    int  i, j, k, l;
                 /*-------- Alle Vokale durch einen Vokal ersetzen -----*/
    for (i=0 ; i<strlen(vokale) ; i++)   {
       for (j=0,k=0 ; j<3 ; k=0,j++)
          while (satz[j][k])  {
             for (l=0 ; l<5 ; l++)
                if (satz[j][k] == vokale[l]) {
                   satz[j][k] = vokale[i];
                   break;
                }
             k++;
          }
                 /*-------- Alle doppelten Vokale durch einen ersetzen -*/
    if (i==0) {
       for (j=0,k=0,l=0 ; j<3 ; k=0,l=0,j++)  {
          while (satz[j][k+1])
             if (satz[j][k]==satz[j][k+1] && vok_pruef(satz[j][k]))
                satz[j][l]   = satz[j][k++];
             else
                satz[j][l++] = satz[j][k++];
          satz[j][l++] = satz[j][k];
          satz[j][l] = '\0';
       }
    }
}
```

25.7 Zeigerarrays und Zeiger auf Zeiger

```
                    /*-------- Ausgabe des neuen Textes -------------------*/
      for (j=0 ; j<3 ; j++)
         printf("%s\n", satz[j]);
      printf("----------------------------------\n");
   }
   return(0);
}
/*---------------------------------------------- vok_pruef ---------------*/
int vok_pruef(char zeichen) {
   int  lauf;
   for (lauf=0 ; lauf<5 ; lauf++)
      if (*(vokale+lauf) == zeichen)
         return(1);
   return(0);
}
```

Hinweis: Dieses Programm muss wie folgt kompiliert werden:

```
cc -fwritable-strings -o dreichi2 dreichi2.c
```

25.7.8 Zeigerarrays mit Funktionsadressen

Sehr fortgeschrittene C-Programmierer verwenden in bestimmten Fällen Zeigerarrays, deren Elemente Funktionsadressen sind. So lassen sich in bestimmten Anwendungsfällen endlose `case`-Marken in einer `switch`-Anweisung vermeiden.
Das nachfolgende einfache Beispiel soll dies verdeutlichen: Es soll ein kleines Rechenprogramm erstellt werden, das zunächst zwei Zahlen einliest, und dann den Benutzer fragt, welche Rechenoperation mit diesen beiden Zahlen durchzuführen ist: Addition, Subtraktion, Multiplikation, Division oder Potenz. Das folgende Programm `rechne1.c` zeigt die normale Lösung zu dieser Aufgabenstellung:

```
#include <stdio.h>
#include <math.h>
/*-------------------------- Funktionsdefinitionen ----------------*/
double add  (double a, double b)  { return(a+b); }
double subtr(double a, double b)  { return(a-b); }
double mult (double a, double b)  { return(a*b); }
double divi (double a, double b)  { return(a/b); }
/*---------------------------------------------- main ----------------*/
int main(void) {
   int    operator;
   double a, b;
   printf("Gib 2 Werte (durch Komma getrennt) ein : "); scanf("%lf, %lf", &a, &b);
   while (1) {        /*--- Endlos-Schleife, die durch BREAK verlassen wird */
      printf("Gib Operator ein (+=0, -=1, *=2, /=3, ^=4): ");
      scanf("%d", &operator);
      if (operator>=0 && operator<=4)
         break;
   }
   switch (operator) {
      case 0:
```

25 Zeiger und Arrays

```
            printf("Das Ergebnis ist %f\n", add(a,b));
            break;
        case 1:
            printf("Das Ergebnis ist %f\n", subtr(a,b));
            break;
        case 2:
            printf("Das Ergebnis ist %f\n", mult(a,b));
            break;
        case 3:
            printf("Das Ergebnis ist %f\n", divi(a,b));
            break;
        case 4:
            printf("Das Ergebnis ist %f\n", pow(a,b));
            break;
        default:
            printf("....Programminterner Fehler\n");
            break;
        }
    return(0);
}
```

Dieses Programm muss wie folgt kompiliert werden:

```
cc -o rechne1 rechne1.c -lm
```

Um die vielen case-Marken zu vermeiden, bietet sich nun eine elegantere Lösung an, wie sie im folgenden Programm rechne2.c gezeigt wird:

```
#include <stdio.h>
#include <math.h>
/*-------------------------------- Funktionsdefinitionen ----------------*/
double   add  (double a, double b)   { return(a+b); }
double   subtr(double a, double b)   { return(a-b); }
double   mult (double a, double b)   { return(a*b); }
double   divi (double a, double b)   { return(a/b); }
/*--------------------------------- Array von 5 Zeigern auf Funktionen */
double (*(rech_funkt[5]))(double a, double b) = { add, subtr, mult, divi, pow };
/*------------------------------------------------- main ---------------*/
int  main(void) {
    int     operator;
    double  a, b;
    printf("Gib 2 Werte (durch Komma getrennt) ein : "); scanf("%lf, %lf", &a, &b);
    while (1) {    /*--- Endlos-Schleife, die durch BREAK verlassen wird */
        printf("Gib Operator ein (+=0, -=1, *=2, /=3, ^=4): ");
        scanf("%d", &operator);
        if (operator>=0 && operator<=4)
            break;
    }
    printf("Das Ergebnis ist %f\n", (*(rech_funkt[operator]))(a,b));
    return(0);
}
```

Dieses Programm muss wie folgt kompiliert werden:

```
cc -o rechne2 rechne2.c -lm
```

In diesem Programm, das das gleiche leistet wie das vorherige Programm rechne1.c, wird zunächst ein Array rech_funkt der Größe 5 definiert. Die Elemente dieses Arrays sind Zeiger auf Funktionen mit zwei **double**-Argumenten:

```
double (*(rech_funkt[5]))(double a, double b);
```

Um die Elemente dieses Arrays gleich zu initialisieren, werden die entsprechenden Funktionsnamen bei der Definition im Initialisierungsteil angegeben:

```
double (*(rech_funkt[5]))(double a, double b) = { add, subtr, mult, divi, pow };
```

Dies bedeutet, dass z. B. rech_funkt[2] die Adresse der Funktion mult und rech_funkt[4] die Adresse der Funktion pow enthält.

Will man dann später die entsprechende Funktion aufrufen, so muss zunächst über den Index die entsprechende Funktion (Adresse der entsprechenden Funktion) ausgewählt werden. In unserem Fall ist dies der Inhalt Variablen operator. Da rech_funkt[operator] aber nur die Adresse liefert, wird mit *(rech_funkt[operator]) auf den entsprechenden Speicherplatz zugegriffen, dessen Adresse an der Stelle rech_funkt[operator] steht und der Code an dieser Stelle aufgerufen. Die an die aufgerufene Funktion zu übergebenden Argumente sind dabei wie bei „normalen" Funktionsaufrufen auch danach in Klammern anzugeben, so dass sich der folgende Aufruf in unserem Programm ergibt:

```
(*(rech_funkt[operator]))(a,b)
```

25.7.9 Übungen

Das d'Hondtsche Höchstzählverfahren

Gemäß Bundeswahlgesetz Paragraph 6 Abs. 1 werden die Sitze auf die Landeslisten nach dem dem „Höchstzählverfahren d'Hondt" verteilt. Es heißt so nach seinem Urheber, dem Belgier *Victor d'Hondt* und wird in den Erläuterungen zum Bundeswahlgesetz wie folgt beschrieben:

Dieses Höchstzählverfahren ist ein Rechenverfahren, durch das auf verhältnismäßig einfache Weise auf Grund der Stimmenzahl die proportionale Sitzverteilung ermittelt wird. Das Ergebnis entspricht nicht ganz, aber annähernd der mathematischen Proportion. Es besteht darin, dass die auf eine Wahlvorschlagsliste entfallenen Stimmen so oft durch 1, 2, 3 usw. geteilt werden, bis so viele 'Höchstzahlen' ermittelt sind, als Sitze zu verteilen sind. In der Reihenfolge der so ermittelten Höchstzahlen werden jeder Partei dann die Sitze zugewiesen.

Angenommen, es seien insgesamt abgegeben:

```
für die Liste A    650500 Stimmen
             B    541600 Stimmen
             C    461500 Stimmen
             D     89200 Stimmen
             E     64800 Stimmen
```

und es seien insgesamt 31 Abgeordnete zu wählen. Folgende Tabelle enthält dann die Quotienten und in Klammern die Reihenfolge der Sitzzuteilung:

	A	B	C	D	E
	650500(1)	541600(2)	461500(3)	89200(19)	64800(27)
durch 2	325250(4)	270800(5)	230750(6)	44600	32400

```
durch 3      216833(7)     180533(8)     153833(10)
durch 4      162625(9)     135400(11)    115375(13)
durch 5      130100(12)    108320(15)     92300(17)
.................................................
```

Würde man diese Rechnung fortsetzen, dann erhält die Partei A 12 Sitze, B erhält 9, C erhält 8 und D und E erhalten je einen Sitz. Erstellen Sie nun ein C-Programm dhondt.c, das für Bundestags-, Landestags- und Kommunalwahlen die Sitzverteilung nach dem d'Hondtschen Höchstzählverfahren berechnet. Die Parteien seien dabei fest im Programm vorgegeben, wie z.B.:

```
Geben Sie die abgegebenen Stimmen pro Partei ein
ZTU: 650500 ⏎
SPT: 541600 ⏎
FTB: 461500 ⏎
Greens: 89200 ⏎
Rebubliks: 64800 ⏎
Wieviele Sitze sind zu vergeben: 31 ⏎
Soll jede einzelne Sitzzuteilung ausgegeben werden (j/n) ? j ⏎
...Sitz 1 geht an: ZTU (650500)
...Sitz 2 geht an: SPT (541600)
...Sitz 3 geht an: FTB (461500)
...Sitz 4 geht an: ZTU (325250)
...Sitz 5 geht an: SPT (270800)
...Sitz 6 geht an: FTB (230750)
...Sitz 7 geht an: ZTU (216833)
...Sitz 8 geht an: SPT (180533)
...Sitz 9 geht an: ZTU (162625)
...Sitz 10 geht an: FTB (153833)
...Sitz 11 geht an: SPT (135400)
...Sitz 12 geht an: ZTU (130100)
...Sitz 13 geht an: FTB (115375)
...Sitz 14 geht an: ZTU (108417)
...Sitz 15 geht an: SPT (108320)
...Sitz 16 geht an: ZTU (92929)
...Sitz 17 geht an: FTB (92300)
...Sitz 18 geht an: SPT (90267)
...Sitz 19 geht an: Greens (89200)
...Sitz 20 geht an: ZTU (81312)
...Sitz 21 geht an: SPT (77371)
...Sitz 22 geht an: FTB (76917)
...Sitz 23 geht an: ZTU (72278)
...Sitz 24 geht an: SPT (67700)
...Sitz 25 geht an: FTB (65929)
...Sitz 26 geht an: ZTU (65050)
...Sitz 27 geht an: Rebubliks (64800)
...Sitz 28 geht an: SPT (60178)
...Sitz 29 geht an: ZTU (59136)
...Sitz 30 geht an: FTB (57688)
...Sitz 31 geht an: ZTU (54208)
Sitzverteilung:
```

```
   Partei | Sitze |    Prozent (Sitze)   |   Prozent (Stimmen) |
----------+-------+----------------------+---------------------|
      ZTU |    12 |                38.71 |               35.99 |
      SPT |     9 |                29.03 |               29.96 |
      FTB |     8 |                25.81 |               25.53 |
   Greens |     1 |                 3.23 |                4.93 |
 Rebubliks|     1 |                 3.23 |                3.58 |
```

Kosmische Gedichte

Erstellen Sie ein Programm kosmisch.c, das bei jedem Aufruf ein neues Gedicht der folgenden Form erzeugt:

```
Wirbel, die kreisen
Planeten, die zusammensinken
Schreie, die stuerzen
Fluten, die zerfliessen
Schmerzen, die gluehen
Stimmen, die verwehen
Sterne, die steigen
Wellen, die schwanken
Blitze, die brechen
Wolken, die schweben
Und immer wieder Wirbel, Schmerzen, Planeten.
```

```
Planeten, die gluehen
Schmerzen, die schwanken
Fluten, die zerfliessen
Wirbel, die kreisen
Blitze, die brechen
Stimmen, die steigen
Wellen, die stuerzen
Schreie, die schweben
Sterne, die verwehen
Wolken, die zusammensinken
Und immer wieder Fluten, Wellen, Planeten.
```

Kapitel 26

Argumente auf der Kommandozeile

Wer tut, was er kann, tut, was er soll.
Wallonisches Sprichwort

26.1 Die Parameter `argc` und `argv` der Funktion `main()`

Jedes C-Programm muss – wie wir wissen – einen Hauptprogrammteil `main()` besitzen. `main()` ist aber nichts anderes als eine Funktion, die beim Start des C-Programms vom Betriebssystem oder dem C-Laufzeitsystem aufgerufen wird. Wir gingen bisher davon aus, dass `main()` ohne Parameter arbeitet:

```
int main(void)
```

In Wirklichkeit werden aber bei jedem Aufruf der Funktion `main()` zwei Argumente mitgegeben, die wie folgt definiert sind:

```
int main(int argc, char *argv[])
```

Die beiden Parameter `argc` und `argv` ermöglichen die Übergabe von Strings an das aufgerufene Programm, wobei gilt:

Erster Parameter **argc**

> ist die Anzahl der übergebenen Strings (Worte).

Zweiter Parameter **argv**

> ist ein Array von Zeigern, wobei jeder dieser Zeiger auf den Anfang eines Strings (Worts) aus der Kommandozeile zeigt.

Das folgende Programm `argtest.c` demonstriert die Verwendung von `argc` und `argv`:

```c
#include <stdio.h>
int main(int argc, char *argv[]) {
  int i;
  for (i=0; i<argc; i++)
     printf("Wort %d: %s\n", i, argv[i]);
  return(0);
}
```

Üblicherweise wird ein solches Programm, nachdem es kompiliert und gelinkt wurde, wie z. B.:

```
user@linux:~ >  cc -o argtest argtest.c  ⏎
```

mit

```
user@linux:~ >  argtest  ⏎
```

in der Kommandozeile gestartet. Nun wollen wir es aber wie folgt aufrufen:

```
user@linux:~ >  argtest start eins zwei drei vier "und so weiter" schluss  ⏎
```

was dann zu folgender Ausgabe führt:

```
Wort 0: argtest
Wort 1: start
Wort 2: eins
Wort 3: zwei
Wort 4: drei
Wort 5: vier
Wort 6: und so weiter
Wort 7: schluss
```

Der obige Aufruf bewirkt also einen Aufruf der Funktion `main()` mit `argc=8` und den in Abbildung 26.1 gezeigten Strings im Stringarray `argv`.

Da der Aufruf eines Programms bei vielen Betriebssystemen durch Angabe des Programmnamens erfolgt, ist es zur Regel geworden, dass `argv[0]` ein Zeiger auf den Programmnamen ist.

Beispiel:

Das folgende Programm `argtest2.c` simuliert einen *Count Down* bei einem Raketenstart, indem es die auf der Kommandozeile angegebenen Argumente rückwärts ausgibt:

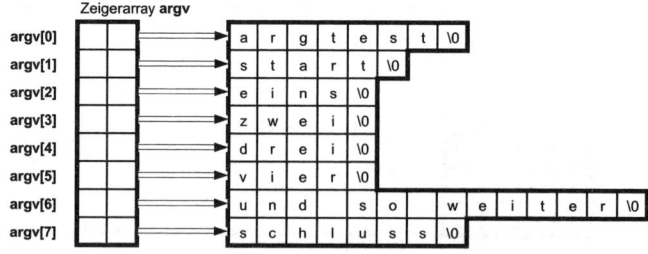

Abbildung 26.1: Inhalt von `argv` für den Aufruf `argtest start eins zwei drei vier "und so weiter" schluss`

26.1 Die Parameter argc und argv der Funktion main()

```
#include <stdio.h>

int  main(int argc, char *argv[]) {
    printf("Count Down:\n\n");

    while (--argc)
        printf("%s%c", argv[argc], (argc>2) ? ' ' : '\n');
    return(0);
}
```

Der Aufruf dieses Programms mit
  `argtest2 Start eins zwei drei vier`
liefert folgende Ausgabe:

```
Count Down:

vier drei zwei eins
Start
```

Zu dieser Aufgabenstellung soll mit folgenden Programm `argtest3.c` eine weitere Version angegeben werden:

```
#include <stdio.h>

int  main(int argc, char *argv[]) {
    printf("Count Down:\n\n");

    argv += argc;  /* Zeiger von  argv  hinter das letzte Wort positionieren */
    while (--argc)
       printf((argc>2) ? "%s " : "%s\n", *--argv);
    return(0);
}
```

Mit der Anweisung

```
argv += argc;
```

wird der Zeiger `argv` hinter das letzte Wort aus der Kommandozeile positioniert, wie es in Abbildung 26.2 gezeigt ist.
In der Anweisung

```
while (--argc)
```

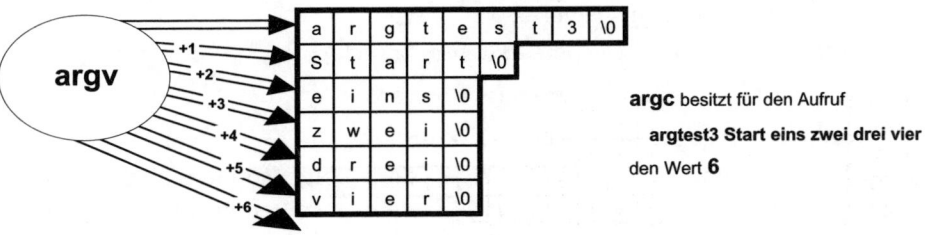

Abbildung 26.2: Positionieren auf die Strings über `argv`

wird zunächst der Wert von `argc` um 1 dekrementiert und dann geprüft, ob der neue Wert von `argc` ungleich 0 ist. Wenn ja, dann wird die Anweisung

```
printf((argc>2) ? "%s " : "%s\n", *--argv);
```

ausgeführt.

Noch einige Besonderheiten:

- ❏ Es ist noch zu erwähnen, dass Wörter auf der Kommandozeile durch sogenannte *white spaces* (Leerzeichen, Tabzeichen usw.) voneinander getrennt werden. Enthält nun ein Wort solche *white spaces*, so ist dieses ganze Wort mit Anführungszeichen zu klammern, wie dies bereits beim obigen Aufruf

  ```
  argtest start eins zwei drei vier "und so weiter" schluss
  ```

  gezeigt wurde.

- ❏ Statt der Deklaration

  ```
  int main( int argc, char *argv[] )
  ```

  kann auch folgende Deklaration angegeben werden

  ```
  int main( int argc, char **argv )
  ```

- ❏ Die Namen der Parameter `argc` und `argv` haben sich zwei eingebürgert, aber sind nichtsdestotrotz frei wählbar, wenn auch von einer eigenen Namensvergabe abzuraten ist. Man könnte jedoch auch statt

  ```
  int main( int argc, char *argv[] )
  ```

  z. B. die folgende Deklaration angeben:

  ```
  int main( int n, char *av[] )
  ```

26.2 Optionen auf der Kommandozeile

Bei der Übergabe von Argumenten auf der Kommandozeile ist auch die Angabe so genannter Optionen erlaubt. Optionen müssen – im Gegensatz zu obligaten Argumenten – beim Aufruf nicht angegeben werden. Um beim Aufruf optionale Argumente von obligaten unterscheiden zu können, wird in den meisten Betriebssystemen üblicherweise den optionalen Parametern ein Minus-Zeichen „-"[1] vorangestellt.

Das folgende Programm `wz.c` liest über Bildschirm einen Text Zeile für Zeile ein. Abhängig von den angegebenen Optionen in der Kommandozeile wird dieser Text nach folgenden Kriterien ausgewertet:

- ❏ Anzahl der gelesenen Zeichen `-c` (c für character)
- ❏ Anzahl der gelesenen Wörter `-w` (w für word)
- ❏ Anzahl der eingegebenen Zeilen `-l` (l für line)

Die Optionen sollten nicht nur in beliebiger Reihenfolge, sondern auch gruppiert angegeben werden dürfen (wie z. B. `-lw`). Zusätzlich sollten die Optionen sowohl in Groß- als auch in Kleinbuchstaben angegeben werden können. Sind keine Optionen angegeben, so entspricht dies der Angabe `-lwc`.

---

[1] Dies ist eine Konvention, an die sich die Programme halten sollten, damit eine einheitliche Bedienbarkeit gegeben ist.

26.2 Optionen auf der Kommandozeile

Für die folgenden Aufrufe von wz wird der Inhalt der Datei wz.ein verwendet:

```
Das Programm wz zaehlt die
  Zeichen, Woerter und Zeilen eines
Textes.
Neuezeilezeichen zaehlt es nicht mit.


Mit freundlichen Gruessen
-- das Programm wz
```

Folgende Aufrufe von wz zeigen die entsprechenden Ausgaben durch dieses Programm:

❏ **wz < wz.ein**

```
---------------------------------
156 Zeichen, 23 Woerter, 8 Zeilen
---------------------------------
```

❏ **wz -lw < wz.ein**

```
---------------------------------
23 Woerter, 8 Zeilen
---------------------------------
```

❏ **wz -w -l -c < wz.ein**

```
---------------------------------
156 Zeichen, 23 Woerter, 8 Zeilen
---------------------------------
```

❏ **wz -xyl -wa -v < wz.ein**

```
....Unerlaubte Option -x
....Unerlaubte Option -y
....Unerlaubte Option -a
....Unerlaubte Option -v
usage: wz [-cwl]
```

❏ **wz -lw -cl < wz.ein**

```
---------------------------------
156 Zeichen, 23 Woerter, 8 Zeilen
---------------------------------
```

Das zugehörige Programm wz.c ist:

```c
#include  <stdio.h>
#include  <ctype.h>
#include  <string.h>

#define   MAXZEICHEN  4000

int  main(int argc, char *argv[]) {
    int   zeich=0, wort=0, zeil=0, falsch=0, i,
          zeich_zaehl=0, wort_zaehl=0, zeil_zaehl=0;
    char  zeile[MAXZEICHEN], *zgr,
          *progname = argv[0];
    while (--argc > 0  &&  (*++argv)[0] == '-')
        for (zgr=argv[0]+1 ; *zgr != '\0' ; zgr++)
```

```c
            switch(tolower(*zgr)) {
                case 'c': zeich=1; break;
                case 'w': wort=1; break;
                case 'l': zeil=1; break;
                default:
                    printf("....Unerlaubte Option -%c\n", zgr[0]);
                    falsch=1;
                    break;
            }
        if (falsch == 0) {
           if (zeich==0 && wort==0 && zeil==0)
               zeich = wort = zeil = 1;
           while (fgets(zeile, MAXZEICHEN, stdin) != NULL) {
               zeich_zaehl += strlen(zeile);  /*------ Zaehlen der Zeichen --------*/
               i = 0;                         /*------ Zaehlen der Woerter --------*/
               while (zeile[i++])
                  if ( !isspace(zeile[i-1]) )
                     if (isspace(zeile[i]) || zeile[i]=='\0')
                        wort_zaehl++;
               zeil_zaehl++;                  /*------ Zaehlen der Zeilen ---------*/
           }
           printf("---------------------------------\n");
           if (zeich) printf("%d Zeichen, ", zeich_zaehl);
           if (wort)  printf("%d Woerter, ", wort_zaehl);
           if (zeil)  printf("%d Zeilen\n",  zeil_zaehl);
           printf("---------------------------------\n");
        } else
           printf("usage: %s [-cwl]\n", progname);
        return(falsch);
}
```

Erklärung der Variablen aus dem `main()`-Deklarationsteil:

❏ Variable `zeich` wird auf 1 gesetzt, wenn der Benutzer die Option `-c` oder keinerlei Optionen angegeben hat.

❏ Variable `wort` wird auf 1 gesetzt, wenn der Benutzer die Option `-w` oder keinerlei Optionen angegeben hat.

❏ Variable `zeil` wird auf 1 gesetzt, wenn der Benutzer die Option `-l` oder keinerlei Optionen angegeben hat.

❏ Die mit 0 vorbesetzte `int`-Variable `falsch` wird auf 1 gesetzt, wenn in der Kommandozeile unerlaubte Optionen angegeben werden.

❏ Bei den Variablen `zeil_zaehl`, `wort_zaehl` und `zeich_zaehl` handelt es sich um Zählervariablen für die Zeilen, Wörter und Zeichen des eingegebenen Textes.

❏ Der Zeiger `progname` wird zu Beginn auf `argv[0]` gesetzt, so dass er immer auf den Programmnamen zeigt.

Im folgenden Programmteil werden die Optionen aus der Kommandozeile ausgewertet.

26.2 Optionen auf der Kommandozeile

```
    while (--argc > 0  &&  (*++argv)[0] == '-')
        for (zgr=argv[0]+1 ; *zgr != '\0' ; zgr++)
            switch(tolower(*zgr)) {
                case 'c':   zeich=1; break;
                case 'w':   wort=1;  break;
                case 'l':   zeil=1;  break;
                default:
                    printf("....Unerlaubte Option -%c\n", zgr[0]);
                    falsch=1;
                    break;
            }
```

Wurde z. B. in der Kommandozeile folgender Aufruf angegeben:

`user@linux:~ >` **`wz -lw -c`** ⏎

dann gilt für die beiden Parameter `argc` und `argv`:

```
argc = 3
argv[0] ==> wz\0
argv[1] ==> -lw\0
argv[2] ==> -c\0
```

Beim Eintritt in die `while`-Schleife ergibt sich mit `--argc > 0` der neue Wert 2 für `argc`. Dieser Wert ist größer als 0, d. h., die erste Bedingung ist erfüllt.
Mit der zweiten Bedingung

`(*++argv)[0] == '-'`

soll überprüft werden, ob es sich beim ersten Zeichen des entsprechenden Worts um ein Minuszeichen handelt, was dieses Wort als Option kennzeichnet. Das Setzen von Klammern ist hierbei notwendig.
`argv` ist ein Zeiger auf einen anderen Zeiger. Zu Programmbeginn zeigt `argv` auf `argv[0]`, und `argv[0]` zeigt auf das erste Wort aus der Kommandozeile (wz).
Mit `++argv` wird der Zeigerzeiger `argv` auf den Zeiger `argv[1]` positioniert, wie dies in Abbildung 26.3 gezeigt ist. `argv[1]` zeigt auf das zweite Wort aus der Kommandozeile (-lw).

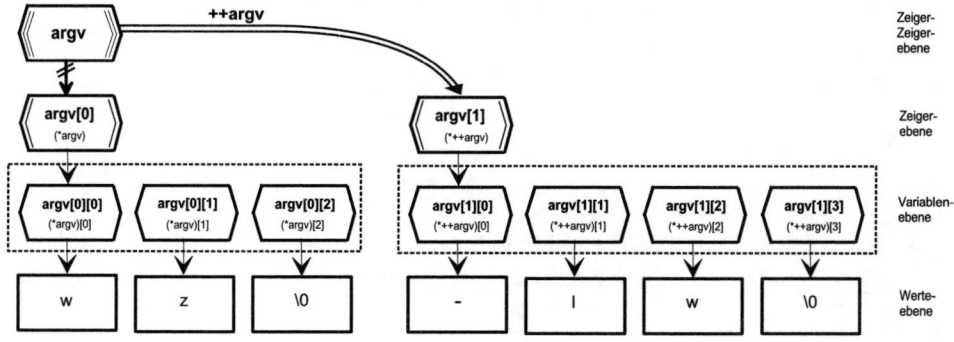

Abbildung 26.3: Positionieren von `argv` auf `argv[1]` mit `++argv`

Mit `*++argv` gelangen wir also zum Zeiger `argv[1]`. Um das erste Zeichen aus dem String, auf den `argv[1]` zeigt, zu erhalten, müssen wir folgendes angeben:

```
(*++argv)[0]
```

Ohne Angabe von Klammern würde der Ausdruck

```
*++argv[0]
```

dem Ausdruck

```
*++(argv[0])
```

entsprechen, da eckige Klammern stärker binden als der Stern. Dieser Ausdruck bedeutet etwas völlig anderes und ist zudem falsch. Eine andere mögliche Formulierung für

```
(*++argv)[0]
```

wäre

```
**++argv
```

was in Abbildung 26.4 nochmals verdeutlicht wird.

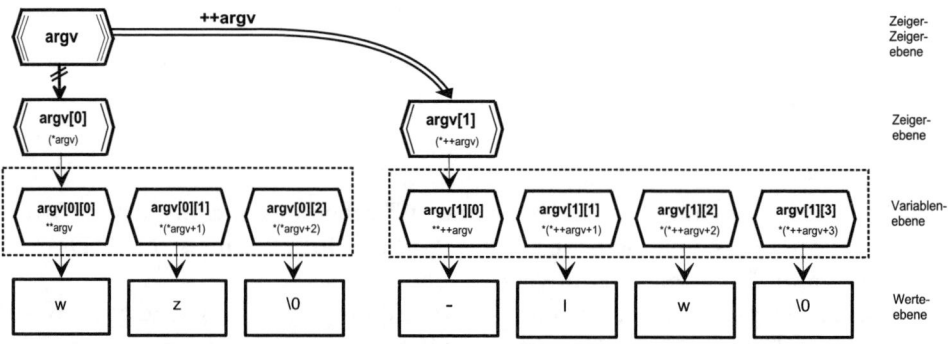

Abbildung 26.4: Positionieren von `argv` auf `argv[1]` mit `++argv` (andere Möglichkeit)

Nach dem Ausdruck `(*++argv)[0]` in der while-Anweisung zeigt also `argv` auf einen Zeiger, der auf das zweite Wort (`-lw`) aus der Kommandozeile zeigt. Dieser

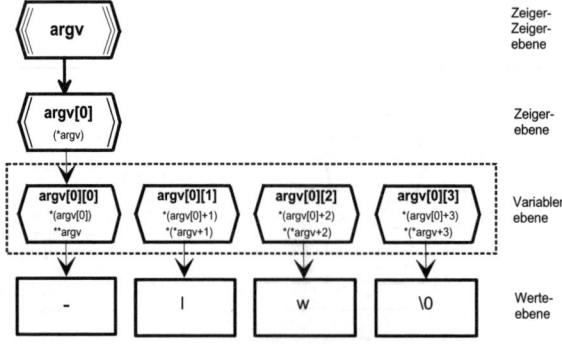

Abbildung 26.5: Nach `++argv` zeigt `argv[0]` auf das zweite Wort

26.2 Optionen auf der Kommandozeile

Zeiger auf das zweite Wort ist nun nicht mehr `argv[1]`, sondern `argv[0]`, da `argv` mit `++argv` weitergeschaltet wurde; siehe auch Abbildung 26.5.
Mit der Anweisung

```
for (zgr=argv[0]+1 ; *zgr != '\0' ; zgr++)
```

wird die Zeigervariable `zgr` zunächst initialisiert (`zgr=argv[0]+1`), wie dies in Abbildung 26.6 gezeigt ist.

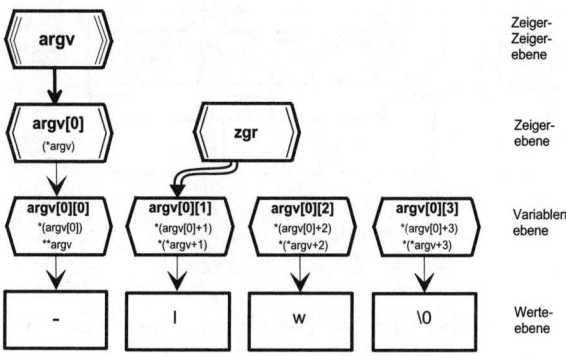

Abbildung 26.6: Initialisieren der Zeigervariablen `zgr` mit `zgr = argv[0]+1`

Da `*zgr` gleich dem Zeichen `l` ist, wird in der `switch`-Anweisung die Variable `zeil` auf 1 gesetzt. Mit `zgr++` in der `for`-Anweisung wird dann die Zeigervariable `zgr` auf `argv[0][2]` positioniert, wie dies in Abbildung 26.7 gezeigt ist.

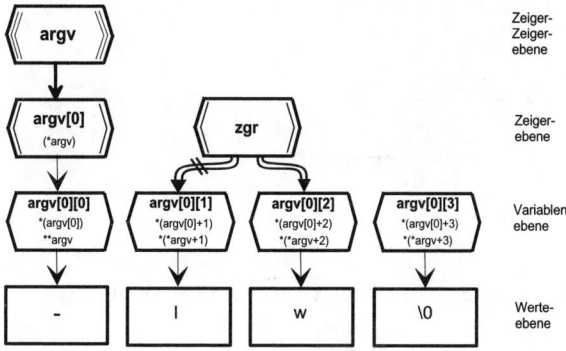

Abbildung 26.7: Weiterpositionieren der Zeigervariablen `zgr` mit `zgr++`

Da `*zgr` nun gleich dem Zeichen `w` ist, wird in der `switch`-Anweisung die Variable `wort` auf 1 gesetzt. Mit dem darauffolgenden `zgr++` wird die Zeigervariable `zgr` auf `argv[0][3]` positioniert, so dass `*zgr` gleich dem `\0`-Zeichen ist, was zum Abbruch der `for`-Schleife führt.
Als nächstes werden dann wieder die Bedingungen der `while`-Schleife ausgewertet:

❏ Mit `--argc > 0` ergibt sich für `argc` als neuer Wert 1, und der ist größer als 0 (erste Bedingung erfüllt).

❏ Die zweite Bedingung (*++argv)[0] == '-' ist – wie in Abbildung 26.8 zu sehen ist – ebenfalls erfüllt.

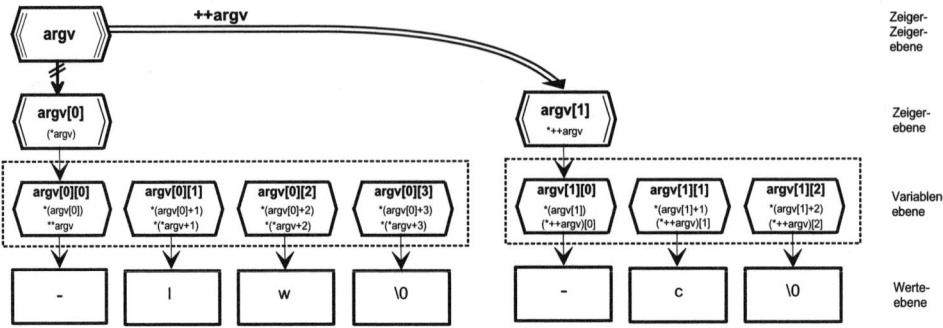

Abbildung 26.8: Zweite Bedingung (*++argv)[0] ist erfüllt

Nach dem Ausdruck (*++argv)[0] in der while-Schleife zeigt also argv auf einen Zeiger, der auf das dritte Wort aus der Kommandozeile (-c) zeigt. Dieser Zeiger auf das dritte Wort ist nun nicht mehr argv[1], sondern argv[0]; siehe auch Abbildung 26.9.

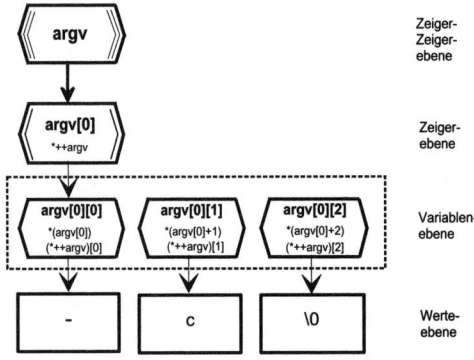

Abbildung 26.9: Nach einem weiteren (*++argv)[0] zeigt argv auf das dritte Wort

Mit der Anweisung

```
for (zgr=argv[0]+1 ; *zgr != '\0' ; zgr++)
```

wird zunächst die Zeigervariable zgr initialisiert (zgr=argv[0]+1), wie dies in Abbildung 26.10 gezeigt ist.
Da *zgr gleich dem Zeichen c ist, wird in der switch-Anweisung die Variable zeich auf 1 gesetzt.
Mit dem darauffolgenden zgr++ in der for-Anweisung wird die Zeigervariable zgr auf argv[0][2] positioniert, so dass *zgr gleich dem \0-Zeichen ist, was zum Abbruch der for-Schleife führt.

26.3 Optionen auswerten mit der Funktion getopt()

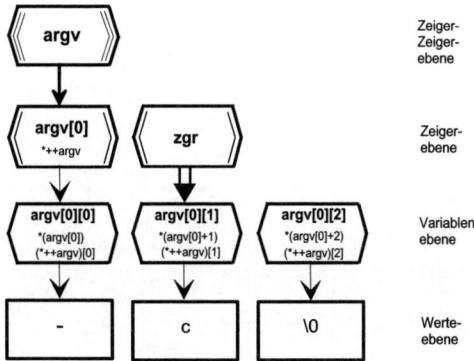

Abbildung 26.10: Initialisieren der Zeigervariablen zgr mit zgr = argv[0]+1

Als nächstes werden dann wieder die Bedingungen der while-Schleife ausgewertet: Mit --argc > 0 ergibt sich für argc der neue Wert 0, so dass diese Bedingung nicht mehr erfüllt ist und die while-Schleife nicht noch einmal ausgeführt wird. Damit ist die Auswertung der Optionen auf der Kommandozeile abgeschlossen und es kann der Text Zeile für Zeile (mit fgets()) gelesen und so die Anzahl von Zeichen, Wörter und Zeilen ermittelt werden.

26.3 Optionen auswerten mit der Funktion getopt()

Zur Auswertung von Optionen wird unter Linux/Unix eine eigene Funktion getopt() angeboten, die nicht Bestandteil von Standard-C ist:

```
#include <getopt.h>

extern char *optarg;                  /* globale Variablen, die in */
extern int   optind, opterr, optopt;  /* <unistd.h> deklariert sind */

int getopt(int argc, char *argv[], const char *optstring);

          gibt zurück: Optionszeichen (bei Erfolg)
                   ?   bei einem unbekannten Optionszeichen
                   :   bei einem fehlenden Parameter zu einer Option
                  EOF  am Ende der Optionsliste
```

Das vorherige Programm wz.c könnten wir somit unter Verwendung der Funktion getopt() so umschreiben, wie es im folgenden Programm wz2.c gezeigt ist:

```
#include   <stdio.h>
#include   <ctype.h>
#include   <string.h>
#include   <getopt.h>

#define    MAXZEICHEN   4000
```

26 Argumente auf der Kommandozeile

```
int main(int argc, char *argv[])
{
    int    zeich=0, wort=0, zeil=0, falsch=0, i,
           zeich_zaehl=0, wort_zaehl=0, zeil_zaehl=0;
    char   zeile[MAXZEICHEN],
           *progname = argv[0];
    char   option;
    opterr = 0;  /* Automatische Fehlerausgabe ausschalten */

    while ( (option = getopt( argc, argv, "-lwc")) != EOF ) {
        switch (tolower(option)) {
            case 'c': zeich=1; break;
            case 'w': wort=1; break;
            case 'l': zeil=1; break;
            case '?':
                printf("....Unerlaubte Option -%c\n", optopt);
                falsch=1;
                break;
        }
    }
    if (falsch == 0) {
        if (zeich==0 && wort==0 && zeil==0)
            zeich = wort = zeil = 1;
        while (fgets(zeile, MAXZEICHEN, stdin) != NULL) {
            zeich_zaehl += strlen(zeile); /*------ Zaehlen der Zeichen --------*/
            i = 0;                        /*------ Zaehlen der Woerter --------*/
            while (zeile[i++])
                if ( !isspace(zeile[i-1]) )
                    if (isspace(zeile[i]) || zeile[i]=='\0')
                        wort_zaehl++;
            zeil_zaehl++;                 /*------ Zaehlen der Zeilen ---------*/
        }
        printf("----------------------------------\n");
        if (zeich) printf("%d Zeichen, ", zeich_zaehl);
        if (wort)  printf("%d Woerter, ", wort_zaehl);
        if (zeil)  printf("%d Zeilen\n", zeil_zaehl);
        printf("----------------------------------\n");
    } else
        printf("usage: %s [-cwl]\n", progname);

    return(falsch);
}
```

Eine tiefergehende Erläuterung der Funktion `getopt()` sowie weiterer Funktionen zum Abarbeiten von Kommandozeilenoptionen finden interessierte Leser im Buch „*Linux-Unix-Systemprogrammierung; H. Herold; Addison-Wesley*".

26.4 Übung: Konvertieren von Dezimalzahlen in Dual, Oktal und Hexa

Erstellen Sie ein Programm `zahlsys.c`, das die auf der Kommandozeile angegebene Dezimalzahl in folgende Darstellungen konvertiert:

```
--b   Binaersystem
--o   Oktalsystem
--h   Hexadezimalsystem
```

Gruppieren der Optionen, wie z. B. --hb soll erlaubt sein. Sind keine Optionen beim Aufruf angegeben, entspricht dies --boh. Die Optionen können vor oder nach der Zahl beliebig angegeben werden.

Mögliche Abläufe des Programms `zahlsys.c`:

```
user@linux:~ >   zahlsys --bo 127 --h  ⏎
              Dezimal: 127
                 Dual: 00000000 00000000 00000000 01111111
                Oktal: 177
          Hexadezimal: 7f
user@linux:~ >  _
```

```
user@linux:~ >   zahlsys --h --d 239 126  ⏎
....... Unerlaubte Option --d
usage: zahlsys [--boh] zahl
....... Es muss genau eine Zahl angegeben sein
user@linux:~ >  _
```

```
user@linux:~ >   zahlsys --h --b 239  ⏎
              Dezimal: 239
                 Dual: 00000000 00000000 00000000 11101111
          Hexadezimal: ef
user@linux:~ >  _
```

```
user@linux:~ >   zahlsys 237378383  ⏎
              Dezimal: 237378383
                 Dual: 00001110 00100110 00011011 01001111
                Oktal: 1611415517
          Hexadezimal: e261b4f
user@linux:~ >  _
```

```
user@linux:~ >   zahlsys --b  -7837873 --h --hb  ⏎
              Dezimal: -7837873
                 Dual: 11111111 10001000 01100111 01001111
          Hexadezimal: ff88674f
user@linux:~ >  _
```

Kapitel 27

Dynamische Speicher-Reservierung und -Freigabe

Bei gleicher Umgebung lebt doch jeder in einer anderen Welt.
Schopenhauer

Hier werden wir die dynamische Reservierung von Speicher und die Freigabe von so reservierten Speicher kennenlernen. Zunächst gehen wir dazu auf die Nachteile von statischen Arrays ein, die sich mit der dynamischen Anforderung von Speicher beseitigen lassen.

27.1   Nachteile von statischen Arrays

Das folgende Programm `namsort1.c`, das bis zu 100 Namen einliest und diese dann sortiert ausgibt, zeigt die Nachteile von statischen Arrays in gewissen Anwendungen.

```c
#include   <stdio.h>
#include   <string.h>

#define    MAX_NAMEN     100
#define    MAX_LAENGE    30

int  main(void)
{
   int    i, j, n;
   char   nam[MAX_NAMEN][MAX_LAENGE], hilf[MAX_LAENGE];
                         /*------ Einlesen der Namen ----------------*/
   printf("Gib Deine Namen ein (Abschluss mit Leerzeile)\n");
   for (n=0; n<MAX_NAMEN; n++) {
      gets(nam[n]);
      if (strlen(nam[n]) == 0)
         break;
   }
```

```
                              /*------ Sortieren der Namen ----------------*/
   for (i=0; i<n-1; i++)
      for (j=i+1; j<n; j++)
         if (strcmp(nam[i], nam[j]) > 0) {
            strcpy(hilf, nam[i]);
            strcpy(nam[i], nam[j]);
            strcpy(nam[j], hilf);
         }
                              /*------ Ausgeben der sortierten Namensliste */
   printf("---------------------\n"
          " Sortierte Namensliste\n"
          "---------------------\n");
   for (i=0; i<n; i++)
      printf("%s\n", nam[i]);
   return(0);
}
```

Möglicher Ablauf des Programms `namsort1.c`:

```
Gib Deine Namen ein (Abschluss mit Leerzeile)
Haller Juergen ⏎
Geier Michaela ⏎
Zeppelin Hans ⏎
Achsen Nadja ⏎
Freier Jochen ⏎
Meier Fritz ⏎
⏎
---------------------
 Sortierte Namensliste
---------------------
Achsen Nadja
Freier Jochen
Geier Michaela
Haller Juergen
Meier Fritz
Zeppelin Hans
```

Die Nachteile von statischen Arrays bei Anwendungen dieser Art werden nachfolgend erläutert.

27.1.1 Gefahr der Speicherüberschreibung

Würde der Benutzer z. B. folgenden Namen eingeben:

```
Leutheusser-Schnarrenberger Anne-Marie
```

dann würde der für einen Namen bereitgestellte Speicherplatz von 30 Bytes nicht ausreichen und es würde eine Überschreibung von fremden Speicherplatz mit dem oben fett gedruckten Teil stattfinden, so dass sich z. B. der folgende falsche Ablauf dieses Programms ergibt.

27.1 Nachteile von statischen Arrays

```
Gib Deine Namen ein (Abschluss mit Leerzeile)
Haller Juergen ⏎
Leutheusser-Schnarrenberger Anne-Marie ⏎
Freier Jochen ⏎
Achsen Marie ⏎
Zeppelin Hans ⏎
⏎
----------------------
  Sortierte Namensliste
----------------------
Haller Juergen
Haller Juergen
Haller Juergen
Haller Juergen
Leutheusser-Schnarrenberger AnHaller Juergen
```

27.1.2 Speicherplatzvergeudung

Im ersten Ablaufbeispiel werden z. B. nur 83 Bytes von den 3 000 reservierten Bytes gebraucht. Das ist eine gewaltige Verschwendung von wertvollem Speicherplatz, wie es nochmals in Abbildung 27.1 verdeutlicht ist.

Was wir bräuchten, ist ein Array, das nur soviel Speicherplatz belegt, wie wirklich benötigt wird; siehe auch Abbildung 27.2.

Wie aus Abbildung 27.2 ersichtlich wird, benötigen wir dazu zunächst ein Zeigerarray:

```
char   *nam[MAX_NAMEN];
```

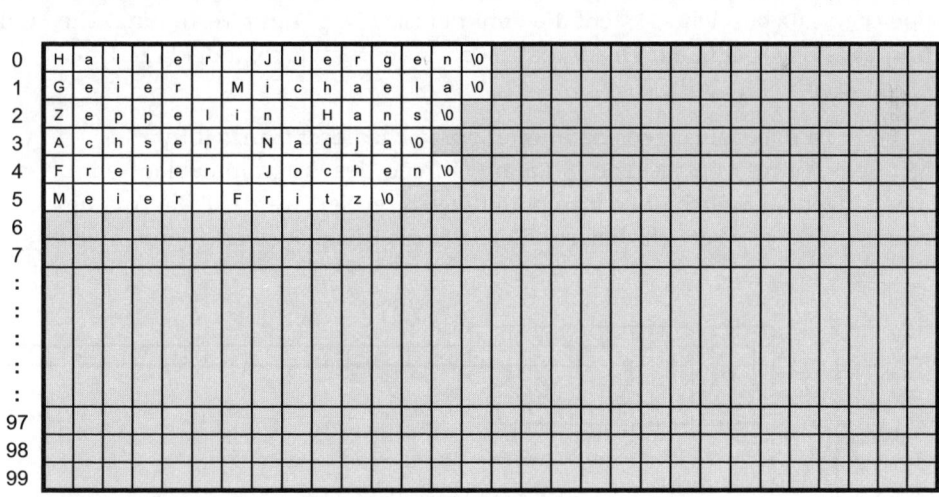

Speicherplatzvergeudung: (nicht genutzte Speicherplätze sind hier schraffiert)

Es werden **3000** (100*30) Bytes belegt, obwohl nur **83** Bytes benötigt werden.

Abbildung 27.1: Verschwendung von Speicherplatz bei statischen Arrays

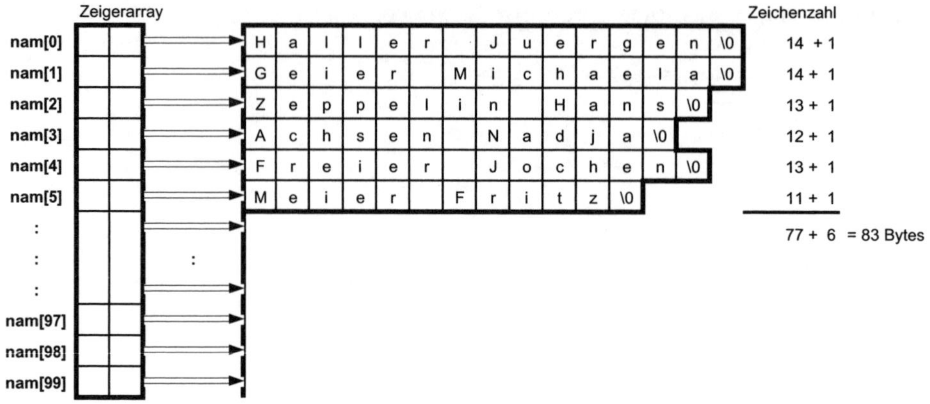

27 Dynamische Speicher-Reservierung und -Freigabe

```
Zeigerarray                                          Zeichenzahl
nam[0]  ──►  H a l l e r   J u e r g e n \0          14 + 1
nam[1]  ──►  G e i e r   M i c h a e l a \0          14 + 1
nam[2]  ──►  Z e p p e l i n   H a n s \0            13 + 1
nam[3]  ──►  A c h s e n   N a d j a \0              12 + 1
nam[4]  ──►  F r e i e r   J o c h e n \0            13 + 1
nam[5]  ──►  M e i e r   F r i t z \0                11 + 1
  :                                                  ─────────
  :                                                  77 + 6 = 83 Bytes
  :
nam[97]
nam[98]
nam[99]
```

Abbildung 27.2: Reservieren nur wirklich benötigten Speichers (mittels eines Zeigerarrays)

Als nächstes müssen wir, nachdem ein Name gelesen wurde, entsprechend viel Bytes für diesen Namen reservieren. Wie dies möglich ist, wird nachfolgend gezeigt.

27.2 Speicher reservieren mit `malloc()`

27.2.1 Die Funktion `malloc()`

Zur dynamischen Reservierung von Speicherplatz (oft auch als Allozierung von Speicherplatz bezeichnet) steht die Funktion `malloc()` zur Verfügung. Die Funktion `malloc()` ist in der Headerdatei `<stdlib.h>` wie folgt deklariert:

```
void *malloc(size_t n);
```

`size_t` ist dabei ein eigens definierter vorzeichenloser Ganzzahltyp.
Mit dem Aufruf von `malloc()` kann während des Programmablaufs ein zusammenhängender Speicherbereich von n Bytes reserviert werden. Die Anfangsadresse dieses Speicherbereichs liefert `malloc()` als Rückgabewert. Kann die Funktion

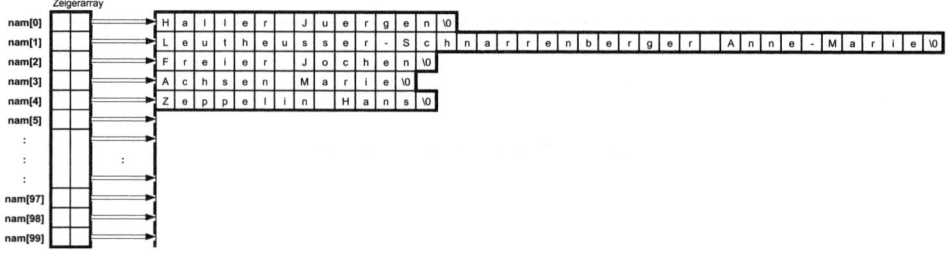

Abbildung 27.3: Reservieren nur wirklich benötigten Speichers („Leutheusser-Schnarrenberger"-Beispiel)

662

malloc() allerdings den angeforderten Speicherplatz von n Bytes nicht allozieren, weil z. B. nicht mehr genügend Speicherplatz zur Verfügung steht, liefert sie den NULL-Zeiger als Rückgabewert. Typische Aufrufe von malloc() sind deshalb:

```
char *zgr;
.....
zgr = malloc(500);   /* 500 Bytes reservieren */
if (zgr == NULL) {
   printf("Fehler: ......Speicherplatzmangel\n");
   exit(1);   /* Programm beenden */
}
```

oder

```
char *zgr;
.....
if ( (zgr=malloc(500)) == NULL) { /* 500 Bytes reservieren */
   printf("Fehler: ......Speicherplatzmangel\n");
   exit(1);   /* Programm beenden */
}
```

Unter Verwendung dieser Funktion malloc() wollen wir nun unser Programm namsort1.c so verbessern, dass es für die zu speichernden Daten nur soviel Speicherplatz reserviert, wie tatsächlich benötigt wird. Abbildung 27.3 verdeutlicht dies für das „Leutheusser-Schnarrenberger"-Ablaufbeispiel.

Dazu erstellen wir das folgende Programm namsort2.c:

```
#include <stdio.h>
#include <string.h>
#include <stdlib.h>

#define  MAX_NAMEN    100
#define  MAX_LAENGE   1000

int  main(void) {
    int    i, j, n;
    char   *nam[MAX_NAMEN], hilf[MAX_LAENGE];
                            /*------ Einlesen der Namen -----------------*/
    printf("Gib Deine Namen ein (Abschluss mit Leerzeile)\n");
    for (n=0; n<MAX_NAMEN; n++) {
       fgets(hilf, MAX_LAENGE, stdin);
       if (strlen(hilf) == 1) /* nur \ n in hilf, also leerer Name --> Abbruch */
          break;
       nam[n] = malloc(strlen(hilf)+1);   /* +1 wegen \0 */
       if (nam[n] == NULL) {
          printf("......Programmabbruch wegen Speicherplatzmangel\n");
          exit(1);
       } else
          strcpy(nam[n], hilf);
    }
                            /*------ Sortieren der Namen ----------------*/
    for (i=0; i<n-1; i++)
       for (j=i+1; j<n; j++)
```

```
            if (strcmp(nam[i], nam[j]) > 0) {
                strcpy(hilf, nam[i]);
                strcpy(nam[i], nam[j]);
                strcpy(nam[j], hilf);
            }
                            /*------ Ausgeben der sortierten Namensliste */
    printf("----------------------\n"
           " Sortierte Namensliste\n"
           "----------------------\n");
    for (i=0; i<n; i++)
       printf("%s", nam[i]);
    return(0);
}
```

Die Unterschiede zum Programm `namsort1.c` sind im obigen Listing fett hervorgehoben. Nach dem Einlesen des jeweiligen Namens in das **char**-Array `hilf` wird nun nur soviel Speicherplatz reserviert, wie wirklich für den betreffenden Namen benötigt wird. Es ist zu beachten, dass hier ein Byte mehr (+1) zu reservieren ist, um auch das abschließende \0 zu speichern. Nach dem Einlesen der Namen ergibt sich nun eine Speicherbelegung, wie sie in der Abbildung 27.3 gezeigt wurde. Starten wir nun aber das Programm, so erleben wir eine Überraschung:

```
Gib Deine Namen ein (Abschluss mit Leerzeile)
Achsen Marie ⏎
Leutheusser-Schnarrenberger Anne-Marie ⏎
Freier Jochen ⏎
Zeppelin Hans ⏎
⏎
----------------------
 Sortierte Namensliste
----------------------
Achsen Marie
Freier Jochen
Leutheusser-Schnarrenberger Anne-Marie
renberger Anne-Marie
```

Was haben wir nur falsch gemacht?
Nach dem Einlesen ist noch alles richtig, und wir haben das in Abbildung 27.4 gezeigte Speicher-Layout.

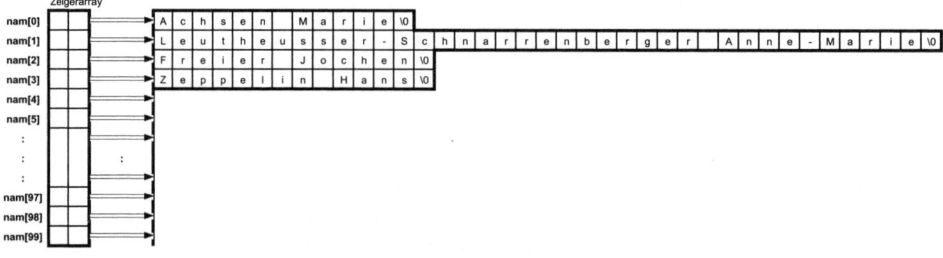

Abbildung 27.4: Speicher-Layout für das Ablaufbeispiel zum Programm `namsort2.c`

27.2 Speicher reservieren mit malloc()

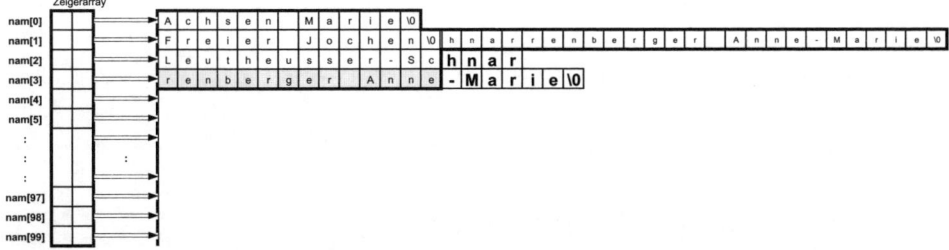

Abbildung 27.5: Speicherüberschreibung beim Vertauschen von "Leutheusser-Schnarrenberger Anne-Marie" und "Freier Jochen"

Der Fehler passiert beim Sortieren, da beim Vertauschen der Namen der ursprünglich reservierte Speicherplatz für den neuen Namen eventuell zu groß oder zu klein ist. In unserem Beispiel werden beim Sortieren die beiden Namen "Leutheusser-Schnarrenberger Anne-Marie" und "Freier Jochen" vertauscht, was zu dem in Abbildung 27.5 gezeigte Speicher-Layout führt.
"Freier Jochen" wird nach nam[1] kopiert, so dass dort viele der reservierten Bytes (nach dem ersten \0) ungenutzt bleiben. Dies ist noch nicht weiter schlimm. Erst mit dem Kopieren von "Leutheusser-Schnarrenberger Anne-Marie" nach nam[2] findet die Katastrophe statt, da dieser lange Name nicht in den ursprünglich reservierten Speicherplatz paßt. Es wird also der anschließende fremde Speicherplatz überschrieben, was unter anderem hier zur Folge hat, dass der "Zeppelin Hans" komplett überschrieben wird.
Wie schon früher erwähnt, ist das Überschreiben von fremden Speicherplatz einer der schlimmsten und leider auch einer häufigsten Fehler beim Programmieren in C.
Wie können wir dieses Dilemma nun aber lösen? Eine sehr elegante Lösung wäre hier, dass man beim Sortieren nicht die eigentlichen Namen vertauscht, sondern nur die Zeiger im Zeigerarray nam, wie dies im folgenden Programm namsort3.c gezeigt wird.

```c
#include <stdio.h>
#include <string.h>
#include <stdlib.h>

#define MAX_NAMEN   100
#define MAX_LAENGE  1000

int main(void)
{
    int  i, j, n;
    char *nam[MAX_NAMEN], hilf[MAX_LAENGE], *zgr;
                         /*------ Einlesen der Namen ----------------*/
    printf("Gib Deine Namen ein (Abschluss mit Leerzeile)\n");
    for (n=0; n<MAX_NAMEN; n++) {
        fgets(hilf, MAX_LAENGE, stdin);
```

```
        if (strlen(hilf) == 1)
            break;
        nam[n] = malloc(strlen(hilf)+1);  /* +1 wegen \0 */
        if (nam[n] == NULL) {
            printf("......Programmabbruch wegen Speicherplatzmangel\n");
            exit(1);
        } else
            strcpy(nam[n], hilf);
    }
                            /*------ Sortieren der Namen ----------------*/
    for (i=0; i<n-1; i++)
        for (j=i+1; j<n; j++)
            if (strcmp(nam[i], nam[j]) > 0) {
                zgr     = nam[i];    /* Vertauschen der Zeiger */
                nam[i]  = nam[j];    /* :::::::::::::::::::::: */
                nam[j]  = zgr;       /* :::::::::::::::::::::: */
            }
                            /*------ Ausgeben der sortierten Namensliste */
    printf("----------------------\n"
           " Sortierte Namensliste\n"
           "----------------------\n");
    for (i=0; i<n; i++)
        printf("%s", nam[i]);
    return(0);
}
```

Im Programm `namsort3.c` werden nun also nicht die Namen selbst umkopiert, sondern lediglich die Zeiger auf diese Namen im Zeigerarray `nam`, so dass sich das Abbildung 27.6 gezeigte Speicher-Layout ergibt.

Das Vertauschen von Zeigern macht im übrigen ein Programm auch schneller, da nicht soviele Bytes wie beim Vertauschen ganzer Strings umkopiert werden müssen.

Das Programm `namsort3.c` ist nun korrekt und liefert die richtigen Ergebnisse, wie das nachfolgende Ablaufbeispiel zeigt:

```
Gib Deine Namen ein (Abschluss mit Leerzeile)
Achsen Marie ⏎
Leutheusser-Schnarrenberger Anne-Marie ⏎
Freier Jochen ⏎
Zeppelin Hans ⏎
⏎
----------------------
 Sortierte Namensliste
----------------------
Achsen Marie
Freier Jochen
Leutheusser-Schnarrenberger Anne-Marie
Zeppelin Hans
```

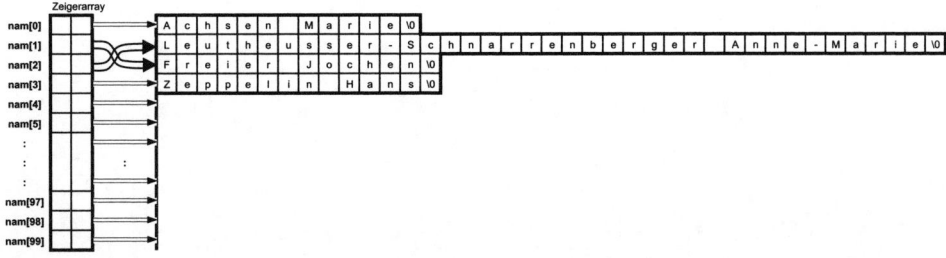

Abbildung 27.6: Vertauschen der Zeiger anstelle von den Namen

27.2.2 Dynamische Arrays für beliebige Datentypen

Bisher haben wir mit der Funktion `malloc()` nur Speicherbereiche für Strings alloziert. Es ist jedoch auch möglich, Speicherbereiche für andere Datentypen wie z. B. `int`, `double` usw. zu reservieren. Dazu muss beim Aufruf von `malloc()` nur berücksichtigt werden, dass sich dann ein Element nicht mehr wie bei Strings aus einem Byte, sondern eventuell aus mehreren Bytes zusammensetzt.

Typische Aufrufe beim Reservieren von Speicher für andere Datentypen sind dann z. B.: `malloc(n*sizeof(int))`, `malloc(n*sizeof(double))` [1] usw. Mit dieser Vorgehensweise lassen sich in C dynamische Arrays für beliebige Datentypen erzeugen. Bei dynamischen Arrays wird anders als bei statischen Arrays der Speicherplatz für das Array erst während des Programmablaufs und nicht schon beim Programmstart festgelegt.

Beispiel:

Das folgende Programm `numsort1.c` liest bis zu 100 `double`-Zahlen ein und gibt diese dann sortiert aus, bevor es deren Summe ausgibt. Das Ende der Eingabe soll mit der Zahl 0 angezeigt werden:

Möglicher Ablauf dieses Programms `numsort1.c`:

```
Gib Deine Zahlen ein (Abschluss mit 0)
23.45
2.45
1.23
7.99
9332.52
0.89
248.99
7.99
0
------------------
 Sortierte Zahlen
------------------
           0.89
           1.23
```

---

[1] `sizeof(type)` liefert die Anzahl der Bytes, die der Datentyp `type` belegt.

```
              2.45
              7.99
              7.99
             23.45
            248.99
           9332.52
  -------------------------
Summe:      9625.51
```

Das Programm `numsort1.c`:

```c
#include  <stdio.h>
#include  <stdlib.h>

#define  MAX_ZAHLEN   100

int  main(void) {
   int      i, j, n;
   double   *zahl, hilf, sum=0;
                            /*- Allozieren des Speichers fuer Array zahl */
   zahl = malloc(MAX_ZAHLEN*sizeof(double));
   if (zahl == NULL) {
      printf("......Programmabbruch wegen Speicherplatzmangel\n");
      return(1);
   }
                            /*------ Einlesen der Zahlen ----------------*/
   printf("Gib Deine Zahlen ein (Abschluss mit 0)\n");
   for (n=0; n<MAX_ZAHLEN; n++) {
      scanf("%lf", &zahl[n]);
      sum += zahl[n];
      if (zahl[n] == 0)
         break;
   }
                            /*------ Sortieren der Zahlen ---------------*/
   for (i=0; i<n-1; i++)
      for (j=i+1; j<n; j++)
         if (zahl[i] > zahl[j]) {
            hilf    = zahl[i];
            zahl[i] = zahl[j];
            zahl[j] = hilf;
         }
                            /*--- Sortierte Ausgabe der Zahlen mit Summe */
   printf("--------------------\n"
          " Sortierte Zahlen\n"
          "--------------------\n");
   for (i=0; i<n; i++)
      printf("%20g\n", zahl[i]);
   printf(" -------------------------\n");
   printf("Summe: %13g\n", sum);
   return(0);
}
```

27.2 Speicher reservieren mit `malloc()`

Mit der Anweisung

```
zahl = malloc(MAX_ZAHLEN*sizeof(double));
```

werden 800 Bytes reserviert, wenn `double` 8 Bytes belegt, da `MAX_ZAHLEN*sizeof(double)` gleich 100*8 ist. `zahl` wird mit dieser Anweisung die Anfangsadresse des von `malloc()` reservierten Speicherbereichs zugewiesen. Wenn wir einmal annehmen, dass die Anfangsadresse des reservierten Speicherbereichs 6 000 sei, so kann man sich die entsprechende Speicherbelegung so vorstellen, wie sie z. B. in Abbildung 27.7 gezeigt ist.

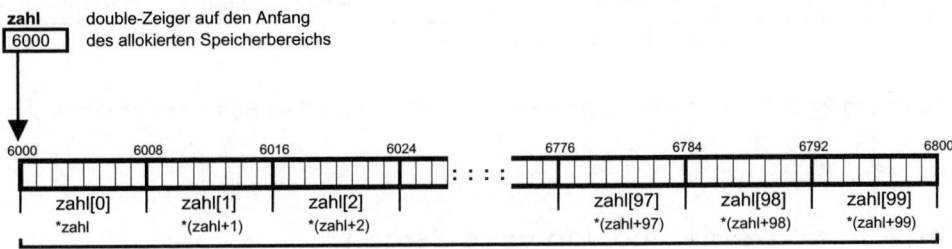

Abbildung 27.7: Speicherbelegung nach dem Aufruf `zahl = malloc(MAX_ZAHLEN*sizeof(double));`

Interessant ist nun, dass man auf die einzelnen Elemente (hier `double`-Zahlen) über ganz normale Array-Indizierung zugreifen kann, da z. B. mit `zahl[2]` nicht etwa auf die Adresse 6 002, sondern auf die Adresse 6 016 (6 000+2*8) zugegriffen wird, da `zahl` kein `char`-, sondern eben ein `double`-Zeiger ist.

Mit dem Einlesen der Werte ergibt sich dann z. B. das in Abbildung 27.8 gezeigte Aussehen des Speicherbereichs.

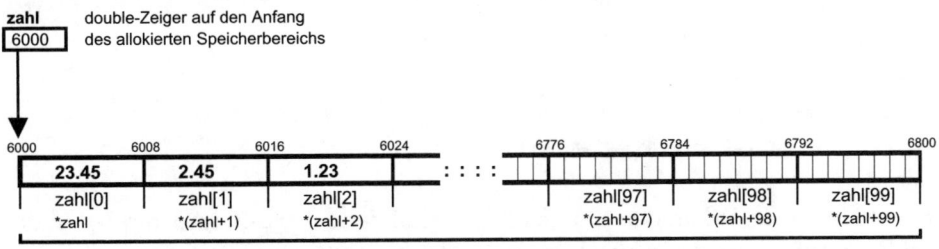

Abbildung 27.8: Speicherbelegung für Abbildung 27.7 nach dem Einlesen von Werten

Nach dem Sortieren der double-Zahlen haben wir dann das in Abbildung 27.9 gezeigte Layout.

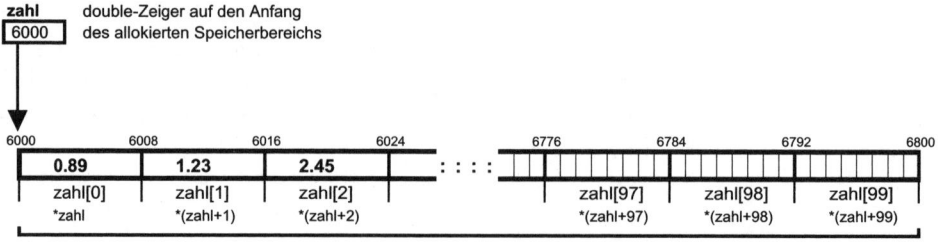

Abbildung 27.9: Speicherbelegung für Abbildung 27.8 nach dem Sortieren der Werte

27.2.3 Konvertierung von void-Zeigern

Wie bereits früher erwähnt, ist die Funktion malloc() in der Headerdatei <stdlib.h> wie folgt deklariert:

```
void *malloc(size_t n);
```

Das bedeutet, dass der von malloc() zurückgegebene Zeiger (void *) ein Zeiger ohne bestimmten Typ ist. In einem solchen Zeiger lassen sich die Adressen von Datenobjekten jedes beliebigen Typs (int *, char *, double * usw.) speichern. Zudem gilt noch, dass ein solcher void-Zeiger – anders als die anderen Zeigertypen – einem Zeiger von einem beliebigen Typ zugewiesen werden darf, wie z. B.:

```
char *zgr;
zgr = malloc(MAX_ZAHLEN*sizeof(char));
```

oder

```
int *zgr;
zgr = malloc(MAX_ZAHLEN*sizeof(int));
```

oder

```
float *zgr;
zgr = malloc(MAX_ZAHLEN*sizeof(float));
```

usw.

Obwohl in diesen Fällen der von malloc() gelieferte void-Zeiger implizit in den Ziel-Zeigertyp konvertiert wird, ist es trotzdem empfehlenswert, *Casting* zu verwenden und so über eine explizite Konvertierung die hier stattfindende Datentyp-Umwandlung zu dokumentieren, wie z. B.:

```
char *zgr;
zgr = (char *)malloc(MAX_ZAHLEN*sizeof(char));
```

oder

```
int *zgr;
zgr = (int *)malloc(MAX_ZAHLEN*sizeof(int));
```

oder

```
    float *zgr;
    zgr = (float *)malloc(MAX_ZAHLEN*sizeof(float));
```
usw.

27.3 Speicher reservieren und initialisieren mit `calloc()`

Mit `calloc()` steht eine weitere Funktion zur Speicherallozierung zur Verfügung:

```
void *calloc(size_t anzahl, size_t groesse);
```

Die Funktion `calloc()` verhält sich weitgehend wie `malloc()`:

- ❏ Sie reserviert einen Speicherbereich von `anzahl*groesse` Bytes.
- ❏ Sie liefert die Anfangsadresse dieses Speicherbereichs als Rückgabewert.
- ❏ Wenn die Funktion `calloc()` den angeforderten Speicherplatz von `anzahl*groesse` Bytes nicht allozieren kann, liefert sie den NULL-Zeiger als Rückgabewert.

In zwei wichtigen Punkten unterscheidet sich allerdings `calloc()` von `malloc()`:

1. **Nicht ein, sondern zwei Parameter**
   `groesse` gibt die Größe eines Datenobjekts an, wie z. B. `sizeof(double)`, und `anzahl` gibt an, wieviele Datenobjekte zu allozieren sind.

2. **Initialisieren des reservierten Speicherbereichs mit 0**
   Während ein mit `malloc()` reservierter Speicherbereich zufällige, also undefinierte Werte besitzt, initialisiert `calloc()` jedes Byte des allozierten Speicherbereichs mit dem Wert 0. Dies ist in manchen Anwendungen sehr hilfreich, bedeutet aber auch, dass `calloc()` mehr Zeit als `malloc()` verbraucht.

Typische Aufrufe von `calloc()` sind z. B.:

```
.....
    double  *zahl;
.....
    zahl = (double *)calloc(100, sizeof(double));   /*- Allozieren von 800 Bytes */
    if (zahl == NULL) {
        printf("Fehler: ......Speicherplatzmangel\n");
        exit(1);    /* Programm beenden */
    }
.....
```

oder

```
.....
    double  *zahl;
.....
    ;
    if ( (zahl = (double *)calloc(100, sizeof(double))) == NULL) {
        printf("Fehler: ......Speicherplatzmangel\n");
        exit(1);    /* Programm beenden */
```

```
       }
    .....
```

27.4 Größenänderung eines allozierten Speicherbereichs mit `realloc()`

27.4.1 Die Funktion `realloc()`

Mit der Funktion `realloc()` ist es möglich, einen zuvor mit `malloc()` oder `calloc()` reservierten Speicherbereich zu vergrößern oder zu verkleinern:

```
void *realloc(void *zgr, size_t neuegroesse);
```

Nehmen wir unser vorheriges Programm `numsort1.c`, wo wir gleich zu Beginn mit

```
zahl = malloc(MAX_ZAHLEN*sizeof(double));
```

Speicherplatz für 100 `double`-Werte reserviert haben. Diese Vorgehensweise hat zwei Nachteile:

❏ Gibt der Benutzer weniger Werte ein, wird nur ein Teil des reservierten Speicherplatzes genutzt und es findet folglich eine Speicherplatzvergeudung statt.

❏ Der zweite Nachteil ist, dass bei diesem Programm niemals mehr als 100 Werte verarbeitet werden können, da bereits zu Beginn der Speicherplatz auf 100 Werte festgelegt wird, womit dieses Programm sich nicht viel anders verhält, wie wenn man mit statischen Arrays gearbeitet hätte.

Mit der Funktion `realloc()` können wir nun dieses Programm wirklich vollständig dynamisch auslegen, so dass es immer nur soviel Speicherplatz reserviert, wie wirklich benötigt wird, und es keine statische Begrenzung nach oben kennt, wie dies nachfolgend im Programm `numsort2.c` realisiert wurde:

```
#include <stdio.h>
#include <stdlib.h>

int main(void) {
   int      i, j, n=0;
   double   *zahl=NULL, hilf, sum=0;
                     /*------ Einlesen der Zahlen ----------------*/
   printf("Gib Deine Zahlen ein (Abschluss mit 0)\n");
   while (1) {
      scanf("%lf", &hilf);
      if (hilf == 0)
         break;
      sum += hilf;
            /*- Vergroessern des Speichers um eine double-Zahl */
      zahl = (double *)realloc(zahl, (n+1)*sizeof(double));
      if (zahl == NULL) {
         printf("......Programmabbruch wegen Speicherplatzmangel\n");
         return(1);
      }
```

27.4 Größenänderung eines allozierten Speicherbereichs mit realloc()

```
         zahl[n++] = hilf;
      }
                           /*------ Sortieren der Zahlen ---------------*/
      for (i=0; i<n-1; i++)
         for (j=i+1; j<n; j++)
            if (zahl[i] > zahl[j]) {
               hilf    = zahl[i];
               zahl[i] = zahl[j];
               zahl[j] = hilf;
            }
                           /*--- Sortierte Ausgabe der Zahlen mit Summe */
      printf("--------------------\n"
             " Sortierte Zahlen\n"
             "--------------------\n");
      for (i=0; i<n; i++)
         printf("%20g{\}n", zahl[i]);
      printf(" ---------------------------\n");
      printf("Summe: %13g{\}n", sum);
      return(0);
   }
```

Dieses Programm leistet das Gleiche wie das früher vorgestellte Programm numsort1.c, nur dass es keinen Speicherplatz vergeudet und keine Begrenzung auf 100 Zahlen kennt, sondern auch für 1 000 oder 50 000 Zahlen funktioniert, wenn genug Speicherplatz vorhanden ist. Beim ersten Durchlauf der while-Schleife wird in Variable hilf eine Zahl (z. B. 23.45) eingelesen. Nach der Prüfung auf 0 wird dieser Wert auf sum aufaddiert. Danach wird Speicherplatz für genau einen double-Wert alloziert. Dies geschieht mit:

```
zahl = (double *)realloc(zahl, (n+1)*sizeof(double));
```

Im ersten Durchlauf (n=0 und zahl=NULL) entspricht dies dem folgenden Aufruf:

```
zahl = (double *)realloc(NULL, 1*sizeof(double));
```

Die Angabe von NULL (für zgr) beim Aufruf von realloc() entspricht einem malloc()-Aufruf, so dass dieser erste Aufruf von realloc() in unserem Programm dem folgenden Aufruf entspricht:

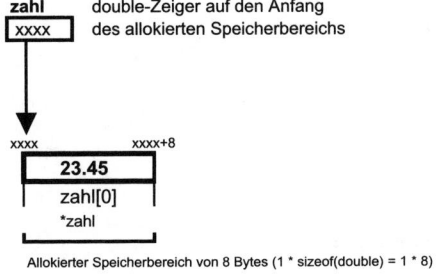

Allokierter Speicherbereich von 8 Bytes (1 * sizeof(double) = 1 * 8)

Abbildung 27.10: Speicherplatz-Layout nach erstem Durchlauf der while-Schleife-Aufruf

```
zahl = (double *)malloc(1*sizeof(double));
```
Nach der Speicherplatzallozierung wird der eingelesene Wert (`hilf`) dort gespeichert, so dass sich das in Abbildung 27.10 gezeigte Speicher-Layout ergibt.

Beim nächsten Schleifendurchlauf wird z. B. der Wert 2.45 in die Variable `hilf` eingelesen. Der Aufruf
```
zahl = (double *)realloc(zahl, (n+1)*sizeof(double));
```
resultiert dann wegen n=1 und z. B. zahl=6000 in folgendem Aufruf:
```
zahl = (double *)realloc(6000, 2*sizeof(double));
```
Dies bedeutet, dass `realloc()` nun einen zusammenhängenden Speicherplatz von 16 Bytes (2*8) [2] ab Adresse 6000 zur Verfügung stellen soll. Ist dort nicht genügend Platz, so sucht `realloc()` an einer anderen Stelle einen zusammenhängenden Speicherplatz, der groß genug ist. In diesem Fall kopiert es die ersten 8 Bytes an den Anfang dieses Speicherplatzes und gibt den ursprünglich reservierten Speicherplatz frei. Es ergibt sich somit das in Abbildung 27.11 gezeigte Layout.

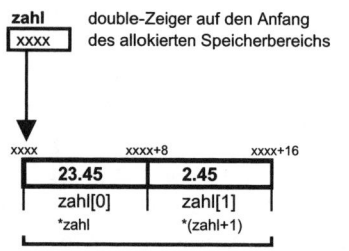

Abbildung 27.11: Speicherplatz-Layout nach zweitem Durchlauf der `while`-Schleife

Da nicht sichergestellt ist, dass die Zeigervariable `zahl` ihren urspünglichen Wert (wie z. B. 6000) behält, wurde in der Abbildung 27.11 die Adresse xxxx verwendet. Wird in einem erneuten Durchlauf z. B. der Wert 1.23 eingelesen, ergibt sich nach diesem Durchlauf ein Aussehen des Speichers wie es in Abbildung 27.12 gezeigt ist.

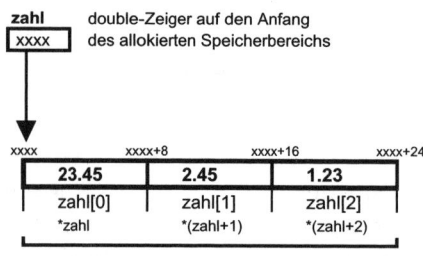

Abbildung 27.12: Speicherplatz-Layout nach drittem Durchlauf der `while`-Schleife-Aufruf

---

[2] wenn `double` 8 Bytes belegt

27.4 Größenänderung eines allozierten Speicherbereichs mit realloc()

Hier ist also zu erkennen, dass nur soviel Speicherplatz reserviert wird, wie wirklich benötigt wird.

Das folgende Programm `realloc.c` demonstriert das Suchen eines neuen größeren freien Speicherbereichs durch `realloc()`, wenn es den bestehenden Speicherplatz nicht entsprechend vergrößern kann:

```c
#include <stdio.h>
#include <stdlib.h>
int main(void)
{
  int   i=1;
  char  *zgr1, *zgr2;

  if ( (zgr1 = malloc(100)) == NULL) {
     printf(".....Speicherplatzmangel\n");
     return(1);
  }
  if ( (zgr2 = malloc(100)) == NULL) {
     printf(".....Speicherplatzmangel\n");
     return(1);
  }
  printf("%d: zgr1=%p; zgr2=%p: %d\n", i, zgr1, zgr2, abs(zgr2-zgr1));
  while (i++ <= 4) {
     if ( (zgr1 = realloc(zgr1, i*100)) == NULL) {
        printf(".....Speicherplatzmangel (zgr1)\n");
        return(1);
     }
     if ( (zgr2 = realloc(zgr2, i*100)) == NULL) {
        printf(".....Speicherplatzmangel (zgr2)\n");
        return(1);
     }
     printf("%d: zgr1=%p; zgr2=%p: %d\n", i, zgr1, zgr2, abs(zgr2-zgr1));
  }
  return(0);
}
```

Möglicher Ablauf des Programms `realloc.c`:

```
1: zgr1=0x8049850; zgr2=0x80498b8: 104
2: zgr1=0x8049920; zgr2=0x8049850: 208
3: zgr1=0x8049920; zgr2=0x8049a50: 304
4: zgr1=0x8049850; zgr2=0x8049a50: 512
5: zgr1=0x8049850; zgr2=0x8049a50: 512
```

An dieser Ausgabe ist zu erkennen, dass sich bei jedem `realloc()`-Aufruf die Adressen in den beiden Zeigervariablen `zgr1` und `zgr2` ändern. Es findet also bei jedem `realloc()`-Aufruf ein Umkopieren statt, da der bisher reservierte Speicherplatz nicht vergrößert werden kann.

27.4.2 Besonderheiten der Funktion `realloc()`

Die Funktion `realloc()` hat einige Besonderheiten, die jeder C-Programmierer kennen sollte:

1. Die beiden folgenden Aufrufe sind identisch:

   ```
   zgr = realloc(NULL, groesse);
   ```

   ```
   zgr = malloc(groesse);
   ```

2. Bei einer Verkleinerung eines Speicherbereichs mit `realloc()` wird der hintere Teil des ursprünglichen Speicherbereichs freigegeben, der Inhalt des vorderen Teils bleibt unverändert erhalten. Ein Speicherbereich kann vollständig mit

   ```
   realloc(zgr, 0)
   ```

   freigegeben, was dem folgenden Aufruf entspricht:

   ```
   free(zgr)
   ```

   Die Funktion `free()`, mit der man zuvor allozierten Speicherplatz wieder freigeben kann, werden wir in Kürze kennenlernen.

3. Viele Implementierungen der Funktionen `malloc()`, `calloc()` und `realloc()` allozieren etwas mehr Speicherplatz, als wirklich gefordert, und benutzen den zusätzlichen Speicherplatz für verwaltungstechnische Informationen (wie z. B. Größe des allozierten Speicherblocks, Zeiger auf den nächsten allozierten Speicherblock usw.).

4. Bei einer Vergrößerung eines Speicherplatzes muss `realloc()` – wie bereits erwähnt – eventuell den alten Speicherbereich in einen größeren Speicherbereich umkopieren. Diese interne Arbeitsweise von `realloc()` sollte man kennen, denn dann wird auch verständlich, warum man keinerlei Zeiger halten sollte, die Adressen aus einem solchen Speicherbereich enthalten, denn diese Adressen sind – für den Fall eines Umkopierens – nicht weiter gültig.

27.4.3 Schnellere Programme mit größeren Speicherblöcken

Da ein `realloc()`-Aufruf doch einige Zeit verbraucht, vor allen Dingen dann, wenn ein vollständiges Umkopieren des ursprünglichen Speicherplatzes notwendig wird, wird in der Propgrammierpraxis oft folgende Technik verwendet:
Es wird nicht für jedes einzelne Element ein `realloc()` aufgerufen, sondern es wird, wenn es notwendig ist, immer gleich ein größerer Speicherblock alloziert. Erst wenn dieser allozierte Speicherblock voll ist, wird wieder mit `realloc()` ein ganzer Speicherblock nachalloziert. Dies reduziert die Anzahl der `realloc()`-Aufrufe und führt zu schnelleren Programmen. Die hier stattfindende Speicherplatzvergeudung ist natürlich abhängig von der gewählten Blockgröße. Es liegt in der Verantwortung des Programmierers, einen Kompromiß zwischen Schnelligkeit und Speicherplatzverbrauch zu finden.
Das folgende Programm `numsort3.c` demonstriert diese Technik:

27.4 Größenänderung eines allozierten Speicherbereichs mit realloc()

```c
#include <stdio.h>
#include <stdlib.h>

#define BLOCK_GROESSE 100

int main(void) {
   int    i, j, n=0;
   double *zahl=NULL, hilf, sum=0, max=0;
                       /*------ Einlesen der Zahlen ----------------*/
   printf("Gib Deine Zahlen ein (Abschluss mit 0)\n");
   while (1) {
      scanf("%lf", &hilf);
      if (hilf == 0)
         break;
      sum += hilf;
      if (n >= max) {
         max += BLOCK_GROESSE;
         zahl = (double *)realloc(zahl, max*sizeof(double));
         if (zahl == NULL) {
            printf("......Programmabbruch wegen Speicherplatzmangel\n");
            return(1);
         }
      }
      zahl[n++] = hilf;
   }
   for (i=0; i<n-1; i++)   /*------ Sortieren der Zahlen ----------*/
      for (j=i+1; j<n; j++)
         if (zahl[i] > zahl[j]) {
            hilf    = zahl[i];
            zahl[i] = zahl[j];
            zahl[j] = hilf;
         }
   printf("--------------------\n"  /*--- Sortierte Ausgabe der Zahlen mit Summe */
          " Sortierte Zahlen\n"
          "--------------------\n");
   for (i=0; i<n; i++)
      printf("%20g{\}n", zahl[i]);
   printf(" -------------------------\n");
   printf("Summe: %13g{\}n", sum);
   return(0);
}
```

Dieses Programm leistet das Gleiche wie das früher vorgestellte Programm numsort2.c (Änderungen sind fett gedruckt), nur dass es nicht für jede eingegebene Zahl realloc() aufruft. Statt dessen alloziert es immer, wenn es notwendig ist, einen neuen Speicherblock für 100 Zahlen. Dies reduziert die Aufrufe von realloc() ganz erheblich, nämlich um den Faktor 100: Wenn z. B. 10 000 Zahlen eingegeben werden, so wird realloc() beim Programm numsort2.c auch 10 000-mal aufgerufen. Im Programm numsort3.c dagegen nur 100-mal, wodurch dieses Programm natürlich schneller wird als numsort2.c. Allerdings kann es im

Programm `numsort3.c` im schlechtesten Fall zu einer Speicherplatzvergeudung von 792 Bytes (99 · 8) kommen, wenn der zuletzt allozierte Speicherplatz nur mit einer Zahl belegt wird. Diese geringe Vergeudung von Speicherplatz wird allerdings durch den Gewinn an Schnelligkeit mehr als aufgewogen.

Das folgende Programm `tabelle.c` demonstriert die Zeitunterschiede, indem es die Zeiten für verschiedene Blockgrößen mißt und in Form einer Tabelle ausgibt.

```c
#include <stdio.h>
#include <stdlib.h>
#include <time.h>

int main(void)
{
   long      i, b, n=0;
   double    *zahl=NULL, max=0;
   clock_t   stoppuhr;

   printf("| %15s | %15s |\n", "Blockgroesse", "Gebrauchte Zeit");
   printf("+-----------------+-----------------+\n");
   for (b=1; b<=1024; b*=2 ) {
      max = n = 0;
      stoppuhr = clock();
      printf("| %15ld ", b);
      for (i=1; i<=10000000; i++) {
         if (n >= max) {
            max += b;
            zahl = (double *)realloc(zahl, max*sizeof(double));
         }
         n++;
      }
      printf("| %15.3f |\n", (clock()-stoppuhr)/(double)CLOCKS_PER_SEC);

      free(zahl);  /* Freigeben des ganzen Speicherbereichs */
      zahl = NULL;
   }

   return(0);
}
```

Möglicher Ablauf des Programms `tabelle.c`:

```
|    Blockgroesse | Gebrauchte Zeit |
+-----------------+-----------------+
|               1 |          14.510 |
|               2 |           3.130 |
|               4 |           1.000 |
|               8 |           0.690 |
|              16 |           0.500 |
|              32 |           0.410 |
|              64 |           0.360 |
|             128 |           0.330 |
```

```
|        256 |      0.320 |
|        512 |      0.320 |
|       1024 |      0.310 |
```

Hier sind doch ganz beträchtliche Geschwindigkeitsunterschiede für die gleiche Aufgabe erkennbar.

27.5 Freigeben eines dynamisch reservierten Speicherbereichs mit `free()`

27.5.1 Die Funktion `free()`

Mit Funktion `free()` ist es möglich, einen zuvor mit `malloc()`, `calloc()` oder `realloc()` reservierten Speicherbereich wieder freizugeben:

```
void free(void *zgr);
```

Der durch einen `free()`-Aufruf freigewordene Speicherbereich kann bei späteren Speicheranforderungen wieder vergeben werden.
Auf die beiden folgenden Punkte sei noch hingewiesen:

- nicht mehr benötigter Speicherplatz sollte immer freigegeben werden, um Speicherplatz-Engpässe zu vermeiden.
- Der Aufruf `free(NULL)` hat keinerlei Auswirkungen

Es ist noch darauf hinzuweisen, dass bei Programmende der vollständige von diesem Programm reservierte Speicherplatz automatisch freigegeben wird, so dass am Ende eines Programmes kein Aufruf von `free()` notwendig ist.

27.5.2 Fallgrube: `free()` setzt übergebenen Zeiger nicht auf NULL

Die Funktion `free()` gibt zwar einen zuvor dynamisch allozierten Speicherbereich wieder frei, setzt aber den Zeiger, der ihr als Startadresse des freizugebenden Speicherbereichs übergeben wird, nicht auf NULL. Das folgende Programm `free1.c` verdeutlicht dies:

```
#include   <stdio.h>
#include   <stdlib.h>

int  main(void)
{
   char   *zgr = NULL;

   zgr = malloc(100);   printf("....%p\n", zgr);
   free(zgr);           printf("....%p\n", zgr);
   return(0);
}
```

Möglicher Ablauf des Programms `free1.c`:

```
....0x8049650
....0x8049650
```

An dieser Ausgabe ist zu erkennen, dass `free()` den Zeiger `zgr` nicht auf `NULL` gesetzt hat. Dies kann in bestimmten Anwendungen zu Fehlern führen, wie dies im nächsten Programm `free2.c` gezeigt wird. Das Programm `free2.c` liest ganze Zeilen ein und soll die längste der eingegebenen Zeilen wieder ausgeben.

```c
#include <stdio.h>
#include <stdlib.h>
#include <string.h>

int main(void)
{
   char *string = NULL, zeile[1000];
   int  l, max=0;

   while (1) {
      fgets(zeile, 1000, stdin);
      if ( (l=strlen(zeile)) == 1 ) /* \n zeigt leere Zeile an */
         break;
      if (l > max) {
         max = l;
         free(string); /* alten Namen freigeben */
      }
      if (string == NULL) {
         if ( (string = malloc(l+1)) == NULL ) { /* +1 wegen '\0' */
            printf(".......Speicherplatzmangel\n");
            return(1);
         }
         strcpy(string, zeile);
      }
   }
   if (string != NULL)
      printf("...%s", string);
   return(0);
}
```

Möglicher Ablauf des Programms `free2.c`:

```
one ⏎
two ⏎
three ⏎
four ⏎
five ⏎
six ⏎

...one
```

Eigentlich sollte dieses Programm `three` als längste Zeile ausgeben. Da aber `free()` den Zeiger `string` nicht auf `NULL` setzt, wird in `string` nicht die längste Zeile, sondern immer nur die zuerst eingegebene Zeile gespeichert, da nur zu diesem Zeitpunkt – bedingt durch die Initialialisierung – `string` den Wert `Null` besitzt.

27.5.3 Tipp: Eigenes Makro zur Freigabe von dynamischen Speicher

Um das zuvor erwähnte Problem zu vermeiden, könnte man sich ein eigenes Makro `FREE()` erstellen und dann immer dieses Makro anstelle der Funktion `free()` aufrufen. Das folgende Programm `free3.c` zeigt diese Programmiertechnik:

```c
#include <stdio.h>
#include <stdlib.h>

#define FREE(zgr) { \
   if (zgr != NULL) { \
      free(zgr);     \
      zgr = NULL;    \
   }                 \
}

int main(void)
{
   char *zgr = NULL;

   zgr = malloc(100);
   printf("....%p\n", zgr);
   free(zgr);
   printf("....%p\n", zgr);

   zgr = malloc(100);
   printf("....%p\n", zgr);
   FREE(zgr);
   printf("....%p\n", zgr);
   return(0);
}
```

Möglicher Ablauf des Programms `free3.c`:

```
....0x80496a0
....0x80496a0
....0x80496a0
....(nil)
```

Wie an der Ausgabe zu erkennen ist, setzt das Makro `FREE()` den übergebenen Zeiger auf `NULL`.

27.5.4 Fallgrube: `free()` nur auf von `malloc()`, `calloc()` und `realloc()` gelieferte Zeiger

Falls beim Aufruf von `free(zgr)` für `zgr` eine Adresse eines Speicherbereichs angegeben wird, die nicht zuvor mit `malloc()`, `calloc()` oder `realloc()` alloziert wurde oder wenn die für `zgr` angegebene Adresse auf einen Speicherbereich zeigt, der zuvor mit `free(zgr)` oder `realloc(zgr,0)` wieder freigegeben wurde, dann liegt laut C-Standard undefiniertes Verhalten vor. In der praktischen Anwendung kann dies katastrophale Folgen haben, da die gesamte Speicherverwaltung inkonsistent wird. Im folgenden Programm `numsort4.c` wird z.B. ein Teil eines statisch definiertes Arrays freigegeben, was zum Programmabsturz führen kann.

```c
#include <stdio.h>
#include <stdlib.h>
#define   MAX_ZAHLEN   100

int main(void) {
    int     i, j, n;
    double  zahl[MAX_ZAHLEN], hilf, sum=0;
                        /*------ Einlesen der Zahlen ----------------*/
    printf("Gib Deine Zahlen ein (Abschluss mit 0)\n");
    for (n=0; n<MAX_ZAHLEN; n++) {
       scanf("%lf", &zahl[n]);
       sum += zahl[n];
       if (zahl[n] == 0)
          break;
    }
    /*----------------------------- Freigeben des ueberfluessigen Speichers -*/
    free(&zahl[n+1]); /* Fehler, da nicht mit malloc, calloc od. realloc alloz. */
    /*----------------------------------------------------------------------*/
                        /*------ Sortieren der Zahlen ---------------*/
    for (i=0; i<n-1; i++)
       for (j=i+1; j<n; j++)
          if (zahl[i] > zahl[j]) {
             hilf     = zahl[i];
             zahl[i] = zahl[j];
             zahl[j] = hilf;
          }
                        /*--- Sortierte Ausgabe der Zahlen mit Summe */
    printf("--------------------\n"
           " Sortierte Zahlen\n"
           "--------------------\n");
    for (i=0; i<n; i++)
       printf("%20g\n", zahl[i]);
    printf(" ---------------------------\n");
    printf("Summe: %13g\n", sum);
    return(0);
}
```

Das Problem, dass man mit `free()` einen bereits zuvor mit `free(zgr)` oder `realloc(zgr,0)` freigegebenen Speicherbereich wieder versucht freizugeben, läßt sich mit der zuvor vorgestellten Programmiertechnik (eigenes Makro `FREE()`) vermeiden.

27.6 Fallgrube: Allozieren von Speicherplatz in einer Funktion

Größte Vorsicht ist geboten, wenn man sich eigene Allozierungs-Funktionen schreibt. Hierbei muss man immer bedenken, dass in C bei der Übergabe von Parametern *call-by-value* stattfindet.

Das folgende Programm `namsort4.c` schreibt z. B. in fremden Speicherplatz:

```c
#include   <stdio.h>
#include   <string.h>
#include   <stdlib.h>
#define    MAX_NAMEN    100
#define    MAX_LAENGE   1000

void reserviere(char *name, int laenge) {
   if ( (name=malloc(laenge)) == NULL) {
      printf("......Programmabbruch wegen Speicherplatzmangel\n");
      exit(1);
   }
   printf(".... name=%p (in reserviere); ", name);
}

int main(void) {
   int    i, j, n;
   char   *nam[MAX_NAMEN], hilf[MAX_LAENGE], *zgr;
                       /*------ Einlesen der Namen ----------------*/
   printf("Gib Deine Namen ein (Abschluss mit Leerzeile)\n");
   for (n=0; n<MAX_NAMEN; n++) {
      fgets(hilf, MAX_LAENGE, stdin);
      if (strlen(hilf) == 1)
         break;
      reserviere(nam[n], strlen(hilf)+1);   /* +1 wegen \0 */
      printf("nam[n]=%p (in main)\n", nam[n]);
      strcpy(nam[n], hilf);
   }
                       /*------ Sortieren der Namen ---------------*/
   for (i=0; i<n-1; i++)
      for (j=i+1; j<n; j++)
         if (strcmp(nam[i], nam[j]) > 0) {
            zgr    = nam[i];
            nam[i] = nam[j];
            nam[j] = zgr;
         }
                       /*------ Ausgeben der sortierten Namensliste */
   printf("----------------------\n"
          " Sortierte Namensliste\n"
          "----------------------\n");
   for (i=0; i<n; i++)
```

```
            printf("%s", nam[i]);
    return(0);
}
```

Möglicher Ablauf des Programms `namsort4.c`:

```
Gib Deine Namen ein (Abschluss mit Leerzeile)
Hans ⏎
Hans
.... name=0x8049a88 (in reserviere); nam[n]=0x40021c7c (in main)
Speicherzugriffsfehler
```

Dieses Programm kopiert die eingegebenen Namen in fremden Speicherplatz, was sich daran erkennen läßt, dass die von `malloc()` in `reserviere()` gelieferte Adresse eine andere ist als die, an die mit `strcpy()` der Name aus `hilf` kopiert wird. Der Grund dafür liegt im *call-by-value*: Beim Aufruf von

```
reserviere(nam[n], strlen(hilf)+1);
```

wird nämlich nur der Wert von `nam[n]` in den Stack kopiert. `malloc()` reserviert dann Speicherplatz und schreibt die Adresse dieses reservierten Speicherplatzes in die Kopie von `nam[n]` im Stack. Bei der Rückkehr aus `reserviere` ist dieser Wert dann verloren und `nam[n]` hat wieder den Wert, den es vor dem Aufruf von `reserviere()` hatte, und diese Adresse (Wert) zeigt auf fremden Speicherplatz. Beim nächsten Programm `namsort5.c` findet wieder Speicherüberschreibung statt:

```c
#include   <stdio.h>
#include   <string.h>
#include   <stdlib.h>

#define    MAX_NAMEN    100
#define    MAX_LAENGE   1000

void  kopiere(char *ziel, char *quelle) {
   if ( (ziel=malloc(strlen(quelle)+1)) == NULL) {
      printf("......Programmabbruch wegen Speicherplatzmangel\n");
      exit(1);
   }
   strcpy(ziel, quelle);
}

int  main(void) {
   int    i, j, n;
   char   *nam[MAX_NAMEN], hilf[MAX_LAENGE], *zgr;
                     /*------ Einlesen der Namen ----------------*/
   printf("Gib Deine Namen ein (Abschluss mit Leerzeile)\n");
   for (n=0; n<MAX_NAMEN; n++) {
      fgets(hilf, MAX_LAENGE, stdin);
      if (strlen(hilf) == 1)
         break;
      kopiere(nam[n], hilf);
   }
                     /*------ Sortieren der Namen ---------------*/
   for (i=0; i<n-1; i++)
```

27.6 Fallgrube: Allozieren von Speicherplatz in einer Funktion

```
        for (j=i+1; j<n; j++)
           if (strcmp(nam[i], nam[j]) > 0) {
              zgr    = nam[i];
              nam[i] = nam[j];
              nam[j] = zgr;
           }
                          /*------ Ausgeben der sortierten Namensliste */
     printf("----------------------\n"
           " Sortierte Namensliste\n"
           "----------------------\n");
     for (i=0; i<n; i++)
        printf("%s", nam[i]);
     return(0);
}
```

Möglicher Ablauf des Programms `namsort5.c`:

```
Gib Deine Namen ein (Abschluss mit Leerzeile)
Hans ⏎
Fritz ⏎
Anton ⏎
⏎

Speicherzugriffsfehler
```

Wie hätten die beiden Routinen `reserviere()` und `kopiere()` aussehen müssen, damit beide Programme richtig sind? Nun wir hätten in beiden Fällen nicht den Wert von `nam[n]`, sondern eben die Adresse von `nam[n]` selbst übergeben müssen, wie der folgende Ausschnitt des nun richtigen Programms `namsort6.c` (verbessertes Programm zu `namsort4.c`) zeigt:

```
......
void  reserviere(char **name, int laenge)
{
   if ( (*name=malloc(laenge)) == NULL) {
      printf("......Programmabbruch wegen Speicherplatzmangel\n");
      exit(1);
   }
   printf(".... name=%p (in reserviere); ", *name);
}

int  main(void)
{
   ..........
      reserviere(&nam[n], strlen(hilf)+1);  /* +1 wegen \0 */
   ..........
}
```

Möglicher Ablauf des Programms `namsort6.c`:

```
Gib Deine Namen ein (Abschluss mit Leerzeile)
Gib Deine Namen ein (Abschluss mit Leerzeile)
Hans ⏎
.... name=0x8049a88 (in reserviere); nam[n]=0x8049a88 (in main)
```

685

```
Fritz  <-
.... name=0x8049a98 (in reserviere); nam[n]=0x8049a98 (in main)
Anton  <-
.... name=0x8049aa8 (in reserviere); nam[n]=0x8049aa8 (in main)
 <-
----------------------
Sortierte Namensliste
----------------------
Anton
Fritz
Hans
```

Nachfolgend noch der entsprechende Ausschnitt des nun richtigen Programms `namsort7.c` (verbessertes Programm zu `namsort5.c`):

```
void kopiere(char **ziel, char *quelle) {
   if ( (*ziel=malloc(strlen(quelle)+1)) == NULL) {
      printf("......Programmabbruch wegen Speicherplatzmangel\n");
      exit(1);
   }
   strcpy(*ziel, quelle);
}

int main(void) {
   ..............
       kopiere(&nam[n], hilf);
   ..............
}
```

Eine andere Möglichkeit wäre, dass die entsprechende Allozierungs-Routine die mit `malloc()`, `calloc()` oder `realloc()` ermittelte Adresse als Rückgabewert liefert, wie dies im nachfolgenden Ausschnitt des Programms `namsort8.c` (Andere Version des Programms `namsort6.c`) gezeigt wird:

```
void *reserviere(char *name) {
   if ( (name=malloc(strlen(name)+1)) == NULL) {
      printf("......Programmabbruch wegen Speicherplatzmangel\n");
      exit(1);
   }
   printf(".... name=%p (in reserviere); ", name);
   return(name);
}
int main(void) {
   ..........
       nam[n] = reserviere(hilf);
       printf("nam[n]=%p (in main)\n", nam[n]);
       strcpy(nam[n], hilf);
   ..........
}
```

27.7 Programmiertechnik: Dynamische Zeiger-Arrays

In der praktischen Programmentwicklung kommt es sehr häufig vor, dass man mit Zeiger-Arrays arbeitet, um Speicherplatz dynamisch anfordern zu können. Diese Vorgehensweise haben wir bisher auch bei unseren namsort-Programmen gewählt. Allerdings haben diese Versionen noch alle eine Schwäche: Die obere Grenze des Arrays nam ist auf 100 (MAX_NAMEN) begrenzt. Konsequenterweise sollte auch diese Grenze dynamisch sein, wie dies im nächsten Programm namsort9.c gezeigt wird.

```c
#include   <stdio.h>
#include   <string.h>
#include   <stdlib.h>
#define    BLOCK_GROESSE   100   /* Wuerde hier 1 angegeben, so wuerde auch das
                                    Array bei jeder neuen Zeile nur um ein Element
                                    vergroessert. Um das Programm schneller zu
                                    machen, wurde hier 100 gewaehlt (bei Bedarf
                                    um 100 Elemente vergroessern)                */
#define    MAX_LAENGE   1000
int  main(void) {
    int    i, j, n=0, max_n=0;
    char   **nam=NULL, hilf[MAX_LAENGE], *zgr;
                                    /*------ Einlesen der Namen ----------------*/
    printf("Gib Deine Namen ein (Abschluss mit Leerzeile)\n");
    while (1) {
        fgets(hilf, MAX_LAENGE, stdin);
        if (strlen(hilf) == 1)
            break;
        if (n >= max_n) {
            max_n += BLOCK_GROESSE;
            nam = (char **)realloc(nam, max_n*sizeof(char *));
            if (nam == NULL) {
                printf("......Speicherplatzmangel\n");
                return(1);
            }
        }
        if ( (nam[n] = (char *)malloc(strlen(hilf)+1)) == NULL) {
            printf("......Speicherplatzmangel\n");
            return(2);
        }
        strcpy(nam[n], hilf);
        n++;
    }
    for (i=0; i<n-1; i++)           /*------ Sortieren der Namen --------------*/
        for (j=i+1; j<n; j++)
            if (strcmp(nam[i], nam[j]) > 0) {
                zgr      = nam[i];
                nam[i]   = nam[j];
                nam[j]   = zgr;
```

```
            }
                                 /*------ Ausgeben der sortierten Namensliste */
        printf("----------------------\n"
               " Sortierte Namensliste\n"
               "----------------------\n");
        for (i=0; i<n; i++)
           printf("%s", nam[i]);
        return(0);
}
```

Im Programm `namsort9.c` wird also auch die Länge des Arrays nam (sprich die Anzahl der einzugebenden Namen) dynamisch gehalten, so dass die Begrenzung auf `MAX_NAMEN` entfällt.

27.8 Fallgrube: `free()` bei Zeiger-Arrays

Bei der Freigabe von dynamisch angelegten Zeiger-Arrays ist einiges zu beachten. So würde z. B. im vorherigen Programm `namsort9.c` mit

```
free(nam)
```

zwar der gesamte Speicherplatz des Zeiger-Arrays nam freigegeben, aber der für die einzelnen Namen angelegte Speicherplatz bliebe reserviert und könnte sogar nicht mehr freigegeben werden, da die Adressen der einzelnen Namens-Speicherplätze, die im Array nam enthalten waren, mit der Freigabe von nam verloren sind. Richtig wäre der folgende Code:

```
for (i=0; i<n; i++)
   free(nam[i]);  /* Freigeben der einzelnen Namen */
free(nam); /* Erst jetzt: Freigeben des Zeiger-Arrays nam */
```

27.9 Übung: Numerierte oder Rückwärtige Ausgabe eines Textes

Erstellen Sie ein Programm `numrueck.c`, das Textzeilen einliest, diese im Speicher hält und dann bei Angabe der Option **-r** in umgekehrter Reihenfolge, sonst in der eingelesenen Reihenfolge wieder ausgibt. Ist die Option **-n** angegeben, so sind bei der Ausgabe den Zeilen die entsprechenden Nummern voranzustellen. Dieses Programm soll Speicherplatz nach Bedarf anfordern. Das bedeutet, dass auch das Zeiger-Array, das die Adressen der gespeicherten Zeilen enthält, nicht statisch anzulegen ist, sondern dass es dynamisch wachsen soll.

Kapitel 28

Strukturen

> *Was zusammengehört, wird zusammenwachsen.*
> *Willy Brandt*

Bei Arrays sind alle Elemente des Arrays vom gleichen Datentyp. Es kann jedoch auch vorkommen, dass man Elemente von unterschiedlichen Datentypen zu einer Gruppe zusammenfassen möchte. Für diesen Fall bietet C die so genannten *Strukturen* an. Unter einer Struktur versteht man die Zusammenfassung von einer oder mehreren Variablen, die – anders als bei Arrays – untereinander auch unterschiedliche Datentypen besitzen dürfen, zu einer Einheit. Eine solche Einheit läßt sich dann durch einen vom Benutzer gewählten Namen ansprechen.

28.1 Deklaration und Definition von Strukturen

28.1.1 Deklaration von Strukturen

Ein typisches Beispiel für eine einfache Struktur wäre die Zusammenfassung der Daten eines Studenten aus einer Studentenkartei zu einer einzigen Einheit, die wir stu_daten nennen. Eine solche Zusammenfassung wird in C z. B. folgendermaßen ausgedrückt:

```
struct stu_daten {
    char   name[20];        /* Nachname                */
    char   vorname[20];     /* Vorname                 */
    long   postleit_zahl;   /* Postleitzahl            */
    char   wohnort[20];     /* Wohnort                 */
    char   strass_nr[20];   /* Strasse, Hausnummer     */
    char   geburtdat[11];   /* Geburtsdatum: tt.mm.jjjj */
    long   matrikelnr;      /* Matrikelnummer          */
    short  noten[10];       /* Prüfungsnoten           */
};
```

Bei der obigen Angabe handelt es sich um die *Deklaration einer Struktur*. Aus diesem Beispiel ist der allgemeine Aufbau einer Strukturdeklaration erkennbar:

❏ Eine Strukturdeklaration beginnt immer mit dem Schlüsselwort struct.

- Nach Schlüsselwort `struct` kann der Name der Struktur (oben: `stu_daten`) angegeben werden, was jedoch nicht unbedingt erforderlich ist, wie wir später sehen werden.
- Eine Strukturdeklaration besteht aus einer Liste von Komponenten (Einzelvariablen, wie z. B. `name`, `vorname`, `postleit_zahl` usw.).
- Jede Komponente wird, wie es üblich ist für Deklarationen, mit ihrem Datentyp und ihrem Namen deklariert.
- Die ganze Komponentenliste ist mit { . . . } zu klammern.
- Jede Strukturdeklaration ist mit Semikolon abzuschließen.

28.1.2 Wichtige Regeln und Hinweise für Strukturdeklarationen

Komponentennamen müssen eindeutig sein

Alle Namen der Komponenten in einer Struktur müssen verschieden sein. Z. B. würde der Compiler für die folgende Strukturdeklaration einen Fehler melden:

```c
struct werte {
    int   x;
    int   y;
    float x; /* Falsch: Komponentennamen müssen unterschiedlich sein */
};
```

Dagegen können natürlich gleiche Komponentennamen in unterschiedlichen Strukturen verwendet werden. So sind z. B. die beiden folgenden Strukturdeklarationen in einem Programm erlaubt:

```c
struct werte1 {
    int   x;
    int   y;
};
.....
struct werte2 {
    int   x; /* Gleiche Namen in anderen Strukturen sind erlaubt */
    float y;
};
```

Struktur darf eigene Struktur nicht wieder enthalten

Komponenten einer Struktur können jeden beliebigen Datentyp besitzen, mit einer Ausnahme: Der Datentyp einer Komponente darf nicht die Struktur selbst sein, in der die Komponente enthalten ist. Z. B. würde der Compiler für die folgende Strukturdeklaration einen Fehler melden:

```c
struct werte {
    int   x;
    int   y;
    struct werte z; /* Falsch: Die Komponente z hat als Datentyp
                                die Struktur, in der sie enthalten ist. */
};
```

Es ist jedoch erlaubt, dass Komponenten einer Struktur als Datentyp eine andere Struktur haben, wie z. B.:

```
struct koordinate {
    int    x;
    int    y;
};
......
struct pixel{
    struct koordinate  position;
    int                farbe;
};
```

Es gilt zwar, dass eine Struktur sich nicht selbst enthalten darf, aber es ist doch möglich, als Komponente eine Zeigervariable anzugeben, die die Adresse einer Struktur gleichen Typs enthält. Hierauf werden wir später in Kapitel 28.6.3 auf Seite 745 noch ausführlich zu sprechen kommen.

Zusammenfassung von Komponenten gleichen Typs zu einer Deklaration

Wie bei jeder anderen Deklaration können auch die Komponenten eines gleichen Typs in einer Deklaration zusammengefasst werden, wobei die einzelnen Namen wie bei anderen Deklarationen auch durch Komma zu trennen sind, wie z. B.:

```
struct stu_daten {
    char   name[20], vorname[20];
    long   postleit_zahl;
    char   wohnort[20], strass_nr[20], geburtdat[11];
    long   matrikelnr;
    short  noten[10];
};
```

Strukturdeklaration ist nur Beschreibung ohne Speicherplatzreservierung

Entscheidend ist, dass mit der Deklaration einer Struktur noch kein Speicherplatz reserviert wird, sondern dass es sich bei einer Strukturdeklaration nur um eine Beschreibung der jeweiligen Struktur (neuer Datentyp) handelt, die der Compiler benutzt, um eine Art Muster oder Schablone zu erzeugen, nach dem später Variablen dieses Datentyps definiert werden können. Speicherplatz wird also erst dann wirklich reserviert, wenn man eine Variable von einem solchen selbst festgelegten Struktur-Datentyp definiert, wie dies nachfolgend gezeigt wird.

28.1.3 Definition von Strukturvariablen

Die Definition einer Strukturvariablen erfolgt z. B. mit

```
struct stu_daten student;
```

Mit dieser Definition wird nun eine Variable `student` angelegt, deren Datentyp `struct stu_daten` ist, also genau die oben beschriebene Struktur besitzt. Wenn wir annehmen, dass für `short` zwei und für `long` vier Bytes verwendet werden, dann sollte die Variable `student` 119 Bytes belegen. Spezielle Anforderungen

28 Strukturen

der jeweiligen Architektur an das Alignment (das ist die Ausrichtung der Daten an Wortgrenzen im Speicher) können jedoch zu einer grösseren Speicherplatzbelegung führen. In diesem Fall wären (weitere) unbenutzte Bytes in der Struktur enthalten.

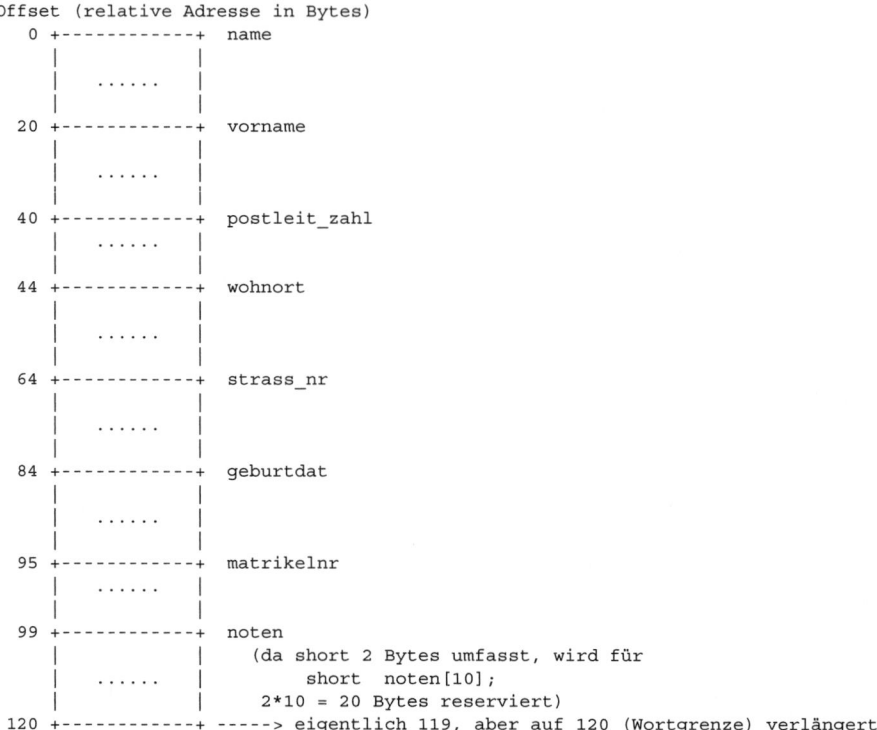

Die Variable `student` setzt sich somit aus 8 Elementen (auch Komponenten genannt) zusammen:

```
name
vorname
postleit_zahl
wohnort
strass_nr
geburtdat
matrikelnr
noten
```

Ist eine Struktur einmal deklariert, so kann auf diesen Datentyp beliebig oft zugegriffen werden. So werden z. B. mit folgenden Strukturdefinitionen die drei Strukturvariablen `student`, `studiosus` und `neu_student` definiert:

```
struct stu_daten   student, studiosus;
.....
struct stu_daten   neu_student;
```

Für jede dieser drei Strukturvariablen werden 120 Bytes reserviert.

28.1.4 Zusammenfassung von Strukturdeklaration und -definition

Die Deklaration einer Struktur und die Definition einer Strukturvariablen lassen sich auch zu einer einzigen Anweisung zusammenfassen, indem die Variablendefinition einfach an die Strukturdeklaration angehängt wird. Die folgende Anweisung:

```
struct haus {
    float    qm;
    int      zimmer_zahl;
    float    grundstueck_groesse;
    int      baujahr;
} h;
```

deklariert eine Struktur vom Typ haus und definiert zugleich eine Strukturvariable h vom Typ `struct haus`. Es können auch mehrere Strukturvariablen auf einmal definiert werden. Sowohl mit

```
struct haus {
    float    qm;
    int      zimmer_zahl;
    float    grundstueck_groesse;
    int      baujahr;
};
struct haus  h1, h2, h3, h4;
```

als auch mit

```
struct haus {
    float    qm;
    int      zimmer_zahl;
    float    grundstueck_groesse;
    int      baujahr;
} h1, h2, h3, h4;
```

werden vier Strukturvariablen h1, h2, h3 und h4 vom Datentyp `struct haus` definiert. Ist die Komponente einer Struktur wiederum eine Struktur, wie z. B. bei:

```
struct koordinate {
    int    x;
    int    y;
};
struct pixel {
    struct koordinate  position;
    int                farbe;
} punkt;
```

kann man sie auch zu einer Deklaration zusammenfassen, wie z. B.:

```
struct pixel {          /* Deklaration einer Struktur vom Typ pixel */
    struct koordinate {    /* Deklaration einer Struktur vom Typ koordinate */
        int    x;
        int    y;
    } position;         /* Variable/Komponente vom Typ struct koordinate */
```

```
    int farbe;
} punkt;
```

28.1.5 Namenlose Strukturen

Faßt man die Deklaration einer Struktur und die Definition einer Strukturvariablen zu einer Anweisung zusammen, kann man den Namen des Strukturtyps auch weglassen. Z. B. deklariert:

```
struct {
    float   qm;
    int     zimmer_zahl;
    float   grundstueck_groesse;
    int     baujahr;
} h;
```

eine Struktur ohne Typnamen und definiert eine Strukturvariable h dieses Datentyps. In manchen Situationen, in denen man nur einmal eine bestimmte Struktur benötigt, mag das Weglassen des Strukturnamens gerechtfertigt sein. Im allgemeinen ist aber von solchen namenlosen Strukturen aus folgenden Gründen abzuraten:

Schlechtere Lesbarkeit

Wählt man einen geeigneten Strukturnamen, so erhöht dies die Lesbarkeit. So weiß z. B. der Leser des Programmcodes bei

```
struct haus {
    float   qm;
    int     zimmer_zahl;
    float   grundstueck_groesse;
    int     baujahr;
} h;
```

sofort, dass es sich bei der Strukturvariablen h um eine Hausbeschreibung handelt.

Kein späterer Zugriff auf Strukturdeklaration

Benötigt man später nochmals eine Strukturvariable des gleichen Typs, hat man bei einer namenlosen Strukturdeklaration keine Möglichkeit mehr, auf diesen selbstdefinierten Datentyp zuzugreifen. Ganz extrem wird es z. B. bei einer namenlosen Strukturdeklaration wie z. B.:

```
struct {
    float   qm;
    int     zimmer_zahl;
    float   grundstueck_groesse;
    int     baujahr;
};
```

Eine solche Deklaration ist natürlich völlig sinnlos, da man niemals eine Variable dieses Typs definieren kann.

28.2 Operationen mit Strukturvariablen

28.2.1 Zugriff auf Strukturkomponenten mittels Punktoperator

Um auf eine einzelne Komponente einer definierten Strukturvariablen zuzugreifen, muss der *Punktoperator* verwendet werden:

```
strukturvariable.komponente
```

Der Punktoperator wird dabei zwischen den Namen der Strukturvariablen und den Namen der entsprechenden Komponente gesetzt. Die Komponenten der obigen Strukturvariable `student` (Datentyp `struct stu_daten`) sind also unter den folgenden Namen ansprechbar:

```
student.name, student.vorname, student.postleit_zahl, student.wohnort
```

Beispiele:

```
student.postleit_zahl = 91991;
student.matrikelnr = 54251;
student.matrikelnr = student.matrikelnr + 1;
student.matrikelnr--;
```

Für Komponenten, die einfache Arrays oder `char`-Arrays (Strings) sind, gelten die Regeln, die auch sonst für Arrays bzw. `char`-Arrays gültig sind. Die Anweisungen

```
strcpy(student.name, "Mayer");
strcpy(student.wohnort, "Erlangen");
student.noten[0] = 2;
student.noten[3] = 4;
```

speichern die Strings `"Mayer"` und `"Erlangen"` in den Strukturkomponenten name bzw. wohnort und legen als nullte und dritte Note 2 bzw. 4 fest. An diesen Beispielen wird ersichtlich, dass Strukturkomponenten wie einfache Variablen des entsprechenden Datentyps behandelt werden können. Da es sich bei `student.name` und `student.wohnort` um `char`-Arrays handelt, können auch den einzelnen Array-Elementen direkt Werte zugewiesen werden, wie z. B.:

```
student.name[0] = 'M';
student.name[1] = 'a';
.......
student.wohnort[0] = 'E';
student.wohnort[1] = 'r';
.......
```

Beim Arbeiten mit Strings sollte aber `strcpy()` verwendet werden.
Ist die Komponente einer Struktur wiederum eine Struktur, wie z. B. bei

```
    struct koordinate {
        int    x;
        int    y;
    };
    .....
    struct pixel{
        struct koordinate  position;
```

```
          int          farbe;
    };
    .....
    struct pixel  punkt;
```

dann kann man auf die Komponenten x und y der Strukturvariablen position, die ihrerseits eine Komponente der Strukturvariablen punkt ist, zugreifen, indem man die Schachtelungsebenen wie einen „Pfad von oben nach unten" angibt und die Variablen der einzelnen Ebenen durch den Punktoperator trennt, wie z. B.:

```
punkt.position.x = 100;
punkt.position.y = 300;
punkt.farbe = RED;
```

28.2.2 Zuweisung zwischen Strukturkomponenten

Werte von Strukturkomponenten können anderen Strukturkomponenten derselben oder auch Komponenten anderer Strukturvariablen zugewiesen werden. Wie bei der Zuweisung an andere Variablen auch, muss hierbei beachtet werden, dass die Daten typmäßig zueinander passen bzw. welche Typkonvertierungen möglicherweise erforderlich sind. Nachfolgender Ausschnitt soll solche Zuweisungen verdeutlichen:

```
struct kreis {
   char   name[20];  /* Name des Kreises */
   int    x, y;      /* Mittelpunkt      */
   int    radius;    /* Radius           */
} k1, k2;

struct ellipse {
   char   name[20];  /* Name der Ellipse    */
   int    x, y;      /* Mittelpunkt         */
   float  hradius;   /* Horizontaler Radius */
   float  vradius;   /* Vertikaler Radius   */
} e1, e2;

......
k1.x = k2.x;
k1.radius = e1.hradius; /* Abschneiden des Nachkommateils und
                           Zuweisung des ganzahligen Anteils an k1.radius */
strcpy(k1.name, k2.name);
strcpy(e2.name, k1.name);
```

Beispiel:
Das folgende Programm firmaelt.c liest zu Personen einer Firma folgende Daten ein:

Name, Vorname, Geburtsdatum und Einstelldatum

und gibt dann die älteste dieser Personen aus. Bei Gleichaltrigen soll die Person ausgegeben werden, die schon länger bei der Firma beschäftigt ist. Wird für den

Namen einer Person eine Leerzeile (nur ⏎) eingegeben, so kennzeichnet dies das Ende der Eingabe.

Möglicher Ablauf des Programms `firmaelt.c`:

```
----Eingabe der 1.Person----
Name:                    Meier ⏎
Vorname:                 Fritz ⏎
Geburtsdatum (tt.mm.jjjj): 13.7.1965 ⏎
Anstelldatum (tt.mm.jjjj): 25.4.1987 ⏎

----Eingabe der 2.Person----
Name:                    Kuller ⏎
Vorname:                 Marianne ⏎
Geburtsdatum (tt.mm.jjjj): 9.8.1963 ⏎
Anstelldatum (tt.mm.jjjj): 15.3.1981 ⏎

----Eingabe der 3.Person----
Name:                    Mueller ⏎
Vorname:                 Dorothea ⏎
Geburtsdatum (tt.mm.jjjj): 4.6.1956 ⏎
Anstelldatum (tt.mm.jjjj): 7.12.1973 ⏎

----Eingabe der 4.Person----
Name:                    Aller ⏎
Vorname:                 Franz ⏎
Geburtsdatum (tt.mm.jjjj): 3.3.1957 ⏎
Anstelldatum (tt.mm.jjjj): 7.12.1973 ⏎

----Eingabe der 5.Person----
Name:                    Reuter ⏎
Vorname:                 Karl ⏎
Geburtsdatum (tt.mm.jjjj): 4.6.1956 ⏎
Anstelldatum (tt.mm.jjjj): 3.12.1973 ⏎

----Eingabe der 6.Person----
Name:                    Haller ⏎
Vorname:                 Egon ⏎
Geburtsdatum (tt.mm.jjjj): 7.12.1960 ⏎
Anstelldatum (tt.mm.jjjj): 8.11.1990 ⏎

----Eingabe der 7.Person----
Name:                              ⏎

.......Von den 6 eingegebenen Personen wurde ausgewaehlt....
Name         : Reuter
Vorname      : Karl
Geburtsdatum : 04.06.1956
Anstelldatum : 03.12.1973
```

Das zugehörige Programm `firmaelt.c` könnte folgendes Aussehen haben:

28 Strukturen

```c
#include <stdio.h>
#include <string.h>

struct datum {
    int    tag;
    int    monat;
    int    jahr;
};
struct person {
    char   name[20];
    char   vorname[20];
    struct datum  geb;
    struct datum  anst;
};
struct person  eing, aelt;

long   aelt_geb_zahl=99999999, aelt_anst_zahl=99999999;
long   eing_geb_zahl, eing_anst_zahl;
void   umspeicher(void);

int  main(void)
{
    int  i=0;

    while (1) {
        printf("\n----Eingabe der %d.Person----\n", ++i);

        printf("Name:                 ");
        fgets(eing.name, 20, stdin);
        eing.name[ strlen(eing.name)-1 ] = '\0';  /* \n am Ende entfernen */
        if (strlen(eing.name) == 0)
            break;

        printf("Vorname:              ");
        fgets(eing.vorname, 20, stdin);
        eing.vorname[ strlen(eing.vorname)-1 ] = '\0';  /* \n am Ende entfernen */

        printf("Geburtsdatum (tt.mm.jjjj): ");
        scanf("%d.%d.%d", &eing.geb.tag, &eing.geb.monat, &eing.geb.jahr);

        printf("Anstelldatum (tt.mm.jjjj): ");
        scanf("%d.%d.%d", &eing.anst.tag, &eing.anst.monat, &eing.anst.jahr);
        getchar();

        eing_geb_zahl =((eing.geb.jahr*100L)+eing.geb.monat)*100+eing.geb.tag;
        eing_anst_zahl=((eing.anst.jahr*100L)+eing.anst.monat)*100+eing.anst.tag;

        if (eing_geb_zahl < aelt_geb_zahl)
            umspeicher();
        else if (eing_geb_zahl == aelt_geb_zahl && eing_anst_zahl < aelt_anst_zahl)
```

28.2 Operationen mit Strukturvariablen

```
            umspeicher();
    }
    printf(".......Von den %d eingegebenen Personen wurde ausgewaehlt....\n", i-1);
    printf("Name          :   %s\n", aelt.name);
    printf("Vorname       :   %s\n", aelt.vorname);
    printf("Geburtsdatum  :   %02d.%02d.%04d\n",
                              aelt.geb.tag, aelt.geb.monat, aelt.geb.jahr);
    printf("Anstelldatum  :   %02d.%02d.%04d\n",
                              aelt.anst.tag, aelt.anst.monat, aelt.anst.jahr);
    return(0);
}

void umspeicher(void)
{
    strcpy(aelt.name, eing.name);
    strcpy(aelt.vorname, eing.vorname);
    aelt.geb.tag     = eing.geb.tag;
    aelt.geb.monat   = eing.geb.monat;
    aelt.geb.jahr    = eing.geb.jahr;
    aelt.anst.tag    = eing.anst.tag;
    aelt.anst.monat  = eing.anst.monat;
    aelt.anst.jahr   = eing.anst.jahr;
    aelt_geb_zahl    = eing_geb_zahl;
    aelt_anst_zahl   = eing_anst_zahl;
}
```

Im Programm `firmaelt.c` werden folgende Strukturdeklarationen und -definitionen verwendet:

```
struct datum {
    int    tag;
    int    monat;
    int    jahr;
};
struct person {
    char    name[20];
    char    vorname[20];
    struct  datum  geb;
    struct  datum  anst;
};
struct person   eing, aelt;
```

Die Struktur `person` besitzt zwei Komponenten `geb` und `anst`, deren Datentyp wiederum eine Struktur (`struct datum`) ist. Abbildung 28.1 verdeutlicht, wie auf die einzelnen Komponenten der beiden Strukturvariablen `eing` und `aelt`, deren Datentyp `struct person` ist, zugegriffen werden kann.

Wenn wir annehmen, dass wir für eine Person folgende Eingaben haben:

28 Strukturen

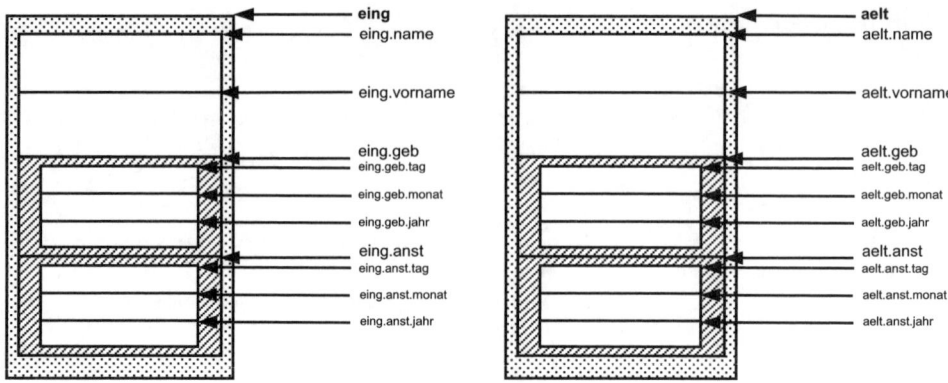

Abbildung 28.1: Zugriffe auf die Komponenten der Strukturvariablen `eing` und `aelt`

```
Name:                          Meier  ⏎
Vorname:                       Fritz  ⏎
Geburtsdatum (tt.mm.jjjj):     13.7.1965  ⏎
Anstelldatum (tt.mm.jjjj):     25.4.1987  ⏎
```

dann sind die Komponenten der Strukturvariablen `eing`, wie es in Abbildung 28.2 gezeigt ist, belegt.

Nach dieser Eingabe wird mit

```
eing_geb_zahl =((eing.geb.jahr*100L)+eing.geb.monat)*100+eing.geb.tag;
eing_anst_zahl=((eing.anst.jahr*100L)+eing.anst.monat)*100+eing.anst.tag;
```

das Geburtsdatum in einen `long`-Wert umgewandelt und dieser Wert in `eing_-geb_zahl` gespeichert. Ebenso wird auch das Einstelldatum in einen `long`-Wert umgewandelt, und dieser Wert in `eing_anst_zahl` gespeichert. Für unsere Eingaben bedeutet dies also:

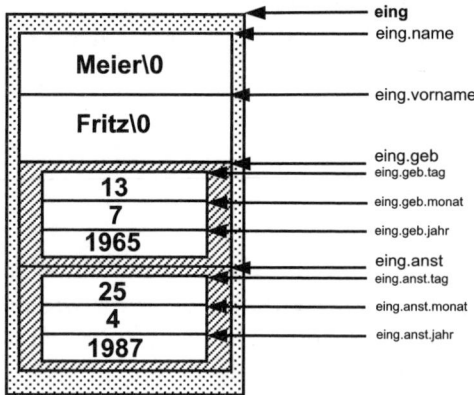

Abbildung 28.2: Belegen der Strukturvariablen `eing` mit Werten

```
eing_geb_zahl =((1965*100)+7)*100+13;
eing_anst_zahl=((1987*100)+4)*100+25;
```

was folgenden Zuweisungen entspricht:

```
eing_geb_zahl  = 19650713;
eing_anst_zahl = 19870425;
```

Mit

```
if (eing_geb_zahl < aelt_geb_zahl)
   umspeicher();
else if (eing_geb_zahl == aelt_geb_zahl && eing_anst_zahl < aelt_anst_zahl)
   umspeicher();
```

wird geprüft, ob die berechnete Zahl für das Geburtsdatum `eing_geb_zahl` kleiner als die bisher kleinste Zahl für ein Geburtsdatum `aelt_geb_zahl` ist. Wenn ja, dann handelt es sich bei der gerade eingegebenen Person um die älteste der bisher eingegebenen Personen, und mit dem Aufruf der Funktion `umspeicher()` werden alle Daten aus der Struktur `eing` in die Struktur `aelt` übernommen. Die Funktion `umspeicher()` wird auch aufgerufen, wenn die gerade angegebene Person das gleiche Alter wie die bisher älteste Person besitzt:

```
eing_geb_zahl == aelt_geb_zahl
```

aber schon früher in die Firma eingetreten ist:

```
eing_anst_zahl < aelt_anst_zahl
```

Da `long`-Variable `aelt_geb_zahl` mit dem Wert 99999999 initialisiert wurde, ist sichergestellt, dass zunächst die zuerst eingegebene Person in die Struktur `aelt` übernommen wird, da hierfür in jedem Fall gilt:

```
eing_geb_zahl < aelt_geb_zahl
```

Es ist in jedem Fall sichergestellt, dass beim Verlassen der `while`-Schleife sich die Daten der ältesten Person in der Strukturvariablen `aelt` befinden.

28.2.3 Zuweisung ganzer Strukturvariablen

Seit C89 ist es möglich, eine Strukturvariable vollständig (also den Inhalt sämtlicher Komponenten) mit einer Anweisung einer anderen Strukturvariablen gleichen Typs zuzuweisen. Hat man z. B. die beiden folgenden Strukturvariablen definiert:

```
struct stu_daten student, neu_student;
```

dann kopiert die folgende Zuweisung

```
neu_student = student;
```

die Werte aller Komponenten aus `student` (`name`, `vorname`, `postleit_zahl`, usw.) in die gleichnamigen Komponenten der Strukturvariablen `neu_student`. Im Programm `firmaelt.c` hätte man z. B. die Funktion `umspeicher()`:

```
void  umspeicher(void)
{
    strcpy(aelt.name, eing.name);
    strcpy(aelt.vorname, eing.vorname);
    aelt.geb.tag    = eing.geb.tag;
```

28 Strukturen

```
    aelt.geb.monat   = eing.geb.monat;
    aelt.geb.jahr    = eing.geb.jahr;
    aelt.anst.tag    = eing.anst.tag;
    aelt.anst.monat  = eing.anst.monat;
    aelt.anst.jahr   = eing.anst.jahr;
    aelt_geb_zahl    = eing_geb_zahl;
    aelt_anst_zahl   = eing_anst_zahl;
}
```

wesentlich kürzer schreiben können:

```
void  umspeicher(void)
{
    aelt = eing;
    aelt_geb_zahl   = eing_geb_zahl;
    aelt_anst_zahl  = eing_anst_zahl;
}
```

28.2.4 Vergleich von Strukturvariablen ist nicht möglich

Strukturvariablen können nicht als Ganzes miteinander verglichen werden. Eine Anweisung wie

```
if (student == neu_student)    /* Unerlaubter Vergleich */
    printf("Die Strukturvariablen student und neu_student sind gleich");
```

ist also nicht erlaubt. Will man den gesamten Inhalt zweier Strukturen vergleichen, so müssen alle einzelnen Komponenten miteinander verglichen werden, wie z. B.:

```
if ( !strcmp(student.name, neu_student.name)              &&
     !strcmp(student.vorname, neu_student.vorname)        &&
     student.postleit_zahl == neu_student.postleit_zahl   &&
     !strcmp(student.wohnort, neu_student.wohnort)        &&
     !strcmp(student.strass_nr, neu_student.strass_nr)    &&
     !strcmp(student.geburtdat, neu_student.geburtdat)    &&
     student.matrikelnr == neu_student.matrikelnr         &&
     student.noten[0] == neu_student.noten[0]             &&
     student.noten[1] == neu_student.noten[1]             &&
     .....................
     student.noten[9] == neu_student.noten[9])
    printf("Die Strukturvariablen student und neu_student sind gleich");
```

28.2.5 Casting für komplette Strukturvariable ist nicht möglich

Der *cast*-Operator (*datentyp*) auf eine komplette Struktur, wie z. B.:

```
struct pixel      punkt;
struct stu_daten  student;
.....
punkt = (struct pixel)student;   /* Nicht erlaubt */
```

ist *nicht erlaubt*. Dagegen ist natürlich das Casting für einzelne Strukturkomponenten, sofern sie nicht selbst Strukturen sind, sehr wohl erlaubt.

28.2.6 Adreß- und `sizeof`-Operator für Strukturvariablen erlaubt

Folgende Operationen auf Strukturen sind erlaubt

❑ Adresse einer Strukturvariablen oder Strukturkomponenten mit Adreßoperator & ermitteln.

❑ Größe einer Struktur mit dem `sizeof`-Operator ermitteln. Der Operand des `sizeof`-Operators kann dabei der Name einer Strukturvariablen oder der Name der Struktur sein.

Folgendes Programm `struoper.c` demonstriert die Anwendung der beiden Operatoren & und `sizeof` auf Strukturen:

```c
#include <stdio.h>

struct stu_daten {
   char   name[20], vorname[20];
   long   postleit_zahl;
   char   wohnort[20], strass_nr[20];
   char   geburtdat[11];
   long   matrikelnr;
   short  noten[10];
};

int main(void) {
   struct stu_daten  student, neu_student;
   struct stu_daten  *student_zgr;
   int               groesse_student, groesse_stu_daten;;
   /*----- Adressen von Strukturen ------------------------------------*/
   printf("Adr. der Strukturvar. student:    %p\n", &student);
   printf("Adr. der Strukturvar. neu_student: %p\n", &neu_student);
   printf("Adr. der Strukturkomp. neu_student.geburtdat: %p\n",
          &neu_student.geburtdat);
   student_zgr = &neu_student;
   printf("Adr. der Strukturvar. neu_student (ueber Zeiger): %p\n", student_zgr);

   /*----- Groesse von Strukturen ------------------------------------*/
   printf("Groesse der Strukturvar. student:    %d\n", sizeof(student));
   printf("Groesse der Strukturvar. neu_student: %d\n", sizeof(neu_student));
   groesse_student = sizeof(student);
   printf("Groesse der Strukturvar. student:    %d\n", groesse_student);
   groesse_stu_daten = sizeof(struct stu_daten);
   printf("Groesse der Struktur stu_daten: %d\n", groesse_stu_daten);
   printf("Groesse der Struktur stu_daten: %d\n", sizeof(struct stu_daten));
   return(0);
}
```

Möglicher Ablauf des Programms `struoper.c`:

```
Adr. der Strukturvar. student:    0xbffff634
Adr. der Strukturvar. neu_student: 0xbffff5bc
Adr. der Strukturkomp. neu_student.geburtdat: 0xbffff610
```

```
Adr. der Strukturvar. neu_student (ueber Zeiger): 0xbffff5bc
Groesse der Strukturvar. student:         120
Groesse der Strukturvar. neu_student:     120
Groesse der Strukturvar. student:         120
Groesse der Struktur stu_daten: 120
Groesse der Struktur stu_daten: 120
```

28.2.7 Übung: Bruchrechner

Es soll ein Programm `bruchrec.c` erstellt werden, das das Rechnen mit Bruchzahlen ermöglicht. Ein möglicher Ablauf des Programms `bruchrec.c` ist:

```
1. Bruch: 2/3 ⏎
2. Bruch: 3/4 ⏎

Die beiden Brueche 2/3 und 3/4
 1 (addieren), 2 (subtrahieren), 3 (multiplizieren), 4 (dividieren) ? 1 ⏎
....Ergebnis: 2/3 + 3/4 = 17/12 = 17/12 (gekuerzt)
-------------------------------
3. Bruch (0/0 = Ende): 5/6 ⏎
Die beiden Brueche 17/12 und 5/6
 1 (addieren), 2 (subtrahieren), 3 (multiplizieren), 4 (dividieren) ? 2 ⏎
....Ergebnis: 17/12 - 5/6 = 42/72 = 7/12 (gekuerzt)
-------------------------------
4. Bruch (0/0 = Ende): 4/3 ⏎
Die beiden Brueche 7/12 und 4/3
 1 (addieren), 2 (subtrahieren), 3 (multiplizieren), 4 (dividieren) ? 3 ⏎
....Ergebnis: 7/12 * 4/3 = 28/36 = 7/9 (gekuerzt)
-------------------------------
5. Bruch (0/0 = Ende): 1/18 ⏎
Die beiden Brueche 7/9 und 1/18
 1 (addieren), 2 (subtrahieren), 3 (multiplizieren), 4 (dividieren) ? 4 ⏎
....Ergebnis: 7/9 / 1/18 = 126/9 = 14/1 (gekuerzt)
-------------------------------
6. Bruch (0/0 = Ende): 1/2 ⏎
Die beiden Brueche 14/1 und 1/2
 1 (addieren), 2 (subtrahieren), 3 (multiplizieren), 4 (dividieren) ? 3 ⏎
....Ergebnis: 14/1 * 1/2 = 14/2 = 7/1 (gekuerzt)
-------------------------------
7. Bruch (0/0 = Ende): 1/4 ⏎
Die beiden Brueche 7/1 und 1/4
 1 (addieren), 2 (subtrahieren), 3 (multiplizieren), 4 (dividieren) ? 1 ⏎
....Ergebnis: 7/1 + 1/4 = 29/4 = 29/4 (gekuerzt)
-------------------------------
8. Bruch (0/0 = Ende): 0/0 ⏎
```

28.3 Initialisierung von Strukturvariablen

28.3.1 Initialisierung von Strukturvariablen in C89 und C99

Strukturvariablen können wie andere Variablen bereits bei der Definition initialisiert werden. Die Initialisierung von Strukturen ist ähnlich zur Initialisierung von Arrays: Die Initialisierungswerte für die einzelnen Komponenten werden als Liste in geschweiften Klammern angegeben. Z. B. kann nach den folgenden Deklarationen:

```
struct datum {
    int     tag;
    int     monat;
    int     jahr;
};
struct person {
    char    name[20];
    char    vorname[20];
    struct datum geb;
    struct datum anst;
};
```

eine Variable `kollege` wie folgt definiert und initialisiert werden:

```
struct person   kollege = {
        "Meier",            /* kollege.name                      */
        "Fritz",            /* kollege.vorname                   */
        { 13, 7, 1965 },    /* kollege.geb.tag ,...monat,...jahr */
        { 25, 4, 1987 }     /* kollege.anst.tag,...monat,...jahr */
};
```

Man hätte die zusätzlichen Klammern für die „Unter-Strukturen" geb und anst auch weglassen können, worunter eventuell jedoch die Lesbarkeit leidet, wie z. B.

```
struct person   kollege = {
        "Meier",            /* kollege.name                      */
        "Fritz",            /* kollege.vorname                   */
        13, 7, 1965,        /* kollege.geb.tag ,...monat,...jahr */
        25, 4, 1987         /* kollege.anst.tag,...monat,...jahr */
};
```

Sind weniger Initialisierungswerte als Strukturkomponenten vorhanden, werden – wie bei der Initialisierung von Arrays – die Komponenten, für die es keine Werte gibt, mit 0 initialisiert. So entspricht z. B. folgende Angabe:

```
struct person   kollege = {
        "Meier",            /* kollege.name                      */
        "Fritz",            /* kollege.vorname                   */
};
```

der folgenden Angabe:

```
struct person   kollege = {
        "Meier",            /* kollege.name                      */
        "Fritz",            /* kollege. vorname                  */
        { 0, 0, 0 },        /* kollege.geb.tag ,...monat,...jahr */
```

```
            { 0, 0, 0 }   /* kollege.anst.tag,...monat,...jahr */
};
```

Mit folgender Angabe

```
struct koordinate {
   int    x;
   int    y;
};
struct pixel{
   struct koordinate  position;
   int                farbe;
};
struct pixel  punkt = {0};
```

setzt man alle drei int-Komponenten der Strukturvariablen punkt auf 0.
Gibt man mehr Initialisierungswerte an als Komponenten vorhanden sind, meldet der Compiler einen Fehler.

28.3.2 Initialisierung von Strukturvariablen (nur in C99)

Explizite Initialisierung von einzelnen Strukturkomponenten

C99 erlaubt die explizite Initialisierung von einzelnen Strukturkomponenten, indem man vor den entsprechenden Initialisierungswerten noch den Namen der jeweiligen Strukturkomponenten mit voranstehenden Punkt angibt, wie z. B.:

```
struct person   kollege = {
        .name = "Meier", .vorname = "Fritz", .geb = { 13, 7, 1965 },
        .anst.tag = 25, .anst.monat = 4, .anst.jahr = 1987
};
```

Diese C99-Angabe entspricht der folgenden Angabe in C89:

```
struct person kollege = {
        "Meier",          /* kollege.name                        */
        "Fritz",          /* kollege.vorname                     */
        { 13, 7, 1965 },  /* kollege.geb.tag ,...monat,...jahr   */
        { 25, 4, 1987 }   /* kollege.anst.tag,...monat,...jahr   */
};
```

Das folgende Programm structinit99.c, das nur auf einem C99-Compiler übersetzt werden kann, verdeutlicht nochmals diese Neuheit von C99:

```
#include  <stdio.h>

struct datum {
   int    tag;
   int    monat;
   int    jahr;
};
struct person {
   char    name[20];
   char    vorname[20];
   struct  datum  geb;
```

```
        struct  datum   anst;
};

int main(void)
{
   struct person kollege1 = {
          .name = "Meier", .vorname = "Fritz", .geb = { 13, 7, 1965 },
          .anst.tag = 25, .anst.monat = 4, .anst.jahr = 1987
   };
   struct person kollege2 = {
          "Aller",           /* kollege2.name                           */
          "Franziska",       /* kollege2.vorname                        */
          { 20, 4, 1959 },   /* kollege2.geb.tag ,...monat,...jahr */
          { 30, 9, 1991 }    /* kollege2.anst.tag,...monat,...jahr */
   };

   printf("kollege1:\n"
          "   %s %s, GebDatum: %d.%d.%d, Eingestellt: %d.%d.%d\n",
          kollege1.vorname, kollege1.name,
          kollege1.geb.tag, kollege1.geb.monat, kollege1.geb.jahr,
          kollege1.anst.tag, kollege1.anst.monat, kollege1.anst.jahr );
   printf("kollege2:\n"
          "   %s %s, GebDatum: %d.%d.%d, Eingestellt: %d.%d.%d\n",
          kollege2.vorname, kollege2.name,
          kollege2.geb.tag, kollege2.geb.monat, kollege2.geb.jahr,
          kollege2.anst.tag, kollege2.anst.monat, kollege2.anst.jahr );

   return 0;
}
```

Dieses Programm `structinit99.c` liefert die folgende Ausgabe:

```
kollege1:
  Fritz Meier, GebDatum: 13.7.1965, Eingestellt: 25.4.1987
kollege2:
  Franziska Aller, GebDatum: 20.4.1959, Eingestellt: 30.9.1991
```

Unbenamte Strukturen (neu in C99)

C99 erlaubt es, Strukturvariablen mit unbenamten Strukturen initialisieren zu lassen. Das folgende Programm `structnoname.c` verdeutlicht diese Neuheit von C99:

```
#include <stdio.h>

struct tg {
    char  *name;
    int    tag;
    int    monat;
};

int main(void)
```

```
{
    struct tg xmas = (struct tg ) { "Weihnachten", 24, 12 };
    struct tg easter2012 = (struct tg ) { "Ostern", 8, 4 };

    printf("xmas:         %d.%d (%s)\n", xmas.tag, xmas.monat, xmas.name);
    printf("easter2012: %d.%d (%s)\n",
            easter2012.tag, easter2012.monat, easter2012.name);

    return 0;
}
```

Das Programm `structnoname.c`, das nur mit einem C99-Compiler übersetzt werden kann, liefert die folgende Ausgabe:

```
xmas:       24.12 (Weihnachten)
easter2012: 8.4 (Ostern)
```

Initialisierung von lokalen Strukturvariablen mit variablen Werten (neu in C99)

C99 erlaubt die Initialisierung von lokalen Strukturvariablen mit variablen Werten, die keine Konstanten sind.

Das folgende Programm `wurzstruct.c` gibt die Quadratwurzeln zu allen ganzen Zahlen zwischen 0 und 20 aus. Die lokale Strukturvariable `wurzel` wird dabei nicht nur mit Konstanten, sondern auch mit Variablen und Rückgabewerten von Funktionsaufrufen initialisiert:

```
#include  <stdio.h>
#include  <math.h>

void  wurzel_ausgabe(void)
{
  int  i;
  double vier_wurzel = 2,
         neun_wurzel = 3;

  struct {
    int w0;
    int w1;
    double w[19];
  } wurzel = {
    0,
    1,
    { sqrt(2), sqrt(3), vier_wurzel, sqrt(5), sqrt(6), sqrt(7), sqrt(8),
      neun_wurzel, sqrt(10), sqrt(11), sqrt(12), sqrt(13), sqrt(14),
      sqrt(15),    sqrt(16), sqrt(17), sqrt(18), sqrt(19), sqrt(20)
    }
  };

  printf("Wurzel von  0: %d\n", wurzel.w0 );
  printf("Wurzel von  1: %d\n", wurzel.w1 );
```

```
    for (i=0; i<=18; i++)
        printf("Wurzel von %2d: %g\n", i+2, wurzel.w[i] );
}

int  main(void)
{
    wurzel_ausgabe();
    return 0;
}
```

Ausgabe des Programms `wurzstruct.c`, das nur auf einem C99-Compiler übersetzt werden kann:

```
Wurzel von  0: 0
Wurzel von  1: 1
Wurzel von  2: 1.41421
Wurzel von  3: 1.73205
Wurzel von  4: 2
Wurzel von  5: 2.23607
Wurzel von  6: 2.44949
Wurzel von  7: 2.64575
Wurzel von  8: 2.82843
Wurzel von  9: 3
Wurzel von 10: 3.16228
Wurzel von 11: 3.31662
Wurzel von 12: 3.4641
Wurzel von 13: 3.60555
Wurzel von 14: 3.74166
Wurzel von 15: 3.87298
Wurzel von 16: 4
Wurzel von 17: 4.12311
Wurzel von 18: 4.24264
Wurzel von 19: 4.3589
Wurzel von 20: 4.47214
```

28.4 Strukturarrays

28.4.1 Arrays von Strukturvariablen

Neben einfachen Strukturvariablen sind auch Arrays von Strukturvariablen erlaubt. Als Beispiel mögen die folgenden Deklarationen dienen:

```
struct  datum  {
    int    tag;
    int    monat;
    int    jahr;
};
struct  person  {
    char    name[20];
    char    vorname[20];
```

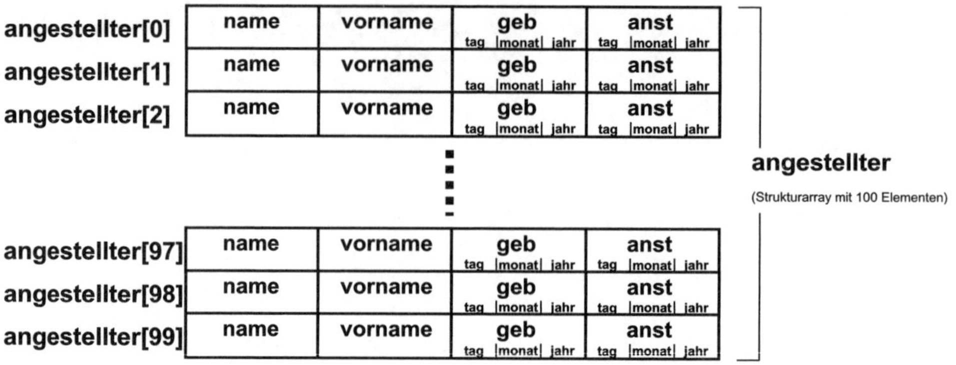

28 Strukturen

	name	vorname	geb tag |monat| jahr	anst tag |monat| jahr
angestellter[0]	name	vorname	geb	anst
angestellter[1]	name	vorname	geb	anst
angestellter[2]	name	vorname	geb	anst
⋮				
angestellter[97]	name	vorname	geb	anst
angestellter[98]	name	vorname	geb	anst
angestellter[99]	name	vorname	geb	anst

angestellter
(Strukturarray mit 100 Elementen)

Abbildung 28.3: Das Strukturarray `angestellter`

```
    struct datum geb;
    struct datum anst;
};
```

Mit

```
struct person angestellter[100];
```

definiert man dann keine einzelne Strukturvariable, sondern ein Array mit 100 Elementen, von denen jedes eine Strukturvariable des Typs `struct person` ist. Wie bei anderen Arrays auch, wird auch hier auf die einzelnen Elemente des Strukturarrays durch Angabe des Arraynamens gefolgt von einem Index zugegriffen, wie z. B. `angestellter[0]` bis `angestellter[99]`.
Abbildung 28.3 soll dies nochmals verdeutlichen.
Um nun auf die einzelnen Komponenten eines Arrayelements zuzugreifen, ist folgende Syntax vorgeschrieben:

```
arrayname[index].komponente
```

Will man etwa für das 43. Element des Strukturarrays in der Komponente `name` den String `Mayer` abspeichern, kann dies mit

```
strcpy(angestellter[43].name, "Mayer");
```

geschehen. Will man für das 39. Element des Strukturarrays in der Komponente `geb` das Geburtsjahr 1956 eintragen, so ist dies mit folgender Zuweisung möglich:

```
angestellter[39].geb.jahr = 1956;
```

Beispiel:
Das folgende Programm `firmverw.c` liest zu Personen einer Firma folgende Daten ein:

Name, Vorname, Geburtsdatum und Einstelldatum

und ermöglicht dann die Ausgabe aller eingegebenen Personen, wobei diese Liste nach vom Benutzer wählbaren Kriterien sortiert ist.
Möglicher Ablauf des Programms `firmverw.c`:

```
----Eingabe der 1.Person----
Name:                    Meier ⏎
Vorname:                 Fritz ⏎
Geburtsdatum (tt.mm.jjjj): 13.7.1965 ⏎
Anstelldatum (tt.mm.jjjj): 25.4.1987 ⏎
----Eingabe der 2.Person----
Name:                    Kuller ⏎
Vorname:                 Marianne ⏎
Geburtsdatum (tt.mm.jjjj): 9.8.1963 ⏎
Anstelldatum (tt.mm.jjjj): 15.3.1981 ⏎
----Eingabe der 3.Person----
Name:                    Mueller ⏎
Vorname:                 Dorothea ⏎
Geburtsdatum (tt.mm.jjjj): 4.6.1956 ⏎
Anstelldatum (tt.mm.jjjj): 7.12.1973 ⏎
----Eingabe der 4.Person----
Name:                    Aller ⏎
Vorname:                 Franz ⏎
Geburtsdatum (tt.mm.jjjj): 3.3.1957 ⏎
Anstelldatum (tt.mm.jjjj): 7.12.1973 ⏎
----Eingabe der 5.Person----
Name:                    Kuller ⏎
Vorname:                 Fritz ⏎
Geburtsdatum (tt.mm.jjjj): 9.10.1961 ⏎
Anstelldatum (tt.mm.jjjj): 15.4.1981 ⏎
----Eingabe der 6.Person----
Name:                    Reuter ⏎
Vorname:                 Karl ⏎
Geburtsdatum (tt.mm.jjjj): 4.6.1956 ⏎
Anstelldatum (tt.mm.jjjj): 3.12.1973 ⏎
----Eingabe der 7.Person----
Name:                    Kuller ⏎
Vorname:                 Fritz ⏎
Geburtsdatum (tt.mm.jjjj): 10.10.1961 ⏎
Anstelldatum (tt.mm.jjjj): 15.3.1981 ⏎
----Eingabe der 8.Person----
Name:                    Haller ⏎
Vorname:                 Egon ⏎
Geburtsdatum (tt.mm.jjjj): 7.12.1960 ⏎
Anstelldatum (tt.mm.jjjj): 8.11.1990 ⏎
----Eingabe der 9.Person----
Name:                    Kuller ⏎
Vorname:                 Toni ⏎
Geburtsdatum (tt.mm.jjjj): 9.10.1961 ⏎
Anstelldatum (tt.mm.jjjj): 15.4.1981 ⏎
----Eingabe der 10.Person----
Name:                          ⏎

.....Weiter mit Return.... ⏎
```

```
Verwaltung der Angestellten
============================
     0      Ende
     1      Sortieren nach Name
     2      Sortieren nach Vorname
     3      Sortieren nach Geburtsdatum
     4      Sortieren nach Einstelldatum
Ihre Wahl: 1 ⏎


       Name                  , Vorname           , Geb.Datum,  Einst.Datum
       -----------------------------------------------------------------
       1. Aller              , Franz             , 03.03.1957, 07.12.1973
       2. Haller             , Egon              , 07.12.1960, 08.11.1990
       3. Kuller             , Fritz             , 09.10.1961, 15.04.1981
       4. Kuller             , Fritz             , 10.10.1961, 15.03.1981
       5. Kuller             , Marianne          , 09.08.1963, 15.03.1981
       6. Kuller             , Toni              , 09.10.1961, 15.04.1981
       7. Meier              , Fritz             , 13.07.1965, 25.04.1987
       8. Mueller            , Dorothea          , 04.06.1956, 07.12.1973
       9. Reuter             , Karl              , 04.06.1956, 03.12.1973

.....Weiter mit Return.... ⏎

Verwaltung der Angestellten
============================
     0      Ende
     1      Sortieren nach Name
     2      Sortieren nach Vorname
     3      Sortieren nach Geburtsdatum
     4      Sortieren nach Einstelldatum
Ihre Wahl: 2 ⏎


       Name                  , Vorname           , Geb.Datum,  Einst.Datum
       -----------------------------------------------------------------
       1. Mueller            , Dorothea          , 04.06.1956, 07.12.1973
       2. Haller             , Egon              , 07.12.1960, 08.11.1990
       3. Aller              , Franz             , 03.03.1957, 07.12.1973
       4. Kuller             , Fritz             , 09.10.1961, 15.04.1981
       5. Kuller             , Fritz             , 10.10.1961, 15.03.1981
       6. Meier              , Fritz             , 13.07.1965, 25.04.1987
       7. Reuter             , Karl              , 04.06.1956, 03.12.1973
       8. Kuller             , Marianne          , 09.08.1963, 15.03.1981
       9. Kuller             , Toni              , 09.10.1961, 15.04.1981

.....Weiter mit Return.... ⏎

Verwaltung der Angestellten
============================
     0      Ende
     1      Sortieren nach Name
```

```
   2    Sortieren nach Vorname
   3    Sortieren nach Geburtsdatum
   4    Sortieren nach Einstelldatum
Ihre Wahl: 3 ⏎


    Name                 , Vorname         , Geb.Datum,  Einst.Datum
   ----------------------------------------------------------------
   1. Mueller             , Dorothea        , 04.06.1956, 07.12.1973
   2. Reuter              , Karl            , 04.06.1956, 03.12.1973
   3. Aller               , Franz           , 03.03.1957, 07.12.1973
   4. Haller              , Egon            , 07.12.1960, 08.11.1990
   5. Kuller              , Fritz           , 09.10.1961, 15.04.1981
   6. Kuller              , Toni            , 09.10.1961, 15.04.1981
   7. Kuller              , Fritz           , 10.10.1961, 15.03.1981
   8. Kuller              , Marianne        , 09.08.1963, 15.03.1981
   9. Meier               , Fritz           , 13.07.1965, 25.04.1987

   .....Weiter mit Return.... ⏎

Verwaltung der Angestellten
===========================
   0    Ende
   1    Sortieren nach Name
   2    Sortieren nach Vorname
   3    Sortieren nach Geburtsdatum
   4    Sortieren nach Einstelldatum
Ihre Wahl: 4 ⏎


    Name                 , Vorname         , Geb.Datum,  Einst.Datum
   ----------------------------------------------------------------
   1. Reuter              , Karl            , 04.06.1956, 03.12.1973
   2. Aller               , Franz           , 03.03.1957, 07.12.1973
   3. Mueller             , Dorothea        , 04.06.1956, 07.12.1973
   4. Kuller              , Fritz           , 10.10.1961, 15.03.1981
   5. Kuller              , Marianne        , 09.08.1963, 15.03.1981
   6. Kuller              , Fritz           , 09.10.1961, 15.04.1981
   7. Kuller              , Toni            , 09.10.1961, 15.04.1981
   8. Meier               , Fritz           , 13.07.1965, 25.04.1987
   9. Haller              , Egon            , 07.12.1960, 08.11.1990

   .....Weiter mit Return.... ⏎

Verwaltung der Angestellten
===========================
   0    Ende
   1    Sortieren nach Name
   2    Sortieren nach Vorname
   3    Sortieren nach Geburtsdatum
   4    Sortieren nach Einstelldatum
Ihre Wahl: 0 ⏎
```

Mögliches Aussehen des Programms `firmverw.c`:

```c
#include    <stdio.h>
#include    <string.h>

#define     MAX     100

struct  datum   {
    int     tag;
    int     monat;
    int     jahr;
};
struct  person  {
    char    name[20];
    char    vorname[20];
    struct  datum   geb;
    struct  datum   anst;
};
struct person   angest[MAX];    /* Array mit Daten der Angestellten */

int     einlesen(void);
int     auswahl(void);
void    sortieren(int anzahl, int auawahl);
void    ausgeben(int anzahl);
int     vergl_geb(int i, int j);
int     vergl_anst(int i, int j);
void    umspeicher(int i, int j);

/*------------------------------------------------------------------ main ----*/
int  main(void)
{
    int  wahl, anzahl;

    anzahl = einlesen();
    while ((wahl = auswahl()) != 0) {
        sortieren(anzahl, wahl);
        ausgeben(anzahl);
    }
    return(0);
}

/*---------------------------------------------------------------- einlesen ----*/
int  einlesen(void)
{
    int    i=0;

    for (i=0; i<MAX; i++) {
        printf("\n----Eingabe der %d.Person----\n", i+1);
        printf("Name:                    ");
        fgets(angest[i].name, 20, stdin);
```

28.4 Strukturarrays

```c
            angest[i].name[ strlen(angest[i].name)-1 ] = '\0'; /* \n am Ende entfernen */
            if (strlen(angest[i].name) == 0)
                break;
            printf("Vorname:                     ");
            fgets(angest[i].vorname, 20, stdin);
            angest[i].vorname[ strlen(angest[i].vorname)-1 ] = '\0';
            printf("Geburtsdatum (tt.mm.jjjj): ");
            scanf("%d.%d.%d", &angest[i].geb.tag,
                              &angest[i].geb.monat,
                              &angest[i].geb.jahr);
            printf("Anstelldatum (tt.mm.jjjj): ");
            scanf("%d.%d.%d", &angest[i].anst.tag,
                              &angest[i].anst.monat,
                              &angest[i].anst.jahr);
            getchar();
        }
        return(i);
    }

/*-------------------------------------------------------------- auswahl ----*/
int  auswahl(void)
{
    int   wahl;
    char  string[100];

    printf("\n.....Weiter mit Return....\n");
    fgets(string, 100, stdin);
    do {
        printf("Verwaltung der Angestellten\n"
               "===========================\n\n"
               "  0    Ende\n"
               "  1    Sortieren nach Name\n"
               "  2    Sortieren nach Vorname\n"
               "  3    Sortieren nach Geburtsdatum\n"
               "  4    Sortieren nach Einstelldatum\n"
               " Ihre Wahl: ");
        scanf("%d", &wahl);
        getchar();
    } while (wahl < 0 || wahl > 4);
    return(wahl);
}

/*-------------------------------------------------------------- sortieren ----*/
void  sortieren(int anzahl, int wahl)
{
    int  i, j, name_vergl, vorname_vergl, geb_vergl, anst_vergl;

    for (i=0; i<anzahl-1; i++)      /*...... Bubble-Sort */
        for (j=i+1; j<anzahl; j++) {
            name_vergl    = strcmp(angest[i].name, angest[j].name);
```

28 Strukturen

```c
            vorname_vergl = strcmp(angest[i].vorname, angest[j].vorname);
            geb_vergl     = vergl_geb(i, j);
            anst_vergl    = vergl_anst(i, j);
            switch (wahl) {
               case 1:
                  if (name_vergl > 0                                          ||
                      (name_vergl==0 && vorname_vergl > 0)                    ||
                      (name_vergl==0 && vorname_vergl==0 && geb_vergl > 0)    )
                     umspeicher(i, j);
                  break;
               case 2:
                  if (vorname_vergl > 0                                       ||
                      (vorname_vergl==0 && name_vergl > 0)                    ||
                      (vorname_vergl==0 && name_vergl==0 && geb_vergl > 0)    )
                     umspeicher(i, j);
                  break;
               case 3:
                  if (geb_vergl > 0                                           ||
                      (geb_vergl==0 && name_vergl > 0)                        ||
                      (geb_vergl==0 && name_vergl==0 && vorname_vergl > 0)    )
                     umspeicher(i, j);
                  break;
               case 4:
                  if (anst_vergl > 0                                          ||
                      (anst_vergl==0 && name_vergl > 0)                       ||
                      (anst_vergl==0 && name_vergl==0 && vorname_vergl > 0)   )
                     umspeicher(i, j);
                  break;
               default:
                  printf("...... Programminterner Fehler...\n");
                  break;
            }
         }
      }
}

/*-------------------------------------------------------------- ausgeben ----*/
void ausgeben(int anzahl)
{
   int i;

   printf("     %-20s, %-20s, Geb.Datum,  Einst.Datum\n", "Name", "Vorname");
   printf("----------------------------------------------------------------\n");
   for (i=0; i<anzahl; i++)
      printf("%3d. %-20s, %-20s, %02d.%02d.%04d, %02d.%02d.%04d\n",
             i+1, angest[i].name, angest[i].vorname,
                  angest[i].geb.tag, angest[i].geb.monat, angest[i].geb.jahr,
                  angest[i].anst.tag, angest[i].anst.monat, angest[i].anst.jahr);
}

/*-------------------------------------------------------------- vergl_geb ----*/
```

```
int  vergl_geb(int i, int j)
{
   if      (angest[i].geb.jahr  < angest[j].geb.jahr)   return(-1);
   else if (angest[i].geb.jahr  > angest[j].geb.jahr)   return(1);
   else if (angest[i].geb.monat < angest[j].geb.monat)  return(-1);
   else if (angest[i].geb.monat > angest[j].geb.monat)  return(1);
   else if (angest[i].geb.tag   < angest[j].geb.tag)    return(-1);
   else if (angest[i].geb.tag   > angest[j].geb.tag)    return(1);
   return(0);
}

/*----------------------------------------------------------- vergl_anst ----*/
int  vergl_anst(int i, int j)
{
   if      (angest[i].anst.jahr  < angest[j].anst.jahr)   return(-1);
   else if (angest[i].anst.jahr  > angest[j].anst.jahr)   return(1);
   else if (angest[i].anst.monat < angest[j].anst.monat)  return(-1);
   else if (angest[i].anst.monat > angest[j].anst.monat)  return(1);
   else if (angest[i].anst.tag   < angest[j].anst.tag)    return(-1);
   else if (angest[i].anst.tag   > angest[j].anst.tag)    return(1);
   return(0);
}

/*----------------------------------------------------------- umspeicher ----*/
void  umspeicher(int i, int j)
{
   struct person  hilf;

   hilf      = angest[i];
   angest[i] = angest[j];
   angest[j] = hilf;
}
```

Weiteres Beispiel:

Das hier vorgestellte Programm `artizahl.c` zählt die in einem einzugebenden Text enthaltenen bestimmten Artikel (der, die, das). Man benötigt hierzu ein Stringarray, um die drei Artikeln zu speichern, und ein Array von `int`-Werten, um die Häufigkeit der entsprechenden Artikel festzuhalten. Eine Möglichkeit wäre, zwei logisch zusammengehörige Arrays zu definieren:

```
char  *artikel[3];
int   zaehl_artikel[3];
```

Da diese beiden Arrays logisch zusammengehören, können sie auch zu einem Strukturarray zusammengefasst werden:

```
struct such_artikel {
   char  *artikel;
   int   zaehl_artikel;
} art_tabelle[3];
```

Jedes Element von `art_tabelle` (`art_tabelle[0]`, `art_tabelle[1]`, `art_tabelle[2]`) ist dann eine Strukturvariable.
Eine andere mögliche Formulierung wäre:

```
struct such_artikel  {
    char     *artikel;
    int      zaehl_artikel;
};
struct such_artikel  art_tabelle[3];
```

Da die bestimmten Artikel schon zu Programmbeginn bekannt sind und die entsprechenden Zählvariablen mit 0 vorzubesetzen sind, kann das Array `art_tabelle` schon bei der Definition initialisert werden:

```
struct such_artikel  {
    char     *artikel;
    int      zaehl_artikel;
}  art_tabelle[] = {  {"der", 0},
                      {"die", 0},
                      {"das", 0} };
```

Die Angabe der Dimension kann bei `art_tabelle[]` entfallen, da der Compiler diese aus der Anzahl der Initialisierungswerte ermitteln kann.
Mögliches Aussehen des Programms `artizahl.c`:

```c
#include   <stdio.h>
#include   <ctype.h>
#include   <string.h>

#define   MAX_ZEICHEN   1000

struct  such_artikel  {
    char     *artikel;
    int      zaehl_artikel;
}  art_tabelle[] = {  {"der", 0}, {"die", 0}, {"das", 0}  };

/*-------------------------------- main -------------------------*/
int  main(void)
{
    char    *wort, satz[MAX_ZEICHEN], wort_trenn[] = ".,:;!? \t\n\"";
    int     i;

    while (fgets(satz, MAX_ZEICHEN, stdin) != NULL) {
        wort = strtok(satz, wort_trenn);
        while (wort != NULL) {
            for (i=0; i<strlen(wort); i++)
                wort[i] = tolower(wort[i]);
            for (i=0; i<3; i++)
                if (!strcmp(wort, art_tabelle[i].artikel))
                    art_tabelle[i].zaehl_artikel++;
            wort = strtok(NULL, wort_trenn);
        }
    }
```

```
        printf("\n\nIn diesem Text sind die Artikel-Woerter\n");
        for(i=0; i<3; i++)
           printf("    %s : %3d mal\n",
                   art_tabelle[i].artikel, art_tabelle[i].zaehl_artikel);
        printf("enthalten\n");
        return(0);
}
```

28.4.2 Übung: Zählen der Schlüsselwörter in einem C-Programm

Erstellen Sie ein Programm c_worte.c, das das Vorkommen der folgenden C-Schlüsselwörter in einem C-Programm zählt:

auto	break	case	char	const	continue	default
do	double	else	enum	extern	float	for
goto	if	int	long	register	return	short
signed	sizeof	static	struct	switch	typedef	union
unsigned	void	volatile	while			
inline	restrict	_Bool	_Imaginary	_Complex		

Für alle C-Schlüsselwörter, die im vorgelegten Programm vorkommen, soll es eine Statistik über die Häufigkeit des Vorkommens ausgeben. Das zu analysierende C-Programm soll über Eingabeumlenkung dem Programm c_worte zur Verfügung gestellt werden, wie z. B.:

```
user@linux:~ >  c_worte < cprog.c  ⏎
```

Mögliche Ausgabe durch das Programm c_worte.c:

```
In diesem Text sind folgende C-Schlüsselwörter enthalten:

           char :   2 mal
            for :   3 mal
             if :   2 mal
            int :   3 mal
         return :   1 mal
         sizeof :   2 mal
         struct :   1 mal
           void :   1 mal
          while :   2 mal
```

28.5 Strukturen als Funktionsparameter

28.5.1 Übergabe von Strukturen an Funktionen

In früheren C-Compilern (vor C89) waren nur die folgenden Operationen auf Strukturen erlaubt:

❏ Ermitteln der Adresse einer Struktur mit Adreßoperator &.

❏ Ermitteln der Größe einer Struktur mit sizeof-Operator.

28 Strukturen

❏ Zugreifen auf Strukturkomponenten mit Punktoperator.

Seit C89 sind nun zusätzlich noch die folgenden Operationen auf Strukturen erlaubt:

❏ Zuweisen einer ganzen Struktur an andere Struktur gleichen Typs.

❏ Übergabe einer ganzen Struktur als Parameter einer Funktion.

❏ Rückgabe einer ganzen Struktur als Rückgabewert einer Funktion.

Beispiel:

Es soll ein Programm `kompzahl.c` erstellt werden, das von diesen drei zusätzlich erlaubten Operationen auf Strukturen Gebrauch macht. Die Aufgabe des Programms `kompzahl.c` soll es sein, dass es komplexe Zahlen addieren und subtrahieren kann.

Eine komplexe Zahl besteht aus einem Real- und einem Imaginärteil. Der Imaginärteil wird dabei durch Angabe von i (steht für $\sqrt{-1}$) gekennzeichnet. Nehmen wir z. B. die beiden folgenden komplexen Zahlen:

```
a = 2 + 5i, b = 7 + 6i
```

Dann gilt für

Addition: a + b = (2 + 7) + (5 + 6)i = 9 + 11i
Subtraktion: a - b = (2 - 7) + (5 - 6)i = -5 - 1i

Mögliches Aussehen des Programms `kompzahl.c`:

```c
#include    <stdio.h>
#include    <ctype.h>

struct komplex {
    float   real_teil;
    float   imag_teil;
};

struct komplex eingab(int nr);
struct komplex berech(int wahl, struct komplex zahl1, struct komplex zahl2);
int            opwahl(void);
/*-------------------------------------------------- main ----------*/
int main(void) {
    struct komplex alt_zahl, neu_zahl, ergeb;
    int            wahl, z=1;
    alt_zahl = eingab(z);
    while ( (wahl=opwahl()) != 'e') {
       neu_zahl = eingab(++z);
       ergeb = berech(wahl, alt_zahl, neu_zahl);
       printf("\n......(%g%+gi) %c (%g%+gi) = (%g%+gi)......\n\n",
              alt_zahl.real_teil, alt_zahl.imag_teil, wahl,
              neu_zahl.real_teil, neu_zahl.imag_teil,
              ergeb.real_teil, ergeb.imag_teil);
       alt_zahl = ergeb;
    }
    return(0);
```

28.5 Strukturen als Funktionsparameter

```
}
/*------------------------------------------------ eingab ----------*/
struct komplex  eingab(int nr) {
  struct komplex  zahl;
  printf("Realteil der %d. komplexen Zahl: ", nr);
  scanf("%f", &zahl.real_teil);
  printf("Imaginaerteil der %d. komplexen Zahl: ", nr);
  scanf("%f", &zahl.imag_teil);
  getchar();
  return(zahl);
}
/*------------------------------------------------ berech ----------*/
struct komplex  berech(int wahl, struct komplex zahl1, struct komplex zahl2) {
  switch (wahl) {
      case '+': zahl1.real_teil += zahl2.real_teil;
                zahl1.imag_teil += zahl2.imag_teil; break;
      case '-': zahl1.real_teil -= zahl2.real_teil;
                zahl1.imag_teil -= zahl2.imag_teil; break;
  }
  return(zahl1);
}
/*------------------------------------------------ opwahl ----------*/
int opwahl(void) {
  int    operat;
  do {
      printf("Welche Operation (+,-); e=Ende: ");
      operat = tolower(getchar()); getchar();
  } while (operat != '+' && operat != '-' && operat != 'e');
  return(operat);
}
```

Wenn wir folgenden komplexen Ausdruck berechnen wollen:

```
(-7+3.5i) - (3.21-4.7i) + (-13.12-4.37i) = ?
```

ergibt sich folgender Ablauf des Programms `kompzahl.c`:

```
Realteil der 1. komplexen Zahl: -7 ⏎
Imaginaerteil der 1. komplexen Zahl: 3.5 ⏎
Welche Operation (+,-); e=Ende: - ⏎
Realteil der 2. komplexen Zahl: 3.21 ⏎
Imaginaerteil der 2. komplexen Zahl: -4.7 ⏎
......(-7+3.5i) - (3.21-4.7i) = (-10.21+8.2i)......
Welche Operation (+,-); e=Ende: + ⏎
Realteil der 3. komplexen Zahl: -13.12 ⏎
Imaginaerteil der 3. komplexen Zahl: -4.37 ⏎
......(-10.21+8.2i) + (-13.12-4.37i) = (-23.33+3.83i)......
Welche Operation (+,-); e=Ende: e ⏎
```

28.5.2 Übung: Tagesdifferenz zwischen zwei Daten

Die weltberühmte Hofbräuhütte wurde z. B. am 7.11.1902 gegründet und hatte seitdem jeden Tag geöffnet. Zum Hundertjährigen Jubiläum soll nun ein großes Fest veranstaltet werden, an dem die Hofbräuhütte für jeden Öffnungstag eine Maß Freibier ausschenkt. Hierzu muss dieses traditionelle und weltbekannte Gasthaus aber die Anzahl der Tage zwischen dem 7.11.1902 und dem 7.11.2002 ermitteln.

Helfen Sie der Hofbräuhütte, und erstellen Sie ein Programm `datediff.c`, das zwei Daten einliest und dann die Anzahl der Tage zwischen diesen beiden Daten ausgibt. Die eingegebenen Daten werden dabei in zwei Strukturvariablen vom gleichen Datentyp gespeichert. Zum Ermitteln der Tagesdifferenz sollten Sie eine Funktion `tage_diff()` erstellen, der sie als Argumente diese beiden Strukturvariablen übergeben.

Mögliche Abläufe des Programms `datediff.c`:

```
         Tages-Differenz zwischen zwei Dati
         ==================================

1. Datum (tt.mm.jjjj): 7.11.1902 ⏎
2. Datum (tt.mm.jjjj): 7.11.2002 ⏎

..... Differenz: 36525 Tage .....


         Tages-Differenz zwischen zwei Dati
         ==================================

1. Datum (tt.mm.jjjj): 7.2.1996 ⏎
2. Datum (tt.mm.jjjj): 7.3.1996 ⏎

..... Differenz: 29 Tage .....


         Tages-Differenz zwischen zwei Dati
         ==================================

1. Datum (tt.mm.jjjj): 7.2.1700 ⏎
2. Datum (tt.mm.jjjj): 7.3.1700 ⏎

..... Differenz: 28 Tage .....
```

28.6 Zeiger und Strukturen

28.6.1 Allgemeines zu Zeiger und Strukturen

Zeiger auf Strukturen

Wie wir bereits wissen, kann man die Adresse einer Struktur mit dem Adreßoperator & ermitteln. Will man diese Adresse festhalten, so benötigt man eine Zeigervariable, wie z. B.

```
struct artikel {
        long  nr;
        char  name[32];
```

```
};
struct artikel   x;
struct artikel   *xz;  /* Zeiger, der die Adresse einer Strukturvariablen
                          (vom Typ struct artikel) enthalten kann       */
```

Mit der Anweisung

```
xz = &x;
```

speichert man dann die Adresse der Strukturvariablen x in der Zeigervariablen xz. Da der Zeiger xz nun die Adresse der Variablen x enthält, sind die beiden Ausdrücke
x und *xz
äquivalent. Das folgende Programm struzgr1.c verdeutlicht dies nochmals:

```
#include   <stdio.h>
#include   <string.h>

struct artikel {
       long   nr;
       char   name[32];
};
struct artikel x, y, *xz, *yz;

int  main(void) {
   xz = &x;
   yz = &y;
   printf("x = %u (%u) Bytes\n", sizeof(x), sizeof(*xz));
   printf("y = %u (%u) Bytes\n", sizeof(y), sizeof(*yz));
   strcpy(x.name, "Wintersocken");
   x.nr = 12345678;
   *yz = *xz;   /* Kopieren der ganzen Strukturvar. x in die Strukturvar. y
                   ueber Zeiger                                            */
   printf("x.name = %s (Nr. %ld)\n"
          "y.name = %s (Nr. %ld)\n", x.name, x.nr, y.name, y.nr);
   return(0);
}
```

Möglicher Ablauf des Programms struzgr1.c:

```
x = 36 (36) Bytes
y = 36 (36) Bytes
x.name = Wintersocken (Nr. 12345678)
y.name = Wintersocken (Nr. 12345678)
```

Da der Zeiger xz nach der Anweisung

```
xz = &x;
```

die Adresse der Strukturvariablen x enthält, folgt aus der Äquivalenz der beiden Ausdrücke x und *xz für den Zugriff auf die Komponenten der Strukturvariablen x, dass auch die Ausdrücke
  x.nr und (*xz).nr
bzw.
  x.name und (*xz).name

gleichwertig sind. Die Speicherung der Nummer 12345654 in der Strukturvariablen x wäre somit auf zwei verschiedene Arten möglich:

```
x.nr = 12345654;
```

oder

```
(*xz).nr = 12345654;  /* Klammern notwendig wegen höherer Priorität
                         des Punktoperators */
```

Unterschied zwischen Strukturzeiger und Zeiger in Struktur

Ist allgemein `stru_zgr` eine Zeigervariable, die die Adresse einer Strukturvariablen enthält, so gilt für den Zugriff auf eine Strukturkomponente über einen solchen Strukturzeiger folgende Syntax:

```
(*stru_zgr).komponente
```

Die Klammern um `*stru_zgr` sind notwendig, da der Punktoperator eine höhere Priorität als der Verweisoperator * besitzt.
So würde wegen dieser höheren Priorität des Punktoperators der Ausdruck

```
*xz.name
```

wegen der fehlenden Klammerung als

```
*(xz.name)
```

interpretiert, was falsch ist, da der Punktoperator auf einen Zeiger (xz) angewendet wird, was nicht erlaubt ist. Der Compiler würde dies als Fehler erkennen und melden.
Der Unterschied zwischen einem Strukturzeiger und einem Zeiger in einer Struktur soll nachfolgend nochmals verdeutlicht werden:

Strukturzeiger Hierfür könnten folgende Deklarationen/Definitionen vorliegen:

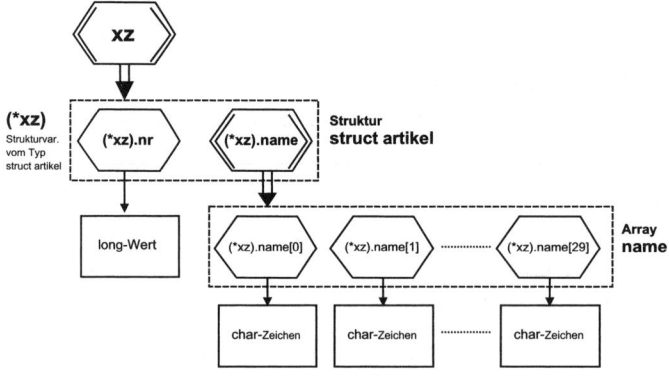

Abbildung 28.4: Ein Strukturzeiger

28.6 Zeiger und Strukturen

```
struct artikel {
    long nr;
    char name[30];
};
struct artikel *xz; /* Zeiger, der die Adresse einer Strukturvariablen
                       (vom Typ struct artikel) enthalten kann     */
```

Mögliche Zugriffe veranschaulicht die Abbildung 28.4.

Zeiger in Strukturen Hierfür könnten folgende Deklarationen/Definitionen vorliegen:

```
struct artikel {
    long *nr;      /* Zeiger in der Struktur */
    char name[30];
};
struct artikel x; /* Strukturvar. (kein Zeiger) */
```

Mögliche Zugriffe veranschaulicht die Abbildung 28.5.

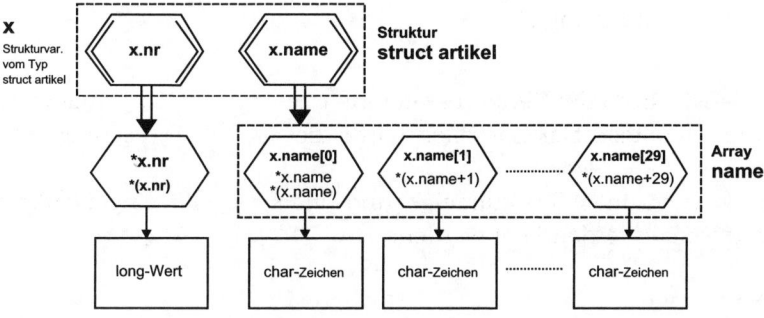

Abbildung 28.5: Zeiger in Strukturen

Pfeiloperator für Zugriff über Strukturzeiger

Zu der etwas umständlichen und auch fehleranfälligen Schreibweise für den Zugriff über einen Strukturzeiger `stru_zgr`:

`(*stru_zgr).komponente`

gibt es eine äquivalente, aber einfachere Alternative, die auf den Punkt- und Verweisoperator verzichtet und stattdessen den *Pfeiloperator* „->" (Minuszeichen gefolgt von einem „Größer"-Zeichen) verwendet:

`stru_zgr->komponente`

Somit sind für unsere Struktur `struct artikel` die Ausdrücke
  `(*xz).nr` und `(*xz).name`
gleichwertig zu
  `xz->nr` und `xz->name`

28 Strukturen

Das folgende Programm `struzgr2.c` verdeutlicht die Anwendung des Pfeiloperators nochmals:

```
#include <stdio.h>

struct artikel {
        long  nr;
        char  name[30];
};
struct artikel x, *xz;

int  main(void) {
   xz = &x;
   printf("Gib Artikelnummer ein: ");
   scanf("%ld", &xz->nr);     /* Auch moegl.: scanf("%ld", &(*xz).nr); */
   printf("Gib Artikelname ein: ");
   scanf("%s", xz->name);     /* Auch moegl.: scanf("%s", (*xz).name); */

   printf("\n");
   printf("Artikelnummer: %ld (%ld)\n", xz->nr, (*xz).nr);
   printf("Artikelname  : %s (%s)\n", xz->name, (*xz).name);
   return(0);
}
```

Möglicher Ablauf des Programms `struzgr2.c`:

```
Gib Artikelnummer ein: 123451 ⏎
Gib Artikelname ein: Sommersocken ⏎

Artikelnummer: 123451 (123451)
Artikelname  : Sommersocken (Sommersocken)
```

Weiteres Beispiel:

Das folgende Programm `pap.c` zeigt dem Benutzer auf Anfrage eines der Symbole eines Programmablaufplans (PAP). Es wendet dazu die binäre Suche an, die bereits auf Seite 563 vorgestellt wurde und hier nochmals genauer an einem Strukturarray gezeigt wird:

```
#include <stdio.h>
#include <ctype.h>

struct  symbole  {
    char  buchstab;
    char  *bild[7];
} symb_tabelle[] = {
    {'a',"  _____  ",
     "  /Ausgabe: /",
     " /         /",
     "/_____/"  },
    {'b'," _____  ",
     "(_____)"  },
    {'e',"  _____  ",
     "  /Eingabe: /",
```

28.6 Zeiger und Strukturen

```c
                " /        /",
                "/_____/"  },
       {'i'," /\\",              /* \\ entspricht dem Zeichen  \    */
                " / \\\\",
                "/   \\\\",
                "\\\\   /",
                " \\\\  /",
                "  \\\\/"   },
       {'s'," _____",
                "(_____)"  },
       {'t',"_____",
                "|       |",
                "|       |",
                "|_____|"  },
       {'u',"_____",
                "||     ||",
                "||     ||",
                "||_____||"  }
   };

#define   ANZAHL   sizeof(symb_tabelle) / sizeof(struct symbole)

struct symbole  *binaer_suche(int wahl, struct symbole tabelle[], int laenge);
int             auswahl(void);
/*------------------------------------------------------- main ------*/
int  main(void) {
    struct   symbole    *zgr;
    int                 i, wahl;

    while ( (wahl=auswahl()) != 'p') {
        if ((zgr=binaer_suche(wahl, symb_tabelle, ANZAHL)) != NULL) {
            i=0;
            while (zgr->bild[i])
                printf("%s\n", zgr->bild[i++]);
        }
        getchar();
    }
    return 0;
}
/*-------------------------------------------------- binaer_suche ------*/
struct symbole  *binaer_suche(int wahl, struct symbole tabelle[], int laenge) {
    struct   symbole   *unten, *oben, *mitte;

    unten = &tabelle[0];
    oben  = &tabelle[laenge-1];
    while (unten<=oben) {
        mitte = unten + (oben-unten)/2;
        if (wahl < mitte->buchstab)
            oben = mitte-1;
        else if (wahl > mitte->buchstab)
```

28 Strukturen

```
            unten = mitte+1;
        else
            return(mitte);
    }
    return(NULL);
}
/*---------------------------------------------------- auswahl ------*/
int auswahl(void) {
    printf("\n\n"
            "      A(usgabe)-Symbol\n"
            "      B(eginn)-Symbol\n"
            "      E(ingabe)-Symbol\n"
            "      I(f-Vergleich)-Symbol\n"
            "      S(top)-Symbol\n"
            "      T(aetigkeits)-Symbol\n"
            "      U(nterprogramm)-Symbol\n"
            "      P(rogrammende)\n\n"
            " Ihr Wahl: ");
    return(tolower(getchar()));
}
```

Erläuterungen zu diesem Programm:
Mit der Anweisung

```
#define   ANZAHL    sizeof symb_tabelle / sizeof(struct symbole)
```

definieren wir eine symbolische Konstante ANZAHL, die die Anzahl der PAP-Symbole im Strukturarray `symb_tabelle` enthält. Diese Zahl, hier 7, könnten wir natürlich auch von Hand auszählen und mit

```
#define ANZAHL 7
```

angeben. Dies hätte jedoch den Nachteil, dass bei einer späteren Änderung der Liste der PAP-Symbole, z. B. durch Hinzufügen oder Entfernen eines PAP-Symbols diese Konstante 7 auch geändert werden müßte, was aber leicht vergessen werden kann. Bei der Angabe von

```
sizeof(symb_tabelle) / sizeof(struct symbole)
```

wird aber diese Zahl immer automatisch angepasst:

`sizeof(symb_tabelle)`

    liefert die Größe des gesamten Strukturarrays in Bytes und

`sizeof(struct symbole)`

    liefert die Größe eines Arrayelements (hier `struct symbole`): 1 Byte für `buchstab` und 7 · 4 Bytes für `bild[7]` (bei 4 Bytes für einen Zeiger).

Das bedeutet, dass der obige Ausdruck wie folgt ersetzt wird:

```
sizeof(symb_tabelle)   /   sizeof(struct symbole)
       203             /           29
                       7
```

Nun wollen wir die Funktion `binaer_suche()` noch etwas genauer betrachten: Der Funktionskopf von `binaer_suche()`:

28.6 Zeiger und Strukturen

```
struct symbole *binaer_suche(int wahl, struct symbole tabelle[], int laenge)
```

zeigt an, dass diese Funktion als Rückgabewert einen Zeiger auf `struct symbole` liefert. Nehmen wir an, dass wir die Funktion `binaer_suche()` in `main()` mit folgenden Argumenten aufrufen:

wahl --> 's'
tabelle --> symb_tabelle
laenge --> ANZAHL (7)

dann werden mit

```
unten = &tabelle[0];
oben  = &tabelle[laenge-1];
```

die beiden lokalen Strukturzeiger `unten` und `oben` auf den Anfang und das Ende von `symb_tabelle` gesetzt, wie dies in Abbildung 28.6 mit rein fiktiven Adressen veranschaulicht wird:

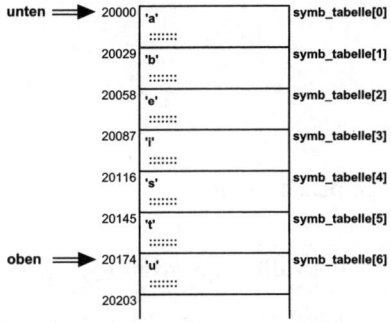

Abbildung 28.6: Binärsuche über Zeiger (zu Beginn)

Da die Bedingung `unten<=oben` der `while`-Schleife erfüllt ist, wird als nächstes der Zeiger `mitte` mit der Anweisung

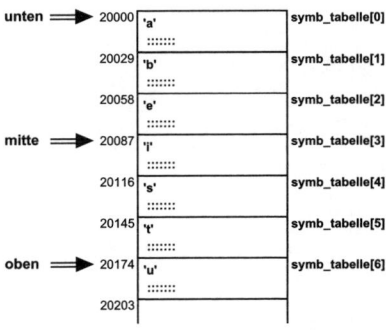

Abbildung 28.7: Binärsuche: Zeiger `mitte` wird in Mitte positioniert

```
mitte = unten + (oben -unten)/2
```
[1]

mitte = 20000 + (20174-20000)/2 = 20087 (nur zur Erklärung) auf die Mitte der Liste `symb_tabelle` positioniert; siehe auch Abbildung 28.7. Da wahl > mitte->buchstab ('s' > 'i') ist, wird der Strukturzeiger unten mit

```
    unten = mitte+1;
```

wie es in Abbildung 28.8 gezeigt ist, positioniert.

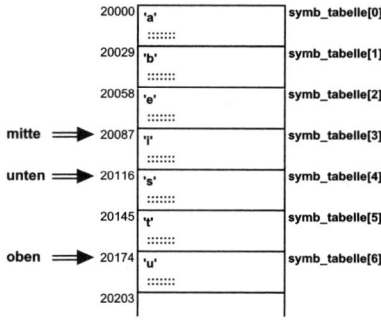

Abbildung 28.8: Binärsuche: Zeiger unten hinter mitte positionieren

Da die while-Bedingung unten<=oben immer noch erfüllt ist, wird mit

```
    mitte = unten + (oben-unten)/2;
```

der Strukturzeiger mitte auf das Element in der Mitte zwischen unten und oben positioniert; siehe auch Abbildung 28.9.

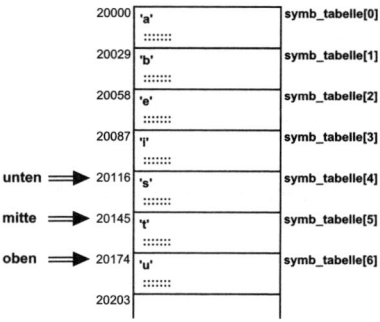

Abbildung 28.9: Binärsuche: Zeiger mitte zwischen unten und oben positionieren

Da nun wahl < mitte->buchstab ('s' < 't') ist, wird der Strukturzeiger oben mit

```
    oben = mitte-1;
```

---

[1] Einfacher wäre mitte = (unten+oben)/2, um den Zeiger in der Tabellenmitte zu positionieren. Da aber die Addition zweier Zeiger nicht erlaubt ist, mußte diese Formulierung gewählt werden

wie es in Abbildung 28.10 gezeigt ist, positioniert.

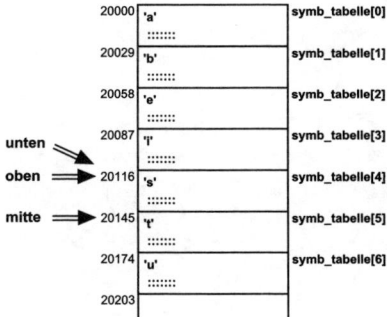

Abbildung 28.10: Binärsuche: Zeiger oben vor mitte positionieren

Da die while-Bedingung unten<=oben auch hier noch erfüllt ist, wird der Strukturzeiger mitte mit

```
mitte = unten + (oben-unten)/2;
```

hier nun, wie es in Abbildung 28.11 gezeigt ist, positioniert.

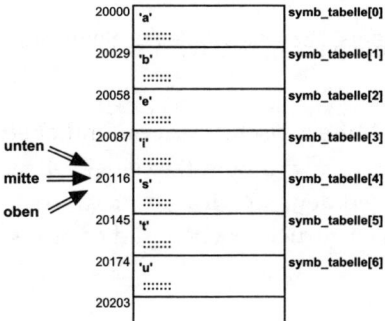

Abbildung 28.11: Binärsuche: Zeiger mitte, oben und unten zeigen auf gesuchtes Element

Da nun wahl == mitte->buchstab ('s' == 's') gilt, wird mit return(mitte) ein Zeiger auf das entsprechende Arrayelement von symb_tabelle an die aufrufende Funktion main() zurückgeliefert. Für den Fall, dass das entsprechende, vom Benutzer eingegebene, Kurzzeichen in symb_tabelle gefunden werden konnte (wie in unserem Beispiel hier), wird mit dem Programmteil

```
if ((zgr=binaer_suche(wahl, symb_tabelle, ANZAHL)) != NULL) {
   i=0;
   while (zgr->bild[i])
      printf("%s\n", zgr->bild[i++]);
}
```

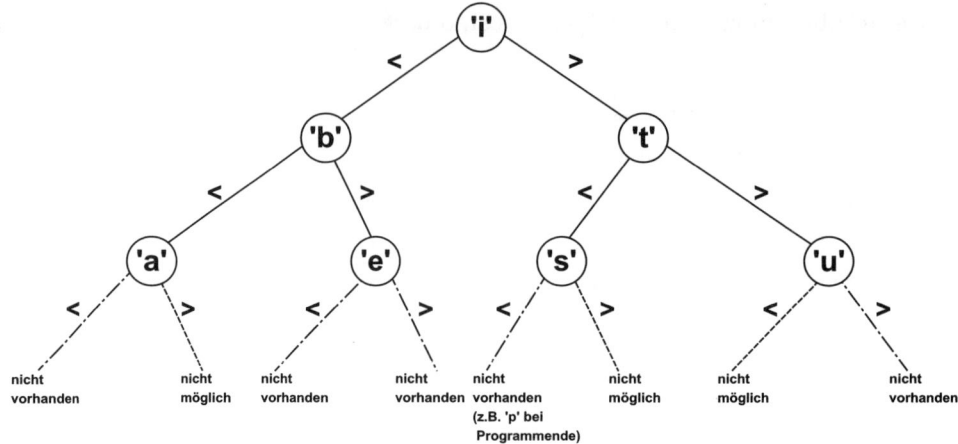

Abbildung 28.12: Mögliche Positionierungen des Zeigers `mitte` anhand einer Baumstruktur

das zugehörige PAP-Symbol ausgegeben. Konnte das vom Benutzer eingegebene Kurzzeichen in `symb_tabelle` nicht gefunden werden, so wird von `binaer_-suche()` ein `NULL`-Zeiger an die Funktion `main()` zurückgegeben und es erfolgt keinerlei Ausgabe eines Symbols.

Weitere Erläuterungen

1. Beim binären Suchen wird vorausgesetzt, dass eine Tabelle bereits sortiert vorliegt. Die binäre Suche wird beendet, wenn entweder das gesuchte Element gefunden wurde (`wahl==mitte->buchstab`) oder festgestellt wird, dass das gesuchte Element nicht in der Tabelle vorhanden ist (`unten>oben`). Abbildung 28.12 zeigt die möglichen Positionierungen des Zeigers `mitte` anhand einer Baumstruktur,

2. Sollte eine Tabelle keine gerade Anzahl von Elementen besitzen, dann kann mit
   ```
   mitte = unten + (oben-unten)/2;
   ```
   nicht genau auf der Tabellenmitte positioniert werden. Da Zeiger aber immer ganze Zahlen sein müssen, trifft für diesen Fall die C-Konvention zu, dass bei einem eventuell gebrochenen Divisionsergebnis immer abgerundet wird. Nehmen wir z. B. an, dass das Strukturrray `symb_tabelle` nur 6 Elemente ohne den `'u'`-Teil enthält, dann würde mit der ersten Ausführung der Anweisung

28.6 Zeiger und Strukturen

```
mitte = unten + (oben-unten)/2;
```

der Strukturzeiger `mitte`, wie es in Abbildung 28.13 gezeigt ist, positioniert.

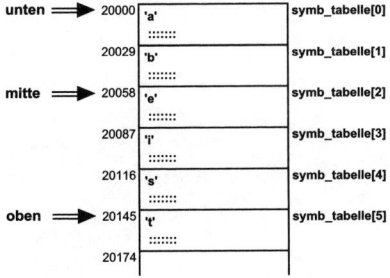

Abbildung 28.13: Positionierung des Zeigers `mitte` bei ungerader Zahl von Elementen

Diese Positionierung resultiert aus folgender interner Berechnung:

```
mitte = unten + (    oben -unten                         ) / 2
mitte = unten + ((20145-20000)/sizeof(struct symbole)) / 2
mitte = unten + (    145     /          29               ) / 2
mitte = unten +                    5                       / 2
mitte = unten +                                           2.5
mitte = unten + 2      (wegen int-Divison)
```

Da `unten` aber ein Strukturzeiger ist, resultiert diese Anweisung in folgender Berechnung:

```
mitte = 20000 + 2*sizeof(struct symbole)
mitte = 20000 + 2*29
mitte = 20058
```

3. Verlassen Sie sich übrigens nicht darauf, dass die Elemente einer Struktur lückenlos aneinander gefügt werden. Manchmal erzeugt der Compiler zwischen den Elementen so genannte Füllbytes, um damit notwendige Justierungen auf Wort- oder Doppelwortgrenzen zu erreichen.

Kombination von Pfeiloperator mit Postfix-/Präfix-Operatoren

Hier nun einige C-Kuriositäten, die die unterschiedlichen Bedeutungen bei der Kombination eines Pfeiloperators mit Postfix- bzw. Präfix-Operatoren verdeutlichen sollen. Dazu wird das folgende Programm `pfeilfix.c` verwendet:

```c
#include  <stdio.h>
#include  <ctype.h>
int  array1[] = {   1,   2,   3,   4 },
     array2[] = {  10,  20,  30,  40 },
     array3[] = { 100, 200, 300, 400 };
struct stru {
    int   ganz;
    int  *komponente;
} stru_array[] = { {1}, {2}, {3} };
```

28 Strukturen

```c
struct stru *stru_zgr;

void ausgabe(char *string);
/*================================================================ main ===*/
int  main(void) {
   stru_array[0].komponente = array1;
   stru_array[1].komponente = array2;
   stru_array[2].komponente = array3;
   stru_zgr = stru_array;
   ausgabe("Ganz zu Beginn");
     /*----------------------------------------------------------*/
   ++stru_zgr->ganz;       /* entspricht: ++(stru_zgr->ganz);
                              Inhalt von ganz wird um 1 erhoeht   */
   ausgabe("nach ++stru_zgr->ganz");
     /*----------------------------------------------------------*/
   (++stru_zgr)->ganz = -1; /* zuerst stru_zgr um eine Position weitersetzen,
                              bevor entspr. ganz der Wert -1 zugewiesen wird */
   ausgabe("nach (++stru_zgr)->ganz = -1");
     /*----------------------------------------------------------*/
   stru_zgr++->ganz = -2;  /* zuerst ganz den Wert -2 zuweisen,
                              dann stru_zgr um eine Position weitersetzen. */
   ausgabe("nach stru_zgr++->ganz = -2");
     /*----------------------------------------------------------*/
   stru_zgr = stru_array;
   ausgabe("nach stru_zgr = stru_array");
     /*----------------------------------------------------------*/
   *stru_zgr->komponente = 5;   /* entspricht: *(stru_zgr->komponente) = 5;
                                   Inhalt des int-Speicherplatzes, auf den
                                   komponente zeigt, auf 5 setzen          */
   ausgabe("nach *stru_zgr->komponente = 5");
     /*----------------------------------------------------------*/
   *stru_zgr->komponente++ = 6; /* entspricht: *((stru_zgr->komponente)++) = 6;
                                   Inhalt des int-Speicherplatzes, auf den
                                   komponente zeigt, auf 6 setzen, und dann
                                   komponente um eine Position weitersetzen */
   ausgabe("nach *stru_zgr->komponente++ = 6");
     /*----------------------------------------------------------*/
   (*stru_zgr->komponente)++;   /* Inhalt des int-Speicherplatzes, auf den
                                   komponente zeigt, um 1 erhoehen         */
   ausgabe("nach (*stru_zgr->komponente)++");
     /*----------------------------------------------------------*/
   (*stru_zgr++->komponente)++; /* Inhalt des int-Speicherplatzes, auf den
                                   komponente zeigt, um 1 erhoehen, dann
                                   stru_zgr um eine Position weiterpos.    */
   ausgabe("nach (*stru_zgr++->komponente)++");
   return(0);
}
/*================================================================ ausgabe ===*/
void ausgabe(char *string) {
   int i, j;
```

28.6 Zeiger und Strukturen

```
        printf("---------- stru_array [%s] ------------------\n", string);
        printf("...Adressen: stru_array=%p, stru_zgr=%p\n", stru_array, stru_zgr);
        for (i=0; i<3; i++) {
           printf("....%d.... ganz: %d, komponente (%x):",
                   i, stru_array[i].ganz, stru_array[i].komponente);
           for (j=0; j<3; j++)
              printf(" %3d,", stru_array[i].komponente[j]);
           printf("\n");
        }
     }
```

Mögliche Ausgabe durch das Programm `pfeilfix.c`, wobei die Unterschiede zur vorherigen Ausgabe jeweils fett gedruckt sind:

```
---------- stru_array [Ganz zu Beginn] ------------------
...Adressen: stru_array=0x80498ec, stru_zgr=0x80498ec
....0.... ganz: 1, komponente (80498bc):   1,   2,   3,
....1.... ganz: 2, komponente (80498cc):  10,  20,  30,
....2.... ganz: 3, komponente (80498dc): 100, 200, 300,
---------- stru_array [nach ++stru_zgr->ganz] ------------------
...Adressen: stru_array=0x80498ec, stru_zgr=0x80498ec
....0.... ganz: 2, komponente (80498bc):   1,   2,   3,
....1.... ganz: 2, komponente (80498cc):  10,  20,  30,
....2.... ganz: 3, komponente (80498dc): 100, 200, 300,
---------- stru_array [nach (++stru_zgr)->ganz = -1] ------------------
...Adressen: stru_array=0x80498ec, stru_zgr=0x80498f4
....0.... ganz: 2, komponente (80498bc):   1,   2,   3,
....1.... ganz: -1, komponente (80498cc):  10,  20,  30,
....2.... ganz: 3, komponente (80498dc): 100, 200, 300,
---------- stru_array [nach stru_zgr++->ganz = -2] ------------------
...Adressen: stru_array=0x80498ec, stru_zgr=0x80498fc
....0.... ganz: 2, komponente (80498bc):   1,   2,   3,
....1.... ganz: -2, komponente (80498cc):  10,  20,  30,
....2.... ganz: 3, komponente (80498dc): 100, 200, 300,
---------- stru_array [nach stru_zgr = stru_array] ------------------
...Adressen: stru_array=0x80498ec, stru_zgr=0x80498ec
....0.... ganz: 2, komponente (80498bc):   1,   2,   3,
....1.... ganz: -2, komponente (80498cc):  10,  20,  30,
....2.... ganz: 3, komponente (80498dc): 100, 200, 300,
---------- stru_array [nach *stru_zgr->komponente = 5] ------------------
...Adressen: stru_array=0x80498ec, stru_zgr=0x80498ec
....0.... ganz: 2, komponente (80498bc):   5,   2,   3,
....1.... ganz: -2, komponente (80498cc):  10,  20,  30,
....2.... ganz: 3, komponente (80498dc): 100, 200, 300,
---------- stru_array [nach *stru_zgr->komponente++ = 6] ------------------
...Adressen: stru_array=0x80498ec, stru_zgr=0x80498ec
....0.... ganz: 2, komponente (80498c0):   2,   3,   4,
....1.... ganz: -2, komponente (80498cc):  10,  20,  30,
....2.... ganz: 3, komponente (80498dc): 100, 200, 300,
---------- stru_array [nach (*stru_zgr->komponente)++] ------------------
...Adressen: stru_array=0x80498ec, stru_zgr=0x80498ec
```

28 Strukturen

```
....0.... ganz: 2, komponente (80498c0):    3,   3,   4,
....1.... ganz: -2, komponente (80498cc):  10,  20,  30,
....2.... ganz: 3, komponente (80498dc): 100, 200, 300,
---------- stru_array [nach (*stru_zgr++->komponente)++] ------------------
...Adressen: stru_array=0x80498ec, stru_zgr=0x80498f4
....0.... ganz: 2, komponente (80498c0):    4,   3,   4,
....1.... ganz: -2, komponente (80498cc):  10,  20,  30,
....2.... ganz: 3, komponente (80498dc): 100, 200, 300,
```

Vorsicht: Strukturzeiger reservieren keinen Speicherplatz

Ein häufiger Fehler ist, dass man über Strukturzeiger auf Strukturkomponenten zugreift, ohne dass man zuvor den Strukturzeiger auf einen reservierten Speicherplatz gesetzt hat. Die Folge ist, dass man in fremden Speicherplatz schreibt, da der nicht initialisierte Strukturzeiger einen zufälligen Wert (Adresse) enthält. Dass dies katastrophale Folgen haben kann, haben wir bereits früher öfters erwähnt.

Das folgende Programm `struzgr3.c` zeigt einen solchen häufigen Fehler bei der Programmierung in C:

```c
#include <stdio.h>
#include <string.h>

struct artikel {
        long nr;
        char name[30];
};
struct artikel *xz, x;

int main(void)
{
    /*------ Es wurde hier vergessen:  xz = &x;  --> Speicherueberschreibung */
    printf("Gib Artikelnummer ein: ");
    scanf("%ld", &xz->nr);
    printf("Gib Artikelname ein: ");
    scanf("%s", xz->name);

    printf("\n");
    printf("Artikelnummer: %ld (%ld)\n", xz->nr, x.nr);
    printf("Artikelname  : %s (%s)\n", xz->name, x.name);
    return(0);
}
```

Möglicher Ablauf des Programms `struzgr3.c`:

```
Gib Artikelnummer ein: 123456 ⏎
Speicherzugriffsfehler
```

Die eingegebenen Werte werden hier in einem fremden Speicherplatz hinterlegt, wie Abbildung 28.14 dies veranschaulicht.

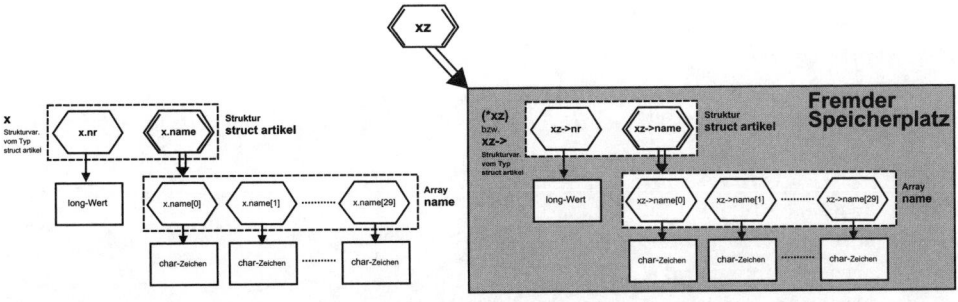

Abbildung 28.14: Speicherüberschreibung über Strukturzeiger

28.6.2 Dynamische Strukturarrays
Zeiger auf Strukturen

Statische Strukturarrays haben wie andere statischen Arrays auch den Nachteil, dass man eventuell Speicherplatz vergeudet. Nehmen wir z. B. unser Programm firmverw.c (Verwalten der Angestellten einer Firma) aus dem Kapitel 28.4. Dort haben wir die maximale Anzahl von Angestellten auf 1 000 festgelegt, was folgende Nachteile hat:

1. Bei einer kleinen Firma mit z. B. zwei Angestellten würde Speicherplatz für die Daten von 998 Angestellten vergeudet.
2. Das Programm kann nicht für Firmen mit mehr als 1 000 Angestellten verwendet werden.

Diese Nachteile lassen sich mit einem dynamischen Strukturarray beheben, wie dies im folgenden Programm firmver2.c gezeigt wird.

In diesem Programm arbeiten wir allerdings nicht mit einem dynamischen Strukturarray, sondern mit einem dynamischen Array von Strukturzeigern, wie dies im nachfolgenden Listing gezeigt ist.

```c
#include <stdio.h>
#include <string.h>
#include <stdlib.h>

#define BLOCK_GROESSE 100   /* Wuerde hier 1 angegeben, so wuerde auch das
                               Array bei jeder neuen Person nur um ein
                               Strukturelement vergroessert. Um das Programm
                               schneller zu machen, wurde hier 100 gewaehlt
                               (bei Bedarf um 100 Elemente vergroessern    */
struct datum {
    int     tag;
    int     monat;
    int     jahr;
};
struct person {
    char    name[20];
    char    vorname[20];
```

```
        struct   datum   geb;
        struct   datum   anst;
};
struct person   **angest=NULL;   /* Dynamisches Array fuer Angestellten-Daten */

int    einlesen(void);
int    auswahl(void);
void   sortieren(int anzahl, int auswahl);
void   ausgeben(int anzahl);
int    vergl_name(const void *zgr1, const void *zgr2);
int    vergl_vorname(const void *zgr1, const void *zgr2);
int    vergl_geb(const void *zgr1, const void *zgr2);
int    vergl_anst(const void *zgr1, const void *zgr2);


/*---------------------------------------------------------------- main ----*/
int   main(void)
{
    int   wahl, anzahl;

    anzahl = einlesen();
    while ((wahl = auswahl()) != 0) {
        sortieren(anzahl, wahl);
        ausgeben(anzahl);
    }
    return(0);
}


/*-------------------------------------------------------------- einlesen ----*/
int   einlesen(void)
{
    int   n=0, max_n=0;
    char  name[20];

    while (1) {
        printf("\n----Eingabe der %d.Person----\n", n+1);
        printf("Name:                    ");
        fgets(name, 20, stdin);
        name[ strlen(name)-1 ] = '\0';  /* \n am Ende entfernen */
        if (strlen(name) == 0)
            break;
        if (n >= max_n) {
            max_n += BLOCK_GROESSE;
            angest = (struct person **)realloc(angest, max_n*sizeof(struct person *));
            if (angest == NULL) {
                printf("......Speicherplatzmangel\n");
                exit(1);
            }
        }
        if ( (angest[n] = (struct person *)malloc(sizeof(struct person))) == NULL) {
            printf("......Speicherplatzmangel\n");
```

28.6 Zeiger und Strukturen

```c
            exit(2);
        }
        strcpy(angest[n]->name, name);
        printf("Vorname:                       ");
        fgets(angest[n]->vorname, 20, stdin);
        angest[n]->vorname[ strlen(angest[n]->vorname)-1 ] = '\0';
        printf("Geburtsdatum (tt.mm.jjjj): ");
        scanf("%d.%d.%d", &angest[n]->geb.tag,
                          &angest[n]->geb.monat,
                          &angest[n]->geb.jahr);
        printf("Anstelldatum (tt.mm.jjjj): ");
        scanf("%d.%d.%d", &angest[n]->anst.tag,
                          &angest[n]->anst.monat,
                          &angest[n]->anst.jahr);
        getchar();
        n++;
    }
    return(n);
}


/*------------------------------------------------------------ auswahl ----*/
int  auswahl(void)
{
    int  wahl;
    char string[100];

    printf("\n.....Weiter mit Return....\n");
    fgets(string, 100, stdin);
    do {
        printf("Verwaltung der Angestellten\n"
               "===========================\n\n"
               "   0    Ende\n"
               "   1    Sortieren nach Name\n"
               "   2    Sortieren nach Vorname\n"
               "   3    Sortieren nach Geburtsdatum\n"
               "   4    Sortieren nach Einstelldatum\n"
               " Ihre Wahl: ");
        scanf("%d", &wahl);
        getchar();
    } while (wahl < 0 || wahl > 4);
    return(wahl);
}


/*------------------------------------------------------------ sortieren ----*/
void  sortieren(int anzahl, int wahl)
{
    switch (wahl) {
        case 1: qsort(angest, anzahl, sizeof(struct person *), &vergl_name);
                break;
        case 2: qsort(angest, anzahl, sizeof(struct person *), &vergl_vorname);
```

28 Strukturen

```
                        break;
            case 3:     qsort(angest, anzahl, sizeof(struct person *), &vergl_geb);
                        break;
            case 4:     qsort(angest, anzahl, sizeof(struct person *), &vergl_anst);
                        break;
            default: printf("...... Programminterner Fehler...\n");
                        break;
      }
}

/*----------------------------------------------------------- ausgeben ----*/
void  ausgeben(int anzahl)
{
   int  i;

   printf("    %-20s, %-20s, Geb.Datum,  Einst.Datum\n", "Name", "Vorname");
   printf("----------------------------------------------------------------\n");
   for (i=0; i<anzahl; i++)
      printf("%3d. %-20s, %-20s, %02d.%02d.%04d, %02d.%02d.%04d\n",
              i+1, angest[i]->name, angest[i]->vorname,
                   angest[i]->geb.tag, angest[i]->geb.monat, angest[i]->geb.jahr,
                   angest[i]->anst.tag, angest[i]->anst.monat, angest[i]->anst.jahr);
}

/*----------------------------------------------------------- vergl_name ----*/
int  vergl_name(const void *zgr1, const void *zgr2)
{
   struct person  **p1 = (struct person **)zgr1,
                  **p2 = (struct person **)zgr2;
   int    vergl=0;

   if       ( (vergl = strcmp( (*p1)->name, (*p2)->name) ) != 0 )       ;
   else if  ( (vergl = strcmp( (*p1)->vorname, (*p2)->vorname) ) != 0 ) ;
   else if  ( (vergl = vergl_geb(zgr1, zgr2)) != 0 )                    ;
   else if  ( (vergl = vergl_anst(zgr1, zgr2)) != 0 )                   ;
   return( vergl );
}

/*----------------------------------------------------------- vergl_vorname ----*/
int  vergl_vorname(const void *zgr1, const void *zgr2)
{
   struct person  **p1 = (struct person **)zgr1,
                  **p2 = (struct person **)zgr2;
   int    vergl=0;

   if       ( (vergl = strcmp( (*p1)->vorname, (*p2)->vorname) ) != 0 ) ;
   else if  ( (vergl = strcmp( (*p1)->name, (*p2)->name) ) != 0 )       ;
   else if  ( (vergl = vergl_geb(zgr1, zgr2)) != 0 )                    ;
   else if  ( (vergl = vergl_anst(zgr1, zgr2)) != 0 )                   ;
   return( vergl );
```

28.6 Zeiger und Strukturen

```
}
/*---------------------------------------------------------- vergl_geb ----*/
int  vergl_geb(const void *zgr1, const void *zgr2)
{
   struct person   **p1 = (struct person **)zgr1,
                   **p2 = (struct person **)zgr2;
   int      vergl=0;

   if      ( (vergl = (*p1)->geb.jahr - (*p2)->geb.jahr)  != 0)         ;
   else if ( (vergl = (*p1)->geb.monat- (*p2)->geb.monat) != 0)         ;
   else if ( (vergl = (*p1)->geb.tag  - (*p2)->geb.tag)   != 0)         ;
   else if ( (vergl = strcmp( (*p1)->name, (*p2)->name) ) != 0 )        ;
   else if ( (vergl = strcmp( (*p1)->vorname, (*p2)->vorname) ) != 0 )  ;
   return( vergl );
}

/*---------------------------------------------------------- vergl_anst ----*/
int  vergl_anst(const void *zgr1, const void *zgr2)
{
   struct person   **p1 = (struct person **)zgr1,
                   **p2 = (struct person **)zgr2;
   int      vergl=0;

   if      ( (vergl = (*p1)->anst.jahr - (*p2)->anst.jahr)  != 0)        ;
   else if ( (vergl = (*p1)->anst.monat- (*p2)->anst.monat) != 0)        ;
   else if ( (vergl = (*p1)->anst.tag  - (*p2)->anst.tag)   != 0)        ;
   else if ( (vergl = strcmp( (*p1)->name, (*p2)->name) ) != 0 )         ;
   else if ( (vergl = strcmp( (*p1)->vorname, (*p2)->vorname) ) != 0 )   ;
   return( vergl );
}
```

Im Programm `firmver2.c` wird die schon früher vorgestellte Funktion `qsort()` verwendet, die in der Headerdatei `<stdlib.h>` wie folgt definiert ist:

```
void qsort(void *array,
           size_t anzahl,
           size_t groesse,
           int (*vergl_funktion)(const void *, const void *));
```

Die Funktion `qsort()` sortiert (mit dem Quick-Sort) ein Array mit `anzahl` Elementen. Das Array beginnt bei `array` und jedes Vektorelement (`array[0]...array[anzahl-1]`) hat eine Größe von `groesse` Bytes.
Das Sortierkriterium wird durch die Funktion `*vergl_funktion()` festgelegt. Diese Vergleichsfunktion wird ständig von `qsort()` mit zwei Argumenten, die auf die zu vergleichenden Objekte zeigen, aufgerufen: Die vom Benutzer angegebene Vergleichsfunktion zeigt über den Rückgabewert folgendes an:

eine negative Zahl	wenn `*argument1 < *argument2`
0	wenn `*argument1 == *argument2`
eine positive Zahl	wenn `*argument1 > *argument2`

28 Strukturen

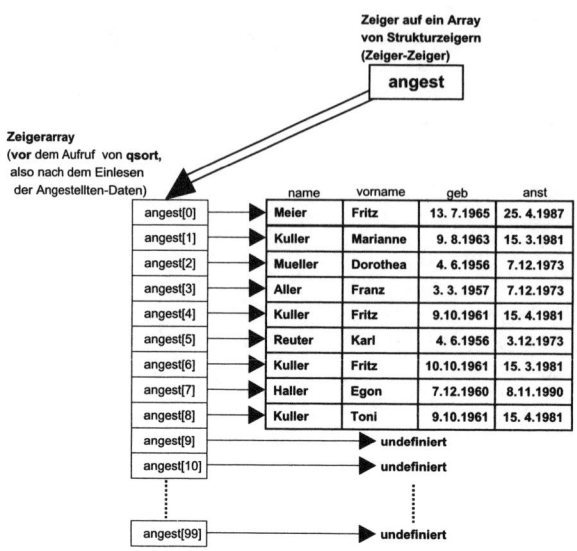

Abbildung 28.15: Mögliches Speicherlayout nach der Eingabe von 9 Angestellten

Wichtig ist, dass die Geschwindigkeit von qsort() erheblich erhöht wird, wenn nicht die entsprechenden Elemente selbst umsortiert, sondern lediglich die in einem Zeigerarray enthaltenen Adressen (Zeiger) dieser Elemente. Dies ist auch der Grund, warum wir in firmver2.c nicht mit einem Strukturarray, sondern mit einem Array von Strukturzeigern gearbeitet haben.

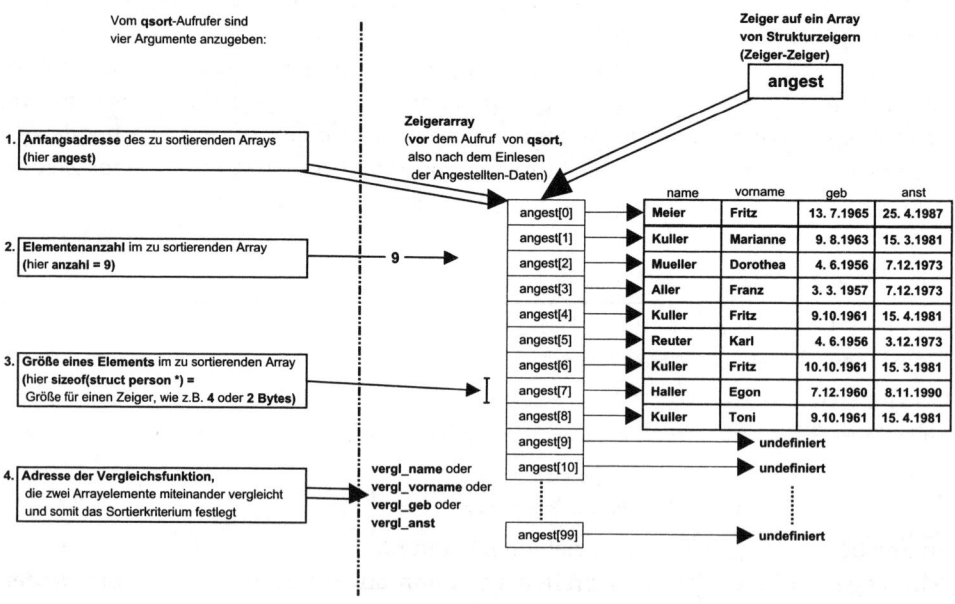

Abbildung 28.16: qsort()-Aufruf, um das Array aus Abbildung 28.15 zu sortieren

28.6 Zeiger und Strukturen

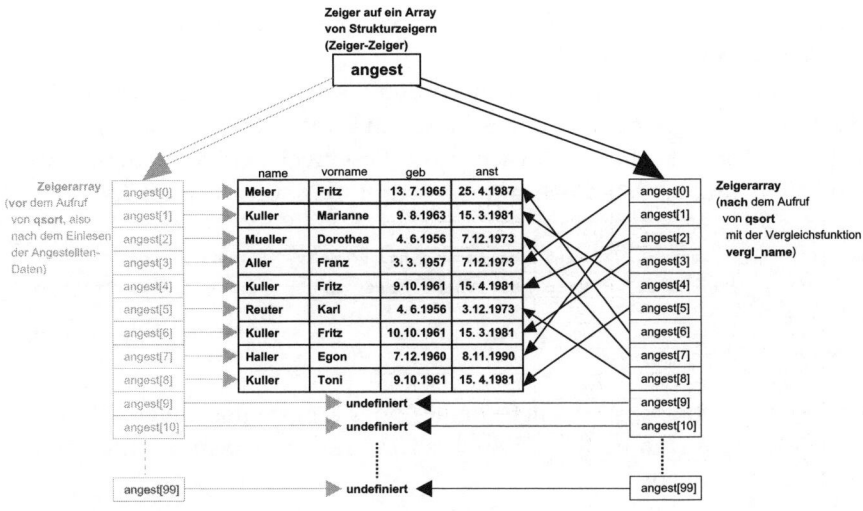

Abbildung 28.17: Zeigerarray `angest`, nachdem es nach Nachnamen sortiert wurde

Abbildung 28.15 zeigt das mögliche Speicherlayout nach der Eingabe von 9 Angestellten.

Um dieses Array zu sortieren ist der in Abbildung 28.16 gezeigte `qsort()`-Aufruf notwendig.

Abbildung 28.17 zeigt, dass mit dem `qsort()`-Aufruf die Reihenfolge der Strukturdaten im Speicher nicht geändert wurde, sondern dass eben nur die Adressen im zugehörigen Array von Strukturzeigern umsortiert wurden. In Abbildung 28.17 wurde angenommen, dass bei `qsort()` als viertes Argument die Funktion `vergl_name()` (Sortieren nach Nachnamen) angegeben wurde.

Für die Vergleichsfunktionen ist es wichtig, zu wissen, dass `qsort()` diese immer mit den Adressen von zwei zu vergleichenden Elementen aufruft. In unserem Fall, wo ein Array von Strukturzeigern zu sortieren ist, wird also die entsprechende Vergleichsfunktion immer mit zwei Adressen von Strukturzeigern (also Zeiger-Zeiger) aufgerufen. Zur Erläuterung soll hier die Vergleichsfunktion `vergl_geb()` dienen. Da `qsort()` vorgibt, dass jede Vergleichsfunktion wie folgt definiert ist:

```
int  vergl_funktion(const void *z1, const void *z2)
```

definieren wir `vergl_geb()` wie folgt:

```
int  vergl_geb(const void *zgr1, const void *zgr2)
```

Da die hier übergebenen Zeigern (`zgr1` und `zgr2`) aber die Adressen von Strukturzeigern sind, speichern wir diese unter Verwendung von *Casting* mit

```
struct person  **p1 = (struct person **)zgr1,
               **p2 = (struct person **)zgr2;
```

in den beiden Zeiger-Zeiger-Variablen `p1` und `p2`.

Mit `(*p1)->` und `(*p2)->` greifen wir dann auf die Komponenten der beiden Strukturen zu, die zu vergleichen sind. Ein positiver Rückgabewert bedeutet, dass die Komponente von `zgr1` größer als `zgr2` ist. Ein negativer Rückgabewert bedeutet, dass die `zgr1`-Komponente größer ist, und ein Rückgabewert von 0 zeigt an, dass beide Komponenten gleich sind.

Das obige Programm `firmver2.c` hat noch den kleinen Nachteil, dass die Länge von Namen und Vornamen in der Struktur `struct person` statisch auf 20 festgelegt ist. Wollte man diese Schwäche noch beseitigen und auch diese Länge dynamisch halten, müßte man die Struktur `struct person` wie folgt ändern:

```
struct person {
    char         *name;     /* Kein statisches Array mehr, sondern Zeiger */
    char         *vorname;  /* Kein statisches Array mehr, sondern Zeiger */
    struct datum geb;
    struct datum anst;
};
```

Bis auf die Funktion `einlesen()` bliebe der Rest des Programms unverändert. Die erforderlichen Änderungen in der Funktion `einlesen()` sind im nachfolgenden Listing fett hervorgehoben:

```
int einlesen(void)
{
    int n=0, max_n=0;
    char string[100];

    while (1) {
        printf("\n----Eingabe der %d.Person----\n", n+1);
        printf("Name:                      ");
        fgets(string, 100, stdin);
        string[strlen(string)-1] = '\0'; /* \n am Ende entfernen */
        if (strlen(string) == 0)
            break;
        if (n >= max_n) {
            max_n += BLOCK_GROESSE;
            angest = (struct person **)realloc(angest, max_n*sizeof(struct person *));
            if (angest == NULL) {
                printf("......Speicherplatzmangel\n");
                exit(1);
            }
        }
        if ( (angest[n] = (struct person *)malloc(sizeof(struct person))) == NULL) {
            printf("......Speicherplatzmangel\n");
            exit(2);
        }
        if ( (angest[n]->name = (char *)malloc(strlen(string)+1)) == NULL) {
            printf("......Speicherplatzmangel\n");
            exit(3);
        }
        strcpy(angest[n]->name, string);
        printf("Vorname:                   ");
        fgets(string, 100, stdin);
        string[strlen(string)-1] = '\0'; /* \n am Ende entfernen */
        if ( (angest[n]->vorname = (char *)malloc(strlen(string)+1)) == NULL) {
            printf("......Speicherplatzmangel\n");
```

```
            exit(3);
        }
        strcpy(angest[n]->vorname, string);
        printf("Geburtsdatum (tt.mm.jjjj): ");
        scanf("%d.%d.%d", &angest[n]->geb.tag,
                          &angest[n]->geb.monat,
                          &angest[n]->geb.jahr);
        printf("Anstelldatum (tt.mm.jjjj): ");
        scanf("%d.%d.%d", &angest[n]->anst.tag,
                          &angest[n]->anst.monat,
                          &angest[n]->anst.jahr);
        n++;
    }
    return(n);
}
```

28.6.3 Rekursive Strukturen

In Kapitel 28.1 wurde bereits erwähnt, dass eine Struktur zwar als Komponente nicht sich selbst enthalten darf, sehr wohl aber einen Zeiger auf sich selbst. Solche Strukturen, die einen Zeiger auf sich selbst enthalten, nennt man *rekursive Strukturen*. Im nachfolgenden werden wir einige interessante Anwendungen solcher rekursiven Strukturen kennenlernen.

Einfach verkettete Listen

Eine Anwendung von rekursiven Strukturen sind die so genannten *verketteten Listen* (*linked lists*):
Verkettete Listen werden dynamisch während des Programmablaufs verlängert. Anders als bei Arrays ist es bei verketteten Listen nicht garantiert, dass die einzelnen Elemente hintereinander im Speicher liegen. Um eine Verbindung zwischen den einzelnen, eventuell im Speicher verstreuten Elementen einer Liste zu haben, muss man sich die Adresse des nächsten oder auch des vorherigen Elements im jeweiligen Element halten. Dies ist nur möglich mit rekursiven Strukturen.

Beispiel:

Das folgende Programm `namlist1.c` liest Namen ein, die es zunächst in einer verketteten Liste speichert, bevor es diese in der umgekehrten Eingabereihenfolge wieder ausgibt, indem es die verkettete Liste Element für Element vom Ende an durchläuft:

```
#include <stdio.h>
#include <string.h>
#include <stdlib.h>

struct list_element {
    char                 name[20];
    struct list_element  *naechst;  /* Rekursion: Strukturzeiger auf sich selbst */
};
```

```
/*-------------------------------------------------- main --------------*/
int main(void) {
    struct list_element   *anfang, *knoten;
    char                  string[20];

    anfang = NULL;

    printf("\nGeben Sie die Namen ein (Abschluss mit Leerzeile)\n");
    while (1) {
             /*......................................... Einlesen eines Namens */
        fgets(string, 20, stdin);
        if (strlen(string) == 1)  /* \n einziges Zeichen --> Leerer Name */
            break;
             /*............................ Anlegen eines neuen Listenelements */
        knoten = (struct list_element*) malloc(sizeof(struct list_element));
        if (knoten == NULL) {
            printf("Speicherplatzmangel\n");
            exit(1);
        }
        strcpy(knoten->name, string);
        knoten->naechst = anfang;
        anfang = knoten;
    }
             /*.......... Ausgeben der Listen-namen in umgekehrter Reihenfolge */
    printf(".....Namensliste in umgekehrter Reihenfolge\n");
    while (knoten != NULL) {
        printf("%s", knoten->name);
        knoten = knoten->naechst;
    }
    return(0);
}
```

Möglicher Ablauf des Programms `namlist1.c`:

```
Geben Sie die Namen ein (Abschluss mit Leerzeile)
Hans ⏎
Franz ⏎
Harald ⏎
Clementine ⏎
⏎


.....Namensliste in umgekehrter Reihenfolge
Clementine
Harald
Franz
Hans
```

28.6 Zeiger und Strukturen

Die Strukturdeklaration
```
struct list_element {
    char                name[20];
    struct list_element *naechst;
};
```
können wir uns – wie in Abbildung 28.18 gezeigt – vorstellen.

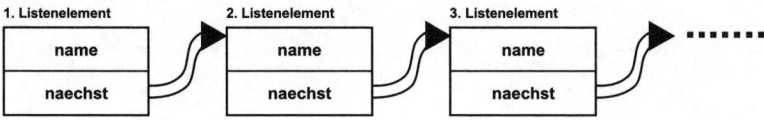

Abbildung 28.18: Eine Liste

Hier können wir den rekursiven Charakter der Struktur struct list_element erkennen. Eine Struktur darf zwar nicht sich selbst enthalten, wohl aber einen Zeiger auf sich selbst. Mit der Deklaration
```
struct list_element *naechst;
```
in der Struktur struct list_element wird die Strukturkomponenten naechst als ein Zeiger auf die Struktur struct list_element, in der sie ja selbst auch enthalten ist, festgelegt.

Nun aber zur Erklärung des Programms namlist1.c, das die Verkettung der Liste etwas anders, nämlich rückwärts, vornimmt. Zunächst wird mit
```
anfang = NULL;
```
der Strukturzeiger anfang, der immer den Anfang der Liste festhält, auf NULL gesetzt. In der while-Schleife wird mit
```
fgets(string, 20, stdin);
if (strlen(string) == 1) /* \n einziges Zeichen --> Leerer Name */
   break;
```
ein Name in string (z. B. "Hans") eingelesen. Falls der Benutzer keine Zeichen (Leerzeile) eingibt, wird die while-Schleife verlassen und damit die Eingabe der Namen beendet. Für jeden echten Namen, also solange noch keine Leerzeile eingegeben wurde, wird mit
```
knoten = (struct list_element*) malloc(sizeof(struct list_element));
if (knoten == NULL) {
   printf("Speicherplatzmangel\n");
   exit(1);
}
```
ein zusammenhängender Speicherbereich alloziert, der groß genug ist, um die Struktur struct list_element aufzunehmen. Die Anfangsadresse dieses neu allozierten Speicherbereichs wird im Strukturzeiger knoten festgehalten.

Mit den beiden Anweisungen

```
strcpy(knoten->name, string);
knoten->naechst = anfang;
```

wird der in `string` eingegebene Name in die Strukturkomponente `name` übernommen und die Strukturkomponente `naechst` auf NULL gesetzt, da `anfang` mit NULL vorbesetzt wurde, was sich durch Abbildung 28.19 veranschaulichen läßt.

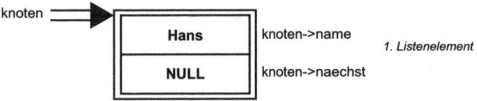

Abbildung 28.19: Das erste Element in der Liste

Mit der Anweisung

```
anfang = knoten;
```

wird dann die Adresse der momentan behandelten Struktur in dem Strukturzeiger `anfang` festgehalten, so dass sich das in Abbildung 28.20 gezeigte Bild ergibt.

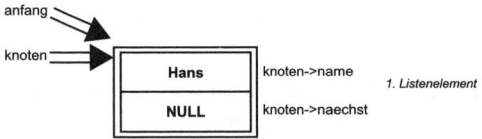

Abbildung 28.20: Setzen des Zeigers `anfang` auf das erste Element in der Liste

Nun wird die `while`-Schleife wieder von Beginn an ausgeführt. Nachdem wieder mit `fgets()` ein Name in `string` (z. B. "Franz") eingelesen wurde, wird mit `malloc()` ein zusammenhängender Speicherbereich für die Struktur `struct list_element` alloziert und dessen Anfangsadresse in `knoten` festgehalten, so dass sich das in Abbildung 28.21 gezeigte Bild ergibt.

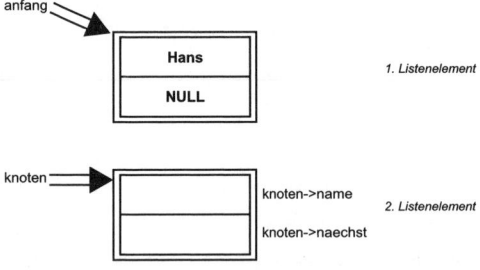

Abbildung 28.21: Anlegen eines neuen leeren Elements, auf das `knoten` zeigt

Nach Ausführung der beiden Anweisungen

```
strcpy(knoten->name, string);
knoten->naechst = anfang;
```

ergibt sich das in Abbildung 28.22 gezeigte Bild.

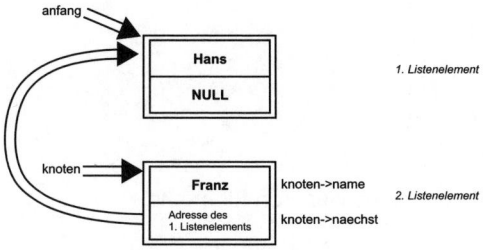

Abbildung 28.22: Einhängen des neuen Elements in Liste durch Rückwärtsverzeigerung

Mit der darauffolgenden Anweisung

```
anfang = knoten;
```

wird dann die Zeigervariable anfang auf die gleiche Adresse wie die Zeigervariable knoten gesetzt, wie dies in Abbildung 28.23 gezeigt ist.

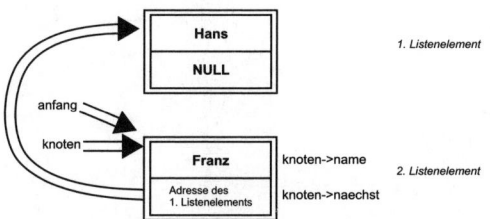

Abbildung 28.23: Zeiger anfang auf das neue Element

Nun wird die while-Schleife wieder von Beginn an ausgeführt. Nachdem wieder mit fgets() ein Name in string (z. B. "Harald") eingelesen wurde, wird mit malloc() ein zusammenhängender Speicherbereich für die Struktur struct list_element alloziert und dessen Anfangsadresse in knoten festgehalten. Nach Ausführung der Anweisungen

```
strcpy(knoten->name, string);
knoten->naechst = anfang;
anfang = knoten;
```

ergibt sich das in Abbildung 28.24 gezeigte Bild.

28 Strukturen

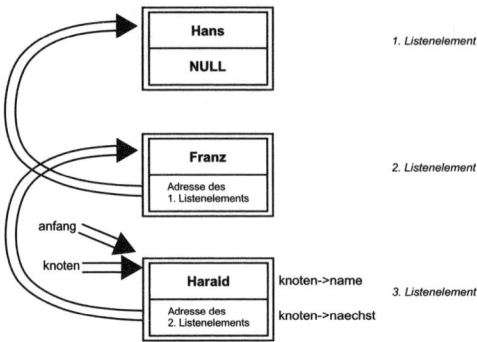

Abbildung 28.24: Nach Erzeugung und Einhängen eines weiteren Elements

Ein erneuter Durchlauf der while-Schleife, z. B. mit der Eingabe des Namens "Clementine" resultiert dann in dem in Abbildung 28.25 gezeigten Bild.

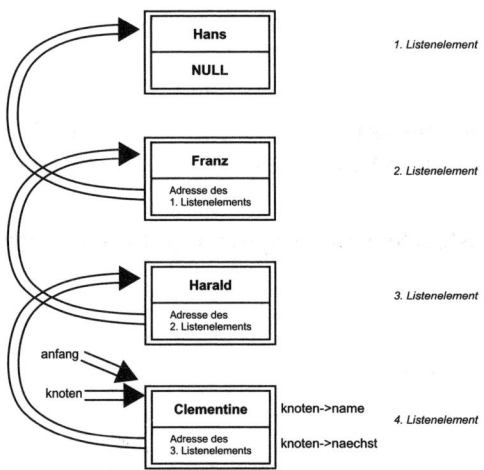

Abbildung 28.25: Nach Erzeugung und Einhängen eines weiteren Elements

Wenn dann beim nächsten Durchlauf der while-Schleife eine Leerzeile eingegeben wird, wird die while-Schleife mit break verlassen und mit den Anweisungen:

```
printf(".....Namensliste in umgekehrter Reihenfolge\n");
while (knoten != NULL) {
   printf("%s", knoten->name);
   knoten = knoten->naechst;
}
```

werden die in der Liste gespeicherten Namen in umgekehrter Reihenfolge ausgegeben. Da knoten beim ersten Durchlauf dieser while-Schleife auf das letzte Listenelement zeigt, ergibt sich das in Abbilfung 28.26 gezeigte Aussehen.

28.6 Zeiger und Strukturen

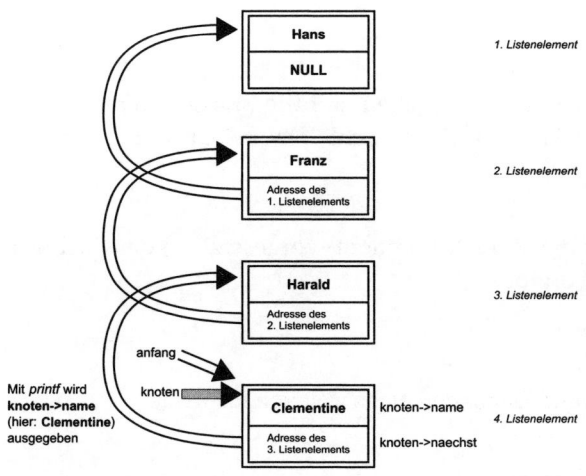

Abbildung 28.26: Ausgeben der Information aus Element, auf das `knoten` zeigt

Mit
```
printf("%s", knoten->name);
```
wird dann der Name aus der Struktur ausgegeben, auf die `knoten` gerade zeigt: `Clementine`. Vor dem nächsten Durchlauf der `while`-Schleife wird `knoten` mit
```
knoten = knoten->naechst;
```
um ein Element in der Liste (auf das 3. Listenelement) vorgesetzt, so dass sich das in Abbildung 28.27 gezeigte Bild ergibt.

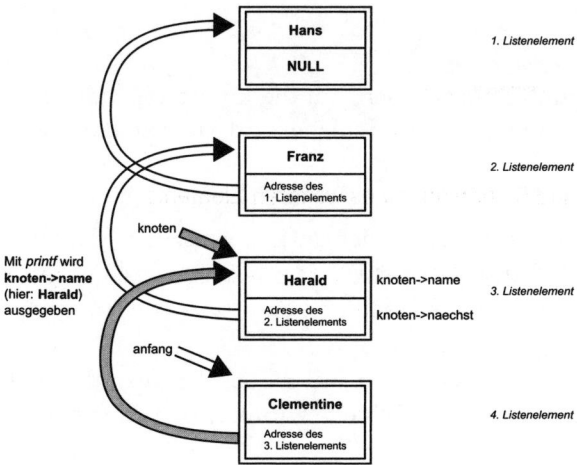

Abbildung 28.27: `knoten` auf vorheriges Element setzen und dessen Inhalt ausgeben

Mit
```
printf("%s", knoten->name);
```
wird dann der Name aus der Struktur ausgegeben, auf die `knoten` gerade zeigt: `Harald`. Vor dem nächsten Durchlauf der `while`-Schleife wird `knoten` dann wieder mit
```
knoten = knoten->naechst;
```
um ein Element in der Liste (auf das 2. Listenelement) vorgesetzt, so dass sich das in Abbildung 28.28 gezeigte Bild ergibt.

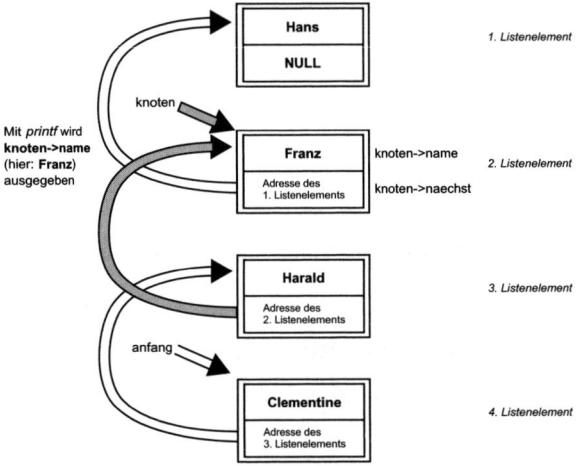

Abbildung 28.28: `knoten` auf zweites Element positionieren und dessen Inhalt ausgeben

Mit
```
printf("%s", knoten->name);
```
wird dann der Name aus der Struktur ausgegeben, auf die `knoten` gerade zeigt: `Franz`. Vor dem nächsten Durchlauf der `while`-Schleife wird `knoten` dann wieder mit
```
knoten = knoten->naechst;
```
um ein Element in der Liste (auf das erste Listenelement) vorgesetzt, so dass sich das in Abbildung 28.29 gezeigte Bild ergibt.
Mit
```
printf("%s", knoten->name);
```
wird dann der Name aus der Struktur ausgegeben, auf die `knoten` gerade zeigt: `Hans`. Vor dem nächsten Durchlauf der `while`-Schleife wird `knoten` dann wieder mit
```
knoten = knoten->naechst;
```
um ein Element in der Liste vorgesetzt. Da dies bewirkt, dass `knoten` nun den `NULL`-Zeiger enthält, wird die `while`-Schleife abgebrochen und das Programm beendet, da nun alle eingegebenen Namen in umgekehrter Reihenfolge ausgegeben wurden.

28.6 Zeiger und Strukturen

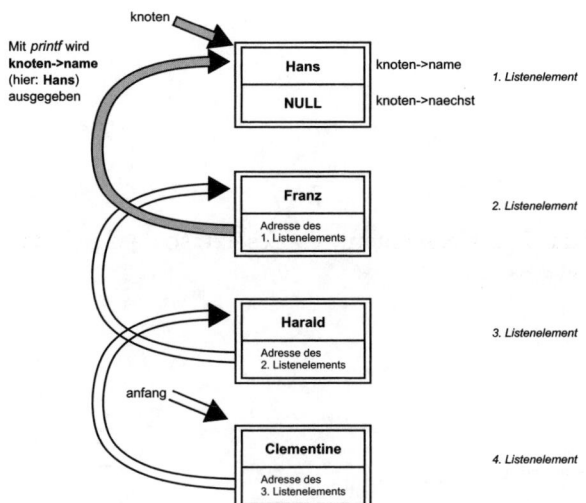

Abbildung 28.29: `knoten` auf erstes Element positionieren und dessen Inhalt ausgeben

Sortierte Listen und Operationen für einfach verkettete Listen

Hier werden wir typische Operationen für Listen kennenlernen:

❑ Ausgeben einer Liste

❑ Einfügen eines Elements in der Liste

❑ Löschen eines Elements aus der Liste

Dazu werden wir ein Programm `namlist2.c` erstellen, das es dem Benutzer erlaubt, Namen in einer Liste, die immer sortiert sein soll, einzufügen oder Namen aus dieser Liste wieder zu löschen. Neben diesen beiden Operationen soll das Programm natürlich auch in der Lage sein, die sortierte Liste auszugeben.
Möglicher Ablauf des Programms `namlist2.c`:

```
Namensliste
===========
A    Ausgeben der Namensliste
N    Einfuegen eines neuen Namens
L    Loeschen eines Namens
E    Ende
        Deine Wahl: n ⏎
Gib den einzufuegenden Namen ein: Hans ⏎

Namensliste
===========
A    Ausgeben der Namensliste
N    Einfuegen eines neuen Namens
L    Loeschen eines Namens
E    Ende
        Deine Wahl: n ⏎
Gib den einzufuegenden Namen ein: Franz ⏎
```

753

```
Namensliste
===========
A   Ausgeben der Namensliste
N   Einfuegen eines neuen Namens
L   Loeschen eines Namens
E   Ende
        Deine Wahl: n ⏎
Gib den einzufuegenden Namen ein: Harald ⏎


Namensliste
===========
A   Ausgeben der Namensliste
N   Einfuegen eines neuen Namens
L   Loeschen eines Namens
E   Ende
        Deine Wahl: a ⏎
....Liste.........
Franz
Hans
Harald
....Listenende.....

Namensliste
===========
A   Ausgeben der Namensliste
N   Einfuegen eines neuen Namens
L   Loeschen eines Namens
E   Ende
        Deine Wahl: n ⏎
Gib den einzufuegenden Namen ein: Clementine ⏎

Namensliste
===========
A   Ausgeben der Namensliste
N   Einfuegen eines neuen Namens
L   Loeschen eines Namens
E   Ende
        Deine Wahl: a ⏎
....Liste.........
Clementine
Franz
Hans
Harald
....Listenende.....

Namensliste
===========
A   Ausgeben der Namensliste
N   Einfuegen eines neuen Namens
```

```
L    Loeschen eines Namens
E    Ende
         Deine Wahl: l
Gib den zu loeschenden Namen ein: Hans

Namensliste
===========
A    Ausgeben der Namensliste
N    Einfuegen eines neuen Namens
L    Loeschen eines Namens
E    Ende
         Deine Wahl: a
....Liste.........
Clementine
Franz
Harald
....Listenende.....

Namensliste
===========
A    Ausgeben der Namensliste
N    Einfuegen eines neuen Namens
L    Loeschen eines Namens
E    Ende
         Deine Wahl: n
Gib den einzufuegenden Namen ein: Dieter

Namensliste
===========
A    Ausgeben der Namensliste
N    Einfuegen eines neuen Namens
L    Loeschen eines Namens
E    Ende
         Deine Wahl: a
....Liste.........
Clementine
Dieter
Franz
Harald
....Listenende.....

Namensliste
===========
A    Ausgeben der Namensliste
N    Einfuegen eines neuen Namens
L    Loeschen eines Namens
E    Ende
         Deine Wahl: e
```

Das zugehörige Programm `namlist2.c`:

28 Strukturen

```c
#include   <stdio.h>
#include   <string.h>
#include   <ctype.h>
#include   <stdlib.h>

struct list_element  {
    char                 name[20];
    struct list_element *naechst;
};
struct list_element  *kopf, *ende;

void  liste_initialisieren(void);
void  liste_ausgeben(void);
void  liste_einfuegen(void);
void  liste_loeschen(void);
/*------------------------------------------------- main --------------*/
int  main(void) {
   char   wahl;
   liste_initialisieren();
   while (1) {
      printf("\nNamensliste\n"
             "===========\n"
             "A   Ausgeben der Namensliste\n"
             "N   Einfuegen eines neuen Namens\n"
             "L   Loeschen eines Namens\n"
             "E   Ende\n"
             "        Deine Wahl: ");
      wahl = tolower(getchar()); getchar();
      if      (wahl == 'a')   liste_ausgeben();
      else if (wahl == 'n')   liste_einfuegen();
      else if (wahl == 'l')   liste_loeschen();
      else if (wahl == 'e')   break;
   }
   return(0);
}
/*-------------------------------------- liste_initialisieren --------------*/
void  liste_initialisieren(void) {
                       /*.......... Anlegen eines Listen-Kopfes und -ende */
   kopf = (struct list_element*) malloc(sizeof(struct list_element));
   ende = (struct list_element*) malloc(sizeof(struct list_element));
   if (kopf == NULL || ende == NULL) {
      printf(".......Speicherplatzmangel\n");
      exit(1);
   }
   kopf->naechst = ende->naechst = ende;
}
/*------------------------------------------- liste_ausgeben --------------*/
void  liste_ausgeben(void) {
   struct list_element  *list_zgr;
```

28.6 Zeiger und Strukturen

```c
      list_zgr = kopf->naechst;
      printf("....Liste..........\n");
      while (list_zgr != list_zgr->naechst) {
         printf("%s\n", list_zgr->name);
         list_zgr = list_zgr->naechst;
      }
      printf("....Listenende.....\n\n");
}
/*------------------------------------------ liste_einfuegen --------------*/
void liste_einfuegen(void) {
      char                string[20];
      struct list_element *neu_element, *list_zgr;

      printf("\nGib den einzufuegenden Namen ein: ");
      fgets(string, 20, stdin);
      string[ strlen(string)-1 ] = '\0'; /* Entfernen von \n am Ende */
                              /*.......... Anlegen eines neuen Listenelements */
      neu_element = (struct list_element*) malloc(sizeof(struct list_element));
      if (neu_element == NULL) {
         printf(".......Speicherplatzmangel\n");
         exit(1);
      }
      strcpy(neu_element->name, string);
         /*........ Finden der Position, wo neuer Name in Liste einzufuegen ist */
      list_zgr = kopf;
      while (list_zgr->naechst != list_zgr->naechst->naechst) {
         if (strcmp(string, list_zgr->naechst->name) <= 0)
            break;
         list_zgr = list_zgr->naechst;
      }
                         /*........ Einfuegen des neuen Namens in die Liste */
      neu_element->naechst = list_zgr->naechst;
      list_zgr->naechst    = neu_element;
}
/*------------------------------------------ liste_loeschen --------------*/
void liste_loeschen(void) {
      char                string[20];
      struct list_element *list_zgr, *loesch_zgr;

      printf("Gib den zu loeschenden Namen ein: ");
      fgets(string, 20, stdin);
      string[ strlen(string)-1 ] = '\0'; /* Entfernen von \n am Ende */
           /*........ Finden der Position des zu loeschenden Namens in Liste */
      list_zgr = kopf;
      while (list_zgr != list_zgr->naechst) {
         if (!strcmp(string, list_zgr->naechst->name))
            break;
         list_zgr = list_zgr->naechst;
      }
      if (list_zgr == list_zgr->naechst)
```

28 Strukturen

```
            printf("\n......Name '%s' nicht in Liste vorhanden....\n\n\n", string);
        else {
            loesch_zgr = list_zgr->naechst;
            list_zgr->naechst = list_zgr->naechst->naechst;
            free(loesch_zgr);
        }
    }
```

Erläuterungen zum Programm `namlist2.c`:
Funktion `liste_initialisieren()`:
Mit der Funktion `liste_initialisieren()` werden zunächst zwei so genannte Pseudoknoten `kopf` und `ende` angelegt, die immer auf den Anfang bzw. das Ende zeigen. Solche Pseudoknoten, die keine wirkliche Information enthalten, vereinfachen die Listen-Operationen. Diese beiden Knoten `kopf` und `ende` werden in `liste_initialisieren()` – wie in Abbildung 28.30 gezeigt – miteinander „verzeigert".

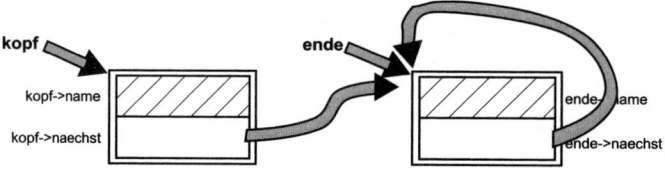

Abbildung 28.30: Die Pseudoknoten `kopf` und `ende` von `liste_initialisieren()`

Aus dieser Abbildung wird deutlich, dass `ende->naechst` immer auf `ende`, also auf sich selbst zeigt. Dies erleichtert das Durchlaufen der Liste.
Funktion `liste_einfuegen()`:
In der Funktion `liste_einfuegen()` wird zunächst der Knoten gesucht, nach dem der jeweilige Name in der Liste einzufügen ist. Wenn wir annehmen, dass zuerst der Name „Hans" einzufügen ist, so ergibt sich der in Abbildung 28.31 gezeigte Ablauf.

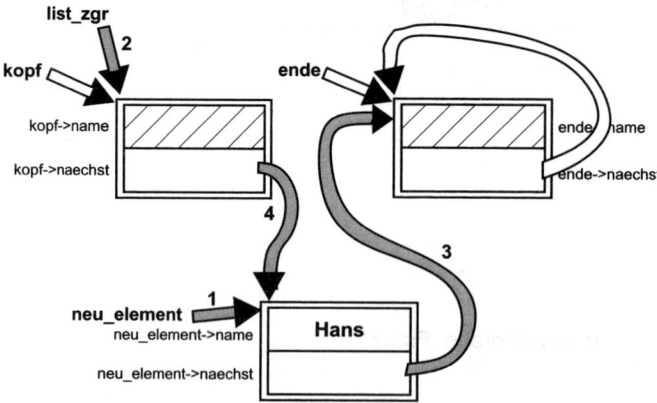

Abbildung 28.31: Einfügen eines neuen Knoten mit `liste_einfuegen()`

1. *Einlesen eines Namens, Anlegen eines neuen Listenelements und Kopieren des eingelesenen Namens in das neue Listenelement.*
   Dies geschieht in folgendem Codeausschnitt:
   ```
   printf("\nGib den einzufuegenden Namen ein: ");
   fgets(string, 20, stdin);
   string[ strlen(string)-1 ] = '\0'; /* Entfernen von \n am Ende */
                       /*.......... Anlegen eines neuen Listenelements */
   neu_element = (struct list_element*) malloc(sizeof(struct list_element));
   if (neu_element == NULL) {
      printf(".......Speicherplatzmangel\n");
      exit(1);
   }
   strcpy(neu_element->name, string);
   ```

2. *Suchen des Listenelements, nach dem das neue Listenelement einzufügen ist.*
   Dies geschieht in folgendem Codeausschnitt:
   ```
   list_zgr = kopf;
   while (list_zgr->naechst != list_zgr->naechst->naechst) {
      if (strcmp(string, list_zgr->naechst->name) <= 0)
         break;
      list_zgr = list_zgr->naechst;
   }
   ```
   Da es sich bisher um eine leere Liste handelt, muss der neue Knoten (neues Listenelement) direkt nach dem Kopf der Liste eingefügt werden.

3. *und 4. Einfügen des neuen Listenelements in der Liste:*
   ```
   neu_element->naechst = list_zgr->naechst; /* 3 */
   list_zgr->naechst    = neu_element;        /* 4 */
   ```

Für das Einfügen des Namens „Franz" ergibt sich dann der in Abbildung 28.32 gezeigte Verlauf.

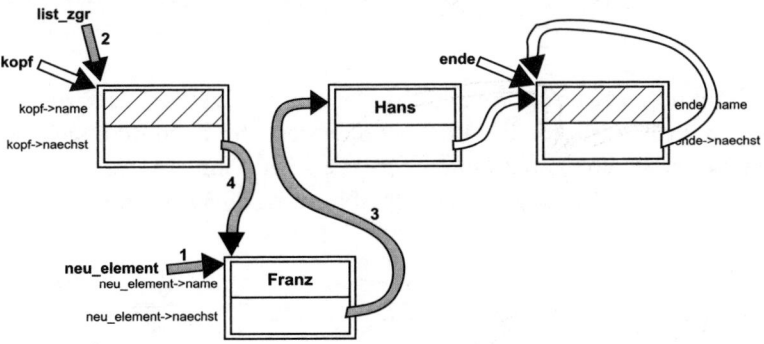

Abbildung 28.32: Einfügen des neuen Knotens „Franz"

28 Strukturen

Für das Einfügen des Namens „Harald" ergibt sich der in Abbildung 28.33 gezeigte Verlauf.

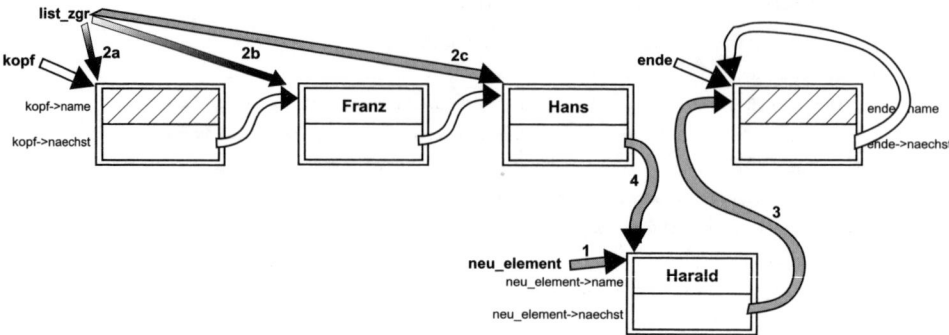

Abbildung 28.33: Einfügen des neuen Knotens „Harald"

Für das Einfügen des Namens „Clementine" ergibt sich der in Abbildung 28.34 gezeigte Verlauf.

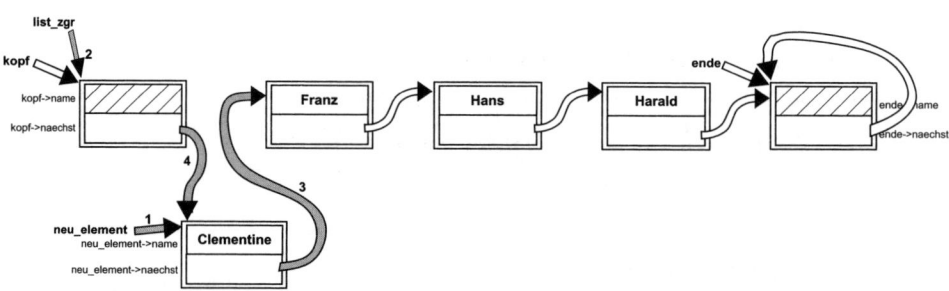

Abbildung 28.34: Einfügen des neuen Knotens „Clementine"

Funktion `liste_loeschen()`:
Nachdem in der Funktion `liste_loeschen()` der aus der Liste zu entfernende Namen eingelesen wurde, wird zunächst der Knoten gesucht, nach dem sich der löschende Namen befindet. Wenn wir annehmen, dass der Name „Hans" aus der sortierten Liste zu entfernen ist, so ergibt sich der Abbildung 28.35 gezeigte Verlauf.

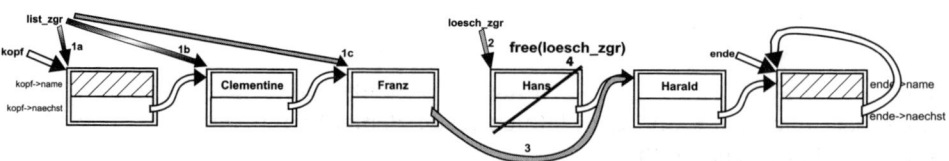

Abbildung 28.35: Löschen des Knotens „Hans"

1. *Einlesen des zu löschenden Namens und Suchen des Listenelements, nach dem sich der zu löschende Knoten (Name) befindet.*
   Dies geschieht in folgendem Codeausschnitt:
   ```
   printf("Gib den zu loeschenden Namen ein: ");
   fgets(string, 20, stdin);
   string[ strlen(string)-1 ] = '\0'; /* Entfernen von \n am Ende */
          /*........ Finden der Position des zu loeschenden Namens in Liste */
   list_zgr = kopf;
   while (list_zgr != list_zgr->naechst) {
      if (!strcmp(string, list_zgr->naechst->name))
         break;
      list_zgr = list_zgr->naechst;
   }
   ```
   Falls man beim Suchen auf das Ende der Liste trifft, ist der vom Benutzer eingegebene Name nicht in der Liste vorhanden:
   ```
   if (list_zgr == list_zgr->naechst)
      printf("\n......Name '%s' nicht in Liste vorhanden....\n\n\n", string);
   ```

2. *Setzen von* `loesch_zgr` *auf den zu löschenden Knoten (nur wenn Name gefunden):*
   ```
   loesch_zgr = list_zgr->naechst; /* 2 */
   ```

3. *„Aushängen" des zu löschenden Knotens:*
   ```
   list_zgr->naechst = list_zgr->naechst->naechst; /* 3 */
   ```

4. *Freigeben (Löschen) des ausgehängten Knotens:*
   ```
   free(loesch_zgr); /* 4 */
   ```

Doppelt verkettete Listen

Bestimmte Operationen mit verketteten Listen, wie das Durchsuchen der Liste oder das Einfügen eines Listenelements, lassen sich vereinfachen, wenn man die Listenelemente nicht nur einfach, sondern *doppelt* miteinander verkettet (*doubly linked lists*). In diesem Fall enthalten die Listenelemente nicht nur einen Zeiger auf das folgende Listenelement (*Nachfolger*), sondern auch einen Zeiger auf das vorhergehende Listenelement (*Vorgänger*).

Im Unterschied zu einer einfach verketteten Liste kann man sich in einer doppelt verketteten Liste über den Nachfolger-Zeiger nicht nur vorwärts, sondern über den Vorgänger-Zeiger auch rückwärts in der Liste bewegen. Dies vereinfacht spezifische Operationen mit der Liste wie das Einfügen neuer oder das Entfernen alter Listenelemente, da man – anders als bei einer einfach verketteten Liste – die Liste nicht von Anfang an durchlaufen muss, wenn man beispielsweise an einer Position zwischen dem ersten und dem letzten Listenelement ein neues Element einfügen oder ein altes löschen will.

Für vorheriges Beispiel (*Sortiertes Abspeichern von Namen*) ergäbe sich dann folgende Struktur-Deklaration:

```
struct list_element  {
    unsigned char       name[20];
    struct list_element *nachfolger;
    struct list_element *vorgaenger;
};
```

was z. B. zu einer Liste führen könnte, wie sie in Abbildung 28.36 gezeigt ist.

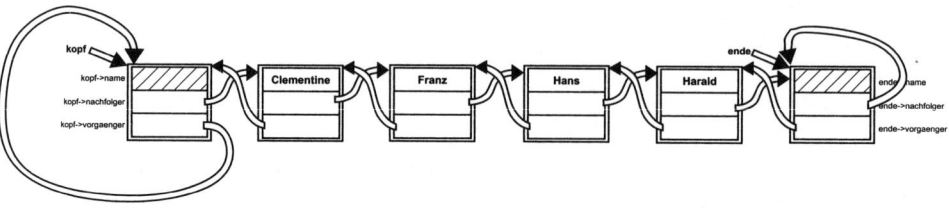

Abbildung 28.36: Doppelt verkettete Liste

Beispiel:

Das folgende Programm `namlist3.c` erlaubt es dem Benutzer, Namen in einer doppelt verketteten Liste, die immer sortiert sein soll, einzufügen oder Namen aus dieser Liste zu löschen. Um dem Benutzer die Struktur der aktuellen Liste zu verdeutlichen, wird diese immer vor und nach jeder Operation in Listenform ausgegeben. Der aktuelle Listenzeiger wird dabei durch ==> gekennzeichnet.

```c
#include  <stdio.h>
#include  <string.h>
#include  <ctype.h>
#include  <stdlib.h>

struct list_element  {
    unsigned char       name[20];
    struct list_element *nachfolger;
    struct list_element *vorgaenger;
};
struct list_element *kopf, *ende, *list_zgr;

void  liste_initialisieren(void);
void  liste_ausgeben(char *text);
void  liste_einfuegen(void);
void  liste_loeschen(void);
void  liste_suchen(char *name);
/*---------------------------------------------------- main -------------*/
int  main(void) {
    char    wahl;

    liste_initialisieren();
    while (1) {
        printf("-----------------------------------------------------------\n"
```

```
                "N    Einfuegen eines neuen Namens\n"
                "L    Loeschen eines Namens\n"
                "E    Ende\n"
                "  Deine Wahl: ");
        wahl = tolower(getchar());
        getchar();
        if (wahl == 'n')          liste_einfuegen();
        else if (wahl == 'l')     liste_loeschen();
        else if (wahl == 'e')     break;
        printf("\n");
    }
    return(0);
}
/*------------------------------------ liste_initialisieren --------------*/
void  liste_initialisieren(void) {
                        /*.......... Anlegen eines Listen-Kopfes und -ende */
    kopf = (struct list_element*) malloc(sizeof(struct list_element));
    ende = (struct list_element*) malloc(sizeof(struct list_element));
    if (kopf == NULL || ende == NULL) {
        printf(".......Speicherplatzmangel\n");
        exit(1);
    }
    kopf->name[0] = 0;     /* In jedem Fall kleiner als jedes ASCII-Zeichen  */
    ende->name[0] = 255;   /* In jedem Fall groesser als jedes ASCII-Zeichen */
    ende->name[1] = 0;
    kopf->vorgaenger = ende->vorgaenger = kopf;
    kopf->nachfolger = ende->nachfolger = ende;
    list_zgr = kopf;  /* Aktuellen Listenzeiger auf den Listen-Anfang stellen */
}
/*-------------------------------------------- liste_ausgeben --------------*/
void  liste_ausgeben(char *text) {
    struct list_element  *l_zgr;
    printf("...................................................%s.......\n", text);
    l_zgr = kopf->nachfolger;                    /*....... Vorwaerts-Ausgabe */
    printf("Vorwaerts  : %sk", list_zgr==kopf ? " ==> " : "     ");
    while (l_zgr != ende) {
        printf("%s%s", l_zgr==list_zgr ? " ==> " : " --> ", l_zgr->name);
        l_zgr = l_zgr->nachfolger;
    }
    printf("%se\n", list_zgr==ende ? " ==> " : " --> ");
    l_zgr = ende->vorgaenger;                    /*..... Rueckwaerts-Ausgabe */
    printf(" Rueckwaerts: %se", list_zgr==ende ? "==> " : "    ");
    while (l_zgr != kopf) {
        printf("%s%s", l_zgr==list_zgr ? " ==> " : " --> ", l_zgr->name);
        l_zgr = l_zgr->vorgaenger;
    }
    printf("%sk\n", list_zgr==kopf ? " ==> " : " --> ");
}
/*-------------------------------------------- liste_einfuegen --------------*/
void  liste_einfuegen(void) {
```

```
    char              string[20];
    struct list_element *neu_element;

    printf("          Gib den einzufuegenden Namen ein: ");
    fgets(string, 20, stdin);
    string[ strlen(string)-1 ] = '\0';  /* \n am Ende entfernen */

    liste_ausgeben("Vor dem Einfuegen");
                        /*.......... Anlegen eines neuen Listenelements */
    neu_element = (struct list_element*) malloc(sizeof(struct list_element));
    if (neu_element == NULL) {
       printf(".......Speicherplatzmangel\n");
       exit(1);
    }
    strcpy(neu_element->name, string);
      /*.... Suchen des Knotens, nach dem neue Name in Liste einzufuegen ist */
    liste_suchen(string);
                      /*........ Einfuegen des neuen Namens in die Liste */
    neu_element->vorgaenger = list_zgr;
    neu_element->nachfolger = list_zgr->nachfolger;
    list_zgr->nachfolger->vorgaenger = neu_element;
    list_zgr->nachfolger            = neu_element;

    liste_ausgeben("Nach dem Einfuegen");
}
/*--------------------------------------- liste_loeschen --------------*/
void liste_loeschen(void) {
    char              string[20];
    struct list_element *loesch_zgr;

    printf("          Gib den zu loeschenden Namen ein: ");
    fgets(string, 20, stdin);
    string[ strlen(string)-1 ] = '\0';  /* \n am Ende entfernen */
    liste_ausgeben("Vor dem Loeschen");
      /*.... Suchen des Knotens, nach dem sich zu loeschender Name befindet */
    liste_suchen(string);
    if (strcmp(string, list_zgr->nachfolger->name))
       printf("\n......Name '%s' nicht in Liste vorhanden....\n", string);
    else {
       loesch_zgr = list_zgr->nachfolger;
       list_zgr->nachfolger            = list_zgr->nachfolger->nachfolger;
       list_zgr->nachfolger->vorgaenger = list_zgr;
       free(loesch_zgr);
    }
    liste_ausgeben("Nach dem Loeschen");
}
/*--------------------------------------- liste_suchen --------------*/
void liste_suchen(char *name) {
    /*.... Finden der Position, nach der Name einzufuegen bzw. zu loeschen */
    if (strcmp(name, kopf->nachfolger->name) <= 0)
```

28.6 Zeiger und Strukturen

```
         list_zgr = kopf;
    else if (strcmp(name, ende->vorgaenger->name) > 0)
         list_zgr = ende->vorgaenger;
    else {
         int  vergleich = strcmp(name, list_zgr->name);
         if (vergleich > 0)
            while (strcmp(name, list_zgr->nachfolger->name) > 0) {
               list_zgr = list_zgr->nachfolger;
               liste_ausgeben("Suchen");
            }
         else if (vergleich < 0)
            while (strcmp(name, list_zgr->name) < 0) {
               list_zgr = list_zgr->vorgaenger;
               liste_ausgeben("Suchen");
            }
         else
            while (strcmp(name, list_zgr->name) == 0) {
               list_zgr = list_zgr->vorgaenger;
               liste_ausgeben("Suchen");
            }
    }
}
```

Möglicher Ablauf des Programms `namlist3.c`:

```
N   Einfuegen eines neuen Namens
L   Loeschen eines Namens
E   Ende
  Deine Wahl: n ⏎
            Gib den einzufuegenden Namen ein: hans ⏎
.............................................Vor dem Einfuegen.......
Vorwaerts  : ==> k --> e
Rueckwaerts:     e ==> k
.............................................Nach dem Einfuegen.......
Vorwaerts  : ==> k --> hans --> e
Rueckwaerts:     e --> hans ==> k
-----------------------------------------------------------
N   Einfuegen eines neuen Namens
L   Loeschen eines Namens
E   Ende
  Deine Wahl: n ⏎
            Gib den einzufuegenden Namen ein: emil ⏎
.............................................Vor dem Einfuegen.......
Vorwaerts  : ==> k --> hans --> e
Rueckwaerts:     e --> hans ==> k
.............................................Nach dem Einfuegen.......
Vorwaerts  : ==> k --> emil --> hans --> e
Rueckwaerts:     e --> hans --> emil ==> k
-----------------------------------------------------------
N   Einfuegen eines neuen Namens
L   Loeschen eines Namens
```

28 Strukturen

```
E    Ende
  Deine Wahl: n?
           Gib den einzufuegenden Namen ein: zorro ⟵
.................................................Vor dem Einfuegen.......
Vorwaerts  :  ==> k --> emil --> hans --> e
Rueckwaerts:      e --> hans --> emil ==> k
.................................................Nach dem Einfuegen.......
Vorwaerts  :      k --> emil ==> hans --> zorro --> e
Rueckwaerts:      e --> zorro ==> hans --> emil --> k
----------------------------------------------------------
N    Einfuegen eines neuen Namens
L    Loeschen eines Namens
E    Ende
  Deine Wahl: n ⟵
           Gib den einzufuegenden Namen ein: hansi ⟵
.................................................Vor dem Einfuegen.......
Vorwaerts  :      k --> emil ==> hans --> zorro --> e
Rueckwaerts:      e --> zorro ==> hans --> emil --> k
.................................................Nach dem Einfuegen.......
Vorwaerts  :      k --> emil ==> hans --> hansi --> zorro --> e
Rueckwaerts:      e --> zorro --> hansi ==> hans --> emil --> k
----------------------------------------------------------
N    Einfuegen eines neuen Namens
L    Loeschen eines Namens
E    Ende
  Deine Wahl: n ⟵
           Gib den einzufuegenden Namen ein: aaron ⟵
.................................................Vor dem Einfuegen.......
Vorwaerts  :      k --> emil ==> hans --> hansi --> zorro --> e
Rueckwaerts:      e --> zorro --> hansi ==> hans --> emil --> k
.................................................Nach dem Einfuegen.......
Vorwaerts  :  ==> k --> aaron --> emil --> hans --> hansi --> zorro --> e
Rueckwaerts:      e --> zorro --> hansi --> hans --> emil --> aaron ==> k
----------------------------------------------------------
N    Einfuegen eines neuen Namens
L    Loeschen eines Namens
E    Ende
  Deine Wahl: l ⟵
           Gib den zu loeschenden Namen ein: hansi ⟵
.................................................Vor dem Loeschen.......
Vorwaerts  :  ==> k --> aaron --> emil --> hans --> hansi --> zorro --> e
Rueckwaerts:      e --> zorro --> hansi --> hans --> emil --> aaron ==> k
.................................................Suchen.......
Vorwaerts  :      k ==> aaron --> emil --> hans --> hansi --> zorro --> e
Rueckwaerts:      e --> zorro --> hansi --> hans --> emil ==> aaron --> k
.................................................Suchen.......
Vorwaerts  :      k --> aaron ==> emil --> hans --> hansi --> zorro --> e
Rueckwaerts:      e --> zorro --> hansi --> hans ==> emil --> aaron --> k
.................................................Suchen.......
Vorwaerts  :      k --> aaron --> emil ==> hans --> hansi --> zorro --> e
```

```
Rueckwaerts:    e --> zorro --> hansi ==> hans --> emil --> aaron --> k
..........................................Nach dem Loeschen.......
Vorwaerts   :   k --> aaron --> emil ==> hans --> zorro --> e
Rueckwaerts:    e --> zorro ==> hans --> emil --> aaron --> k
-----------------------------------------------------------
N    Einfuegen eines neuen Namens
L    Loeschen eines Namens
E    Ende
     Deine Wahl: e
```

Vorteile und Nachteile von Listen gegenüber Arrays

Es stellt sich, die Frage, in welchen Situationen verkettete Listen den Arrays vorzuziehen sind. Sowohl Arrays als auch Listen lassen sich dynamisch verwalten und können so in ihrer Größe den jeweiligen Erfordernissen angepaßt werden.
Der Vorteil einer verketteten Liste gegenüber einem Array ist der geringere Arbeitsaufwand bei ihrer Unterhaltung. So ist das Einfügen bzw. Entfernen eines Elements aus einer Liste wesentlich einfacher und weniger aufwendig als bei einem Array.
Der Nachteil einer verketteten Liste gegenüber einem Array ist, dass man bei einer Liste nicht die Möglichkeit eines Direktzugriffs auf ein beliebiges Element hat. Statt dessen muss man die Liste ab einem bestimmten Punkt aus durchlaufen, bis man zu dem gewünschten Element gelangt. Dieses kostet natürlich Zeit.

Algorithmus: Binärbäume

Hier lernen wir eine weitere Anwendung für rekursive Strukturen kennen, die so genannten *Binärbäume*, die eine besondere Form von verketteten Listen sind. Ein Binärbaum ist eine sehr elegante Datenstruktur, die den Vorteil von Arrays (schneller Zugriff auf bestimmte Elemente) mit dem Vorteil von Listen (leichtes Einfügen bzw. Entfernen eines Elements) in sich vereinigt. Zur Erläuterung von Binärbäumen wollen wir ein Beispiel heranziehen.
Beim Skilanglauf werden die einzelnen Läufer in 30-Sekunden-Abständen auf die Strecke geschickt. Beim Zieleinlauf eines Läufers soll immer ein aktueller Zwischenstand ausgegeben werden.
Würden wir diese Aufgabenstellung mit Arrays lösen, wären bei jedem Zieleinlauf eines schnellen Läufers erhebliche Umspeicherungen nötig, um diesen Läufer an seinem momentanen Platz im nach Zeiten sortierten Array einzuordnen. Bei einer Realisierung mit verketteten Listen müßten wir immer die Liste durchlaufen, um den Platz zu finden, an dem der Läufer aktuell einzuordnen ist.
Um sowohl den Nachteil der Umspeicherungen (Array) als auch das zeitaufwendige Suchen (Liste) zu vermeiden, verwenden wir für diese Aufgabenstellung als Datenstruktur einen Binärbaum. Dieser Binärbaum soll für jeden Läufer, der das Ziel erreicht hat, einen Knoten mit folgenden Informationen enthalten:

1. Name, Nationalität und benötigte Zeit des Läufers
2. Zeiger auf den linken Nachkommen im Binärbaum
3. Zeiger auf den rechten Nachkommen im Binärbaum

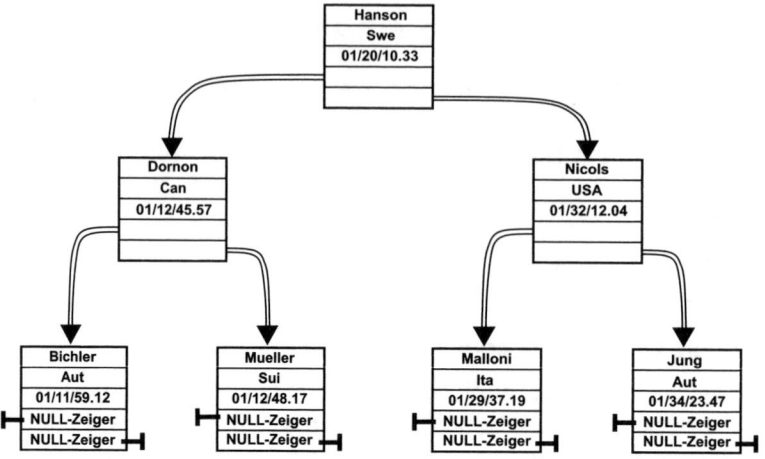

Abbildung 28.37: Binärbaum, indem Läufer nach Schnelligkeit eingeordnet sind

Die Philosophie eines Binärbaumes ist:

1. Ein Knoten eines Binärbaumes kann nicht mehr als zwei Nachkommen besitzen, wobei allerdings ein oder gar kein Nachkomme möglich ist.

2. Jeder linke Nachkomme eines Knotens ist kleiner (nach einem Sortierkriterium) als der Knoten selbst. Daraus folgt, dass alle Knoten des gesamten linken Unterbaums kleiner als der Knoten selbst sind.

3. Jeder rechte Nachkomme eines Knotens ist größer (nach einem Sortierkriterium) als der Knoten selbst. Daraus folgt, dass alle Knoten des gesamten rechten Unterbaums größer als der Knoten selbst sind.

Für unser Beispiel bedeutet dies, dass die Knoten (Läufer) so anzuordnen sind, dass bei jedem Knoten (Läufer) der linke Unterbaum nur Knoten (Läufer) enthält, die eine schnellere Zeit gelaufen sind, und der rechte Unterbaum nur langsamere Knoten (Läufer) aufweist, wie es z. B. in Abbildung 28.37 gezeigt ist.

Nun zur Realisierung dieser Aufgabenstellung:

Trifft ein Läufer im Ziel ein, so wird dessen Zeit zunächst mit der des Läufers in der Wurzel verglichen. Ist der angekommene Sportler eine kürzere Zeit gelaufen, so wird die Suche mit dem linken Nachkommen fortgesetzt, andernfalls wird beim rechten Nachkommen weiter untersucht.

Es handelt sich hier um einen rekursiven Suchvorgang, da bei jedem Knoten auf einen der beiden möglichen Nachkommen verzweigt werden muss, wenn keine Übereinstimmung gefunden wird. Es bietet sich folglich an, rekursive Funktionen bei der Realisierung dieser Aufgabe zu verwenden.

Bevor wir das C-Programm angeben, sind noch einige Modalitäten zu klären:

- Beim Zieleinlauf eines Sportlers werden zunächst dessen Daten (Name, Nationalität, Zeit) eingelesen, und nach dieser Eingabe wird der neue Zwischenstand ausgegeben.

28.6 Zeiger und Strukturen

❏ Nach Ankunft des letzten Läufers ist bei der Frage nach dem Namen des nächsten Läufers ein leerer Name (nur Return) einzugeben. Daraufhin wird die endgültige Platzverteilung ausgegeben.

❏ Sind zwei oder mehrere Läufer exakt die gleiche Zeit gelaufen, so sind sie alphabetisch geordnet in der Tabelle auszugeben.

Das zugehörige Programm `skilang.c`:

```c
#include <stdio.h>
#include <stdlib.h>
#include <string.h>
struct knoten {
        char            name[20];   /* Name des Laeufers            */
        char            staat[10];  /* Nationalitaet (Abkuerzung)   */
        char            zeit[20];   /* gelaufene Zeit               */
        struct knoten   *links;     /* linker Nachkomme             */
        struct knoten   *rechts;    /* rechter Nachkomme            */
};
char name[20], staat[10], zeit[20];

struct knoten *einordnen(struct knoten *knot_zeig);
void          drucke_baum(struct knoten *knot_zeig, int *nr);
/*-------------------------------------------------------- main ----------*/
int main(void) {
   struct knoten      *wurzel;
   int                i=1, platz;
   wurzel=NULL;
   while (1) {
      printf("\nName des gerade eingelaufenen Sportlers: ");
      fgets(name, 20, stdin);
      name[ strlen(name)-1 ] = '\0'; /* \n am Ende entfernen */
      if (strlen(name) == 0)
         break;
      printf("Nationalitaet des Sportlers: ");
      fgets(staat, 10, stdin);
      staat[ strlen(staat)-1 ] = '\0'; /* \n am Ende entfernen */
      printf("Gelaufene Zeit (hh/mm/ss.hh): ");
      fgets(zeit, 20, stdin);
      zeit[ strlen(zeit)-1 ] = '\0'; /* \n am Ende entfernen */
      wurzel = einordnen(wurzel);
      printf("\nZwischenstand nach %d Laeufer\n"
             "============================\n", i++);
      printf("%12s %-15s%5s  %s\n", "Platz", "Name", "Land", "Zeit");
      platz = 1;
      drucke_baum(wurzel, &platz);
   }
   printf("\nEndergebnis:\n"
          "===========\n");
   printf("%12s %-15s%5s  %s\n", "Platz", "Name", "Land", "Zeit");
   platz = 1;
   drucke_baum(wurzel, &platz);
```

```
        return(0);
}
/*---------------------------------------------- einordnen -----------*/
struct knoten *einordnen(struct knoten *knot_zeig) {
    int zeit_vergl;

    if (knot_zeig==NULL) {
        knot_zeig = (struct knoten *)malloc(sizeof(struct knoten));
        if (knot_zeig == NULL) {
            printf(".....Speicherplatzmangel...\n");
            exit(1);
        }
        strcpy(knot_zeig->name, name);
        strcpy(knot_zeig->staat, staat);
        strcpy(knot_zeig->zeit, zeit);
        knot_zeig->links = knot_zeig->rechts = NULL;
    } else if ( ( (zeit_vergl = strcmp(zeit, knot_zeig->zeit)) < 0) ||
                ( (zeit_vergl == 0) && (strcmp(name, knot_zeig->name) < 0)))
        knot_zeig->links = einordnen(knot_zeig->links);
    else
        knot_zeig->rechts = einordnen(knot_zeig->rechts);
    return(knot_zeig);
}
/*---------------------------------------------- drucke_baum ---------*/
void drucke_baum(struct knoten *knot_zeig, int *nr) {
    if (knot_zeig != NULL) {
        drucke_baum(knot_zeig->links, nr);
        printf("%10d    %-15s%5s    %s\n", (*nr)++,
                knot_zeig->name, knot_zeig->staat, knot_zeig->zeit);
        drucke_baum(knot_zeig->rechts, nr);
    }
}
```

Erläuterungen zum Programm `skilang.c`: Nehmen wir an, von 100 gestarteten Läufern laufen lediglich 7 in folgender Reihenfolge im Ziel ein:

Malloni	Ita	01/29/37.19
Mueller	Sui	01/12/48.17
Hanson	Swe	01/20/10.33
Bichler	Aut	01/11/59.12
Nicols	USA	01/32/12.04
Jung	Aut	01/34/23.47
Dornon	Can	01/12/45.57

In main() wird zunächst der Strukturzeiger wurzel mit NULL initialisiert.
In der darauffolgenden while-Schleife, die bei Eingabe eines leeren Namens (strlen(name)==0) verlassen wird, werden zunächst die Daten (Name, Nationalität, Zeit) des gerade eingelaufenen Sportlers eingelesen.

1. eintreffender Läufer Für unsere angenommene Einlauf-Reihenfolge ergibt sich für den ersten Durchlauf folgende Zuordnung:

name:	Malloni
staat:	Ita
zeit:	01/29/37.19

28.6 Zeiger und Strukturen

Mit der nächsten Anweisung wird die Funktion `einordnen()` aufgerufen

```
wurzel = einordnen(wurzel);
```

und dort, da das zu `knot_zeig` übergegebene Argument (`wurzel`) zu diesem Zeitpunkt NULL ist, folgender Programmteil ausgeführt:

```
if (knot_zeig==NULL) {
    knot_zeig = (struct knoten *)malloc(sizeof(struct knoten));
    if (knot_zeig == NULL) {
        printf(".....Speicherplatzmangel...\n");
        exit(1);
    }
    strcpy(knot_zeig->name, name);
    strcpy(knot_zeig->staat, staat);
    strcpy(knot_zeig->zeit, zeit);
    knot_zeig->links = knot_zeig->rechts = NULL;
}
```

Mit

```
knot_zeig = (struct knoten *)malloc(sizeof(struct knoten));
```

wird ein zusammenhängender Speicherplatz alloziert, der groß genug ist, um die Struktur `struct knoten` aufzunehmen, und die Anfangsadresse dieses Speicherbereichs wird in `knot_zeig` festgehalten. Mit den drei nachfolgenden `strcpy()`-Aufrufen werden die Daten des Läufers `Malloni` in den neu allozierten Speicherbereich kopiert. Da ein neuer Knoten im Binärbaum generiert wurde und für diesen Knoten noch keine Nachkommen existieren, müssen die Zeiger für den linken und rechten Nachkommen mit NULL besetzt werden:

```
knot_zeig->links = knot_zeig->rechts = NULL;
```

Mit

```
return(knot_zeig);
```

wird ein Zeiger auf den gerade neu angelegten Knoten an die aufrufende Funktion (`main()`) zurückgegeben, so dass sich das in Abbildung 28.38 gezeigte Bild ergibt.

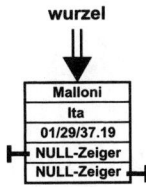

Abbildung 28.38: Rückgabe eines Zeigers auf den neu angelegten Knoten

Nach der Rückkehr nach `main()` wird dort unter Zuhilfenahme der Funktion `drucke_baum()` folgender Zwischenstand ausgegeben:

```
Zwischenstand nach 1 Laeufer
============================
    Platz Name           Land Zeit
        1 Malloni        Ita  01/29/37.19
```

Die Funktion `drucke_baum()`

```
void drucke_baum(struct knoten *knot_zeig, int *nr) {
   if (knot_zeig != NULL) {
      drucke_baum(knot_zeig->links, nr);
      printf("%10d    %-15s%5s   %s\n", (*nr)++,
             knot_zeig->name, knot_zeig->staat, knot_zeig->zeit);
      drucke_baum(knot_zeig->rechts, nr);
   }
}
```

gibt die Läuferdaten der einzelnen Knoten in der so genannten *inorder*-Folge aus:

> *Zu jedem Knoten werden zunächst der linke Unterbaum (alle bezüglich des gerade betrachteten Knotens schnelleren Läufer), dann die Läuferdaten des Knotens selbst, und schließlich der rechte Unterbaum (alle langsameren Läufer) ausgegeben.*

Da für unser Beispiel bisher nur ein Knoten vorliegt, kann auch nur dieser ausgegeben werden.

2. eintreffender Läufer In der `while`-Schleife von `main()` werden nun die Daten des nächsten eintreffenden Läufers eingelesen:

```
name:    Mueller
staat:   Sui
zeit:    01/12/48.17
```

Danach wird mit

```
wurzel = einordnen(wurzel);
```

wieder die Funktion `einordnen()` aufgerufen. Diesmal wird jedoch, da das zu `knot_zeig` übergegebene Argument (`wurzel`) nun von `NULL` verschieden ist, folgender Programmteil ausgeführt:

```
   } else if ( ( (zeit_vergl = strcmp(zeit, knot_zeig->zeit)) < 0 ||
                 ( (zeit_vergl == 0) && (strcmp(name, knot_zeig->name) < 0)))
      knot_zeig->links = einordnen(knot_zeig->links);
   else
      knot_zeig->rechts = einordnen(knot_zeig->rechts);
```

In der `if`-Abfrage hier sind nun zwei Bedingungen verknüpft:

1. Ist der gerade eingetroffene Läufer (`Mueller`) eine schnellere Zeit gelaufen als der gerade betrachtete Knoten (`Malloni`):

   ```
   (zeit_vergl = strcmp(zeit, knot_zeig->zeit)) < 0
   ```

2. Ist der gerade eingetroffene Läufer die gleiche Zeit gelaufen wie der gerade betrachtete Knoten, und sein Name ist alphabetisch vor dem Namen des gerade betrachteten Knoten einzuordnen:

   ```
   (zeit_vergl == 0) && (strcmp(name, knot_zeig->name) < 0)
   ```

Für unseren Fall ist die 1. Bedingung und somit auch die Gesamtbedingung erfüllt, so dass folgende Anweisung ausgeführt wird:

```
knot_zeig->links = einordnen(knot_zeig->links);
```

Die Funktion `einordnen()` ruft sich also selbst wieder auf, so dass sich das in Abbildung 28.39 gezeigte Bild ergibt.

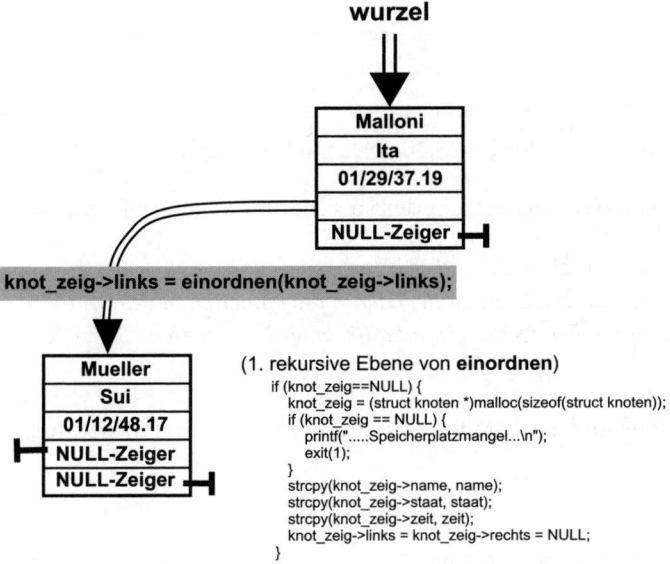

Abbildung 28.39: Einordnen von `Mueller` als linker Unterknoten von `Malloni`

Mit
```
return(knot_zeig);
```
wird immer die Adresse des gerade behandelten Knotens an die übergeordnete Ebene zurückgegeben. Von der ersten rekursiven Ebene wird hier z. B. die Adresse des `Mueller`-Knotens zurückgegeben. Diese Adresse wird wegen
```
knot_zeig->links = einordnen(knot_zeig->links);
```
im `Malloni`-Knoten unter der Komponente `knot_zeig->links` (hier `wurzel->links`) gespeichert. Nach der Rückkehr nach `main()` wird dort unter Zuhilfenahme der Funktion `drucke_baum()` folgender Zwischenstand ausgegeben:

```
Zwischenstand nach 2 Laeufer
==============================
        Platz Name         Land  Zeit
            1 Mueller      Sui   01/12/48.17
            2 Malloni      Ita   01/29/37.19
```

3. eintreffender Läufer In der `while`-Schleife von `main()` werden nun die Daten des nächsten eintreffenden Läufers eingelesen:
```
name:   Hanson
staat:  Swe
zeit:   01/20/10.33
```
Danach wird mit
```
wurzel = einordnen(wurzel);
```

wieder die Funktion `einordnen()` aufgerufen. In dieser Funktion wird nach Überprüfung der entsprechenden Bedingungen die Anweisung

```
knot_zeig->links = einordnen(knot_zeig->links);
```

ausgeführt. Bei diesem rekursiven Aufruf von `einordnen()` wird nach Überprüfung der vorgegebenen Bedingungen die Anweisung

```
knot_zeig->rechts = einordnen(knot_zeig->rechts);
```

ausgeführt, so dass sich das in Abbildung 28.40 gezeigte Bild ergibt.

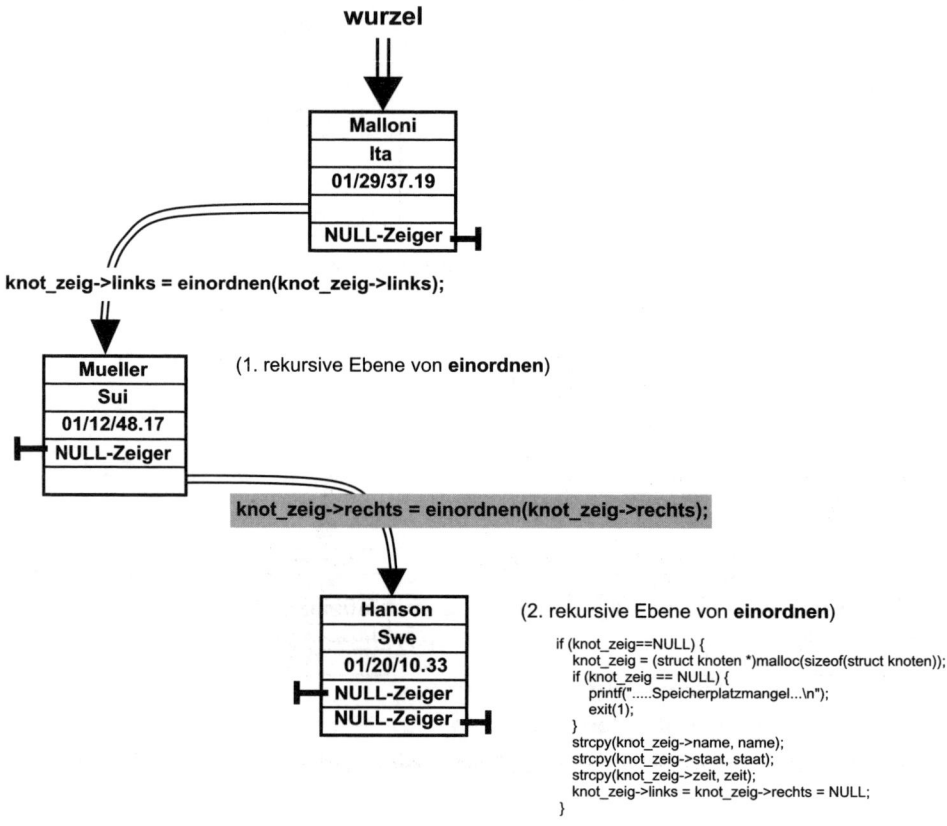

Abbildung 28.40: Einordnen von `Hanson` als rechter Unterknoten von `Mueller`

Nach der Rückkehr nach `main()` wird dort unter Zuhilfenahme der Funktion `drucke_baum()` folgender Zwischenstand ausgegeben:

```
Zwischenstand nach 3 Laeufer
============================
     Platz Name         Land   Zeit
         1 Mueller      Sui    01/12/48.17
         2 Hanson       Swe    01/20/10.33
         3 Malloni      Ita    01/29/37.19
```

4. eintreffender Läufer
In der while-Schleife von main() werden nun die Daten des nächsten eintreffenden Läufers eingelesen:

```
name:   Bichler
staat:  Aut
zeit:   01/11/59.12
```

Danach wird mit

```
wurzel = einordnen(wurzel);
```

wieder die Funktion einordnen() aufgerufen. Der rekursive Ablauf dieser Funktion soll durch das in Abbildung 28.41 gezeigte Bild verdeutlicht werden.

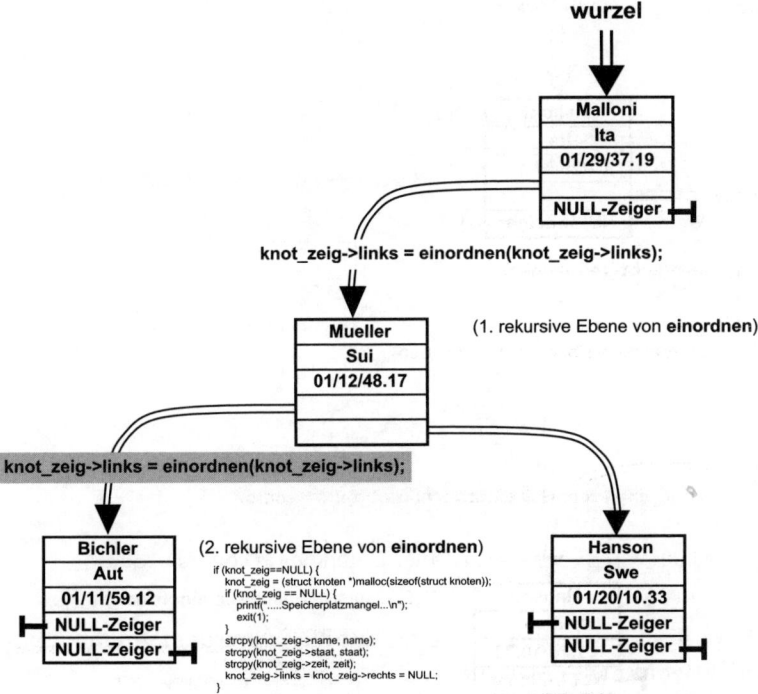

Abbildung 28.41: Einordnen von Bichler als linker Unterknoten von Mueller

Nach der Rückkehr nach main() wird dort unter Zuhilfenahme der Funktion drucke_baum() wieder der aktuelle Zwischenstand ausgegeben:

```
Zwischenstand nach 4 Laeufer
=============================
    Platz Name           Land   Zeit
        1 Bichler        Aut    01/11/59.12
        2 Mueller        Sui    01/12/48.17
        3 Hanson         Swe    01/20/10.33
        4 Malloni        Ita    01/29/37.19
```

Hier können wir die Funktionsweise von drucke_baum() sehr schön erkennen: Es wird immer zuerst der vollständige linke Unterbaum ausgegeben, bevor ein Knoten selbst ausgegeben wird.

5. eintreffender Läufer In der `while`-Schleife von `main()` werden nun die Daten des nächsten eintreffenden Läufers eingelesen:

```
name:   Nicols
staat:  USA
zeit:   01/32/12.04
```

Danach wird mit

```
wurzel = einordnen(wurzel);
```

wieder die Funktion `einordnen()` aufgerufen. Der rekursive Ablauf dieser Funktion soll durch das in Abbildung 28.42 gezeigte Bild verdeutlicht werden.

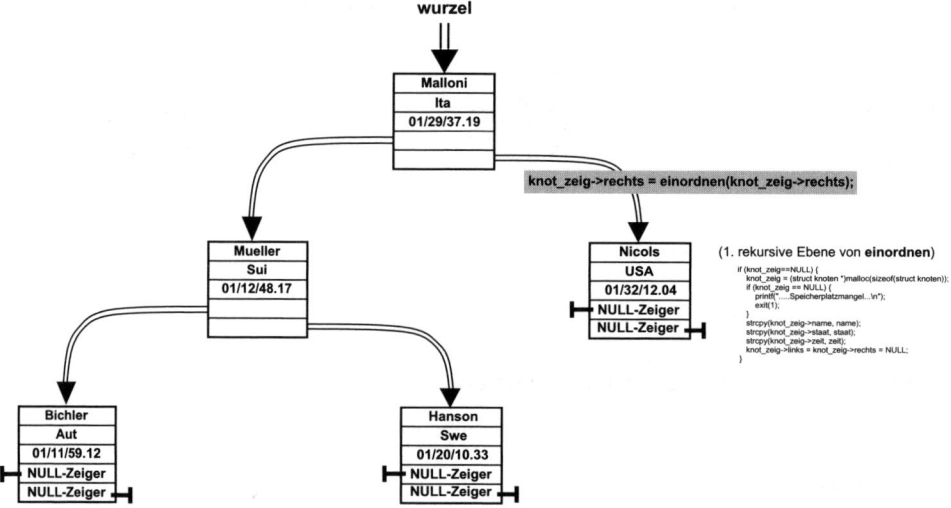

Abbildung 28.42: Einordnen von `Nicols` als rechter Unterknoten von `Malloni`

Nach der Rückkehr nach `main()` wird dort unter Zuhilfenahme der Funktion `drucke_baum()` wieder der aktuelle Zwischenstand ausgegeben:

```
Zwischenstand nach 5 Laeufer
============================
    Platz Name        Land  Zeit
        1 Bichler     Aut   01/11/59.12
        2 Mueller     Sui   01/12/48.17
        3 Hanson      Swe   01/20/10.33
        4 Malloni     Ita   01/29/37.19
        5 Nicols      USA   01/32/12.04
```

6. und 7. eintreffender Läufer Nachdem die beiden Läufer `Jung` und `Dornon` noch eingegeben und im Binärbaum mit der Funktion `einordnen()` an der entsprechenden Stelle „eingehängt" wurden, ergibt sich der in Abbildung 28.43 gezeigte Binärbaum.

Vor Programmende wird dann wieder unter Zuhilfenahme der Funktion `drucke_baum()` der Endstand ausgegeben:

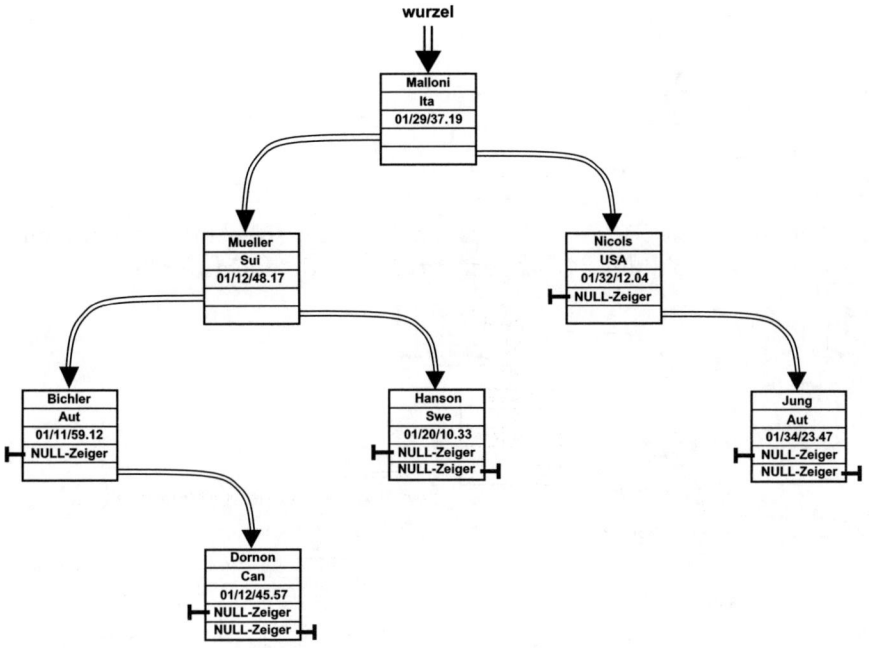

Abbildung 28.43: Einordnen von `Jung` und `Dornon`

```
Endergebnis:
============
      Platz Name           Land   Zeit
        1   Bichler        Aut    01/11/59.12
        2   Dornon         Can    01/12/45.57
        3   Mueller        Sui    01/12/48.17
        4   Hanson         Swe    01/20/10.33
        5   Malloni        Ita    01/29/37.19
        6   Nicols         USA    01/32/12.04
        7   Jung           Aut    01/34/23.47
```

Unsere Baumstruktur ist abhängig von der Reihenfolge des Einlaufs. Es ist nicht garantiert, dass man immer einen gut balancierten Baum erhält. Wären die Langläufer z. B. in einer anderen Reihenfolge, aber mit den gleichen Zeiten, ins Ziel gekommen:

```
Dornon    Can    01/12/45.57
Jung      Aut    01/34/23.47
Nicols    USA    01/32/12.04
Bichler   Aut    01/11/59.12
Mueller   Sui    01/12/48.17
Hanson    Swe    01/20/10.33
Malloni   Ita    01/29/37.19
```

dann hätte sich die in Abbildung 28.44 gezeigte Baumstruktur ergeben.

Die Zahlen hinter den Knoten (in Abbildung 28.44) geben die Reihenfolge an, in der die Funktion `drucke_baum()` die Knoten ausgeben würde. Es ist hierbei wieder sehr schön zu erkennen, dass `drucke_baum()` zuerst den vollständigen linken

28 Strukturen

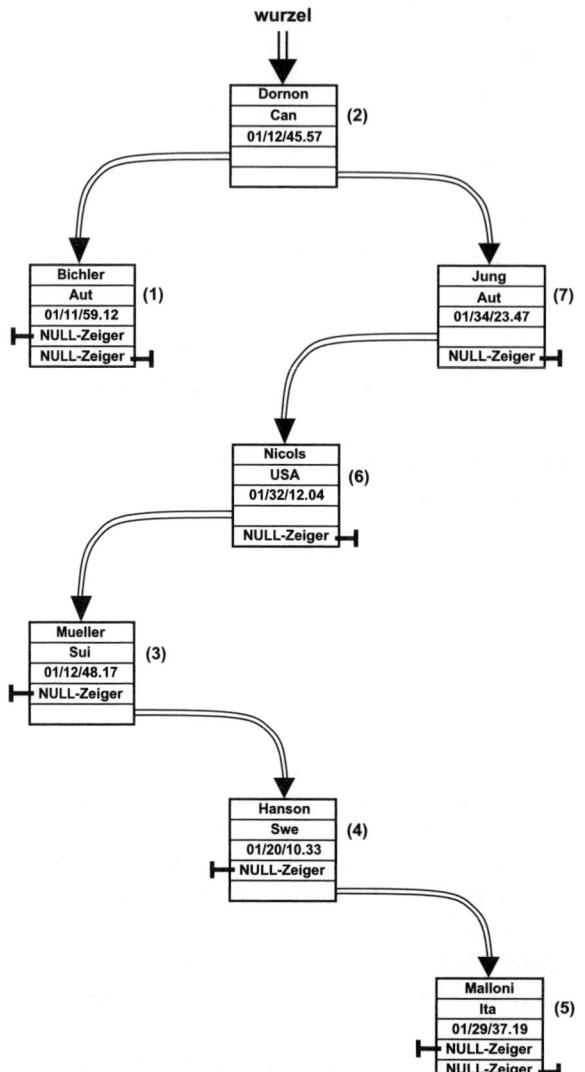

Abbildung 28.44: Anderes Aussehen des Binärbaums bei anderer Ankunft

Unterbaum ausgibt, bevor es einen Knoten selbst und dann dessen rechten Unterbaum ausgibt.

Wir haben in diesem Beispiel mit einem geordneten Binärbaum gearbeitet. Dabei wurde der Binärbaum nach folgenden Regeln aufgebaut:

1. Jeder linke Unterbaum eines Knotens enthält nur Läufer, die eine schnellere Zeit bzw. eine gleichschnelle Zeit liefen, aber alphabetisch weiter vorne einzuordnen sind.

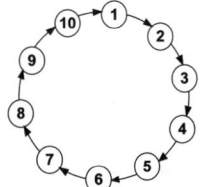

Abbildung 28.45: Ringliste – eine Spezialform einer verketteten Liste

2. Jeder rechte Unterbaum eines Knotens enthält nur Läufer, die eine langsamere Zeit bzw. eine gleichschnelle Zeit liefen, aber alphabetisch weiter hinten einzuordnen sind.

Die Ausgaben erfolgte in unserem Beispiel nach der *inorder*-Folge:
1. alle linken Nachfolger eines Knotens (falls vorhanden)
2. Knoten selbst
3. alle rechten Nachfolger eines Knotens (falls vorhanden)

28.6.4 Übungen

Das Josephus-Spiel

Im Jahre 67 n. Chr. wurde die galiläische Stadt Jotapata, unter Führung des jüdischen Historikers Josephus (37-100) ein Zentrum des antirömischen Widerstands, nach 47tägiger Belagerung von Kaiser Vespasian eingenommen. Josephus und 40 Soldaten zogen sich in eine Zisterne zurück. Um der Sklaverei zu entgehen, wollten die Soldaten sich selbst umbringen; Josephus beschwor sie vergebens, davon abzulassen. Damit er wenigstens seinen Freund und sich selbst rette, schlug Josephus als Tötungsritual den alten römischen Brauch der *decimatio* (Aussonderung jedes Zehnten) vor. An welche Stelle des Kreises stellte er seinen Freund und sich, um zu überleben?

Erstellen Sie ein Programm josephus.c, das n numerierte Personen im Kreis anordnet; dann wird, beginnend mit Nummer m, jede m-te Person ausgesondert, wobei sich der Kreis sofort wieder schließt. Das Programm soll die Reihenfolge der Aussonderung ausgeben. Im Programm josephus.c sollten Sie mit einer besonderen Form von verketteten Listen arbeiten: der so genannten *Ringliste*, bei der das letzte Listenelement wieder auf das erste zeigt, wie es z. B. in Abbildung 28.45 gezeigt ist.

Mögliche Abläufe des Programms josephus.c:

```
Wie viele Personen: 41
Der wievielte soll immer ausgesondert werden: 10
In folgender Reihenfolge wird ausgesondert:
    10,  20,  30,  40,   9,  21,  32,   2,  14,  26,  38,  11,  24,  37,
    12,  27,   1,  17,  34,   8,  29,   6,  28,   7,  33,  16,  41,  25,
    18,   5,   3,  39,   4,  15,  23,  13,  36,  22,  31,  19,  35
```

```
Wie viele Personen: 100
Der wievielte soll immer ausgesondert werden: 2
In folgender Reihenfolge wird ausgesondert:
   2,    4,    6,    8,   10,   12,   14,   16,   18,   20,   22,   24,   26,   28,
  30,   32,   34,   36,   38,   40,   42,   44,   46,   48,   50,   52,   54,   56,
  58,   60,   62,   64,   66,   68,   70,   72,   74,   76,   78,   80,   82,   84,
  86,   88,   90,   92,   94,   96,   98,  100,    3,    7,   11,   15,   19,   23,
  27,   31,   35,   39,   43,   47,   51,   55,   59,   63,   67,   71,   75,   79,
  83,   87,   91,   95,   99,    5,   13,   21,   29,   37,   45,   53,   61,   69,
  77,   85,   93,    1,   17,   33,   49,   65,   81,   97,   25,   57,   89,   41,
   9,   73
```

Wortstatistik zu einem Text

Erstellen Sie ein Programm wortstat.c, das zu einem Text eine alphabetisch geordnete Wortstatistik erstellt, was bedeutet, dass zu jedem Wort die Häufigkeit seines Vorkommens im vorgelegten Text ausgegeben wird. Verwenden Sie zur Lösung dieser Aufgabenstellung einen Binärbaum.

Hat man z. B. folgenden Eingabetext in der Datei schwafel.txt:

```
Heute sind die Voraussetzungen für eine gute Tat
sehr günstig; solche Voraussetzungen wünscht man sich.
Nur weiter so bis Ende des Jahres;
vielleicht auch einen guten Umsatz, der dreistellig ist;
dann werden sich auch schwarze Zahlen sehen lassen;
Jeder kann etwas dazu beitragen.

Heute wünscht man sich Voraussetzungen, die sich bis Ende
des Jahres günstig auswirken. So soll es sein und
wir wünschen einen guten Jahresabschluss.
Der Umsatz, der besser sein könnte, möge sich weiter erhöhen,
und dann sehen wir in eine rosige Zukunft.
Nun wollen wir das Jammern lassen und jeder soll das tun, was
er kann.
```

und man ruft das Programm wortstat mit Eingabeumlenkung auf, wie

```
wortstat < schwafel.txt
```

so sollte folgendes ausgegeben werden:

```
          Wortstatistik zu einem Text
          ===========================

auch                    :      2
auswirken               :      1
beitragen               :      1
besser                  :      1
bis                     :      2
dann                    :      2
das                     :      2
dazu                    :      1
der                     :      3
```

28.6 Zeiger und Strukturen

```
des                     :    2
die                     :    2
dreistellig             :    1
eine                    :    2
einen                   :    2
ende                    :    2
er                      :    1
erhöhen                 :    1
es                      :    1
etwas                   :    1
für                     :    1
gute                    :    1
guten                   :    2
günstig                 :    2
heute                   :    2
in                      :    1
ist                     :    1
jahres                  :    2
jahresabschluss         :    1
jammern                 :    1
jeder                   :    2
kann                    :    2
könnte                  :    1
lassen                  :    2
 :::::::::::::::::::::::::
so                      :    2
solche                  :    1
soll                    :    2
tat                     :    1
tun                     :    1
umsatz                  :    2
und                     :    3
vielleicht              :    1
voraussetzungen         :    3
was                     :    1
weiter                  :    2
werden                  :    1
wir                     :    3
wollen                  :    1
wünschen                :    1
wünscht                 :    2
zahlen                  :    1
zukunft                 :    1
```

28.7 Strukturen mit variabel langen Arrays (neu in C99)

In C99 kann man ein Array unbestimmter Größe als die letzte Komponente einer Struktur angeben. Dies ist jedoch nur möglich, wenn die Struktur mindestens eine Komponente vor diesem variabel langen Array enthält. `sizeof` liefert für ein solches variabel langes Array den Wert 0.

Das folgende Programm `struvararr.c`, das nur auf einem C99-Compiler übersetzt werden kann, ist ein Demonstrationsprogramm zu einer Struktur mit einem variabel langen Array als letzte Strukturkomponente:

```
#include <stdio.h>
#include <stdlib.h>
#include <time.h>

struct vs {
   int    len;
   double zahlen[]; // Variabel langes Array
};
int main(void) {
   int     i;
   struct vs *drei, *acht, *zehn;

   drei = (struct vs *) malloc( sizeof(struct vs) +  3*sizeof(double));
   acht = (struct vs *) malloc( sizeof(struct vs) +  8*sizeof(double));
   zehn = (struct vs *) malloc( sizeof(struct vs) + 10*sizeof(double));

   srand( time(NULL) );
   for (i=0; i<3; i++)
      drei->zahlen[i] = rand()%100/10.0;
   for (i=0; i<8; i++)
      acht->zahlen[i] = rand()%100/10.0;
   for (i=0; i<10; i++)
      zehn->zahlen[i] = rand()%100/10.0;
   printf("drei:\n");
   for (i=0; i<3; i++)
      printf(" %g,", drei->zahlen[i]);
   printf("\nacht:\n");
   for (i=0; i<8; i++)
      printf(" %g,", acht->zahlen[i]);
   printf("\nzehn:\n");
   for (i=0; i<10; i++)
      printf(" %g,", zehn->zahlen[i]);
   printf("\n\n");
   printf("sizeof(drei) = %d\n", sizeof(*drei) );
   printf("sizeof(acht) = %d\n", sizeof(*acht) );
   printf("sizeof(zehn) = %d\n", sizeof(*zehn) );
   return 0;
}
```

Das Programm `struvararr.c` liefert z. B. die folgende Ausgabe:

```
drei:
 2.3, 6.5, 9,
acht:
 4.9, 1.8, 0.8, 3.4, 8.7, 7.3, 1.3, 2.5,
zehn:
 8.8, 1.9, 1, 8.4, 9.3, 4.6, 6.6, 5.7, 6.7, 6.1,

sizeof(drei) = 4
sizeof(acht) = 4
sizeof(zehn) = 4
```

28.8 Spezielle Strukturen (Unions und Bitfelder)

Neben den gewöhnlichen Strukturen bietet C noch zwei spezielle Strukturarten an:

Unions

    sind Strukturen, deren Komponenten einen Speicherbereich gemeinsam belegen.

Bitfelder

    sind Strukturkomponenten, die nur aus einer Anzahl von Bits bestehen, also nicht das Vielfache eines Bytes sind, sondern nur eine vom Benutzer festgelegte Anzahl von Bits belegen.

28.8.1 Unions

Allgemeines zu Unions

Unions und Strukturen sind eng miteinander verwandt. Ihre Syntax unterscheidet sich lediglich im Schlüsselwort: Statt `struct` gibt man `union` an. Der funktionelle Unterschied besteht darin, dass die Komponenten einer Union nicht wie bei Strukturen hintereinander, sondern „übereinander" liegen. Die Komponenten einer Union beginnen also alle an der relativen Adresse 0 und belegen somit denselben Speicherbereich. Bei folgender *Union*-Definition

```
union {
   short  zahl;
   char   buchstab;
   double doppelt;
} beisp;
```

nehmen die Komponenten `beisp.zahl`, `beisp.buchstab` und `beisp.doppelt` denselben Speicherplatz ein, wie es in Abbildung 28.46 gezeigt ist.
Die Größe einer *Union* richtet sich nach der größten Komponente in der *Union*, in unserem Beispiel also nach `beisp.doppelt`. Während bei einer *Union* die einzelnen Komponenten in einem gemeinsamen Speicherbereich „übereinander" gelegt werden, werden bei einer Struktur die einzelnen Komponenten in unterschiedliche Speicherbereiche hintereinander gelegt. So würde z. B. die *Struktur*-Definition

28 Strukturen

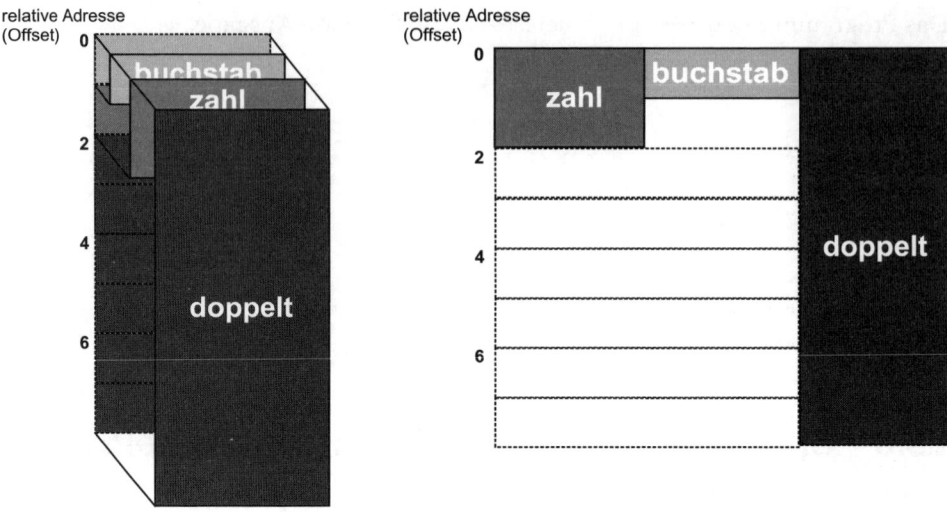

Abbildung 28.46: union-Komponenten liegen „übereinander"

```
struct {
   short   zahl;
   char    buchstab;
   double  doppelt;
} beisp;
```

im Unterschied zur *Union* (siehe Abbildung 28.46) zu einer Speicherbelegung wie in Abbildung 28.47 führen.

Das folgende Programm union.c verdeutlicht das eben Gesagte nochmals:

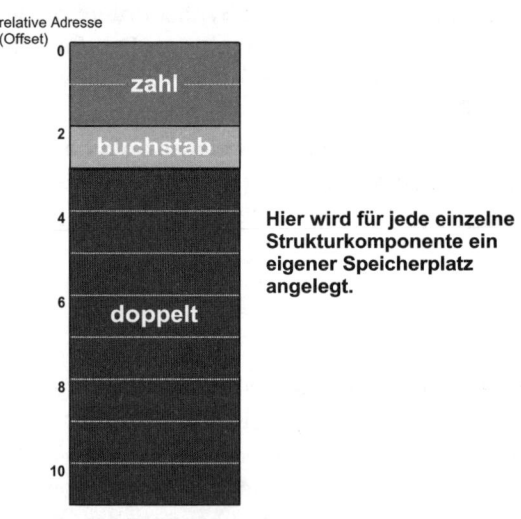

Hier wird für jede einzelne Strukturkomponente ein eigener Speicherplatz angelegt.

Abbildung 28.47: struct-Komponenten liegen „hintereinander"

28.8 Spezielle Strukturen (Unions und Bitfelder)

```c
#include <stdio.h>

struct {
    short   zahl;
    char    buchstab;
    double  doppelt;
} struktur_;
union {
    short   zahl;
    char    buchstab;
    double  doppelt;
} union_;

int main(void) {
    printf("Groesse:\n");
    printf("  Struktur: %2d Bytes\n", sizeof(struktur_));
    printf("  Union:    %2d Bytes\n", sizeof(union_));
    printf("Adressen:\n");
    printf("  Struktur: zahl=%p, buchstab=%p, doppelt=%p\n",
           &struktur_.zahl, &struktur_.buchstab, &struktur_.doppelt);
    printf("  Union:    zahl=%p, buchstab=%p, doppelt=%p\n",
           &union_.zahl, &union_.buchstab, &union_.doppelt);
    return(0);
}
```

Mögliche Ausgabe durch das Programm `union.c`:

```
Groesse:
  Struktur: 12 Bytes
  Union:     8 Bytes
Adressen:
  Struktur: zahl=0x80496e8, buchstab=0x80496ea, doppelt=0x80496ec
  Union:    zahl=0x80496f4, buchstab=0x80496f4, doppelt=0x80496f4
```

Speicherplatzeinsparung durch Unions

Unions verwendet man normalerweise für Daten die aus einer Auswahl von mehreren Alternativen nur eine zulassen. Nehmen wir als Beispiel eine Struktur, die den Satzaufbau einer Personaldatei beschreibt. Da ein Teil der Firmenangehörigen ein festes Monatsgehalt erhält und der andere Teil nach geleisteten Stunden bezahlt wird, werden unterschiedliche Satzarten benötigt: Bei Mitarbeitern, die nach geleisteten Stunden bezahlt werden, müssen die Stundenzahl und der Stundenlohn gespeichert werden, während beim anderen Teil auf diese Angaben verzichtet werden kann, aber dafür deren Gehalt zu speichern ist. Die zugehörige Satzbeschreibung könnte dann wie folgt aussehen:

```c
struct {
    int     pers_nr;
    char    name[20];
    char    vorname[20];
    char    adresse[40];
```

```
      char    std_oder_gehalt;  /* 'G' fuer Gehalt oder 'S' fuer Stundenlohn */
      union {
         float  gehalt;
         struct {
            float std_zahl;
            float std_lohn;
         } lohn;
      } geld;
   } person[10000];
```

Soll dann an späterer Stelle im Programm der Monatsverdienst des 7 123. Mitarbeiters, der nach Stunden bezahlt wird, ausgegeben werden, so ist das mit folgender Anweisung möglich:

```
printf("%f", person[7123].geld.lohn.std_zahl * person[7123].geld.lohn.std_lohn);
```

Soll dagegen der Monatsverdienst des 634. Mitarbeiters mit festem Gehalt ausgegeben werden, so ist das mit folgender Anweisung möglich:

```
printf("%f", person[634].geld.gehalt);
```

Hätte man für diese Aufgabenstellung statt einer Union eine Struktur verwendet, wie z. B.:

```
struct {
   int     pers_nr;
   char    name[20];
   char    vorname[20];
   char    adresse[40];
   char    std_oder_gehalt;  /* 'G' fuer Gehalt oder 'S' fuer Stundenlohn */
   struct {
      float  gehalt;
      struct {
         float std_zahl;
         float std_lohn;
      } lohn;
   } geld;
} person[10000];
```

so wären die Zugriffe zwar die gleichen geblieben, man hätte aber 40 000 Bytes (`10000*sizeof(float)`) Speicherplatz vergeudet.

Overlay-Technik

Unions können auch verwendet werden, um Daten eines bestimmten Typs anders zu interpretieren, als es für diesen Typ vorgesehen ist.

Beispiel:

Das folgende Programm `gleitpkt.c` wendet diese Overlay-Technik an, indem es über `float`- bzw. `double`-Zahlen ganze Zahlen (`unsigned long`) legt. Über diese ganze Zahlen kann dann das Bitmuster von Gleitpunktzahlen ermittelt und ausgegeben werden:

28.8 Spezielle Strukturen (Unions und Bitfelder)

```c
#include  <stdio.h>
#include  <ctype.h>

union zahl {
    float           float_zahl;
    double          double_zahl;
    struct {
        unsigned long   hexa_zahl1;
        unsigned long   hexa_zahl2;
    } long_format;
};
union zahl  z;
/*------------------------------------------------- dual_ausgabe --------*/
void  dual_ausgabe(unsigned long zahl, int strich1, int strich2) {
  int  i;
   for (i=31; i>=0; i--)
      printf("%ld%s", (zahl>>i) & 1, (i==strich1 || i==strich2) ? " | " : "");
}
/*------------------------------------------------------------ main --------*/
int  main(void) {
  int  wahl;
   while (1) {
      do {
         printf("f   Float-Zahl\n"
                "d   Double-Zahl\n"
                "e   Ende\n"
                "    Deine Wahl: ");
         wahl = tolower(getchar());
         getchar();
      } while (wahl != 'f' && wahl != 'd' && wahl != 'e');

      if (wahl == 'f') {
         printf("Gib Deine Gleitpunktzahl ein: ");
         scanf("%f", &z.float_zahl); getchar();
         printf(" ......");
         dual_ausgabe(z.long_format.hexa_zahl1, 31, 23);
      } else if (wahl == 'd') {
         printf("Gib Deine Gleitpunktzahl ein: ");
         scanf("%lf", &z.double_zahl); getchar();
         printf(" ......");
         dual_ausgabe(z.long_format.hexa_zahl2, 31, 20);
         dual_ausgabe(z.long_format.hexa_zahl1, -1, -1);
      } else
         break;
      printf("\n\n");
   }
   return(0);
}
```

Möglicher Ablauf des Programms `gleitpkt.c`:

```
f    Float-Zahl
d    Double-Zahl
e    Ende
       Deine Wahl: f ⏎
Gib Deine Gleitpunktzahl ein: -12.625 ⏎
     .....1 | 10000010 | 10010100000000000000000


f    Float-Zahl
d    Double-Zahl
e    Ende
       Deine Wahl: d ⏎
Gib Deine Gleitpunktzahl ein: 0.1 ⏎
     .....0 | 01111111011 | 1001100110011001100110011001100110011001100110011010


f    Float-Zahl
d    Double-Zahl
e    Ende
       Deine Wahl: f ⏎
Gib Deine Gleitpunktzahl ein: -123457 ⏎
     .....1 | 10001111 | 11100010010000010000000


f    Float-Zahl
d    Double-Zahl
e    Ende
       Deine Wahl: e ⏎
```

28.8.2 Bitfelder

Allgemeines zu Bitfeldern

Bisher haben wir nur mit Daten gearbeitet, die immer ein Vielfaches eines Bytes lang waren, wie z. B. char, int, float, usw. Häufig hat man es aber mit Informationen zu tun, für deren Speicherung eine normale Variable eigentlich „zu groß" ist.

Nehmen wir als Beispiel die Personaldaten einer Firma, worin für jeden Mitarbeit festgehalten sein soll, welche Sprachen er spricht. Wenn die Firma bis zu 10 000 Mitarbeiter hat, so wäre folgende Defintion denkbar:

```
struct {
   short   pers_nr;
   char    name[20];
   char    vorname[20];
   short   deutsch;
   short   englisch;
   short   franzoesisch;
   short   spanisch;
   short   italienisch;
   short   chinesisch;
   short   russisch;
   short   japanisch;
} person[10000];
```

28.8 Spezielle Strukturen (Unions und Bitfelder)

Für das Speichern der Sprachkenntnisse aller Mitarbeiter benötigt man bei dieser Vorgehensweise 160 000 Bytes (`10000 * 8 * sizeof(short)`). Dies ist eine erhebliche Speicherplatzvergeudung, da man `short`-Variablen `deutsch`, `englisch` usw. verwendet, um eine Ja/Nein-Information (Ja=1, Nein=0) zu speichern. Diese Form der Information könnte man nämlich bereits in einem Bit festhalten. Um dies zu erreichen, benötigt man Bitfelder. Unter Verwendung von Bitfeldern könnte die obige Struktur wie folgt angegeben werden:

```
struct {
    short  pers_nr;
    char   name[20];
    char   vorname[20];
    char   deutsch:1;
    char   englisch:1;
    char   franzoesisch:1;
    char   spanisch:1;
    char   italienisch:1;
    char   chinesisch:1;
    char   russisch:1;
    char   japanisch:1;
} person[10000];
```

Für das Speichern der Sprachkenntnisse aller Mitarbeiter benötigt man nun anstelle von 160 000 Bytes nur 10 000 Bytes, was eine doch ganz erhebliche Speicherplatzeinsparung bedeutet.

Abbildung 28.48 verdeutlicht nochmals das Aussehen des von `person` belegten Speicherplatzes für beide Vorgehensweisen.

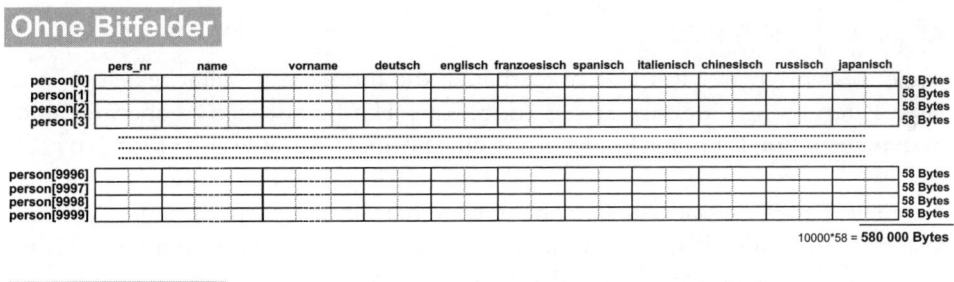

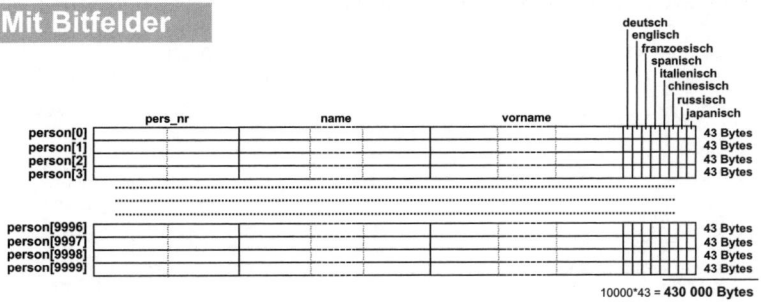

Abbildung 28.48: Speicherbelegung für `person` ohne und mit Bitfelder

Soll dann an späterer Stelle im Programm für den 6 523. Mitarbeiter festgelegt werden, dass er `deutsch`, `englisch` und `spanisch` spricht, so ist dies bei beiden Vorgehensweisen mit folgenden Zuweisungen möglich:

```
person[6523].deutsch = 1;
person[6523].englisch = 1;
person[6523].spanisch = 1;
```

Daraus wird ersichtlich, dass auf ein Bitfeld wie auf eine normale Strukturkomponente zugegriffen werden kann.

Beispiel:

Es soll ein Programm `bitfeld.c` erstellt werden, das zunächst folgende Daten zu einem Personenkreis von maximal 100 Personen einliest:

> *Name, Vorname*
> *Familienstand (ledig=0, verheiratet=1, geschieden=2, verwitwet=3)*
> *Geschlecht (männlich=0, weiblich=1)*
> *Alter, Kinderzahl, Religion (rk=0, ev=1, islam.=2, andere=3)*

Danach soll das Programm aus den eingegebenen Personen die herausfiltern, die alle folgenden Kriterien erfüllen:

> *verwitwet, weiblich, 55 Jahre alt, 3 Kinder, evangelisch*

Das zugehörige Programm `bitfeld.c`:

```c
#include   <stdio.h>
#include   <string.h>
#define    MAX    100
unsigned   daten_einlesen(void);

struct {
   char     name[20];
   char     vorname[20];
   unsigned stand      :2;
   unsigned geschlecht :1;
   unsigned alter      :7;
   unsigned kindzahl   :4;
   unsigned religion   :2;
} daten[MAX];
/*------------------------------------------------------------ main ----*/
int main(void) {
   unsigned anzahl, i;

   anzahl = daten_einlesen();
   printf("\nDie betreffenden Personen sind:\n");
   for (i=0; i<anzahl; i++)
      if (daten[i].stand == 3 && daten[i].geschlecht == 1 &&
          daten[i].alter == 55 && daten [i].kindzahl == 3 &&
          daten[i].religion == 1)
```

28.8 Spezielle Strukturen (Unions und Bitfelder)

```
          printf("%s %s\n", daten[i].name, daten[i].vorname);
   return(0);
}
/*-------------------------------------------------- daten_einlesen ----*/
unsigned daten_einlesen(void) {
   unsigned int  i=0, zahl;

   while (i<MAX) {
      printf("Name: ");
      fgets(daten[i].name, 20, stdin);
      daten[i].name[ strlen(daten[i].name)-1 ] = '\0'; /* \n am Ende entfernen*/
      if (strlen(daten[i].name) == 0)
         break;
      printf("Vorname: ");
       fgets(daten[i].vorname, 20, stdin);
       daten[i].vorname[ strlen(daten[i].vorname)-1 ] = '\0'; /* \n am Ende weg*/
      printf("Stand (ledig=0, verheiratet=1, geschieden=2, verwitwet=3): ");
       scanf("%d", &zahl);
       daten[i].stand = zahl & 0x3;
      printf("Geschlecht (maennlich=0, weiblich=1): ");
       scanf("%d", &zahl);
       daten[i].geschlecht = zahl & 0x1;
      printf("Alter: ");
       scanf("%d", &zahl);
       daten[i].alter = zahl & 0x7f;
      printf("Kinderzahl: ");
       scanf("%d", &zahl);
       daten[i].kindzahl = zahl & 0xf;
      printf("Religion (rk=0, ev=1, islam=2, andere=3): ");
       scanf("%d", &zahl);
       daten[i].religion = zahl & 0x3;
       getchar();
       i++;
   }
   return(i);
}
```

Die Definition
```
struct {
   char       name[20];
   char       vorname[20];
   unsigned   stand        :2;
   unsigned   geschlecht   :1;
   unsigned   alter        :7;
   unsigned   kindzahl     :4;
   unsigned   religion     :2;
} daten[MAX];
```
enthält fünf Bitfelder der Länge 2, 1, 7, 4 und 2 Bits.

791

Namenlose Bitfelder

Namenlose Bitfelder sind Bitfelder ohne Namen (: zahl). Solche Bitfelder können verwendet werden, um „Füllbits" unterzubringen:

```
struct x {
   unsigned    zahl       : 7;
   int         vorzeichen : 1;
   unsigned               : 8;  /* ungenutzt */
} ganzahl_in_byte;
```

Ein Spezialfall eines namenlosen Bitfelds ist :0, was verwendet werden kann, um dem Compiler zu verbieten, weitere nachfolgende Bitfelder in die gleiche Speichereinheit zu packen.

Regeln für Bitfelder

Es gibt gewisse Regeln, die Standard-C für Bitfelder vorschreibt:

- ❏ Ein Bitfeld muss vom Datentyp int, unsigned int oder signed int sein[2]. Viele Implementierungen lassen aber auch den Datentyp char, unsigned char oder signed char zu.

- ❏ Jedes einzelne Bitfeld darf die Länge eines Wortes, die abhängig vom Prozessor und Betriebssystem ist (16 Bits, 32 Bits oder sogar 64 Bits), nicht überschreiten.

- ❏ Bei einem int-Bitfeld der Länge 1 ist nicht festgelegt, ob dies als Vorzeichenbit oder als Zahlenbetrag gewertet wird:

  ```
  struct { int a : 1 } x;
  x.a = 1;  /* x.a könnte dann entweder -1 oder 1 sein */
  ```

- ❏ Wenn genug Platz ist, dann muss der Compiler ein folgendes Bitfeld in der gleichen Speichereinheit unterbringen, und darf dafür nicht eine neue Speichereinheit verwenden.

- ❏ Wenn nicht mehr genug Platz ist, um ein folgendes Bitfeld in der gleichen Speichereinheit unterzubringen, dann ist es dem jeweiligen Compiler überlassen, ob dieses Bitfeld in der nächsten Speichereinheit untergebracht wird oder ob es sich über zwei Speichereinheiten erstreckt.

- ❏ Die Anordnung von Bitfeldern (von rechts nach links bzw. umgekehrt) ist dem jeweiligen Compiler überlassen

- ❏ Namenlose Bitfelder dürfen nicht als erste Komponente in einer Struktur angegeben sein.

- ❏ Arrays von Bitfeldern sind nicht erlaubt.

- ❏ Bitfelder besitzen keine Adressen; d. h., dass der Adreßoperator & nicht auf sie angewendet werden darf.

Das folgende Programm bitfeld2.c demonstriert nochmals einige der eben vorgestellten Regeln:

---

[2] short wird automatisch in int umgewandelt.

28.8 Spezielle Strukturen (Unions und Bitfelder)

```c
#include <stdio.h>

struct {                /*.......... Ein Bit: Vorzeichen ja oder nein ? */
   int      a :1;
   unsigned b :1;
} vorzeichen;

struct {                /*.......... Bei 32-Bit --> Neue Speichereinheit */
   unsigned a :24;
   unsigned b :9;
} ueber_hang;

struct {
   unsigned a :1;
   unsigned   :0;
   unsigned b :1;
   unsigned   :0;
   unsigned c :1;
   unsigned   :0;
} loecher;

int main(void)
{
   vorzeichen.a = vorzeichen.b = 1;
   printf("vorzeichen.a = %d, vorzeichen.b = %d\n", vorzeichen.a, vorzeichen.b);

   printf("Groesse von ueber_hang: %d Bytes\n", sizeof(ueber_hang));

   printf("Groesse von loecher: %d Bytes\n", sizeof(loecher));

   return(0);
}
```

Mögliche Ausgabe durch das Programm `bitfeld2.c`:

```
vorzeichen.a = -1, vorzeichen.b = 1
Groesse von ueber_hang: 8 Bytes
Groesse von loecher: 12 Bytes
```

Kapitel 29

Eigene Datentypen

Die nützlichsten Bücher sind diejenigen,
welche den Leser zu ihrer Ergänzung auffordern.
Voltaire

Mit Hilfe der beiden Schlüsselwörter

```
typedef
```

```
enum
```

lassen sich zusätzlich zu den vordefinierten Datentypen in C auch eigene Datentypen bzw. Datentypnamen festlegen. Während man mit `typedef` nur neue Namen an bereits existierende Datentypen vergeben kann, lassen sich mit `enum` wirklich neue Datentypen vereinbaren.

29.1 Definition eigener Datentypnamen mit `typedef`

29.1.1 Vergabe von neuen Namen an existierende Datentypen mit `typedef`

Mit dem Schlüsselwort `typedef` können an Datentypen neue, vom Benutzer wählbare Namen vergeben werden, wie z. B.:

```
typedef  uint    unsigned int;
typedef  ulong   unsigned long;
```

Mit diesen Angaben wird festgelegt, dass `uint` ein Synonym für `unsigned int` und `ulong` eines für `unsigned long` ist. Nach der obigen `typedef`-Angabe könnte man z. B. folgende Definitionen angeben:

```
uint    zaehler, i;       /* entspricht:  unsigned int    zaehler, i;       */
uint    *zeigarray[10];   /* entspricht:  unsigned int    *zeigarray[10];   */
ulong   a, *b;            /* entspricht:  unsigned long   a, *b;            */
```

Man könnte nun glauben, dass das Schlüsselwort `typedef` völlig überflüssig ist, da man den gleichen Effekt mit `#define` hätte erreichen können, wie z. B.:

29 Eigene Datentypen

```
#define   uint    unsigned int;
#define   ulong   unsigend long;
```

Für diese einfachen Datentypdefinitionen ist dies zwar möglich, doch reicht bei komplexeren Datentypen der einfache Textersatz von `#define` nicht aus, wie z. B. bei:

```
#define string   char *
```

In diesem Fall würde die folgende Definition:

```
string    zgr1, zgr2;
```

nicht der erwarteten Definition

```
char   *zgr1, *zgr2;
```

entsprechen, sondern der folgenden Definition:

```
char   *zgr1, zgr2;   /* zgr2 ist nicht - wie erwartet - ein Zeiger */
```

da bei `#define` nur Textersatz stattfindet:

```
string    zgr1, zgr2;   /* string wird einfach ersetzt durch char * */
char *    zgr1, zgr2;
```

Auch würde `#define` für komplexere Datentypen versagen, wie z. B.:

```
typedef   int  MONATE [12];
```

Mit dieser Angabe wird der Name `MONATE` an Datentyp `int [12]` vergeben. Die folgenden Definitionen:

```
MONATE    jahr99, umsatz_abteilung[4];
MONATE    *jahr_zgr;
```

entsprechen dann folgenden Definitionen

```
int    jahr99[12], umsatz_abteilung[4][12];
int    (*jahr_zgr)[12];   /* Nicht: int *jahr_zgr[12]; */
```

Es ist hier wichtig, dass für die Definition von `jahr_zgr` ein Zeiger auf den `typedef`-Datentyp (hier `int[12]`) und nicht ein Array von Zeigern (`int *jahr_zgr[12]`) definiert wird.

Das folgende Programm `typedef1.c` demonstriert diese Unterschiede nochmals:

```
#include <stdio.h>
/*---------------------------------------------- typedefs ----------------*/
typedef   int INT_ARRAY [12];
typedef   int * INT_ZGR;
typedef   double DOUBLE, DOUBLE_FUNK(), DOUBLE_ARRAY[100];

typedef   struct {
    double   reell;
    double   imaginaer;
} KOMPLEX;
/*--------------------------------- Definitionen ----------------*/
INT_ARRAY *zgr_auf_array;      /* Zeiger auf ein int-Array der Groesse 12  */
int       *monat_zgr[12];      /* Array von int-Zeigern                    */
INT_ZGR   zeiger_array[100];   /* Array von int-Zeigern                    */

INT_ARRAY *array_von_arrayzeigern[10]; /* Array von Zeigern auf int-Arrays */
```

29.1 Definition eigener Datentypnamen mit `typedef`

```
DOUBLE         double_var;          /* double-Variable                           */
DOUBLE_ARRAY   double_arr;          /* double-Array der Groesse 100              */
DOUBLE_FUNK    dfunk;               /* Funktion mit Rueckgabetyp double          */
DOUBLE_FUNK    *dfunk_zgr;          /* Zeiger auf Funktion mit Rueckgabetyp double */

KOMPLEX        komplex_var;         /* Strukturvariable                          */
KOMPLEX        *komplex_zgr;        /* Strukturzeiger                            */
KOMPLEX        komplex_arr[10][20]; /* Zweidim. Array von Strukturen             */
/*------------------------------------------------- main ------------------*/
int main(void) {
   printf("zgr_auf_array = %d Bytes\n", sizeof(zgr_auf_array));
   printf("monat_zgr     = %d Bytes\n", sizeof(monat_zgr));
   printf("zeiger_array  = %d Bytes\n", sizeof(zeiger_array));
   printf("\n");
   printf("array_von_arrayzeigern = %d Bytes\n", sizeof(array_von_arrayzeigern));
   printf("\n");
   printf("double_var = %d Bytes\n", sizeof(double_var));
   printf("double_arr = %d Bytes\n", sizeof(double_arr));
   printf("dfunk_zgr  = %d Bytes\n", sizeof(dfunk_zgr));
   printf("\n");
   printf("komplex_var = %d Bytes\n", sizeof(komplex_var));
   printf("komplex_zgr = %d Bytes\n", sizeof(komplex_zgr));
   printf("komplex_arr = %d Bytes\n", sizeof(komplex_arr));
   return(0);
}
```

Ausgabe durch das Programm `typedef1.c`:

```
zgr_auf_array = 4 Bytes
monat_zgr     = 48 Bytes
zeiger_array  = 400 Bytes

array_von_arrayzeigern = 40 Bytes

double_var = 8 Bytes
double_arr = 800 Bytes
dfunk_zgr  = 4 Bytes

komplex_var = 16 Bytes
komplex_zgr = 4 Bytes
komplex_arr = 3200 Bytes
```

Aus diesem Demonstrationsprogramm wird einiges ersichtlich, was zusätzlich für `typedef` gilt:

❏ **Mehrere Namen mit einer `typedef`-Definition**

Mit einer `typedef`-Definition lassen sich mehrere Namen vergeben, wie z. B. bei:

```
typedef double DOUBLE, DOUBLE_FUNK(), DOUBLE_ARRAY[100];
```

Mit dieser `typedef`-Definition werden drei Namen an verschiedene Datentypen vergeben:

- `DOUBLE`   an den Datentyp *double*
- `DOUBLE_FUNK`   an den Datentyp *„Funktion mit Rückgabetyp double"*
- `DOUBLE_ARRAY`   an den Datentyp *„Array mit 100 double-Werten"*

Grundsätzlich sind `typedef`-Definitionen so aufgebaut wie normale Definitionen, nur dass man anstelle eines Variablennamens den neuen Typnamen angibt. Sollen in einer `typedef`-Definition mehrere neue Namen festgelegt werden, so sind diese – wie bei anderen Definitionen auch – durch Komma voneinander zu trennen.

❏ **Neue Typnamen werden meist groß geschrieben**
Es ist zwar nicht vorgeschrieben, aber viele C-Programmierer halten sich an die Konvention, mit `typedef` definierte Synonyme groß zu schreiben.

29.1.2 Höhere Portabilität und bessere Lesbarkeit durch `typedef`

Es gibt einige Gründe für die Verwendung von `typedef`:

Höhere Portabilität

Wenn ein Programm z. B. Bitmuster von vier Bytes bearbeitet, dann wäre die folgende Definition hilfreich:

```
typedef int vier_bytes;
```

Alle „Bitmuster-Variablen" würden dann vom Typ `vier_bytes` definiert. Nun könnte es gefordert sein, dass dieses Programm auf eine andere Maschine portiert werden muss, wo `int` nur mit zwei Bytes dargestellt wird. Dieses Programm könnte dann leicht auf diesen Rechner angepaßt werden, indem nur die oben angegebene `typedef`-Zeile durch

```
typedef long vier_bytes;
```

ersetzt wird.

Bessere Lesbarkeit und besserer Umgang mit komplexen Datentypen

Früher kannte C keine boole'sche Variablen. Diese wurden meist durch `int`-Variablen nachgebildet, wie z. B.

```
int schalter;
```

Um nun boole'sche Variablen sofort für den Leser auch als solche erkennbar zu machen, wurde typischerweise ein `typedef` benutzt wie:

```
typedef int bool;
```

Heute gibt es in C einen Datentyp `bool`, der in `stdbool.h` definiert ist, wie z. B.:

29.1 Definition eigener Datentypnamen mit typedef

```
typedef enum   /* enum wird im nächsten Kapitel vorgestellt */
{
    false = 0,
    true = 1
} bool;
```

Damit kann man `schalter` bereits bei der Definition als boole'sche Variable kennzeichnen:

```
#include <stdbool.h>   // neu in C99
....
bool   schalter;
```

Auch werden komplexe Datentypen durch die Verwendung von `typedef` leichter lesbar. Wir werden später eine Funktion `signal()` kennenlernen, die wie folgt deklariert ist:

```
void (*signal(int signr, void (*sighandler)(int)))(int);
```

`signal()` ist also eine Funktion mit zwei Parametern: einem `int`-Parameter und einem Zeiger auf eine `void`-Funktion mit einem `int`-Parameter. Der Rückgabetyp von `signal()` ist ein Zeiger auf eine `void`-Funktion mit einem `int`-Parameter. Unter Verwendung von `typedef` läßt sich die obige Deklaration wesentlich lesbarerer gestalten:

```
typedef  void sigfunk(int);
sigfunk *signal(int signr, sigfunk *sighandler);
```

Das folgende Programm `adress1.c`, das Adressen einliest und dann in einer Liste wieder ausgibt, arbeitet mit einem *„Zeiger auf ein Array von char-Zeigern"*:

```
 1  #include <stdio.h>
 2  #include <stdlib.h>
 3  #include <string.h>
 4
 5  typedef   char *string_array[5];
 6
 7  string_array *zgr_auf_array = NULL; /* Zeiger auf Array von char-Zeigern */
 8
 9  /*-------------------------------------------------- eingabe -------------*/
10  int  eingabe(int n)
11  {
12      int     i;
13      char    eing[100];
14
15      printf("--------------------------------------------\n");
16      for (i=0; i<5; i++) {
17          printf("Bitte geben Sie Ihre");
18          switch(i) {
19              case 0:  printf("n Namen ein: ");                         break;
20              case 1:  printf("n Vornamen ein: ");                      break;
21              case 2:  printf(" Strasse und Hausnummer ein : ");        break;
22              case 3:  printf(" Postleitzahl ein: ");                   break;
23              case 4:  printf("n Wohnort ein: ");                       break;
24              default: printf("....Programminterner Fehler\n");         break;
```

29 Eigene Datentypen

```
25      }
26      fgets(eing, 100, stdin); eing[ strlen(eing)-1 ] = '\0';
27      if (i==0 && strlen(eing)==0)
28          return(0);
29      zgr_auf_array = (string_array *)realloc(zgr_auf_array,
30                                    sizeof(string_array)*(n+1));
31      if (zgr_auf_array == NULL) {
32          printf("......Speicherplatzmangel\n");
33          exit(1);
34      }
35      zgr_auf_array[n][i] = (char *)malloc(strlen(eing)+1);
36      if (zgr_auf_array[n][i] == NULL) {
37          printf("......Speicherplatzmangel\n");
38          exit(1);
39      }
40      strcpy(zgr_auf_array[n][i], eing);
41   }
42   return(1);
43 }
44
45 /*------------------------------------------------ main -------------*/
46 int main(void)
47 {
48   int  i, j, n=0;
49
50   while (eingabe(n))
51     n++;
52   for (i=0; i<n; i++) {
53     for (j=0; j<5; j++)
54       printf("%14s,", zgr_auf_array[i][j]);
55     printf("\n");
56   }
57   return(0);
58 }
```

Ohne Verwendung von `typedef` wäre das Programm nicht nur wesentlich schwerer lesbar, sondern auch die Spezifikation des geforderten Datentyps für den Ersteller nicht so leicht gewesen.
So hätte man die Zeilen 5 bis 7:

```
typedef  char *string_array[5];

string_array *zgr_auf_array = NULL; /* Zeiger auf ein Array von char-Zeigern */
```

durch folgende Zeile ersetzen müssen:

```
char *(*zgr_auf_array)[5] = NULL; /* Zeiger auf ein Array von char-Zeigern */
```

und die Zeilen 29 und 30:

```
zgr_auf_array = (string_array *)realloc(zgr_auf_array,
                              sizeof(string_array)*(n+1));
```

hätte man durch folgende Zeilen ersetzen müssen:

```
    zgr_auf_array = (char *(*)[5])realloc(zgr_auf_array,
                                   sizeof(char * [5])*(n+1));
```

Unter Verwendung von `typedef` lassen sich auch die komplexesten Datentypen herleiten, wie z. B.:

    wochentag soll
(5)   ein Array[7] von
(4)   von Zeigern auf
(3)   eine Funktion (char-Zeiger als Parameter) mit Rückgabetyp
(2)   Zeiger auf
(1)   struct terminplan sein.

Die Definition des gewünschten Datentyps erfolgt dann mittels `typedef` von unten nach oben (*bottom up*):

```
(1)    typedef   struct terminplan  ST;
(2)    typedef   * ST               ZST;
(3)    typedef   ZST                FZST (char *);
(4)    typedef   *FZST              ZFZST;
(5)    typedef   ZFZST              AZFZST[7];

AZFZST   wochentag;
```

29.2 Definition eigener Datentypen mit `enum`

29.2.1 Definition eigener Datentypen mit `enum`

Mit dem Schlüsselwort enum lassen sich eigene Datentypen definieren, wie z. B.:

```
enum farbe { rot, gruen, blau, gelb };  /*1*/
```

Mit dieser Angabe wird ein neuer Datentyp mit dem Namen `enum farbe` festgelegt. Dieser Datentyp hat vier Werte
    `rot`   (entspricht dem Wert 0)
    `gruen` (entspricht dem Wert 1)
    `blau`   (entspricht dem Wert 2)
    `gelb`   (entspricht dem Wert 3)
Wie bei Strukturen ist durch die obige Angabe lediglich ein Datentyp definiert, aber noch keine Variable von diesem Typ. Dazu müßte z. B. folgendes angegeben werden:

```
enum farbe  osterei, *farb_zgr;
```

Mit dieser Definition wird dann eine Variable `osterei` vom Datentyp `enum farbe` und zugleich ein Zeiger `farb_zgr` auf den Datentyp `enum farbe` definiert.
Die bei /*1*/ in geschweiften Klammern angegebenen Namen sind ganzzahlige Konstanten und können überall dort verwendet werden, wo ganzzahlige Werte erlaubt sind. Die implizite Zählweise beginnt immer bei 0. Durch die obige Definition

```
enum farbe { rot, gruen, blau, gelb };
```

werden also implizit 4 Konstanten eingeführt, wie wenn man folgendes angegeben hätte:

29 Eigene Datentypen

```
#define   rot    0
#define   gruen  1
#define   blau   2
#define   gelb   3
```

Wie bei Strukturen kann eine `enum`-Deklaration gleich mit der Definition von Variablen verbunden werden, wie z. B.:

```
enum  farbe  { rot, gruen, blau, gelb }  osterei, *farb_zgr;
```

Wird der Name dieses neue definierten Datentyps (hier `farbe`) später nicht mehr für andere Definitionen benötigt, kann dieser in solchen Fällen auch weggelassen werden, wie z. B.:

```
enum  { rot, gruen, blau, gelb }  osterei, *farb_zgr;
```

Eine häufige Vorgehensweise ist, dass man `enum`-Datentypen mit `typedef` definiert, um zu verhindern, dass man jedesmal bei der Definition einer Variable dieses Typs das Schlüsselwort `enum` angeben muss, wie z. B.:

```
typedef enum farbe { rot, gruen, blau, gelb }  FARBE;
```

oder auch

```
typedef  enum { rot, gruen, blau, gelb }  FARBE;
```

In beiden Fällen könnte man dann die beiden Variablen `osterei` und `farb_zgr` wie folgt definieren:

```
FARBE  osterei, *farb_zgr;
```

Beispiel:

Das folgende Programm `skatkart.c` gibt die Karten eines Skatspiels unter Verwendung von `enum` aus:

```
#include  <stdio.h>

typedef enum  { kreuz, pik, herz, karo}   farbe;
typedef enum  { sieben, acht, neun, zehn, as, bauer, dame, koenig } wert;
void  ausgabe_farbe(farbe karte);
void  ausgabe_wert(wert karte);
/*-------------------------------------------------- main --------------*/
int main(void) {
   farbe   kart_farbe;    /* Variable farb_wert ist vom Typ farbe */
   wert    kart_wert;     /* Variable kart_wert ist vom Typ wert  */

   for (kart_farbe=kreuz; kart_farbe<=karo; kart_farbe++) {
      ausgabe_farbe(kart_farbe);
      for (kart_wert=sieben; kart_wert<=koenig; kart_wert++) {
         printf("%4s"," ");
         ausgabe_wert(kart_wert);
         if (kart_wert == zehn)
            printf("\n");
      }
      printf("\n");
   }
   return(0);
```

29.2 Definition eigener Datentypen mit enum

```
}
/*----------------------------------------- ausgabe_farbe --------------*/
void  ausgabe_farbe(farbe karte) {
   switch (karte) {
      case kreuz:   printf("Kreuz   \n"); break;
      case herz :   printf("Herz    \n"); break;
      case pik  :   printf("Pik     \n"); break;
      case karo :   printf("Karo    \n"); break;
         default:   printf("....Programminterner Fehler\n"); break;
   }
}
/*----------------------------------------- ausgabe_wert --------------*/
void  ausgabe_wert(wert karte) {
   switch (karte) {
      case sieben:  printf("Sieben  "); break;
      case acht  :  printf("Acht    "); break;
      case neun  :  printf("Neun    "); break;
      case zehn  :  printf("Zehn    "); break;
      case as    :  printf("As      "); break;
      case bauer :  printf("Bauer   "); break;
      case dame  :  printf("Dame    "); break;
      case koenig:  printf("Koenig  "); break;
         default:   printf("....Programminterner Fehler\n"); break;
   }
}
```

Ausgabe durch das Programm `skatkart.c`:

```
Kreuz
     Sieben       Acht         Neun         Zehn
     As           Bauer        Dame         Koenig
Pik
     Sieben       Acht         Neun         Zehn
     As           Bauer        Dame         Koenig
Herz
     Sieben       Acht         Neun         Zehn
     As           Bauer        Dame         Koenig
Karo
     Sieben       Acht         Neun         Zehn
     As           Bauer        Dame         Koenig
```

Die Verwendung von enum macht Programme lesbarer. So ist z. B. der folgende Codeausschnitt

```
enum { eiskalt, nasskalt, sonnig, bewoelkt, regnerisch, schwuel } wetter;
.....
if (wetter == sonnig)
   ....
```

mit Sicherheit lesbarer als folgender Codeausschnitt:

```
int wetter;
.....
if (wetter == 2)
    ....
```

29.2.2 Regeln für `enum`

Es gibt gewisse Regeln, die Standard-C für enum vorschreibt:

`enum`-Wertenamen können auch Werte zugewiesen werden
Beispiel:

```
typedef enum {
    november=11,
    dezember,     /* dezember hat den Wert 12 */
    januar=1,
    februar       /* februar hat den Wert 2 */
} kalte_zeit;
```

definiert einen neuen Datentyp `kalte_zeit`, dessen aufgezählten Werte die Menge 11, 12, 1, 2 umfassen. Es wird ersichtlich, dass bei Zuweisung eines Wertes die Zählung auch für die Nachfolger neu beginnt.

Es ist jedoch nicht vorgeschrieben, dass bei Zuweisung von Werten in einer enum-Liste alle Werte verschieden sein müssen. So ist z. B. folgendes erlaubt:

```
enum blumen_zeit {
    schnee_gloeckchen=1,
    krokus=3,
    tulpe=3,
    mai_gloeckchen=5,
    rose=6,
    mohn_blume=6
};
```

Die einzelnen Wertenamen können dabei auch beliebig gemischt werden, wie z. B.:

```
enum blumen_zeit {
    mohn_blume=6,
    krokus=3,
    mai_gloeckchen=5,
    tulpe=3,
    rose=6,
    schnee_gloeckchen=1
};
```

Dies erhöht zwar nicht die Lesbarkeit eines Programmes, ist aber erlaubt.

`enum`-Wertenamen sind überall dort erlaubt, wo `int`-Werte erlaubt sind

So ist z. B. folgender Codeausschnitt erlaubt:

```
enum hunde_art  { schaeferhund, dackel, pudel };
int durchschnitts_hoehe[3] = { 80, 20, 20};
.....
printf("Ein Schaeferhund ist durchschnittl. %d cm hoch\n",
        durchschnitts_hoehe[schaeferhund]);
```

`enum`-Wertenamen dürfen nur einmal angegeben werden

Zum Beispiel wären die folgenden Definitionen *nicht erlaubt*:

```
enum hunde_art   { schaeferhund, dackel, pudel };
enum haustiere   { kanarien_vogel, papagei, schaeferhund };
```

`enum`-Wertenamen dürfen nicht als Variablennamen verwendet werden

So wäre z. B. folgendes *verboten*:

```
enum hunde_art   { schaeferhund, dackel, pudel };
int  dackel;
```

C-Compiler überprüfen nicht den Zahlenbereich eines `enum`-Datentyps

Als Beispiel hierzu das einfache Programm `enumdemo.c`:

```
#include <stdio.h>
int  main(void) {
  enum tag {montag, dienstag=17, mittwoch, donnerstag, freitag, samstag, sonntag};
  enum tag i;
    for (i=montag; i<=sonntag; i++)
       printf("%d, ", i);
    printf("\n");
    return(0);
}
```

Ausgabe durch das Programm `enumdemo.c`:

```
0, 1, 2, 3, 4, 5, 6, 7, 8, 9, 10, 11, 12, 13, 14, 15, 16, 17, 18, 19, 20, 21, 22,
```

29.3 Übung: Mischtabelle aus der Chemie

Erstellen Sie ein Programm `laugsaeu.c`, das folgende Mischtabelle ausgibt:

```
            ||   Salzsäure    |  Schwefelsäure  |  Salpetersäure  |   Kohlensäure   |
------------||----------------|-----------------|-----------------|-----------------|
Natronlauge || Natriumclorid  |  Natriumsulfat  |  Natriumnitrat  | Natriumcarbonat |
   Kalilauge|| Kaliumclorid   |  Kaliumsulfat   |  Kaliumnitrat   | Kaliumcarbonat  |
 Kalkwasser || Calciumclorid  |  Calciumsulfat  |  Calciumnitrat  | Calciumcarbonat |
```

Verwenden Sie im Programm `laugsaeu.c` zu Übungszwecken die Schlüsselwörter `enum` und `typedef`!

Kapitel 30

Dateien

> *Haec alliis, ut, dum dicis, audias ipse.*
> *(Sage dies anderen, damit du, während du sprichst, es selber hörst.)*
> Seneca

Bei der Verarbeitung von Daten ist es sehr oft erforderlich, diese nicht nur für die Laufzeit des entsprechenden Programms im Arbeitsspeicher zur Verfügung zu haben, sondern sie darüber hinaus auch dauerhaft zu speichern. Ein einfaches Beispiel sind die Wörter in einem elektronischen Wörterbuch. Diese Wörter sollten auch nach dem Ende des entsprechenden Wörterbuch-Programms erhalten bleiben, damit sie beim nächsten Start des Wörterbuch-Programms wieder zur Verfügung stehen, um dem Benutzer das Nachschlagen oder das Hinzufügen eines neuen Worts zu ermöglichen. Zu diesem Zweck schreibt das Programm die Daten (in unserem Beispiel die Wörter mit der zugehörigen Übersetzung) in eine *Datei*, die auf einem externen Speichermedium (Magnetplatte, Band usw.) liegt. Beim nächsten Start des Programms kann dieses die Daten wieder aus der entsprechenden Datei lesen.

Eine *Datei* (engl. *file*) ist letztendlich nichts anderes als eine Ansammlung von Daten, die auf einem externen Speicher dauerhaft aufbewahrt werden. Aus Sicht von C kann man sich eine Datei als ein permanentes, großes `char`-Array vorstellen, in das ein Programm Daten schreiben und aus dem ein Programm Daten lesen kann. Anders als in anderen Programmiersprachen, ist eine C-Datei nicht irgendwie strukturiert, sondern nur eine Folge von Bytes, weswegen eine Datei in C oft auch als Datenstrom (*byte stream*) bezeichnet wird. Jedes einzelne dieser Zeichen (Bytes) kann über eine Positionsnummer in der Datei lokalisiert werden. So besitzt das erste Zeichen einer Datei die Positionsnummer 0, das zweite die Positionsnummer 1 usw.

Man kann in C grundsätzlich auf zwei Ebenen mit Dateien operieren, auf einer „unteren" (*low level*) oder einer „oberen" (*high level*).

Die untere Ebene ist die der so genannten *elementaren Dateizugriffe* (Elementare Ein-/Ausgabe), bei denen Funktionen verwendet werden, die direkt auf die entsprechenden Routinen des Betriebssystems (*system calls*) für Dateioperationen zurückgreifen. Diese elementaren Funktionen sind natürlich vom Betriebssystem abhängig und gehören nicht zum C-Standard, was bei der Portierung von Programmen von großer Bedeutung ist.

Die obere Ebene ist die der so genannten *höheren Dateizugriffe* (*Höhere Ein-/Ausgabe*), bei denen Funktionen verwendet werden, die zum einen wesentlich komfortabler als die elementaren sind und zum anderen auch dem C-Standard entsprechen und somit vom jeweiligen Betriebssystem unabhängig sind.

Nachfolgend werden zuerst die *Höheren E/A-Funktionen* vorgestellt, bevor dann auf die *Elementaren E/A-Funktionen* eingegangen wird.

30.1 Höhere E/A-Funktionen

In diesem Kapitel werden E/A-Funktionen beschrieben, die sich in der Standard-E/A-Bibliothek befinden und in der Headerdatei `<stdio.h>` definiert sind. Die höheren E/A-Funktionen arbeiten im Gegensatz zu den im nächsten Kapitel 30.2 behandelten elementaren E/A-Funktionen mit eigenen optimal eingestellten Puffern, so dass sich der Aufrufer darum nicht selbst kümmern muss. Ein solcher Dateipuffer ist ein Bereich im Arbeitsspeicher, in dem eine bestimmte Menge von Daten, die aus einer Datei gelesen oder in eine Datei geschrieben werden sollen, vor ihrer Übertragung zum Zielort zwischengespeichert werden kann. Dies ist ein Vorteil, denn auf diese Weise muss nicht für jedes einzelne Byte eine zeitintensive Ein- bzw. Ausgabeoperation auf ein externes Speichermedium durchgeführt werden. Statt dessen kann auch ein größerer Datenblock beim Schreiben mit jeweils nur einer Operation vom Programm in den Puffer und von dort in die Datei übertragen werden bzw. beim Lesen auf dem umgekehrten Weg aus der Datei in den Hauptspeicher gebracht werden, und so dem Programm verfügbar gemacht werden.

30.1.1 Vordefinierte Struktur `FILE`

Wenn eine Datei geöffnet wird, so gibt die höhere E/A-Funktion `fopen()` einen Zeiger vom Datentyp `FILE` (in `<stdio.h>` definiert) zurück. `FILE` ist normalerweise eine Struktur, die alle Informationen enthält, die die höheren E/A-Routinen für die Aktivitäten mit einer geöffneten Datei benötigen, wie z. B.:

```
Anfangsadresse des Puffers
aktueller Pufferzeiger
Puffergröße
Filedeskriptor
Position des Schreib-/Lesezeigers in einer Datei
Fehler-Flag (zeigt an, ob ein Schreib-/Lese-Fehler auftrat)
EOF-Flag (zeigt an, ob beim Dateizugriff das Dateiende erreicht wurde)
```

Die Interna der `FILE`-Struktur sind für einen C-Programmierer nicht von Interesse, da er immer nur den von `fopen()` (siehe nächstes Kapitel 30.1.2) gelieferten `FILE`-Zeiger als Argument bei den entsprechenden E/A-Funktionen angibt.

30.1.2 Öffnen und Schließen von Dateien

Öffnet man eine Datei mit den höheren E/A-Funktionen, so ordnet man dieser Datei einen so genannten *Stream* zu, auf den man unter Verwendung des von der Eröffnungsroutine gelieferten FILE-Zeigers schreiben oder aus dem man lesen kann.

fopen() – Öffnen einer Datei

Um eine Datei zu öffnen, steht die Funktion fopen() zur Verfügung, die wie folgt in <stdio.h> deklariert ist:

> FILE *fopen(const char *pfadname, const char *modus);
>
> gibt zurück: FILE-Zeiger (bei Erfolg); NULL bei Fehler

In C99 sind die beiden Parameter pfadname und modus als restrict qualifiziert.

pfadname
> Name der zu öffnenden Datei.

modus
> Mit Argument modus wird die Zugriffsart für die Datei pfadname festgelegt. Folgende Tabelle zeigt mögliche Angaben für modus bei fopen() und bei der in Kapitel 30.1.6 auf Seite 846 vorgestellten Funktion freopen():

modus-Argument	Bedeutung
"r" oder "rb"	(read) zum Lesen öffnen
"w" oder "wb"	(write) zum Schreiben öffnen (neu anlegen oder Inhalt einer existierenden Datei löschen)
"a" oder "ab"	(append) zum Schreiben am Dateiende öffnen; nicht exististierende Datei wird angelegt
"r+", "r+b" oder "rb+"	zum Lesen und Schreiben öffnen
"w+", "w+b" oder "wb+"	zum Lesen und Schreiben öffnen; Inhalt einer existierenden Datei löschen
"a+", "a+b" oder "ab+"	zum Lesen und Schreiben ab Dateiende öffnen

Der Buchstabe b bei der modus-Angabe wird benötigt, um zwischen Text- und Binärdateien zu unterscheiden. Da Linux/Unix-Systeme solche Dateiarten nicht unterscheiden, hat dieses Zeichen b bei modus keinerlei Bedeutung unter Linux/Unix. In anderen Betriebssystemen (wie z. B. MS-DOS) kann dies jedoch wichtig sein, wenn z. B. die systembedingte Interpretation von Neuzeilezeichen bei Binärdateien auszuschalten ist (siehe dazu auch Kapitel 30.1.4 auf Seite 837). Folgende Tabelle faßt zusammen, welche Einschränkungen und Auswirkungen bei den einzelnen Öffnungsmodi gelten.

Einschränkung bzw. Auswirkung	r	w	a	r+	w+	a+
Datei muss zuvor existieren	x			x		
alter Dateiinhalt geht verloren		x			x	
Aus Datei kann gelesen werden	x			x	x	x
In Datei kann geschrieben werden		x	x	x	x	x
Nur am Dateiende kann geschrieben werden			x			x

Typische Eröffnungs-Konstrukte: Will man z. B. die Datei `brief.txt` zum Lesen öffnen, so ist zunächst die Definition eines `FILE`-Zeigers und dann die eigentliche Eröffnungsoperation erforderlich, wie z. B.:

```
FILE *fz;      /* FILE-Zeiger definieren */
.......
fz = fopen("brief.txt", "r"); /* Datei brief.txt oeffnen */
  /* .......  Operationen auf die Datei  ......*/
  /* ...........................................*/
```

Man sollte grundsätzlich davon ausgehen, dass eine Datei, aus welchen Gründen auch immer, nicht korrekt geöffnet werden kann; in unserem Fall z. B., weil sie nicht existiert. Deshalb ist es nicht nur empfehlenswert, sondern sogar ein Muß für jeden Programmierer, den Rückgabewert von `fopen()` zu überprüfen: Ist dieser nämlich `NULL`, schlug das Öffnen der entspechenden Datei fehl. Der folgende Codeausschnitt zeigt die typische Vorgehensweise zum Öffnen einer Datei:

```
FILE *fz;      /* FILE-Zeiger definieren */
.......
fz = fopen("brief.txt", "r"); /* Datei brief.txt oeffnen */
if (fz == NULL) {
   printf("kann Datei brief.txt nicht zum Lesen öffnen\n");
   .......
}
```

oder im typischen C-Stil noch etwas kompakter:

```
FILE *fz;      /* FILE-Zeiger definieren */
.......
if ( (fz = fopen("brief.txt", "r")) == NULL) { /* Datei brief.txt oeffnen */
   printf("kann Datei brief.txt nicht zum Lesen öffnen\n");
   .......
}
```

Fehler, die beim Öffnen einer Datei auftreten können: Das Öffnen einer Datei im Lesemodus schlägt fehl, wenn die entsprechende Datei nicht existiert oder nicht gelesen werden kann.

Wird eine Datei gleichzeitig zum Lesen und Schreiben geöffnet (+ in `modus`), ist folgendes zu beachten:

- Unmittelbares Lesen nach Schreibaktivitäten ist nicht möglich. Dazu muss zuerst ein Aufruf einer der später in diesem Kapitel vorgestellten Funktionen `fflush()`, `fseek()`, `fsetpos()` oder `rewind()` dazwischengeschaltet werden.

- Unmittelbares Schreiben nach Leseaktivitäten ist nicht ohne einen dazwischenliegenden Aufruf einer der Dateipositionierungsfunktionen `fseek()`, `fsetpos()` oder `rewind()` möglich, außer wenn zuvor das Dateiende gelesen wurde.

Wenn eine Datei zum Schreiben am Dateiende (`"a"`, `"a+"`, ...) geöffnet wird, so findet jedes nachfolgende Schreiben am momentanen Ende der Datei statt.

`fclose()` – Schließen einer Datei

Um eine geöffnete Datei wieder zu schließen, steht die Funktion `fclose()` zur Verfügung, die wie folgt in `<stdio.h>` deklariert ist:

```
int fclose(FILE *fz);
```
gibt zurück: 0 (bei Erfolg); EOF bei Fehler

Bevor `fclose()` die Verbindung zwischen einer Datei und dem FILE-Zeiger `fz` auflöst, überträgt diese Funktion alle Inhalte von noch nicht geleerten Ausgabe-Puffern in die entsprechende Datei (siehe auch Funktion `fflush()` in Kapitel 30.1.8 auf Seite 848). Inhalte von Eingabe-Puffern gehen verloren.

Wenn ein Programm normal endet (entweder mit `exit()` oder `return` in der `main()`-Funktion), so werden die Inhalte aller E/A-Puffer automatisch in die entsprechenden Dateien übertragen, bevor alle offenen Dateien (Streams) geschlossen werden.

Da bei einem normalen, fehlerfreien Programmende alle noch geöffneten Dateien automatisch (durch Aufrufe von `fclose()`) geschlossen werden, könnte man darauf verzichten, `fclose()` explizit für jede geöffnete Datei im Programm aufzurufen. Dennoch ist es ratsam, Dateien immer schon dann zu schließen, wenn feststeht, dass ihre Bearbeitung beendet ist. Dies hat zwei wesentliche Gründe:

1. Die Zahl der Dateien, die gleichzeitig in einem Programm geöffnet sein dürfen, ist begrenzt durch die Konstante `FOPEN_MAX`, wie z. B. auf 16. Wenn ein Programm mit einer großen Zahl von Dateien operiert, könnte es daher sein, dass freie FILE-Zeiger benötigt werden.

2. Beim Schreiben in eine Datei wird der Inhalt des dazugehörigen Dateipuffers immer erst dann wirklich in die Datei übertragen (Puffer geleert), wenn der Puffer voll ist. Ist nun nach der Bearbeitung einer Datei der zugehörige Dateipuffer nur teilweise gefüllt, würden bei einer irregulären Beendigung des Programms die im Dateipuffer stehenden Daten verloren gehen und sich nicht in der Datei befinden, da der automatische Aufruf von `fclose()` am Programmende nicht mehr stattfindet.

Beispiel:

Das folgende Programm `dateiauf.c` liest Namen von Dateien ein, die es nach Wunsch des Benutzers zum Lesen oder zum Schreiben öffnet, und dann sofort wieder schließt.

```c
#include   <stdio.h>
#include   <string.h>

int   main(void)
{
   FILE   *fz;
   char   dateiname[100], zeich;

   while (1) {
      printf("Dateiname (Leerzeile=Ende): ");
      fgets(dateiname, 100, stdin);
      dateiname[ strlen(dateiname)-1 ] = '\0'; /* \n am Ende entfernen */
```

```
        if (strlen(dateiname) == 0)
            break;
        do {
            printf("Datei zum L(esen) oder S(chreiben) eröffnen: ");
            zeich = getchar(); getchar();
        } while (zeich != 'l' && zeich != 's');

        switch (zeich) {
            case 'l':
                fz = fopen(dateiname, "r");
                if (fz == NULL)
                    printf("!!!! Datei '%s' kann nicht zum Lesen geöffnet werden\n",
                           dateiname);
                else {
                    printf(".....Datei '%s' wurde zum Lesen geöffnet\n", dateiname);
                    fclose(fz);
                    printf(".......... und wieder geschlossen\n");
                }
                break;
            case 's':
                fz = fopen(dateiname, "w");
                if (fz == NULL)
                    printf("!!!! Datei '%s' kann nicht zum Schreiben geöffnet werden\n",
                           dateiname);
                else {
                    printf(".....Datei '%s' wurde zum Schreiben geöffnet\n", dateiname);
                    fclose(fz);
                    printf(".......... und wieder geschlossen\n");
                }
                break;
        }
        printf("--------------------------------------------------\n");
    }
    return(0);
}
```

Möglicher Ablauf des Programms `dateiauf.c`:

```
Dateiname (Leerzeile=Ende): dateiauf.c ⏎
Datei zum L(esen) oder S(chreiben) eröffnen: l ⏎
.....Datei 'dateiauf.c' wurde zum Lesen geöffnet
.......... und wieder geschlossen
--------------------------------------------------
Dateiname (Leerzeile=Ende): brief.txt ⏎
Datei zum L(esen) oder S(chreiben) eröffnen: s ⏎
.....Datei 'brief.txt' wurde zum Schreiben geöffnet
.......... und wieder geschlossen
--------------------------------------------------
Dateiname (Leerzeile=Ende): brief2.txt ⏎
Datei zum L(esen) oder S(chreiben) eröffnen: l ⏎
```

```
!!!! Datei 'brief2.txt' kann nicht zum Lesen geöffnet werden
----------------------------------------------------
Dateiname (Leerzeile=Ende):  ⏎
```

Nach Beendigung dieses Programms befindet sich im Arbeitsverzeichnis (*working directory*) die leere Datei `brief.txt`.

Die vordefinierten FILE-Zeiger `stdin`, `stdout` und `stderr`

Für jedes gestartete Programm werden automatisch die folgenden `FILE`-Zeigerkonstanten, die in `<stdio.h>` definiert sind, bereitgestellt:

`stdin`   (Standardeingabe)
`stdout` (Standardausgabe)
`stderr` (Standardfehlerausgabe)

`stdin` ist dabei normalerweise auf die Tastatur, während `stdout` und `stderr` auf den Bildschirm eingestellt sind. Darauf werden wir im nächsten Kapitel 30.1.3 nochmals zurückkommen.

30.1.3 Lesen und Schreiben in Dateien

Nachdem eine Datei zum Lesen und/oder Schreiben geöffnet wurde, kann man in ihr lesen und/oder schreiben. Es gibt dabei verschiedene Arten, in einer Datei zu lesen bzw. zu schreiben, wie z. B. zeichenweise, zeilenweise, formatiert oder blockweise. In diesem Kapitel werden alle höheren E/A-Funktionen und Konstruktionen vorgestellt, die man zum Lesen und Schreiben in Dateien benötigt.

`feof()` und `ferror()` – Prüfen des EOF- und Fehler-Flags

Die meisten der hier beschriebenen Eingabe-Funktionen liefern sowohl beim Erreichen des Dateiendes als auch bei Auftreten eines Lesefehlers `EOF` zurück. Um nun nachträglich feststellen zu können, welcher der beiden Fälle vorlag, stehen die beiden in `<stdio.h>` deklarierten Funktionen `feof()` und `ferror()` zur Verfügung:

```
int feof(FILE *fz);
```
gibt zurück: Wert verschieden von 0, wenn EOF-Flag für Datei `fz` gesetzt ist; 0 sonst

```
int ferror(FILE *fz);
```
gibt zurück: Wert verschieden von 0, wenn Fehler-Flag für Datei `fz` gesetzt ist; 0 sonst

In der `FILE`-Struktur befinden sich zwei Flags:

❏ ein Fehler-Flag und
❏ ein EOF-Flag

Tritt beim Lesen aus oder Schreiben in eine Datei (Stream) ein Fehler auf, so wird das Fehler-Flag gesetzt. Wird beim Lesen aus einer Datei (Stream) das Dateiende erreicht, so wird das `EOF`-Flag gesetzt. Um zu überprüfen, ob diese Flags gesetzt sind, stehen diese beiden Funktionen `feof()` und `ferror()` zur Verfügung.

30 Dateien

`clearerr()` – Löschen des Fehler- und EOF-Flags

Um das Fehler- und EOF-Flag zu löschen, steht die in `<stdio.h>` deklarierte Funktion `clearerr()` zur Verfügung:

```
void clearerr(FILE *fz);
```

`getchar()` / `putchar()` – Lesen/Schreiben eines Zeichen

Um ein Zeichen von der Standardeingabe (stdin) zu lesen, steht die in `<stdio.h>` deklarierte Funktion `getchar()` und zum Schreiben eines Zeichens auf die Standardausgabe (stdout) steht die in `<stdio.h>` deklarierte Funktion `putchar()` zur Verfügung:

```
int getchar(void);
```
gibt zurück: nächstes Zeichen aus `stdin` (bei Erfolg); EOF bei Dateiende oder Fehler

```
int putchar(int zeich);
```
gibt zurück: `zeich` (bei Erfolg); EOF bei Fehler

`getchar()` ist äquivalent zum Aufruf `getc(stdin)` und der Aufruf

`putchar(zeich)` entspricht dem Aufruf `putc(zeich, stdout)`.

Die Funktionen `getc()` und `putc()` werden im nächsten Abschnitt beschrieben.
Hinweise:
`getchar()` liefert das nächste Zeichen aus der Standardeingabe als `unsigned char`, das im Datentyp `int` abgelegt ist. Es wird `int` als Rückgabetyp gewählt, um auch negative Rückgabewerte zu ermöglichen, wie z. B. die Konstante EOF (in `<stdio.h>` definiert), die immer eine negative Zahl sein muss (meist -1). Es ist deshalb zu beachten, dass die Variablen, in welche die mit `getchar()` gelesenen Zeichen unterzubringen sind, mit `int` und nicht mit `unsigned char` deklariert werden. So führt z. B. das folgende Programm `endlos.c` zu einer Endlosschleife:

```
#include  <stdio.h>

int  main(void)
{
   unsigned char  zeich; /*---- Hier liegt Fehler; richtig waere: int zeich; -*/

   while ( (zeich=getchar()) != EOF)
     putchar(zeich);
   return(0);
}
```

`getchar()` und `putchar()` müssen nicht als Funktionen, sondern können auch als Makros implementiert sein.
`getchar()` gibt sowohl beim Erreichen des Dateiendes als auch bei Auftreten eines Lesefehlers EOF zurück. Um nun nachträglich feststellen zu können, welcher der beiden Fälle eingetreten ist, müssen die zuvor beschriebenen Funktionen `ferror()` und `feof()` verwendet werden.

`getc()`, `fgetc()` und `putc()`, `fputc()` – **Lesen und Schreiben eines Zeichens in Datei**

Um ein Zeichen aus einer Datei zu lesen, stehen die in `<stdio.h>` deklarierten Funktionen `getc()` und `fgetc()`, und zum Schreiben eines Zeichens in eine Datei stehen die in `<stdio.h>` deklarierten Funktionen `putc()` und `fputc()` zur Verfügung:

```
int getc(FILE *fz);
int fgetc(FILE *fz);
             beide geben zurück: nächstes Zeichen aus Datei fz (bei Erfolg); EOF bei Dateiende oder Fehler
int putc(int zeich, FILE *fz);
int fputc(int zeich, FILE *fz);
                          beide geben zurück: zeich (bei Erfolg); EOF bei Fehler
```

Die beiden Funktionen `getc()` und `fgetc()` lesen aus der Datei (Stream), der der `FILE`-Zeiger `fz` zugeteilt ist, das nächste Zeichen und liefern dieses Zeichen als Rückgabewert. Die beiden Funktionen `putc()` und `fputc()` schreiben das Zeichen `zeich` (das zuvor nach `unsigned char` umgewandelt wird) in die Datei, der der `FILE`-Zeiger `fz` zugeteilt ist.

Unterschied zwischen fgetc()/fputc() und getc()/putc() Der einzige Unterschied zwischen `fgetc()` und `getc()` bzw. zwischen `fputc()` und `putc()` ist, dass `getc()` und `putc()` oft als Makros implementiert sind.

Hinweise:

`getchar()` ist äquivalent zum Aufruf `getc(stdin)` und der Aufruf

`putchar(zeich)` entspricht dem Aufruf `putc(zeich, stdout)`.

`getc()` und `fgetc()` liefern das nächste Zeichen aus dem Stream `fz` als `unsigned char`, das jedoch im Datentyp `int` abgelegt ist. Es wird `int` als Rückgabetyp gewählt, um auch negative Rückgabewerte zu ermöglichen, wie z. B. die Konstante `EOF` (in `<stdio.h>` definiert), die immer eine negative Zahl sein muss (meist -1). Es ist deshalb zu beachten, dass die Variablen, in welche die mit `getc()` oder `fgetc()` gelesenen Zeichen unterzubringen sind, mit `int` und nicht mit `unsigned char` deklariert werden, sonst kann dies zu einer Endlosschleife führen; siehe auch vorheriges Programm `endlos.c`.

Da `getc()` und `putc()` nicht als Funktionen, sondern auch als Makros implementiert sein dürfen, sollte der Programmierer hier kein Argument mit Nebeneffekten angeben, da dieses Argument eventuell mehrmals ausgewertet wird. Es sollten deshalb Ausdrücke wie der folgende vermieden werden:

```
putc(zeich, f=fopen("dateiname"));
```

`getc()` und `fgetc()` geben sowohl beim Erreichen des Dateiendes als auch bei Auftreten eines Lesefehlers `EOF` zurück. Um nun nachträglich feststellen zu können, welcher der beiden Fälle vorliegt, müssen die zuvor beschriebenen Funktionen `feof()` und `ferror()` aufgerufen werden.

`putc()` und `fputc()` liefern bei Erfolg das geschriebene Zeichen zurück oder EOF, wenn ein Schreibfehler aufgetreten ist. Da bei einer Binärdatei EOF ein gültiger Wert für `zeich` sein kann, muss man eventuell nachträglich `ferror()` aufrufen, um festzustellen, ob ein Fehler aufgetreten ist oder nicht.

Beispiele: Folgendes Programm `bytezahl.c` zählt alle Zeichen der auf der Kommandozeile angegebenen Dateien. Es gibt dabei zu jeder einzelnen Datei deren Bytezahl sowie am Ende die gesamte Bytezahl aller Dateien aus.

```c
#include    <stdio.h>
#include    <stdlib.h>
int  main(int argc, char *argv[]) {
  FILE              *fz;
  int               i;
  unsigned long int b, total=0;
  if (argc < 2) {
     printf("......Es muss mind. ein Dateiname angegeben sein\n"); exit(1);
  }
  for (i=1 ; i<argc ; i++) {
     if ( (fz=fopen(argv[i], "rb")) == NULL) /*-- Oeffnen der i.ten Datei --*/
        printf("......Kann Datei '%s' nicht oeffnen\n", argv[i]);
     b=0;    /*---- Lesen und Zaehlen aller Bytes der i.ten Datei ----------*/
     while (fgetc(fz) != EOF)
        b++;
     total += b;
     if (ferror(fz))
        printf("Fehler beim Lesen aus Datei '%s'\n", argv[i]);
     fclose(fz); /*--- Schliessen der i.ten Datei -------------------------*/
     printf("%30s : %10lu\n", argv[i], b);
  }
  printf("-------------------------------------------\n");
  printf("%30s : %10lu\n", "Gesamt", total); /*-- Ausgabe gesamter Bytezahl --*/
  return(0);
}
```

Ruft man nun z. B.:

```
bytezahl d*.c
```

so könnte sich folgende Ausgabe ergeben:

```
                    dataus.c :        590
                  datbytes.c :       1108
                  dateiauf.c :       1508
                  datzeile.c :       2836
     ---------------------------------------
                      Gesamt :       6042
```

Das folgende Programm `indatei.c` liest von der Tastatur einen Text ein, und speichert diesen in eine Datei, deren Name der Benutzer wählen kann. Auf Wunsch zeigt es nach Beendigung der Eingabe den Dateiinhalt seitenweise auf dem Bildschirm an:

30.1 Höhere E/A-Funktionen

```c
#include <stdio.h>
#include <ctype.h>
#include <stdlib.h>

int main(void)
{
  FILE  *fz;                        /* Zeiger auf FILE-Struktur */
  char  dateiname[100];             /* Dateiname                */
  int   i, antw, zeich, schon_da=0; /* Hilfsvariablen           */

  printf("In welche Datei (evtl. mit Pfadangabe) soll geschrieben werden: ");
  fgets(dateiname, 100, stdin);
  dateiname[ strlen(dateiname)-1 ] = '\0'; /* \n am Ende entfernen */
  if ( (fz = fopen(dateiname, "r")) != NULL) {
    printf(".......Datei '%s' existiert bereits. Überschreiben? (j/n): ", dateiname);
    antw = tolower(getchar()); getchar();
    schon_da = 1;
    fclose(fz);
  }

  if (schon_da == 0 || antw == 'j') {
    if ( (fz = fopen(dateiname, "w")) == NULL) {
      printf(".......Datei '%s' kann nicht beschrieben werden\n", dateiname);
      exit(2);
    }
    printf("\n\nGib deinen zu kopierenden Text ein (Ende mit EOF)\n");
    while ( (zeich = getchar()) != EOF)
      fputc(zeich, fz);  /* Text in Datei schreiben */
    fclose(fz);
  }

  /*............................................. Dateiinhalt anzeigen */
  printf("\n\nInhalt der Datei '%s' anzeigen? (j/n): ", dateiname);
  antw = tolower(getchar()); getchar();
  if (antw == 'j') {
    if ( (fz = fopen(dateiname, "r")) == NULL) {
      printf(".......Datei '%s' kann nicht gelesen werden\n", dateiname);
      exit(2);
    }
    i = 0;
    while ( (zeich = fgetc(fz)) != EOF) {  /* Zeichen aus Datei lesen  */
      putchar(zeich);                      /* und ausgeben             */
      if (zeich == '\n')                   /* Zeilen zählen            */
        i++;
      if (i == 23) {                       /* Alle 23 Zeilen neue Seite */
        printf("\n.......Nächste Seite mit Return");
        getchar();
        i = 0;
      }
    }
```

```
        fclose(fz);
    }
    return(0);
}
```

gets(), fgets() und puts(), fputs() – Lesen und Scheiben ganzer Zeilen

Zum Lesen einer ganzen Zeile von der Standardeingabe (stdin) steht die Funktion gets() und zum Lesen einer ganzen Zeile aus einer Datei (Stream) steht die Funktion fgets() zur Verfügung. Mit Funktion puts() kann eine ganze Zeile auf die Standardausgabe (stdout) und mit der Funktion fputs() in eine Datei geschrieben. Diese vier Funktionen sind in <stdio.h> wie folgt deklariert:

```
char *gets(char *puffer);
char *fgets(char *puffer, int n, FILE *fz);
```
                        beide geben zurück: Adresse puffer (bei Erfolg); NULL bei Dateiende oder Fehler
```
int puts(const char *puffer);
int fputs(const char *puffer, FILE *fz);
```
                        beide geben zurück: nichtnegativen Wert (bei Erfolg); EOF bei Fehler

In C99 sind die beiden Parameter puffer und fz bei den Funktionen fgets() und fputs() als restrict qualifiziert.

gets() und fgets()

Bei den Funktionen gets() und fgets() wird mittels puffer die Speicheradresse mitgeteilt, an der die gelesene Zeile im Hauptspeicher (mit abschließenden \0) abzulegen ist.

Bei fgets() muss zusätzlich noch die Größe des bereitgestellten puffer und der FILE-Zeiger fz der Datei angegeben werden, aus der zu lesen ist. fgets() liest dann aus der Datei (Stream) fz entweder n-1 Zeichen oder bis zum Dateiende bzw. zum nächsten Neuezeilezeichen (\n) – je nachdem, was zuerst eintritt – und speichert die gelesenen Zeichen an Adresse puffer ab, wobei hinter dem letzten Zeichen immer das String-Endezeichen \0 abgelegt wird.

puts und fputs

Bei den Funktionen puts() und fputs() wird mittels puffer die Speicheradresse mitgeteilt, an der sich die zu schreibende Zeile im Hauptspeicher befindet. Das abschließende \0 der Zeichenkette puffer wird nicht geschrieben.

Bei fputs() muss zusätzlich noch der FILE-Zeiger fz der Datei angegeben werden, in die zu schreiben ist. Es ist zu beachten, dass puts() immer automatisch am Ende der ausgegebenen Zeichenkette noch ein \n ausgibt, was fputs() nicht tut.

Unterschiede zwischen gets() und fgets() fgets() unterscheidet sich von der Funktion gets() darin, dass es zum einen nicht nur von der Standardeingabe lesen kann und zum anderen auch automatisch das \n-Zeichen am Ende der gelesenen Zeichenkette anhängt, wenn die Länge der gelesenen Zeichenkette kleiner gleich n ist.

Da bei gets() der Aufrufer anders als bei fgets() keine Möglichkeit hat, die Größe des Puffers zu wählen, kann es zum Überlaufen des von gets() gewählten Puffers kommen, wenn eine gelesene Zeile mehr Zeichen als die intern gewählte Pufferlänge hat. Es sollte also immer fgets() anstelle von gets() benutzt werden.

Hinweis fgets() liefert den Zeiger puffer oder NULL, wenn das Dateiende erreicht wurde (Inhalt von puffer bleibt unverändert) oder beim Lesevorgang ein Fehler auftrat (Inhalt von puffer ist unbestimmt).

Beispiel: Das folgende Programm dataus.c gibt den Inhalt einer Textdatei, deren Name auf der Kommandozeile anzugeben ist, auf der Standardausgabe (Bildschirm) aus:

```c
#include <stdio.h>
#include <stdlib.h>

#define MAX_ZEILLAENG   200

int main(int argc, char *argv[]) {
   FILE    *fz;
   char    zeile[MAX_ZEILLAENG];

   if (argc != 2) {
      printf("usage: %s dateiname\n", argv[0]);
      exit(1);
   }
   if ( (fz=fopen(argv[1], "r")) == NULL) {
      printf("Kann Datei '%s' nicht eroeffnen\n", argv[1]);
      exit(2);
   }
   while (fgets(zeile, MAX_ZEILLAENG, fz) != NULL)
      fputs(zeile, stdout);

   if (ferror(fz)) {
      printf("Fehler beim Lesen aus Datei '%s'\n", argv[1]);
      exit(3);
   }
   fclose(fz);
   return(0);
}
```

`scanf()` und `fscanf()` – Formatiertes Lesen

Um formatiert von der Standardeingabe oder aus einer Datei zu lesen, stehen die beiden Funktionen scanf und fscanf, die in <stdio.h> deklariert sind, zur Verfügung:

```
int scanf(const char *format, ...);
int fscanf(FILE *fz, const char *format, ...);
       beide geben zurück: Anzahl der gelesenen Eingabeeinheiten (bei Erfolg); EOF bei Dateiende oder Fehler
```

In C99 sind der Parameter format (bei scanf()) und sowie die beiden Parameter fz und format (bei fscanf()) als restrict qualifiziert.
Die Funktion scanf() ist äquivalent zu

```
fscanf(stdin, format, ...);
```

Die format-Angabe bei fscanf() ist identisch zu scanf() (siehe dazu auch Kapitel 7.4 auf Seite 113).

`printf()` und `fprintf()` – Formatiertes Schreiben

Um formatiert auf die Standardausgabe oder in eine Datei zu schreiben, stehen die beiden Funktionen printf() und fprintf(), die in <stdio.h> deklariert sind, zur Verfügung:

```
int printf(const char *format, ...);
int fprintf(FILE *fz, const char *format, ...);
       beide geben zurück: Anzahl der geschriebenen Zeichen (bei Erfolg); negativer Wert bei Ausgabefehler
```

In C99 sind der Parameter format (bei printf()) und sowie die beiden Parameter fz und format (bei fprintf()) als restrict qualifiziert.
Die Funktion printf() ist äquivalent zu

```
fprintf(stdout, format, ...);
```

Die format-Angabe bei fprintf() ist identisch zu printf() (siehe dazu auch Kapitel 7.3 auf Seite 101).

Beispiel: Das folgende Programm namdatei.c ermöglicht das Speichern von Adressen am Ende einer Datei, deren Name bei Programmbeginn einzugeben ist. Dazu öffnet dieses Programm zunächst diese Datei mit modus-Angabe "a" (Schreiben am Dateiende), und liest dann neue Adressen ein, die es ans Ende dieser Datei in eine Zeile schreibt, wobei Name, Vorname, Postleitzahl und Wohnort einer Person durch Komma getrennt werden. Nach Beendigung der Eingabe neuer Adressen (Eingabe einer Leerzeile für den Namen) wird der Benutzer gefragt, ob er sich den gesamten Inhalt der Datei ausgeben lassen möchte.

```
#include <stdio.h>
#include <string.h>
#include <stdlib.h>
#include <ctype.h>

int  main(void)
{
```

```c
FILE            *fz;                        /* Zeiger auf FILE-Struktur */
char            dateiname[100];             /* Dateiname               */
char            name[100], vorname[100], ort[100];   /* Daten */
unsigned long   plz;                        /*                         */
int             i, antw;                    /* Hilfsvariablen */

fprintf(stderr, "In welche Datei (evtl. mit Pfad) "
            "sollen Namen angehaengt werden: ");
fgets(dateiname, 100, stdin);
dateiname[ strlen(dateiname)-1 ] = '\0'; /* \n am Ende entfernen */
if ( (fz = fopen(dateiname, "a")) == NULL) {
    fprintf(stderr, ".......An Datei '%s' koennen keine neuen Namen "
            "angefuegt werden\n", dateiname);
    exit(2);
}
fprintf(stderr, "Gib deine Adressen ein (Ende mit Leerzeile fuer Name)\n");
while (1) {
    fprintf(stderr, "Name:     ");
    fgets(name, 100, stdin);
    name[ strlen(name)-1 ] = '\0'; /* \n am Ende entfernen */
    if (strlen(name) == 0)
        break;

    fprintf(stderr, "Vorname: ");
    fgets(vorname, 100, stdin);
    vorname[ strlen(vorname)-1 ] = '\0'; /* \n am Ende entfernen */

    fprintf(stderr, "Plz:     ");
    fscanf(stdin, "%lu", &plz); getchar();

    fprintf(stderr, "Ort:     ");
    fgets(ort, 100, stdin);
    ort[ strlen(ort)-1 ] = '\0'; /* \n am Ende entfernen */

    fprintf(fz, "%s,%s,%lu,%s\n", name, vorname, plz, ort);
}
fclose(fz);

/*............................................. Dateiinhalt anzeigen */
fprintf(stderr, "\n\nInhalt der Datei '%s' anzeigen? (j/n): ", dateiname);
antw = tolower(getchar()); getchar();
if (antw == 'j') {
    if ( (fz = fopen(dateiname, "r")) == NULL) {
        fprintf(stderr, ".......Datei '%s' kann nicht gelesen werden\n",
                dateiname);
        exit(2);
    }
    i = 0;
    while ( fscanf(fz, "%[^,],%[^,],%lu,%s\n", name, vorname, &plz, ort) != EOF) {
        fprintf(stdout, "%-20.20s, %-20.20s, %-7lu, %-20.20s\n",
```

30 Dateien

```
                            name, vorname, plz, ort);
         i++;
         if (i == 23) {                  /* Alle 23 Zeilen neue Seite */
             printf("\n.......Nächste Seite mit Return");
             getchar();
             i = 0;
         }
      }
      fclose(fz);
   }
   return(0);
}
```

Hätte die Datei `name.txt` z. B. den folgenden Inhalt (erzeugt durch vorherige Aufrufe von `namlist`):

```
Haller,Fritz,73737,Grossenbach
Albrich,Toni,78373,Studenstadt
Zeppelin,Helmut,83837,Unterwasserbach
Mueller,Annemarie,98726,Nurenburg
Schwegler,Michaela,53552,Almendorf
Neubauer,Emil,73673,Falkendorf
Schmiesser,Andrea,32444,Altenbach
Kaltzenhoffer,Martina,64363,Balkenstadt
```

und man würde das Programm `namdatei` aufrufen und es ergäbe sich z. B. der folgende Ablauf:

```
In welche Datei (evtl. mit Pfad) soll geschrieben/angehaengt werden: name.txt ⏎
Gib deine Adressen ein (Ende mit Leerzeile fuer Name)
Name:      Jelinski ⏎
Vorname:   Vanda ⏎
Plz:       37728 ⏎
Ort:       Gressthal ⏎
Name:      ⏎
Inhalt der Datei 'name.txt' anzeigen? (j/n): j ⏎
Haller           , Fritz        , 73737  , Grossenbach
Albrich          , Toni         , 78373  , Studenstadt
Zeppelin         , Helmut       , 83837  , Unterwasserbach
Mueller          , Annemarie    , 98726  , Nurenburg
Schwegler        , Michaela     , 53552  , Almendorf
Neubauer         , Emil         , 73673  , Falkendorf
Schmiesser       , Andrea       , 32444  , Altenbach
Kaltzenhoffer    , Martina      , 64363  , Balkenstadt
Jelinski         , Vanda        , 37728  , Gressthal
```

dann hätte bei Programmende die Datei `name.txt` folgenden Inhalt (`Jelinski` ist angehängt):

```
Haller,Fritz,73737,Grossenbach
Albrich,Toni,78373,Studenstadt
Zeppelin,Helmut,83837,Unterwasserbach
Mueller,Annemarie,98726,Nurenburg
Schwegler,Michaela,53552,Almendorf
```

```
Neubauer,Emil,73673,Falkendorf
Schmiesser,Andrea,32444,Altenbach
Kaltzenhoffer,Martina,64363,Balkenstadt
Jelinski,Vanda,37728,Gressthal
```

Die FILE-Zeiger `stdin`, `stdout`, `stderr` und Ein-/Ausgabeumlenkung

Für jedes gestartete Programm werden automatisch die folgenden FILE-Zeigerkonstanten, die in <stdio.h> definiert sind, bereitgestellt:
  stdin   (Standardeingabe)
  stdout   (Standardausgabe)
  stderr   (Standardfehlerausgabe)

stdin ist dabei normalerweise auf die Tastatur, während stdout und stderr auf den Bildschirm eingestellt sind, so dass sich die in Abbildung 30.1 gezeigte Situation beim Start eines Programms ergibt.

Da z. B. jedes

```
scanf("...", ...);
```

in einem Programm einem

```
fscanf(stdin, "...", ...);
```

entspricht, wird in beiden Fällen von der Tastatur gelesen. Ebenso gilt, dass jedes

```
printf("...");
```

einem

```
fprintf(stdout, "...");
```

entspricht, so dass in beiden Fällen auf dem Bildschirm ausgegeben wird.

Es stellt sich nun aber die Frage, wozu der zusätzliche Ausgabekanal stderr (Standardfehlerausgabe) notwendig ist. Dieser zusätzliche Ausgabekanal stderr wird bei Umlenkungen benötigt, um Fehler-Meldungen und Informationen anderer Arten explizit von den „echten" Daten unterscheiden zu können, und sie so in unterschiedliche Kanäle umlenken zu können. Nehmen wir z. B. das folgende Programm einauscp.c, das alle von der Standardeingabe (stdin) gelesenen Zeichen auf die Standardausgabe (stdout) ausgibt:

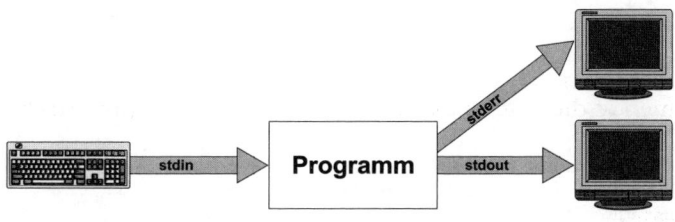

Abbildung 30.1: Normale Einstellung von stdin, stdout und stderr beim Start eines Programms

30 Dateien

```
#include   <stdio.h>

int  main(void) {
   int            zeich;
   unsigned long  zaehl=0;

   while ( (zeich=getc(stdin)) != EOF)
      if (putc(zeich, stdout) == EOF)
         fprintf(stderr, ".....Fehler bei putc");
      else
         zaehl++;
   if (ferror(stdin))
      fprintf(stderr, ".....Fehler bei getc");
   fprintf(stderr, "....%lu Bytes kopiert\n", zaehl);
   return(0);
}
```

Startet man dieses Programm, so liest es Daten von der Tastatur (`stdin`) und gibt diese sofort wieder auf der Standardausgabe (`stdout`) aus, wie z. B.:

```
Dies ist ein einfacher Text, ⏎
Dies ist ein einfacher Text,
der von stdin gelesen wird, ⏎
der von stdin gelesen wird,
und auf stdout geschrieben wird. ⏎
und auf stdout geschrieben wird.
Strg-D
....90 Bytes kopiert
```

Lenkt man beim Start jedoch die Standardeingabe (`stdin`) mittels < (Kleiner) um, wie z. B.

```
einauscp < a.txt
```

und die Datei `a.txt` hat den folgenden Inhalt:

```
Dies ist einfacher Text,
den wir zum Testen von
Kopierprogrammen verwenden werden.
Diese Datei wird einfach mittels
Ein-/Ausgabeumlenkung umkopiert.
```

so hat der Benutzer keine Möglichkeit mehr für Eingaben über die Tastatur, und es würde sich folgende Ausgabe ergeben:

```
Dies ist einfacher Text,
den wir zum Testen von
Kopierprogrammen verwenden werden.
Diese Datei wird einfach mittels
Ein-/Ausgabeumlenkung umkopiert.

....150 Bytes kopiert
```

In diesem Fall ist die Standardeingabe (`stdin`) von der Tastatur in die Datei `a.txt` umgelenkt, was sich – wie in Abbildung 30.2 gezeigt – darstellen läßt.

30.1 Höhere E/A-Funktionen

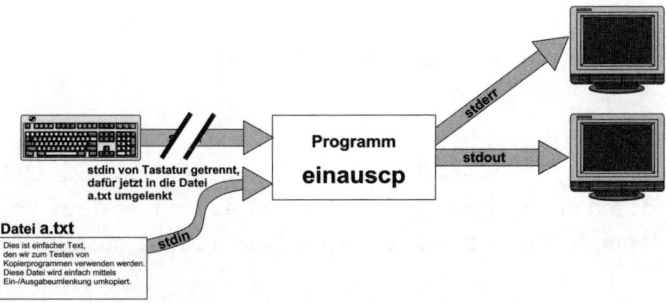

Abbildung 30.2: Umlenken von `stdin` in die Datei `a.txt`

Lenkt man nun beim Start jedoch zusätzlich noch die Standardausgabe (`stdout`) mittels > (Größer) um, wie z. B.:

```
einauscp < a.txt > b.txt
```

so würde die Datei `a.txt` in die Datei `b.txt` umkopiert, wobei jedoch weiterhin am Bildschirm die Meldung:

```
....150 Bytes kopiert
```

erscheinen würde, da diese mittels

```
fprintf(stderr, "...%lu Bytes kopiert\n", zaehl);
```

explizit auf die Standardfehleraugabe (`stderr`) geschrieben wird, und die ist weiterhin auf den Bildschirm eingestellt, wie es Abbildung 30.3 gezeigt ist.
Hätte man statt

```
fprintf(stderr, "...%lu Bytes kopiert\n", zaehl);
```

im Programm `einauscp.c` folgendes angegeben:

```
printf("...%lu Bytes kopiert\n", zaehl);
```

so wäre der Text

```
....150 Bytes kopiert
```

ans Ende der Datei `b.txt` geschrieben wurden, und unser Programm wäre nicht zum Kopieren von Dateien geeignet gewesen, da es nicht nur die Daten aus der

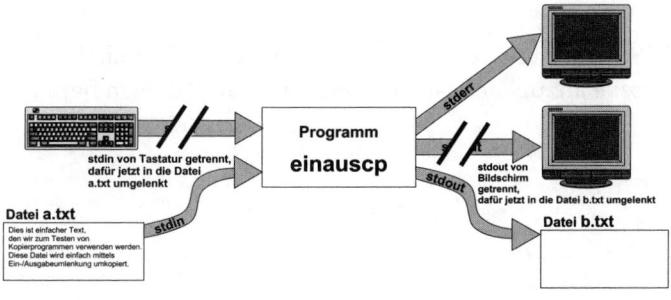

Abbildung 30.3: Umlenken von `stdin` in Datei `a.txt` und `stdout` in Datei `b.txt`

Quelldatei (anzugeben mit `< datei`) in die Zieldatei (anzugeben mit `> datei`) kopiert, sondern zusätzlich immer noch die Diagnose-Meldung

```
....xxx Bytes kopiert
```

an das Ende der Zieldatei angehängt hätte.

Es zeugt von einem sauberen Programmierstil, dass man Daten und Diagnose-Meldungen im Programm dadurch unterscheidet, dass man die Daten auf `stdout` und die Fehler-Meldungen oder andere Informationen explizit auf `stderr` ausgibt.

ungetc() – Zurückschieben eines gelesenen Bytes in Eingabe

Um ein aus einer Datei (Stream) gelesenes Byte wieder ungelesen zu machen, d. h. wieder in den Eingabepuffer zurückzuschieben, steht die in `<stdio.h>` deklarierte Funktion `ungetc()` zur Verfügung:

```
int ungetc(int zeich, FILE *fz);
```

gibt zurück: zeich (bei Erfolg); EOF bei Fehler

`ungetc` „schiebt" das Zeichen `zeich` (nachdem es zuvor nach `unsigned char` umgewandelt wurde) zurück in die Datei, die mit `fz` verbunden ist. Somit ist `zeich` das erste Zeichen, das beim nächsten Lesen aus der Datei (Stream) `fz` gelesen wird.

Hinweise: Das Zeichen, das man mit `ungetc()` in den Eingabepuffer zurückschreibt, muss nicht unbedingt das zuletzt gelesene Zeichen sein.

Ein erfolgreicher Aufruf von `ungetc()` löscht das `EOF`-Flag. Deswegen ist es auch nach dem Erreichen des Dateiendes möglich, ein Zeichen mit `ungetc()` zurückzuschreiben. Es ist jedoch nicht möglich, die Konstante `EOF` zurückzuschreiben.

Wenn auch viele Implementierungen es zulassen, dass nacheinander mehr als ein Zeichen in den Eingabepuffer zurückgeschoben wird, garantiert Standard-C nur das Zurückschreiben eines einzigen Zeichens.

Wird vor dem nächsten „Lesevorgang" eine der später in Kapitel 30.1.5 auf Seite 840 vorgestellten Funktionen `fseek()`, `fsetpos()` oder `rewind()` erfolgreich aufgerufen, dann ist das mit `ungetc()` zurückgeschriebene Zeichen nicht mehr im Eingabepuffer verfügbar.

Beispiel: Das folgende Programm `hexextra.c` filtert aus einer Textdatei, deren Name auf der Kommandozeile anzugeben ist, alle hexadezimalen Zahlen heraus:

```c
#include <stdio.h>
#include <stdlib.h>
#include <ctype.h>

int main(int argc, char *argv[]) {
    FILE            *fz;
    unsigned long int    hexzahl;
    int             zeich;
```

30.1 Höhere E/A-Funktionen

```
    if (argc != 2) {
        printf("....Es muss genau ein Dateiname auf Kommandozeile angegeben sein\n");
        exit(1);
    }
    if ( (fz=fopen(argv[1], "r")) == NULL) {
        printf("....Kann Datei '%s' nicht eroeffnen", argv[1]);
        exit(2);
    }
    while ( (zeich=fgetc(fz)) != EOF) {
        if (isxdigit(zeich)) {
            ungetc(zeich, fz);
            fscanf(fz, "%lx", &hexzahl); printf("%lx=%lu\n", hexzahl, hexzahl);
        }
    }
    if (ferror(fz))
        fprintf(stderr, "Fehler beim Lesen aus Datei '%s'", argv[1]);
    fclose(fz);
    return(0);
}
```

Immer wenn dieses Programm eine hexadezimale Ziffer (Makro `isxdigit()` liefert Wert verschieden von 0) liest, schiebt es diese mit `ungetc()` zurück in den Eingabepuffer und läßt dann die ganze Hexa-Zahl mit `fscanf()` lesen, was wesentlich einfacher ist, als wenn es diese Zahl selbst zeichenweise einlesen und dann „zusammenbauen" würde. Ein solcher *Lookahead* ist eine typische Anwendung für `ungetc()`.

Wenn z. B. die Datei `text.txt` den folgenden Inhalt hätte:

```
Hier sind Hexzahlen versteckt
 2Affen,   3babef, caba
```

dann würde der Aufruf `hexextra text.txt` folgende Ausgabe liefern:

```
e=14
d=13
e=14
a=10
e=14
e=14
ec=236
2affe=176126
3babef=3910639
caba=51898
```

`fread()` und `fwrite()` – Binäres Lesen und Schreiben ganzer Blöcke

Wenn man ganze Blöcke von binären Daten lesen muss, so ist weder das zeilenweise Einlesen brauchbar, da für `fgets()` die Zeichen `\0` und `\n` eine besondere Bedeutung haben, noch ist es sehr effizient, die Daten Zeichen für Zeichen mit `getc()` oder `fgetc()` einzulesen. Um ganze Blöcke von binären Daten zu lesen oder zu schreiben, stehen die Funktionen `fread()` und `fwrite()`, die beide in `<stdio.h>` deklariert sind, zur Verfügung:

```
size_t fread(void *puffer, size_t blockgroesse,
             size_t blockzahl, FILE *fz);
size_t fwrite(const void *puffer, size_t blockgroesse,
              size_t blockzahl, FILE *fz);
```
beide geben zurück: Anzahl der gelesenen bzw. geschriebenen Blöcke

In C99 sind bei beiden Funktionen die Parameter `puffer` und `fz` als `restrict` qualifiziert.

`fread()` liest bis zu `blockzahl` Objekte, jedes mit `blockgroesse` Bytes, von der Datei (Stream), die mit `fz` verbunden ist, in den Speicherbereich, der mit `puffer` addressiert ist.

`fwrite()` schreibt bis zu `blockzahl` Objekte, jedes mit `blockgroesse` Bytes, von der Adresse `puffer` in die Datei (Stream), die mit `fz` verbunden ist.

`fread()` und `fwrite()` liefern als Funktionswert die *wirklich gelesene bzw. geschriebene Anzahl von Objekten*, die kleiner als `blockzahl` sein kann, wenn ein Lese- oder Schreibfehler aufgetreten ist oder im Falle von `fread()` das Dateiende erreicht wurde. Der Aufrufer kann den Grund für weniger gelesene Blöcke mit `ferror()` bzw. `feof()` in Erfahrung bringen.

Typische Anwendungen für diese Funktionen `fread()` und `fwrite()` sind:
- Lesen bzw. Schreiben von Binärdaten (siehe auch Beispielprogramm `hexd.c` unten)
- Einlesen und Schreiben eines ganzen Arrays, wie z. B.:

```
double   werte[100];

/*---- Arrayelemente werte[90], werte[91], ...., werte[99]
       mit den nächsten 10 double-Werten von Stream fz füllen */
if (fread(&werte[90], sizeof(double), 10, fz) != 10)
    fprintf(stderr, "....Fehler bei fread\n");
```

- Einlesen oder Schreiben einer ganzen Struktur, wie z. B.:

```
struct {
    char vorname[20];
    char nachname[40];
    int alter;
} person;

/*---- Inhalt der Strukturvariable person auf    Datei schreiben */
if (fwrite(&person, sizeof(person), 1, fz) != 1)
    fprintf(stderr, "....Fehler bei fwrite\n");
```

Hinweise: Der Datentyp `size_t` ist als vorzeichenloser, ganzzahliger Datentyp in `<stdio.h>` definiert (häufig als `unsigned int`). Der Datentyp `size_t` wurde für das Ergebnis des `sizeof`-Operators eingeführt. Meist wird `size_t` als Typ für Funktionsargumente verwendet, die Größenangaben repräsentieren, wie z. B.:

```
void *malloc(size_t groesse);
```

oder eben auch für blockgroesse und blockzahl bei fread() und fwrite(). Wenn für blockzahl oder blockgroesse der Wert 0 angegeben wurde, so liefert fread() 0 und der Speicherbereich ab Adresse puffer bleibt unverändert.

Beispiel: Das folgende Programm hexd.c gibt den Inhalt einer Datei Byte-für-Byte in Hexa-Mustern aus, wobei es rechts dazu die entsprechenden ASCII-Zeichen angibt, soweit diese darstellbar sind, andernfalls wird nur ein Punkt für dieses Zeichen angegeben:

```c
#include    <stdio.h>
#include    <stdlib.h>
#include    <ctype.h>

static void hex_druck(FILE *fz, char *s);
/*------------------------------------------------------- main --------*/
int  main( int argc, char *argv[] )
{
    FILE       *fz;
    int        i;

    if (argc < 2) {
        fprintf(stderr, "usage: %s datei1 .....", argv[0]);
        exit(1);
    }
    for (i=1; i<argc; i++) {
        if ((fz=fopen(argv[i],"rb")) == NULL)
            fprintf(stderr, "....kann Datei '%s' nicht eroeffnen\n", argv[i]);
        else {
            hex_druck(fz, argv[i]);
            fclose(fz);
        }
    }
    return(0);
}
/*-------------------------------------------------- hex_druck --------*/
static void hex_druck( FILE *fz, char *s )
{
    unsigned char   puffer[16];
    int             gelesen, i;
    long            gesamt=0;

    printf("----%s----\n", s);

    while ( (gelesen=fread(puffer, 1, 16, fz)) > 0) {
        printf(" %06lx ", gesamt);

        /*------- Ausgabe des Hexa-Musters */
        for (i=0 ; i<16 ; i++) {
            if (i < gelesen) {
```

30 Dateien

```
                printf(" %02x", puffer[i]);
                if (iscntrl(puffer[i])) /* Falls puffer[i] ein Steuerzeichen */
                    puffer[i] = '.';    /* -> dann wird es mit . dargestellt */
            } else {
                fputs("   ",stdout);
                puffer[i] = ' ';
            }
            if (i==7)  /*--- Trennzeichen nach 8 Hexa-Bytemustern ausgeben */
                putchar(' ');
        }

        /*------- Ausgabe des zum Hexa-Muster gehoerigen Texts */
        printf("  |%16.16s|\n", puffer);
        gesamt += gelesen;
    }
}
```

Ruft man dieses Programm z. B. wie folgt auf:

`user@linux:~ >  `**`hexd hexd text.txt`** ⏎

gibt es z. B. folgendes aus:

```
----hexd----
  000000    7f 45 4c 46 01 01 01 00    00 00 00 00 00 00 00 00    |.ELF............|
  000010    02 00 03 00 01 00 00 00    50 85 04 08 34 00 00 00    |........P...4...|
  000020    00 26 00 00 00 00 00 00    34 00 20 00 06 00 28 00    |.&......4. ...(.|
  000030    1e 00 1b 00 06 00 00 00    34 00 00 00 34 80 04 08    |........4...4...|
  000040    34 80 04 08 c0 00 00 00    c0 00 00 00 05 00 00 00    |4...............|
  000050    04 00 00 00 03 00 00 00    f4 00 00 00 f4 80 04 08    |................|
    :::       :::::::::::::::           :::::::::::::::
    :::       :::::::::::::::           :::::::::::::::
    :::       :::::::::::::::           :::::::::::::::
  0032c0    70 65 5f 62 40 40 47 4c    49 42 43 5f 32 2e 30 00    |pe_b@@GLIBC_2.0.|
  0032d0    66 6f 70 65 6e 40 40 47    4c 49 42 43 5f 32 2e 31    |fopen@@GLIBC_2.1|
  0032e0    00 5f 49 4f 5f 73 74 64    69 6e 5f 75 73 65 64 00    |._IO_stdin_used.|
  0032f0    5f 5f 64 61 74 61 5f 73    74 61 72 74 00 5f 5f 67    |__data_start.__g|
  003300    6d 6f 6e 5f 73 74 61 72    74 5f 5f 00                |mon_start__.    |
----text.txt----
  000000    48 69 65 72 20 73 69 6e    64 20 48 65 78 7a 61 68    |Hier sind Hexzah|
  000010    6c 65 6e 20 76 65 72 73    74 65 63 6b 74 0d 0a 20    |len versteckt.. |
  000020    32 41 66 66 65 6e 2c 20    20 33 62 61 62 65 66 2c    |2Affen,   3babef,|
  000030    20 63 61 62 61 0d 0a                                  | caba..         |
```

Beispiel: Das folgende Programm `namfile.c` ermöglicht ebenso wie das früher in diesem Kapitel vorgestellte Programm `namdatei.c` das Speichern von Adressen am Ende einer Datei, deren Name bei Programmbeginn einzugeben ist. Dazu öffnet dieses Programm zunächst diese Datei mit `modus`-Angabe `"a"` (Schreiben am Dateiende), und liest dann neue Adressen (Name, Vorname, Postleitzahl, Wohnort) ein, die es ans Ende dieser Datei mit `fwrite()` schreibt. Nach Beendigung der Eingabe neuer Adressen (Eingabe einer Leerzeile für den Namen) wird der Benutzer gefragt, ob er sich den gesamten Inhalt der Datei ausgeben lassen möchte. Bei entsprechender Antwort wird die Datei unter Zuhilfenahme von `fread()` von Anfang gelesen, und die gelesenen Adressen werden zeilenweise am Bildschirm ausgegeben. Die Unterschiede zum Programm `namdatei.c` sind im folgenden Listing des Programms `namfile.c` fett hervorgehoben:

```c
#include <stdio.h>
#include <string.h>
#include <stdlib.h>
#include <ctype.h>

struct person {
   char           name[100], vorname[100], ort[100];
   unsigned long  plz;
};

int  main(void)
{
   FILE           *fz;                    /* Zeiger auf FILE-Struktur */
   char           dateiname[100];         /* Dateiname               */
   int            i, antw;                /* Hilfsvariablen          */
   struct person  adr;

   fprintf(stderr, "In welche Datei (evtl. mit Pfad) "
                   "sollen Namen angehaengt werden: ");
   gets(dateiname);
   if ( (fz = fopen(dateiname, "a")) == NULL) {
     fprintf(stderr, "...An Datei '%s' koennen keine neuen Namen angefuegt werden\n",
                 dateiname);
       exit(2);
   }
   fprintf(stderr, "Gib deine Adressen ein (Ende mit Leerzeile fuer Name)\n");
   while (1) {
      fprintf(stderr, "Name:     ");
      fgets(adr.name, 100, stdin);
      adr.name[ strlen(adr.name)-1 ] = '\0'; /* \n am Ende entfernen */
      if (strlen(adr.name) == 0)
         break;

      fprintf(stderr, "Vorname: ");
      fgets(adr.vorname, 100, stdin);
      adr.vorname[ strlen(adr.vorname)-1 ] = '\0'; /* \n am Ende entfernen */

      fprintf(stderr, "Plz:      ");
      fscanf(stdin, "%lu", &adr.plz); getchar();

      fprintf(stderr, "Ort:     ");
      fgets(adr.ort, 100, stdin);
      adr.ort[ strlen(adr.ort)-1 ] = '\0'; /* \n am Ende entfernen */
```

```c
            if (fwrite(&adr, sizeof(struct person), 1, fz) != 1) {
                fprintf(stderr, "....Fehler beim Schreiben in Datei '%s'\n", dateiname);
                exit(1);
            }
        }
        fclose(fz);

        /*..................................... Dateiinhalt anzeigen */
        fprintf(stderr, "\n\nInhalt der Datei '%s' anzeigen? (j/n): ", dateiname);
        antw = tolower(getchar()); getchar();
        if (antw == 'j') {
            if ( (fz = fopen(dateiname, "r")) == NULL) {
                fprintf(stderr, ".......Datei '%s' kann nicht gelesen werden\n", dateiname);
                exit(2);
            }
            i = 0;
            while ( fread(&adr, sizeof(struct person), 1, fz) == 1) {
                fprintf(stdout, "%-20.20s, %-20.20s, %-7lu, %-20.20s\n",
                                adr.name, adr.vorname, adr.plz, adr.ort);
                i++;
                if (i == 23) {                   /* Alle 23 Zeilen neue Seite */
                    printf("\n.......Nächste Seite mit Return");
                    getchar();
                    i = 0;
                }
            }
            if (ferror(fz)) {
                fprintf(stderr, "....Fehler beim Lesen aus Datei '%s'\n", dateiname);
                exit(1);
            }
            fclose(fz);
        }
        return(0);
}
```

Anders als beim Programm `namdatei.c` ist die vom Programm `namfile.c` erzeugte Namensdatei nicht für den Menschen lesbar, da in dieser Datei auch Binärdaten stehen, wie z. B. die in `unsigned long`-Darstellung (4 Bytes) abgespeicherte Postleitzahl.

Da die Komponenten `name`, `vorname` und `ort` als statische `char`-Arrays der Größe 100 definiert sind, und die eingegebenen Namen, Vornamen und Orte diese sehr wahrscheinlich nicht komplett ausfüllen, stehen nach dem von `fgets()` am Ende des wirklichen Strings angehängtem `\0` zufällige Zeichen, und das können ebenfalls nicht darstellbare Zeichen sein.

Schnellere Programme durch Lesen/Schreiben größerer Blöcke

Muss man große Datenmengen in Dateien lesen oder in sie schreiben, so ist es empfehlenswert, große Blöcke anstelle von einzelnen Bytes zu verwenden, da dies zu erheblich schnelleren Programmen führt.

30.1 Höhere E/A-Funktionen

Das nachfolgende Programm `copyzeit.c` kopiert die erste auf der Kommandozeile angegebene Datei in die Datei, die als zweites Argument auf der Kommandozeile angegeben ist. Dabei verwendet es beim ersten Kopiervorgang die Routinen `getc()` und `fputc()` (byteweises Kopieren) und mißt die dafür erforderliche Zeit. Beim zweiten Kopiervorgang arbeitet es mit `fread` und `fwrite` (blockweises Kopieren) und mißt auch die hierfür benötigte Zeit:

```c
#include <stdio.h>
#include <stdlib.h>
#include <time.h>

#define MAX_ZEICHEN 1024

void oeffne_dateien(char *quelle, char *ziel, FILE **in, FILE **out);

/*----------------------------------------------------------- main ----------*/
int main(int argc, char *argv[])
{
   int       zeich;
   FILE      *in, *out;
   int       n;
   clock_t   start, ende;
   unsigned char    puffer[MAX_ZEICHEN];

   if (argc != 3) {
      fprintf(stderr, ".....usage: %s quelldatei zieldatei\n", argv[0]);
      exit(1);
   }

   /*................................. Zeichenweises Kopieren ...*/
   oeffne_dateien(argv[1], argv[2], &in, &out);
   start = clock();

   while ( (zeich=getc(in)) != EOF)
      if (putc(zeich, out) == EOF)
         fprintf(stderr, ".....Fehler bei putc");
   if (ferror(in))
      fprintf(stderr, ".....Fehler bei getc");

   ende = clock();
   fclose(in);
   fclose(out);
   fprintf(stderr, "Zeichenweises Kopieren: %.2f Sek\n",
                   (ende-start)/(float)CLOCKS_PER_SEC);

   /*................................. Blockweise Kopieren ......*/
   oeffne_dateien(argv[1], argv[2], &in, &out);
   start = clock();

   while ( (n = fread(puffer, 1, MAX_ZEICHEN, in)) > 0)
```

30 Dateien

```
            if (fwrite(puffer, 1, n, out) != n )
                fprintf(stderr, ".....Fehler bei fwrite\n");
        if (ferror(in))
                fprintf(stderr, ".....Fehler bei fread\n");

        ende = clock();
        fclose(in);
        fclose(out);
        fprintf(stderr, "Blockweises Kopieren  : %.2f Sek\n",
                          (ende-start)/(float)CLOCKS_PER_SEC);
        return(0);
}


/*---------------------------------------------- oeffne_dateien ----------*/
void  oeffne_dateien(char *quelle, char *ziel, FILE **in, FILE **out)
{
    if ( (*in = fopen(quelle, "rb")) == NULL) {
        fprintf(stderr, ".....kann '%s' nicht zum Lesen öffnen\n", quelle);
        exit(2);
    }
    if ( (*out = fopen(ziel, "wb")) == NULL) {
        fprintf(stderr, ".....kann '%s' nicht zum Schreiben öffnen\n", ziel);
        exit(3);
    }
}
```

Um eine Datei von ca. 20 MB zu kopieren, wurden folgende Zeiten ausgegeben:

```
Zeichenweises Kopieren: 6.07 Sek
Blockweises Kopieren  : 0.18 Sek
```

Diese hier gegebenen Zeiten sind natürlich abhängig vom Prozessor und dem System, auf dem diese Programme ablaufen. Nichtsdestotrotz sollten sie den Programmierer dahingehend sensibilisieren, dass die Verwendung der verschiedenen Routinen darüber entscheidet, wie schnell bzw. langsam ein Programm sein wird. Auf Zeitmessungen dieser Art werden wir in Kapitel 30.2.5 auf Seite 870 bei der Vorstellung der elementaren E/A-Funktionen zurückkommen, die – abhängig von der gewählten Puffergröße – meist noch besseres Zeitverhalten zeigen.

Nachfolgend werden noch einige Varianten zu `printf()` und `scanf()` vorgestellt, die ebenfalls in `<stdio.h>` deklariert sind.

`vprintf()` und `vfprintf()` – Formatiertes Schreiben (Argumentzeiger)

Um formatiert auf die Standardausgabe oder in eine Datei zu schreiben, stehen mit `vprintf()` und `vfprintf()` (beide in `<stdio.h>` deklariert) zwei weitere Funktionen zur Verfügung:

```
#include     <stdarg.h>
#include     <stdio.h>
```

30.1 Höhere E/A-Funktionen

```
int vprintf(const char *puffer, va_list arg);
int vfprintf(FILE *fz, const char *puffer, va_list arg);
```
   beide geben zurück: Anzahl der geschriebenen Zeichen (bei Erfolg); negativer Wert bei Ausgabefehler

In C99 sind der Parameter fpuffer (bei vprintf()) und sowie die beiden Parameter fz und puffer (bei vfprintf()) als restrict qualifiziert.
Die Funktion vprintf() ist äquivalent zu

```
vfprintf(stdout, format, arg);
```

Die beiden Funktionen vprintf() und vfprintf() sind äquivalent zu den Funktionen printf() und fprintf(), wobei allerdings die variable lange Argumentliste (siehe auch Kapitel 22.4 auf Seite 389) durch einen Parameter arg (vom Typ va_list) ersetzt wird. arg sollte zuvor durch Aufruf des Makros va_start (und eventuell nachfolgenden Aufrufen von va_arg) initialisiert worden sein. vprintf() und vfprintf() rufen nicht das Makro va_end auf. Bei Verwendung dieser Funktionen sollte

```
#include <stdarg.h>
```

angegeben sein. vprintf() und vfprintf() lassen sich vorzüglich in einer allgemeinen Fehlermeldungsroutine verwenden (siehe auch Programm fehler.c in Kapitel 30.1.10 auf Seite 854).

sscanf() – Formatiertes Lesen aus einem String

Um formatiert aus einem String zu lesen, steht die Funktion sscanf(), die in <stdio.h> deklariert ist, zur Verfügung:

```
int sscanf(const char *puffer, const char *format, ...);
```
   gibt zurück: Anzahl der gelesenen Eingabeeinheiten (bei Erfolg); EOF bei Dateiende oder Fehler

In C99 sind bei dieser Funktion die Parameter puffer und format als restrict qualifiziert.
sscanf() ist äquivalent zur Funktion fscanf(), außer dass anstelle eines FILE-Zeigers eine puffer-Adresse anzugeben ist, von der die Eingabezeichen zu lesen sind. Das Erreichen des Zeichenkettenendes ist äquivalent zum Lesen des EOF-Zeichens bei der Funktion fscanf(). Die möglichen format-Angaben entsprechen denen von scanf() (siehe dazu auch Kapitel 7.4 auf Seite 113).
sscanf() wird häufig verwendet, um Zahlen, die in Stringform vorliegen, in numerische Werte umzuwandeln. So liefert z. B. das folgende Programm sscanf.c

```
#include <stdio.h>

int main(void)
{
   char  *text = "Der Wert betraegt 127.89 Euro";
   double summe;

   sscanf(text, "%*[a-zA-Z ]%lf", &summe);
   printf("Die Summe ist %g\n", summe);
   return 0;
}
```

die folgende Ausgabe:
```
Die Summe ist 127.89
```

sprintf() – Formatiertes Schreiben in einen String

Um formatiert in einen String zu schreiben, steht die Funktion `sprintf()`, die in `<stdio.h>` deklariert ist, zur Verfügung:

```
int sprintf(char *puffer, const char *format, ...);
```
gibt zurück: Anzahl der nach puffer geschriebenen Zeichen

In C99 sind bei dieser Funktion die Parameter `puffer` und `format` als `restrict` qualifiziert.

`sprintf()` ist äquivalent zur Funktion `fprintf()`, außer dass anstelle eines `FILE`-Zeigers eine `puffer`-Adresse anzugeben ist, an die die Ausgabe zu schreiben ist. Ein `\0` wird automatisch an das Ende der geschriebenen Zeichenkette angehängt. Die möglichen `format`-Angaben entsprechen denen von `printf()` (siehe dazu auch Kapitel 7.3 auf Seite 101).

Häufige Anwendung findet `sprintf()`, wenn ganze Zahlen oder Gleitpunktzahlen in Strings umzuwandeln sind, wie z. B.:

```
char    text[100];
float   summe;
.......
sprintf(text, "Der Wert betraegt %.2f Euro", summe);
```

snprintf() – Sicheres formatiertes Schreiben in einen String (neu in C99)

```
int snprintf(char *restrict puffer, size_t n,
             const char *restrict format, ...);
```
gibt zurück: Anzahl der nach puffer geschriebenen Zeichen

Die Funktion `snprintf()` ist identisch zu `sprintf()`, mit der Ausnahme, dass maximal `n-1` Zeichen nach `puffer` geschrieben werden. `snprintf()` ermöglicht es also, `puffer` vor einem Überlaufen zu schützen.

vsprintf() – Formatiertes Schreiben in String (Argumentzeiger)

Um formatiert in einen String zu schreiben, steht mit `vsprintf()`, die in `<stdio.h>` deklariert ist, eine weitere Funktion zur Verfügung:

```
#include    <stdarg.h>
#include    <stdio.h>

int vsprintf(char *puffer, const char *format, va_list arg);
```
gibt zurück: Anzahl der nach puffer geschriebenen Zeichen

In C99 sind bei dieser Funktion die Parameter `puffer` und `format` als `restrict` qualifiziert.

`vsprintf()` ist äquivalent zur Funktion `sprintf()` (siehe vorher), wobei allerdings die variable lange Argumentliste durch einen Parameter `arg` (vom Typ `va_list`) ersetzt wird. `arg` sollte zuvor durch Aufruf des Makros `va_start` (und eventuell nachfolgenden Aufrufen von va_arg) initialisiert worden sein. vsprintf() ruft nicht das Makro va_end auf. Bei Verwendung dieser Funktion sollte

```
#include <stdarg.h>
```

angegeben sein. Die möglichen format-Angaben sind ausführlich bei printf() in Kapitel 7.3 auf Seite 101 beschrieben.

vsnprintf() – Sicheres formatiertes Schreiben in String mit Argumentzeiger (neu in C99)

```
#include    <stdarg.h>
#include    <stdio.h>

int vsnprintf(char *restrict puffer, size_t n,
              const char *restrict format, va_list arg);
                 gibt zurück: Anzahl der nach puffer geschriebenen Zeichen
```

Die Funktion vsnprintf() ist identisch zu vsprintf(), mit der Ausnahme, dass maximal n-1 Zeichen nach puffer geschrieben werden. vsnprintf() ermöglicht es also, puffer vor einem Überlaufen zu schützen.

vscanf(), vfscanf() und vsscanf() – Lesen aus einem String mit Argumentzeiger (neu in C99)

```
#include    <stdarg.h>
#include    <stdio.h>

int vscanf(char *restrict puffer, va_list arg);
int vfscanf(FILE *restrict fz, const char *restrict format, va_list arg);
int vsscanf(char *restrict puffer, const char *restrict format, va_list arg);
     geben zurück: Anzahl der gelesenen Eingabeeinheiten (bei Erfolg); EOF bei Dateiende oder Fehler
```

Diese drei Funktionen sind äquivalent zu den Funktionen scanf(), fscanf() bzw. sscanf(), mit der Ausnahme, dass die variabel lange Argumentliste durch einen Parameter arg (vom Typ va_list) ersetzt wird. arg sollte zuvor durch Aufruf des Makros va_start (und eventuell nachfolgenden Aufrufen von va_-arg) initialisiert worden sein. vsprintf() ruft nicht das Makro va_end auf. Bei Verwendung dieser Funktionen sollte

```
#include <stdarg.h>
```

angegeben sein. Die möglichen format-Angaben sind ausführlich bei printf() in Kapitel 7.3 auf Seite 101 beschrieben.

30.1.4 Unterschied zwischen Text- und Binärmodus

Unter einer *Textdatei* versteht man eine Folge von Zeilen, wobei jede Zeile durch ein spezielles Zeilenendezeichen (*line feed* oder '\n') abgeschlossen ist. Eine *Binärdatei* dagegen stellt nur eine Folge von Bytes dar, bei der kein Zeichen eine spezielle Interpretation erfährt, im Gegensatz zum Zeileendezeichen bei Textdateien. Über das modus-Argument bei den beiden Funktionen fopen() und freopen() (siehe

Kapitel 30.1.6 auf Seite 846) kann nun festgelegt werden, ob eine Datei im *Textmodus* oder im *Binärmodus* (b) zu öffnen ist.

Diese Unterscheidung ist jedoch nur für Betriebssysteme relevant, die eine solche Differenzierung vornehmen, wie z. B. MS-DOS. Bei anderen Betriebssystemen, wie z. B. Linux oder Unix, ist diese Unterscheidung nicht notwendig, da es dort nur eine Art von Dateien gibt, nämlich Binärdateien, unabhängig davon, ob sie nun Text (ASCII-Zeichen) oder Binärdaten (wie z. B. Programmcode, Grafik-Bilder usw.) enthalten. In solchen Systemen ist die b-Angabe im modus-Argument überflüssig, da Dateien grundsätzlich im Binärmodus eröffnet werden.

Um festzustellen, ob Ihr System zwischen Text- und Binärmodus unterscheidet, können sie das folgende Programm `binatext.c` verwenden:

```c
#include <stdio.h>
#include <stdlib.h>

int main(int argc, char *argv[]) {
   FILE *in, *out;
   int  zeich;

   if (argc != 3) {
      fprintf(stderr, "....usage: %s quelldatei zieldatei\n", argv[0]);
      exit(1);
   }
   if ( (in=fopen(argv[1], "r")) == NULL) {
      fprintf(stderr, "....kann Datei '%s' nicht zum Lesen oeffnen\n", argv[1]);
      exit(2);
   }
   if ( (out=fopen(argv[2], "w")) == NULL) {
      fprintf(stderr, "....kann Datei '%s' nicht zum Schreiben oeffnen\n", argv[2]);
      exit(2);
   }
   while ( (zeich=getc(in)) != EOF)
      if (putc(zeich, out) == EOF)
         fprintf(stderr, ".....Fehler bei putc");
   if (ferror(in))
      fprintf(stderr, ".....Fehler bei getc");
   fclose(in);
   fclose(out);
   return(0);
}
```

Zuerst kompilieren und linken Sie dieses Programm `binatext.c`, wie z. B. mit Borland-C unter MS-DOS:

```
C:\ bcc binatext.c ⏎
```

und starten es dann, um die binäre Datei `binatext.exe` nach `binacopy.exe` zu kopieren:

```
C:\ binatext binatext.exe binacopy.exe ⏎
```

Wird im jeweiligen System zwischen Text- und Binärmodus unterschieden, so wird das Kopieren nicht erfolgreich verlaufen, was sich leicht an der Größe der beiden Dateien erkennen läßt:

```
BINATEXT EXE         9,488 11-18-97   1:02p
BINACOPY EXE           805 11-18-97   1:02p
        2 Datei(en)      10,293 Byte
```

Würde man dieses Programm `binatext.c` unter einem Betriebssystem, das nicht zwischen Text- und Binärmodus unterscheidet, kompilieren und linken, wie z. B. unter Linux/Unix mit:

```
user@linux:~ >  cc -o binatext binatext.c ⏎
```

und dann starten, um die binäre Datei `binatext` nach `binacopy` zu kopieren:

```
user@linux:~ >  binatext binatext binacopy ⏎
```

dann würde der Kopiervorgang erfolgreich verlaufen, was sich an der gleichen Größe der beiden Dateien erkennen läßt, wie z. B.:

```
-rw-r--r--   1 hh       users        4943 Nov 18 12:55 binacopy
-rwxr-xr-x   1 hh       users        4943 Nov 18 12:55 binatext
```

Um dieses Programm `binatext.c` auch für Betriebssysteme wie MS-DOS richtig kopieren zu lassen, müßte beim `modus`-Argument von `fopen()` das Zeichen `b` angegeben werden:

```
if ( (in=fopen(argv[1], "rb")) == NULL) {
    fprintf(stderr, "....kann Datei '%s' nicht zum Lesen oeffnen\n", argv[1]);
    exit(2);
}
if ( (out=fopen(argv[2], "wb")) == NULL) {
    fprintf(stderr, "....kann Datei '%s' nicht zum Schreiben oeffnen\n", argv[2]);
    exit(2);
}
```

Programmierer, die mit Systemen arbeiten, die nicht zwischen Text- und Binärmodus unterscheiden (wie z. B. Linux/Unix), haben folglich keine Schwierigkeiten, und könnten den Rest dieses Abschnitts überspringen. Für Programmierer, die aber mit Systemen arbeiten, bei denen diese zwei Modi unterschieden werden (wie z. B. MS-DOS), stellt sich die Frage, woher das obige Problem resultiert. In solchen Systemen wird nämlich das Zeilenendezeichen '\n' abhängig vom Eröffnungsmodus unterschiedlich behandelt:

1. **Binärmodus**
   Jedes '\n' wird als *LineFeed*-Zeichen (ASCII-Code 10) übertragen.

2. **Textmodus**
   Jedes '\n' wird bei der Übertragung der Daten aus dem Puffer in die Datei in zwei Zeichen umgewandelt: *LineFeed*- und *CarriageReturn*-Zeichen (\n → \n\r), so dass sich in der Datei als Markierung für ein Zeilenende immer zwei Zeichen befinden, während im Dateipuffer nur ein Zeichen dafür steht: das *LineFeed*-Zeichen '\n'. Umgekehrt wird beim Lesen aus einer Datei jede Zweizeichen-Kombination \n\r in ein einzelnes *LineFeed*-Zeichen '\n' umgewandelt.

Diese unterschiedlichen Darstellungen für das Zeilenendezeichen im Puffer und in der Datei können folgende Probleme nach sich ziehen:

1. *Arbeiten mit Binärdateien im Textmodus führt zu Fehlern*
   Eine Binärdatei im Textmodus zu eröffnen, wie dies im obigen Programm `binatext.c` geschehen ist, wird mit großer Sicherheit zu fehlerhaften Ergebnissen führen. In diesem Fall wird nämlich beim Lesen aus der Binärdatei jedes Zeichen mit dem ASCII-Code 10 durch zwei Zeichen (10+13) ersetzt. Die kopierte Datei wird also einen anderen Inhalt haben als die Originaldatei. Ein anderes Problem kann bei Systemen auftreten, die ein spezielles Zeichen für Dateiende (`EOF`) benutzen. Wird nämlich eine Binärdatei fälschlicherweise im Textmodus eröffnet, so bricht das entsprechende Programm sofort ab, wenn es ein Zeichen liest, das den Code des Dateiendezeichens hat, was uns auch im obigen Beispiel unter MS-DOS passiert ist. Hierzu ist anzumerken, dass es im Binärmodus kein solches Dateiendezeichen gibt, da in diesem Modus das Dateiende aus der Größe der Datei ermittelt wird.

2. *Direktzugriff auf Textdateien liefert falsche Ergebnisse*
   Greift man auf eine Datei nicht *sequentiell*, sondern *direkt* zu, dann befindet sich an der Position `i` im Puffer ein anderes Zeichen als an der gleichen Position `i` in der Datei. Dies bedeutet, dass man Textdateien im Binärmodus öffnen muss, wenn man direkt auf Daten dieser Textdatei durch explizite Positionierung des „Schreib-/Lesezeigers" zugreifen will (siehe dazu auch das folgende Kapitel 30.1.5).

30.1.5 Positionieren in Dateien

Bisher haben wir nur *sequentiell* von Dateien gelesen oder in sie geschrieben. Sequentiell bedeutet, dass beim Lesen bzw. Schreiben immer an jener Position fortgefahren wird, die sich aus der vorangegangenen Lese- bzw. Schreiboperation ergeben hat. Es wird also immer an der aktuellen Position des „Schreib-/Lesezeigers" in einer Datei (Stream) fortgefahren. Hier nun werden wir Funktionen kennenlernen, die es dem Programmierer ermöglichen, den Schreib-/Lesezeiger selbst neu zu postionieren. Um den Schreib-/Lesezeiger in einer Datei (Stream) neu zu positionieren oder seine momentane Position zu erfragen, stehen zwei Möglichkeiten zur Verfügung:

`fseek()` und `ftell()`

    Diese beiden älteren Funktionen setzen voraus, dass die Position des Schreib-/Lesezeigers durch den Datentyp `long` dargestellt werden.

`fsetpos()` und `fgetpos()`

    Diese beiden Funktionen verwenden für die Position des Schreib-/Lesezeigers nicht mehr den Datentyp `long`, sondern einen in `<stdio.h>` definierten Datentyp `fpos_t`. Die Verwendung dieser Funktionen macht also ein Programm portabel für andere Systeme.

`fseek()` und `ftell()` – Positionieren in einer Datei (1. Möglichkeit)

Um den Schreib-/Lesezeiger in einer Datei zu positionieren oder seine momentane Position zu erfragen, stehen die beiden schon in „Alt-C" vorhandenen Funktionen `fseek()` und `ftell()`, die beide in `<stdio.h>` deklariert sind, zur Verfügung:

```
int fseek(FILE *fz, long offset, int wie);
```
gibt zurück: 0 (bei Erfolg); Wert verschieden von 0 bei Fehler

```
long ftell(FILE *fz);
```
gibt zurück: momentane Position des Schreib-/Lesezeigers (bei Erfolg); -1L bei Fehler

`fseek()`

ermöglicht das Verschieben des Schreib-/Lesezeigers innerhalb der Datei (Stream), der der `FILE`-Zeiger `fz` momentan zugeordnet ist.

Standard-C unterscheidet, ob diese Funktion auf eine Binärdatei oder eine Textdatei angewendet wird:

Binärdatei

Die folgende Tabelle zeigt die möglichen Angaben für das `wie`-Argument und ihre Bedeutung:

`wie`-Angabe	Schreib-/Lesezeiger
SEEK_SET	**vom Dateianfang an** um `offset` Bytes versetzen
SEEK_CUR	**von momentaner Position an** um `offset` Bytes versetzen
SEEK_END	**vom Dateiende an** um `offset` Bytes versetzen

Textdatei

Hier sollte `offset` entweder 0 sein, oder für `offset` sollte ein Wert verwendet werden, der durch einen vorherigen Aufruf von `ftell()` (für gleichen Stream `fz`) erhalten wurde, und `wie` sollte immer SEEK_SET (vom Dateianfang an) sein.

Diese Einschränkung für Textdateien gilt jedoch nur für Systeme, die zwischen Text- und Binärmodus unterscheiden (siehe Kapitel 30.1.4 auf Seite 837).

`fseek()` setzt die EOF-Marke zurück und macht Auswirkungen, bedingt durch einen `ungetc()`-Aufruf (auf gleichen Stream `fz`), rückgängig.

`ftell()` ermittelt die aktuelle Position des Schreib-/Lesezeigers in der Datei (Stream), der der `FILE`-Zeiger `fz` zugeordnet ist. Diese Position wird als `long`-Funktionswert geliefert und gibt den Abstand zum Dateianfang in Bytes an.

Bei Binärdateien entspricht diese so ermittelte Zahl der Bytezahl ab Dateianfang. Bei Textdateien ist diese Aussage in Systemen, die zwischen Text- und Binärmodus unterscheiden, eventuell nicht gültig (siehe Kapitel 30.1.4 auf Seite 837).

Beispiel: Das folgende Programm `datbytes.c` liest zunächst einen Dateinamen ein, bevor es einen Hexadump (Ausgabe der Bytes als zweistellige hexadezimale Zahlen) für die betreffende Datei durchführt. Die Bytenummer, ab der dieser Hexadump durchzuführen ist, ist ebenso einzugeben wie die Bytenummer, bis zu der der Hexadump erfolgen soll. Das Programm wird beendet, wenn der Benutzer bei der Bytenummer, ab der Hexadump erfolgen soll, den Wert -1 eingibt:

```c
#include <stdio.h>
#include <stdlib.h>

int main(void)
{
    FILE    *dz;
    char    dateiname[100];
    long    von, bis;
    int     zeich;

    fprintf(stderr, "Dateiname: ");
    fgets(dateiname, 100, stdin);
    dateiname[ strlen(dateiname)-1 ] = '\0';  /* \n am Ende entfernen */

    if ( (dz=fopen(dateiname, "rb")) == NULL) {
        fprintf(stderr, ".....kann Datei '%s' nicht oeffnen", dateiname);
        exit(1);
    }
    do {
        fprintf(stderr, "Hexausgabe ab Bytenr (Ende=-1) ? ");
        scanf("%ld", &von);

        if (von >= 0) {
            fseek(dz, von, SEEK_SET);
            fprintf(stderr, "          bis Bytenr ? ");
            scanf("%ld", &bis);

            printf("Hexdump der Datei %s (von Bytenr %ld bis %ld)\n",
                    dateiname, von, bis);
            while (von <= bis) {
                if ( (zeich=getc(dz)) != EOF)
                    printf("%02x", zeich);
                else if (ferror(dz))
                    fprintf(stderr, ".....Lesefehler (Bytenr: %ld)\n", von);
                else if (feof(dz)) {
                    printf("--EOF--\n");
                    break;
                }
                von++;
            }
            printf("\n\n");
        }
    } while (von >= 0);
```

```
      return(0);
}
```

Weiteres Beispiel: Folgendes Programm datzeile.c zählt zunächst alle Zeichen und Zeilen einer Textdatei, deren Name als erstes Argument auf der Kommandozeile anzugeben ist. Dazu liest es diese Datei zuerst byteweise vom Anfang bis zum Ende, wobei es sich die Offsets der einzelnen Zeilen in einem dynamischen long-Array merkt. Danach kann sich der Benutzer einen zusammenhängenden Bereich von Zeilen aus dieser Datei anzeigen lassen. Bei der anschließenden Ausgabe verwendet das Programm datzeile.c die zuvor gemerkten Offsets, um direkt auf den Anfang der ersten Zeile des gewünschten Zeilenbereichs zu positionieren.

```c
#include  <stdio.h>
#include  <stdlib.h>
#include  <ctype.h>

#define BLOCK   100

int  main(int argc, char *argv[])
{
   FILE   *fz;
   int    n=1, zeich;
   long   *offset = NULL; /* Zeiger auf dynam. long-Array für Zeilenoffsets */
   long   von, bis, zeich_zahl=0, zeil_zahl=1;

   if (argc != 2) {       /*................. Falsche Anzahl Kommandoparameter */
      fprintf(stderr, "usage: %s dateiname\n", argv[0]);
      exit(1);
   }
                /*................... Speicher für dynamisches Array allokieren */
   if ((offset = (long*) realloc(offset, n*BLOCK*sizeof(long))) == NULL) {
      fprintf(stderr, "....Speicherplatzmangel\n");
      exit(2);
   }
                /*......................................... Datei binär öffnen */
   if ((fz = fopen(argv[1], "rb")) == NULL) {
      fprintf(stderr, "....kann Datei '%s' nicht zum Lesen öffnen\n", argv[1]);
      exit(3);
   }

   offset[1] = 0;                          /* Offset 1. Zeile ist 0           */
   while ( (zeich=fgetc(fz)) != EOF) {     /* Datei lesen                     */
      if (zeich == '\n') {
         if (++zeil_zahl % BLOCK == 0) {   /* Evtl. offset-Array verlaengern */
            if ( (offset=(long*)realloc(offset, ++n*BLOCK*sizeof(long))) == NULL) {
               fprintf(stderr, "....Speicherplatzmangel\n");
               exit(2);
            }
```

```c
            }
            offset[zeil_zahl] = ftell(fz);    /* Offset neuer Zeile speichern  */
        }
    }
    zeil_zahl--; /* eins zu weit gezaehlt */

    zeich_zahl = ftell(fz);      /* Position nach dem Lesen (am Dateiende)     */
    printf("\n\n\n");
    if (zeich_zahl == 0) {       /* Datei ist leer */
        printf("....Datei ist leer");
        exit(4);
    } else
        printf("....Datei '%s' hat %ld Zeichen und %ld Zeile(n)...\n",
                argv[1], zeich_zahl, zeil_zahl);

    printf("\n\n");
    printf("Zeilen anzeigen? (j/n): ");
    if ( tolower(getchar()) == 'j') {
        while (1) {
            printf("\n");
            do {
                printf("Von Zeile (Ende mit 0):");
                scanf("%ld", &von);
            } while (von < 0);
            if (von==0)
                break;
            do {
                printf("Bis Zeile (max: %ld):", zeil_zahl);
                scanf("%ld", &bis);
            } while (bis < von || bis > zeil_zahl);
            fseek(fz, offset[von], SEEK_SET); /* Position der 1. Ausgabezeile  */
            printf("%5ld  ", von);            /* Zeilen 5-stellig numerieren   */
            while ( (zeich=fgetc(fz)) != EOF) { /* Ausgewählte Zeilen lesen    */
                fputc(zeich, stdout);           /* und ausgeben                */
                if (zeich == '\n') {
                    if (von < bis)
                        printf("%5ld  ", ++von);
                    else
                        break;
                }
            }
        }
    }
    fclose(fz);
    free(offset);
    return(0);
}
```

Ruft man das Programm datzeile.c z. B. wie folgt auf:

```
user@linux:~ > datzeile datezeile.c ⏎
```

30.1 Höhere E/A-Funktionen

so könnte sich folgender Ablauf ergeben:

```
....Datei 'datzeile.c' hat 2836 Zeichen und 83 Zeile(n)..
Zeilen anzeigen? (j/n): j ⏎
Von Zeile (Ende mit 0): 3 ⏎
Bis Zeile (max: 83): 7 ⏎
   3  #include <ctype.h>
   4
   5  #define BLOCK   100
   6
   7  int  main(int argc, char *argv[])
Von Zeile (Ende mit 0): 73 ⏎
Bis Zeile (max: 83): 81 ⏎
  73              printf("%5ld ", ++von);
  74           else
  75              break;
  76        }
  77      }
  78    }
  79  }
  80  fclose(fz);
  81  free(offset);
Von Zeile (Ende mit 0): 0 ⏎
```

fsetpos() und fgetpos() – Positionieren in einer Datei (2. Möglichkeit)

Um den Schreib-/Lesezeiger in einer Datei zu positionieren oder seine aktuelle Position zu erfragen, bietet Standard-C mit fsetpos() und fgetpos() zwei weitere Funktionen an, die auch beide in <stdio.h> deklariert sind:

```
int fsetpos(FILE *fz, const fpos_t *pos);
int fgetpos(FILE *fz, fpos_t *pos);
```
                    beide geben zurück: 0 (bei Erfolg); Wert verschieden von 0 bei Fehler

fsetpos()

fsetpos() setzt den Schreib-/Lesezeiger der Datei (Stream), der der FILE-Zeiger fz zugeordnet ist, auf die Position, die mit dem Wert, auf den pos zeigt, festgelegt wird. Der Wert, der hier über pos übergeben wird, sollte zuvor mit einem Aufruf an die Funktion fgetpos() (für gleiche Datei) ermittelt worden sein. fsetpos() setzt die EOF-Marke zurück und macht Auswirkungen, bedingt durch einen ungetc()-Aufruf (auf gleichen Stream fz), rückgängig.

fgetpos()

fgetpos() schreibt die momentane Position des Schreib-/Lesezeigers der Datei (Stream), der der FILE-Zeiger fz zugeordnet ist, in den Speicherplatz, auf den pos zeigt. Dieser Wert sollte nur als Argument für die Funktion fsetpos() verwendet werden, um den Schreib-/Lesezeiger auf die ursprüngliche Position zurückzusetzen.

30 Dateien

In C99 sind bei der Funktion `fgetpos()` die beiden Parameter `fz` und `pos` als `restrict` qualifiziert.

`rewind()` – Positionieren an den Dateianfang

Um den Schreib-/Lesezeiger auf den Anfang einer Datei zu setzen, bietet Standard-C die in `<stdio.h>` deklarierte Funktion `rewind()` an:

```
void rewind(FILE *fz);
```

`rewind(dateizeiger);` ist äquivalent zu

```
(void)fseek(dateizeiger, 0L, SEEK_SET);
```

außer dass `rewind()` neben der EOF- auch die Fehler-Marke zurücksetzt.

30.1.6 Öffnen einer Datei mit existierenden Stream

`freopen()` – Datei mit existierenden FILE-Zeiger verknüpfen

Um eine Datei mit einem bereits existierenden FILE-Zeiger (Stream) zu verknüpfen, steht die Funktion `freopen()`, die in `<stdio.h>` deklariert ist, zur Verfügung:

```
FILE *freopen(const char *pfadname, const char *modus, FILE *fz);
```
gibt zurück: FILE-Zeiger (bei Erfolg); NULL bei Fehler

In C99 sind bei dieser Funktion die drei Parameter `pfadname`, `modus` und `fz` als `restrict` qualifiziert.

`freopen()` versucht zuerst, die entsprechende Datei, die mit `fz` verbunden ist, zu schließen. Mögliche Fehler beim Schließversuch werden ignoriert. Danach ordnet `freopen()` den FILE-Zeiger `fz` der Datei `pfadname` zu.

pfadname
: ist der Name der zu öffnenden Datei.

modus
: legt die Zugriffsart für die Datei `pfadname` fest und entspricht dem `modus`-Argument von `fopen()`; siehe auch Kapitel 30.1.2 auf Seite 809.

Für `freopen()` gelten die gleichen Fehlerbedingungen wie für `fopen()`; siehe auch Kapitel 30.1.2 auf Seite 809.

Die hauptsächliche Anwendung von `freopen()` ist, eine Datei mit den Standard-Dateizeigern `stdin`, `stdout` und `stderr` zu verbinden und somit die Ein- bzw. Ausgabe von diesen Standard-Dateizeigern in eine andere Datei umzulenken.

Beispiel: Das folgende Programm `freopen.c` demonstriert die Verwendung von `freopen()`. Es liest von der Standardeingabe Zeichen und gibt diese wieder auf dem Bildschirm aus. Sobald es allerdings das Zeichen „>" liest, so schreibt es die gelesenen Zeichen nicht mehr auf den Bildschirm, sondern in die Datei `prot.txt`. Erst, wenn es das Zeichen „<" liest, gibt es die gelesenen Zeichen wieder auf dem

Bildschirm aus. Um stdout wieder zurück auf den Bildschirm zu lenken, muss unter Linux/Unix der Dateiname /dev/tty verwendet werden.

```c
#include   <stdio.h>
#include   <stdlib.h>

int  main(void) {
   int    zeich, umgelenkt=0;

   while ( (zeich=getc(stdin)) != EOF) {

      if (zeich == '>') {  /*----- stdout in Datei prot.txt umlenken ---*/
         if (freopen("prot.txt", "a", stdout) != stdout) {
            fprintf(stderr, "....Fehler bei freopen mit stdout\n");
            exit(1);
         }
         umgelenkt = 1;

      } else if (umgelenkt && zeich == '<') { /*-- stdout zurueck auf Terminal -*/
         if (freopen("/dev/tty", "w", stdout) != stdout) {
            fprintf(stderr, "....Fehler bei freopen mit stdout\n");
            exit(2);
         }
         umgelenkt = 0;

      } else if (putc(zeich, stdout) == EOF) {
         fprintf(stderr, "....Fehler bei putc\n");
         exit(3);
      }
   }
   if (ferror(stdin)) {
      fprintf(stderr, "....Fehler bei getc\n");
      exit(4);
   }
   return(0);
}
```

Nachdem man das Programm freopen.c kompiliert und gelinkt hat, wie z. B.:

```
user@linux:~ >  cc -o freopen freopen.c ⏎
```

ergibt sich z. B. folgender Ablauf:

```
user@linux:~ >  freopen ⏎
Ich gebe Geheimwort ein: >hansimglueck< ⏎
Ich gebe Geheimwort ein:                  [>hansimglueck< wird nicht angezeigt]
Und noch ein Test> ⏎    [von > bis zum nächsten < wird nicht angezeigt]
Und noch ein Test--------< ⏎

Ende ⏎
Ende
Strg-D
```

Die Datei prot.txt hat nach Beendigung dieses Programms folgenden Inhalt:

```
hansimglueck
--------
```

30.1.7 Löschen und Umbenennen von Dateien

In `<stdio.h>` müssen nach Standard-C auch die beiden Funktionen `remove()` und `rename()` definiert sein, die zum Löschen und Umbenennen von Dateien dienen.

`remove()` – Löschen einer Datei

Zum Löschen einer Datei bietet Standard-C die in `<stdio.h>` deklarierte Funktion `remove()` an:

```
int remove(const char *pfadname);
```
gibt zurück: 0 (bei Erfolg); -1 bei Fehler

Der Aufruf dieser Funktion `remove()` bewirkt, dass die Datei `pfadname` gelöscht wird. Ist zum Zeitpunkt des Aufrufs die Datei `pfadname` geöffnet, ist das Verhalten von der jeweiligen Implementierung abhängig.

Für Dateien ist `remove()` identisch zur Funktion `unlink()`, die unter Linux/Unix angeboten wird:

```
#include <unistd.h>

int unlink(const char *pfadname);
```
gibt zurück: 0 (bei Erfolg); -1 bei Fehler

Für Verzeichnisse (Directories) ist `remove()` identisch zur Funktion `rmdir()` (siehe Kapitel 31.6.2 auf Seite 882).

`rename()` – Umbenennen einer Datei

Zum Umbenennen einer Datei bietet Standard-C die in `<stdio.h>` deklarierte Funktion `rename()` an:

```
int rename(const char *altname, const char *neuname);
```
gibt zurück: 0 (bei Erfolg); -1 bei Fehler

`rename()` ändert den Namen der Datei `altname` nach `neuname`. Existiert `neuname` bereits, ist das Verhalten implementierungsdefiniert. Der Rückgabewert 0 zeigt an, dass `rename()` erfolgreich war. Ein anderer Rückgabewert deutet darauf hin, dass die Funktion fehlschlug. In diesem Fall wurde die Datei `altname` nicht nach `neuname` umgetauft.

Standard-C definiert diese Funktion nur für Dateien und läßt offen, ob sie auch auf Verzeichnisse (Directories) angewendet werden kann.

30.1.8 Pufferung

Die höheren E/A-Funktionen arbeiten mit einem internen Puffer, um mit möglichst wenigen physikalischen Lese- und Schreiboperationen, die meist zeitintensiv sind, auszukommen. Zum Lesen und Schreiben verwenden sie dabei intern die in Kapitel 30.2.3 beschriebenen elementaren Funktionen `read()` und `write()`.

_IOFBF, _IOLBF und _IONBF – Konstanten für verschiedene Pufferungsarten

Der Anwender kann nun für die höheren E/A-Funktionen unterschiedliche Pufferungsarten einstellen. In `<stdio.h>` sind dazu drei verschiedene Konstanten definiert:

- _IOFBF – Voll-Pufferung

  Bei dieser Art der Pufferung findet das eigentliche Lesen bzw. Schreiben in einer Datei (Stream) immer erst dann statt, wenn der entsprechende Puffer gefüllt ist. Lesen und Schreiben in Dateien, die sich auf der Festplatte oder einer Diskette befinden, wird normalerweise mit dieser Form der Pufferung durchgeführt. Dabei wird der Puffer normalerweise bei der ersten E/A-Operation von der betreffenden höheren E/A-Routine durch einen `malloc()`-Aufruf angelegt.

- _IOLBF – Zeilen-Pufferung

  Bei dieser Art der Pufferung findet das eigentliche Lesen bzw. Schreiben in einer Datei (Stream) immer erst dann statt, wenn ein \n gelesen oder geschrieben wird. So bewirkt z. B. das Schreiben einzelner Zeichen mit `fputc()`, dass diese Zeichen zunächst im Puffer abgelegt und erst beim Zeichen \n wirklich in die entsprechende Datei (Stream) physikalisch geschrieben werden. Zeilen-Pufferung wird immer dann verwendet, wenn Ein/Ausgabe auf ein Terminal (wie `stdin` und `stdout`) stattfindet. Ist der Puffer aber gefüllt, bevor ein \n auftritt, so findet trotzdem die entsprechende E/A-Operation statt, um ein Überlaufen zu verhindern.

- _IONBF – keine Pufferung

  Bei dieser Art der Pufferung erfolgen die E/A-Operationen direkt ohne Dazwischenschalten eines Puffers. Schreibt man z. B. 10 Zeichen mit der Funktion `fputs()`, so werden diese 10 Zeichen sofort in die entsprechende Datei (Stream) geschrieben. Das Schreiben auf `stderr` ist z. B. normalerweise ungepuffert, um Fehler- oder Diagnosemeldungen so schnell wie möglich auszugeben, unabhängig davon, ob sie Neuezeilezeichen enthalten oder nicht.

Standard-C legt bezüglich der Pufferung folgende Regeln fest:
- ❏ Für `stdin` und `stdout` ist nur dann Voll-Pufferung erlaubt, wenn sie nicht auf ein interaktives Gerät (wie Tastatur oder Bildschirm) eingestellt sind.
- ❏ Für `stderr` darf niemals Voll-Pufferung stattfinden.

setbuf() und setvbuf() – Einstellen der Art der Pufferung

Um die Art der Pufferung für Dateien (Streams) festzulegen, die mit `fopen()` oder `freopen()` geöffnet wurden, stehen die beiden in `<stdio.h>` deklarierten Funktionen `setbuf()` und `setvbuf()` zur Verfügung:

30 Dateien

```
void setbuf(FILE *fz, char *puffer);

int setvbuf(FILE *fz, char *puffer, int modus, size_t puffgroesse);
```
gibt zurück: 0 (bei Erfolg); Wert verschieden von 0 bei Fehler

In C99 sind bei diesen beiden Funktionen die zwei Parameter fz und puffer als restrict qualifiziert.

Diese beiden Funktionen müssen aufgerufen werden, *nachdem* die Datei fz geöffnet wurde und *bevor* eine Lese- oder Schreib-Operation für diese Datei stattgefunden hat.

setbuf()

Mit setbuf() kann die Pufferung ein- oder ausgeschaltet werden. Um die Pufferung einzuschalten, muss die Adresse eines Puffers (Argument puffer) angegeben werden, der groß genug ist, um BUFSIZ Bytes aufzunehmen. Normalerweise wird dann Voll-Pufferung eingeschaltet, wenn auch einige Systeme für Terminals Zeilen-Pufferung verwenden. BUFSIZ ist eine Konstante, die in <stdio.h> definiert ist (Standard-C garantiert eine Mindestgröße von 256 Bytes). Mit Angabe von NULL für puffer wird die Pufferung ausgeschaltet. Mit der Ausnahme, dass setbuf() keinen Wert zurückgibt, ist diese Funktion äquivalent mit dem Aufruf:

```
(void)setvbuf(fz, puffer, _IOFBF, BUFSIZ);
```

oder falls puffer ein NULL-Zeiger ist:

```
(void)setvbuf(fz, NULL, _IONBF, BUFSIZ);
```

Somit ist setbuf() durch setvbuf() abgedeckt, aber aus Kompatibilitätsgründen zu Alt-C wurde setbuf() in Standard-C übernommen.

setvbuf()

Mit setvbuf() kann explizit die gewünschte Art der Pufferung eingestellt werden. Dazu ist für modus eine der folgenden Konstanten anzugeben:

_IOFBF   Voll-Pufferung
_IOLBF   Zeilen-Pufferung
_IONBF   Keine Pufferung

Bei _IONBF werden Argumente puffer und puffgroesse ignoriert.

Bei _IOFBF und _IOLBF wird über puffer die Pufferadresse und über puffgroesse die Größe dieses Puffers der Funktion setvbuf() mitgeteilt. Falls für puffer die Zeigerkonstante NULL angegeben wird, so verwenden die höheren E/A-Funktionen einen eigenen Puffer mit einer geeigneten Größe. Ein Rückgabewert verschieden von 0 zeigt an, dass entweder ein unerlaubter Wert für Argument modus angegeben oder die geforderte Pufferung nicht eingestellt werden konnte.

Ein typischer Fehler ist die lokale Deklaration eines Arrays in einer Funktion, um dieses Array als Puffer zu verwenden. Wird dann die entsprechende Datei (Stream) in dieser Funktion nicht geschlossen, sondern in anderen Funktionen mit dieser geöffneten Datei (Stream) weitergearbeitet, so verwenden die dortigen E/A-Operationen eine nicht mehr gültige Adresse zur Pufferung, was zwangsläufig zum Überschreiben von fremdem Speicherplatz führt. Folgende Tabelle zeigt mögliche Pufferungsarten der beiden Funktionen setbuf() und setvbuf() im Überblick:

Funktion	modus	puffer	Puffer und Puffergröße	Pufferungsart
setbuf()		Nicht NULL	Benutzer-Puffer der Länge BUFSIZ	Voll- od. Zeilenpufferung
		NULL	kein Puffer	Keine Pufferung
setvbuf()	_IOFBF	Nicht NULL	Benutzer-Puffer der angeg. Länge	Voll-Pufferung
		NULL	Systempuffer mit geeigneter Länge	
setvbuf()	_IOLBF	Nicht NULL	Benutzer-Puffer der angeg. Länge	Zeilen-Pufferung
		NULL	Systempuffer mit geeigneter Länge	
setvbuf()	_IONBF	ignoriert	kein Puffer	Keine Pufferung

fflush() – Inhalte von Puffern in eine Datei übertragen

Um die Inhalte von noch nicht geleerten Puffern in eine Datei (Stream) übertragen zu lassen, steht die in <stdio.h> deklarierte Funktion fflush() zur Verfügung:

```
int fflush(FILE *fz);
```
gibt zurück: 0 (bei Erfolg); EOF bei Fehler

Die Funktion fflush() überträgt alle Inhalte von noch nicht geleerten Puffern in die Datei (Stream), der der FILE-Zeiger fz zugeordnet ist.
Wird für fz ein NULL-Zeiger angegeben, so werden bei Standard-C-Compilern alle Ausgabe-Puffer (wo letzte Aktion kein Lesen war) übertragen.

30.1.9 Temporäre Dateien

Temporäre Dateien sind Dateien, die nur kurzfristig bei einer Programmausführung benötigt werden und am Ende eines Programms unwichtig sind. Unter Linux/Unix z. B. werden temporäre Dateien üblicherweise im Verzeichnis (Directory) /tmp bzw. /usr/tmp angelegt. Ein Beispiel für die Verwendung einer temporären Datei ist: Es sind Namen einzulesen, die sortiert in eine bestimmte Datei ausgegeben werden sollen. Hier kann eine temporäre Datei für die Zwischenspeicherung angelegt werden, in die zunächst alle Namen in der Eingabereihenfolge geschrieben werden. Der Inhalt dieser Datei wird dann sortiert und in eine „wichtige" Datei geschrieben. Danach ist die temporäre Datei „unwichtig" und kann entfernt werden. Namen von temporären Dateien sollten eindeutig sein, was bedeutet, dass an sie keine Namen vergeben werden sollten, die bereits existieren.

tmpnam() – Eindeutigen Namen für eine temporäre Datei erzeugen

Um einen eindeutigen Namen für eine temporäre Dateien zu erhalten, steht die in <stdio.h> deklarierte Funktion tmpnam() zur Verfügung:

```
char *tmpnam(char *zgr);
```
gibt zurück: Adresse eines eindeutigen temporären Dateinamens (bei Erfolg); NULL bei Fehler

Diese Funktion tmpnam() erzeugt einen Dateinamen, der eindeutig ist, d. h. nicht gleich einem Namen einer existierenden Datei. Jeder neue Aufruf dieser Funktion erzeugt einen neuen eindeutigen Namen. Diese Garantie eines neuen eindeutigen Dateinamens wird jedoch nur für TMP_MAX Aufrufe (TMP_MAX ist in <stdio.h> definiert und hat mindestens den Wert 25) von tmpnam() gegeben. Falls diese Funktion mehr als TMP_MAX-mal aufgerufen wird, ist das Verhalten je nach Implementierung verschieden.

Falls beim Aufruf von tmpnam() für zgr ein NULL-Zeiger angegeben wird, wird der von dieser Funktion gefundene Dateiname in einem internen static-Speicherbereich untergebracht und dessen Adresse wird als Funktionswert zurückgegeben. Nachfolgende Aufrufe von tmpnam() können dann den gleichen Speicherbereich wieder verwenden, weshalb in diesem Fall Umspeichern angebracht ist.

Falls für zgr kein NULL-Zeiger angegeben wird, dann sollte der angegebene Zeiger zgr einen Speicherplatz adressieren, der zumindest L_tmpnam Zeichen aufnehmen kann (L_tmpnam ist in <stdio.h> definiert). Die Funktion tmpnam() schreibt dann ihr Resultat in diesen Speicherbereich und gibt die übergebene zgr-Adresse wieder als Funktionswert zurück.

Im Unterschied zur nachfolgenden Funktion tmpfile() werden mit tmpnam() keine Dateien kreiert, sondern lediglich Namen für Dateien gefunden, die explizit zu öffnen und auch wieder explizit zu löschen sind.

tmpfile() – Temporäre Datei erzeugen und automatisch wieder löschen

Um sich eine „namenlose" temporäre Datei kreieren zu lassen, die am Programmende wieder automatisch gelöscht wird, steht die in <stdio.h> deklarierte Funktion tmpfile() zur Verfügung:

```
FILE *tmpfile(void);
```
gibt zurück: FILE-Zeiger (bei Erfolg); NULL bei Fehler

Diese Funktion kreiert eine temporäre Binärdatei, die automatisch gelöscht wird, wenn sie geschlossen wird oder wenn das Programm normal beendet wird. Diese temporäre Datei wird mit Modus "wb+" geöffnet. Endet das Programm anormal, so ist es abhängig von der Implementierung, ob die temporären Dateien gelöscht werden.

Beispiel: Das folgende Programm tmpnam.c ist ein Demonstrationsprogramm zu den beiden Funktionen tmpnam() und tmpfile():

```
#include  <stdio.h>
#include  <stdlib.h>

int  main(void) {
   int            i;
   unsigned long  tmp_max = TMP_MAX;
   char           tempdatei[L_tmpnam], zeile[1000];
```

30.1 Höhere E/A-Funktionen

```
   FILE            *fz;

   printf(".....TMP_MAX=%lu\n", tmp_max);
   printf(".....L_tmpnam=%d\n", L_tmpnam);

   printf(".....Funktion tmpnam\n");
   for (i=1 ; i<=10 ; i++) {
      if (i%2==0)
         printf("%20d. %s\n", i, tmpnam(NULL));
      else {
         tmpnam(tempdatei);
         printf("%20d. %s\n", i, tempdatei);
      }
   }

   printf(".....Funktion tmpfile\n");
   if ( (fz=tmpfile()) == NULL) {
      fprintf(stderr, "....Fehler bei tmpfile\n");
      exit(1);
   }
   fputs("Text in temporaere Datei schreiben und wieder lesen", fz);
   rewind(fz);
   if (fgets(zeile, sizeof(zeile), fz) == NULL) {
      fprintf(stderr, "....Fehler bei fgets\n");
      exit(2);
   }
   printf("%s\n", zeile);
   return(0);
}
```

Mögliche Ausgabe durch das Programm tmpnam.c:

```
.....TMP_MAX=238328
.....L_tmpnam=20
.....Funktion tmpnam
                   1. /tmp/file0Ialme
                   2. /tmp/filea2xYni
                   3. /tmp/filecfI9lm
                   4. /tmp/fileA75tlq
                   5. /tmp/fileiEJuqu
                   6. /tmp/fileWc1Awy
                   7. /tmp/fileK6yhzC
                   8. /tmp/file0O97CG
                   9. /tmp/file2d6quK
                  10. /tmp/fileqigTmO
.....Funktion tmpfile
Text in temporaere Datei schreiben und wieder lesen
```

30.1.10 Ausgabe von System-Fehlermeldungen

Wenn bei der Ausführung einer Systemfunktion ein Fehler auftritt, so liefern viele der Systemfunktionen -1 als Rückgabewert und setzen zusätzlich noch die global definierte Variable errno auf einen von 0 verschiedenen Wert. Diese Variable errno ist in <errno.h> mit

```
extern int errno;
```

definiert. Zusätzlich zu dieser Definition der Variablen errno definiert <errno.h> noch Konstanten für jeden Wert, der errno von den Systemfunktionen zugewiesen werden kann. Jede dieser Konstanten beginnt mit dem Buchstaben E (für *Error*). Bezüglich der Verwendung der Variablen errno ist folgendes zu beachten:

- ❑ Standard-C garantiert nur für den Programmstart, dass diese Variable errno auf 0 gesetzt wird. Die Systemfunktionen setzen diese Variable niemals zurück auf 0 und es gibt in <errno.h> keine Fehlerkonstante mit dem Wert 0.

- ❑ Deshalb ist es gängige Praxis, dass man nach dem Aufruf einer Sytemfunktion den Wert von errno abprüft, falls ein Fehler aufgetreten ist, also der Rückgabewert der benutzten Funktion ein Problem anzeigt[1].

Um die Fehlermeldung zu erhalten, die zu einem in errno stehenden Fehlercode gehört, schreibt Standard-C die beiden Funktionen perror() und strerror() vor.

perror() – Ausgabe der zu errno gehörigen Fehlermeldung

Die in <stdio.h> deklarierte Funktion perror() gibt auf stderr die zum momentan in errno stehenden Fehlercode gehörige Fehlermeldung aus:

```
void perror(const char *meldung);
```

perror() gibt folgendes auf der Standardfehlerausgabe aus:

1. Wenn meldung kein NULL-Zeiger ist, wird zuerst der String meldung gefolgt von ": " ausgegeben.

2. Dann wird die zum errno-Wert gehörige Fehlermeldung gefolgt von \n ausgegeben.

Die zum errno-Wert gehörige Fehlermeldung entspricht genau dem Rückgabewert der nachfolgend beschriebenen Funktion strerror(), falls diese mit dem gleichen errno-Wert als Argument aufgerufen wird. Somit liefern die beiden folgenden Anweisungen das gleiche Ergebnis:

```
perror("testausgabe");
```

und

```
fprintf(stderr, "testausgabe: %s\n", strerror(errno));
```

---

[1] Was je nach benutzter Funktion ein besonderer Wert, wie -1 oder 0 sein kann.

`strerror()` – Erfragen der zu einer Fehlernummer gehörigen Fehlermeldung

Die Funktion `strerror()` (in `<string.h>` definiert) liefert die zu einer Fehlernummer (üblicherweise der `errno`-Wert) gehörige Fehlermeldung als Rückgabewert:

```
char *strerror(int fehler_nr);
```
gibt zurück: Zeiger auf die entsprechende Fehlermeldung

`strerror()` ermittelt die zu `fehler_nr` gehörige Fehlermeldung, schreibt dann diese Fehlermeldung in einen eigenen Speicherbereich und liefert die Adresse dieses Fehlerstrings als Rückgabewert. Es ist zu beachten, dass der Speicherbereich, in dem sich die entsprechende Fehlermeldung befindet, bei nachfolgenden `strerror()`-Aufrufe wieder verwendet und somit überschrieben wird. Wenn die Fehlermeldung aufzuheben ist, muss sie also zuvor umgespeichert werden.

Beispiel: Das folgende Programm `errodemo.c` demonstriert die Wirkungsweise der beiden Funktionen `strerror()` und `perror()`, indem es beide Funktionen mit den Fehlernummern 0 bis 7 aufruft:

```c
#include  <stdio.h>
#include  <string.h>
#include  <errno.h>    /* da globale Variable errno verwendet wird */

int  main(void) {
  int     fehler_nr=0;
  for (fehler_nr=0 ; fehler_nr<8 ; fehler_nr++) {
     fprintf(stderr, "%3d -> strerror: %s\n", fehler_nr, strerror(fehler_nr));
     errno = fehler_nr;
     perror("      perror ");
  }
  return(0);
}
```

Ausgabe des Programms `errodemo.c` unter Linux auf einem i386-System:

```
  0 -> strerror: Erfolg
       perror  : Erfolg
  1 -> strerror: Die Operation ist nicht erlaubt
       perror  : Die Operation ist nicht erlaubt
  2 -> strerror: Datei oder Verzeichnis nicht gefunden
       perror  : Datei oder Verzeichnis nicht gefunden
  3 -> strerror: Kein passender Prozeß gefunden
       perror  : Kein passender Prozeß gefunden
  4 -> strerror: Unterbrechung während des Betriebssystemaufrufs
       perror  : Unterbrechung während des Betriebssystemaufrufs
  5 -> strerror: Eingabe-/Ausgabefehler
       perror  : Eingabe-/Ausgabefehler
  6 -> strerror: Das Gerät ist nicht konfiguriert
       perror  : Das Gerät ist nicht konfiguriert
```

```
    7 -> strerror: Die Argumentliste ist zu lang
         perror   : Die Argumentliste ist zu lang
```

Beispiel: Das folgende Programm `fehlhand.c` ist ein weiteres Demonstrationsbeispiel zu diesen beiden Funktionen `perror()` und `strerror()`, es zeigt aber auch eine typische Verwendung der Funktion `perror()`:

```c
#include    <stdio.h>
#include    <string.h>
#include    <errno.h>

int   main(int argc, char *argv[])
{
    fprintf(stderr, "ENOENT: %s\n", strerror(ENOENT));

    errno = ENOMEM;
    perror(argv[0]);

    return(0);
}
```

Ausgabe des Programms `fehlhand.c` unter Linux:

```
ENOENT: Datei oder Verzeichnis nicht gefunden
fehlhand: Nicht genügend Hauptspeicher verfügbar
```

Im obigen Programm wird der Name des Programms (`argv[0]`) als Argument bei `perror()` angegeben. Dies ist übliche Programmier-Praxis, denn auf diese Art wird immer der Name des entsprechenden Programms gemeldet, in dem der Fehler auftrat.

Zentrale Fehlermeldungsroutine

In größeren Softwareprojekten ist es üblich, dass man weder `perror()` noch `strerror()` direkt aufruft. Statt dessen wird dort in einem eigenen Modul `fehler.c` eine eigene zentrale Fehlerroutine `fehler_meld()` angeboten, die die anderen Module zur Ausgabe von Fehler- oder eventuell auch Diagnosemeldungen aufrufen.

Dieses Modul `fehler.c` könnte z. B. folgendes Aussehen haben:

```c
#include    <stdio.h>
#include    <stdlib.h>
#include    <string.h>
#include    <errno.h>
#include    <stdarg.h>
#include    "fehler.h"

#define MAX_ZEICHEN    4096     /*--- Maximale Pufferlaenge */

/*----------------------- Lokale Routinen zur Abarbeitung der Argumentliste -*/
static void   fehl_meldung(int sys_meld, const char *fmt, va_list az)
```

```
{
   int  fehler_nr = errno;
   char puffer[MAX_ZEICHEN];

   vsprintf(puffer, fmt, az);
   if (sys_meld)
      sprintf(puffer+strlen(puffer), ": %s ", strerror(fehler_nr));
   fflush(stdout);    /* fuer Fall, dass stdout und stderr gleich sind */
   fprintf(stderr, "%s\n", puffer);
   fflush(NULL);  /* alle Ausgabepuffer flushen */
   return;
}


/*----------------------------------------- Global aufrufbare Fehlerroutine -*/
void  fehler_meld(int kennung, const char *fmt, ...)
{
   va_list    az;

   va_start(az, fmt);
   switch (kennung) {
      case WARNUNG:
      case FATAL:
             fehl_meldung(0, fmt, az);
             break;
      case WARNUNG_SYS:
      case FATAL_SYS:
             fehl_meldung(1, fmt, az);
             break;
       default:
             fehl_meldung(1, "Falscher Aufruf von fehler_meld...", az);
             exit(2);
   }
   va_end(az);

   if (kennung==WARNUNG || kennung==WARNUNG_SYS)
      return;
   exit(1);
}
```

Jedes andere Modul das die hier angebotene Funktion `fehler_meld()` aufrufen will, muss dann ein

```
#include "fehler.h"
```

beinhalten. Die Headerdatei `fehler.h` könnte z. B. das folgende Aussehen haben:

```
#ifndef HABE__FEHLER_H
#define HABE__FEHLER_H

#define  WARNUNG       0    /*--- Kennungen fuer unterschiedl. Fehlerarten */
#define  WARNUNG_SYS   1
#define  FATAL         2
```

30 Dateien

```
#define   FATAL_SYS      3


/*------------ Zentrale Fehlerroutinen --------------------------------*/
extern void    fehler_meld(int kennung, const char *fmt,...);


#endif /* HABE__FEHLER_H */
```

Das erste Argument von `fehler_meld()` legt fest, wie der entsprechende Fehler zu behandeln ist. Es sind die folgenden in `fehler.h` definierten Konstanten als erstes Argument erlaubt:

WARNUNG
WARNUNG_SYS
FATAL
FATAL_SYS

Es wurde dabei die folgende Regelung bei der Vergabe der Konstanten-Namen getroffen:

- ❑ Die Endung SYS bedeutet, dass zusätzlich zur eigenen Meldung noch die zum entsprechenden Fehler gehörige System-Fehlermeldung auszugeben ist.
- ❑ Nur bei den WARNUNG-Konstanten bewirkt die Fehlerroutine `fehler_-meld()` nicht die Beendigung des gesamten Programms (kein `exit()`-Aufruf).
- ❑ Bei den FATAL-Konstanten bewirkt die Fehlerroutine `fehler_meld()` einen Programmabbruch mittels `exit(1)`.

Die weiteren Argumente zu `fehler_meld()` entsprechen denen bei einem `printf()`-Aufruf.

Beispiel: Das folgende Programm `buchstat.c` ermittelt die Häufigkeit des Vorkommens jedes einzelnen Buchstabens (Groß- und Kleinbuchstaben werden nicht unterschieden) in den auf der Kommandozeile angegebenen Dateien. Um Fehler- und Diagnosemeldungen auszugeben, ruft es die Fehlerroutine `fehler_meld()` auf:

```
#include   <stdio.h>
#include   <ctype.h>
#include   "fehler.h"

int   main(int argc, char *argv[]) {
   FILE        *fz;
   int         zeich, i, z=0;
   long int    buchst[26]={0L};

   if (argc < 2)
      fehler_meld(FATAL, "....usage:  %s datei(en)", argv[0]);
   for (i=1; i<argc; i++) {
      if ( (fz=fopen(argv[i], "r")) == NULL)
         fehler_meld(WARNUNG_SYS, "....kann Datei `%s' nicht zum Lesen oeffnen",
                         argv[i]);
```

```
        else {
            while ( (zeich=fgetc(fz)) != EOF)
                if (isalpha(zeich))
                    buchst[tolower(zeich)-'a']++;
            if (ferror(fz))
                fehler_meld(FATAL_SYS, "Fehler beim Lesen aus %s", argv[i]);
            z++;
            fclose(fz);
        }
    }
    for (i='a'; i<='z'; i++)
        printf("%10c | %7ld |%s", i, buchst[i-'a'], i%3==0 ? "\n" : "     ");
    printf("\n\n");
    fehler_meld(WARNUNG, "....Es wurden %d von %d Dateien ausgewertet", z, argc-1);
    return(0);
}
```

Nachdem dieses Programm z. B. mit

```
user@linux:~ >  cc -o buchstat buchstat.c fehler.c ⏎
```

kompiliert und mit dem Modul `fehler.c` zusammen gelinkt wurde, könnten sich folgende Abläufe ergeben:

```
user@linux:~ > buchstat ⏎
....usage: buchstat datei(en)
user@linux:~ > buchstat datbytes.c aaa.b buchstat.c ⏎
...kann Datei 'aaa.b' nicht zum Lesen oeffnen: Datei oder Verzeichnis nicht gefunden
         a |      57 |    b |     19 |    c |     30 |
         d |      52 |    e |    125 |    f |     63 |
         g |      19 |    h |     32 |    i |     87 |
         j |       0 |    k |      5 |    l |     47 |
         m |      18 |    n |     92 |    o |     32 |
         p |      16 |    q |      0 |    r |     66 |
         s |      48 |    t |     63 |    u |     21 |
         v |      17 |    w |      8 |    x |      4 |
         y |       7 |    z |     23 |

....Es wurden 2 von 3 Dateien ausgewertet
user@linux:~ >  _
```

30.1.11 Übung: Ausgeben einer Datei mit Zeilennumerierung

Erstellen Sie ein Programm `numausg.c`, das eine Textdatei, deren Name als erstes Argument auf der Kommandozeile anzugeben ist, mit Zeilennumerierung am Bildschirm ausgibt.

30.2 Elementare E/A-Funktionen

In diesem Kapitel werden zunächst die wichtigsten elementaren E/A-Operationen vorgestellt, die für das Arbeiten mit Dateien wichtig sind, wie z. B. das Öffnen, Beschreiben, Lesen und Schließen von Dateien. Diese einfachen elementaren E/A-Operationen bieten weder Pufferung noch andere Dienstleistungen, wie dies bei den im vorherigen Kapitel vorgestellten höheren E/A-Funktionen der Fall ist. Anhand eines Beispiels wird gezeigt, wie wichtig die Größe des selbst gewählten Puffers beim Lesen oder Schreiben für das Zeitverhalten eines Programms ist. Es ist wichtig anzumerken, dass die hier vorgestellten elementaren E/A-Routinen nicht Bestandteil von Standard-C sind. Dies bedeutet, dass sie auch auf den einzelnen Systemen unterschiedlich sein können. Hier werden die üblichen elementaren E/A-Funktionen vorgestellt, die auf den meisten Systemen wie Linux/Unix oder DOS angeboten werden. Wünscht der Leser tiefergehende Kenntnisse zu den entsprechenden Linux/Unix-Routinen sei er auf das Buch *„Linux-Unix-Systemprogrammierung; H. Herold; Addison-Wesley"* verwiesen.

30.2.1 Filedeskriptoren

Wird eine existierende Datei geöffnet oder eine neue Datei anlegt, so liefert die entsprechende Öffnungsroutine als Rückgabewert eine nichtnegative Zahl, den so genannten *Filedeskriptor*. Um nun auf eine neu geöffnete Datei zuzugreifen, wie z. B. in sie zu schreiben oder aus ihr zu lesen, muss nicht der Dateiname, sondern dieser Filedeskriptor angegeben werden.

Beim Start eines Programmes werden automatisch immer drei Filedeskriptoren eingerichtet, nämlich für die Standardeingabe, Standardausgabe und Standardfehlerausgabe. Diese drei Standard-Filedeskriptoren können sofort (ohne Öffnungsroutine) verwendet werden. Es ist Konvention, dass dabei die folgenden Nummern verwendet werden:

```
0    Standardeingabe          (standard input)
1    Standardausgabe          (standard output)
2    Standardfehlerausgabe    (standard error)
```

Die maximale Filedeskriptor-Nummer ist dabei in Linux/Unix über die symbolische Konstante `OPEN_MAX` (in `<limits.h>`) festgelegt. `OPEN_MAX` legt somit fest, wie viele Dateien ein Programm maximal zu einem Zeitpunkt geöffnet haben darf. In älteren Unix-Versionen waren dies 20 (0-19). Auf den meisten heutigen Linux/Unix-Systemen ist diese Zahl auf mindestens 63 hochgesetzt.

30.2.2 Öffnen und Schließen von Dateien

Öffnet man eine Datei mit den elementaren E/A-Funktionen `open()` oder `creat()`, so ordnet man dieser Datei einen so genannten *Filedeskriptor* zu, über den man nun in der Datei lesen oder schreiben kann.

`open()` – Öffnen einer Datei

Um eine existierende Datei zu öffnen oder eine neue Datei anzulegen, steht die Funktion `open()` zur Verfügung.

```
#include    <fcntl.h>
#include    <sys/types.h>
#include    <sys/stat.h>
```

30.2 Elementare E/A-Funktionen

```
int open(const char *pfadname, int oflag[, mode_t modus]);
```
gibt zurück: Filedeskriptor (bei Erfolg); -1 bei Fehler

`mode_t` ist meist als `unsigned` definiert.

pfadname

> Name der zu öffnenden Datei.

oflag

> Für `oflag` kann eine der folgenden in `<fcntl.h>` definierten symbolischen Konstanten angegeben werden:

O_RDONLY	Datei nur zum Lesen öffnen (meist O_RDONLY = 0).
O_WRONLY	Datei nur zum Schreiben öffnen (meist O_WRONLY = 1).
O_RDWR	Datei zum Lesen und Schreiben öffnen (meist O_RDWR = 2).

> Von diesen drei Konstanten **muss eine und nur eine** für `oflag` angegeben werden. Neben diesen drei Konstanten existieren weitere für `oflag` erlaubte Konstanten, deren Angabe optional ist und die mit | (bitweises OR) verknüpft werden müssen, wie z. B.:

O_APPEND	Datei zum „Schreiben am Ende" (Anhängen) öffnen.
O_CREAT	Datei neu anlegen, wenn sie nicht existiert. In diesem Fall muss auch das dritte Argument (modus) angegeben werden. modus legt die Zugriffsrechte (siehe folgende Tabelle) für die neu anzulegende Datei fest. Falls eine Datei bereits existiert, hat diese Konstante keine Auswirkung.
O_EXCL	Falls O_EXCL zusammen mit O_CREAT angegeben ist, kann die Datei nicht geöffnet werden, wenn sie bereits existiert, und open() liefert -1 (für Fehler).
O_TRUNC	Eine zum Schreiben geöffnete Datei wird vollständig geleert. Nachfolgende Schreiboperationen bewirken ein neues Beschreiben dieser Datei von Anfang an. Die Attribute (Zugriffsrechte und Eigentümer) der ursprünglichen Datei bleiben hierbei erhalten.
O_SYNC	Nach jedem Schreiben mit `write()` darauf warten, bis der Schreibvorgang vollständig abgeschlossen ist.

> Für weitere Konstanten sei der interssierte Leser auf das Buch „*Linux-Unix-Systemprogrammierung; H. Herold; Addison-Wesley*" verwiesen.

modus

> Dieses dritte Argument ist optional und wird auch nur bei der Angabe von O_CREAT für `oflag` ausgewertet. Für `modus` sind eine oder mehrere mit | (bitweises OR) verknüpften Konstanten anzugeben. Mögliche Konstanten (aus `<sys/stat.h>`) für modus-Argument bei `open()` und `creat()` unter Linux/Unix sind in der folgenden Tabelle angegeben:

Konstante	Bedeutung
S_ISUID	set-user-ID Bit
S_ISGID	set-group-ID Bit
S_ISVTX	sticky Bit (saved-text Bit)
S_IRUSR	read (user; Lese-Recht für Eigentümer)
S_IWUSR	write (user; Schreib-Recht für Eigentümer)
S_IXUSR	execute (user; Ausführ-Recht für Eigentümer)
S_IRWXU	read, write, execute (user; Lese-, Schreib-, Ausführ-Recht für Eigentümer)
S_IRGRP	read (group; Lese-Recht für Gruppe)
S_IWGRP	write (group; Schreib-Recht für Gruppe)
S_IXGRP	execute (group; Ausführ-Recht für Gruppe)
S_IRWXG	read, write, execute (group; Lese-, Schreib-, Ausführ-Recht für Gruppe)
S_IROTH	read (others; Lese-Recht für alle anderen Benutzer)
S_IWOTH	write (others; Schreib-Recht für alle anderen Benutzer)
S_IXOTH	execute (others; Ausführ-Recht für alle anderen Benutzer)
S_IRWXO	read, write, execute (others; Lese-, Schreib-, Ausführ-Recht für Andere)

Hinweise

❑ Bei jedem Öffnen einer Datei sollte man den Rückgabewert überprüfen, um festzustellen, ob Datei erfolgreich geöffnet werden konnte. Ein typischer Programmausschnitt für das Öffnen einer Datei ist z. B.:

```
int fd;

if ( (fd=open("adress.txt", O_RDWR)) == -1) {
  fprintf(stderr, "kann Datei 'adress.txt' nicht zum Lesen+Schreiben oeffnen");
  ......
}
```

❑ O_TRUNC ist vorsichtig zu verwenden, denn dies ist die einzige Möglichkeit, den Inhalt einer bereits existierenden Datei mit open() zu zerstören.

Beispiele

open("kunden.txt", O_APPEND)

Datei kunden.txt zum Schreiben am Dateiende öffnen.

open("tempdat", O_WRONLY | O_TRUNC)

Datei tempdat zum Schreiben öffnen. Falls die Datei tempdat bereits existiert, wird ihr Inhalt gelöscht.

creat() – Anlegen einer neuen Datei

Um eine neue Datei anzulegen, steht neben open() noch die Funktion creat() zur Verfügung.

```
#include   <fcntl.h>
#include   <sys/types.h>
#include   <sys/stat.h>
```

```
int creat(const char *pfadname, int modus);
```
                                            gibt zurück: Filedeskriptor (bei Erfolg); -1 bei Fehler

pfadname
> ist Name der neu anzulegenden Datei.

modus
> Für modus sind eine oder mehrere mit | (bitweises OR) verknüpften Konstanten aus der vorherigen Tabelle anzugeben.

Hinweise
Der Aufruf
```
creat(pfad, modus);
```
ist identisch zu
```
open(pfad, O_RDWR | O_CREAT | O_TRUNC, modus);
```
Mit der Einführung der beiden Konstanten O_CREAT und O_TRUNC für das zweite Argument bei open() ist die creat()-Funktion eigentlich überflüssig geworden.

close() – Schließen einer Datei

Um eine geöffnete Datei wieder zu schließen, steht die Funktion close() zur Verfügung.

```
#include <unistd.h>

int close(int fd);
```
                                            gibt zurück: 0 (bei Erfolg); -1 bei Fehler

close() schließt die Datei mit dem Filedeskriptor fd.
Wenn ein Programm endet, werden alle von diesem Programm geöffneten Dateien automatisch geschlossen. Viele Anwendungen machen sich dies zunutze und schließen nicht explizit die Dateien, die sie mit open() oder creat() geöffnet haben.

30.2.3 Lesen und Schreiben in Dateien

Nachdem eine Datei zum Lesen und/oder Schreiben geöffnet wurde, kann man in ihr lesen und/oder schreiben.

read() – Lesen aus einer Datei

Um aus einer geöffneten Datei zu lesen, steht die Funktion read() zur Verfügung.

```
#include <unistd.h>    (Linux/Unix)

ssize_t read(int fd, void *puffer, size_t bytezahl);
```
          gibt zurück: Anzahl der gelesenen Bytes (bei Erfolg); 0 ("Lesezeiger" stand schon auf Dateiende)
                                                                              oder -1 (bei Fehler)

ssize_t ist meist als int und

30 Dateien

`size_t` ist als vorzeichenloser, ganzzahliger Datentyp in `<stdio.h>` definiert (häufig als `unsigned int`).

`fd`
> Filedeskriptor der Datei, aus der zu lesen ist.

`puffer`
> Speicheradresse, an der die aus der Datei `fd` gelesenen Daten zu schreiben sind.

`bytezahl`
> Anzahl der Bytes, die aus Datei `fd` zu lesen sind.

Der Rückgabewert ist gleich der `bytezahl`, wenn das Lesen vollständig erfolgreich verlief. Ist der Rückgabewert nicht gleich `bytezahl`, so kann dies unterschiedliche Ursachen haben:

Rückgabewert 0
> Das Dateiende (`EOF`) wurde erreicht, bevor die geforderte `bytezahl` von Bytes gelesen werden konnte. In diesem Fall hat `read()` noch die restlichen vorhandenen Bytes gelesen und deren Anzahl als Rückgabewert geliefert. Erst der nächste `read()`-Aufruf liefert dann 0, woran sich erkennen läßt, dass der „Lesezeiger" bereits am Dateiende stand.

Rückgabewert -1
> Es ist ein echter Fehler während des Lesens aufgetreten.

Hinweise:
- Die häufigsten Werte für `bytezahl` sind 1 (Lesen eines Bytes) oder die vorgegebene Blockgröße (wie z. B. 512, 1024 usw.), wobei die Angabe der Blockgröße, wie in Kapitel 30.2.5 auf Seite 870 gezeigt wird, die wesentlich effizientere Vorgehensweise ist.

- Das Lesen beginnt `read()` immer an der Position, auf die gerade der Schreib-/Lesezeiger der Datei zeigt. Nach dem Lesen wird der Schreib-/Lesezeiger um die Anzahl der gelesenen Bytes in der Datei weiterpositioniert.

Beispiel: Das folgende Programm `vergl.c` vergleicht die Inhalte von zwei auf der Kommandozeile angegebenen Dateien. Dazu liest es immer ein Byte (sicherlich nicht sehr effizient) aus jeder der beiden Dateien und vergleicht diese beiden Bytes.

```
#include    <stdio.h>
#include    <stdlib.h>
#include    <sys/types.h>
#include    <sys/stat.h>
#include    <fcntl.h>
#include    <unistd.h>
```

30.2 Elementare E/A-Funktionen

```c
#define  fehler_meld(a,b,nr)     { fprintf(stderr, a, b);    exit(nr); }
#define  fehler_meld2(a,b,c,nr)  { fprintf(stderr, a, b, c); exit(nr); }

int  main(int argc, char *argv[])
{
   int      fd1, fd2,
            gelesen1, gelesen2;
   char     puffer1[2], puffer2[2];
   size_t   i=1;

   /*---- Ueberpruefen der Argumentzahl ------------------------------------*/
   if (argc != 3)
      fehler_meld("usage: %s datei1 datei2\n", argv[0], 2);

   /*---- Die beiden auf Kommandozeile angegeb. Dateien eroeffnen ----------*/
   if ( (fd1 = open(argv[1], O_RDONLY)) == -1)
      fehler_meld("....kann '%s' nicht zum Lesen oeffnen\n", argv[1], 3);
   if ( (fd2 = open(argv[2], O_RDONLY)) == -1)
      fehler_meld("....kann '%s' nicht zum Lesen oeffnen\n", argv[2], 4);

   /*---- Bytes in den beiden Dateien nacheinander ueberpruefen ------------*/
   while (1) {
      if ( (gelesen1 = read(fd1, puffer1, 1)) == -1)
         fehler_meld2("....Fehler beim Lesen aus '%s' (Bytenr %d)\n", argv[1], i, 5);
      if ( (gelesen2 = read(fd2, puffer2, 1)) == -1)
         fehler_meld2("....Fehler beim Lesen aus '%s' (Bytenr %d)\n", argv[2], i, 6);

      if (gelesen1==0 && gelesen2==0) { /*--- Dateiende in beiden erreicht ---*/
         fprintf(stderr, "%s und %s sind identisch\n", argv[1], argv[2]);
         return(0);
      } else if (gelesen1==0) {
         fprintf(stderr, "%s ist kleiner als %s (bis dorthin identisch)\n",
                         argv[1], argv[2]);
         exit(1);
      } else if (gelesen2==0) {
         fprintf(stderr, "%s ist groesser als %s (bis dorthin identisch)\n",
                         argv[1], argv[2]);
         exit(1);
      } else {
         if (puffer1[0] != puffer2[0]) {
            fprintf(stderr, "%d. Bytenr: (%s:0x%02x) <> (%s:0x%02x)\n",
                            i, argv[1], puffer1[0], argv[2], puffer2[0]);
            exit(1);
         } else
            i++;
      }
   }
}
```

`write()` – Schreiben in eine Datei

Um in eine geöffnete Datei zu schreiben, steht die Funktion `write()` zur Verfügung.

```
#include     <unistd.h>      (Linux/Unix)

ssize_t write(int fd, void *puffer, size_t bytezahl);
                    gibt zurück: Anzahl der geschriebenen Bytes (bei Erfolg); -1 bei Fehler
```

`fd`
: Filedeskriptor der Datei, in die zu schreiben ist.

`puffer`
: Speicheradresse der Daten, die in die Datei `fd` zu schreiben sind.

`bytezahl`
: Anzahl der Bytes, die (von Speicheradresse `puffer`) in die Datei zu schreiben sind.

`ssize_t` ist meist als `int` und
`size_t` ist als vorzeichenloser, ganzzahliger Datentyp in `<stdio.h>` definiert (häufig als `unsigned int`).
Der Rückgabewert ist normalerweise gleich der `bytezahl`. Ist dies nicht der Fall, ist beim Schreiben ein Fehler aufgetreten, z. B. Speicherplatzmangel auf einem Datenträger (wie Festplatte oder Diskette).

Hinweise:

❏ Nach jedem erfolgreichen Schreiben mit `write()` wird der Schreib-/Lesezeiger um die Anzahl der geschriebenen Bytes weiter positioniert.

❏ Wurde `O_APPEND` beim Öffnen der Datei mit `open()` angegeben, so wird bei jedem `write()` ans Ende der Datei geschrieben.

❏ Ein Rückgabewert verschieden von der geforderten `bytezahl` zeigt immer an, dass nicht alle geforderten Bytes geschrieben werden konnten, was auf einen Fehler schließen läßt. Ein typischer Programmausschnitt für das Schreiben in eine Datei ist z. B. der folgende:

```
if (write(fd, puffer, bytezahl) != bytezahl)
    fprintf(stderr, "Fehler beim Schreiben mit write");
    .....
}
```

❏ `write()` schreibt seine Daten üblicherweise nicht sofort auf das entsprechende physikalische Medium (wie Festplatte), sondern in einen Cache (schneller Speicher) und kehrt dann vom Systemaufruf zurück. Zu einem geeigneten späteren Zeitpunkt werden dann die Daten aus dem Cache wirklich auf das physikalische Medium geschrieben. Wenn ein Prozeß auf die Daten zugreifen möchte, bevor sie physikalisch wirklich geschrieben wurden, so erhält er

30.2 Elementare E/A-Funktionen

eben die Daten aus dem Cache. Dieses Zwischenspeichern der Daten in einem Cache-Puffer erhöht die Geschwindigkeit beim Schreiben mit `write()` ganz erheblich, hat aber auch den Nachteil, dass bei einem Systemzusammenbruch die noch nicht physikalisch geschriebenen Daten aus dem Cache verloren sind. Soll diese Unsicherheit ausgeschaltet werden, wie z. B. in Anwendungsfällen, in denen zuverlässige und sichere Daten gefordert sind, dann muss beim Öffnen der Datei mit `open()` die Konstante `O_SYNC` angegeben werden. Dies bewirkt, dass jedes `write()` (für diese Datei) erst alle Daten vollständig auf das physikalische Medium schreibt, bevor es zum Aufrufer zurückkehrt. Diese Sicherheit ist jedoch nicht umsonst, sondern wirkt sich nicht unerheblich auf die Schnelligkeit aus.

Beispiel: Das folgende Programm `mycat.c` ist eine einfache Realisierung des Linux/Unix-Kommandos `cat`. Es gibt alle auf der Kommandozeile angegebenen Dateien nacheinander auf der Standardausgabe aus. Ist beim Aufruf überhaupt keine Datei angegeben, so liest es von der Standardeingabe und gibt jede eingegebene Zeile sofort auf der Standardausgabe aus, wie `cat` dies auch tut.

```
#include     <stdio.h>
#include     <stdlib.h>
#include     <unistd.h>
#include     <sys/types.h>
#include     <sys/stat.h>
#include     <fcntl.h>

#define PUFF_GROESSE    512

static void ausgab(int fd);

int  main(int argc, char *argv[]) {
   int      i, fd;

   if (argc == 1) {    /* wenn keine Datei auf Kommandozeile angegeb. */
      ausgab(0);       /* dann von stdin lesen                        */
   } else {
      for (i=1 ; i<argc ; i++) {
         if ( (fd = open(argv[i], O_RDONLY)) == -1) {
            fprintf(stderr, "....kann '%s' nicht zum Lesen oeffnen\n", argv[i]);
            exit(1);
         }
         ausgab(fd);
         close(fd);
      }
   }
   return(0);
}

static void ausgab(int fd) {
```

```
    int     n;
    char    puffer[PUFF_GROESSE];

    while ( (n = read(fd, puffer, PUFF_GROESSE)) > 0)
       if (write(1, puffer, n) != n) {
          fprintf(stderr, "...Fehler bei write\n");
          exit(2);
       }
    if (n == -1) {
       fprintf(stderr, "...Fehler bei read\n");
       exit(3);
    }
}
```

30.2.4 Positionieren in Dateien

Jede geöffnete Datei hat einen Schreib-/Lesezeiger, der auf die Position (*Offset*) zeigt, ab der nachfolgende Schreib-/Leseoperationen in der Datei stattfinden sollen. Nach dem Schreiben oder Lesen wird dieser Schreib-/Lesezeiger immer automatisch um die Anzahl der geschriebenen oder gelesenen Bytes weitergesetzt. Normalerweise hat der Schreib-/Lesezeiger nach dem Öffnen einer Datei den Wert 0, was bedeutet, dass er auf den Dateianfang zeigt. Dies trifft nur dann nicht zu, wenn eine Datei mit O_APPEND geöffnet wird.

lseek() – Positionieren des Schreib-/Lesezeigers in einer Datei

Um den Schreib-/Lesezeiger ohne Schreib-/Lesezugriff in einer Datei zu versetzen, steht die Funktion lseek() zur Verfügung.

```
#include    <unistd.h>
#include    <sys/types.h>

off_t lseek(int fd, off_t offset, int wie);
                    gibt zurück: neue Position des Schreib-/Lesezeigers (bei Erfolg); -1 bei Fehler
```

off_t ist meist als long definiert.

fd

   Filedeskriptor der Datei, in der Schreib-/Lesezeiger neu zu positionieren ist.

offset

   legt die Byteanzahl fest, um die der Schreib-/Lesezeiger zu verschieben ist. Von welcher Position aus diese Verschiebung stattfindet, wird mit dem Argument wie festgelegt.

wie

   Die folgende Tabelle zeigt die möglichen Angaben für das wie-Argument und ihre Bedeutung:

wie-Angabe	Wirkung
SEEK_SET	Schreib-/Lesezeiger **vom Dateianfang** an um `offset` Bytes versetzen
SEEK_CUR	Schreib-/Lesezeiger **von momentanen Position an** um `offset` Bytes versetzen
SEEK_END	Schreib-/Lesezeiger **vom Dateiende an** um `offset` Bytes versetzen

Um die momentane Position des Schreib-/Lesezeigers in einer Datei zu ermitteln, muss man den Schreib-/Lesezeiger von der momentanen Position um 0 Bytes weiterpositionieren, also nur stehen lassen, und man erhält über den Rückgabewert die aktuelle Position:

```
long   aktuelle_position;
....
aktuelle_position = lseek(fd, 0, SEEK_CUR);
```

Der Anfangsbuchstabe l des Namens `lseek()` steht für den Rückgabetyp `long`. Für reguläre Dateien ist die von `lseek()` gelieferte Position des Schreib-/Lesezeigers immer nicht negativ. Da es aber auch Gerätedateien geben kann, bei denen der von `lseek()` gelieferte Rückgabewert negativ ist, sollte man immer den Rückgabewert explizit auf -1 und nicht nur auf kleiner als 0 abfragen.

Beispiele

`lseek(fd, 0L, SEEK_SET)`

Schreib-/Lesezeiger auf Dateianfang setzen.

`lseek(fd, 25L, SEEK_CUR)`

Schreib-/Lesezeiger von momentaner Position aus um 25 Bytes vorrücken.

`lseek(fd, -1L, SEEK_END)`

Schreib-/Lesezeiger auf das letzte relevante Byte (nicht auf EOF) setzen.

Mit `lseek()` ist es möglich, eine Datei wie ein großes Array zu behandeln, allerdings mit einem langsameren Zugriff. Die folgende Funktion `get()` liest eine beliebige Zahl von Bytes ab einer bestimmten Position in einer Datei.

```
long get(int fd, void *puffer, size_t bytezahl, off_t position) {
   long gelesen;

   if (lseek(fd, position, SEEK_SET) == -1) {
      fprintf(stderr, "...Fehler bei lseek");
      exit(2);
   }
   if ( (gelesen=read(fd, puffer, bytezahl)) == -1) {
      fprintf(stderr, "...Fehler bei read\n");
      exit(1);
   }
   puffer[gelesen] = '\0';
```

```
      return(gelesen);
}
```

30.2.5 Effizienz von E/A-Operationen

Das folgende Programm incpout.c (für Linux/Unix) demonstriert deutlich, wie wichtig die Größe des gewählten E/A-Puffers bei read()- und write()-Funktionen für das Zeitverhalten eines Programmes ist. Dieses Programm kopiert dabei immer mit unterschiedlichen Puffergrößen die Standardeingabe auf die Standardausgabe, mißt jeweils mit entsprechenden Funktionen die benötigten Zeiten und gibt sie in Form einer Tabelle aus.

```c
#include    <stdio.h>
#include    <unistd.h>
#include    <sys/times.h>
#include    <sys/stat.h>
#include    <fcntl.h>

#define MAX_PUFFER_GROESSE   1<<14
static void  zeit_ausgabe(long int puff_groesse, clock_t realzeit,
                          struct tms *start_zeit, struct tms *ende_zeit,
                          long int schleiflaeufe);
int main(void) {
   char        puffer[MAX_PUFFER_GROESSE];
   ssize_t     n;
   long int    i, j=0, puffer_groesse;
   struct tms  start_zeit, ende_zeit;
   clock_t     uhr_start, uhr_ende;
   /*------- Ueberschrift fuer Zeittabelle ausgeben -----------------*/
   fprintf(stderr, "+------------+------------+------------+------------+"
                   "------------+\n");
   fprintf(stderr, "| %-10s | %-10s | %-10s | %-10s | %-10s |\n",
                   "Puffer-", "UserCPU", "SystemCPU",
                   "Gebrauchte", "Schleifen-");
   fprintf(stderr, "| %10s | %10s | %10s | %10s | %10s |\n",
                   " groesse", " (Sek)", " (Sek)", " Uhrzeit", " laeufe");
   fprintf(stderr, "+------------+------------+------------+------------+"
                   "------------+\n");
   /*-------- Mit verschiedenen Puffergroessen die gleiche Datei von stdin ----*/
   /*-------- auf stdout kopieren. (Puffergroesse nimmt in Zweierpotenzen zu) -*/
   while (j <= 14) {
      i = 0;
      puffer_groesse = 1<<j;
      if (lseek(STDIN_FILENO, 0L, SEEK_SET) == -1) { /* Schreib/Lesezeiger in */
         fprintf(stderr, "Fehler bei lseek");        /* stdin auf Dateianf. setzen */
         exit(1);
      }
      if (lseek(STDOUT_FILENO, 0L, SEEK_SET) == -1) {/* Schreib/Lesezeiger in */
         fprintf(stderr, "Fehler bei lseek");        /* stdout auf Dateianf. setzen */
         exit(1);
```

```c
    }
    if ( (uhr_start = times(&start_zeit)) == -1) { /* Stoppuhr einschalten */
        fprintf(stderr, "Fehler bei times");
        exit(2);
    }
    while ( (n = read(STDIN_FILENO, puffer, puffer_groesse)) > 0) {
        if (write(STDOUT_FILENO, puffer, n) != n) {
            fprintf(stderr, "Fehler bei write");
            exit(3);
        }
        i++;
    }
    if (n < 0) {
        fprintf(stderr, "Fehler bei read");
        exit(4);
    }
    if ( (uhr_ende = times(&ende_zeit)) == -1) {  /* Stoppuhr ausschalten */
        fprintf(stderr, "Fehler bei times");
        exit(5);
    }
    zeit_ausgabe(puffer_groesse, uhr_ende-uhr_start, &start_zeit, &ende_zeit, i);
    j++;
  }
  fprintf(stderr, "+------------+------------+------------+------------+"
                  "------------+\n");
  exit(0);
}
static void  zeit_ausgabe(long int puff_groesse, clock_t realzeit,
                       struct tms *start_zeit, struct tms *ende_zeit,
                       long int schleiflaeufe) {
    static long   ticks=0;

    if (ticks == 0)
       if ( (ticks = sysconf(_SC_CLK_TCK)) < 0) {
          fprintf(stderr, "Fehler bei sysconf");
          exit(6);
       }
    fprintf(stderr, "| %10ld | %10.2f | %10.2f | %10.2f | %10ld |\n", puff_groesse,
                   (ende_zeit->tms_utime - start_zeit->tms_utime) / (double)ticks,
                   (ende_zeit->tms_stime - start_zeit->tms_stime) / (double)ticks,
                   realzeit / (double)ticks, schleiflaeufe);
    return;
}
```

Startet man dieses Programm z. B. indem man es die ca. 10 Megabyte große Binärdatei xx ständig nach aa kopieren läßt, mit

```
user@linux:~ >  uincpout <xx >aa  ⏎
```

so liefert es z. B. die folgende Ausgabe:

```
+------------+------------+------------+------------+------------+
| Puffer-    | UserCPU    | SystemCPU  | Gebrauchte | Schleifen- |
| groesse    |   (Sek)    |   (Sek)    |   Uhrzeit  |   laeufe   |
+------------+------------+------------+------------+------------+
|          1 |       7.54 |      31.63 |      41.98 |   10803422 |
|          2 |       3.93 |      16.34 |      20.78 |    5401711 |
|          4 |       2.17 |       8.03 |      10.70 |    2700856 |
|          8 |       1.14 |       4.13 |       5.68 |    1350428 |
|         16 |       0.46 |       2.41 |       3.13 |     675214 |
|         32 |       0.28 |       1.31 |       1.77 |     337607 |
|         64 |       0.17 |       0.75 |       1.20 |     168804 |
|        128 |       0.04 |       0.59 |       1.03 |      84402 |
|        256 |       0.04 |       0.44 |       1.15 |      42201 |
|        512 |       0.01 |       0.37 |       1.24 |      21101 |
|       1024 |       0.01 |       0.31 |       1.35 |      10551 |
|       2048 |       0.00 |       0.37 |       1.09 |       5276 |
|       4096 |       0.00 |       0.22 |       1.25 |       2638 |
|       8192 |       0.00 |       0.20 |       1.01 |       1319 |
|      16384 |       0.01 |       0.31 |       1.02 |        660 |
+------------+------------+------------+------------+------------+
```

Für das hier verwendete Dateisystem zeigt also eine Puffergröße 4 096 bzw. 8 192 das beste Zeitverhalten. Bei größeren Werten erzielt man keine nennenswerten Zeitgewinne mehr.

30.2.6 Filedeskriptoren und der Datentyp FILE

In Kapitel 30.1.1 auf Seite 808 wurde der Datentyp FILE beschrieben, der von den höheren E/A-Funktionen verwendet wird. Um zu einem FILE-Zeiger einer offenen Datei den zugehörigen Filedeskriptor bzw. umgekehrt zu einem Filedeskriptor einer offenen Datei einen entsprechenden FILE-Zeiger zu erhalten, stehen zwei Funktionen zur Verfügung.

fileno() – Erfragen des zu einem FILE-Zeiger gehörigen Filedeskriptors

Um den zu einem FILE-Zeiger einer offenen Datei gehörigen Filedeskriptor zu erhalten, steht die Funktion fileno() zur Verfügung.

```
#include   <stdio.h>

int fileno(FILE *fz);
```
gibt zurück: den zum FILE-Zeiger fz gehörigen Filedeskriptor

Die Funktion fileno() wird z. B. immer dann benötigt, wenn eine Datei mit den höheren E/A-Funktionen fopen() oder freopen() geöffnet wurde und somit ein FILE-Zeiger für diese Datei vorhanden ist, man nun auf diese Datei aber eine Funktion anwenden möchte, die einen Filedeskriptor verlangt.

fdopen() – Erzeugen eines FILE-Zeigers zu einem Filedeskriptor

Um zu einem existierenden Filedeskriptor einen FILE-Zeiger zu generieren, steht die Funktion fdopen() zur Verfügung.

```
#include   <stdio.h>

FILE *fdopen(int fd, const char *modus);
```
gibt zurück: FILE-Zeiger (bei Erfolg); NULL bei Fehler

fdopen() erzeugt zu dem Filedeskriptor fd einen entsprechenden FILE-Zeiger.

modus

> Mit dem modus-Argument wird die Zugriffsart für die Datei mit dem Filedeskriptor fd festgelegt (siehe folgende Tabelle).

modus-Argument	Bedeutung
"r" oder "rb"	(read) Lesen
"w" oder "wb"	(write) Schreiben (Inhalt der Datei wird nicht wie bei fopen() gelöscht)
"a" oder "ab"	(append) Schreiben am Dateiende
"r+", "r+b" oder "rb+"	Lesen und Schreiben
"w+", "w+b" oder "wb+"	Lesen und Schreiben (Inhalt der Datei wird nicht wie bei fopen() gelöscht)
"a+", "a+b" oder "ab+"	Lesen und Schreiben am Dateiende

Der Buchstabe b bei der modus-Angabe wird benötigt, um zwischen Text- und Binärdateien zu unterscheiden. Da Linux/Unix solche Dateiarten nicht unterscheidet, hat dieses Zeichen b unter Linux/Unix keinerlei Bedeutung.

Hier wurden nur die wichtigsten elementaren E/A-Funktionen vorgestellt. Weitere Funktionen sind in dem Buch *„Linux-Unix-Systemprogrammierung; H. Herold; Addison-Wesley"* beschrieben.

30.2.7 Übung: Anhängen einer Datei an eine andere

Erstellen Sie ein Programm anhaeng.c, das zwei Dateinamen auf der Kommandozeile erwartet und dann unter Verwendung der elementaren E/A-Funktionen den Inhalt der zuerst angegebenen Datei an die zweite Datei anhängt.

Kapitel 31

Dateien, Directories und ihre Attribute

> Es stand sehr schlimm um des Bandwurms Befinden.
> Ihn juckte immer etwas von hinten.
> Dann konstatierte der Doktor Schmidt,
> Nachdem er den Leib ihm aufgeschnitten,
> Daß dieser Wurm an Würmern litt,
> Die wiederum an Würmern litten.
> Joachim Ringelnatz

In diesem Kapitel werden Attribute vorgestellt, die zu jeder Datei und jedem Directory (Verzeichnis) existieren. Für jedes einzelne Attribut bietet die Struktur `stat`, die als erstes vorgestellt wird, eine eigene Komponente an.

Die einzelnen Attribute dieser Struktur werden hier ebenso wie die Funktionen besprochen, mit denen man diese Attribute erfragen oder modifizieren kann.

Zudem stellt dieses Kapitel Funktionen vor, mit denen man Directories anlegen, deren Inhalt lesen oder in andere Directories wechseln kann.

Es ist wichtig anzumerken, dass die hier vorgestellten Strukturen und Funktionen nicht Bestandteil von Standard-C sind. Dies bedeutet, dass sie auf anderen Systemen, wie z. B. MS-DOS oder Windows unterschiedlich sein können. Hier werden nur die wichtigsten Komponenten und Funktionen vorgestellt, die unter Linux/Unix angeboten werden. Wünscht der Leser tiefergehende Kenntnisse zu den entsprechenden Linux/Unix-Routinen sei er wieder auf das Buch *„Linux-Unix-Systemprogrammierung; H. Herold; Addison-Wesley"* verwiesen.

31.1 Dateiattribute

31.1.1 Struktur `stat` – Attribute zu einer Datei

Die Struktur `stat` enthält für jedes einzelne Dateiattribut eine eigene Komponente. Die Komponenten dieser Struktur sind nicht alle fest vorgeschrieben und können sich in den einzelnen Systemen unterscheiden. Eine Definition der Struktur stat könnte z. B. wie folgt aussehen:

```
struct stat {
    short    st_mode;    /* Dateiart und Zugriffsrechte              */
    short    st_ino;     /* i-node Nummer (nicht in DOS)             */
    short    st_dev;     /* Laufwerk / Geräte-Nummer (Dateisystem)   */
    short    st_rdev;    /* Geräte-Nummer für Gerätedateien          */
                         /*    (in DOS wie st_dev)                   */
    short    st_nlink;   /* Anzahl der Links (in DOS immer 1)        */
    int      st_uid;     /* User-ID des Eigentümers (nicht in DOS)   */
    int      st_gid;     /* Group-ID des Eigentümers (nicht in DOS)  */
    long     st_size;    /* Größe in Bytes für normale Dateien       */
    time_t   st_atime;   /* Zeit d. letzt. Zugriffs (access time)    */
    time_t   st_mtime;   /* Zeit d. letzt. Änderung in der Datei     */
                         /*    (in DOS gleicher Wert wie st_atime)   */
    time_t   st_ctime;   /* Zeit der letzten Änderung des i-node     */
                         /*    (in DOS gleicher Wert wie st_atime)   */
    ..........
};
```

Statt der Datentypen short, int oder long sind für die einzelnen Komponenten dieser Struktur meist eigens definierte Datentypen angegeben, wie z. B. mode_t, ino_t, dev_t, nlink_t, uid_t, gid_t oder off_t.

Im folgenden werden nur die wichtigsten Komponenten dieser Struktur stat vorgestellt.

31.1.2 stat() und fstat() – Erfragen von Dateiattributen

Um die Attribute von Dateien zu erfragen, stehen die Funktionen stat() und fstat() zur Verfügung.

```
#include <sys/stat.h>
#include <sys/types.h>

int stat(const char *pfadname, struct stat *puffer);

int fstat(int fd, struct stat *puffer);
```
beide geben zurück: 0 (bei Erfolg); -1 bei Fehler

Beiden Funktionen ist die Adresse einer Variablen vom Datentyp struct stat zu übergeben. Die Funktionen schreiben dann die entsprechenden Informationen (Attribute) der betreffenden Datei in die einzelnen Komponenten dieser Strukturvariablen.

stat()

    schreibt die Attribute der Datei mit dem Pfadnamen pfadname in die Strukturvariable *puffer.

fstat()

    schreibt die Attribute der schon geöffneten Datei mit dem Filedeskriptor fd in die Stukturvariable *puffer.

31.2 Dateiarten

Die Komponente `st_mode` der Struktur `stat` informiert über die entsprechende Dateiart. Der Aufrufer kann diese Dateiart ermitteln, indem er die in `<sys/stat.h>` definierten und in folgender Tabelle angegebenen Konstanten mit dem in `st_mode` gespeicherten Wert mittels bitweises AND (&) verknüpft.

Konstante	Verknüpfung liefert TRUE, wenn Datei ein(e) ..... ist
S_IFREG	reguläre Datei
S_IFDIR	Directory
S_IFCHR	Gerätedatei

Beispiel:

Das folgende Programm `dateiart.c` ermittelt die Art der Dateien, deren Namen auf der Kommandozeile angegeben sind.

```c
#include <stdio.h>
#include <stdlib.h>
#include <sys/types.h>
#include <sys/stat.h>

int main(int argc, char *argv[]) {
   int           i;
   struct stat   attribut;

   for (i=1 ; i<argc ; i++) {
      printf("%40s = ", argv[i]);
      if (stat(argv[i], &attribut) == -1) {
         fprintf(stderr, "....stat-Fehler\n");
         exit(1);
      }
      if (attribut.st_mode & S_IFCHR)        printf("Geraetedatei\n");
      else if (attribut.st_mode & S_IFREG)   printf("Regulaere Datei\n");
      else if (attribut.st_mode & S_IFDIR)   printf("Directory\n");
      else                                   printf("Unbekannte Dateiart\n");
   }
   return(0);
}
```

Ruft man dieses Programm unter Linux/Unix wie folgt auf:

```
user@linux:~ >  dateiart dateiart.c /tmp /dev/lp0  ⏎
```

liefert es die folgende Ausgabe:

```
              dateiart.c = Regulaere Datei
                    /tmp = Directory
                /dev/lp0 = Geraetedatei
```

31.3 Zugriffsrechte einer Datei

Die Komponente `st_mode` der Struktur `stat` enthält neben der Dateiart auch die Zugriffsrechte einer Datei. Linux/Unix kennt für eine Datei drei Zugriffsrechte (`read`, `write`, `execute`) für die drei Benutzerklassen (`owner`, `group`, `others`), was ausführlich im Buch „*Linux-Unix-Systemprogrammierung; H. Herold; Addison-Wesley*" behandelt wird.

Unter Linux/Unix kann der Aufrufer ermitteln, ob eine Datei die entsprechenden Zugriffsrechte hat, indem er die in folgender Tabelle angegebenen Konstanten mit dem in `st_mode` gespeicherten Wert mittels bitweises AND (&) verknüpft.

Konstante	Verknüpfung liefert TRUE, wenn Datei ..... hat
S_IRUSR	(*user-read*) Leserecht für Eigentümer
S_IWUSR	(*user-write*) Schreibrecht für Eigentümer
S_IXUSR	(*user-execute*) Ausführrecht für Eigentümer
S_IRGRP	(*group-read*) Leserecht für Gruppe des Eigentümers
S_IWGRP	(*group-write*) Schreibrecht für Gruppe des Eigentümers
S_IXGRP	(*group-execute*) Ausführrecht für Gruppe des Eigentümers
S_IROTH	(*other-read*) Leserecht für andere Benutzer
S_IWOTH	(*other-write*) Schreibrecht für andere Benutzer
S_IXOTH	(*other execute*) Ausführrecht für andere Benutzer

31.3.1 `chmod()` – Ändern der Zugriffsrechte für eine Datei

Um Zugriffsrechte einer bereits existierenden Datei zu ändern, steht die Funktion `chmod()` zur Verfügung.

```
#include  <sys/stat.h>
#include  <sys/types.h>

int chmod(const char *pfad, int modus);
```
gibt zurück: 0 (bei Erfolg); -1 bei Fehler

Unter Linux/Unix sind für `modus` eine oder mehrere mit | (bitweises OR) verknüpfte Konstanten aus folgender Tabelle anzugeben:

Konstante	Bedeutung
S_ISUID	set-user-ID Bit
S_ISGID	set-group-ID Bit
S_ISVTX	sticky Bit (saved-text Bit)
S_IRUSR	read (user; Lese-Recht für Eigentümer)
S_IWUSR	write (user; Schreib-Recht für Eigentümer)
S_IXUSR	execute (user; Ausführ-Recht für Eigentümer)
S_IRWXU	read, write, execute (user; Lese-, Schreib-, Ausführ-Recht für Eigentümer)
S_IRGRP	read (group; Lese-Recht für Gruppe)
S_IWGRP	write (group; Schreib-Recht für Gruppe)
S_IXGRP	execute (group; Ausführ-Recht für Gruppe)
S_IRWXG	read, write, execute (group; Lese-, Schreib-, Ausführ-Recht für Gruppe)
S_IROTH	read (others; Lese-Recht für alle anderen Benutzer)
S_IWOTH	write (others; Schreib-Recht für alle anderen Benutzer)
S_IXOTH	execute (others; Ausführ-Recht für alle anderen Benutzer)
S_IRWXO	read, write, execute (others; Lese-, Schreib-, Ausführ-Recht für Andere)

Beispiel:

Das folgende Programm `rdonly.c` macht alle auf der Kommandozeile angegebenen Dateien für den Eigentümer les- und beschreibbar und für die Gruppe sowie für alle anderen „nur-lesbar":

```
#include    <stdio.h>
#include    <sys/types.h>
#include    <sys/stat.h>

int  main(int argc, char *argv[])
{
   int            i;

   for (i=1; i<argc; i++) {
      fprintf(stderr, "%20s: ", argv[i]);
      if (chmod(argv[i], S_IRUSR | S_IWUSR| S_IRGRP | S_IROTH) < 0)
         fprintf(stderr, ".....Fehler (nicht readonly)\n");
      else
         fprintf(stderr, "readonly gesetzt\n");
   }
   return(0);
}
```

31.3.2 `access()` – Prüfen der Zugriffsrechte für eine Datei

Um zu prüfen, welche Zugriffsrechte für eine Datei vorliegen oder ob eine Datei überhaupt existiert, steht die Funktion `access()` zur Verfügung.

```
#include    <unistd.h>

int access(const char *pfad, int modus);
```
                                  gibt zurück: 0 (bei Erfolg); -1 bei Fehler

Für `modus` ist bei `access()` einer der Werte aus folgender Tabelle anzugeben:

Wert	Bedeutung
F_OK	„Datei existiert"
X_OK	„Ausführung erlaubt"
W_OK	„Schreiben erlaubt"
R_OK	„Lesen erlaubt"
R_OK | W_OK	„Lesen und Schreiben erlaubt"

Beispiel:

Das folgende Programm `attribut.c` gibt für alle auf der Kommandozeile angegebenen Dateien aus, ob sie lesbar, beschreibbar oder ausführbar sind:

```
#include    <stdio.h>
#include    <unistd.h>

int  main(int argc, char *argv[])
{
   int            i;
```

```
    for (i=1; i<argc; i++) {
      printf("%20s: ", argv[i]);
      if (access(argv[i], F_OK) < 0)
         printf(".....(existiert nicht)\n");
      else {
         if (access(argv[i], R_OK) == 0)   printf("lesbar, ");
         if (access(argv[i], W_OK) == 0)   printf("beschreibbar, ");
         if (access(argv[i], X_OK) == 0)   printf("ausfuehrbar, ");
         printf("\n");
      }
   }
   return(0);
}
```

31.4 Größe einer Datei

Die Komponente `st_size` der Struktur `stat` enthält die Größe einer Datei in Bytes. Der in `st_size` enthaltene Wert ist jedoch nur für reguläre Dateien oder Directories aussagekräftig.

In einem Filesystem wird der verfügbare Speicherplatz nicht in einzelnen Bytes, sondern immer nur in Blöcken von Bytes vergeben, wie z. B. 1 024 oder 4 096 Bytes. Mit dem Linux/Unix-Kommando du kann man die von Dateien belegten Blöcke erfragen.

Dies bedeutet, dass `st_size` die Anzahl von Bytes angibt, die in die entsprechende Datei geschrieben wurden, was nicht dem physikalischen Speicherplatz entsprechen muss, der durch diese Datei wirklich belegt wird, da dieser immer ein Vielfaches der entsprechenden Blockgröße ist.

Für Directories enthält `st_size` gewöhnlich einen Wert, der abhängig vom Filesystem ein Vielfaches von 16 oder 512 ist.

Beispiel:

Das folgende Programm `groesse.c` gibt für alle auf der Kommandozeile angegebenen Dateien deren Größe in Bytes aus:

```
#include   <stdio.h>
#include   <stdlib.h>
#include   <sys/types.h>
#include   <sys/stat.h>

int  main(int argc, char *argv[]) {
   unsigned long  i, total = 0;
   struct stat     attribut;
   for (i=1 ; i<argc ; i++) {
      printf("%40s: ", argv[i]);
      if (stat(argv[i], &attribut) == -1) {
         fprintf(stderr, "....stat-Fehler\n");
         exit(1);
```

```
        }
        printf("%7ld Bytes\n", attribut.st_size);
        total += attribut.st_size;
    }
    printf("------------------------------------------------------------\n");
    printf("%40s: %7lu Bytes\n", "Total", total);
    return(0);
}
```

31.5 Zeiten einer Datei

Für jede Datei sind in der Struktur `stat` drei Zeiten vorgesehen, die in folgender Tabelle aufgeführt sind:

Komponente	Bedeutung des Inhalts
`st_atime`	Zeit des letzten Zugriffs (*access time*).
`st_mtime`	Zeit der letzten Änderung des Dateiinhalts (*modification time*)
`st_ctime`	Zeit der letzten i-node-Änderung.

Beispiel:

Das folgende Programm `datzeit.c` gibt für alle auf der Kommandozeile angegebenen Dateien die Zeit der letzten Änderung des Dateiinhalts aus:

```c
#include <stdio.h>
#include <stdlib.h>
#include <time.h>
#include <sys/types.h>
#include <sys/stat.h>

int main(int argc, char *argv[])
{
    int          i;
    struct stat  attribut;

    for (i=1 ; i<argc ; i++) {
        printf("%20s: ", argv[i]);
        if (stat(argv[i], &attribut) == -1) {
            fprintf(stderr, "....stat-Fehler\n");
            exit(1);
        }
        printf("Letzte Änderung: %s", ctime(&attribut.st_mtime));
    }
    return(0);
}
```

31 Dateien, Directories und ihre Attribute

31.6 Directories (Verzeichnisse)

In diesem Kapitel werden Funktionen vorgestellt, die Aktionen auf Directories (Verzeichnisse) ermöglichen, wie z. B. Anlegen von neuen Directories, Löschen von Directories, Lesen der Dateinamen in Directories, Wechseln in andere Directories usw.

31.6.1 `mkdir()` – Anlegen eines neuen Directory

Um ein neues Directory anzulegen, steht die Funktion `mkdir()` zur Verfügung.

```
#include   <sys/types.h>
#include   <sys/stat.h>

int mkdir(const char *pfad, int modus);
```
gibt zurück: 0 (bei Erfolg); -1 bei Fehler

Die Funktion `mkdir()` legt ein neues leeres Directory mit dem Namen `pfad` an, wobei in diesem Directory automatisch die beiden Dateien „." (für Working-Directory) und „.." (für Parent-Directory) angelegt werden.
Die Zugriffsrechte für das Directory werden über `modus` festgelegt.

31.6.2 `rmdir()` – Löschen eines leeren Directory

Um ein leeres Directory zu löschen, steht die Funktion `rmdir()` zur Verfügung.

```
#include   <unistd.h>

int rmdir(const char *pfad);
```
gibt zurück: 0 (bei Erfolg); -1 bei Fehler

Das zu löschende Directory `pfad` muss leer sein, was bedeutet, dass es nur die beiden Einträge „." und „.." enthalten darf.

31.6.3 `chdir()` – Wechseln in ein neues Directory

Mit der Funktion `chdir()` kann in einem ablaufenden Programm in ein neues Directory gewechselt werden.

```
#include   <unistd.h>

int chdir(const char *pfad);
```
gibt zurück: 0 (bei Erfolg); -1 bei Fehler

Jedes ablaufende Programm hat zu einem Zeitpunkt ein aktuelles Working-Directory. Dieses kann es durch den Aufruf von `chdir()` wechseln.

31.6.4 `getcwd()` – Erfragen des Working-Directory-Pfadnamens

Um den momentanen Pfadnamen des Working-Directory zu ermitteln, steht die Funktion `getcwd()` zur Verfügung.

31.6 Directories (Verzeichnisse)

```
#include  <unistd.h>

char *getcwd(char *puffer, size_t puffgroesse);
```
gibt zurück: puffer (bei Erfolg); NULL bei Fehler

getcwd() schreibt an die Speicheradresse puffer den Pfadnamen des Working-Directorys (einschließlich des abschließenden \0). Die Größe des Puffers wird getcwd() über das Argument puffgroesse mitgeteilt.

Oft ist es möglich, für das erste Argument puffer der Zeiger NULL anzugeben; dann alloziert getcwd() selbst mittels malloc(puffgroesse) den benötigten Speicherplatz für den Pfadnamen.

Beispiel:

Das folgende Programm dirdemo.c ist ein Demonstrationsbeispiel zu den eben vorgestellten Funktionen. Es führt für alle auf der Kommandozeile angegebenen Pfadnamen folgendes aus:

- Anlegen eines Directory mit diesem Namen
- Wechseln in dieses Directory
- Ermitteln und Ausgeben des aktuellen Working-Directory-Namens
- Wechseln zurück in das ursprüngliche Directory
- Löschen des neu angelegten Directory

```c
#include  <stdlib.h>
#include  <stdio.h>
#include  <unistd.h>

int main(int argc, char *argv[]) {
  int    i;
  char   old_dirname[100], dirname[100];

  if (getcwd(old_dirname, 100) == NULL) { /* Ermitteln des Work.-Dir.-Namens */
    fprintf(stderr, "kann Namen des Working-Directorys nicht ermitteln\n");
    exit(1);
  }
  fprintf(stderr, "....Programm wurde gestartet im Directory %s\n", old_dirname);

  for (i=1; i<argc; i++) {
    if (mkdir(argv[i], 0777) < 0) {   /*----- Anlegen des entspr. Directory */
      fprintf(stderr, "kann Directory '%s' nicht anlegen\n", argv[i]);
      continue;
    }
    if (chdir(argv[i]) < 0) {         /*----- Wechseln in entspr. Directory */
      fprintf(stderr, "kann nicht in Directory '%s' wechseln\n", argv[i]);
      continue;
    }
    if (getcwd(dirname, 100) == NULL) /* Ermitteln des Work.-Dir.-Namens */
      fprintf(stderr, ". kann Namen des Working-Directorys nicht ermitteln\n");
    else
```

```
                fprintf(stderr, ".....Befinde mich nun im Directory '%s'\n", dirname);

        if (chdir(old_dirname) < 0) {    /*----- Wechseln in ursprgl. Directory */
            fprintf(stderr, ". kann nicht in urspruengliches Directory"
                           " zurueckwechseln\n");
            exit(2);
        }
        if (rmdir(argv[i]) < 0) { /*----- Loeschen des neu angelegten Directorys */
            fprintf(stderr, "kann Directory '%s' nicht loeschen\n", argv[i]);
            continue;
        }
    }
    if (getcwd(dirname, 100) == NULL) /* Ermitteln des Working-Directory-Namens */
        fprintf(stderr, "kann Namen des Working-Directorys nicht ermitteln\n");
    else
        fprintf(stderr, ".....Befinde mich nun wieder im Directory %s\n", dirname);
    return(0);
}
```

Der Aufruf

```
user@linux:~ >  dirdemo aaa bbb /usr/include/mein.h ⏎
```

liefert z. B. folgende Ausgabe:

```
....Programm wurde gestartet im Directory /suse/herold/c_buch/src/kap32
.....Befinde mich nun im Directory '/suse/herold/c_buch/src/kap32/aaa'
.....Befinde mich nun im Directory '/suse/herold/c_buch/src/kap32/bbb'
kann Directory '/usr/incle/mein.h' nicht anlegen
.....Befinde mich nun wieder im Directory /suse/herold/c_buch/src/kap32
```

31.6.5 `struct dirent` – Aufbau eines Eintrags in einer Directory-Datei

Das Format der Einträge in einer Directory-Datei hängt vom jeweiligen System ab. Um Programme schreiben zu können, die etwas systemunabhängiger sind, existiert die Struktur `dirent`, die in `<dirent.h>` definiert sein muss:

```
struct dirent {
    ino_t  d_ino;         /* i-node-Nr (nicht in DOS)                      */
    char   d_name[x+1];   /* Größe x=systemabh.; Dateiname (mit abschl. \0) */
};
```

31.6.6 `opendir()`, `readdir()`, `rewinddir()` und `closedir()` – Lesen von Directories

Der Inhalt einer Directory-Datei darf von jedermann gelesen werden, der die entsprechenden Zugriffsrechte auf diese Directory-Datei hat. Das explizite Beschreiben einer Directory-Datei (z. B. mittels `write()`) ist jedoch nur dem Betriebssystemkern gestattet, um zu verhindern, dass das ganze Filesystem korrumpiert wird. Um neue Dateien in einem Directory (z. B. mittels `fopen()` oder `mkdir()`) anzulegen oder (mittels `remove()`, `unlink()` oder `rmdir()`) zu löschen, muss man unter Linux/Unix für das betreffende Directory zumindest Schreib- und Ausführrechte besitzen.

Um eine einheitliche Schnittstelle für das Lesen der doch sehr systemabhängigen Directory-Formate zu erhalten, existieren die folgenden vier Funktionen opendir(), readdir(), rewinddir() und closedir() vor.

```
#include    <sys/types.h>
#include    <dirent.h>

DIR *opendir(const char *pfad);
```
gibt zurück: DIR-Zeiger (bei Erfolg); NULL bei Fehler

```
struct dirent *readdir(DIR *zgr);
```
gibt zurück: struct dirent-Zeiger (bei Erfolg); NULL bei Fehler

```
void rewinddir(DIR *zgr);

int closedir(DIR *zgr);
```
gibt zurück: 0 (bei Erfolg); -1 bei Fehler

Die Struktur DIR ist eine interne Struktur, die von diesen vier Funktionen benutzt wird, um Informationen über das zu lesende Directory zu halten und untereinander auszutauschen. Der von der Funktion opendir() zurückgegebene Zeiger auf die Struktur DIR wird von den anderen drei Funktionen benutzt, um den Inhalt eines Directory schrittweise zu lesen (readdir()), den „Lesezeiger" im Directory wieder auf den Anfang der Namensliste zu stellen (rewinddir()) oder aber die Directory-Datei zu schließen (closedir()) und damit den Lesevorgang in diesem Directory zu beenden.

Nach einem opendir() wird mit dem ersten readdir() der erste Eintrag aus der Directory-Datei gelesen. Jedes weitere readdir() liest dann immer den nächsten Eintrag.

Die Reihenfolge, in der die Einträge in einem Directory von readdir() gelesen werden, ist implementierungsabhängig und muss nicht alphabetisch sein.

Beispiel:

Das folgende Programm ldat.c ist ein Demonstrationsbeispiel zu den eben vorgestellten Funktionen. Es listet die Dateinamen des Directory auf, dessen Name auf der Kommandozeile angegeben ist. Ist kein Argument auf der Kommandozeile angegeben, gibt es die Namen der Dateien des Working-Directory aus.

```
#include    <stdio.h>
#include    <stdlib.h>
#include    <string.h>
#include    <dirent.h>
#include    <sys/types.h>

int  main(int argc, char *argv[]) {
  char            dir_name[1000];
  DIR             *dir;
  struct dirent   *dir_info;
```

31 Dateien, Directories und ihre Attribute

```
    if (argc > 2) {
        fprintf(stderr, "Es ist nur ein Argument (Directory-Name) erlaubt\n");
        exit(1);
    }
    if (argc==2)
        strcpy(dir_name, argv[1]);
    else
        strcpy(dir_name, ".");  /* working directory */
    if ( (dir = opendir(dir_name)) == NULL) {
        fprintf(stderr, "kann %s nicht eroeffnen", dir_name);
        exit(2);
    }
    while ( (dir_info = readdir(dir)) != NULL)
        printf("%s\n", dir_info->d_name);
    closedir(dir);
    return(0);
}
```

Ruft man `ldat` (ohne jegliche Argumente) auf, dann gibt es die Dateinamen des Working-Directory aus, wie z. B.:

```
.
..
treesize.c
baum.c
dateiart.c
dateiart
datzeit
groesse.c
ldat.c
rdonly.c
attribut.c
datzeit.c
devnr.c
dirdemo.c
```

31.6.7 Durchlaufen eines ganzen Directorybaums

Das folgende Programm `baum.c` ist ein Demonstrationsprogramm zum Durchlaufen eines ganzen Directorybaums mit allen seinen Sub- und Subsubdirectories. Es gibt den Inhalt des Directory, das auf der Kommandozeile angegeben ist, in Baumform aus.

Dieses Programm `baum.c` ist so aufgebaut, dass es leicht an andere Aufgabenstellungen angepaßt werden kann, wie z. B. Ermitteln der Größe aller Dateien eines Directorybaums oder aber Suchen eines Strings in allen Dateien eines Directorybaums.

```
#include <stdio.h>
#include <stdlib.h>
#include <limits.h>
#include <string.h>
```

31.6 Directories (Verzeichnisse)

```c
#include    <dirent.h>
#include    <sys/types.h>
#include    <sys/stat.h>
#include    <unistd.h>
/*---- Konstantendefinitionen ----------------------------------------*/
#define FTW_F      1    /* Datei ist kein Directory */
#define FTW_D      2    /* Datei ist ein Directory */
#define FTW_DNR    3    /* Nichtlesbares Directory */
#define FTW_NS     4    /* Datei, auf die stat erfolglos ist */
#define MAX_PFAD   1000
/*---- Typdefinitionen -----------------------------------------------*/
typedef int MEIN_AUSWERT(const char *, const struct stat *, int);
/*---- Variablendefinitionen -----------------------------------------*/
static char         pfadname[MAX_PFAD];
static int          tiefe = 0;
static long int     dateizahl = 0;
/*---- Forward-Funktionsdeklarationen --------------------------------*/
static MEIN_AUSWERT mein_auswert;
static int          baum_abstieg(char *, MEIN_AUSWERT *);
static int          pfad_behandel(MEIN_AUSWERT *);
/*---- main ----------------------------------------------------------*/
int main(int argc, char *argv[]) {
    if (argc != 2) {
        fprintf(stderr, "usage:  %s directory\n", argv[0]);
        exit(1);
    }
    return( baum_abstieg(argv[1], mein_auswert) );
}
/*---- baum_abstieg --------------------------------------------------*/
static int baum_abstieg(char *pfad, MEIN_AUSWERT *funktion) {
    char    dirname[1000];
    int     n;

    if (getcwd(dirname, 1000) == NULL) { /* Ermitteln des Working-Directory-Namens */
        fprintf(stderr, "....kann Name des Working-Directorys nicht ermitteln\n");
        exit(2);
    }
    if (chdir(pfad) < 0) {                      /* In angegebenen Pfad wechseln */
        fprintf(stderr, "....kann nicht zu %s wechseln\n", pfad);
        exit(3);
    }
    if (getcwd(pfadname, MAX_PFAD) == NULL) { /* Absoluten Pfadnamen ermitteln */
        fprintf(stderr, "....Fehler bei getcwd fuer %s\n", pfad);
        exit(4);
    }
    n = pfad_behandel(funktion);

    printf("\n==== %ld Datei(en) ====\n", dateizahl);

    if (chdir(dirname) < 0) {   /*----- Wechseln in ursprgl. Directory */
```

887

```
            fprintf(stderr, ".... kann nicht in ursprgl. Directory zurueckwechseln\n");
            exit(5);
        }
        return(n);
    }
/*---- pfad_behandel ------------------------------------------*/
static int  pfad_behandel(MEIN_AUSWERT *funktion) {
    struct stat     statpuff;
    struct dirent   *direntz;
    DIR             *dirz;
    int             n;
    char            *zgr;

    if (stat(pfadname, &statpuff) < 0)
        return(funktion(pfadname, &statpuff, FTW_NS));  /* Fehler bei stat */
    if ((statpuff.st_mode & S_IFDIR) == 0)
        return(funktion(pfadname, &statpuff, FTW_F));   /* kein Directory */
    /* Es liegt ein Directory vor, fuer das zuerst funktion()
     * aufgerufen wird, bevor jeder einzelne Dateiname dieses Directorys
     * bearbeitet wird.                                             */
    if ( (dirz = opendir(pfadname)) == NULL) { /* Directory nicht lesbar */
        closedir(dirz);
        return(funktion(pfadname, &statpuff, FTW_DNR));
    }
    if ( (n = funktion(pfadname, &statpuff, FTW_D)) != 0) /* Ausg. von Dir.pfad */
        return(n);
    zgr = pfadname + strlen(pfadname);    /* Slash an Pfadnamen anhaengen */
    *zgr++ = '/';
    *zgr = '\0';

    while ( (direntz = readdir(dirz)) != NULL) {
        /* . und .. ignorieren */
        if (strcmp(direntz->d_name, ".") && strcmp(direntz->d_name, "..")) {
            strcpy(zgr, direntz->d_name); /* Dateinamen nach Slash anhaengen */
            tiefe++;
            if (pfad_behandel(funktion) != 0) {    /* Rekursion */
                tiefe--;
                break;
            }
            tiefe--;
        }
    }
    *(zgr-1) = '\0';      /* Nach Slash alles wieder loeschen */

    if (closedir(dirz) < 0)
        fprintf(stderr, "....closedir fuer %s schlug fehl", pfadname);
    return(n);
}
/*---- mein_auswert ------------------------------------------*/
static int  mein_auswert(const char *pfad, const struct stat *statzgr,
```

31.6 Directories (Verzeichnisse)

```
                          int dateityp) {
   static int   erstemal=1;
   int          i;

   dateizahl++;
   if (!erstemal) {
      for (i=1 ; i<=tiefe ; i++)
         printf("%4c|", ' ');
      printf("----%s", strrchr(pfad, '/')+1);
   } else {
      printf("%s", pfad);
      erstemal = 0;
   }
   switch (dateityp) {
       case FTW_F:
          if (statzgr->st_mode & S_IFCHR)       printf(" c\n");
          else if (statzgr->st_mode & S_IFREG)  printf("\n");
          break;
       case FTW_D:
          printf("/\n");
          break;
       case FTW_DNR:
          printf("/-\n");
          break;
       case FTW_NS:
          fprintf(stderr, "....Fehler bei stat auf Datei %s\n", pfad);
          break;
       default:
          fprintf(stderr, "....Unbekannter Dateityp (%d) bei Datei %s\n",
                  dateityp, pfad);
          exit(6);
   }
   return(0);
}
```

Ruft man dieses Programm z. B. wie folgt auf:

```
user@linux:~ > baum ..  ⏎
```

könnte es folgende Form der Ausgabe liefern:

```
/suse/herold/c_buch/src/
   |----kap1/
   |    |----erst.c
   |    |----zweit.c
   |    |----engel.c
   |    |----komment.c
   |    |----menue.c
   |----kap6/
   |    |----lshift.c
   |    |----tausch.c
   |    |----intaus.c
```

```
     |    |----floataus.c
     |    |----einkompl.c
     |    |----bitand.c
     |    |----bitor.c
     |    |----bitgleit.c
     |    |----aribit.c
     |    |----logbit.c
     |    |----opshift.c
     |    |----zusop.c
     |    |----addmult.c
     |    |----inkrdekr.c
     |    |----inkdek.c
     |    |----postprae.c
     |    |----arishift.c
     |    |----shifting.c
     |    |----zusop2.c
     |    |----nytimes.c
     |    |----kettenpi.c
     |----kap7/
     |    |----kreis.c
     |    |----benzinv.c
     |    |----erdumf.c
     |    |----geldstap.c
     |    |----kugel.c
     |----kap9/
     |    |----cast.c
     :    :    ::::::::::
     :    :    ::::::::::
     |----kap32/
     |    |----treesize.c
     |    |----baum.c
     |    |----dateiart.c
     |    |----groesse.c
     |    |----ldat.c
     |    |----rdonly.c
     |    |----attribut.c
     |    |----datzeit.c
     |    |----devnr.c
     |    |----dirdemo.c

==== 968 Datei(en) ====
```

31.7 Gerätedateien

In der Struktur `stat` sind die zwei Komponenten `st_dev` und `st_rdev` enthalten. Während unter DOS beide Komponenten den gleichen Wert, nämlich die Laufwerksnummer haben, haben sie unter Linux/Unix unterschiedliche Bedeutung:

`st_dev`

> enthält für jeden Dateinamen die Gerätenummer des Filesystems, in dem sich diese Datei und ihr zugehöriger i-node befindet.

`st_rdev`

> hat nur für zeichen- und blockorientierte Gerätedateien einen definierten Wert, nämlich die Gerätenummer des zugeordneten Geräts. Die *major number* legt dabei den Gerätetyp fest, während die *minor number*, die dem entsprechenden Gerätetreiber übergeben wird, zur Unterscheidung von verschiedenen Geräten des gleichen Typs dient.

Beispiel:

Das folgende Programm `devnr.c` gibt für jeden auf der Kommandozeile angegebenen Dateinamen dessen Gerätenummer aus. Handelt es sich dabei um eine zeichen- oder blockorientierte Datei, so gibt es zusätzlich noch die Gerätenummer des zugeordneten Geräts aus.

```c
#include    <sys/sysmacros.h> /* fuer Makros minor/minor; in BSD: <sys/types.h> */
#include    <sys/stat.h>
#include    <stdio.h>
#include    <stdlib.h>

int main(int argc, char *argv[]) {
   struct stat    statpuff;
   int            i;

   for (i=1 ; i<argc ; i++) {
      printf("%20s: ", argv[i]);
      if (stat(argv[i], &statpuff) < 0)
         fprintf(stderr, "Fehler bei lstat (%s)\n", argv[i]);
      else {
         printf("dev = %2d/%2d", major(statpuff.st_dev), minor(statpuff.st_dev));
         if (S_ISCHR(statpuff.st_mode) || S_ISBLK(statpuff.st_mode) ) {
            printf("; rdev = %2d/%2d (%s",
                   major(statpuff.st_rdev), minor(statpuff.st_rdev),
                   (S_ISCHR(statpuff.st_mode)) ? "zeichen" : "block");
            printf("orient.)");
         }
      }
      printf("\n");
   }
   return(0);
}
```

Nachdem wir das Programm `devnr.c` kompiliert und gelinkt haben

```
user@linux:~ >   cc -o devnr devnr.c ⏎
```

wollen wir es testen

31 Dateien, Directories und ihre Attribute

```
user@linux:~ >  devnr / /suse/herold /C /D /dev/tty1 /dev/fd0 ⏎
             /: dev =  3/ 5
   /suse/herold: dev =  0/ 7
             /C: dev =  3/ 2
             /D: dev =  3/ 3
      /dev/tty1: dev =  3/ 5; rdev =  4/ 1 (zeichenorient.)
      /dev/fd0:  dev =  3/ 5; rdev =  2/ 0 (blockorient.)
user@linux:~ >  _
```

In welcher Headerdatei die beiden Makros `major` und `minor` definiert sind, ist systemabhängig.

31.8 Übung: Ermitteln der Bytes eines Directory

Erstellen Sie ein Programm `treesize.c`, das für das auf der Kommandozeile angegebene Directory den gesamten Speicherplatz ermittelt, der von diesem Directorybaum belegt wird.

Möglicher Ablauf des Programms `treesize.c`:

```
user@linux:~ >  treesize /suse/herold/c_buch ⏎
/suse/herold/c_buch: 110804051 Bytes (110804 KBytes)
```

Kapitel 32

Die Umgebung eines ablaufenden Programms

> *Es soll sich regen, schaffend handeln,*
> *erst sich gestalten, dann verwandeln;*
> *nur scheinbar stehts Momente still.*
> *Das Ewige regt sich fort in allen;*
> *denn alles muß in Nichts zerfallen,*
> *wenn es im Sein beharren will.*
> Goethe

Unter Linux/Unix gibt es den Begriff *„Prozeß"*. Ein Prozeß läßt sich am einfachsten und verständlichsten durch folgende Definition beschreiben:

Prozeß = Programm während der Ausführung

Wird ein Programm aufgerufen, so wird der entsprechende Programmcode in den Hauptspeicher geladen und dann gestartet. Das dann ablaufende Programm wird als Prozeß bezeichnet. Wird dasselbe Programm (wie z. B. das Unix-Kommando ls) gleichzeitig mehrmals (z. B. von verschiedenen Benutzern) gestartet, so handelt es sich dabei um mehrere verschiedene Prozesse, obwohl alle das gleiche Programm ausführen.
In diesem Kapitel wird zunächst der Start und die Beendigung eines Linux/Unix-Prozesses beschrieben, bevor auf die Umgebung (*environment*) von Prozessen genauer eingegangen wird.

32.1 Start eines Prozesses

Die Ausführung eines C-Programms beginnt immer bei der Funktion main(). Jedoch ist dieser main()-Funktion eine eigene Startup-Routine vorgelagert.

32.1.1 Startup-Routine - Startadresse eines Programms

Wird ein Programm vom Systemkern gestartet, so wird zuerst eine spezielle Startup-Routine (vor der eigentlichen `main()`-Funktion) aufgerufen. Diese Startup-Routine, die immer vom Linker zum ausführbaren Programm dazugebunden wird, ist die eigentliche Startadresse des entsprechenden Programms.

Die Startup-Routine sorgt dafür, dass vor dem eigentlichen Aufruf von `main()` der Prozeß mit Daten (Kommandozeilen-Argumente und Environment-Variablen) aus dem Betriebssystemkern versorgt wird.

32.1.2 `main()` – Benutzerdefinierter Startpunkt eines Programms

Die Prototyp-Deklaration für `main()` ist

```
int main(int argc, char *argv[]);
```

`argc` ist dabei die Anzahl der Argumente auf der Kommandozeile und `argv` ist ein Array von Zeigern auf die einzelnen Argumente.

`argv[0]` ist immer das erste Argument, nämlich genau der beim Aufruf angegebene Programmname.

Standard-C garantiert, dass `argv[argc]` ein NULL-Zeiger ist. Somit sind Schleifen wie die folgende erlaubt:

```
for (i=0 ; argv[i] != NULL ; i++)
```

32.2 Beendigung eines Prozesses

Ein Prozeß kann auf unterschiedlichste Weise beendet werden:

1. Normale Beendigung
   - Normales Beenden der Funktion `main()` (mit oder ohne `return`)
   - Aufruf der Funktionen `exit()` oder `_exit()`
2. Anormale Beendigung
   - Aufruf der Funktion `abort()`
   - durch interne oder externe Signale

Wir werden uns hier nur mit der normalen Beendigung eines Prozesses beschäftigen. Die anormale Beendigung eines Prozesses mittels `abort()` oder durch ein Signal wird in Kapitel 34 besprochen.

32.2.1 Exit-Status eines Prozesses

Jeder Prozeß hat einen *Exit-Status*, den er bei seiner Beendigung an den aufrufenden Prozeß zurückgibt. Es zeugt von einem sauberen Programmierstil, wenn jedes Programm explizit einen benutzerdefinierten Exit-Status liefert. Beendet man ein Programm ohne die Rückgabe eines Exit-Status, so ist dieser undefiniert, was andere Prozesse (wie z. B. Unix-Shellskripts), die sich auf den Exit-Status verlassen, in Schwierigkeiten bringen kann.

32.2 Beendigung eines Prozesses

Der Exit-Status für ein Programm ist in folgenden Fällen nicht definiert:

- Automatische Rückkehr aus der Funktion `main()` durch Beendigung des Codes.
- Aufruf von `return; /* Keine Angabe eines Rückgabewerts */` in `main()`.
- Aufruf von `exit()` oder `_exit()` im Programm.

So ist z. B. beim folgenden Programm `noexstat.c` der Exit-Status undefiniert.

```
#include   <stdio.h>
#include   <stdlib.h>

#define MWST   0.16

int main(void)
{
   char   eingabe[1000];
   float zahl;

   printf("Gib eine Gleitpunktzahl (verschieden von 0) ein: ");
   fgets( eingabe, 1000, stdin );

   zahl = atof( eingabe );
   if (zahl != 0)
      printf("Die Mehrwertsteuer zu %g ist: %g\n", zahl, zahl*MWST);
}
```

Startet man dieses Programm interaktiv, so hat dieser fehlende Exit-Status keine Auswirkung, wie z. B.:

```
user@linux:~ >  noexstat ⏎
Gib eine Gleitpunktzahl (verschieden von 0) ein: 33.4 ⏎
Die Mehrwertsteuer zu 33.4 ist: 5.344

user@linux:~ >  noexstat ⏎
Gib eine Gleitpunktzahl (verschieden von 0) ein: hallo ⏎
```

Es gibt also das Erwartete aus und scheint damit richtig zu sein. Rufen wir dieses Programm aber aus einem Shellskript heraus auf, und erfragen seinen Exit-Status, dann treten die Schwierigkeiten auf.

```
user@linux:~ >  cat teste ⏎
if noexstat
then
   echo "... Ausfuehrung von noexstat war erfolgreich"
else
   echo "... Ausfuehrung von noexstat ging schief"
fi

user@linux:~ >  chmod u+x teste ⏎

user@linux:~ >  teste ⏎
```

```
Gib eine Gleitpunktzahl (verschieden von 0) ein: 33.4 ⏎
Die Mehrwertsteuer zu 33.4 ist: 5.344
... Ausfuehrung von noexstat ging schief

user@linux:~ >  teste ⏎
Gib eine Gleitpunktzahl (verschieden von 0) ein: hallo ⏎
... Ausfuehrung von noexstat war erfolgreich

user@linux:~ > _
```

Der fehlende und damit undefinierte Exit-Status führt also dazu, dass hier angenommen wird, dass das Programm noexstat nicht erfolgreich ablief, obwohl es erfolgreich ausgeführt wurde und umgekehrt.

Um dieses Programm zu vervollständigen, müßte an jeder Stelle, an der das Programm sich beenden kann, entweder

 exit();   bzw.
 return(); oder return ;

mit den entsprechenden Exit-Wert angegeben werden, was dazu führt, dass dieses Programm bei erfolgreichem Ablauf dem aufrufenden Prozess den Exit-Status 0 (erfolgreich) liefert, und sonst einen von 0 verschiedenen Exit-Wert, wie dies z. B. im folgenden Programm exstat.c gezeigt ist:

```c
#include  <stdio.h>
#include  <stdlib.h>

#define MWST  0.16

int main(void)
{
   char   eingabe[1000];
   float  zahl;

   printf("Gib eine Gleitpunktzahl (verschieden von 0) ein: ");
   fgets( eingabe, 1000, stdin );

   zahl = atof( eingabe );
   if (zahl != 0) {
      printf("Die Mehrwertsteuer zu %g ist: %g\n", zahl, zahl*MWST);
      exit(0);
   }
   return 1;
}
```

Schreiben wir unser Shell-Skript nun um, wie es nachfolgend gezeigt ist:

```
if exstat
then
   echo "... Ausfuehrung von exstat war erfolgreich"
else
   echo "... Ausfuehrung von exstat ging schief"
fi
```

und starten es, so sind die vorherigen Schwierigkeiten beseitigt:

```
user@linux:~ > chmod u+x teste2 ⏎

user@linux:~ > teste2 ⏎
Gib eine Gleitpunktzahl (verschieden von 0) ein: 33.4 ⏎
Die Mehrwertsteuer zu 33.4 ist: 5.344
... Ausfuehrung von exstat war erfolgreich

user@linux:~ > teste2 ⏎
Gib eine Gleitpunktzahl (verschieden von 0) ein: hallo ⏎
... Ausfuehrung von exstat ging schief

user@linux:~ > _
```

32.2.2 Normales Beenden der Funktion `main()` mit `return`

Die im vorherigen Kapitel erwähnte Startup-Routine ist nicht nur für den Start eines Prozesses zuständig, sondern auch für seine Beendigung, wenn die Funktion main() sich „ganz normal" wie jede andere Funktion beendet: durch Erreichen des Code-Endes, was nicht empfehlenswert ist (wegen fehlendem Exit-Status), oder durch einen expliziten Aufruf von return.

32.2.3 `exit()` – Normales Beenden eines Programms mit cleanup

Um ein Programm normal zu beenden, wobei zuvor jedoch noch einige „Aufräumarbeiten" durchgeführt werden (wie z. B. alle noch nicht auf Dateien geschriebenen Pufferinhalte auch wirklich physikalisch schreiben), steht die Funktion exit() zur Verfügung.

```
#include   <stdlib.h>

void exit(int status);
```

Diese von Standard-C vorgeschriebene Funktion bewirkt eine normale Programmbeendigung, wobei sie jedoch zuvor noch alle gefüllten Puffer leert, alle geöffneten Dateien schließt und alle temporären Dateien, die mit der Funktion tmpfile() angelegt wurden, löscht.
Nach dem *Cleanup* ruft exit() seinerseits die Routine _exit() auf, um den Prozeß zu beenden und zum Systemkern zurückzukehren.

32.2.4 `_exit()` – Beenden eines Programms ohne cleanup

Um ein Programm zu beenden, wobei jedoch keinerlei „Aufräumarbeiten" wie bei exit() durchgeführt werden, steht die Funktion _exit() zur Verfügung.

```
#include   <unistd.h>

void _exit(int status);
```

Diese Funktion, die eine sofortige Programmbeendigung und Rückkehr zum Systemkern bewirkt, wird für die Systemprogrammierung benötigt und sollte von Applikationsprogrammierern nicht verwendet werden.

32.2.5 `atexit()` – Einrichten von Exithandlern

C89 hat eine neue Funktion `atexit()` eingeführt, mit der mindestens bis zu 32 Funktionen registriert werden können, die automatisch bei Beendigung eines Prozesses aufgerufen werden:

```
#include   <stdlib.h>

int atexit(void (*funktion)(void));
```
gibt zurück: 0 (bei Erfolg); Wert verschieden von 0 bei Fehler

`atexit()` trägt die Funktion, auf die `funktion` (Funktionsname) zeigt, in die Liste von Funktionen ein, die bei normaler Programmbeendigung aufzurufen sind. Solche Funktionen bezeichnet man auch als *Exithandler*.

Die mit `atexit()` registrierten Funktionen (Exithandler) werden bei der Programmbeendigung automatisch in umgekehrter Reihenfolge zur Registrierung aufgerufen. Bei diesem automatischen Aufruf werden keinerlei Argumente an diese Funktionen übergeben und es wird auch kein Rückgabewert erwartet. Jede Funktion wird dabei sooft aufgerufen, wie sie registriert wurde.

Beispiel:

Das folgende Programm `atexit.c` ist ein Demonstrationsprogramm zur Funktion `atexit()`:

```
#include   <stdio.h>
#include   <stdlib.h>
#include   <time.h>

#define fehler_meld(string) {                \
   fprintf(stderr, "%s\n", string);          \
   exit(1);                                  \
}

static void   goodbye(void), tschuess(void), kopfrech(void);

int  main(void) {
   if (atexit(tschuess) != 0)
      fehler_meld("Installation von Exithandler 'tschuess' misslang");
   if (atexit(goodbye) != 0)
      fehler_meld("Installation von Exithandler 'goodbye' misslang");
   if (atexit(kopfrech) != 0)
      fehler_meld("Installation von Exithandler 'kopfrech' misslang");
   if (atexit(goodbye) != 0)
      fehler_meld("Installation von Exithandler 'goodbye' misslang");
   printf(".... Funktion main ist beendet .....\n\n");
   return(0);   /* exit(0) waere auch moeglich,
```

```
                    _exit(0) dagegen wuerde die Exithandler nicht aufrufen */
}

static void    goodbye(void)  { printf("\nGood Bye");                      }
static void    tschuess(void) { printf(" und ....T s c h u e s s\n"); }

static void    kopfrech(void) {
   int    x, y, sum, ergeb;

   srand(time(NULL));   /* Initialisieren des Zufallszahlen-Generators */
   x = rand()%100+1;    /* 2 Zufallszahlen aus Intervall [1,100] ermitteln */
   y = rand()%100+1;
   sum = x+y;

   printf("\n\nZum Abschluss eine kleine Rechenaufgabe: %d + %d = ", x, y);
   scanf("%d", &ergeb);
   if (sum == ergeb)
      printf("         Richtig!!!!!\n\n");
   else
      printf("         Leider Falsch!\n         %d + %d = %d\n", x, y, sum);
}
```

Möglicher Ablauf des Programms `atexit.c`:

```
.... Funktion main ist beendet .....

Good Bye

Zum Abschluss eine kleine Rechenaufgabe: 69 + 55 = 125 ⏎
     Leider Falsch!
     69 + 55 = 124

Good Bye und ....T s c h u e s s
```

32.2.6 Start und Beendigung eines Prozesses im Überblick

Abbildung 32.1 faßt zusammen, wie ein Benutzerprozeß vom Systemkern gestartet wird, und die verschiedenen Möglichkeiten, wie er beendet werden kann.
In Abbildung 32.1 ist zu erkennen, dass ein Unix-Prozeß immer mit einem Aufruf der in Kapitel 33.2 beschriebenen `exec()`-Funktionen gestartet wird, und er sich immer nur mit einem `_exit()` (explizit oder implizit über `exit()` oder `return` in `main()`) beenden kann.
Neben dieser normalen Beendigung eines Prozesses besteht noch die Möglichkeit, dass ein Prozeß anormal (durch `abort()`-Aufruf oder ein Signal) beendet wird. Dies ist in der Abbildung nicht berücksichtigt, wird aber in Kapitel 34 noch ausführlich beschrieben.

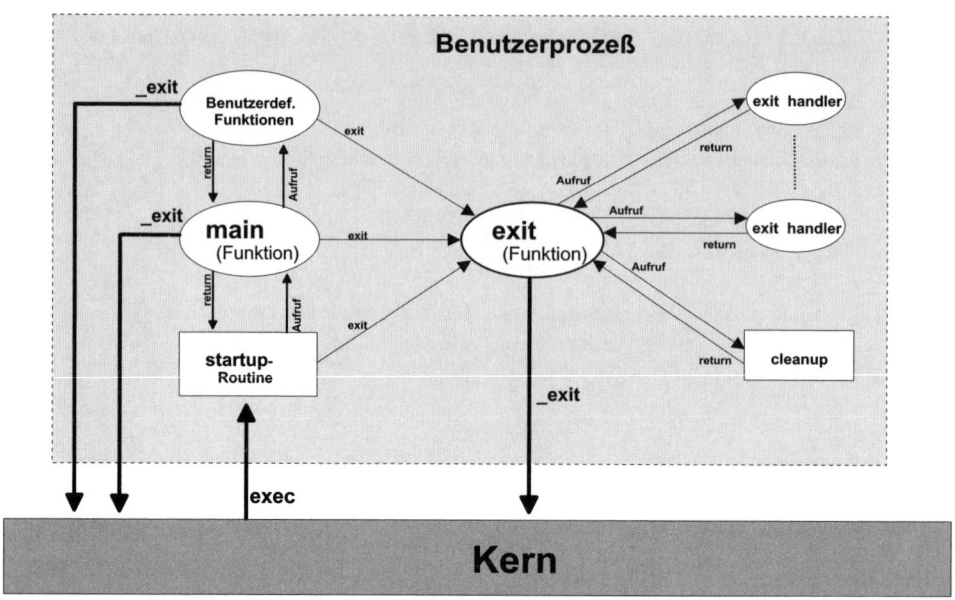

Abbildung 32.1: Starten und Beenden eines Prozesses

32.3 Environment eines Prozesses

Jeder Prozeß besitzt seine eigene Umgebung (*environment*). Diese Environment liegt in Form einer Liste vor, die ihm von der Startup-Routine übergeben wird.

32.3.1 Environment-Liste

Die Environment-Liste ist – wie die Argumenten-Liste (`argv`) – ein Array von Zeigern auf Strings. Die Strings sind – wie bei `argv` – mit \0 abgeschlossen. Die Adresse dieser Environment-Liste ist immer in der globalen Variablen `environ` enthalten:

```
extern char **environ;
```

Abbildung 32.2 zeigt ein Beispiel einer Evironment-Liste mit sechs Strings.
Die Environment eines Prozesses besteht aus Strings der Form `name=wert`.

32.3.2 Zugriff auf die ganze Environment-Liste

Um die ganze Environment-Liste in einem Prozeß zu durchlaufen und dabei auf alle einzelnen Einträge zuzugreifen, gibt es zwei Möglichkeiten:

1. Zugriff über die globale Variable environ

Das folgende Programm `envlist1.c` zeigt diese Möglichkeit, indem es die ganze Environment-Liste mit Hilfe von `environ` durchläuft und alle Einträge aus dieser Liste auf der Standardausgabe ausgibt.

32.3 Environment eines Prozesses

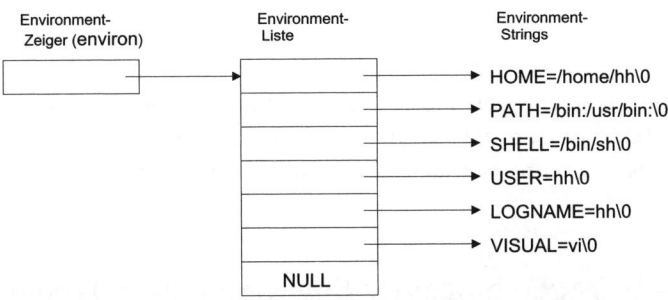

Abbildung 32.2: Environment-Liste mit sechs Strings

```
#include    <stdio.h>

extern char **environ;

int  main(int argc, char *argv[]) {
  int  i;
    for (i=0 ; environ[i] != NULL ; i++)
       printf("%s\n", environ[i]);
    return(0);
}
```

Mögliche Ausgabe durch das Programm `envlist1.c`:

```
HOME=/home/hh
PATH=/bin:/sbin:/usr/bin:/usr/sbin:/usr/etc:/usr/bin/X11:/suse/herold/bin:.
SHELL=/bin/sh
USER=hh
LOGNAME=hh
PWD=/home/hh/work
HOST=hh
EDITOR=vi
PAGER=less
......
```

2. Zugriff über ein drittes Argument in der main()-Funktion

Das folgende Programm `envlist2.c` zeigt diese zweite Möglichkeit, indem es die ganze Environment-Liste mit Hilfe eines dritten Arguments in `main()` (envp) durchläuft und alle Einträge aus dieser Liste auf der Standardausgabe ausgibt. Es leistet das gleiche wie das Programm `envlist1.c`

```
#include    <stdio.h>

int  main(int argc, char *argv[], char *envp[]) {
  int  i;
    for (i=0 ; envp[i] != NULL ; i++)
       printf("%s\n", envp[i]);
```

```
        return(0);
}
```

Um auf spezielle Environment-Variablen zuzugreifen, sollten immer die eigens dafür vorgesehenen Funktionen `getenv()` und `putenv()`, die nachfolgend beschrieben sind, verwendet werden und niemals die globale Variable `environ` herangezogen werden.

32.3.3 `getenv()` – Erfragen einzelner Environment-Variablen

Die einzelnen Einträge in der Environment-Liste sind – wie schon früher erwähnt – Strings der folgenden Form:

name=wert

Die in der Environment-Liste angegebenen *namen* der Variablen haben keinerlei Bedeutung für den Systemkern, sie werden von den entsprechenden Applikationen festgelegt. So gibt z. B. die Shell Variablennamen vor, die sie entweder selbst mit Werten belegt (wie TERM, LOGNAME usw.) oder aber den Benutzer mit Werten belegen läßt (wie z. B. PATH usw.).

Um den *wert* zu einer bestimmten Variablen *name* zu erfragen, steht die Standard-C-Funktion `getenv()` zur Verfügung.

```
#include    <stdlib.h>

char *getenv(const char *name);
        gibt zurück: Zeiger auf den zu name gehörigen wert (wenn name vorhanden); sonst NULL-Zeiger
```

Standard-C macht bezüglich `getenv()` noch folgende Einschränkungen:

❑ Ein streng portables Programm sollte nicht den Speicherplatz modifizieren, den `getenv()` verwendet. Die Adresse dieses Speicherplatzes wird als Rückgabewert geliefert.

❑ Ebenso ist zu beachten, dass ein späterer Aufruf von `getenv()` denselben Speicherplatz wieder verwenden kann, was zum Verlust des alten Inhalts führt. Deshalb ist es empfehlenswert, den von `getenv()` zurückgegebenen String vor einem erneuten `getenv()`-Aufruf in einen eigenen Speicherplatz zu kopieren, wenn dieser String später noch benötigt wird.

Hinweis:
Standard-C schreibt keinerlei Namen von Environment-Variablen vor. Es hängt von der jeweiligen Implementierung ab, welche Environment-Variablen definiert sind.

32.3.4 `putenv()`, `setenv()` und `unsetenv()` – Ändern, Hinzufügen oder Löschen von Environment-Variablen

Um in der Environment-Liste Einträge zu ändern, neue Einträge hinzuzufügen oder Einträge zu löschen, stehen die Funktionen `putenv()`, `setenv()` und `unsetenv()` zur Verfügung.

```
#include    <stdlib.h>

int putenv(const char *eintrag);
int setenv(const char *name, const char *wert, int ueberschreib);
```
                    beide geben zurück: 0 (bei Erfolg); Wert verschieden von 0 bei Fehler

```
void unsetenv(const char *name);
```

putenv()

> putenv() nimmt den String eintrag, der die Form *name=wert* haben muss, und trägt ihn in die Environment-Liste ein. Falls *name* bereits existiert, wird dessen alte Definition zuvor aus der Environment-Liste entfernt.

setenv()

> setenv() macht in der Environment-Liste einen Eintrag der Form name=wert. Falls name bereits existiert, wird dessen alte Definition nur dann aus der Environment-Liste entfernt, wenn ueberschreib einen Wert verschieden von 0 hat, andernfalls bleibt die Environment-Liste unverändert, was nicht als Fehler gewertet wird.

unsetenv()

> unsetenv() löscht in der Environment-Liste den zum angegebenen namen gehörigen Eintrag. Es wird nicht als Fehler gewertet, wenn ein solcher Eintrag nicht existiert.

In Zukunft wird wohl POSIX.1 eine weitere Funktion clearenv() aufnehmen, die das Löschen der ganzen Environment-Liste ermöglicht.

32.3.5 Übung: Realisierung des which-Kommandos

Ruft man unter Linux/Unix ein Programm auf, so wird nach diesen Namen in den Directories gesucht, die in der Environment-Variable PATH angegeben sind. Unter Linux/Unix gibt es nun ein Kommando which, das bei einem Aufruf wie

```
user@linux:~  >   which progname  ⏎
```

den Pfad des Programms *progname* ausgibt, das bei einem Aufruf von

```
user@linux:~  >   progname  ⏎
```

ausgeführt werden würde. Erstellen Sie ein Programm mywhich.c, das dieses Kommando nachbildet.
Mögliche Abläufe des Programms mywhich.c:

```
user@linux:~  >   mywhich which  ⏎
--- Programm : which
      /usr/bin/which
user@linux:~  >   mywhich mywhich  ⏎
--- Programm : mywhich
      ./mywhich
```

32 Die Umgebung eines ablaufenden Programms

```
user@linux:~ >  mywich cc ⏎
--- Programm : cc
      /usr/bin/cc
```

Kapitel 33

Starten eines anderen Programms

> *Ein Jüngling liebt ein Mädchen,*
> *die hat einen anderen erwählt;*
> *der andere liebt eine andere*
> *und hat sich mit dieser vermählt.*
> *Das Mädchen nimmt aus Ärger*
> *den ersten besten Mann,*
> *der ihr in den Weg gelaufen,*
> *der Jüngling ist übel dran.*
> Heinrich Heine

In manchen Situationen ist es erwünscht, dass man von einem Programm aus ein anderes Programm aufruft, wie z. B. den Editor edit oder vi. Funktionen mit denen dies möglich ist, werden hier vorgestellt.

33.1 Die Funktion `system()`

Um aus einem Programm ein anderes lauffähiges Programm zu starten, steht die Standard-C-Funktion system() zur Verfügung.

```
#include   <stdlib.h>

int system(const char *kdozeile);
gibt zurück:  a) kdozeile=NULL: Rückgabe 0, wenn kein Kommandoprozessor verfügbar; verschieden von 0 sonst.
                              So ist feststellbar, ob system()-Funktion auf System verfügbar ist
              b) kdozeile!=NULL: Rückgabe 0 bei erfolgreichem Start des Kommandoprozessors; -1 bei Fehler
```

Obwohl system() eine von Standard-C definierte Funktion ist, ist das Verhalten von system() doch sehr systemabhängig. In der kdozeile können bei einem system()-Aufruf alle in der Shell erlaubten Metazeichen angegeben werden, wie z. B. * für Dateinamenexpandierung, | für Pipe oder > für Dateiumlenkung.

Beispiel:

Das folgende Programm systdemo.c demonstriert die Anwendung der Funktion system(). Es listet nacheinander den Inhalt aller auf der Kommandozeile angegebenen Directories mit dem Linux/Unix-Kommando `ls -C` auf. Sind keine Argumente auf der Kommandozeile angegeben, so listet es mit dem selben Kommando den Inhalt des Working Directory auf:

```c
#include <stdio.h>
#include <stdlib.h>

int main(int argc, char *argv[]) {
  int    i;
  char   kommando[100];
  if (system(NULL) == 0) {
      fprintf(stderr, "....kein Kommandoprozessor fuer system-Aufruf vorh.\n");
      exit(1);
  }
  if (argc == 1)
      system("ls -C");
  else
      for (i=1; i<argc; i++) {
          sprintf(kommando, "ls -C %s", argv[i]);
          printf("Kommando: %s\n", kommando);
          system(kommando);
          printf("......Weiter mit Return");
          getchar();
      }
  return(0);
}
```

Möglicher Ablauf des Programms `systdemo.c`:

```
user@linux:~ >  systdemo  /  /usr  ⏎
Kommando: ls -C /
A              J              dev             lib           opt       tmp
B              Y              dev.new         lib-aout      proc      tmpnet
C              bin            etc             local         root      usr
D              boot           home            lost+found    sbin      var
E              cdrom          home2           mnt           shlib     vmlinuz
......Weiter mit Return ⏎
Kommando: ls -C /usr
GREAT          bin            i486-linux      libexec       share
Icons-0.1      dict           i486-linuxaout  local         spool
X11            dll            i486-sysv4      man           src
X11R5          doc            include         openwin       tmp
X11R6          etc            info            opt
X386           games          lib             sbin
......Weiter mit Return ⏎
```

33.2 Die `exec()`-Funktionen

Wenn ein Prozeß eine der folgenden sechs `exec()`-Funktionen aufruft, so wird er vollständig durch das angegebene neue Programm ersetzt. Das neue Programm beginnt seine Ausführung bei seiner `main()`-Funktion.

Es stehen sechs verschiedene exec()-Funktionen zur Verfügung.

```
#include   <unistd.h>

int execl(const char *pfadname, const char *arg0, ... /* NULL */ );
int execv(const char *pfadname, char *const argv[]);
int execle(const char *pfadname, const char *arg0, ... /*, NULL, char *envp[] */ );
int execve(const char *pfadname, char *const argv[], char *const envp[]);
int execlp(const char *dateiname, const char *arg0, ... /* NULL */);
int execvp(const char *dateiname, char *const argv[]);
              alle sechs geben zurück: -1 bei Fehler; keine Rückkehr bei Erfolg
```

Ein exec()-Aufruf bewirkt, dass das über die Argumente angegebene Programm in den Speicher über das alte Programm, das die exec()-Funktion aufruft, geladen wird und nun mit der Ausführung dieses neuen Programms fortgefahren wird. Das alte Programm ist somit nicht verfügbar, da seine Segmente (Codesegment, Datensegment, Heap und Stack) durch das neue Programm überschrieben wurden.

33.2.1   Unterschiede der exec()-Funktionen im Überblick

Die Namen der exec()-Funktionen unterscheiden sich in nur wenigen Buchstaben. Diese angehängten Buchstaben sind Abkürzungen mit folgenden Bedeutungen:

l (*list*):

Komandozeilen-Argumente werden in Form einer Liste übergeben.

v (*vector*):

Komandozeilen-Argumente werden als Vektor (argv[]) übergeben.

p (*path*):

steht für PATH und bedeutet, dass diese Funktion einen Dateinamen (und nicht einen Pfadnamen) als Argument erwartet. Bei den beiden letzten exec-Funktionen, für die dies zutrifft, bedeutet dies, dass der angegebene dateiname eine ausführbare Datei ist, nach der in den PATH-Directories gesucht wird.

e (*environment*):

Funktion erwartet die Environment-Liste als Vektor (envp[]) und benutzt nicht die aktuelle Environment.

Die folgende Tabelle zeigt die Unterschiede zwischen den sechs exec()-Funktionen im Überblick.

Funktion	Pfadname	Dateiname	Argliste	argv[]	environ	envp[]
execl	x		x		x	
execlp		x	x		x	
execle	x		x			x
execv	x			x	x	
execvp		x		x	x	
execve	x			x		x
Buchstabe im Namen		p	l	v		e

33.2.2 Interpretation des Dateinamens bei `execlp()` und `execvp()`

Wenn eine Funktion als Argument einen Dateinamen erwartet (`execlp()` und `execvp()`), dann gilt folgendes:

- Enthält der beim Aufruf angegebene Dateiname einen Slash /, so wird er als Pfadname interpretiert,

- andernfalls wird in den PATH-Directories nach einer ausführbaren Datei diesen Namens gesucht. Wird eine solche Datei gefunden, so wird sie für den Fall, dass sie ausführbar ist, direkt gestartet.

33.2.3 Unterschiede in der Form der Argumentübergabe

`execl()`, `execlp()`, `execle()`

Hier müssen die Kommandozeilen-Argumente des neu zu startenden Programms einzeln in Form einer Liste (**l**) angegeben werden. Das Ende der Argumentliste muss dabei durch einen NULL-Zeiger angezeigt werden.

`execv()`, `execvp()`, `execvle()`

Hier müssen die Kommandozeilen-Argumente des neu zu startenden Programmms in einem String-Vektor (**v**) der Form (`char *argv[]`) abgelegt werden, und die Adresse dieses Vektors muss beim Aufruf dieser Funktionen angegeben werden.

33.2.4 Unterschiede bei Benutzung der Environment

Die beiden Funktionen `execle()` und `execve()` (enden mit **e**) lassen es zu, dass man die Adresse eines Environment-Vektors (`char *envp[]`) übergibt, der die Environment-Strings enthält.

Die anderen vier Funktionen übernehmen implizit den `environ`-Vektor (siehe Kapitel 32.3.2) des aufrufenden Prozesses für das neu zu startende Programm. Diese vier Funktionen verwendet man, um die aktuelle Environment an das neue (mit `exec()` gestartete) Programm zu vererben, was in den meisten Fällen auch erwünscht ist.

33.2.5 Vererbungen bei `exec()`

Wenn ein Prozeß `exec()` aufruft, um sich mit einem neuen Programm zu überlagern, so erbt das neue Programm folgendes vom aufrufenden Prozeß:

- Working-Directory,
- Offene Dateien,
- und vieles mehr unter Linux/Unix (Ausführlich im Buch *„Linux-Unix-Systemprogrammierung; H. Herold; Addison-Wesley, 1999"* beschrieben)

Beispiel:

In diesem Beispiel werden wir für die `exec()`-Aufrufe das folgende Programm `arg_env.c` verwenden, das lediglich die Kommandozeilen-Argumente und die aktuelle Environment-Liste ausgibt.

```
#include  <stdio.h>

extern char   **environ;

int  main(int argc, char *argv[]) {
  int     i;
  char    **zgr;
  printf("\n----- Programm %s ----\n", argv[0]);
  printf("        Seine Argumente:\n");
  for (i=1; i<argc; i++)
     printf("%20d : %s\n", i, argv[i]);
  printf("        Environment:\n");
  for (zgr=environ; *zgr != NULL; zgr++)
     printf("%15s%s\n", " ", *zgr);
  return(0);
}
```

Aufgerufen wird dieses Programm `arg_env` im folgenden Beispielprogramm `execdemo.c`, wobei der Benutzer über das erste Kommandozeilen-Argument steuern kann, mit welcher der `exec()`-Funktionen das Programm `arg_env` zu starten ist, um das aktuelle Programm `execdemo` zu überlagern.

```
#include  <stdio.h>
#include  <string.h>
#include  <unistd.h>

char *neu_env[]  = { "TERM=vt100", "VISUAL=emacs", "TEMP=/usr/tmp", NULL };
char *neu_argv[] = { "arg_env", "Hallo", "schoene", "Welt", NULL };

int  main(int argc, char *argv[])
{
    char *pfad = "/suse/herold/c_buch/src/kap33/arg_env"; /* entspr. anpassen */

    if (argc != 2) {
       fprintf(stderr, "usage: %s [execl|execv|execle|execve|execlp|execvp]\n", argv[0]);
       return(1);
```

```
        }
        printf("....execdemo %s....\n", argv[1]);
        if (!strcmp(argv[1], "execl")) {
            if (execl(pfad, "arg_env", "Hallo", "schoene", "Welt", NULL) < 0)
                fprintf(stderr, "....execl-Fehler\n");

        } else if (!strcmp(argv[1], "execv")) {
            if (execv(pfad, neu_argv) < 0)
                fprintf(stderr, "....execv-Fehler\n");

        } else if (!strcmp(argv[1], "execle")) {
            if (execle(pfad, "arg_env", "Hallo", "schoene", "Welt", NULL, neu_env) < 0)
                fprintf(stderr, "....execle-Fehler\n");

        } else if (!strcmp(argv[1], "execve")) {
            if (execve(pfad, neu_argv, neu_env) < 0)
                fprintf(stderr, "....execve-Fehler\n");

        } else if (!strcmp(argv[1], "execlp")) {
            if (execlp("arg_env", "arg_env", "Hallo", "schoene", "Welt", NULL) < 0)
                fprintf(stderr, "....execlp-Fehler\n");

        } else if (!strcmp(argv[1], "execvp")) {
            if (execvp("arg_env", neu_argv) < 0)
                fprintf(stderr, "....execvp-Fehler\n");
        } else {
            fprintf(stderr, "usage: %s [execl|execv|execle|execve|execlp|execvp]\n", argv[0]);
            return(1);
        }

        return(0);
}
```

Die exec()-Funktionen werden z. B. häufig eingesetzt, um von einem Programm, das z. B. die Menüsteuerung übernimmt, auf das betreffend ausgewählte Programm umzuschalten. Das bringt natürlich erhebliche Speicherplatzeinsparungen, da sich nicht der ganze Code und alle Daten für die gesamte Funktionalität eines Programmpakets zu einem Zeitpunkt im Speicher befinden.

33.3 Übung: Interaktiver Directory-Wechsel

Erstellen Sie ein Programm meincd.c, das in das Directory wechseln soll, das auf der Kommandozeile angegeben ist. Ist kein Directory angegeben, so bleibt es im momentanen Working Directory. Danach listet dieses Programm mittels eines system()-Aufrufs den Inhalt des neuen Directory auf und fragt den Benutzer, in welches Directory es nun wechseln soll. Nachdem der Benutzer das neue Ziel-Directory eingegeben hat, überlagert sich das Programm mittels eines execl()-Aufrufs selbst, wobei als Argument das vom Benutzer eingegebene Directory ver-

wendet wird. Gibt der Benutzer einen leeren Namen ein (nur ⏎), so beendet sich das Programm `meincd.c`.
Möglicher Ablauf dieses Programms `meincd.c`:

```
user@linux:~ >  meincd ⏎
_____/suse/herold/c_buch/src/kap34_____
./      arg_env*   execdemo*   meincd*     systdemo*
../     arg_env.c  execdemo.c  meincd.c    systdemo.c

.....In welches Directory wollen Sie wechseln: .. ⏎
_____/suse/herold/c_buch/src_____
./         kap12/   kap17/   kap22/   kap26/   kap30/   kap34/   kap8/
../        kap13/   kap18/   kap23/   kap27/   kap31/   kap35/   kap9/
kap1/      kap14/   kap19/   kap24/   kap28/   kap32/   kap6/    oldkap27/
kap10/     kap16/   kap20/   kap25/   kap29/   kap33/   kap7/    oldkap28/

.....In welches Directory wollen Sie wechseln: kap22 ⏎
_____/suse/herold/c_buch/src/kap22_____
./         farbstuf.c   groesse.c    male.cpp      piregen.c    sandmann.c
../        figur.c      just.c       mauscursor.c  pixel.c
basket*    fmuster*     koch.c       mausdemo.c    polygon.c
basket.c   fmuster.c    linie.c      oel.c         quadzeic.c
einaus.c   funkproj.c   makefile     piesarc.c     reaktion.c

.....In welches Directory wollen Sie wechseln: ../kap29 ⏎
_____/suse/herold/c_buch/src/kap29_____
./           c_worte*     firmver3*    namlist1*     schwafel.txt   struzgr3.c
../          c_worte.c    firmver3.c   namlist1.c    skilang*       union*
artizahl*    datediff*    firmverw*    namlist2*     skilang.c      union.c
artizahl.c   datediff.c   firmverw.c   namlist2.c    struoper*      wortstat*
bitfeld*     firmael2*    gleitpkt*    namlist3*     struoper.c     wortstat.c
bitfeld.c    firmael2.c   gleitpkt.c   namlist3.c    struzgr1*
bitfeld2*    firmaelt*    josephus*    pap*          struzgr1.c
bitfeld2.c   firmaelt.c   josephus.c   pap.c         struzgr2*
bruchrec*    firmver2*    kompzahl*    pfeilfix*     struzgr2.c
bruchrec.c*  firmver2.c   kompzahl.c   pfeilfix.c    struzgr3*

.....In welches Directory wollen Sie wechseln:    ⏎
user@linux:~ >  _
```

Kapitel 34

Signale

> Das Schicksal mischt die Karten,
> und wir spielen.
> Schopenhauer

Signale sind so genannte *Interrupts* (Unterbrechungen), die von der Hardware oder Software erzeugt werden, wenn während einer Programmausführung besondere Ausnahmesituationen auftreten, wie z. B. Division durch 0 oder Drücken der Programmabbruchtaste (`Strg`-`C`) durch den Benutzer.
In diesem Kapitel wird zunächst das Signalkonzept und die Funktion `signal()` vorgestellt, bevor ein Überblick über die unterschiedlichen Arten von Signalen gegeben wird. Außerdem geht dieses Kapitel auf mögliche Probleme beim Signalkonzept ein und stellt noch die beiden Standard-C- Funktionen `abort()` (anormale Beendigung) und `sleep()` (Anhalten eines Prozesses für eine gewisse Zeit) vor.

34.1 Das Signalkonzept und die Funktion `signal()`

Signale sind asynchrone Ereignisse, die zu nicht vorhersagbaren Zeitpunkten bei der Ausführung eines Programms auftreten können. Einige solcher möglichen asynchronen Ereignisse sind z. B.:

- ❏ Drücken der Programmabbruchtaste (meist `Strg`-`C`) durch den Benutzer.
- ❏ Illegale Hardware-Operationen, wie z. B. Division durch 0 oder Zugriff auf unerlaubte Speicheradressen. Solche Ereignisse werden üblicherweise von der Hardware entdeckt, die den Systemkern darüber informiert. Der Systemkern schickt dann seinerseits dem betreffenden Prozeß das entsprechende Signal, wie z. B. `SIGFPE` bei Division durch 0.

Bei asynchronen Ereignissen, wie beispielsweise den Signalen, kommt man mit dem üblichen Konzept des Überprüfens von Variablen, wie z. B. der Überprüfung der Variablen `errno`, um das Auftreten eines Fehlers zu entdecken, nicht aus. Bei Signalen braucht man ein anderes Konzept, das man als *Signalkonzept* bezeichnet.

Bei diesem Signalkonzept richtet ein Prozeß so genannte *Signalhandler* ein, indem er dem Systemkern sagt: *Wenn dieses bestimmte Signal auftritt, dann tue bitte folgendes!* Solche Signalhandler lassen sich mit der Funktion `signal()` einrichten.

34.1.1 `signal()` – Einrichten von Signalhandlern

Mit Funktion `signal()` kann man dem Kern mitteilen, was zu tun ist, wenn ein bestimmtes Signal auftritt.

```
#include <signal.h>

void (*signal(int signr, void (*sighandler)(int)))(int);
```
gibt zurück: Adresse des zuvor eingerichteten Signalhandlers

Das Argument `signr` legt die Nummer des Signals fest, für das ein Signalhandler einzurichten ist. Üblicherweise gibt man hierfür den symbolischen Signalnamen aus `<signal.h>` (siehe Kapitel 34.2) an.

Das zweite Argument `sighandler` gibt die Adresse der Funktion an, die aufzurufen ist, wenn das Signal `signr` auftritt. Es existieren hierbei grundsätzlich drei verschiedene Möglichkeiten der Angabe:

1. **Signal ignorieren** (Angabe: `SIG_IGN`)
   Dies ist für alle Signale außer `SIGKILL` und `SIGSTOP` möglich. Diese beiden Signale `SIGKILL` und `SIGSTOP` können nicht ignoriert werden, damit der Benutzer immer die Möglichkeit hat, einen Prozeß zu beenden (`SIGKILL`) oder anzuhalten (`SIGSTOP`). Auch ist darauf hinzuweisen, dass das Ignorieren von bestimmten Hardware-Signalen, wie z. B. Division durch 0 oder illegaler Speicherzugriff zu einem undefinierten Verhalten des jeweiligen Prozesses führen kann, der solche „ernstzunehmende" Signale ignoriert.

2. **Default-Aktion einrichten** (Angabe: `SIG_DFL`)
   Zu jedem Signal gibt es eine voreingestellte Aktion (*Default-Aktion*), mit der Prozesse auf das Eintreffen dieses Signals reagieren (siehe auch Tabelle in Kapitel 34.2). In den meisten Fällen ist die Default-Aktion die Beendigung des betreffenden Prozesses.

3. **Signal abfangen** (Angabe: *Adresse einer Funktion*)
   Hierbei gibt man die Adresse einer eigenen Funktion an, die aufzurufen ist, wenn ein bestimmtes Signal auftritt. In dieser eigenen Funktion kann man die entsprechenden Reaktionen auf das Signal festlegen. So schreibt man sich z. B. üblicherweise eine Funktion `cleanup()`, die aufgerufen wird, wenn ein Abbruchsignal geschickt wird. In dieser Funktion `cleanup()` löscht man dann z. B. alle noch vorhandenen temporären Dateien und schließt alle noch offenen Dateien, bevor man das Programm verläßt.

Übliche Definitionen für die Konstanten `SIG_IGN` und `SIG_DFL` in `<signal.h>` sind:

```
#define SIG_DFL (void (*)()) 0
```

```
#define SIG_IGN (void (*)()) 1
```

Der Rückgabewert der Funktion `signal()` ist entweder die Adresse des bisher eingerichteten Signalhandlers oder `SIG_ERR`, wobei `SIG_ERR` anzeigt, dass die

34.1 Das Signalkonzept und die Funktion signal()

Einrichtung des Signalhandlers nicht erfolgreich war. SIG_ERR ist z. B. wie folgt in <signal.h> definiert:

```
#define SIG_ERR (void (*)()) -1
```

Unter Verwendung von typedef läßt sich die komplexe Deklaration der Funktion signal() etwas vereinfachen. Dazu gibt man z. B. zuerst die folgende Zeile an:

```
typedef void sigfunk(int);
```

Mit dieser Typdefinition läßt sich dann der komplexe Prototyp der signal()-Funktion:

```
void (*signal(int signr, void (*sighandler)(int)))(int);
```

vereinfachen zu:

```
sigfunk *signal(int signr, sigfunk *sighandler);
```

Beispiel:

Das folgende Programm intcatch.c fängt viermal das Signal SIGINT ab, das beim Drücken der Programmabbruchtaste (meist (Strg)-(C)) geschickt wird. Nach dem vierten Drücken der Programmabbruchtaste beendet es sich mit dem Aufruf der exit()-Funktion.

```
#include    <stdio.h>
#include    <stdlib.h>
#include    <signal.h>

static void  strgc_faenger(int sig);

/*-------- main -----------------------------------------------*/
int  main(void)
{
    if (signal(SIGINT, strgc_faenger) == SIG_ERR) {
       fprintf(stderr, ".....Signalhandler 'strgc_faenger' konnte "
                       "nicht installiert werden");
       exit(1);
    }
    fprintf(stderr, ".....Signalhandler  strgc_faenger  installiert....\n");

      /* Warte-Schleife */
    while (1)
      ;

    fprintf(stderr, "---- Programmende ---\n");
    return(0);
}
/*-------- Signalhandler-Routinen ---------------------------------*/
void  strgc_faenger( int sig )     /*--------------- strgc_faenger ---*/
{
   static int i=1;
      /* Fuer die Dauer dieser Funktionsausfuehrung muessen weitere  */
      /* SIGINT-Signale ignoriert werden.                            */
   signal(SIGINT, SIG_IGN);
```

```
                fprintf(stderr, "    %d. Strg-c gedrueckt", i);

        if (i<=3) {
            if (signal(SIGINT, strgc_faenger) == SIG_ERR) {
                fprintf(stderr, ".....Signalhandler 'strgc_faenger' konnte "
                                "nicht installiert werden");
                exit(1);
            }
            fprintf(stderr, "\n");
        } else {
            fprintf(stderr, " (Programmende)\n");
            exit(0);
        }
        i++;
}
```

Möglicher Ablauf des Programms `intcatch.c`:

```
user@linux:~ >  intcatch ⏎
.....Signalhandler  strgc_faenger  installiert....
(Strg)-(C)         [1. Versuch, das Programm mit Strg-C abzubrechen]
   1. Strg-c gedrueckt
(Strg)-(C)         [2. Versuch, das Programm mit Strg-C abzubrechen]
   2. Strg-c gedrueckt
(Strg)-(C)         [3. Versuch, das Programm mit Strg-C abzubrechen]
   3. Strg-c gedrueckt
(Strg)-(C)         [4. erfolgreicher Versuch, das Prog. mit Strg-C abzubrechen]
   4. Strg-c gedrueckt (Programmende)
user@linux:~ >  _
```

34.1.2 Signale und die `exec`-Funktionen

Wenn ein Prozeß ein neues Programm mit einer der `exec()`-Funktionen startet, wird außer bei den zu ignorierenden Signalen bei allen anderen Signalen die Default-Aktion eingerichtet. Das bedeutet, dass für alle Signale, für die eine Funktion als Signalhandler eingerichtet ist, im neuen Programm in jedem Fall die Default-Aktion eingerichtet wird. Dies ist auch einsichtig, da die Adressen der Signalhandlerfunktionen für das neue Programm keine Gültigkeit mehr haben.

34.2 Signalnamen und Signalnummern

Zu jedem Signal gibt es symbolische Namen, der immer mit `SIG` beginnt und für eine Nummer steht, wie z. B. der Name `SIGINT` für das Signal, das generiert wird, wenn der Benutzer die Programmabbruchtaste ((Strg)-(C)) drückt. Alle symbolischen Namen sind in `<signal.h>` (bzw. (`<sys/signal.h>` oder `<linux/signal.h>` oder `<asm/signal.h>`) definiert. Kein Signal hat die Nummer 0, da diese Nummer für spezielle Anwendungsfälle vorgesehen ist. Die folgende Tabelle zeigt die von Standard-C vorgeschriebenen Signale im Überblick:

Name	Beschreibung	Default Aktion
SIGABRT	anormale Beendigung (`abort()`)	Beendigung mit core
SIGFPE	Arithmetischer Fehler	Beendigung mit core
SIGILL	Unerlaubter Hardware-Befehl	Beendigung mit core
SIGINT	Unterbrechungstaste am Terminal	Beendigung
SIGSEGV	Unerlaubte Speicheradressierung	Beendigung mit core
SIGTERM	Beendigung	Beendigung

Die letzte Spalte *Default-Aktion* beschreibt kurz die voreingestellte Reaktion des Prozesses, an den dieses Signal geschickt wird. So bedeutet z. B. *„Beendigung mit core"*, dass vom aktuellen Zustand des Prozesses unter Linux/Unix ein Speicherabbild (*core image*) in der Datei core im Working-Directory des Prozesses hinterlegt wird. Diese Datei *core* kann den meisten Linux/Unix-Debuggern vorgelegt werden, um nachträglich den Zustand des Prozesses zum Zeitpunkt seiner Beendigung zu untersuchen.

Nachfolgend sind die Signale aus der obigen Tabelle ausführlicher beschrieben.

- SIGABRT   Dieses Signal wird beim Aufruf der `abort()`-Funktion (siehe Kapitel 34.4) erzeugt. Es signalisiert, dass ein Prozeß anormal beendet wurde.
- SIGFPE   Dieses Signal wird bei einem arithmetischen Fehler, wie z. B. Division durch 0 oder *Overflow*, geschickt (FPE steht für *floating point error*).
- SIGILL   Dieses Signal zeigt an, dass der Prozeß einen illegalen Hardware-Befehl ausgeführt hat.
- SIGINT   Dieses Signal wird allen Prozessen geschickt, die momentan im Vordergrund arbeiten, wenn die Unterbrechungstaste (üblicherweise Strg-C) gedrückt wird.
- SIGSEGV   Dieses Signal zeigt an, dass der Prozeß versuchte, auf eine unerlaubte Adresse im Speicher zuzugreifen (Lesen oder Schreiben). SEGV ist dabei die Abkürzung für *segmentation violation*.
- SIGTERM   Dieses Signal ist das voreingestellte Signal, das das kill-Kommando einem Prozeß schickt, dem es mitteilen möchte, dass er sich beenden soll.

Linux/Unix bietet neben den hier vorgestellten Signalen noch eine Vielzahl weiterer Signale an. Für weiterführende Informationen diesbezüglich sei der Leser auf das Buch *„Linux-Unix-Systemprogrammierung; H. Herold; Addison-Wesley, 1999"* verwiesen.

34.3 Mögliche Probleme mit der `signal()`-Funktion

Das hier vorgestellte alte Signalkonzept hat einige Schwächen, die nachfolgend kurz erläutert werden.

34.3.1 Erfragen des aktuellen Signalstatus ohne Änderung nicht möglich

Mit der Funktion `signal()` ist es nicht möglich, lediglich den momentan eingerichteten Signalhandler zu erfragen, ohne einen neuen (eventuell auch den gleichen) Signalhandler einzurichten.

Um z. B. für das Signal `SIGINT` nur dann einen neuen Signalhandler einzurichten, wenn es momentan nicht ignoriert wird, muss man die Funktion `signal()` aufrufen, um über den Rückgabewert zu erfahren, welcher Signalhandler zur Zeit für das Signal `SIGINT` eingerichtet ist. Bei einem Aufruf von `signal()` wird aber immer ein neuer Signalhandler eingerichtet. Deswegen sieht z. B. der Code für diese Aufgabenstellung wie folgt aus:

```
if (signal(SIGINT, SIG_IGN) != SIG_IGN)
    signal(SIGINT, sighandler);
```

34.3.2 Zeitspanne zwischen Auftreten eines Signals und Aufruf der `signal()`-Funktion

In früheren Unix-Versionen wurde nach dem Abfragen eines Signals durch einen Signalhandler automatisch wieder die Default-Aktion für dieses Signal vom Systemkern eingerichtet. Eine typische Vorgehensweise, wie z. B. früher das `SIGINT`-Signal abgefangen wurde, zeigt der folgende Code-Auszug:

```
int signal_handler();
  ......
signal(SIGINT, signal_handler); /* Einrichten eines         */
                                /* Signalhandlers für SIGINT */
int signal_handler()
{
   signal(SIGINT, signal_handler); /* Erneutes Einrichten des
                                   Signalhandlers für ein weiteres
                                   Auftreten des Signals SIGINT */
   .....
}
```

Bei diesem Code-Ausschnitt besteht das Problem in der zwar kurzen, aber doch vorhandenen Zeitspanne zwischen dem Auftreten eines Signals und dem daraus resultierenden Aufruf der `signal()`-Funktion. Denn in dieser Zeit kann erneut das gleiche Signal (hier `SIGINT`) wieder geschickt werden.

Diese Situation, dass erneut ein Signal (hier `SIGINT`) auftritt, während der Systemkern sich anschickt, den eingerichteten Signalhandler aufzurufen, führt dazu, dass für das zweite Signal die Default-Aktion (hier Programmabbruch) durchgeführt wird.

Da dieses schnelle Auftreten der gleichen Signale hintereinander nur sehr selten vorkommt, werden solche Situationen in der Testphase meist nicht auftreten, sondern erst später im Einsatz, was nicht selten schwerwiegende Folgen hat.

34.3.3 Endlosschleifen beim Warten auf das Eintreten von Signalen

Mit der `signal()`-Funktion ist es nicht möglich, ein Signal kurzzeitig zu blockieren, um es eventuell später zu bearbeiten. Die einzige Möglichkeit, das Eintreffen eines Signals mit der `signal()`-Funktion zu unterbinden, ist, es zu ignorieren. Dies hat den Nachteil, dass man bei einer erneuten Aktivierung des betreffenden Signals nicht weiß, ob eventuell zwischenzeitlich dieses Signal aufgetreten war. Um dies aber doch zu erreichen, wurde oft das betreffende Signal nicht vollständig ignoriert, sondern ein Signalhandler eingerichtet, der lediglich ein Flag setzte. Der nachfolgende Codeausschnitt zeigt diese Technik.

```
volatile int sig_int_flag = 0;    /* wird auf 1 gesetzt,
                                     wenn Signal SIGINT auftritt */
int main(void)
{
   int sigint_handler();
   ......
   signal(SIGINT, sigint_handler); /* Signalhandler einrichten */
   .....
   while (sig_int_flag == 0)
      pause();              /* Auf Signal SIGINT warten */
   ......
}

sigint_handler()
{
   signal(SIGINT, sigint_handler); /* Signalhandler wieder
                                      neu einrichten      */
   sig_int_flag = 1; /* Flag setzen, um anzuzeigen,
                        dass Signal eingetreten ist    */
}
```

Hier ruft der Prozeß die Funktion `pause()` auf, um auf die Ankunft des Signals `SIGINT` zu warten. Wenn das Signal auftritt, so wird die Variable `sig_int_flag` auf 1 gesetzt und die `while`-Schleife verlassen.

Diese Technik ist jedoch nicht ganz frei von Problemen. Tritt nämlich das Signal `SIGINT` genau in der Zeitspanne nach der Überprüfung von `sig_int_flag` (in der `while`-Schleife) und vor dem Aufruf von `pause()` auf, so bleibt der Prozeß in der `while`-Schleife hängen, es sei denn, dass irgendwann später nochmals das Signal `SIGINT` geschickt wird. Solche Fehler sind oft schwer auffindbar, da sie nur äußerst selten auftreten und es schwer ist, mit Debuggen wieder die gleiche Situation herzustellen, die zum Fehler führte.

Wegen der hier erwähnten Probleme wurde unter Linux/Unix eine neue Funktion `sigaction()` eingeführt, die diese Probleme, die bei der `signal()`-Funktion auftreten können, nicht kennt. Diese neue Funktion `sigaction()` ist im Buch „Linux-Unix-Systemprogrammierung; H. Herold; Addison-Wesley, 1999" ausführlich beschrieben.

34.4 Anormale Beendigung mit Funktion `abort()`

Der Aufruf der Funktion `abort()` bewirkt eine anormale Programmbeendigung.

```
#include   <stdlib.h>

void abort(void);
```
abort() kehrt niemals zurück

Die Funktion `abort()` schickt dem aufrufenden Prozeß das Signal `SIGABRT`. Dieses Signal sollte niemals von einem Prozeß ignoriert werden.
Standard-C schreibt vor, dass nach der Rückkehr aus einem eventuellen Signalhandler, der das Signal `SIGABRT` abgefangen hat, die Funktion `abort()` niemals zum Aufrufer zurückkehrt. Das Abfangen des Signals `SIGABRT` wurde zugelassen, um dem Benutzer für den Fall einer anormalen Beendigung eines Prozesses noch Aufräumarbeiten (*cleanup*) durchführen zu lassen.
Standard-C schreibt für die Funktion `abort()` nicht vor, ob noch nicht geleerte Ausgabepuffer geleert und damit wirklich geschrieben werden, oder ob temporäre Dateien automatisch gelöscht werden.

34.5 Anhalten eines Prozesses mit Funktion `sleep()`

Um einen Prozeß für eine bestimmte Zeit oder bis zum Eintreffen eines Signals zu suspendieren, steht die Funktion `sleep()` zur Verfügung.

```
#include   <unistd.h>

unsigned int sleep(unsigned int sekunden);
```
gibt zurück: 0 oder Anzahl der nicht geschlafenen Sekunden

Die Funktion `sleep()` suspendiert den aufrufenden Prozeß bis entweder

1. die als Argument angegebenen `sekunden` vergangen sind (Rückgabewert 0 in Linux/Unix), oder

2. ein Signal durch den Prozeß abgefangen wurde und der entsprechende Signalhandler sich beendet. In diesem Fall wird die Anzahl der nicht „geschlafenen" `sekunden` als Rückgabewert geliefert.

34.6 Übung: Reaktionstest über Signale

Erstellen Sie ein Programm `reaktest.c`, das die Reaktion eines Benutzers testet. Dazu wird der Benutzer aufgefordert, möglichst schnell die Tastenkombination (Strg)-(C) (Programmabbruch) zu drücken.
Das Programm soll sich bei der Eingabe von (Strg)-(\) beenden.
Möglicher Ablauf des Programms `reaktest.c`:

```
Druecke so schnell wie moeglich STRG-C.......
(Strg)-(C)
Gebrauchte Zeit:        0.495 Sek
```

34.6 Übung: Reaktionstest über Signale

```
..........Neuer Rekord       0.495 Sek

Druecke so schnell wie moeglich STRG-C.......
(Strg)-(C)
Gebrauchte Zeit:       0.714 Sek

Druecke so schnell wie moeglich STRG-C.......
(Strg)-(C)
Gebrauchte Zeit:       0.714 Sek

Druecke so schnell wie moeglich STRG-C.......
(Strg)-(C)
Gebrauchte Zeit:       0.165 Sek
..........Neuer Rekord       0.165 Sek
Druecke so schnell wie moeglich STRG-C.......
(Strg)-\
......Die schnellste STRG-C Tastenfolge dauerte       0.165
```

Kapitel 35

Nicht-Lokale Sprünge

*Wenn auch die Welt im ganzen fortschreitet,
die Jugend muß doch immer wieder von vorne anfangen.*
Goethe

In C sind normalerweise nur lokale Sprünge (mit goto) möglich. Sprünge über Funktionsgrenzen hinweg sind dabei nicht erlaubt. Abbildung 35.1 verdeutlicht dies nochmals am Stack-Layout, indem sie zeigt, dass aufgerufene Funktionen immer nur zum direkten Aufrufer, aber niemals zu einem indirekten Aufrufer in der Aufrufhierarchie zurückkehren können.

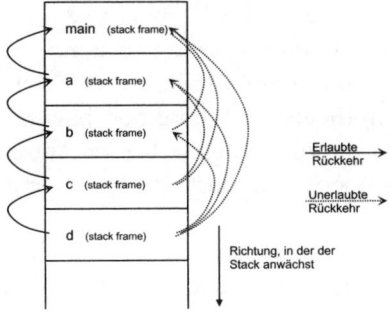

Abbildung 35.1: Erlaubte und unerlaubte Sprünge im Stack

Mit den beiden Standard-C-Funktionen setjmp() und longjmp() ist nun aber ein Rücksprung zu einem indirekten Aufrufer möglich.

35.1 setjmp() und longjmp() – Springen über Funktionsgrenzen

Mit den beiden Funktionen setjmp() und longjmp() (aus der Headerdatei <setjmp.h>) ist es möglich, aus einer beliebig tief in der Aufrufhierarchie befind-

35 Nicht-Lokale Sprünge

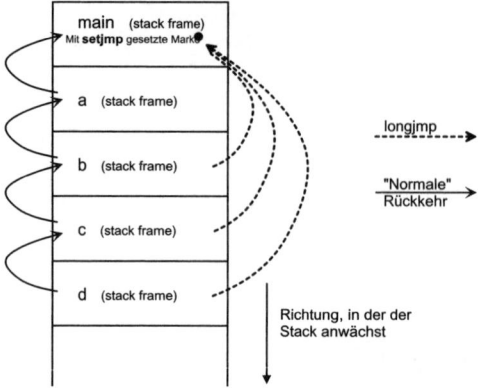

Abbildung 35.2: Normale Rücksprünge und Rücksprünge mit `longjmp()` im Stack

lichen Funktion an einen zuvor durchlaufenen und markierten Punkt (`setjmp()`) – über mehrere Ebenen hinweg – zurückzukehren (`longjmp()`):

```
#include   <setjmp.h>

int setjmp(jmp_buf env);
```
gibt zurück: 0 (bei direktem Aufruf)
Wert ungleich 0 bei Rückkehr bedingt durch einen `longjmp()`-Aufruf

```
void longjmp(jmp_buf env, int wert);
```

Um einen nicht-lokalen Sprung mit `longjmp()` zu veranlassen, muss zuvor in einer aufrufenden Funktion mit `setjmp()` ein Ansprungpunkt (Marke) gesetzt werden. Jeder Aufruf von `longjmp()` in einer „tieferliegenden" Funktion bewirkt dann einen Rücksprung an diese mit `setjmp()` markierte Stelle. In der Abbildung 35.2 wird dies verdeutlicht, wobei angenommen wird, dass in `main()` mit `setjmp()` eine Rücksprung-Marke gesetzt wurde.

Abbildung 35.2 zeigt einen Rücksprung zur `main()`-Funktion, aber es kann auch zu einer anderen Funktion zurückgesprungen werden, unter der Voraussetzung, dass dort mit `setjmp()` eine Rücksprung-Marke gesetzt wurde.

35.1.1 Der Datentyp `jmp_buf`

Beide Funktionen erwarten ein Argument `env` (vom Datentyp `jmp_buf`). `env` ist der Puffer, der den mit `setjmp()` eingefrorenen Programmzustand enthält, und der mit `longjmp()` wiederhergestellt werden soll. Der Datentyp `jmp_buf`, der in der Headerdatei `<setjmp.h>` definiert ist, ist so ausgelegt, dass er alle Informationen[1] aufnehmen kann, die notwendig sind, um den gleichen Stack-Zustand wiederherstellen zu können, der beim Aufruf von `setjmp()` vorlag. Normalerweise ist `env` eine globale Variable, da meist in einer anderen Funktion auf diese Variable zugegriffen werden muss.

---

[1] z. B. Register-Inhalte, Stackpointer, Instruction Pointer usw.

35.1.2 `setjmp()` – Einrichten eines Ansprungpunktes

Das „Funktionsmakro" `setjmp()`

```
int setjmp(jmp_buf env);
```

„merkt" sich den momentanen Punkt im Programmablauf, indem es alle notwendige Information im Argument `env` speichert, um an diesen Punkt zurückkehren zu können. Wird später dann die Funktion `longjmp()` aufgerufen, um mit Hilfe der in `env` gemerkten Information an diese Programmstelle zurückzukehren, dann wird zum `return` des Makros `setjmp()` verzweigt; d. h., von `setjmp()` wird zweimal zurückgekehrt:

- das erste Mal beim direkten Aufruf dieses Makros; in diesem Fall liefert es den Wert 0 zurück.
- das zweite Mal bei der Verzweigung von der Funktion `longjmp()` zum Makro `setjmp()`; in diesem Fall wird ein von 0 verschiedener Wert von `setjmp()` zurückgegeben, um anzuzeigen, dass diese Rückkehr durch einen `longjmp()`-Aufruf in einer „tieferliegenden" Funktion bewirkt wurde.

Ein portables Programm sollte `setjmp()` nur in einer der folgenden Konstruktionen verwenden:

```
switch (setjmp(env))
if (setjmp(env) == 0)
if (setjmp(env) != 0)
```

35.1.3 `longjmp()` – Sprung zu einem mit `setjmp()` markierten Punkt

Die Funktion `longjmp()`

```
void longjmp(jmp_buf env, int wert);
```

bewirkt, dass an die Programmstelle zurückgekehrt wird, die durch den letzten Aufruf von `setjmp()` (im übergebenen Argument `env`) „gemerkt" wurde. Falls zuvor kein Aufruf des Makros `setjmp()` stattfand, oder die Funktion, die `setjmp()` aufrief, in der Zwischenzeit beendet wurde, dann liegt undefiniertes Verhalten vor.

Die Ganzzahl `wert` wird von der aufgerufenen Funktion `setjmp()` als Funktionswert zurückgegeben. Die Funktion `longjmp()` kann allerdings niemals bewirken, dass die Funktion `setjmp()` den Wert 0 (reserviert für den direkten Aufruf von `setjmp()`) zurückgibt; falls das aktuelle Argument zu `wert` gleich 0 ist, dann gibt `setjmp()` den Wert 1 zurück.

35.2 Rückkehr über mehrere Ebenen bei bestimmten Ereignissen

Der Anwendungsbereich für `setjmp()` und `longjmp()` liegt z. B. beim Abfangen von nicht-fatalen Fehlern. Meist soll in solchen Situationen eine zentrale Fehlerbehandlungs-Routine ausgeführt werden. Nach dieser Aktion (Rückkehr über mehrere Funktionen) soll sie (eventuell nach einigen Aufräumarbeiten) das Programm direkt nach der mit `setjmp()` markierten Stelle als neuen „Aufsetzpunkt" wieder fortsetzen, wie es z. B. der folgende Programmausschnitt zeigt:

```c
#include <setjmp.h>

jmp_buf  prog_zustand;

int main( .... )
{
   ......
   if (setjmp(prog_zustand) != 0) /* Rückgabewert 0 --> Schnappschuss installiert */
       non_fatal_fehler();
   eigentliches_programm();
   ......
}

void non_fatal_fehler( .... )
{
   .....
   /* Behandlung des nicht-fatalen Fehlers */
   .....
}

void eigentliches_programm( ... )
{   .....
   if (nonfatal_fehler_aufgetreten)
      longjmp(prog_zustand, 1);
   .....
}
.....
```

Wenn während der Ausführung der Funktion `eigentliches_programm()` ein nicht-fataler Fehler auftritt, dann wird vor die Aufrufstelle von `eigentliches_-programm()` zurückgesprungen, dort eine Fehlermeldung ausgegeben und `eigentliches_programm()` von neuem aufgerufen.

Beispiel:

Das folgende Programm `rechner1.c` realisiert einen einfachen Taschenrechner, der folgende Operatoren kennt: „+" (Addition), „-" (Subtraktion), „*" (Multiplikation) und „/" (Division). Die mathematischen Ausdrücke dürfen dabei beliebig geklammert sein. Als Operanden sind dabei ganze Zahlen erlaubt. Der berechnete Wert jedes in einer Zeile eingegebenen Ausdrucks wird unmittelbar wieder ausgegeben.

```c
#include <stdio.h>
#include <ctype.h>

#define ZAHL    256
#define PLUS    257  /* + */
```

35.2 Rückkehr über mehrere Ebenen bei bestimmten Ereignissen

```c
#define MINUS    258   /* - */
#define MULT     259   /* * */
#define DIV      260   /* / */
#define AUF      261   /* ( */
#define ZU       262   /* ) */
#define NICHTS   263
#define ZEILENENDE 264
#define FERTIG   265
int tokenwert = NICHTS; /* Programmglobale Variable, welcher im Falle  */
                        /* einer Zahl der Zahlenwert zugewiesen wird.  */
static char   zeich;

int lexan(void);         /* Lexikalische Analyse */
int ausdruck(int *token); /* Abarbeitung eines Ausdrucks */
int term(int *token);    /*     "          "     Terms   */
int factor(int *token);  /*     "          "     Faktors */

int main(void) {
    int  token, ergeb;

    while ((token=lexan()) != FERTIG) {
        ergeb = ausdruck(&token);
        fprintf(stderr, ".... = %d\n", ergeb);
    }
    return 0;
}
int lexan( void ) {  /* Lexikalische Analyse */
    while (1) {
        zeich = getchar();
        if (zeich == ' ' || zeich == '\t') /* Leer- und Tabzeichen ueberlesen*/
            ;
        else if (zeich == '\n') {
            return(ZEILENENDE);
        } else if (isdigit(zeich)) {
            ungetc(zeich, stdin); /* Zuviel gelesenes Zeichen zurueck */
                                  /* in den Eingabepuffer             */
            scanf("%d", &tokenwert);
            return(ZAHL);
        } else if (zeich == EOF) {
            return(FERTIG);
        } else {
            switch (zeich) {
                case '+': return(PLUS);
                case '-': return(MINUS);
                case '*': return(MULT);
                case '/': return(DIV);
                case '(': return(AUF);
                case ')': return(ZU);
                default : return( NICHTS );
            }
        }
```

```
        }
      }
    }
    int ausdruck( int *token ) {
      int ergeb = term(token);
      while (1) {
        switch(*token) {
            case PLUS : *token=lexan(); ergeb += term(token); break;
            case MINUS: *token=lexan(); ergeb -= term(token); break;
            default   : return(ergeb);
        }
      }
    }
  }
  int term( int *token ) {
    int erg = factor(token);
    while (1) {
      switch (*token) {
          case MULT: *token=lexan(); erg *= factor(token); break;
          case DIV : *token=lexan(); erg /= factor(token); break;
          default  : return(erg);
      }
    }
  }
}
int factor( int *token ) {
  int erg;
  switch (*token) {
      case ZAHL : erg = tokenwert; *token=lexan(); return(erg);
      case MINUS: switch (*token=lexan()) {
                      case ZAHL : erg = tokenwert; *token=lexan(); return(-erg);
                      default   : return(NICHTS);
                  }
      case AUF  : *token=lexan(); erg=ausdruck(token);
                  *token=lexan();
                  return(erg);
      default   : return(NICHTS);
  }
}
```

Möglicher Ablauf des Programms `rechner1.c`:

```
2+3   *5  ⏎
.... = 17
(2+3) * 5  ⏎
.... = 25
10+4*/5  ⏎
.... = 220      [Unerlaubter Ausdruck; trotzdem Ausgabe eines Ergebnisses]
4+-12*6+3  ⏎
.... = -65
(6*(((2+3)*4)/2+100)+5)*3  ⏎
.... = 1995
3+*4  ⏎
```

35.2 Rückkehr über mehrere Ebenen bei bestimmten Ereignissen

```
.... = 1055  [Unerlaubter Ausdruck; trotzdem Ausgabe eines Ergebnisses]
-7--2--3 ⏎
.... = -2
Strg-D
```

Das Problem bei dieser Realisierung des Taschenrechners liegt hierin, dass Fehler einfach ignoriert werden. Bei Eingabe eines falschen Ausdrucks wird keine Fehlermeldung, sondern einfach ein Ergebnis ausgegeben.

Tritt während der Abarbeitung eines Ausdrucks ein Fehler auf, so sollte eine Fehlermeldung ausgegeben und der restliche Teil des Ausdrucks (Rest der Zeile) ignoriert werden. In diesem Fall muss man also alle auf dem Stack befindlichen Routinen verlassen, und mit der Eingabe eines neuen Ausdrucks (neue Zeile) fortfahren. Das folgende Programm `rechner2.c` realisiert diese Art der Fehlerbehandlung. Da dieses Programm weitgehend identisch zum Programm `rechner1.c` werden im folgenden Listing nur die wesentlichen neuen Passagen gezeigt:

```c
#include <stdio.h>
#include <ctype.h>
#include <setjmp.h>   /* <--- Neu */

..........
int tokenwert = NICHTS; /* Programmglobale Variable, welcher im Falle  */
                        /* einer Zahl der Zahlenwert zugewiesen wird.  */
static jmp_buf  jmppuffer;  /* <--- Neu */
..........

int main(void) {
    int  token, ergeb;
    /*................................................................ neu */
    if (setjmp(jmppuffer) != 0) {
        fprintf(stderr, ".........Syntaxfehler im Ausdruck.....\n");
        if (zeich != '\n')
            while (getchar() != '\n') /* Rest der Zeile ignorieren(ueberlesen)*/
                ;
    }
    /*................................................................ */
    while ((token=lexan()) != FERTIG) {
        ergeb = ausdruck(&token);
        if (token == ZEILENENDE)                    /* <--- Neu */
            fprintf(stderr, ".... = %d\n", ergeb);
        else                                        /* <--- Neu */
            longjmp(jmppuffer, 1);                  /* <--- Neu */
    }
    return 0;
}
int lexan( void ) {  /* Lexikalische Analyse */
    while (1) {
        ..........
        } else {
            switch (zeich) {
```

929

35 Nicht-Lokale Sprünge

```
                case '+': return(PLUS);
           ..........
                default : longjmp(jmppuffer, 1);    /* <--- Neu */
            }
        }
    }
}
int ausdruck( int *token ) {
 .........
}
int term( int *token ) {
 .........
}
int factor( int *token ) {
  int erg;
  switch (*token) {
      case ZAHL : erg = tokenwert; *token=lexan(); return(erg);
      case MINUS: switch (*token=lexan()) {
                   case ZAHL : erg = tokenwert; *token=lexan(); return(-erg);
                   default   : longjmp(jmppuffer, 1);             /* <--- Neu */
                 }
      case AUF  : *token=lexan(); erg=ausdruck(token);
                  if (*token != ZU)                               /* <--- Neu */
                     longjmp(jmppuffer, 1);                       /* <--- Neu */
                  *token=lexan();
                  return(erg);
      default   : longjmp(jmppuffer, 1);                          /* <--- Neu */
  }
}
```

Möglicher Ablauf des Programms `rechner2.c`:

```
2+3  *5 ⏎
.... = 17
(2+3) * 5 ⏎
.... = 25
10+4*/5 ⏎
.......Syntaxfehler im Ausdruck.....
4+-12*6+3 ⏎
.... = -65
(6*(((2+3)*4)/2+100)+5)*3 ⏎
.... = 1995
3+*4 ⏎
.......Syntaxfehler im Ausdruck.....
-7--2--3 ⏎
.... = -2
Strg-D
```

Würde man in diesem Programm `rechner2.c` bei den einzelnen `longjmp()`-Aufrufen noch unterschiedliche Werte (nicht immer 1) angeben, so könnte man sogar noch eine Fehler-Klassifizierung beim `setjmp()`-Aufruf vornehmen, wie z. B.:

930

```
if ( (rwert=setjmp(jmppuffer)) != 0) {
   printf(".......Syntaxfehler ");
   switch (rwert) {
      case 1 : printf("(unvollständiger Ausdruck).....\n");
      case 2 : printf("(unerlaubtes Zeichen).....\n");
      case 3 : printf("(fehlender Operand zum Minuszeichen).....\n");
      case 4 : printf("(fehlende Klammer).....\n");
      ..........
   }
}
```

35.3 auto-, register-, static- und volatile-Variable bei `longjmp()`

Es stellt sich die Frage, welche Werte die einzelnen Variablen nach einem `longjmp()`-Aufruf haben: Ist dies der alte Wert, der zum Zeitpunkt des `setjmp()`-Aufrufs vorlag, oder eben ein neuer Wert, der ihnen zwischenzeitlich zugewiesen wurde.

Standard-C beantwortet diese Frage wie folgt:

- ❏ Der Inhalt von `static`-Variablen (global oder lokal) und `volatile`-Variablen (global oder lokal) entspricht immer deren Inhalt zum Zeitpunkt des `longjmp()`-Aufrufs.

- ❏ Die `auto`- und `register`-Variablen der Funktion, die `setjmp()` aufrief, können in einem unbestimmten Zustand sein, wenn zwischen den Aufrufen von `setjmp()` und `longjmp()` ihre Inhalte verändert wurden.

Da der zweite Punkt nicht durch Standard-C normiert ist, sollte man in portablen Programme alle `auto`- und `register`-Variablen, die ihren neuen Wert auch nach einem `longjmp()`-Aufruf behalten sollen, mit `volatile` deklarieren.

Kapitel 36

Weitere Headerdateien

Dieses Kapitel gibt zunächst einen Überblick über die von C89 und C99 definierten Headerdateien, bevor es noch einige weitere Headerdateien vorstellt, die bisher noch nicht behandelt wurden.

36.1 Die Headerdateien von C89 und C99 im Überblick

Tabelle 36.1 zeigt die von C89 definierten und Tabelle 36.2 die von C99 hinzugefügten Standard-Headerdateien.

Tabelle 36.1: Die von C89 definierten Headerdateien

Header	kurze Beschreibung
`<assert.h>`	definiert das Makro `assert()` zum Aufdecken von Fehlersituationen (siehe auch Kapitel 24.1.3 auf Seite 495)
`<ctype.h>`	Funktionen zum Klassifizieren von Zeichen (siehe auch Kapitel 7.2.6 auf Seite 93)
`<errno.h>`	definiert die globale `int`-Variable `errno`, welche von bestimmten Bibliotheksfunktionen bei Auftreten eines Fehlers mit einer zugehörigen Fehlernummer gesetzt wird (siehe auch Kapitel 30.1.10 auf Seite 854)
`<float.h>`	Grenzwerte für Gleitpunkt-Datentypen (siehe auch Kapitel 9.2.2 auf Seite 151)
`<limits.h>`	Grenzwerte für ganzzahlige Datentypen (siehe auch Kapitel 9.1 auf Seite 147)
`<locale.h>`	Länder- und kulturspezifische Eigenheiten (siehe auch Kapitel 36.2 auf Seite 935)
`<math.h>`	Mathematische Funktionen (siehe auch Kapitel 7.4.3 auf Seite 121)
`<setjmp.h>`	Nicht-lokale Sprünge (siehe auch Kapitel 35 auf Seite 923)

Tabelle 36.1 – Fortsetzung

Header	kurze Beschreibung
`<signal.h>`	Signale (siehe auch Kapitel 34 auf Seite 913)
`<stdarg.h>`	Variabel lange Argumentlisten (siehe auch Kapitel 22.4.3 auf Seite 389)
`<stddef.h>`	Eigene Datentypen, wie z. B. `size_t` für Größenangaben
`<stdio.h>`	Ein-/Ausgabe (siehe auch Kapitel 30.1 auf Seite 808)
`<stdlib.h>`	Allgemein nützliche Funktionen, wie z. B. `strtol()`, `strtod()`, `qsort()`, `rand()`, `malloc()`, `atexit()`, `getenv()` usw.
`<string.h>`	String-Funktionen (siehe auch Kapitel 25.4.5 auf Seite 576)
`<time.h>`	Datums- und Zeit-Funktionen (siehe auch Kapitel 19.3 auf Seite 286)

Tabelle 36.2: Die von C99 hinzugefügten Headerdateien

Header	kurze Beschreibung
`<complex.h>`	Komplexe Zahlen (siehe auch Kapitel 36.4 auf Seite 951)
`<fenv.h>`	Fortgeschrittene Gleipunkt-Arithmetik bei Ausnahmesituationen wie z. B. Division durch 0 (siehe auch Kapitel 36.5 auf Seite 955)
`<inttypes.h>`	Portable Integer-Typnamen (siehe auch Kapitel 36.7 auf Seite 959)
`<iso646.h>`	Makros für logische Operatoren und Bit-Operatoren (siehe auch Kapitel 36.9 auf Seite 965)
`<stdbool.h>`	Boole'scher Datentyp `bool` sowie die boole'schen Konstanten `true` und `false` (siehe auch Kapitel 5.4.2 auf Seite 46)
`<stdint.h>`	Portable Integer-Typnamen; wird von `<inttypes.h>` inkludiert (siehe auch Kapitel 36.6 auf Seite 958)
`<tgmath.h>`	Typ-generische Makros für Gleipunkt-Arithmetik (siehe auch Kapitel 36.8 auf Seite 964)
`<wchar.h>`	Multibyte- und Wide-Character-Funktionen (siehe auch Kapitel 36.3 auf Seite 942)
`<wctype.h>`	Multibyte- und Wide-Character-Funktionen (siehe auch Kapitel 36.3 auf Seite 942)

36.2 Die Headerdatei `<locale.h>`

36.2.1 Allgemeines zur Headerdatei `<locale.h>`

Um C-Anwendungen auf einen speziellen Kultur- und Sprachkreis umzustellen, wurde von C89 die Headerdatei `<locale.h>` eingeführt. Man stelle sich ein C-Programm vor, das für Textverarbeitung geschrieben wurde, welchem plötzlich ein deutscher Text mit Umlauten vorgelegt wird. Ein Aufruf des Makros `isalpha()` würde sich bei Umlauten nicht mehr richtig verhalten.

Standard-C schreibt zur Lösung dieses Problems fogendes vor:

Jede C-Realisierung muss zumindet die „englische C-Version" beherrschen (z. B. `isalpha()` für 26 Buchstaben); es ist aber erlaubt, dass zusätzlich andere Sprachen und Kulturkreise (von ANSI C *Locale* genannt) unterstützt werden, auf die während der Laufzeit eines Programms umgeschaltet werden kann.

Die Frage ist nun, welche Bereiche von solchen lokalen Eigenheiten betroffen sind. Nachfolgend sind diese Bereiche aufgezählt:

Alphabet:

Der chinesische Zeichensatz weist sicher „kleinere" Unterschiede zum dänischen Alphabet auf.

Reihenfolge im Alphabet:

Die Reihenfolge die Zeichen eines Alphabets ist bei Sortieraufgaben sehr wichtig. In welcher Reihenfolge würde z. B. ein Amerikaner die beiden Worte „Mußte" und „Müll" sortieren.

Formatieren von Zahlen und Geldbeträgen:

Der deutschen Schreibweise des Geldbetrags `1.352,70` würde `1,352.70` im amerikanischen gegenüberstehen.

Datum und Zeit:

Die Standard-Funktion `asctime()` gibt eine Zeichenkette zurück, welche Abkürzungen für Wochentags- und Monatsnamen enthält. Das Format dieser Rückgabe entspricht in vielen Ländern nicht der dort üblichen Angabe für Datum und Zeit.

Beispiele für unterschiedliche Datumsformate:

```
1987-07-14              ISO
14.7.87                 Mitteleuropa und Großbritannien
7/14/87                 USA
14JUL87                 Flugzeiten
Dienstag, 14. Juli 1987 volles deutsches Format
Tuesday, July 14, 1987  volles USA-Format
```

Beispiele für unterschiedliche Zeitformate:

```
2:30 PM     USA und Großbritannien
1430        USA-Militär-Format
14h.30      Italienisches Format
14.30       Deutsches Format
```

36.2.2 Die Funktion `setlocale()`

Ein Umschalten auf eine neue Locale erfolgt durch den Aufruf der Funktion `setlocale()`, die in der Headerdatei `<locale.h>` definiert ist:

```
char *setlocale(int categorie, const char *locale)
```

Ein Aufruf der Funktion `setlocale()` legt entsprechend den Vorgaben aus `categorie` eine neue `locale` für das momentan ablaufende Programm fest; allerdings muss nicht der vollständige Satz von lokalen Eigenheiten gegen eine neue Locale ausgetauscht werden, sondern es ist auch möglich, nur Teile hiervon auszutauschen. Dazu werden in `<locale.h>` eigene Makros definiert, welche für das Argument `categorie` beim Aufruf von `setlocale()` angegeben werden können:

- LC_ALL:
  bisherige Locale wird komplett gegen neue `locale` ausgetauscht.

- LC_COLLATE:
  hat nur Auswirkungen auf das Verhalten der beiden Funktionen `strcoll()` (siehe Seite 591) und `strxfrm()` (siehe Seite 591).

- LC_CTYPE:
  hat Auswirkungen auf alle Funktionen in `<ctype.h>` (siehe Kapitel 7.2.6 auf Seite 93), außer auf `isdigit()` und `isxdigit()`, und auf Funktionen, die sich mit Multibyte-Zeichen (siehe Kapitel 36.3.6 auf Seite 948) befassen.

- LC_MONETARY:
  hat Auswirkungen auf das Formatieren von Geldbeträgen (siehe Funktion `localeconv()` im nächsten Abschnitt).

- LC_NUMERIC:
  legt das Zeichen für den Dezimalpunkt fest.

- LC_TIME:
  beeinflußt das Verhalten der Funktion `strftime()` (aus `<time.h>`; siehe auch Kapitel 19.3 auf Seite 286).

Falls für das Argument `locale` beim Aufruf dieser Funktion "C" angegeben wird, wie z. B.:

```
setlocale (LC_ALL, "C");
```

dann wird die „englische Version" von C gewählt, die immer angeboten werden muss ("größter gemeinsamer Nenner aller C Compiler").
Falls beispielsweise eine C-Realisierung auch die deutsche Sprache unterstützt, könnte z. B. ein Aufruf wie:

```
setlocale(LC_ALL, "german");
```

abgesetzt werden, um ihn deutsch sprechen und verstehen zu lassen.
Ein Aufruf wie:

```
setlocale (LC_ALL, "");
```

bewirkt, dass die Inhalte der Environment-Variablen LC_ALL, LC_COLLATE, LC_CTYPE, LC_MONETARY, LC_NUMERIC und LC_TIME zum Einrichten der aktuellen Locale verwendet werden.

Falls die entsprechende Realisierung die für locale angegebene Zeichenkette nicht kennt, wird ein NULL-Zeiger von dieser Funktion zurückgegeben und die Locale des Programms bleibt unverändert; ansonsten wird ein Zeiger auf eine Zeichenkette zurückgegeben, der die neue Locale für categorie darstellt.

Die Angabe eines NULL-Zeigers für locale bewirkt, dass setlocale() den Namen der aktuell eingerichteten Programm-Locale zurückgibt; in diesem Fall wird die Locale des Programms nicht geändert. Der Zeiger auf eine von setlocale() zurückgegebene Zeichenkette kann dann bei nachfolgenden Aufrufen als Argument übergeben werden, um die alte Programm-Locale wiederherzustellen, wie z. B.:

```
alt_zustand = setlocale(LC_MONETARY, NULL); /* aktuelle Locale sichern */
setlocale(LC_MONETARY, "brazil");
ueberweisung("Rio", datum, ...);
setlocale(LC_MONETARY, alt_zustand); /* Vorherige Programm-Locale
                                        wieder einrichten          */
```

36.2.3 Die Funktion `localeconv()`

Neben der Funktion setlocale() wird in der Headerdatei <locale.h> noch eine weitere Funktion deklariert:

```
struct lconv *localeconv(void)
```

Diese Funktion liefert über den Strukturtyp lconv (ebenfalls in <locale.h> definiert) Werte, die für das Formatieren von numerischen Größenangaben entsprechend der momentanen Locale geeignet sind. Die einzelnen Komponenten der Struktur lconv sind:

char *decimal_point

> Dezimalpunkt-Zeichen, das für das Formatieren von Nicht-Geldbeträgen verwendet wird.

char *thousands_sep

> Zeichen, das zum Trennen von Zifferngruppen links vom Dezimalpunkt in formatierten Nicht-Geldbeträgen verwendet wird.

char *grouping

> Zeichenkette, deren Elemente die Größe jeder Zifferngruppe in formatierten Nicht-Geldbeträgen anzeigen.

char *int_curr_symbol

> Internationales Währungssymbol, das für momentane Locale gültig ist. Die ersten drei Zeichen enthalten das alphabetische internationale Währungssymbol entsprechend ISO 4217. Das vierte Zeichen (unmittelbar vor \0) ist das Trennzeichen zwischen Währungssymbol und Geldbetrag.

char *currency_symbol

> Nationales Währungssymbol, das für momentane Locale verwendet wird.

`char *mon_decimal_point`

Dezimalpunkt-Zeichen, das für das Formatieren von Geldbeträgen verwendet wird.

`char *mon_thousands_sep`

Trennzeichen für die Zifferngruppen vor dem Dezimalpunkt in formatierten Geldbeträgen.

`char *mon_grouping`

Zeichenkette, deren Elemente die Größe jeder Zifferngruppe in formatierten Geldbeträgen anzeigen.

`char *positive_sign`

Zeichenkette, die verwendet wird, um nichtnegative Geldbeträge anzuzeigen.

`char *negative_sign`

Zeichenkette, die verwendet wird, um negative Geldbeträge anzuzeigen.

`char int_frac_digits`

Zahl der auszugebenden „Nachkommastellen" in einem international formatierten Geldbetrag.

`char frac_digits`

Zahl der auszugebenden „Nachkommastellen" in einem formatierten Geldbetrag.

`char p_cs_precedes`

Wert 1 zeigt an, dass das Währungssymbol vor einem nicht-negativen formatierten Geldbetrag steht. Wert 0 zeigt an, dass das Währungssymbol hinten steht.

`char p_sep_by_space`

Wert 1 zeigt an, dass das Währungssymbol durch ein Leerzeichen vom nicht-negativen formatierten Geldbetrag getrennt ist. Wert 0 deutet darauf hin, dass keine Trennung vorliegt.

`char n_cs_precedes`

Wert 1 zeigt an, dass das Währungssymbol vor einem negativen formatierten Geldbetrag steht. Wert 0 zeigt an, dass das Währungssymbol hinten steht.

`char n_sep_by_space`

Wert 1 zeigt an, dass das Währungssymbol durch ein Leerzeichen vom negativen formatierten Geldbetrag getrennt ist. Wert 0 deutet darauf hin, dass keine Trennung vorliegt.

`char p_sign_posn`

> Wert, der die Position des positiven Vorzeichens für einen nicht-negativen formatierten Geldbetrag anzeigt.

`char n_sign_posn`

> Wert, der die Position des negativen Vorzeichens für einen negativen formatierten Geldbetrag anzeigt.

Die Inhalte von `grouping` und `mon_grouping` werden wie folgt interpretiert:

`CHAR_MAX`: keine Gruppierung findet statt

0: vorheriges Element wird wiederholt für die restlichen Ziffern verwendet.

Andere Zahl: legt Anzahl der Ziffern fest, die zu gruppieren sind.

Die Werte von `p_sign_posn` and `n_sign_posn` werden wie folgt interpretiert:

0: Klammern umgeben die Menge und das `currency_symbol`

1: Vorzeichen wird der Menge und dem `currency_symbol` vorangestellt

2: Vorzeichen wird hinter der Menge und dem `currency_symbol` angegeben

3: Vorzeichen wird dem `currency_symbol` unmittelbar vorangestellt

4: Vorzeichen wird unmittelbar hinter dem `currency_symbol` angegeben

Der Speicherplatz, auf den der von Funktion `localeconv()` zurückgegebene Zeiger zeigt, sollte vom Aufrufer nur gelesen (und nicht überschrieben) werden. Zudem sollte der Inhalt dieses Speicherplatzes in einem eigenen Speicherbereich geschrieben werden, wenn dieser für spätere Verwendung benötigt wird, da neue Aufrufe der Funktion `localeconv()` den gleichen Speicherplatz wieder verwenden dürfen.

Das folgende Programm `lokale.c` ist ein einfaches Demonstrationsprogramm zu `<locale.h>`:

```c
#include <stdio.h>
#include <stdlib.h>
#include <locale.h>

const char *locale[] = {
    "C", "POSIX", "de_CH", "de_DE", "de_DE@euro", "en_US", "danish", "deutsch",
    "dutch", "en_AU", "en_CA", "en_GB", "en_NZ",
    "fi_FI@euro", "finnish", "fr_BE", "fr_BE@euro", "fr_CA", "fr_CH", "fr_FR",
    "fr_FR@euro", "français", "french", "german",
    "it_CH", "it_IT", "it_IT@euro", "italian", "japanese", "russian",
    "spanish", "swedish", "turkish"
};
const int anzahl  = sizeof(locale) / sizeof(locale[0]);
```

36 Weitere Headerdateien

```c
int main(void)
{
   struct lconv *lptr;

   int tausend = 27;
   int rest = 234;
   int nachkomma = 56;
   int i;

   for (i=0; i<6; i++) {
      setenv("LC_MONETARY", locale[i], 1);
      setlocale(LC_ALL, "");
      lptr = localeconv();
      printf("%10s: %s%d%c%d%c%d\n",
             locale[i], lptr->int_curr_symbol,
             tausend, lptr->mon_thousands_sep[0], rest,
             lptr->mon_decimal_point[0], nachkomma);
   }
   printf("-------------------------------------------------------------\n");
   for (i=0; i<anzahl; i++) {
      setenv("LC_MONETARY", locale[i], 1);
      setenv("LC_NUMERIC", locale[i], 1);
      setlocale(LC_ALL, "");
      lptr = localeconv();
      printf("| %-10s | %5s | %5s | %5s | %5s | %5s | %5s |\n",
             locale[i],
             lptr->decimal_point,      lptr->thousands_sep,
             lptr->int_curr_symbol,    lptr->currency_symbol,
             lptr->mon_decimal_point,  lptr->mon_thousands_sep);
   }
   printf("-------------------------------------------------------------\n");
   system( "locale" ); /* Aufrufen des Linux-/Unix-Kommandos locale
                          zum Ausgeben der Locale-Environment-Variablen */
   return 0;
}
```

Ausgabe durch das Programm `lokale.c`, wobei Sonderzeichen abhängig vom eingestellten Zeichensatz eventuell nicht darstellbar sind:

```
         C: 2723456
     POSIX: 2723456
     de_CH: CHF 27.234,56
     de_DE: DEM 27.234,56
de_DE@euro: EUR 27.234,56
     en_US: USD 27,234.56
-------------------------------------------------------------
| C          |  . |     |     |     |     |    |
| POSIX      |  . |     |     |     |     |    |
| de_CH      |  , |  .  | CHF | Fr. |  ,  | .  |
| de_DE      |  , |  .  | DEM | DM  |  ,  | .  |
| de_DE@euro |  , |  .  | EUR |  €  |  ,  | .  |
```

```
| en_US       |  . |  , | USD |  $  |  . |  , |
| danish      |  , |  . | DKK |  kr |  , |  . |
| deutsch     |  , |  . | DEM |  DM |  , |  . |
| dutch       |  , |    | NLG |  fl |  , |    |
| en_AU       |  . |  , | AUD |  $  |  . |  , |
| en_CA       |  . |  , | CAD |  $  |  . |  , |
| en_GB       |  . |  , | GBP |  £  |  . |  , |
| en_NZ       |  . |  , | NZD |  $  |  . |  , |
| fi_FI@euro  |  , |  . | EUR |  €  |  , |  . |
| finnish     |  , |  . | FIM |  mk |  , |  . |
| fr_BE       |  , |  . | BEF |  FB |  , |  . |
| fr_BE@euro  |  , |  . | EUR |  €  |  , |  . |
| fr_CA       |  , |    | CAD |  $  |  , |    |
| fr_CH       |  , |    | CHF |  Fr.|  , |  . |
| fr_FR       |  , |    | FRF |  F  |  , |    |
| fr_FR@euro  |  , |    | EUR |  €  |  , |    |
| français    |  , |    | FRF |  F  |  , |    |
| french      |  , |    | FRF |  F  |  , |    |
| german      |  , |  . | DEM |  DM |  , |  . |
| it_CH       |  , |  ' | CHF |  Fr.|  , |    |
| it_IT       |  , |    | ITL |  L. |  , |  . |
| it_IT@euro  |  , |    | EUR |  €  |  , |  . |
| italian     |  , |    | ITL |  L. |  , |  . |
| japanese    |  . |  , | JPY |  ¡ï |  . |  , |
| russian     |  , |  . | RUR | àãÑ |  . |    |
| spanish     |  , |    | ESP | Pts |  , |  . |
| swedish     |  , |    | SEK |  kr |  , |    |
| turkish     |  . |    | TRL |  TL |  , |  . |
--------------------------------------------------------------
LANG=de_DE
LC_CTYPE="de_DE"
LC_NUMERIC=turkish
LC_TIME="de_DE"
LC_COLLATE=POSIX
LC_MONETARY=turkish
LC_MESSAGES="de_DE"
LC_PAPER="de_DE"
LC_NAME="de_DE"
LC_ADDRESS="de_DE"
LC_TELEPHONE="de_DE"
LC_MEASUREMENT="de_DE"
LC_IDENTIFICATION="de_DE"
LC_ALL=
```

Hinweis:
Unter Linux kann man sich mit dem Aufruf
```
locale -a
```
alle verfügbaren Locale alphabetisch geordnet anzeigen lassen, wie z. B.:

```
user@linux:~ > locale -a ⏎
C
POSIX
af_ZA
ar_AE
ar_BH
ar_DZ
ar_EG
.....
.....
danish
dansk
de_AT
de_AT@euro
de_BE
de_BE@euro
de_CH
de_DE
de_DE.utf8
de_DE@euro
de_LU
de_LU@euro
deutsch
.....
.....
user@linux:~ > _
```

36.3 Wide-Character-Funktionen

1995 wurden zu C89 eine Reihe von so genannten *Wide-Character-Funktionen* neu hinzugefügt, welche auch von C99 übernommen wurden. Diese Wide-Character-Funktionen, die mit einer Zeichendarstellung von mehreren statt einem Byte arbeiten, entsprechen weitgehend ihren char-Äquivalenten, nur dass sie eben nicht nur auf 256 Zeichen (wie z. B. den ASCII-Code) ausgelegt sind. So können z. B. auch asiatische Zeichensätze, welche teilweise über mehr als 10 000 Zeichen verfügen, in C bearbeitet werden.

Zum Beispiel existiert zu der „char-Funktion" isalpha() die Wide-Character-Version iswalpha(). Oft haben die Wide-Character-Funktionen dieselben Namen wie ihre char-Äquivalenten, nur dass ein w hinzugefügt ist.

Zu den Wide-Character-Funktionen existieren die beiden folgenden Headerdateien:

- ❑ `<wctype.h>` definiert die folgenden Typen:
    - ➢ wint_t: die Wide-Character-Funktionen verwenden diesen Typ dort, wo die char-Funktionen int verwenden.
    - ➢ wctrans_t und wctype_t: Typen, die für die Zeichenübersetzung bzw. die Klassifizierung von Zeichen benötigt werden.

- `<wchar.h>` definiert die folgenden Typen bzw. Konstanten:
  - `wint_t`: die Wide-Character-Funktionen verwenden diesen Typ dort, wo die `char`-Funktionen `int` verwenden.
  - `wchar_t`: Typ für ein Wide-Character-Zeichen
  - `size_t`: Rückgabedatentyp für `sizeof`
  - `mbstate_t`: Typ eines Objekts, das den Zustand einer Konvertierung eines Multibyte- in ein Wide-Character speichert.
  - `WCHAR_MAX` und `WCHAR_MIN`: Konstanten, die den maximalen und den minimalen Wert für den Typ `wchar_t` festlegen.

Außerdem ist in den beiden Headerdateien noch die Wide-Character-EOF-Markierung `WEOF` definiert.

Da die meisten Wide-Character-Funktionen weitgehend mit ihren `char`-Äquivalenten übereinstimmen und nur ganz selten – in speziellen Anwendungsfällen – benötigt werden, wird hier nur ein kurzer Überblick zu diesen Funktionen gegeben.

36.3.1 Wide-Character-Klassifizierungsfunktionen

Die Wide-Character-Klassifizierungsfunktionen, die in `<wctype.h>` deklariert sind, entsprechen weitgehend den `char`-Funktionen aus `<ctype.h>` (siehe Kapitel 7.2.6 auf Seite 93), nur dass ein w in ihren Namen eingefügt ist und sie einen `wint_t`- statt `int`-Parameter haben. In Tabelle 36.3 sind diese Funktionen gezeigt.

Zusätzlich zu den in Tabelle 36.3 aufgezählten Funktionen sind noch die beiden folgenden Funktionen in `<wctype.h>` deklariert:

- `wctype_t wctype(const char *attribut)`
- `int iswctype(wint_t zeich, wctype_t attributobj)`

Tabelle 36.3: Die in `wctype.h` deklarierten Funktionen

Funktion	char-Äquivalent
`int iswalnum(wint_t zeich)`	`isalnum()`
`int iswalpha(wint_t zeich)`	`isalpha()`
`int iswblank(wint_t zeich)`	`isblank()` (neu in C99)
`int iswcntrl(wint_t zeich)`	`iscntrl()`
`int iswdigit(wint_t zeich)`	`isdigit()`
`int iswgraph(wint_t zeich)`	`isgraph()`
`int iswlower(wint_t zeich)`	`islower()`
`int iswprint(wint_t zeich)`	`isprint()`
`int iswpunct(wint_t zeich)`	`ispunct()`
`int iswspace(wint_t zeich)`	`isspace()`
`int iswupper(wint_t zeich)`	`isupper()`
`int iswxdigit(wint_t zeich)`	`isxdigit()`
`wint_t towlower(wint_t zeich)`	`tolower()`
`wint_t towupper(wint_t zeich)`	`toupper()`

Tabelle 36.4: Mögliche Angaben für den Parameter `attribut` bei der Funktion `wctype()`

String						
„alnum"	„alpha"	„cntrl"	„digit"	„graph"	„lower"	
„print"	„punct"	„space"	„upper"	„xdigit"	„blank" (neu in C99)	

Die Funktion `wctype()` liefert einen Wert, der dann als zweites Argument an die Funktion `iswctype()` übergeben werden kann. Für den Parameter `attribut` kann einer der in Tabelle 36.4 gezeigten Strings angegeben werden. Dieser String klassifiziert dabei die Eigenschaft, die man später mit der Funktion `iswctype()` für ein Wide-Character abprüfen möchte.

Das folgende Programm `wctype.c` ist ein Demonstrationsprogramm zu den beiden Funktionen `wctype()` und `iswctype()`:

```c
#include <stdio.h>
#include <wctype.h>
#include <wchar.h>

int main(void)
{
   wctype_t attrDigit = wctype("digit");
   wctype_t attrAlpha = wctype("alpha");
   wchar_t  zeich = L'b'; /* vor wide-characters immer ein L angeben */

     /* Bei nachfolg. wprintf() ist erkennbar, dass
        vor wide-character-Strings immer ein L anzugeben ist */
   if (iswctype(zeich, attrDigit))
      wprintf(L"'%c' ist eine Ziffer\n", zeich);
   else
      wprintf(L"'%c' ist keine Ziffer\n", zeich);

   if (iswctype(zeich, attrAlpha))
      wprintf(L"'%c' ist ein Buchstabe\n", zeich);
   else
      wprintf(L"'%c' ist kein Buchstabe\n", zeich);

   return 0;
}
```

Dieses Programm `wctype.c` liefert die folgende Ausgabe:

```
'b' ist keine Ziffer
'b' ist ein Buchstabe
```

Nachfolgend sind noch zwei weitere Funktionen angegeben, die in `<wctype.h>` deklariert sind:

- `wctrans_t wctrans(const char *umform)`
- `wint_t towctrans(wint_t zeich, wctrans_t umformobj)`

Die Funktion wctrans() liefert einen Wert, der dann als zweites Argument an die Funktion towctrans() übergeben werden kann. Für den Parameter umform kann einer der beiden Strings "tolower" oder "toupper" angegeben werden. Dieser String legt dabei die Umformungsart fest, die man später mit der Funktion towctrans() für ein Wide-Character durchführen kann.

Das folgende Programm wctrans.c ist ein Demonstrationsprogramm zu den beiden Funktionen wctrans() und towctrans():

```c
#include <stdio.h>
#include <wctype.h>
#include <wchar.h>

int main(void)
{
   wctrans_t gross = wctrans("toupper");
   wctrans_t klein = wctrans("tolower");
   wchar_t   z1 = L'b'; /* vor wide-characters immer ein L angeben */
   wchar_t   z2 = L'A'; /* vor wide-characters immer ein L angeben */
   wchar_t   uz1 = towctrans(z1, gross);
   wchar_t   uz2 = towctrans(z2, klein);
   wchar_t   uz  = towctrans(L'7', klein);

    /* Bei nachfolg. wprintf() ist erkennbar, dass
       vor wide-character-Strings immer ein L anzugeben ist */
   wprintf(L"'%c' --> '%c'\n", z1, uz1);
   wprintf(L"'%c' --> '%c'\n", z2, uz2);
   wprintf(L"'7' --> '%c'\n", uz);

   return 0;
}
```

Dieses Programm wctrans.c liefert die folgende Ausgabe:

```
'b' --> 'B'
'A' --> 'a'
'7' --> '7'
```

36.3.2 Wide-Character-E/A-Funktionen

Einige der in Kapitel 30.1 auf Seite 808 beschriebenen höheren E/A-Funktionen besitzen äquivalente Wide-Character-Funktionen, die in der Headerdatei <wchar.h> deklariert sind. Tabelle 36.5 zeigt die Wide-Character-E/A-Funktionen.
Es ist zu beachten, dass die beiden Funktionen swprintf() und vswprintf() einen zusätzlichen Parameter n besitzen, den ihre char-Äquivalente nicht haben. Dieser Parameter n legt die maximale Anzahl von Zeichen fest, die nach str geschrieben werden dürfen.
Zusätzlich zu den zuvor angegebenen E/A-Funktionen wird noch folgende Wide-Character-Funktion angeboten:

Tabelle 36.5: Die Wide-Character-E/A-Funktionen und ihre `char`-Äquivalente

Funktion	char-Äquiv.
`wint_t fgetwc(FILE *fz)`	*fgetc()*
`wchar_t *fgetws(wchar_t *str, int n, FILE *fz)`	*fgets()*
`wint_t fputwc(wchar_t z, FILE *fz)`	*fputc()*
`int fputws(const wchar_t *str, FILE *fz)`	*fputs()*
`int fwprintf(FILE *fz, const wchar_t *fmt, ...)`	*fprintf()*
`int fwscanf(FILE *fz, const wchar_t *fmt, ...)`	*fscanf()*
`wint_t getwc(FILE *fz)`	*getc()*
`wint_t getwchar(void)`	*getchar()*
`wint_t putwc(wchar_t z, FILE *fz)`	*putc()*
`wint_t putwchar(wchar_t z)`	*putchar()*
`int swprintf(wchar_t *str, size_t n, const wchar_t *fmt, ...)`	*sprintf()*
`int swscanf(wchar_t *str, const wchar_t *fmt, ...)`	*sscanf()*
`wint_t ungetwc(win_t z, FILE *fz)`	*ungetc()*
`int vfwprintf(FILE *fz, const wchar_t *fmt, va_list va)`	*vfprintf()*
`int vfwscanf(FILE *restrict fz, const wchar_t *restrict fmt, va_list va)` (C99)	*vfscanf()*
`int vswprintf(wchar_t *str, size_t n, const wchar_t *fmt, va_list va)`	*vsprintf()*
`int vswscanf(const wchar_t *restrict str, const wchar_t *restrict fmt, va_list va)` (C99)	*vsscanf()*
`int vwprintf(const wchar_t *fmt, va_list va)`	*vprintf()*
`int vwscanf(const wchar_t *restrict fmt, va_list va)` (C99)	*vscanf()*
`int wprintf(const wchar_t *fmt, ...)`	*printf()*
`int wscanf(const wchar_t *fmt, ...)`	*scanf()*

`int fwide(FILE *fz, int wie)`

Ist `wie` positiv, wird versucht, den Stream `fz` als Wide-Character-Stream und bei einem negativen `wie` als `char`-Stream einzurichten. Bei `wie=0` behält der Stream seine aktuelle Einrichtung, liefert aber einen Wert, an dem die aktuelle Einrichtung erkennbar ist (positiv = Wide-Character-Stream; negativ = `char`-Stream). Hat für einen Stream noch keine Einrichtung stattgefunden, liefert `fwide()` den Wert 0 zurück. Ist ein Stream einmal eingerichtet, kann diese Einrichtung nicht mehr geändert werden, bis er geschlossen wird.

36.3.3 Wide-Character-Stringfunktionen

Die Wide-Character-Stringfunktionen, die in `<wchar.h>` deklariert sind, entsprechen weitgehend den `char`-Funktionen aus `<string.h>` (siehe Kapitel 25.4.5 auf Seite 576), nur dass ihre Namen mit `wcs` statt mit `str` beginnen und sie statt den Datentyp `char` den Datentyp `wchar_t` für ihre Parameter und Rückgabewerte besitzen. In Tabelle 36.6 sind diese Funktionen gezeigt.

Tabelle 36.6: Wide-Character-Stringfunktionen und ihre char-Äquivalente

Funktion	char-Äquiv.
`wchar_t *wcscat(wchar_t *str1, const wchar_t *str2)`	`strcat()`
`wchar_t *wcschr(const wchar_t *str, wchar_t z)`	`strchr()`
`int wcscmp(const wchar_t *str1, const wchar_t *str2)`	`strcmp()`
`int wcscoll(const wchar_t *str1, const wchar_t *str2)`	`strcoll()`
`size_t wcscspn(const wchar_t *str1, const wchar_t *str2)`	`strcspn()`
`wchar_t *wcscpy(wchar_t *str1, const wchar_t *str2)`	`strcpy()`
`size_t wcslen(const wchar_t *str)`	`strlen()`
`wchar_t *wcsncpy(wchar_t *str1, const wchar_t *str2, size_t n)`	`strncpy()`
`wchar_t *wcsncat(wchar_t *str1, const wchar_t *str2, size_t n)`	`strncat()`
`int wcsncmp(const wchar_t *str1, const wchar_t *str2, size_t n)`	`strncmp()`
`wchar_t *wcspbrk(wchar_t *str1, const wchar_t *str2)`	`strpbrk()`
`wchar_t *wcsrchr(const wchar_t *str, wchar_t z)`	`strrchr()`
`size_t wcsspn(const wchar_t *str1, const wchar_t *str2)`	`strspn()`
`wchar_t *wcstok(wchar_t *str1, const wchar_t *str2, wchar_t **zz)`	`strtok()`
`wchar_t *wcsstr(const wchar_t *str1, const wchar_t *str2)`	`strstr()`
`size_t wcsxfrm(wchar_t *str1, const wchar_t *str2, size_t n)`	`strxfrm()`

Es ist zu beachten, dass die Funktion `wcstok()` einen zusätzlichen Parameter `zz` besitzt, den ihr char-Äquivalent `strtok()` nicht hat. Dieser Parameter `zz` erhält Informationen, die für die weitere Aufspaltung in Tokens benötigt wird.

36.3.4 Wide-Character-Speicherfunktionen

Die Wide-Character-Speicherfunktionen, die in `<wchar.h>` deklariert sind, entsprechen weitgehend den char-Funktionen aus `<string.h>` (siehe Kapitel 25.4.5 auf Seite 576), nur dass ihre Namen mit wmem statt mit mem beginnen und sie statt den Datentyp char den Datentyp `wchar_t` für ihre Parameter und Rückgabewerte besitzen. In Tabelle 36.7 sind diese Funktionen gezeigt.

Tabelle 36.7: Wide-Character-Speicherfunktionen und ihre char-Äquivalente

Funktion	char-Äquiv.
`wchar_t *wmemchr(const wchar_t *str, wchar_t z, size_t n)`	`memchr()`
`int wmemcmp(const wchar_t *str1, const wchar_t *str2, size_t n)`	`memcmp()`
`wchar_t *wmemcpy(wchar_t *str1, const wchar_t *str2, size_t n)`	`memcpy()`
`wchar_t *wmemmove(wchar_t *str1, const wchar_t *str2, size_t n)`	`memmove()`
`wchar_t *wmemset(wchar_t *str1, wchar_t z, size_t n)`	`memset()`

36.3.5 Wide-Character-String-Konvertierungsfunktionen

Die Wide-Character-String-Konvertierungsfunktionen, die in `<wchar.h>` deklariert sind, entsprechen weitgehend ihren char-Äquivalenten, um Strings in numerische Werte bzw. Zeiten in Strings zu konvertieren. Nachfolgend sind diese Funktionen aufgezählt, wobei die entsprechenden char-Äquivalente jeweils dazu in runden Klammern angegeben sind:

`size_t wcsftime(wchar_t *str, size_t max, const wchar_t *fmt, const struct tm *zgr)`

(`strftime()`; siehe auch Kapitel 19.3.3 auf Seite 288)

`double wcstod(const wchar_t *start, wchar_t **ende)`

(`strtod()`; siehe auch Kapitel 25.4.6 auf Seite 598)

`float wcstof(const wchar_t *start, wchar_t **ende)`

(`strtof()`; neu in C99; siehe auch Kapitel 25.4.6 auf Seite 599)

`long double wcstold(const wchar_t *start, wchar_t **ende)`

(`strtold()`; neu in C99; siehe auch Kapitel 25.4.6 auf Seite 599)

`long wcstol(const wchar_t *start, wchar_t **ende, int basis)`

(`strtol()`; siehe auch Kapitel 25.4.6 auf Seite 594)

`long long wcstoll(const wchar_t *start, wchar_t **ende, int basis)`

(`strtoll()`; neu in C99; siehe auch Kapitel 25.4.6 auf Seite 597)

`unsigned long wcstoul(const wchar_t *start, wchar_t **ende, int basis)`

(`strtoul()`; siehe auch Kapitel 25.4.6 auf Seite 598)

`unsigned long long wcstoull(const wchar_t *start, wchar_t **ende, int basis)`

(`strtoull()`; neu in C99; siehe auch Kapitel 25.4.6 auf Seite 598)

In C99 sind die Parameter start und ende als restrict qualifiziert.

36.3.6 Multibyte/Wide-Character-Konvertierungsfunktionen

Multibyte-Zeichen (C89 und C99)

Um internationale Zeichensätze zu unterstützen, existiert in Standard-C noch ein anderer Ansatz, nämlich die Darstellung eines Zeichens durch mehrere Bytes. Solche Zeichen werden als *Multibyte-Zeichen* bezeichnet.

Dazu ist in `<stdlib.h>` die Konstante MB_CUR_MAX definiert, die die maximale Byteanzahl in einem Multibyte-Zeichen festlegt. Diese Zahl ist niemals größer als der Wert der Konstanten MB_LEN_MAX, die in `<limits.h>` definiert ist.

36.3 Wide-Character-Funktionen

Um mit Multibyte-Zeichen zu arbeiten, sind in <stdlib.h> die folgenden Funktionen deklariert, die bereits von C89 eingeführt wurden:

int mblen(const char *mbzgr, size_t n)

> liefert die Anzahl von Bytes, aus denen sich das Multibyte-Zeichen zusammensetzt, auf das mbzgr zeigt. Diese Funktion ist äquivalent zum Aufruf
>
> ```
> mbtowc( (wchar_t *)0, mbzgr, n) );
> ```
>
> Wenn *mbzgr gleich \0 ist, liefert diese Funktion 0. Wenn die nächsten n (oder auch weniger) Bytes kein gültiges Multibyte-Zeichen bilden, dann gibt diese Funktion -1 zurück. Ein Beispielaufruf wäre
>
> ```
> char multibyte[MB_LEN_MAX];
>    ....
> mb_groesse = mblen(multibyte, MB_CUR_MAX);
> ```

int mbtowc(wchar_t *pwc, const char *mbzgr, size_t n)

> konvertiert ein Multibyte-Zeichen in ein Wide-Character. Wenn es sich um ein gültiges Multibyte-Zeichen handelt und pwc kein Nullzeiger ist, wird der Code des zugehörigen Wide-Character in *pwc abgelegt. Es werden allerdings höchstens n Bytes im Speicherplatz mit der Adresse mbzgr geprüft.
>
> Diese Funktion liefert die Anzahl von Bytes, aus denen sich das umgewandelte Multibyte-Zeichen zusammensetzt, wenn die nächsten n oder auch weniger Bytes ein gültiges Multibyte-Zeichen sind. Wenn *mbzgr gleich \0 ist, liefert diese Funktion den Wert 0 zurück, und wenn kein gültiges Multibyte-Zeichen vorliegt, liefert sie -1. In keinem Fall ist der zurückgegebene Wert größer als n oder größer als der Wert von MB_CUR_MAX. Ein Beispielaufruf wäre:
>
> ```
> char multibyte[MB_LEN_MAX];
>    ....
> mb_groesse = mbtowc(pwc, multibyte, MB_CUR_MAX);
> ```

int wctomb(char *mbzgr, wchar_t wchar)

> konvertiert ein wchar_t-Zeichen in ein Multibyte-Zeichen. Dazu bestimmt sie die Anzahl der benötigten Bytes, um das dem wchar-Zeichen entsprechende Multibyte-Zeichen darzustellen. Das entsprechende Multibyte-Zeichen wird im Speicherplatz mbzgr abgelegt.
>
> Diese Funktion liefert die Anzahl von Bytes, aus denen sich das umgewandelte Zeichen zusammensetzt, bzw. den Wert -1, wenn der Wert von wchar nicht einem gültigen Multibyte-Zeichen entspricht.

size_t mbstowcs(wchar_t *pwcs, const char *mbzgr, size_t n)

> konvertiert eine Folge von Multibyte-Zeichen aus dem Speicherplatz mbzgr in den Datentyp wchar_t und speichert die entsprechenden Codes (nicht mehr als n) an die Adresse pwcs. Jedes einzelne Multibyte-Zeichen wird hierbei so konvertiert, als ob die Funktion mbtowc() aufgerufen würde. Wenn

ein ungültiges Multibyte-Zeichen gefunden wird, dann gibt diese Funktion den Wert -1 zurück, ansonsten liefert sie die Anzahl der umgewandelten Elemente.

`size_t wcstombs(char *mbzgr, const wchar_t *pwcs, size_t n)`

konvertiert eine Folge von Codes aus dem Speicherplatz `pwcs` in eine Folge von entsprechenden Multibyte-Zeichen (nicht mehr als n) und schreibt diese an die Adresse `mbzgr`; jeder einzelne Code wird konvertiert, als ob die Funktion `wctomb()` aufgerufen würde. Wenn ein Code gefunden wird, welchem kein gültiges Multibyte-Zeichen entspricht, gibt diese Funktion den Wert -1 zurück, ansonsten liefert sie die Anzahl der umgewandelten Bytes.

Multibyte/Wide-Character-Konvertierungsfunktionen (neu in C99)

C99 bietet in der Headerdatei `<wchar.h>` noch zusätzliche Funktionen für die Konvertierung zwischen Multibyte-Zeichen und Wide-Character an. Diese Funktionen sind nachfolgend gezeigt. Viele dieser Funktionen sind *neu startbare* Versionen der normalen Multibyte-Funktionen aus dem vorherigen Abschnitt. Diese neu startbaren Versionen hier nutzen Zustandsinformation aus, die ihnen in einem eigenen Parameter vom Typ `mbstate_t` übergeben wird. Ist dieser Parameter ein `NULL`-Zeiger, unterhält die entsprechende Funktion ein eigenes internes `mbstate_t`-Objekt.

`wint_t btowc(int zeich)`

konvertiert `zeich` in sein Wide-Character-Äquivalent und liefert das Ergebnis zurück. Ist `zeich` kein Einbyte- oder Multibyte-Zeichen oder tritt bei der Konvertierung ein Fehler auf, liefert diese Funktion `WEOF` zurück.

`size_t mbrlen(const char *restrict str, size_t n, mbstate_t *restrict s)`

neu startbare Version zu `mblen()`, wobei die Zustandsinformation über den Parameter s übergeben wird. Diese Funktion liefert einen positiven Wert zurück, der die Länge des nächsten Multibyte-Zeichens anzeigt. Ist das nächste Zeichen 0, wird der Wert 0 und bei einem Fehler ein negativer Wert zurückgeliefert.

`size_t mbrtowc(wchar_t *restrict pwc, const char *restrict str, size_t n, mbstate_t *restrict s)`

neu startbare Version zu `mbtowc()`, wobei die Zustandsinformation über den Parameter s übergeben wird. Diese Funktion liefert einen positiven Wert zurück, der die Länge des nächsten Multibyte-Zeichens anzeigt. Ist das nächste Zeichen 0, wird der Wert 0 und bei einem Fehler der Wert -1 zurückgeliefert. War die Konvertierung unvollständig, wird der Wert -2 zurückgegeben.

`int mbsinit(const mbstate_t *s)`

liefert wahr zurück, wenn s einen anfänglichen Konvertierungszustand enthält.

```
size_t mbsrtowcs(wchar_t *restrict ziel, const char
    **restrict quelle, size_t n, mbstate_t *restrict s)
```
neu startbare Version zu `mbstowcs()`, wobei die Zustandsinformation über den Parameter s übergeben wird. `mbsrtowcs()` unterscheidet sich außerdem von `mbstowcs()` dadurch, dass `quelle` ein indirekter Zeiger auf das Ursprungs-Array ist.

```
size_t wcrtomb(char *restrict str, wchar_t wc, mbstate_t
    *restrict s)
```
neu startbare Version zu `wctomb()`, wobei die Zustandsinformation über den Parameter s übergeben wird.

```
size_t wcsrtombs(char *restrict ziel, const wchar_t
    **restrict quelle, size_t n, mbstate_t *restrict s)
```
neu startbare Version zu `wcstombs()`, wobei die Zustandsinformation über den Parameter s übergeben wird. `wcsrtombs()` unterscheidet sich außerdem von `wcstombs()` dadurch, dass `quelle` ein indirekter Zeiger auf das Ursprungs-Array ist.

```
int wctob(wint_t zeich)
```
konvertiert `zeich` in sein Einbyte- oder Multibyte-Zeichen-Äquivalent und liefert das Ergebnis zurück. Tritt bei der Konvertierung ein Fehler auf, liefert diese Funktion EOF zurück.

36.4 Die Headerdatei `<complex.h>` (neu in C99)

C99 hat die zwei neuen Datentypen `_Complex` und `_Imaginary` eingeführt. Der Grund, warum C99 `_Complex` bzw. `_Imaginary` und nicht `complex` bzw. `imaginary` als Schlüsselwörter eingeführt hat, ist der, dass bereits viele ältere C-Programme existieren, die ihre eigenen Typen `complex` und `imaginary` definiert haben. Die Namen `_Complex` und `_Imaginary` stellen nun sicher, dass diese neu eingeführten Datentypen nicht mit den benutzerdefinierten Namen `complex` und `imaginary` kollidieren, so dass alte C-Programme ohne Änderung auf einem C99-Compiler übersetzt werden können.

Tabelle 36.8: Makros in `<complex.h>`; i repräsentiert dabei die imaginäre Einheit $\sqrt{-1}$

Makro	wird ersetzt durch
complex	_Complex
imaginary	_Imaginary
_Complex_I	(const float _Complex) i
_Imaginary_I	(const float _Imaginary) i
I	_Imaginary_I (oder _Complex_I, wenn imaginäre Typen nicht unterstützt werden)

Tabelle 36.9: Die komplexen mathematischen Funktionen

Funktion	liefert als Ergebnis
`double cabs(double complex x)`	Absolutwert von x
`double complex cacos(double complex x)`	komplexen Arcuscosinus von x
`double complex cacosh(double complex x)`	komplexen Arcuscosinus hyperbol. von x
`double carg(double complex x)`	Phasenwinkel von x
`double complex casin(double complex x)`	komplexen Arcussinus von x
`double complex casinh(double complex x)`	komplexen Arcussinus hyperbol. von x
`double complex catan(double complex x)`	komplexen Arcustangens von x
`double complex catanh(double complex x)`	komplexen Arcustangens hyperbol. von x
`double complex ccos(double complex x)`	komplexen Cosinus von x
`double complex ccosh(double complex x)`	komplexen Cosinus hyperbol. von x
`double complex cexp(double complex x)`	komplexen Wert e^x (e steht für 2.718281...)
`double cimag(double complex x)`	Imaginärteil von x
`double complex clog(double complex x)`	komplexen natürlichen Logarithmus von x
`double complex conj(double complex x)`	komplex-konjugierte Zahl zu x
`double complex cpow(double complex x, double complex y)`	komplexen Wert von x^y
`double complex cproj(double complex x)`	Projektion von x auf riemannsche Sphäre
`double creal(double complex x)`	Realteil von x
`double complex csin(double complex x)`	komplexen Sinus von x
`double complex csinh(double complex x)`	komplexen Sinus hyperbol. von x
`double complex csqrt(double complex x)`	komplexe Quadratwurzel von x
`double complex ctan(double complex x)`	komplexen Tangens von x
`double complex ctanh(double complex x)`	komplexen Tangens hyperbol. von x

Bei neuen C-Programmen sollte man jedoch `<complex.h>` inkludieren. In dieser Headerdatei sind nämlich zur Unterstützung für komplexe Arithmetik eigene Makros definiert und komplexe Funktionen deklariert.

Tabelle 36.8 zeigt die in `<complex.h>` definierten Makros.

C99 legt fest, dass die in der Tabelle 36.9 gezeigten mathematischen Funktionen definiert sein müssen.

C99 legt zusätzlich fest, dass noch zu allen Namen aus Tabelle 36.9 Funktionen vorhanden sind, die sich durch Anhängen der Buchstaben `f` oder `l` bilden lassen (z. B. `csinf()` oder `csinl()`). Diese Funktionen haben dann anstelle von `double`- bzw. `double complex` entweder `float` (`f`)- oder `long double` (`l`)- bzw. `float complex` (`f`)- oder `long double complex` (`l`)- Argumente und Rückgabewerte.

Das folgende Programm `complex.c` ist ein Demonstrationsprogramm zu komplexen Zahlen und zu den komplexen mathematischen Funktionen aus Tabelle 36.9:

```
#include   <stdio.h>
#include   <ctype.h>
#include   <complex.h>

complex   eingab(int nr);
void      ausgab1(char *funk, complex zahl, complex erg);
void      ausgab2(int op, complex z1, complex z2, complex erg);
complex double cquad(complex double a);
```

36.4 Die Headerdatei <complex.h> (neu in C99)

```c
/*-------------------------------------------------- main ----------*/
int  main(void) {
  complex   zahl1, zahl2, erg;
  double    nerg;

  zahl1 = eingab(1);
  zahl2 = eingab(2);

  printf("\n");
  nerg = carg(zahl1);
  printf("......Phasenwinkel(%g%+gi) = %g\n",
         creal(zahl1), cimag(zahl1), nerg );
  nerg = conj(zahl1);
  printf("......komplex konjugiert(%g%+gi) = %g\n",
         creal(zahl1), cimag(zahl1), nerg );
  printf("\n");
  erg = zahl1+zahl2;       ausgab2('+', zahl1, zahl2, erg );
  erg = zahl1-zahl2;       ausgab2('-', zahl1, zahl2, erg );
  erg = zahl1*zahl2;       ausgab2('*', zahl1, zahl2, erg );
  erg = zahl1/zahl2;       ausgab2('/', zahl1, zahl2, erg );
  erg = cpow(zahl1,zahl2); ausgab2('^', zahl1, zahl2, erg );
  printf("\n");
  erg = cabs(zahl1);    ausgab1("cabs", zahl1, erg );
  erg = cacos(zahl1);   ausgab1("cacos", zahl1, erg );
  erg = cacosh(zahl1);  ausgab1("cacosh", zahl1, erg );
  erg = casin(zahl1);   ausgab1("casin", zahl1, erg );
  erg = casinh(zahl1);  ausgab1("casinh", zahl1, erg );
  erg = catan(zahl1);   ausgab1("catan", zahl1, erg );
  erg = catanh(zahl1);  ausgab1("catanh", zahl1, erg );
  erg = ccos(zahl1);    ausgab1("ccos", zahl1, erg );
  erg = ccosh(zahl1);   ausgab1("ccosh", zahl1, erg );
  erg = cexp(zahl1);    ausgab1("cexp", zahl1, erg );
  erg = clog(zahl1);    ausgab1("clog", zahl1, erg );
  erg = cproj(zahl1);   ausgab1("riemannsche Sphaere", zahl1, erg );
  erg = csin(zahl1);    ausgab1("csin", zahl1, erg );
  erg = csinh(zahl1);   ausgab1("csinh", zahl1, erg );
  erg = csqrt(zahl1);   ausgab1("csqrt", zahl1, erg );
  erg = ctan(zahl1);    ausgab1("ctan", zahl1, erg );
  erg = ctanh(zahl1);   ausgab1("ctanh", zahl1, erg );
  printf("\n");
  erg = cquad(zahl1);   ausgab1("cquad", zahl1, erg );

  return 0;
}
/*-------------------------------------------------- eingab ----------*/
complex  eingab(int nr) {
  double   real, imag;

  printf("Realteil der %d. komplexen Zahl: ", nr);
  scanf("%lf", &real);
```

```
      printf("Imaginaerteil der %d. komplexen Zahl: ", nr);
      scanf("%lf", &imag);
      getchar();
      return(real+imag*I);
   }
   /*-------------------------------------------------- ausgab1 ----------*/
   void  ausgab1(char *funk, complex zahl, complex erg) {
      printf("......%s(%g%+gi) = (%g%+gi)\n",
             funk, creal(zahl), cimag(zahl), creal(erg), cimag(erg));
   }
   /*-------------------------------------------------- ausgab2 ----------*/
   void  ausgab2(int op, complex z1, complex z2, complex erg) {
      printf("......(%g%+gi) %c (%g%+gi) = (%g%+gi)\n",
             creal(z1), cimag(z1), op, creal(z2), cimag(z2),
             creal(erg), cimag(erg));
   }
   /*-------------------------------------------------- cquad ----------*/
   complex double cquad(complex double a) {
      return (a * a);
   }
```

Nachdem man das Programm complex.c wie folgt kompiliert hat:

```
user@linux:~ >  cc -o complex complex.c -lm ⏎
```

ergibt sich z. B. folgender Ablauf:

```
Realteil der 1. komplexen Zahl: 2.2 ⏎
Imaginaerteil der 1. komplexen Zahl: 3 ⏎
Realteil der 2. komplexen Zahl: 4 ⏎
Imaginaerteil der 2. komplexen Zahl: 5 ⏎

......Phasenwinkel(2.2+3i) = 0.938047
......komplex konjugiert(2.2+3i) = 2.2

......(2.2+3i) + (4+5i) = (6.2+8i)
......(2.2+3i) - (4+5i) = (-1.8-2i)
......(2.2+3i) * (4+5i) = (-6.2+23i)
......(2.2+3i) / (4+5i) = (0.580488+0.0243902i)
......(2.2+3i) ^ (4+5i) = (-1.09863-1.37403i)

......cabs(2.2+3i) = (3.72022+0i)
......cacos(2.2+3i) = (0.954984-2.01274i)
......cacosh(2.2+3i) = (2.01274+0.954984i)
......casin(2.2+3i) = (0.615812+2.01274i)
......casinh(2.2+3i) = (2.00192+0.920551i)
......catan(2.2+3i) = (1.40573+0.214397i)
......catanh(2.2+3i) = (0.152837+1.35223i)
......ccos(2.2+3i) = (-5.92483-8.09942i)
......ccosh(2.2+3i) = (-4.52219+0.628987i)
......cexp(2.2+3i) = (-8.9347+1.27361i)
......clog(2.2+3i) = (1.31378+0.938047i)
```

```
......riemannsche Sphaere(2.2+3i) = (0.296496+0.404313i)
......csin(2.2+3i)   = (8.13967-5.89553i)
......csinh(2.2+3i)  = (-4.4125+0.644623i)
......csqrt(2.2+3i)  = (1.7205+0.871841i)
......ctan(2.2+3i)   = (-0.00472474+1.00151i)
......ctanh(2.2+3i)  = (0.976675-0.006670194i)

......cquad(2.2+3i)  = (-4.16+13.2i)
```

36.5 Die Headerdatei `<fenv.h>` (neu in C99)

C99 bietet in der Headerdatei `<fenv.h>` Funktionen an, die es ermöglichen, auf die Gleitpunkt-Umgebung portabel zuzugreifen.

Dazu definiert diese Headerdatei die eigenen Datentypen `fenv_t` (für die Gleitpunkt-Umgebung) und `fexcept_t` (für die Zustands-Flags).

Daneben definiert sie für die einzelnen Ausnahmesitutionen die in Tabelle 36.10 gezeigten Makros, welche die Exception-Flags repräsentieren. Diese Flags können mit bitweisem-OR verknüpft werden.

In `<fenv.h>` müssen nach C99 die folgenden Funktionen deklariert sein:

void feclearexcept(int ex)

    löscht die mit ex festgelegten Exceptions.

void fegetexceptflag(except_t *zgr, int ex)

    schreibt den Zustand der Exceptions-Flags aus ex nach *zgr.

void feraiseexcept(int ex)

    löst die mit ex festgelegten Exceptions aus.

void fesetexceptflag(const except_t *zgr, int ex)

    setzt die mit ex festgelegten Flags auf den Zustand der Flags in *zgr.

int fetestexcept(int ex)

    verknüpft die mit ex festgelegten Exceptions-Flag mittels bitweisem-OR mit den aktuellen Zustands-Flags und liefert das Ergebnis zurück.

int fegetround(void)

    liefert den aktuell eingestellten Rundungsmodus. Für die unterschiedlichen Rundungsmodi sind die folgenden Makros in `<fenv.h>` definiert: FE_DOWNWARD, FE_TONEAREST, FE_TOWARDZERO oder FE_UPWARD.

Tabelle 36.10: Exception-Flags in `<fenv.h>`

Exception-Flags		
FE_DIVBYZERO	FE_INEXACT	FE_INVALID
FE_OVERFLOW	FE_UNDERFLOW	FE_ALL_EXCEPT

```
int fesetround(int modus)
```

    setzt den Rundungsmodus auf modus, wobei 0 als Rückgabewert anzeigt, ob das Setzen erfolgreich war. Für die unterschiedlichen Rundungsmodi sind die folgenden Makros in <fenv.h> definiert: FE_DOWNWARD, FE_TONEAREST, FE_TOWARDZERO oder FE_UPWARD.

```
void fegetenv(fenv_t *zgr)
```

    schreibt die aktuelle Gleitpunkt-Umgebung nach *zgr.

```
int feholdexcept(fenv_t *zgr)
```

    richtet die Nonstop-Gleitpunkt-Ausnahmebehandlung (kein Anhalten bei Exceptions) ein, wobei die aktuelle Gleitpunkt-Umgebung in *zgr gespeichert und die Zustands-Flags gelöscht werden. Diese Funktion liefert bei Erfolg 0 zurück.

```
void fesetenv(const fenv_t *zgr)
```

    richtet die Gleitpunkt-Umgebung aus *zgr ein, löst aber keine Exceptions aus. Das Objekt *zgr muss durch einen Aufruf von fegetenv() oder feholdexcept() ermittelt worden sein.

```
void feupdateenv(const fenv_t *zgr)
```

    richtet die Gleitpunkt-Umgebung aus *zgr ein, löst aber dabei die gesetzten Exceptions aus. Das Objekt *zgr muss durch einen Aufruf von fegetenv() oder feholdexcept() ermittelt worden sein.

Um die Gleitpunkt-Umgebung zu verwenden, muss man auf manchen Compilern folgende Zeile im Programm angeben:

```
#pragma FENV_ACCESS ON
```

Zusätzlich ist in <fenv.h> noch das Makro FE_DFL_ENV für die voreingestellte Gleitpunkt-Umgebung definiert.

Das folgende Programm fenv.c ist ein einfaches Demonstrationsprogramm zu einigen Funktionen aus <fenv.h>:

```
#include <stdio.h>
#include <math.h>
#include <fenv.h>

#pragma FENV_ACCESS ON

void invalid(void)   { printf("FE_INVALID gesetzt\n"); }
void overflow(void)  { printf("FE_OVERFLOW gesetzt\n"); }
void divbyzero(void) { printf("FE_DIVBYZERO gesetzt\n"); }

void func(void)
{
    int set_excepts = fetestexcept(FE_INVALID | FE_OVERFLOW | FE_DIVBYZERO);

    if (set_excepts & FE_INVALID) invalid();
```

36.5 Die Headerdatei <fenv.h> (neu in C99)

```c
        if (set_excepts & FE_OVERFLOW) overflow();
        if (set_excepts & FE_DIVBYZERO) divbyzero();
        printf("\n");
}

int main(void)
{
    fexcept_t akt;
    double    x;

    fesetexceptflag( &akt, FE_INVALID );
    func();
    feraiseexcept(FE_DIVBYZERO);
    func();

    x = sqrt(.5);
    printf("Voreingestellter Rundungsmodus:\n");
    printf("sqrt(.5) = 0x%08x 0x%08x = %16.15e\n",
            ((int *) &x)[0], ((int *) &x)[1], x);

    fesetround( FE_TOWARDZERO );
    x = sqrt(.5);
    printf("Rundungsmodus = FE_TOWARDZERO:\n");
    printf("sqrt(.5) = 0x%08x 0x%08x = %16.15e\n",
            ((int *) &x)[0], ((int *) &x)[1], x);

    fesetround( FE_TONEAREST );
    x = sqrt(.5);
    printf("Rundungsmodus = FE_TONEAREST:\n");
    printf("sqrt(.5) = 0x%08x 0x%08x = %16.15e\n",
            ((int *) &x)[0], ((int *) &x)[1], x);
    return 0;
}
```

Nachdem man das Programm `fenv.c` wie folgt kompiliert hat:

```
user@linux:~ > cc -o fenv fenv.c -lm
```

liefert es die folgende Ausgabe:

```
FE_INVALID gesetzt

FE_INVALID gesetzt
FE_DIVBYZERO gesetzt

Voreingestellter Rundungsmodus:
sqrt(.5) = 0x667f3bcd 0x3fe6a09e = 7.071067811865476e-01
Rundungsmodus = FE_TOWARDZERO:
sqrt(.5) = 0x667f3bcc 0x3fe6a09e = 7.071067811865475e-01
Rundungsmodus = FE_TONEAREST:
sqrt(.5) = 0x667f3bcd 0x3fe6a09e = 7.071067811865476e-01
```

36.6 Die Headerdatei `<stdint.h>` (neu in C99)

Die mit C99 eingeführte Headerdatei `<stdint.h>` deklariert keine Funktionen, sondern eine große Zahl von Integer-Typen und -Makros. Die Integer-Typen haben dabei bestimmte Merkmale, die man bereits am Namen erkennen kann, wie es in Tabelle 36.11 gezeigt ist. Zusätzlich sind in `<stdint.h>` noch die in Tabelle 36.12 gezeigten Funktionsmakros definiert.

Tabelle 36.11: Vordefinierte Integer-Typen in `<stdint.h>`

Datentyp	legt
`intN_t`	Integer mit N Bits fest.
`uintN_t`	unsigned-Integer mit N Bits fest.
`int_leastN_t`	Integer mit mindestens N Bits fest.
`uint_leastN_t`	unsigned-Integer mit mindestens N Bits fest.
`int_fastN_t`	schnellsten Integer-Typ fest, der mindestens N Bits besitzt.
`uint_fastN_t`	schnellsten unsigned-Integer-Typ fest, der mindestens N Bits besitzt.
`intmax_t`	Integer mit maximaler Länge fest.
`uintmax_t`	unsigned-Integer mit maximaler Länge fest.
`intptr_t`	Integer fest, der einen Zeiger aufnehmen kann.
`uintptr_t`	unsigned-Integer fest, der einen Zeiger aufnehmen kann.

Tabelle 36.12: Vordefinierte Funktionsmakros in `<stdint.h>`

Makro	erzeugt
`INTN_C(wert)`	Konstante mit mind. N Bits, die den angegebenen `wert` enthält
`UINTN_C(wert)`	unsigned-Konstante mit mind. N Bits zum angegebenen `wert` enthält
`INTMAX_C(wert)`	Konstante maximaler Länge zum angegebenen `wert`
`UINTMAX_C(wert)`	unsigned-Konstante maximaler Länge zum angegebenen `wert`

Das folgende Programm `stdint.c` ist ein einfaches Demonstrationsprogramm zu einigen Funktionen aus `<stdint.h>`:

```c
#include <stdio.h>
#include <stdint.h>

#define PRNT4(n,a,b,c,d) \
    printf("| %15s | %5d | %5d | %5d | %5d |\n", n, \
            sizeof(a) * 8, sizeof(b) * 8, sizeof(c) * 8, sizeof(d) * 8);

int main(void)
{
    printf("| %15s | %5s | %5s | %5s | %5s |\n", " ",
            "N=8", "N=16", "N=32", "N=64");
    printf("|-----------------+-------+-------+-------+-------|\n");
    PRNT4("intN_t", int8_t, int16_t, int32_t, int64_t);
    PRNT4("uintN_t", uint8_t, uint16_t, uint32_t, uint64_t);
    PRNT4("int_leastN_t", int_least8_t, int_least16_t,
                          int_least32_t, int_least64_t);
```

```
            PRNT4("uint_leastN_t", uint_least8_t, uint_least16_t,
                                 uint_least32_t, uint_least64_t);
            PRNT4("int_fastN_t", int_fast8_t, int_fast16_t,
                                 int_fast32_t, int_fast64_t);
            PRNT4("uint_fastN_t", uint_fast8_t, uint_fast16_t,
                                 uint_fast32_t, uint_fast64_t);
            PRNT4("INTN_C", INT8_C(123344353535), INT16_C(5), INT32_C(5), INT64_C(5));
            PRNT4("INTN_C", INT8_C(5), INT16_C(5), INT32_C(5), INT64_C(5));
            PRNT4("UINTN_C", UINT8_C(9223353535), UINT16_C(5), UINT32_C(5), UINT64_C(5));
            PRNT4("UINTN_C", UINT8_C(5), UINT16_C(5LL), UINT32_C(5), UINT64_C(5));
            PRNT4("INTMAX_C", INTMAX_C(3535), INTMAX_C(0), INTMAX_C(445), INTMAX_C(0xaf));
            PRNT4("UINTMAX_C", UINTMAX_C(5), UINTMAX_C(-1), UINTMAX_C(335), UINTMAX_C(-2));
            printf("\n");

            printf("intptr_t = %d, uintptr_t = %d\n",
                   sizeof(intptr_t)*8, sizeof(uintptr_t)*8);
            printf("intmax_t = %d, uintmax_t = %d\n",
                   sizeof(intmax_t)*8, sizeof(uintmax_t)*8);

            return 0;
        }
```

Mögliche Ausgabe durch das Programm `stdint.c`:

```
|                    | N=8  | N=16 | N=32 | N=64 |
|--------------------+------+------+------+------|
|             intN_t |   8  |  16  |  32  |  64  |
|            uintN_t |   8  |  16  |  32  |  64  |
|        int_leastN_t|   8  |  16  |  32  |  64  |
|       uint_leastN_t|   8  |  16  |  32  |  64  |
|         int_fastN_t|   8  |  32  |  32  |  64  |
|        uint_fastN_t|   8  |  32  |  32  |  64  |
|              INTN_C|  64  |  32  |  32  |  64  |
|              INTN_C|  32  |  32  |  32  |  64  |
|             UINTN_C|  64  |  32  |  32  |  64  |
|             UINTN_C|  32  |  64  |  32  |  64  |
|            INTMAX_C|  64  |  64  |  64  |  64  |
|           UINTMAX_C|  64  |  64  |  64  |  64  |

intptr_t = 32, uintptr_t = 32
intmax_t = 64, uintmax_t = 64
```

36.7 Die Headerdatei `<inttypes.h>` (neu in C99)

Die Headerdatei `<inttypes.h>` inkludiert die Headerdatei `<stdint.h>` und fügt weitere Makros hinzu. Sie deklariert Funktionen, um Zahlen, die in einem String vorliegen, in die größtmöglichen Integer-Datentypen zu konvertieren, wie z. B.

36 Weitere Headerdateien

```
intmax_t imaxabs(intmax_t wert)
```
  wie `abs()`, nur dass sie längste Integer-Version liefert.

```
imaxdiv_t imaxdiv(intmax_t z, intmax_t n)
```
  liefert `imaxdiv_t`-Struktur, welche das Ergebnis von $\frac{z}{n}$ enthält. Der Quotient befindet sich in der Strukturkomponente `quot` und der Rest in der Komponente `rem`. Beide Strukturkomponenten haben den Datentyp `intmax_t`.

```
intmax_t strtoimax(const char *restrict start, char
   **restrict ende, int basis)
```
  wie `strtol()`, nur dass sie längste Integer-Version liefert.

```
uintmax_t strtoumax(const char *restrict start, char
   **restrict ende, int basis)
```
  wie `strtoul()`, nur dass sie längste unsigned-Integer-Version liefert.

```
intmax_t wcstoimax(const char *restrict start, char
   **restrict ende, int basis)
```
  wie `wcstol()`, nur dass sie längste Integer-Version liefert.

```
uintmax_t wcstoumax(const char *restrict start, char
   **restrict ende, int basis)
```
  wie `wcstoul()`, nur dass sie längste unsigned-Integer-Version liefert.

Für jeden möglichen Integer-Typ werden entsprechende Makros zur Konvertierung mittels der E/A-Funktionen `scanf()` und `printf()` definiert.
Folgende Makros für Format-Angaben sind dabei in `<stdint.h>` definiert:

- für Integer bei `printf()`:
  ```
  PRIdN  PRIdLEASTN  PRIdFASTN  PRIdMAX  PRIdPTR
  PRIiN  PRIiLEASTN  PRIiFASTN  PRIiMAX  PRIiPTR
  ```

- für unsigned-Integer bei `printf()`:
  ```
  PRIoN  PRIoLEASTN  PRIoFASTN  PRIoMAX  PRIoPTR
  PRIuN  PRIuLEASTN  PRIuFASTN  PRIuMAX  PRIuPTR
  PRIxN  PRIxLEASTN  PRIxFASTN  PRIxMAX  PRIxPTR
  PRIXN  PRIXLEASTN  PRIXFASTN  PRIXMAX  PRIXPTR
  ```

- für Integer bei `scanf()`:
  ```
  SCNdN  SCNdLEASTN  SCNdFASTN  SCNdMAX  SCNdPTR
  SCNiN  SCNiLEASTN  SCNiFASTN  SCNiMAX  SCNiPTR
  ```

- für unsigned-Integer bei `scanf()`:
  ```
  SCNoN  SCNoLEASTN  SCNoFASTN  SCNoMAX  SCNoPTR
  SCNuN  SCNuLEASTN  SCNuFASTN  SCNuMAX  SCNuPTR
  SCNxN  SCNxLEASTN  SCNxFASTN  SCNxMAX  SCNxPTR
  ```

Diese Makronamen beginnen immer mit `PRI` (für `printf()`) bzw. `SCN` (für `scanf()`) gefolgt vom Umwandlungszeichen, wie z. B. d, i, x oder o. Danach ist der entsprechende Typname (aus `<stdint.h>`) angegeben und das N am Ende steht für die Bitanzahl des entsprechenden Typs. So kann z. B. `PRIdFAST32`

36.7 Die Headerdatei `<inttypes.h>` (neu in C99)

in einem Format-String verwendet werden, um eine Integer-Zahl vom Typ `int_-fast32_t` auszugeben.

Das folgende Programm `inttypes.c` ist ein einfaches Demonstrationsprogramm zum Einsatz der Makros aus `<inttypes.h>`:

```c
#include <stdio.h>
#include <inttypes.h>

#define PRINT(n) printf(#n" = %s\n", n );

int main(void)
{
   int16_t  a=5, b=6;
   int64_t  x=123456789929,
            y=200000000000;

   PRINT(PRId16);
   printf("   %" PRId16 " + %" PRId16 " = %" PRId16 "\n\n", a, b, a+b );

   PRINT(PRId64);
   printf("   %" PRId64 " + %" PRId64 " = %" PRId64 "\n", x, y, x+y );

   return 0;
}
```

Ausgabe durch das Programm `inttypes.c`:

```
PRId16 = d
   5 + 6 = 11

PRId64 = lld
   123456789929 + 200000000000 = 323456789929
```

Das folgende Programm `inttypes2.c` gibt die in den einzelnen Makros aus `<inttypes.h>` enthaltenen Format-Angaben aus:

```c
#include <stdio.h>
#include <inttypes.h>

#define PR(n)    sprintf(name, "%s = \"%s\"", #n, n); printf("| %20s ", name);
#define PRN(n)   sprintf(name, "%s = \"%s\"", #n, n); printf("| %20s |\n", name);
#define PRNN(n)  sprintf(name, "%s = \"%s\"", #n, n); printf("| %20s |", name); \
                 printf(" %20s |\n", " "); STRICHE
#define PRNNN(n) sprintf(name, "%s = \"%s\"", #n, n); printf("| %20s |", name); \
                 printf(" %20s |\n", " "); DSTRICHE
#define STRICHE \
 printf("-----------------------------------------------------------------\n");
#define DSTRICHE \
 printf("=================================================================\n");

int main(void) {
   char name[20];
```

```
    DSTRICHE;
    PR(PRId8);      PR(PRIdLEAST8);     PRN(PRIdFAST8);
    PR(PRId16);     PR(PRIdLEAST16);    PRN(PRIdFAST16);
    PR(PRId32);     PR(PRIdLEAST32);    PRN(PRIdFAST32);
    PR(PRId64);     PR(PRIdLEAST64);    PRN(PRIdFAST64);    PR(PRIdMAX);    PRNN(PRIdPTR);
    PR(PRIi8);      PR(PRIiLEAST8);     PRN(PRIiFAST8);
    PR(PRIi16);     PR(PRIiLEAST16);    PRN(PRIiFAST16);
    PR(PRIi32);     PR(PRIiLEAST32);    PRN(PRIiFAST32);
    PR(PRIi64);     PR(PRIiLEAST64);    PRN(PRIiFAST64);    PR(PRIiMAX);    PRNNN(PRIiPTR);
    PR(PRIo8);      PR(PRIoLEAST8);     PRN(PRIoFAST8);
    PR(PRIo16);     PR(PRIoLEAST16);    PRN(PRIoFAST16);
    PR(PRIo32);     PR(PRIoLEAST32);    PRN(PRIoFAST32);
    PR(PRIo64);     PR(PRIoLEAST64);    PRN(PRIoFAST64);    PR(PRIoMAX);    PRNN(PRIoPTR);
    PR(PRIu8);      PR(PRIuLEAST8);     PRN(PRIuFAST8);
    PR(PRIu16);     PR(PRIuLEAST16);    PRN(PRIuFAST16);
    PR(PRIu32);     PR(PRIuLEAST32);    PRN(PRIuFAST32);
    PR(PRIu64);     PR(PRIuLEAST64);    PRN(PRIuFAST64);    PR(PRIuMAX);    PRNN(PRIuPTR);
    PR(PRIx8);      PR(PRIxLEAST8);     PRN(PRIxFAST8);
    PR(PRIx16);     PR(PRIxLEAST16);    PRN(PRIxFAST16);
    PR(PRIx32);     PR(PRIxLEAST32);    PRN(PRIxFAST32);
    PR(PRIx64);     PR(PRIxLEAST64);    PRN(PRIxFAST64);    PR(PRIxMAX);    PRNN(PRIxPTR);
    PR(PRIX8);      PR(PRIXLEAST8);     PRN(PRIXFAST8);
    PR(PRIX16);     PR(PRIXLEAST16);    PRN(PRIXFAST16);
    PR(PRIX32);     PR(PRIXLEAST32);    PRN(PRIXFAST32);
    PR(PRIX64);     PR(PRIXLEAST64);    PRN(PRIXFAST64);    PR(PRIXMAX);    PRNNN(PRIXPTR);
    PR(SCNd8);      PR(SCNdLEAST8);     PRN(SCNdFAST8);
    PR(SCNd16);     PR(SCNdLEAST16);    PRN(SCNdFAST16);
    PR(SCNd32);     PR(SCNdLEAST32);    PRN(SCNdFAST32);
    PR(SCNd64);     PR(SCNdLEAST64);    PRN(SCNdFAST64);    PR(SCNdMAX);    PRNN(SCNdPTR);
    PR(SCNi8);      PR(SCNiLEAST8);     PRN(SCNiFAST8);
    PR(SCNi16);     PR(SCNiLEAST16);    PRN(SCNiFAST16);
    PR(SCNi32);     PR(SCNiLEAST32);    PRN(SCNiFAST32);
    PR(SCNi64);     PR(SCNiLEAST64);    PRN(SCNiFAST64);    PR(SCNiMAX);    PRNNN(SCNiPTR);
    PR(SCNo8);      PR(SCNoLEAST8);     PRN(SCNoFAST8);
    PR(SCNo16);     PR(SCNoLEAST16);    PRN(SCNoFAST16);
    PR(SCNo32);     PR(SCNoLEAST32);    PRN(SCNoFAST32);
    PR(SCNo64);     PR(SCNoLEAST64);    PRN(SCNoFAST64);    PR(SCNoMAX);    PRNN(SCNoPTR);
    PR(SCNu8);      PR(SCNuLEAST8);     PRN(SCNuFAST8);
    PR(SCNu16);     PR(SCNuLEAST16);    PRN(SCNuFAST16);
    PR(SCNu32);     PR(SCNuLEAST32);    PRN(SCNuFAST32);
    PR(SCNu64);     PR(SCNuLEAST64);    PRN(SCNuFAST64);    PR(SCNuMAX);    PRNN(SCNuPTR);
    PR(SCNx8);      PR(SCNxLEAST8);     PRN(SCNxFAST8);
    PR(SCNx16);     PR(SCNxLEAST16);    PRN(SCNxFAST16);
    PR(SCNx32);     PR(SCNxLEAST32);    PRN(SCNxFAST32);
    PR(SCNx64);     PR(SCNxLEAST64);    PRN(SCNxFAST64);    PR(SCNxMAX);    PRNNN(PRIxPTR);

    return 0;
}
```

36.7 Die Headerdatei <inttypes.h> (neu in C99)

Ausgabe durch das Programm `inttypes2.c`:

```
==========================================================================
|      PRId8    = "d"   |   PRIdLEAST8   = "d"   |   PRIdFAST8   = "d"   |
|      PRId16   = "d"   |   PRIdLEAST16  = "d"   |   PRIdFAST16  = "d"   |
|      PRId32   = "d"   |   PRIdLEAST32  = "d"   |   PRIdFAST32  = "d"   |
|      PRId64   = "lld" |   PRIdLEAST64  = "lld" |   PRIdFAST64  = "lld" |
|      PRIdMAX  = "lld" |   PRIdPTR      = "d"   |                       |
--------------------------------------------------------------------------
|      PRIi8    = "i"   |   PRIiLEAST8   = "i"   |   PRIiFAST8   = "i"   |
|      PRIi16   = "i"   |   PRIiLEAST16  = "i"   |   PRIiFAST16  = "i"   |
|      PRIi32   = "i"   |   PRIiLEAST32  = "i"   |   PRIiFAST32  = "i"   |
|      PRIi64   = "lli" |   PRIiLEAST64  = "lli" |   PRIiFAST64  = "lli" |
|      PRIiMAX  = "lli" |   PRIiPTR      = "i"   |                       |
==========================================================================
|      PRIo8    = "o"   |   PRIoLEAST8   = "o"   |   PRIoFAST8   = "o"   |
|      PRIo16   = "o"   |   PRIoLEAST16  = "o"   |   PRIoFAST16  = "o"   |
|      PRIo32   = "o"   |   PRIoLEAST32  = "o"   |   PRIoFAST32  = "o"   |
|      PRIo64   = "llo" |   PRIoLEAST64  = "llo" |   PRIoFAST64  = "llo" |
|      PRIoMAX  = "llo" |   PRIoPTR      = "o"   |                       |
--------------------------------------------------------------------------
|      PRIu8    = "u"   |   PRIuLEAST8   = "u"   |   PRIuFAST8   = "u"   |
|      PRIu16   = "u"   |   PRIuLEAST16  = "u"   |   PRIuFAST16  = "u"   |
|      PRIu32   = "u"   |   PRIuLEAST32  = "u"   |   PRIuFAST32  = "u"   |
|      PRIu64   = "llu" |   PRIuLEAST64  = "llu" |   PRIuFAST64  = "llu" |
|      PRIuMAX  = "llu" |   PRIuPTR      = "u"   |                       |
--------------------------------------------------------------------------
|      PRIx8    = "x"   |   PRIxLEAST8   = "x"   |   PRIxFAST8   = "x"   |
|      PRIx16   = "x"   |   PRIxLEAST16  = "x"   |   PRIxFAST16  = "x"   |
|      PRIx32   = "x"   |   PRIxLEAST32  = "x"   |   PRIxFAST32  = "x"   |
|      PRIx64   = "llx" |   PRIxLEAST64  = "llx" |   PRIxFAST64  = "llx" |
|      PRIxMAX  = "llx" |   PRIxPTR      = "x"   |                       |
--------------------------------------------------------------------------
|      PRIX8    = "X"   |   PRIXLEAST8   = "X"   |   PRIXFAST8   = "X"   |
|      PRIX16   = "X"   |   PRIXLEAST16  = "X"   |   PRIXFAST16  = "X"   |
|      PRIX32   = "X"   |   PRIXLEAST32  = "X"   |   PRIXFAST32  = "X"   |
|      PRIX64   = "llX" |   PRIXLEAST64  = "llX" |   PRIXFAST64  = "llX" |
|      PRIXMAX  = "llX" |   PRIXPTR      = "X"   |                       |
==========================================================================
|      SCNd8    = "hhd" |   SCNdLEAST8   = "hhd" |   SCNdFAST8   = "hhd" |
|      SCNd16   = "hd"  |   SCNdLEAST16  = "hd"  |   SCNdFAST16  = "d"   |
|      SCNd32   = "d"   |   SCNdLEAST32  = "d"   |   SCNdFAST32  = "d"   |
|      SCNd64   = "lld" |   SCNdLEAST64  = "lld" |   SCNdFAST64  = "lld" |
|      SCNdMAX  = "lld" |   SCNdPTR      = "d"   |                       |
--------------------------------------------------------------------------
|      SCNi8    = "hhi" |   SCNiLEAST8   = "hhi" |   SCNiFAST8   = "hhi" |
|      SCNi16   = "hi"  |   SCNiLEAST16  = "hi"  |   SCNiFAST16  = "i"   |
|      SCNi32   = "i"   |   SCNiLEAST32  = "i"   |   SCNiFAST32  = "i"   |
|      SCNi64   = "lli" |   SCNiLEAST64  = "lli" |   SCNiFAST64  = "lli" |
|      SCNiMAX  = "lli" |   SCNiPTR      = "i"   |                       |
```

```
===============================================================
|       SCNo8   = "hho" |   SCNoLEAST8  = "hho" |   SCNoFAST8  = "hho" |
|       SCNo16  = "ho"  |   SCNoLEAST16 = "ho"  |   SCNoFAST16 = "o"   |
|       SCNo32  = "o"   |   SCNoLEAST32 = "o"   |   SCNoFAST32 = "o"   |
|       SCNo64  = "llo" |   SCNoLEAST64 = "llo" |   SCNoFAST64 = "llo" |
|       SCNoMAX = "llo" |   SCNoPTR     = "o"   |                      |
|---------------------------------------------------------------|
|       SCNu8   = "hhu" |   SCNuLEAST8  = "hhu" |   SCNuFAST8  = "hhu" |
|       SCNu16  = "hu"  |   SCNuLEAST16 = "hu"  |   SCNuFAST16 = "u"   |
|       SCNu32  = "u"   |   SCNuLEAST32 = "u"   |   SCNuFAST32 = "u"   |
|       SCNu64  = "llu" |   SCNuLEAST64 = "llu" |   SCNuFAST64 = "llu" |
|       SCNuMAX = "llu" |   SCNuPTR     = "u"   |                      |
|---------------------------------------------------------------|
|       SCNx8   = "hhx" |   SCNxLEAST8  = "hhx" |   SCNxFAST8  = "hhx" |
|       SCNx16  = "hx"  |   SCNxLEAST16 = "hx"  |   SCNxFAST16 = "x"   |
|       SCNx32  = "x"   |   SCNxLEAST32 = "x"   |   SCNxFAST32 = "x"   |
|       SCNx64  = "llx" |   SCNxLEAST64 = "llx" |   SCNxFAST64 = "llx" |
|       SCNxMAX = "llx" |   PRIxPTR     = "x"   |                      |
===============================================================
```

36.8 Die Headerdatei `<tgmath.h>` (neu in C99)

In Kapitel 7.4.3 auf Seite 121 wurde gezeigt, dass C99 für die meisten mathematischen Funktionen drei Vesionen anbietet: eine für `float`-, eine für `double`- und eine für `long double`-Parameter und -Rückgabewerte. So stehen z. B. für die Sinus-Funktion in C99 die folgenden drei Funktionen zur Verfügung:

```
double sin(double x);
float sinf(float x);
long double sinl(long double x);
```

Dasselbe gilt für die komplexen Funktionen aus `<complex.h>` in Kapitel 36.4 auf Seite 951. Auch diese qFunktionen werden in allen in drei Varianten angeboten.
Diese verschiedenen Funktions-Versionen für ein und dieselbe mathematische Operation erfordern, dass der Benutzer sich darum kümmern muss, welche Version er im konkreten Anwendungsfall aufzurufen hat, was sicherlich nicht nur lästig, sondern auch fehleranfällig ist. Zudem müssen bei einer Änderung eines Datentyps auch alle betroffenen Funktionsaufrufe entsprechend geändert werden, was wiederum sehr mühsam ist und die Gefahr von Fehlern in sich birgt.
Um dem Benutzer die Wahl der geeigneten mathematischen Funktion abzunehmen, hat C99 die so genannten *typ-generischen Makros* mit der Headerdatei `<tgmath.h>` eingeführt. Diese typ-generischen Makros können anstelle der entsprechenden mathematischen Funktionen aufgerufen werden, da sie – abhängig vom Typ der jeweiligen Argumente – automatisch in den Aufruf der richtigen Funktion übersetzt werden. Die typ-generischen Makros sind in der Headerdatei `<tgmath.h>` definiert, welche ihrerseits automatisch die beiden Headerdateien `<math.h>` und `<complex.h>` inkludiert.

Diese typ-generischen Makros haben dieselben Namen wie die entsprechenden `double`-Versionen der mathematischen Funktionen. So gibt es z. B. ein typ-generisches Makro `sin()`, das abhängig vom Typ seines Arguments in einem Aufruf von `sin()`, `sinf()`, `sinl()`, `csin()`, `csinf()` oder `csinl()` resultiert, wie z. B.:

```
#include <tgmath.h>
......
float f;
long double ld;
double complex dc;
long double complex ldc;
.......
           /* resultiert in Aufruf: */
cos(f);    /*    cosf(f)            */
cos(ld);   /*    cosl(ld)           */
cos(dc);   /*    ccos(dc)           */
cos(ldc);  /*    ccosl(ldc)         */
```

Typ-generische Makros erleichtern also das Aufrufen von mathematischen und komplexen Funktionen, da es nicht mehr in der Verantwortung des Programmierers liegt, dass er abhängig vom Datentyp die entsprechende Funktions-Version aufruft.

36.9 Die Headerdatei `<iso646.h>` (neu in C99)

Die Headerdatei `<iso646.h>` definiert Makros für logische Operatoren und Bit-Operatoren, wie z. B.:

```
#define and        &&
#define and_eq     &=
#define bitand     &
#define bitor      |
#define compl      ~
#define not        !
#define not_eq     !=
#define or         ||
#define or_eq      |=
#define xor        ^
#define xor_eq     ^=
```

Kapitel 37

Lösungen zu den Übungen

Der Mensch gleicht einem Bruch: Der Zähler ist, was er ist; der Nenner, was er zu sein glaubt.
Je größer der Nenner, desto kleiner der Bruch.
P. Ziehsen

37.1 Lösungen zu Kapitel 1

Ausgabe eines Menüs

Mögliches Aussehen des Programms `menue.c`:

```
#include  <stdio.h>

int main(void)
{
   printf("    Hauptmenue\n");
   printf("    ==========\n\n");
   printf("(A)endern\n");
   printf("(B)eenden\n");
   printf("(D)rucken\n");
   printf("(E)ingeben\n");
   printf("(L)oeschen\n\n");
   printf("Was wuenschen Sie zu tun ?\n");
   return(0);
}
```

Es weihnachtet sehr

Ausgabe durch das Programm `engel.c`:

```
   *
  ***
 *****
*******
   *
```

```
*
Merry X-mas und
  Frohe Y-nachten
```

Kommentar und Anführungszeichen

Ausgabe durch das Programm komment.c:

```
Kommentare werden in C mit /*..*/ geklammert.
Beachte jedoch:
 - Kommentare innerhalb von Anfuehrungszeichen
    werden als Text und nicht als Kommentar interpretiert
```

37.2 Lösungen zu Kapitel 2

Umwandlung von Dualzahlen in Dezimalzahlen

```
10010001(2)                    = 145(10)
1010(2)                        = 10(10)
11101011(2)                    = 235(10)
111111(2)                      = 63(10)
11010010010010101110110(2)     = 6890870(10)
110(2)                         = 6(10)
```

Umwandlung von Dezimalzahlen in Dualzahlen

445(10) = 00000001 10111101(2)

```
445 : 2 =  222 Rest 1
222 : 2 =  111 Rest 0
111 : 2 =   55 Rest 1
 55 : 2 =   27 Rest 1
 27 : 2 =   13 Rest 1
 13 : 2 =    6 Rest 1
  6 : 2 =    3 Rest 0
  3 : 2 =    1 Rest 1
  1 : 2 =    0 Rest 1
```

-34(10) = 11111111 11011110(2)

```
34 : 2 =  17 Rest 0
17 : 2 =   8 Rest 1
 8 : 2 =   4 Rest 0
 4 : 2 =   2 Rest 0
 2 : 2 =   1 Rest 0
 1 : 2 =   0 Rest 1
Zweier-Komplement zu 34:
         Dualdarstellung von 34:   00000000 00100010
                  Negieren von 34: 11111111 11011101
                            + 1:   00000000 00000001
                          = -34:   11111111 11011110
```

37.2 Lösungen zu Kapitel 2

-12375(10) = 11001111 10101001(2)

```
12375 : 2 =  6187 Rest 1
 6187 : 2 =  3093 Rest 1
 3093 : 2 =  1546 Rest 1
 1546 : 2 =   773 Rest 0
  773 : 2 =   386 Rest 1
  386 : 2 =   193 Rest 0
  193 : 2 =    96 Rest 1
   96 : 2 =    48 Rest 0
   48 : 2 =    24 Rest 0
   24 : 2 =    12 Rest 0
   12 : 2 =     6 Rest 0
    6 : 2 =     3 Rest 0
    3 : 2 =     1 Rest 1
    1 : 2 =     0 Rest 1
```

Zweier-Komplement zu 12375:

```
Dualdarstellung von 12375:   00110000 01010111
         Negieren von 12375: 11001111 10101000
                       + 1:  00000000 00000001
                    = -12375: 11001111 10101001
```

32000(10) = 01111101 00000000(2)

```
32000 : 2 = 16000 Rest 0
16000 : 2 =  8000 Rest 0
 8000 : 2 =  4000 Rest 0
 4000 : 2 =  2000 Rest 0
 2000 : 2 =  1000 Rest 0
 1000 : 2 =   500 Rest 0
  500 : 2 =   250 Rest 0
  250 : 2 =   125 Rest 0
  125 : 2 =    62 Rest 1
   62 : 2 =    31 Rest 0
   31 : 2 =    15 Rest 1
   15 : 2 =     7 Rest 1
    7 : 2 =     3 Rest 1
    3 : 2 =     1 Rest 1
    1 : 2 =     0 Rest 1
```

Bereichsüberläufe beim Datentyp short

```
-65000(10):  00000010 00011000(2);   entspricht dem Dezimalwert:    536(10)
100000(10):  10000110 10100000(2);   entspricht dem Dezimalwert: -31072(10)
 33000(10):  10000000 11101000(2);   entspricht dem Dezimalwert: -32536(10)
 65535(10):  11111111 11111111(2);   entspricht dem Dezimalwert:     -1(10)
```

Erklärungen:
Hierbei wird zur Darstellung der für short zu großen bzw. zu kleinen Zahlen zunächst der Datentyp int verwendet, bevor dann die vorderen zwei Bytes abgeschnitten werden.

```
-65000(10):

   65000 : 2 = 32500 Rest 0
   32500 : 2 = 16250 Rest 0
   16250 : 2 =  8125 Rest 0
    8125 : 2 =  4062 Rest 1
    4062 : 2 =  2031 Rest 0
    2031 : 2 =  1015 Rest 1
    1015 : 2 =   507 Rest 1
     507 : 2 =   253 Rest 1
     253 : 2 =   126 Rest 1
     126 : 2 =    63 Rest 0
      63 : 2 =    31 Rest 1
      31 : 2 =    15 Rest 1
      15 : 2 =     7 Rest 1
       7 : 2 =     3 Rest 1
       3 : 2 =     1 Rest 1
       1 : 2 =     0 Rest 1
Zweier-Komplement zu 65000:
        Dualdarstellung von 65000:   00000000 00000000 11111101 11101000
              Negieren von 65000:    11111111 11111111 00000010 00010111
                         + 1:        00000000 00000000 00000000 00000001
                     = -65000:       11111111 11111111 00000010 00011000
Dualdarstellung in short nach Abschneiden:        00000010 00011000 = 536
```

```
100000(10):

  100000 : 2 = 50000 Rest 0
   50000 : 2 = 25000 Rest 0
   25000 : 2 = 12500 Rest 0
   12500 : 2 =  6250 Rest 0
    6250 : 2 =  3125 Rest 0
    3125 : 2 =  1562 Rest 1
    1562 : 2 =   781 Rest 0
     781 : 2 =   390 Rest 1
     390 : 2 =   195 Rest 0
     195 : 2 =    97 Rest 1
      97 : 2 =    48 Rest 1
      48 : 2 =    24 Rest 0
      24 : 2 =    12 Rest 0
      12 : 2 =     6 Rest 0
       6 : 2 =     3 Rest 0
       3 : 2 =     1 Rest 1
       1 : 2 =     0 Rest 1
Dualdarstellung von 100000:   00000000 00000001 10000110 10100000
Dualdarstellung in short nach Abschneiden:        10000110 10100000 = -31072
   Zweier-Komplement zu -31072 (Kontrolle):
        Dualdarstellung von -31072:  10000110 10100000
              Negieren von -31072:   01111001 01011111
                         + 1:        00000000 00000001
                     = 31072:        01111001 01100000
```

37.2 Lösungen zu Kapitel 2

```
33000(10):

    33000 : 2 = 16500 Rest 0
    16500 : 2 =  8250 Rest 0
     8250 : 2 =  4125 Rest 0
     4125 : 2 =  2062 Rest 1
     2062 : 2 =  1031 Rest 0
     1031 : 2 =   515 Rest 1
      515 : 2 =   257 Rest 1
      257 : 2 =   128 Rest 1
      128 : 2 =    64 Rest 0
       64 : 2 =    32 Rest 0
       32 : 2 =    16 Rest 0
       16 : 2 =     8 Rest 0
        8 : 2 =     4 Rest 0
        4 : 2 =     2 Rest 0
        2 : 2 =     1 Rest 0
        1 : 2 =     0 Rest 1
Dualdarstellung von 33000:    00000000 00000000 10000000 11101000
Dualdarstellung in short nach Abschneiden:    10000000 11101000  = -32536
Zweier-Komplement zu -32536 (Kontrolle):
         Dualdarstellung von -32536:   10000000 11101000
                  Negieren von -32536:  01111111 00010111
                              + 1:     00000000 00000001
                         = 32536:      01111111 00011000
```

```
65535(10):

    65535 : 2 = 32767 Rest 1
    32767 : 2 = 16383 Rest 1
    16383 : 2 =  8191 Rest 1
     8191 : 2 =  4095 Rest 1
     4095 : 2 =  2047 Rest 1
     2047 : 2 =  1023 Rest 1
     1023 : 2 =   511 Rest 1
      511 : 2 =   255 Rest 1
      255 : 2 =   127 Rest 1
      127 : 2 =    63 Rest 1
       63 : 2 =    31 Rest 1
       31 : 2 =    15 Rest 1
       15 : 2 =     7 Rest 1
        7 : 2 =     3 Rest 1
        3 : 2 =     1 Rest 1
        1 : 2 =     0 Rest 1
Dualdarstellung von 65535:    00000000 00000000 11111111 11111111
Dualdarstellung in short nach Abschneiden:    11111111 11111111  = -1

Zweier-Komplement zu -1 (Kontrolle):
         Dualdarstellung von -1:    11111111 11111111
                  Negieren von -1:  00000000 00000000
                              + 1:  00000000 00000001
                         = 1:       00000000 00000001
```

37.3 Lösungen zu Kapitel 3

Bitmuster von Zeichen und Zahlen beim Datentyp char

```
'%'     00100101
'?'     00111111
9       00001001
'9'     00111001
26      00011010
'{'     01111011
1245    100 | 11011101 = 11011101
        Die vorderen 3 Ziffern 100 werden hierbei abgeschnitten.
```

Bitmuster für Oktal- und Hexazahlen beim Datentyp short

```
0xaffe    = 10101111 11111110(2) = 45054 (unsigned short) = -20482 (short)

007       = 00000000 00000111(2) = 7 (short)

01234567  = 00101   00111001 01110111(2) = 342391(10) =
          = 14711(10) nach Abschneiden der vorne überhängenden Dualziffern.

0x420     = 00000100 00100000(2) = 1056(10)

-0x7      = 11111111 11111001(2) = -7(10)
                            -0x7: Hexa-Komplement zu 0x0007:
                                          Hexa-Zahl:          0007
                                 Negieren der Hexazahl:       FFF8
                                                  + 0x1:      0001
                                 Hexa-Komplement zu 0x0007:   FFF9
            Hinweis: Negieren einer Hexaziffer erfolgt dadurch, dass man anstelle
                     der entsprechenden Hexaziffer die Differenz zu 15 angibt.

-0xCaff   = 00110101 00000001(2) = 13569(10)
                            -0xCaff: Hexa-Komplement zu 0xCaff:
                                          Hexa-Zahl:          Caff
                                 Negieren der Hexazahl:       3500
                                                  + 0x1:      0001
                                 Hexa-Komplement zu 0xCaff:   3501
```

Erlaubte und unerlaubte Gleitpunktkonstanten

```
2.33333333333e253l
3.4LF           (nicht erlaubt)
.1234562772E15
.e+12           (nicht erlaubt)
3.e-19L
2.3e+3.45       (nicht erlaubt)
4444444.L
6365.F
```

```
2143,63      (nicht erlaubt)
52.e++431    (nicht erlaubt)
4.8e         (nicht erlaubt)
```

37.4 Lösungen zu Kapitel 4

Erlaubte und unerlaubte Variablennamen

```
hans_im_glueck    erlaubt
7_und_40_elf      nicht erlaubt, da nicht mit Buchstabe oder Unterstrich beginnend
____mittel_streifen  erlaubt
karl_iv           erlaubt, da es sich bei iv nicht um römische Ziffern,
                     sondern um Buchstaben handelt.
null_08           erlaubt
drei_*_hotel      nicht erlaubt, da Zeichen * gegen Regeln verstößt
abc_schuetze      erlaubt
kündigung         nicht erlaubt, da Umlaute in Variablennamen nicht zugelassen sind.
KINDERGARTEN      erlaubt; Man sollte aber trotzdem darauf achten, daß man für
                     Variablennamen nur Kleinbuchstaben verwendet.
                     Dies ist C-Konvention.
```

37.5 Lösungen zu Kapitel 5

Zuweisen von unterschiedlichen Konstanten

Zuweisung	Dez. Wert	Erklärung
`short a=10;`	10	
`short b=010;`	8	Bei 010 handelt es sich um eine oktale Konstante: $1 \cdot 8^1 + 0 \cdot 8^0 = 8$ (dezimal)
`short c='2';`	50	Bei '2' handelt es sich um char-Konstante. In c wird dann der ASCII-Code des Zeichens 2 abgelegt.
`short d=0x2;`	2	Bei 0x2 handelt es sich um eine hexadezimale Konstante: $2 \cdot 16^0 = 2$ (dezimal)
`short e=0x21;`	33	Bei 0x21 handelt es sich um eine hexadezimale Konstante: $2 \cdot 16^1 + 1 \cdot 16^0 = 33$ (dezimal)
`unsigned short f=-9;`	65527	Die duale Darstellung von -9 entspricht bei unsigned short (keine Vorzeichenrechnung) dem Wert 65527

Ergebnisse von Ausdrücken

Die aus den folgenden Ausdrücken resultierenden Ergebnisse sind:

```
4 - 11 - -6 :            -1
(4 - 11) - -6 :          -1
4 - (11 - -6) :          -13
7 + 410 % 4 * 100 - 3 :  204
5.6 / 2 * 1.4 :          3.92
(5.6 / 2) * 1.4 :        3.92
5.6 / (2 * 1.4) :        2.0
```

Abholzen für Sonntagsausgabe der New York Times

```
#include <stdio.h>
int main(void) {
   int baeume;
   baeume = 2000000L*2/1000;
   printf("Sonntag der NY Times kostet ca. %d Baeume das Leben\n", baeume);
   return(0);
}
```

Kettenbruchentwicklung von PI

```
#include <stdio.h>
int main(void) {
   float pi;
   pi = 3 + 1.0 / (7.0 + 1.0 / (15.0 + 1.0 / (1.0 + 1.0 / (292.0 + 0.5))));
   /* auch moegl.: pi = 3 + 1 / (7 + 1 / (15 + 1 / (1 + 1 / (292 + 0.5)))); */
   return(0);
}
```

Prioritäten aller bisherigen Operatoren

(	)		Klammern	|	höhere
*	/	%	Multiplikations-Operatoren	|	Priorität
+	-		Additions-Operatoren	|	
<	<=	> >=	Relationale Operatoren	|	
==	!=		Gleichheitsoperatoren	|	niedrigere
=			Zuweisungsoperator	V	Priorität

Überprüfungen mit logischen Operatoren

Folgende C-Ausdrücke sind notwendig, um zu überprüfen,

1. ob der Wert der Variablen a im Intervall [-20,100] liegt:
   a>=-20 && a<=100

2. ob Wert der Variablen x negativ ist, aber zugleich auch
   der Wert der Variablen y im Intervall [5,30] liegt:
   x<0 && y>=5 && y<=30

3. ob Wert der ganzzahligen Variablen z ungerade ist und
   zugleich auch durch 3 und 5 teilbar ist:
   z%2==1 && z%3==0 && z%5==0

4. ob der Wert der ganzzahligen Variablen jahr durch 400 oder durch 4,
   aber nicht durch 100 teilbar ist (Bedingung für ein Schaltjahr):
   jahr%400==0 || jahr%4==0 && jahr%100!=0

5. ob das Produkt der beiden int-Variablen a und b in den Datentyp unsigned char
   ohne Überlauf untergebracht werden kann:
   a*b<=255 eventuell auch: **a*b<=255 && a*b>=0**

6. ob der Wert der char-Variablen antwort
   weder das Zeichen 'j' noch das Zeichen 'J' enthält:
   ! (antwort=='j' || antwort=='J')

7. ob der Wert der int-Variablen zaehler nicht im Intervall [5,25] liegt:
   ! (zaehler>=5 && zaehler<=25)

Überprüfungen mit Bit-Operatoren

Folgende C-Ausdrücke könnten angegeben werden, um zu überprüfen, ob

```
1. der Wert der short-Variablen x ungerade ist.
         x & 1

2. der Wert der unsigned-Variablen x größer als 255 ist.
         x & 0xff00

3. das 7.Bit (von links her gezählt) in der unsigned short-Variablen x auf 1 gesetzt.
         x & 0x0200

4. der Wert der short-Variablen x im Intervall [0,127] liegt.
         !(x & 0xff80)

5. der Wert der unsigned-Variablen x durch 4 teilbar ist.
         x && !(x & 0x0003)
```

Bei 5. ist x && ... notwendig, um zu verhindern, dass 0 als "durch 4 teilbar" klassifiziert wird.

Arithmetische, Bit- und Shift-Operatoren (aribit.c)

Ausgabe durch die printf()-Anweisungen des Programms aribit.c in der Zeilennummer:

```
     6:   19
     7:   27
     8:   -5
     9:   0

    14:   3
    15:   3
    16:   1
    17:   1

    21:   1
    22:   -1
    23:   0
    24:   16
    25:   -16
    26:   -1
```

Erklärungen zu dieser Ausgabe:

```
 6: -4+5*6-7 = -4+(5*6)-7 = -4+30-7 = 19
 7:  4+5*6-7 =  4+(5*6)-7 =  4+30-7 = 27
 8:  4*5%6-7 = (4*5)%6-7 = 20%6-7 = 2-7 = -5
 9: (4+5)%6/4 = 9%6/4 = 3/4 = 0
14: a|b&c = 3|2&1 = 3|(2&1) = 3|0 = 3
         00000000 00000010 = 2
         00000000 00000001 = 1
```

37 Lösungen zu den Übungen

```
            2&1:   00000000 00000000 =  0


                   00000000 00000011 =  3
            2&1:   00000000 00000000 =  0
          3|2&1:   00000000 00000011 =  3
15: a|b&-c = 3|2&-1 = 3|(2&-1) = 3|2 = 3
                   00000000 00000010 =  2
                   11111111 11111111 = -1
           2&-1:   00000000 00000010 =  2


                   00000000 00000011 =  3
           2&-1:   00000000 00000010 =  2
         3|2&-1:   00000000 00000011 =  3
16: a^b&-c = 3^2&-1 = 3^(2&-1) = 3^2 = 1
                   00000000 00000010 =  2
                   11111111 11111111 = -1
           2&-1:   00000000 00000010 =  2


                   00000000 00000011 =  3
           2&-1:   00000000 00000010 =  2
         3^2&-1:   00000000 00000001 =  1
17: a&b&&c = 3&2&&1 = (3&2)&&1 = 2&&1 = 1
                   00000000 00000011 =  3
                   00000000 00000010 =  2
            3&2:   00000000 00000010 =  2


            3&2:   00000000 00000010 =  2
              1:   00000000 00000001 =  1
           2&&1:   00000000 00000001 =  1  (TRUE && TRUE)
21: a|!a = 1|!1 = 1|0 = 1
                   00000000 00000001 =  1
                   00000000 00000000 =  0
            1|0:   00000000 00000001 =  1
22: a|-a = 1|-1 = -1
                   00000000 00000001 =  1
                   11111111 11111111 = -1
           1|-1:   11111111 11111111 = -1
23: a^a = 1^1 = 0
                   00000000 00000001 =  1
                   00000000 00000001 =  1
            1^1:   00000000 00000000 =  0
24: a<<4 = 1<<4 = 16
                   00000000 00000001 =  1
           1<<4:   00000000 00010000 = 16
25: b<<4 = -1<<4 = -16
                   11111111 11111111 =  -1
          -1<<4:   11111111 11110000 = -16
26: b>>4 = -16>>4     = -1 (arithmetic shift) bzw.
                      = 4095 (logical shift)
                   11111111 11110000 = -16
```

```
     -16>>4:  11111111 11111111 =  -1 (arithmetic shift)

              11111111 11110000 =   -16
     -16>>4:  00001111 11111111 =  4095 (logical shift)
```

Logische, Bit- und Shift-Operatoren (logbit.c)

Ausgabe durch das Programm `logbit.c`:

```
-1
15
1
30
1
240
-241
```

Übung zu den zusammengesetzten Operatoren

Mögliches Aussehen des Programms `zusop.c`:

```c
#include <stdio.h>

int main(void)
{
   int a=100, b=200, c=300, d=400;

   a <<= 1;       /* Nachzubilden ist: a = a*2; */
   printf("a=%d\n", a);

   b >>= 2;       /* Nachzubilden ist: b = b/4; */
   printf("b=%d\n", b);

   c &= 0x7;      /* Nachzubilden ist: c = c%8; */
   printf("c=%d\n", c);

   d += d+d;      /* Nachzubilden ist: d = d*3; */
   printf("d=%d\n", d);
   return(0);
}
```

Übung zu den Inkrement- und Dekrement-Operatoren

Ausgabe durch das Programm `inkdek.c`:

```
a=31
b=21
-------
a=31
b=19
c=190
```

Assoziativität von monadischen und Zuweisungs-Operatoren

```
a = -~1;        Wert von a :  2

a = ~-1;        Wert von a :  0

a = 3;
b = 4;
a = b = b+a;    Wert von a :  7
```

Erklärung:

```
a = -~1;
           00000000 00000001  = 1
    ~1:    11111111 11111110  = -2
   -~1:    00000000 00000010  = 2

    Hinweis: Vorzeichen - bewirkt Darstellung im Zweier-Komplement.
             -zahl ist somit die Kurzform für ~zahl+1
                Daraus folgt dann, daß -~1 die Kurzform für ~~1+1 ist
                (~~1 wird wieder 1).
a = ~-1;
           11111111 11111111  = -1
   ~-1:    00000000 00000000  = 0
a = 3;
b = 4;
a = b = b+a;
    b wird zuerst 7 (b+a=4+3=7).
    Danach wird a dieser neue Wert von b (7) zugewiesen.
```

Zusammengesetzte Zuweisungsoperatoren

Ausgabe durch die `printf()`-Anweisungen des Programms `zusop2.c`:

```
 7:  150
 8:  3000
 9:  1
10:  375
11:  54
15:  a=9408, b=98
```

Erklärungen zu dieser Ausgabe:

```
 7: a*=5+10
      a=a*(5+10)
      a=10*15
      a=150
 8: a*=b=c=20
      a=a*(b=c=20)      (b und c wird 20 zugewiesen)
      a=150*20
      a=3000
 9: b=b==c
      b=20==20 (20==20 ist erfüllt; b wird 1 (TRUE) zugewiesen)
      b=1
```

```
10: a>>=b+2
       a=a>>(b+2)
       a=3000>>(1+2)
       a=3000>>3    (entspricht Division durch 8 =23)
       a=375
11: a&=0x3e
       a=a & 0x3e
       a=375 & 0x3e
       a=54
                      00000001 01110111 =  375
                      00000000 00111110 = 0x3e
           375 & 0x3e: 00000000 00110110 =   54
15: a*=b+=a<<=a+b
       a=a*(b=b+(a=a<<(a+b)))
       a=a*(b=b+(a=3<<(3+2)))
       a=a*(b=b+(a=3<<5))        (3<<5 = 3*25 = 3*32 = 96)
       a=a*(b=b+96)
       a=a*(b=2+96)
       a=a*(b=98)
       a=a*98
       a=96*98
       a=9408
```

37.6 Lösungen zu Kapitel 6

Volumen und Oberfläche einer Kugel

Mögliches Aussehen des Programms `kugel.c`:

```
#include <stdio.h>

#define  PI         3.141592654
#define  VIER_PI    4*PI

int main(void) {
   float radius, umfang, volumen, oberflaeche;

   printf("Radius der Kugel : ");
   scanf("%f", &radius);
   umfang = 2*radius*PI;
   volumen = VIER_PI*radius*radius*radius/3;
   oberflaeche = VIER_PI*radius*radius;
   printf("Umfang=%f\nVolumen=%f\nOberflaeche=%f\n", umfang, volumen, oberflaeche);
   return(0);
}
```

Das Phänomen der entfesselten Erde

Mögliches Aussehen des Programms `erdumf.c`:

```c
#include <stdio.h>

#define PI   3.141592654

int  main(void) {
   double radius1, radius2, umfang1, umfang2;

   printf("Welchen Radius hat Körper, um den Seil gelegt wird (in m) ? ");
   scanf("%lf", &radius1);
   umfang1 = 2*PI*radius1;
   umfang2 = umfang1+1;
   radius2 = umfang2/(2*PI);
   printf("\nNach Verlaengerung des Seils um 1 Meter\n");
   printf("  steht es um %.2lf cm ab\n", (radius2-radius1)*100);
   return(0);
}
```

Benzinverbrauch und Durchschnitts-Geschwindigkeit

Mögliches Aussehen des Programms `benzinv.c`:

```c
#include <stdio.h>

int  main(void)
{
   const float   kmh_faktor = 3.6;

   float std,         /* Gefahrene Stunden */
         min,         /* Gefahrene Minuten */
         liter,       /* Gebrauchte Liter  */
         kilometer,   /* Gefahrene Kilometer */
         meter,       /* Gefahrene Meter (aus Kilometer umgerechnet) */
         sek,         /* Fahrtdauer in Sekunden (aus std und min berechnet) */
         v_ms,        /* Durchschnittliche Geschwindigkeit (in m/s) */
         v_kmh,       /* Durchschnittliche Geschwindigkeit (in km/h) */
         verbrauch;   /* Durchschnittlicher Benzinverbrauch (in l/100 km) */

   printf("Gefahrene Stunden: ");
   scanf("%f", &std);
   printf("Gefahrene Minuten: ");
   scanf("%f", &min);
   printf("Gefahrene Kilometer: ");
   scanf("%f", &kilometer);
   printf("Gebrauchte Liter: ");
   scanf("%f", &liter);

   sek = std*60*60+min*60;
   meter = kilometer*1000;
   v_ms = meter/sek;
   v_kmh = v_ms*kmh_faktor;
```

```
    verbrauch = liter/kilometer*100;

    printf("\n");
    printf("Durchschnittl. Geschwindigkeit: %.2f km/h (%.2f m/s)\n", v_kmh, v_ms);
    printf("Durchschnittl. Benzinverbrauch: %.2f l/100 km\n", verbrauch);
    return(0);
}
```

Geldscheine stapeln

Mögliches Aussehen des Programms `geldstap.c`:

```
#include <stdio.h>

int main(void)
{
   const float   cm_zu_meter=0.01,
                 meter_zu_km=0.001,
                 schein_dicke=15.0/1000; /* 15 cm fuer 1000 Scheine genommen */
   float schein_wert,
         wert,
         schein_zahl,
         hoehe;

   printf("Welche Scheine sollen zum Stapeln verwendet werden: ");
   scanf("%f", &schein_wert);
   printf("Welcher Wert soll mit diesen Scheinen gestapelt werden: ");
   scanf("%f", &wert);

   schein_zahl = wert/schein_wert;
   hoehe       = schein_zahl*schein_dicke;
   printf("\nMit %.0f Euro-Scheine werden %.0f Euro gestapelt\n", schein_wert, wert);
   printf("Der Stapel wäre hoch: %.2f cm = %.2f m = %.2f km\n",
          hoehe, hoehe*cm_zu_meter, hoehe*cm_zu_meter*meter_zu_km);
   return(0);
}
```

37.7 Lösungen zu Kapitel 7

Umrechnung von Geschwindigkeiten

Mögliches Aussehen der Headerdatei `faktor.h`:

```
#define MS_NACH_KMH      3.6
#define MS_NACH_KMTAG    3.6*24
#define MS_NACH_MTAG     3600.0*24
```

Mögliches Aussehen des Programms `vumrech.c`:

```
#include <stdio.h>
#include "faktor.h"
```

```
int main(void)
{
   float meter, sek,
         v_ms, v_kmh, v_mtag, v_kmtag;

   printf("Gib Strecke ein (in Meter): ");
   scanf("%f", &meter);
   printf("Gib Zeit ein, die dafuer benoetigt wird (in Sekunden): ");
   scanf("%f", &sek);

   v_ms    = meter/sek;
   v_kmh   = v_ms * MS_NACH_KMH;
   v_mtag  = v_ms * MS_NACH_MTAG;
   v_kmtag = v_ms * MS_NACH_KMTAG;

   printf("\n\nDies entspricht folgender Geschwindigkeit:\n");
   printf("   %f m/sec =\n", v_ms);
   printf("    %f km/h =\n", v_kmh);
   printf("     %f m/Tag =\n", v_mtag);
   printf("      %f km/Tag\n", v_kmtag);
   return(0);
}
```

Die Capture-Recapture Methode

Mögliches Aussehen des Programms `caprecap.c`:

```
#include <stdio.h>

int main(void)
{
   long int stich1,   /* Elementanzahl bei 1.Stichprobe */
            stich2,   /* Elementanzahl bei 2.Stichprobe */
            markiert, /* Anzahl der bei 2.Stichprobe markierten Elemente */
            gesamt;   /* geschaetzte Gesamtanzahl der Elemente */

   printf("Die capture-recapture-Methode\n"
          "=============================\n\n"
          "Um abzuschaetzen, wie viele Elemente, die sich nicht abzaehlen\n"
          "lassen, sich in einem bestimmten abgegrenzten Raum befinden,\n"
          "wendet man die capture-recapture-Methode an.\n\n"
          "Bei dieser Methode nimmt man zuerst eine Stichprobe,\n"
          "markiert alle Elemente der Stichprobe und entlaesst diese wieder\n"
          "in den Raum. Nach einer gewissen Zeit nimmt man dann eine zweite\n"
          "Stichprobe. Anhand der Anzahl von markierten Elementen laesst\n"
          "sich dann abschaetzen, wie viele Elemente sich insgesamt in diesem\n"
          "Raum befinden.\n\n");

   printf("Anzahl der Elemente bei der 1. Stichprobe: ");
   scanf("%ld", &stich1);
```

```
    printf("Anzahl der Elemente bei der 2. Stichprobe: ");
    scanf("%ld", &stich2);
    printf("Wie viele Elemente der 2. Stichprobe hatten eine Markierung: ");
    scanf("%ld", &markiert);

    gesamt = stich1*stich2/markiert;

    printf("\n\n\n"
        "+--------------+------------------------------+------------+\n"
        "| 1.Stichprobe | 2.Stichprobe - davon markiert | Gesamtzahl |\n"
        "+--------------+------------------------------+------------+\n"
        "| %12ld | %12ld - %14ld | %10ld |\n"
        "+--------------+------------------------------+------------+\n",
        stich1, stich2, markiert, gesamt);
    return(0);
}
```

Dezimal- und Hexadezimalwert zu einer Oktalzahl

Mögliches Aussehen des Programms `okdezhex.c`:

```
#include <stdio.h>

int main(void)
{
    long int oktal;

    printf("Gib eine Oktalzahl ein: ");
    scanf("%lo", &oktal);
    printf("\n%lo(8) = %ld(10) = %lx(16)\n", oktal, oktal, oktal);
    return(0);
}
```

Geldbetrag in Scheine und Münzen stückeln

Mögliches Aussehen des Programms `geldstck.c`:

```
#include <stdio.h>

int main(void)
{
    int  nachkomma;
    long int vorkomma;

    printf("Geben Sie den Geldbetrag (in Euro und mit Komma) ein: ");
    scanf("%ld,%d",&vorkomma, &nachkomma);

    printf("\nScheine:\n");
    printf("+-----+-----+-----+-----+-----+-----+-----+\n");
    printf("|1000 | 500 | 200 | 100 |  50 |  20 |  10 |\n");
    printf("+-----+-----+-----+-----+-----+-----+-----+\n");
```

```
    printf("|%4ld ", vorkomma/1000);
    vorkomma %= 1000;
    printf("|%4ld ", vorkomma/500);
    vorkomma %= 500;
    printf("|%4ld ", vorkomma/200);
    vorkomma %= 200;
    printf("|%4ld ", vorkomma/100);
    vorkomma %= 100;
    printf("|%4ld ", vorkomma/50);
    vorkomma %= 50;
    printf("|%4ld ", vorkomma/20);
    vorkomma %= 20;
    printf("|%4ld |\n", vorkomma/10);
    printf("+-----+-----+-----+-----+-----+-----+-----+\n\n");
    vorkomma %= 10;

    printf("Muenzen:\n");
    printf("+-----+-----+-----+-----+-----+-----+-----+-----+\n");
    printf("| 5 Eu| 2 Eu| 1 Eu|50 Ct|10 Ct| 5 Ct| 2 Ct| 1 Ct|\n");
    printf("+-----+-----+-----+-----+-----+-----+-----+-----+\n");
    printf("|%4ld ", vorkomma/5);
    vorkomma %= 5;
    printf("|%4ld ", vorkomma/2);
    vorkomma %= 2;
    printf("|%4ld ", vorkomma);
    printf("|%4d ", nachkomma/50);
    nachkomma %= 50;
    printf("|%4d ", nachkomma/10);
    nachkomma %= 10;
    printf("|%4d ", nachkomma/5);
    nachkomma %= 5;
    printf("|%4d ", nachkomma/2);
    nachkomma %= 2;
    printf("|%4d |\n", nachkomma);
    printf("+-----+-----+-----+-----+-----+-----+-----+-----+\n");
    return(0);
}
```

Bogenmaß, sin, cos und tan zu einem Winkel

Mögliches Aussehen des Programms sincos.c:

```
#include <stdio.h>
#include <math.h>

int  main(void)
{
    const double PI              = 4*atan(1),
                 winkel_zu_bogen = PI/180;
         double winkel,
```

```
            bogen;

   printf("Gib Winkel ein: ");
   scanf("%lf", &winkel);
   bogen=winkel*winkel_zu_bogen;

   printf("\n%.2lf Grad = %.2lf im Bogenmass\n\n", winkel, bogen);
   printf("sin(%.2f) = %.2lf\n", bogen, sin(bogen));
   printf("cos(%.2f) = %.2lf\n", bogen, cos(bogen));
   printf("tan(%.2f) = %.2lf\n", bogen, tan(bogen));
   return(0);
}
```

37.8 Lösungen zu Kapitel 8

Sparschweininhalt aufaddieren

Mögliches Aussehen des Programms `sparswei.c`:

```
#include <stdio.h>

int main(void)
{
   unsigned long int  cent1, cent2, cent5, cent10, cent50,
                      euro1, euro2, euro5,
                      gesamt, vorkomma, nachkomma;

   printf("Anzahl der 1 Cent-Stuecke: ");
   scanf("%lu", &cent1);
   printf("Anzahl der 2 Cent-Stuecke: ");
   scanf("%lu", &cent2);
   printf("Anzahl der 5 Cent-Stuecke: ");
   scanf("%lu", &cent5);
   printf("Anzahl der 10 Cent-Stuecke: ");
   scanf("%lu", &cent10);
   printf("Anzahl der 50 Cent-Stuecke: ");
   scanf("%lu", &cent50);
   printf("Anzahl der 1 Euro-Stuecke: ");
   scanf("%lu", &euro1);
   printf("Anzahl der 2 Euro-Stuecke: ");
   scanf("%lu", &euro2);
   printf("Anzahl der 5 Euro-Stuecke: ");
   scanf("%lu", &euro5);

   gesamt = cent1+cent2*2+cent5*5+cent10*10+cent50*50+
            euro1*100+euro2*200+euro5*500;
   vorkomma  = gesamt/100;
   nachkomma = gesamt%100;

   printf("\nIm Sparschwein befinden sich:\n"
```

```
                "        ---%lu,%lu Euro---\n", vorkomma, nachkomma);
   return(0);
}
```

Prozentzahlen für die Kandidaten bei einer Wahl

Mögliches Aussehen des Programms kandproz.c:

```
#include <stdio.h>

int main(void)
{
   unsigned long kand1, kand2, kand3, kand4, gesamt;

   printf("Stimmen für den 1. Kandidaten: ");
   scanf("%lu", &kand1);
   printf("Stimmen für den 2. Kandidaten: ");
   scanf("%lu", &kand2);
   printf("Stimmen für den 3. Kandidaten: ");
   scanf("%lu", &kand3);
   printf("Stimmen für den 4. Kandidaten: ");
   scanf("%lu", &kand4);

   gesamt = kand1 + kand2 + kand3 + kand4;

   printf("\n\n1. Kandidat: %5.2f%%\n", (float)kand1/gesamt*100);
   printf("2. Kandidat: %5.2f%%\n", (float)kand2/gesamt*100);
   printf("3. Kandidat: %5.2f%%\n", (float)kand3/gesamt*100);
   printf("4. Kandidat: %5.2f%%\n", (float)kand4/gesamt*100);
   return(0);
}
```

37.9 Lösungen zu Kapitel 9

Wertebereiche der ganzzahligen Datentypen

Mögliches Aussehen des Programms wertber.c:

```
#include <stdio.h>
#include <limits.h>

#define STRICHE   printf("----------------------------------------" \
                          "---------------------------------\n");
int main(void)
{
   printf("Hier verwendete Bitzahlen und daraus resultierende Wertebereiche\n"
          "================================================================\n\n");
   printf("%20s | %5d | %20i .. %d\n",
          "char", CHAR_BIT, CHAR_MIN, CHAR_MAX);
   printf("%20s | %5d | %20d .. %d\n",
```

37.9 Lösungen zu Kapitel 9

```
                "signed char", CHAR_BIT, SCHAR_MIN, SCHAR_MAX);
    printf("%20s | %5d | %20d .. %d\n",
           "unsigned char", CHAR_BIT, 0, UCHAR_MAX);
    STRICHE
    printf("%20s | %5d | %20d .. %d\n",
           "short", sizeof(short)*CHAR_BIT, SHRT_MIN, SHRT_MAX);
    printf("%20s | %5d | %20d .. %hu\n",
           "unsigned short", sizeof(short)*CHAR_BIT, 0, USHRT_MAX);
    STRICHE
    printf("%20s | %5d | %20d .. %d\n",
           "int", sizeof(int)*CHAR_BIT, INT_MIN, INT_MAX);
    printf("%20s | %5d | %20d .. %u\n",
           "unsigned int", sizeof(int)*CHAR_BIT, 0, UINT_MAX);
    STRICHE
    printf("%20s | %5d | %20ld .. %ld\n",
           "long", sizeof(long)*CHAR_BIT, LONG_MIN, LONG_MAX);
    printf("%20s | %5d | %20ld .. %lu\n",
           "unsigned long", sizeof(long)*CHAR_BIT, 0L, ULONG_MAX);
    STRICHE
    printf("%20s | %5d | %20lld .. %lld\n",
           "long long", sizeof(long long)*CHAR_BIT, LLONG_MIN, LLONG_MAX);
    printf("%20s | %5d | %20lld .. %llu\n",
           "unsigned long long", sizeof(long long)*CHAR_BIT, 0LL, ULLONG_MAX);
    STRICHE
    return(0);
}
```

Eigenschaften von Gleitpunkt-Datentypen

Mögliches Aussehen des Programms `gleiteig.c`:

```
#include <stdio.h>
#include <float.h>
#define PUNKTE  "............................................................." \
                "............................................................."
#define STRICHE "-------------------------------------------------------------" \
                "-------------------------------------------------------------"
#define FLT_BITS      sizeof(float)*8
#define FLT_EXP_DIG   FLT_BITS-FLT_MANT_DIG
#define DBL_BITS      sizeof(double)*8
#define DBL_EXP_DIG   DBL_BITS-DBL_MANT_DIG

int  main(void)
{
   /*-------- Ausgabe von float-Eigenschaften -------------------------------*/
   printf("%79.79s\n", STRICHE);
   printf("%25sfloat (%d Bits = %d Bytes)\n", " ", FLT_BITS, sizeof(float));
   printf("%79.79s\n\n", STRICHE);
   printf("|.|%*.*s|%*.*s|\n", FLT_EXP_DIG, FLT_EXP_DIG, PUNKTE,
                               FLT_MANT_DIG-1, FLT_MANT_DIG-1, PUNKTE);
```

```
        printf("%*.*s\n", FLT_BITS+4, FLT_BITS+4, STRICHE);
        printf("|V|%*s|%*s|\n\n", FLT_EXP_DIG, "BE",
                                  FLT_MANT_DIG-1, "Mantisse");
        printf("%35s%s\n", " ", "V = Vorzeichenbit (0=positiv;1=negativ)");
        printf("%35s%s (%d Bits)\n", " ", "BE = Biased Exponent", FLT_EXP_DIG);
        printf("%35s%s (%d Bits)\n", " ", "Mantisse", FLT_MANT_DIG-1);
        printf("Wertebereich der Exponenten:\n");
        printf("        dual:    2^%d .. 2^%d\n", FLT_MIN_EXP, FLT_MAX_EXP);
        printf("        dezimal: 10^%d .. 10^%d\n\n", FLT_MIN_10_EXP, FLT_MAX_10_EXP);
        printf("Wertebereich:\n");
        printf("        dezimal: %.2E .. %.2E\n\n", FLT_MIN, FLT_MAX);
        printf("Anzahl der signifikanten Dezimalstellen: %d\n\n", FLT_DIG);
        printf("                           Epsilon: %.*g\n", FLT_DIG, FLT_EPSILON);
        printf("%79.79s\n\n\n", STRICHE);
        printf("Weiter mit Return.........");
        getchar();
        /*-------- Ausgabe von double-Eigenschaften ---------------------------*/
        printf("\n%79.79s\n", STRICHE);
        printf("%25sdouble (%d Bits = %d Bytes)\n", " ", DBL_BITS, sizeof(double));
        printf("%79.79s\n", STRICHE);
        printf("|.|%*.*s|%*.*s|\n", DBL_EXP_DIG, DBL_EXP_DIG, PUNKTE,
                                    DBL_MANT_DIG-1, DBL_MANT_DIG-1, PUNKTE);
        printf("%*.*s\n", DBL_BITS+4, DBL_BITS+4, STRICHE);
        printf("|V|%*s|%*s|\n\n", DBL_EXP_DIG, "BE",
                                  DBL_MANT_DIG-1, "Mantisse");
        printf("%35s%s\n", " ", "V = Vorzeichenbit (0=positiv;1=negativ)");
        printf("%35s%s (%d Bits)\n", " ", "BE = Biased Exponent", DBL_EXP_DIG);
        printf("%35s%s (%d Bits)\n", " ", "Mantisse", DBL_MANT_DIG-1);
        printf("Wertebereich der Exponenten:\n");
        printf("        dual:    2^%d .. 2^%d\n", DBL_MIN_EXP, DBL_MAX_EXP);
        printf("        dezimal: 10^%d .. 10^%d\n\n", DBL_MIN_10_EXP, DBL_MAX_10_EXP);
        printf("Wertebereich:\n");
        printf("        dezimal: %.21E .. %.21E\n\n", DBL_MIN, DBL_MAX);
        printf("Anzahl der signifikanten Dezimalstellen: %d\n\n", DBL_DIG);
        printf("                           Epsilon: %.*lg\n", DBL_DIG, DBL_EPSILON);
        printf("%79.79s\n\n", STRICHE);
        return(0);
}
```

37.10 Lösungen zu Kapitel 10

Zu diesem Kapitel sind keine Übungen vorhanden.

37.11 Lösungen zu Kapitel 11

Schaltjahre (Struktogramm in C-Programm umformen)

Mögliches Aussehen des Programms `schalt.c`:

```c
#include <stdio.h>

int main(void)
{
   int jahr;

   printf("Gib ein Jahr ein: ");
   scanf("%d", &jahr);

   printf("\n    ---> ");
   if (jahr%4==0)
      if (jahr%100==0)
         if (jahr%400==0)
            printf("Schaltjahr\n");
         else
            printf("kein Schaltjahr\n");
      else
         printf("Schaltjahr\n");
   else
      printf("kein Schaltjahr\n");
   return(0);
}
```

Rechnungen erstellen

Mögliches Aussehen des Programms rechnung.c:

```c
#include <stdio.h>

int main(void)
{
   float betrag,
         verpackung,
         versand;

   printf("Rechnungsbetrag: ");
   scanf("%f", &betrag);

   if (betrag<500) {
      verpackung=10;
      versand=15;
   } else {
      versand=0;
      if (betrag>=500 && betrag<=2000)
         verpackung=7;
      else
         verpackung=0;
   }
   printf("\n%-30s: %10.2f Euro\n", "Rechnungsbetrag", betrag);
   printf("%-30s: %10.2f Euro\n", "Verpackungskosten", verpackung);
```

```
    printf("%-30s: %10.2f Euro\n", "Versandkosten", versand);
    printf("--------------------------------------------------\n");
    printf("%-30s: %10.2f Euro\n", "Gesamtbetrag", betrag+verpackung+versand);
    return(0);
}
```

37.12 Lösungen zu Kapitel 12

Idealgewicht

Mögliches Aussehen des Programms `idealgew.c`:

```c
#include <stdio.h>
#include <ctype.h>

int  main(void)
{
    char geschlecht;
    float  gewicht, groesse,
           untere_grenze, obere_grenze, idealgewicht;

    printf("Idealgewicht von Maennern und Frauen\n");
    printf("====================================\n\n");

    printf("Ihr Geschlecht ? (m/w) ");
    geschlecht=tolower(getchar()); fflush(stdin);
    printf("Ihr Gewicht ? (in kg) ");
    scanf("%f", &gewicht);
    printf("Ihre Koerpergroesse ? (in cm) ");
    scanf("%f", &groesse);

    if (geschlecht=='m' || geschlecht=='w') {
        idealgewicht = (groesse-100) * (geschlecht=='m'?0.95:0.9);
        untere_grenze = idealgewicht*0.98;
        obere_grenze  = idealgewicht*1.02;
        printf("\nIhr Idealgewicht liegt zwischen %.1f .. %.1f kg\n\n",
                untere_grenze, obere_grenze);
        if (gewicht<untere_grenze)
            printf("..... Sie haben Untergewicht\n");
        else if (gewicht>obere_grenze)
            printf("..... Sie haben Uebergewicht\n");
        else
            printf("..... Sie haben Idealgewicht\n");
    } else {
       printf("\n\a..... Falsche Eingabe\n");
    }
    return(0);
}
```

37.13 Lösungen zu Kapitel 13

Fläche, Umfang und Radius eines Kreises

Mögliches Aussehen des Programms `kreis.c`:

```c
#include <stdio.h>
#include <ctype.h>
#include <math.h>

#define PI      3.14159265358979323846

#define bool    unsigned char
#define TRUE    1
#define FALSE   0

int main(void)
{
   double  r, f, u;
   char    wahl;
   bool    erlaubte_wahl=TRUE;

   printf("\n\nFlaeche, Umfang und Radius eines Kreises\n"
          "========================================\n\n"
          "Du kannst waehlen, was du eingeben moechtest.\n"
          "Ich berechne Dir dann die 2 fehlenden Groessen.\n\n"
          "    Flaeche eingeben:    f\n"
          "    Umfang eingeben:     u\n"
          "    Radius eingeben:     r\n\n"
          "Deine Wahl? ");

   switch (wahl=tolower(getchar())) {
      case 'f':
         printf("\n\nFlaeche? ");
         scanf("%lf", &f);
         r = sqrt(f/PI);
         u = 2*r*PI;
         break;
      case 'u':
         printf("\n\nUmfang? ");
         scanf("%lf", &u);
         r = u/(2*PI);
         f = r*r*PI;
         break;
      case 'r':
         printf("\n\nRadius? ");
         scanf("%lf", &r);
         f = r*r*PI;
         u = 2*r*PI;
         break;
      default:
```

```
                erlaubte_wahl=FALSE;
                break;
        }
        if (erlaubte_wahl) {
            printf("\n\n");
            printf("...... Radius  = %.2lf\n", r);
            printf("...... Flaeche = %.2lf\n", f);
            printf("...... Umfang  = %.2lf\n", u);
        } else
            printf("\n\a......'%c' ist keine erlaubte Wahl\n", wahl);
        return(0);
}
```

37.14   Lösungen zu Kapitel 14

Zusammenfassen mehrerer Anweisungen zu einer

Mögliche Angabe:
```
if (x>y)
    h=x, x=y, y=h;
```

37.15   Lösungen zu Kapitel 15

Berechnung der harmonischen Reihe

Mögliches Aussehen des Programms `harmon.c`:
```
#include <stdio.h>
int main(void) {
    long int n;
    double i, s=0;
    printf("Berechnung der harmonischen Reihe\n");
    printf("=================================\n\n");
    printf("Bis zu welchem n soll diese Reihe berechnet werden: ");
    scanf("%ld", &n);
    for (i=1 ; i<=n ; i++)
        s += 1/i;
    printf("  Summe bis 1/%ld: %.7lf\n", n, s);
    return(0);
}
```

Ausgabe der Dominosteine

Mögliches Aussehen des Programms `domino.c`:
```
#include <stdio.h>
int main(void) {
    int i, j;
    printf("Dominosteine\n");
    printf("============\n");
```

```c
    for (i=0 ; i<=6 ; i++) {
       for (j=i ; j<=6 ; j++)
          printf(" +---+---+");
       printf("\n");
       for (j=i; j<=6 ; j++)
          printf(" | %d | %d |", i, j);
       printf("\n");
       for (j=i ; j<=6 ; j++)
          printf(" +---+---+");
       printf("\n");
    }
    return(0);
}
```

37.16 Lösungen zu Kapitel 16

Fritz und Hans essen Äpfel

Mögliches Aussehen des Programms `aepfel.c`:

```c
#include <stdio.h>

int  main(void)
{
   int  fritz=0,
        hans=0,
        aepfel,
        i=0;

   printf("Fritz und Hans essen Aepfel\n");
   printf("===========================\n\n");
   printf("Fritz und Hans haben gemeinsam x Aepfel gekauft.\n");
   printf("In der Zeit in der Fritz 5 Aepfel isst, isst Hans 3.\n");
   printf("Wieviele Aepfel hat jeder gegessen, wenn keine mehr da sind.\n");
   printf("Dieses Programm gibt die Loesung aus.\n\n");

   printf("Wieviele Aepfel haben Fritz und Hans gekauft: ");
   scanf("%d", &aepfel);
   while (aepfel%8 != 0) {
      printf("\n\n\n");
      printf("Sorry, aber die Zahl der Aepfel muss durch 8 teilbar sein\n\n");
      printf("   Gib eine neue Zahl ein: ");
      scanf("%d", &aepfel);
   }

   printf("\n\nEssen von Aepfeln\n");
   printf("-----------------\n\n");
   printf("Runde | Fritz |  Hans  | Rest  |\n");
   printf("------+-------+-------+-------|\n");
   while (aepfel>0) {
```

```
        fritz+=5;
        hans+=3;
        aepfel-=8;
        printf("%5d | %5d | %5d | %5d |\n", ++i, fritz, hans, aepfel);
    }
    return(0);
}
```

Primfaktor-Zerlegung

Mögliches Aussehen des Programms primfakt.c:

```
#include <stdio.h>

#define bool   unsigned char

int  main(void)
{
    long int zahl,
             teiler=2;
    bool schon_geteilt=0;

    printf("Primfaktorzerlegung fuer eine Zahl\n");
    printf("==================================\n\n");
    printf("Zahl ? ");
    scanf("%ld", &zahl);
    printf("\n   %ld = ", zahl);
    while (teiler*teiler<=zahl) {
        if (zahl%teiler==0) {
            if (schon_geteilt)
                printf(" * %ld", teiler);
            else {
                schon_geteilt=1;
                printf("%ld", teiler);
            }
            zahl /= teiler;
        } else
            teiler++;
    }

    if (zahl!=1)
        if (schon_geteilt)
            printf(" * %ld", zahl);
        else
            printf("Primzahl");
    printf("\n");
    return(0);
}
```

37.17 Lösungen zu Kapitel 17

Zahlen raten

Mögliches Aussehen des Programms `zahlrat.c`:

```
#include <stdio.h>
#include <stdlib.h>
#include <time.h>

int main(void) {
   int max, zahl, versuch=0, r;

   printf("Zahlenraten\n");
   printf("===========\n\n\n");
   printf("Ich denke mir eine Zahl aus dem Intervall [1,x].\n");
   printf("Du musst dann versuchen, diese Zahl zu erraten.\n\n");
   printf("Zunaechst musst du einmal festlegen, wie gross die zu\n");
   printf("ratende Zahl maximal sein darf: ");
   scanf("%d", &max);
   while (max<0) {
      printf("\nSorry, aber die Zahl muss positiv sein\n");
      printf("Gib ein neues Maximum ein: ");
      scanf("%d", &max);
   }
   srand(time(NULL)%RAND_MAX);
   printf("\n\nHm..... ");
   sleep(1);
   zahl=rand()%max+1;
   printf("OK, ich habe eine Zahl\n\n");
   do {
      printf("Dein %d.Versuch: ", ++versuch);
      scanf("%d", &r);
      if (r<zahl)
         printf("%70s\n", ".....zu niedrig");
      else if (r>zahl)
         printf("%70s\n", ".........zu hoch");
      else
         printf("%70s\n", ".....Richtig");
   } while (zahl!=r);

   printf("\nDu hast %d Versuche zum Erraten der Zahl benötigt.\n", versuch);
   return(0);
}
```

Armstrong-Zahlen

Mögliches Aussehen des Programms `armstron.c`:

```
#include <stdio.h>
#include <math.h>
```

```
int main(void)
{
   long int i, summe, zahl, ab, bis, ziffer;
      int potenz;

   printf("ARMSTRONG- und andere Zahlen\n");
   printf("============================\n\n");
   printf("Armstrong-Zahlen sind Zahlen, bei denen Summe der 3er Potenzen\n");
   printf("aller Ziffern gleich der Zahl selbst ist, wie z.B. bei 153:\n");
   printf("            3   3   3\n");
   printf("   153 = 1 + 5 + 3\n\n");
   printf("Dieses Programm ermittelt jedoch nun nicht nur Armstrong-Zahlen,\n");
   printf("sondern laesst die Potenz durch den Benutzer festlegen.\n");
   printf("Ausserdem kann der Benutzer noch den Bereich waehlen, in dem\n");
   printf("nach entsprechenden Zahlen zu suchen ist.\n\n");

   printf("Potenz fuer die einzelnen Ziffern: ");
   scanf("%d", &potenz);
   printf("Untere Bereichsgrenze: ");
   scanf("%ld", &ab);
   printf("Obere Bereichsgrenze: ");
   scanf("%ld", &bis);

   for (i=ab ; i<=bis ; i++) {
      summe=0;
      zahl=i;
      do {
         ziffer=zahl%10;
         summe += pow(ziffer, potenz);
         zahl /= 10;
      } while (zahl>0);
      if (i==summe)
         printf("%ld\n", i);
   }
   return(0);
}
```

37.18   Lösungen zu Kapitel 18

Würfelspiel bis 100

Mögliches Aussehen des Programms `bis100.c`:

```
#include <stdio.h>
#include <ctype.h>
#include <stdlib.h>
#include <time.h>

#define WEITER \
        printf(".....Weiter mit Return"); \
```

37.18 Lösungen zu Kapitel 18

```c
            getchar();

#define ZWISCHENSTAND \
            printf("\n\n    Zwischenstand: %d : %d (ich : du)\n\n", \
                   computer_sum, gegner_sum);

#define SPIELSTAND(string) \
            printf("\n\n    %sstand: %d : %d (ich : du)\n\n", \
                   string, spiele_gewonnen, spiele_verloren);

int  main(void)
{
   int  i,
        spiele_gewonnen=0, spiele_verloren=0,
        computer_sum=0, gegner_sum=0,
        com_sum, geg_sum,
        gutschreiben,  /* Boole'sche Variable */
        wurf;
   char antwort;

   printf("Wuerfelspiel \"Bis 100\"\n");
   printf("======================\n\n");
   printf("Bei diesem Wuerfelspiel wuerfelt jeder Spieler so oft er will.\n");
   printf("Verzichtet ein Spieler auf weiteres Wuerfeln, bevor er eine 1\n");
   printf("wuerfelt, bekommt er die Summe der bisher erzielten Augen\n");
   printf("gutgeschrieben. Wuerfelt er aber eine 1, so erhaelt er gar nichts.\n");
   printf("Es gewinnt, wer als erster 100 Augen hat.\n\n");
   printf("Du wirst nun gegen mich spielen. Ich fange dabei an.\n\n");

   srand(time(NULL));
   do {
      printf("\n\n......Mit Return startest du das Spiel\n");
      getchar();
      computer_sum = gegner_sum = 0;
      do {
         i=0;
         gutschreiben=1;
         com_sum=0;
         while (1) {
            ++i;
            sleep(1);
            wurf=rand()%6+1;
            printf("Ich habe gewuerfelt: %d ", wurf);
            if (wurf==1) {
               gutschreiben=0;
               printf("     Sch...., du bisst jetzt dran\n\n");
               break;
            }
            com_sum+=wurf;
            if (i<5 && com_sum<=19 && computer_sum+com_sum<100) {
```

997

```c
                        printf("      (%d)    .....und mache weiter\n", com_sum);
                } else {
                        printf("      (%d)    .....und hoere auf\n", com_sum);
                        break;
                }
        }
        if (gutschreiben)
            computer_sum += com_sum;
        ZWISCHENSTAND;
        WEITER;

        i=0;
        gutschreiben=1;
        geg_sum=0;
        do {
                ++i;
                wurf=rand()%6+1;
                printf("Dein %d.Wurf: %d ", i, wurf);
                if (wurf==1) {
                        gutschreiben=0;
                        printf("        Sorry, aber jetzt bin wieder ich dran\n\n");
                        break;
                }
                geg_sum+=wurf;
                printf("      (%d)    ....Nochmal wuerfeln (j/n): ", geg_sum);
                antwort=tolower(getchar()); getchar();
        } while (antwort=='j');
        if (gutschreiben)
            gegner_sum += geg_sum;
        ZWISCHENSTAND;
        WEITER;
    } while (computer_sum<100 && gegner_sum<100);
    if (computer_sum>=100)
        if (gegner_sum>=100)
            printf("\n\n    Spiel endete Unentschieden\n");
        else {
            printf("\n\n    Ich habe dieses Spiel gewonnen\n");
            spiele_gewonnen++;
        }
    else {
        printf("\n\n    Du hast dieses Spiel gewonnen\n");
        spiele_verloren++;
    }
    SPIELSTAND("Spiel");
    printf("\n\nWillst du noch ein Spielchen machen (j/n): ");
    antwort=tolower(getchar()); getchar();
} while (antwort=='j');
SPIELSTAND("End");
return(0);
}
```

Primzahlen

Mögliches Aussehen des Programms `primzahl.c`:

```c
#include <stdio.h>

#define bool  unsigned char

int main(void) {
   long int m, n, i, t;
   bool prim;

   printf("Primzahlen\n"
          "==========\n\n"
          "Dieses Programm gibt Ihnen alle Primzahlen zwischen\n"
          "m und n aus. m und n sind dabei einzugeben.\n\n");
   printf("m: "); scanf("%ld", &m);
   printf("n: "); scanf("%ld", &n);
   printf("\n");

   if (m<=2) {
      printf("%9ld,", 2L);
      m=3;
   }
   for (i=(m%2==1)?m:m+1 ; i<=n ; i+=2) {
      t=1;
      prim=1;
      while (t*t<=i) {
         t++;
         if (i%t==0) {
            prim=0;
            break;
         }
      }
      if (prim) {
         printf("%9ld,", i);
      }
   }
   printf("\n");
   return(0);
}
```

37.19 Lösungen zu Kapitel 19

Drei Zahlen zu einer Summe finden

Mögliches Aussehen des Programms `ziffadd2.c`:

```c
#include <stdio.h>
#include <ctype.h>
#include <time.h>
```

37 Lösungen zu den Übungen

```c
#define setze_ziffer(ziff)       ziffer |= 1<<ziff
#define loesche_ziffer(ziff)     ziffer ^= 1<<ziff
#define ist_ziffer_besetzt(ziff) ((ziffer>>ziff)&1)
int main(void) {
    int ziffer=0,   /* einzelnen Bitpositionen zeigen an, ob Ziffer */
                    /* bereits benutzt wurde oder nicht             */
        zahl,  /* Eingegebene Zahl */
        zahl1, zahl2, zahl3,  /* gefundene Loesungen */
        e3, e2, e1,   /* Ziffern fuer die 1.Zahl */
        z3, z2, z1,   /* Ziffern fuer die 2.Zahl */
        d3, d2, d1,   /* Ziffern fuer die 3.Zahl */
        ziffer3,  /* hintere Ziffer der eingegebenen Zahl */
        ziffer2,  /* mittlere Ziffer der eingegebenen Zahl */
        vorne,    /* vordere (beiden) Ziffer der eingegebenen Zahl */
        eins, zwei, drei, /* Positionssummen */
        uebertrag1, uebertrag2,   /* enthaelt einen evtl. Uebertrag */
        lsg=0, /* zaehlt die Loesungen mit */
        lsg_gefunden=0, /* boole'sche Var: zeigt an, ob Loesung gefunden */
        alle; /* boole'sche Var: ob alle oder nur eine Loesung ausgegeben */
    clock_t start, ende;
    printf("Zahlen zu einer Summe ermitteln\n");
    printf("===============================\n\n");
    ......................
    printf("Gib eine drei- oder vierstellige Zahl ein: ");
    scanf("%d", &zahl); getchar();
    while (zahl<100 || zahl>9999) {
        printf("    ...... Zahl muss drei- oder vierstellig sein.\n");
        printf("Wiederhole deine Eingabe: "); scanf("%d", &zahl); getchar();
    }
    printf("\nAlle Loesungen anzeigen (j/n) ? ");
    alle=toupper(getchar())=='J';
    start=clock();
    vorne=zahl/100;
    ziffer2=zahl%100/10;
    ziffer3=zahl%10;
    for (e3=0 ; e3<=9 ; e3++) {
        setze_ziffer(e3);
        for (z3=0 ; z3<=9 ; z3++) {
            if (ist_ziffer_besetzt(z3)) continue; /*-- Naechstes z3*/
            setze_ziffer(z3);
            for (d3=0 ; d3<=9 ; d3++) {
                if (ist_ziffer_besetzt(d3)) continue; /*-- Naechstes d3*/
                drei=e3+z3+d3;
                if (drei%10!=ziffer3) continue; /*-- Naechstes d3*/
                setze_ziffer(d3);
                uebertrag1=drei/10;
                for (e2=0 ; e2<=9 ; e2++) {
                    if (ist_ziffer_besetzt(e2)) continue; /*-- Naechstes e2*/
                    setze_ziffer(e2);
                    for (z2=0 ; z2<=9 ; z2++) {
```

```
                    if (ist_ziffer_besetzt(z2)) continue; /*-- Naechstes z2*/
                    setze_ziffer(z2);
                    for (d2=0 ; d2<=9 ; d2++) {
                       if (ist_ziffer_besetzt(d2)) continue; /*-- Naechstes d2*/
                       zwei=e2+z2+d2+uebertrag1;
                       if (zwei%10!=ziffer2) continue; /*-- Naechstes d2*/
                       setze_ziffer(d2);
                       uebertrag2=zwei/10;
                       for (e1=0 ; e1<=9 ; e1++) {
                          if (ist_ziffer_besetzt(e1)) continue; /*-- Naechstes e1*/
                          setze_ziffer(e1);
                          for (z1=0 ; z1<=9 ; z1++) {
                             if (ist_ziffer_besetzt(z1)) continue; /*-- Naechstes z1*/
                             setze_ziffer(z1);
                             for (d1=0 ; d1<=9 ; d1++) {
                                if (ist_ziffer_besetzt(d1)) continue; /*Naechst. d1*/
                                eins=e1+z1+d1+uebertrag2;
                                if (eins==vorne) {
                                   zahl1 = e1*100+e2*10+e3;
                                   zahl2 = z1*100+z2*10+z3;
                                   zahl3 = d1*100+d2*10+d3;
                                   if (zahl1+zahl2+zahl3==zahl) {
                                      ++lsg;
                                      if (alle || (!alle && !lsg_gefunden)) {
                                         printf("\n%5d. Loesung:", lsg);
                                         printf("%5d\n", zahl1);
                                         printf("%20d\n", zahl2);
                                         printf("%20d\n", zahl3);
                                         printf("                -----\n");
                                         printf("%20d\n", zahl);
                                         lsg_gefunden=1;
                                      }
                                   }
                                }
                             }
                             loesche_ziffer(z1);
                          } /*___z1___*/
                          loesche_ziffer(e1);
                       } /*___e1___*/
                       loesche_ziffer(d2);
                    } /*___d2___*/
                    loesche_ziffer(z2);
                 } /*___z2___*/
                 loesche_ziffer(e2);
              } /*___e2___*/
              loesche_ziffer(d3);
           } /*___d3___*/
           loesche_ziffer(z3);
        } /*___z3___*/
        loesche_ziffer(e3);
```

```
        } /*___e3___*/
    if (lsg_gefunden) {
        printf("\n\n----> Insgesamt %d Loesungen gefunden\n", lsg);
    } else {
        printf("\n   Zu dieser Zahl gibt es keine Loesung!\n");
    }
    ende=clock();
    printf("\n\nGebrauchte CPU-Zeit fuer dieses Programm: %6.3f Sek.\n",
            (ende-start)/(double)CLOCKS_PER_SEC);
    return(0);
}
```

37.20 Lösungen zu Kapitel 20

Zu diesem Kapitel sind keine Übungen vorhanden.

37.21 Lösungen zu Kapitel 21

Ermitteln der Zahl PI mit Regentropfen

Mögliches Aussehen des Programms `piregen.c`:

```c
#include <graphics.h>
#include <ctype.h>
#include <stdlib.h>
#include <time.h>

int  main( int argc, char *argv[] )
{
    int   xmax, ymax, xmitte, ymitte, radius,
          xunten, xoben, yunten, yoben, x, y, farbe;
    long int  n, z, innen;
    char string[1000];

    srand(time(NULL));
    initgraph( 640, 480 );
    z = innen = 0;
    xmax = getmaxx();
    ymax = getmaxy();

    sprintf( string, "Berechnung von PI über Regentropfen\n"
             "====================================\n\n"
             "Dieses Programm malt zunaechst einen Kreis am Bildschirm.\n"
             "Danach simuliert es einen Regen und zaehlt dabei alle Tropfen,\n"
             "die im Kreis niedergehen.\n\n"
             "Diese im Kreis gefallenen Tropfen teilt es dann durch die\n"
             "Gesamtzahl der Tropfen und multipliziert dieses Ergebnis mit 4.\n"
             "Die so ermittelte Zahl sollte dann eine Naeherung von PI sein.\n"
             "Je mehr Regentropfen Sie fallen lassen, umso naeher sollte die\n"
```

```
                    "so ermittelte Zahl an der wirklichen Zahl PI liegen.\n\n\n"
                    "Weiter mit einer beliebiger Taste........");
   outtextxy( 10, 10, xmax, ymax, string );
   getch();

   /*------ Graphikmodus einschalten und Variablen initialisieren -------*/
   do {
      z = innen = 0;
         /*------ Gesamtzahl der Regentropfen einlesen ------------------------*/
      n = getint("Wieviele Regentropfen ?" );
      clearviewport( BLACK );
         /*------ Rechteck- und Kreis-Groessen ermitteln ---------------------*/
      xmitte = xmax/2;   ymitte = ymax/2;
      radius = ymitte-1;
      xunten = xmitte-radius; yunten = ymitte-radius;
      xoben  = xmitte+radius; yoben  = ymitte+radius;
         /*------ Rechteck und Kreis am Bildschirm malen --------------------*/
      setfillstyle( SOLID_FILL, RED );
      bar( xunten, yunten, xoben, yoben );
      setfillstyle( SOLID_FILL, BLUE );
      setcolor( BLUE );
      fillellipse( xmitte, ymitte, radius, radius);
      setcolor( BLACK );
         /*------ Simulation des Regens ----------------------------------------*/
      while ( ++z <= n ) {
         x = xunten+rand()%(xoben-xunten+1);
         y = yunten+rand()%(yoben-yunten+1);
         farbe = getpixel(x,y);
         if ( farbe==BLUE || farbe==GREEN ) {
            innen++;
            putpixel( x, y, GREEN );
         } else
            putpixel( x, y, WHITE );
         if ( z%1000==0 || z==n ) { /* Bisherige PI-Naeherung alle 1000 Tropfen */
            setviewport( xmitte+radius,0, xmax, 50 );
            clearviewport( WHITE );
            outtextxy(xmitte+radius+5, 10, xmax, ymax, "%ld:", z);
            outtextxy(xmitte+radius+10,30, xmax, ymax, "%.5f", innen*4.0/z);
            setviewport(0,0,xmax,ymax);
         }
      }
         /*------ Zurueck zum Textmodus und Ergebnis ausgeben ---------------*/
      sprintf( string, "Bei %ld Regentropfen fielen\n"
                       "%ld Tropfen innerhalb des Kreises\n\n"
                       "Daraus ergibt sich eine Näherung fuer PI von ...%.6f..."
                       "\n\nWollen Sie noch einmal simulieren [j/n] ?",
                       n, innen, innen*4.0/n);
         /*------ Einlesen, ob eine weitere Simulation gewuenscht -------------*/
   } while ( tolower(getcharacter(string)) == 'j' );
   closegraph();
```

Basketball spielen

Mögliches Aussehen des Programms `basket.c`:

```c
        return(0);
}
```

```c
#include <graphics.h>
#include <math.h>
#include <stdlib.h>
#include <time.h>
#include <ctype.h>

#define G         9.81
#define PI        3.14159
#define EPSILON   0.0001

#define KORB_MALEN                                     \
        setcolor( BLACK );                             \
        setlinestyle( SOLID_LINE, 3 );                 \
        ellipse( zielx, ziely, 0, 360, 20, 10);        \
        line( zielx+20, ziely, zielx+20, maxy-9);      \
        setlinestyle( SOLID_LINE, 1 );                 \
        polygon[0] = zielx-20;                         \
        polygon[1] = ziely;                            \
        polygon[2] = zielx-10;                         \
        polygon[3] = ziely+30;                         \
        polygon[4] = zielx+10;                         \
        polygon[5] = ziely+30;                         \
        polygon[6] = zielx+20;                         \
        polygon[7] = ziely;                            \
        polygon[8] = zielx+10;                         \
        polygon[9] = ziely-5;                          \
        polygon[10] = zielx;                           \
        polygon[11] = ziely-10;                        \
        polygon[12] = zielx-10;                        \
        polygon[13] = ziely-5;                         \
        polygon[14] = zielx-20;                        \
        polygon[15] = ziely;                           \
        setfillstyle( CROSSDIAG_FILL, BLACK );         \
        fillpoly( 6, polygon );

int  main( int argc, char *argv[] )
{
   int  i, x, y,
        maxx, maxy, mittex, mittey,
        startx, starty, zielx, ziely,
        getroffen=0;
   float winkel,
         t, v, xv, yv;
```

```c
   int   polygon[6];
   void *puffer1,
        *puffer2;

   srand(time(NULL)); /* Zufallszahlen-Generator initialisieren */

   /*------- Graphik einschalten und entsprechende Var. initialisieren -----*/
   initgraph( 640, 480 );
   maxx   = getmaxx();
   maxy   = getmaxy();
   mittex = maxx/2;
   mittey = maxy/2;
   startx = 50;
   starty = maxy-21;

   /*------- Programm-Erklaerung ausgeben ---------------------------------*/
   outtextxy( 10, 10, maxx, maxy,
              "Basketballspiel\n"
              "===============\n\n"
              "Dieses Programm simuliert das Werfen eines Basketballs.\n"
              "Sie muessen dazu immer den Abwurfwinkel und die\n"
              "Anfangsgeschwindigkeit (in m/s) des Balles eingeben.\n\n\n"
              "Weiter mit einer beliebiger Taste........");
   getch();

   /*------- Basketball malen und Bild im Puffer sichern ------------------*/
   cleardevice( LIGHTBLUE );
   setfillstyle( DENSE1_FILL, RED );
   fillellipse( startx, starty, 5, 5 );
   getimage( startx-5, starty-5, startx+5, starty+5, &puffer1 );

   /*------- Position des Korbes zufaellig bestimmen ----------------------*/
   zielx = mittex+rand()%(mittex-20);
   ziely = 100+rand()%mittey;
   do {
      if (getroffen) {
         /*------- Position des Korbes zufaellig bestimmen ----------------*/
         zielx = mittex+rand()%(mittex-20);
         ziely = 100+rand()%mittey;
      }
      cleardevice( LIGHTBLUE );
      getimage( 295, 295, 305, 305, &puffer2 );
      /*------- Korb und Boden malen ------------------------------------*/
      KORB_MALEN;
      setlinestyle( SOLID_LINE, 3 );
      line( 0, maxy-9, maxx, maxy-9 );

      /*------- Ball huepfen lassen, bis mit der Eingabe begonnen wird ----*/
      while (!kbhit()) {
         for (i=60 ; i>=-60 ; i--) {
```

1005

```
                putimage( 45, starty-1-abs(i), puffer1, COPY_PUT );
                delay( 1 );
                putimage( 45, starty-1-abs(i), puffer2, COPY_PUT );
                if ( kbhit() )
                    break;
        }
    }

    /*------- Ball anhalten ----------------------------------------*/
    startx = 50;
    starty = maxy-21;
    putimage( startx-5, starty, puffer1, COPY_PUT );

    /*------- Abwurfwinkel einlesen --------------------------------*/
    winkel = getdouble( "Abwurfwinkel: " );
    outtextxy( 150, 20, maxx, maxy, "Abwurfwinkel: %.2f", winkel);

    /*------- Anfangsgeschwindigkeit einlesen ----------------------*/
    v = getdouble( "Anfangs-Geschwindigkeit (in m/s): " );
    outtextxy( 150, 40, maxx, maxy, "Anfangs-Geschwindigkeit (in m/s): %.2f", v );

    /*------- x- und y-Geschwindigkeit berechnen -------------------*/
    winkel = winkel/180*PI;
    xv = cos(winkel)*v;
    yv = sin(winkel)*v;

    /*------- Ball fliegen lassen ----------------------------------*/
    getroffen = 0;
    t=0;
    x = startx;
    y = starty;
    while (1) {
        delay(10);
        if (x>0 && x<=maxx && y>=5 && y<=starty)
            putimage( x-5, y, puffer2, COPY_PUT );
        x = (int)(startx+xv*t);
        y = (int)(starty+ (-yv*t +0.5*G*t*t));
        if ( y>starty ) {
            t = 0;
            startx = x;
            xv = xv/2;
            yv = yv/2;
        }
        if (x>0 && x<=maxx && y>=5 && y<=starty || (xv<EPSILON && yv<EPSILON))
            putimage( x-5, y, puffer1, COPY_PUT );
        KORB_MALEN;
        /*------- Pruefen, ob getroffen ----------------------------*/
        if ( abs(zielx-x)<=12 && abs(ziely-y)<=5 ) {
            delay(100);
            xv = 0;
```

```
                    startx = x;
                    setcolor( BLACK );
                    outtextxy( 50, 150, maxx, maxy, "Getroffen" );
                    getroffen = 1;
                }
                /*-------- Pruefen, ob Ball zur Ruhe gekommen; dann break ---------*/
                if ( (xv<EPSILON && yv<EPSILON) || x>=maxx ) {
                    if (!getroffen) {
                        setcolor( BLACK );
                        outtextxy( 50, 150, maxx, maxy, "Das war daneben" );
                    }
                    break;
                }
                t += 0.05;
            }
            outtextxy( 50, 200, maxx, maxy, "Noch einmal (j/n) ");
        } while ( getch() != Key_N );
        closegraph();
        return 0;
    }
```

Die Kochsche Schneeflocke

Mögliches Aussehen des Programms koch.c:

```
#include <graphics.h>
#include <ctype.h>
#include <time.h>
#include <stdlib.h>
#include <math.h>

int  main( int argc, char *argv[] )
{
    int i, farbe,
        t, n, m, p,
        maxy, mittex, mittey,
        startx, starty;
    double s, laenge=1, x, y;
    const double pi=4*atan(1);
    char loeschen, ausfuellen, farbig;
    char string[1000];
    int  polygon[ 100000 ];

    /*---- Graphik initialisieren ------------------------------------*/
    initgraph( 640, 480 );
    maxy   = getmaxy();
    mittex = getmaxx()/2;
    mittey = maxy/2;

    /*---- Programmerklaerung ausgeben -------------------------------*/
```

37 Lösungen zu den Übungen

```
   sprintf( string,
         "Die Kochsche Schneeflocke\n"
         "=========================\n\n"
         "Die Kochsche Schneflocke wird nach folgenden Regeln konstruiert:\n"
         "Zunächst nimmt man ein Dreieck mit Länge 1 fuer alle Seiten.\n"
         "Nun fügt man in der Mitte einer jeden Seite ein neues Dreieck\n"
         "hinzu, das in der Form identisch ist, aber nur ein Drittel so gross.\n"
         "Man erhält dann einen Davidstern mit 12 Seiten. Nun fügt man\n"
         "in der Mitte jeder dieser 12 Seiten wieder ein Dreieck hinzu,\n"
         "dessen Grösse wieder auf ein Drittel reduziert ist.\n"
         "Diesen Vorgang wiederholt man, bis keine Verkleinerung mehr\n"
         "möglich ist.\n\n"
         "Dieses Programm führt diese Iteration durch. Mit jedem Tastendruck\n"
         "werden neue auf ein Drittel reduzierte Dreiecke hinzugefügt.\n\n");
   outtextxy( 10, 10, getmaxx(), getmaxy(), string );
   getch();
   cleardevice( WHITE );
   farbig   = getcharacter( "Farben verwenden (j/n) ? " );
   loeschen = getcharacter( "Soll vorheriges Dreieck immer gelöscht werden (j/n)?" );
   ausfuellen = getcharacter( "Soll Dreieck ausgefüllt werden (j/n) ? " );

   /*---- Zufallszahlen-Generator initialisieren --------------------------*/
   srand( time(NULL) );

   /*---- Groesste y-Pixelzahl bestimmen, die nur 3er-Primfaktoren hat ----*/
   while ( laenge*4/3 <= maxy )
      laenge *= 3;
   laenge /= 3;

   /*---- Startpostion fuer das Zeichnen ermitteln ------------------------*/
   startx = (int)(mittex-laenge/2);
   starty = (int)(mittey+laenge/4);

   /*---- Kochsche Schneeflocke mit immer feinerer Granularitaet zeichnen --*/
   t = 0;
   while ( laenge >= 1 ) {
      farbe = ( tolower(farbig)=='j') ? rand()%getmaxcolor() : BLACK;
      setcolor( farbe );
      p = 0;
      x = startx;
      polygon[p++] = (int)x;
      y = starty;
      polygon[p++] = (int)y;
      for ( i=0 ; i<3 ; i++ ) {
         for ( n=0 ; n<=pow(4,t)-1 ; n++ ) {
            m = n;
            s = 0;
            while ( m>0 ) {
               switch ( m%4 ) {
                  case 1: s += 1.0/3; break;
```

```
                    case 2: s -= 1.0/3; break;
                }
                m /= 4;
            }
            x = x+cos(i*(-2.0*pi/3)+pi*s)*laenge;
            polygon[p++] = (int)x;
            y = y+sin(i*(-2.0*pi/3)+pi*s)*laenge;
            polygon[p++] = (int)y;
        }
    }
    if ( tolower(ausfuellen) == 'j' ) {
        setfillstyle( SOLID_FILL, farbe );
        fillpoly( p/2, polygon );
    } else {
        drawpoly( p/2, polygon );
    }
    laenge /= 3;
    t++;
    getch();
    if ( tolower(loeschen)=='j' && laenge>=1 )
        cleardevice( WHITE );
}
setcolor(getmaxcolor());
outtextxy(100, maxy-30, getmaxx(), getmaxy(), "Fertig !");
getch();
closegraph();
return 0;
}
```

Zeichnen und Füllen von Quadraten mit der Maus

Mögliches Aussehen des Programms `quadzeic.c`:

```
#include <graphics.h>
#include <stdlib.h>
#include <time.h>

int main( int argc, char *argv[] )
{
    int maxx, maxy,
        startx, starty, x, y, altx, alty;

    /*---- Graphik initialisieren ----------------------------------------*/
    initgraph( 640, 480 );
    setcolor( WHITE );
    setfillstyle( SOLID_FILL, BLACK );
    bar3d( 0, 0, maxx=getmaxx(), maxy=getmaxy(), 0 );

    /*---- Maus initialisieren -------------------------------------------*/
    mouse_setwindow(1, 1, maxx-1, maxy-1);
```

```c
    do {
        /*---- linke Maustaste bewirkt Zeichnen eines Quadrats ---------------*/
        if ( mouse_left() ) {
            setwritemode( XOR_PUT );
            setlinestyle( DASHED_LINE, 1 );
            setcolor( WHITE );
            mouse_getpos( &startx, &starty );
            altx = startx;
            alty = starty;
            rectangle( startx, starty, altx, alty );
            mouse_setcursor( blankCursor );
            while ( mouse_left() ) {
                mouse_getpos( &x, &y );
                if ( x!=altx || y!=alty ) {
                    rectangle( startx, starty, x, y );
                    rectangle( startx, starty, altx, alty );
                    altx = x;
                    alty = y;
                }
            }
            rectangle( startx, starty, altx, alty );
            setlinestyle( SOLID_LINE, 1 );
            setwritemode( COPY_PUT );
            rectangle( startx, starty, x, y );
        }

        mouse_setcursor( arrowCursor );
        /*---- rechte Maustaste bewirkt Fuellen eines Quadrats ---------------*/
        if ( mouse_right() ) {
            mouse_setcursor( blankCursor );
            setfillstyle(SOLID_FILL, rand()%getmaxcolor());
            bar3d( startx, starty, x, y, 0 );
            while ( mouse_right() )
                ;
        }
    } while (!kbhit());
    getch();
    closegraph();
    return 0;
}
```

37.22 Lösungen zu Kapitel 22
Klassisches Wahrscheinlichkeitsproblem
Mögliches Aussehen des Programms `demere.c`:

```c
#include <stdio.h>
#include <stdlib.h>
#include <time.h>
/*---------- simulation -------------------------------------------*/
void simulation(long sim_laeufe) {
   long int  ein_prozent=sim_laeufe/100,
             ein_sechs=0, zwei_sechs=0,
             i, j;
   for (i=1 ; i<=sim_laeufe ; i++) {
      for (j=1 ; j<=4 ; j++)   /*-- 4 mal mit einem Wuerfel wuerfeln --*/
         if (rand()%6==5) {
            ein_sechs++;
            break;
         }
      for (j=1 ; j<=24 ; j++)  /*-- 24 mal mit zwei Wuerfel wuerfeln --*/
         if (rand()%6==5 && rand()%6==5) {
            zwei_sechs++;
            break;
         }
      if (i%ein_prozent==0)
         fprintf(stderr, "\r......%ld%% der Simulationen durchgefuehrt",
                 i*100/sim_laeufe);
   }
   /*------- Durch Simulationen erhaltene Ergebnisse ausgeben --------------*/
   printf("\n\n\nDie durch Simulationen erhaltenen Wahrscheinlichkeiten sind:\n\n"
          "| Mind. eine Sechs in 4 Wuerfen | Mind. eine Doppelsechs in 24 Wuerfen |\n"
          "+-------------------------------+--------------------------------------+\n"
          "| %29.3f | %36.3f |\n",
          (float)ein_sechs/sim_laeufe, (float)zwei_sechs/sim_laeufe);
}
/*---------- main -------------------------------------------*/
int main(void) {
   long int  sim_laeufe;

   srand(time(NULL));
   /*------- Ausgabe einer kurzen Erklaerung -------------------------*/
   printf("Ein klassisches Wahrscheinlichkeitsproblem\n"
          "==========================================\n\n"
          "Der Spieler Antoine Gombaud Chevalier de Mere fragte eines Tages\n"
          "den franzoesischen Mathematiker und Philosophen Pascal, ob es\n"
          "wahrscheinlicher sei, mindestens eine 6 bei 4 Wuerfen mit einem\n"
          "Wuerfel oder mindestens eine Doppelsechs bei 24 Wuerfen mit 2 Wuerfeln\n"
          "zu erhalten.\n\n"
          "Dieses Programm beantwortet diese Frage, indem es diese beiden\n"
          "Wurfarten n mal simuliert.\n\n\n");
   printf("Wieviel Simulationen: ");
   scanf("%ld", &sim_laeufe);
   simulation(sim_laeufe);
}
```

Sparrate für ein bestimmtes Endguthaben

Mögliches Aussehen des Programms `sparrate.c`:

```c
#include <stdio.h>

/*-------------- Konstanten -----------------------------------------*/
#define EPSILON    0.001     /* Fehlerschranke f. Nullstellenberechnung */


/*-------------- guthaben -------------------------------------------*/
/* ermittelt Guthaben bei einer sparrate von x nach n Jahren */
double guthaben(long laufzeit, double sparrate, double zinssatz) {
   long     i;
   double   kapital=0;

   for (i=1; i<=laufzeit; i++)
      kapital = (kapital + sparrate) * (1 + zinssatz/100);
   return(kapital);
}
/*-------------- f --------------------------------------------------*/
/* Quasi math. Funktion f, fuer die Nullstelle ermittelt wird */
double f(long laufzeit, long sparziel, double rate, double zinssatz) {
                                         /* >0: Rate zu hoch */
   return( guthaben(laufzeit,rate,zinssatz) - sparziel );/* <0: Rate zu niedrig */
}
/*-------------- nullstelle -----------------------------------------*/
double nullstelle(double x_min, double x_max, long laufzeit,
                  long sparziel, double zinssatz) {
   double   mitte, y_min, y_mitte;
   do {
      mitte   = (x_max + x_min) / 2;
      y_min   = f(laufzeit, sparziel, x_min, zinssatz);
      y_mitte = f(laufzeit, sparziel, mitte, zinssatz);
      if (y_min * y_mitte > 0)
         x_min=mitte;
      else
         x_max=mitte;
   } while ((x_max-x_min) >= EPSILON );

   return((x_min + x_max) / 2);
}
/*-------------- wert_einlesen --------------------------------------*/
/* Eingabefunktion für long int-Werte */
/* str: String, der den Namen des Werte enthaelt */
long wert_einlesen(char* str) {
   long    wert;

   printf("Bitte %s eingeben: ",str);
   scanf("%ld", &wert);
   return(wert);
}
```

37.22 Lösungen zu Kapitel 22

```
/*-------------- main --------------------------------------------------*/
int  main(void) {
  long    anfangsjahr, endjahr, endguthaben, laufzeit;
  double  zinssatz, proberate, sparrate;

  printf("Ratenrechnung bei vorgegebener Spardauer & Endguthaben\n"
         "============================================================\n\n");
  anfangsjahr = wert_einlesen("Anfangsjahr");
  endjahr     = wert_einlesen("Endjahr");
  endguthaben = wert_einlesen("Endguthaben (ganzzahlig)");
  printf("Bitte Zinssatz eingeben: ");
  scanf("%lf", &zinssatz);

  laufzeit  = endjahr-anfangsjahr;
  proberate = (double)endguthaben/laufzeit; /* absolutes Max., da selbst bei */
                    /* einem Zinssatz von 0% Sparziel nach Laufzeit erreicht */

  sparrate = nullstelle(1, proberate, laufzeit, endguthaben, zinssatz);

  printf("\n\nJaehrliche Sparrate: %.2f!\n\n", sparrate + 0.005);
  return(0);
}
```

Zeiten-Taschenrechner

Mögliches Aussehen des Programms `zeitrech.c`:

```
#include <stdio.h>

#define bool    unsigned char
#define TRUE    1
#define FALSE   0


/*-------------- add ---------------------------------------------------*/
void add(unsigned std1, unsigned min1, unsigned sek1,
         unsigned std2, unsigned min2, unsigned sek2) {
  unsigned int zeit1, zeit2, sum;
  unsigned int std, min, sek, tag;
  zeit1 = std1*3600 + min1*60+ sek1;
  zeit2 = std2*3600 + min2*60+ sek2;
  if ( ( sum = zeit1 + zeit2 ) >= 86400 ) {
    tag  = 1;
    sum -= 86400;
  }
  std = sum / 3600;
  min = (sum % 3600) / 60;
  sek = (sum % 3600) % 60;
  printf("\n%02d:%02d:%02d + %02d:%02d:%02d",
          std1, min1, sek1, std2, min2, sek2);
  printf(" = %s%02d:%02d:%02d\n", tag > 0 ? "1 Tag " : "", std, min, sek );
```

```c
}
/*-------------- sub ---------------------------------------------*/
void sub(unsigned std1, unsigned min1, unsigned sek1,
         unsigned std2, unsigned min2, unsigned sek2) {
   unsigned int zeit1, zeit2;
   unsigned int std, min, sek, negativ=FALSE;
   int          diff;
   zeit1 = std1*3600 + min1*60+ sek1;
   zeit2 = std2*3600 + min2*60+ sek2;
   if ( ( diff = zeit1 - zeit2 ) < 0 ) {
      diff = 86400 - zeit2 + zeit1;
      negativ = TRUE;
   }
   std = diff / 3600;
   min = (diff % 3600) / 60;
   sek = (diff % 3600) % 60;
   printf("\n%02d:%02d:%02d - %02d:%02d:%02d",
          std1, min1, sek1, std2, min2, sek2);
   printf(" = %s%02d:%02d:%02d\n", negativ ? "-" : "", std, min, sek );
}
/*-------------- main --------------------------------------------*/
int  main(void) {
   unsigned int   std1=0, min1=0, sek1=0;      /* 1. Uhrzeit */
   unsigned int   std2=0, min2=0, sek2=0;      /* 2. Uhrzeit */
   unsigned char  op;           /* gewaehlte Operation */
   bool   fehler;               /* Eingabefehler */

   printf("Taschenrechner fuer Uhrzeiten\n");
   printf("=============================\n");
   do {
      printf("\nBitte Startzeit eingeben (hh:mm:ss): ");
      scanf("%d:%d:%d", &std1, &min1, &sek1);
   } while ((std1 > 24 ) || (min1 > 60) || (sek1 > 60));
   do {
      printf("Bitte 2. Zeit eingeben (hh:mm:ss): ");
      getchar();
      scanf("%d:%d:%d", &std2, &min2, &sek2);
   } while ((std2 > 24 ) || (min2 > 60) || (sek2 > 60));
   getchar();
   do {
      fehler = FALSE;      /* Default: kein Eingabefehler*/
      printf("Bitte Operation eingeben (+/-): ");
      scanf("%c", &op);
      switch (op) {
         case '+':
            add(std1, min1, sek1, std2, min2, sek2);
            break;
         case '-':
            sub(std1, min1, sek1, std2, min2, sek2);
            break;
```

```
            default:
                printf("Falsche Eingabe!!\n");
                fehler= TRUE;
                break;
        }
    } while(fehler == TRUE);
    return(0);
}
```

Maximum aus vielen Zahlen

Mögliches Aussehen des Programms `vielmax.c`:

```
#include   <stdio.h>
#include   <stdarg.h>

/*-------------- vielmax ---------------------------------------------*/
int vielmax(int zahl1,...)
{
    va_list   arg_zeiger;
    int       max, zahl;

    max = zahl1;
    va_start(arg_zeiger, zahl1);
    while ((zahl=va_arg(arg_zeiger, int)) != 0)
        max = zahl > max? zahl: max;
    va_end(arg_zeiger);

    return(max);
}

/*-------------- main ------------------------------------------------*/
int  main(void)
{
    int   max;

    printf("Testprogramm fuer Funktion vielmax()\n");
    printf("====================================\n\n");

    max = vielmax(12, 17, 3, 6, 24, 8, 0);
    printf("Das Maximum der Zahlen 12, 17, 3, 6, 24, 8 ist: %d", max);

    max = vielmax(105, 77, 3, 54, 0);
    printf("\nDas Maximum der Zahlen 105, 77, 3, 54 ist: %d\n", max);
    return(0);
}
```

Zeichnen von Polygonen

Mögliches Aussehen des Programms `polydraw.c`:

```c
#include <stdio.h>
#include <graphics.h>
#include <stdarg.h>
/*-------------- poly_zeichnen -------------------------------------------*/
void poly_zeichnen(int x_start, int y_start, ...) {
  va_list  arg_zeiger;
  int      x=x_start, y=y_start;

  va_start(arg_zeiger, y_start);
  moveto(x, y);
  while (1) {
     if ( (x=va_arg(arg_zeiger, int)) < 0 || (y=va_arg(arg_zeiger, int)) < 0)
        break;
     lineto(x, y);
  }
  va_end(arg_zeiger);
}
/*-------------- main ----------------------------------------------------*/
int  main( int argc, char *argv[] ) {
  initgraph( 640, 480 );
  settextstyle( "Times", 24 );
  outtextxy( 10, 10, getmaxx(), getmaxy(),
             "Testprogramm fuer Funktion poly_zeichnen()\n"
             "==========================================\n\n"
             "Zwei Polygone:\n"
             "   1. Polygon: 10,10 - 100,250 - 250,50 - 20,400 - 150,70\n"
             "   2. Polygon: 300,300 - 350,200 - 250,150 - 300,300\n\n\n"
             "Weiter mit beliebiger Taste...\n");
  getch();
  cleardevice( WHITE );
  poly_zeichnen(10, 10, 100, 250, 250, 50, 20, 400, 150, 70, -1);
  poly_zeichnen(300, 300, 350, 200, 250, 150, 300, 300, -1);
  getch();
  closegraph();
  return(0);
}
```

Größter gemeinsamer Teiler

Mögliches Aussehen des Programms `ggtrekur.c`:

```c
#include <stdio.h>
unsigned long  ggt(unsigned long n, unsigned long m) {
   return( (m==0) ? n : ggt(m, n%m) );
}
int  main(void) {
   unsigned long   zahl, ggteiler;
   int      i=2;
   printf("Groesster gemeinsamer Teiler\n"
          "============================\n\n");
```

```c
   printf("Gib nicht-negative ganze Zahlen ein (Ende=0)\n");
   printf("    1. Zahl: "); scanf("%lu", &ggteiler);
   printf("    2. Zahl: "); scanf("%lu", &zahl);
   ggteiler = ggt(ggteiler, zahl);
   while (1) {
      printf("  %2d. Zahl: ", ++i); scanf("%lu", &zahl);
      if (zahl==0)
         break;
      ggteiler = ggt(ggteiler, zahl);
   }
   printf("        =====> ggt = %lu\n", ggteiler);
   return(0);
}
```

Rekursives Umwandeln einer Dezimalzahl in Dualzahl

Mögliches Aussehen des Programms `dualwand.c`:

```c
#include <stdio.h>
void wandel(unsigned long zahl) {
   if (zahl!=0) {
      wandel(zahl/2);
      printf("%ld", zahl%2);
   }
}
int main(void) {
   unsigned long zahl;
   printf("Gib eine Dezimalzahl ein: "); scanf("%lu", &zahl);
   wandel(zahl); printf("\n");
   return(0);
}
```

L-Systeme (Pflanze1)

Mögliches Aussehen des Programms `pflanze1.c`:

```c
#include <stdio.h>
#include <math.h>
#include <graphics.h>
/*---------- Makros fuer die Symbole der Produktionsregeln ---------------*/
#define  F   f(t-1);                                          /* F */
#define  M   phi=phi-delta;                                   /* - */
#define  P   phi=phi+delta;                                   /* + */
#define  A_  altx=x; alty=y; altphi=phi;                      /* [ */
#define  _Z  x=altx,y=alty,moveto((int)x,(int)y); phi=altphi; /* ] */
/*---------- Makros, die Zeichen-Regeln beschreiben --------------------*/
#define ANFWINKEL     90      /* Winkel zum Zeichnen der ersten Gerade */
#define DREHWINKEL    22.5    /* Drehwinkel (Schrittweite) */
#define LFAKTOR       0.5     /* Verkleinerungsfaktor fuer Laenge bei Rekursion */
#define STARTX        getmaxx()/2    /* x-Koordinate zu Beginn */
#define STARTY        getmaxy()      /* y-Koordinate zu Beginn */
```

37 Lösungen zu den Übungen

```
#define STARTLAENGE    getmaxy()/4  /* Ausgangslaenge fuer das Zeichnen */
#define REKTIEFE       6   /* Rekursionstiefe */

double x, y, laenge, phi, delta;  /* Globale Variablen */
void   f(int t);
/*---------- main -------------------------------------------------*/
int main( int argc, char *argv[] ) {
   const double  PI=4*atan(1);
   int    t;
   delta = (DREHWINKEL*PI)/180;  /*---- Umrechnen Winkel in Bogenmass */
   initgraph( 640, 480 );
   laenge = STARTLAENGE;
   for (t=1; t<=REKTIEFE; t++) {
      cleardevice( LIGHTBLUE );
      phi = (ANFWINKEL*PI)/180;   /*---- Umrechnen Winkel in Bogenmass */
      x=STARTX;
      y=STARTY;
      moveto( (int)x, (int)y );
      f(t);
      laenge *= LFAKTOR;
      getch();
   }
   closegraph();
   return(0);
}
/*---------- f ----------------------------------------------------*/
void f(int t) {
   double  altx, alty, altphi;

   if (t>1) {
      F F   M   A_ M F P F P F _Z    P A_ P F M F M F _Z
   } else {
      x += laenge*cos(-phi);
      y += laenge*sin(-phi);
      lineto( (int)x, (int)y );
   }
}
```

L-Systeme (Koch-Kurve)

Mögliches Aussehen des Programms `koch.c`:

```
#include <stdio.h>
#include <math.h>
#include <graphics.h>
/*---------- Makros fuer die Symbole der Produktionsregeln ---------*/
#define  F    f(t-1);                              /* F */
#define  M    phi=phi-delta;                       /* - */
#define  P    phi=phi+delta;                       /* + */
/*---------- Makros, die Zeichen-Regeln beschreiben ----------------*/
```

```c
#define ANFWINKEL      0        /* Winkel zum Zeichnen der ersten Gerade */
#define DREHWINKEL     60       /* Drehwinkel (Schrittweite) */
#define LFAKTOR        (1.0/3)            /* Verkleinerungsfaktor fuer Laenge bei Rekursion */
#define STARTX         (getmaxx()/2-STARTLAENGE/2)    /* x-Koordinate zu Beginn */
#define STARTY         (getmaxy()/2+STARTLAENGE/3)    /* y-Koordinate zu Beginn */
#define STARTLAENGE    getmaxy()*0.75  /* Ausgangslaenge fuer das Zeichnen */
#define REKTIEFE       7        /* Rekursionstiefe */

double x, y, laenge, phi, delta;
void f(int t);
/*---------- main -----------------------------------------------------*/
int main(int argc, char *argv[] ) {
   const double  PI=4*atan(1);
   int           t, i;
   delta = (DREHWINKEL*PI)/180;  /*---- Umrechnen Winkel in Bogenmass */
   initgraph( 640, 480 );
   laenge = STARTLAENGE;
   for (t=1; t<=REKTIEFE; t++) {
      cleardevice( WHITE );
      phi = (ANFWINKEL*PI)/180;    /*---- Umrechnen Winkel in Bogenmass */
      x=STARTX;
      y=STARTY;
      moveto( (int)x, (int)y );
      for (i=1; i<=3; i++) {
         f(t);
         P P
      }
      laenge *= LFAKTOR;
      getch();
   }
   closegraph();
   return(0);
}
/*---------- f -----------------------------------------------------*/
void f(int t) {
   if (t>1) {
      F  M  F  P  P  F  M  F
   } else {
      x += laenge*cos(-phi);
      y += laenge*sin(-phi);
      lineto( (int)x, (int)y );
   }
}
```

37.23 Lösungen zu Kapitel 23

Ausgabe des Programms block3.c

Ausgabe durch das Programm `block3.c`:

```
i=1
i=2
i=3
i=3
i=1
```

Ausgabe des Programms speikla1.c

Ausgabe durch das Programm `speikla1.c`:

```
i = 5
i = 2
i = 5
i = 0
i = 5
```

Konstante Zeiger und Zeiger auf Konstanten

Erlaubte und unerlaubte Anweisungen im Programm `constzei.c`:

```c
#include <stdio.h>

int main(void)
{
    const double pi=3.14;
    double *dz;
    int var=100;
    int *const cz=&var;
    const int* zc=&var;
    const int* const czc=&var;

    pi = 6.2;      /* nicht erlaubt, pi ist const.         */
    dz = &pi;
    *dz = 6.2;     /* erlaubt, dz zeigt auf kein konst. Objekt */

    *cz = 50;      /* erlaubt,      cz zeigt auf Variable  */
    cz = zc;       /* nicht erlaubt, cz ist const. Zeiger   */
    *zc = 500;     /* nicht erlaubt, zc zeigt auf Konst.    */
    zc = cz;       /* erlaubt,      zc ist var. Zeiger     */
    *czc = 5000;   /* nicht erlaubt, czc zeigt auf Konst.   */
    czc = zc;      /* nicht erlaubt, czc ist konst. Zeiger  */
    return(0);
}
```

Turingmaschine zur binären Addition von 1

Der zu dieser Aufgabenstellung gehörige Zustandgraph könnte z. B. das in Abbildung 37.1 gezeigte Aussehen haben.
Mögliches Aussehen des Programms `adturing.c`:

37.23 Lösungen zu Kapitel 23

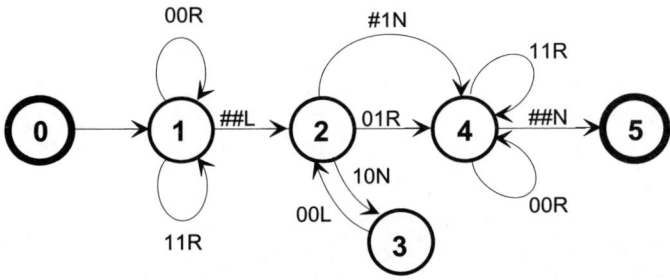

Abbildung 37.1: Zustandsgraph für eine binäre Addition auf einer Turingmaschine

```
#include  <stdio.h>
#include  "bildschi.h"
#include  "fehler.h"
#include  "turing.h"
/*------- Konstanten-Definitionen ----------------------------------------*/
#define   RECHTS   +1
#define   LINKS    -1
#define   NICHTS    0
/*------- Modulglobale Variablen (nur innerhalb dieses Moduls verfuegbar) ---*/
static int    zustand=0;         /*-- aktueller Zustand                    */
static char   eingabe_zeichen;   /*-- zuletzt gelesenes Zeichen            */
static int    alt_kopfpos=0;     /*-- Alte Position des Lese-/Schreibkopfes */
static int    neu_kopfpos=0;     /*-- Neue Position des Lese-/Schreibkopfes */
/*------------- regel ----------------------------------------------------*/
static int regel(int ausgab_zeich, int richtung, int neu_zustand) {
    int rueckgabe;
    neu_kopfpos += richtung;
    rueckgabe = bildschirm_bewege_kopf(alt_kopfpos, neu_kopfpos,
                                 ausgab_zeich, &eingabe_zeichen,
                                 zustand, neu_zustand);
    alt_kopfpos = neu_kopfpos;
    zustand = neu_zustand;
    return(rueckgabe);
}
/*------------- erlaubtes_zeichen ----------------------------------------*/
boolean  erlaubtes_zeichen(char zeichen) {
   return (zeichen=='0' || zeichen=='1' || zeichen=='#' || zeichen==' ');
}
/*------------- turing_regeln --------------------------------------------*/
int  turing_regeln(void) {
    if (eingabe_zeichen==' ')   /* Leerzeichen und # sind identisch */
        eingabe_zeichen='#';
    switch (zustand) {
       case  0:
          zustand=1;
          return ( (einaus_init(&eingabe_zeichen)==TRUE) ? OK : FEHLER );
```

```
        case 1:
            if (eingabe_zeichen=='0')
                return (regel('0', RECHTS, 1));    /*  100R1 */
            else if (eingabe_zeichen=='1')
                return (regel('1', RECHTS, 1));    /*  111R1 */
            else if (eingabe_zeichen=='#')
                return (regel('#', LINKS, 2));     /*  1##L2 */
            else
                return(FEHLER);
        case 2:
            if (eingabe_zeichen=='0')
                return (regel('1', RECHTS, 4));    /*  201R4 */
            if (eingabe_zeichen=='#')
                return (regel('1', NICHTS, 4));    /*  2#1N4 */
            if (eingabe_zeichen=='1')
                return (regel('0', NICHTS, 3));    /*  210N3 */
            else
                return(FEHLER);
        case 3:
            if (eingabe_zeichen=='0')
                return (regel('0', LINKS, 2));     /*  300L2 */
            else
                return(FEHLER);
        case 4:
            if (eingabe_zeichen=='0')
                return (regel('0', RECHTS, 4));    /*  400R4 */
            if (eingabe_zeichen=='1')
                return (regel('1', RECHTS, 4));    /*  411R4 */
            if (eingabe_zeichen=='#')
                return (regel('#', NICHTS, 5));    /*  2##N5 */
            else
                return(FEHLER);
        case 5:
            return(FERTIG);
        default:
            fehler_meld(".....Unerlaubter Zustand %d in turing_regeln...", zustand);
            return(FEHLER);
    }
}
```

Mögliches Aussehen des Programms `dualaddi.c`:

```
#include <stdio.h>
#include <graphics.h>
#include "turing.h"

int main( int argc, char *argv[] ) {
    int  turing_rueckgabe;
    char string[100];
    initgraph( 640, 480 );
    /*---- Simulation der Turingmaschine -------------------------------*/
```

```
      while ( (turing_rueckgabe=turing_regeln()) == OK)
         ;
      /*---- Ausgabe, ob Band akzeptiert wird oder nicht ----------------*/
      if (turing_rueckgabe == FERTIG)
         sprintf(string, "---> Bandinschrift akzeptiert\n");
      else
         sprintf(string, "---> Bandinschrift nicht akzeptiert\n");
      outtextxy( 300, 400, getmaxx(), getmaxy(), string );
      getch();
      closegraph();
      return(0);
}
```

37.24 Lösungen zu Kapitel 24

Ausgeben der Konstanten aus limits.h und float.h

Mögliches Aussehen des Programms `limits.c`:

```
#include <stdio.h>
#include <limits.h>

#define AUSGABE(k,fmt)   printf("%30s = "fmt"\n", #k, k)

int main(void)
{
   AUSGABE(CHAR_BIT,"%d");
   AUSGABE(SCHAR_MIN,"%d");
   AUSGABE(SCHAR_MAX,"%d");
   AUSGABE(UCHAR_MAX,"%d");
   AUSGABE(CHAR_MIN,"%d");
   AUSGABE(CHAR_MAX,"%d");
   AUSGABE(MB_LEN_MAX,"%d");
   AUSGABE(SHRT_MIN,"%d");
   AUSGABE(SHRT_MAX,"%d");
   AUSGABE(USHRT_MAX,"%u");
   AUSGABE(INT_MIN,"%d");
   AUSGABE(INT_MAX,"%d");
   AUSGABE(UINT_MAX,"%u");
   AUSGABE(LONG_MIN,"%ld");
   AUSGABE(LONG_MAX,"%ld");
   AUSGABE(ULONG_MAX,"%lu");
   return(0);
}
```

Mögliches Aussehen des Programms `float.c`:

```
#include <stdio.h>
#include <float.h>

#define AUSGABE(k,fmt)   printf("%30s = "fmt"\n", #k, k)
```

```c
int main(void)
{
    AUSGABE(FLT_RADIX, "%d");

    AUSGABE(FLT_DIG, "%d");
    AUSGABE(DBL_DIG, "%d");
    AUSGABE(LDBL_DIG, "%d");

    AUSGABE(FLT_MANT_DIG, "%d");
    AUSGABE(DBL_MANT_DIG, "%d");
    AUSGABE(LDBL_MANT_DIG, "%d");

    AUSGABE(FLT_MIN_EXP, "%d");
    AUSGABE(DBL_MIN_EXP, "%d");
    AUSGABE(LDBL_MIN_EXP, "%d");

    AUSGABE(FLT_MIN_10_EXP, "%d");
    AUSGABE(DBL_MIN_10_EXP, "%d");
    AUSGABE(LDBL_MIN_10_EXP, "%d");

    AUSGABE(FLT_MAX_EXP, "%d");
    AUSGABE(DBL_MAX_EXP, "%d");
    AUSGABE(LDBL_MAX_EXP, "%d");

    AUSGABE(FLT_MAX_10_EXP, "%d");
    AUSGABE(DBL_MAX_10_EXP, "%d");
    AUSGABE(LDBL_MAX_10_EXP, "%d");

    AUSGABE(FLT_MIN, "%.8g");
    AUSGABE(DBL_MIN, "%.16lg");
    AUSGABE(LDBL_MIN, "%.20Lg");

    AUSGABE(FLT_MAX, "%.8g");
    AUSGABE(DBL_MAX, "%.16lg");
    AUSGABE(LDBL_MAX, "%.20Lg");

    AUSGABE(FLT_EPSILON, "%.8g");
    AUSGABE(DBL_EPSILON, "%.16lg");
    AUSGABE(LDBL_EPSILON, "%.20Lg");

    AUSGABE(FLT_ROUNDS, "%d");
    return(0);
}
```

37.25 Lösungen zu Kapitel 25

Amnestie bei Dodon, den Märchenkönig

Mögliches Aussehen des Programms dodon.c:

```c
#include <stdio.h>

#define MAX_ZELLEN 10000
#define OFFEN      1
#define ZU         !OFFEN
int main(void) {
   int   i, j, x, z=0;
   unsigned char  zelle[MAX_ZELLEN+1];
   printf("Amnestie bei Dodon, dem Maerchenkoenig\n"
          "=======================================\n\n"
          "Dodon, der Märchenkoenig, nahm bei einem Feldzug x Feinde gefangen,\n"
          "die er in x Einzelzellen steckte. An seinem Geburtstag sollten einige\n"
          "freigelassen werden, und zwar nach einem ganz eigenartigen Verfahren\n"
          "(vom Hofmathematiker ausgedacht): Dieses Verfahren arbeitet mit\n"
          "mehreren Durchgaengen, wobei in jedem Durchgang fuer jede betroffene\n"
          "Zellentuer folgender Zustandswechsel durchgefuehrt wird:\n"
          "  - Ist entspr. Tuer zum Zeitpunkt offen, wird sie geschlossen bzw.\n"
          "  - Ist entspr. Tuer zum Zeitpunkt geschlossen, wird sie geoeffnet.\n"
          "Zunaechst sind alle Zellentueren geschlossen.\n"
          "1) Im 1.Durchgang ist dann jede Tuer von einem Zustandswechsel\n"
          "   betroffen, was heisst, da zu diesem Zeitpunkt alle Tueren\n"
          "   geschlossen sind, dass nun alle Tueren geoeffnet werden.\n"
          "2) Im 2.Durchgang ist dann nur jede zweite Tuer von einem\n"
          "   Zustandswechsel betroffen.\n"
          "3) Im 3.Durchgang ist dann nur jede dritte Tuer von einem\n"
          "   Zustandswechsel betroffen.\n"
          "Und so geht es im 4.ten, 5.ten, ... bis zum x.ten Durchgang weiter.\n\n"
          "Dieses Programm beantwortet nun die Frage, welche Zellentueren offen-\n"
          "standen, als der Geburtstag des Koenigs anbrach\n\n");
   do {      /*----- Anzahl der Gefangenen einlesen ------------------------*/
      printf("Wieviele Gefangene (mind. 1; max %d): ", MAX_ZELLEN);
      scanf("%d", &x);
   } while (x<1 || x>MAX_ZELLEN);
   for (i=1 ; i<=x ; i++)   /*----- Alle Zellentueren schliessen -----------*/
      zelle[i]=ZU;
   for (i=1 ; i<=x ; i++)   /*----- Durchgaenge des Oeffnens/Schliessen ----*/
      for (j=i ; j<=x ; j+=i)
         zelle[j]=!zelle[j];
   printf("\n\nDie Zellen mit folgenden Nummern sind danach geoeffnet:\n");
   for (i=1 ; i<=x ; i++)   /*----- Ausgabe der offenen Zellen -------------*/
      if (zelle[i]==OFFEN) {
         printf("%8d", i);
         if (++z%10 == 0)
            printf("\n");
      }
```

```
        printf("\n");
        return(0);
}
```

Wachsen von Strichen

Mögliches Aussehen des Programms `wachsen.c`:

```
#include <stdio.h>
#include <stdlib.h>
#include <time.h>
#include <graphics.h>
int  main( int argc, char *argv[] ) {
    int  f, x, z=0, p[640];
    initgraph( 640, 480 );
    srand(time(NULL));
    clearviewport( LIGHTBLUE );
    f=rand()%getmaxcolor()+1;
    for (x=0;x<getmaxx();x++)
        p[x] = getmaxy();
    do {
        x=rand()%getmaxx();
        putpixel(x, p[x], f);
        if ( (p[x] -= 1) < 0 ) {
            p[x] = getmaxy();
            setcolor(BLACK);
            line( x, 0, x, getmaxy());
        }
        if (++z==25000) {
            z = 0;
            f = rand()%getmaxcolor()+1;
        }
    } while(!kbhit());
    closegraph();
    return(0);
}
```

Game of Life (Beispiel für zellulare Automaten)

Mögliches Aussehen des Programms `life.c`:

```
#include <stdio.h>
#include <ctype.h>
#include <stdlib.h>
#include <graphics.h>
#include <time.h>

#define MAXX  800
#define MAXY  600

int  pers, zeil, spal, faktz, fakts, maxx, maxy;
```

37.25 Lösungen zu Kapitel 25

```c
int    altGen [MAXX+2][MAXY+2],
       neuGen [MAXX+2][MAXY+2];

void   initialisiere(void);
void   spiele(void);
/*---------------- main ----------------------------------*/
int main( int argc, char *argv[] ) {
   initgraph( MAXX, MAXY );
   initialisiere();
   spiele();
   closegraph();
   return(0);
}
/*---------------- initialisiere ---------------------------*/
void initialisiere(void) {
   int  i, j, x, y, xk, yk;
   char string[100], zeich;

   srand(time(NULL));
   for (j=0; j<=MAXX+1; j++)
      for (i=0; i<=MAXY+1; i++)
         altGen[i][j] = 2 ;
         neuGen[i][j] = 0;
   do {
      sprintf( string, "Spielfeldgröße; Zeilen (1,%d): ", MAXY/6);
      zeil = getint( string );
   } while (zeil<1 || zeil>MAXY/6);
   do {
      sprintf( string, "Spalten(1,%d): ", MAXX/8);
      spal = getint( string );
   } while (spal<1 || spal>MAXX/8);

   faktz = MAXY/zeil;
   fakts = MAXX/spal;

   setcolor( WHITE );
   setfillstyle( SOLID_FILL, LIGHTGRAY );
   setlinestyle( SOLID_LINE, 2 );
   bar3d( 0, 0, fakts*spal, faktz*zeil, 0 );

   zeich = getcharacter("Möchten Sie Anfangsverteilung eingeben (j/n): ");
   if ( tolower(zeich) != 'j') {
      do {
         sprintf(string, "Anzahl der Personen (1,%d): ", zeil*spal);
         pers = getint( string );
      } while (pers<1 || zeil*spal<pers);
      do {                    /* Zufaellige Verteilung */
         while (neuGen[x=rand()%spal][y=rand()%zeil] == 1)
            ;
         neuGen[x][y] = 1;
```

```
            } while (--pers>=1);
        } else {
            outtextxy( 10, 10, getmaxx(), getmaxy(),
                    "Mit der Maus kannst Du nun die Leben setzen/loeschen\n"
                    "Abbruch des Setzens mit einer beliebigen Taste......." );
            getch();

            for (j=0; j<spal; j++)
                for (i=0; i<zeil; i++)
                    bar3d( j*fakts, i*faktz, (j+1)*fakts, (i+1)*faktz, 0 );
            do {
                if (mouse_left() || mouse_right()) {
                    mouse_getpos(&x, &y);
                    xk = x/fakts;
                    yk = y/faktz;
                    if (xk>=0 && xk<spal && yk>=0 && yk<zeil) {
                        mouse_hide();
                        if (neuGen[xk][yk] == 0 && getpixel(x,y) == LIGHTGRAY) {
                            setfillstyle(SOLID_FILL, BLUE);
                            neuGen[xk][yk] = 1;
                        } else if (neuGen[xk][yk] == 1 && getpixel(x,y) == BLUE) {
                            setfillstyle(SOLID_FILL, LIGHTGRAY);
                            neuGen[xk][yk] = 0;
                        }
                        bar3d( xk*fakts, yk*faktz, (xk+1)*fakts, (yk+1)*faktz, 0 );
                        while (mouse_left() || mouse_right())
                            ;
                        mouse_show();
                    }
                }
            } while (!kbhit());
            getch();
            mouse_hide();
        }
}
/*---------------- spiele ----------------------------------*/
void spiele(void) {
    int  x, y;
    do {
        for ( x=0; x<spal; x++ )
            for ( y=0; y<zeil; y++ )
                if ( altGen[x][y] != neuGen[x][y] ) {
                    setfillstyle(SOLID_FILL, (neuGen[x][y] == 1) ? BLUE : LIGHTGRAY );
                    bar3d( x*fakts, y*faktz, (x+1)*fakts, (y+1)*faktz, 0 );
                    altGen[x][y] = neuGen[x][y];
                }
        for ( x=0; x<spal; x++ )
            for ( y=0; y<zeil; y++ ) {
                int l = (x-1) < 0      ? spal-1 : x-1;
                int r = (x+1) >= spal ? 0       : x+1;
```

```
                    int o = (y-1) < 0     ? zeil-1 : y-1;
                    int u = (y+1) >= zeil ? 0       : y+1;
                    int sum = altGen[l][o] + altGen[l][y] + altGen[l][u] +
                              altGen[x][u] + altGen[r][u] + altGen[r][y] +
                              altGen[r][o] + altGen[x][o];

                if ( sum < 2 || sum > 3 )
                    neuGen[x][y] = 0;
                else if ( sum == 3 )
                    neuGen[x][y] = 1;
                else
                    neuGen[x][y] = altGen[x][y];
            }
    } while (!kbhit());
    getch();
}
```

Spiegeln eines Arrays

Mögliches Aussehen des Programms `spiegel.c`:

```
#include <stdio.h>
#include <stdlib.h>
#include <time.h>

#define MIN   10
#define MAX   50

void ausgabe(char array[], int n, int von, int bis);
void iterativ_spiegeln(char array[], int von, int bis);
void rekursiv_spiegeln(char array[], int von, int bis, int aktuell);

int main(void) {
  char  array[MAX+1];
  int   i, groesse, von, bis;
  printf("\n\n\nSpiegelung eines (Teil-)Arrays\n"
         "==============================\n\n");
  srand(time(NULL));
  groesse = rand()%(MAX-MIN)+MIN;
  for (i=1; i<=groesse; i++)
     array[i] = 'a'+rand()%26;
  von = rand()%groesse+1;
  while ( (bis=rand()%groesse+1) < von )
     ;
  ausgabe(array, groesse, von, bis);
  printf("\nSpiegelung erfolgt von %d bis %d:\n", von, bis);
  iterativ_spiegeln(array, von, bis);
  ausgabe(array, groesse, von, bis);
  rekursiv_spiegeln(array, von, bis, von);
  ausgabe(array, groesse, von, bis);
```

```c
        return(0);
}
void  ausgabe(char array[], int n, int von, int bis) {
  int  i;
  printf("  |");
  for (i=1; i<=n; i++) {
      if (i==von)
          printf(" ");
      printf("%c", array[i]);
      if (i==bis)
          printf(" ");
  }
  printf("|\n");
}
void  iterativ_spiegeln(char array[], int von, int bis) {
  int   i;
  char  h;
  if (von < bis)
      for (i=von; i<=(von+bis)/2; i++) {
          h                  = array[i];
          array[i]           = array[bis-(i-von)];
          array[bis-(i-von)] = h;
      }
}
void  rekursiv_spiegeln(char array[], int von, int bis, int aktuell) {
  char  h;
  if (aktuell <= bis) {
      h = array[aktuell];
      rekursiv_spiegeln(array, von, bis, aktuell+1);
      array[bis-(aktuell-von)] = h;
  }
}
```

Folgen von Nullen und Einsen

Mögliches Aussehen des Programms `nulleins.c`:

```c
#include   <stdio.h>
#include   <stdlib.h>
#include   <time.h>

int  generiere_neue_folge(int len, int folge[]);
/*----------------------------------------------------------------- main -----*/
int  main(void) {
  int  folge[1001];
  int  i, laenge;
  do {
      printf("Länge der 0/1-Folge (max. 1000): ");
      scanf("%d", &laenge);
  } while (laenge<0 || laenge>1000);
```

```c
    srand(time(NULL));
    for (i=1; i<=laenge; i++)
        folge[i] = rand()%2;
    for (i=1; i<=laenge; i++)
        printf("%d", folge[i]);
    printf("\n");
    while (laenge > 1) {
        laenge = generiere_neue_folge(laenge, folge);
        for (i=1; i<=laenge; i++)
            printf("%d", folge[i]);
        printf("\n");
    }
    return(0);
}
/*------------------------------------------------- generiere_neue_folge -----*/
int generiere_neue_folge(int len, int folge[]) {
    int   i, j;
    for (i=1,j=1; i<len; i+=2,j++)
        folge[j] = !(folge[i] == folge[i+1]);
    if (i == len)
        folge[j] = folge[len];
    else
        j--;
    return(j);
}
```

Streichen aller Vorkommen eines Zeichens aus einem String

Mögliches Aussehen des Programms bucstrei.c:

```c
#include <stdio.h>
#include <ctype.h>

#define LAENGE 1000      /* maximale Laenge der eingegebenen Zeichenkette  */

void loesch(char kette[], char zeich) {
    int   i, j;
    for (i=0,j=0 ; kette[i] != '\0' ; i++)
        if (tolower(kette[i]) != tolower(zeich))
            kette[j++]=kette[i];
    kette[j]='\0';
}
int main(void) {
    char  zeichenkette[LAENGE+1],
          zeich_loesch;
    printf("Geben Sie eine Zeichenkette (max. %d Zeichen) ein:\n", LAENGE);
    fgets(zeichenkette, LAENGE, stdin);  /* Einlesen einer Zeichenkette */
    printf("\nGeben Sie das zu loeschende Zeichen ein: ");
    zeich_loesch=getchar();
    loesch(zeichenkette, zeich_loesch);
```

```c
        printf("\n......Die neue Zeichenkette ist dann:\n");
        printf(" %s\n", zeichenkette);
        return(0);
}
```

Statistik über die Wortlängen in einem Text

Mögliches Aussehen des Programms `wortlen.c`:

```c
#include <stdio.h>
#include <string.h>
#include <ctype.h>

int hole_naechstes_wort(int *z, char *zeile, char *wort);
int main(void) {
  int    i=0, z, laenge[100];
  char   zeile[1000], wort[1000];
  for (i=0; i<100; i++)
      laenge[i] = 0;
  while (gets(zeile, 1000, stdin) != NULL) {
      z = 0;
      while (hole_naechstes_wort(&z, zeile, wort) != 0)
          laenge[strlen(wort)]++;
  }
  printf("%10s | %10s |\n", "Wortlaenge", "Anzahl");
  printf("-----------+-----------|\n");
  for (i=0; i<100; i++)
      if (laenge[i] > 0)
          printf("%10d | %10d |\n", i, laenge[i]);
  return(0);
}
int hole_naechstes_wort(int *z, char *zeile, char *wort) {
    int i=0;
    while (!isalpha(zeile[*z]) && zeile[i] != '_' && zeile[*z] != 0)
        (*z)++;
    while (isalpha(zeile[*z]) || zeile[*z]=='_')
        wort[i++] = zeile[(*z)++];
    wort[i] = 0;
    return(i);
}
```

Ein Gedicht von Joachim Ringelnatz

Mögliches Aussehen des Programms `machebi.c`:

```c
#include <stdio.h>
#include <string.h>
#include <ctype.h>

void bi_hinzufuegen(void);
```

```c
int main(void) {
    printf("Ein Ringelnatz-Gedicht\n"
           "======================\n\n");
    bi_hinzufuegen();
    return(0);
}
void bi_hinzufuegen(void) {
    int    i=0;
    char   zeile[1000];
    while (fgets(zeile, 1000, stdin) != NULL && strlen(zeile) != 0) {
        for (i=0; i<strlen(zeile); i++) {
            char   zeich = tolower(zeile[i]),
                   zeic2 = tolower(zeile[i+1]);
            printf("%c", zeile[i]);
            if ( (zeich=='a' || zeich=='e' || zeich=='i' || zeich=='o' || zeich=='u') &&
                 (zeic2!='a' && zeic2!='e' && zeic2!='i' && zeic2!='o' && zeic2!='u'))
                printf("bi");
        }
    }
}
```

Mögliches Aussehen des Programms `entferbi.c`:

```c
#include <stdio.h>
#include <string.h>
#include <ctype.h>

void bi_entfernen(void);

int main(void) {
    printf("Ein Ringelnatz-Gedicht\n"
           "======================\n\n");
    bi_entfernen();
    return(0);
}
void bi_entfernen(void) {
    int    i=0;
    char   zeile[1000];
    while (fgets(zeile, 1000, stdin) != NULL && strlen(zeile) != 0) {
        for (i=0; i<strlen(zeile); i++) {
            char   zeich = tolower(zeile[i]);
            printf("%c", zeile[i]);
            if ( (zeich=='a' || zeich=='e' || zeich=='i' || zeich=='o' || zeich=='u') &&
                 !strncmp(&zeile[i+1], "bi", 2))
                i += 2;
        }
    }
}
```

Chinesische Zahlen

Mögliches Aussehen des Programms `chinzahl.c`:

```c
#include <stdio.h>

int china_tabelle[6][9] = { { 1,  4,  7, 10, 13, 16, 19, 22, 25},
                            { 2,  5,  8, 11, 14, 17, 20, 23, 26},
                            { 3,  4,  5, 12, 13, 14, 21, 22, 23},
                            { 6,  7,  8, 15, 16, 17, 24, 25, 26},
                            { 9, 10, 11, 12, 13, 14, 15, 16, 17},
                            {18, 19, 20, 21, 22, 23, 24, 25, 26} };
int main(void) {
  int i, z, s, sum;
  for (i=1; i<=26; i++) {
    sum = 0;
    for (z=0; z<6; z++)
      for (s=0; s<9; s++)
        if (china_tabelle[z][s] == i)
          sum += china_tabelle[z][0];
    printf("%d = %d\n", i, sum);
  }
  return(0);
}
```

Ein Dauerkalender

Mögliches Aussehen des Programms `dauerkal.c`:

```c
#include <stdio.h>
int jahre[28][6] = { {0} };            /* Jahrtabelle mit Nullen initialisieren */
int monate[28][12] = {
        {4,0,0,3,5,1,3,6,2,4,0,2},     /* Initialisieren der Monatstabelle      */
        {5,1,1,4,6,2,4,0,3,5,1,3},     /* entsprechend der Vorgabe aus dem      */
        {6,2,2,5,0,3,5,1,4,6,2,4},     /* Dauerkalender                         */
        {0,3,4,0,2,5,0,3,6,1,4,6},
        {2,5,5,1,3,6,1,4,0,2,5,0},
        {3,6,6,2,4,0,2,5,1,3,6,1},
        {4,0,0,3,5,1,3,6,2,4,0,2},
        {5,1,2,5,0,3,5,1,4,6,2,4},
        {0,3,3,6,1,4,6,2,5,0,3,5},
        {1,4,4,0,2,5,0,3,6,1,4,6},
        {2,5,5,1,3,6,1,4,0,2,5,0},
        {3,6,0,3,5,1,3,6,2,4,0,2},
        {5,1,1,4,6,2,4,0,3,5,1,3},
        {6,2,2,5,0,3,5,1,4,6,2,4},
        {0,3,3,6,1,4,6,2,5,0,3,5},
        {1,4,5,1,3,6,1,4,0,2,5,0},
        {3,6,6,2,4,0,2,5,1,3,6,1},
        {4,0,0,3,5,1,3,6,2,4,0,2},
        {5,1,1,4,6,2,4,0,3,5,1,3},
        {6,2,3,6,1,4,6,2,5,0,3,5},
```

```c
            {1,4,4,0,2,5,0,3,6,1,4,6},
            {2,5,5,1,3,6,1,4,0,2,5,0},
            {3,6,6,2,4,0,2,5,1,3,6,1},
            {4,0,1,4,6,2,4,0,3,5,1,3},
            {6,2,2,5,0,3,5,1,4,6,2,4},
            {0,3,3,6,1,4,6,2,5,0,3,5},
            {1,4,4,0,2,5,0,3,6,1,4,6},
            {2,5,6,2,4,0,2,5,1,3,6,1}
        };
int   wochen_tage[7][7] = { {0} };  /* Wochentag-Tabelle mit 0 initialisieren */
char  tag[7][11] = {                /* zweidim. Vektor    tag    mit erster   */
            "Montag",               /* Dimension 7 (wegen 7 Wochentage) und  */
            "Dienstag",             /* zweiter Dimension 11 (weil laengster  */
            "Mittwoch",             /* Wochentag Donnerstag 10 Zeichen lang  */
            "Donnerstag",           /* + 1 Zeichen fuer das abschliessende   */
            "Freitag",              /* \0-Zeichen) mit den Wochentagen vorbe- */
            "Samstag",              /* setzen.                               */
            "Sonntag"
        };
int main(void) {
    int  i, j, zahl,ges_tag, ges_monat, ges_jahr, zeile;
    int  mon_kennzahl, schluessel_zahl;
    for (i=1 ; i<=24 ; i++)                /* Belegen der ersten Spalte des   */
        jahre[i+3][0] = 1900+i;            /* zweidimensionalen Vektors jahre */
    for (j=1 ; j<6 ; j++)                  /* Belegen der restlichen Spalten  */
        for (i=0,zahl=1925+(j-1)*28 ; i<28 ; zahl++,i++)
            jahre[i][j] = zahl;
    wochen_tage[6][0] = 1;                 /* Belegen der 1. und letzten Spalte */
    wochen_tage[0][6] = 37;                /* des zweidim. Vektors wochen_tage  */
    for (j=1 ; j<6 ; j++)                  /* Belegen der restlichen Spalten von */
        for (i=0,zahl=2+(j-1)*7 ; i<7 ; zahl++,i++)    /* wochen_tage */
            wochen_tage[i][j] = zahl;
    printf("Geben Sie das Datum ein: ");
    scanf("%d.%d.%d", &ges_tag, &ges_monat, &ges_jahr);
    for (j=0,i=4 ; j<6 ; ) {               /* Durchschauen der Jahrestabelle */
        if (jahre[i][j] == ges_jahr)       /* nach eingegeb. Jahreszahl; wird */
            break;                         /* die gewuenschte Jahreszahl      */
        if (i<27)                          /* gefunden, dann wird Schleife    */
            i++;                           /* mit break verlassen.            */
        else {
            i=0;
            j++;
        }
    }
    zeile = i;      /* Merken der Zeile, in der Jahreszahl gefunden wurde */
    mon_kennzahl = monate[zeile][ges_monat-1];
    schluessel_zahl = mon_kennzahl+ges_tag;
    for (j=0,i=6 ; j<7 ; ) {
        if (wochen_tage[i][j] == schluessel_zahl)
            break;
```

```
            if (i<6)
                i++;
            else {
                i=0;
                j++;
            }
        }
        printf("\n\n%2d.%2d.%4d ist ein %s\n", ges_tag, ges_monat, ges_jahr, tag[i]);
        return(0);
    }
```

Das d'Hondtsche Höchstzählverfahren

Mögliches Aussehen des Programms `dhondt.c`:

```
/*---------------------------------------------------------------------------
 * Nach dem d'Hondtschen Höchstzahlverfahren sollen N Sitze auf P Parteien
 * nach der erreichten Stimmenzahl verteilt werden.
 * Verfahren:
 *   Die Gesamtstimmenzahlen werden der Reihe nach durch 1, 2, 3, usw.
 *   dividiert und die N Sitze nach der Reihenfolge der ermittelten Quotienten
 *   den Parteien zugeteilt.
 *---------------------------------------------------------------------------*/
#include <stdio.h>
#include <ctype.h>

#define ELEM_ZAHL(array)   sizeof(array)/sizeof(array[0])

char *partei[]={
        "ZTU",
        "SPT",
        "FTB",
        "Greens",
        "Rebubliks"
};
float   stimmen[ELEM_ZAHL(partei)],
        geteilt_stimmen[ELEM_ZAHL(partei)],
        teiler[ELEM_ZAHL(partei)];

int     sitze[ELEM_ZAHL(partei)]={0};

int main(void) {
        int     partei_zahl=ELEM_ZAHL(partei),
                i,
                sitz_zahl,
                max,
                vergeben=0;
        char    zeich;
        float   gesamt_stimmen=0;
```

```
    printf("\n\nSitzverteilung nach d'Hondt\n");
    printf("===========================\n\n");
    printf("Geben Sie die abgegebenen Stimmen pro Partei ein\n");
    for (i=0 ; i<partei_zahl ; i++) {
        printf("%s: ", partei[i]);
        scanf("%f", &stimmen[i]); getchar();
        geteilt_stimmen[i]=stimmen[i];
        teiler[i]=1;
        gesamt_stimmen+=stimmen[i];
    }
    printf("\nWieviele Sitze sind zu vergeben: ");
    scanf("%d", &sitz_zahl); getchar();

    printf("\nSoll jede einzelne Sitzzuteilung ausgegeben werden (j/n) ? ");
    zeich=tolower(getchar()); getchar();
    printf("\n");
    while (vergeben < sitz_zahl) {
        max=0;
        for (i=1 ; i<partei_zahl ; i++)
            if (geteilt_stimmen[i]>geteilt_stimmen[max])
                max=i;
        sitze[max]++;
        ++vergeben;
        if (zeich=='j')
            printf("\n...Sitz %d geht an: %s (%.0f)",
                    vergeben, partei[max], geteilt_stimmen[max]);
        geteilt_stimmen[max]=stimmen[max]/++teiler[max];
    }
    printf("\n\nSitzverteilung:\n\n");
    printf("%10s | %5s | %20s | %20s |\n",
            "Partei", "Sitze", "Prozent (Sitze)", "Prozent (Stimmen)");
    printf("-----------+-------+----------------------+----------------------|\n");
    for (i=0 ; i<partei_zahl ; i++)
        printf("%10s | %5d | %20.2f | %20.2f |\n", partei[i], sitze[i],
                (float)sitze[i]/(float)sitz_zahl*100,
                stimmen[i]/gesamt_stimmen*100);
    return(0);
}
```

Kosmische Gedichte

Mögliches Aussehen des Programms `kosmisch.c`:

```
#include  <stdio.h>
#include  <stdlib.h>
#include  <time.h>

char *hauptwort[] = {
        "Wolken",  "Wirbel", "Wellen",   "Sterne", "Blitze",
        "Schreie", "Fluten", "Planeten", "Stimmen", "Schmerzen"
```

```c
};
char *verb[] = {
      "verwehen", "zerfliessen", "kreisen", "gluehen",      "schweben",
      "steigen",  "schwanken",   "brechen", "zusammensinken", "stuerzen"
};
#define ANZAHL  sizeof(hauptwort) / sizeof(hauptwort[0])

int  h[100]={0},
     v[100]={0};

int  main(void) {
  int  i, a, b;
    srand(time(NULL));
    for (i=0; i<ANZAHL; i++) {
       while (h[a=rand()%ANZAHL] == 1)
          ;
       h[a]=1;
       while (v[b=rand()%ANZAHL] == 1)
          ;
       v[b]=1;
       printf("%s, die %s\n", hauptwort[a], verb[b]);
    }
    printf("Und immer wieder");
    for (i=1; i<=3; i++)
       printf(" %s%s", hauptwort[rand()%ANZAHL], (i<3) ? "," : ".\n");
    return(0);
}
```

37.26 Lösungen zu Kapitel 26
Konvertieren von Dezimalzahlen in Dual, Oktal und Hexa

Mögliches Aussehen des Programms `zahlsys.c`:

```c
#include  <stdio.h>
#include  <ctype.h>
#include  <string.h>
#include  <stdlib.h>

void  usage(char *progname);
static int    falsch = 0;
static char   *progname;
/*------------------------------------------------ main ------------------*/
int  main(int argc, char *argv[]) {
    int   binaer=0, oktal=0, hexa=0, zahlda=0, i;
    long  zahl, hilf;
    char  *zgr;
     progname = argv[0];
     if (argc == 1)
```

37.26 Lösungen zu Kapitel 26

```
        usage(progname);
    while (--argc > 0) {
        if ((*++argv)[0] == '-' && argv[0][1] == '-') {
            for (zgr=argv[0]+2 ; *zgr != '\0' ; zgr++) {
                switch(tolower(*zgr)) {
                    case 'b': binaer=1; break;
                    case 'o': oktal=1;  break;
                    case 'h': hexa=1;   break;
                    default:
                        printf("....... Unerlaubte Option --%c\n", zgr[0]);
                        usage(progname);
                        break;
                }
            }
        } else {
            hilf = strtol(argv[0], &zgr, 10);
            if (strlen(zgr) > 0) {
                printf("....... Unerlaubte Zahl %s\n", argv[0]);
                usage(progname);
            } else {
                if (zahlda == 0)
                    zahl = hilf;
                zahlda++;
            }
        }
    }
    if (zahlda != 1) {
        printf("....... Es muss genau eine Zahl angegeben sein\n");
        usage(progname);
    }
    if (falsch == 0) {
        if (binaer==0 && oktal==0 && hexa==0)
            binaer = oktal = hexa = 1;
        printf("%20s: %ld\n", "Dezimal", zahl);
        if (binaer == 1) {
            printf("%20s: ", "Dual");
            for (i=sizeof(zahl)*8-1; i>=0; i--)
                printf("%ld%s", (zahl>>i) & 1, (i%8==0) ? " " : "");
            printf("\n");
        }
        if (oktal == 1)
            printf("%20s: %lo\n", "Oktal", zahl);
        if (hexa == 1)
            printf("%20s: %lx\n", "Hexadezimal", zahl);
    }
    return(falsch);
}
/*--------------------------------------------------- usage ------------------*/
void  usage(char *progname) {
    if (falsch == 0) {
```

```
            printf("usage: %s [--boh] zahl\n", progname);
            falsch = 1;
    }
}
```

37.27 Lösungen zu Kapitel 27
Numerierte oder Rückwärtige Ausgabe eines Textes
Mögliches Aussehen des Programms numrueck.c:

```
#include  <stdio.h>
#include  <stdlib.h>
#include  <string.h>
#include  <ctype.h>

#define   MAX_ZEICHEN      1000    /* Max. Laenge einer Zeile */
#define   BLOCK_GROESSE    100     /* Wuerde hier 1 angegeben, so wuerde auch
                                       das Array bei jeder neuen Zeile nur um
                                       ein Element vergroessert. Um das Programm
                                       schneller zu machen, wurde hier 100
                                       gewaehlt (bei Bedarf um 100 Elemente
                                       vergroessern                          */

int  main(int argc, char *argv[])
{
    char    **zeile = NULL, puffer[MAX_ZEICHEN], *progname = argv[0];
    long    zeilnr=0, max_zeilnr=0, i;
    int     zeich, rueckwaerts=0, numerieren=0, richtig=1;

    while (--argc>0 && (*++argv)[0]=='-')
        while ( (zeich = *++argv[0]) )
            switch (tolower(zeich))  {
                case 'r':   rueckwaerts=1; break;
                case 'n':   numerieren=1;  break;
                default:    printf(".......Unerlaubte Option: '-%c'\n", zeich);
                            richtig = 0;
                            break;
            }
    if (!richtig) {
        printf("usage: %s [-r -n]\n", progname);
        return(1);
    }
    while (fgets(puffer, MAX_ZEICHEN, stdin) != NULL) {
        if (zeilnr >= max_zeilnr) {
            max_zeilnr += BLOCK_GROESSE;
            zeile = (char **)realloc(zeile, max_zeilnr*sizeof(char *));
            if (zeile == NULL) {
                printf("......Speicherplatzmangel\n");
                return(2);
```

```
                }
            }
            if ( (zeile[zeilnr] = (char *)malloc(strlen(puffer)+1)) == NULL) {
                printf("......Speicherplatzmangel\n");
                return(3);
            }
            strcpy(zeile[zeilnr], puffer);
            zeilnr++;
    }
    zeilnr--;
    if (rueckwaerts)
        for (i=zeilnr; i>=0; i--) {
            if (numerieren)
                printf("%6ld: ", i+1);
            printf("%s", zeile[i]);
        }
    else
        for (i=0; i<=zeilnr; i++) {
            if (numerieren)
                printf("%6ld ", i+1);
            printf("%s", zeile[i]);
        }
    return(0);
}
```

37.28 Lösungen zu Kapitel 28

Bruchrechner

Mögliches Aussehen des Programms `bruchrec.c`:

```
#include <stdio.h>

struct bruch {
    long  zaehler;
    long  nenner;
} zahl1, zahl2;

void  add(void);
void  sub(void);
void  mult(void);
void  divi(void);
void  kuerzen(void);
long  ggT(long n, long m);

void  (*(operation[]))(void) = { NULL, add, sub, mult, divi };
/*------------------------------------------------- main -------------*/
int  main(void) {
    int  wahl, zeich, i = 2;
```

```
      printf("1. Bruch: ");
      scanf("%ld/%ld", &zahl1.zaehler, &zahl1.nenner);
      printf("2. Bruch: ");
      scanf("%ld/%ld", &zahl2.zaehler, &zahl2.nenner);

      while (1) {
         do {
            printf("\n\nDie beiden Brueche %ld/%ld und %ld/%ld\n",
                    zahl1.zaehler, zahl1.nenner, zahl2.zaehler, zahl2.nenner);
            printf(" 1 (addieren), 2 (subtrahieren),"
                   " 3 (multiplizieren), 4 (dividieren) ? ");
            scanf("%d", &wahl);
         } while (wahl<1 || wahl>4);
         if (wahl==1)       zeich = '+';
         else if (wahl==2)  zeich = '-';
         else if (wahl==3)  zeich = '*';
         else if (wahl==4)  zeich = '/';
         printf("....Ergebnis: %ld/%ld %c %ld/%ld = ",
                 zahl1.zaehler, zahl1.nenner, zeich, zahl2.zaehler, zahl2.nenner);
         (*(operation[wahl]))();
         printf("%ld/%ld = ", zahl1.zaehler, zahl1.nenner);
         kuerzen();
         printf("%ld/%ld (gekuerzt)\n---------------------------------\n",
                 zahl1.zaehler, zahl1.nenner);
         printf("%d. Bruch (0/0 = Ende): ", ++i);
         scanf("%ld/%ld", &zahl2.zaehler, &zahl2.nenner);
         if (zahl2.zaehler == 0 || zahl2.nenner == 0)
            break;
      }
      return(0);
}
/*------------------------------------------------- add -------------*/
void  add(void) {
   zahl1.zaehler = zahl1.zaehler*zahl2.nenner + zahl2.zaehler*zahl1.nenner;
   zahl1.nenner  = zahl1.nenner * zahl2.nenner;
}
/*------------------------------------------------- sub -------------*/
void  sub(void) {
   zahl1.zaehler = zahl1.zaehler*zahl2.nenner - zahl2.zaehler*zahl1.nenner;
   zahl1.nenner  = zahl1.nenner * zahl2.nenner;
}
/*------------------------------------------------- mult ------------*/
void  mult(void) {
   zahl1.zaehler = zahl1.zaehler * zahl2.zaehler;
   zahl1.nenner  = zahl1.nenner * zahl2.nenner;
}
/*------------------------------------------------- divi ------------*/
void  divi(void) {
   zahl1.zaehler = zahl1.zaehler * zahl2.nenner;
   zahl1.nenner  = zahl1.nenner * zahl2.zaehler;
```

```
}
/*------------------------------------------------ kuerzen -------------*/
void   kuerzen(void) {
   long  ggTeiler = ggT(zahl1.zaehler, zahl1.nenner);

   zahl1.zaehler /= ggTeiler;
   zahl1.nenner  /= ggTeiler;
}
/*--------------------------------------------------------- ggT -------------*/
long  ggT(long n, long m) {
   return( (m==0) ? n : ggT(m, n%m) );
}
```

Zählen der Schlüsselwörter in einem C-Programm

Mögliches Aussehen des Programms c_worte.c:

```
#include   <stdio.h>
#include   <ctype.h>
#include   <string.h>

#define MAX_ZEICHEN   1000

struct such_woerter {
    char    *wort;
    int     zaehl;
} schluesselwoerter[] = {
      {"auto",   0},   {"break",    0},  {"case",    0},  {"char",   0},
      {"const",  0},   {"continue", 0},  {"default", 0},  {"do",     0},
      {"double", 0},   {"else",     0},  {"enum",    0},  {"extern", 0},
      {"float",  0},   {"for",      0},  {"goto",    0},  {"if",     0},
      {"int",    0},   {"long",     0},  {"register",0},  {"return", 0},
      {"short",  0},   {"signed",   0},  {"sizeof",  0},  {"static", 0},
      {"struct", 0},   {"switch",   0},  {"typedef", 0},  {"union",  0},
      {"unsigned",0},  {"void",     0},  {"volatile",0},  {"while",  0},
      {"inline", 0},   {"restrict", 0},
      {"_Bool",  0},   {"_Imaginary",0}, {"_Complex", 0}
};

#define ANZAHL   sizeof(schluesselwoerter) / sizeof(schluesselwoerter[0])

/*------------------------------ main -----------------------*/
int  main(void)
{
   char   *wort, satz[MAX_ZEICHEN], wort_trenn[] = "[](){}#<>.,;-+/% \t";
   int    i;

   while (fgets(satz, MAX_ZEICHEN, stdin) != NULL) {
      wort = strtok(satz, wort_trenn);
      while (wort != NULL) {
```

```
                for (i=0; i<ANZAHL; i++)
                    if (!strcmp(wort, schluesselwoerter[i].wort))
                        schluesselwoerter[i].zaehl++;
                wort = strtok(NULL, wort_trenn);
            }
        }
        printf("\n\nIn diesem Text sind folgende C-Schlüsselwörter enthalten\n");
        for(i=0; i<ANZAHL; i++)
            if (schluesselwoerter[i].zaehl != 0)
                printf("%20s : %3d mal\n", schluesselwoerter[i].wort,
                                            schluesselwoerter[i].zaehl);
        return(0);
    }
```

Tagesdifferenz zwischen zwei Daten

Mögliches Aussehen des Programms `datediff.c`:

```
#include <stdio.h>
#include <stdlib.h>
int monat_tage[] = { 31, 28, 31, 30, 31, 30, 31, 31, 30, 31, 30, 31 };
struct datum {
   int tag;
   int monat;
   int jahr;
};
long tage_diff(struct datum d1, struct datum d2);
long tag_nr(struct datum d);
int schaltjahr(int jahr);
int main(void) {
  struct datum datum1, datum2;
  printf("         Tages-Differenz zwischen zwei Daten\n"
         "         ===================================\n\n");
  printf("1. Datum (tt.mm.jjjj): ");
  scanf("%d.%d.%d", &datum1.tag, &datum1.monat, &datum1.jahr);
  printf("2. Datum (tt.mm.jjjj): ");
  scanf("%d.%d.%d", &datum2.tag, &datum2.monat, &datum2.jahr);
  printf("\n.... Differenz: %ld Tage .....\n\n", tage_diff(datum1, datum2));
  return(0);
}
long tage_diff(struct datum d1, struct datum d2) {
   return( labs(tag_nr(d2) - tag_nr(d1)) );
}
long tag_nr(struct datum d) {
   long i, tage = 0;
   for (i=1; i<d.jahr; i++)
      tage += 365 + schaltjahr(i);
   for (i=1; i<d.monat; i++) {
      tage += monat_tage[i-1];
      if (i==2 && schaltjahr(d.jahr))
```

```
         tage++;
      }
      tage += d.tag;
      return( tage );
}
int   schaltjahr(int jahr) {
   return( (jahr%4 == 0 && jahr%100 != 0) || jahr%400 == 0 );
}
```

Das Josephus-Spiel

Mögliches Aussehen des Programms josephus.c:

```
#include  <stdio.h>
#include  <stdlib.h>

struct person {
    int          nummer;
    struct person *naechst;
};
void  auszaehlen(int n, int z);
void  *allokiere(int groesse);
int   main(void) {
  int  n, z;
   printf("Wie viele Personen: "); scanf("%d", &n);
   printf("Der wievielte soll immer ausgesondert werden: "); scanf("%d", &z);
   printf("In folgender Reihenfolge wird ausgesondert:\n");
   auszaehlen(n, z);
   return(0);
}
void  auszaehlen(int n, int z) {
   int          i, j=0;
   struct person *anfang, *pers, *zgr;
         /*........... Anlegen der ringfoermig einfach verketteten Liste */
   anfang = allokiere(sizeof(struct person));
   anfang->nummer = 1;
   zgr = anfang;
   for (i=2; i<=n; i++) {
      pers = allokiere(sizeof(struct person));
      pers->nummer = i;
      zgr->naechst = pers;
      zgr = pers;
   }
   zgr->naechst = anfang;
   do  {       /*........... Aussondern (Simulieren des Abzaehlvorgangs)    */
      for (i=1; i<z; i++)
         zgr = zgr->naechst;
      printf("%4d,%c", zgr->naechst->nummer, (++j%14==0) ? '\n' : ' ' );
      zgr->naechst = zgr->naechst->naechst;
   } while (zgr != zgr->naechst);
```

```
      printf("%4d\n", zgr->nummer);
}
void *allokiere(int groesse) {
   void *zgr;
   if ( (zgr = malloc(groesse)) == NULL) {
      printf("........ Speicherplatzmangel\n");
      exit(1);
   }
   return(zgr);
}
```

Wortstatistik zu einem Text

Mögliches Aussehen des Programms wortstat.c:

```
#include  <stdio.h>
#include  <stdlib.h>
#include  <string.h>
#include  <ctype.h>
struct eintrag {
   char            *wort;   /* zeigt auf das Wort                       */
   int             zaehl;   /* zaehlt die Vorkommen von wort            */
   struct eintrag *links;   /* linker Nachfolger-Knoten im Binaerbaum   */
   struct eintrag *rechts;  /* rechter Nachfolger-Knoten im Binaerbaum  */
};
struct eintrag  *binbaum(struct eintrag *zgr, char *wort);
void            druckebaum(struct eintrag *zgr);
int main(void) {
   struct eintrag *wurzel=NULL;
   char           *wort, *trennzeichen = ".,;-:+*~'`=)(/{}[]&%$!?<>|\\#\"\t ",
                  zeile[500];
   int            i;
   printf("        Wortstatistik zu einem Text\n"
          "        ===========================\n\n");
   while (gets(zeile) != NULL) {
      wort = strtok(zeile, trennzeichen);
      while (wort != NULL) {
         for (i=0; i<strlen(wort); i++)
            wort[i] = tolower(wort[i]);
         wurzel = binbaum(wurzel, wort);
         wort   = strtok(NULL, trennzeichen);
      }
   }
   druckebaum(wurzel);
   return(0);
}
struct eintrag *binbaum(struct eintrag *zgr, char *wort) {
   int vergl;
   if (zgr == NULL) {  /* neues Wort */
      if ( (zgr = (struct eintrag *)malloc(sizeof(struct eintrag))) == NULL {
```

```
            printf("........ Speicherplatzmangel\n");
            exit(1);
         }
         if ( (zgr->wort = (char *)malloc(strlen(wort)+1)) == NULL) {
            printf("........ Speicherplatzmangel\n");
            exit(1);
         }
         strcpy(zgr->wort, wort);
         zgr->zaehl = 1;
         zgr->links = zgr->rechts = NULL;
      } else if ( (vergl=strcmp(wort, zgr->wort)) == 0)
         zgr->zaehl++;    /* Wort kommt wiederholt vor */
      else if (vergl < 0)
         zgr->links = binbaum(zgr->links, wort);
      else
         zgr->rechts = binbaum(zgr->rechts, wort);
      return(zgr);
   }
   void druckebaum(struct eintrag *zgr) {
      if (zgr) {
         druckebaum(zgr->links);
         printf("%-20s : %5d\n", zgr->wort, zgr->zaehl++);
         druckebaum(zgr->rechts);
      }
   }
```

37.29 Lösungen zu Kapitel 29

Mischtabelle aus der Chemie

Mögliches Aussehen des Programms `laugsaeu.c`:

```
#include  <stdio.h>
#include  <string.h>

typedef enum { natronlauge, kalilauge, kalkwasser } lauge;
typedef enum { salzsaeure, schwefelsaeure, salpetersaeure, kohlensaeure } saeure;

char  *lauge_name[]  = { "Natronlauge", "Kalilauge", "Kalkwasser" };
char  *saeure_name[] = { "Salzsäure",     "Schwefelsäure",
                         "Salpetersäure", "Kohlensäure"};
void  schreibe(lauge l, saeure s);

int   main(void) {
   lauge i;
   saeure j;

   printf("%11s||", "");
   for (j=salzsaeure; j<=kohlensaeure; j++)
      printf("%15s |", saeure_name[j]);
```

```
        printf("\n-----------||");
        for (j=salzsaeure; j<=kohlensaeure; j++)
            printf("----------------|");
        printf("\n");

        for (i=natronlauge; i<=kalkwasser; i++) {
            printf("%11s||", lauge_name[i]);
            for (j=salzsaeure; j<=kohlensaeure; j++)
                schreibe(i, j);
            printf("\n");
        }
    return(0);
}
void    schreibe(lauge l, saeure s) {
    char    string[100];

    switch (l) {
        case natronlauge:   sprintf(string, "%s", "Natrium"); break;
        case kalilauge   :  sprintf(string, "%s", "Kalium");  break;
        case kalkwasser  :  sprintf(string, "%s", "Calcium"); break;
    }
    switch (s) {
        case salzsaeure     :   strcat(string, "clorid");   break;
        case schwefelsaeure :   strcat(string, "sulfat");   break;
        case salpetersaeure :   strcat(string, "nitrat");   break;
        case kohlensaeure   :   strcat(string, "carbonat"); break;
    }
    printf("%15s |", string);
}
```

37.30 Lösungen zu Kapitel 30
Ausgeben einer Datei mit Zeilennumerierung
Mögliches Aussehen des Programms numausg.c:

```
#include <stdio.h>
#include <stdlib.h>

#define MAX_ZEILLAENG   200

int main(int argc, char *argv[]) {
    FILE    *fz;
    char    zeile[MAX_ZEILLAENG];
    int     zeilnr=0;

    if (argc != 2) {
        fprintf(stderr, "usage: %s dateiname\n", argv[0]);
        exit(1);
    }
```

```c
    if ( (fz=fopen(argv[1], "r")) == NULL) {
       fprintf(stderr, "....kann Datei '%s' nicht oeffnen", argv[1]);
       exit(2);
    }
    while (fgets(zeile, MAX_ZEILLAENG, fz) != NULL)
       fprintf(stdout, "%5d %s", ++zeilnr, zeile);

    if (ferror(fz)) {
       fprintf(stderr, "....Fehler beim Lesen aus Datei '%s'", argv[1]);
       exit(3);
    }

    fclose(fz);

    return(0);
}
```

Anhängen einer Datei an eine andere

Mögliches Aussehen des Programms anhaeng.c:

```c
#include <stdio.h>
#include <stdlib.h>
#include <unistd.h>
#include <sys/stat.h>
#include <fcntl.h>

#define PUFF_GROESSE    512

int  main(int argc, char *argv[]) {
    int   fd1, fd2,
          n;
    char  puffer[PUFF_GROESSE];

    if (argc != 3) {
       fprintf(stderr, "usage: %s datei1 datei2\n", argv[0]);
       exit(1);
    }
    if ( (fd1 = open(argv[1], O_RDONLY)) == -1) {
       fprintf(stderr, "....kann Datei '%s' nicht zum Lesen oeffnen\n", argv[1]);
       exit(2);
    }
    if ( (fd2 = open(argv[2], O_WRONLY|O_APPEND)) == -1) {
       fprintf(stderr, "kann Datei '%s' nicht zum Schreiben oeffnen\n", argv[2]);
       exit(3);
    }
    while ( (n = read(fd1, puffer, PUFF_GROESSE)) > 0)
       if (write(fd2, puffer, n) != n) {
          fprintf(stderr, "...Fehler bei write\n");
          exit(4);
```

```
      }
      if (n == -1) {
         fprintf(stderr, "...Fehler bei read\n");
         exit(5);
      }
      return(0);
}
```

37.31 Lösungen zu Kapitel 31

Ermitteln der Bytes eines Directory

Mögliches Aussehen des Programms treesize.c:

```
#include   <stdio.h>
#include   <stdlib.h>
#include   <limits.h>
#include   <string.h>
#include   <dirent.h>
#include   <sys/types.h>
#include   <sys/stat.h>
#include   <unistd.h>
/*---- Konstantendefinitionen ---------------------------------*/
#define  FTW_F     1    /* Datei ist kein Directory */
#define  FTW_D     2    /* Datei ist ein Directory */
#define  FTW_DNR   3    /* Nichtlesbares Directory */
#define  FTW_NS    4    /* Datei, auf die stat erfolglos ist */
#define  MAX_PFAD       1000
#define  MAX_ZEILLAENG  2000
/*---- Typdefinitionen ----------------------------------------*/
typedef int   MEIN_AUSWERT(const char *, const struct stat *, int);
/*---- Variablendefinitionen ----------------------------------*/
static char          pfadname[MAX_PFAD];
static int           tiefe = 0;
static long int      dateizahl = 0;
static unsigned long byte_zahl = 0;
/*---- Forward-Funktionsdeklarationen -------------------------*/
static MEIN_AUSWERT   mein_auswert;
static int            baum_abstieg(char *, MEIN_AUSWERT *);
static int            pfad_behandel(MEIN_AUSWERT *);
/*---- main ---------------------------------------------------*/
int main(int argc, char *argv[]) {
   if (argc != 2) {
      fprintf(stderr, "usage: %s directory\n", argv[0]);
      exit(1);
   }
   return( baum_abstieg(argv[1], mein_auswert) );
}
/*---- baum_abstieg -------------------------------------------*/
static int baum_abstieg(char *pfad, MEIN_AUSWERT *funktion) {
```

37.31 Lösungen zu Kapitel 31

```c
    char    dirname[1000];
    int     n;
    if (getcwd(dirname, 1000) == NULL) { /* Ermitteln des Working-Directory-Namens */
        fprintf(stderr, "....kann Name des Working-Directorys nicht ermitteln\n");
        exit(2);
    }
    if (chdir(pfad) < 0) {                       /* In angegebenen Pfad wechseln */
        fprintf(stderr, "....kann nicht zu %s wechseln\n", pfad);
        exit(3);
    }
    if (getcwd(pfadname, MAX_PFAD) == NULL) { /* Absoluten Pfadnamen ermitteln */
        fprintf(stderr, "....Fehler bei getcwd fuer %s\n", pfad);
        exit(4);
    }
    n = pfad_behandel(funktion);
    fprintf(stdout, "%s: %lu Bytes (%lu KBytes)\n",
                    pfad, byte_zahl, byte_zahl/1000);
    if (chdir(dirname) < 0) {   /*----- Wechseln in ursprgl. Directory */
        fprintf(stderr, ".... kann nicht in ursprgl. Directory zurueckwechseln\n");
        exit(5);
    }
    return(n);
}
/*---- pfad_behandel ----------------------------------------------*/
static int pfad_behandel(MEIN_AUSWERT *funktion) {
    struct stat     statpuff;
    struct dirent   *direntz;
    DIR             *dirz;
    int             n;
    char            *zgr;
    if (stat(pfadname, &statpuff) < 0)
        return(funktion(pfadname, &statpuff, FTW_NS)); /* Fehler bei stat */
    if ((statpuff.st_mode & S_IFDIR) == 0)
        return(funktion(pfadname, &statpuff, FTW_F));  /* kein Directory */
    /* Es liegt ein Directory vor, fuer das zuerst funktion()
     * aufgerufen wird, bevor jeder einzelne Dateiname dieses Directorys
     * bearbeitet wird.                                                 */
    if ( (dirz = opendir(pfadname)) == NULL) { /* Directory nicht lesbar */
        closedir(dirz);
        return(funktion(pfadname, &statpuff, FTW_DNR));
    }
    if ( (n = funktion(pfadname, &statpuff, FTW_D)) != 0) /* Ausg. von Directorypfad */
        return(n);
    zgr = pfadname + strlen(pfadname);   /* Slash an Pfadnamen anhaengen */
    *zgr++ = '/';
    *zgr = '\0';

    while ( (direntz = readdir(dirz)) != NULL) {
        /* . und .. ignorieren */
        if (strcmp(direntz->d_name, ".") && strcmp(direntz->d_name, "..")) {
```

```
                    strcpy(zgr, direntz->d_name); /* Dateinamen nach Slash anhaengen */
                    tiefe++;
                    if (pfad_behandel(funktion) != 0) {  /* Rekursion */
                        tiefe--;
                        break;
                    }
                    tiefe--;
                }
            }
            *(zgr-1) = '\0';       /* Nach Slash alles wieder loeschen */
            if (closedir(dirz) < 0)
                fprintf(stderr, "....closedir fuer %s schlug fehl", pfadname);
            return(n);
        }
        /*---- mein_auswert --------------------------------------------*/
        static int mein_auswert(const char *pfad, const struct stat *statzgr,
                                int dateityp) {
          int  i;
          switch (dateityp) {
              case FTW_F:
              case FTW_D:
                  byte_zahl += statzgr->st_size;
                  break;
              case FTW_DNR:
                  fprintf(stderr, "..Directory %s nicht lesbar\n", pfad);
                  break;
              case FTW_NS:
                  fprintf(stderr, "....Fehler bei stat auf Datei %s\n", pfad);
                  break;
              default:
                  fprintf(stderr, "....Unbekannter Dateityp (%d) bei Datei %s\n",
                                  dateityp, pfad);
                  exit(6);
          }
          return(0);
        }
```

37.32 Lösungen zu Kapitel 32

Realisierung des which-Kommandos

Mögliches Aussehen des Programms `mywhich.c`:

```
#include <stdio.h>
#include <string.h>
#include <stdlib.h>
#include <unistd.h>
/*------------------------------------------------- main -------------*/
int  main(int argc, char *argv[]) {
    char    pfadnamen[500], *path,
```

```
            programm_name[30],
            hilf_name[500], *pfad;
    int     i;

    if (argc < 2) {
        printf("Richtiger Aufruf: %s  <programm_name1> ....\n", argv[0]);
        exit(1);
    }
    path = getenv("PATH");    /* Holen der PATH-Liste */

    strcat(pfadnamen, path);

    for (i=1; i<argc; i++) {
        strcpy(programm_name, argv[i]);
        printf("--- Programm : %s\n", programm_name);
            /* Es wird immer einer Pfadname aus der Liste der PATH-Namen
             * mit 'strtok' herausgeschnitten, und dann geprueft, ob der
             * gesuchte Dateiname sich unter dieser Directory befindet    */
        pfad = strtok(pfadnamen, ":");
        while (pfad != NULL) {
            strcat( strcat( strcpy(hilf_name, pfad), "/"), programm_name );
            if ( !access(hilf_name, 01) )
                printf("    %s\n", hilf_name);
            pfad = strtok(NULL, ":");
        }
    }
    return(0);
}
```

37.33 Lösungen zu Kapitel 33
Interaktiver Directory-Wechsel
Mögliches Aussehen des Programms `meincd.c`:
```
#include <stdio.h>
#include <dirent.h>
#include <stdlib.h>
#include <string.h>
#include <sys/types.h>
#include <unistd.h>

/*****************************************************/
/*   Nachfolgenden Pfad entspr. ändern               */
/*****************************************************/
char *pfad = "/suse/herold/c_buch/src/kap33/meincd"; /* entspr. anpassen */

int  main(int argc, char *argv[])
{
   char  dir_name[1000], new_dirname[1000], name[1000];
```

```
        if (argc == 1)                 /*----- Setzen von dir_name entspr. argv */
            strcpy(dir_name, ".");
        else if (argc == 2)
            strcpy(dir_name, argv[1]);
        else {
            fprintf(stderr, "....usage: %s [directory]\n", argv[0]);
            exit(1);
        }
        if (chdir(dir_name) < 0)       /*----- Wechseln in entspr. Directory */
            fprintf(stderr, "\n.... kann nicht in Directory '%s' wechseln\n\n", dir_name);

        if (getcwd(new_dirname, 1000) == NULL) { /* Ermitteln des Work.-Dir.-Namens */
            fprintf(stderr, ".... kann Namen des Work.-Dir. nicht ermitteln\n");
            exit(2);
        }
        if (system(NULL) == 0) {       /*------ Pruefen, ob system-Aufruf moeglich ist */
            fprintf(stderr, "....kein Kommandoprozessor fuer system-Aufruf vorh.\n");
            exit(3);
        }

        printf("     %s     \n", new_dirname);  /*----- Ausgeben des Dir.-Inhalts */

        system("ls -aCF | more");
        printf("\n.....In welches Directory wollen Sie wechseln: ");
        fgets(name, 1000, stdin);
        name[ strlen(name)-1 ] = '\0'; /* \n am Ende entfernen */
        if (strlen(name)==0)
            return(0);
        if (execl(pfad, "meincd", name, NULL) < 0) {
            fprintf(stderr, "....execl-Fehler");
            perror("");
            exit(4);
        }
        return(0);
    }
```

37.34 Lösungen zu Kapitel 34

Reaktionstest über Signale

Mögliches Aussehen des Programms `reaktest.c`:

```
#include <stdio.h>
#include <stdlib.h>
#include <signal.h>
#include <time.h>
#include <math.h>
#include <unistd.h>
```

37.34 Lösungen zu Kapitel 34

```c
clock_t   start, ende, differenz, record=1000000;
/*-------- Signal-Handler-Routinen ----------------------------------*/
void  strgbackslash_faenger(int sig)
{
    signal(SIGQUIT, SIG_IGN);
    printf(".......Die schnellste STRG-C Tastenfolge dauerte %7.3f\n",
            record/(double)CLOCKS_PER_SEC);
    exit(0);
}


void  strgc_faenger(int sig)
{
      /* Fuer die Dauer dieser Funktionsausführung muessen weitere  */
      /* SIGINT-Signale ignoriert werden.                           */
    signal(SIGINT, SIG_IGN);

         /* Gebrauchte Zeit berechnen und ausgeben */
    ende=clock();
    differenz=ende-start;
    printf("Gebrauchte Zeit:  %10.3f Sek\n", differenz/(double)CLOCKS_PER_SEC);
    if (differenz<record) {
       record=differenz;
       printf("...........Neuer Rekord %10.3f Sek\n", record/(double)CLOCKS_PER_SEC);
    }
    sleep(rand()%2+1);
    printf("\nDruecke so schnell wie moeglich STRG-C.......\n");
    start=clock();

      /* Signal-Handler crtlc_faenger wieder für SIGINT installieren */
    signal(SIGINT, SIG_IGN);
    if (signal(SIGINT, strgc_faenger) == SIG_ERR) {
        printf("Signal-Handler 'strgc_faenger' konnte "
               "nicht installiert werden\n");
        exit(1);
    }
}
/*-------- main -----------------------------------------------------*/
int  main(void)
{
      /* Startwert für Pseude-Zufallszahlen erzeugen und  */
      /* Signal Handler installieren                      */
    srand( time(NULL) );
    if (signal(SIGQUIT, strgbackslash_faenger) == SIG_ERR) {
        printf("Signal-Handler 'strgbackslash_faenger' konnte "
               "nicht installiert werden\n");
        exit(1);
    }
    signal(SIGINT, SIG_IGN);
    sleep(rand()%2+1);
    printf("\nDruecke so schnell wie moeglich STRG-C.......\n");
```

37 Lösungen zu den Übungen

```
    if (signal(SIGINT, strgc_faenger) == SIG_ERR) {
        printf("Signal-Handler 'strgc_faenger' konnte "
               "nicht installiert werden\n");
        exit(1);
    }
    start=clock();
    while (1)
        ;
    return 0;
}
```

Kapitel 38

Anhang

38.1 Wichtige Tabellen zum Nachschlagen
38.1.1 Prioritätstabelle für die Operatoren

Operator (höchste Priorität oben; niedrigste unten)	Assoziativität
( ) [ ] -> . (Punktoperator)	von links her
! ~ (*Tilde*) ++ -- + (*Vorz.*) - (*Vorz.*) sizeof & (Adreßop.) * (Zeigerzugriff) (*casting*)	von rechts her
* / %	von links her
+ -	von links her
« »	von links her
< <= > >=	von links her
== !=	von links her
& (bitweise AND)	von links her
^	von links her
|	von links her
&&	von links her
||	von links her
?: (Bedingter Operator)	von rechts her
= += -= *= /= %= »= «= &= |= ^=	von rechts her
, (Kommaoperator)	von links her

C-Schlüsselwörter

In folgender Tabelle sind alle C-Schlüsselwörter angegeben, wobei die in C99 neu hinzugekommenen Schlüsselwörter fett gedruckt sind. Während die Verwendung von Schlüsselwörtern als alleinstehende Variablennamen verboten ist, dürfen sie jedoch in Variablennamen eingebettet sein; z. B. wäre `automobil` ein erlaubter Variablenname.

auto	break	case	char	const	continue
default	do	double	else	enum	extern
float	for	goto	if	int	long
register	return	short	signed	sizeof	static
struct	switch	typedef	union	unsigned	void
volatile	while				
inline	**restrict**	**_Bool**	**_Complex**	**_Imaginary**	

38.1.2 Wertebereiche für die einzelnen Datentypen

Tabelle 38.1 zeigt für die einzelnen Datentypen die auf 32-Bit Maschinen üblicherweise verwendeten Bitzahlen und die daraus resultierenden Wertebereiche. Tabelle 38.2, welche die äquivalente Information für 64-Bit Architekturen enthält, verdeutlicht, dass sich auf 64-Bit Computern lediglich der Wertebereich des Datentyps `long` ändert.

Tabelle 38.1: Typische Wertebereiche für die einzelnen Datentypen auf 32-Bit-Architekturen

Datentyp-Bezeichnung	Bitanzahl	Wertebereich
`char, signed char`	8	-128 .. 127
`unsigned char`	8	0 .. 255
`short, signed short,` `short int, signed short int`	16	-32 768 .. 32 767
`unsigned short, unsigned short int`	16	0 .. 65 535
`int, signed, signed int`	32	-2 147 483 648 .. 2 147 483 647
`unsigned, unsigned int`	32	0 .. 4 294 967 295
`long, signed long` `long int, signed long int`	32	-2 147 83 648 .. 2 147 483 647
`unsigned long, unsigned long int`	32	0 .. 4 294 967 295
`long long, signed long long` `long long int, signed long long int`	64	-9 223 372 036 854 775 808 .. .. 9 223 372 036 854 775 807
`unsigned long long` `unsigned long long int`	64	0 .. 18 446 744 073 709 551 615
`float`	32	$1.2 \cdot 10^{-38} .. 3.4 \cdot 10^{38}$
`double`	64	$2.2 \cdot 10^{-308} .. 1.8 \cdot 10^{308}$
`long double`	96	$3.4 \cdot 10^{-4932} .. 1.1 \cdot 10^{4932}$

Tabelle 38.2: Typische Wertebereiche für die einzelnen Datentypen auf 64-Bit-Architekturen

Datentyp-Bezeichnung	Bitanzahl	Wertebereich
`int, signed, signed int`	32	-2 147 483 648 .. 2 147 483 647
`long, signed long` **`long int, signed long int`**	64	-9 223 372 036 854 775 808 .. .. 9 223 372 036 854 775 807
`unsigned long, unsigned long int`	64	0 .. 18 446 744 073 709 551 615
`unsigned long long,` `unsigned long long int`	64	0 .. 18 446 744 073 709 551 615
`long long, signed long long` `long long int, signed long long int`	64	-9 223 372 036 854 775 808 .. .. 9 223 372 036 854 775 807

38.1.3 Die Funktion `printf()`

printf("format", argument1, argument2,...)

Die Kontrollzeichenkette `format` gibt an, wie einzelnen Argumente auszugeben sind. In der Kontrollzeichenkette sind neben ASCII-Zeichen, die unverändert ausgegeben werden, noch folgende Steuerzeichen erlaubt:

\a	Klingelton (auch mit \007 realisierbar)
\b	Backspace (ein Zeichen zurückpositionieren)
\f	Seitenvorschub
\n	Neue Zeile
\r	Wagenrücklauf (an Anfang der momentanen Zeile positionieren)
\t	Tabulator
\v	Vertikales Tabulatorzeichen
\ooo	Zeichen, das der Oktalzahl *ooo* entspricht
\xhh	Zeichen, das der Hexadezimalzahl *hh* entspricht
\'	Hochkomma
\"	Anführungszeichen
\\	Backslash

Neben ASCII- und obigen Steuer-Zeichen sind noch *Umwandlungsvorgaben* erlaubt.

Umwandlungsvorgaben, die immer mit % beginnen, beziehen sich auf die folgenden Argumente. Eine Umwandlungsvorgabe setzt sich wie folgt zusammen[1]:

```
% F W G L U
    F = [Formatierungszeichen]
    W = [Weite]               Mindestzahl der auszugebenden Zeichen
    G = [Genauigkeit]         . oder .* oder .ganzzahl
    L = [Längenangabe]        h, l, L, hh, ll, j, z oder t
    U = Umwandlungszeichen
```

Umwandlungszeichen

Zeichen	Wert des Arguments wird ausgegeben...
d, i	als eine vorzeichenbehaftete ganze Dezimalzahl
o	als eine vorzeichenlose ganze Oktalzahl
u	als eine vorzeichenlose ganze Dezimalzahl
x, X	als eine vorzeichenlose ganze Hexadezimalzahl: (a,b,c,d,e,f bei x und A,B,C,D,E,F bei X)
f	in der Form [-]ddd.dddddd
e,E	in der Form [-]d.dddedd bzw. [-]d.dddEdd
g,G	im e- bzw. E-Format, wenn Exponent <-4 oder >= *Genauigkeit* ist, sonst im f-Format
c	als Zeichen (`unsigned char`)
s	als Zeichenkette
p	als Zeiger-Wert (Sequenz druckbarer Zeichen)
n	keine Ausgabe. An Adresse des Arguments wird Zahl bisher ausgegebener Zeichen geschrieben
%	Es wird %- Zeichen ausgegeben und kein Argument ausgewertet (nur als %% angeben)
F	(neu in C99) in der Form [-]ddd.dddddd. Bei unendlichen Werten oder Werten, die keine Zahl sind, wird INF, INFINITY oder NAN ausgegeben. %f gibt diese Schlüsselwörter klein geschrieben aus.
a	(neu in C99) als hexadezimale Gleitpunkt-Darstellung: 0xh...p+d
A	(neu in C99) als hexadezimale Gleitpunkt-Darstellung: 0xh...P+d

---

[1] [] bedeutet, dass diese Angabe optional ist, d. h. sie kann, muss aber nicht angegeben werden

Formatierungszeichen

-	linksbündige Justierung
+	Ausgabe des Vorzeichens '+' oder '-'
Leerzeichen	Ist 1. Zeichen des Arguments kein Vorzeichen, wird Leerzeichen ausgegeben
0	Bei einer numerischen Ausgabe wird mit Nullen bis zur angegeb. *Weite* aufgefüllt
#	Auswirkung von # hängt vom Umwandlungszeichen ab:
	Bei o bzw. x, X wird Wert mit vorangestelltem 0 bzw. 0x ausgegeben
	Bei e, E, f Wert mit Dezimalpunkt, sogar wenn keine Nachkommastellen existieren
	Bei g, G Wert mit Dezimalpunkt (überflüssige Nachkommanullen mitausgegeben)

Weite gibt die Mindestanzahl der auszugebenden Stellen an. Wenn der umgewandelte Wert weniger Zeichen als *Weite* hat, so wird er links (rechts bei Linksjustierung) mit Leerzeichen oder Nullen (wenn Formatierungszeichen 0 angegeben) aufgefüllt. Für *Weite* kann folgendes angegeben werden:

n^2	Mindestens *n* Stellen werden ausgegeben. Falls der Wert des entsprechenden Arguments weniger Stellen als *n* besitzt, dann werden dennoch *n* Stellen ausgegeben.
*	Der Wert des nächsten Arguments[3] in der Argumentenliste legt die *Weite* fest. Falls der Wert dieses Argument negativ ist, dann wird linksbündige Justierung vorgenommen.

Niemals bewirkt eine nicht vorhandene oder zu kleine *Weite*-Angabe, dass Zeichen nicht ausgegeben werden. Falls das Ergebnis einer Umwandlung mehr Zeichen enthält als *Weite* vorgibt, dann werden trotzdem alle Zeichen ausgegeben.

Genauigkeit wird mit .*ganzzahl* angegeben. Die Auswirkung von Genauigkeit hängt vom angegebenen Umwandlungszeichen ab:

Umwandlungszeichen	Genauigkeit legt folgendes fest
d,i,o,u,x,X	Mindestzahl von auszugebenden Ziffern.
e,E,f,a,A,F	Zahl der auszugebenden Nachkommastellen.
g,G	maximale Zahl von auszugebenden Ziffern.
s	maximale Zahl von auszugebenden Zeichen.
sonstige	undefiniertes Verhalten

Für Genauigkeit kann auch .* angegeben werden, was bedeutet: das nächste Argument in der Argumentenliste legt die Genauigkeit fest. Ist der Wert dieses Arguments negativ, so wird diese Genauigkeits-Angabe ignoriert.

Längenangabe

h	Für Umwandlungszeichen d, i, o, u, x, X wird entspr. Argument als short behandelt
l	Für Umwandlungszeichen d, i, o, u, x, X wird entspr. Argument als long behandelt
L	Für Umwandlungszeichen e, E, f, g, G, F, a, A wird entspr. Argument als long double behandelt.
ll	(neu in C99) Für Umwandlungszeichen d, i, o, u, x, X wird entspr. Argument als long long behandelt
hh	(neu in C99) Für Umwandlungszeichen d, i, o, u, x, X wird entspr. Argument als char-Argument behandelt
j	(neu in C99) Für Umwandlungszeichen d, i, o, u, x, X wird entspr. Argument als intmax_t behandelt
z	(neu in C99) Für Umwandlungszeichen d, i, o, u, x, X wird entspr. Argument als size_t behandelt
t	(neu in C99) Für Umwandlungszeichen d, i, o, u, x, X wird entspr. Argument als ptrdiff_t behandelt

Falls h, l, L, ll, hh, j, z oder t mit anderen Umwandlungszeichen, als oben angegeben, kombiniert wird, liegt undefiniertes Verhalten vor.

---

[2]*n* steht für eine ganze Zahl
[3]muß ganzzahliger Wert sein

38.1.4 Die Funktion `scanf()`

`scanf("format", argument1, argument2,...)`

Die Kontrollzeichenkette `format` gibt an, wie einzelne Argumente einzulesen sind und legt so das Eingabeformat fest. In Kontrollzeichenkette können angegeben sein:

- ein oder mehrere Zwischenraum-Zeichen (Leerzeichen, `\f`, `\n`, `\r`, `\t`, `\v`)
  Ein Zwischenraum-Zeichen in der Kontrollzeichenkette bedeutet, dass alle in der Eingabezeile folgenden Leerzeichen, Tabulatoren, Seiten- und Zeilen-Vorschübe bis zum ersten Nicht-Zwischenraum-Zeichen zu überlesen sind.
- einfache Zeichen (weder `%` noch Zwischenraum-Zeichen)
  Ein einfaches Zeichen in der Kontrollzeichenkette bewirkt, dass die nächsten Zeichen in der Eingabezeile gelesen werden. Wenn jedoch ein Zeichen aus der Eingabe nicht dem angegebenen Zeichen entspricht, schlägt der Leseversuch fehl, und sowohl dieses wie auch nachfolgende Zeichen bleiben ungelesen.
- Umwandlungsvorgaben beginnen immer mit `%` und beziehen sich auf die nachfolgenden Argumente: 1. Umwandlungsvorgabe auf *argument1*, 2. Umwandlungsvorgabe auf *argument2* usw.

Umwandlungsvorgaben setzen sich wie folgt zusammen[4]:

% S W L U

- S=[*]   zugehörigen Argument wird kein Wert zugewiesen; es wird „übersprungen"
- W=[Weite]   maximale Zahl der zu lesenden Zeichen; wenn vor Erreichen dieser Zeichenzahl ein Zwischenraum-Zeichen oder ein anderes nicht „passendes" Zeichen gelesen wird, so wird das Lesen dieses Werts „abgebrochen".
- L=[Längenangabe]   zeigt die Größe des entsprechenden Eingabeelements an: `h`, `l`, `L`, `hh`, `ll`, `j`, `z` oder `t`
- U=Umwandlungszeichen

Umwandlungszeichen

Zeichen	Eingabedaten	Argumenttyp; Adresse von ...
d	ganze Zahl (Suffix `u`, `U`, `l`, `L` nicht erlaubt)	Ganzzahlvariable
i	ganze Zahl (Suffix `u`, `U`, `l`, `L` nicht erlaubt; Präfix: `0` → oktal; `0x`, `0X` → hexadezimal)	Ganzzahlvariable
o	ganze Oktalzahl	unsigned-Variable
u	ganze Zahl	unsigned-Variable
x, X	ganze Hexadezimalzahl	unsigned-Variable
e, f, g, E, G	Gleitpunktzahl	Gleitpunktvariable
F, a, A	(neu in C99) Gleitpunktzahl	Gleitpunktvariable
s	Zeichenkette (ohne Zwischenraum-Zeichen)	char-Variable
c	Zeichenkette[5] (*weite*[6] legt Länge fest)	char-Variable
p	Zeigerwert	Zeigervariable
n	kein Lesevorgang (Zahl bisher gelesener Zeichen wird in zugehörige Argument geschrieben)	Ganzzahlvariable
[liste]	Zeichenkette (wird solange gelesen, bis ein Zeichen auftaucht, das **nicht** in *liste* vorkommt)[7]; in *liste* auch erlaubt z. B. `[a-f]` statt `[abcdef]`	char-Variable
[^liste]	Zeichenkette (wird solange gelesen, bis ein Zeichen auftaucht, das in *liste* vorkommt)[8]; in *liste* auch erlaubt z. B. `[^a-f]` statt `[^abcdef]`	char-Variable
%	Zeichen % (verarbeitet Zeichen % aus Eingabe)	kein Argument

---

[4] `[]` bedeutet, dass diese Angabe optional ist, d. h. sie kann, muss aber nicht angegeben werden
[5] Im Unterschied zu `%s` werden hier Zwischenraum-Zeichen gelesen; sollen Zwischenraum-Zeichen übersprungen werden, wäre `% 1s` möglich
[6] wenn keine *weite* angegeben ist, dann wird 1. Zeichen eingelesen
[7] Soll das Zeichen] in dieser *liste* vorhanden sein, ist es als 1. Zeichen anzugeben: `[]...`
[8] Soll das Zeichen] in dieser *liste* vorhanden sein, ist es als 2. Zeichen anzugeben: `[^]...`

38 Anhang

Längenangabe: Hierbei sind die Zeichen h, hh, l, ll oder L erlaubt. Die folgende Tabelle zeigt, in welchen Fällen von dieser Längenangabe Gebrauch zu machen ist:

Argumenttyp	Längeangabe	mögliche Umwandlungszeichen
short * (statt int *)	h	d, i, n
unsigned short * (statt unsigned int *)	h	o, u, x
char * (statt int *)	hh (C99)	d, i, n
unsigned char * (statt unsigned int *)	hh (C99)	o, u, x
long * (statt int *)	l	d, i, n
unsigned long * (statt unsigned int *)	l	o, u, x
long long * (statt int *)	ll (C99)	d, i, n
unsigned long long* (statt unsigned int*)	ll (C99)	o, u, x
double * (statt float *)	l	e, f, g, a, E, F, G, A
long double * (statt float *)	L	e, f, g, a, E, F, G, A

Neben den in vorheriger Tabelle gezeigten Längenangaben, hat C99 noch für die Umwandlungszeichen d, i, n, o, u und x die folgenden Längenangaben eingeführt:

Längeangabe	Argumenttyp Adresse von ...
j	intmax_t-Variable
z	size_t-Variable
t	ptrdiff_t-Variable

38.2 Dezimal-, Hexa-, Oktal- und Dualtabelle

Dez	Hex	Okt	Dual	Dez	Hex	Okt	Dual	Dez	Hex	Okt	Dual
0	0	0	0000 0000	1	1	1	0000 0001	2	2	2	0000 0010
3	3	3	0000 0011	4	4	4	0000 0100	5	5	5	0000 0101
6	6	6	0000 0110	7	7	7	0000 0111	8	8	10	0000 1000
9	9	11	0000 1001	10	a	12	0000 1010	11	b	13	0000 1011
12	c	14	0000 1100	13	d	15	0000 1101	14	e	16	0000 1110
15	f	17	0000 1111	16	10	20	0001 0000	17	11	21	0001 0001
18	12	22	0001 0010	19	13	23	0001 0011	20	14	24	0001 0100
21	15	25	0001 0101	22	16	26	0001 0110	23	17	27	0001 0111
24	18	30	0001 1000	25	19	31	0001 1001	26	1a	32	0001 1010
27	1b	33	0001 1011	28	1c	34	0001 1100	29	1d	35	0001 1101
30	1e	36	0001 1110	31	1f	37	0001 1111	32	20	40	0010 0000
33	21	41	0010 0001	34	22	42	0010 0010	35	23	43	0010 0011
36	24	44	0010 0100	37	25	45	0010 0101	38	26	46	0010 0110
39	27	47	0010 0111	40	28	50	0010 1000	41	29	51	0010 1001
42	2a	52	0010 1010	43	2b	53	0010 1011	44	2c	54	0010 1100
45	2d	55	0010 1101	46	2e	56	0010 1110	47	2f	57	0010 1111
48	30	60	0011 0000	49	31	61	0011 0001	50	32	62	0011 0010
51	33	63	0011 0011	52	34	64	0011 0100	53	35	65	0011 0101
54	36	66	0011 0110	55	37	67	0011 0111	56	38	70	0011 1000
57	39	71	0011 1001	58	3a	72	0011 1010	59	3b	73	0011 1011
60	3c	74	0011 1100	61	3d	75	0011 1101	62	3e	76	0011 1110
63	3f	77	0011 1111	64	40	100	0100 0000	65	41	101	0100 0001
66	42	102	0100 0010	67	43	103	0100 0011	68	44	104	0100 0100
69	45	105	0100 0101	70	46	106	0100 0110	71	47	107	0100 0111
72	48	110	0100 1000	73	49	111	0100 1001	74	4a	112	0100 1010
75	4b	113	0100 1011	76	4c	114	0100 1100	77	4d	115	0100 1101
78	4e	116	0100 1110	79	4f	117	0100 1111	80	50	120	0101 0000
81	51	121	0101 0001	82	52	122	0101 0010	83	53	123	0101 0011
84	54	124	0101 0100	85	55	125	0101 0101	86	56	126	0101 0110
87	57	127	0101 0111	88	58	130	0101 1000	89	59	131	0101 1001
90	5a	132	0101 1010	91	5b	133	0101 1011	92	5c	134	0101 1100
93	5d	135	0101 1101	94	5e	136	0101 1110	95	5f	137	0101 1111
96	60	140	0110 0000	97	61	141	0110 0001	98	62	142	0110 0010
99	63	143	0110 0011	100	64	144	0110 0100	101	65	145	0110 0101
102	66	146	0110 0110	103	67	147	0110 0111	104	68	150	0110 1000
105	69	151	0110 1001	106	6a	152	0110 1010	107	6b	153	0110 1011
108	6c	154	0110 1100	109	6d	155	0110 1101	110	6e	156	0110 1110
111	6f	157	0110 1111	112	70	160	0111 0000	113	71	161	0111 0001
114	72	162	0111 0010	115	73	163	0111 0011	116	74	164	0111 0100
117	75	165	0111 0101	118	76	166	0111 0110	119	77	167	0111 0111
120	78	170	0111 1000	121	79	171	0111 1001	122	7a	172	0111 1010
123	7b	173	0111 1011	124	7c	174	0111 1100	125	7d	175	0111 1101
126	7e	176	0111 1110	127	7f	177	0111 1111	128	80	200	1000 0000

Dez	Hex	Okt	Dual	Dez	Hex	Okt	Dual	Dez	Hex	Okt	Dual
129	81	201	1000 0001	130	82	202	1000 0010	131	83	203	1000 0011
132	84	204	1000 0100	133	85	205	1000 0101	134	86	206	1000 0110
135	87	207	1000 0111	136	88	210	1000 1000	137	89	211	1000 1001
138	8a	212	1000 1010	139	8b	213	1000 1011	140	8c	214	1000 1100
141	8d	215	1000 1101	142	8e	216	1000 1110	143	8f	217	1000 1111
144	90	220	1001 0000	145	91	221	1001 0001	146	92	222	1001 0010
147	93	223	1001 0011	148	94	224	1001 0100	149	95	225	1001 0101
150	96	226	1001 0110	151	97	227	1001 0111	152	98	230	1001 1000
153	99	231	1001 1001	154	9a	232	1001 1010	155	9b	233	1001 1011
156	9c	234	1001 1100	157	9d	235	1001 1101	158	9e	236	1001 1110
159	9f	237	1001 1111	160	a0	240	1010 0000	161	a1	241	1010 0001
162	a2	242	1010 0010	163	a3	243	1010 0011	164	a4	244	1010 0100
165	a5	245	1010 0101	166	a6	246	1010 0110	167	a7	247	1010 0111
168	a8	250	1010 1000	169	a9	251	1010 1001	170	aa	252	1010 1010
171	ab	253	1010 1011	172	ac	254	1010 1100	173	ad	255	1010 1101
174	ae	256	1010 1110	175	af	257	1010 1111	176	b0	260	1011 0000
177	b1	261	1011 0001	178	b2	262	1011 0010	179	b3	263	1011 0011
180	b4	264	1011 0100	181	b5	265	1011 0101	182	b6	266	1011 0110
183	b7	267	1011 0111	184	b8	270	1011 1000	185	b9	271	1011 1001
186	ba	272	1011 1010	187	bb	273	1011 1011	188	bc	274	1011 1100
189	bd	275	1011 1101	190	be	276	1011 1110	191	bf	277	1011 1111
192	c0	300	1100 0000	193	c1	301	1100 0001	194	c2	302	1100 0010
195	c3	303	1100 0011	196	c4	304	1100 0100	197	c5	305	1100 0101
198	c6	306	1100 0110	199	c7	307	1100 0111	200	c8	310	1100 1000
201	c9	311	1100 1001	202	ca	312	1100 1010	203	cb	313	1100 1011
204	cc	314	1100 1100	205	cd	315	1100 1101	206	ce	316	1100 1110
207	cf	317	1100 1111	208	d0	320	1101 0000	209	d1	321	1101 0001
210	d2	322	1101 0010	211	d3	323	1101 0011	212	d4	324	1101 0100
213	d5	325	1101 0101	214	d6	326	1101 0110	215	d7	327	1101 0111
216	d8	330	1101 1000	217	d9	331	1101 1001	218	da	332	1101 1010
219	db	333	1101 1011	220	dc	334	1101 1100	221	dd	335	1101 1101
222	de	336	1101 1110	223	df	337	1101 1111	224	e0	340	1110 0000
225	e1	341	1110 0001	226	e2	342	1110 0010	227	e3	343	1110 0011
228	e4	344	1110 0100	229	e5	345	1110 0101	230	e6	346	1110 0110
231	e7	347	1110 0111	232	e8	350	1110 1000	233	e9	351	1110 1001
234	ea	352	1110 1010	235	eb	353	1110 1011	236	ec	354	1110 1100
237	ed	355	1110 1101	238	ee	356	1110 1110	239	ef	357	1110 1111
240	f0	360	1111 0000	241	f1	361	1111 0001	242	f2	362	1111 0010
243	f3	363	1111 0011	244	f4	364	1111 0100	245	f5	365	1111 0101
246	f6	366	1111 0110	247	f7	367	1111 0111	248	f8	370	1111 1000
249	f9	371	1111 1001	250	fa	372	1111 1010	251	fb	373	1111 1011
252	fc	374	1111 1100	253	fd	375	1111 1101	254	fe	376	1111 1110
255	ff	377	1111 1111								

38.3 ASCII-Tabelle

b7 b6 b5 BITS b4 b3 b2 b1	0 0 0 Steuerzeichen	0 0 1 Steuerzeichen	0 1 0 Symbole	0 1 1 Symbole	1 0 0 Grossbuchstaben	1 0 1 Grossbuchstaben	1 1 0 Kleinbuchstaben	1 1 1 Kleinbuchstaben
0 0 0 0	0 NUL 0 0	16 DLE 10 20	32 SP 20 40	48 0 30 60	64 @ 40 100	80 P 50 120	96 ` 60 140	112 p 70 160
0 0 0 1	1 SOH 1 1	17 DC1 11 21	33 ! 21 41	49 1 31 61	65 A 41 101	81 Q 51 121	97 a 61 141	113 q 71 161
0 0 1 0	2 STX 2 2	18 DC2 12 22	34 " 22 42	50 2 32 62	66 B 42 102	82 R 52 122	98 b 62 142	114 r 72 162
0 0 1 1	3 ETX 3 3	19 DC3 13 23	35 # 23 43	51 3 33 63	67 C 43 103	83 S 53 123	99 c 63 143	115 s 73 163
0 1 0 0	4 EOT 4 4	20 DC4 14 24	36 $ 24 44	52 4 34 64	68 D 44 104	84 T 54 124	100 d 64 144	116 t 74 164
0 1 0 1	5 ENQ 5 5	21 NAK 15 25	37 % 25 45	53 5 35 65	69 E 45 105	85 U 55 125	101 e 65 145	117 u 75 165
0 1 1 0	6 ACK 6 6	22 SYN 16 26	38 & 26 46	54 6 36 66	70 F 46 106	86 V 56 126	102 f 66 146	118 v 76 166
0 1 1 1	7 BEL 7 7	23 ETB 17 27	39 ' 27 47	55 7 37 67	71 G 47 107	87 W 57 127	103 g 67 147	119 w 77 167
1 0 0 0	8 BS 8 10	24 CAN 18 30	40 (28 50	56 8 38 70	72 H 48 110	88 X 58 130	104 h 68 150	120 x 78 170
1 0 0 1	9 HT 9 11	25 EM 19 31	41) 29 51	57 9 39 71	73 I 49 111	89 Y 59 131	105 i 69 151	121 y 79 171
1 0 1 0	10 LF A 12	26 SUB 1A 32	42 * 2A 52	58 : 3A 72	74 J 4A 112	90 Z 5A 132	106 j 6A 152	122 z 7A 172
1 0 1 1	11 VT B 13	27 ESC 1B 33	43 + 2B 53	59 ; 3B 73	75 K 4B 113	91 [5B 133	107 k 6B 153	123 { 7B 173
1 1 0 0	12 FF C 14	28 FS 1C 34	44 , 2C 54	60 < 3C 74	76 L 4C 114	92 \ 5C 134	108 l 6C 154	124 | 7C 174
1 1 0 1	13 CR D 15	29 GS 1D 35	45 - 2D 55	61 = 3D 75	77 M 4D 115	93] 5D 135	109 m 6D 155	125 } 7D 175
1 1 1 0	14 SO E 16	30 RS 1E 36	46 . 2E 56	62 > 3E 76	78 N 4E 116	94 ^ 5E 136	110 n 6E 156	126 ~ 7E 176
1 1 1 1	15 SI F 17	31 US 1F 37	47 / 2F 57	63 ? 3F 77	79 O 4F 117	95 ¨ 5F 137	111 o 6F 157	127 DEL 7F 177

Legende: dez
Zeichen
hex okt

38.4 Literaturverzeichnis

Die Programmiersprache C

Brian W. Kernighan, Dennis M. Ritchie, **C Programming Language**, Prentice Hall, 1988
> Kernighan und Ritchie sind die Erfinder von C und beschreiben in diesem Buch den ersten C-Standard.

Helmut Herold, **C-Kompaktreferenz**, Addison-Wesley, Bonn, 2. Auflage, 2002
> Dieses Buch ist eine Kurzfassung zur Programmiersprache C, die für das schnelle Nachschlagen von C-Funktionen, C-Konstruktionen und allgemeinen Algorithmen konzipiert wurde. Es beschreibt kurz und prägnant die einzelnen C-Konstrukte und standardisierten C89-Headerdateien. Zudem stellt es wesentliche Programmiertechniken, wichtige Algorithmen und nützliche Programme vor, die beim tagtäglichen Programmieren sehr hilfreich sein können.

Webadresse **http://gcc.gnu.org/**
> Diese Webseite ist die Homepage für den GNU C Compiler gcc.

Die Programmiersprache C++

- Bjarne Stroustrup, **The C++ Programming Language**, Addison-Wesley, Special Edition, 2000
  > In dieser Ausgabe präsentiert der Autor Bjarne Stroustrup, Urheber von C++, die vollständige Spezifikation für die Programmiersprache C++ und die Standardbibliothek.

- Helmut Herold, **Das Qt-Buch**, SuSE PRESS, Nürnberg, 1. Auflage, 2001
  > Dieses Buch gibt nicht nur eine Einführung in C++, sondern stellt auch die Qt-Klassenbibliothek vor. Mit der Qt-Klassenbibliothek lassen sich leicht Graphik-Oberflächen entwerfen, die plattformunabhängig sind und ohne jeglichen Portierungsaufwand unter den heute weit verbreiteten Betriebssystemen Linux/Unix und Windows verwendet werden können.

- Helmut Herold, Susanne Klar, Michael Klar; **Go To Objektorientierung**, Addison-Wesley, Bonn, 1. Auflage, 2001
  > Dieses führt den Leser in das Denken und die Praxis des objektorientierten Programmierens mit C++ ein. In diesem Buch wird nicht nur die Sprache C++ vorgestellt, sondern auch der objektorientierte Entwurf mit UML (Unified Modeling Language) anhand einer Vielzahl von Beispielen für den Leser nachvollziehbar gezeigt.

Allgemein zu Linux/Unix

Helmut Herold: **Linux-Unix Grundlagen**, Addison-Wesley, Bonn, 4. Auflage, 1999
> Dieses Buch ist eine Einführung in das Betriebssystem Unix und geht insbesondere auf das immer beliebtere und frei verfügbare System Linux ein. Es macht den Leser anhand von leicht nachvollziehbaren Beispielen mit den grundlegenden Linux/Unix-Kommandos und -Konzepten vertraut. Der Anhang gibt eine umfangreiche und alphabetisch geordnete Beschreibung aller grundlegenden Linux/Unix-Kommandos und eignet sich zum Nachschlagen.

Helmut Herold, **Linux-Unix Shells**, Addison-Wesley, Bonn, 3. Auflage, 1999
> Dieses Buch behandelt die fünf heute am weitest verbreiteten Unix-Shells: Bourne-Shell, Korn-Shell, C-Shell, bash und tcsh. Es beschreibt die einzelnen Shells und ihre Konstrukte ausführlich und leicht nachvollziehbar anhand von über 200 Shell-Programmbeispielen, die

online über den Verlag zu beziehen sind. Die meisten Unix-Systeme bieten standardgemäß mehrere Shells, manche Systeme wie Linux bieten standardgemäß sogar alle fünf Shells an.

Helmut Herold, **Linux-Unix Profitools**, Addison-Wesley, Bonn, 4. Auflage, 1999

Dieses Buch behandelt die mächtigen Linux-Unix-Werkzeuge awk, sed, lex, yacc und make. awk eignet sich hervorragend dazu, die tagtäglich anfallenden Analysen und Manipulationen von Daten leicht und elegant durchführen zu lassen. sed ist ein nicht interaktiver Editor, der seine Editieranweisungen entweder aus einer Datei oder von der Kommandozeile liest. lex und yacc sind Tools, die ursprünglich zum Schreiben von Compilern und Interpretern entwickelt wurden, inzwischen aber in vielen anderen Bereichen der Softwareentwicklung gewinnbringend eingesetzt weren. Beide Tools werden in diesem Buch äußerst ausführlich anhand leicht nachvollziehbarer Beispiele beschrieben, wobei in diesem Buch unter anderem ein nahezu vollständiges Frontend eines C-Compilers gegeben wird, indem ein Profiler für C-Programme realisiert wird. make schließlich ist das Tool schlechthin zur automatischen Programmgenerierung unter Linux/Unix. In diesem Buch wird make anhand praktischer Programmbeispiele detailliert vorgestellt.

Helmut Herold, **Linux-Unix Kurzreferenz**, Addison-Wesley, Bonn, 3. Auflage, 1999

Dieses Buch ist eine Kurzreferenz zu den Büchern Linux-Unix Grundlagen, Linux-Unix Shells, Linux-Unix Profitools und Linux-Unix Systemprogrammierung. Es enthält neben der Beschreibung wichtiger Linux/Unix-Kommandos und -Tools (wie z. B. Shells, make, awk, sed, lex, yacc) auch eine Kurzfassung zu allen typischen Aufrufformen der zur Systemprogrammierung benötigten Funktionen. Die Systemaufrufe werden dabei ebenso wie alle C89-Funktionen nicht nur kurz vorgestellt, sondern oft wird noch ein kleiner Codeausschnitt angegeben, der zeigt, wie diese Funktionen zu verwenden sind. Dieses Buch soll neben den Manpages dem Programmierer nützliche und schnelle Informationen beim täglichen Programmieren seines Linux/Unix-Systems geben.

Systemprogrammierung unter Linux/Unix

W. Richard Stevens, **Advanced Programming in the Unix Environment** Addison-Wesley Publishing, Reading, 1992

Dies ist das Standardwerk zum Programmieren unter Unix. Es beschreibt die gesamte Breite der Systemaufrufe von BSD4.3 über SVR4 bis zum POSIX-Standard.

Helmut Herold, **Linux-Unix Systemprogrammierung**, Addison-Wesley, Bonn, 2. Auflage, 1999

Das Buch wendet sich an alle, die mehr über die Interna von Linux/Unix wissen möchten. Es behandelt die Systemprogrammierung unter Linux/Unix und gibt auch Einblicke in die Datenstrukturen und Algorithmen, um dem interessierten Leser die Realisierung von Systemaufrufen und Betriebssystemkonzepten an einem konkreten System zu verdeutlichen. Aufgrund der über 200 Beispiel- und Übungsprogramme, die online über den Verlag zu beziehen sind, eignet sich dieses Buch sowohl zum Selbststudium als auch zum Nachschlagen, zumal es auch auf die gängigen Standards (ANSI, POSIX, XPG) und Implementierungen (wie SVR4, BSD und Linux) eingeht.

W. Richard Stevens, **Programmieren von Unix-Netzen**, Coedition Verlage Carl Hanser und Prentice-Hall, München und London, 1992

Dies ist das Standardwerk zur Programmierung von Unix-Netzen.

38.5 Bestelldaten für Übungen und Lösungen zu diesem Buch

Zu diesem Buch existiert ein sowohl ein Übungs- als auch ein Lösungsbuch, die beide seit Jahren äußerst erfolgreich zur Schulung der Programmiersprache C eingesetzt werden:

Übungsbuch zu diesem Buch   34,90 €

ca. 500 fächerübergreifende Programmierübungen mit unterschiedlichen Schwierigkeitsgraden (ca. 550 Seiten, DIN A4, broschiert)

Lösungsbuch zum Übungsbuch   44,90 €

(ca. 720 Seiten, DIN A4, broschiert)

CD-ROM   14,90 €

mit allen Programmbeispielen aus diesem Buch und dem Übungsbuch

Komplett-Set   89,90 €

Übungsbuch, Lösungsbuch und CD-ROM

Diese Unterlagen sowie die begleitende CD-ROM können gegen Nachnahme bei folgender Adresse bzw. bei untenstehender Telefonnummer oder E-Mail-Adresse bestellt werden (*siehe auch nächste Seite*):

less & more
Vertrieb von Lern- und Lehrunterlagen
Postfach 53
91084 Weisendorf
  E-Mail: *LessAMore@aol.com*
  Tel: *09135/799483*

An
less & more
Vertrieb von Lern- und Lehrunterlagen
Postfach 53
91084 Weisendorf
  E-Mail: *LessAMore@aol.com*
  Tel: *09135/799483*

38.5 Bestelldaten für Übungen und Lösungen zu diesem Buch

Ich bestelle hiermit zur Lieferung per Nachnahme:

Stück	Titel	Einzelpreis	Gesamtpreis
	Übungsbuch *mit 500 Übungen zum Buch* "*C-Programmierung unter Linux*" *(ca. 550 Seiten, DIN A4, broschiert)*	34,90 €	
	Lösungsbuch: Lösungen zum Übungsbuch *(ca. 720 Seiten, DIN A4, broschiert)*	44,90 €	
	CD-ROM: *mit allen Programmbeispielen aus dem* *- Buch "C-Programmierung unter Linux"* *- und dem Übungsbuch*	14,90 €	
	Komplett-Set *Übungsbuch, Lösungsbuch und CD-ROM*	89,90 €	
		Gesamt	

Versandkostenfrei ab 250 €

Bestellung schicken an: _____

_____

_____

_____

_____

_____

Datum: Unterschrift:

Index

< Operator, 44
<<Operator, 61
<= Operator, 44
== Operator, 44
> Operator, 44
>= Operator, 44
>>Operator, 61
| Operator, 47, 52
|| Operator, 48
\ \, 101, 1059
\ ', 101, 1059
\ ", 101, 1059
\ a, 101, 1059
\ b, 101, 1059
\ e, 101, 1059
\ f, 101, 1059
\ ooo, 101, 1059
\ r, 101, 1059
\ t, 101, 1059
\ v, 101, 1059
\ x, 101, 1059
++ Operator, 68, 74
, Operator, 199, 207
-- Operator, 68, 74
<assert.h>, 495
<complex.h>, 951
<ctype.h>, 93
<dirent.h>, 884
<errno.h>, 854
<fcntl.h>, 861
<fenv.h>, 955
<float.h>, 149
<graphics.h>, 302
<inttypes.h>, 959
<iso646.h>, 965
<limits.h>, 147, 860
<locale.h>, 935
<math.h>, 121
<setjmp.h>, 923
<signal.h>, 915
<stdarg.h>, 390
<stdbool.h>, 46
<stddef.h>, 106, 117
<stdint.h>, 106, 117, 958
<stdio.h>, 808
<stdlib.h>, 594
<string.h>, 576
<sys/stat.h>, 877
<tgmath.h>, 964

<time.h>, 286
<wchar.h>, 942
<wctype.h>, 942
?:, 183
Übung
 adturing.c, 485
 aepfel.c, 264
 anhaeng.c, 873
 aribit.c, 64
 armstron.c, 272
 basket.c, 345
 benzinv.c, 81
 bis100.c, 278
 block3.c, 432
 bruchrec.c, 704
 bucstrei.c, 608
 c_worte.c, 719
 caprecap.c, 112
 chinzahl.c, 621
 constzei.c, 460
 datediff.c, 722
 dauerkal.c, 621
 demere.c, 374
 dhondt.c, 642
 dodon.c, 526
 domino.c, 243
 dualaddi.c, 485
 dualwand.c, 413
 engel.c, 14
 entferbi.c, 609
 erdumf.c, 81
 float.c, 514
 geldstap.c, 82
 geldstck.c, 128
 ggtrekur.c, 412
 gleiteig.c, 155
 harmon.c, 243
 idealgew.c, 187
 inkdek.c, 71
 josephus.c, 779
 kandproz.c, 145
 kettenpi.c, 44
 koch.c, 346, 414
 komment.c, 14
 kosmisch.c, 643
 kreis.c, 198
 kugel.c, 80
 laugsaeu.c, 805
 life.c, 538

limits.c, 514
logbit.c, 64
machebi.c, 609
meincd.c, 910
menue.c, 14
mywhich.c, 903
nulleins.c, 569
numausg.c, 859
numrueck.c, 688
nytimes.c, 43
okdezhex.c, 128
pflanze1.c, 413
piregen.c, 344
polydraw.c, 396
primfakt.c, 264
primzahl.c, 278
quadzeic.c, 347
reaktest.c, 920
rechnung.c, 181
schalt.c, 181
sincos.c, 129
sparrate.c, 374
sparswei.c, 141
speikla1.c, 456
spiegel.c, 568
treesize.c, 892
vielmax.c, 396
vumrech.c, 100, 101
wachsen.c, 526
wertber.c, 148
wortlen.c, 608
wortstat.c, 780
zahlrat.c, 271
zahlsys.c, 657
zeitrech.c, 388
ziffadd1.c, 294
ziffadd2.c, 294
zusop.c, 67
zusop2.c, 76
(Null-Direktive), 513
Operator, 503
Operator, 503
#define, 77, 79, 500
#elif, 488
#else, 488
#endif, 488
#error, 513
#if, 488
#ifdef, 488

Index

#ifndef, 488
#include, 83, 497
#line, 512
#pragma, 513
#undef, 506
& Adreßoperator, 384
& Operator, 52
&& Operator, 47, 48
_Bool Datentyp, 20, 46
_Complex Datentyp, 20, 951
_IOFBF Konstante, 849
_IOLBF Konstante, 849
_IONBF Konstante, 849
_Imaginary Datentyp, 20, 951
__DATE__, 511
__FILE__, 511
__LINE__, 511
__STDC_HOSTED__, 511
__STDC_IEC_559_COMPLEX__, 511
__STDC_IEC_559__, 511
__STDC_ISO_10646__, 512
__STDC_VERSION__, 511
__STDC__, 511
__TIME__, 511
_exit(), 897
! Operator, 44
^ Operator, 52
Bit-Operatoren, 52
Bitfelder, 788
Makro
   __DATE__, 511
   __FILE__, 511
   __LINE__, 511
   __STDC_HOSTED__, 511
   __STDC_IEC_559_COMPLEX__, 511
   __STDC_IEC_559__, 511
   __STDC_ISO_10646__, 512
   __STDC_VERSION__, 511
   __STDC__, 511
   __TIME__, 511
   Vordefiniert, 511

abort(), 920
access time, 881
access(), 879
acos(), 121
acosh(), 122
add2.c, 119
add2alt.c, 365
add2neu.c, 364
addalt.c, 362
addiere.c, 91
addmult.c, 69
addneu.c, 363
Adreßoperator &, 384
adress1.c, 799
adturing.c, 485, 1020
aepfel.c, 264, 993
Aktuelle Koordinate, 310
Aktueller Parameter, 351, 376
Aktuelles Argument, 351, 376
ALGOL, 464
AND-Operator, 48
anhaeng.c, 873, 1049
ANSI, 4

Anweisung, 40
arc(), 317
arg_env.c, 909
argreih.c, 386
argtest.c, 645
argtest2.c, 646
argtest3.c, 647
Argument, 351, 376
Argumente
   Kommandozeile, 645
   Optionen, 648, 655
argvor.c, 385
aribit.c, 64, 975
arithmetische Operatoren, 39
armstron.c, 272, 995
arr_swap.c, 625
Array, 304, 517
   Funktionsadressen, 639
   Initialisierung, 609
   mehrdimensional, 527
   Struktur, 709
   und Zeiger, 539
   zweidimensional, 527
Array-Zeiger, 623
arryfeh2.c, 525
arrygros.c, 522
arryinitc99.c, 612
arrynoname.c, 615
arryok.c, 524
arrysize.c, 536
arrystatic.c, 627
artizahl.c, 717
asctime(), 287
asin(), 121
asinh(), 122
Assembler, 462
assert(), 495
Assoziativität, 72
atan(), 121
atan2(), 121
atanh(), 122
atexit(), 898
atexit.c, 898
atof(), 600
atoi(), 599
atol(), 600
atoll(), 600
attribut.c, 879
Attribute von Dateien, 876
Ausdruck, 40
Ausgabe
   ein Zeichen, 85
   gepuffert, 86
   printf(), 101, 1059
   putchar(), 85
Auswertung, 39
Auswertungszeitpunkt, 74
auto, 436
autoadr.c, 444
autoggt.c, 436
autokauf.c, 162

B Sprache, 3
Balken
   dreidimansional, 318
   zweidimensional, 318
bar(), 318

bar3d(), 318
BASIC, 464
basket.c, 345, 1004
Baum
   Binär, 767
baum.c, 886
Baumstrukturen, 404
BCPL Sprache, 3
Bedingte Bewertung, 183
Bedingte Kompilierung, 488
Beenden eines Programms, 897
benzinv.c, 81, 980
Bibliothek, 83, 351
bildschi.c, 477
bildschi.h, 475
Binärbaum, 767
Binäre Suche, 563, 726
Binärmodus, 837
binatext.c, 838
bis100.c, 278, 996
bitand.c, 54
bitfeld.c, 790
bitfeld2.c, 792
bitgleit.c, 58
bitor.c, 56
bitumdre.c, 493
bitxor.c, 57
Blöcke, 427
block.c, 430
block3.c, 432, 1019
Blockstruktur, 427
bonbon.c, 247
bonbon2.c, 247
bool Datentyp, 46
booltyp.c, 49
Bottom-up, 470
break, 273
Breite eines Textes, 324
briefmar.c, 230
bruchrec.c, 704, 1041
btowc(), 950
Bubble-Sort, 560
bubble.c, 560
buchstat.c, 858
buchstnr.c, 519
buchzaeh.c, 574
bucstrei.c, 608, 1031
BUFSIZ Konstante, 850
byte stream, 807
bytezahl.c, 816

C++, 3
C89, 4
C99, 5
c_worte.c, 719, 1043
cabs(), 952
cacos(), 952
cacosh(), 952
Call
   by reference, 381
   by value, 381
calloc(), 671
caprecap.c, 112, 982
carg(), 952
casin(), 952
casinh(), 952
Cast, 142

Index

cast.c, 144
casting, 142
cat Kommando, 867
catan(), 952
catanh(), 952
cbrt(), 122
ccos(), 952
ccosh(), 952
ceil(), 121
cexp(), 952
Chaos, 341
char Datentyp, 19
char-Konstanten, 26
char-Zeiger, 569
chdir(), 882
chinzahl.c, 621, 1034
chmod(), 878
Chromsky-Grammatik, 406
cimag(), 952
circle(), 317
cleardevice(), 310
clearenv(), 903
clearerr(), 814
clearviewport(), 334
clock(), 287
clock1.c, 283
clog(), 952
close(), 863
closedir(), 884
closegraph(), 305
COBOL, 464
Compiler, 471
complex.c, 952
conj(), 952
const, 79, 457, 620
const.c, 458
constzei.c, 460, 1020
continue, 279
copysign(), 122
copyzeit.c, 833
cos(), 121
cosh(), 121
cpow(), 952
cproj(), 952
creal(), 952
creat(), 862
creation time, 881
csin(), 952
csinh(), 952
csqrt(), 952
ctan(), 952
ctanh(), 952
ctime(), 287

Danksagung, 1
dataus.c, 819
datbytes.c, 842
datediff.c, 722, 1044
Datei, 807
    Änderungszeit, 881
    Öffnen, 809, 860, 862
    Anlegen, 862
    Attribute, 876
    Binärmodus, 837
    creation time, 881
    EOF-Flag, 813, 814
    Fehler-Flag, 813, 814
    Größe, 880
    Kreieren, 862
    Löschen, 848
    Lesen (blockweise), 827
    Lesen (byteweise), 863
    Lesen (ein Zeichen), 814, 815
    Lesen (eine Zeile), 818
    Lesen (formatiert), 820
    modification time, 881
    Positionieren, 841, 845, 846, 868
    Pufferung, 849
    Schliessen, 809, 811, 863
    Schreiben (blockweise), 827
    Schreiben (byteweise), 866
    Schreiben (ein Zeichen), 814, 815
    Schreiben (eine Zeile), 818
    Schreiben (formatiert), 820, 834
    Stream verknüpfen, 846
    Temporäre, 851
    Textmodus, 837
    Umbenennen, 848
    Zeit, 881
    Zeit der i-node-Änderung, 881
    Zugriffszeit, 881
    Zurückschieben (ein Zeichen), 826
dateiart.c, 877
dateiauf.c, 811
Datentyp, 21, 1058
    _Bool, 20, 46
    _Complex, 20, 951
    _Imaginary, 20, 951
    bool, 46
    char, 19
    double, 20
    eigener, 795
    FILE, 808
    float, 20
    fpos_t, 840
    Gleitpunkt-, 149
    Grund-, 19
    int, 19
    long, 20
    long long, 20
    short, 19
    signed, 19
    Tabelle, 21, 1058
    unsigned, 19, 20
    va_list, 390
    void, 357, 376
    Wertebereich, 21, 1058
Datentypen
    und Operatoren, 73
Datentypumwandlung, 133, 142, 366
    casting, 142
    explizit, 142
    implizit, 133, 366
    implizite, 131
Datum des Tages, 291
datuminfo.c, 292
Datumsangaben, 286
datzeile.c, 843
datzeit.c, 881
dauerkal.c, 621, 1034
defined, 488

Definition
    Funktionen (Alt-C), 356
    Funktionen (C89/C99), 353
    Konstanten, 77, 79
    Variablen, 32
Dekrement-Operator --, 68
delay(), 307
demere.c, 374, 1010
devnr.c, 891
dezimale Konstanten, 27
dezumwa2.c, 545
dezumwan.c, 520
dhondt.c, 642, 1036
difftime(), 287
DIR Struktur, 885
dirdemo.c, 883
Directory, 875, 882
    Anlegen, 882
    Löschen, 848, 882
    Lesen, 884
    Wechseln, 882
    Working, 882
dirent Struktur, 884
do...while, 267
dodon.c, 526, 1025
domino.c, 243, 992
Doppelt verkettete Liste, 761
double Datentyp, 20, 149
drawpoly(), 319
dreichi1.c, 634
dreichi2.c, 638
dreieck.c, 404
dreizeic.c, 86
du Kommando, 880
dualaddi.c, 485, 1022
dualbcd.c, 616
Duale Addition, 18
dualwand.c, 413, 1017
dualzahl.c, 217
Dynamische
    Speicherallozierung, 659
    Strukturarrays, 737
dynarr.c, 622

E/A-Funktionen, 807, 859
E/A-Umlenkung, 823
e_reihe.c, 455
eifrau1.c, 277
eifrau2.c, 277
Eigener Datentyp, 795
eimalei.c, 212
einaus.c, 307
einauscp.c, 823
Einer-Komplement, 52
Eingabe
    ein Zeichen, 85
    gepuffert, 86
    getchar(), 85
    scanf(), 113, 1061
einkompl.c, 53
einles.c, 433
Einseitige
    if-Anweisung, 166
einzeich.c, 85
Elementare E/A-Funktionen, 859
Ellipse
    ausgefüllt zeichnen, 318, 330

1073

Index

zeichnen, 318
ellipse(), 318
Ellipsen-Prototypen, 389
endlos.c, 814
Endlose for-Schleife, 219
engel.c, 14, 967
englzah1.c, 629
englzah2.c, 631
entferbi.c, 609, 1033
Entwurf
    Bottom-up, 470
    Modularer, 470
    Top-Down, 470
enum, 801
enumdemo.c, 805
environ Variable, 900
Environment, 900
envlist1.c, 900
envlist2.c, 901
EOF-Flag, 813, 814
erdumf.c, 81, 979
errno Variable, 854
errodemo.c, 855
erst.c, 7
execdemo.c, 909
execl(), 907
execle(), 907
execlp(), 907
execv(), 907
execve(), 907
execvp(), 907
Exit
    Handler, 898
    Status, 894
exit(), 897
exp(), 121
exp2(), 122
Explizite Datentypumwandlung, 142
expm1(), 122
exstat.c, 896
extern, 432

Füllmuster, 318
fabs(), 121
faktor.h, 981
fakul.c, 399
fakul2.c, 401
FALSE, 46
false Konstante, 46
Farbpalette, 332
farbstuf.c, 332
fclose(), 811
fdim(), 122
fdopen(), 873
feclearexcept(), 955
fegetenv(), 956
fegetexceptflag(), 955
fegetround(), 955
fehlausg.c, 394
Fehler-Flag, 813, 814
fehler.c, 479, 856
fehler.h, 476
Fehlermeldung, 854
fehlhand.c, 856
feholdexcept(), 956
fenv.c, 956

feof(), 813
feraiseexcept(), 955
ferror(), 813
fesetenv(), 956
fesetexceptflag(), 955
fesetround(), 956
fetestexcept(), 955
feupdateenv(), 956
fflush(), 851
fgetc(), 815
fgetpos(), 845
fgets(), 818
fgetwc(), 946
fgetws(), 946
fibonaci.c, 405
figur.c, 319
File
    siehe Datei, 809
FILE Datentyp, 808
Filedeskriptor, 860
fileno(), 872
fillellipse(), 318
fillpoly(), 319
firmaelt.c, 696, 701
firmver2.c, 737
firmverw.c, 710
float Datentyp, 20, 149
float.c, 514, 1023
floataus.c, 41
floatint.c, 141
floor(), 121
FLT_ROUNDS, 151
fma(), 122
fmax(), 122
fmin(), 122
fmod(), 121
Font, 324
fopen(), 809
for, 201
    endlos, 219
fordrueb.c, 242
Formaler Parameter, 351, 376
FORTRAN, 464
fprintf(), 820
fputc(), 815
fputs(), 818
fputwc(), 946
fputws(), 946
Fraktale, 341, 406
fread(), 827
free(), 679
free1.c, 679
free2.c, 680
free3.c, 681
freeimage(), 327
Freigabe
    Speicher, 659
fremdspe.c, 576
freopen(), 846
freopen.c, 846
frexp(), 121
fscanf(), 820
fseek(), 841
fsetpos(), 845
fstat(), 876
ftell(), 841
funcbez.c, 398

functions, 349
funkproj.c, 338
Funktion, 349
_exit(), 897
abort(), 920
access(), 879
acos(), 121
acosh(), 122
arc(), 317
asctime(), 287
asin(), 121
asinh(), 122
atan(), 121
atan2(), 121
atanh(), 122
atexit(), 898
atof(), 600
atoi(), 599
atol(), 600
atoll(), 600
bar(), 318
bar3d(), 318
bsearch(), 566
btowc(), 950
cabs(), 952
cacos(), 952
cacosh(), 952
calloc(), 671
carg(), 952
casin(), 952
casinh(), 952
catan(), 952
catanh(), 952
cbrt(), 122
ccos(), 952
ccosh(), 952
ceil(), 121
cexp(), 952
chdir(), 882
chmod(), 878
cimag(), 952
circle(), 317
cleardevice(), 310
clearenv(), 903
clearerr(), 814
clearviewport(), 334
clock(), 287
clog(), 952
close(), 863
closegraph(), 305
conj(), 952
copysign(), 122
cos(), 121
cosh(), 121
cpow(), 952
cproj(), 952
creal(), 952
creat(), 862
csin(), 952
csinh(), 952
csqrt(), 952
ctan(), 952
ctanh(), 952
ctime(), 287
Definition (Alt-C), 356
Definition (C89/C99), 353
Deklaration, 360

Index

delay(), 307
difftime(), 287
drawpoly(), 319
ellipse(), 318
Ellipsen-Prototypen, 389
execl(), 907
execle(), 907
execlp(), 907
execv(), 907
execve(), 907
execvp(), 907
exit(), 897
exp(), 121
exp2(), 122
expm1(), 122
fabs(), 121
fclose(), 811
fdim(), 122
fdopen(), 873
feclearexcept(), 955
fegetenv(), 956
fegetexceptflag(), 955
fegetround(), 955
feholdexcept(), 956
feof(), 813
feraiseexcept(), 955
ferror(), 813
fesetenv(), 956
fesetexceptflag(), 955
fesetround(), 956
fetestexcept(), 955
feupdateenv(), 956
fflush(), 851
fgetc(), 815
fgetpos(), 845
fgets(), 818
fgetwc(), 946
fgetws(), 946
fileno(), 872
fillellipse(), 318
fillpoly(), 319
floor(), 121
fma(), 122
fmax(), 122
fmin(), 122
fmod(), 121
fopen(), 809
fprintf(), 820
fputs(), 818
fputwc(), 946
fputws(), 946
fread(), 827
free(), 679
freeimage(), 327
freopen(), 846
frexp(), 121
fscanf(), 820
fseek(), 841
fsetpos(), 845
fstat(), 876
ftell(), 841
fwprintf(), 946
fwrite(), 827
fwscanf(), 946
getc(), 815
getch(), 306
getchar(), 814

getcharacter(), 305
getcolor(), 314
getcwd(), 882
getdouble(), 306
getenv(), 902
getimage(), 327
getint(), 305
getmaxcolor(), 311
getmaxx(), 310
getmaxy(), 310
getopt(), 655
getpixel(), 311
gets, 818
gets(), 604
getwc(), 946
getwchar(), 946
getx(), 310
gety(), 310
gmtime(), 287
hypot(), 122
ilogb(), 122
imaxabs(), 960
imaxdiv(), 960
initgraph(), 305
isalnum(), 93
isalpha(), 93
isblank(), 93
iscntrl(), 93
isdigit(), 93
isgraph(), 93
islower(), 93
isprint(), 93
ispunct(), 93
isspace(), 93
isupper(), 93
iswalnum(), 943
iswalpha(), 943
iswblank(), 943
iswcntrl(), 943
iswdigit(), 943
iswgraph(), 943
iswlower(), 943
iswprint(), 943
iswpunct(), 943
iswspace(), 943
iswupper(), 943
iswxdigit(), 943
isxdigit(), 93
kbhit(), 306
ldexp(), 121
lgamma(), 122
line(), 314
linerel(), 314
lineto(), 315
llrint(), 122
llround(), 123
loadimage(), 327
localeconv(), 937
localtime(), 288
log(), 121
log10(), 121
log1p(), 123
log2(), 123
logb(), 123
longjmp(), 923
lrint(), 123
lround(), 123

lseek(), 868
main(), 894
malloc(), 662
mblen(), 949
mbrlen(), 950
mbrtowc(), 950
mbsinit(), 950
mbsrtowcs(), 951
mbstowcs(), 949
mbtowc(), 949
memchr(), 594
memcmp(), 593
memcpy(), 592
memmove(), 592
memset(), 593
mkdir(), 882
mktime(), 288
modf(), 121
mouse_button(), 334
mouse_getpos(), 334
mouse_hide(), 334
mouse_inwindow(), 335
mouse_left(), 334
mouse_mid(), 334
mouse_right(), 334
mouse_setcursor(), 335
mouse_setpos(), 334
mouse_setwindow(), 335
mouse_show(), 334
mouse_visible(), 334
moverel(), 314
moveto(), 314
nearbyint(), 123
nextafter(), 123
nexttoward(), 123
open(), 860
opendir(), 884
outtextxy(), 307
perror(), 854
pieslice(), 330
pow(), 121
printf(), 820
Prototypen, 361
putchar(), 814
putenv(), 902
putimage(), 327
putpixel(), 311
puts(), 604, 818
putwc(), 946
putwchar(), 946
qsort(), 562, 741
read(), 863
readdir(), 884
realloc(), 672
rectangle(), 317
Rekursiv, 399
remainder(), 123
remove(), 848
remquo(), 123
rename(), 848
rewind(), 846
rewinddir(), 884
rint(), 123
rmdir(), 882
round(), 123
scalbln(), 123
scalbn(), 123

1075

Index

scanf(), 603, 820
sector(), 330
setbuf(), 849
setcolor(), 314
setenv, 902
setfillstyle(), 318
setjmp(), 923
setlinestyle(), 315
setlocale(), 936
setpalette(), 332
setrgbpalette(), 332
settextjustify(), 324
settextstyle(), 324
setvbuf(), 849
setviewport(), 333
setwritemode(), 332
signal(), 914
sin(), 121
sinh(), 121
sleep(), 920
snprintf(), 836
sprintf(), 303, 601, 836
sqrt(), 121
sscanf(), 600, 835
stat(), 876
strcat(), 579
strchr(), 583
strcmp(), 581
strcoll(), 591
strcpy(), 573, 578
strcspn(), 588
strerror(), 590, 855
strftime(), 288
strlen(), 582
strncat(), 580
strncpy(), 578
strpbrk(), 586
strrchr(), 584
strspn(), 587
strstr(), 585
strtod(), 598
strtof(), 599
strtoimax(), 960
strtol(), 594
strtold(), 599
strtoll(), 597
strtoul(), 598
strtoull(), 598
strtoumax(), 960
Struktur, 719
strxfrm(), 591
swprintf(), 946
swscanf(), 946
system(), 905
tan(), 121
tanh(), 121
textheight(), 324
textwidth(), 324
tgamma(), 123
time(), 289
tmpfile(), 852
tmpnam(), 851
tolower(), 93
toupper(), 93
towlower(), 943
towupper(), 943
trunc(), 124

ungetc(), 826
ungetwc(), 946
unlink(), 848
unsetenv(), 902
vfscanf(), 837
vfwprintf(), 946
vfwscanf(), 946
vprintf(), 834
vscanf(), 837
vsnprintf(), 837
vsprintf(), 836
vsscanf(), 837
vswprintf(), 946
vswscanf(), 946
vwprintf(), 946
vwscanf(), 946
wcrtomb(), 951
wcscat(), 947
wcschr(), 947
wcscmp(), 947
wcscoll(), 947
wcscpy(), 947
wcscspn(), 947
wcsftime(), 948
wcslen(), 947
wcsncat(), 947
wcsncmp(), 947
wcsncpy(), 947
wcspbrk(), 947
wcsrchr(), 947
wcsrtombs(), 951
wcsspn(), 947
wcsstr(), 947
wcstod(), 948
wcstof(), 948
wcstoimax(), 960
wcstok(), 947
wcstol(), 948
wcstold(), 948
wcstoll(), 948
wcstombs(), 950
wcstoul(), 948
wcstoull(), 948
wcstoumax(), 960
wcsxfrm(), 947
wctob(), 951
wctomb(), 949
Wide-Character, 942
wmemchr(), 947
wmemcmp(), 947
wmemcpy(), 947
wmemmove(), 947
wmemset(), 947
wprintf(), 946
write(), 866
wscanf(), 946
Adresse, 639
assert(), 495
inline, 396
va_arg() Makro, 390
va_copy() Makro, 390
va_end() Makro, 390
va_start() Makro, 390
Zeiger auf, 415
funkzgr1.c, 418
funkzgr2.c, 419
fwprintf(), 946

fwrite(), 827
fwscanf(), 946

Ganzzahlige Konstanten, 27, 46
Ganzzahltypen
    Grenzwerte, 147
geheim.c, 449
geldstap.c, 82, 981
geldstck.c, 128, 983
georeih3.c, 209
georeih4.c, 236
georeih5.c, 237
georeihe.c, 205
gepufferte Ausgabe, 86
gepufferte Eingabe, 86
gerade.c, 509
Geschachtelte Schleifen, 211
getc(), 815
getch(), 306
getchar(), 85, 814
getcharacter(), 305
getcolor(), 314
getcwd(), 882
getdouble(), 306
getenv(), 902
getimage(), 327
getint(), 305
getmaxcolor(), 311
getmaxx(), 310
getmaxy(), 310
getopt(), 655
getpixel(), 311
gets(), 604, 818
getwc(), 946
getwchar(), 946
getx(), 310
gety(), 310
ggtkgv.c, 269
ggtrekur.c, 412, 1016
Gleichheitsoperatoren, 44
gleiteig.c, 155, 987
gleitpkt.c, 786
Gleitpunkt-Ausdruck, 41
Gleitpunkt-Variable, 41
Gleitpunktkonstanten, 27
Gleitpunkttypen
    Grenzwerte, 149
Gleitpunktzahlen, 149
gleizae2.c, 241
gleizae3.c, 241
gleizae4.c, 242
gleizaeh.c, 240
gmtime(), 287
goldbac1.c, 284
goldbac2.c, 285
goldbac3.c, 286
Goldbach-Vermutung, 284, 286
goto, 297
Größe von Text, 324
Graphikmodus
    ausschalten, 305
    einschalten, 305
Grenzwerte
    Ganzzahltypen, 147
    Gleitpunkttypen, 149
groesse.c, 324, 880
Grunddatentypen, 19

Index

gueltl.c, 440
guelt2.c, 442
guelt3.c, 442

Höhe eines Textes, 324
Höhere Programmiersprache, 464
hamming1.c, 238
hamming2.c, 239
harmon.c, 243, 992
haus.c, 202
Headerdatei, 497
   <assert.h>, 495
   <complex.h>, 951
   <ctype.h>, 93
   <dirent.h>, 884
   <errno.h>, 854
   <fcntl.h>, 861
   <fenv.h>, 955
   <float.h>, 149
   <graphics.h>, 302
   <inttypes.h>, 959
   <iso646.h>, 965
   <limits.h>, 147, 860
   <locale.h>, 935
   <math.h>, 121
   <setjmp.h>, 923
   <signal.h>, 915
   <stdarg.h>, 390
   <stdbool.h>, 46
   <stddef.h>, 106, 117
   <stdint.h>, 106, 117, 958
   <stdio.h>, 808
   <stdlib.h>, 594
   <string.h>, 576
   <sys/stat.h>, 877
   <tgmath.h>, 964
   <time.h>, 286
   <wchar.h>, 942
   <wctype.h>, 942
   selbst.h, 97, 98
Headerdateien, 83, 351, 933
Hebräische Methode, 534
hebrae.c, 534
heron.c, 249
heron2.c, 250
heron3.c, 250
Hexadezimal
   Konstanten, 27
   System, 25
   Zahlen, 25
   Ziffer, 192, 195
hexafloat1.c, 153
hexafloat2.c, 155
hexd.c, 829
hexextra.c, 826
hexokdua.c, 214
hexziff1.c, 192
hexziff2.c, 195
hintquad.c, 235
hochdrei.c, 507
hypot(), 122

idealgew.c, 187, 990
if, 159, 166
ilogb(), 122
imaxabs(), 960
imaxdiv(), 960

Implizite Datentypumwandlung, 133, 366
implizite Datentypumwandlung, 131
incpout.c, 870
indatei.c, 816
Information Hiding, 467
iniconst.c, 620
initgraph(), 305
Initialisieren Variable, 75
Initialisierung, 38, 609
   Struktur, 705
inkdek.c, 71, 977
inkrdekr.c, 69
Inkrement-Operator ++, 68
Inline-Funktion, 396
inline.c, 397
int Datentyp, 19
int-Ausdruck, 40
int-Variable, 40
intaus.c, 40
intcatch.c, 915
inttypes.c, 961
inttypes2.c, 961
invest.c, 529
isalnum(), 93
isalpha(), 93
isblank(), 93
iscntrl(), 93
isdigit(), 93
isgraph(), 93
islower(), 93
isnrlow.c, 587
ISO, 4
ISO C99, 5
isprint(), 93
ispunct(), 93
isspace(), 93
isupper(), 93
iswalnum(), 943
iswalpha(), 943
iswblank(), 943
iswcntrl(), 943
iswdigit(), 943
iswgraph(), 943
iswlower(), 943
iswprint(), 943
iswpunct(), 943
iswspace(), 943
iswupper(), 943
iswxdigit(), 943
isxdigit(), 93

jaeger1.c, 261
jaeger2.c, 262
jmp_buf Datentyp, 924
josephus.c, 779, 1045
just.c, 325

kandproz.c, 145, 986
karten.c, 329
kbhit(), 306
keinadr.c, 118
kettenpi.c, 44, 974
kill Kommando, 917
kleigro1.c, 93
kleigro2.c, 94

kleigro3.c, 97
kleigros.c, 252
koch.c, 346, 414, 1007, 1018
Kochsche Schneeflocke, 341
Komma-Operator, 199, 207
Kommando
   cat, 867
   kill, 917
Kommandozeile, 645, 648, 655
   Argumente, 645
   Optionen, 648, 655
komment.c, 14, 968
Kommentar, 12
   Geschachtelt, 13
Komplement
   Einer, 52
   Zweier, 16, 17, 52
kompzahl.c, 720
Konkatenation von Strings, 109
Konstante
   _IOFBF, 849
   _IOLBF, 849
   _IONBF, 849
   false, 46
   L_tmpnam, 852
   O_APPEND, 861, 866
   O_CREAT, 861
   O_EXCL, 861
   O_RDONLY, 861
   O_RDWR, 861
   O_SYNC, 861, 867
   O_TRUNC, 861
   O_WRONLY, 861
   OPEN_MAX, 860
   S_IRGRP, 862, 878
   S_IROTH, 862, 878
   S_IRUSR, 862, 878
   S_IRWXG, 862, 878
   S_IRWXO, 862, 878
   S_IRWXU, 862, 878
   S_ISGID, 862, 878
   S_ISUID, 862, 878
   S_ISVTX, 862, 878
   S_IWGRP, 862, 878
   S_IWOTH, 862, 878
   S_IWUSR, 862, 878
   S_IXGRP, 862, 878
   S_IXOTH, 862, 878
   S_IXUSR, 862, 878
   SEEK_CUR, 841, 869
   SEEK_END, 841, 869
   SEEK_SET, 841, 869
   SIG_ERR, 914
   stderr, 813, 823
   stdin, 813, 823
   stdout, 813, 823
   TMP_MAX, 852
   true, 46
Konstanten, 26, 27, 77, 79
   char, 26
   Dezimal, 27
   Ganzzahlig, 27, 46
   Gleitpunkt, 27
   Hexadezimal, 27
   Oktal, 27
konto.c, 88
konto2.c, 89

Index

Konvertierung
  Dezimal-in Dualzahl, 18
  Dual-in Hexadzimalzahl, 26
  Dual-in Oktalzahl, 25
Koordinate
  aktuell, 310
  Maximales x, 310
  Maximales y, 310
  Transformation, 337
kosmisch.c, 643, 1037
Kreis
  ausgefüllt zeichnen, 330
  zeichnen, 317
kreis.c, 78, 198, 991
Kreisbogen
  zeichnen, 317
kubikzah.c, 557
Kuchenstück, 330
kugel.c, 80, 979
kugzyvol.c, 415

Lösung
  adturing.c, 1020
  aepfel.c, 993
  anhaeng.c, 1049
  aribit.c, 975
  armstron.c, 995
  basket.c, 1004
  benzinv.c, 980
  bis100.c, 996
  block3.c, 1019
  bruchrec.c, 1041
  bucstrei.c, 1031
  c_worte.c, 1043
  caprecap.c, 982
  chinzahl.c, 1034
  constzei.c, 1020
  datediff.c, 1044
  dauerkal.c, 1034
  demere.c, 1010
  dhondt.c, 1036
  dodon.c, 1025
  domino.c, 992
  dualaddi.c, 1022
  dualwand.c, 1017
  engel.c, 967
  entferbi.c, 1033
  erdumf.c, 979
  faktor.h, 981
  float.c, 1023
  geldstap.c, 981
  geldstck.c, 983
  ggtrekur.c, 1016
  gleiteig.c, 987
  harmon.c, 992
  idealgew.c, 990
  inkdek.c, 977
  josephus.c, 1045
  kandproz.c, 986
  kettenpi.c, 974
  koch.c, 1007, 1018
  komment.c, 968
  kosmisch.c, 1037
  kreis.c, 991
  kugel.c, 979
  laugsaeu.c, 1047
  life.c, 1026

limits.c, 1023
logbit.c, 977
machebi.c, 1032
meincd.c, 1053
menue.c, 967
mywhich.c, 1052
nulleins.c, 1030
numausg.c, 1048
numrueck.c, 1040
nytimes.c, 974
okdezhex.c, 983
pflanze1.c, 1017
piregen.c, 1002
polydraw.c, 1015
primfakt.c, 994
primzahl.c, 999
quadzeic.c, 1009
reaktest.c, 1054
rechnung.c, 989
schalt.c, 988
sincos.c, 984
sparrate.c, 1012
sparswei.c, 985
speikla1.c, 1020
spiegel.c, 1029
treesize.c, 1050
vielmax.c, 1015
vumrech.c, 981
wachsen.c, 1026
wertber.c, 986
wortlen.c, 1032
wortstat.c, 1046
zahlrat.c, 995
zahlsys.c, 1038
zeitrech.c, 1013
ziffadd2.c, 999
zusop.c, 977
zusop2.c, 978
L_tmpnam Konstante, 852
laugsaeu.c, 805, 1047
LCGI, 301
ldat.c, 885
ldexp(), 121
Lebensdauer, 431
leerpara.c, 376
Lesbarkeit, 174
Lesen von Directory, 884
lgamma(), 122
life.c, 538, 1026
limits.c, 514, 1023
Lindenmayer-Systeme, 406
line(), 314
linerel(), 314
lineto(), 315
Linie
  absolut zeichnen, 314
  Art, 315
  Dicke, 315
  relativ zeichnen, 314
  zeichnen, 315
linie.c, 315
Linked List, 745, 753, 761
Linker, 471
Linux C Graphics Interface, 301
Liste
  Ausgeben, 753
  Doppelt verkettete, 761

Einfügen, 753
Löschen, 753
Linked, 745, 753, 761
Operationen, 753
Sortierte, 753
Verkettete, 745
llrint(), 122
llround(), 123
loadimage(), 327
localeconv(), 937
localtime(), 288
log(), 121
log10(), 121
log1p(), 123
log2(), 123
logb(), 123
logbit.c, 64, 977
Logische Operatoren, 46
Logischer Operatoren, 47
lokale.c, 939
long Datentyp, 20
long long Datentyp, 20
longjmp(), 923
lottoza2.c, 233
lottoza3.c, 234
lottozah.c, 231
lrint(), 123
lround(), 123
lseek(), 868
lshift.c, 62
lsystem1.c, 408
lsystem2.c, 410

machebi.c, 609, 1032
main(), 894
Makro, 95, 499
Makroaufruf, 95
malloc(), 662
manhat2.c, 224
manhatan.c, 219
mannweib.c, 184
Marke, 297
Maschinensprache, 462
matadd.c, 531
matadd2.c, 558
mathverg.c, 127
Matrix, 527
Matrizen, 527
mauscursor.c, 336
mausdemo.c, 335
Mausprogrammierung, 334
max.c, 502
max2zahl.c, 501
mblen(), 949
mbrlen(), 950
mbrtowc(), 950
mbsinit(), 950
mbsrtowcs(), 951
mbstowcs(), 949
mbtowc(), 949
Mehrdimensionale Arrays, 527
meincd.c, 910, 1053
memchr(), 594
memcmp(), 593
memcpy(), 592
memcpy.c, 592
memmove(), 592

Index

memmove.c, 592
memset(), 593
menue.c, 14, 967
menue1.c, 178
menue2.c, 179
mfunk1.c, 124
mfunk2.c, 125
mineins.c, 176
mineins2.c, 177
minmax.c, 253
mittwert.c, 218
mkdir(), 882
mktime(), 288
modf(), 121
modification time, 881
Modul, 423, 467
   bitumdre.c, 493
   fehler.c, 479
   paritaet.c, 480
   paturing.c, 478
   zahlwort.c, 496
MODULA-2, 465
Modularer Entwurf, 470
Modultechnik, 461, 466
monataus.c, 617
mouse_button(), 334
mouse_getpos(), 334
mouse_hide(), 334
mouse_inwindow(), 335
mouse_left(), 334
mouse_mid(), 334
mouse_right(), 334
mouse_setcursor(), 335
mouse_setpos(), 334
mouse_setwindow(), 335
mouse_show(), 334
mouse_visible(), 334
moverel(), 314
moveto(), 314
mrz_dez.c, 142
mrz_dez2.c, 143
Multibyte-Zeichen, 948
Muster, 318
mycat.c, 867
mywhich.c, 903, 1052

nachvor.c, 87
namdatei.c, 820
namfile.c, 830
namlist1.c, 745
namlist2.c, 753
namlist3.c, 762
namsort1.c, 659
namsort2.c, 663
namsort3.c, 665
namsort4.c, 683
namsort5.c, 684
namsort6.c, 685
namsort7.c, 686
namsort8.c, 686
namsort9.c, 687
Nassi-Shneiderman-Diagramm, 159, 166, 190, 201, 245, 267
NDEBUG, 495
nearbyint(), 123
Negations-Operator, 47
nextafter(), 123

nexttoward(), 123
Nicht-lokaler-Sprung, 923
noexstat.c, 895
nreingab.c, 448
Null-Direktive #, 513
nulleins.c, 569, 1030
numausg.c, 859, 1048
numrueck.c, 688, 1040
numsort1.c, 667
numsort2.c, 672
numsort3.c, 676
numsort4.c, 682
nytimes.c, 43, 974

O_APPEND Konstante, 861, 866
O_CREAT Konstante, 861
O_EXCL Konstante, 861
O_RDONLY Konstante, 861
O_RDWR Konstante, 861
O_SYNC Konstante, 861, 867
O_TRUNC Konstante, 861
O_WRONLY Konstante, 861
oel.c, 311
oelbohr.c, 259
okdezhex.c, 983
Oktal
   Konstanten, 27
   System, 25
   Zahlen, 25
open(), 860
OPEN_MAX Konstante, 860
opendir(), 884
Operation, 200
Operationen mit Zeigern, 551
Operationen und Datentypen, 73
Operator
   <<, 61
   >>, 61
   ->, 725
   |, 52, 55
   ||, 48
   ++, 68
   --, 68
   #, 503
   ##, 503
   &, 52, 53
   &&, 48
   !, 47
   ^, 52, 57
   Bit, 52
   |, 56
   ++, 74
   --, 74
   Assoziativität, 72
   Auswertungszeitupnkt, 74
   cast-, 142
   Dekrement, 68
   Inkrement, 68
   Komma, 199, 207
   Postfix, 68
   Präfix, 68
   Priorität, 71, 186, 200, 1057
   sizeof, 131, 536
   und Datentypen, 73
   AND, 48
   arithmetisch, 39
   Auswertung, 39

   Logischer, 47
   Negations-, 47
   OR, 48
   Pfeil-, 725
   Priorität, 39, 60, 64
   Punkt, 695
   relationaler, 44
   Shift, 61
   Tilde, 52
   Vergleichs-, 44
   Zuweisung, 35
   Zuweisungs-, 65
Operatoren, 39, 44, 47, 48, 52, 61, 65, 68, 71, 72, 186
   Gleichheits-, 44
   Relationale, 44
opshift.c, 66
OR-Operator, 48
outtextxy(), 307

pap.c, 726
Parameter, 351, 376
   Struktur, 719
paritaet.c, 480
PASCAL, 465
paturing.c, 478
perror(), 854
pfeilfix.c, 733
Pfeiloperator, 725
pflanze1.c, 413, 1017
piesarc.c, 331
pieslice(), 330
piregen.c, 344, 1002
Pixel, 311
pixel.c, 312
polydraw.c, 396, 1015
Polygon
   ausgefüllt zeichnen, 319
   zeichnen, 319
polygon.c, 322
Positionieren
   absolut, 314
   relativ, 314
Postfix-Operator, 68
postprae.c, 74
potenz.c, 353, 357
potenz3.c, 359
potenz4.c, 360
pow(), 121
Präfix-Operator, 68
Präprozessor, 487
primfakt.c, 264, 994
primzahl.c, 278, 999
printf(), 101, 820, 1059
printf1.c, 103
printf2.c, 105
printf3.c, 106
printf4.c, 107
printf5.c, 109
Priorität, 39, 60, 64, 71, 186, 200, 1057
Privatisierungseffekt, 427
Problemorientierte Sprachen, 464
Programm
   add2.c, 119
   add2alt.c, 365
   add2neu.c, 364

Index

addalt.c, 362
addiere.c, 91
addmult.c, 69
addneu.c, 363
adress1.c, 799
adturing.c, 485, 1020
aepfel.c, 264, 993
anhaeng.c, 873, 1049
arg_env.c, 909
argreih.c, 386
argtest.c, 645
argtest2.c, 646
argtest3.c, 647
argvor.c, 385
aribit.c, 64, 975
armstron.c, 272, 995
arr_swap.c, 625
arryfeh2.c, 525
arryfehl.c, 523
arrygros.c, 522
arryinitc99.c, 612
arrynoname.c, 615
arryok.c, 524
arrysize.c, 536
arrystatic.c, 627
artizahl.c, 717
atexit.c, 898
attribut.c, 879
autoadr.c, 444
autoggt.c, 436
autokauf.c, 162
basket.c, 345, 1004
baum.c, 886
benzinv.c, 81, 980
binatext.c, 838
bis100.c, 278, 996
bitand.c, 54
bitfeld.c, 790
bitfeld2.c, 792
bitgleit.c, 58
bitor.c, 56
bitumdre.c, 493
bitxor.c, 57
block.c, 430
block3.c, 432, 1019
bonbon.c, 247
bonbon2.c, 247
booltyp.c, 49
briefmar.c, 230
bruchrec.c, 704, 1041
bubble.c, 560
buchstat.c, 858
buchstnr.c, 519
buchzaeh.c, 574
bucstrei.c, 608, 1031
bytezahl.c, 816
c_worte.c, 719, 1043
caprecap.c, 112, 982
cast.c, 144
chinzahl.c, 621, 1034
clock1.c, 283
complex.c, 952
const.c, 458
constzei.c, 460, 1020
copyzeit.c, 833
dataus.c, 819
datbytes.c, 842

datediff.c, 722, 1044
dateiart.c, 877
dateiauf.c, 811
datuminfo.c, 292
datzeile.c, 843
datzeit.c, 881
dauerkal.c, 621, 1034
demere.c, 374, 1010
devnr.c, 891
dezumwa2.c, 545
dezumwan.c, 520
dhondt.c, 642, 1036
dirdemo.c, 883
dodon.c, 526, 1025
domino.c, 243, 992
dreichi1.c, 634
dreichi2.c, 638
dreieck.c, 404
dreizeic.c, 86
dualaddi.c, 485, 1022
dualbcd.c, 616
dualwand.c, 413, 1017
dualzahl.c, 217
dynarr.c, 622
e_reihe.c, 455
eifrau1.c, 277
eifrau2.c, 277
eimalei.c, 212
einaus.c, 307
einauscp.c, 823
einkompl.c, 53
einles.c, 433
einzeich.c, 85
Ende, 894, 897
endlos.c, 814
engel.c, 14, 967
englzah1.c, 629
englzah2.c, 631
entferbi.c, 609, 1033
enumdemo.c, 805
Environment, 900
envlist1.c, 900
envlist2.c, 901
erdumf.c, 81, 979
errodemo.c, 855
erst.c, 7
execdemo.c, 909
Exit-Status, 894
exstat.c, 896
faktor.h, 981
fakul.c, 399
fakul2.c, 401
farbstuf.c, 332
fehlausg.c, 394
fehler.c, 856
fehlhand.c, 856
fenv.c, 956
fibonaci.c, 405
figur.c, 319
firmaelt.c, 696, 701
firmver2.c, 737
firmverw.c, 710
float.c, 514, 1023
floataus.c, 41
floatint.c, 141
fordrueb.c, 242
free1.c, 679

free2.c, 680
free3.c, 681
fremdspe.c, 576
freopen.c, 846
funcbez.c, 398
funkproj.c, 338
funkzgr1.c, 418
funkzgr2.c, 419
geheim.c, 449
geldstap.c, 82, 981
geldstck.c, 128, 983
georeih4.c, 236
georeih5.c, 237
georeihe.c, 205
georeihr3.c, 209
gerade.c, 509
ggtkgv.c, 269
ggtrekur.c, 412, 1016
gleiteig.c, 155, 987
gleitpkt.c, 786
gleizae2.c, 241
gleizae3.c, 241
gleizae4.c, 242
gleizaeh.c, 240
goldbac1.c, 284
goldbac2.c, 285
goldbac3.c, 286
groesse.c, 324, 880
guelt1.c, 440
guelt2.c, 442
guelt3.c, 442
hamming1.c, 238
hamming2.c, 239
harmon.c, 243, 992
haus.c, 202
hebrae.c, 534
heron.c, 249
heron2.c, 250
heron3.c, 250
hexafloat1.c, 153
hexafloat2.c, 155
hexd.c, 829
hexextra.c, 826
hexokdua.c, 214
hexziff1.c, 192
hexziff2.c, 195
hintquad.c, 235
hochdrei.c, 507
idealgew.c, 187, 990
inline.c, 397
incpout.c, 870
indatei.c, 816
iniconst.c, 620
inkdek.c, 71, 977
inkrdekr.c, 69
intaus.c, 40
intcatch.c, 915
inttypes.c, 961
inttypes2.c, 961
invest.c, 529
isnrlow.c, 587
jaeger1.c, 261
jaeger2.c, 262
josephus.c, 779, 1045
just.c, 325
kandproz.c, 145, 986
karten.c, 329

Index

keinadr.c, 118
kettenpi.c, 44, 974
kleigro1.c, 93
kleigro2.c, 94
kleigro3.c, 97
kleigros.c, 252
koch.c, 346, 414, 1007, 1018
komment.c, 14, 968
kompzahl.c, 720
konto.c, 88
konto2.c, 89
kosmisch.c, 643, 1037
kreis.c, 78, 198, 991
kubikzah.c, 557
kugel.c, 80, 979
kugzyvol.c, 415
laugsaeu.c, 805, 1047
ldat.c, 885
leerpara.c, 376
life.c, 538, 1026
limits.c, 514, 1023
linie.c, 315
logbit.c, 64, 977
lokale.c, 939
lottoza2.c, 233
lottoza3.c, 234
lottozah.c, 231
lshift.c, 62
lsystem1.c, 408
lsystem2.c, 410
machebi.c, 609, 1032
manhat2.c, 224
manhatan.c, 219
mannweib.c, 184
matadd.c, 531
matadd2.c, 558
mathverg.c, 127
mauscursor.c, 336
mausdemo.c, 335
max.c, 502
max2zahl.c, 501
meincd.c, 910, 1053
memcpy.c, 592
memmove.c, 592
menue.c, 14, 967
menue1.c, 178
menue2.c, 179
mfunk1.c, 124
mfunk2.c, 125
mineins.c, 176
mineins2.c, 177
minmax.c, 253
mittwert.c, 218
monataus.c, 617
mrz_dez.c, 142
mrz_dez2.c, 143
mycat.c, 867
mywhich.c, 903, 1052
nachvor.c, 87
namdatei.c, 820
namfile.c, 830
namlist1.c, 745
namlist2.c, 753
namlist3.c, 762
namsort1.c, 659
namsort2.c, 663
namsort3.c, 665

namsort4.c, 683
namsort5.c, 684
namsort6.c, 685
namsort7.c, 686
namsort8.c, 686
namsort9.c, 687
noexstat.c, 895
nreingab.c, 448
nulleins.c, 569, 1030
numausg.c, 859, 1048
numrueck.c, 688, 1040
numsort1.c, 667
numsort2.c, 672
numsort3.c, 676
numsort4.c, 682
nytimes.c, 43, 974
oel.c, 311
oelbohr.c, 259
okdezhex.c, 983
ophift.c, 66
pap.c, 726
pfeilfix.c, 733
pflanze1.c, 413, 1017
piesarc.c, 331
piregen.c, 344, 1002
pixel.c, 312
polydraw.c, 396, 1015
polygon.c, 322
postprae.c, 74
potenz.c, 353, 357
potenz3.c, 359
potenz4.c, 360
primfakt.c, 264, 994
primzahl.c, 278, 999
printf1.c, 103
printf2.c, 105
printf3.c, 106
printf4.c, 107
printf5.c, 109
qsort1.c, 562
quader.c, 98
quadrat.c, 226
quadrat2.c, 227
quadzahl.c, 548
quadzeic.c, 347, 1009
rabatt.c, 377
rabatt2.c, 378
rdonly.c, 879
reaktest.c, 920, 1054
reaktion.c, 309
realloc.c, 675
rechne1.c, 639
rechne2.c, 640
rechnen.c, 169
rechnen2.c, 185
rechner1.c, 926
rechner2.c, 929
rechnung.c, 181, 989
regel1.c, 366
regel1a.c, 133, 367
regel1b.c, 135
regel1c.c, 135
regel3.c, 136
regel4.c, 138
regel5.c, 140
romzahl.c, 370
rueckwae.c, 402

sandmann.c, 327
scanf1.c, 113
scanf2.c, 115
scanf3.c, 115
scanf4.c, 117
scanf5.c, 120
schalt.c, 181, 988
sincos.c, 129, 984
skatkart.c, 802
skilang.c, 769
sort1.c, 552
sparrate.c, 374, 1012
sparswei.c, 141, 985
speikla1.c, 456, 1020
spiegel.c, 568, 1029
spiel21.c, 575
spieltor.c, 446
sprintf.c, 601
sscanf.c, 600, 835
Start, 894
static1.c, 450
static2.c, 450
stdint.c, 958
strcat.c, 579
strchr.c, 583
strcmp.c, 581
strcpya.c, 572
strcpyz.c, 573
strein1.c, 603
strein2.c, 603
strein3.c, 604
strein4.c, 604
striche.c, 357
strlen.c, 582
strncmp(), 582
strncmp.c, 582
strncpy.c, 578
strrchr.c, 584
strtok(), 589
strtok.c, 589
strtol.c, 595
structinit99.c, 706
structnoname.c, 707
struoper.c, 703
struvararr.c, 782
struzgr1.c, 723
struzgr2.c, 726
struzgr3.c, 736
suchdiv1.c, 563
suchdiv2.c, 565
suchdiv3.c, 567
suchtext.c, 585
systdemo.c, 905
tabelle.c, 678
tausch.c, 36, 379
tausch2.c, 382
tausch3.c, 424
textaus1.c, 110
textaus2.c, 110
tmpnam.c, 852
treesize.c, 892, 1050
typedef1.c, 796
typgroes.c, 132
Umgebung, 900
union.c, 784
unturing.c, 483
va_args.c, 506

Index

vchiffre.c, 372
vergl.c, 864
vertausc.c, 167
vfprintf(), 834
vieladd1.c, 391
vieladd2.c, 391
vieladd3.c, 392
vielmax.c, 396, 1015
vokzaeh2.c, 607
vokzaehl.c, 586, 587
vollkom2.c, 281
vollkomm.c, 279
vormakro.c, 512
vumrech.c, 101, 981
wachsen.c, 526, 1026
wctrans.c, 945
wctype.c, 944
wegein.c, 454
weghaupt.c, 453
weihbaum.c, 227
welchdat.c, 291
welchtag.c, 290
wertber.c, 148, 986
wortlen.c, 608, 1032
wortstat.c, 780, 1046
wurzstruct.c, 708
wurzzahl.c, 618
wz.c, 648
wz2.c, 655
zahlrat.c, 271, 995
zahlsys.c, 657, 1038
zahltab.c, 221
zahltab2.c, 222
zeitrech.c, 388, 1013
zgrarry1.c, 606
zgrarry2.c, 606
ziffadd1.c, 294
ziffadd2.c, 294, 999
zins.c, 387
zufzahl2.c, 256
zufzahl3.c, 257
zufzahl4.c, 258
zusop.c, 67, 977
zusop2.c, 76, 978
zweit.c, 11
Programm beenden, 897
Programmablaufplan
  do...while, 267
  for, 201
  if (einsetig), 166
  if (zweiseitig), 159
  while, 245
programmglobal, 427
Programmiersprache
  höhere, 464
  problemorientiert, 464
Projektion von Koordinaten, 337
Prototypen, 361
Prozeß, 893
  Ende, 894, 897
  Environment, 900
  Exit-Status, 894
  Startup, 894
  Umgebung, 900
Prozeduren, 357, 359
Prozedurtechnik, 465
Pseudocode, 180

Puffer
  leeren, 851
Pufferung, 848
  keine, 849
  Voll-, 849
  voreingestellt, 849
  Zeilen-, 849
Punkt Operator, 695
putc(), 815
putchar(), 814
putenv(), 902
putimage(), 327
putpixel(), 311
puts(), 604, 818
putwc(), 946
putwchar(), 946

qsort(), 562, 741
qsort1.c, 562
quader.c, 98
quadrat.c, 226
quadrat2.c, 227
quadzahl.c, 548
quadzeic.c, 347, 1009

Römische Zahlen, 370
rabatt.c, 377
rabatt2.c, 378
rdonly.c, 879
read(), 863
readdir(), 884
reaktest.c, 920, 1054
reaktion.c, 309
realloc(), 672
realloc.c, 675
Rechenprogramm, 169
rechne1.c, 639
rechne2.c, 640
rechnen.c, 169
rechnen2.c, 185
rechner1.c, 926
rechner2.c, 929
rechnung.c, 181, 989
Rechteck
  ausgefüllt zeichnen, 318
  zeichnen, 317
rectangle(), 317
regel1.c, 366
regel1a.c, 133, 367
regel1b.c, 135
regel1c.c, 135
regel3.c, 136
regel4.c, 138
regel5.c, 140
register, 455, 931
Rekursive Funktion, 399
Rekursive Strukturen, 745
Relationale Operatoren, 44
Relativ Positionieren, 314
remainder(), 123
remove(), 848
remquo(), 123
rename(), 848
Reservierung
  Speicher, 659
restrict, 571
return, 357

rewind(), 846
rewinddir(), 884
rint(), 123
rmdir(), 882
romzahl.c, 370
round(), 123
rueckwae.c, 402

S_IRGRP Konstante, 862, 878
S_IROTH Konstante, 862, 878
S_IRUSR Konstante, 862, 878
S_IRWXG Konstante, 862, 878
S_IRWXO Konstante, 862, 878
S_IRWXU Konstante, 862, 878
S_ISGID Konstante, 862, 878
S_ISUID Konstante, 862, 878
S_ISVTX Konstante, 862, 878
S_IWGRP Konstante, 862, 878
S_IWOTH Konstante, 862, 878
S_IWUSR Konstante, 862, 878
S_IXGRP Konstante, 862, 878
S_IXOTH Konstante, 862, 878
S_IXUSR Konstante, 862, 878
sandmann.c, 327
scalbln(), 123
scalbn(), 123
scanf(), 113, 603, 820, 1061
scanf1.c, 113
scanf2.c, 115
scanf3.c, 115
scanf4.c, 117
scanf5.c, 120
schalt.c, 181, 988
Schnittstellen, 366
Schriftart, 324
Schrittweise Verfeinerung, 470
sector(), 330
SEEK_CUR Konstante, 841, 869
SEEK_END Konstante, 841, 869
SEEK_SET Konstante, 841, 869
selbst.h, 97, 98
self-typing, 26
setbuf(), 849
setcolor(), 314
setenv(), 902
setfillstyle(), 318
setjmp(), 923
setlinestyle(), 315
setlocale(), 936
setpalette(), 332
setrgbpalette(), 332
settextjustify(), 324
settextstyle(), 324
setvbuf(), 849
setviewport(), 333
setwritemode(), 332
Shift-Operator, 61
short Datentyp, 19
SIG_DFL Signal, 914
SIG_ERR Konstante, 914
SIG_IGN Signal, 914
SIGABRT Signal, 917, 920
SIGFPE Signal, 917
SIGILL Signal, 917
SIGINT Signal, 917
Signal
  SIG_DFL, 914

Index

SIG_IGN, 914
SIGABRT, 917, 920
SIGFPE, 917
SIGILL, 917
SIGINT, 917
SIGSEGV, 917
SIGTERM, 917
signal(), 914
Signale, 913
Signalkonzept, 913
Signalnamen, 916
Signalnummern, 916
signed Datentyp, 19
SIGSEGV Signal, 917
SIGTERM Signal, 917
sin(), 121
sincos.c, 129, 984
sinh(), 121
sizeof, 131, 536
skatkart.c, 802
skilang.c, 769
sleep(), 920
snprintf(), 836
sort1.c, 552
Sortier-Algorithmus, 560
Sortierte
    Liste, 753
sparrate.c, 374, 1012
sparswei.c, 141, 985
Speicher
    Dynamische Freigabe, 659
    Dynamische Reservierung, 659
Speicherort, 431
speikla1.c, 456, 1020
spiegel.c, 568, 1029
spiel21.c, 575
spieltor.c, 446
Sprache
    Assembler, 462
    Maschinen-, 462
    maschinenorientiert, 462
sprintf(), 303, 601, 836
sprintf.c, 601
Sprung
    Nicht-lokal, 923
sqrt(), 121
sscanf(), 600, 835
sscanf.c, 600, 835
Stack, 378, 401, 431
Standard-E/A-Funktionen, 807
Standard-Headerdateien, 498
Standardausgabe, 813, 823, 860
Standardbibliothek, 83, 351
Standardeingabe, 813, 823, 860
Standardfehlerausgabe, 813, 823, 860
Startup-Routine, 894
stat Struktur, 875, 876
stat(), 876
static, 445, 931
static1.c, 450
static2.c, 450
stderr Konstante, 813, 823
stdin Konstante, 813, 823
stdint.c, 958
stdout Konstante, 813
stdout Kontante, 823

Steuerzeichen
    \\, 101, 1059
    \', 101, 1059
    \", 101, 1059
    \a, 101, 1059
    \b, 101, 1059
    \e, 101, 1059
    \f, 101, 1059
    \ooo, 101, 1059
    \r, 101, 1059
    \t, 101, 1059
    \v, 101, 1059
    \x, 101, 1059
strcat(), 579
strcat.c, 579
strchr(), 583
strchr.c, 583
strcmp(), 581
strcmp.c, 581
strcoll(), 591
strcpy(), 573, 578
strcpya.c, 572
strcpyz.c, 573
strcspn(), 588
stream, 807
strein1.c, 603
strein2.c, 603
strein3.c, 604
strein4.c, 604
strerror(), 590, 855
strftime(), 288
striche.c, 357
String
    Konkatenation, 109
    Lesen (formatiert), 835, 837
    Schreiben (formatiert), 836, 837
Stringkonkatenation, 109
Strings, 569
strlen(), 582
strlen.c, 582
strncat(), 580
strncmp(), 582
strncmp.c, 582
strncpy(), 578
strncpy.c, 578
strpbrk(), 586
strrchr(), 584
strrchr.c, 584
strspn(), 587
strstr(), 585
strtod(), 598
strtof(), 599
strtoimax(), 960
strtok(), 589
strtok.c, 589
strtol(), 594
strtol.c, 595
strtold(), 599
strtoll(), 597
strtoul(), 598
strtoull(), 598
strtoumax(), 960
struct, 689
structinit99.c, 706
structnoname.c, 707
Struktogramm
    do...while-Anweisung, 267

for-Anweisung, 201
if-Anweisung (einseitig), 166
if-Anweisung (zweiseitig), 159
switch-Anweisung, 190
while-Anweisung, 245
Struktur
    Bitfelder, 788
    Array, 709
    Funktion, 719
    Initialisierung, 705
    rekursiv, 745
    Zeiger, 722
Strukturarray, 709
    dynamisch, 737
Strukturen, 689
struoper.c, 703
struvararr.c, 782
struzgr1.c, 723
struzgr2.c, 726
struzgr3.c, 736
strxfrm(), 591
Subroutinentechnik, 462
suchdiv1.c, 563
suchdiv2.c, 565
suchdiv3.c, 567
Suche
    Binär, 563, 726
suchtext.c, 585
switch, 189
swprintf(), 946
swscanf(), 946
systdemo.c, 905
system(), 905

tabelle.c, 678
tan(), 121
tanh(), 121
tausch.c, 36, 379
tausch2.c, 382
tausch3.c, 424
Technik
    Modul-, 466
    Prozedur-, 465
    Subroutinen-, 462
    Unterprogramm, 462
Temporäre Dateien, 851
Text
    Breite, 324
    Font, 324
    Größe, 324
    Höhe, 324
    Schreibrichtung, 324
    Schriftart, 324
    Zeichensatz, 324
textaus1.c, 110
textaus2.c, 110
textheight(), 324
Textmodus, 837
textwidth(), 324
tgamma(), 123
Tilde Operator, 52
time(), 289
TMP_MAX Konstante, 852
tmpfile(), 852
tmpnam(), 851
tmpnam.c, 852
tolower(), 93

Index

Top-Down, 470
toupper(), 93
towlower(), 943
towupper(), 943
Transformation von Koordinaten, 337
treesize.c, 892, 1050
TRUE, 46
true Konstante, 46
trunc(), 124
turing.h, 476
Turingmaschinen, 472
Typ-Qualifizierer, 457
typedef, 795
typedef1.c, 796
typgroes.c, 132

Umgebung, 900
Umlenkung
  E/A, 823
Umwandlung
  Dezimal in Dualzahl, 18
  Dual-in Hexadzimalzahl, 26
  Dual-in Oktalzahl, 25
  Gleitpunkt in Dualzahl, 152
ungetc(), 826
ungetwc(), 946
uninitialisierte Variable, 75
union, 783
union.c, 784
Unions, 783
unlink(), 848
unsetenv(), 902
unsigned Datentyp, 19, 20
Unterprogrammtechnik, 462
unturing.c, 483

va_arg(), 390
va_args.c, 506
va_copy(), 390
va_end(), 390
va_list, 390
va_start(), 390
Variable initialisieren, 75
Variablen, 29
  Definition, 32
  Deklaration, 32
  Initialisierung, 38
  Name, 30
  nicht vorbesetzt, 75
  uninitialisiert, 75
  Vereinbarung, 32
  Vertauschen, 36, 167
vchiffre.c, 372
Vektor, 517
vergl.c, 864
Vergleichsoperatoren, 44
Verkettete Liste, 745, 761
Verschiebechiffre, 372
vertausc.c, 167
Vertauschen von Variablen, 36, 167
Verzeichnis, 875, 882
vfprintf(), 834
vfscanf(), 837
vfwprintf(), 946
vfwscanf(), 946

vieladd1.c, 391
vieladd2.c, 391
vieladd3.c, 392
vielmax.c, 396, 1015
void, 357, 376
vokzaeh2.c, 607
vokzaehl.c, 586, 587
volatile, 457, 459, 931
Voll-Pufferung, 849
vollkom2.c, 281
vollkomm.c, 279
Vollkommene Zahlen, 279, 281
Vordefinierte Makros, 511
Voreingestellte Pufferung, 849
vormakro.c, 512
vprintf(), 834
vscanf(), 837
vsnprintf(), 837
vsprintf(), 836
vsscanf(), 837
vswprintf(), 946
vswscanf(), 946
vumrech.c, 101, 981
vwprintf(), 946
vwscanf(), 946

wachsen.c, 526, 1026
wcrtomb(), 951
wcscat(), 947
wcschr(), 947
wcscmp(), 947
wcscoll(), 947
wcscpy(), 947
wcscspn(), 947
wcsftime(), 948
wcslen(), 947
wcsncat(), 947
wcsncmp(), 947
wcsncpy(), 947
wcspbrk(), 947
wcsrtombs(), 951
wcsspn(), 947
wcsstr(), 947
wcstod(), 948
wcstof(), 948
wcstoimax(), 960
wcstok(), 947
wcstol(), 948
wcstold(), 948
wcstoll(), 948
wcstombs(), 950
wcstoul(), 948
wcstoull(), 948
wcstoumax(), 960
wcsxfrm(), 947
wctob(), 951
wctomb(), 949
wctrans(), 945
wctype.c, 944
wegein.c, 454
weghaupt.c, 453
weihbaum.c, 227
welchdat.c, 291
welchtag.c, 290
wertber.c, 148, 986
Wertebereich von Datentypen, 21, 1058

while, 245
Wide-Character-Funktionen, 942
wmemchr(), 947
wmemcmp(), 947
wmemcpy(), 947
wmemmove(), 947
wmemset(), 947
Wochentag eines Datums, 290
Working-Directory, 882
wortlen.c, 608, 1032
wortstat.c, 780, 1046
wprintf(), 946
write(), 866
wscanf(), 946
wurzstruct.c, 708
wurzzahl.c, 618
wz.c, 648
wz2.c, 655

Zahlen
  zu große, 22
  zu kleine, 22
  Hexadezimale, 25
  Oktale, 25
zahlrat.c, 271, 995
zahlsys.c, 657, 1038
zahltab.c, 221
zahltab2.c, 222
zahlwort.c, 496
Zeichenfarbe
  erfragen, 314
  festlegen, 314
Zeichensatz, 324
Zeichnen
  zweidimensionalen Balken, 318
  ausgefüllte Ellipse, 318, 330
  ausgefüllter Kreis, 330
  ausgefülltes Polygon, 319
  ausgefülltes Rechteck, 318
  dreidimensionalen Balken, 318
  Ellipse, 318
  Kreis, 317
  Kreisbogen, 317
  Linie, 314, 315
  Polygon, 319
  Rechteck, 317
Zeiger
  auf Funktionen, 415
  auf Zeiger, 623
  char, 569
  Funktionsadressen, 639
  Operationen mit, 551
  Pfeiloperator, 725
  Struktur, 722
  und Arrays, 539
Zeigerarrays, 623
Zeilen-Pufferung, 849
Zeilennummerierung, 512
Zeitangaben, 286
Zeiten einer Datei, 881
zeitrech.c, 388, 1013
zgrarry1.c, 606
zgrarry2.c, 606
ziffadd1.c, 294
ziffadd2.c, 294, 999
zins.c, 387
zu große Zahlen, 22

1084

Index

zu kleine Zahlen, 22
zufzahl2.c, 256
zufzahl3.c, 257
zufzahl4.c, 258
Zugriffrechte, 878

zusop.c, 67, 977
zusop2.c, 76, 978
Zuweisung, 35
Zuweisungsoperator, 35, 65
zweidimensionale Arrays, 527

Zweier-Komplement, 16, 17, 52
Zweiseitige if-Anweisung, 159
zweit.c, 11

Notizen

Notizen

Notizen

Notizen

Notizen

Notizen

Notizen

Notizen

Notizen

Notizen

Notizen

Notizen

Notizen

Notizen